新中国出版50年

NEW CHINA'S PUBLISHING INDUSTRY IN 50 YEARS

1949 1999

人民美術出版社

NEW CHINA'S PUBLISHING INDUSTRY IN 50 YEARS 1949 1999

新中国出版50年

图书在版编目(CIP)数据

新中国出版 50 年/新闻出版署主编;
《新中国出版 50 年》编委会编
-北京:人民美术出版社,1999.9
ISBN 7-102-02057-0
Ⅰ.新… Ⅱ.①新… ②新… Ⅲ.
出版工作-文化史
-中国-现代 Ⅳ.G1239.29
中国版本图书馆 CIP 数据核字(1999)第 32360 号

新中国出版 50 年

出版者 人民美術出版社
(北京北总布胡同 32 号)
印刷者 北京新华彩印厂
发行者 新华书店北京发行所
1999 年 9 月第一版第一次印刷
开本 787 毫米×1092 毫米 1/8 印张 119
印数 1-3000 定价:995 元

谨以此书

献给

中华人民共和国建国50周年

谨以此书

献给

中华人民共和国建国50周年

NEW CHINA'S PUBLISHING INDUSTRY IN 50YEARS 1949 1999 新中国出版50年

《新中国出版 50 年》

编委会

NEW CHINA'S
PUBLISHING 1949
新中国
出版50年
INDUSTRY 1999
IN 50YEARS

《新中国出版 50 年》

责任编辑

程大利　刘龙庭
张　阳　程锡瀛
张　荣　王双贵
杨　恩　林　阳

整体设计

胡建斌　陆惠国

版式设计

胡建斌　陆惠国
李　翎　张　冰

责任校对

杨文菊　朱　布

工作人员

王云英　陈　丽
张　侠

责任印制

张晓林　孙　行

编辑说明

(一) 为庆祝中华人民共和国成立50周年，回顾和总结我国出版事业在党中央领导下的发展状况和取得的巨大成就，特编写此书。

(二) 本书集中介绍50年来党中央、国务院对出版事业的关怀，中央关于出版工作的方针政策，出版事业的发展变化及机构状况，优秀图书、期刊、音像制品及电子出版物的介绍，印刷技术及规模，发行工作与图书市场管理，知识产权保护和版权贸易，出版印刷科研和教育等等；重点反映党的十一届三中全会以来20年出版业的巨大发展；尤其是改革开放以来，我国出版业的发展脉络和重大成就；特别反映党的十四大以来，中国出版业实现由粗放型经营向集约化经营转移，由规模数量向质量效益转移的成果，体现落实党的十五大提出的“加强管理、优化结构、提高质量”方针所取得的成就。

(三) 本书由总述、分述和附录组成。总述部分概括了建国以来各个历史时期的出版方针，新闻出版署的历史沿革和机构设置，出版、发行、印刷、对外贸易、科研、出版管理等各项事业的发展。沿着新中国出版事业发展的主线，突出若干个闪光点，以体现总体成就。

分述部分包括各省、自治区、直辖市出版事业发展状况；署直、部属、高校、解放军等50家出版社的发展状况；中国出版工作者协会、中国编辑学会、中国书刊发行业协会、中国印刷技术协会和新华书店总店、中国印刷总公司、中国版本图书馆等8家单位的简况。其余署直单位的工作成果在总述部分均有提及。

附录部分编入了新中国出版50年大事记、全国出版社名录、全国百种重点社科期刊、全国优秀科技期刊、第一届至第三届国家图书奖目录、1991年至1997年“五个一工程·一本好书奖”目录、第九届至第十一届中国图书奖目录、1987年至1997年韬奋出版奖获奖者名单、新华书店全国省、市店名录等，以供读者查阅。

(四)《新中国出版50年》是列入庆祝建国50周年百种重点图书项目的大型图册。本书是由新闻出版署主编，各省、自治区、直辖市出版局和部分出版单位供稿，经曾担任过新闻出版部门领导的老同志审读和中央办公厅、中央文献研究室审阅的集史志性、文献性、资料性、艺术性为一体的图书，2400幅图片、近40万字。本书是全国出版界共同努力的成果。

本书总述部分由《新中国出版50年》编委会组织专人撰写，经多方努力收集图片；分述部分图片和文字系由各地、各单位提供，编辑部作编辑加工；附录部分内容根据《中国出版年鉴》和中宣部、新闻出版署有关职能部门提供。本书采用的统计数字截止到1998年底。

图片和文字作者本书均不署名，对所有提供图片和文字的单位和个人，我们致以衷心的谢意。

对于热情提供图片和有关资料的新华社、中国出版工作者协会、《新闻出版报》社等单位，在此一并致谢。

(五) 根据有关规定和编辑惯例，本书收入图书(包括全集、合集等)名称一律用书名号(《》)，丛书一律用引号(“ ”)。

(六) 各省、自治区、直辖市和各出版单位先后次序根据《出版管理手册》(新闻出版署图书司1999年编)的次序排列，署直、部属、高校、解放军出版社则按汉语拼音字母音序排列。

(七) 鉴于史志类图书的要求，本书使用的图片首先从资料性出发，少部分有重要资料价值的照片，由于年代已久或其他原因艺术性和清晰程度不够理想者，请读者谅解。

(八) 限于时间和编辑水平，加之百余个单位供稿，体例和内容的疏漏之处在所难免，如有不妥，敬乞读者批评指正。

《新中国出版50年》编委会

1999年8月

1949年9月，毛泽东主席为全国新华书店出版工作会议题词。

认真作好出版工作

毛泽东

1950 年 11 月，中共中央西南局书记邓小平为新华书店西南区分支店会议题词。

加强政治文化粮食的出版发行工作，消灭落后和书荒状态，乃是党所长期而严重的政治任务。

邓小平敬题

1999 年 4 月江泽民总书记为北京新华印刷厂建厂 50 周年题词。

為人民生產更多更好的精神食糧

江澤民

一九九七年四月十八日

毛泽东主席和出席政协第二届二次会议的代表童第周（左四）、胡愈之（左三，原出版总署署长）、华罗庚（左二）、费孝通（左一）亲切谈话。

1990年10月，邓小平同志为人民出版社建社40周年题词。

NEW CHINA'S PUBLISHING INDUSTRY IN 50 YEARS 1949 1999

新中国出版50年

1996年8月，江泽民总书记参观中国出版成就展。

目录

序

●于友先

在党中央、国务院的领导下，新中国的出版事业50年来，获得了空前的发展，尤其是在党的十一届三中全会以后，进入了蓬勃发展的新阶段，呈现出了繁荣昌盛的崭新局面。在举国上下庆祝中华人民共和国成立50周年之际，编辑出版《新中国出版50年》大型画册，回顾历史，总结经验，展望未来，开拓前进，具有深刻的现实意义。

50年的历程是不平凡的。作为社会主义事业的一部分，新中国出版业的发展大体经历了三个阶段：

第一个阶段是从新中国建立到“文化大革命”前夕。在这17年间，虽然有创业的艰辛，有各种各样的干扰，但从总的方面讲取得的成就是巨大的。经过艰苦的奋斗，社会主义出版事业的体系初步建立起来，出版物的生产与人民群众的需求之间的矛盾得到了有效的缓解，出版业的实力大大增强，社会主义出版事业在国家文化建设和经济建设中发挥了重要的作用。

第二个阶段是“文化大革命”时期。这是我国各项事业受到严重摧残的10年，作为文化事业重要组成部分的出版业，也深受其害，大批的编辑出版人员被批斗、调离或下放，大批的书刊受到批判而禁止出售或被迫停刊，出版事业的发展遇到严重挫折。

第三个阶段是中国共产党十一届三中全会至今。这20多年，特别是党的十四大明确提出建立社会主义市场经济体制为目标以来的数年，我国各项事业以前所未有的速度发展。经党中央批准出版业把建立符合社会主义精神文明建设需要，适应社会主义市场经济体制，反映出版业自身发展规律的新的出版体制和运行机制，作为改革的主题，促进了我国出版业的繁荣，各种出版物从品种到数量迅速发展，出版物的质量也有很大程度的提高，出版工作在社会主义精神文明建设和物质文明建设中的作用得到了空前的发挥，出版事业已经成为国民经济中的重要产业部门。

几代出版工作者经过50年坚持不懈的努力奋斗取得了辉煌的成就。

从服务全党全国大局看，我们的出版工作者始终坚持以社会效益为最高准则，在宣传马列主义、毛泽东思想、邓小平理论方面，在传播、积累、开发科学文化知识，满足人民群众精神文化需要等方面都取得了巨大的成绩。50年来，我们出版了《马克思恩格斯全集》、《列宁全集》、《毛泽东选集》、《邓小平文选》等经典著作，出版了《二十四史》、《中国通史》、《中国大百科全书》、《当代中国》、《辞海》、《辞源》、《现代汉语词典》、《新华字典》、《汉语大字典》、《汉语大辞典》、《鲁迅全集》、《郭沫若全集》、《茅盾全集》、《冰心全集》、《中国美术全集》、《乾隆版大藏经》、《齐白石全集》、《工程控制论》、《机械工程手册》等数不胜数的精品图书。

从出版物的形态看，已经从单一的纸介质的图书、报纸、期刊，发展到既有纸介质，又有磁、光、电等多种介质的音像制品、电子出版物、网络出版物等多种媒体共同发展的局面。

从出版物的品种与数量看，新中国成立50年来，我国出版图书总数约200万种。据统计，现在一年出版的图书品种数超过新中国成立前50年出版的图书品种的总和。1998年，我国出版图书13万种，是1949年的16倍；图书印数达到72亿册，是1949年的69倍；公开出版的期刊7999种，是1949年的51倍；总印数25亿册，是1949年的127倍；公开出版的报纸2053种，是1949年的6.8倍；总印数300亿份，是1949年的73倍；音像、电子出版物更是党的十一届三中全会以后才发展起来的。

从产业规模的发展看，我国新闻出版产业的发展非常快，到1998年，全国新闻出版产业总资产达到1263.2亿元，年销售收入达到1221.9亿元，已经成为国民经济中一个越来越重要的产业部门。

50年来，我国图书以较快的发展速度进入了国际图书市场，对于向世界介绍中华民族的优秀文化传统和科学文化成果、展示我国人民新时期的精神风貌等方面都发挥了重要作用。在国际书展中，我国图书屡屡获奖，不断展示新中国日新月异的出版水平。

新中国出版业之所以能够在短短的50年间里取得如此辉煌的成就，最重要的是党和政府的高度重视和大力支持，中央三代领导集体曾多次就出版工作的发展作出高屋建瓴的指示。1949年10月，毛泽东同志向全国的出版工作者发出了“认真作好出版工作”的号召。党的十一届三中全会后，邓小平同志十分关心出版工作，他提出包括出版部门在内的思想文化部门必须以坚持社会效益为最高准则。以江泽民同志为核心的党中央第三代领导集体，对新时期的出版工作格外重视，1995年江泽民总书记主持中央政治局常委会研究出版工作；1997年9月，江泽民总书记在十五大报告中，对新闻出版业提出了“加强管理，优化结构，提高质量”的总要求。此外，党和政府还多次给予新闻出版业优惠的经济政策，促进了新闻出版业的发展。其次，出版事业的发展离不开全体出版工作者的辛勤劳动。尤其在新中国成立初期，出版工作者克服了条件艰苦、出版物资匮乏、出版技术落后等重重困难，勤勤恳恳，艰苦创业，奠定了新中国出版业的基础。改革开放以来，广大出版工作者倍加努力，依靠现代化的技术和科学管理，本着对党和人民高度负责的精神，不断创造新成绩。第三是得力于科学技术的发展。50年来，科学技术迅猛发展，印刷摆脱了铅与火，磁光电介质的出版物与传统的纸介质的出版物争奇斗妍，出版业步入了电子化与网络化时代。科学技术的发展，不仅改变着编辑出版的方式，丰富着出版的内涵，而且还带动着出版产业的持续发展。

20世纪即将过去，新的世纪即将到来，新世纪是知识经济时代。经济的发展越来越取决于知识的积累、创新、传播与运用，这就对肩负着积累、创新、传播知识使命的新闻出版业和广大的新闻出版工作者提出了更高更新的要求。作为知识经济前沿阵地，作为知识产业的新闻出版业，我们已经取得了巨大成就，但是我们也应看到不足，找出差距。必须胸怀大局，审时度势，把握机遇，在新的历史时期，不断研究新情况，解决新问题，大力发展我们的出版事业，努力实现中国出版业新一轮的腾飞。为此，我们特编辑出版这本画册，既是回顾，更是为了前瞻。作为世纪之交的中国出版工作者，我们身后已经有了50年的辉煌，再以此为起点，努力创造21世纪新的丰碑。

NEW CHINA'S PUBLISHING 1949

新中国出版50年

INDUSTRY 1999 IN 50YEARS

总述

新中国出版50年

New China's Publishing Industry in 50 Years

总 述

从 1949 年 10 月 1 日五星红旗在天安门广场冉冉升起至今，中华人民共和国已经走过了 50 个春秋。50 年来，我国的出版事业作为社会主义事业的重要组成部分，与共和国一道风雨兼程、历经坎坷、不断发展，逐渐步入辉煌。回顾新中国出版 50 年的历程，对于一个国家、一个民族、一项事业来说，有着不同寻常的意义。

第一部分 新中国出版事业的建立与曲折的发展

新中国出版事业的建立有两个基础：一是解放区及原国民党统治区内的革命、进步出版事业，他们的统一与发展构成新中国出版事业的主体；二是民族资本出版事业，通过进行社会主义改造，使他们逐步地转变为社会主义出版事业。

一、新中国出版事业的建立与发展

1. 建立出版领导机构

根据中共中央的指示，1949 年 2 月成立了出版委员会，它既是我们党出版工作的领导机关，也是全国出版事业的管理部门。在它的领导下，开始了出版事业的统一工作。1949 年 10 月 1 日中华人民共和国成立后，10 月 19 日，中央人民政府任命胡愈之为出版总署第一任署长，叶圣陶、周建人为副署长。11 月 1 日，中央人民政府出版总署正式成立，它是国家领导出版工作的最高行政机关。1954 年 11 月，出版总署撤销，在文化部内设立出版事业管理局，管理全国出版工作。

2. 统一出版事业

新中国成立前，革命出版事业主要包括两个部分：一是 1937 年诞生在延安的新华书店系统，她伴随着解放区的建立而建立、解放区的发展而发展。到 1949 年 9 月新中国成立前夕，全国共有新华书店分店、支店 735 处，印刷厂 29 处。二是以创办于 30 年代的生活书店、读书出版社、新知书店为代表的国民党统治区内的革命出版事业，1948 年三家书店联合成立了生活·读书·新知三联书店，到 1949 年新中国成立前夕，三联书店在包括香港在内的 11

1939 年，新华书店在延安独立建制，从清凉山迁至北门外，正式设立了门市部。毛泽东主席为新华书店亲笔题写了店名。

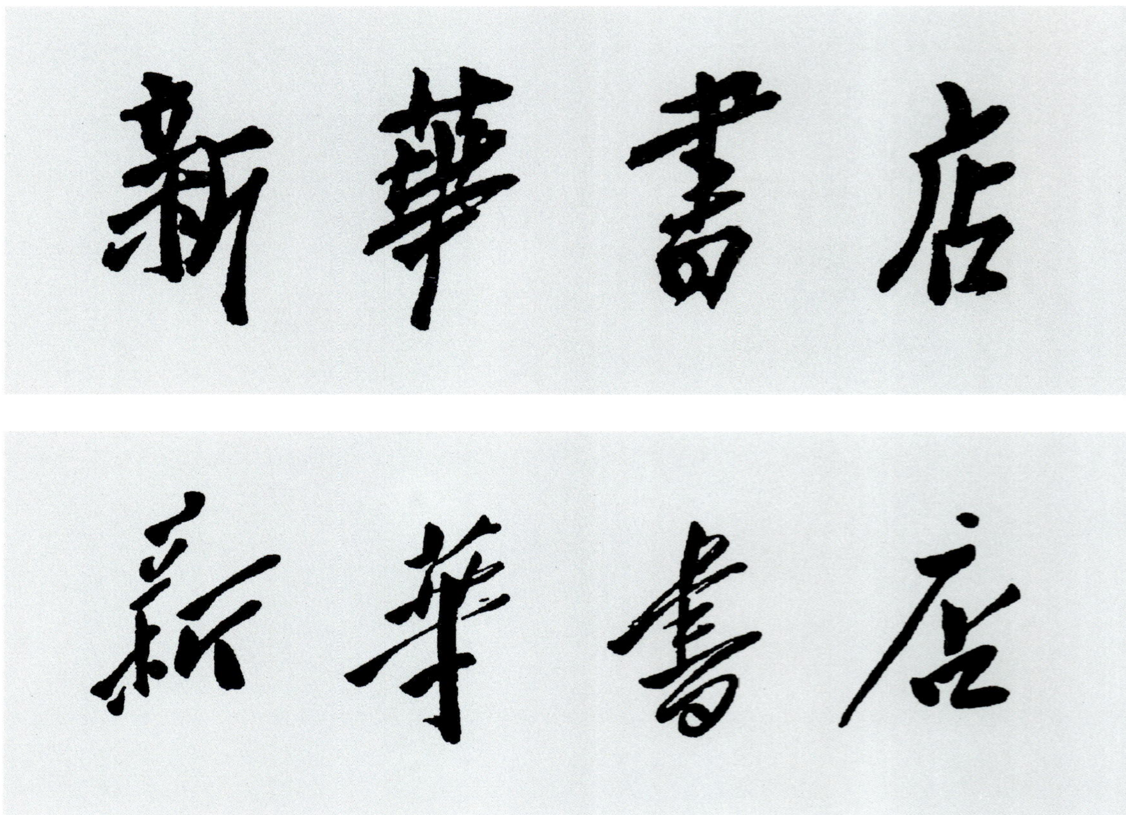

出版总署第一任署长、副署长

胡愈之（1949 年 10 月—1954 年 11 月任署长）

叶圣陶（1949 年 10 月—1954 年 11 月任副署长）

周建人（1949 年 10 月—1954 年 11 月任副署长）

陈克寒（1952 年 4 月—1954 年 11 月任副署长）

萨空了（1952 年 8 月—1954 年 11 月任副署长）

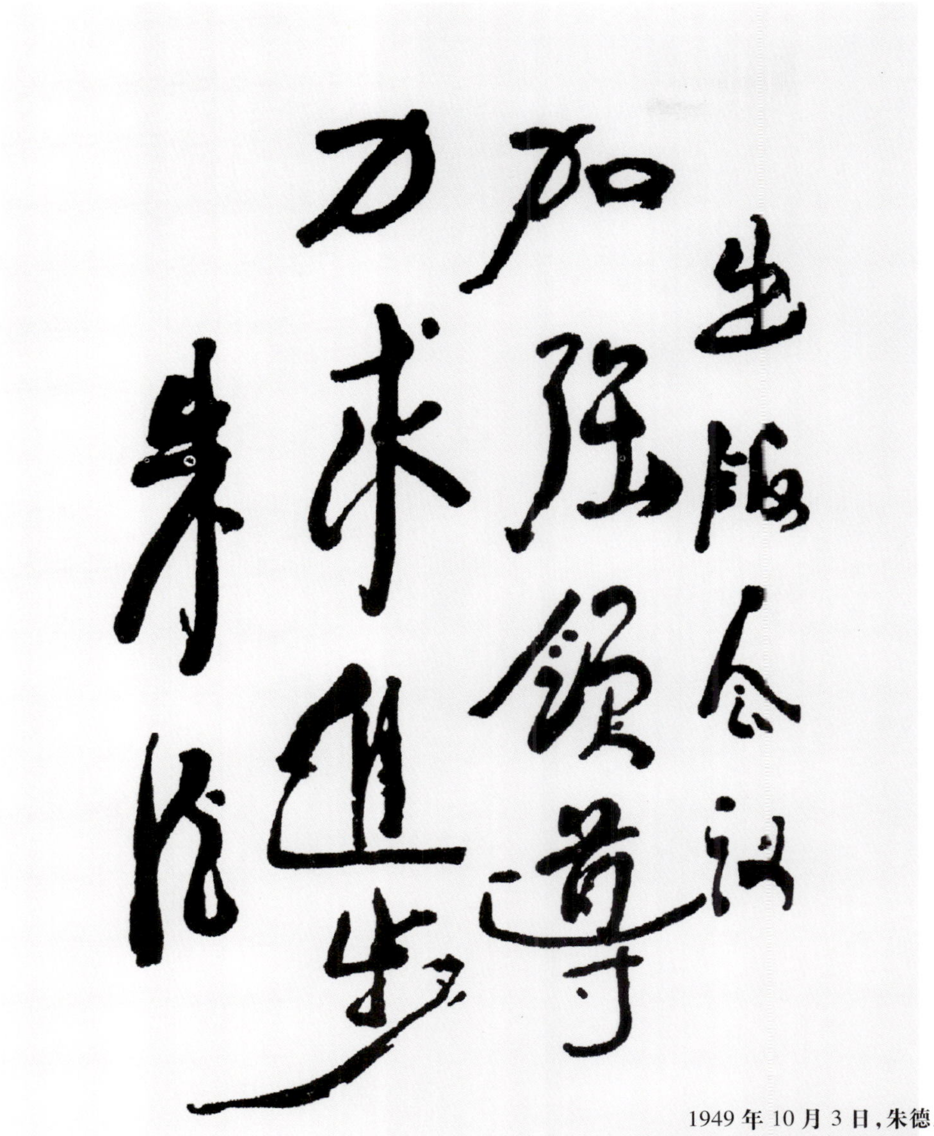

1949 年 10 月 3 日，朱德总司令为全国新华书店出版工作会议题词。

个大城市设有分店。但是，无论是新华书店系统本身，还是新华书店与三联书店之间，由于历史的原因，一直处于分散经营的状态。因此，在统一的人民政权建立之后，革命出版事业的统一提到了日程。

对于出版事业的统一，党中央十分重视。1949 年 1 月 28 日，中共中央在关于东北书店与三联书店关系问题给东北局的指示中就提出："中央出版局成立以后，须解决全党的书店如何统一"等问题。2 月，中共中央就北平出版事业给彭真、叶剑英等发出指示："新华总店与华北新华书店即开始实行统一，从北平做起"，"为筹划与进行新华总店与华北之统一及领导新华与新中国两店的出版事业，组织临时的出版工作委员会"。3 月初，中共中央又提出："出版工作需要统一集中，但要在分散经营的基础上，在有利和可能的条件下，有计划、有步骤地走向统一集中。"此后，出版委员会做了大量的工作，其中最重要的是统一全国新华书店。

延安新华书店发祥地旧址

1949 年 10 月 3 日，中共中央宣传部出版委员会在北京召开全国新华书店出版工作会议。毛泽东主席为会议题词并接见全体与会代表，朱德总司令为会议题词并在开幕式上作了重要讲话。新中国成立后的第三天，就召开这一会议，反映了党中央和中央人民政府对新中国出版事业和新华书店工作的重视。这次会议为全国新华书店在政策上、组织上、制度上、业务上的集中统一奠定了基础。

图为出席此次大会的部分代表、列席代表及工作人员在东总布胡同 10 号的会场门前合影。

全国新华书店出版工作会议于 1949 年 10 月 3 日至 19 日在北京举行。大会通过统一全国新华书店的决议案。图为会议代表合影(局部)。

1949 年 10 月 3 日—19 日由出版委员会组织的全国新华书店出版工作会议召开。毛泽东主席为会议题写了“认真作好出版工作”的题词,并于 10 月 18 日在中南海颐年堂接见了出席会议的全体代表。朱德总司令为会议题写了“加强领导,力求进步”的题词并在 10 月 3 日的开幕式上讲了话。这次会议不仅是新华书店的第一次全国性会议,也是全国出版事业的第一次全国性会议。会议制定了新华书店必须迅速走向统一集中,加强专业化、企业化以发展人民出版事业的方针。这次会议在政策上、组织上、制度上、业务上都形成了一致的意见,奠定了全国新华书店和全国出版事业统一的基础。

1950 年 3 月,出版总署公布了由全国新华书店出版工作会议作出的《关于统一全国新华书店的决定》,决定在北京建立新华书店总管理处,统一管理全国各地新华书店的业务、人员、资金等。同时规定了新华书店各业务部门统一的办法。4 月 1 日,新华书店总管理处成立,各大行政区新华书店总、分店相继建立,到 1950 年底,新华书店的统一工作基本完成。这也标志着全国出版事业统一工作基本完成。

3. 没收国民党政府及官僚资本的出版资产,为人民出版事业所用

早在 1948 年 12 月,中共中央在对新区出版事业的政策的暂行规定中就提出:没收国民党反动派的出版资产。1949 年,随着革命形势的不断发展,包括北京、天津、南京、上海等大城市相继解放,在这些城市内的原国民党及国民党政府的出版机关,包括出版社、印刷厂、报社、书店等被相继接管,并在此基础上建立人民的出版事业。如北京新华印刷厂,就是在接管国民党正中印刷厂、独立出版社印刷厂的基础上,加上华北新华书店印刷厂等组建的;上海新华印刷厂是在接管国民党正中书局等 10 家印刷厂的基础上组建的,等等。

4. 确定新中国出版事业发展的方针

1950 年 9 月 15 日至 25 日,出版总署召开第一届全国出版会议,胡愈之署长做了《论人民出版事业及其发展方向》的报告,会议通过了《关于发展人民出版事业的基本方针》、《关于改进和发展出版工作

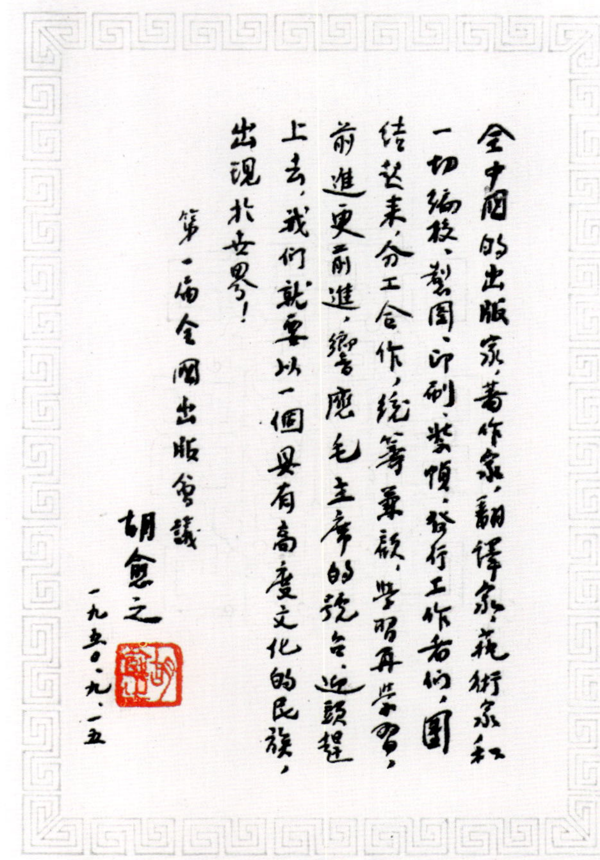
全中國的出版家、著作家、翻譯家、藝術家和一切編校、製圖、印刷、裝訂、發行工作者們，團結起來，分工合作，統籌兼顧，學習再學習，前進更前進，響應毛主席的號召，迎頭趕上去，我們就要以一個具有高度文化的民族，出現於世界！

第一届全國出版會議
胡愈之
一九五〇、九、一五

郭沫若、胡愈之为第一届全国出版会议题词。

的决议》、《关于改进和发展书刊发行工作的决议》、《关于改进期刊工作的决议》、《关于改进书刊印刷业的决议》等五项决议。会议提出：为人民大众的利益服务是人民出版事业的基本方针。为了消除目前出版工作中还存在着的相当严重的无计划、无组织现象，公私出版业均应争取条件，逐步实行出版与发行分工、出版与印刷分工和出版专业化的方针。会议决定本着统筹兼顾、分工合作的原则调整公私出版业之间的关系。同年 10 月 28 日政务院在《关于改进和发展全国出版事业的指示》中，肯定了第一届全国出版会议确立的出版事业的发展方针，并进一步提出：书籍杂志的出版、发行、印刷是三种性质不同的工作，原则上应当逐步实现科学的分工；出版总署应当协助各大行政区分别筹建、改进或扶植地方的出版工作；国营书店应团结与组织一切私营书店，共同把书刊发行工作做好；书籍期刊的出版发行，不论公私营，均不得单纯以营利为目的等改进和发展出版事业的措施。此后，在相当长的一段时间里，出版工作是遵循这一方针的。1959 年 3 月，针对"大跃进"以来出版发行工作中存在的片面追求数量、忽视质量、粗制滥造严重的现象，中共中央提出：一切出版物的出版和发行，必须有目的、有计划地进行，必须首先注意质量，考虑它的实际效果，不能为了出版而出版、为了发行而发行。1963 年 11 月中共中央对科学技术出版工作的发展提出：在保证质量的前提下，适当地增加科学技术出版物的品种和发行数量。

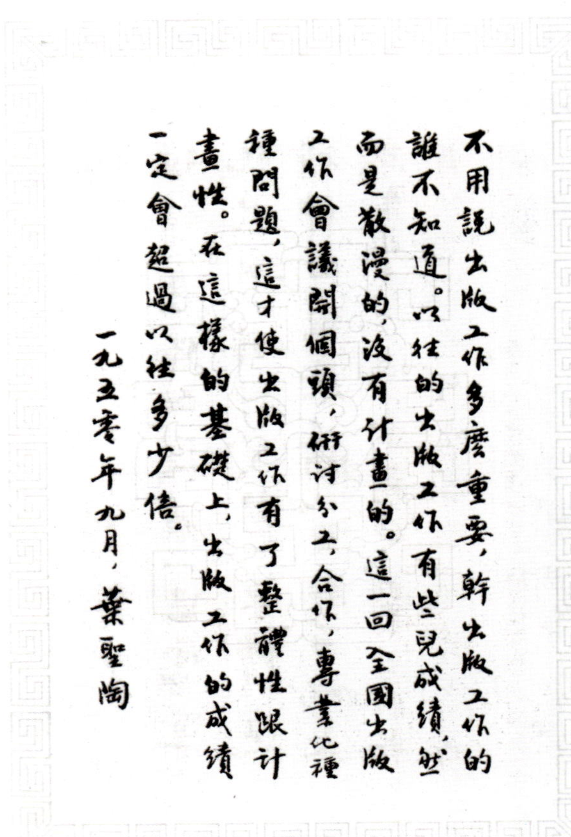
不用說出版工作多麼重要，幹出版工作的誰不知道。以往的出版工作有些兒成績，然而是散漫的，沒有計畫的。這一回全国出版工作會議開個頭，研討分工，合作，專業化種種問題，這才使出版工作有了整體性跟計畫性。在這樣的基礎上，出版工作的成績一定會超過以往多少倍。

一九五零年九月，葉聖陶

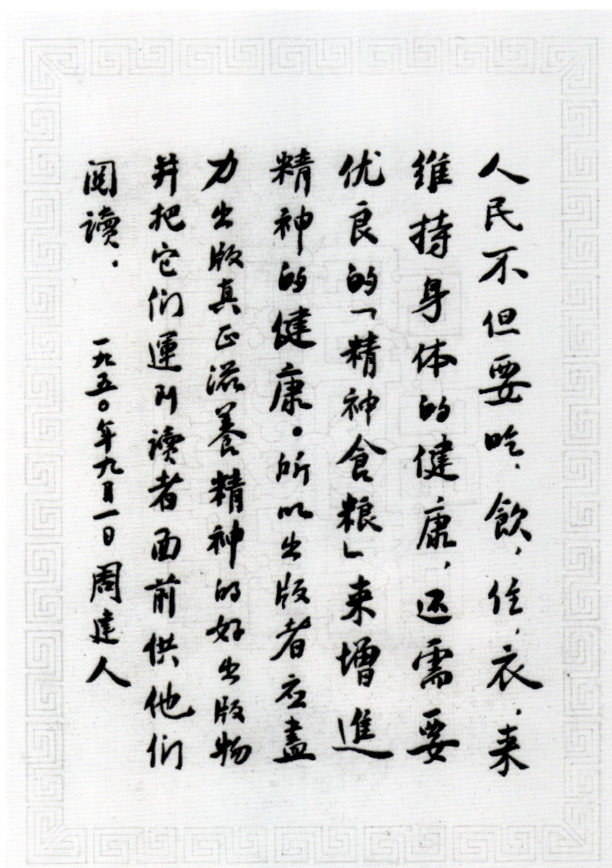
人民不但要吃，飲，住，衣，來維持身体的健康，还需要优良的「精神食粮」來增進精神的健康。所以出版者应盡力出版真正滋養精神的好出版物，并把它们運到讀者面前供他们閱讀。

一九五〇年九月一日 周建人

叶圣陶、周建人为第一届全国出版会议题词。

5. 实行出版、印刷、发行专业分工

中国的出版业向来是出版、印刷、发行不分的，在旧中国，所有大的出版单位都是融三位于一体的，不论是解放区的新华书店，还是民营的商务印书馆、中华书局等。虽然在新中国成立以前就有人呼吁出版、印刷、发行实行分工，但是没有实现的条件。新中国成立后，实行专业分工的条件具备了，从 1950 年开始，专业分工逐步实施。

所谓的专业分工，包括三个方面的内容：出版与发行分工、出版与印刷分工、出版部门之间的分工即出版专业化。为了解决好出版专业分工问题，出版总署在 1950 年先后召开了京津发行工作会议、京津出版工作会议、全国新华书店第二届工作会议和第一届全国出版会议，阐述出版、印刷、发行实行专业分工的重

全国新华书店第二届工作会议于 1950 年 8 月 29 日至 9 月 10 日在北京举行，出版总署署长胡愈之作报告。大会对于国营出版事业分工专业化问题进行了讨论。大会决议：从 1951 年起，新华书店改组为专营书刊发行的企业机构，将新华书店总管理处改组为新华书店总店。

参加全国新华书店第二届工作会议代表合影(局部)。

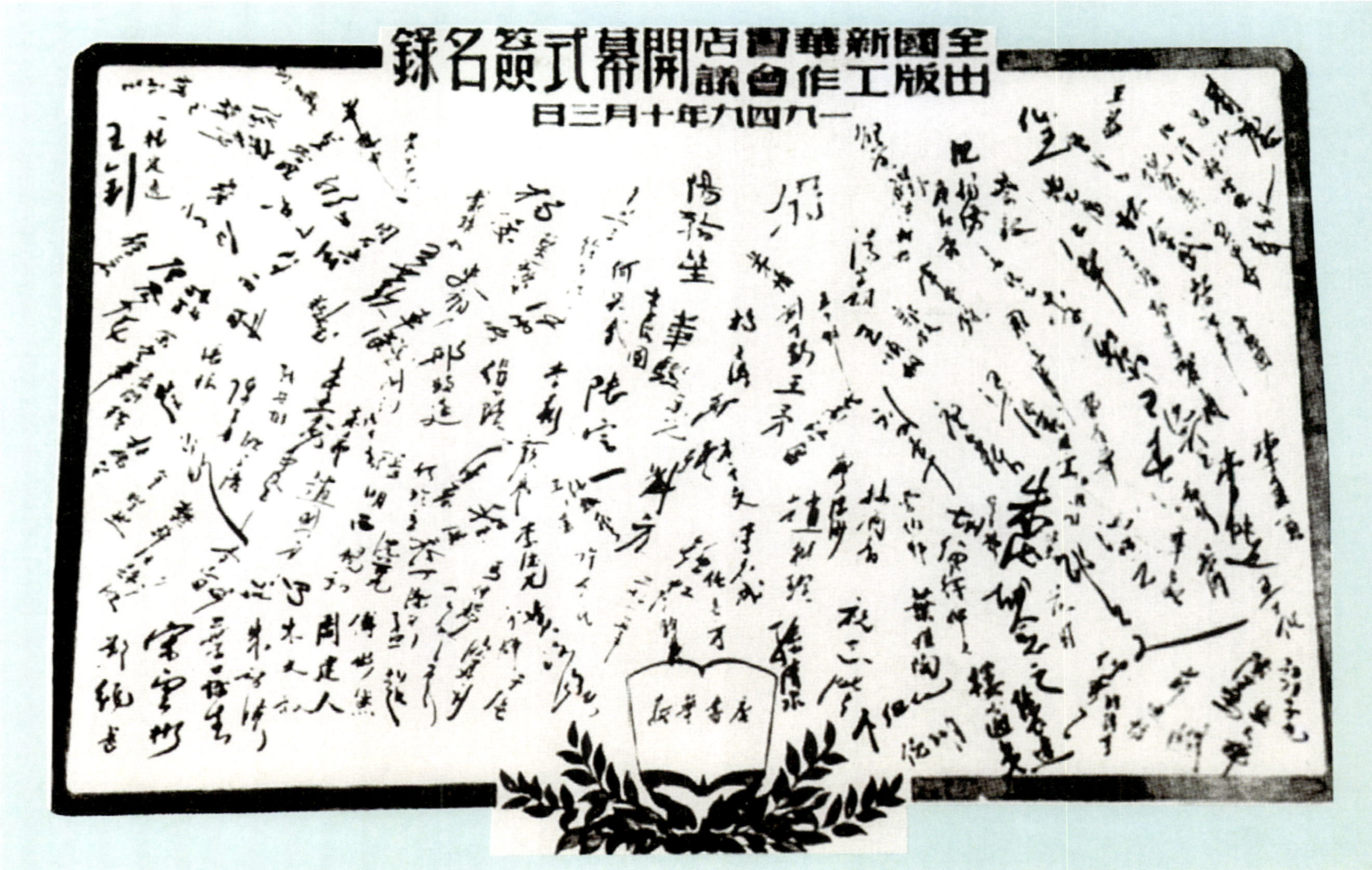

1949 年 10 月 3 日，参加全国新华书店出版工作会议开幕式同志签名留念。

黄洛峰　1949 年任中共中央宣传部出版委员会主任委员。新中国成立后，曾任出版总署出版局长、文化部出版局局长等。

华应申　建国后曾任出版总署出版局和发行局副局长，新华书店总经理等。

祝志澄　建国后曾任中央出版委员会副主任、全国政协委员、出版总署出版局副局长、新华书店副总经理等。

徐伯昕　建国后曾任出版总署办公厅副主任，发行管理局局长兼新华书店总经理等。

1951 年 11 月，政务院财政经济委员会主任陈云签发的“新华书店总店营业执照”。

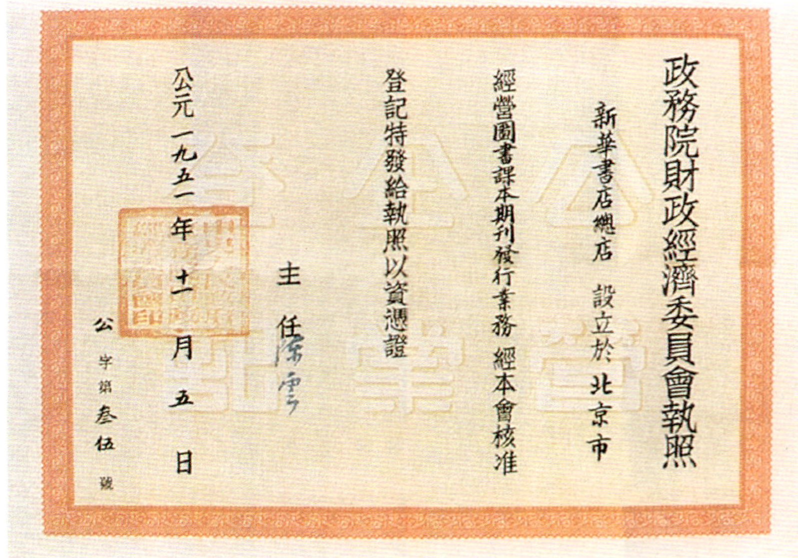
政務院財政經濟委員會執照
新華書店總店 設立於 北京市
經營圖書課本期刊發行業務 經本會核准
登記特發給執照以資憑證
主任 陳雲
公元一九五一年十一月五日
公 字第 叁伍 號

1952 年 6 月至 1954 年 8 月，总店在东总布胡同 10 号与出版总署发行局合署办公。

要意义以及实现专业分工的方法。

出版专业分工首先是在新华书店系统实行。1950 年 10 月，出版总署发出《关于国营书刊出版印刷发行企业分工专业化与调整公私关系的决定》，要求国营出版印刷发行企业应首先实行分工与专业化，全国各级新华书店兼营出版印刷业务者，从目前起应着手划分为三个独立的企业，即出版企业、印刷企业和发行企业。各级新华书店原有的编辑和出版机构改组为中央和地方人民出版社，印刷厂成为单独的企业，新华书店成为全国统一经营与统一管理的书刊发行机构。1950 年 12 月 1 日，由新华书店出版部和出版总署编审局部分人员组成的人民出版社成立，新华印刷厂总管理处、新华书店总店也在 12 月先后成立 。到 1951 年初，全国各级新华书店按照这一要求，一分为

1951年10月，新华书店总店、中国图书发行公司欢送第三批赴朝战地文化服务队，在座的领导同志有总店副总经理王益、史育才，中国图书发行公司总管理处总经理邵公文等。

1951年8月27日，叶圣陶副署长在第一届全国出版行政会议上的报告影印件。

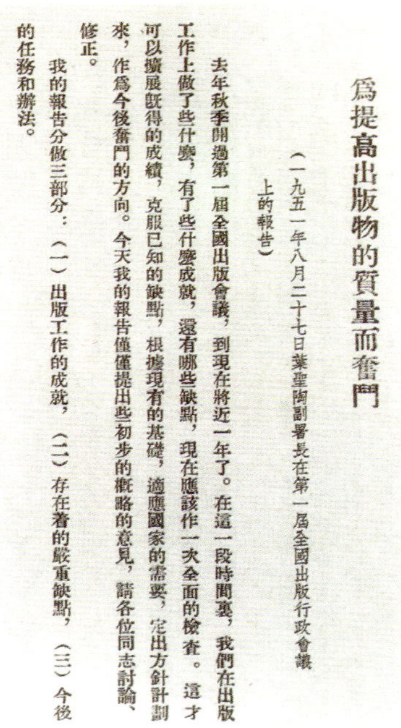

爲提高出版物的質量而奮門

（一九五一年八月二十七日葉聖陶副署長在第一届全國出版行政會議上的報告）

去年秋季開過第一屆全國出版會議，到現在將近一年了。在這一段時間裏，我們在出版工作上做了些什麼，有了些什麼成就，還有哪些缺點，現在應該作一次全面的檢査。這才可以擴展旣得的成績，克服已知的缺點，根據現有的基礎，適應國家的需要，定出方針計劃來，作爲今後奮門的方向。今天我的報告僅僅提出些初步的概略的意見，請各位同志討論、修正。

我的報告分做三部分：（一）出版工作的成就，（二）存在着的嚴重缺點，（三）今後的任務和辦法。

中共中央宣传部出版委员会图章

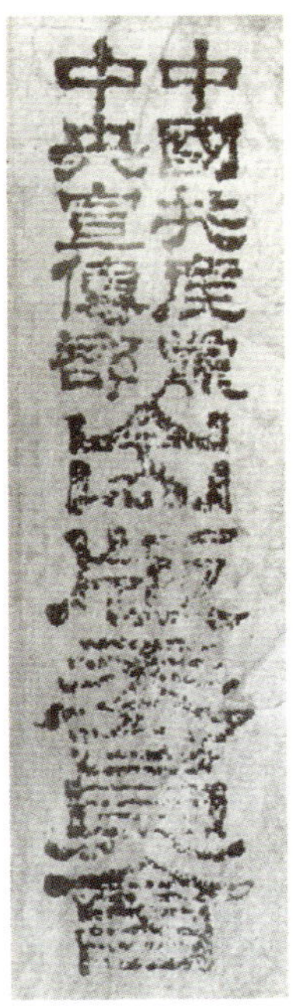

1951年“抗美援朝战地文化服务队”为志愿军战士送去书刊。图为战斗间隙，上甘岭阵地志愿军战士在坑道中读书的情景。

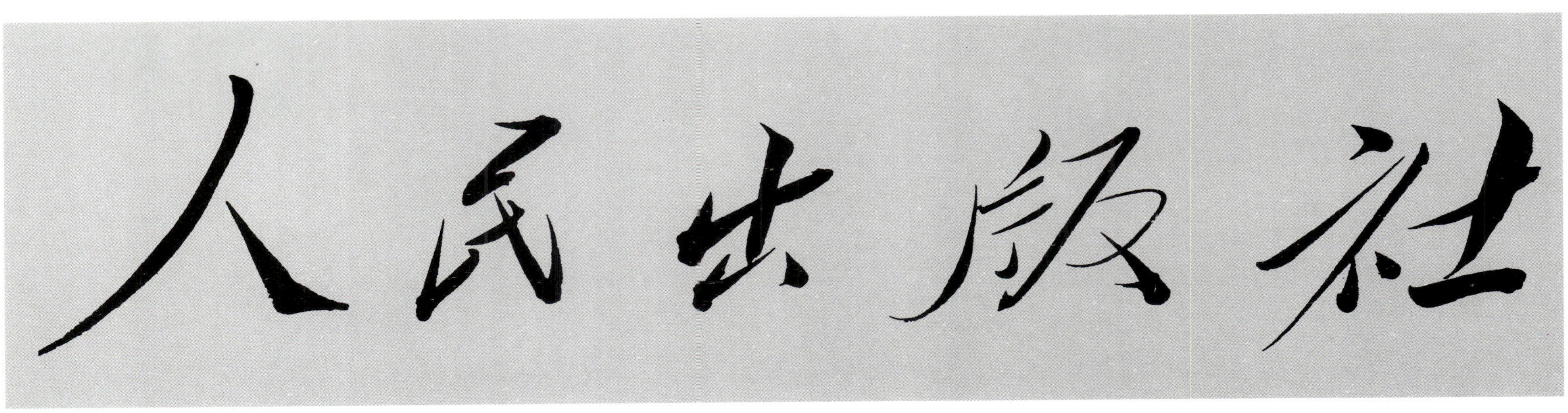

毛泽东主席为人民出版社题写的社名（1951年）

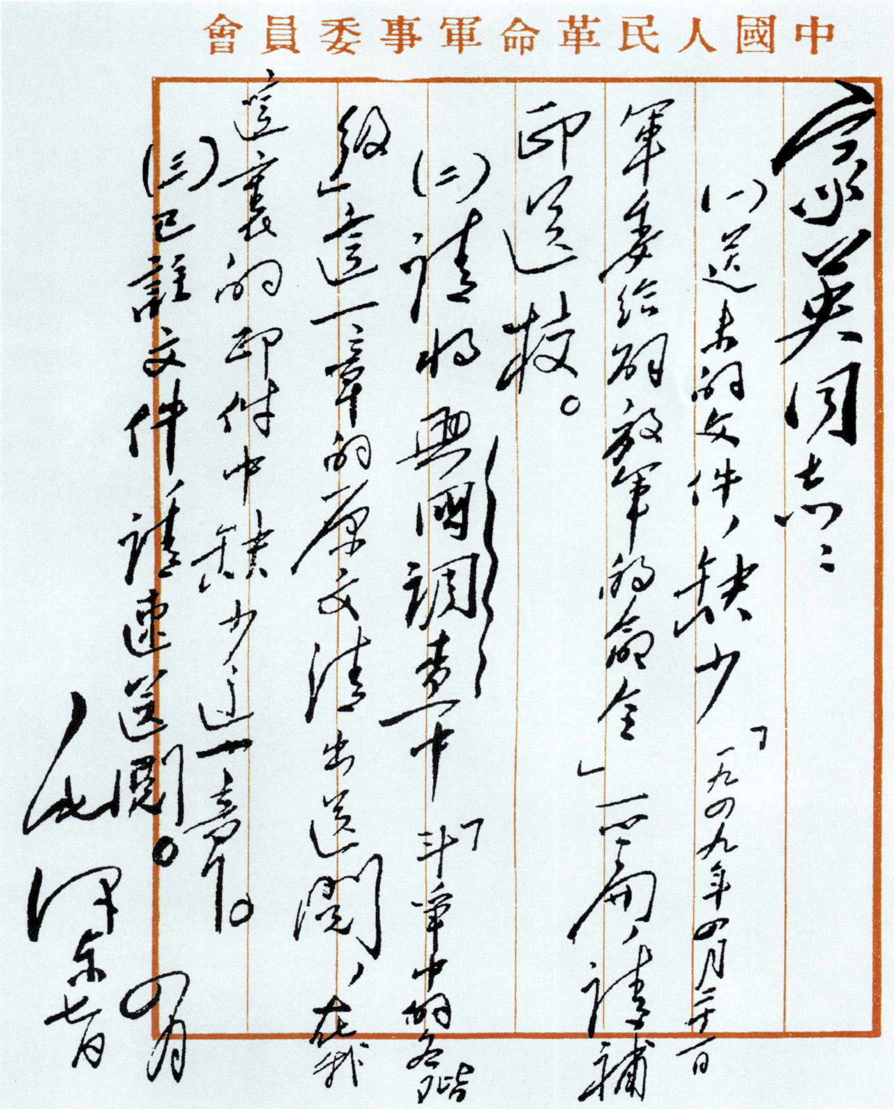
中國人民革命軍事委員會

家英同志：

（一）送来的文件，缺少「一九四九年四月二十一日军委给解放军的命令」一篇，请补印送校。

（二）请将「兴国调查」中「斗争中的各阶级」这一章的原文清出送阅，在我这里的印件中缺少这一章。

（三）已注文件请速送阅。

毛泽东

七月七日

毛泽东主席为人民出版社编辑出版《毛泽东选集》给田家英同志的信。

解放初期出版的《毛泽东选集》(1－4卷)

印刷厂的职工在认真校对《毛泽东选集》清样

50年代王府井新华书店外景

三，分别成为独立的出版、印刷、发行企业，由出版总署或地方出版行政机关直接领导。

出版专业分工在一些大的民营出版企业内也得到响应。1950年12月，民营的中华书局、商务印书馆、开明书店和公私合营的三联书店、联营书店等五个单位，将原有的分布在全国35个城市的87处发行机构从原单位分离出来，合并成立公私合营性质的发行专业机构——中国图书发行公司，成为新华书店以外的另一个全

新华书店北京分店王府井门市部发行《毛泽东选集》第一卷(1952年)

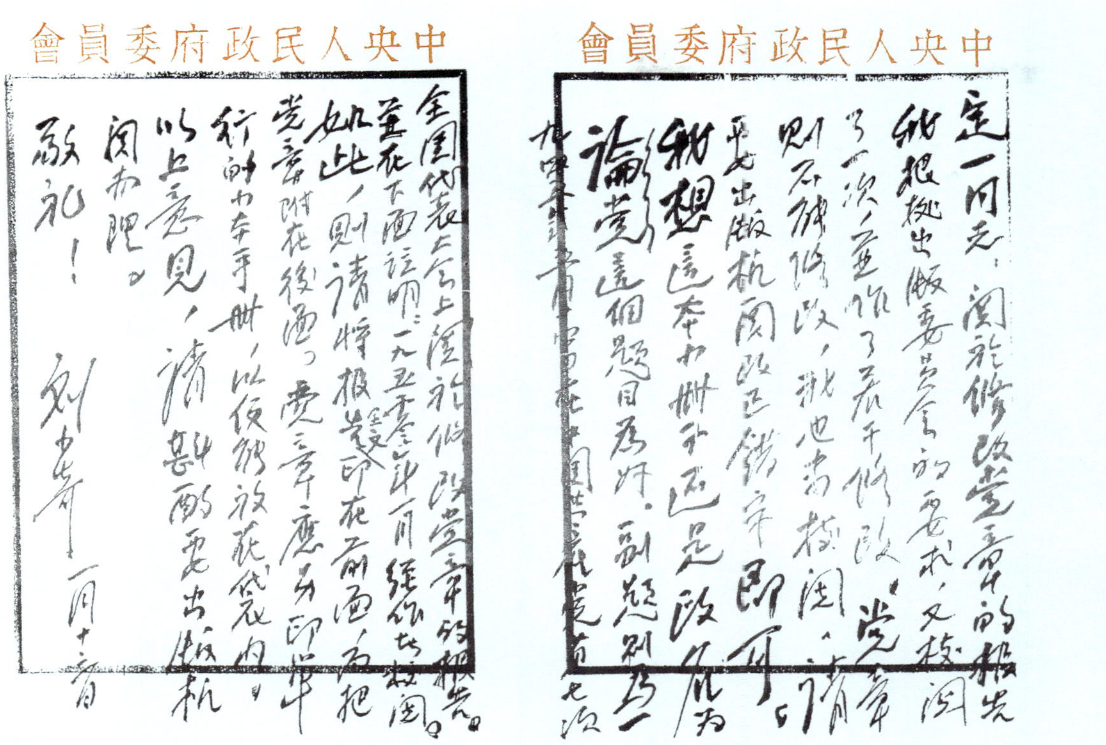
中央人民政府委員會
中央人民政府委員會

1950 年 1 月 13 日，刘少奇同志关于人民出版社出版《论党》一书给陆定一同志的信。

解放以来，各种美术出版物的数量和品种大大超过解放前，仅年画就出版了 4，398 种，连环画从 1952 年到 1956 年共出版 8，781 种，其中新创作达 2，813 种。这是在北京市新华书店图片门市部里，人们正在选购他们喜爱的年画、画册。

50 年代，由人民美术出版社出版的招贴画《我们热爱和平》深受群众喜爱。

连环画册是一种广泛流行和受人欢迎的通俗读物，1955 年人民美术出版社出版连环画册 300 种，以新的内容向读者进行共产主义教育。这是编辑们正在审校画稿，以提高质量，满足读者要求。

国性图书发行机构。由于私人资本在 1953 年先后退出，中国图书发行公司成为国营公司，1954 年 1 月，中国图书发行公司并入了新华书店。

出版、印刷、发行专业分工政策的施行，改变了半个多世纪以来中国出版业的发展模式，奠定了新中国出版业发展的基本格局，对中国出版事业的发展有重要的影响。

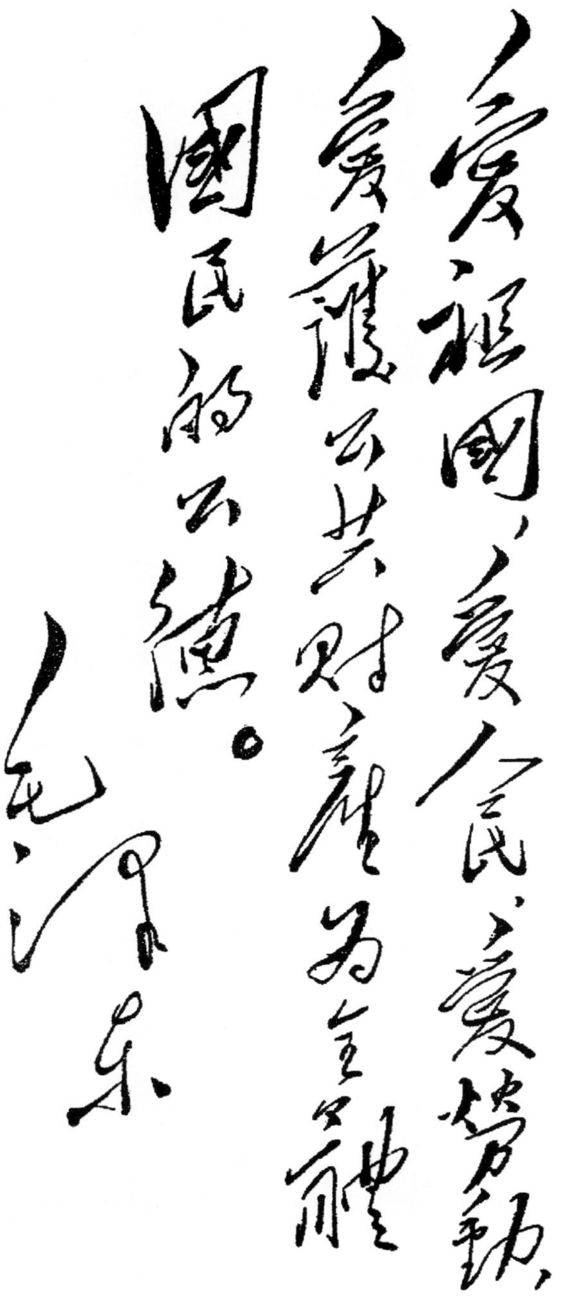

这是毛泽东主席应胡愈之同志的要求为《新华月报》创刊号的题词。

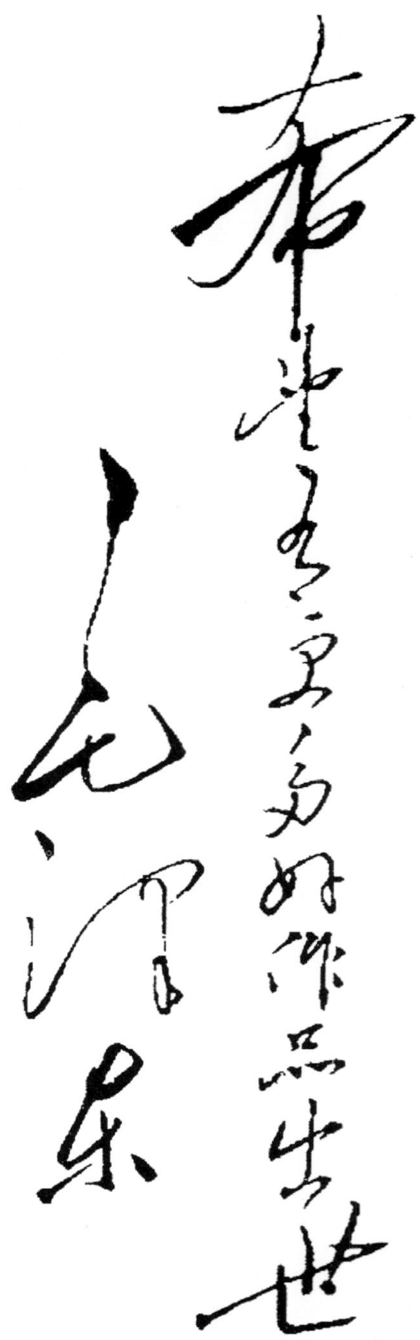

1949年9月，应主编茅盾的要求，毛泽东主席为"人民文学"创刊号题词。

6. 建立出版、印刷、发行等企业

新中国成立初期，国营出版事业的力量与私营力量相差悬殊，"人民出版事业今天来说，自资金、干部到生产力都比较小，一般说只能占全国出版事业的四分之一光景"（胡愈之1949年10月在全国新华书店出版工作会议上的报告）。为改变公私出版力量对比的悬殊局面，新中国成立后，加快了公私合营、公营出版事业的发展。1949年7月，新中国成立前，在北京成立了公私合营的华北联合出版社和国营的工人出版社，在上海成立了公私合营的上海联合出版社。11月创刊了综合性、政治性、文献性刊物《新华月报》和文学刊物《人民文学》，毛泽东主席为两个刊物的创刊号分别题写了"爱祖国、爱人民、爱劳动、爱护公共财产为全体国民的公德"和"希望有更多好作品出世"的题词。从1950年起，本着专业分工的原则，分别成立了青年出版社、科学技术出版社、人民出版社、人民教育出版社、人民文学出版社、人民美术出版社、人民铁道出版社、外文出版社、燃料工业出版社、人民交通出版社、人民邮电出版社、人民卫生出版社、科学出版社、地图出版社等专业出版社。1949年12月，全国有公营和公私合营出版社5家，其中公营2家、公私合营3家，到1950年底全国公营和公私合营出版社增加到29家，其中国营和地方国营22家、公私合营7家。1957年底全国出版社达到103家，其中中央55家、地方48家。1965年，全国共有出版社87家。书店、印刷厂的数量也有很大增加。

7. 统一各项工作制度

①统一书籍编校制度

1952年出版总署发布《关于国营出版社编辑机构及工作制度的规定》，规定出版社必须做出全年的选题计划、编辑计划、发稿计划、出书计划；一切采用的书稿必须经过编辑初审、编辑主任复审、总编辑终审和社长批准的编审制度；规定每一书稿至少须经四次校对，其中一次由著作人自校等。这些制度逐步规范为至今仍然采用的"三审"、"三校"制度。

②统一重要图书和课本的版本

新中国成立之前，由于解放区之间对于出版工作没有统一的规定，因此许多重要的出版物，如党的方针政策方面的文件、领袖著作、教科书等都是各个解放区自编自印的，对于干部群众的学习与学校教育十分不利。1949 年 2 月出版委员会成立后，开始对《干部必读》、《毛泽东选集》、中小学教科书等重新编排、出版。出版总署成立后，于 1950 年 12 月建立了人民出版社和人民教育出版社，分别负责马克思、恩格斯、列宁、斯大林著作，毛泽东著作及其他党和国家领导人著作，中共中央、国务院（政务院）、全国人大等颁布的政策、法规等的出版任务和中小学教科书及其他教育书刊的出版任务。此后，重要图书和中小学教科书的版本逐渐统一起来。

③统一书刊定价

为了消灭偏远地区加价销售书刊的现象，减轻读者负担，1950 年 3 月，出版总署决定，逐步划一全国书刊售价。1956 年 2 月，文化部颁发了《全国杂志、书籍定价标准的通知》，把全国书籍、课本分为 11 类，把全国杂志分为 7 类，每一类书刊的每一印张定价都有明确的规定。全国书刊定价完全统一。

④统一全国书刊版本记录

以前，我国图书的版本记录没有统一规定，各出版者根据自己的习惯刊载有关事项，不便读者使用及图书馆管理。1950 年 3 月出版总署发布的《关于统一全国新华书店的决定》的附件《关于统一全国新华书店各部门业务的决定》就已提出统一各级新华书店图书版本问题。1951 年 1 月，出版总署又对翻译书籍的版本记录提出应刊载原本版权说明的要求。1953 年 1 月发布了《关于图书、杂志版本记录的规定》，1954 年 4 月，出版总署又颁发了修订的《关于图书版本记录的规定》，要求全国不论国营、公私合营，还是私营出版社遵守执行。

1955 年 12 月，文化部对书籍、杂志使用字体做出原则规定。

⑤统一全国书刊稿酬

在很长时期内，书籍出版的稿酬计算方法很多。1958 年 7 月，文化部制定了文学和社会科学书籍稿酬试行办法，放弃当时使用较多的“定额印数”计酬办法，采用基本稿酬和印数稿酬相结合的办法，1959 年正式实施。报纸、杂志的稿酬适用这一标准。此后，稿酬标准又有几次反复，但是全国统一的稿酬制度是从此逐步建立起来的。

⑥统一书刊进出口

1949 年 11 月成立了国际书店，负责书刊进出口业务，此后，书刊的进出口逐渐统一起来。1963 年国际书店的进出口业务分开，国际书店负责书刊出口，成立中国外文书店，负责书刊进口。这种进出口格局直到 70 年代初期才改变。

二、从调整公私营出版业的关系到对私营出版业进行社会主义改造

1949 年 10 月，私营出版业生产能力占国家整个出版业生产能力的四分之三左右，1950 年 1 月至 3 月，私营出版业所出版的新书占全部新书的一半，由此可见，私营出版业在国家的文化、出版及经济发展中都有重要的作用。根据国家对私营工商业的总体政策，出版业先后采取了调整公私营关系和对私营出版业进行社会主义改造两大步骤。

上海南京东路三联书店分店（1949 年）

三联书店同仁与上海各界人士在虹桥公墓公祭邹韬奋（1949 年）

荣宝斋与许多著名画家保持着密切的联系。图为荣宝斋职工和齐白石老人在一起。

1954 年 2 月中国青年出版社董事会第二次会议留影。第一排左起为：章育文、王伯祥、邵力子、刘导生、章锡琛、章锡珊、傅耕莘。

1950 年 6 月中国共产党七届三中全会提出调整工商业关系和公私关系。此后，各行各业都开始对工商业进行调整，重点是调整公私关系。出版业也是如此。为了协调公私出版业之间的关系，出版总署经过一段时间的探索，于 1950 年 9 月在第一届全国出版会议上确定了“统筹兼顾、分工合作”的调整公私营出版业关系的原则，并按此调整了公私营出版业间的关系。

1953 年 6 月，毛泽东主席在政治局扩大会议上提出：党在过渡时期的总路线和总任务，是要在 10 年到 15 年或者更多一些时间内，基本上完成国家工业化和对农业、手工业、资本主义工商业的社会主义改造（1954 年 2 月，中国共产党七届四中全会批准了过渡时期的总路线）。此后，对资本主义工商业进行社会主义改造提到日程上来。1954 年 1 月，出版总署提出：出版事业不同于一般工商业，它是党和国家对人民群众进行社会主义教育的最重要的工作之一，是思想战线上一个重要的部门。所

20 年代的北京琉璃厂荣宝斋南纸店

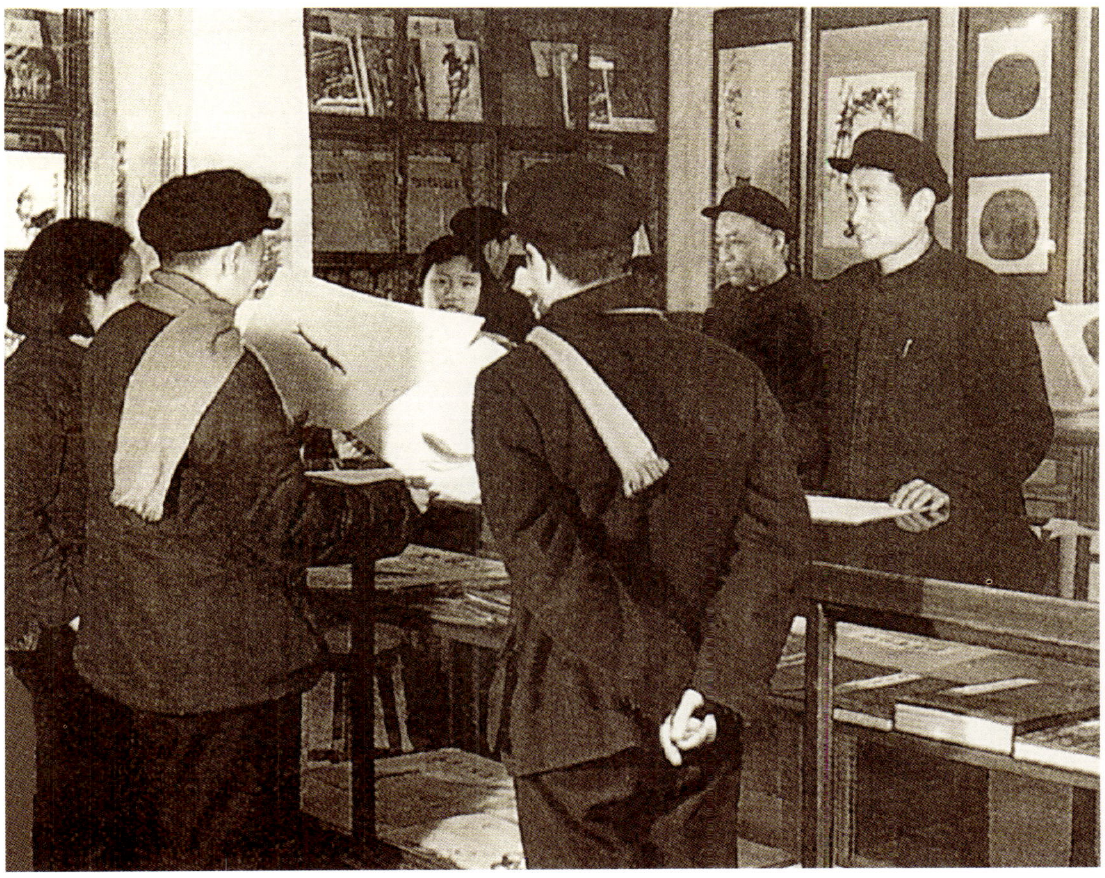

50 年代的荣宝斋门市部

以，我们认为根据党在过渡时期的总路线和总任务，必须积极地、有计划地稳步地对私营出版业进行社会主义改造，而且改造的速度较之其他一般工商业应该快一些。出版总署要求做到在第一个五年计划内，出版业完全由国家掌握，并把私营书刊印刷厂、发行业基本上纳入国家资本主义轨道。出版总署的计划得到了中央的批准。

应该说对私营出版业的改造比较早，1949 年 7 月，北京和上海解放不久，出版委员会就在北京组织商务印书馆、中华书局、大东书局、北新书局等 15 家私营出版社参加，并有新华书店、三联书店投资的公私合营性质的华北联合出版社；在上海组织有商务印书馆、中华书局、开明书店、龙门书局等 60 多家私营出版社参加，并有新华书店和三联书店投资的公私合营性质的上海联合出版社，这可以说是对私营出版业进行社会主义改造的最早的尝试。1950 年《世界知识》杂志社、荣宝斋、开明书店等私营出版单位实现公私合营，中华书

毛泽东主席在招待会上向人民教育出版社副总编辑朱文叔、历史学科编辑陈乐素敬酒。(1956 年)

1957 年周恩来同志参加中共天津市第二次党代会文教组讨论。后排右 1 为林呐(后任百花文艺出版社社长)。

1958 年 7 月，新华书店总店迁至文化部大楼与出版局合署办公。

1954 年底出版总署撤销后，在文化部设出版事业局。图为出版局工作人员在文化部楼前合影。后排右一黄洛峰，右二祝志澄；第二排右二王益，左一王仿子，左四金灿然。

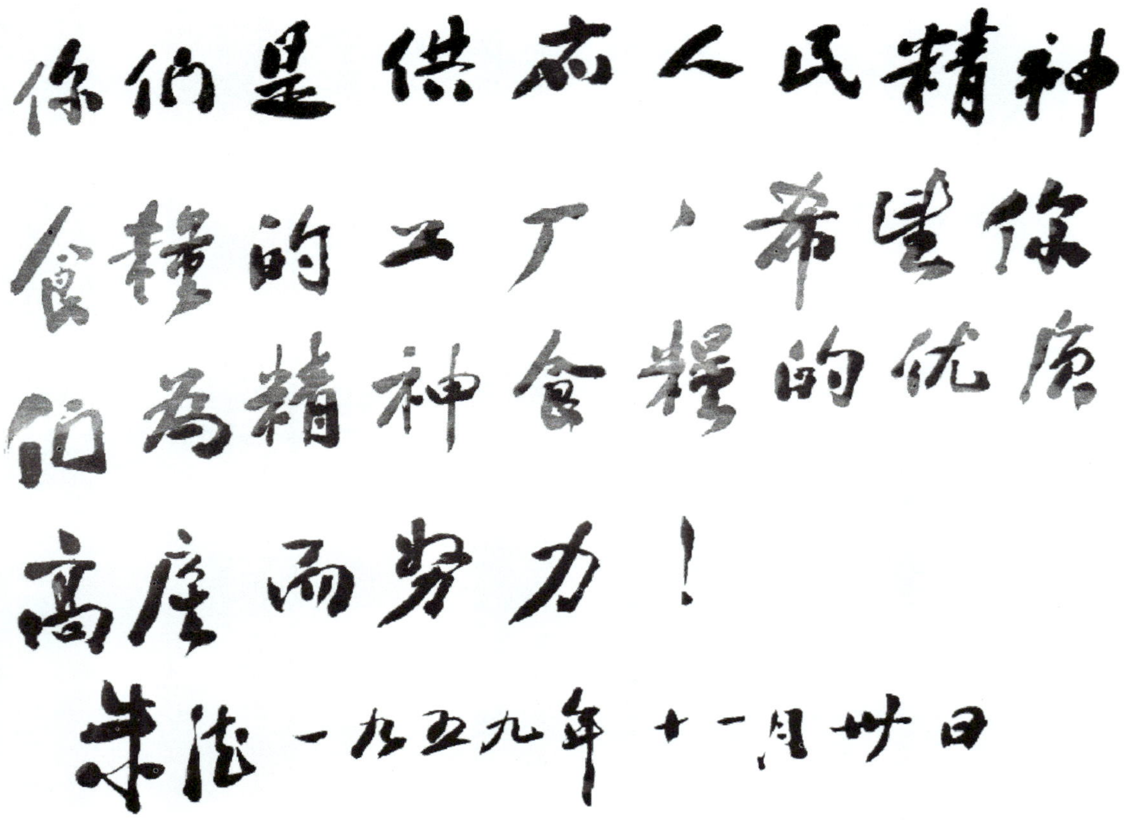

你们是供应人民精神食粮的工厂，希望你们为精神食粮的优质高度而努力！
朱德 一九五九年十一月廿日

1959 年朱德委员长为新华印刷厂题词手迹

1959 年朱德委员长为新华印刷厂题词

局、商务印书馆、开明书店、联营书店和三联书店的发行机构也合组公私合营性质的图书发行公司。1950年全国已有公私合营出版社7家。但是,对私营出版业大规模的社会主义改造是从1954年开始的。私营出版业社会主义改造的一般步骤是:在1954年、1955年把有一定编辑力量、出版态度比较严肃的出版社改为公私合营出版社;对有一定的编辑力量或与著译界有一定联系的出版社暂时保留,1955年、1956年分批淘汰;对没有编辑力量、不够出版条件,出版态度不好的出版社令其转业或停业。与此同时,对私营发行业、印刷业的社会主义改造也在进行。到1956年初,私营出版业、发行业、印刷业的社会主义改造基本完成。1956年底,全国公私合营出版社达到19家,1957年全国公私合营出版社增加到23家。另外还有相当数量的公私合营的书店、印刷厂。1958年在"一大二公"的"左"的思想的指导下,公私合营出版社、书店、印刷厂或是改为国营,或是并入国营,整个出版行业实现完全的国有化。

对于资本主义工商业的社会主义改造,邓小平1979年6月在全国政协五届二次会议开幕词中曾说:"我国资本主义工商业社会主义改造的胜利完成,是我国和世界社会主义历史上最光辉的胜利之一。这个胜利的取得,是由于中国共产党领导全体工人阶级执行了毛泽东同志根据我国情况制定的马克思主义政策,同时,资本家阶级中的进步分子和大多数人在接受改造方面也起了有益的配合作用"。(《邓小平文选》第2卷186页)《关于建国以来党的若干历史问题的决议》说:1956年对生产资料私有制的社会主义改造也有缺点和偏差,对手工业和个体工商业的改造的要求过急,工作过粗,改变过快,形式也过于单一,以至于在长时间遗留了一些问题,资本主义工商业改造基本完成以后,对一部分原工商业者的使用和处理也不很适当。"但整个来说,在一个几亿人口的大国中比较顺利地实现了如此复杂、困难和深刻的社会变革,促进了工农业和整个国民经济的发展,这的确是伟大的历史性胜利。"对于私营出版业的社会主义改造,也是如此。

三、出版事业曲折发展

"文化大革命"前17年,出版事业在发展过程中,曾经经历了不少的曲折,其中对出版事业发展影响最大的是50年代后期60年代初期"反右派"、"大跃进"等。1956年1月,中共中央召开知识分子问题会议,随后提出"百花齐放、百家争鸣"的方针,这应该说对出版业的发展是有利的。但是在1957年夏季开始的反右派斗争扩大化,使出版业的发展受到了严重的影响,出版界的一些编辑、出版人员及领导干部被错划为"右派分子"而受到开除公职、劳动教养、撤职、降级、开除党籍、开除团籍等处分。虽然1959年曾发出分期分批摘掉"右派分子"帽子的指示,但随之而来的"反右倾"斗争,又有许多的编辑出版人员受到牵连。不仅如此,在这两次运动中,还有大批的作者也受到错误的对待,一些作者因此不能著述,这对出版业发展的影响也是很大的。1978年4月,中共中央决定全部摘掉"右派分子"的帽子,到1981年底对错划为"右派分子"的同志的改正工作才基本完成。

1958年初,在反对"反冒进"的形势下,提出了"大跃进"的口号。3月3日,中共中央在《关于开展反浪费反保守运动的指示》中,提出了"生产大跃进和文化大跃进"。全国各行各业,包括出版业在内,普遍开展了"大跃进",出版界的"大跃进"首先从上海开始,3月10日至15日,文化部在上海召开全国出版工作跃进会议,会议提出在全国全面大跃进形势下,出版工作也要来个大跃进,要坚决、彻底地完成反浪费反保守运动,打掉右倾思想,打掉官气、暮气、阔气、骄气、娇气。会议通过了跃进会议的倡议书、向全国出版工作者的倡议书、全国地方出版社跃进竞赛书以及向全国发行工作人员的倡议书等,提出:积极增加数量、大力提高质量、提倡开门办社、干部轮流下放、缩短出书时间三分之一、将全国征订书籍的时间从55天缩短到40天、使科技书的发行册数比1957年增长80%等倡议。在"大跃进"期间,出版界还批评了出版工作脱离政治、脱离实际的倾向,提出出版工作要政治挂帅、为现实服务等口号。在"大跃进"的鼓舞下,一些县、区办起了出版社,据有关档案资料统计,到1958年12月,全国出版社总数曾达到172家,其中许多是地区和县办出版社;1959年,全国地区和县级办的出版社就多达114家(注:纳入全国正式统计的出版社1958年为95家,1959年为96家)。一些出版社搞起了出书竞赛,有的三天出版一本书、有的一天出版一本书、有的十几个小时出版一本书,使全国图书总数猛增,1957年全国出版图书27571种,到1958年达到45495种。杂志、报纸的数量增加也很快,1957年全国有杂志634种,报纸364种;到1958年杂志达到822种,报纸达到491种。图书、杂志、报纸的印数也都有大幅度增长。但是由于书刊质量不高,造成了书刊的大量积压。1957年全国库存图书9.8亿册,1958年增加到13.2亿册,1959年达到15.6亿册。对于此种情况,中共中央1959年3月在《关于报刊书籍出版发行工作几个问题的通知》中说,出版业的大跃进"人为地造成纸张供应紧张,妨碍了出版事业的正常发展"。1960年冬天,大跃进被停止,这期间办的地区和县级出版社相继停办,图书品种、库存都明显回落。

60年代初,由于国家经济十分困难,出版业的发展也出现下降的趋势,1961年全国出版业的许多指标都降到了50年代初期的水平。如全国图书品种数1961年为13529种,总印数10.16亿册,杂志410种,总印数2.32亿份,都与1952年前后相当。1962年以后,由于对阶级斗争认识的偏差,错误地提出"以阶级斗争为纲",此后,在意识形态领域的错误的、过火的政治批判,也妨碍了出版业的健康发展。

四、出版事业取得的显著成就

"文化大革命"前的17年,我国出版事业的发展虽然经历了许多曲折,但这都是发生在前进道路上的问题,是前进中的曲折,总的来看,17年出版事业的发展成就是主要的。

1. 出版物匮乏的局面基本得到扭转,出版物的品种、数量都有很大的发展

1950年,全国出版图书12153种,总印数2.75亿册,全国年人均图书0.5册;全国出版杂志295种,总印数0.35亿册,年人均杂志0.1册;全国出版报纸382种,总印数7.98亿份,每千人每天拥有报纸4.0份。1965年,全国出版图书20143种,总印数21.71亿册,年人均图书3册;全国出版杂志790种,总印数4.41亿册,年人均杂志0.6册;全国出版报纸343种,总印数47.41亿份,每千人每天拥有报纸17.9份。与1950年相比,图书品种数是1950年的1.66倍,印数是1950年的7.89倍,人均图书册数是1950年的6倍;杂志品种是1950年的2.68倍,印数是1950年的12.6倍,人均杂志份数是1950年的6倍;报纸品种是1950年的0.89倍,印数是1950年的5.94倍,人均报纸份数是1950年的4.48倍。

2. 出版法规初步建立

新中国成立后,出版行政管理机关注意到使用法规管理出版的问题。国家立法机关、行政机关及出版行政管理机关制定了一些出版管理法规,如1950年政务院发布的《关于改进和发展全国出版事业的指示》、1951 年政务院发布的《国外印刷品进口暂行规定》、1952 年政务院发布的《管理书刊出版业印刷业发行业暂行条例》、《期刊登记暂行条例》等；有的法规至今仍然发挥效力，如 1955 年全国人民代表大会常务委员会发布的《关于处理违法的图书杂志的决定》、1955 年文化部发布的《关于书籍、杂志使用字体的原则规定》、《关于汉文书籍、杂志横排的原则规定》等。

3. 图书出版成就显著

出版工作配合党和国家在不同时期的中心工作，出版了大量的适应时代需要、符合时代特点的政治、经济、文化、科学技术图书，为新中国的巩固与发展作出了应有的贡献。

马克思、恩格斯、列宁及斯大林著作的出版。新中国成立后，党和政府十分重视马列著作的出版。从 1949 年到 1965 年，人民出版社先后出版了《斯大林全集》共 13 卷、《列宁全集》共 39 卷、《马克思恩格斯全集》21 卷（1956

中国青年出版社小说编辑部在五六十年代出版过一大批誉满中外的文学作品。《红岩》、《红日》、《创业史》等曾为千百万青年所喜爱，影响过一代人的成长。

年开始到“文革”中断，未出齐）《列宁选集》（共 4 卷）及许多马、恩、列、斯著作的单行本。

对毛泽东著作的出版，各级出版发行印刷机构都当做头等大事来抓。从 1951 年《毛泽东选集》第一卷出版到 1965 年，《毛泽东选集》一至四卷汉文版共印刷 1114.9 万部，蒙古文、藏文、维吾尔文、哈萨克文、朝鲜文等少数民族文字 6 种版本共计印刷 21.6 万部，盲文版 2000 部，英、法、西、俄等外文版 10 万部。此外还有《毛泽东著作选读》（甲种本、乙种本）、《毛泽东军事文选》、《毛泽东诗词》及毛泽东著作单行本、合编本等多种。党和国家其他领导人的著作也有出版，如刘少奇著《论共产党员的修养》、《论党》，周恩来著《关于知识分子问题的报告》等。

文学创作、出版活跃。在这一时期，新创作的著名文学作品大量出版，如马烽、西戎著《吕梁英雄传》，周立波著《暴风骤雨》，杜鹏程著《保卫延安》，梁斌著《红旗谱》，吴强著《红日》，刘流著《烈火金刚》，罗广斌等著《在烈火中永生》，柳青著《创业史》，罗广斌、杨益言著《红岩》，姚雪垠著《李自成》第一卷等等。

此外，鲁迅著《鲁迅全集》、《呐喊》、《野草》，巴金著《家》、《春》、《秋》，以及茅盾、老舍、丁玲、叶圣陶等现代作家的作品，中国古

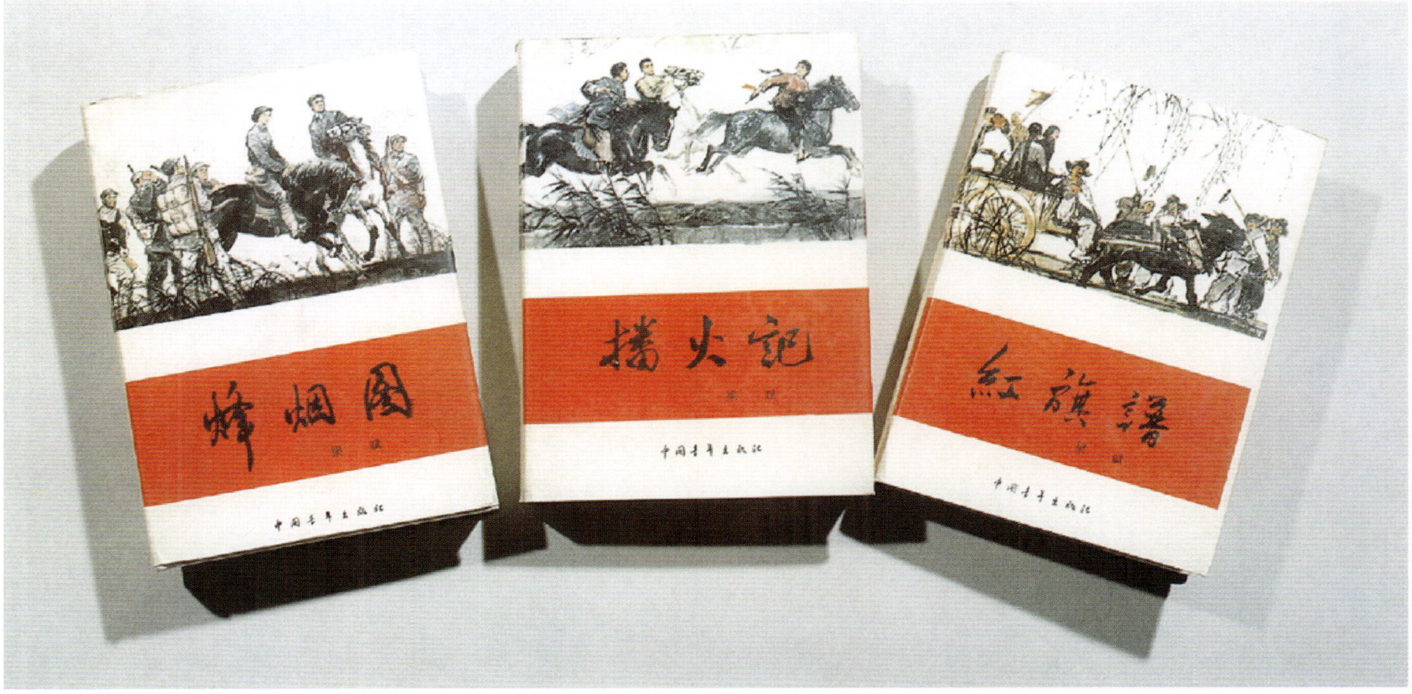

五六十年代中国青年出版社出版的《红旗谱》、《播火记》、《烽烟图》。

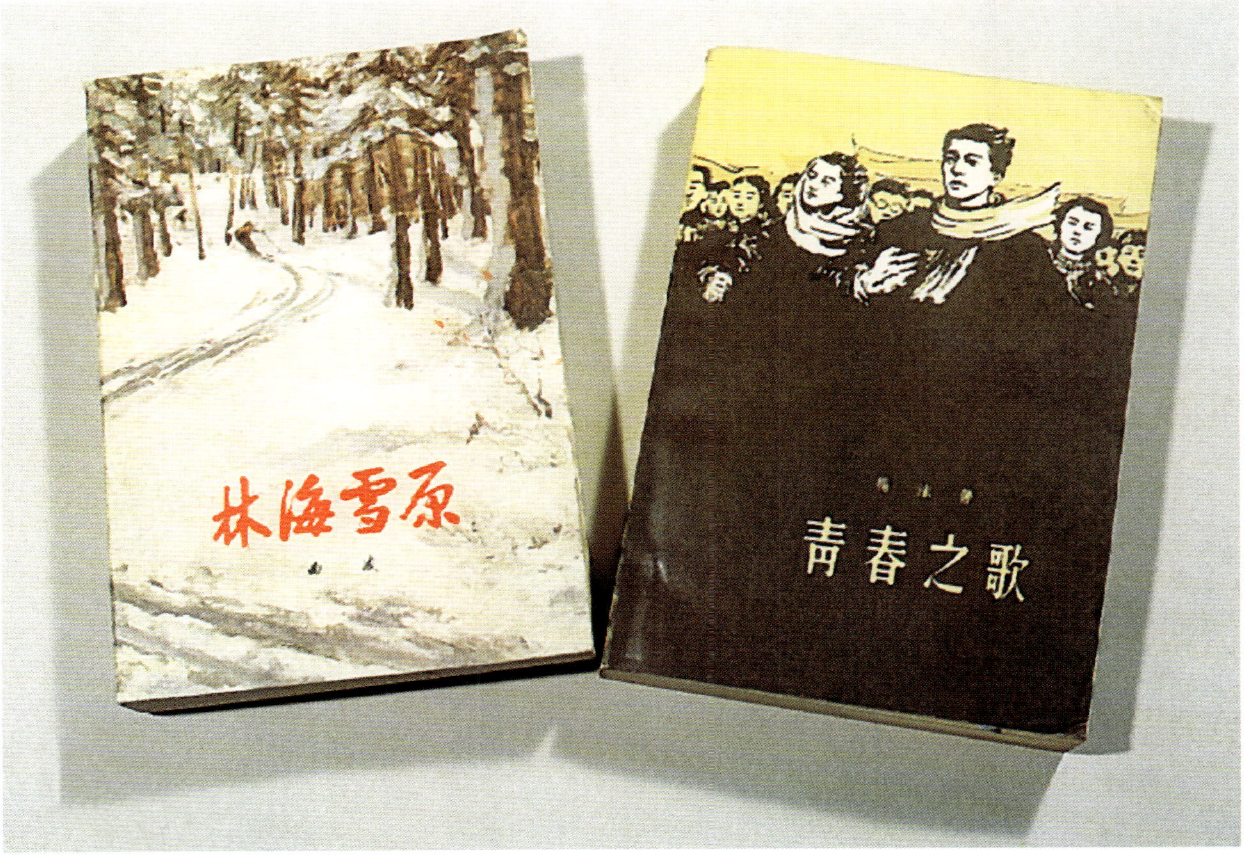

五十年代，人民文学出版社出版的《林海雪原》、《青春之歌》。

典文学名著如《红楼梦》、《三国演义》、《西游记》、《水浒》、《楚辞集注》、《古本戏曲丛刊》等，国外优秀文学作品如《牛虻》、《钢铁是怎样炼成的》、《欧也妮·葛朗台》、《安娜·卡列尼娜》、《汤姆·索亚历险记》等，也都大量出版，深受人民喜爱。

哲学社会科学图书、自然科学技术图书有很大发展。1952 年，全国出版哲学社会科学图书 1302 种、8906 万册，到 1964 年增加到 1991 种、38248.4 万册，分别是 1952 年的 1.53 倍和 4.29 倍；1952 年全国出版自然科学技术图书 2918 种、2501 万册，到 1964 年增加到 4491 种、6997.7 万册，分别是 1952 年的 1.54 倍和 2.8 倍。哲学社会科学类重要的著作如侯外庐主编的《中国思想通史》、胡乔木著《中国共产党三十年》、薛暮桥著《政治经济学》、范文澜著《中国通史简编》等，自然科学技术类重要著作如华罗庚著《数论引导》和《堆垒素数论》、钱伟长等著《弹性圆薄板大挠度问题》、赵忠尧等主编《原子能的原理与应用》、钱学森著《工程控

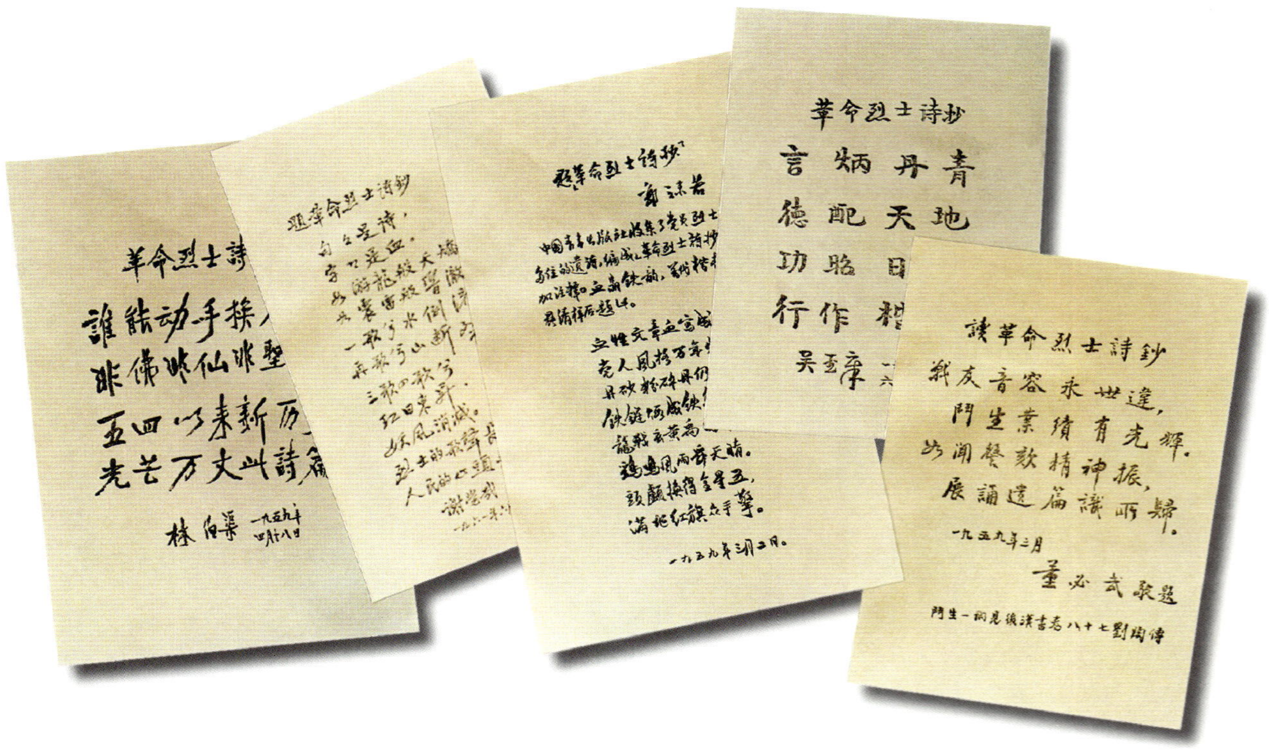

1959 年《革命烈士诗抄》由人民文学出版社出版，党和国家领导人董必武、林伯渠、谢觉哉、郭沫若、吴玉章等同志为该书题词。

姚雪垠先生的长篇小说《李自成》

巴金先生的长篇小说《家》、《春》、《秋》

制论》等。

工具书的出版开始起步。《新华字典》、《现代汉语词典》的编纂工作和《辞海》、《辞源》的修订工作都是始于 50 年代。《新华字典》由人民教育出版社在 1953 年出版，1957 年转由商务印书馆发行；其他三种由于历史原因"文革"前都没有正式出版，而是出版"未定稿"、"修订稿"或"试用本"。此外还出版了双语词典如《英华大辞典》、《俄汉大辞典》等。据统计，"文革"前 17 年，全国出版各种工具书 765 部。

古籍整理与出版取得重要成果，整理出版了《资治通鉴》、《续资治通鉴》、《史记》、《前汉书》、《后汉书》、《三国志》、《全宋词》、《全唐诗》等。

此外，儿童读物、青年读物、政治理论读物、科学普及读物等都有较大的发展。

人民出版社出版的毛泽东著作

人民文学出版社出版的部分翻译文学作品

4. 少数民族文字出版从无到有

中国是一个多民族的国家,许多民族有自己的文字,中国共产党和中国政府十分重视少数民族出版事业,除在少数民族人口较多的省区如新疆、西藏、内蒙古、四川、云南、贵州、广西、吉林等省区建立以民族文字出版为主要任务的出版社外,还在北京成立民族出版社,出版民族书刊。据统计从 1949 年到 1965 年,全国用蒙古、藏、维吾尔、哈萨克、朝鲜、壮、布依、苗等 19 种文字出版图书 11435 种,印刷 7933 万册。少数民族文字的杂志、报纸也有较大的发展,1952 年全国有少数民族文字杂志 15 种,印数 169 万册,到 1965 年发展到 36 种,印数达到 268 万册;1950 年全国有少数民族文字报纸 14 种,印数 259 万份,到 1965 年,发展到 36 种,印数达 3955 万份。

《新华字典》(1992 年重排本)(商务印书馆)

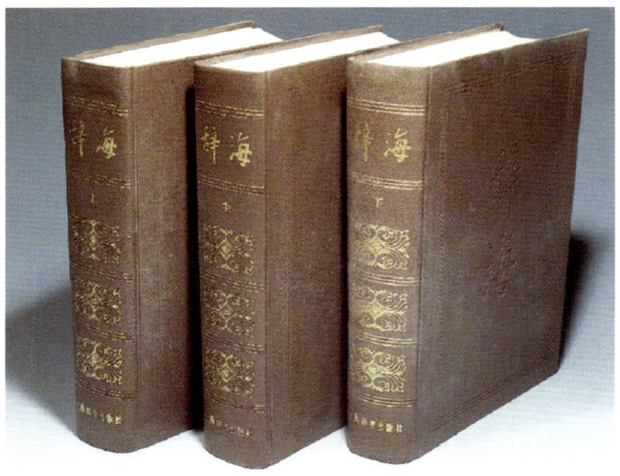

1979 年上海辞书出版社出版的《辞海》

5. 杂志出版门类齐全

杂志的发展也很快。据统计,1949 年全国有杂志 257 种,1950 年 12 月全国共有杂志 295 种,其中公营 172 种、公私合营 10 种。1956 年全国杂志达到 484 种,1965 年达到 790 种。杂志的印数有了大幅度的增加,1965 年全国杂志的总印数达到 4.41 亿册,是 1949 年的 22 倍。杂志的门类更加齐全,出现了一批著名的杂志。如综合类的《新华月报》、通俗类的《时事手册》、政治类的《学习》和《红旗》以及青年读物类的《中国青年》、《农村青年》、《中国妇女》等都拥有大量的读者。在哲学社会科学杂志中,《哲学研究》、《历史研究》、《经济研究》等很有代表性,在自然科学技术类杂志中,《中国科学》、《科学通报》、《土壤学报》、《地理学报》、《动物学报》等体现了我们在这些领域中的研究水平。此外,还有相当数量的文学艺术类、文化教育类及科学普及类杂志。如《人民文学》、《人民画报》、《小朋友》、《无线电》等等,也都受到了读者的欢迎。

6. 书刊印刷能力大大增强

旧中国留下来的印刷力量比较薄弱,1949 年,全国印刷工人 3925 人,年书刊印刷生产量铅印 13 万令,胶印 7 万色令,排字量 12192 万字,书刊印刷工业总产值 556 万元,书刊印刷

《新华字典》(1998 年修订本),该字典总发行量超过 3 亿册。

《辞源》(修订本)(商务印书馆)

人民出版社出版的部分马克思、恩格斯著作选读本和单行本。

1961年印度尼西亚共和国总统苏加诺来华时，刘少奇、周恩来赠送由人民美术出版社出版的《印度尼西亚共和国总统苏加诺工学士博士藏画集》(简称《苏加诺藏画集》6卷本)，受到苏加诺总统的高度赞扬。

人民美术出版社1956年出版的《苏加诺藏画集》书影。

1956年人民美术出版社社长邵宇为出版《苏加诺藏画集》带领工作组赴雅加达，受到印度尼西亚总统苏加诺的接见。

1964年10月10日，毛泽东、朱德等党和国家领导人亲切接见少数民族参观团，民族出版社参加翻译工作的人员也受到接见。

机械落后，且地区分布不合理。党和政府十分重视印刷业的发展，1958年文化部组织召开全国报纸书刊印刷工作会议，制定书刊印刷发展规划，与会代表受到周恩来总理的接见。1959年，朱德委员长视察北京新华印刷厂、北京人民印刷厂并题词。经过17年的建设与改造，书刊印刷能力大大增加，到1965年全国有书刊印刷职工42894人，书刊印刷工业总产值30700万元，书刊印刷生产量铅印472万令、胶印444万色令，排字量307021万字。印刷机械也从四开机、对开机、圆盘机为主，发展到拥有轮转铅印机、四色胶印机等，包括新疆、西藏、云南、黑龙江等边远省区的印刷业都得到了不同程度的发展。

7. 书刊发行网络遍布全国

图书发行工作也有很大的成绩，图书发行网点由1949年的735个发展到1965年的52198个（其中新华书店网点3911个，供销社、商业部门售书点48287个），发行工作人员从1950年的12000人增加到了1965年的36000多人，图书销售的册数从1950年的2亿册发展到1965年的18.6亿册，销售金额从1950年的0.5亿元发展到1965年的4.3亿元。

1952年出版总署与邮电部就报刊发行发布联合通知，从1953年开始，报刊发行交邮电局负责，图书发行由书店负责，从此形成了图书发行与报刊发行的两大体系。

8. 出版教育与科研机构逐步建立并开始形成格局

出版教育与科研是出版业持续发展的重要保证，也是出版事业发展的重要体现。"文革"前，我国在成人出版教育、中等出版教育及印刷研究方面开始起步。成人出版教育起步早，在1949年的5月出版委员会就组织短期业务训练班，1952年出版总署又开办了出版干部学校，1958年文化部成立文化学院，主要是对出版人员进行短期培训。正规教育于1953年开始，出版总署在上海成立了上海印刷学校。一些省市也办了印刷学校。

1956年，在北京建立了北京印刷技术研究所（1978年改名为中国印刷科学技术研究所），在上海印刷工业公司成立了实验室（1961年改为上海印刷技术研究所），对与印刷有关的技术进行研究。

9. 出版对外交流稳步发展

出版对外交流主要有出版物的进出口、出版人员的往来、参加或举办国际图书博览会等。在出版物的出口方面，出口的渠道进一步扩大，以国际书店为例，1952年有业务往来的国家和地区是42个，业务单位200个，到1964年分别发展到91个和738个。出版物的出口大量增加，仅以中文图书为例，1951年出口仅5万册，到1965年增加到401万册。1952年我国首次参加莱比锡国际博览会，此后还参加过法兰克福国际博览会、波兰华沙书展、匈牙利国际书展等国际图书博览会。在1959年的莱比锡国际书籍艺术展览会上，中国的出版物获得了10枚金质奖章、9枚银质奖章、5枚铜质奖章。

此外，为了扩大出版的对外交流，我国还在1950年，创办了新中国第一个外文期刊《人民中国》(半月刊)英文版，1952年创办《中国建设》英文版，1958年创办《北京周报》英文版等外文期刊。在1952年成立了外文出版社，专门出版外文书刊。到1965年全国有外文出版社2家，用43种外文出版3000多种图书，用13种外文40个文版出版外文杂志。

第二部分 “文化大革命”对出版事业的摧残与破坏

1966 年 5 月至 1976 年 10 月的“文化大革命”，使党、国家和人民遭受到建国以来最严重的挫折和损失。这挫折和损失波及到社会的方方面面，出版业也不能幸免。

1965 年 11 月 10 日，上海《文汇报》发表了姚文元的文章《评新编历史剧〈海瑞罢官〉》，引发了文学艺术领域里的批判运动，拉开了“文化大革命”的序幕。姚文元的文章很快在上海出版并在全国各地新华书店发行。“文化大革命”对出版业的破坏是多方面的，是极为惨痛的。

一、出版行政管理机构瘫痪

1966 年 5 月 16 日，中共中央政治局召开扩大会议，通过了“文化大革命”的纲领性文件《中国共产党中央委员会通知》，即《五·一六通知》，要求全党“高举无产阶级文化大革命的大旗，彻底揭露那批反党反社会主义的所谓‘学术权威’的资产阶级反动立场，彻底批判学术界、教育界、新闻界、文艺界、出版界的资产阶级反动思想，夺取在这些领域中的领导权”。此后“文化大革命”全面展开。1967 年 1 月，上海市的造反派篡夺了上海市的党政大权，并受到了中央的肯定，各省市、各行业、各部门的造反派纷纷效仿，掀起夺权风潮。在此鼓舞下，1967 年 1 月 22 日，在“中央文革小组”的支持下首都出版系统造反派宣布：“出版系统的革命造反派起来造反了，起来从旧中宣部、旧文化部和出版界一小撮反革命修正主义分子手里夺过出版大权了”。“造反派”的夺权，导致了国家出版行政管理机构的瘫痪。各省市区的出版行政管理机构也陷于瘫痪。这种状态持续到 1970 年国务院“出版口”成立，1973 年国务院设立国家出版事业管理局，出版行政管理机构和管理工作才逐步恢复。

二、编辑出版人员被下放，编辑出版机构减少

1967 年 1 月，在出版行政管理权被造反派篡取的同时，各出版单位的权力也落入了造反派的手中，出版工作处于停滞状态。1968 年 5 月，中共中央转发了《北京新华印刷厂军管会发动群众开展对敌斗争的经验》(1979 年 9 月中共中央撤销了这个文件)，要求各单位“有步骤地有领导地把清理阶级队伍这项工作做好”，“清队”运动在全国展开。此后，大批的编辑出版人员或是被下放到“五七干校”进行劳动改造，或是被赶出了出版系统。据统计 1964 年全国共有出版社 87 家，共有职工 8678 人，其中编辑人员 4391 人。到 1971 年，全国出版社仅剩 46 家，职工 4693 人，其中编辑人员仅有 1355 人，职工总数约为“文革”前的一半，编辑人员不及“文革”前的三分之一。

三、书刊品种锐减，图书印数上升，书刊市场结构失衡

“文化大革命”开始以后，除了毛泽东著作的出版，书刊出版受到极大的破坏，图书、杂志品种锐减。1965 年，全国出版图书 20143 种，到 1966 年仅有 11055 种，1967 年骤减到 2925 种，直到 1973 年图书品种都在 10000 种以下。与图书品种下降相反，图书印数剧增，1965 年全国图书印数为 21.71 亿册，1966 年猛增到 34.96 亿册，1967 年、1968 年的印数都超过 1965 年。但由于图书品种单一、质量下降，导致人们对图书购买减少、图书库存增加。1965 年，全国库存图书 13.9 亿册，1966 年增加到 17.1 亿册，1967 年猛增到 35.7 亿册，1969 年更高达 41.3 亿册，1967 年到 1969 年，每年的图书库存数远远大于当年图书销售数。1965 年全国有杂志 790 种，1966 年降到 191 种，1967 年锐减为 27 种，1969 年全国杂志仅仅 20 种，杂志出版降至谷底。

四、毛泽东著作的出版数量急剧增长

1966 年 8 月，中共中央决定加速大量出版毛泽东著作，12 月，中共中央又决定 1967 年印刷《毛泽东选集》8000 万部。1967 年 1 月，文化部被造反派夺权后，中共中央文化革命小组于 5 月成立“毛主席著作出版办公室”，负责毛泽东著作出版工作，毛泽东著作的出版成为最主要的出版任务和政治任务。“文革”期间，毛泽东著作，特别是《毛主席语录》大量出版发行。据统计，1964 年至 1976 年，《毛主席语录》共出版汉文版 10.55 亿册，用 6 种少数民族文字共 8 种文本出版了 1600 多万册，用 37 种外文出版了 2000 多万册。1966 年至 1976 年出版《毛泽东选集》汉文版 23651 万部，少数民族版 289 万部，外文版 202.9 万部。此外，《毛泽东著作选读》、《毛主席诗词》、“老三篇”、“毛主席的五篇著作”等毛泽东著作的单行本或合编本、毛主席像等数量也很大。

1967 年 1 月以后，各出版单位工作处于停滞状态。大批编辑出版人员或是被赶出出版系统，或是被下放到“五七干校”进行劳动改造。图为人民美术出版社职工在湖北咸宁“五七干校”春耕。(1971 年)

五、毛泽东、周恩来等对出版工作的关怀

出版界的混乱，引起了毛泽东、周恩来等的关注，为了扭转出版界的混乱局面，把“四人帮”对出版业的破坏减少到最低程度，毛泽东、周恩来等对出版工作作出了许多直接指示。

毛泽东关心出版工作，1971 年 5 月，出版口领导小组根据周恩来关于二十四史的指示精神，向中央写了《整理出版二十四史及〈清史稿〉的请示报告》，毛泽东批示：同意。在周恩来、毛泽东的关怀下，二十四史的整理出版工作得以恢复。1973 年，毛泽东又指示恢复《历史研究》等刊物。

周恩来对出版工作的关怀是多方面的。1970 年 10 月，周恩来指示把毛主席著作出版办公室与同年 5 月成立的“出版口三人领导小组”合并成立“出版口五人领导小组”，统一对出版工作的领导。

1971 年 3 月，根据周恩来的指示，全国出版工作会议在北京召开，会议历时 4 个多月，直到 7 月 22 日结束。这次会议的召开，对出版工作的恢复是有积极意义的，会议期间，周恩来两次接见会议代表，对出版工作中的极“左”思潮进行了严肃的批评，对出版工作作出了许多重要的指示：“你们管出版的，要印一些历史书。我们要讲历史，没有一点历史知识不行。你们的出版计划中有没有历史书籍？现在书店里中国和外国的历史书都没有。不出历史、地理书籍，是个大缺点。”“同志们说，有的地方把封存的图书都烧了，我看烧的结果就是后悔。应该选择一些旧的书籍给青少年批判地读，使他们知道历史是怎么发展的。都读新的，哪有那么多？”“《鲁迅全集》封起来干什么？这不是滑稽得很吗！普列汉诺夫前期是马克思主义者，有好的著作。把有点问题的书都封起来，只有少数人能看，只相信自己不会受影响，其他人就都会受影响？群众总是比我们个人知道得多，他们是能够做出判断的。一面说青年没书读，一面又不给他们书读，就是不相信青年人能判断。无怪现在没有书读了，这完全是思想垄断，不是社会主义民主。”“我看现在要出一批书，要广开言路。读马克思、列宁的书和毛主席的书是主要的，但也要读历史、地理，读哲学。”（《周恩来选集》下卷第 470 页－471 页）

周恩来还十分关心词典、古籍等的出版。1970 年 9 月，周恩来在接见出版部门的负责人时，谈到字典的出版问题。周恩来说：“王云五编的四角号码字典为什么不能用？不要因人废文。一个人有问题，书就不能用了？”“中华书局、商务印书馆就不能要了？那样做，不叫为群众服务。青年一代着急没有书看，他们没有好书看，就看坏书。”“《新华字典》也是从《康熙字典》发展来的嘛！编字典可以有创造，但创造也要有基础。要古为今用，推陈出新。新的出不来，旧的又不能用，怎么办？”（《周恩来选集》下卷第 467 页－468 页）周恩来指示，立即组织班子，开始进行《新华字典》的修订工作。11 月，周恩来亲自审阅了送审的《新华字典》的稿子，并提出了建议。周恩来还指示，光有《新华字典》不够，还要编一本《新华词典》。周恩来关心《汉英词典》的编写工作，并指示

“文化大革命”期间，西藏各族人民在购买毛主席著作。

外交部大力支援编辑工作。

1971 年 4 月，他还亲自过问二十四史的整理工作，他指示：二十四史中除已有标点者外，再加《清史稿》，都请中华书局负责加以组织，请人标点，由顾颉刚先生总其成。

从 1971 年以后，在毛泽东、周恩来等的关怀下，出版工作开始恢复，主要表现是图书、杂志品种及印数明显增加。1971 年全国出版图书7771 种，是 1970 年的 4889 种的 1. 59 倍，图书印数 24. 21 亿册，是 1970 年 17. 86 亿册的 1. 36 倍。1973 年图书品种超过 10000 种。1971 年全国有杂志 72 种，是 1970 年的 21 种的 3. 4 倍，总印数 1. 6 亿份，是 1970 年 0. 69 亿份的 2. 3 倍，1972 年杂志种数达到 194 种，1973 年达到 320 种。其次，编辑出版队伍开始重整，一些老干部得到解放和使用，一批编辑出版人员从“五七干校”调回来，重新参与编辑出版工作。但是由于“四人帮”横加在出版界的“两个估计”还在，广大出版工作者的积极性还没有被调动起来，出版生产力还没有得到解放。

1975 年 5 月，在邓小平主持中央工作期间，国家出版局和教育部联合在广州召开了中外语文词典编写出版工作座谈会，制定了 1975 年至 1985 年编写出版 160 部中外语文词典规划，提出包括《辞源》、《辞海》、《汉语大字典》、《汉语大辞典》等在内的大型工具书修订、编撰出版计划，此报告经邓小平审阅并报周恩来批准，由国务院批转，对以后的工具书出版有重要的作用。

六、“两个估计”成为出版界的精神枷锁

1966 年 4 月，中共中央批准了《林彪同志委托江青同志召开的部队文艺工作座谈会纪要》。《纪要》提出建国以来文艺界被一条与毛主席思想对立的反党反社会主义的黑线专了我们的政，声称要彻底搞掉这条黑线。受此影响，出版界也出现了否定新中国成立以来的出版工作、全盘否定出版队伍，甚至否定解放区出版工作和国统区的进步出版事业的做法。1971 年 3 月至 7 月的全国出版工作座谈会期间，虽然周恩来总理多次批评极“左”思想，给出版工作以具体的指示，对出版工作的恢复起到了推动作用，但是“四人帮”对抗周恩来的指示，他们提出：“文化大革命”前 17 年，出版阵地被刘少奇、“四条汉子”严密控制着，执行的是与毛主席革命路线相对立的反革命修正主义路线，叛徒、特务、走资派和反革命修正主义分子把持各级领导大权。出版战线也是知识分子成堆的部门之一，也是资产阶级知识分子独占的一统天下。在这条战线上工作的干部，真正执行毛主席革命路线的很少等等。会后，他们又把“两个估计”，即：“文化大革命”前 17 年的出版工作是“反革命专政”，“出版队伍基本上是资产阶级的”写进了会议报告，并由中共中央转发全国，成为出版工作者新的精神枷锁，使出版工作难以真正得到恢复。

《毛泽东选集》出版后，山东省历城县北园人民公社的社员在田间学习讨论。

第三部分
党的十一届三中全会后出版事业取得了巨大的成就

1976 年 10 月，"四人帮"反革命集团被粉碎，长达十年之久的"文化大革命"结束。1978 年 12 月，中国共产党第十一届三中全会胜利召开，确定了解放思想、开动脑筋、实事求是、团结一致向前看的指导方针，作出了把工作重点转移到社会主义现代化建设上来的战略决策。此后，与其他各项事业一样，出版业也进入了前所未有的繁荣与发展的新时期。

一、出版事业逐步恢复

1. 通过拨乱反正，逐步明确出版工作的基本任务

"文化大革命"对出版业的破坏是巨大的，影响是深远的。粉碎"四人帮"后，出版界一方面肃清极"左"思想在出版工作中的影响，一方面解放思想、实事求是，明确出版工作的任务。1977 年 12 月，国家出版局在北京召开全国出版工作座谈会，批判"四人帮"强加给出版界的"两个估计"。会议指出，这两个估计是套在广大出版工作者头上的紧箍咒，必须推倒。1978 年 12 月党的十一届三中全会提出全党全国工作中心转移之后，国家出版局于 1979 年 5 月提出，全党工作重点转移以后，出版工作的着重点也要转移，出版工作的主要任务是：坚持百花齐放、百家争鸣的方针，通过不断地提高出版物的质量和增加新书的品种，完整地准确地宣传马列主义、毛泽东思想的科学体系，广泛地传播科学文化知识，为提高整个中华民族的科学文化水平、为社会主义现代化建设服务。1979 年 12 月国家出版局在长沙召开了全国出版工作座谈会，会议提出新时期出版工作的基本任务是：宣传马克思列宁主义、毛泽东思想，传播、积累科学文化技术知识和成果，丰富人民的精神文化生活，为提高整个中华民族的科学文化水平、为实现社会主义的四个现代化作出贡献；会议提出地方出版社出书不受"三化"(即地方化、通俗化、群众化)限制，可以试行"立足本省、面向全国"的出版方针。

2. 出版工作的恢复

出版工作的恢复突出地反映在三个方面，即出版机构的恢复与建立、图书出版品种的增加、杂志种数的增加。

1976 年，“文化大革命”结束时，全国共有出版社 75 家（不含副牌社），1977 年以后，“文革”期间被迫解散或合并的出版社逐渐恢复。1977 年恢复的有春风文艺出版社，1978 年恢复的出版社有科学普及出版社、石油工业出版社、中国电影出版社、纺织工业出版社、北京出版社、上海文化出版社等 18 家；1979 年恢复的出版社有世界知识出版社、电力工业出版社、福建人民教育出版社、百花文艺出版社等 6 家；1980 年恢复的出版社有法律出版社、中国统计出版社、中国林业出版社、中国戏剧出版社、宝文堂书店等 8 家。据不完全统计，从 1977 年到 1980 年，全国恢复与重建出版社 30 多家。与此同时，新建出版社的工作也在加紧进行，1977 年全国新建出版社 7 家，1978 年新建 9 家，如中国大百科全书出版社、中国社会科学出版社等，1979 年新建 22 家，如新华出版社、北京大学出版社等，1980 年新建 40 余家，如中共中央党校出版社、求是出版社等，截止到 1980 年 12 月全国共有出版社 169 家（不含副牌社）。

“文化大革命”结束后，由于“文革”对出版力的破坏难以及时恢复，因此，在一段时间内出现了没有书刊可以看、没有报纸可以阅读的罕见的“书荒”。为了扭转这种局面，广大出版工作者一方面加紧新书的出版，从 1977 年开始，各出版社都根据自己的情况，制定 1978 年—1980 年三年出书计划，国家也制定有关的出版规划，如全国科协和国家出版局联合制定的《1978—1985 年全国重点科普图书出版规划》、国家出版局制定的《1978 至 1980 年部分重点少儿读物出版规划》等，一些大型的工具书、重点图书如《中国大百科全书》、《中国美术全集》等开始编纂。到 1980 年，全国共

1977 年 4 月，中央派王匡同志到国家出版事业管理局主持工作，1978 年出任国家出版事业管理局局长。

《汉语大词典》学术顾问叶圣陶（右一）和大词典工委会主任陈翰伯（左二）、主编罗竹风（左一）在词典工作会议上。（1981 年 12 月 15 日）

1979 年 12 月 20 日中国出版工作者协会成立。陈翰伯（左一）、陈原（中）、廖井丹（右一）出席会议并讲话。

中国出版工作者协会于 1979 年 12 月 20 日在长沙举行成立大会。图为大会会场。

出版图书21621种，是1976年的1.68倍，总印数45.93亿册，是1976年的1.58倍，图书品种超过了1965年，图书印数达到建国以来最高水平。一大批高水平的图书，如新版《辞海》合订本、《辞源》(第一、二册)、薛暮桥的《社会主义经济理论问题》、《竺可祯文集》、陈景润的《初等数论》、张扬的《第二次握手》、钱钟书的《管锥篇》等出版发行。另一方面是对以前好书的重印与再版，出版界提出要把重印书当做一个战役来打，1978年初，国家出版局决定，从北京和上海有关出版社已出版的文艺书籍中，选出35种迅速重印，如《郭沫若剧作选》、《子夜》、《曹禺选集》、《儒林外史》、《悲惨世界》等。之后又与有关出版社联合商议在1978年内重印哲学、社会科学、文学、科学技术、美术、音乐、工具书等图书近300种，如胡绳的《帝国主义与中国政治》、吴强的《红日》、老舍的《骆驼祥子》、黑格尔的《哲学史讲演录》、但丁的《神曲》、王力的《古代汉语》、李四光的《地质力学方法》、《地质力学概论》及《现代汉语词典》和郑易里主编的《英华大辞典》等。

"文革"结束后，杂志的恢复与发展也很快。1978年初，《哲学研究》、《经济研究》、《文学评论》、《中国语文》等杂志恢复出版。一些新的杂志也相继创办，如《当代》、《半月谈》、《瞭望》等。1976年全国有杂志542种，1979年突破1000种大关，达到1470种，1980年突破2000大关，达到2191种，是1976年的4倍，同时杂志的印数也大幅度上升，1980年总印数达到11.25亿份，是1976年的2倍。

此外，书刊印刷、进出口方面也得到恢复，1978年中国印刷公司、北京印刷公司相继恢复，1980年建立中国出版对外贸易总公司，并相继在上海、福建等地建立分公司。

《中国美术全集·四川石窟雕塑卷》编辑组在四川广元千佛崖进行拍摄作业。

《中国美术全集》编委会成员及工作人员合影

由人民美术出版社、上海人民美术出版社、文物出版社、中国建筑工业出版社、上海书画出版社联合出版的《中国美术全集》(60卷)。

中国对外翻译出版公司的同志在外事活动中为邓小平同志等担任翻译。

1980 年 8 月，邓小平同志将美国友人赠送给他的新版《不列颠百科全书》转赠给中国大百科全书出版社，殷切希望我国自己的百科全书早日出版。

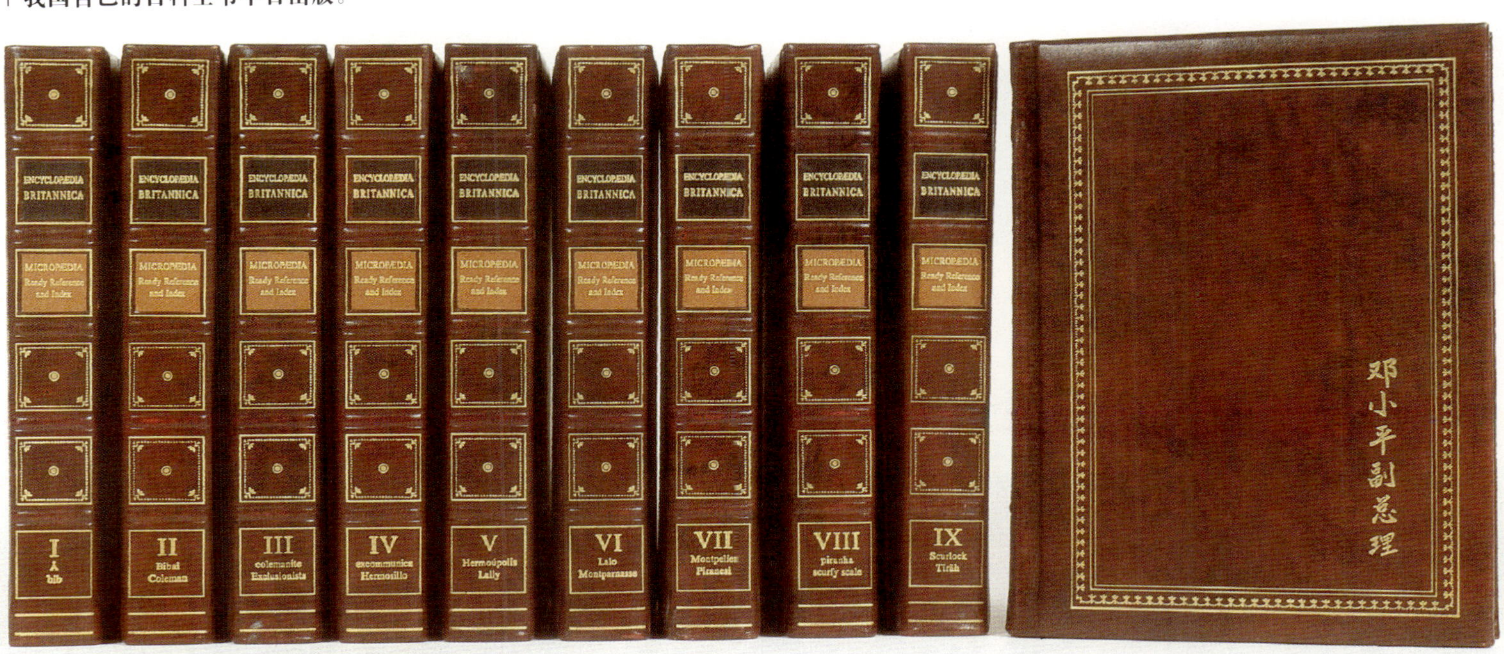

江泽民、李鹏等党和国家领导人接见参与《中国大百科全书》编写工作的专家们。

《中国大百科全书（简明版）》是"八五"期间国家重点出版工程，该书是以《中国大百科全书》为基础，经增补、改编、浓缩而成的一部综合性百科全书。

3. 出版的规章制度开始恢复

1978 年 7 月在国务院批转的《国家出版局关于加强和改进出版工作的报告》中提出：要恢复总编辑、主任编辑和责任编辑的三级审稿制度，对涉及有关毛泽东、党史、国界地图等图书要报有关部门审批等制度。1980 年 4 月在国家出版局制定、中央宣传部转发的《出版社工作暂行条例》中，对包括三审制在内的出版社工作进行了规定；1977 年 10 月经国务院批准试行新闻出版稿酬及补贴办法，1980 年 5 月，经中央书记处批准开始正式实施书籍稿酬的规定，恢复了中断十年之久稿酬制度；1978 年 11 月恢复了书目的编印工作，恢复了旧书的收售工作。针对出版工作发展的需要，还制定了许多新的规章制度，如 1979 年 6 月，国务院批转了外贸部《关于我国个人进出口自

1985 年 10 月 19 日，老一辈出版家胡愈之与赵家璧(左)在开明书店创建 60 周年纪念会上。

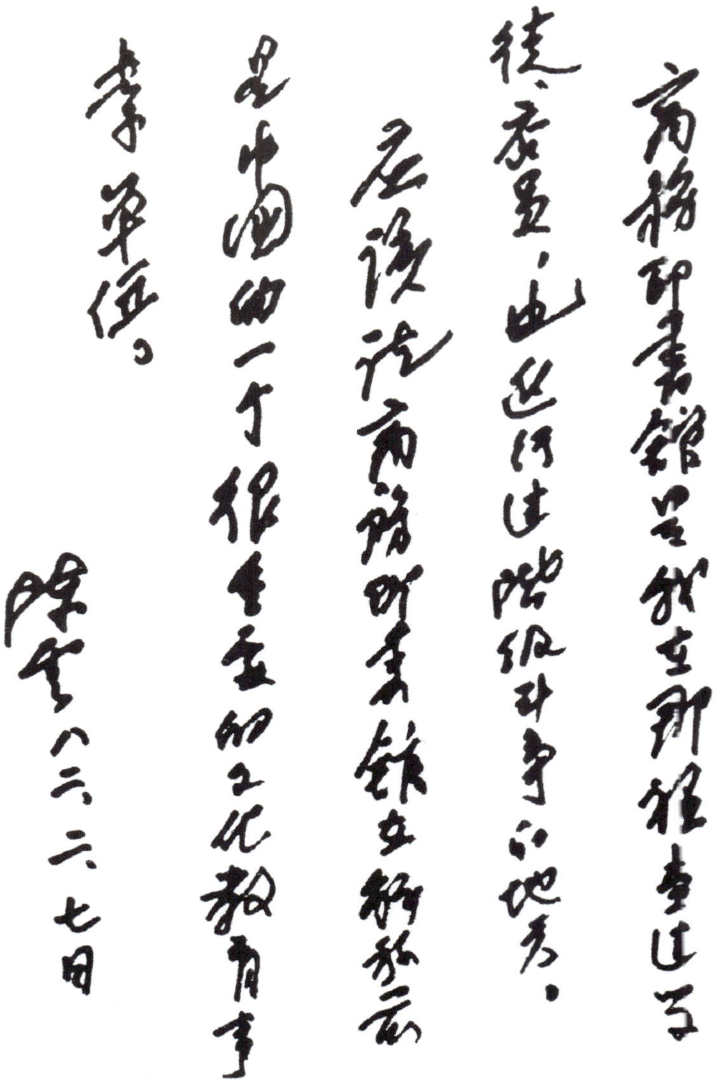

商务印书馆是我在那里当过学徒、店员，由此进行阶级斗争的地方。应该说商务印书馆在解放前是中国的一个很重要的文化教育事业单位。

陈云 八二、二、七日

1982 年 2 月 7 日，陈云同志为商务印书馆题词。

1990 年 7 月，时任新闻出版署副署长的刘杲同志视察成都古籍书店。

1989 年 8 月，中国印刷及设备器材工业协会会长范慕韩、新闻出版署负责人王强华、于永湛等参加全国第四次书刊印刷产品质量评比发奖大会。

用印刷品管理的暂行规定》，1980年11月国务院批转了国家出版局和国家人事局制定的《编辑干部业务职称暂行规定》，1980年8月，国家出版局颁布了《社店业务关系的规定》和《社厂签订合同的原则》等，逐步规范因"文化大革命"而放弃了的出版工作制度。

4. 出版教育、科研的恢复

"文革"期间，正规的出版教育被破坏，出版科学研究基本停滞。1978年，停办了近十年的上海印刷学校恢复工作，1979年辽宁印刷学校恢复招生。1978年12月经国务院批准，在北京筹建北京印刷学院，1983年以后又在一些大学设立编辑出版专业和发行专业，出版教育步入正轨。1977年—1980年，天津、广东、云南、辽宁、山东、山西、吉林、北京、湖南、重庆、黑龙江、新疆等省、市自治区相继建立印刷技术研究所，从事印刷技术研究。为了落实中共中央、国务院1983年6月《关于加强出版工作的决定》中提出的"要建立出版发行研究所"的指示，1985年，经国务院批准在北京建立了中国出版发行研究所（1989年改名为中国出版科学研究所），从事出版理论研究。出版教育与科研体系逐渐完善起来。

5. 专业群众团体开始建立

1979年12月，中国出版工作者协会成立，1980年3月中国印刷技术协会成立，此后一些省市区纷纷建立地方出版工作者协会和印刷技术协会。90年代以后，又建立了中国书刊发行业协会、中国期刊协会、中国音像协会、中国编辑学会、中国版权研究会等专业群众团体及相关的地方机构。

6. 出版物市场空前繁荣

图书销售册数、销售金额持续上升，1980年图书销售42.5亿册，销售金额15.5亿元，分别是1976年的1.25倍和2.31倍，库存降到"文革"后的最低水平，1980年的库存仅有15.7亿册，比1976年减少近9亿册。许多适合读者需要的图书发行创造了记录，如中国社会科学院编写的《实践是检验真理的唯一标准》累计印数达到500万册，司法部编写的《农民法律常识读本》、《工人法律常识读本》累计印刷分别达到12200万册和12120万册，蒋学模著《政治经济学教材》累计印数达到1437万册，《BASIC语言》累计印数580万册，上海工艺编织厂编的《上海棒针编结花样500种》累计印数1227万册等。

中共中央政治局委员、中宣部部长丁关根视察北京印刷学院。

1991年7月，上海出版印刷高等专科学校在上海美术馆举行美术设计展，展示美术系教师及学生历年来的美术设计作品。新闻出版署、上海市新闻出版局的领导及意大利、俄罗斯的专家参加了开幕式，艺术大师刘海粟也应邀到会。

北京印刷学院

邓小平同志视察广东音像企业

二、党和政府对出版工作的巨大关怀

党和政府一直十分关怀、支持出版工作，党的十一届三中全会以来，每到出版事业发展的关键时刻，党和政府都会及时地给予关怀与支持。

党的十一届三中全会以后，出版事业的发展是迅速的，取得的成就是巨大的，在配合党的工作重心的转移，满足广大人民群众学习科学技术、丰富精神文化生活等方面都取得了巨大的成绩。但是，在发展过程中，在取得巨大成绩的同时，出版工作也面临着许多迫切需要解决的问题。如出书慢、出书难的问题，据统计，1980 年前后书籍的出版周期全国平均在 200 天左右，比 1965 年前延长了 1 倍；出版业的职工队伍人数不够、素质下降；群众买书难；在出版工作中单纯追求利润的倾向有所增长；有些图书、刊物上的作品曾经偏离社会主义轨道等。这些问题的出现，既有技术、物质方面的原因，更有体制方面的、思想认识方面的原因，这些问题如果不能及时予以解决，出版事业的发展必将受到制约。在这种情况下，1983 年 6 月 6 日，中共中央、国务院作出了《关于加强出版工作的决定》。《决定》分析了出版工作所面临的形势，指明了出版工作的任务、性质和指导方针，对出版事业已经开始的改革给予肯定。对于出版工作的任务，《决定》说：出版事业的发展，既是社会主义精神文明建设的重要方面，又是物质文明建设的组成部分和重要条件。在新的历史时期，传播共产主义思想、传播科学文化和传播一切有利于人类进步的知识的书刊，对于我国社会主义制度的不断完善

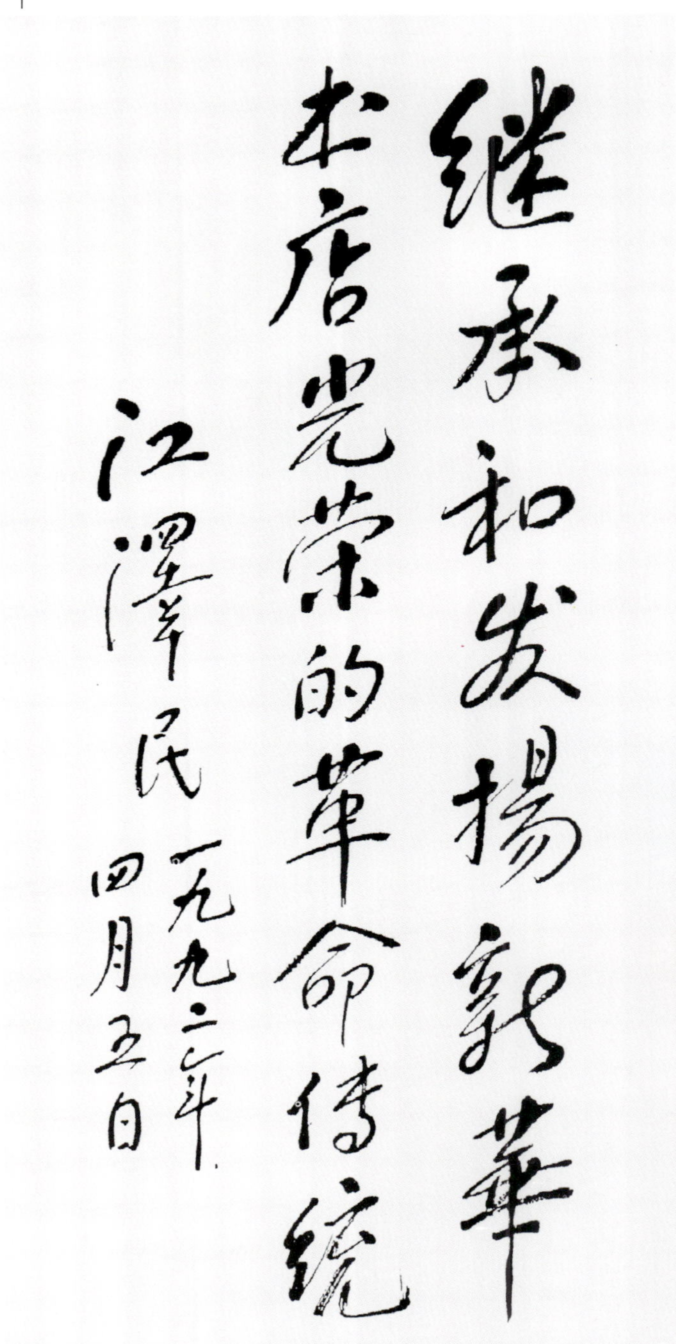

1992 年 4 月，中共中央总书记江泽民为新华书店成立 55 周年题词。

天安门国旗护卫队接受图书节赠书

和发展，对于培养有理想、有道德、有文化、守纪律的社会主义新人，将起着越来越重要的作用。对于出版工作的性质和指导方针，《决定》说：我国的出版事业与资本主义国家的出版事业根本不同，是党领导的社会主义事业的一个组成部分，必须坚持为人民服务、为社会主义服务的根本方针，宣传马克思列宁主义、毛泽东思想，传播一切有益于经济和社会发展的科学技术和文化知识，丰富人民的精神文化生活。对已经开始的发行体制改革（一主三多一少）和地方出版社的改革（立足本省、面向全国）等给予肯定。此外，对出版队伍建设、对印刷的改革与发展、对于改善出版工作的领导、对于加强出版教育与科研、对于社会效益（效果）与经济效益（效果）的关系、对于编辑工作的地位等都给予了明确的指示。

《决定》的颁布，解决了出版事业的改革与发展中遇到的思想问题与理论问题，指明了出版事业的发展方向，为此后出版事业持续、健康、快速地发展奠定了基础。

经过十多年的迅速发展，出版事业的格局发生了很大的变化，出版事业所面临的国内和国际形势也发生了很大的变化，出版事业的改革与发展面临新的问题，有待解决。在这种情

江泽民、李鹏、李铁映等中央领导同志接见《汉语大词典》工作人员。

1996 年胡锦涛同志在视察江苏期间看望匡亚明同志，对出版“中国思想家评传丛书”给予高度评价。

况下，1994 年底新闻出版署党组给中央写了《关于加强和改进出版工作的报告》，对新的形势下出版工作面临的问题，出版工作的基本思路、方针等提出意见。1995 年 1 月 12 日，江泽民总书记主持中央政治局常委会议，听取、审议新闻出版署党组的报告。由中央政治局常委会议专门研究出版工作，表现出了党中央对出版工作的关心与支持。中央政治局常委会议原则通过了新闻出版署党组的报告，并对出版工作作出了指示。中央认为：新闻出版工作是一项非常重要的事业，事关社会风气的健康、民族素质的提高和下一代的成长，要进一步加强和改进出版工作，各级领导都要关心和支持出版工作，加强对出版工作的领导；出版物是特殊商品，不能完全交给市场去调节；要抵制和扫除黄色、腐败的东西，让优秀的出版物占领市场。

中央对出版工作的关心与指示，鼓舞了出版工作者的工作热情，指明了出版工作的发展方向，推动了出版工作的"阶段性转移"。

1997 年 9 月，中国共产党第十五次全国代表大会胜利召开，江泽民总书记在代表党中央

胡愈之同志 1981 年在中国出版工作者协会春节茶话会上讲话

1980 年中国出版工作者迎春茶话会在北京召开。出席者有叶圣陶、胡愈之、夏衍等老同志。

所作的报告中，对新闻出版业提出了"加强管理、优化结构、提高质量"的总要求，指明了21世纪出版事业发展的方向。

党和国家领导同志十分关心出版事业，经常给予具体的指示与关怀。邓小平对中国大百科全书出版社的建立及《中国大百科全书》的编辑出版十分关心，他不仅支持与批准《中国大百科全书》的编纂工作、为中国大百科全书出版社题写社名，而且还亲自修改、审阅《军事卷》中的有关条目。他对中国与美国合作出版《简明不列颠百科全书》给予大力支持，曾三次接见来访的不列颠百科全书公司的负责人，加快了中文版《简明不列颠百科全书》的出版。江泽民总书记也特别关心出版工作，1993年，当《中国大百科全书》74卷全部出齐时，江泽民总书记出席庆祝会，对全书的出版给予高度的评价，对编撰及工作人员的辛勤劳动表示衷心的感谢。1996年7月，"中国出版成就展"期间，江泽民总书记参观了展览并作出重要指示。他说：为了满足广大干部群众特别是青少年一代的求知欲望，我们要千方百计多出好书，为他们创造良好的学习条件，提供丰富的精神食粮。青少年一代接受新知识很快，新闻出版工作者在把优秀的作品推荐给他们的同时，也要过滤掉不健康的东西，使广大青少年茁壮成长。这是全社会都应该关心的大事。亲切的关怀，极大地鼓舞了广大出版工作者的工作热情。

原国家出版局局长边春光，在1985年4月召开的《汉语大词典》工作会议上讲话。

1988年末，时任新闻出版署署长的杜导正同志率领中国新闻出版代表团在莫斯科访问时，接受前苏联记者访问。

三、出版改革全面、深入展开

党的十一届三中全会后，改革的春风吹进了出版界，广大出版工作者紧紧围绕改革与发展这样一个主题，不断探索出版改革的途径、不断加大改革的力度，有力地促进了出版事业的发展。

出版体制的改革 出版体制的改革主要有：1979 年 12 月，在长沙召开的全国出版工作座谈会，会议提出地方出版社可以试行“立足本省、面向全国”的方针，把地方出版社从“三化”中解放出来，为地方出版社的发展解除了限制。从 1978 年 6 月国家出版局在《关于加强和改进出版工作的报告》中提出：出版社实行党委领导下的社长、总编辑负责制，到 1988 年 4 月中央宣传部与新闻出版署联合发布《关于当前出版社改革的若干意见》，规定：出版社要逐步实行社长负责制，社长是法人代表，党组

1980 年 7 月，新华书店总店在北京召开全国图书发行工作座谈会。会议由总店经理王璟主持。中宣部出版局、国家出版局领导王子野、常萍、王益、牛玉华等到会指导。

1980 年 10 月，由新华书店总店、北京市新华书店联合主办的 1980 年全国第一届书市在北京劳动人民文化宫举行，此举开全国书市之先河。

1980 年，由新华书店总店、北京市新华书店联合主办的第一届全国书市人山人海的场面。

织起监督保证作用，出版社应积极推行多种形式的责任制，采取协作出版、自费出版、对外合作出版等多种渠道，扩大出版能力。出版社逐步完善了社长负责制，试行了多种形式的责任制和合作方式，调动了出版社干部职工的积极性，推动了出版业的发展。1984 年 6 月在哈尔滨召开的全国地方出版工作会议提出：适当扩大出版单位的自主权，提高出版单位经营的主动性。出版社要由单纯的生产型逐步转变为生产经营型。1984 年 12 月，国务院发出《关于对期刊出版实行自负盈亏的通知》，规定除部分科技、文艺、外文、少数民族文字的期刊可以给予少量定额补贴外，其他各种期刊 1985 年 1 月 1 日起，一律取消补贴，实行独立核算、自负盈亏。此后，出版单位逐步加强经营管理，彻底扭转了出版单位只重生产、

1986 年 12 月，中宣部副部长李彦（右一），国家出版局局长宋木文（右三），副局长刘杲（右二）在新华书店总店副总经理高起成（左一）陪同下视察广西南宁市新华书店。

1989 年 10 月，由新华书店总店和北京市新华书店联合主办的第二届全国书市在北京劳动人民文化宫开市。图为两店领导与新闻出版署、北京市新闻出版局领导合影。

1992 年，第五届全国书市在成都开幕。

忽视经营的思想，逐步建立起与社会主义市场经济发展相适应的经营机制，增强了出版单位在市场经济中的应变能力和竞争能力。从 90 年代初期开始，在出版单位逐渐推广的“三项制度”改革，即劳动、人事、分配制度改革，通过改革，逐步实现劳动合同制、全员聘任制，做到了职工能进能出，干部能上能下，深化了劳动人事制度改革；逐步实行工效挂钩和各种形式的责任制，合理拉开职工收入的差距，搞活了内部分配制度，调动职工的积极性。党的十五大后，出版体制改革进入新阶段。党的十五大报告提出：“建立现代企业制度是国有企业改革的方向。”在十五大精神的指导下，新闻出版业在组建集团，促进集约化经营方面进行了试点，组建了报业、出版、印刷、发行集团，在有条件的出版物印制企业和发行企业，进行了建立现代企业制度的试点。

发行体制的改革 1980 年 12 月国家出版

1987 年 11 月，第六届全运会体育图书展销在北京西四新华书店举办。

1988 年 5 月，福建厦门市新华书店深入海岛流动售书，为驻岛官兵送去丰富多彩的优秀读物。

集市飘书香——每逢集市，河南伊川县新华书店职工就摆开书摊，为火爆的集市平添了一份书香。

古树新韵——河南新安县新华书店农村流供员在百年老树下摆开书摊为农民读者服务。

乐做天涯送书人——海南省三亚市流供队从 80 年代起经常乘坐海军运输船送书上西沙。图为 1982 年 9 月，流供队在西沙群岛上摆摊，受到官兵热烈欢迎。

1991 年 10 月，由广东省新闻出版局、广州市新闻出版局、新华书店总店、中国书刊发行业协会、广东省新华书店和广州市新华书店共同主办、广州市新华书店(集团)承办的第四届全国书市在广交会展馆举办。图为人流如潮的开幕式序幕大厅。

局提出有计划有步骤地发展集体所有制和个体所有制的书店、书亭、书摊和书贩，开始打破图书发行新华书店一统天下的局面。1982 年 3 月国家出版局提出《关于图书发行体制改革问题的报告》，提出图书发行体制根本改革的目标是"一主三多一少"，即：在全国组成一个以国营新华书店为主体的，多种经济成分、多种流通渠道、多种购销形式，少流转环节的图书发行网。在此基础上，1988 年 4 月中央宣传部和新闻出版署对图书发行体制改革提出推进"三放一联"，即：放权承包，搞活国营书店；放开批发渠道，搞活图书市场；放开购销形式和发行折扣，搞活购销机制；推行横向经济联合，发展各种出版发行企业群体和企业集团。通过改革，新华书店、其他国有书店、集体和个体书店、书摊共同参与图书市场竞争的局面基本形成。1994 年，新闻出版署提出了培育和建立全国统一、开放、竞争、有序的图书市场的改革目标，通过对全国性出版物批发市场进行总体布局，组建发行集团和批销中心等，使出版物市场步入规范化、法制化的发展轨道。1996 年，新闻出版署印发了《关于培育和规范图书市场的若干意见》，提出：深化图书发行体制改革，要以培育和规范图书市场为中心环节。提

时任北京市委书记的尉健行同志视察北京图书节

1991 年 5 月，在庆祝西藏和平解放 40 周年的日子里，自治区新华书店举办图书大联展，自治区党政领导出席了联展开幕式。

1994 年，宁夏回族自治区新华书店和银川市新华书店共同举办 '94 塞上江南图书节。

出重点要抓好推行代理制、实行连锁经营和图书发行网络体系建设，加快全国图书电子联销网络建设等。《意见》还提出对二级批发单位实行总量控制，试行推销员制度，县级以下的小型门市部及图书销售点可以实行租赁、承包、国有民营、对外联营等图书发行体制改革的意见。从 1998 年开始，还进行了发行集团的试点。

出版行政管理体制的改革　“文化大革命”后期，即 1973 年，国务院设立了国家出版事业管理局，负责管理全国的出版事业，各省、市、自治区也相应建立了出版局。1982 年 5 月，在国务院机构改革中，国家出版局划归文化部，改称文化部出版事业管理局，许多省市的出版局也相继撤销。1985 年 7 月，经国务院批准，文化部出版事业管理局改称国家出版局，同时批准成立国家版权局。国家出版局与国家版权局为一个机构，两块牌子，出版管理的职能增加了版权管理的方面。1986 年，国家出版局恢复为国务院直属机构，1987 年国家出版局撤销，成立中华人民共和国新闻出版署，国家版权局与新闻出版署为一个机构，两

1998 年第七届北京国际图书博览会开幕式

第七届北京国际图书博览会内景

块牌子。出版行政管理的职能除了书刊出版、印刷、发行、版权外，增加了对报纸的行政管理、对音像业的管理、出版对外合作管理及对“扫黄”、“打非”的管理。1998 年 6 月，在国务院机构改革中，新闻出版署和国家版权局仍然保留，是国务院主管新闻出版事业和著作权管理的直属机构。原来的职能除音像制品的进口划出外，其他均保留，并且又增加了对印刷业的监督管理和负责国家古籍整理出版规划两项职责。

20 年的出版改革，既有经验，也有教训。比如说，由协作出版而引发的买卖书号问题；由在出版社推行各种责任制导致利润承包到编辑室甚至个人，导致出版管理失控，图书质量下降；由于出版行政管理机构的撤并引起的出版管理难以到位等问题。当然，这些问题都是改革中的问题，是发展中出现的问题，通过加强管理、通过继续深化改革，许多问题已经或正在得到解决。

中共中央政治局常委、国务院副总理李岚清参观第七届北京国际图书博览会。

全国人大常委会副委员长邹家华在第七届北京国际图书博览会上认真阅读

全国人大常委会副委员长何鲁丽参观第七届北京国际图书博览会。

全国人大常委会副委员长布赫在第七届北京国际图书博览会上签字留念。

四、出版对外开放与交流稳步开展

党的十一届三中全会以来，改革、开放成为我国的基本国策，在党的十二大上，对外开放政策被确立为“我国坚定不移的战略方针”。出版业根据自身的特点，不断探索对外开放的途径与方法。由于出版业兼具经济性与文化性、意识形态性，因此出版的对外开放既要大胆试验，又要慎重、稳妥地进行。

出版业的对外开放是从对外合作出版图书开始的，以后逐步扩大到试办合资出版单位。我国对外合作出版图书始于十一届三中全会以后，到 1980 年已经有 20 多家出版社与日本、南斯拉夫、美国、英国、法国、西德及香港地区签订了合作出版的协议。当时合作出版的方式主要有：双方共同商定选题、共同组织中文稿件或照片，由我方编辑、由外方翻译为某种文字，共同出版；由我方提供双语稿件、由外方负责排版并向我方提供印刷用的版型，印刷发行版权归双方共有；由对方提供外文原稿、由我方翻译或增补改编为中文，对方向我支付编译费，版权双方共有等等。采用合作出版的方式，出版了一些大型图书，特别是画册类图书。如人民美术出版社与日本讲谈社合作出版的大型旅游彩色摄影画册《中国的旅行》，全书共有 5 卷，每卷有数百幅照片。再如上海人民美术出版社与南斯拉夫评论出版社合作出版的大型画册《中国的过去和现在》，共有 300 多幅照片，用多种外文在世界各国发行。为了加强出版对外合作，1981 年 10 月国务院发布《加强对外合作出版管理的暂行规定》，提出合作出版的书刊的编辑方针、书稿内容以及最后定稿均需我方同意，对外合作出版只能由正式出版社进行等原则。1988 年 4 月中央宣传部、新闻出版署同意有条件的科技和学术出版社，经过批准后可以试行与外资合营，但外资股金必须低于

80 年代初，姬鹏飞同志会见香港印刷界旅游团。前排右起第六人姬鹏飞，第七人吴树炽，第五人叶裕彬，第四人刘德有，第二人王益，第一人王仿子。

½，编辑部应由我方掌握。1988 年 6 月，由中国图书进出口总公司与英国培格曼出版公司合资兴办的我国第一家中外合资出版社——万国学术出版社正式成立。1993 年由香港、台湾、新加坡、马来西亚和大陆 5 地的商务印书馆合资建立商务印书馆国际有限公司。此外，还成立了合资的杂志社、印刷、复制、发行单位等，如 1993 年成立的童趣杂志社、今日国际视听制作有限公司、中视经济影视中心有限公司、云南新华有限公司等。

参加国际图书展览会与主办国际图书博览会也是对外开放的产物，是对外交流的重要形式。"文化大革命"期间，中国的出版界很少参加国际图书博览会。"文革"结束以后，我国出版界与世界出版界的联系逐渐恢复，参加国际图书博览会的单位不断增加，一些有实力的出版社如商务印书馆、人民美术出版社、科学出版社等直接派人参加国际博览会。同时参加的图书博览会也在增加，除了法兰克福国际博览会外，开罗国际图书博览会、莱比锡图书展览

中国出版对外贸易总公司有关领导与《中国——长征》画册外方项目经理厄尔莉女士交换意见

1988 年人民美术出版社社长邵宇与台湾锦绣文化企业公司吕石明等洽谈合作出版《中国美术全集》台湾版编撰工作

1988 年月 3 月，日本讲谈社应中国出版工作者协会邀请，组成讲谈社出版交流访华团来京，举办讲谈社出版营业系统概况讲座。图为该团团长山口勘藏在讲演。

1992 年，新闻出版署有关领导和日本友人在国际书展上。前排(自左至右)杨牧之、刘杲、王仿子、日本讲谈社友人、王业康。

会、莫斯科图书展览会等大型国际图书展览会，中国都派代表团参加。80 年代初期，我国每年都派团参加十几个国际图书博览会，到 80 年代中期我国每年参加的国际图书博览会达到 20 多个，90 年代以来，我国每年参加的国际图书博览会平均在二三十个。1985 年我国在上海举办了首次国际书展，16 个国家和地区的 117 个出版单位参加了展览。从 1986 年开始，我国在北京每两年举办一次北京国际图书博览会，至今已经举办了 7 届，它已经成为在国际上最有影响的国际图书博览会之一。另外还举办了 5 届北京电子出版暨多媒体展览会等国际展览会。

人员的往来不断增加，改革开放 20 年来，我国出版界人员的足迹遍布世界五大洲 60 个国家和地区，同时我国出版界也盛情接待过来自 60 多个国家和地区的出版界的友好人士；版权贸易日益活跃，1998 年我国从国外（境外）引进图书版权 5469 种，输出图书版权 588 种；此外参加的国际组织的不断增多、出版物进出口数量的增长等都表明我国出版业的对外开放在不断扩大，我国与世界出版业的联系更加密切，一个更加开放的出版产业与出版市场正在形成。

五、出版法制建设日趋完善

出版法规是出版业健康发展的保证，是出版管理的基础，是出版工作者遵循的基本原则。我国的出版法规可以分为三类，第一类是全国人大常委会制定的法律；第二类是国务院颁布的行政法规或中共中央、中央宣传部与政府有关部门联合发布的法规性文件；第三类是新闻出版署及国务院其他部委发布的有关出版的行政规章。党的十一届三中全会以来，出版法制建设，特别是法律、法规建设取得了可喜的成就，目前已经基本上形成了一个以法律为核心、以行政法规为基础、以部门规章为有效补充的出版法制体系。

出版法律建设 1990 年 9 月 7 日，全国人民代表大会常务委员会通过了《中华人民共和国著作权法》，这是新中国成立以后制定的第一部著作权法，它的诞生标志着出版法制建设进入一个新阶段。1991 年 6 月 1 日，著作权法在我国正式实施。著作权法实施 8 年来，对繁荣文化创作、科技发明、保护著作权人的利益等做出了重大的贡献，但是由于时间的推移和形势的变化，这部法律出现了许多不适应的地方。比如，著作权法第 43 条规定：广播电台、电视台非营利性播放已经出版的录音制品，可以不经著作权人、表演者、录音制作者许可，不向其支付报酬。有的条款与我国已经加入的国际版权公约发生矛盾，在这种情况下修改著作权法已经刻不容缓。除了《著作权法》外，党的十一届三中全会以来由全国人大制定的有关出版的专门法律还有《关于惩治走私、制作、贩卖、传播淫秽物品的犯罪分子的决定》（1990 年 12 月全国人民代表大会常务委员会通过）、《关于惩治侵犯著作权的犯罪的决定》（1994 年 8 月全国人民代表大会常务委员会通过）。这两个法律，对惩治走私、制作、贩卖、传播淫秽物品和侵犯著作权犯罪起到了重要作用。1997 年 10 月 1 日实施的新的《中华人民共和国刑法》，对上述两项犯罪已有专门的规定，因此上述《关于惩治侵犯著作权的犯罪的决定》已经废止，《关于惩治走私、制作、贩卖、传播淫秽物品的犯罪分子的决定》中刑事处罚已经废止，行政处罚和行政措施的规定继续有效。

除了专门的出版法律外，在许多相关法律中，也有关于出版的专门条款。如《刑法》，除对走私、制作、贩卖、传播淫秽物品和侵犯著作权有专门条款外，对以出版方式危害国家安全、从事非法出版活动及歧视、侮辱少数民族等也都有专门规定。再如《中华人民共和国保守国家秘密法》、《中华人民共和国海关法》、《中华人民共和国未成年人保护法》等，也都有与出版有关的专门条款。

出版行政法规或法规性文件建设 出版的行政法规或法规性文件主要有 1983 年 6 月中共中央、国务院发布的《关于加强出版工作的决定》，1987 年 6 月国务院发布的《关于严厉打击非法出版活动的通知》，1994 年 8 月国务院发布的《音像制品管理条例》，1995 年 7 月国务院发布的《中华人民共和国地图编制出版管理条例》，1997 年 1 月和 3 月国务院发布的《出版管理条例》、《印刷业管理条例》及 1989 年中共中央办公厅、国务院办公厅发布的《关于整顿、清理书报刊和音像市场严厉打击犯罪活动的通知》、《关于压缩整顿报刊和出版社的通知》，1994 年中共中央办公厅、国务院办公厅颁布的《关于加强和改进书报刊影视音像市场管理的通知》等等。

出版的部门规章 出版的部门规章数量很多，如 1980 年国家出版局制订、中央宣传部批准的《出版社工作暂行条例》、1988 年新闻出版署发布的《期刊管理暂行规定》、1990 年新闻出版署发布的《报纸管理暂行规定》、1993 年新闻出版署发布的《出版物鉴定规则》、1995 年新闻出版署发布的《关于出版挂历的管理规定》、1997 年新闻出版署发布的《电子出版物管理规定》、1997 年新闻出版署发布的《出版物印刷管理规定》等等。

六、"扫黄"、"打非"与出版物市场管理

改革开放以来，伴随着国家的对外开放进程的加快和出版业的迅速发展，非法出版活动也愈演愈烈，色情、淫秽、封建迷信及其他违禁内容的出版物越来越多，不仅扰乱了出版市场、侵害了合法出版和发行者的利益，而且还

毒害、腐蚀人们的思想，对社会的稳定构成严重的威胁。党和政府一直重视对色情、淫秽出版物和非法出版活动的治理工作，制定了一系列“扫黄”、“打非”的法律、法规；1989 年还成立了全国“扫黄”工作小组，其办公室设在新闻出版署；1995 年起，“扫黄”、“打非”工作连续五年被列入中共中央政治局常委会的工作要点和国务院总理的政府工作报告。邓小平同志很关心“扫黄”、“打非”工作，1989 年 9 月他在与中央负责同志谈话时说：“对文艺战线再加以整顿，整顿书刊市场照现在的部署坚持下去，会变的。”（《邓小平文选》第 3 卷 318 页）。江泽民总书记多次对“扫黄”、“打非”工作做出重要指示，1994 年 7 月 18 日，他在一份查获非法出版物的报告上批示：我们能否通过几个典型案例，下苦功夫，把这件事的各个环节都追根究底，穷追猛打，然后找到杜绝这些事件不断发生的有效措施。这一批示为“扫黄”、“打非”工作提供了明确的指导方针和巨大的支持。

在党中央、国务院的关怀、支持下，从 1989 年开始，由宣传、新闻出版、版权、文化、广播电视、公安、检察、法院、海关、工商、铁道、邮电、交通、民航等部门共同参加的，以整顿清理书报刊和音像市场为主要内容的全国性的“扫黄”斗争拉开帷幕。1989 年在首次“扫黄”、“打非”集中行动开始前，中央政治局常委会对“扫黄”工作作出指示：“要下决心、下力量抓出成效，绝不手软”。1989 年以来，“扫黄”、“打非”捷报频传，到 1990 年 8 月，全国共取缔违禁书刊 3200 万册，音像制品 240 万盒，走私进口的违禁出版物 78 万多件，取缔制黄、贩黄和从事非法出版活动的犯罪窝点 3200 多个。1993 年全国共收缴违禁书刊 332.18 万册，违禁录像带 49.97 万盒，捣毁制黄、贩黄和非法出版的窝点 170 个。江泽民总书记作出“7.18”批示后，全国“扫黄”、“打非”工作进入新阶段。据不完全统计，仅 1994 年至 1999 上半年的 5 次“扫黄”、“打非”集中行动，全国就收缴违法书刊 3824.7 万册、违法音像及电子出版物 6005.7 件，查处案件 14358 起。1996 年以来，全国已收缴非法光盘生产线 83 条，海关缉获走私光盘 2000 多万张。

通过“扫黄”、“打非”，书刊市场秩序明显好转，正版图书、音像制品的销售情况明显上升，1996 年全国发行行业总销售册数比 1995年上升 13.8%，销售金额上升 49.7%。

七、出版事业更加繁荣

改革开放 20 年来，中国出版事业的发展取得了巨大的成就，无论是图书的品种、图书的质量，还是图书的总印数，都比改革开放前有了大幅度的增长，现在，我国每年出版图书的品种数都超过了新中国成立前 30 年图书品种的总和。我国图书品种的数量、年印刷图书总册数都居世界前列。

“扫黄”、“打非”工作在各地展开。

全国出版系统加强职业道德建设多出好书不出坏书电视会议

1. 图书出版

图书品种齐全、选题丰富，出版的数量也很大，彻底扭转了“书荒”的局面，基本上可以满足不同层次人民群众对图书的不同需要。1998 年，全国共有出版社 530 家（不含副牌社，下同），比 1976 年增加了 455 家；全国共出版图书 130613 种，比 1976 年增加了 11 万多种，包括马列主义、毛泽东思想经典著作、邓小平理论著作以及哲学、政治、经济、法律、文化、艺术、交通运输、工业技术、航空航天、医药卫生等 22 个大类，每一类都有少则一二百，多则一二万甚至四五万种图书可供选择，充分地

《毛泽东选集》（典藏本）由人民出版社出版

人民出版社出版的各种版本的马列主义、毛泽东思想经典著作、邓小平理论著作。

体现了我国科学技术、文化艺术等的巨大发展，体现了出版的繁荣与自由，体现了中国文化的多样性。

重点图书、精品图书层出不穷。在马列主义、毛泽东思想著作出版方面，由于“文革”而被迫中断（1972 年后恢复）的《马克思恩格斯全集》编译出版工作得以继续，到 1986 年，《马克思恩格斯全集》共 50 卷全部出齐。1986 年，《马克思恩格斯全集》中文第二版的编译出版工作开始，1995 年，首批 1、11、30 卷和《马克思恩格斯选集》中文第二版 1－4 卷由人民出版社出版。从 1984 年开始的《列宁全集》中文第二版 60 卷，到 1990 年底全部出齐；《列宁选集》中文第三版 1－4 卷也于 1995 年出齐。1991 年 7 月，《毛泽东选集》(1－4 卷）第二版出版发行，另外从 1993 年 12 月开始出版的《毛泽东文集》到 1999 年已经全部出齐。1983 年 7 月《邓小平文选》（1975 年—1982 年）（1994 年改为第二卷）由人民出版社出版发行，1989 年 5 月《邓小平文选》(1938 年—1965 年）(1994 年改为第一卷）出版发行，1993 年 11 月《邓小平文选》第三卷出版发行。马列主义、毛泽东思想及邓小平理论著作的出版，不仅是中国出版界的大事，也是全国政治生活中的大事，特别是《邓小平文选》的出版发行，其影响重大、意义深远。江泽民总书记在中央举行的学习《邓小平文选》第三卷的讲话中指出：“邓小平同志建设有中国特色社会主义理论第一次比较系统地初步回答了中国这样的经济文化比较落后的国家如何建设社会主义、如何巩固和发展

1996 年《中国美术分类全集·中国新疆壁画全集》首发式在新疆举行。

1997 年许力以同志、《中国美术分类全集》总编委有关同志与国家文物局局长张文彬商谈文物拍摄工作后合影。

1997 年新闻出版署署长于友先在《中国美术分类全集·中国现代美术全集》出版发行会上讲话。

改革开放 20 年以来，一些出版社出版的部分图书。

我国的古典四大名著已全部用外文出版

《中国历代艺术》

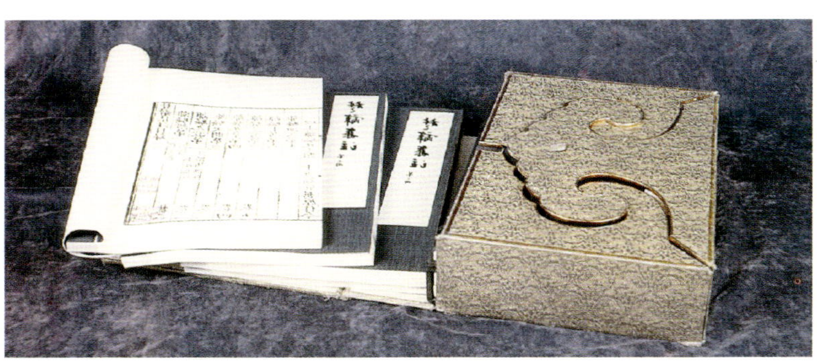

1953 年出版的影印本《楚辞集注》首获莱比锡国际书籍博览会装帧设计金奖。

科技类图书

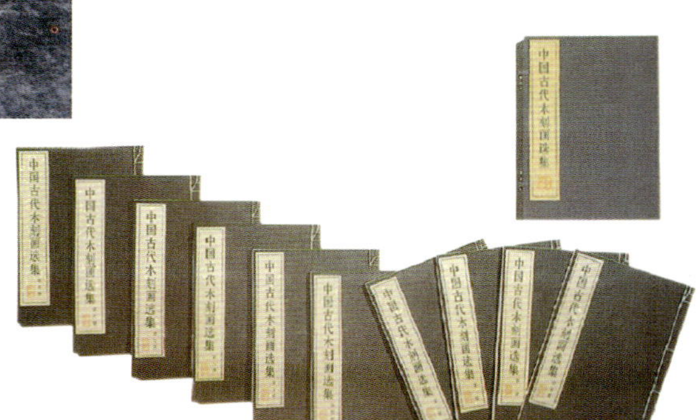

《中国古代木刻画选集》

社会主义的一系列基本问题，用新的思想、观点，继承、丰富和发展了毛泽东思想，是马克思主义同中国实践相结合的最新成果，是当代中国的马克思主义。”《邓小平文选》（1－3卷）是我们学习邓小平理论的最重要的教材；在哲学社会科学、文化教育、文学艺术著作方面有大批的精品问世，如新版《孙中山全集》、《鲁迅全集》、《郭沫若全集》、《茅盾全集》、《巴金全集》、《韬奋全集》、《张岱年全集》、《曹禺全集》、《闻一多全集》、《冰心全集》、《宗白华全集》、《孙冶方选集》、《薛暮桥选集》、《中国通史》（范文澜、蔡美彪著）、《中国抗日战争史》（军事科学院历史研究部）、《西藏简明通史》（藏文，恰白·次坦平措、诺昌·吴坚著）、《蒙古秘史》（蒙文，巴雅尔著）、《毛泽东传》（中央文献研究室编）、《现代公司与企业改革》（吴敬琏著）、《法学原理》（高铭暄著）、《冼星海全集》、《中国美术全集》、《乾隆版大藏经》、《敦煌石窟艺术》、《李可染书画全集》、《齐白石全集》、《中国玉器全集》、《丹珠尔》（藏文，崔成仁钦等著）、《蒙古族民歌集成》、《十万个为什么》等；在科学技术著作方面，有《杂交水稻育种栽培学》（袁隆平等著）、《机械工程手册》、《实用儿科学》（诸福棠、吴瑞萍、胡亚美主编）、《工程控制论》（修订版，钱学森、宋健著）、《值分布论及其新研究》（杨乐著）、《泌尿外科》（吴阶平主编）、《中国矿床》（上中下三册，宋叔和等著）、《高士其全集》（4 卷）、《转移核糖核酸

改革开放 20 年以来出版的部分图书

《宋人画册》

《鲁迅全集》

《亚里士多德全集》

《中国通史》

各类工具书

《乾隆版大藏经》

——结构、功能与合成》(王德宝等著)、《中国针灸四大通鉴》(邓良月等主编)、《肾脏病学》(王海燕等著)、《李四光文集》等;在工具书出版方面,更是成就辉煌,除了《辞海》、《辞源》、《新华字典》、《现代汉语词典》外,还有8卷本《汉语大字典》、74卷本《中国大百科全书》、13卷本《汉语大词典》、《藏汉大词典》、93卷本《中国医学百科全书》、2卷本《英汉大词典》、25卷本《中国农业百科全书》等等。

2. 杂志出版

经过20年的发展,杂志出版呈现前所未有的繁荣局面,杂志的品种剧增,杂志的种类齐全,大批的名牌杂志涌现出来。1998年,全国共出版杂志7969种,是1976年的14.75倍,全国平均期印数在25万册以上的杂志就有132种。在改革开放中,成长起来了一大批的名牌杂志,如《读者》、《半月谈》、《农民文摘》、《青年文摘》、《家庭》、《知音》、《中国税务》、《故事会》、《家庭医生》等,每期的发行份数都超过100万册,有的达到400多万册。

3. 音像及电子出版物出版

出版业的发展,一个突出的表现是媒介形式的多样性。20年以前,当人们谈到出版物时,只有纸介质的图书、杂志、报纸等,现在,除了这些纸介质的出版物外,音像出版物和电子出版物已经走进了人们的日常生活,成为人们学习、娱乐等不可缺少的媒体。

音像出版物包括盒式音带、激光唱片、录像带、激光视盘、VCD等形式。在改革开放以前,全国仅有中国唱片总公司一家录音制品生产单位,主要生产录音带,并且数量不大,其他音像出版物都是在改革开放过程中,随着科学技术的发展及与出版业的结合而陆续诞生的。80年代中期,录像带开始出现,90年代以后激光唱盘、激光视盘陆续发展,90年代中期以后VCD大量出版,可以说改革开放以来音像出版业从无到有、从小到大。1998年全国共有音像出版单位293家、出版音像出版物17138种,其中盒式音带6262种、激光唱片1886种、录像带3418种、激光视盘15种、VCD5557种。

电子出版物是指以数字代码方式将图文声像等信息编辑加工后存储在磁、光、电介质上,通过计算机或具有类似功能的设备读取使用的大众传播媒体,主要的形式有软磁盘(FD)、只读光盘(CD-ROM)、交互式光盘(CD-I)、照片光盘(Photo-CD)、高密度光盘(DVD-ROM)、集成电路卡(IC Card)等。电子出版物是计算机技术发展的产物,我国起步于80年代中期,当时主要是软磁盘(FD),到1994年,我国出版的软磁盘已有1000多种,如《邓小平文选》(1-3卷)合订本、《汉英中医药类词典》、《国共两党关系通史》等。90年代以来,以只读光盘CD-ROM为代表的电子出版物发展很快,到1998年底,全国共有电子出版单位64家,1996年出版只读光盘300种,1997年出版只读光盘1025种,1998年出版只读光盘1442种,是1997年的1.41倍。一些重要的图书制成电子出版物,如《中国大百科全书》、《中国美术全集》、《辞海》等,一些重要的报刊《人民日报》、《解放军报》、《红旗——求是》等也都出版全文检索的只读光盘合订本,同时新的电子出版物选题也在不断开拓,近几年已经出版了《毛泽东》、《邓小平》、《共和国元帅》、《中国跨世纪领导集体》、《中国地图集》、《颐和园》、《故宫——世界文化遗产》、《侵华日军南京大屠杀》等多媒体只读光盘。1998年,《颐和园》、《长城的故事》、《侵华日军南京大屠杀》、《中国古代印刷术发明》5种光盘入选第七届"莫必斯"多媒体光盘国际大奖赛决赛,其中清华大学出版社出版的《颐和园》获人文艺术奖。

音像及电子出版物的迅速发展,为人们的学习、娱乐提供了新的媒介形式,发展了出版业的内涵,带动了出版产业的发展。

杂志出版呈现前所未有的繁荣局面

音像和电子出版物也成为人们学习、娱乐等不可缺少的媒体。

4. 少数民族出版

党和政府十分关心少数民族出版业的发展，1980 年、1996 年国家民委和新闻出版署（国家出版局）等曾两次联合召开全国民族出版工作会议，研究民族出版业发展的问题。1996 年国家民委与新闻出版署联合设立了民族图书出版基金，并采取一系列措施扶持民族出版事业。少数民族出版业的发展有了长足的进步，到 1997 年，全国有民族出版社 36 家，每年用 23 种民族文字出版图书、音像及电子出版物，并初步形成了蒙、藏、维、朝、彝等语言文字的出版中心。一大批优秀的少数民族文字出版物出版，如藏

民族出版社用七种少数民族文字出版书籍杂志。图为少数民族编辑工作人员在一起交谈。

民族出版社出版的蒙、藏、维吾尔、哈萨克、朝鲜五种民族文字版的《周恩来选集》、《刘少奇选集》、《朱德选集》。

文《西藏简明通史》、蒙文《蒙古秘史》、《成吉思汗史记》、维吾尔文《福乐智慧》、《突厥语大词典》、朝鲜文《语言史》、纳西文《纳西象形文字谱》、哈萨克文《医药志》、彝文《彝语大词典》等。据统计,1997 年,全国使用蒙文、朝文、维文、藏文、彝文等 17 种少数民族文字出版图书 3429 种,是 1976 年 784 种的 4. 37 倍;总印数 4999 万册, 是 1976 年 1177 万册的 4. 25 倍; 1997 年全国出版少数民族文字杂志 184 种,是 1976 年 19 种的 9. 68 倍; 总印数 969. 7 万册, 是 1976 年 275 万册的 3. 53 倍。

民族出版社出版的蒙、藏、维吾尔、哈萨克、朝鲜文版的《中华人民共和国第九届全国人民代表大会第一次会议文件汇编》、《中国人民政治协商会议第九届全国委员会第一次会议文件》、《中国共产党第十五次全国代表大会文件汇编》。

新疆各地的新华书店, 近年来发行了大量用各民族文字出版的书籍。这是读者正在乌鲁木齐市新华书店门市部选购书籍。

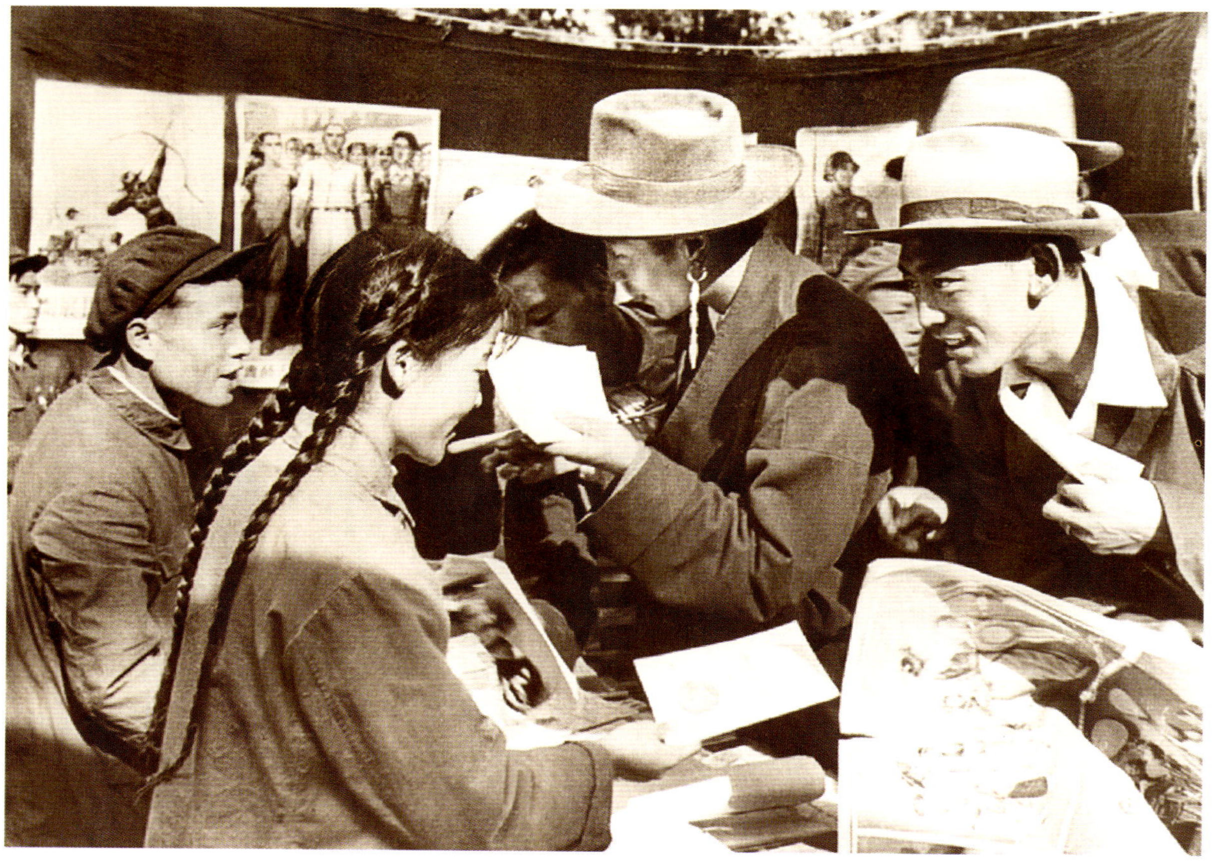

藏族青年在拉萨(社会教育班所在地)仲吉林卡的新华书店流动服务台买到了自己满意的藏文书籍

5. 印刷、复制及科技进步

印刷业的发展体现在两个方面，一是印刷技术的进步，二是印刷厂及印刷能力的提高。党的十一届三中全会以来，印刷技术的发展突飞猛进，计算机技术、数字技术逐渐应用到印刷领域。1974 年，为了解决汉字的计算机排版问题，经国务院批准，北京大学计算机所王选等开始研制汉字激光照排系统，他们成功地跨越了世界上第二代、第三代照排机，直接研制出能够处理汉字信息的第四代激光照排机。1987 年，汉字激光照排技术开始在印刷领域应用，掀起了一场印刷技术革命，此后，印刷业逐步告别了使用了一百多年的“铅与火”的印刷方式，步入了印刷技术现代化的时代。

1980 年，全国共有书刊印刷厂 176 家，年工业总产值 115286 万元，年书刊排字量 761269 万字，书刊印刷 3451 万令，其中铅印 1805 万令，占 52.3%，胶印 1646 万令，占 47.7%，年装订 1734 万令。到 1998 年，全国共有书刊印刷两级定点企业 1182 家，是 1980 年的 6.7 倍；年工业总产值 120.24 亿元，是 1980 年的 10.4 倍；年书刊排字 186.45 亿字，是 1980 年的 2.45 倍；年书刊印刷 5071.2 万令，是 1980 年的 1.47 倍；年书刊装订 4072.28 万令，是 1980 年的 2.35 倍。

除了书刊印刷外，音像及电子出版物的复制发展很快，到 1998 年，全国有音像复制单位 215 家，其中中外合资的复制单位 31 家。

1995 年 11 月 15 日，李鹏总理在“庐山会议”旧址内的新华书店图书专柜前选购图书。

中国印刷博物馆外景

中国印刷博物馆展出的部分历代的印刷品

中宣部部长丁关根视察中国印刷博物馆

19 世纪末、20 世纪初的中华书局印刷厂。

中国共产党领导的革命根据地的印刷业——晋察冀画报社印刷厂

北京新华印刷厂照排中心

延安中央印刷厂

6. 书刊、音像及电子出版物的销售

经过 20 年的改革与发展，出版物的发行业发生了巨大的变化，一个健康的、开放的、竞争的、有序的，以国营书店为主，多种经济成分、多种购销渠道、多种购销形式并存的出版物发行格局初步形成。一，新华书店依然是图书发行的主渠道。到 1998 年，全国共有图书发行网点 79869 处，其中新华书店发行网点 13126 个，是 1976 年的 2.79 倍。1998 年新华书店系统全年累计总销售 142.59 亿册，65.7 亿元，分别占全行业累计销售总数的 86% 和 75.6%；二，其他国有、集体、个体、中外合资、外商独资等经济成分的发行渠道迅速发展，到 1998 年，其他国有书店 2779 个，集体、个体书店、书摊有 35450 个，出版社售书点 703 处，其他售书点 9526 处，累计销售册数占全行业的十分之一强，累计销售额占全行业的十分之二强；三，购销形式多样，包销、寄销、购销代理制等各有千秋，购销渠道不断发展，除了书店、书摊外，还有邮购、流动售书车、电话购书、直销、读者俱乐部、网上书店等新型购销渠道；四，图书发行数量大增，1998 年，全国图书纯销售册数 77.04 亿册，是 1976 年的 2.26 倍，纯销售金额 347.61 亿元，是 1976 年 51.88 倍；五，音像、电子出版物的发行渠道正在形成，发行数量不断上升，1998 年，全国发行音像制品 1.58 亿盒(张)，发行总金额 12.48 亿元；六，对外发行有较大发展，1998 年，全国有图书进出口公司和有图书出口权的出版单位共 30 多家，是1976 年

营业面积 3000 平方米、陈列 1 万个品种的新华书店总店“北京音像城”一角。

四川省各级新华书店已成为音像市场主渠道。图为全省新华书店第一家音像连锁店在江油市隆重开业。

“店小品种多，读者乐呵呵”。图为河南汝南县新华书店音像门市部。

进入 90 年代，各地新华书店为适应音像和电子出版物市场的发展，纷纷在音像书店办起了 CD、VCD、LD 超市。图为江苏省新华书店音像公司一角。

成都市新华书店音像门市部

天津市新华书店音像书店 LD——VCD 超市

1992 年 8 月，由新华书店总店主办的'92 全国新华书店音像出版物订货会在北京举行，来自全国 600 家书店的代表参加了订货活动。

1997 年新闻出版署召开“多出优秀音像制品座谈会”

的 10 多倍；1998 年，全国出口图书 85 万多种次，220 多万册；出口杂志 29389 种次，175.9 万册；出口音像制品 5794 种次，6.1 万多盒（张）；电子出版物 830 种，7400 张；出口总金额 1.2 亿元。

7. 著作权管理取得显著成效

新中国成立后，虽然也重视著作权的保护工作，但是在相当长的时期内，没有著作权法与著作权管理机构，著作权人的利益无法得到充分的保障。特别是“文化大革命”期间，著作权人的利益丝毫得不到保障。“文革”结束以后，在党中央的支持下，著作权管理工作有了很大的发展。

著作权法规逐渐完善。1979 年，党中央指示：尽快着手，组织班子，草拟版权法。从此开始了著作权法的起草工作。1990 年 9 月，历经 10 年之久的制定与修改，《中华人民共和国著作权法》在七届人大常委会第 15 次会议上获得通过。1991 年 5 月，经国务院批准，《中华人民共和国著作权法实施条例》发布，6 月 1 日，著作权法和著作权法实施条例正式实施，标志着我国著作权管理进入一个新的阶段。此后，1994 年全国人民代表大会常务委员会通过了《关于惩治侵犯著作权的犯罪的决定》，国务院发布了《实施国际著作权条约的规定》（1992 年）、《关于进一步加强知识产权保护工作的决定》等法律和法规，国家版权局也发布了一系列规章制度，使著作权管理的法律法规逐步健全与完善，为著作权管理奠定了法律的基础。

著作权行政管理机构遍布全国各省市区。1985 年，经国务院批准，国家版权局正式成立，负责著作权法律、法令、规章的起草、监督实施及全国的著作权管理等工作，此后，各省、市、区也相继建立了著作权管理的行政机构。1990 年通过的《著作权法》明确规定：“国务院著作权行政管理部门主管全国的著作权管理工作；各省、自治区、直辖市人民政府的著作权行政管理部门主管本行政区域的著作权管理工作。”用法律明确了我国各级著作权行政管理部门的地位。除了国家和省级著作权行政管理机构外，一些省区如湖南、湖北、江苏、山东、广东、广西等在一些地市也设立了著作权行政管理机构。著作权行政管理机构的普遍建立，对加强著作权管理、保护著作权人的合法权益、打击盗版、净化出版物市场都具有极为重要的意义。

加入国际版权公约，实现版权国内保护与国际保护的接轨。1992 年 7 月 1 日，第七届全国人民代表大会常务委员会第

新闻出版署领导接待世界知识产权总干事

庆祝中华版权代理总公司成立招待会

26 次会议通过了我国加入《伯尔尼保护文学艺术作品公约》和《世界版权保护公约》的议案，1992 年 10 月 15 日和 30 日，两个版权公约分别在我国正式生效。1993 年 4 月 30 日，经第七届全国人民代表大会常务委员会第 28 次会议批准，《保护录音制品制作者防止未经许可复制其录音制品公约》在我国正式生效。至此，在不到两年的时间里，我国成为三个主要国际著作权及相关权利公约的成员国，这标志着我国著作权保护已与国际著作权保护接轨，标志着我国著作权保护进入了成熟阶段。

此外，初步建立了著作权集体管理与代理的社会保障体系，成立了中国版权保护中心、中国音乐著作权协会及二十多家省市的版权代理公司，承担著作权集体管理和代理等业务；与出版物市场管理机构配合，打击各种侵犯著作权的活动，查处了一大批侵权案件。

8. 出版教育、科研取得可喜进展

改革开放以来，出版教育与科研得到迅速发展。党中央、国务院十分关心出版事业的发展和出版人才的培养。高等教育、中等教育及职业教育机构为出版界培养了大批不同层次的出版人员，出版教育的内容从以印刷为主，到编辑、出版、发行等兼顾。经党中央、国务院批准，1978 年我国第一所以培养印刷工程技术人员为主的高等学府——北京印刷学院诞生。随后，教育部又批准成立了上海出版印刷高等专科学校，另有四所大学设立了印刷工程专业。1983 年，中共中央、国务院发布《关于加强出版工作的决定》以后，我国清华大学、北京大学、复旦大学、武汉大学等十五所著名大学设立了编辑学或图书出版发行学专业。到 1998 年，全国有专业的出版、印刷、发行院校 30 多所，另有开设编辑、出版、发行专业的综合院校 10 多所。仅北京印刷学院建院 20 年来，就为出版界培养了 3000 多名本科生，600 多名专科生，硕士研究生开始培养。其他院校每年也可为出版战线输送大批的专业人才。目前，我国已经形成了出版行业编、印、发各类专业人才的培养体系。改革开放以来，编辑出版、印刷技术和图书发行学等专业共向出版行业输送大中专毕业生 10789 人。出版专业中、高等教育的发展，为提高出版队伍素质打下了坚实的基础。

科研机构以中国印刷科学技术研究所和中国出版科学研究所的规模最大，实力最强，他们分别从事印刷技术和出版理论方面的科学研究工作，此外在十几个省市还有 20 家出版、印刷研究所，形成了一个覆盖全国的出版、印刷科学研究网络，每年都有大批的科研成果问世。

9. 新闻出版队伍建设成就明显

建国 50 年，我国的新闻出版队伍伴随着新闻出版事业的蓬勃发展不断壮大。特别是十一届三中全会以后，历经 20 余年，我国已形成了一支数量充足，素质较高的新闻出版队伍。他们为我国出版事业的繁荣和发展作出了巨大贡献。

新闻出版行业各级领导十分重视人才资源的开发。党的十一届三中全会以来，新闻出版系统连续实施了以提高队伍整体素质为目标的各类培训，1982 年至 1990 年共培训职工达 70000 人，大大提高了 从业人员的学历层次。1994 年全国出版行业开始开展岗位培训，实施持证上岗制度，至 1998 年底，全国在此项工作中已培训出版行业领导干部和业务骨干 25000 余人。1996 年全国出版行业开始实施跨世纪人才工程，已有近百人被推荐为杰出人才候选人，300 余人获得 MBA、研究生课程学习和出国进修的机会。据不完全统计，到 1998 年底，新闻出版系统中具有大专及大专以上学历的人员达 38019 人，具有高级职称人员达 4869 人，具有中级职称的人员达 11331 人。

新闻出版行业涌现出大批先进集体、先进个人。其中有 4 名全国劳动模范，1 名中华技能大奖获得者，2 名“全国技术能手”称号获得者；174 个全国新闻出版系统先进集体，212 名全国新闻出版系统先进个人。全国新闻出版行业评出“韬奋出版奖”获得者 52 名，“全国百佳出版工作者”200 名，“全国优秀中青年编辑”256 名。

新闻出版队伍发展概况表

单位：人

行业	年度		
	1950	1978	1998
出版（图书、音像）	——	——	49096
印刷（书刊两级印刷企业）	6031	65288	320857
发行（新华书店）	12000	58311	137284

注：书刊两级印刷企业指国家与省两级书刊定点印刷企业

柳溥庆先生（后排左三）1933 年同中国印刷学会会员在一起

第四部分
高举邓小平理论伟大旗帜，深化出版改革，发展出版事业

1992 年 10 月，党的十四大胜利召开。会议提出，要以邓小平同志建设中国特色社会主义理论为指导，以建立社会主义市场经济体制为我国经济体制改革的目标。从此，中国的改革与发展进入了一个新的历史阶段。为了推进新闻出版业的改革与发展，新闻出版署提出建立适应社会主义市场经济体制的出版体制、符合社会主义精神文明建设要求、反映新闻出版业自身发展规律的管理体制和运行机制作为新闻出版业改革的目标，并提出了“阶段性转移”的工作思路。随着“阶段性转移”的逐步深化，新闻出版业的发展也进入了一个新的阶段。

一、“阶段性转移”战略的提出

改革开放以来，我国出版业以前所未有的速度发展。到 1993 年，图书品种从 1978 年的 1.5 万种增长到 9.7 万种，杂志品种从 1978 年的 930 种增长到 7011 种，报纸品种从 1978 年的 186 种增长到 1788 种，图书出版社从 1978 年的 105 家增长到 505 家(不含副牌社，下同)，音像出版社从 1978 年的 1 家增长到 200 多家。这是出版业发展可喜的一面。

与此同时，在出版业的发展中，也出现了许多的问题：

图书编校质量下降。1993 年 10 月至 1994 年 1 月，新闻出版署抽查了北京的 18 家出版社的 23 种图书的编校质量，结果是 20 种为不合格产品、占抽查总数的 87%，合格 3 种、占抽查总数的 13%，优质品和良好品为 0。在被抽查的图书中，有的图书的差错率竟比国家规定的标准高四五倍。1994 年 3 月至 4 月，新闻出版署又抽查了 9 家出版社的 9 种古籍今译图书，结果均为不合格品，由此可见图书的编校质量之低。

重复出版现象严重，图书库存增加、效益下降。据不完全统计，成语词典出版了 70 多种，有关《易经》的图书有 60 多种，有关股票的图书出版 350 多种，中国共产党党史教材一二百种，其他如古典文学名著、世界文学名著等也存在选题雷同、重复出版现象。同时，许多图书内容平庸，缺少精品图书。由于低水平重复出版，导致图书销售疲软、库存增加。1991 年，全国图书销售 62 亿册，1994 年图书销售仅 62.5 亿册，但同期的库存却由 20.6 亿册增加到 25.2 亿册。出版效益下降，1991 年全国出版系统的利润为 13.2 亿元，1994 年降到 12.6 亿元。

产生重复出版、编校质量不高、效益下降的主要原因是由于规模数量发展太快，而这种速度和规模对于我们国家的人力、物力、财力、生产精神产品的能力等都是超负荷的。编辑队伍的培养、出版资源的开发、出版物市场的开发，出版法制建设等都不能满足出版业的持续高速增长的需要。

与此同时，两个文明的建设对新闻出版业的要求却越来越高，不提高质量和效益，新闻出版业就不能更好地为两个文明建设服务；不提高质量和效益、不走内涵式的发展道路，新闻出版业也不能持久健康地发展。

为此，新闻出版署党组于 1994 年 1 月提出了新闻出版业“阶段性转移”的思路，即新闻出版业，特别是出版业正在经历着重大的转折，“转移的中心是从实际存在的以总量增长为主要特征的阶段转向以优质高效为主要特征的阶段”。1995 年，在中央批准的新闻出版署党组的报告中提出：“在新的形势下，建设有中国特色社会主义出版事业的基本思路是：通过建立适应社会主义市场经济体制和精神文明建设需要，符合出版规律的管理体制和运行机制，推动整个出版业的发展从以规模数量增长为主要特征的阶段向以优质高效为主要特征的阶段转移。”实施“阶段性转移”的目的是：控制总量、调整结构、提高质量、增进效益，以适应社会主义物质文明与精神文明建设对出版业的需要。

“阶段性转移”战略的提出，符合党的十

四届三中全会、五中全会、六中全会和十五大的精神，符合国家经济建设的总体要求。1993 年 11 月中国共产党十四届三中全会通过的《中共中央关于建立社会主义市场经济体制的决定》提出了总量平衡、优化结构、提高效益的问题。1995 年 9 月，江泽民总书记在《正确处理社会主义现代化建设中的若干重大关系》中提出："多年来的经验表明，我们讲发展，难就难在把速度和效益有机地结合起来。问题往往出在偏重数量扩张，单纯追求增长速度，而忽视经济质量，效益不理想，整体素质不高"。"正确处理速度和效益的关系，必须更新发展思路，实现经济增长方式从粗放型向集约型的转变。这种转变的基本要求是，从主要依靠增加投入、铺新摊子、追求数量，转到主要依靠科技进步和提高领导者素质上来、转移到以经济效益为中心的轨道上来。"1996 年 10 月中国共产党十四届六中全会通过的《中共中央关于加强社会主义精神文明建设若干重要问题的决议》提出："加强对新闻出版业的宏观调控，采取有力措施解决目前总量过多、结构失衡、重复建设、忽视质量等散滥问题，努力实现从扩大规模数量为主向提高质量效益为主的转变。"由此可见，"阶段性转移"实质上是新闻出版业贯彻、执行中央精神的具体体现。

尽管在"阶段性转移"战略提出之初，有人对此有不同的认识，有这样或那样的顾虑，但是，由于实行"阶段性转移"是新闻出版业发展的必然结果，也是新闻出版业进一步发展的必由之路，符合中央对两个文明建设的总体要求，因此，"阶段性转移"很快得到了出版界的响应与支持，特别是随着"阶段性转移"战略的逐步深入，出版界对此的认识也逐渐提高，各地区、各部门纷纷主动采取措施，推动"阶段性转移"的实现。

二、实施"阶段性转移"的主要措施

"阶段性转移"战略实施以来，特别是党的十五大以来，新闻出版署和各级新闻出版管理机关，围绕十五大对新闻出版业的"加强管理、优化结构、提高质量"的总体要求，采取了一系列的措施，有力地推动了"阶段性转移"。

1. 在加强管理方面

加强管理是国家赋予新闻出版行政管理机关的重要职责，是新闻出版工作坚持正确的政治方向的重要保证，是新闻出版"治散"、"治滥"的重要手段，也是实现"阶段性转移"的重要保证。

①打击"买卖书号"、"买卖刊号"、"买卖版号"和"有偿新闻"

1993 年 7 月，中央宣传部、新闻出版署联合发出《关于加强新闻队伍职业道德建设禁止"有偿新闻"的通知》，10 月，中央宣传部、新闻出版署联合发出《关于禁止"买卖书号"的通知》，1995 年 10 月中央宣传部、新闻出版署联合发出《关于禁止"买卖版号"的通知》，严格禁止买卖书号、刊号、版号，严格禁止有偿新闻。对违反规定的出版单位给予没收非法所得、停业整顿、撤销或停办等处分，有力地打击了买卖书号、刊号、版号及有偿新闻等活动。

②对出版单位实行年检制度

1993 年 10 月，新闻出版署决定实行报纸登记证的年检制度，对于违反报纸管理规定和质量低劣的报纸不予通过年检。1994 年 10 月新闻出版署发布了《期刊年度核验办法》，对达不到条件的期刊予以暂缓核验、注销或撤销登记。1995 年新闻出版署又对出版社试行了年检登记制度，对达不到基本条件的予以暂缓登记或停办。

③控制总量的过快增长

从 1994 年开始，新闻出版署采取了严格控制新建出版单位、对出书总量进行控制、整顿内部报刊等措施，有效地控制了出版总量过快增长的势头。

2. 在优化结构方面

由于长期计划经济的影响，新闻出版业的布局、发展一直是以均衡发展的模式为指导的，各地区、各部门、各产业之间的发展规模不是市场需要的结果，而是政府计划的产物。因此新闻出版产业结构很不合理，突出地体现在两个方面：一是地域与行政部门的分布上，各省市区的新闻出版产业结构趋同，各地都拥有数量、规模、产品基本相同的出版单位，中央国家机关各部、委、局、办等的出版资源平均、分散使用，每一个部门至少有一个出版社、一个报社、一个杂志社。二是图书、杂志、报纸、音像、电子出版物等媒体之间的结构也不合理，报纸、杂志，特别是行业报刊数量过大，电子出版单位相对较少，各种媒体内部的专业布局也不合理。此外，人才结构、价格结构等也不合理。

与出版产业均衡布局、均衡发展的计划相反，随着社会主义市场经济的深入发展，各地出版资源的开发、出版市场的建设及出版人才的培养越来越呈现出不均衡的发展态势。均衡布局模式所带来的弊端越来越明显，如各出版单位规模大小相当、规模不大不小、长期依赖行政保护、缺乏市场竞争意识，很难参与市场竞争。为此，新闻出版署采取了一系列措施，调整、优化结构，实行不均衡发展。

中国出版改革发展二十年研讨会

①推动集团建设，培育若干个可以辐射全国市场和区域市场的出版基地和发行集团，培育若干家年销售十几亿或几十亿元的大型出版集团

近几年来，新闻出版署批准组建了《广州日报》、《南方日报》、《羊城晚报》、《光明日报》、《经济日报》和“文汇——新民报业集团”等报业集团；批准了广东新华书店集团、四川新华书店集团、江苏新华发行集团等发行集团；批准了中国美术出版总社、上海世纪出版集团、广东出版集团等出版集团。在印刷方面，重组了中国印刷公司，在电子出版方面组建了中新联光盘有限责任公司等。

另外，还重点抓了北京、上海、广东三个国家光盘生产基地建设，抓了北京、上海、沈阳、广州、成都、武汉全国 6 大图书出版中心和发行中心的建设，以推进具有辐射力的出版基地的形成。

②开展报刊业的治理工作，优化报纸、期刊的结构

1997 年新闻出版署先后发出《关于期刊业治理工作的通知》、《关于报业治理工作的通知》和《关于科技期刊治理工作的通知》，通过治理，转化了内部报刊、压缩了行业和社团组织的报刊、控制了报刊总量、优化了报刊结构。

3. 在提高质量方面

质量是产品的生命、是效益的基础，出版也是如此。新闻出版署十分重视质量工作，把提高质量，增进效益看作是新闻出版业发展的必由之路，是推进“阶段性转移”的着重点，并为此采取了一系列的措施：

①编制新闻出版业“九五”规划，抓好重点出版物和精品出版物的出版

从 1996 年起，新闻出版署先后制定了《“九五”国家重点图书出版规划》(列入 1200 个重点项目，又称“1200 工程”)、《“九五”国家重点音像制品出版规划》(列入 476 个重点项目)、《“九五”国家重点电子出版物出版规划》(列入重点项目 333 个)、《中国动画“5155 工程”》(即在二三年内，建立 5 个儿童动画出版基地，创作出版 15 套大型儿童动画图书，办好 5 个儿童动画刊物)及三刊工程(百刊工程、社刊工程、署刊工程)等重点工程。这些出版物重点工程的实施，带动了出版物质量的提高和精品出版物的出版。

②制定出版物质量标准，开展出版物质量检查

1992 年新闻出版署发布《书刊印刷产品质量监督管理暂行办法》，1995 年 3 月，新闻出版署发布了《报纸质量管理标准》(试行)和《报纸质量管理标准实施细则》(试行)，1995 年 5 月发布《社会科学期刊质量标准及质量评估办法》(试行)，1997 年 3 月和 6 月又先后发布了《图书质量管理规定》和《图书质量保障体系》，使得书刊的质量管理有了科学的、可操作性的标准。从 1994 年以来，新闻出版署先后组织了 5 次图书质量检查、多次报刊质量检查，各地出版行政管理机关也开展了多种形式的质量检查活动，推动出版物质量的提高。

由政府部门组织大规模的出版物质量检查，这在世界上是没有先例的。这既是贯彻党的十五大提出的“提高质量”的重要措施，也是社会主义出版工作为人民服务、对读者负责精神的具体体现。

③设立国家图书奖与表彰优秀出版社

从 1993 年起，新闻出版署设立规模最大、规格最高的综合性图书奖——国家图书奖，至今已经评选了 4 次。经过 4 届的评奖，“国家图书奖”不仅在出版界，而且在国内外都产生了强烈的反响，已经有了很高的学术地位和评奖权威。从 1993 年起，中央宣传部、新闻出版署联合表彰优秀出版社，至今已经表彰了 3 批 45 家优秀出版社。

④设立各种出版基金，支持学术图书和重点图书的出版

1995 年，新闻出版署“设立学术著作、重

部分少儿出版物

中国少儿出版物成就展

1999 年 1 月，全国新闻出版局长会议在北京召开。图中自左至右为石峰、杨牧之、桂晓风、邬书林、于友先、于永湛、沈仁干、刘有志同志。

点图书出版专项资金”，用于代表国家水平的专业、学术著作及国家重点图书出版的补助。1996 年，新闻出版署、国家民委共同设立民族出版基金，资助民族图书出版。1997 年，国家科委、财政部、新闻出版署共同设立了“国家科学技术学术著作出版基金”，资助学术专著、基础理论著作和应用技术著作的出版。

三、实施“阶段性转移”战略以来取得的重大成就

从 1994 年新闻出版署提出新闻出版业“阶段性转移”战略至今已经 5 年了，5 年以来，在中央的英明领导下，在全国各地出版行政管理机关和全国广大出版工作者的积极支持下，“阶段性转移”取得了重大的成就。

1. 实现了由规模数量增长向质量效益增长的转移

图书、杂志品种增长的速度明显回落，1979 年—1994 年间，全国图书品种年均增长率为 13.06%，杂志的年均增长率为 15.55%。“阶段性转移”以来（1994 年—1998 年）图书品种的年均增长率降到 6.18%，杂志品种的年均增长率降到 2.67%。

与此同时，效益、质量在大幅度上升：图书销售的年均增长由（1979 年—1994 年间）18.94% 增长到（1994 年—1998 年）22.62%，出版系统的利润从 1993 年的 14.69 亿元增长到 1998 年的 46.49 亿元；图书重版率由 1993 年的 36.9% 增长到 1998 年的 42.79%；图书总印数由 1993 年的 59.34 亿册增长到 1998 年的 72.39 亿册，总印张从 1993 年的 282.26 亿印张增长到 1998 年的 373.62 亿印张；杂志总印数从 1993 年的 23.51 亿册增长到 1998 年的 25.37 亿册，总印张从 1993 年的 64.21 亿印张增长到 1998 年的 79.87 亿印张；图书编校质量明显提高，1993 年新闻出版署进行首次图书质量抽查时，图书编校质量的合格率仅为 13%、不合格率高达 87%，1995 年对部分图书编校质量抽查时，不合格率仍高达为 69%，然而到 1998 年新闻出版署对 564 家（含副牌社）出版社的 1785 种图书进行普查时，合格率已上升到 78.1%。

2. 出版结构得到优化

从图书看，书籍出版在增加，1998 年，全国书籍品种数比 1997 年增长 11.30%，总印数增长 3.21%，相反，课本在减少，1998 年，课本种数比 1997 年下降 1.92%，总印数下降 4.4%。1998 年在书籍出版中，自然科学总论类书籍的品种比 1997 年增长 44%，政治、法律类品种增长 29%，此外，文学类、经济类、数理科学、化学类等也有明显增长，图书结构日趋合理。从期刊看，1998 年全国停办、转化内部期刊 9640 种，压缩正式期刊 443 种，通过治理，“小机关刊”、“行业期刊”在期刊总数中的比例由 26.51% 下降到 22.71%，相反，学术理论刊物由 22.56% 上升到 23.35%，综合文化类期刊由 8.78% 上升到 9.9%，期刊结构更加合理。图书出版社的增长得到控制，电子出版社的增长迅猛。1993 年，全国有图书出版社 505 家，1998 年有 530 家，5 年间仅增加 25 家；1997 年，全国有电子出版社 41 家，1998 年达到 64 家，比 1997 年增长 56%。

3. 组织、落实了一批重点出版物的出版

通过制定“九五”规划，在图书、音像制品、电子出版物及儿童动画等方面，确定了一批国家重点工程，如图书出版方面的“建设有中国特色社会主义理论书系”、“大中华文库”等；在音像制品方面的“邓小平建设有中国特色社会主义理论”、“二十世纪中华歌坛名人百集珍藏版”、“中国原创音乐”等；如电子出版物方面的《儿童辞海》、《中华百科全书》、《中国历代艺术》、《中国大百科全书》、《中国美术全集》、《人民日报》、《解放军报》等；如儿童动画方面的《中国卡通》、《北京卡通》、《少年漫画》、《漫画大王》、《卡通先锋》等，有些已经出版，有些正在组织实施。

结束语——迎接新世纪的挑战

波澜壮阔的 20 世纪即将过去，更加美好的 21 世纪就要到来，在这新旧世纪交替之际，回顾我国出版业 50 年以来，特别是改革开放 20 年以来的历史，总结经验教训，对我们进入新世纪是大有裨益的。展望新世纪，我们深深地感到出版工作任重道远、出版工作者肩上的责任重大，出版业的发展面临前所未有的机遇，也面临前所未有的挑战。

1997 年 9 月，中国共产党第十五次全国代表大会胜利召开，江泽民总书记代表党中央作了《高举邓小平理论伟大旗帜，把建设有中国特色社会主义事业全面推向二十一世纪》的报告，这次大会阐述了邓小平理论的历史地位和指导意义，把邓小平理论确立为我们党的指导思想并载入了党章，这次大会产生了以江泽民总书记为核心的、跨世纪的党的第三代领导集体，制定了我国跨世纪的战略目标，这次大会也对我们新闻出版业提出了更高的要求。

宣传、传播邓小平理论是出版工作最重要的职责之一。邓小平理论是我们党的指导思想，是当代中国的马克思主义，是伟大中华民族复兴的精神支柱，是我国社会主义现代化建设的行动指南。中共中央 1998 年 6 月在《关于在全党深入学习邓小平理论的通知》中要求“进一步发挥党报、党刊、国家通讯社、广播电台、电视台和重要出版单位在理论宣传中的主导作用”，全面正确地宣传邓小平理论。党的十五大以来，新闻出版署已经组织了一批研究、宣传邓小平理论的图书、音像制品和电子出版物，在新的世纪，宣传、传播邓小平理论仍然是出版工作的重要任务之一。

服务全党、全国工作的大局，新闻出版业具有双重的任务。首先它是重要的文化部门，是重要的舆论阵地。它担负着积累、传播科学技术、文化知识的重任，为实现十五大提出的“科教兴国”战略、为提高国民素质提供智力支

出版界学习宣传贯彻十五大座谈会

全国出版界第一个出版集团——上海世纪出版集团成立。图为中宣部副部长龚心瀚(右)和上海市委领导到会祝贺。

新闻出版署署长于友先、副署长于永湛、国家版权局副局长沈仁干在第七届北京国际图书博览会上。

原新闻出版署副署长刘杲为《第九届书市特刊》撰稿——《坚定不移地走向市场》

卢玉忆同志代表中国出版工作者协会，向提供大陆书展和版权贸易洽谈会场地的台北师大负责人赠送纪念牌。

1999 年 1 月 23 日，桂晓风同志在全国新闻出版局长会议小组座谈会上。

1991 年 5 月，原中央宣传部出版局局长伍杰同志在科技出版委员会成立十周年纪念会上讲话。

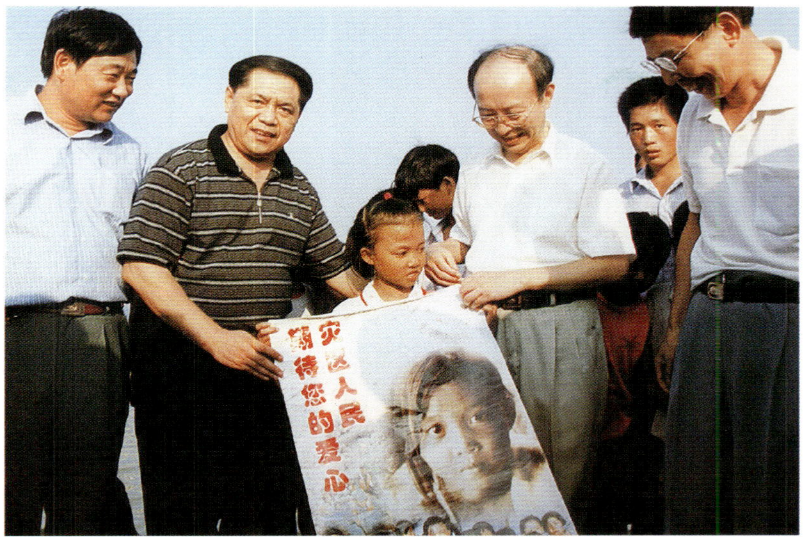

1998 年 9 月于友先署长来到为保大京九铁路而决堤自淹的永修县境，在一条帐篷相连，临时居住了 7.2 万人口的大堤前，于友先署长等先后走到两个帐篷教室里，查看孩子们的课本到位情况，并赠送书包和文具。在这里，他高兴地发现了经署党组审定，由人民美术出版社连印 20 万张的抗洪救灾宣传画《灾区人民期待您的爱心》中的女孩原形，一位 10 岁的小学四年级女学生淦腊菊。

1999 年 1 月 23 日，梁衡同志在全国新闻出版局长会议小组座谈会上。

1994 年第七届香港国际书展

1998 年 7 月中国美术出版总社赶制抗洪救灾宣传画，图为新闻出版署副署长杨牧之（右二）亲自到印刷厂审阅画稿。

由新闻出版署主办的"九九中文图书暨音像展览"于 1999 年 5 月在澳门开幕。此次图书展是澳门回归中国之前的最后一次中文书展。

持；它担负着把握正确的舆论导向、宣传邓小平理论、宣传党的方针政策的重任，为改革开放和现代化建设提供思想保证和舆论环境。其次，新闻出版业也是国民经济的产业部门之一，既要为国民经济的发展服务，又要发展自身的经济实力，在取得社会效益的同时，创造一定的经济效益，因此，新闻出版业必须努力探索出一条有中国特色的产业发展道路。

落实十五大提出的"新闻出版业要加强管理、优化结构、提高质量"的总要求，"一手抓繁荣，一手抓管理，促进文化市场健康发展"。根据《中共中央关于制定国民经济和社会发展"九五计划"和2010年远景目标的建议》，到2000年，我国将初步建立社会主义市场经济体制，到2010年形成比较完善的社会主义市场经济体制。新闻出版业必须根据十五大提出的总体要求，按照国民经济和社会发展的需要，建立、健全符合社会主义市场经济体制的新闻出版管理体制，确保在新的世纪里，能够健康、快速、有序地发展。

此外，随着高科技的发展及在新闻出版领域的应用，随着我国对外开放的进一步深入及加入世界贸易组织步伐的加快等，我国出版业的发展与管理都面临着许多新的问题。比如计算机技术、数字技术、网络技术等高新技术与新闻出版业的结合，使出版物的载体从单一的纸介质，发展为纸、磁、光、电等多种介质，使出版物的形态由书、报、刊，发展为书、报、刊、音像及电子出版物、出版物的网络版等多种形态，这一方面满足了不同阶层的人们对出版物的不同需要，形成了新的经济增长点，另一方面，也给出版管理提出了许多新的课题，增加了许多新的困难。再比如，加入世界贸易组织，一方面有利于我们利用世界各国的出版资源，进入各国的出版物市场、了解世界出版信息，学习世界出版经营管理等先进经验，另一方面，我们也要看到，出版业的竞争，特别是来自出版业发达国家的竞争将异常地激烈，目前我国的出版单位，从规模、实力，从竞争的经验、管理的水平上都不及外国的出版单位，如何在开放的、竞争的环境下保护民族出版产业，提高民族出版业的竞争能力，是非常切实的研究课题。同时，加入世界贸易组织后，对著作权的保护要求更高、更严、更复杂，这也都值得我们深入地研究。

'96 中国出版成就展外景

'96 中国出版成就展开幕式

1999 年 6 月 30 日，朱鎔基总理在中宣部、新闻出版署、当代中国研究所有关领导同志陪同下，参观《当代中国》丛书暨电子版展示台。

《当代中国》丛书是我国第一部全面记录中华人民共和国历史的大型丛书。

中国韬奋基金会成立十周年在京理事座谈会会后合影（1998 年）。

第一排左起：邵公文　杜导正　梅　益　王仿子　钱李仁　杜星垣　吴冷西　沈　谱　林默涵　李　文　骆耕漠　王　益

第二排左起：李　彦　张惠卿　戴文葆　马仲扬　许觉民　张常海　李赣骝　李敬人　宋木文　范　用　薛德震　王业康　范敬宜　王士谷

第三排左起：陈理达　于永湛　王哲人　汪轶千　扬　翊　吴秀琴　赵　炜　邹嘉骊　石　峰　韩　孟　朱中英　舒瑶琳　钱锦衡

中共中央政治局常委、全国政协主席李瑞环关心天津市书报刊的出版工作，1999 年 2 月，再次为《支部生活》题词："共产党员的良师益友"。

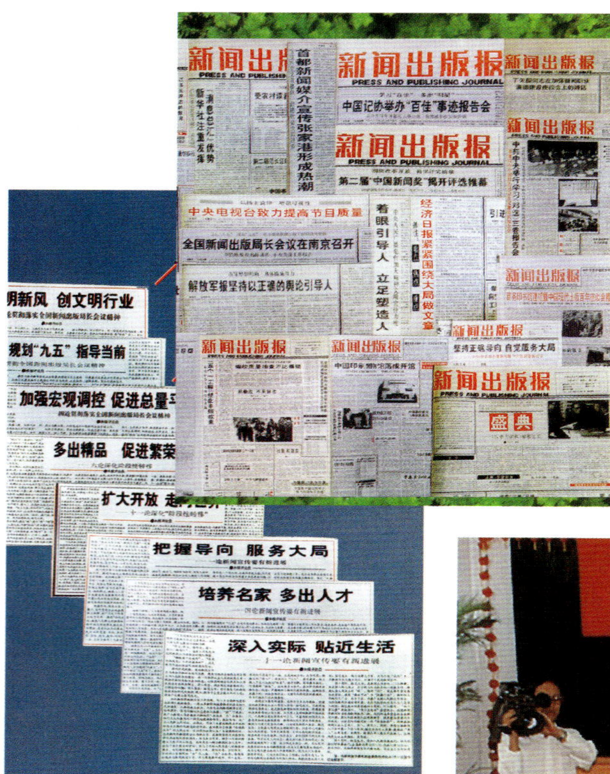

《新闻出版报》创刊 10 多年来，坚持正确的舆论导向，把握中国新闻出版事业发展的脉博，努力宣传党和国家有关新闻出版工作的政策，传递新闻出版业的动态信息。

1999 年 5 月 9 日下午，新闻出版署召开新闻出版界强烈谴责以美国为首的北约野蛮暴行座谈会。

以美国为首的北约野蛮袭击中国驻南使馆的暴行严重侵犯中国主权，侮辱了中国人民的尊严，造成中国大使馆人员死伤，激起了全国人民的极大愤慨。中国书籍出版社与新华社国际部合作，以最快速度隆重推出《中国不可欺——北约袭击我驻南使馆特急报告》一书，以新华社国际部独家报道，迅速、如实反映中国驻南大使馆遭到以美国为首的北约导弹袭击的事实真相，收录罹难烈士战地绝笔，痛斥侵略者暴行，全文登载江泽民同志在欢迎我国驻南联盟工作人员大会上的讲话，并从军事、国际政治的角度，深入分析了以美国为首的北约袭击中国使馆的动因，反映我国人民维护国家主权、维护正义、捍卫和平的坚定信心以及爱国主义热情。

面对更加繁重的任务，面对跨世纪的挑战，出版业的方略是：首先要以党的十五大精神为指导，坚持、深化改革，通过不断深化改革，建立适应社会主义市场经济体制和精神文明建设需要，符合出版规律的管理体制和运行机制；通过不断深化改革，增强我国出版业的实力和竞争能力，以满足因人口增长、文化水平提高而带来的对出版物的更高、更广的需求，适应对内对外开放而出现的日益激烈的竞争；通过不断改革，寻找到一条跨世纪的发展之路。其次，要加快科技进步，通过科技进步，实现出版业与高科技的迅速、完美结合，提高出版产业及出版物的科技含量；通过科技进步，使中国的出版产业成长为可以与世界出版强国相匹敌的现代出版产业；通过科技进步，培育出版业新的经济增长点。最后，要继续深化出版业的“阶段性转移”，通过阶段性转移，进一步调整出版产业结构；通过阶段性转移，实现出版业的规模化和集约化经营；通过阶段性转移，使所有出版物的质量再上一个台阶。在此基础上，以新的姿态迎接新世纪的挑战。

（本文在写作过程中，参阅了文化部出版局、国家出版局编的《出版工作文件选编》，新闻出版署编的《新闻出版工作文件选编》，中国出版年鉴社编辑的《中国出版年鉴》，王子野主编的《当代中国的出版事业》，新闻出版署计划财务司编的《新闻出版统计历史资料简明手册》，中国出版科学研究所与中央档案馆编的《中华人民共和国出版史料》、叶再生等编写的《新中国出版大事记》等，特此致谢。）

各省
自治区
直辖市

新中国出版50年

New China's Publishing Industry in 50 Years

新中国出版 50年

北　京

新中国成立以来，北京市出版事业经历了艰苦创业、拨乱反正、深化改革、繁荣发展的历程。特别是改革开放 20 年来，北京市出版界在市委、市政府领导下，以邓小平理论为指导，认真贯彻党的"为人民服务、为社会主义服务"和"百花齐放、百家争鸣"的方针。一手抓繁荣、一手抓管理，坚持正确的导向，大力弘扬主旋律，努力探索建立适应社会主义经济体制的出版体制，新闻出版事业获得了长足的发展，为首都的精神文明和物质文明建设做出了贡献。

一、出版工作成绩显著

(一)图书出版从小到大　初具规模

新中国成立初期，北京市市属的出版社仅有大众出版社一家(原为私营，1954 年改为公私合营)。1956 年 9 月，北京市人民委员会决定将北京大众出版社改为国营北京出版社。建社伊始，全社仅有工作人员 40 余人，到"文革"前夕增加到 80 多人，年出书百种左右，以编辑普及读物和文教图书为主，还承担了全市中、小学课本和教学参考书以及中共北京市委的机关刊物《前线》的出版任务。当时，由邓拓指导编辑出版的"北京古籍丛书"，由吴晗指导编辑出版的"语文小丛书"、"自然科学小丛书"、《中国历代史话》，资料价值较高，引起广大读者的兴趣，受到专家、学者的好评。

1966 年"文革"开始，北京出版社因出版邓拓的《燕山夜话》、吴晗的《海瑞罢官》和廖沫沙的《分阴集》，被污蔑为"三家村黑帮的批发

50 年代北京出版社建社初期部分工作人员合影

部”，被勒令撤销，成为全国第一家罹难的出版单位。直到“四人帮”被粉碎后，1978 年 6 月，北京出版社才正式恢复。

恢复后的北京出版社发展迅速，1979 年建立了北京古籍出版社，1981 年建立了北京旅游出版社（1989 年撤销），1983 年建立了北京少年儿童出版社、北京十月文艺出版社、北京教育出版社、北京美术摄影出版社，1987 年建立了文津出版社和音像读物编辑部，1996 年又增设了电子读物编辑部。1998 年 12 月，正式成立了北京电子音像出版社。此外，北京出版社还设有社科、科技、文史、译文、旅游、史志等多个编辑部。同时，还在全国范围内首创了《少年科学画报》和大型文学期刊《十月》。到目前，北京出版社已成为全国最大的综合性出版社之一，出版物品种齐全，至今已出版了 6000 千余种本版图书，总印数近 7 亿册。

近年来，该社出版的重点图书如：社会科学读物《新人口论》、《马克思主义哲学史》、《孙中山全传》、《二十世纪中国文学全书》、《二十世纪世界各国大事全书》、《当代中国经济学家论改革》等；科学技术读物《中国现代名中医医案精华》、《临床护理全书》、《北京医学文库》（修订本）等；北京十月文艺出版社出版的长篇小说《黄河东流去》、《少年天子》、《穆斯林的葬礼》、《苍生》等；北京教育出版社出版的“语文基础丛书”、《写作通论》、《范文读本》、“北京教育丛书”、《语文词典》等；北京古籍出版社出版的《春明梦余录》（上、下）、《大清畿辅先哲传》（上、下）、《天府广记》、《稗史汇编》等；北京少

党和国家领导人热情关心北京市的期刊出版事业。1990 年 3 月全国政协主席李瑞环为《建筑工人》杂志题词。

年儿童出版社出版的《娃娃智力开发童话》、《新编中外儿童寓言故事笑话 365》、《中国名人童话的故事》、《可爱的北京》等；北京摄影美术出版社出版的《徐悲鸿画集》(1-6)、《北京》、《毛泽东手书选集》(1-10 卷)等。接受自费出版的北京文津出版社也出版了《胸部肿瘤学》、《脂砚斋传本曹雪芹石头记》(汇校本)等，都受到了广大读者欢迎。

改革开放后，先后又成立了北京科学技术出版社、首都师范大学出版社、北京工业大学出版社，出书范围涉及理、工、农、医、建筑、边缘学科、教材、教参、经济、法律、工具书等。北京科学技术出版社 1981 年 10 月成立以来，至今累计出书 2200 余种。其中重点图书有：《北京十年软科学研究精粹》、《中国气传花粉图谱》、《血液净化学》、《西藏大型经济真菌》等。1985 年 2 月成立的首都师范大学出版社，至今已出书 1800 余种，其中冯友兰、任继愈、季羡林、俞平伯等一批专家学者的学术论文自选集，赢得了广大读者的赞誉。北京经济学院出版社(现名首都经济贸易大学出版社)，1987 年 11 月成立以来，坚持为高校教学、科研服务，力争出版高品位的作品，现年出书达 100 余种，其中有：《〈管子〉通解》(上、下卷)、《合并报表的理论与实务》、《价值工种新编》等。1987 年 12 月北京工业大学出版社成立以来，至今累计出书 1000 余种、累计发行量达700 万册以上。该社出版的《英汉国际金融大辞典》、《中国对外改革开放通论》、《中国市场

中共中央政治局委员、中宣部部长丁关根视察北京图书大厦。

1996 年 10 月中共中央政治局委员李铁映、新闻出版署署长于友先在中国少儿出版物成就展上视察北京市展台。

1996 年 10 月全国人大副委员长何鲁丽视察中国少儿出版物成就展北京展台

经济建设百科全书》等在书籍市场颇具竞争力。1985 年成立的北京工艺美术出版社，是我国惟一以出版工艺美术、设计艺术图书为主的专业出版社，出版了《中国年画史》、《中国京剧服饰图谱》、《中国彝族服饰》(中文版、英文版)等。同年成立的北京燕山出版社，以编辑出版北京文物、考古、文史等方面的书籍为主，地域特色浓郁，出版了许多海内外有影响的图书，如《中国邮票全集》、《京剧史照》、《京剧脸谱图说》、《北京文物》等。1958 年中国书店成立后曾尝试着用木版印刷的方式出版了一些版本珍贵、流传稀少的线装古籍。1979 年中国书店恢复古籍出版工作以后，正式成为我国古籍出版单位，该社成为既经营收售古旧书又出版古籍书的单位，成为北京市属出版发行二位一体的文化企业。该店成立以来，出版各类古籍图书 900 余种、2000 多万部(册)。其中重点图书有《三希堂法帖》、《中国书法大成》、《稀见中国地方志汇刊》、《十竹斋书画谱》、《营造法式》等。90 年代诞生的同心出版社、京华出版社，规模虽小却锐意进取，成绩斐然。

(二)立足精品战略 争创京版图书品牌

20 年来，市属出版社从 1978 年的 1 家发展到现在的 16 家，从业人员由 80 多人增长到 699 人，年出书品种由 1978 年的 200 余种增加到 1998 年的 2812 种，品种结构覆盖国家图书分类标准的 22 大类。每年都有一批图书在全国或地区评奖中获奖，年图书获奖率在 10% 以上。北京出版社出版的《首钢改革》、

北京市委、市政府长期以来高度重视京版图书事业的发展。

"北京教育丛书"和中国书店出版社出版的《北京通史》及北京出版社出版的《争战启示录》《马克思主义哲学史》、《漫画科学史探险》分获 1993 年—1997 年中宣部"五个一工程"奖；北京燕山出版社出版的《京剧史照》、首都师范大学出版社出版的《学术论著自选集》和北京出版社出版的《临床中医内科学》荣获国家图书奖荣誉奖和提名奖；北京出版社出版的《毛泽东手书选集》、《宋庆龄传》、《临床护理全书》、《中国历代史话》、《古都今昔》、《1996—2050 中国经济社会发展战略》，北京科学技术出版社出版的《中医疾病预测学》、首都师范大学出版社出版的《中国实学思想史》、京华出版社出版的《中国京剧艺术》获得中国图书奖；北京出版社出版的长篇小说《黄河东流去》、《少年天子》、《穆斯林的葬礼》荣获茅盾文学奖。这些图书为京版图书赢得了广泛的赞誉。

随着改革开放，北京市较早地在全国建立了选题审批备案制度、重点图书选题评审制度、图书质量检查制度、优秀图书评选制度，组织出版战略、优秀图书出版规律研讨等活动，成立出版专家顾问团等。同时还由政府拨专款建立了北京市出版专项资金，用以支持、扶助优秀出版物的出版，年出版资金总额已从最初的 30 万元增加到现在的 200 多万元。这些措施有效地促进了我市图书质量的提高。

(三)出版体系门类齐全 电子出版异军突起

来薰阁旧貌

具有几百年历史的中国书店的特色书店来薰阁新貌

中国书店推出特色书店——京味书楼

1964 年在北京市委、市政府的关心下，中国书店迁至琉璃厂。

北京电子出版发展迅速，北京市电子出版物形成集出版、制作、复制、发行于一体的行业。目前全国注册登记的电子出版物出版单位有 64 家，其中北京地区就占 32 家。北京已备案登记的从事电子出版物计算机软件技术开发制作的单位有 130 余家，电子出版物发行网点 500 余家。1997 年 2 月，北京市在海淀区中关村建立了电子出版物软件批发市场，营业面积 1900 平方米，入市单位 50 余家，经营品种 1000 余种，集中了全国电子出版物上市品种的 70%。1997 年 9 月，北京市成立了电子出版物出版中心。1998 年 12 月，又成立了北京电子音像出版社。多媒体只读光盘《看北京》、《维美学堂小学数学多媒体教学》、VCD 光盘《虎踞钟山》等优秀光盘迅速出版发行，《中国京剧艺术》、《跨世纪中国领导集体》等一批高品位的电子出版物也先后出版。1998 年 1 月，北京市属的 6 家文化出版单位出资组建的北京维宝光盘有限公司开始运营，该公司拥有荷兰 ODME 公司制造的双头光盘生产线，截止于 1998 年底已复制生产光盘 430 种共 455 万张，初步达到了经营规模化的产业目标。至此，北京市集图书、报刊、电子出版物于一体，门类齐全的出版体系已经形成。

（四）报刊质量逐年提高 争优创先精品迭出

新中国成立以来，特别是“八五”、“九五”期间，市属报刊的出版质量和数量也得到迅速

北京出版社是北京市建社最早的大型综合性出版社。图为现北京出版社办公大楼。

首都师范大学出版社同志在全国政协副主席钱伟长先生家中，与钱老讨论书稿。

首都师范大学出版社出版的“学术论著自选集丛书”，荣获第二届国家图书奖荣誉奖。新闻出版署署长于友先向出版社表示祝贺。

提高和发展。北京市报刊业现已形成了以《北京日报》、《北京晚报》、《前线》、《支部生活》等党报党刊为先导的多门类、多层次的报刊群体，其内容涵盖了政治、经济、文化、教育、体育、科技、卫生等领域。全市现有报纸 45 家，期刊 156 家，其中社会科学类期刊 84 家，科学技术类期刊 72 家，比十一届三中全会以前增加了 10 倍多。1997 年，全市期刊总印数达到 4120 万册，平均期印数 345 万册，已形成了规模经营。期刊社比 1978 年增长了 34 倍。北京市期刊多年来坚持以马列主义、毛泽东思想和邓小平理论为指针，以其鲜明的导向性、指导性、知识性、实用性在全国期刊界产生积极影响。

“八五”规划以来，北京市期刊为实现国家提出的由规模、数量发展向质量、效益提高的阶段性转移，实施期刊综合质量评定，全市期刊的整体出版质量逐年提高。在 1998 年实施的社会科学类期刊质量评定中，47 家期刊被评为一级期刊（为全市社科期刊的 70%）。截止于 1998 年底，在全国、华北地区及北京市优秀期刊的评选活动中，全市有 30 家期刊获得优秀期刊称号，占参评期刊的 23%。其中，《建筑技术》、《少年科学画报》获得全国优秀科技期刊一等奖，《父母必读》、《宣传手册》获得全国优秀社科期刊提名奖。1997 年，《父母必读》、《十月》、《北京卡通》被新闻出版署评为首届“全国百种重点社科期刊”。进入“九五”规划以来，北京市期刊坚持以邓小平理论为指针，努力实施期刊精品战略，争优创先，多出

1987 年 6 月著名作家刘绍棠（右二）、浩然（左三）在北京出版社召开的作品研讨会上。

“语文小丛书”的编委和北京出版社编辑合影（前排右三为冰心同志，右四为主编吴晗同志）

北京科学技术出版社邀请著名作家严文井（右一）担任儿童图书顾问

北京科学技术出版社负责同志与著名作家冰心老人（左二）讨论选题

精品，将全市期刊出版质量、发行规模、经营效益提高到新水平。

由于工作注重了质量，许多报刊在全国产生了很大影响。《北京日报》（含《北京晚报》）、《北京青年报》在 1998 年被新闻出版署评为全国地方报纸管理先进单位，多家报纸在全国、地区、本市好新闻评选中获奖。《父母必读》年平均期发行量达到 31 万册；《少年科学画报》、《十月》、《东方少年》年平均期发行量分别达到 28 万、10 万和 8 万册，均居全国同类期刊发行量前茅。

二、印刷行业发展有序

北京市对印刷企业坚持在辖区内实行归口管理，即“属地管理”。50 年来，行业发展从

北京市期刊大力实施精品战略，努力创名牌，出精品。

北京市大力实施精品战略，坚持重点选题论证制度。

北京市充分发挥出版专家顾问团作用，对京版图书进行认真评审。

“实施精品战略，抓精品，促繁荣”是北京市出版界的宗旨。

小到大，技术设备日益更新，印刷能力进一步增强。

（一）行业规模不断壮大 印刷企业由弱到强

北平和平解放时有 28 家印刷厂，但大都设备残缺不全、厂房破旧、技术落后，全市印刷业年印刷能力约为 30 万令—40 万令纸，实际产量只有 6 万令。新中国建立伊始，确定了重点发展书刊印刷业的方针，除将 28 个旧企业改建成书刊企业外，还直接投资建立了一批书刊印刷厂。1949 年—1952 年三年经济恢复时期，国家对本市印刷工业总计投资达 1200 万元，扩充和建立了若干国营印刷厂，这些投资占三年恢复时期北京市新增固定资产

建国 50 年来，特别是改革开放 20 年来，北京市期刊出版获得长足发展，到 1998 年底期刊总数已达 156 家，其中 30 家分别获得全国、华北地区及北京市优秀期刊称号。

北京出版社出版的部分获奖图书

投资的 6.6%。1952 年底，北京市印刷企业已增至 500 余家，铅印年产量达 50 万令，胶印达 11 万令，较解放前夕实际产量增加了近 10 倍；印刷工人发展到 13800 人（不含银行和军队系统），较解放前夕增加了 4 倍。1953 年北京市印刷业进入蓬勃发展时期，到 1965 年已成为全国最重要的印刷基地，生产能力和产量约占全国的三分之一，至今这个比例也无多大变化。这一时期印刷行业齐全，门类和品种繁多，工艺和设备有了较大发展。"文革"期间由于印刷《毛泽东选集》等领导人著作和其他政治任务的需要，在其他行业处于停产半停产时，印刷工业则受到前所未有的重视，成立了专门机构主抓，拨出巨额资金支持，致使

北京出版社获"国家图书奖提名奖"图书

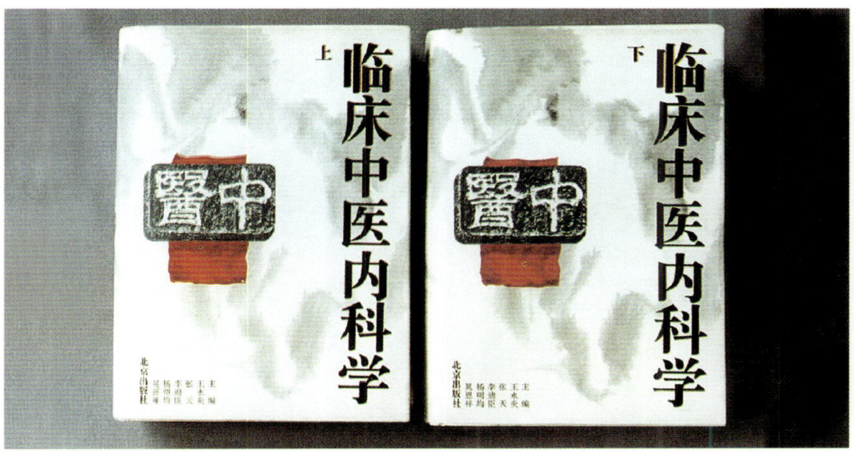

1993－1996 年中宣部"五个一工程"奖北京出版社获奖图书

1997 年中宣部"五个一工程"奖北京出版社获奖图书

1987 年度中国图书奖北京出版社获奖图书

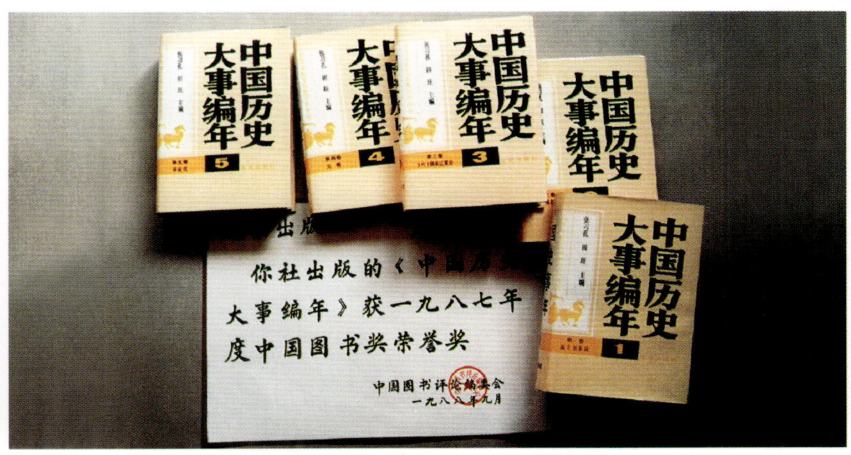

中国图书奖北京出版社获奖证书与奖牌

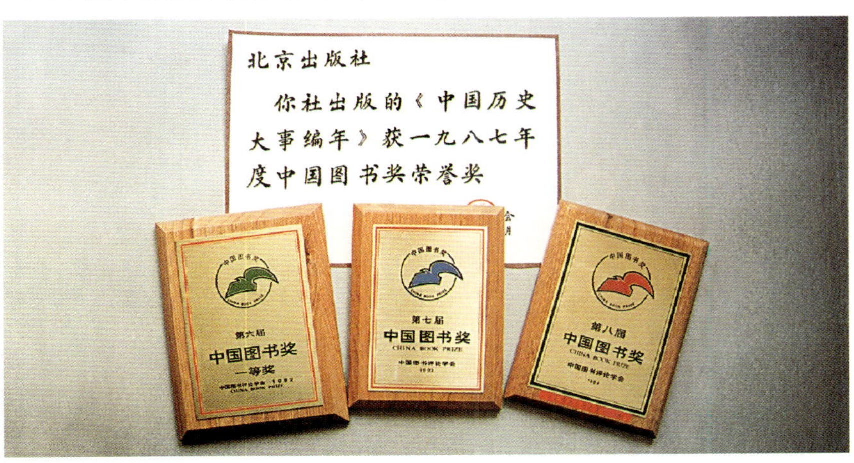

第六届中国图书奖北京出版社获奖图书

北京印刷业畸形发展。书刊印刷业突出发展，商标包装等受到影响。书刊印刷业本身各工序之间比例严重失调，排字印版萎缩，印装能力激增，产品单一，总印量减少，效益下降。“文革”结束时印刷企业已不足 100 家。“文革”结束后，国家投入大量资金进行印刷业技术革新、改造，1976 年到 1980 年投入 7387 万元，“六五”期间投入 22665 万元，“七五”期间投入 35029 万元，“八五”期间投入 78843 万元，还采取了一系列措施发展印刷业。经过 20 余年的发展，到 1998 年，全市共有印刷企业 1980 家，其中书刊定点企业 400 余家，书刊印刷能力达 936 万令。

（二）技术设备更新迅速 经济效益与日俱增

经过多年的不断努力，北京印刷企业覆盖了书刊、零件、商标、包装装潢、盲文、丝网、地图印刷等多种类别，有国有、集体、合作制、三资等多种经济形式。照相排字和激光照排取代了铅字排版，胶印已达 80% 以上；彩色印刷制版电子分色和桌面排版系统取代了传统的照相排版和分色工艺；彩色印刷由单色发展到双色和多彩印刷、数字式彩色一体化电子胶印系统，无胶片、自动调整的胶印机已在少数企业中使用。据统计，1995 年北京书刊印刷定点企业排字 980505 万字，书刊印刷 819 万令，其中胶印 661 万令，用纸总量 1445 万令，工业产值为 17 亿元，销售产值 15 亿元，利润总额 7097 万元；职工总数 39555 人的印刷业已成为北京的重要工业部门，在部分区县成为重

北京市昌平县百善印刷厂 1979 年建厂伊始，仅有一台简陋的机械裁刀。

1998 年百善印刷厂已拥有月产 600 万字以上的照排车间

要的经济支柱之一。

三、出版物发行规模不断壮大

发行工作作为出版业的重要环节，在社会主义现代化建设中发挥了重要作用。改革开放以后，逐步建立了适应社会主义市场经济的发行体制，发行业空前繁荣。

(一)积极服务社会 拓宽发行领域

1949 年、1950 年和 1958 年相继成立了北京市新华书店、外文书店和中国书店。这三家书店作为图书发行的主渠道，始终在全市图书发行行业中发挥着中坚作用。市新华书店成立后，各区县均设有区、县新华书店，区县以下在一些院校、商场、车站、广场、风景名胜区等设有门市部或书亭。在乡镇供销合作社、工厂和部队设有代销点。为了把图书源源不断地送往农村、山区，许多图书发行者长期坚持身背、肩挑、车载图书，深入工矿、农村、部队、学校流动售书。北京怀柔新华书店发扬背篓精神长期坚持到山区供应图书，受到农民欢迎，曾荣获国务院嘉奖令。同时，新华书店还承担着北京市大中小学课本供应保障任务，为确保课前到书、人手一册，做出了积极贡献。1959 年—1961 年我国出现严重经济困难，面对图书供应严重紧张的局面，新华书店租书业开始发展。 为方便读者购买某些专业性较强的图书，在 50 年代末 60 年代初，还特意开设了一些专业图书门市部，如科技书店、

北京瑞宝天和彩色印刷有限公司厂房内景

北京维宝光盘有限公司光盘生产线

教育书店、文艺书店、少儿书店、妇女书店、民族书店等。

中国书店成立后，积极开展了古旧书的收售业务，以解决读者买书难的问题。在几十年中共收集、抢救、整理古旧书刊 4000 万册，其中善本 4000 多部，列为国家珍藏的 2000 多部，为保护民族文化遗产发挥了重要作用。如收集的南宋年间蜀刻大字本《说文解字》五音韵谱为清内府珍藏善本，宋拓《圣教序》为珍贵碑帖，宋代江西刻本《诗集传》(苏辙集注)孤本、明"汉魏丛书"善本等均是罕见流传的古籍。

外文书店成立以来，积极开拓国内版外文图书的发行，同时开展了外文报刊图书的委托代办进口业务，积极为全市科学学术研究单位服务，供应所需外文图书。此后又增加了音像读物的进口发行，还自办了音像读物的复制业务，为本市科学、教育事业的发展做出了贡献。

(二)体制改革不断深化　社会、经济效益明显

十一届三中全会后，图书发行体制改革取得了显著的成就，1978 年北京只有图书发行网点 594 处，其中国有 240 处、集体 146 处、集体个体书店 11 个、代销点 79 个、个体书店 118 个，销售总额 10154 万元。1983 年在中央《关于加强出版工作的决定》精神的指引下，北京市掀起了出版社自办发行、集体个体办

1949 年北京顺义县新华书店

1950 年 3 月新华书店在全市各行业中率先成立对外服务机构

1949 年北京怀柔县新华书店

书店的热潮。短期内，读者服务部和集体个体书店（摊）、报刊摊犹如雨后春笋遍布京城，充实了发行市场。但在改革开放初期，发行市场也存在过滥、过散的弊端，鉴于此，市政府采取经济优惠政策，鼓励兴建大型图书发行网点。先后建成的大型图书网点有：王府井外文图书大楼 6300 平方米；1991 年全国第一家图书城在海淀区建立，面积达 21400 平方米，此举受到了中央领导的关注，江泽民、李鹏、李先念等为图书城题词；北京市图书批发交易市场 9000 平方米；北京图书音像城 5000 平方米；科苑书城 4600 平方米。1998 年 5 月，位于西长安街的北京图书大厦开业，为全国面积最大的出版物零售商城。该大厦营业面积 16000 平方米，销售品种 12 万种以上，实现了电脑化管理，1999 年 3 月网上书店开业。原全国最大的图书零售网点新华书店王府井门市部因旧城改造正在兴建，竣工后营业面积将达到 17000 平方米。这些大型出版物销售网点的建成改变了原来网点不足、分布不均匀、管理手段落后的状况，促进了出版物市场发展，受到广大读者的欢迎。

北京远郊九个区县除延庆县未建大楼和通州区原有大楼外，都已建成了 2000 平方米以上的图书大楼；远郊区县新华书店现有经营面积 22299 平方米。北京地区现有书刊网点 5403 处（比 1988 年增加了近 2 倍，出版社和社会办书店发展较快，增加了 4.6 倍），分

50 年代新华书店北京分店西单支店门市部内景

1952 年《毛泽东选集》第一卷出版发行，在北京王府井新华书店前，读者踊跃购书。

1958 年北京新华书店和人民日报贺喜队为南苑区鹿圈农民送去《毛泽东选集》等图书

别为国有书店 231 处、出版社和社会办书店 2124 处、邮局报刊零售点 393 处、个体书店(摊) 1080 处、个体报刊摊 1575 处。已基本形成大、中、小型网点相结合，以国有书店为主体的多种流通渠道、多种经济成分、多种购销形式、少流通环节的发行新格局，发行手段日益现代化。

在市场经济条件下，国有书店也开始改革陈旧的内部管理体制，发挥国有主渠道在出版物发行中的作用。1994 年在市外文书店的基础上，成立了北京王府井外文书店股份有限公司。1997 年，市新华书店、外文书店和王府井外文书店股份有限公司联合重组，建立了北京新华、外文书店股份有限公司。通过资产重组，扩大了经营规模，增强了国有发行企业的竞争实力，在全国开了先河。

1998 年北京市共销售图书 200289 万元，其中国有书店销售 103605 万元。市新华书店积极组织党的政治理论读物的宣传发行，仅 1990 年至 1995 年就发行《毛泽东选集》47 万套、《邓小平文选》第三卷 264.3 万册、《邓小平文集》(一、二卷) 20 万套、《江泽民纪念七·一讲话》91 万册、《中国共产党 70 周年》20 万册。

北京还开展了“北京市青少年 1994 年—1997 年读书工程”暨“读百卷书，激爱国情”大型读书活动，从 1994 年起，每年围绕一个主题，向社会推荐 50 种健康有益的图书，并开展了读书知识竞赛等活动。

举办大型书市是满足广大读者需要的有效方式。早在 1957 年，新华书店北京分

曾经是北京最大的图书零售店的王府井新华书店深受广大读者喜爱

新华书店北京分店及时推出“学习邓小平理论图书专台”，受到广大读者的欢迎。

92

北京海淀图书城全景

店、中国书店、外文书店就曾经联合举办了第一届全国书市，著名作家茅盾、杨沫等参加了书市售书活动，博得读者赞誉。自 1979 年到 1986 年，北京市店先后举办了四次大型书市，共销售图书 1351 万册，受到了广大读者的热烈欢迎。市委宣传部、市新闻出版局等单位于 1991 年、1993 年、1995 年、1997 年共同举办了四届北京图书节，吸引了 250 余万读者。市委宣传部与市新闻出版局、北京市委农工委已联合举办了两届“金秋京郊农村书市”，送书下乡，取得了社会效益和经济效益的双丰收。

四、对外交流方兴未艾

为了扩大京版出版物的影响，确保在国际市场上占有一席之地，从 50 年代至今，北京出版界始终不渝地促进对外文化交流。

(一)积极输出引进 努力促进交流

从 1956 年开始，特别是 1978 年以来，北京出版界先后接待了朝鲜、罗马尼亚、南斯拉夫、前苏联、泰国、日本、美国、加拿大、法国、德国、意大利、瑞士等国家的报纸、电视、广播、出版、发行方面的代表团共 151 人。通过国际交流，增进了北京出版界和各国出版界的友谊。随着改革开放的深入发展，自 1988 年 10 月首次参加第四十届法兰克福书展、1991 年组团赴日本考察出版发行业以及赴美国参加

1991 年 8 月，北京市成立书刊发行业协会。

每两年举办一届的北京图书节深受广大读者欢迎，从 1991 年至 1998 年已举办四届北京图书节。图为 1991 年 9 月 4 日举办的第一届北京图书节。

版权官员培训，北京市出版业对外交流逐年增加。先后组织北京地区的出版社、期刊社、图书发行单位在香港书展、新加坡国际书展、新加坡北京期刊展、菲律宾华文书展、马来西亚国际华文书展、汉城国际图书博览会、日内瓦国际图书沙龙参加或举办京版书刊展销。《北京的胡同》、《中国针灸推拿图谱大全》、《徐悲鸿画集》、“北京旧闻丛书”、《中国京剧艺术》等民族特色浓郁的图书得到各国读者和海外同胞的好评。1995 年在新加坡举办的北京期刊展，是北京期刊界走出国门、走向世界的第一次尝试，参展期刊 3000 余种，其中 100 多种被新加坡各界人士订阅。许多读者称赞中国的期刊种类多、范围广，知识性、趣味性强。

(二)版权贸易频繁 发展态势喜人

为了发挥京版书刊的整体优势，扩大北京出版物在世界上的影响，同时把世界优秀图书引进国内，北京出版界积极有序地开展国际间版权贸易活动。自 1992 年我国加入《伯尔尼公约》和《世界版权公约》以来，北京出版界与国际间版权交流日益增加，版权贸易的发展势头迅猛并渐趋正轨。1985 年北京市图书进出口公司成立，至今进口教学、科研、工具类图书 240 万册，出口中文图书 3.6 万册，为科研教学事业做出了贡献。从 1995 年至 1998 年底，以版权贸易方式引进出版图书 7684 种，电子出版物和计算机软件 163 种，输出版权 400 多种，均为全国之首。 北京出版社作为其中的佼佼者，本着“兼收并蓄、与事共进”的方针，积

为丰富首都市民的文化生活，北京市定期举办特价书市。

1990 年金秋特价书市中两位可爱的小读者

极稳妥地引进版权，努力开展转让版权业务和图书贸易，截至 1998 年 11 月，共引进版权 200 多项，转让版权 180 多项。该社还在国内出版界率先开展了网上图书销售工作，通过网络向世界展示了京版书刊的风采。

为了进一步扩大京版图书的影响力、弘扬中华民族文化，北京市图书进出口公司在荷兰开办了黄河书店，中国书店在韩国汉城开办了中国书店分店，为使京版图书源源不断地涌向世界开辟了渠道。通过国际间的交流合作，北京出版界为中国的出版事业赢得了荣誉。北京燕山出版社出版的《中国邮票全集》获英国伦敦邮展银奖；北京科学技术出版社出版的《周易与中医学》获布鲁塞尔太极金奖。

五、管理机制日趋完善

1949 年 4 月，北平市人民政府新闻出版处成立；1952 年 2 月新闻出版处与文化事业管理处合并为市文化局；1953 年 1 月恢复市新闻出版处；1958 年 11 月，成立北京市出版事业管理局；1960 年 10 月，市文化局、出版事业管理局和电影事业管理局合并为市文化局；1968 年 4 月，成立北京市革命委员会毛主席著作出版、像章制作发行领导小组；1970 年 11 月，更名为毛主席著作出版办公室；1973 年 3 月，更名为北京市出版办公室；1978 年 2 月，更名为北京市出版事业管理局；1983 年 6

1987 年，北京科学技术出版社在王府井新华书店举行《老年生活与健康》图书首发式。

北京市新闻出版局积极开展送书下乡活动。图为向京郊珍珠泉小学赠书仪式。

北京市坚持开展文化三下乡活动，在乡村开办书市。

月，北京市人民政府决定撤销北京市出版局；1987 年 6 月，北京市人民政府决定成立北京市新闻出版局，同年 7 月正式挂牌。1987 年 12 月，北京市人民政府决定成立北京市人民政府版权处，1991 年 11 月，北京市人民政府版权处改为北京市版权局，北京市新闻出版局与北京市版权局为一个机构两块牌子，负责北京市新闻出版事业的管理工作。

北京地区共有图书出版社 232 家，其中北京市属出版社 16 家，中央级出版社 216 家；共有电子出版单位 32 家，其中市属电子出版单位 2 家，中央级单位 22 家，另有 8 家电脑公司；共有报社 256 家，其中市属报社 45 家，中央级 211 家；共有期刊社 2260 家，其中市属期刊社 156 家，中央级期刊社 2104 家。共有印刷企业 1980 家，书刊发行网点 5403 处。

在机构变化频繁、管理任务繁重的情况下，北京市出版、版权管理工作者，牢固树立首都意识，顾全大局，探索出了一套实施属地管理的经验。

(一)新闻出版法制建设取得突破性进展

1985 年以前，北京市出版业没有管理法规，北京市出版工作在许多方面无法可依。为了加快法制化进程，1986 年以规章的形式颁布了《关于加强出版管理的暂行规定》。为了把印刷企业纳入行业管理的轨道，1988 年，经市政府常务会议批准，在全国第一个出台了《北京市印刷业管理暂行办法》。1991 年经市人大批准，出台了《北京市图书报刊音像市场管理条例》。之后《北京市图书报刊市场管理

北京电子出版物软件批发市场内景

1996 年 6 月 28 日北京图书音像城隆重开业

新落成的北京图书批发交易市场大厦

实施办法》、《北京市新闻出版单位驻京记者站管理规定》、《北京市非正式报刊管理规定》、《北京市电子出版物经营管理暂行规定》等，又以市政府规章的形式相继出台。1997 年北京市人大常委会正式审议通过了《北京市图书报刊电子出版物管理条例》，这是国务院《出版管理条例》、《印刷业管理条例》颁布实施后，全国第一个通过的规范图书报刊电子出版物管理的综合性法规。从此，北京市有了比较健全的新闻出版管理的法规体系。在有法可依的基础上，先后利用咨询、讲座、法规宣传、法规培训、新闻媒介等多种形式对公民、法人和其他组织共 50000 余人次实施普法宣传。由于工作成绩显著，北京市新闻出版局被全国法制宣传领导小组评为先进单位。

(二)“扫黄”、“打非”取得重大成果

首都北京作为党中央所在地，是全国的政治文化中心，国际交往频繁，地位特殊，北京的“扫黄”、“打非”工作不仅影响到首都，而且直接关系到全国，得到中央领导的关心。市委、市政府对此极为重视，按照中央的部署，北京市于 1989 年成立了市“扫黄”领导小组，由市委副书记任组长，几位市委常委、副市长任常务副组长，市有关部门和城八区负责人任成员。同年，在编制冻结的情况下，市委、市政府为 18 个区县特批 80 个名额，使“扫黄”、“打非”队伍有了“腿”。针对当时市场上小报小刊泛滥的势头，根据中央电话会议精神和“两办”《关于整顿、清理书报刊和音像市场严厉打击犯罪活动的通知》精神，在全市开展了空前规

1993 年 5 月建成的北京(金台路)图书批发交易市场，是全国第一家由政府筹建的大型规范的图书批发交易市场。

1997 年 2 月北京出版物软件批发市场隆重开业

1998 年开业的北京图书大厦是亚洲最大的图书零售店

北京图书大厦内景

模的"扫黄"、"打非"战役，使猖獗一时的非法出版物泛滥势头得到遏制。为了巩固成果，北京市制定了加强"扫黄"工作的七条措施。对此，丁关根同志给予批示："北京市提出的七条措施很好，希望认真贯彻落实。"并以全国整顿、清理报刊及音像市场工作简报形式向各地转发。近几年来，根据全国"扫黄"工作小组的部署和北京市"扫黄"、"打非"工作的需要，北京市每年都要开展几次"扫黄"、"打非"集中行动和阶段性专项治理工作。各有关部门依法严厉打击非法出版活动，以高度的政治责任感和强烈的首都意识，条块结合、综合治理、标本兼治、连续作战，不断取得新的成绩。一方面反复清理兜售政治性非法图书和淫秽盗版光盘的街头游商，深挖批发窝点；同时，严厉打击盗版盗印、非法出版的猖獗势头，抓紧大案要案的查处。市"扫黄"、"打非"办公室边实践边摸索，逐渐形成了一套管理办法，这就是：书刊文化市场实行属地管理，发挥区县作用；把好批发环节，实行售前审读、批发凭证。仅 1997 年至 1998 年，售前审读书刊 20455 种，未批准在北京发行的占 18% 左右，一大批没有正当手续的出版物被查获；实施坐商归市，加强对个体书报刊摊点规范化管理；通过表彰奖励，调动积极因素；建立群众监督网络，设立举报中心，重奖举报有功人员。市和区县都公布了举报电话，并聘请 180 余人为书报刊市场义务监督员，截流、追根、堵源，打击非法出版活动。铁路运输是书刊流通的重要渠道，在市新闻出版局、广播电视局和各有关部门

1996 年在北京国际图书博览会上，中宣部副部长龚心瀚参观北京出版社展台。

北京出版社社长朱述新等赴德参加 1996 年法兰克福国际书展及图书贸易洽谈会

美国著名作家欧文·斯通（中）到北京出版社访问

的支持下，北京铁路分局制定并实施了《关于承运、交付印刷品、音像制品的若干规定》。据不完全统计，十余年来，我市已收缴非法书刊300余万册，非法光盘220余万张，非法录音、录像制品60余万盘，其中政治性非法图书8万册，淫秽书刊16万册，淫秽光盘23万张，淫秽录像带万余盘，由于成绩突出，北京市“扫黄”办公室、北京市公安局治安处、北京市新闻出版局市场处、北京市广播电视局音像处等单位连续四年被评为全国先进集体。

（三）版权管理工作得到加强

北京市版权管理机构始建于1986年2月。1995年5月，北京市版权局机构增设到3个处室，人员增加到15人，机构的完善在全国省级版权管理机构中属首位。

1988年4月1日，成立了全国第一家版权诉讼代理服务机构——北京版权事务所。1993年3月，成立了全国第一家著作权保护民间组织——北京版权保护协会。北京地区的一些著名作家和重要的著作权使用单位参加了该协会，北京市副市长何鲁丽担任了协会第一任会长。1998年9月27日，北京版权代理有限责任公司成立，是全国第一家以“有限责任公司”形式组建的涉外版权代理中介服务机构。

版权行政管理是我国实施《著作权法》的重要环节，北京市采取多种形式积极主动地开展《著作权法》和《伯尔尼公约》、《世界版权公约》及《防止录音制品被复制公约》等有关政策法规的宣传活动。组织各类培训班百余次，

1957年，前苏联著名作曲家穆拉德里在北京书市为读者签名。

北京市版权局组团参加法兰克福书展

北京市积极开展对外交流。图为1995年在新加坡举办的北京期刊展。

培训图书、音像、报刊、计算机软件出版、制作、印刷、发行等单位领导和管理人员近万人次。同时，组织人员到市人大、政协等领导机关、学校、团体进行宣讲，还通过北京图书节、大型文艺晚会、知识竞赛、版权贸易洽谈会、电视咨询、街头咨询日等活动，普及法律法规。调解版权纠纷案件 278 件，为权利人挽回直接经济损失 153.23 万元。查处违法侵权案件 238 件，收缴盗版图书 421451 册，音像制品、电子出版物 297552 盘(张)，罚没款近 123 万元。

为加强监督管理力度，自 1995 年 2 月起，

1997 年 7 月，参加香港书展的北京代表团向驻港部队捐赠图书。

北京市积极参加北京国际图书博览会

对北京出版单位出版国外及港澳台地区的图书实行合同登记制度，此项工作已步入健康有序的轨道。

(四)新闻出版队伍建设取得新进展

在新闻出版行业管理中，北京市注重抓了队伍的建设和人员素质的提高。针对新闻出版业这个知识密集型和人才密集型产业的特点，北京从抓招考把关，抓培训提高，对进入新闻出版业的人员，在政治素质、业务能力、管理水平三个方面通盘考虑，择优录用。为此制定了人员选用、培训、培养等多方面的规划。尤其是近年来，根据中宣部、新闻出版

1991年8月7日，北京市出版工作者协会正式挂牌成立。

市版权局有关同志与专家学者共同研讨贯彻《中华人民共和国著作权法》

1993年3月北京市率先成立全国第一家版权保护协会

北京市版权局积极开展维权普法活动

署等四部委的培训规划，对北京地区出版、报刊、印刷、发行等行业管理人员进行大规模的培训。截至1998年底，共培训629人次，其中期刊社长、主编95人，书店经理88人，出版社编辑室主任33人，书刊定点印刷企业厂长（经理）413人。此外，还为国家新闻出版署组织生源135人参加各行业的培训。与此同时，为了强化出版物市场的管理，将对发行业人员按市、区（县）两级负责的培训目标，写入了地方性法规，确保了培训工作的法制化。在人才使用上，大胆引入竞争机制。对图书出版、发行成绩卓著的工作人员，敢于打破论资排辈的旧习惯，使他们更快地晋升专业技术职称。

北京市版权局积极开展版权纠纷调解工作

北京市出版界不断加强职业道德建设

1991年11月，北京市版权局正式挂牌成立。

经过几十年的努力，北京市出版业队伍素质有了很大的提高。目前，市属出版单位共有专职编辑 325 人，中级职称 196 人，高级职称 133 人。与此同时，涌现了一大批先进模范人物。北京市新华书店职工黄腊荣、《建筑技术》主编彭圣浩，先后获得第二届、第五届中国韬奋出版奖；《少年科学画报》原主编赵萌、北京出版社编辑吴光华同获首届“全国百佳出版工作者”称号；北京出版社编辑杨良忘荣获第二届“全国百佳出版工作者”称号；另有四家出版社的七名编辑被评为“全国优秀中青年编辑”。

1987 年 7 月 6 日，北京市新闻出版局正式成立。

北京市大力开展“扫黄”、“打非”工作。

北京市表彰奖励“扫黄”工作有功人员

北京市新闻出版界重视出版法规的培训工作

天　津

天津市的出版事业迎着新中国的朝阳，迈开了坚实的步伐。回首50年风雨历程，天津的出版水平显著提高，津版图书在全国乃至国际上都产生着越来越广泛的影响，书刊印刷、发行及出版行政管理等工作卓有成绩，经济实力逐年增强，呈现出前所未有的蓬勃发展的局面。

翻开了历史性的新篇章

1950年5月，天津人民出版社的前身——天津知识书店挂牌成立。这是由中共地下组织领导的读者书店和知识书店合并组建的编印发一体的正式出版单位。1952年更名为天津通俗出版社，1956年正式定名天津人民出版社。1952年组建天津画业联合出版社，1954年扩建为天津美术出版社（1969年更名为天津人民美术出版社）。1958年，在天津人民出版社文艺组的基础上，成立了百花文艺出版社。到1966年"文革"前，天津3家出版社共有职工200多人，其中编辑部门115人。书刊印刷机构有天津人民出版社、天津美术出版社所属的两个印刷厂。发行机构则由建国初期公私两条渠道逐步统一于国营市新华书店。天津的出版业在当时已具有相当规模。

从建国初到"文革"前，天津的出版社贯彻执行党的"地方化、通俗化、群众化"的地方出版社工作方针，全力满足广大群众了解共产党、了解新社会的迫切需要，编辑出版了大量通俗的政治理论、时事宣传和政策讲解性读物。1960年以后，天津人民出版社陆续推出一

1956年天津人民出版社外景及当时工作人员合影

套以青年为对象的“学习与修养丛书”。文艺类图书最初主要是出版少儿文艺读物、中短篇小说、戏剧曲艺以及前苏联文艺作品译著。百花文艺出版社成立不久,就推出郭沫若、茅盾、巴金、冰心、叶圣陶等一批文坛巨匠的散文佳作。天津美术出版社致力于通俗美术读物的出版。1959 年隶属于该社的杨柳青画店成立,该店继承和发展了历史悠久的杨柳青木版年画传统,出版的年画和具有浓厚民族特色的中堂轴画、四条屏,行销海内外。

天津市此时陆续创办各类期刊近 30 种。由中共天津市委主办的《支部生活》(月刊)1951 年 7 月 1 日公开发行,这是全国第一家公开发行的通俗党刊。1951 年 1 月创刊的《历史教学》则是新中国创办最早的历史教学刊物。

1966 年“文革”开始,百花文艺出版社被停办,其他出版社除租印马列著作、毛泽东著作或出版学习文选和编辑少量科普读物、美术读物外,正常的出版工作基本陷于停顿。

1978 年党的十一届三中全会召开,随着改革开放的深入,天津的出版事业不断发展壮大。1979 年 4 月天津市出版局成立后,除恢复重建百花文艺出版社外,又在天津人民出版社科普读物组和少儿读物组的基础上,分别建立天津科学技术出版社和新蕾出版社;1983 年新建天津古籍出版社和天津教育出版社;1993 年新建天津北洋音像出版社;1995 年新建天津电子出版社。至此,连同原有的出版社,局直属出版社已有 9 家,加上隶属市文化局的天

天津市出版大楼外景

津杨柳青画社，以及 80 年代陆续建立的南开大学出版社、天津大学出版社、天津科技翻译出版公司、天津社会科学院出版社，天津市共有出版单位 14 家。1995 年市新闻出版管理局组建了市出版物质量检测中心、市书刊发行服务中心和报刊信息咨询服务中心。1998 年按照市场经济规律和图书市场的发展需要，组织实施了以市新华书店、新华书店天津发行所和市外文书店等国有图书发行单位为主体的发行体制改革，成立天津市新华书店（集团）；同年完成天津古籍出版社与天津历史教学社的联合重组；还以天津电子出版社和北洋音像出版社为主体，组建天津电子音像出版公司，为促进天津电子出版事业的发展创造了条件。

多年来，天津的出版工作始终以弘扬主旋律为重任，尤其是近五年更加突现精品意识、创新意识和传世意识，按照江泽民总书记在党的十五大报告中提出的“加强管理、优化结构、提高质量”的要求，出版了相当数量的导向正、品位高的精品图书和畅销书。百花文艺出版社和天津人民美术出版社成为中宣部、新闻出版署表彰的全国优秀出版社。津版图书连续 5 届获中宣部精神文明建设“五个一工程”奖；在 3 届国家图书奖评比中均榜上有名；19 种图书分获中国图书奖；还有相当数量的图书在各类国家级图书评选中获奖。

天津的期刊总数已达 235 种，其中社科类期刊 71 种，科技类期刊 130 种，高校学报 34 种。《小说月报》、《散文》（月刊）获新闻出版署

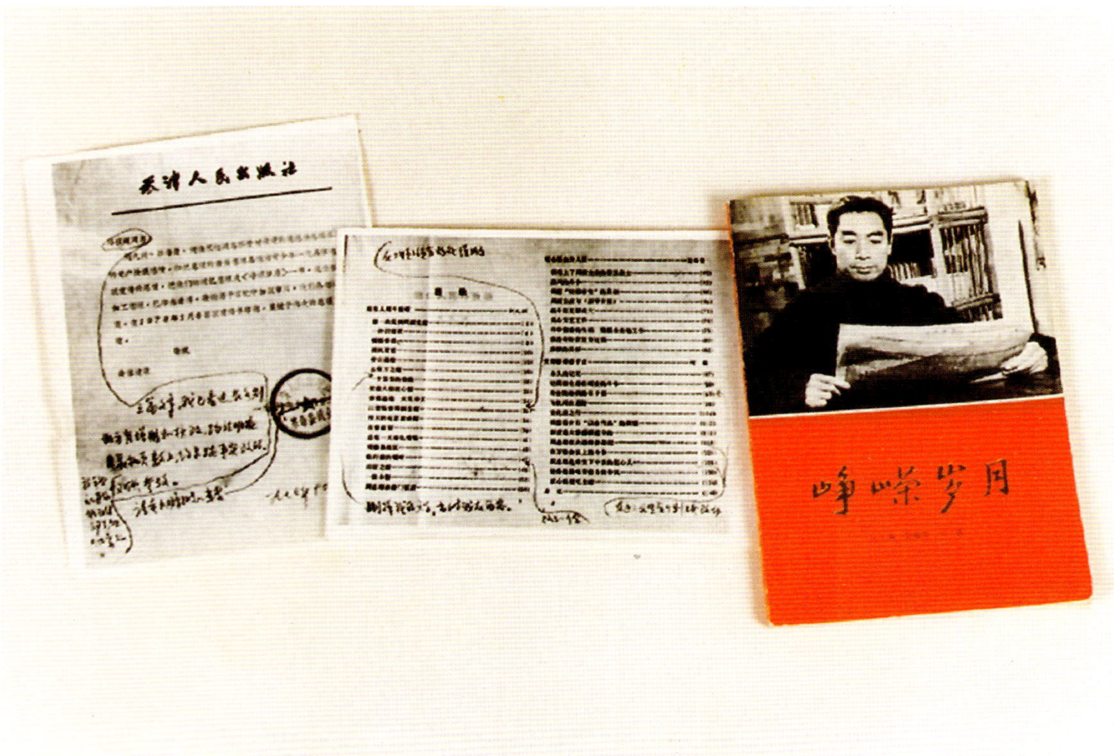

天津人民出版社编辑出版《峥嵘岁月》，邓颖超同志曾审定该书，并对有关篇目在校样上做了详细批注。

1949 年天津解放不久，中共天津市委就创办了党内刊物《支部生活》，1951 年经中共中央宣传部批准，正式公开发行。

60 年代初期天津人民出版社出版的“学习与修养”等丛书中的部分图书

评定的"全国百种重点社科期刊"称号;在首届全国优秀社科期刊评比中,《八小时以外》获综合文化生活优秀期刊奖、《天津社会科学》获学术理论优秀期刊提名奖;《中草药》、《科学与科学技术管理》分获第一届、第二届全国优秀科技期刊一等奖。

天津现有被批准的全国书刊定点印刷企业 7 家和市书刊印刷定点企业 43 家。近年来局属 4 家书刊印刷企业积极面向市场,调整结构,向质量要效益,利税在全国各省市排位中居先进行列。

天津现有包括市新华书店、新华书店天津发行所、市外文书店、市古籍书店、市出版外贸公司 5 家图书发行单位,共设网点 116 个;另有二级批发单位 90 家,集体、个体零售书店 1300 家,已形成遍布全市城乡的书刊发行网络。随着天津出版水平不断提高,津版图书的对外发行和合作出版发展很快,版权贸易已成为一些出版社新的经济增长点。

津版图书特色鲜明

找准坐标、形成特色是天津出版界的共同追求。各社自建社时起就十分强调求异思维、特色意识和创新举措,努力做到"人无我有、人有我精",致力于系统出书,创规模效益。

百花文艺出版社建社伊始就广泛研究国内图书市场,认真分析自身的条件,主动避开当时文艺图书出版的热点,把目光聚焦在中国文学的传统体裁——散文上,并由此开始了长达四十余年的不懈追求。该社相继推出"当代

天津市新闻出版管理局党委书记、局长郑先进(中),党委副书记陈均浩(左四),党委常委、副局长郑法清(右四),副局长张再鸣(右三),副局长许泽军(左三),副局长魏伟(左二),党委常委、纪检书记王东昕(右二),党委常委、天津市出版总社社长成其圣(左一),党委常委、局办公室主任刘玉红(右一)在研究天津出版事业的发展等工作。

天津市新闻出版管理局外景

散文丛书”、“现代散文丛书”、“外国名家散文丛书”、“台湾艺术散文丛书”、“海外华文散文丛书” 和体现中华两千余年散文创作编年史的大型套书“百花散文书系”，形成系列化、立体化的优势，从而成为国内出版散文最多、门类最全的出版社，把读者真正地带入了散文世界。全国作家协会举办的首届散文评奖活动，百花文艺出版社的获奖书占全部获奖书的 25%，为我国新时期散文的复兴和繁荣做出了历史性的贡献。许多文学界人士把“百花”誉为散文出版中心。著名作家萧乾说：“散文的振兴，百花功不可没。”百花文艺出版社的其他文艺读物，如陆续出版的大型套书《孙犁文集》、《梁斌文集》、《方纪文集》和一系列当代中年作家的选集，同时推出《老舍写作生涯》、《巴金写作生涯》、《丁玲写作生涯》等作家创作自述丛书、作家传记丛书以及小说《播火记》、《铁木前传》等，也被各界认可，其中小说《许茂和他的女儿们》荣获首届茅盾文学奖。该社精心出版的《百花散文书系・现代卷》、“21世纪文学之星丛书”(94 卷)和《李白全集校注汇释集评》分获第一届、第二届和第三届国家图书奖。近两年，先后推出了“金鼎随笔丛书”、“艺术美散文丛书”等，投放市场后取得双效。

天津人民美术出版社年画、连环画、宣传画的出版曾在全国影响很大，尤其是年画出版在 80 年代中期成为华北地区年画的中心，其发行量曾跃居全国首位。近年来，他们根据美术图书市场的发展趋势，迅速调整自己在全国美术出版界的定位，一方面开拓书画工具书和

天津人民出版社经常举办本版图书座谈会，及时总结出版经验，推动了该社名牌图书的出版。

天津人民出版社坚持弘扬主旋律，出版的一批具有特色的图书对配合党和国家的中心工作、宣传天津起到了积极的作用。

技法书，曾在全国率先出版《怎样学写钢笔字》，该书多次再版，累计印数达 600 万册，成为影响很大的畅销书；另一方面则选择以创名牌形象带动发展的战略，涉足于中外高档艺术画册出版领域。为此，他们强化总体编辑构思，以弘扬民族文化、整理中外文化遗产、保存艺术精华为出版基点。《李可染书画全集》一经推出，即获得成功，不仅摘取首届国家图书奖的桂冠，而且多次再版，收到良好的经济效益。此后，该社又相继推出多种精品艺术画册，其中“元明清名家绘画系列”、《石涛书画全集》分别夺得第二届和第三届国家图书奖，实现该社获国家图书奖的三连冠。1994 年，他们又将大型艺术画册的出版向国外开拓，在全国美术出版界中率先派员走出国门组织稿件，推出“世界著名博物馆藏画系列”等众多艺术画册，拓展了美术图书市场，取得丰硕成果。1997 年俄罗斯总统叶利钦访华时，当面接受了该社出版的《俄罗斯巡回画派精品集》等 4 部画集；1998 年，该社向来华访问的比利时首相让·吕克·德阿纳赠送了《安特卫普皇家博物馆藏画》画册。

近半个世纪，天津人民出版社始终以配合党和国家的中心工作出版政治理论、青年修养及经济、社会学类图书为出版特色。《当代干部小百科》发行量高达 200 万册；由薛暮桥主编的“改革：面向新世纪丛书”是国内较早探索中国经济体制改革的理论专著；还出版了以费孝通为代表的中国社会学学科的近 40 种理论专著，其中《社会学概论》被东南亚的一些

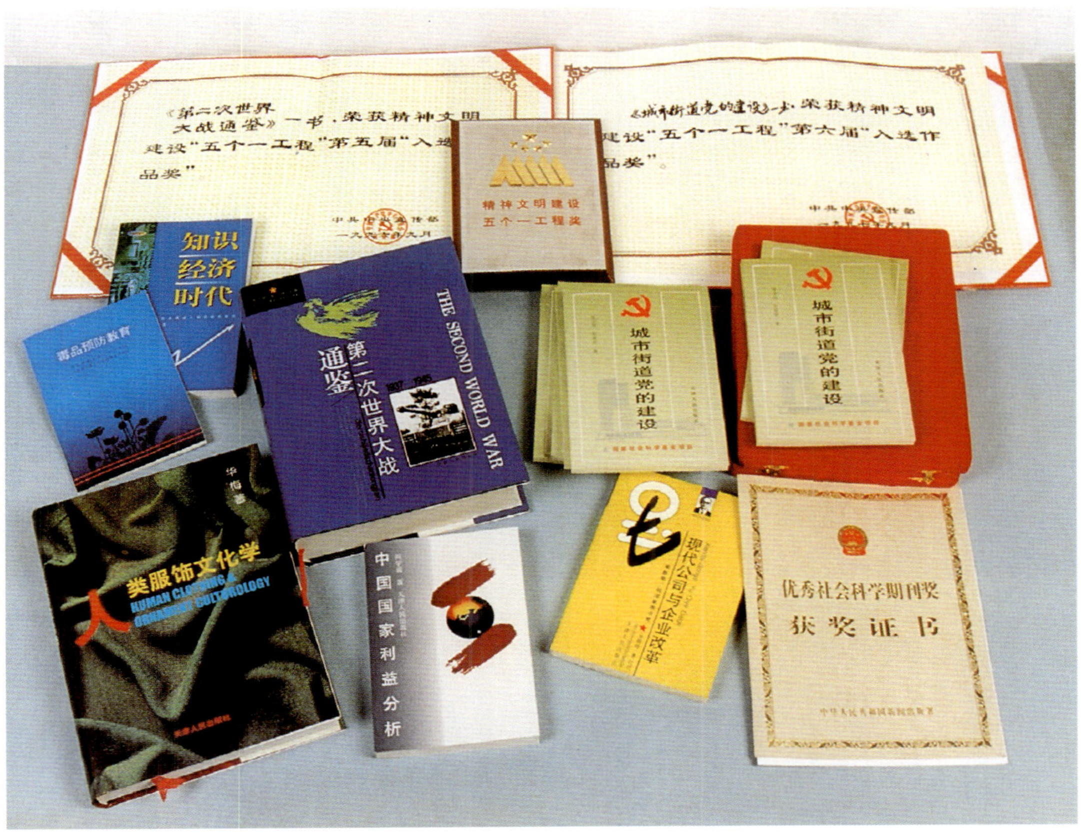

天津人民出版社部分获奖图书

天津人民美术出版社与香港三联书店合作出版的《藏传佛教艺术》获首届中国优秀美术图书金奖。1988 年 6 月，在北京民族文化宫举办的《藏传佛教艺术》首发式上，全国人大常委会副委员长班禅额尔德尼·却吉坚赞为仪式剪彩，并在画册上签名留念。

俄罗斯总统叶利钦在天津人民美术出版社出版的《普希金造型艺术博物馆藏画》上签字留念

国家选为高校教材；1700 万字的《中国文学大辞典》是我国第一部全面反映中国文学从起源至 80 年代成果的大型工具书；该社还在国内较早地推出"现代文学研究资料丛书"、"社会科学家选集丛书"、"社科新视野丛书"、"外国名人传记丛书"以及坚持学术品位、鼓励学科创新的图书。经过多年的努力，该社继续保持了"社会史丛书"、"日本研究丛书"、"社会学丛书"等图书门类的全国领先地位。一批优秀图书被选为大专教材，《马克思主义哲学纲要》累计印行 320 万册、《世界经济概况》被列为国家教委推荐教材、《法理学》被列为全国电大教材。近年来，该社图书在全国各类优秀图书评比中频频获奖，《第二次世界大战通鉴》、《城市街道党的建设》获"五个一工程"奖；《人类服饰文化学》、《现代公司与企业改革》获国家图书奖；《中国国家利益分析》等 6 种书获中国图书奖；《知识经济时代》、《毒品预防教育》被评为全国优秀畅销书。

天津科学技术出版社根据天津出版医学图书历史久、本社医学编辑力量雄厚的优势，把自己的市场定位放在医药卫生类图书上。十几年来，医学图书出版从零散的单本，迅速发展为"各科临床学"、"各科肿瘤学"、"各科治疗学"、"各科基本功"等几大系列，并以高水准、权威性，集中反映了医学部分学科领域的优秀成果，受到专家好评及临床医生的普遍欢迎。该社还大力开拓医学科普类的"大众卫生保健系列丛书"，发掘祖国医学的"中医古籍丛书"及属于前沿医学科学的"疾病影像诊断

天津人民美术出版社相继推出多种精品艺术画册，取得良好的社会效益和经济效益。

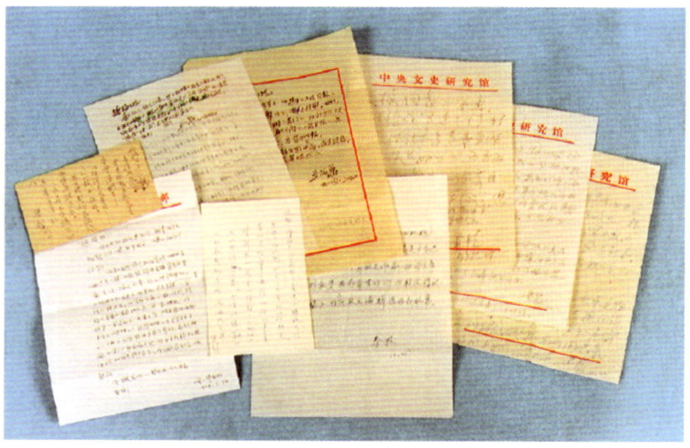

精品图书的出版凝聚着编辑的心血。这是著名作家冰心、萧乾、孙犁、刘白羽、秦牧、吴伯箫等写给百花文艺出版社编辑的部分信件。

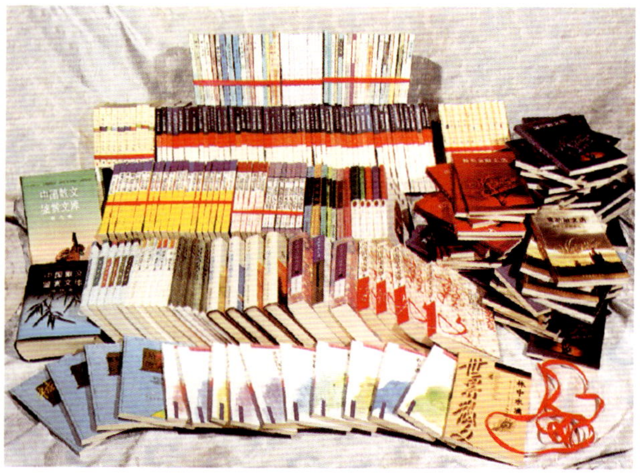

百花文艺出版社出版了各类散文丛书，形成系列化、立体化优势，把读者带入了散文世界之中。

百花文艺出版社出版的各类文集、作家创作自述丛书、作家传记丛书等。

图谱丛书”等，使医学图书具有更多的市场层次。《临床心脏电生理学》、《神经外科学》、《实用骨科手术学》等，获历届中国图书奖。《临床高血压病学》、《妇产科病理学》等获全国优秀科技图书奖。

新蕾出版社建社之初，即将少儿思想品德教育读物和教辅类图书作为图书出版的主攻方向，在全国首创出版系列基础训练读物，获得较大的社会效益和经济效益。近年来，该社出版了《中华五千年美德》、“中华历史名人丛书”、《手拉手奔向 21 世纪》及《地球保卫战》、《漫游科学世界》、《漫游新科技世界》等精品图书，这些书分获“五个一工程”奖、国家图书奖和中国图书奖。

天津教育出版社近年来着力出版《中国野生花卉》、《天津老房子·小洋楼风情》、《中国纹样辞典》等有文化积累价值和研究价值的著作。在课外读物开拓上，出版了《中华少儿作文全书》、《中华少儿阅读全书》等 10 卷“中华少儿系列”图书，印发几十万册。“百年风云丛书”、“中国文化史知识丛书”分获“五个一工程”奖和中国图书奖。

南开大学出版社确立经济、计算机、外语三个学科为重点开发对象，坚持“精”与“新”的出版原则，发挥学科优势，出版了《中国古代青铜器》等一批高质量的专著和优秀教材，其中 190 多种教材被全国各地大专院校采用。

天津大学出版社不断扩大出版建筑类图书的规模，提高出书档次，先后出版建筑类图书 300 余种，内容涉及古代建筑、室内设计、建

新蕾出版社自建社起就经常组织青少年作文竞赛活动，以提高青少年的写作水平。图为 80 年代初该社领导向获作文奖的盲童赠送奖品。

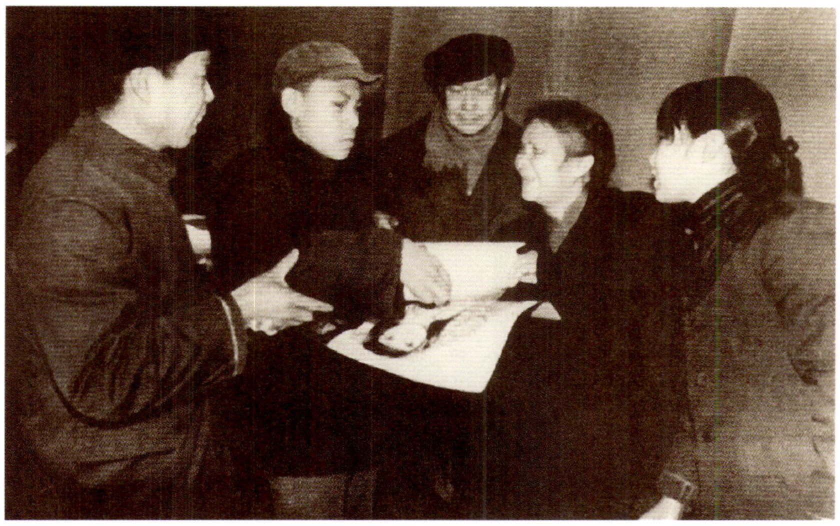

百花文艺出版社部分获奖图书

1995 年 8 月，新蕾出版社在北京召开《中国少年抗战记》座谈会，会后中小学生纷纷请老将军孙毅（前左一）、吕正操（前右一）签名留念。

天津教育出版社出版的大型纪念画册《天伦——共和国元帅的情感世界》，共收入 300多幅珍贵照片。图为刘伯承元帅的夫人汪荣华在画册上签名。

新蕾出版社部分获奖图书

筑环境、城市规划、园林设计等领域，形成规模影响。

杨柳青画社始终肩负着整理、保护和继承发扬杨柳青民间艺术的重任。每年出版木版年画近 200 种，木版水印画近 40 种，在丰富人民群众精神文化生活方面，发挥了积极的作用。

天津科技翻译出版公司以引进版为自身的出版特色，近年引进版图书占出书品种的 75%。

天津社会科学院出版社出版了一些有学术价值的社科读物，多次修订再版李瑞环著的《城市建设随谈》。

天津古籍出版社出版的带有抢救性的古籍读物中《隋唐五代墓志汇编》、《新定九宫大成南北词宫谱校译》、“北洋军阀史料丛书”赢得读书界和藏书界的好评。

天津北洋音像出版社出版的《中国京剧音配像精粹》获首届全国优秀文艺音像制品奖。

天津电子出版社出版的《通译科技翻译软件》受到欢迎。

天津较早地开展了津版图书的对外合作出版。1983 年天津人民美术出版社与三联书店（香港）有限公司对出版《图说中华五千年》进行了实质性的商讨，签订了以版税支付方式的合作出版合同。尔后，双方又成功地合作出版了《藏传佛教艺术》大型摄影艺术画册，创津版图书合作出版之首例。十多年来，该社引进和合作出版了一批精品艺术画册、美术技法书

天津杨柳青画社出版的传统木版年画享誉海内外。图为木版年画制作工艺中的刻版和彩绘工艺部分。

天津科技翻译公司出版的部分引进版图书

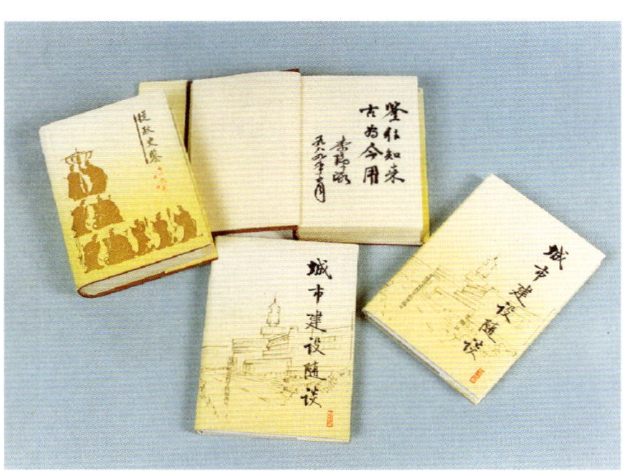

1996 年天津社会科学院出版社再版了李瑞环同志撰著的《城市建设随谈》。李瑞环同志还曾为该社出版的《从政史鉴》题词：“鉴往知来，古为今用”。

天津古籍出版社出版的“北洋军阀史料丛书”

和少儿读物，有效地补充和促进了本版书的出版。

“加强内部管理、强化精品意识，以鲜明的特色和优异的质量敲开效益之门”是天津市新闻出版管理局确立的工作方针，近年又提出“以全新的产品、全优的质量、全心全意的售后服务，打开图书市场”，有力地推动了天津出版业由品种数量向优质高效的阶段性转移。

天津期刊异彩纷呈

党的十一届三中全会以后，天津市期刊出版得以飞速发展，全市的 235 种期刊，包括工程技术、医药卫生、学术理论、文化教育、文学艺术等诸多门类。《中草药》、《中华血液学杂志》、《电气传动》等 53 种科技期刊被评为全国核心期刊。

天津人民出版社首创了以充实、引导青年读者业余生活，提高生活质量为主旨的文化综合类月刊《八小时以外》。该刊以健康、新鲜、生动、活泼的内容吸引读者，最高期发行量达 120 万份。

百花文艺出版社创办以刊登美文为主的《散文》（月刊）和小说选刊《小说月报》。这两种期刊都有很大的发行量，《散文》（月刊）最高期发行量达 24 万份，《小说月报》期发行量最高达 160 万份，这两种期刊直至目前仍保持在全国同类文学期刊期发行量的最高纪录。1983 年该社创办了大型文学期刊《小说家》，到第三期发行量跃升为 24 万份，加入了名刊之列。1992 年创办的《散文》（海外版），立足

天津北洋音像出版社、天津电子出版社出版的部分音像制品和电子出版物

世界诺贝尔物理奖获得者杨振宁教授（左二）于 1988 年参加南开大学出版社举办的《杨振宁演讲集》首发式

天津大学出版社聘请一批建筑学方面的专家、教授为出版社顾问。图为中科院院士、天津大学教授彭一刚（左二）与出版社编辑研究图书选题。

潮头，广采名作，博得各界好评。

与此同时，天津科技出版社创办了贴近群众生活的《科学与生活》，该刊最高期发行量达 150 万份；《长寿》（后更名为《华夏长寿》），是我国最早创办的为中老年读者服务的期刊，一直受到读者的欢迎。新蕾出版社利用自身的优势，创办了辅导中学生作文的刊物《作文通讯》，最高期发行量达 190 万份。1981 年又为小学生创办了《小学生作文》，最高期发行量达 280 万份。之后，又创办了《中学生语数外》和《童话王国》。天津人民美术出版社在 80 年代创办了《画廊》（后更名为《中国油画》）、《迎春花》（后更名为《国画家》）、《儿童画报》、《故事画报》、《年画艺术》（曾改刊为《七彩画报》，现名为《少儿美术》）以及与中国漫画艺委会合办的《中国漫画》。

1998 年，市新闻出版管理局全面实施“社办期刊工程”，各社普遍加强了对期刊的领导，充实调整了期刊编辑力量。天津科技出版社实行期刊主编负责制；天津人民美术出版社实行期刊编辑竞争上岗，对期刊实行社内二级管理制度。各社根据市场需求，及时调整读者定位和期刊内容、推动社办期刊创新栏目、提高质量，进一步繁荣了天津期刊出版事业。

书刊印刷发行全方位开拓

近年来，天津的书刊印刷发展较快，尤其是市新闻出版管理局所属的印刷企业，狠抓产品印制质量、周期和服务，在保证书刊印制的基础上，进一步面向市场、参与竞争、调整

天津科学技术出版社编辑向中国科学院院士吴阶平教授请教有关问题

天津科学技术出版社出版的医药类图书特色鲜明，并在各类评比中频频获奖。

天津著名出版家徐柏容同志荣获全国韬奋出版奖

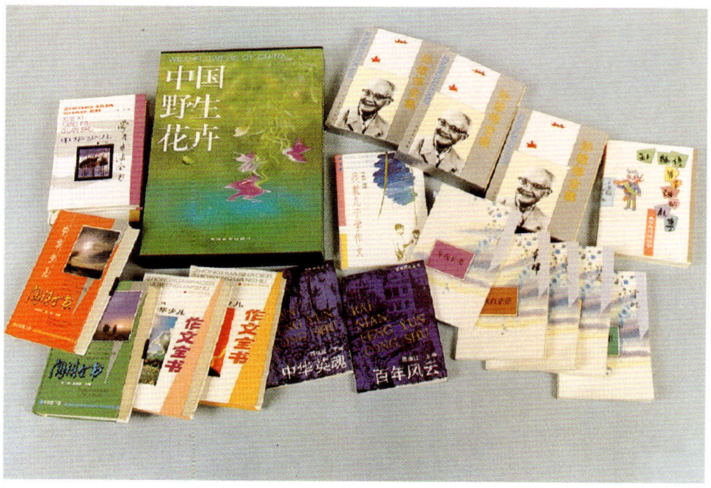

天津教育出版社出版的部分获奖图书及精品图书

产品结构，积极承揽外向型和附加值较高的社会业务，这类业务形成的利税已占总利税的 80% 以上。各印刷企业还适应市场的需要，不断加强内部管理、深化改革，调动了广大职工的积极性，增强了企业活力。

天津美术印刷厂自 1984 年以来，购置了具有国际先进水平的四色印刷机多台，经过几年的拼搏，该厂由一个亏损落后的小厂发展成为国家中型(一档)企业，固定资金从500万元发展到 3000 多万元，十几年为国家创利税 3300 万元。从 1992 年起，该厂的利税总额进入“全国印刷行业百强企业”行列。

天津的书刊发行工作，以国有新华书店为主渠道，积极发展集体、个体书店和各出版社的自办发行。近年来，不失时机地举办各种类型、不同规模、不同地区的图书展销订货会，扩大了津版图书的对外影响，提高了津版图书在全国的地位。

市新华书店坚守国有发行阵地，保住已有的发行网点，开办新的发行网点，在全市布设网点最高达 93 个；联合兴办图书城，天津百货大楼等遍布繁华地区的商厦里，有他们的营业面积达 4000 多平方米，使国有图书销售占有份额明显增长。近 5 年，市新华书店资产积累增长了 8 倍，年销售额 5 亿元，创利税 1700 万元。

各出版社的自办发行也有较大的发展，其自办发行业务网点已达 700 余家，发行量已占津版图书总发行量的 70% 以上。1995 年，天津人民美术出版社率先用汽车载上本

天津市部分书刊印刷发行全方位开拓。图为天津部分期刊、丛刊。

部分被评为全国核心期刊的天津科技期刊以及部分社科期刊

版图书到一些中小城市新华书店举办图书订货会，人们称之为“大篷车”送书上门。他们靠这种苦干精神闯出了一个大市场。该社仅 1998 年“大篷车”的销售收入就达 2000 万元。局属各出版社也相继组织“大篷车”上山下乡，扩大了津版图书的覆盖面。

天津市新闻出版管理局还成功地举办了华北书市、天津图书音像交易会等大型展销活动。1995 年津版图书首次在上海举办展销会，销势火爆，被称为“天津出版界集体亮相上海滩”。1998 年在上海成立津版图书发行中心，扩大了津版图书的市场占有率。

天津十分重视发展对外销售，积极参与国际图书交流活动。1992 年以来，天津新闻出版管理局受新闻出版署的委托，组织代表团参加马来西亚、新加坡等国际书展，多次组团赴美国、日本、德国、意大利、港澳台等国家和地区参加书展或进行业务活动。

出版行政管理成绩斐然

出版行政管理是天津出版事业重要的组成部分。李瑞环同志在天津任市长时给予了特别的关注，1987 年提出将天津市出版局改名为天津市新闻出版管理局，以突出其代政府行使的新闻出版行政管理职能。坚持依法行政，市新闻出版管理局专设的法制机构，先后代政府起草了《天津市图书音像制品出版印制发行管理条例》、《天津市电子出版物管理条例》、《天津市图书报刊出版管理条例》等法规，经市人大通过付诸实施；制定了《天津市出版

50 年代天津市新华书店和平路门市部外景

50 年代的天津市新华书店和平路门市部，1997 年被定名为天津市素质教育书店。

天津市新闻出版管理局成功地举办了多次大型图书展销会。1986 年的华北书市，其规模之大、品种之全、客户之多、订货码洋之高，在全国引起很大反响。

行政执法工作规则》、《关于错案责任追究的规定》、《行政执法责任制度》等，以加强执法监督。几年来，行政执法合格率和行政处罚决定实行率均为 100%；坚持普法工作经常化、制度化，编印发放法规汇编、宣传材料多种计 50 余万册(份)，有 1.5 万人次参加了各类出版法规培训，培育了一支新闻出版执法队伍。1996 年天津市新闻出版管理局被中宣部、司法部评为全国法制宣传教育先进单位。天津的出版行政管理步入了法制化的轨道。

天津出版市场行政管理工作以“标本兼治、疏堵结合”为方针，制定有关审验和经营制度，按照属地管理原则，实行批发进场、零售进市、售前送审、完证经营，有效地加强了日常的市场监测，规范了市场秩序。同时锲而不舍地开展“扫黄”、“打非”行动，破获查处了一批大案要案，打击了不法之徒，净化了书报刊和电子出版物市场，先后两次被评为全国“扫黄”、“打非”先进集体。

多年来，天津将“一手抓管理，一手抓繁荣，促进文化市场健康发展”的战略方针落到实处。1993 年成立天津图书批发交易市场，1995 年改扩建后经营者增加了近一倍；1994 年在市繁华地区兴建 100 个书报刊亭，市政府将此项工作列为当年为人民群众办的 20 件实事之一。

天津在全国率先制订了《关于加强出版社内部管理的暂行规定》，细化了出版社编印发各个环节的内部管理制度，防患于未然，

天津市十分注重扩大津版图书的社会影响、学习先进的出版经验，积极组团参加各类图书展览活动。图为全国人大常委会副委员长钱伟长来到天津展团参观。

1995 年津版图书在上海举办展销会，引起强烈反响。

成效明显。

1988 年天津市政府批准建立天津市版权局，以“完善体系、深入普法、强化行政、促进繁荣”的工作方针，加大了版权行政管理工作的力度。天津版权行政管理部门、版权保护协会和版权代理公司从不同角度形成合力，维护著作权人和著作权使用人的合法权益。先后制订了《版权行政处罚实施程序》、《关于查缴、封存侵权盗版制品经济赔偿办法》等规定，提高了版权行政管理的法制化水平，并组织力量查处了“涉外假画侵权案”等在国内有影响的重

天津市重视发展图书对外销售，积极参与国际图书交流活动，以增进对国际图书市场的了解。

天津市新闻出版管理局注意加强对出版科学理论的研究，有多篇论文在研讨评比中获奖。图为 1995 年 9 月原局长孙五川在马尼拉第七届国际出版学研讨会上宣读论文。

天津市各出版单位重视开展版权贸易。在意大利举行的第 35 届博洛尼亚国际儿童图书展览会上，新蕾出版社展示了丰富多彩的图书。

大侵犯著作权案件。举办纪念《中华人民共和国著作权法》颁布实施的大型版权咨询服务活动，组织国内著名版权专家为市领导及出版界举办讲座等活动，极大地提高了公民的版权意识。

1997 年市新闻出版管理局为规范电子出版物的出版及销售，建立专门的电子出版物行政管理部门，制定了《接收境外委托加工制作电子出版物管理办法》等一系列有关电子出版物的报送、制作、批发、零售、租赁及电子媒体非卖品的管理规定和制度。为彻底杜绝

天津市的出版工作始终得到市委、市政府的关怀，市领导经常参加有关活动，指导出版工作。图中右二为天津市委副书记刘峰岩。

天津市新闻出版管理局历届领导班子一贯重视抓重点图书的出版，经常召开经验交流及表彰大会，推动了津版图书优质高效的阶段性转移。

非法出版物的印制，天津将激光照排、排字、制版业等纳入书报刊印刷行政管理范围，实行印刷许可证制度、委托印制合同制度。经过多年的工作，天津书报刊印刷业已做到控制总量、调整结构、减少重复、规范经营，保证了书报刊印刷业的持续发展。

1995 年天津市著名出版家徐柏容获全国韬奋出版奖，一批中青年编辑获得全国优秀中青年编辑奖。1998 年，为深化改革，由市新闻出版管理局所属的编、印、发、供等生产经营单位组成出版联合体——天津出版总社。天津出版界

天津市重视对出版人才的培养，各出版单位通过开展各种活动，表彰先进，使优秀人才脱颖而出。

联合起来，优化组织结构，实现规模经营，以更好地完成党赋予的“以科学理论武装人、以正确的舆论引导人、以高尚的精神塑造人、以优秀的作品鼓舞人”的伟大使命。

1998年天津市版权局与中共天津市委宣传部、市教委、市普法办公室、市文联、市版权保护协会联合举办了纪念《著作权法》实施七周年宣传周活动。

天津市的“扫黄”、“打非”工作成绩显著。在1998年北方地区“扫黄”、“打非”工作片会上，天津市再次得到上级主管部门的表彰。

新中国出版 50 年

河　北

燕赵多名士，出版争一流。耕耘五十载，硕果满枝头。萌芽于新民主主义革命时期的河北出版业，在新中国成立后进入了崭新的发展阶段。半个世纪以来，特别是党的十一届三中全会以来，河北出版界在省委、省政府和新闻出版署的领导下，认真贯彻党的“加强管理、优化结构、提高质量”的总方针，坚持“走正路、出好书、出人才、创效益”，全省出版业规模不断扩大，实力明显增强，取得了社会效益和经济效益的双丰收，为全省的两个文明建设做出了积极的贡献。

河北省新闻出版大厦外景

图书出版花繁果硕

新中国成立前，河北境内的革命根据地就建立了冀南书店、冀中书店、冀东书店，并建有冀中新华书店印刷厂和大众美术印刷厂等出版机构。1950 年成立了河北人民出版社。1954 年，河北人民美术出版社在原大众美术社的基础上成立。1950 年到 1966 年的十几年间，年轻的河北出版界配合新中国的成立和党的中心工作，以宣传党的方针政策和提高人民群众

1998 年 7 月巴勒斯坦民族权力机构主席亚西尔·阿拉法特在钓鱼台国宾馆亲切会见河北省新闻出版局副局长杨汝戬等同志，感谢河北少年儿童出版社编辑出版《阿拉伯骑士——阿拉法特》一书。

的政治、文化水平为目的，推出了一批优秀图书，如《美帝近百年来是怎样侵略中国的》、《冉庄地道战》、《保定外围神八路》、《婚姻法问答》、《故事里面有哲学》、《王老师和小学生谈作文》等等。这些图书的出版，对当时的社会主义建设起到了积极的作用。

1978 年党的十一届三中全会召开，给在“文化大革命”中遭受严重破坏的出版业带来了勃勃生机，河北出版业开始进入快速发展的时期。1982 年至 1990 年，花山文艺出版社、河北科学技术出版社、河北少年儿童出版社、河北教育出版社、河北大学出版社等先后成立，并

河北人民出版社出版的《张岱年全集》获第三届国家图书奖荣誉奖

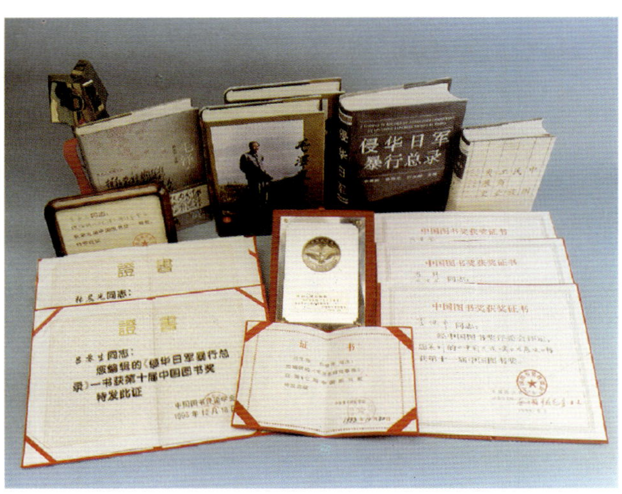

河北人民出版社出版的《侵华日军暴行总录》获第十届中国图书奖

河北人民出版社出版的《情与理》获第六届精神文明建设“五个一工程”入选作品奖

出版了一大批优秀精品图书。“八五”期间，全省共有 533 种图书获得省级以上奖励，其中获国家三大奖的图书有 38 种。《中国玉器全集》获国家图书奖，《艾青全集》、《中国漫画书系》、《屠格涅夫全集》获国家图书奖提名奖，《早陨的将星》、《中华文明史》获“五个一工程”奖，《食管外科学》、《万里长城》、《十二属相故事画库》、《毛泽东诗词鉴赏》、《乡土艺术》、《区域水盐运动检测预报》、“女革命家丛书”、《毛泽东研究事典》、《海上四任精品》、《我们的父辈》、《中国玉器全集》、《中华文明史》、《中国漫画书系》、“农业科技十万问丛书”获中国图书

河北美术出版社出版的《海上四任精品》获第七届中国图书奖

河北美术出版社出版的《中国玉器全集》获第八届中国图书奖、第二届国家图书奖

河北美术出版社出版的《乡土艺术》获第五届中国图书奖二等奖

河北美术出版社出版的《万里长城》获第二届中国图书奖

奖；18 种图书获得河北省优秀图书奖和河北省优秀畅销书奖。“九五”前三年，河北又有一批图书荣获国家级大奖：“赤子丛书”、《情与理》获中宣部“五个一工程”奖，《张岱年全集》、《曹禺全集》获国家图书奖荣誉奖，“露珠丛书”、《鲁迅之世界全集》获国家图书奖提名奖，《任熊 任薰 任颐 任预精品》、“红罂粟丛书”、《侵华日军暴行总录》、《中医方剂通释》、《她们与世纪同行》、《中国民族工商业发展史》、《中国现代学术经典》、《百姓法律话题》、《科学王国里的故事》、《俞平伯全集》、

花山文艺出版社出版的《曹禺全集》获第三届国家图书奖荣誉奖

花山文艺出版社出版的《俞平伯全集》获第十一届中国图书奖

花山文艺出版社出版的《艾青全集》获首届国家图书奖提名奖

《中古文学理论范畴》等获中国图书奖。目前，为迎接新中国成立 50 周年，一批歌颂祖国、歌颂改革、歌颂社会主义的图书正在陆续出版。

总之，50 年来，特别是近 20 年来，河北出版业获得了较快的发展。1998 年与 1978 年相比较，全省图书品种从 360 种增加到 2237 种，图书总印数从 18364 万册增长到 40948. 72 万册，总印张从 58 万千印张增加到 166. 6 万千印张，图书再版率达到 56. 4% 。这期间，报刊出版和音像、电子出版也获得快速发展，1998 年公开出版的报刊品种已增加到 286 种，音像

河北科技出版社出版的《食管外科学》获 1987 年中国图书奖荣誉奖

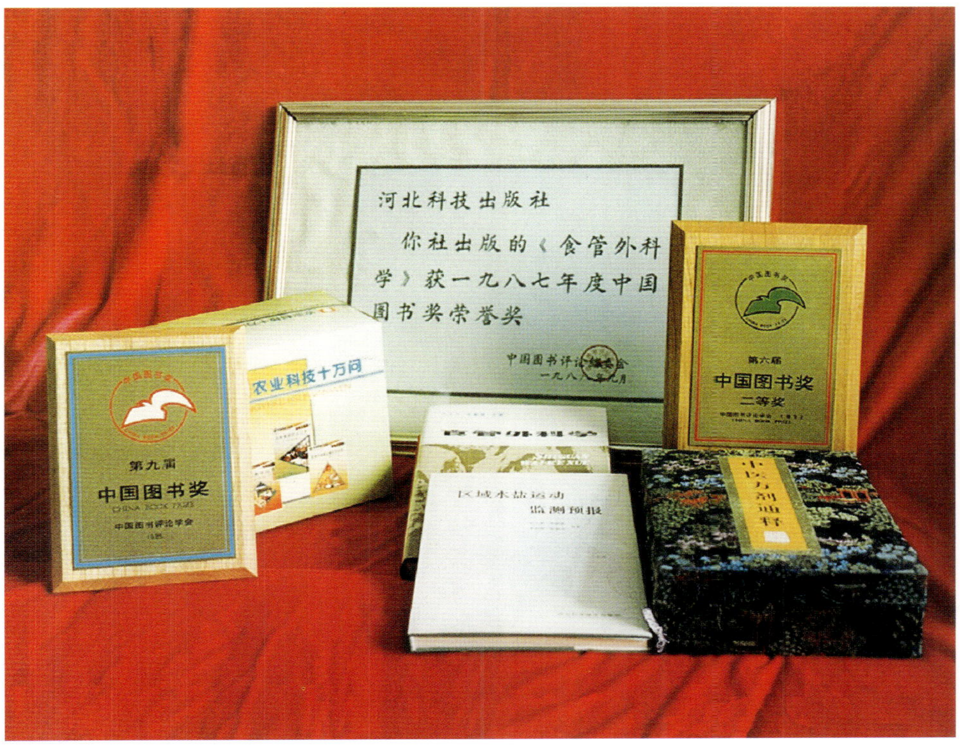

河北教育出版社出版的“小博士文库丛书”深受小朋友的喜爱。图为原社领导把书送到学校征求小朋友的意见。

河北科技出版社出版的“农业科技十万问丛书”获第九届中国图书奖

电子出版从无到有，现已拥有 4 家电子、音像出版社。

法制建设日趋完善

近 10 年来，河北出版界认真落实和执行《中华人民共和国著作权法》和国务院颁布的《音像制品管理条例》、《出版管理条例》、《印刷业管理条例》以及新闻出版署制定的一系列管理规章和规范性文件。同时，结合本省实际，先后颁发了《河北省图书报刊出版管理条例》、

河北教育出版社出版的《屠格涅夫全集》获第二届国家图书奖提名奖

河北教育出版社出版的《教育投入与产出研究》获第三届国家图书奖

河北教育出版社出版的“中国漫画书系”获第九届中国图书奖、第二届国家图书奖提名奖。

《河北省新闻工作管理条例》、《河北省图书报刊管理实施细则》等多个地方性法规、规章和规范性文件。其中，《河北省新闻工作管理条例》是全国第一部新闻法规，为我国探索制定新闻法做出了积极的贡献。目前，《河北省出版业管理条例》、《河北省著作权管理条例》已经列入全省的立法日程。新闻出版法制建设的不断加强，使河北省新闻出版管理逐步走上了法制化、规范化轨道。

河北教育出版社出版的“红罂粟丛书”，出版后受到广大读者好评。图为“红罂粟丛书”的作者和该社编辑座谈合作的心得体会。

河北少年儿童出版社出版的《早陨的将星》获1992年“五个一工程”奖

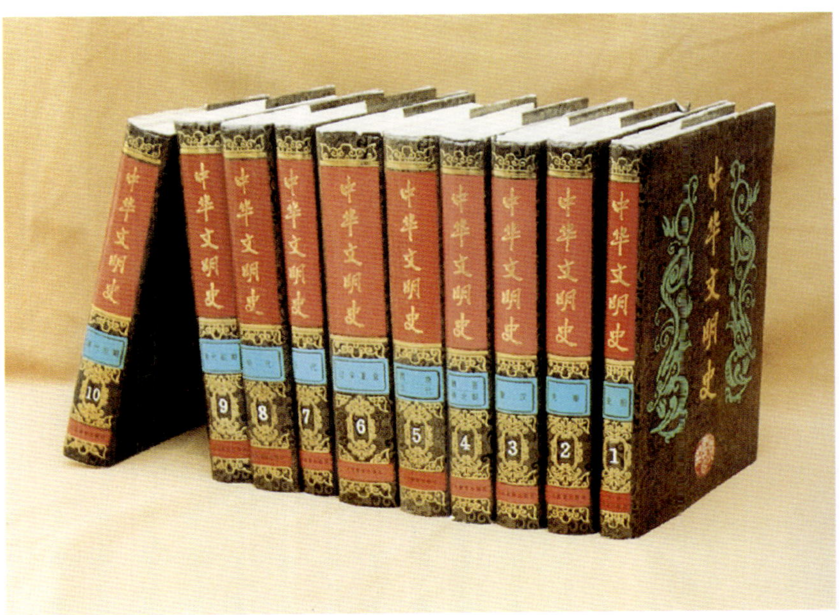

河北教育出版社出版的《中华文明史》获1994年“五个一工程”奖、第九届中国图书奖

河北少年儿童出版社出版的《科学王国里的故事》获第十一届中国图书奖

管理工作不断加强

建国之初,河北省没有专门的出版管理机构。1971 年,在原毛主席著作出版办公室的基础上,成立了河北省出版发行局。后经多次体制变动,直到 1987 年 5 月,正式成立了河北省新闻出版局,实现了新闻出版行业的统一归口行政管理。经过十几年的努力,省新闻出版局正在实现由系统管理向行业管理转变,由微观管理向宏观管理转变,由单纯行政管理向法制化管理的转变。为适应新形势的要求,1998 年

河北少年儿童出版社编辑出版的大型画册《关怀》深受广大读者喜爱。图为该社在北京举办的《关怀》大型画册出版座谈会。

河北少年儿童出版社出版的“中国人民的朋友丛书”,展示了国际友人为了世界的和平、为了中国人民的革命事业做出的卓越贡献和牺牲精神,教育青少年要以他们为榜样去生活,去工作,去战斗。图为该丛书的出版座谈会。

在全省 11 个地级市和部分重点县(市)成立了新闻出版(版权)局，初步形成了上下贯通的新闻出版管理体制。近年来，河北省成功地组织开展了多次出版物市场专项治理和一系列“扫黄”、“打非”集中行动，对全省出版物印刷企业和其他印刷企业进行了两次清理整顿，加强了对重点地区的检查治理，集中力量查处了一批大案要案。仅 1998 年，全省就组织检查印刷厂 3200 余家、书刊经营摊点 3400 家，查缴非法出版物 100 多万册，取消无证书摊 225 家、印刷厂 186 家，查处较大非法出版案件 15 起，有效地维护了全省印刷业和书刊市场的正常秩

方圆电子音像出版社是河北省近年成立的出版单位。为立足市场，编辑、制作出广大读者喜闻乐见的电子、音像制品，该社领导和编辑人员一起研究选题。

方圆电子音像出版社的编辑人员把河北美术出版社出版的《中国玉器全集》制作成了光盘版，深受读者好评。

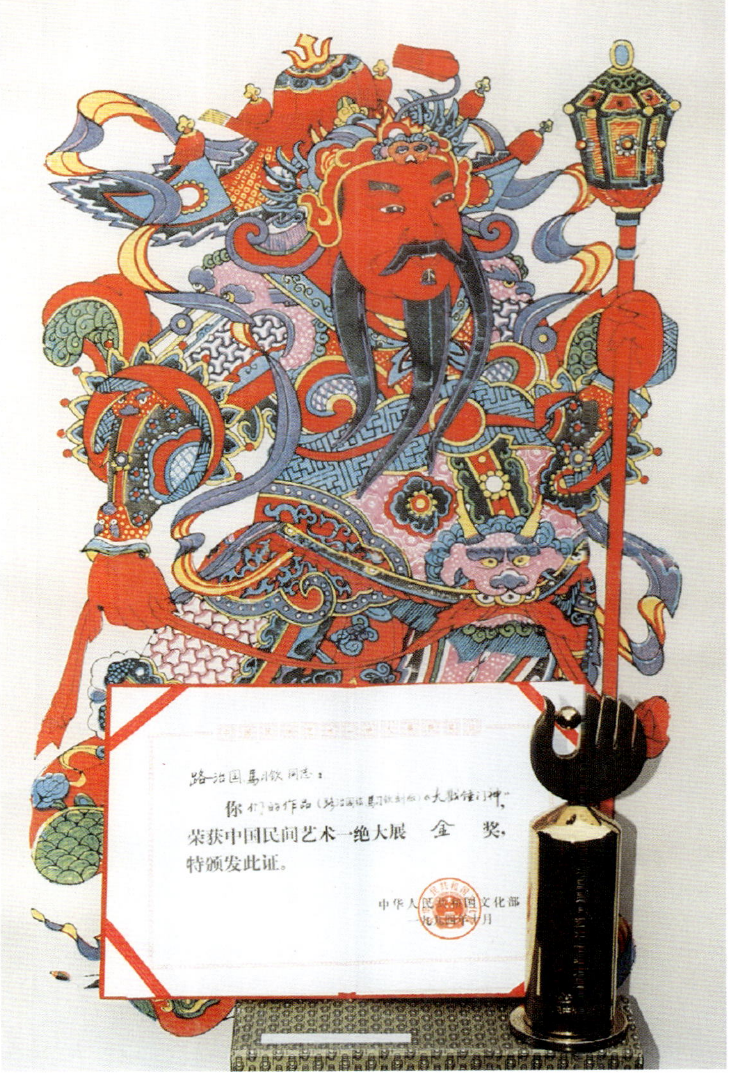

武强年画社出版的《大戳锤门神》(门画)荣获 1994 年中国民间艺术一绝大展金奖

河北省十佳期刊

序。河北省"扫黄"、"打非"工作多次受到全国"扫黄"办的肯定、表彰。河北省版权局 1990 年成立以来,版权工作稳步发展,不断得到加强。

体制改革逐步深入

改革开放 20 年来,特别是近几年,河北出版界坚持以改革促发展,积极适应社会主义市场经济发展的要求,采取了一系列改革措施,取得了明显的效果。出版单位认真进行"三项制度改革",全面推行目标管理责任制和中层干

1998 年 10 月,'98 河北省国际友好城市展在省会会展中心举办。河北省新闻出版局组织了省内 7 家图书出版社、4 家电子音像出版社参展,展出了图书 10000 余册,电子音像制品 300 余种。

改革开放以来,河北省新闻出版局与国外同行进行学术交流及洽谈版权贸易的交往活动日益增多。图为原局领导和俄罗斯出版界朋友亲切会见。

部聘任制，不断改进和完善内部经营管理机制，努力实现由单纯生产型向生产经营型转变，自主经营和自我发展能力明显增强。1998年，为适应形势发展、改革深入和事业繁荣的需要，及时成立了“河北省出版总社”，使之成为全省出版业的“龙头”，对促进河北出版业的全面、协调发展具有重要意义，为进一步深化改革打下了基础。发行体制改革，先后推行了包费用比例目标责任制、发行代理制和推销员制等，有力地促进了购销形式的改革和经营机制的转变。1998年面对激烈的市场竞

“一手抓繁荣，一手抓管理”。河北省新闻出版局领导在抓好出精品、上台阶的同时，狠抓“扫黄”、“打非”工作。图为局领导查看收缴的非法出版物。

1998年11月中共河北省委宣传部、河北省新闻出版局等单位在新乐市邯邰镇大集上组织图书下乡活动，科技类图书最为走俏。仅一天时间，省内6家出版社和数家新华书店、集体书店，即销售图书4.5万码洋。

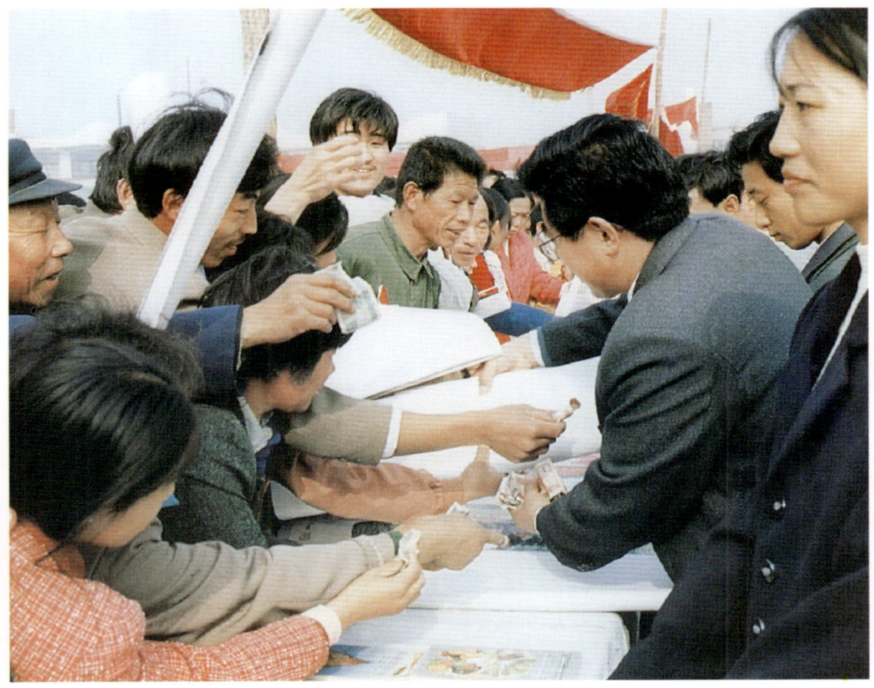

1995年12月，河北省科学技术出版社为方便农民购书，把科技新书送到农村，并开展科技咨询活动，为农民致富奔小康做出了贡献。

1996年10月河北省新华书店知识技能比赛在石家庄举行。14支代表队经过激烈角逐，石家庄市店、邯郸市店并列团体总分第一名。

河北省新华书店1998年新建成的4000多平方米的批销中心，现有图书20000余种。图为批销中心大厅。

争，河北省新华书店和河北省外文书店进行了合并，实现了优势互补，壮大了整体实力。1999年初，河北省新华书店集团正式启动运行，按照现代企业制度和集团化经营的要求加快运作，努力建设立足河北、辐射“三北”的大型发行集团。出版改革的不断深化，特别是河北省出版总社的运作和河北省新华书店集团的启动，为今后组建河北出版集团奠定了坚实的基础。

技术革新突飞猛进

20年前，河北省新闻出版局直属印刷厂

1998年“六一”国际儿童节，受新闻出版署委托，河北省新闻出版局在省会组织了“生态环保图书《树》赠书仪式”。该活动由联合国教科文组织亚太文化中心资助。图为赠书现场。

保定市新华书店1996年“六一”国际儿童节举办了“红领巾读书节”，旨在向小朋友推荐好书、培养读书兴趣、充实学生的课外生活。

1998年2月石家庄市新华书店及所属新乐、正定、行唐、灵寿县(市)店，将2000多个品种的农业科技图书和少儿读物送到灵寿县，吸引了众多农民读者。

河北少年儿童出版社十年来先后向省教委、省儿童基金会、省妇联、西藏自治区、承德、平山、唐县等部门和贫困地区赠款30多万元，赠送图书15万册、计50万元，还为兴隆县兴建了希望小学。图为向灵寿县小学赠送图书。

还基本处于铅排、铅印、手工装订的水平。今天，计算机已经广泛应用于出版业的各个环节，书报刊印刷已经告别了铅与火，实现了光与电。省直属印刷厂已经拥有了电分机高端联网系统、四色胶印机、八色轮转胶印机、激光照排系统、无线联动机等数十台现代化设备，大大提高了技术和装备水平。近年来，在全国中小学课本印制质量抽查检测中，河北省多次名列前茅。1998 年，在新闻出版署署优检测认定中，河北省获得了“三金一银”的好成绩。高新技术不仅应用于印刷，也广泛应用于其他方面：出版社普遍实现了计算机办公；许多新

石家庄图书批发交易市场于 1993 年 6 月成立。图为开业典礼。

武强年画深受国内外专家、学者、留学生及国际友人的关注。来武强进行年画考察者、学习技艺者日益增多。

武强木版年画产生于民间、服务于民间，是民情民俗的艺术再现；题材广泛、品种繁多、风格古朴、泼辣大方，散发着浓郁的乡土气息。1987 年 4 月武强年画博物馆建成。武强年画艺术节每两年举办一次。图为第二届武强年画艺术节暨经贸洽谈会开幕式。

华书店已经运用计算机进行管理和销售。

队伍建设成绩显著

建国之初，河北省出版编辑队伍相当薄弱，到 1978 年，河北省仅有一家河北人民出版社（1954 年成立的河北人民美术出版社 1970 年被撤销，并入河北人民出版社，1982 年恢复，改名为河北美术出版社），编辑人员 105 人。今天，全省已有 7 家图书出版社、一家年画社、4 家电子音像出版社，共设有 50 多个编辑室，专业门类基本齐全。局直属出版社的编辑队伍已经发展到 320 人，其中大专以上文化程度的

河北新华印刷一厂 1992 年被新闻出版署命名为“全国新闻出版系统先进企业”称号。全厂职工牢固树立精品意识，认真对待每一版印品，确保印刷高质量。图为工人们在认真对比印样。

河北新华印刷二厂近年来获奖的印刷品及奖杯、奖状。

河北新华印刷一厂新引进的国外先进的八色印刷机

313 人，占 98%。现有高级职称 140 人，中级职称 90 人，初级职称 90 人。先后有 4 人被评为全国优秀中青年编辑，有 5 人被评为全国百佳出版工作者，有 2 人被评为河北省劳动模范。1995 年，河北教育出版社和河北少年儿童出版社被新闻出版署评为良好出版社。1998 年，河北教育出版社被评为全国优秀出版社。

出版实力日益雄厚

20 年来，河北省出版业的实力不断得到加强。据不完全统计，省局系统固定资产由 1978 年的 1480 万元增加到 1998 年的 7.3 亿元，增长了 48.3 倍。1998 年，全省出版业总资产已达 43.8 亿元，销售收入 45 亿元，利税 5.3 亿元。其中，省局系统资产 22.6 亿元，实现销售收入 32.3 亿元，利税 3.8 亿元。今天，河北出版业已发展成为一个包括编辑、出版、发行、物资供应、出版教育、科研等门类较为齐全的产业。出版发行大厦、印刷大厦、省店储运公司包装车间等一批现代化建筑相继落成，一批现代化的生产设备投入使用，增加了出版业发展的后劲。预计到 2010 年，省局系统销售收入可望达到 100 亿元，利税 10 亿元，河北将跨入全国出版强省的行列。

河北新华印刷二厂是国内中型彩色胶印厂。改革开放以来，不断引进先进设备、扩大生产规模、注重产品质量，是河北省印刷先进企业。图为该厂新建的印刷大厦。

河北新华印刷三厂是我国第一座甩掉铅字的新型印刷厂，1976 年在石家庄兴建。图为从国外引进的无线胶订生产线。

山　西

据史料记载，早在宋元时期，山西就是全国出版事业的中心之一，漫长的岁月和社会演变，无情地淹没了这块黄土地上昔日的辉煌。到20世纪40年代，山西的出版事业已走到了历史的谷底，直到中华人民共和国成立之后，山西的出版事业才焕发出勃勃生机。

一、历史的回顾

山西的出版事业是在抗日战争时期共产党、八路军领导的三大革命根据地内兴起的。在中共中央北方局发布的《晋冀鲁豫边区目前建设的主张》及《晋冀鲁豫边区目前施政纲领》等文件中明确规定"人民出版自由"，在各边区政府的党的宣传部门都设立了出版管理机构。三大根据地先后建立了吕梁文化教育出版社、太行新华书店、晋绥新华书店等出版发行机构，编辑、印刷、发行了大量革命书刊。山西的印刷业也在艰苦的条件下逐步发展壮大，并为新中国的出版事业培养了人才。

二、发展的脉络

建国50年来，山西的出版事业与整个国民经济的发展同样在曲折的道路上不断成长壮大。

专业出版分工体系形成　1951年11月5日，山西省独立的出版机构——全省惟一的综合出版社山西人民出版社正式成立。1951年—1966年的15年中，山西人民出版社遵照毛泽东主席提出的"认真作好出版工作"的指示，认真执行中央规定的"通俗化、地方化、群众化"的方针，本着"字大、本薄、图多、价廉"的出书要求，结合山西的实际及各个时期的中心工作，出版了一批较好的通俗政治理论

山西人民出版社的部分职工在60年代办公大楼门前合影

读物和文化教育、文学艺术读物。15 年中，共出版各类图书 2473 种。其中，1955 年—1960 年平均每年出书近 200 种，1958 年达 305 种。“文化大革命”的十年，山西的出版事业受到严重的摧残，直到 1971 年周恩来总理主持召开全国出版工作座谈会以后，出版工作才逐步恢复。山西省革命委员会批准成立了山西省出版局，重新开始出书。因“左”的思想影响，出版物多系各行各业“学大寨”、“评法批儒”、“批林批孔”等所谓紧密配合政治任务的图书。

党的十一届三中全会以后，山西出版部门经过拨乱反正，解放思想，贯彻出版事业为社会主义服务、为人民服务的方针，“立足本省、面向全国”，使山西的出版事业得到了迅速发展，出版工作进入了前所未有的繁荣时期。

1979 年—1984 年，山西人民出版社共出版图书 2011 种，总印数 53543 万册。1984 年，省委、省政府根据中共中央《关于加强出版工作的决定》的精神成立了山西省出版总社，并在山西人民出版社文学艺术编辑室、科学教育编辑室和少儿读物编辑室的基础上，组建了北岳文艺出版社、科学教育出版社和希望出版社。1987 年，为适应不断发展的新闻出版形势，为进一步强化省委、省政府对新闻出版业的领导，在原山西省出版总社的基础上组建了山西省新闻出版局。1989 年以来，省新闻出版局报经新闻出版署批准，又相继组建了书海出版社、山西教育出版社、山西经济出版社、山西古籍出版社、山西春秋音像出版社，使山西的专业出版社发展到 9 家，初步形成山西图书出版专业的分工体系。到 1998 年底，

山西省委、省政府重视出版工作。图为原省长王森浩具体指导图书出版。

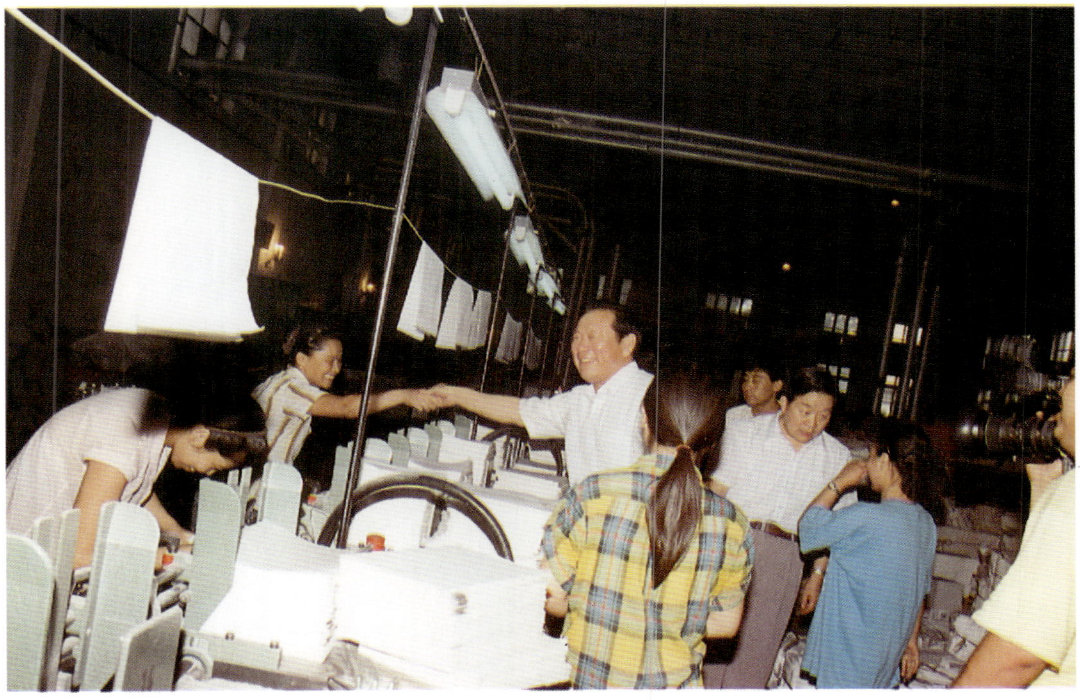

山西省委书记胡富国到一线看望印刷工人

晋版图书年出书品种已超过千种，出版社职工总人数达到 500 余人，图书编辑人员已发展到 300 余人。

期刊事业发展的两个高潮 1949 年太原解放，我党以根据地的新闻工作者为基本力量，随即创办了《山西农民》和《山西青年》、《山西画报》、《前进》、《山西教育》、《山西文艺》、《山西政区》、《宣传手册》等期刊。从 1949 年到 1966 年，这时期是第一个高潮。

"文化大革命"中，山西期刊事业受到了严重的破坏，绝大部分刊物停办，出版队伍基本被瓦解。党的十一届三中全会以后，山西期刊事业进入了第二个高潮。许多刊物相继复刊，新办期刊迅速增加，期刊的种类、结构、布局更趋向合理。科技、信息及文化知识类专业性期刊增多，使建国以后一直"一头沉"的期刊结构，呈现出社会科学类与自然科学类、生活服务类并驾齐驱的喜人局面。

在这个时期，山西的期刊业经过拨乱反正，在广大出版工作者的努力下，不仅全省期刊的数量有了迅速增加，质量也有了显著提高。

1985 年，期刊由 1978 年的 16 种已经增加到 135 种。从 1985 年底开始根据中共中央、国务院的部署，省委、省政府有关部门曾对期刊进行了调整压缩。1986 年初全省期刊调减为 122 种（其中社科类 64 种，自然科学类 58 种）。

1986 年之后，山西省期刊业还进行了一系列的调整、整顿。到 1998 年底，山西共有全国公开发行的期刊 190 种，内部发行的期刊 243 种。以上两类期刊总数达 433 种，专职编辑人员达 1000 余人，其中 95% 以上为大专以上学历。

山西省领导参观图书市场

山西省有关领导参观书市

多种经济成分并存的图书发行网 在全国解放前夕，山西境内已有晋绥新华书店、晋察冀新华书店，晋冀鲁豫解放区的华北、太岳、太行新华书店。1949 年 4 月 24 日太原解放，由华北新华书店的榆次分店和晋绥区的晋中新华书店合并而成的新华书店太原总分店，接管了国民党的“文化服务社”。同年10月，合并了太岳、太行新华书店及原晋绥新华书店的晋西北新华书店，山西境内各解放区新华书店统一为新华书店太原分店，下设10个支店，共有职工 2112 人。

1951 年 3 月，新华书店山西分店成立。1952 年 7 月，原由文教部门领导的县书店和文化合作社交由新华书店山西分店管理和领导，山西的图书发行主体形成。新华书店山西分店直属支店共 103 个，每县一店，到1957年，全省图书发行人员达 1240 人。

建国初期，除新华书店外，其他图书发行网点还有青年出版社山西办事处及中国图书发行公司太原分公司(分别于 1952 年 5 月和1954 年 1 月并入省新华书店)。有私营书店、书摊、书贩 477 户(其中坐商 331 户，书摊 102 户，书贩 44 户，从业人员 978 人)。1955 年底，新华书店山西分店、山西省合作社联合共同在全省建立多种经济成分的图书发行网点 595 处，在社会主义改造中，太原市 15 个私营书店并入新华书店太原支店，其他私营书店、书摊、书贩全部撤并。 1958 年，新华书店山西分店正式更名为山西省新华书店。1956 年—1978 年的22 年间，除各地供销社代销部分图书外，整个图书发行业务由新华书店独家经营。

党的十一届三中全会后，山西省图书发行事业发展很快。1979 年 1 月和 1982 年 5 月，先后将全省书店的财务、人事管理权划归省新华书店统一管理，全省书店的人、财、物实现三权统一。这是书店系统管理体制的重大改革。

原山西省新闻出版局局长贾鸿鸣和编辑人员共商出版工作

山西省新闻出版局一向重视重点图书的出版。图为局党组成员在研究重点图书的出版工作。

1980 年，山西省外文书店成立，山西有了专营外文书刊的机构。1988 年至 1990 年对省财政实行了承包经营及 1994 年的目标责任制和随后的现代企业制度改革等，为省新华书店的发展注入了新的活力。集体批发书店和个体书店、书摊大量涌现，成为书刊发行业的重要力量，再一次形成了多种经济成分并存的书刊发行网。

不断向现代化迈进的书刊印刷业 1949 年新中国建立到 1960 年的十余年间，山西书刊印刷的任务主要由太原印刷厂承担，山西日报印刷厂等小印刷厂予以协助。

太原印刷厂的前身是创建于 1932 年的西北印刷厂。建国后人民政府接管该厂，在党的领导下，职工们克服了种种困难，完成了图书、课本的印刷任务。

1956 年，在私营工商业社会主义改造运动中，以敦化印刷厂为主体，合并太原市私营的成文斋、集义、大华厂、崇德厂、忠义斋厂、振兴、鸿丰等印刷厂为公私合营企业，归太原市工业局领导。1957 年公私合营的敦化印刷厂划归山西人民出版社领导。1960 年冬，北京市人民政府支援山西建立书刊印刷厂，把北京崇文印刷厂以及京华印刷厂的部分技术工人和管理干部 220 人、20 多万元的设备迁入太原，与敦化印刷厂合并，1961 年 5 月 1 日正式成立山西印刷厂。厂址在太原市双塔西街，职工达 558 人，固定资产 89 万元，当年实现利润为 11 万元。1962 年以后，国家继续投资 120 万元扩建生产车间，增添设备，铅印、胶印、照相、制版设备及折页、锁线等装订设备各道工序臻于完备，基本担负起了山西省中、小学课本的印刷任务，该厂已成为初具规模的书刊印刷厂。

图为新近投入使用的面积达 18800 平方米的山西省新闻出版大厦

1966 年—1976 年，山西印刷厂和全国一样，受到极“左”路线的影响，生产技术发展缓慢。这期间从国外引进了对开自动照相机、分色放大机，又购买了国产双色胶印机等设备，职工 939 人，固定资产达 566 万元。1975 年，经上级批准，山西印刷厂更名为山西新华印刷厂。1968 年以后陆续兴建的山西人民印刷厂、山西省美术印刷厂，也已成为山西书刊印刷基地。

随着大型书刊印刷厂的投产，山西的印刷技术水平不断提高，技术更新速度日益加快。从 50 年代起，一般的书刊由采用活版印刷改为浇铸纸型。浇版技术也逐渐改为全自动浇版，大大提高了印刷效率。

从 1976 年开始，山西省出版局印刷企业管理处经过三年的努力，到 1978 年，把光敏树脂制版技术扩展到全省。山西新华印刷厂曾使用液光敏树脂版，印数达 10 万张以上。1983 年，山西省美术印刷厂从日本引进了固体光敏树脂版，取代了铜锌版。

进入 80 年代，电子工业发展极快，电子激光排版、电子分色制版技术设备大大推动了印刷工业向前发展。目前山西已基本实现了从铅字排版工艺向激光照排工艺过渡。山西省出版局于 1977 年成立照相排字机研制小组，着手依照西北光学仪器厂的照相排字机的机型加以改进，经过两年努力终于试制成 DEP—1 型电动手选式照相机。直到 1984 年，DEP—1 型照相机一直在全省印刷行业广泛使用。1984 年，中国印刷科学技术研究所激光照排试验中心研究成功微机排中文书刊技术。1985 年 5 月，山西省印刷技术研究所及时派人到北京学习

80 年代初山西人民出版社部分职工合影

山西人民出版社 50 年代出版的部分图书

微机排版技术。1986 年，从英国引进五套激光照排设备，正式建立了山西省激光照排中心，从而使山西的印刷排字技术开始走向现代化。

三、丰硕的成果

50 年来，山西出版事业有了长足的发展。

(一)出版社管理和队伍建设取得可喜成绩

50 年来，山西在出版社管理和队伍建设两个方面始终抓住不放。尤其是党的十一届三中全会后，在初步形成出版专业分工体系的基础上，强化管理，深化改革，山西教育出版社、希望出版社连续两次被国家新闻出版署评定为良好出版社，1995 年，山西省委、省政府为两个出版社颁发了特别奖。山西经济出版社是 1989 年才组建的地方经济出版社，该社以其选题对路、编辑精到而连获三届国家图书奖。

改革开放初期，出版事业发展迅速，出书数量猛增，质量滑坡。山西省新闻出版局对图书出版进行了清理整顿、治散治滥，进一步贯彻、落实了选题管理审批制度和重大选题备案制度；建立和实施了出版社年度图书出版综合分析报告制度；严格选题论证，层层筛选选题；定期检查出书情况，不定期召开社长、总编例会，总结、分析、研究出版工作的经验、问题和情况；严格书号管理，实施宏观调控和总量控制；狠抓图书编校质量，明确要求，重奖重罚。

山西人民出版社 50 年代出版的部分图书

山西人民出版社 60 年代出版的部分图书

图书编校质量明显提高，合格率从 35% 提高到 72%。获奖图书从 1978 年的 20 余种增加到现在的 200 余种，增长幅度达 10 倍之多。图书重版率从 15% 增长到 35%。课本印刷质量最近三年迈了三大步，在全国评比中获得第一名的好成绩。面积达 18800 平方米的出版大厦也已竣工并投入使用。

在队伍建设方面，山西通过各种形式的岗位培训、政策法规讲座、开展编辑定位工作和实行出版社独立发稿人审核制度及一年一度的图书质量检查等措施，多角度、全方位地调动编辑的工作积极性和责任感，提高队伍素质，同时把好编辑的进人关。到目前为止，山西各出版社共有各类编辑 300 余人，其中高级职称的 92 人，中级职称的 128 人。95%以上为大专以上文化程度，30 多人次被国家有关部门评为优秀编辑和先进出版工作者。

(二)图书质量不断提高，社会影响不断扩大

改革开放以来，山西出版事业认真地贯彻为社会主义服务、为人民服务的方针，坚持以邓小平理论为指导思想，始终把社会效益放在首位，注意了思想政治教育的通俗政治理论读物和直接为经济建设服务的科技、经济读物的出版，注意了文艺图书健康的格调，因而受到社会的好评。晋版图书在全国优秀图书、优秀装帧设计的评比中，获奖图书日益增多。其中《施今墨对药临床经验集》获全国优秀科技图书一等奖，《思想工作的艺术》、《修身的学问——共产主义道德知识讲话》获全国通俗政治

山西省 70 年代出版的部分图书

山西省 90 年代出版的部分图书

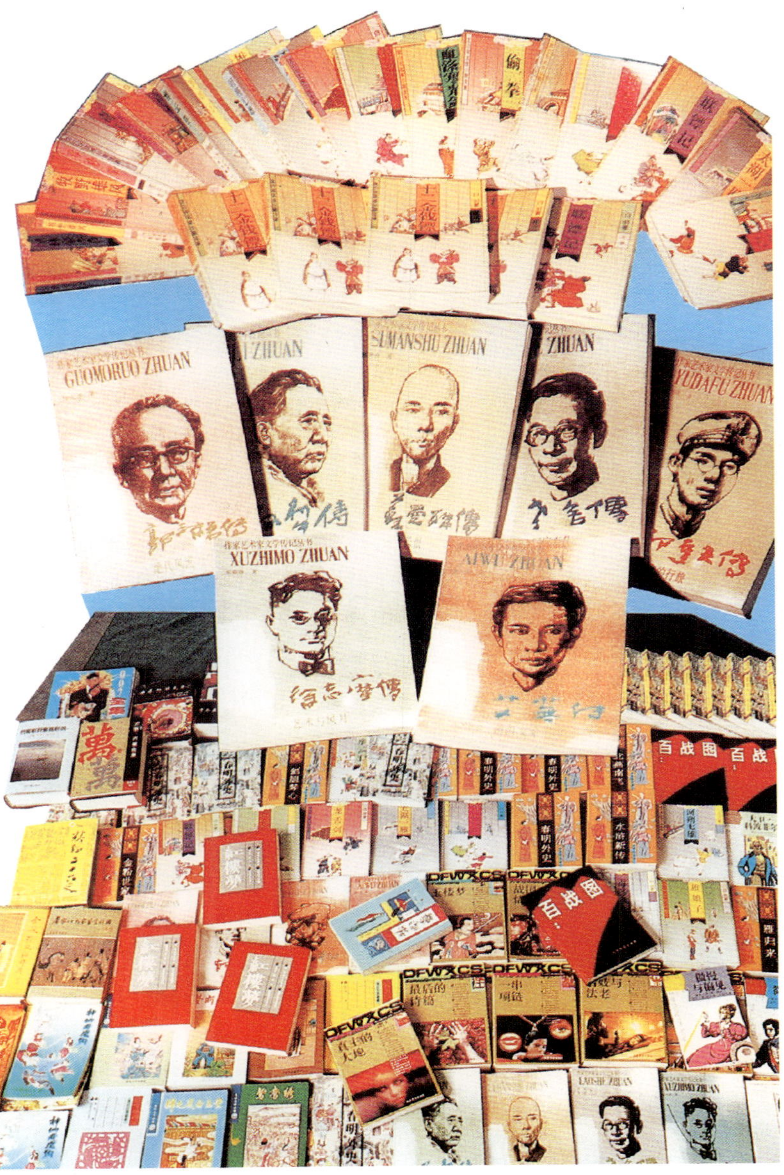

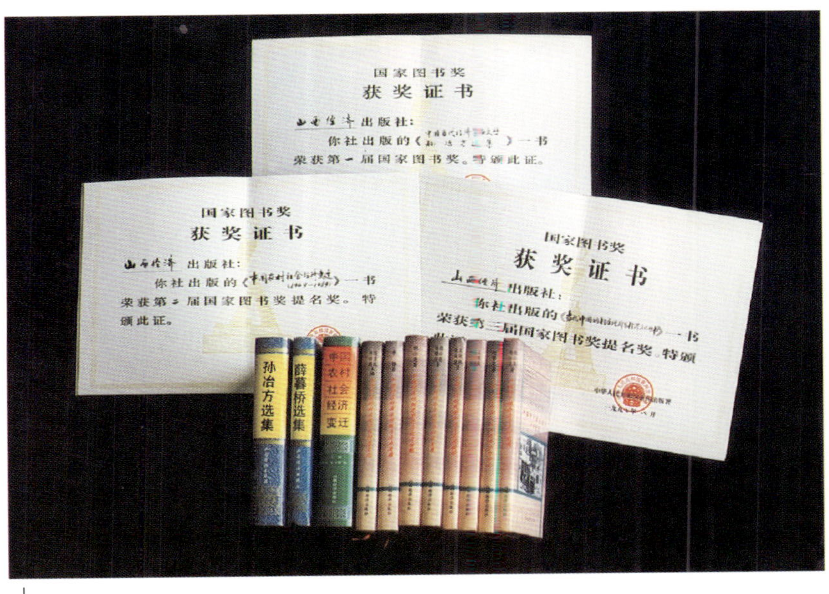

山西省连续三届国家图书奖榜上有名。图为获奖的部分图书。

理论读物二等奖，《工业与民用建设工程概(预)算编制手册》被评为 1986 年全国优秀畅销图书。还有不少被推荐为全国职工读书活动、全国青少年读书活动、全国中学生读书活动的阅读图书。其中《茅以升》、《郑成功》被团中央、教育部、文化部联合推荐为1995年“全国红领巾读书、读报奖章活动”入选书目。《工厂书简》被团中央、全国总工会推荐为全国职工读书活动的书目。《淮海大战》、《珍珠泉》、《女英雄刘胡兰》(连环画)、《连心锁》(脚本)，分获全国同类图书的奖励。还有不少书获省级评书活动的优秀图书奖，其中《电流互感器》、《土窑洞加简易气调贮藏苹果技术》、《医学科普学基础》等书获山西省优秀科普作品一等奖。近几年，在国家图书三大奖评比中，山西已有《中国儿童文学大系》、《孙冶方选集》、《薛暮桥选集》、《中国农村社会经济变迁》、“当代中国的村庄经济与村落文化丛书”、《德育美学观》等图书连获三届国家图书奖。另有《地球家园》、《孤儿泪》、《托起明天的辉煌》、《山西经济上新台阶对策研究》、《信念与使命》等五种图书连获五届“五个一工程”奖。还有《西方管理思想史》、《中国造园论》、《崇高美的历史再现》、《中国戏剧服装图集》、《中国儿童文学大系》、《当代共产党人》、《中国 863》、《希望童话宝库》、《中国出版百科全书》、《晋商城宅》等 10 种图书获中国图书奖。

晋版图书越来越多地受到国内外舆论的重视，受到中央、省级和海外报刊、电台的好评。其中《弹塑性断裂力学》被誉为填补了国内弹塑性断裂力学书籍方面的空白；《经济管

山西省委领导与海外著名作家韩素音女士交谈

中央有关领导同志出席了在北京举办的《中国抗日战争全书》出版座谈会

理简明辞典》在上海书展中受到广大读者的好评；"当代青工丛书"受到有关方面的重视；《中国现代社会科学家传略》、"父母必备丛书"被内地和港澳报纸多次评论和介绍，在海内外赢得了声誉。特别是《红楼梦新补》在1984年11月一出版就引起了各界的反响，新华社、香港《文汇报》、《澳州日报》以及著名红学界人士纷纷撰文评介，认为出版这本书"不仅是文艺创作执行'双百'方针的具体体现，而且在学术上也有很大的贡献"，该书第一次征订印数即达150余万册。《缪巨针刺发挥》获香港国际中医学院一级奖。此外，"编辑丛书"、《晋商城宅》、《中国出版百科全书》、《中国长寿大典》、《中国戏剧服装图集》、"大槐树丛书"、《民商法实务研究》、"民国笔记小说丛书"、《21世纪中国人口与资源环境农业可持续发展》、《中国传统医疗绝技大全》等图书都受到国内外读者的好评。

晋版学术专著也受到国内学术界的欢迎。《人口学》、《中国近代报刊史》、《投入产出法在中国的应用》以及《弹塑性断裂力学》、《中国哲学发微》、《孔子学说精华体系》、《马克思主义哲学史》、《中国法制史简编》、《可行性研究及经济评价》、《中国古文法》、《看谱分析彩色光谱图册》、《中国药用真菌》、《闻一多研究资料》、《山西经济社会发展战略研究》、《实用经济法大全》、《欧元论》、《中国知识经济论》、《三晋古文化研究》、《邓小平宣传思想研究》、《中国工农红军长征史》、《园林艺术大辞典》等书都受到了有关学术界的好评。

加强了出书的系统性和完整性，涉足于大型图书、丛书、套书等"骨干工程"图书的出

山西省北岳文艺出版社领导在现场组稿

编辑出版人员在生产第一线研究选题

编辑人员到名胜古迹游览，寻找出版资源。

版。已经出版的和正在出版的《中国现代社会科学家传略》套书、"行政管理学知识与研究丛书"、"中国当代经济学家文丛"、"名作欣赏丛书"、"父母必备丛书"、"中国社会主义经济结构研究丛书"、"东方文库丛书"、"通俗文学丛书"、"希望在青少年丛书"、"新技术革命少年丛书"、"傅山医学著作研究丛书"、"农村专业户农业技术顾问丛书"、"文学家艺术家传记丛书"、"农村科技致富丛书"、"学海钩沉丛书"、"金戈丛书"、"中外文学名著集成"、《中国儿童文学大系》、《中西医结合诊疗大系》、《中国历朝纪事本末》、《当代作家文史丛谈》，这些丛书套书的出版，表明晋版图书的出书领域进一步拓宽。

山西还开始出版了一些工具书，如1986年出版的《古今汉语成语词典》以其条目多、解释全的特点受到读者的欢迎。此外还出版了《简明经济管理词典》、《写作学简明辞典》、《英汉编辑科技实用词汇》、《中国古代科技要籍简介》、《中国文学古籍选介》、《现代金融辞典》、《现代商业辞典》、《简明中国烹饪辞典》、《农业技术经济辞典》、《中国出版百科全书》、《中国实用文体大辞典》、《毛泽东选集大辞典》、《邓小平著作学习大辞典》、《世界儿童文学事典》、《证券大辞典》、《汉英中医辞海》等。

立足本地，出版了一批具有浓郁地方特色和风格的图书，显示了山西省的特色。从 50 年代开始，就陆续出版了山西文学界以赵树理、马烽、西戎等人为代表的具有强烈乡土气息的"山药蛋派"风格的一批作家的优秀作品，如《三年早知道》、《锻炼锻炼》、《我们村里的年轻人》、《汾水长流》；近年又出版了《赵树理

编辑人员在一起研究办刊思路

编辑人员深入到发行第一线了解图书销售情况

山西省注重加强编辑人员的培训、提高编辑素质。图为编辑培训班现场。

全集》、《赵树理传》、“赵树理研究丛书”、《马烽、西戎研究资料》、《赵树理年谱》、“山西作家长篇小说丛书”、《黄河落天走山西》、《孤儿泪》、《我的艺术生涯》等。

山西是全国能源重化工基地，为了服务于工业建设，山西出版了一批煤炭、机械以及煤矿建设和管理的科技、经济类图书。其中《煤炭通风与安全》、《乡镇煤炭开采与管理》、《煤炭工业企业管理》、“工业企业管理丛书”、《中国煤炭开发战略研究》、《华北地台晚古生代煤地质学研究》等书，被视为工业战线职工必备的图书。

山西又是中华民族古代文化发源地之一，也是中国人民革命根据地之一。山西重点挖掘、整理并出版了一批山西古代文学家、思想家的作品，其中有《山右丛书初编》，汇辑了唐、宋、元、明、清以来山西的 280 多位著名学者作家有关文、史、哲、政治、经济、军事各方面的著作。还出版了《傅山著作校注》、《傅山医学手稿》、《傅青主女科校释》、《霜红龛集》、《山西名胜》、《山西名产》、《五台山史话》、《晋祠志》、《恒山志》等。此外，还出版了一批反映我党在山西革命斗争中的历史资料，如：《上党史话》、《山西革命斗争回忆录》、《安子文传略》以及《山西新军影集》、《太行革命根据地史稿》、《太行革命根据地画册》等。

近年来，晋版图书的市场占有份额不断增加，在 90 年代的历次首都春季订货会上，晋版图书的征订数连年增长，从 90 年代初的 100 余万码洋增长到现在的近 2000 万码洋。不仅如此，晋版图书还开始发行到国外。1979 年以来，晋版图书共出口 300 余种，几十万册，销售

山西省期刊总编辑会议会场

山西省委、省人大、省政府领导出席山西省新闻出版局系统“工作能手表彰大会”。

到日本、美国、德国、加拿大、新加坡等国家和港澳地区。长篇小说《月魂》被推荐为参加莫斯科国际文化交流的图书，王力的《中国语言学史》被香港三联书店租型再印。山西科技出版社出版的《药用花卉》、《偏方治大病》、《中医临床手册》、《中国民族民间秘方大全》、《杨氏太极拳、剑、刀》等 50 余种图书销往新加坡，《中国长寿大典》等多种图书远销美国。

（三）期刊出版事业走向繁荣

到 1998 年，全省共有全国公开发行的期刊 190 种，内部发行的期刊 243 种；以上各类期刊总数共达 433 种；已形成一个以党刊为中心的多层次、多类型的期刊结构体系，布局基本合理，结构不断完善。

经过 1997 年和 1998 年两年的治散、治滥工作，山西的期刊出版业在实现“由数量增长型向质量效益型的转变”方面迈进了一大步。在期刊管理方面，山西出台了《山西省报刊年审制度》等，尤其是山西省期刊分级管理办法受到了中宣部、新闻出版署的肯定和推广。近几年来，山西有 50 种期刊被国家列为核心期刊，有百家期刊在全国和地区范围的评选中获奖。其中：《记者观察》获新闻出版署优秀时事政治期刊提名奖；《名作欣赏》被新闻出版署确定为“全国百种重点社科期刊”，在华北地区“十佳”期刊评比中，《名作欣赏》、《山西农机》、《煤炭转化》、《编辑之友》等 20 种期刊分获“十佳”期刊和优秀期刊奖。尤其是《名作欣赏》以其格调高而闻名全国，发行量在同类型期刊中名列前茅，至今仍

山西省表彰先进出版工作者。图为省第三届先进出版工作者颁奖会。

省有关部门领导向山西省获优秀图书奖的责任编辑颁奖。

是全国惟一的大型文学赏析类期刊。《山西青年》曾一度以反应敏捷、风格鲜活成为引人瞩目的知名刊物，期发行量达 100 万册以上，成为全国发行量最大的期刊之一。还有《民间传奇故事》、《童话大王》等刊物，期发行量至今还在 30 万册以上。有百余名期刊编辑被全国行业系统评为优秀编辑或先进出版工作者。

四、书刊发行业获得长足发展

到 1998 年底，山西省已有新华书店发行网点 178 处，外文书店发行网点 5 处，出版社自办发行网点 7 处，农村图书发行网点 2200 个，集体书店 28 个，个体书店、书摊共 2300 个。山西省共有多种经济成分的图书发行网点 4718 处，平均每 64 人有一个图书发行网点。山西省书店系统已有职工 3776 人，其中大专以上文化程度的 459 人。固定资产达 21800 万元，年销售收入 150304 万元，年实现利润达 2160 万元。1987 年以后，随着改革开放的不断发展，作为新华书店补充部分的集体批发书店发展起来，到 1993 年就达到 70余家。据上级指示实现了"批发进场，零售归市，售前送审"的集中有序管理。到目前为止，山西惟一的图书批发市场拥有经营面积 3300平方米，从业人员 360 余人，年经营品种 2 万余种，年销售码洋 6000 余万元，实现利润 500余万元。还建有 550 平方米的山西最大的购书超市。

五、印刷业朝现代化方向迈进

经过 50 年的发展，山西的印刷业基本实现了"告别铅与火、迎来光和电"的变革，目前山西广泛采用激光照排、电子分色、胶印印刷、装订联动等技术，并逐步向国家提出的"印前

山西省重视版权知识的普及和提高。图为版权知识培训班现场。

山西省重视加强著作权法宣传。图为著作权法咨询现场。

数字网络化，印刷多色高效化，印后精美自动化，器材高质系列化”的目标迈进。在印刷质量方面，通过加强对印刷质量的监督管理，各厂的质量意识明显加强，已普遍建立和健全了印刷质量监督管理网络，部分重点图书和商标的印刷已达到了一个全新的水平。在印刷行业管理方面，通过实行定点印刷和许可证的管理，已形成了分级分层次的管理网络，对防止印刷企业盲目发展、坚持合法经营、制止非法印刷起到了预报的作用。到 1998 年底，单是各类出版物印刷厂就有 180 余家，从业人员 2 万余人，年产值达 2 亿元，加上其他各类印刷企业总计约在 3000 家上下，形成了包括出版物印刷、包装装潢印刷和其他印刷品在内的门类较为齐全、布局趋向合理、层次形式多样的印刷体系。在山西全省印刷技术的研究、推广和应用过程中，山西省印刷技术研究所、山西省印刷物资公司、山西省印刷质量检查监督站都发挥了十分重要的作用。

六、著作权保护和“扫黄”、“打非”取得巨大成果

山西省真正意义的著作权保护实施和著作权案例出现是在党的十一届三中全会后。从 1986年出现《一双高跟鞋》第一例著作权纠纷到 1998年底，山西版权管理部门共举办版权法律知识讲座 50 期，培训有关人员近万人次；编写出版各种版权图书、宣传材料 6 万余册，出动宣传车150 余次，提供法律咨询服务 8000 多人次；

具有地方特色的威风锣鼓在书市上为山西出版界壮威

不断开拓图书发行渠道。图为山西省首届书市会场。

调解处理版权纠纷百余起，登记作品 50 件，收转报刊转载使用费 2400 余笔共 6 万余元，并和"扫黄"、"打非"部门一起收缴盗版、盗印图书、音像制品、电子出版物 10 余万册（盘），依法对 100 多家违法经营单位和个人实施了行政处罚，有效地保护了著作者的合法权益。

山西省对于"扫黄"、"打非"工作，始终给予高度重视，无论是在机构健全、职责明确的时候，还是在机构撤销、职责不明确的时候，新闻出版局始终不推不诿，加强市场管理，加大执法力度，严厉打击盗印盗版活动，并成功地破获了"太原市 9·11 盗版、盗印反动图书案"等大案要案，保持了全省出版物市场的平稳态势。成功地组织了全省 1997年、1998 年冬季的"扫黄"、"打非"集中行动和多次专项治理斗争，中央关注的临汾非法印刷中小学教辅读物问题得到了有效的整治。仅 1998 年全省就出动检查人员 23000 余人次，收缴走私、盗版音像制品 30 余万盘，收缴有严重政治问题、淫秽、盗版的非法出版物200 余吨，同时破获了一批在全国有影响的大案要案，有力地打击了不法分子的嚣张气焰，为净化、繁荣出版市场，营造有利于改革、发展、稳定工作大局的舆论氛围和文化环境，作出了应有的贡献。

山西人民出版社

山西人民出版社成立于 1951 年 11 月5 日，是山西省成立最早、规模最大的综合出版

加强对外宣传，扩大晋版图书知名度 图为装饰典雅大方的山西展台。

山西省最大的民营书店——尔雅购书中心内景

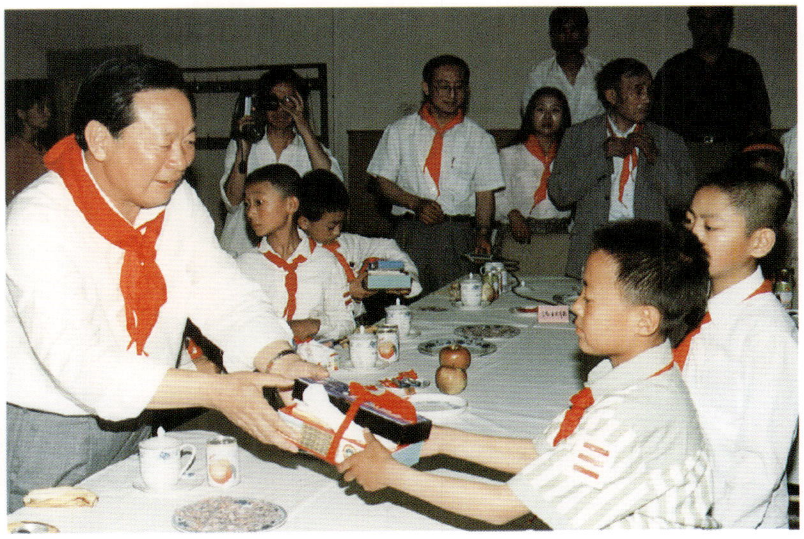

1997 年，山西省新闻出版局决定扶助 100 名困难儿童。图为山西省委书记胡富国向困难儿童捐助图书和学习用品。

社，以社科类图书为主体，以普及性读物为特色、以高中程度以上读者为对象，出版政治理论、文史、美术、青年读物、社科类辞书及综合类图书等等。

山西人民出版社现有编审委员会、政治理论、文化、史志、青年、辞书、旅游、综合、美术等9个编辑部，并有书海出版社（副牌社）和《编辑之友》期刊，拥有一支高级职称 36 人、中级职称 45 人、实力较强、充满活力的编辑队伍。

建社以来，山西人民出版社坚持社会主义方向，立足本省，面向全国，出版了近万种各类图书，总印数达 5 亿册（张）。1978 年以来，联系了数十位著名学者，出版了百余部学术著作，有 900 余种图书在全国和地区性图书评奖中获奖。其中 1984 年出版的《孙冶方全集》于 1992 年获国家图书奖，《山西经济上新台阶对策研究》、《孤儿泪》分别于 1994 年、1996 年获中宣部“五个一工程”奖，《西方管理思想史》、《中国造园论》、《崇高美的历史再现》、《晋商城宅》、《中国出版百科全书》分别获得中国图书奖。《中国工农红军长征史》、《新四军发展史》、《邓小平在太行》等书获山西省“五个一工程”奖。有近千种图书参加了法兰克福、东京、香港等地的大型国际书展，有近 2000 种数十万册图书行销到海外，与 10 多个国家和地区的出版商建立了合作出版业务联系。该社还承担着全省中小学课本的生产任务，课本生产成绩显著，年年保证全省广大中小学生“课前到书、人手一册”，多次受到省委、省政府的

流动售书进校园

扶贫送书到农村

山西省新闻出版局向扶贫点赠书

表彰。1998 年，该社的课本印刷质量被评为全国第一名。《编辑之友》是我国创办较早的编辑杂志， 是国家中文出版事业类核心期刊之一。

山西教育出版社

山西教育出版社成立于 1990 年，是出版教育类图书的专业出版社，直接服务于各级各类学校教育、成人教育，以学生、教育工作者及自学者为服务对象，出版各类学校和业余教育教材、工具书、教学参考书、学生课外读物以及教育理论等方面的学术著作。

该社拥有一支较强的编辑、出版、发行队伍，全社在聘人员 52 名，其中具有副高以上职称的专业人员 11 名，中级职称 23 名，初级职称 15 名。该社每年平均出书 600 余种，近年来有 300 多种图书在省级以上规模的优秀图书评奖活动中获奖。

经过几年的努力，山西教育出版社已逐步形成了“以中小学教学读物为主体，以艺术教育读物为特色，以弘扬中华民族优秀传统文化成果的文史读物为重点”的晋教版特色图书体系，出版了一批具有良好社会效益和经济效益的优秀图书，《地球家园》荣获中宣部精神文明建设“五个一工程”奖，《中国戏曲服装图集》荣获第十届中国图书奖，《德育美学观》荣获第三届国家图书奖提名奖；1998 年《中国 863》初评入选第十一届中国图书奖；其他如《中国社会通史》、《中青年学者教育学术文库》、《中国教育家展望 21 世纪》、《传统文化与马克思主义》、《黄河落天走山西》、“中国现代作家日记丛书”、“读书阅世丛书”、“年轮丛书”、《我的丈夫冀朝铸》、《中国园林艺术大辞典》等图书也赢得了普遍好评，在出版界和读者中树立了良好的形象。

该社注重科学管理，实行从严治社，建立健全了一系列规章制度，规范出版行为，提高出版质量，有力地推动了工作的优质高效。他们还在出版产业化方面做了探索，改变了单一图书经营的结构，以图书出版为中心，建立相关产业，实现多元经营，极大地改善了晋教版图书的整体面貌。该社曾荣获新闻出版署和人事部颁发的先进单位称号，1995 年、1997 年连续被评为国家良好出版社。

希望出版社

1998 年岁末，希望出版社用近 200 种新书和创纪录的 9800 万码洋撞响了新年的钟声。至此，这个为孩子们编织梦幻童年、伴他们构筑辉煌未来的出版社已度过 15 个春秋。

当初，一些志同道合的拓荒者相约要干一番事业，他们选择了一个最能表达自己心愿的词来做标识，那就是“希望”。在已然解冻的处女地上，他们播下了希望的种子，尽管只有十几个人，却并不妨碍他们想远的、干大的。只在不经意间，那被汗水浇灌的幼苗已然枝繁叶茂；在斗转星移间，“希望”的先驱们有了更多的帮手。新鲜血液的不断地注入，使得希望出版社更加充满活力。文学艺术、科学技术、教学教辅、低幼美术，希望出版社培植、嫁接了一批又一批的新品种；寒来暑往，秋收冬藏，希望出版社收获并奉献出 2500 余种、近 3 亿册的优秀精神食粮。

一位西方先哲曾不无虔诚地膜拜“希望”这个充满诱惑色彩的词。但一次次的希望破灭之后，他又不无主观臆断地把“希望”比之为“虚妄”。但他毕竟局限于时代之一隅。沉舟侧畔，希望出版社的人们笑谈这虚妄的类比。希望是人类前进的动力，希望是儿童生长的阳光。

耕耘、播种、收获，这就是希望出版社的工作日志和生活信条，对他们来说，收获就是新的耕作的开始。春天是充盈着希望的季节，希望又总预示着春天，希望出版社时时用“希望”来砥砺自己，又每每将“希望”捧出，给你，给他，给整个世界。

山西省新华书店重视职工技能素质的提高。图为第四届书林杯竞赛现场。

新中国出版 50 年

内蒙古

1945 年，内蒙古自治运动联合会就利用缴获的敌伪印刷设备，出版了蒙文版毛泽东《论联合政府》及《蒙古民族问题》、《蒙古社会经济》、《一个蒙古人》等图书。1947 年 5 月 1 日，内蒙古自治区成立后，由内蒙古日报社和内蒙古自治区政府文化教育部分别出版各类图书，为巩固和扩大解放区、支援解放全中国作出了贡献。

1952 年 5 月，中共中央内蒙古分局成立了由乌兰夫任主任委员的内蒙古自治区《毛泽东选集》蒙文版出版委员会，至 1957 年，完成翻译出版《毛泽东选集》蒙文版（1－3 卷）的出版任务。1952 年 7 月，内蒙古人民出版社成立，这是建国后自治区成立的第一家正式出版机构。1953 年底，内蒙古人民出版社与绥远省人民出版社合并为内蒙古人民出版社。该社成为用蒙汉两种文字编辑出版图书的综合性地方出版社。1960 年 4 月，编译出版蒙古文中小学各类教材的内蒙古教育出版社成立。“文化大革命”中，自治区仅有的内蒙古人民出版社和内蒙古

1964 年 11 月 29 日，毛泽东同志给《实践》杂志题写的刊名及回信。

教育出版社被撤销，直至 1973 年 11 月两社才得以恢复。党的十一届三中全会召开后，内蒙古的出版事业获得新的发展机遇。1982 年 7 月成立了内蒙古文化出版社、内蒙古少儿出版社和内蒙古科技出版社，1985 年 8 月成立了内蒙古大学出版社，1992 年成立了远方出版社。1984 年 6 月成立了内蒙古音像出版社，1992 年 12 月成立了内蒙古文化音像出版社。7 家图书出版社年出书近 2000 种。与此同时，内蒙古的报刊出版也有了很大的发展。截止到 1998 年底全区出版报纸 82 种，其中蒙古文 16 种；出版期刊 153 种，其中蒙古文 46 种。内蒙古的印刷和发行事业也有了新的变化和发展。全区大多数书刊印刷企业开始引进新技术、新设备，使印刷水平和能力有了新的飞跃。1983 年始，蒙古文字激光照排技术推广使用，该项技术获文化部科研成果奖。经过多年发展，图书发行工作现已形成了多种流通渠道、多种购销形式、多种经济成分并举，网点遍布城乡、牧区的局面。到 1998 年底，全区已

1996 年竣工的赤峰市新华书店营业楼

有各种经济性质的发行网点1300多处。自治区新华书店经过两轮"承包经营"后,现已改制为国有独资有限责任公司,年销售图书码洋达7亿多元。

党和国家领导人历来十分关心内蒙古自治区的出版事业。50年代和60年代,毛泽东同志分别为《内蒙古日报》、《锡林郭勒日报》和《实践》杂志题写了报头和刊名。1991年,邓小平同志为《乌兰夫》画册题写了书名,陈云同志为内蒙古人民出版社《蒙古族科学家》一书题写了书名。1990年9月,江泽民同志为《党的教育》杂志题词:"办好《党的教育》,用马克思主义的世界观方法论武装广大党员"。

五十多年来,内蒙古自治区的出版事业,在宣传革命真理,传播科学技术,积累优秀民族文化,培养社会主义新人,促进各民族团结和经济、社会、文化发展进步方面作出了积极的贡献。

首先,较系统地翻译出版了无产阶级革命领袖的经典著作,有力地配合了各个历史时期

1991年6月,邓小平同志题写书名的大型图片画册《乌兰夫》由内蒙古人民出版社出版发行。

1948年出版的蒙古文版《共产党宣言》——这是我国最早的蒙文版马克思、恩格斯著作。

党和人民政府的中心工作。1948 年蒙文版马克思、恩格斯《共产党宣言》，斯大林《辩证法与历史唯物主义》，毛泽东《中国革命与中国共产党》相继出版；此后又陆续出版了蒙文版列宁《卡尔·马克思》、刘少奇《论共产党员的修养》、《列宁选集》(1－4 卷)、《邓小平文选》(1－3 卷)、《邓小平经济理论学习纲要》等著作。这些著作的出版发行为在各民族干部群众中广泛传播马列主义、毛泽东思想、邓小平理论，提高干部群众的思想觉悟起到了重要的作用。

第二，编写、翻译出版了蒙古文各学科的教材和教辅用书，已形成了较完整的蒙古文教材出版体系。五十多年来，内蒙古累计出版各学科、各层次蒙古文教科书、教学参考及其他教辅用书近万种，不仅保证了自治区的民族语文教学之需，还为国内八省区蒙古语文授课的各级各类学校提供了足够的教材。

第三，发掘、整理出版了一批具有较高学术文化价值的民族历史、文学、医学等著作，

1954 年 5 月 18 日，伊克昭盟新华书店发行《毛泽东选集》蒙文版第一卷时的盛况。

以乌兰夫为主任委员的内蒙古自治区《毛泽东选集》蒙文版出版委员会，历时 6 年于 1957 年完成《毛泽东选集》(1－3 卷)的出版任务。

如《蒙古秘史》、《蒙古源流》、《蒙古黄金史》、《江格尔传》、《格斯尔可汗传》、《一层楼》、《泣红亭》、《四部医典》、《蒙医金匮》、《金光注释集》、《清实录》、《绥远通志》等等。这些图书的出版对继承、弘扬民族文化遗产，振奋民族精神，产生了广泛的影响，同时也丰富了中华民族的文化学术宝库。

第四，为读者提供了一批较高质量的工具书。为了规范民族语言文字，更好地加强各民族的文化交流，自 1948 年始，相继出版《蒙汉辞典》、《二十一卷本词典》、《现代蒙古语法》、《汉蒙词典》、《蒙古语词根词典》、《满语语法》、《达汉词典》、《内蒙古大辞典》、《自然科学名词术语词典》、《蒙古语标准音词典》、《外国地名蒙语译音手册》、《蒙文原理》等蒙古语言文字及专业辞书。这些辞书成为教学、科研和对外交流的有力工具，极大地方便了读者的使用。

第五，出版了一批有较高学术价值和影响的科技图书。多年来，内蒙古重视科学技术对社会生产力的推动作用，先后出版了《生物体

1955 年 5 月，呼伦贝尔盟新巴尔虎左旗新华书店在“那达慕大会”上设摊售书。

内蒙古人民出版社出版的《蒙古秘史》获国家图书奖

内蒙古科技出版社出版的《蒙古族民俗百科全书·经济卷》获中国图书奖

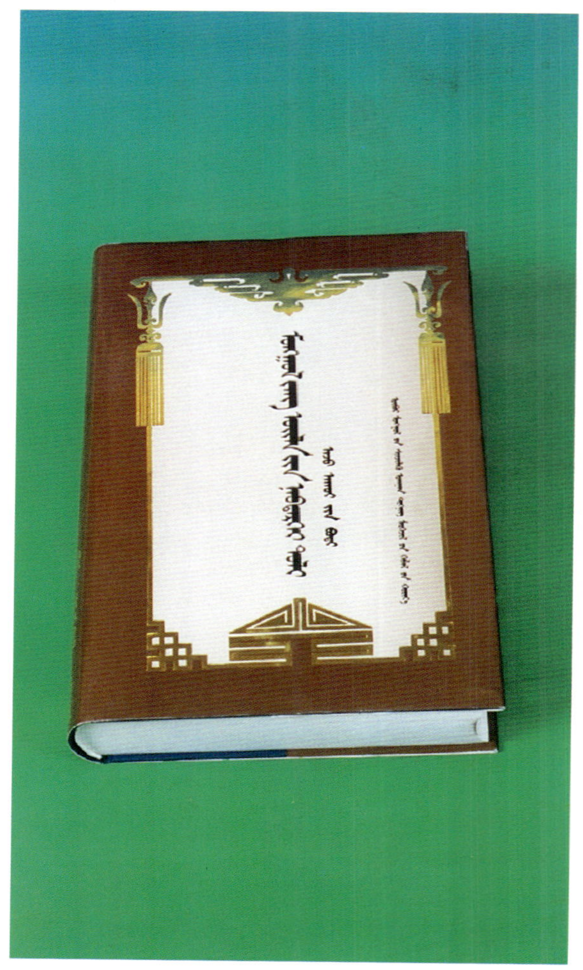

结构的三定律》、《全息生物学与医学》(英文)、《组合设计论文集》(英文)、《内蒙古植物志》(1－8 卷)、《希氏内科学》、《中国禾草属志》、《中国蔬菜病虫害原色图谱》、《内蒙古历史地理》等一批高质量图书。《稀土》、《中国草地》、《内蒙古大学学报》、《内蒙古林业科技》、《内蒙古畜牧业》、《内蒙古医学杂志》等科技期刊的出版发行，对学科创新、科技进步、推动生产与科技结合产生了积极的促进作用，受到广大专业读者的好评。

多年来，有 800 多种内蒙古版图书在国内外获奖。《蒙古秘史》、《蒙古民歌集成》获国家图书奖，《蒙古族民俗百科全书·经济卷》等五种图书获中国图书奖，《成吉思汗史记》、《二十八卷本辞典》获国家图书奖提名奖，《内蒙古大辞典》、《民族政策教育读本》、《中国古代北方民族史新论》、《内蒙古民族团结史》获“五个一工程”奖，《昭乌达蒙草药》等图书获国际传统医学优秀成果奖。内蒙古科技出版社、内蒙古少儿出版社的《纳荷芽》编辑部 1998 年被

1979 年 2 月，内蒙古开始实行“草原机动车流动供书”代替“马背书店”、“骆驼书店”，极大地方便了牧区读者的需要。

内蒙古文化出版社出版的《蒙古民歌集成》获国家图书奖

评为全国新闻出版系统先进集体，内蒙古大学出版社、内蒙古科技出版社被评为全国良好出版社。老出版工作者索特那穆卓玛绰获第二届“韬奋出版奖”。一批中青年业务骨干分获“全国百佳出版工作者”、“全国优秀中青年编辑奖”等奖励。在对外交流方面，内蒙古先后有上千种各类图书、期刊、音像制品出口到国外，还与德国、日本、美国、俄罗斯、蒙古、香港、台湾等国家和地区进行了版权贸易或合作出版，扩大了自治区的影响。

近年来，内蒙古新闻出版业更加重视出版工作的政治导向问题，努力出版优秀作品，以适应社会主义市场经济体制条件下的社会需求。在促进出版产业发展过程中，以抓繁荣、抓管理、抓改革、抓队伍为主攻方向，着力提高出版物的质量和出版业的规模效益。在世纪之交之际，自治区新闻出版管理部门高举邓小平理论的伟大旗帜，深入学习贯彻党的十五大精神，从自治区出版实际和特点出发，坚持改革出版体制、优化出版结构、加大行业整合力度、

内蒙古人民出版社出版的《民族团结教育读本》获中宣部颁发的“五个一工程”奖

内蒙古人民出版社出版的《内蒙古大辞典》获中宣部颁发的“五个一工程”奖

内蒙古自治区远方出版社出版的《内蒙古民族团结史》获中宣部颁发的“五个一工程”奖

转变出版运作方式、加快产业发展步伐，努力把一个充满朝气和活力的民族地区出版业带入 21 世纪。

内蒙古大学出版社

内蒙古大学出版社成立于 1985 年 8 月 16 日，主要以蒙、汉两种文字出版社会科学和自然科学的各种教材、教学参考书、学术著作、工具书。至 1998 年底，该社共出版图书 938 种。其中，蒙文图书 114 种，约占出书总量的 12%；从出书结构看，高校教材和学术专著占出书总量的 70% 以上。各种获奖图书 90 余种，占出书总量的 10%。通过各种发行渠道行销到俄罗斯、蒙古、新加坡、欧美及香港等国家和地区的图书有 100 多种。

《元朝秘史》(畏吾体复原本)、《内蒙古历史地理》、《蒙古族通史》、《蒙语语法研究》、《蒙语词汇研究》、《简明古代蒙古史》、《内蒙古近代简史》、《内蒙古自治区史》、《内蒙古革命史》、《文学概论》、《蒙古族现代文学史》、《中国

内蒙古文化出版社出版的清代蒙古文记载的清宫老档《清史录》

内蒙古人民出版社出版的"蒙古文化丛书"

内蒙古人民出版社 80 年代出版的英文版《全息生物学与医学》、《组合设计论文集》，受到国际学术界的好评。

蒙文图书综录》、《蒙古学论文索引》、《明代蒙古汉籍史料》、《明慧宝镜》、《古代蒙古人文化思维》、《蒙古文论史研究》等一大批蒙古学著作、优秀教材和工具书已逐步形成规模和系列，并在历年评比中获各类奖项，在国内外产生了良好的反响。其他如《吕氏春秋研究》、《中国古代测量学史》、《沈水集》、《康乾遗俗轶事饰物考》、《人与自然：生态·科技·文化和社会》、《认识论与现代化》、《中国少数民族史诗研究》、《红楼梦符号解析》、《新编楚辞索引》、《中国蒙古族人口》、《中国达斡尔族人口》等也都具有较高的学术价值。

1995年、1998年内蒙古大学出版社连续两次被国家新闻出版署评为良好出版社。

内蒙古科学技术出版社

内蒙古科学技术出版社成立于1982年7月21日，是以出版蒙古文科技图书为主，适量出版汉文科技图书的地方科技出版社。现有在岗职工40人。建社以来，认真贯彻执行

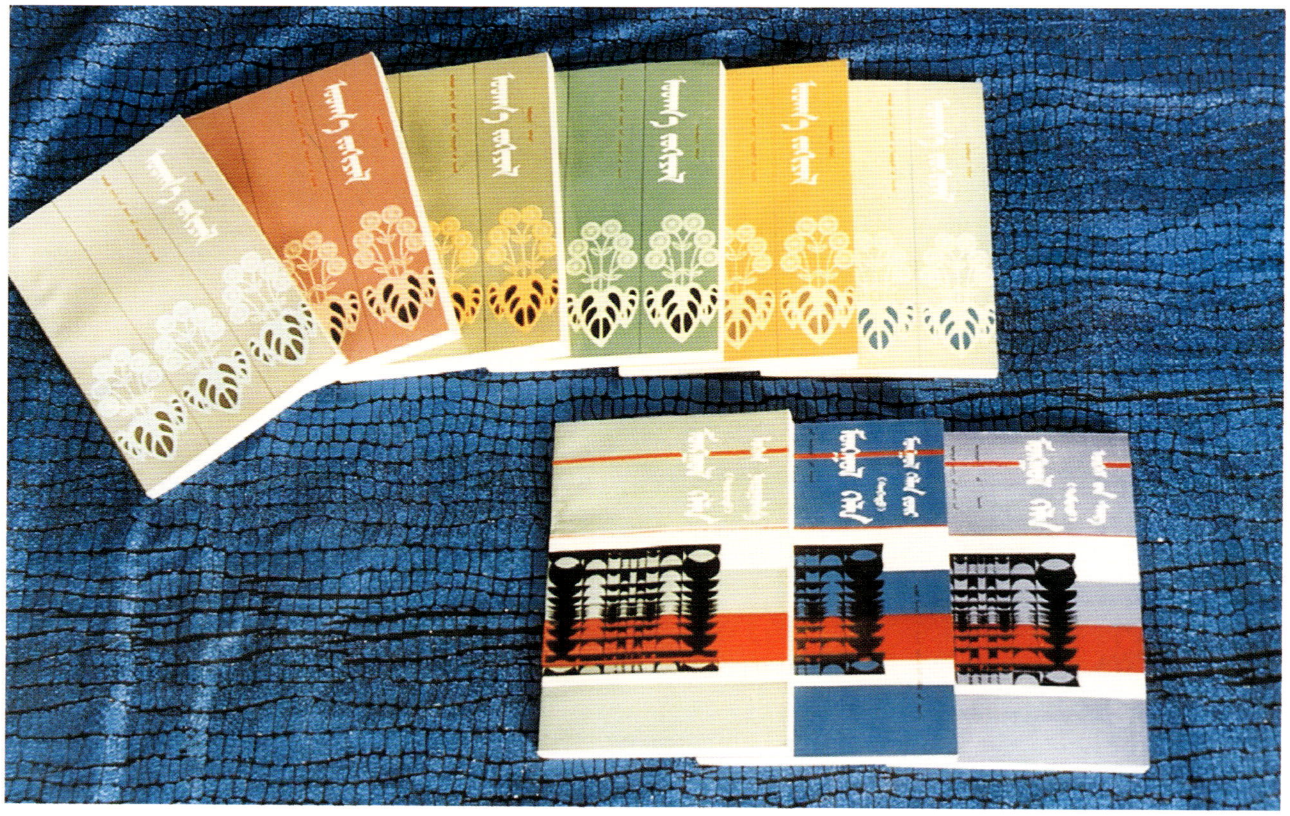

内蒙古教育出版社出版的部分中小学各学科课本

内蒙古教育出版社出版的小学《蒙语文》课本影响了几代人，并多次获奖。

党的出版方针政策，把握正确的办社宗旨，坚持深化改革，转换经营机制，狠抓图书质量，为经济建设、科技进步、民族素质的提高做出了应有的贡献。1997年，被内蒙古自治区新闻出版局命名为全区新闻出版行业精神文明示范单位，被中华人民共和国新闻出版署、人事部评为全国新闻出版系统先进集体，1998年被中华人民共和国新闻出版署命名为全国良好出版社。

建社16年来，内蒙古科学技术出版社共出版蒙汉文科技图书1000余种，发行500余万册，多种图书荣获国际奖和国家、地方图书奖。其中《昭乌达蒙草药》、《蒙医药史概略》、《药物鉴别法》三种书荣获国际传统医学奖；《蒙古族民俗百科全书·经济卷》一书荣获中国图书奖；《药用动物》、《中国医学百科全书·蒙医学》、《名老蒙医经验选编》、《乌珠穆沁羊》等图书荣获全国优秀科技图书奖；《蒙古族服饰》、《简明林业辞典》分别荣获中国民族优秀图书二等奖、三等奖；《内蒙古草药材标准》等55种图书

内蒙古科技出版社出版的《昭乌达蒙草药》荣获国际传统医学奖

内蒙古文化音像出版社出版的《中国文物鉴定》录像带，以其权威性深受海内外文物界人士的好评。

荣获省部级奖。

内蒙古人民出版社

成立于 1952 年的内蒙古人民出版社是全国少数民族地区成立最早的出版单位。

近 50 年来，内蒙古人民出版社从建社初期仅有 33 人，年出书不足百种的小社发展成为有一定规模和较强编辑阵容，出版多学科、多门类、多层次读物的地方综合性出版社。现有职工 182 人，专业技术人员 142 人，有蒙、汉、满、回、达斡尔、鄂温克、朝鲜、锡伯等多民族成员，设有蒙、汉两套编辑室和有关行政处室，年出书 500 种以上。

内蒙古人民出版社成立以来，始终坚持“为人民服务、为社会主义服务”的方向，把出版蒙古文图书放在首位，大力扶持蒙古语文文字创作和翻译，努力培养少数民族著译者队伍；长期同科研机构、高等院校、文学艺术研究等单位建立广泛而密切的联系，培养出了一支专业和业余相结合的少数民族著译者队伍和具有

《蒙古语文》月刊为宣传规范蒙古民族语文做出了努力

内蒙古自治区具有浓郁民族风格、地区特点的音乐磁带、CD、VCD 制品深受国内外群众的喜爱。

国内外影响的作家、艺术家和专业作者。党的十一届三中全会后，进一步落实党的民族政策，坚持“把蒙古文图书放在首位，蒙、汉两种文字图书共同繁荣发展”的方针，加大挖掘整理蒙古民族文化遗产，注重地区、民族特色，狠抓骨干工程和重点图书的出版，逐步形成了自己的出书风格和特点。到 1998 年底，共出版蒙、汉文图书 12959 种，印发 57314 万册，内有蒙古文图书 6643 种，印发 7022 万册。其中有：《蒙古秘史》、《蒙古源流》、《黄金史纲》、《成吉思汗史记》等一系列蒙古史古籍和蒙古史研究著作；《格斯尔》、《江格尔》、《清史演义》、《一层楼》、《泣红亭》等绚丽多彩的文学作品；《四部医典》、《蒙医金匮》、《金光注释集》、《无误蒙药鉴》等蒙医古籍经典；《二十一卷本词典》、《蒙古语词根词典》、《蒙古语辞典》、《汉蒙词典》等语言文字工具书和现代蒙古语研究著作及蒙古族语言、方言研究丛书；《内蒙古大辞典》、《今日内蒙古》、《内蒙古草地资源》、《内蒙古植物志》等反映自治区社会经济发展和风

内蒙古自治区《花的原野》文学月刊，期期都散发着草原文化的芳香。

内蒙古自治区《草原》文学月刊，以扶持新人、推出新作、坚持正确的政治导向为己任。

土人情、丰富资源的著作。这些图书不仅获得了国家图书奖、"五个一工程"入选作品奖、中国图书奖等多项荣誉，也远销俄、美、英、法、德、日、蒙古等国及东南亚国家和香港、台湾地区。

内蒙古教育出版社

内蒙古教育出版社成立于 1960 年 4 月，是出版蒙汉文教材、教辅用书和教育图书的专业出版社。

内蒙古教育出版社不仅是内蒙古自治区的教材建设基地，也是全国蒙古文中小学教材建设基地。该社除保证供应自治区中小学生所需蒙汉文教材之外，还承担着向黑龙江、吉林、辽宁、甘肃、青海、新疆、北京等省、市、自治区供应蒙古文教材及教辅用书的任务。

38 年来，该社共出版图书 20000 多种。自编蒙古语文和汉语文教材、各学科教材、教师用书、教学辅助用书已全部成龙配套，音乐、美术等教材也整套出齐，翻译教材在质量和速度上

已有 50 年历史的《内蒙古画报》深受牧民群众的喜爱

内蒙古自治区少儿月刊《纳荷芽》(蒙古语意为苗苗)，深受广大蒙古族少年儿童的欢迎。

均有较大突破。近几年送交全国蒙古文教材审查委员会审查的 480 余种教材，获得专家、学者们的肯定和好评。

内蒙古教育出版社出版图书在国家、华北地区、自治区级图书评比中，共获奖项 300 余种，其中全国优秀教育图书奖 18 种，全国民族图书奖 16 种，华北地区图书特等奖 16 种，“五个一工程”奖 3 种。

内蒙古教育出版社作为民族语文教材建设基地，专业门类齐全，机构设置合理，综合实力雄厚，编辑队伍具有较高的政治素质、较广博的文化科学知识和较强的业务工作能力，是一家充满活力的优秀民族语文教材出版社。

《蒙古语文》杂志

《蒙古语文》杂志是内蒙古自治区民族事务委员会、八省区蒙古语文协作小组办公室主办的月刊，是全国惟一用蒙古文字出版的蒙古语文学

1991 年 10 月 13 日，首届八省区蒙文图书展销订货会在呼和浩特举行。展销会至今已举办了四届，为促进我国八省、区蒙古文图书发行工作作出了重要贡献。

1989 年 8 月，内蒙古自治区组织中国蒙古文图书赴乌兰巴托展览。蒙古人民共和国文化部部长索米雅(右二)等参观展览。

术研究的综合性刊物。

《蒙古语文》杂志创刊于1954年7月。"宣传贯彻党和国家关于民族语文工作的方针、政策、法律、法令，交流经验，指导工作，活跃蒙古语文学术研究，促进蒙古语文的规范化、标准化"是这个刊物长期坚持的基本编辑方针。围绕这一方针，该刊开辟《工作与事业》、《协作动态》、《社会语言学》、《翻译研究》、《名词术语》、《文化遗产》等30个栏目，及时发表了党和政府关于蒙古语文工作的指示、决议、规定以及与之有关的理论政策性文章，为普及蒙古语文知识，促进蒙古语文的规范化和标准化发挥了积极的作用。据统计，该刊44年间共出刊250期，发表各种体裁文章3480篇。除在国内发行外，在蒙古、俄罗斯、日本、瑞士、美国、德国等国家也拥有相当数量的读者。国外刊物和学者多次转载过、使用过该刊文章。《蒙古语文》杂志受到乌兰夫、布赫等国家和自治区领导人的关怀。《蒙古语文》杂志多次被评为自治区和华北地区优秀期刊。

1998年10月，内蒙古自治区组团参加法兰克福书展。图为自治区新闻出版局副局长石玉平翻阅参展图书。

草原上的一朵红花
——《纳荷芽》

《纳荷芽》是内蒙古少年儿童出版社主办的综合性蒙古文少儿月刊。它立足本区，面向全国，为跨世纪“四有新人”服务，不断提高办刊质量，使其具有了鲜明的时代特色、民族特色和少儿特色。

在浓郁民族文化的沃土里生根开花的《纳荷芽》结出了丰硕的成果。该刊发表的具有民族特色的三篇儿童文学作品被选入小学语文课本，有百余篇儿童文学作品被编入几种《儿童文学作品集》，有数十篇学生作文被选入《小学生优秀作文选》，还有一批儿童版画、剪纸画、漫画、木刻在区内外（包括港台地区）美术作品大奖赛中获奖。1990 年在“全国首届期刊展览”中荣获了整体设计三等奖，1994 年在“华北地区第二届十佳期刊”评选中又荣获了华北地区十佳期刊特别奖，1996 年在“华北地区第三届十佳期刊”评选中荣获了华北地区十佳期刊荣誉称号。1997 年《纳荷芽》编辑部被评为“内蒙古新闻出版系统精神文明示范单

第二届“韬奋出版奖”获得者、老出版工作者索德那穆卓玛绰。

内蒙古自治区引进的九色高速胶印轮转印刷机

80 年代以来，内蒙古自治区蒙古文激光照排技术已广泛运用于新闻出版行业。

位”，1998 年 1 月被评为“全国新闻出版系统先进集体”。

《纳荷芽》在全国蒙文期刊中发行量始终名列前茅。自 1994 年以来，该刊狠抓两个效益，探索出一条自我生存、自我发展的新路子。

内蒙古文化音像出版社

成立于 1992 年。几年来，共出版各种音像制品 177 种，其中音带 104 种，像带 27 种，VCD 43 种，CD 3 种。在这些音像制品中，地方版节目 62 种，占出版总量的 35%；蒙语节目 25 种，占地方版总量的 40%。音带《草原情歌》、《天上的风——齐宝力高马头琴专辑》，像带《中国文物鉴定》、《教唱蒙语敬酒歌》、内蒙古歌舞乐精品选系列 VCD《草原深情》等制品十分畅销，收到了良好的社会效益和经济效益。

现该社正组织出版系列 VCD《内蒙古民歌精品典藏》，这将是一部全面展现内蒙古民歌特色、极富欣赏和收藏价值的力作。

内蒙古自治区新华书店、外文书店营业大楼

新中国出版50年
辽　　宁

新中国成立时，原东北行政区的东北新华书店是编辑、印刷、发行合一的机构，1950年3月更名为新华书店东北总分店。1951年编、印、发分开，新华书店东北总分店专门从事图书发行工作，成立了新华印刷厂东北管理处（后改为东北新华印刷厂）和东北人民出版社。1954年8月，辽东、辽西两省合并为辽宁省后，东北人民出版社与辽东通俗出版社合并为辽宁人民出版社，东北新华印刷厂改为沈阳新华印刷厂，新华书店东北总分店改为新华书店辽宁分店和沈阳分店（后合并为辽宁省新华书店）。1959年，先后成立了春风文艺出版社（辽宁人民出版社副牌）、辽宁美术出版社。改革开放以来，辽宁的新闻出版业在改革中发展，实力不断增强，成为全国出版大省。1987年，辽宁省新闻出版局成立。1994年组成了辽宁出版总社（集团），是集出版、印刷、发行、物资供应、教育、科研为一体的大型文化经济

新华书店东北总分店旧址（现沈阳市人民宾馆）

实体。1998 年 3 月，辽宁省政府批复同意组建辽宁出版（集团）有限责任公司并授权其经营国有资产。目前，辽宁出版业正在加快步伐迈向新世纪。

在图书出版方面，1955 年—1965 年，辽宁人民出版社和辽宁美术出版社共出书近 5000 种，年平均 400 种—500 种。出版了一大批有价值的好书，如“飞跃发展的辽宁工业丛书”、“辽宁十年文艺丛书”、革命回忆录《悲壮的历程》、《忆长征》和《雷锋的故事》等。改革开放以来，各出版社坚持党的四项基本原则、坚持“双百”方针、坚持以经济建设为中心，出版了大量的优秀图书，主要有政治、经济、科技、文化教育、文艺、少儿读物、翻译等门类，还出版了一批朝鲜文、蒙古文图书。近年来，辽宁出版业按照“加强管理、提高质量、优化结构”的方针，致力于由粗放型经营向集约化经营转移，由规模数量型向质量效益型转移，取

《东北日报》印刷厂成立一周年纸板组合影

《东北画报》创刊号（1945 年 12 月出版）

《东北画报》第 38 期（1949 年 9 月出版）

得了显著成效。目前全省共有图书出版社 18 家，图书出版总量稳定在 4800 种左右，1998 年再版率为 53%，辽版图书整体质量不断提高。辽版图书中的精品和体现品牌的出版物质量明显提高，标志性出版物正在形成形象和规模。“邓小平思想生平研究丛书”、《邓小平设计中国改革开放实录》、《中国国家能力报告》、《中国人权报告》、《红军长征史》等书荣获中宣部“五个一工程”奖；《世纪之交——与高科技专家对话》、《红军长征史》、《甘珠尔》、《东北现代文学大系》荣获国家图书奖；从 1987 年以来，近 30 种书荣获过历届中国图书奖。1998 年各出版社为纪念党的十一届三中全会 20 周年、真理标准讨论 20 周年和辽宁解放 50 周年，出版了一批社会效益和经济效益都比较明显的图书。辽宁教育出版社的《爱国主义教育系列》之四——《祖国青春与我》发行量突破 170 万册，引进的《牛津少儿百科全书》、“1200

《共产党员》杂志的前身《翻身乐》创刊于 1948 年 3 月，由东北书店出版，1950 年改为《新农村》。

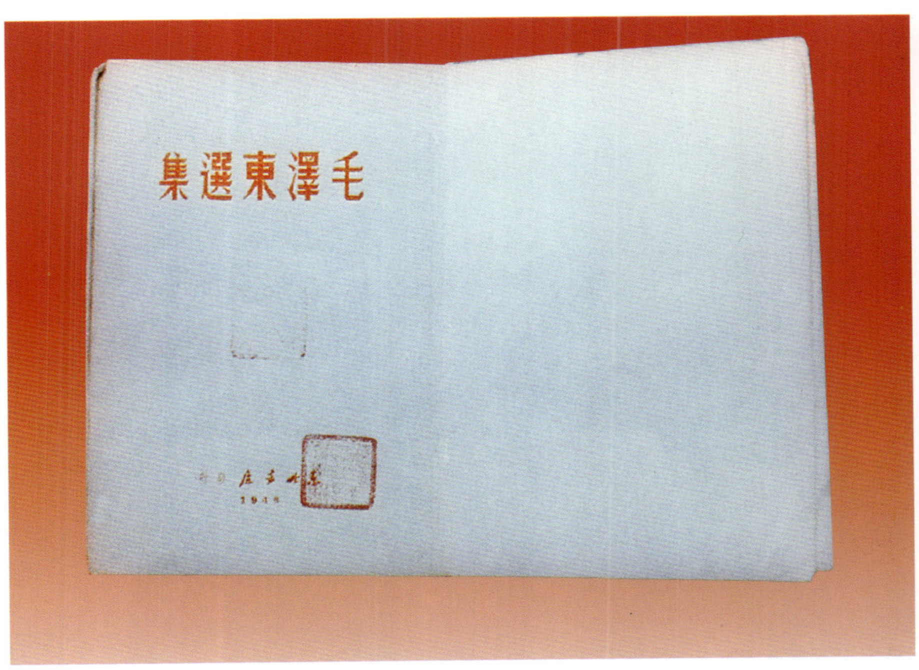

我国第一部《毛泽东选集》1948 年由辽宁人民出版社的前身东北书店出版发行

工程”项目《陈原语言学论著》等大型丛书出版；辽宁人民出版社出版的《红镜头》发行超过 20 万套。在北京国际图书博览会上，辽版图书以鲜明的特色获得广泛好评。辽宁现有报社 84 家、期刊社 277 家。回顾历史，《东北日报》是我党在抗日战争胜利后，在新开辟的东北解放区办起来的第一张大区报纸。早在 1960 年 12 月 13 日，《辽宁日报》就率先以《红色的战士雷锋》为题，介绍了雷锋的模范事迹，并发表了雷锋日记的片断；在雷锋同志牺牲后，于 1963 年 1 月 8 日，《辽宁日报》发表长篇通讯《永生的战士》宣传雷锋精神。1979 年 4 月 22 日，《共产党员》杂志发表了记述党的好女儿、革命烈士张志新同林彪、“四人帮”反革命集团进行殊死斗争的长篇通讯《为真理而奋斗，誓死捍卫党》，在全国产生强烈反响。在国家新闻出版署组织的“全国百种重点社科期刊”评选中，《共产党员》、《辽宁青年》、《老同志之友》入选。

志愿军随军书店的同志把《志愿军英雄传》送到守卫在“上甘岭”前沿阵地的某部战士手中

《辽宁画报》1956 年 5 月号封面

《东北画报》第 81 期封面
（1951 年 1 月 31 日出版）

1982 年辽宁省音像业初步形成，1990 年逐步过渡到由省新闻出版局管理。近年来，音像和电子出版业稳步、健康发展，形成有音像出版社8家、电子出版社 1 家、音像制作中心 80 家、音像带复录厂 4 家的规模。辽宁音像出版社出版的音带《人民的儿子——献给小平的歌》受到中央和国家新闻出版署的重视和好评，大连音像出版社出版的电视剧像带《午夜有轨电车》获中宣部“五个一工程”奖。辽宁电子出版社出版的 CD－ROM《国家人事法规信息库编著系统》获国家新闻出版署科技进步一等奖。1998 年成立电子、音像出版生产一体化的辽宁“三 D”多媒体发展总公司（即 DVD、VCD、CD），两条光盘生产线投入生产，该公司以高科技手段成为辽宁出版业新的经济增长点。

50 年代初，辽宁只有 2 家专业书刊印刷厂。1998 年全省有国家定点印刷厂 16 家、省级定点印刷厂 97 家、内部资料印刷厂 474 家、

《辽宁画报》1959 年 10 月庆祝建国 10 周年专号

《辽宁画报》1978 年第二期封面

《辽宁画报》1979 年第四期封面

辽宁人民出版社出版的几部反映辽宁省情况的图书

一般印刷厂 2737 家(不含复印社)。这些企业基本告别了铅字排版，采用激光照排等先进工艺，许多产品被评为全国印刷优质产品。辽宁出版集团公司有 3 家直属印刷企业——沈阳新华印刷厂、朝阳新华印刷厂和辽宁美术印刷厂，引进外国的先进印刷设备，印制能力每年可达 100 万色令。沈阳新华印刷厂是全国四大印刷基地之一，技术先进，设备精良，照排产量在 1996 年和 1997 年连续两年排名全国第一。辽宁美术印刷厂是东北地区最早的也是最大的彩色印刷专业厂，1987 年被国家经委指定为承接港澳地区印刷业务的东北地区惟一定点厂，1990 年经国务院批准为二级企业，成为东北彩印之王。近年来，省新闻出版局加强对印刷业的管理，贯彻从严控制总量、减少重复、提高质量、规范经营的指导思想，对全省书刊印刷企业进行整顿。采取阶梯式动态管理的办法，遏制印

聂荣臻元帅关心革命历史摄影集出版工作，这是他在仔细审阅《人民战争必胜——抗日战争中的晋察冀摄影集》。

1988 年 11 月 7 日，辽宁美术出版社出版的大型历史摄影集《人民战争必胜——抗日战争中的晋察冀摄影集》在北京人民大会堂举行出版座谈会。彭真、聂荣臻等同志到会接见与会人员并一起合影。图为散会时，人们竞相请杨成武同志在摄影集上签名留念。

刷企业发展过快、过多、过滥的趋势。

在科研方面，80 年代初，辽宁省印刷技术研究所率先引进了省内第一套激光照排系统和电脑图像创意系统，并研制成功“入射式”照度测试、互易率失效补偿计算、倍率曝光补偿计算构成和彩色原稿拍摄技术。应用此技术，成功地完成了《中国壁画全集》新疆壁画卷 1000 余幅石窟壁画拍摄，保存了国家重要文化遗产。辽宁省新闻出版学校是东北地区惟一的以印刷专业为主的全日制中等专业学校，师资力量雄厚，专业特色鲜明，在全国新闻出版系统中享有较高声望。新中国建立后，辽宁的国营书店先后有东北新华书店（1950 年 3 月更名为新华书店东北总分店）、辽宁省新华书店及各市县新华书店，沈阳、大连等地的国际书店（后改为外文书店）。另外，全省有私营书店 70 多家。1958 年公私合营后均并入当地的新华书店。在全省农村供销社少数城镇商

1991 年 6 月 20 日，在北京人民大会堂举行的“辽宁出版界纪念建党70周年献礼图书出版座谈会”上，著名摄影家吴印咸（左三）、摄影理论家罗艺达（右二）同雷洁琼（右三）同志一起观看辽美版献礼图书——《延安精神》大型历史摄影集。

国务委员、国防部部长迟浩田出席 1996 年 12 月 28 日辽宁人民出版社在北京人民大会堂召开的《我的父亲朱德》出版座谈会。

辽宁教育出版社以营造读书氛围为己任，开办辽宁爱书人俱乐部，举办学术讲座。图为著名出版家、语言学家陈原讲演后，为读者签名。

店、企业中，也建立了图书发行网点。80年代以来，图书发行体制发生了很大变化，结束了新华书店独家经营的局面，形成了多种经济成分、多种购销形式、多条流通渠道的发行新格局。目前全省共有图书销售网点3030家，图书二级批发单位66家，音像制品二级批发单位64家。辽版图书发行数量稳步上升。1998年全省新华书店系统销售额17.6亿元，比1997年增长8%。出版社自办发行销售总额4.5亿元，比1997年增长50%。辽版图书全年发行总计5.6亿元，比1997年增长33%。教材合格率、课前到书率100%。省局举办了省第二届"读书节"活动，以"文化是知识经济的根，书籍是知识经济的泉"为主题，开展了形式多样的活动，社会反响良好。

北方图书城是全国较早建立的大型国有图书零售企业，于1995年正式营业，面积1万平方米，经营6万个品种，全部开架陈列，超

北方图书城

沈阳新华印刷厂同新加坡时报出版集团合资兴办彩色书刊印刷项目的签字仪式(1994)

市布局，计算机管理，1998年销售额超过5000万元，规模为东北地区之最。1998年起，北方图书城以冠名为形式、连锁管理为手段，在辽宁及东北地区开展连锁经营，目前已开设11家连锁店。1995年11月，"中国沈阳书刊批发市场"成立，是全国首家被冠以"中国"名号的书刊批发市场，引起全国发行业的广泛关注。辽宁出版集团代表着辽宁出版行业的实力和形象。近年来，随着经济实力不断增强，辽宁出版集团经营范围逐步扩大，不断开拓对外合作领域。辽版图书已经走向世界，目前已与日本、新加坡、美国、加拿大、澳大利亚等十几个国家和港澳台地区建立了图书进出口、版权贸易、合作出版、物资供应等广泛的业务往来关系，并在加拿大注册成立了新华书店。

辽宁省新闻出版局（省版权局）是省政府主管全省新闻出版业和全省著作权管理工作

辽宁美术印刷厂坐落在沈阳市皇姑区北陵大街17号

辽宁教育出版社的大量精品图书受到社会广泛好评。《世纪之交——与高科技专家对话》荣获第十届中国图书奖。

的职能部门，成立于 1987 年。全省 14 个市均成立了新闻出版局，主管本行政区域的新闻出版工作。有 9 个县级市、区也成立了新闻出版局，新闻出版行政管理网络比较健全。多年来，省、市、县各级新闻出版管理部门按照分级管理的原则，服从、服务于全国和全省工作的大局，强化行政职能、提高执法水平、坚持把握新闻出版工作的正确导向。1995 年由省委、省政府领导同志组成的省“扫黄”工作领导小组成立，负责组织、指导全省的“扫黄”、“打非”工作，下设省“扫黄”工作领导小组办公室（办公地点在省新闻出版局）。几年来，省“扫黄”办充分利用宣传、教育、行政、法律等手段，坚持不懈地开展了声势较大的“扫黄”、“打非”斗争，取得了显著成果。全省各地对“扫黄”、“打非”工作的认识不断提高，“守土有责”意识增强，通过精心组织、周密部署，1998 年对全省书报刊、音像制品和电子出版物市场、

辽版国家图书奖获奖图书

辽版“五个一工程”奖获奖图书

辽版“五个一工程”奖获奖图书

文化娱乐市场进行了 6 次大规模的集中整治，较好地完成了“打击走私贩运非法光盘、取缔政治性非法出版物、深挖印刷复制加工黑窝点、清理整顿规范市场、集中力量查处大案要案”等各项“扫黄”、“打非”工作任务，辽宁省出版物市场已初步形成了健康、有序、繁荣的局面。省“扫黄”办连续三年被评为全国“扫黄”、“打非”先进集体。在版权管理方面，《辽宁省图书报刊出版管理条例》1989 年出台，是全国较早的地方性出版法规。几年来，省版权局积极开展著作权法律知识的宣传普及工作，加强著作权行政管理，组织多次大规模执法检查活动，查处和调解著作权纠纷案件。1998 年《辽宁省出版管理规定》经省九届人大五次常委会审议通过，在全省实施。这部地方性法规的出台，对于加强出版管理、规范出版活动、繁荣出版事业具有很强的现实指导意义，成为该省出版法制建设的里程碑。1998 年辽宁省版

辽版“五个一工程”奖获奖图书

辽版“五个一工程”奖获奖图书

辽版“五个一工程”奖获奖图书

辽版“五个一工程”奖获奖图书

权局被授予“全国知识产权宣传教育工作先进单位”的光荣称号。

50 年的风雨历程已成过去，新的时代充满了考验与希望。辽宁出版人将与全国出版界的同仁一道，共同创造新的辉煌。

辽宁人民出版社

辽宁人民出版社是辽宁乃至东北地区建社最早、规模最大的综合性社会科学出版社。前身为 1945 年 11 月抗日战争胜利后在沈阳成立的东北书店。在半个多世纪的发展历程中，该社在为人民服务、为社会主义服务的总方针指导下，体现出社会科学图书出版的优势，累计出版政治、哲学、社会学、心理学、美学、金融、财经、经营管理、文化生活、历史、外语、青年读物、回忆录、地理及辞书工具书等类图书 1.3 万种，近 4 亿册。目前，每年出版图

辽版“五个一工程”奖获奖图书

辽版获中国图书奖的图书

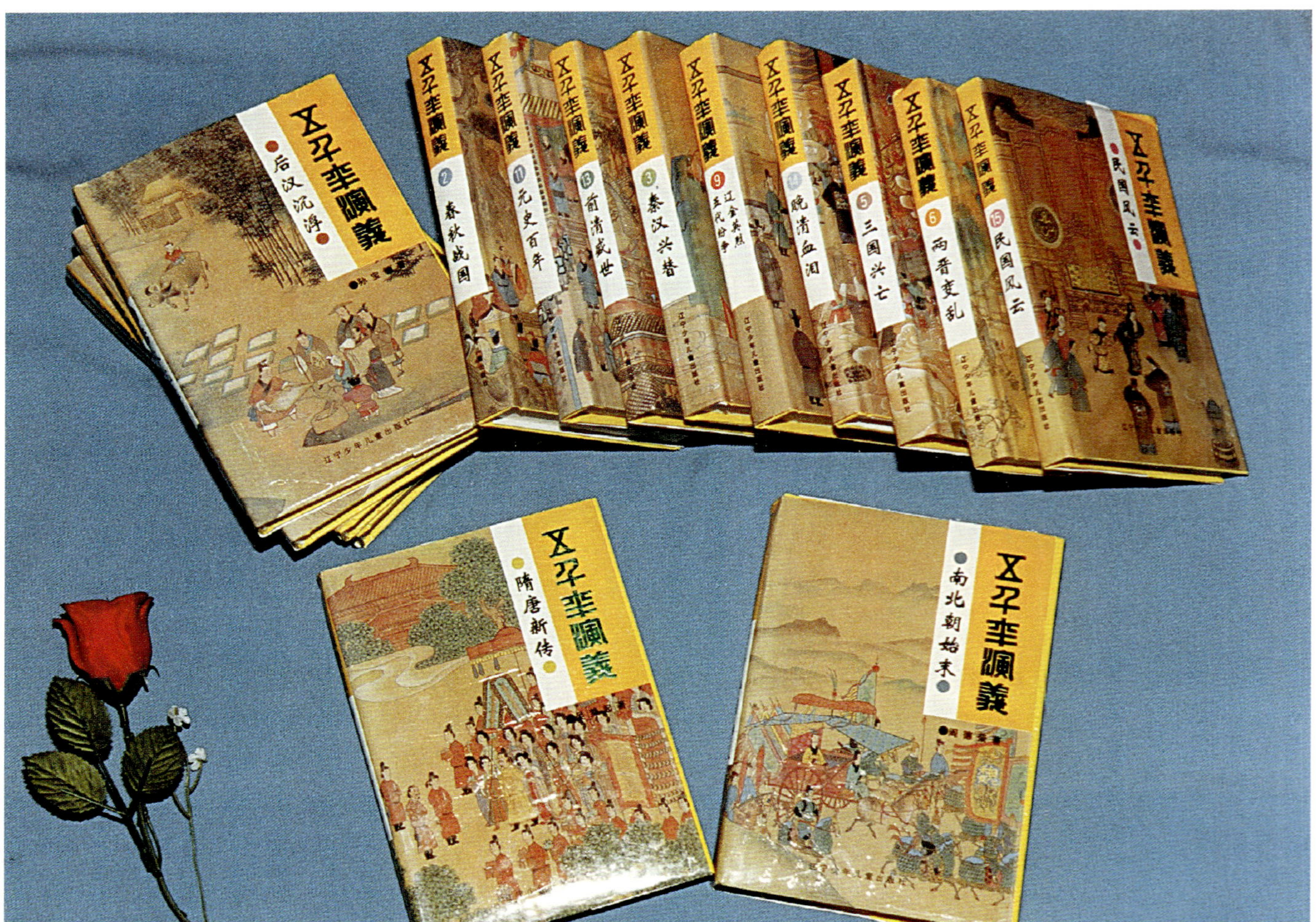

辽版获中国图书奖的图书

书 350 种以上，再版率从改革开放初期的不到 10% 增加到 1998 年的 45%。该社曾获得第三届国家图书奖，连续 9 年获得中国图书奖，是国内惟一连续 5 年获得中宣部精神文明建设“五个一工程”奖的出版社。形成了以马列主义理论读物和重大时事、学术读物、清史研究读物、经济类图书、新兴学科读物、文史类和外语类辞书工具书为优势的出版特色，并正在向高层次、高品位、多侧面拓展。该社曾于 1992 年被国家劳动人事部和新闻出版署授予“全国出版战线先进集体”称号，1994 年 12 月被中共中央宣传部和新闻出版署评为全国优秀出版社。1995 年被辽宁省人民政府授予先进集体荣誉称号。

辽宁美术出版社

该社成立于解放战争时期，早在 50 年代，就以出版画报、年画、连环画、宣传画而饮誉全

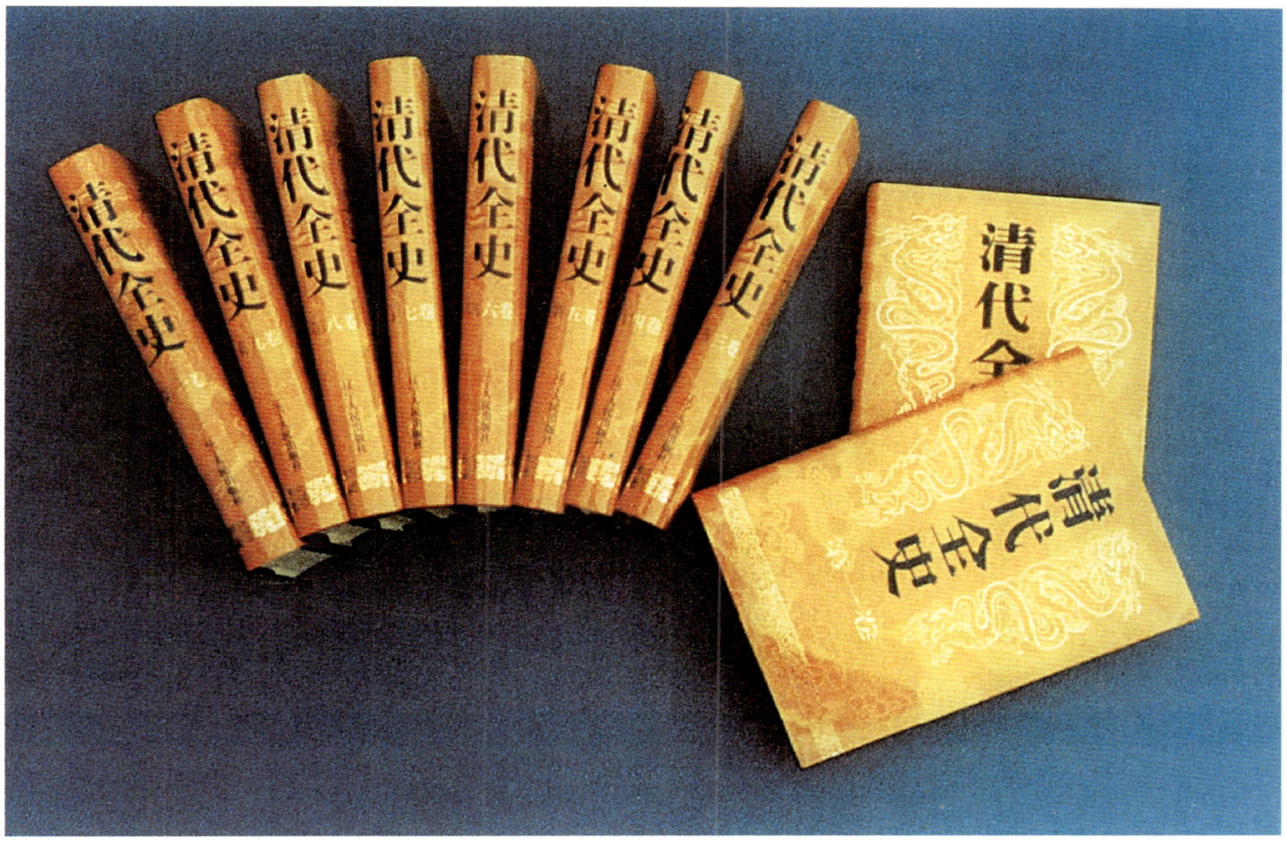

辽宁是清朝的发源地，辽宁人民出版社不断发掘富有地方特色的出版资源，以《清代全史》（10 卷本）为代表的清史类读物享誉海内外。

辽版获中国图书奖的图书

辽版获中国图书奖的图书

国，当时被列为京、津、沪、辽四大美术出版单位之一。目前形成了以普及美术、摄影技法知识、基础理论和对青少年进行教育为主的系列化出书特点，社会效益和经济效益在全国同行中名列前茅。1995 年、1997 年先后两次被国家新闻出版署评选为全国良好出版社。

春风文艺出版社

该社成立于 1959 年，原为辽宁人民出版社副牌，1984 年正式独立。作为全国成立较早的文艺出版社，该社总计出书达 3000 种。80 年代出版了《岳飞传》、《关东演义》、《白衣侠女》、《夜幕下的哈尔滨》等大量优秀通俗文学作品。1984 年后，以出版明末清初小说受到瞩目。90 年代该社“珍本中国古典文学十大名著”连续再版发行达 15 万套。“布老虎丛书”产生广泛影响。该社图书曾获中国图书奖、鲁迅文学奖、全国外国文学优秀图书奖等多种

辽宁人民出版社出版的以“父辈丛书”和“将军自述丛书”为代表的人物传记类图书颇具特色，备受关注。

辽宁人民出版社出版的文史类图书双效俱佳，已经成为图书结构中的重要组成部分。

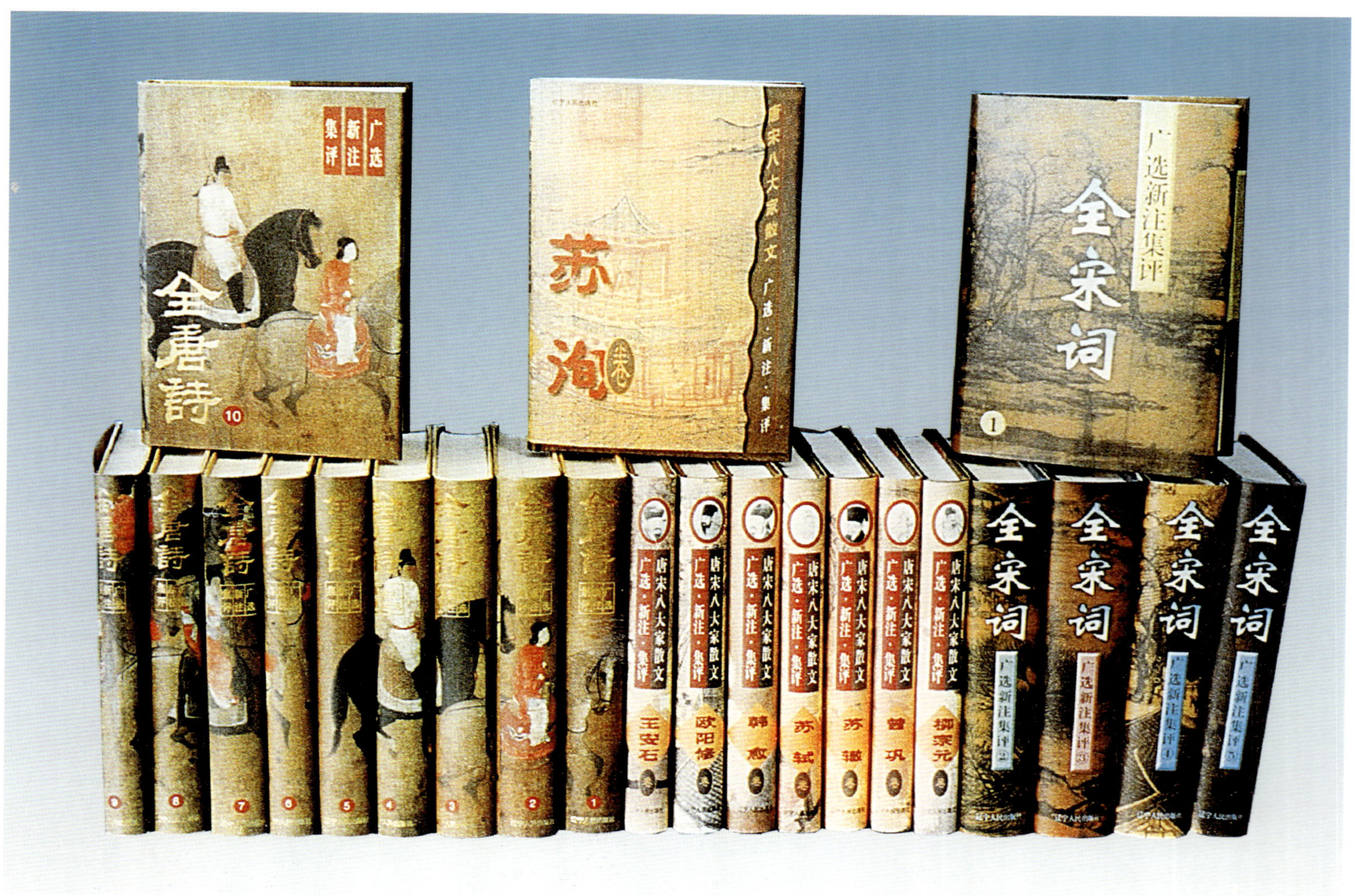

奖励。

辽宁教育出版社

该社成立于1984年，是国家新闻出版署命名的“良好出版社”。十几年来，该社以提高图书品位和质量为中心，连续获得中宣部“五个一工程”奖、国家图书奖、中国图书奖等国家级大奖。“国学丛书”、“中国地域文化丛书”、《成语典故》、《中国少年百科全书》、《中国近现代教育家系列研究》、《自然科学发展大事记》、《世纪之交——与高科技专家对话》、《书趣文丛》、《新世纪万有文库》、《茗边老话》、《周一良集》、《陈原语言学论著》、《李俨钱宝琮科学史全集》、《牛津少年儿童百科全书》等图书为海内外出版界和读书界所瞩目。

辽海出版社

1987年初由辽宁古籍出版社更名而成，主要出版教材、教辅读物、古籍类图书和辽宁出版集团的重点图书。

辽版外语类辞书工具书已成规模、优势、阵势，其中《新日汉辞典》累计印数达20多万册，远销世界各地。

80年代，随着经济改革步伐的加快，财会类用书需求骤增，辽宁人民出版社适时出版的财会类图书成龙配套、阵势强大、门类齐全，颇受读者青睐，财会类书曾被誉为“辽宁的土特产”。

辽宁人民出版社出版的重大时事政治类图书“中国国情与发展丛书”是国家“九五”规划重点图书项目。其中1993年出版的《中国国家能力报告》获中宣部精神文明建设“五个一工程”入选作品奖。

新中国出版50年

吉　林

吉林省的新闻出版事业，50年来在中国共产党的领导下，获得了长足的发展。出版社已由50年代的3家，发展到目前的14家，年出版图书3000多种，1.6亿册，印刷用纸80多万令。出版报纸58种，年平均期印数460万份。出版期刊207种，年平均印数490万册，用纸16万令。建国50年来，吉林省的编辑出版、印制发行力量不断壮大，投入不断增加，基础设施不断完善，技术手段不断进步。目前，吉林出版业面向世界、面向未来，正以崭新的姿态迎接新世纪的曙光。

历史沿革与机构设置

1949年，中华人民共和国建立，因本省尚未成立全省性的出版社，故对报刊内容的审查由中共吉林省委宣传部负责。1952年，出版行政管理工作由省文教厅负责。1953年10月到1956年初，吉林省的新闻出版行政管理工作由省政府文化教育委员会负责。1956年春，吉林省文化局接管全省的新闻出版行政管理工

位于长春市人民大街124号的吉林出版大厦，落成于1996年。

作。1960 年 4 月，改设新闻出版处。1966 年，“文化大革命”开始后，省文化局工作瘫痪，图书出版工作一度陷入无人管理状态。1970 年 1 月，成立吉林省革命委员会毛主席著作出版办公室；1972 年 2 月，改为吉林省出版办公室；1973 年 6 月，吉林省出版办公室改为吉林省出版事业管理局；1982 年 11 月，省出版事业管理局、省文物局、省文化局合并，组建吉林省文化厅。1984 年，省文化厅承担的出版行政管理工作交由吉林人民出版社承担，撤销省文化厅出版处。在吉林人民出版社内成立出版事业管理处。同年 6 月，吉林人民出版社出版事业管理处对外称吉林省出版事业管理处，代表省政府管理全省出版行政工作。1985 年 5 月，吉林人民出版社改为吉林省出版总社。1986 年，吉林省出版总社改为吉林省出版局。1987 年 9 月，成立吉林省新闻出版局。1994 年 3 月成立吉林省版权局，与省新闻出版局属一套机构两块牌子。

蓬勃发展的吉林图书出版业

位于长春市人民大街 124 号（原斯大林大街 102 号）的吉林省新闻出版局和部分出版社旧址

建国初期，东北朝鲜民族教育出版社编辑出版的图书。

《吉林画报》创刊号封面（1958 年第 1 期）

建国 50 年，特别是改革开放的 20 年，吉林图书出版业蓬勃发展、空前繁荣。

吉林图书出版业，始于建国前的东北革命根据地时期。1947 年，我国朝鲜族的主要分布地区——吉林省延边地区，在共产党领导下创办了延边教育出版社（现名为东北朝鲜民族教育出版社），同时创办了十余种期刊。1956 年，吉林人民出版社正式成立，'出书品种为政治经济、文化教育、科学技术、文学艺术、少儿读物等各类图书以及中小学教材和教学参考读物。"文化大革命"的十年，吉林省的图书出版工作处于瘫痪状态。党的十一届三中全会后，吉林省出版业在"为人民服务、为社会主义服务、立足本地、面向全国"的出版方针指导下，图书出版工作出现了一派生机勃勃的景象。目前，全省 14 家图书出版社，年出书 3000 余种，总印数超亿册。全省有图书编辑人员 530 人，其中 90% 以上具有大专、本科及硕士研究生学历，有高级专业技术职称的 287 人。50 年来，该省培养锻炼出一支有理想、有追求、有朝气、有事业心并能吃苦实干、具有较高业务素质的编辑队伍。出版了一大批具有较高学术价值、较高文化品位、群众喜闻乐见的优秀图书。

改革开放以来，每年都有一批优秀图书在国家级评选中获奖，连续三届国家图书奖榜上有名。"五个一工程·一本好书奖"连年入选。每年评选长白山优秀图书 100 余种，每两年评选省政府优秀图书 10 种，其中一些获奖图书如《哲学的憧憬》、《东方文学史》、《二十六史大辞典》、《汉语语法学》等在国内外产生了重大影响，受到读者的好评及专家和学术界的肯定。在国家"八五"出版规划中，吉林省图书列入 26 部，居全国第七位；在国家"九五"出版规划中，吉林省图书列入 31 部，居全国前列，是承担出版规划的重要省份之一。

近几年，吉林省出版了一大批精品图书，如吉林人民出版社出版的《四库全书荟要》，吉林美术出版社出版的《历代千字文墨宝》，吉林教育出版社出版的《世界教育大系》，时代文艺出版社推出的《马克·吐温全集》、《亨利·米勒全集》，吉林文史出版社出版的"古籍今译丛书"，东北师范大学出版社出版的《林语堂全集》等。

第七届北京国际图书博览会期间，中组部部长张全景、新闻出版署署长于友先、人民日报社总编辑许中田等对吉版图书给予赞赏。

吉林省委书记王云坤（中）到吉林省新闻出版局检查工作

处于世纪之交的吉林出版人以提高民族素质，不断满足人民群众多层次、多方面的需求为己任，推出一大批群众喜闻乐见的畅销书，如吉林科技出版社推出的“蜂鸟一元丛书”，每册一元，语言通俗易懂，成为农民科技致富的良师益友；北方妇女儿童出版社出版的《彩绘新童谣》，寓教于乐，童趣盎然，受到小读者们的欢迎；长春出版社推出的《历代王朝兴衰启示录》，以史为鉴，发人深思。

重点出版社简介

吉林人民出版社是省内最大的哲学社会科学综合性出版社。年均出书 200 种。多年来，逐步形成了以法律、经济和思想文化类图书为主的出版特色，出版了一大批备受专家推崇和广大读者欢迎的优秀图书。《中华人民共和国法律全书》是建国以来第一部公开出版发行的系统全面的现行法律汇编，堪称一部法律大典。《四库全书荟要》、《中华传世文选》等恢宏制作，文化底蕴深、学术价值高，收藏、欣赏俱佳。“经济畅销书系”精心策划，深受读者欢迎。

东北朝鲜民族教育出版社 1947 年 3 月成立于延吉市，原名为延边教育出版社，1988 年改名为东北朝鲜民族教育出版社。该社是编写和翻译出版全国朝鲜族中小学、中等师范学校、幼儿园教材，课外读物、工具书以及文化教育类图书的惟一的朝鲜文专业教育出版社。每年出版朝鲜文图书

选题是图书出版之本。吉林省新闻出版局党组高度重视选题工作，把选题作为重中之重，严格把关。图为省新闻出版局局长在 1998 年 11 月全省选题工作会议上讲话。

吉林出版业加快了对外交流、对外合作的步伐。图为参加德国法兰克福书展的吉林代表团部分成员在本省展位前合影。

吉林美术出版社出版的《风雨同舟》大型画册

900 种，基本满足了我国朝鲜族中小学、中等师范、幼儿园的教学需要。近年来，该社图书在全国优秀图书评选中获奖的有 16 种，在东北三省朝鲜文版优秀图书评选中获奖的有 120 种，在吉林省优秀图书评选中获奖的有 69 种。在新中国的不同历史时期，东北朝鲜民族教育出版社在扫盲、普及小学教育、发展中学教育、培养民族教育师范队伍、继承发展朝鲜民族语言文字和文化遗产、培养各类民族地区建设人才方面都作出了不可磨灭的贡献，如今已发展成为朝鲜文教材研究和编写的中心。

长春出版社成立于 1988 年，隶属于中共长春市委宣传部。10 年里共出版各类图书近 3000 种，10% 以上的图书获各类图书奖。《马克思恩格斯列宁斯大林毛泽东著作大辞典》、《毛泽东研究全书》、《中国文化大百科全书》、《中国历代王朝兴衰启示录》等一大批精品图书产生了广泛的影响，并形成了以人物传记、素质教育、医学教育、中西文化为特色的图书结构。1997 年发行码洋突破亿元大关，经济实力迅速增长，实现了

李鹏同志 1989 年 9 月 6 日为吉林人民出版社《中华人民共和国法律全书》出版写的贺信

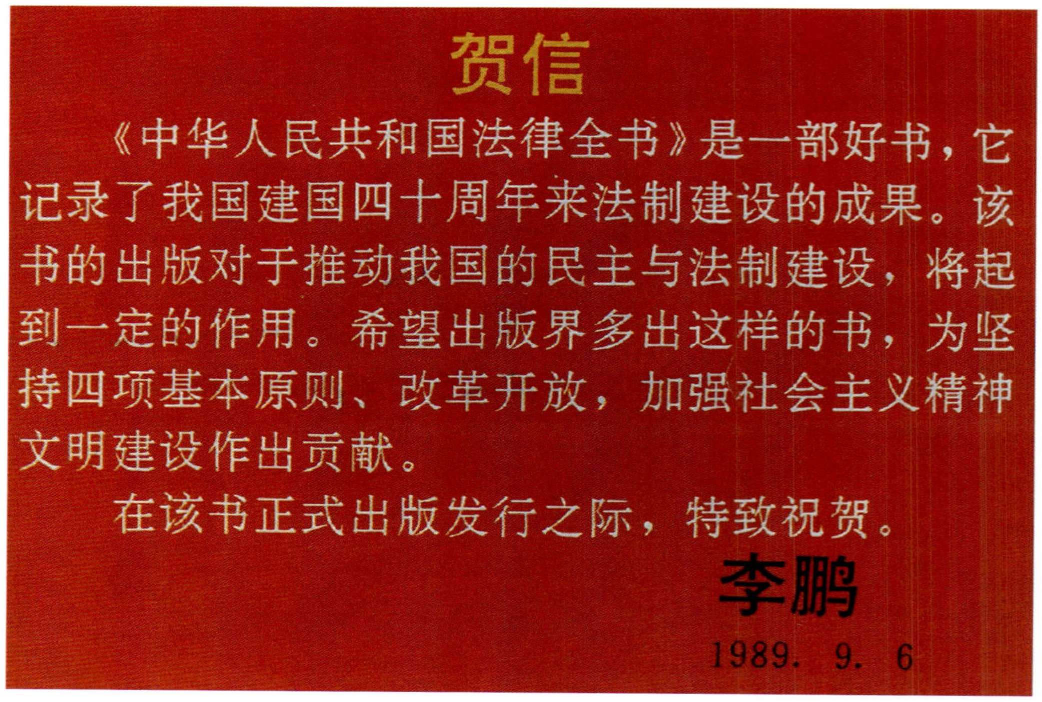
贺信

《中华人民共和国法律全书》是一部好书，它记录了我国建国四十周年来法制建设的成果。该书的出版对于推动我国的民主与法制建设，将起到一定的作用。希望出版界多出这样的书，为坚持四项基本原则、改革开放，加强社会主义精神文明建设作出贡献。

在该书正式出版发行之际，特致祝贺。

李鹏

1989. 9. 6

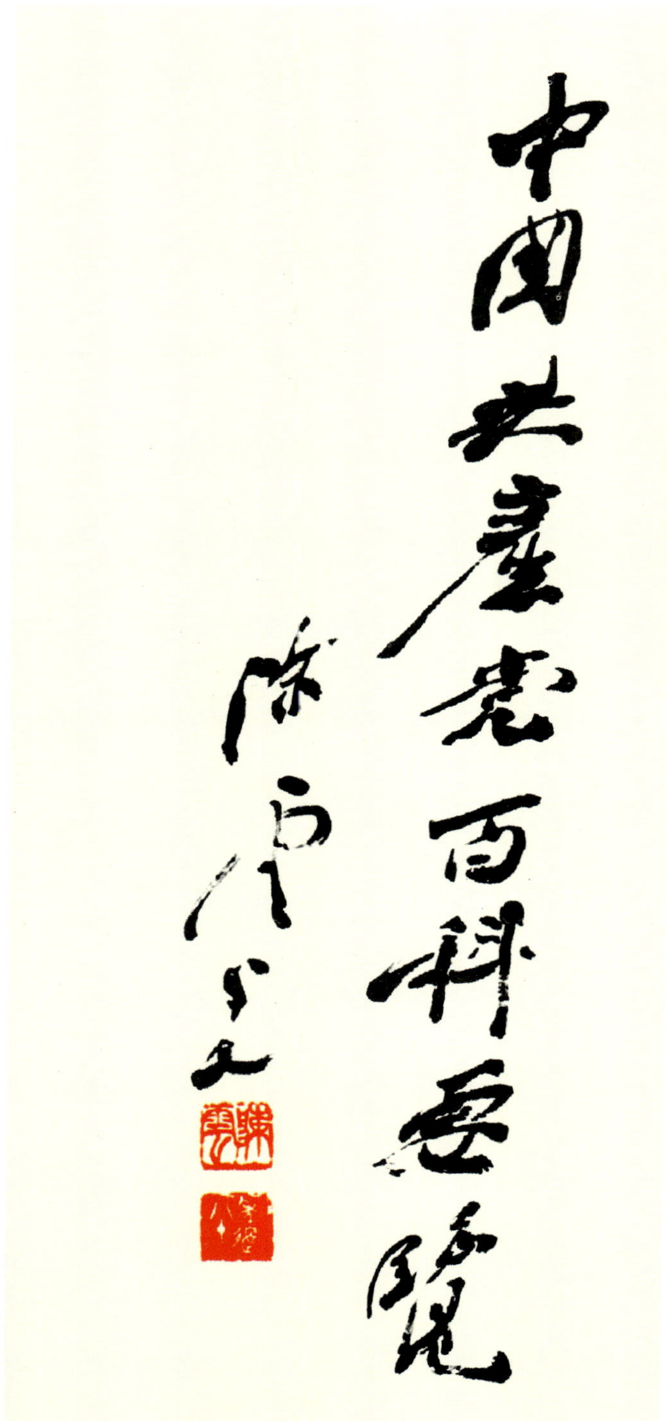

陈云同志为吉林人民出版社出版的《中国共产党百科要览》题写的书名

吉林人民出版社隆重推出《中华人民共和国法律全书》。乔石等同志出席首发式。

可持续发展的良性循环机制。

著名出版人物

许仲 全国第一届“韬奋出版奖”获得者。1929 年生于黑龙江省肇源县。历任新华书店东北总分店供应科长、长春市文化局科长、长春市群众艺术馆馆长、长春市新华书店总经理、长春市书画社社长、长春出版社社长兼总编辑。曾被评为吉林省特等劳动模范。主要业绩：任职长春市新华书店总经理期间，大胆改革，把竞争机制引入书店服务领域，打破了分割封锁的图书市场，实行开放式供应，破除了独家经营思想和官商作风；改革图书发行体制，建立国营、集体、个体一齐上的图书发行新格局，使长春新华书店六年面貌大改变，成为“吉林省先进企业”和“全国新华书店系统先进单位”；创办长春出版社，励精图治，在短短的五年时间里，使长春出版社在全国出版界崭露头角。

章桂征 全国第五届“韬奋出版奖”获得者。1939 年生，山东即墨人。1959 年参加吉

原全国人大常委会副委员长周谷城同吉林教育出版社综合编辑室主任郑长利研究编辑出版《周谷城教育文集》

吉林科学技术出版社赵玉秋社长向担任“青年科学家丛书”顾问的美籍华人物理学家杨振宁博士(左)汇报该书出版情况

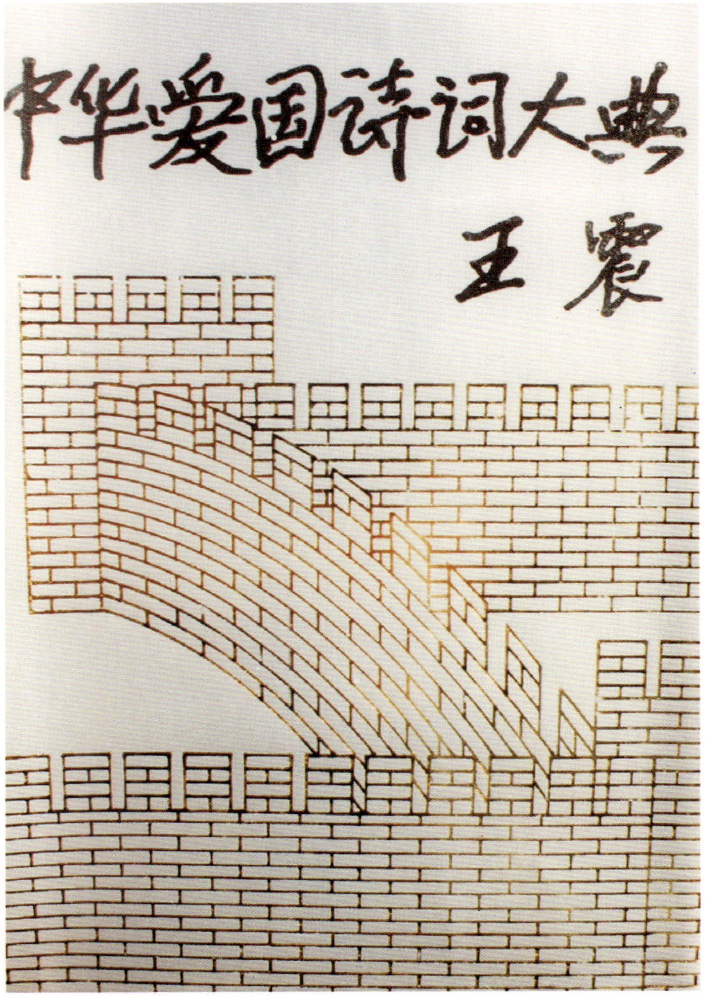

王震同志为时代文艺出版社推出的《中华爱国诗词大典》题写的书名。该书 1991 年获东北三省优秀文艺图书编辑奖。

林人民出版社工作，任美术编辑。1985 年起在时代文艺出版社历任美术编辑、副编审、编审。他的书籍装帧作品具有现代精神的艺术风格，如《北方》、《祭红》、《中外装帧艺术论集》封面，分别在全国第二届、第三届、第四届书籍装帧艺术大展中获一等奖。他还刻苦钻研装帧艺术理论，勤于写作，他的论文曾获全国首届出版科学研究优秀论文奖；并在全国第一届、第二届、第三届装帧艺术论文与研究成果评奖中，分别获一等奖。他是封面作品与装帧论文双获全国“三连冠”得主。他还十分关心全国装帧事业的发展，满腔热情地做了大量组织交流、评比和培养人才的工作，受到同行的赞誉。1992 年被国务院授予“国家有突出贡献的中青年科学、技术、管理专家”称号，享受国务院“政府特殊津贴”。

邵守义 全国百佳出版工作者、演讲理论家。1938 年生于吉林省东辽县。1959 年毕业于天津师范大学中文系。从教之余热心于写作。邵守义个性鲜明，勇于创新。他是新中国

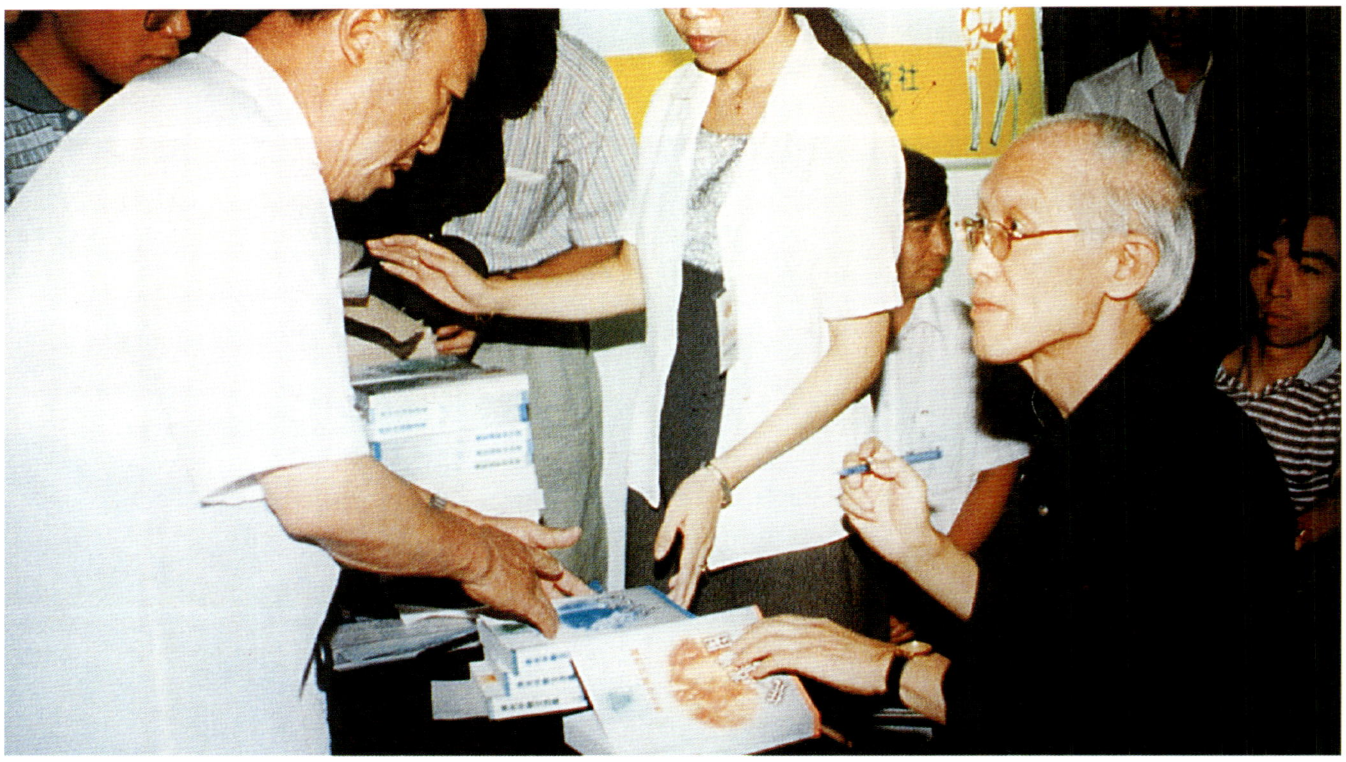

吉林省的时代文艺出版社立足当代、放眼海外、多出精品，首次在大陆推出台湾著名作家余光中先生的文集。图为余光中先生在长春为读者签名售书。

1991 年 5 月，全国人大常委会副委员长严济慈，中科院院士汤德全、王大珩，以及卢玉忆、高潮、鲍奕珊、刘东升等参加吉林科学技术出版社出版的“青年科学家著作丛书”首发式。

第一个演讲学教授；撰写了新中国第一部演讲学专著《实用演讲学》；主办了第一次全国演讲大赛；创办了新中国第一个专门研究演讲、口才与交际的杂志《演讲与口才》。经过 13 年的艰苦创业，《演讲与口才》杂志发行量已由 1983 年的 2 万份发展到 1996 年的 108 万份，先后被评为吉林省十佳期刊之一、东北三省优秀期刊和全国优秀文化综合类期刊（排名第一）、“全国百种重点社科期刊”。邵守义 1989 年荣获中华教育艺术研究会颁发的“铸魂金杯奖”，1991 年被国务院授予“国家有突出贡献的中青年科学、技术、管理专家”称号，享受国务院“政府特殊津贴”。

发展——整顿——发展中的期刊出版业

吉林省的期刊出版事业起步于建国前的解放战争时期。经过 50 多年的发展，目前已基本形成了以重点期刊为核心的社会科学类期

众多吉版图书在全国获得大奖

吉版图书，精品荟萃。

刊与科学技术类期刊并举的期刊体系。吉林省的期刊出版业始于建国以前，从抗战胜利到建国前夕，吉林省解放区共创办 42 种期刊。这些期刊为中国共产党建立巩固的东北根据地、启发人民的觉悟、推进全国解放作出了重要贡献，也为建国以后吉林省期刊出版事业的发展奠定了较好的基础。当时较有影响的刊物有 1948 年创办的《中国朝鲜族教育》(朝鲜文)。新中国成立以后，期刊出版大致经历了三个阶段：第一阶段，建国初期到“文革”前。此时创办了一批有质量、有影响的优秀期刊。如 1950 年省政府主办的《吉林政报》、延边人民出版社主办的《少年儿童》(朝鲜文)、1951年问世的《天池》(朝鲜文)和《东北师大学报》，共计 26 种。数量虽少，对新中国社会主义文化教育事业的贡献很大。第二阶段，“文化大革命”期间。多数期刊停办，只保留 12 种。1970 年恢复了省委主办的《新长征》，并新创办了《红小兵》(现改为《小学时代》)。到 1978 年党的十一届三中全会前，期刊恢复发展到 39 种。第三

吉版图书，精品荟萃。

阶段，党的十一届三中全会至今。其间，1978年—1989年，期刊业发展较快，达144种，形成了建国以来期刊业发展的第一个高峰。1990年—1995年，经过这段时间的整顿后，仍发展较快，期刊总数增加到205种。1996年至今，经过治理整顿，期刊总量得到控制，发展过快的势头得到遏制，结构趋向合理，期刊业坚持方向、服务大局的意识明显增强。近年来，吉林省涌现出一批在广大读者中有较大影响的期刊。《演讲与口才》获全国优秀社科期刊奖，1997年又被评为“全国百种重点社科期刊”；《社会科学战线》、《吉林大学社会科学学报》获全国优秀社科期刊提名奖；《高等学校化学学报》、《吉大自然科学学报》等7种刊 物被国家科委评为全国优秀科技期刊。《作家》、《天池》(朝鲜文)等一批期刊也越来越受到广大读者喜爱。1998年11月，全国第一家以《演讲与口才》月刊为龙头的“《演讲与口才》刊业集团”成立，标志着吉林省期刊业的发展开始步入实行企业化管理、走集

吉版图书，精品荟萃。

1996年吉林省新闻出版局组织精品图书参加中国出版成就展。图为展馆一角。

团化发展道路的新阶段。

吉林音像出版业的发展

80 年代中期以后，吉林省的音像出版事业迅速发展起来。吉林省长白山音像出版社、吉林民族音像出版社、吉林教育音像制品出版社、吉林文化音像出版社、长影银声音像出版社、吉林音像出版社、东北师大出版社音像部、吉林大学出版社音像部等八家音像出版单位，近 5 年来共出版音像制品 1000 多种，总发行量近 300 万盘，发行总金额达 2000 多万元。

东北地方戏曲是吉林省音像制品中最具特色的门类之一。吉林省长白山音像出版社是省内成立最早、规模最大的一家音像出版单位。十几年来的不断探索和实践，使他们出版的地方戏曲音像制品占据了东北地区的首要位置，其极具代表性的“二人转”、“小品”、“评剧”等地方戏曲，深受东北地区群众的喜爱。

教育类音像制品也是吉林省的一大特色。吉林音像出版社出版的为英语教学服务的音像制品及吉林省教育音像制品出版社出版的农业、医学类音像制品已形成规模。

吉林省电子出版物的出版也开始起步。吉林科技出版社是吉林省惟一一家拥有电子出版物出版权的出版社，出版了《博士乐幼儿全开智》（系列）、《管理革命》、《星光灿烂》、《微软技术资料》（1、2）等电子出版物。其他图书及音像出版社也进行了电子出版物

第一届“韬奋出版奖”获得者许仲

第五届“韬奋出版奖”获得者章桂征

《演讲与口才》杂志主编在认真编辑稿件

的探索。

印刷业的发展

吉林省的印刷企业在建国后的 50 年里，由建国初期的不足十家发展到今天的 2800 多家，从业人员由建国初期的几百人发展到今天的 2.7 万多人。长春新华印刷厂，作为吉林省书刊印刷的大型骨干企业，职工人数从建国初期的 60 余人发展到今天的 2000 余人。该厂占地面积 6 万多平方米，固定资产近亿元，大型设备 160 多台(套)，年生产能力达到彩色印刷 40 万对开色令、书刊印刷 35 万令、装订 40 万令，成为吉林省的书刊印刷基地和“中国 100 家最大印刷企业”之一。1996 年、1997 年连续两年被吉林省人民政府评为“三好企业”。1998 年，长春第二新华印刷厂和延边新华印刷厂进行产权制度改革，实行股份制，为吉林省印刷企业改革和发展带来了新的活力。

吉林省新闻出版的物资供应工作，为吉林出版业的繁荣提供了强有力的物资保障。1992 年—1998 年，连续 7 年成功地举办了全国印刷物资交易会，把物资供应工作推向市场，取得了显著的经济效益和社会效益。

图书发行业的繁荣

吉林省共有省、市、县三级国营新华书店 53 个，现有从业人员 3800 余人，固定资产 9721 万元，图书销售网点 218 个。1998 年，发行图书 2.6 亿册，发行码洋 8.4 亿元，实现利润近 1200 多万元。改革开放 20 年来，吉林省

1998 年 12 月 16 日，联合国教科文组织在北京举办的“民间故事家”命名大会上，吉林省的《民间故事》主编接受中央电视台采访。

吉林音像出版社出版的中外名曲经典

图书发行业出现了空前繁荣的局面。1998 年，全省图书销售码洋比 1978 年增长 17 倍，平均每年增幅达 85%；1998 年，全省图书销售利润比 1978 年增长 11 倍，平均每年增幅达 55%。

外文图书的发行是吉林省发行业的又一支重要力量。吉林省外文书店从 1979 年建店到 1998 年，从无到有、从小到大。从业人员已从建店时的 6 人发展到今天的 100 余人；营业面积从建店时的 100 平方米发展到今天的 3000 多平方米；经营品种由建店时的几千种发展到今天的 6 万余种；销售码洋从建店初的 9 万元发展到今天的 2000 多万元。目前，吉林省外文书店已成为东三省同类书店中规模最大、效益最好的外文书店。吉林省外文书店不断推出适应市场经济的新举措，连续三年举办“图书不夜城”，实行夜间营业，为长春“文化城”增添了一道亮丽的风景线；成立中外图书十大专业书店，全店实现电脑联网、图书条码入网售书；成立大篷车流动书店，实现了连锁化经营格局。

吉林省图书发行业，注重从业人员素质的培养。在全国新华书店系统的各类技术竞赛中，都取得了骄人的成绩。1991 年，在由国家新闻出版署举办的“全国新华书店首届财会知识竞赛”中，吉林省代表队荣获团体总分

50 年代的长春新华印刷厂

90 年代的长春新华印刷厂

吉林省副省长全哲洙视察长春新华印刷厂

1995 年新闻出版署技术发展司司长高永清到长春第二新华印刷厂了解印品质量

第一，并夺得了个人总分前三名；1994 年 10 月，在全国新华书店系统第二届计算机操作技能“长城杯”邀请赛中，省店的车睿同志一人夺得汉字录入第一名和个人全能第一名两项大奖；在 1997 年 4 月举办的全国新华书店业务技能比赛中，吉林省代表队的解丽华在售书连续作业比赛中获得第一名；车睿在计算机文字录入处理比赛中获得第一名；宋冬梅在分户码洋比赛中获得第二名。

吉林省图书发行业，多年来坚持面向农村、面向农业、面向农民，在农村发行网点建设上，投入大量的资金，使全省农村发行网点建设走在了全国的前列。

1997 年，吉林省成功地举办了全国第八届书市。本届书市办出了特色，办出了水平，实现了新的突破。

在 1998 年夏秋之交的抗洪斗争中，吉林省新华书店组织力量奔赴灾区，克服重重困难，很快地恢复了灾区书店的工作，保证了受灾地区中小学“课前到书、人手一册”，受到各级领导和灾区师生的好评。

版权保护与版权贸易

吉林省于 1986 年成立版权处，1994 年成立版权局，同年 12 月组建版权保护协会，

新闻出版署和吉林省委、省政府领导于友先、张德江等出席在长春举办的第八届全国书市开幕式。

由吉林省新闻出版物资供应站主办的'98 全国印刷物资交易会

第八届全国书市期间，于友先署长在“农安分市”上同购书的农民亲切交谈。

为版权保护提供了组织上的保障。早在 80 年代中期，吉林省版权处编写了《版权实用手册》，被十余个兄弟省市选为普法培训教材。90 年代初，吉林省版权局组织了大规模的《中华人民共和国著作权法》普法活动。反映吉林省版权局打击盗版活动的电视专题片《盗版——文明的蛀虫》被国家版权局评选为 1996 年全国著作权好新闻奖二等奖。近年来，吉林省版权局积极强化著作权行政管理职能，加强了对图书、期刊、音像、电子出版物及计算机软件领域的著作权管理。1995 年以来，已为省内 60 位著作权人进行作品自愿登记 67 件，为出版社审核登记境外图书出版合同 305 份。与此同时，吉林省版权局逐步加大执法力度，查处侵权盗版案件。近年来，平均每年调解著作权纠纷 40 余起，收缴非法盗版光盘、软件 5000 余件。

吉林省于 1992 年举办了首届版权贸易洽谈会，1993 年再度举办了长白山版权贸易洽谈会，有来自美、日、韩、港、台等国家和地区的出版商 40 余人，与会者达成合作出版协议多项，为吉林省版权贸易发展奠定了基础。近几年来，吉林省各家出版社都把版权贸易作为出版社的一个新的经济增长点，积极派人参加法兰克福、美国、澳大利亚、香港等地的大型书展，繁荣了版权贸易，促进了中外文化的交流

在长春举办的第八届全国书市上首次开设的“农安分市”深受农民欢迎

1998 年 9 月新闻出版署副署长杨牧之(右三)和吉林省新闻出版局领导到遭受严重洪灾的镇赉县五棵树镇前英台子帐篷小学调研

长春市科技书店研制的“书店条码扫描网络应用系统”获新闻出版署科技进步二等奖、国家科技进步三等奖。图为新闻出版署 1995 年 9 月在长春举办的应用现场演示会。

走联合经营之路是出版业面向市场的必由之路。图为吉林省的县级新华书店和三家出版社联合经营签字仪式。

与合作。在第八届全国书市上，首开国内书市版权贸易之先河，设立了版权贸易区，吸引了130多家国外出版社送书参展，外版图书达3000余种。据统计，自1991年以来，吉林省共向境外输出版权150余种，引进版权500余项。

出版物市场的发展与管理

目前，全省出版物市场，除国营新华书店系统外，社会书报刊经营单位2000余家，各类经济性质的印刷企业近3000家，音像制品及电子出版物的经营单位2300余家。近年来，随着行政管理和法制建设的不断加强，一个规范有序、蓬勃健康的出版物市场已经形成。80年代中期以来，吉林省人大常委会、吉林省人民政府先后制定、发布了《吉林省出版管理条例》等十几个地方性法规、规章、规定和办法，使出版物市场走上了法制化管理的轨道。以治散治滥为重点，加大行政管理的力度。认真执行“图书、期刊印制委托书制度”和“图书、期刊征订发行委托书制度”，对全省印刷业进行了彻底的调查和清理整顿。实行“扫黄”、“打非”责任制，初步形成了统一领导、分工协作、条块结合、齐抓共管的机制。每年都组织几次大规模的集中行动。近十年来，共收缴、销毁各类非法、盗版、有问题的出版物500多万册，收缴、

白城市新华书店流动售书到军营

吉林省通榆县新华书店的“草原摩托队”下乡送书

'93 吉林版权贸易洽谈会开幕式

销毁淫秽及盗版音像制品、VCD 光盘及非法电子出版物近百万张（盘），对一些非法、违规的经营单位进行了严厉的处罚，对一些犯罪分子给予了严厉的惩处，严厉地打击了侵权盗版及其他非法出版活动，有力地净化了出版物市场。

延边朝鲜族的出版事业

在我国朝鲜族的主要聚居地区——吉林省延边朝鲜族自治州，有 3 家朝鲜族出版社和 1 家音像出版社、12 家报社、22 家期刊社、8 家县市新华书店、140 家印刷厂、150 多家书报刊零售点。1989 年，延边朝鲜族自治州成立了新闻出版局，负责管理延边人民出版社、东北朝鲜民族教育出版社、延边大学出版社、延边新华印刷厂、新华书店延边发行所等单位的新闻出版事业。

延边朝鲜族的出版事业，在五十余年的发展过程中，创造了他们独自的特色。

首先，延边朝鲜族的出版事业起步早。早在抗日战争胜利后，中国共产党即在延边创办报纸、期刊，是吉林省创办新闻出版事业较早的地区，为吉林省及延边地区建国后新闻出版事业的发展打下了良好的基础。

第二，由于有良好的基础加上延边朝鲜族出版界人士的努力，延边地区出版业整体

吉林省版权局上街宣传《中华人民共和国著作权法》

吉林省人大、省新闻出版局领导视察出版物市场。

质量比较高，获奖书目、有影响的图书、群众急需且喜闻乐见的图书品种比较多。其中《朝鲜语大辞典》受到国家级奖励。

第三，承担起了发展少数民族地区文化建设的重任。在新中国的不同历史时期，延边朝鲜族各出版社在扫除文盲、普及小学教育、发展中学教育、培养民族师范队伍、继承发展朝鲜民族语言文字和文化遗产、培养各类民族地区建设人才方面都做出了很大的贡献。

第四，积极发展外向型出版，积极参与同朝鲜、韩国等周边国家和地区的出版合作与文化交流。

目前，延边朝鲜族自治州有比较健全的出版机构，出版队伍力量雄厚，在全国各少数民族地区的出版事业中，处于领先的地位。

新中国成立 50 年，特别是改革开放 20 年，吉林出版业实现了量的突破、质的飞跃；19 层的现代化出版大厦取代了当年的四层陈旧小楼；高品位的精品图书取代了当年的小册子；形式繁多的各类出版物取代了单一的书报刊。吉林出版园地百花争妍、气象万千。吉林出版业人士正怀着对祖国的忠诚，带着丰硕的成果，迎接建国 50 年，迎接新世纪的到来。

1948 年 9 月以前的延边教育出版社(东北朝鲜民族教育出版社前身)旧址

1994 年落成的东北朝鲜民族教育出版社办公大楼

守土有责。吉林省新闻出版局会同有关部门联合检查出版物市场。

吉林省延边新华印刷有限公司激光照排车间

黑 龙 江

黑龙江省位于祖国的东北边疆，是全国最早解放的省份之一。党领导的黑龙江新闻出版事业，是以作为解放战争“战略大后方”黑龙江地区的书报刊编印发为起点的。新中国成立以后，黑龙江省的出版事业坚持“为人民服务、为社会主义服务”的方向，坚持社会效益与经济效益相统一的原则，使社会主义的新闻出版业从无到有，从小到大，取得了飞跃性的发展。其间，虽然由于“大跃进”、“文化大革命”的冲击，出现过曲折和低落，但发展的总趋势是不可改变的。党的十一届三中全会以后，沐浴改革开放的春风，黑龙江出版事业犹如植根在东北边疆的一株巨树，花盛叶茂，迎来了前所未有的繁荣。

截至 1999 年，黑龙江省共有图书出版社 12 家，年均出书 2000 种左右；报纸 76 种，年总发行量 76130 万份；期刊 324 种，年总发行量 8600 万份；国家级定点印刷厂 8 家，年生产能力 200 万纸令；县级以上新华书店 131 家。已形成初具特色的“龙版书”出版系列和编印发、科供贸门类比较齐全的出版产业，为弘扬黑龙江首创的“北大荒精神”、“大庆精神”、“铁人精神”及“突破高寒禁区精神”，促进全省物质文明和精神文明建设，作出了积极贡献。

1990 年新建的黑龙江省新闻出版局办公楼

繁荣发展的图书出版业

黑龙江地区的人民出版事业有着光荣的历史和独特的贡献。解放战争时期，作为东北根据地腹地的黑龙江，拥有历史上遗留下来的较其他地区优良的印装设备，因而成为新中国建立前夕中国共产党领导的人民出版事业的重要基地之一。1946 年至 1949 年初，东北书店、光华书店、兆麟书店、鲁迅文化出版社等中国共产党领导的出版发行机构，曾在哈尔滨、佳木斯等地编辑出版了《毛泽东选集》(6 卷合订本)，再版了《资本论》和《鲁迅全集》，出版了《中国土地法大纲》、《暴风骤雨》、《钢铁是怎样炼成的》等一批影响巨大的著作，及一大批反映人民军队事迹和配合土地改革的小册子，发行到全国各个新解放区和解放战争前线我军部队中，出色地完成了党对黑龙江地区出版机构提出的“多出版一些图书，支援关内各解放区”的要求。这一时期黑龙江地区的出版活动，不仅对此后黑龙江省出版事业的发展产生重大影响，而且在整个新中国出版事业的发端与发展中也占有特殊地位。

中华人民共和国建立后，随着北大荒、大小兴安岭和大庆油田的开发建设，以及各项事

东北书店于 1948 年在哈尔滨出版的《毛泽东选集》(6 卷合订本)

业的蓬勃兴起，黑龙江省的出版事业有了较快的发展。1951 年至 1959 年，先后建立了黑龙江通俗出版社、黑龙江人民出版社、黑龙江美术出版社、北方文艺出版社 4 家出版社。由品种单一、印数较少的通俗读物出版，发展到大批出版有数量规模和质量水准的各类图书。截止到 1965 年末，共出版图书 2469 种，印数 3.6 亿册。“文化大革命”使刚发展起来的出版事业遭受了空前的劫难，出版社被“砸烂”，整个出版事业陷于瘫痪。直到 1970 年 2 月才恢复黑龙江人民出版社。1966 年至 1976 年，编辑出版图书 1647 种，印数 9.5 亿册，大部分是领袖著作、学习材料和中小学生课本，图书品种单一，内容匮乏。

党的十一届三中全会以后，黑龙江省出版事业进入了改革开放的轨道，在社会主义市场经济的机制内迅猛发展。省新闻出版局党组分别于“八五”中期和“九五”初期提出了“苦干三年，繁荣出版”的战略构想和“‘九五’赶超战略”，全省各出版社按照局党组的构想，全面实施精品战略，优化选题结构，提高图书质量。全省图书出版事业呈现出健康有序、生机勃勃的发展局面。

自 1977 年至 1998 年，全省 12 家出版社，

荣获 1994 年度“五个一工程”奖的《中华英烈大辞典》

“九五”国家重点图书《俄汉详解大词典》

累计出版图书 31497 种，总印数 40.4 亿册，为广大读者提供了大量的政治理论、文化教育、文学艺术和科学技术读物，较好地满足了人民群众文化生活的需要，与此同时，黑龙江省的图书出版也初步形成了自己的特色：

门类较为齐全的图书出版阵容。从 1979 年 10 月起，全省陆续重建与新建了黑龙江人民出版社、黑龙江教育出版社、黑龙江美术出版社、黑龙江少年儿童出版社、黑龙江朝鲜民族出版社、北方文艺出版社、黑龙江科学技术出版社、哈尔滨工业大学出版社、哈尔滨工程大学出版社、东北林业大学出版社、哈尔滨地图出版社和哈尔滨出版社。1987 年省委、省政府决定组建省新闻出版局，统一领导和管理全省新闻、出版事业。目前，全省有图书编辑 384 人，其中高级职称 170 人，占编辑总数的 44%。

特色鲜明的“龙版书”体系。新中国成立后，“龙版书”继承和发扬了解放战争时期的传统，配合北大荒、大小兴安岭、大庆等地的开发建设，出版了一批描述、宣传、评价“北大荒精神”、“大庆精神”、“铁人精神”和“突破高寒禁区精神”的图书。这些图书带有强烈

光华书店 1947 年于哈尔滨影印出版的《鲁迅全集》(20 卷本)

光华书店版《资本论》

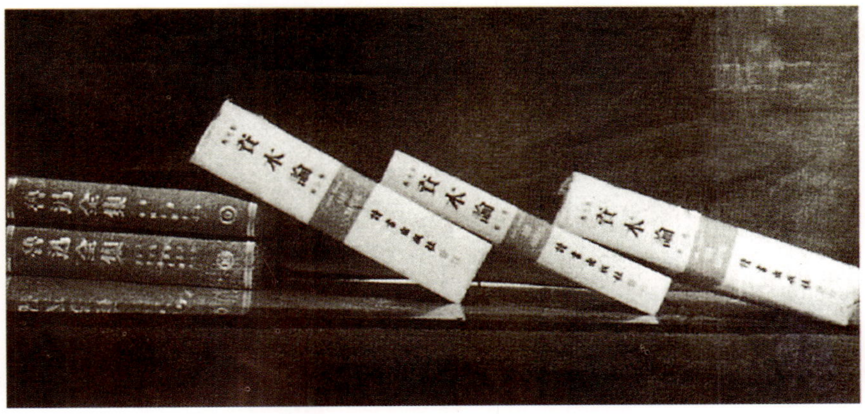

荣获中国图书奖的优秀图书《满汉名臣传》

的时代精神和鲜明的黑龙江特色，如《大甸风云》、《大豆摇铃的时节》、《铁人王进喜》等，成为全国读者喜爱的保留书目。为广大北方地区农民喜闻乐见的“龙版年画”，在 50 年代末至 80 年代初，一直是“龙版书”系列中一个出版热点，并形成了火爆粗犷、色彩浓烈的风格特色，年销量达数百万幅。党的十一届三中全会后，黑龙江出版界解放思想，在全国率先出版了具有重大影响的经济改革理论专著《体制·目标·人》、《生产力经济学》等，这些图书与此后陆续出版的《转型中的中国社会》、《中华人民共和国法制史》、《邓小平理论与社会主义历史命运》等众多出版物，共同构成了“龙版书”颇具实力的政治经济理论读物。作为一个边疆省份，黑龙江的文化历来具有一定的开放性。新中国成立后，引入优秀的外国读物一直是“龙版书”受人称道的特色之一，翻译出版了大量苏俄文学及日本文学作品，如《俄罗斯森林》、《乌尔茜姆少年》、《意中人的胸饰》等，80 年代初在全国率先出版了大型系列套书“西班牙葡萄牙语文学丛书”，在全国引起重大反响，并促进了全国出版界与西班牙、葡萄牙及拉丁美洲一些国家的文化交往。由于历史上的原因，黑龙江的地方文化开发比

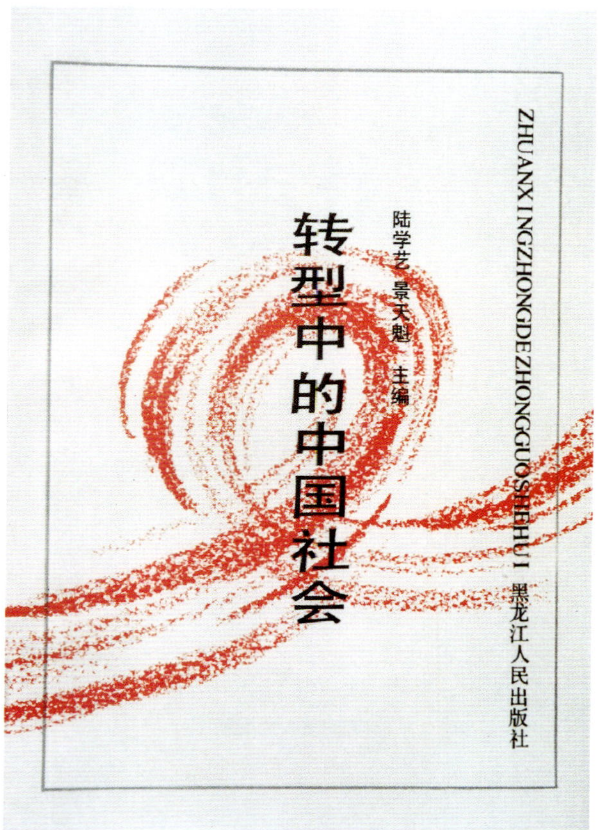

荣获中国图书奖的优秀图书《转型中的中国社会》

荣获中国图书奖的优秀图书《呼兰河传》

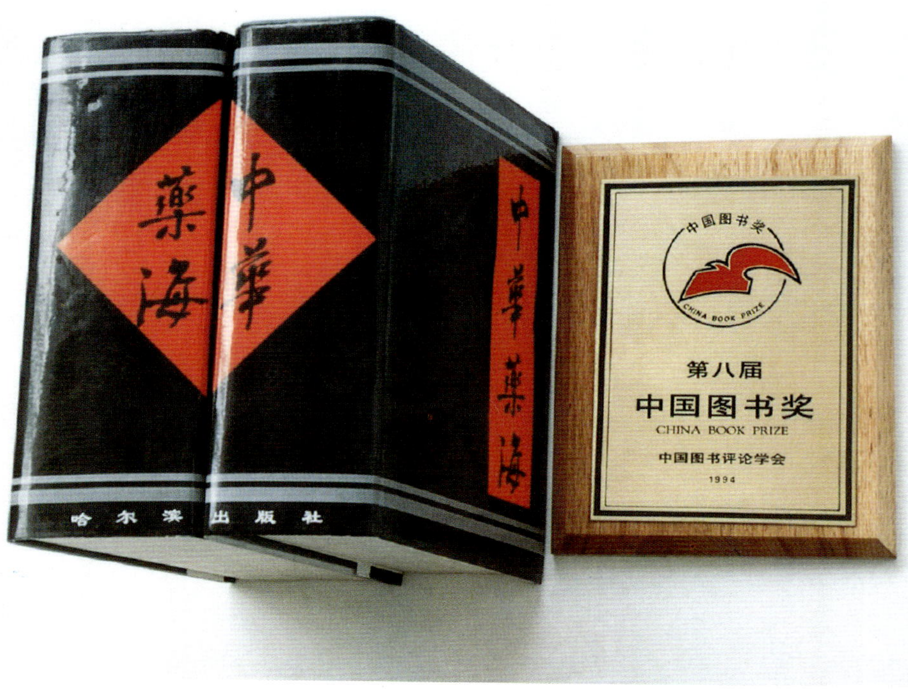

荣获中国图书奖的优秀图书《中华药海》

较落后。新中国成立 50 年来，发掘整理黑龙江地域文化，则成为“龙版书”屡现辉煌的领域之一。如地方史方面的《渤海简史》、《黑龙江外纪》、《东北流人史》等，文学艺术方面的萧红、萧军作品系列图书，革命史方面有关东北抗日联军的系列出版物，民族文化方面的《赫哲族文学》、《鄂伦春族文学》及大型民族史诗《伊玛堪》等，都曾在相关领域引起过重大反响，受到海内外学术界、读书界好评。此外，“龙版书”系列中的科学、技术、科普读物，也涌现了一大批脍炙人口的杰出作品。作为多民族省份，“龙版书”的朝鲜文、蒙古文等少数民族文字图书，一直受到多方面的关注。丰富多彩又独具特色的众多出版物，使“龙版书”日益充满活力。

图书出版数量增加，质量提高，获奖图书显著增长。1977 年至 1998 年，国家级重点图书由“八五”期间的 14 种 26 卷册增加到“九五”期间的 21 种 198 卷册；省级重点图书由“八五”期间的 104 种增加到“九五”期间的 205 种。全省图书再版率到 1998 年已达到 40.5%。出版了大批有价值、有影响、有特色的重点工程图书，如《俄汉详解大辞典》、“边疆史地丛书”、《黄永玉画集》、《中国森林蘑菇》、

荣获中国图书奖的优秀图书《东北流人史》

荣获中国图书奖的优秀图书《百年图强》

《中华古地图珍品选集》等。"八五"、"九五"期间，全省有 1102 种图书在国内外各级各类图书评奖中获奖，获奖图书占新书品种的 11.15%。黑龙江少年儿童出版社的"幼儿德育故事丛书"、黑龙江人民出版社的《中国民间文学大辞典》、黑龙江美术出版社的《中国设计年鉴》分别荣获第二届、第三届国家图书奖提名奖。黑龙江教育出版社的"中国当代科技精华丛书"、黑龙江人民出版社的《中华英烈大辞典》、黑龙江科技出版社的《小学生十万个为什么》、东北林业大学出版社的"人与自然丛书"，分别荣获 1994 年度—1997 年度"五个一工程"奖，实现了"五个一工程"奖的四连冠。黑龙江人民出版社的《建立社会主义市场新体制》、黑龙江美术出版社的《呼兰河传》、黑龙江教育出版社的"中国当代科技精华丛书"、哈尔滨出版社的《中华药海》、哈尔滨工业大学出版社的《线性系统理论》等 13 种图书分别荣获第一届到第十一届中国图书奖。"边疆实地丛书"列入建国 50 周年出版计划，"真理观研究丛书"列入国家纪念十一届三中全会 20 周年出版计划。

《中国蜜粉源植物》荣获第三十三届世界养蜂大会金奖

荣获 1995 年度"五个一工程"奖的"中国当代科技精华丛书"

近年来，全省各出版社大力推进“精品战略”，以“书出精品、社创名牌”为方向，努力抓好选题策划，潜心营造出版特色，不断形成和扩大品牌效应。多家出版社已在激烈的市场竞争中形成特色、创出品牌、赢得了市场。如黑龙江科学技术出版社的建筑类和少儿科普类图书，黑龙江美术出版社的美术技法、中型美术画册类图书，哈尔滨地图出版社的实用地图、邮政编码地图，黑龙江人民出版社的人物传记、心理学文库、双语辞书、工具书等，受到了读者的欢迎，取得了“双效”俱佳的成果。黑龙江教育出版社、黑龙江少年儿童出版社、哈尔滨地图出版社被国家新闻出版署评为 1997 年度良好出版社。

出版管理体系健全、完善，出版秩序进一步规范。黑龙江省出版行政管理部门多年来一手抓繁荣，一手抓管理，大力扶持重点工程图书及学术著作出版，全面加强制度建设，先后建立和完善了《重点图书管理办法》、《优秀学术著作亏损补贴资金管理办法》、《优秀图书奖励规定》等制度。截止到 1998 年，省财政共投入 320 万元，扶持了 123 种优秀学术著作的出版。建立了以签订“多出好书，不出坏书”保证书制度为核

荣获 1996 年度“五个一工程”奖的图书《小学生十万个为什么》

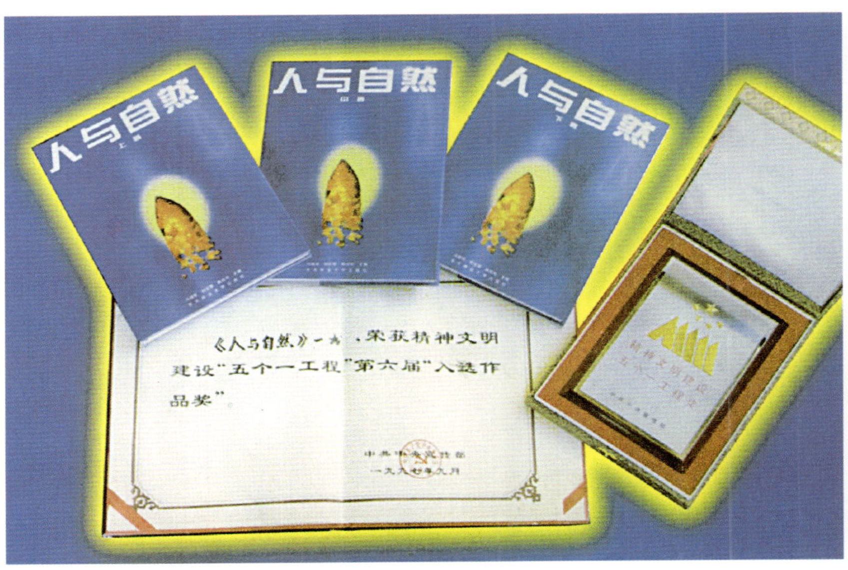

荣获 1997 年度“五个一工程”奖的图书《人与自然》

黑龙江画报社职工进行读者市场调研

心的一系列出版管理规章，逐步建立起了保障图书质量的预报机制、监督制约机制和激励保障机制，全省图书质量合格率由 1993 年的 29.6%，上升到 1998 年的 69% 左右，图书编校质量居全国前列。

缤纷多彩的报刊出版业

建国 50 年来，黑龙江的报刊出版业走过了不平凡的发展道路。

黑龙江省的报纸在 50 年代曾有较大发展，后经调整，至 1961 年为 40 种。党的十一届三中全会以后，由原来的品种相对单一，发展到以党报为龙头，晚报、广电报、企业报、专业报并驾齐驱的良好态势。截止到 1998 年底，全省共出版报纸 76 种，其中党报 18 种，晚报 9 种，广电报 6 种，企业报 11 种，专业报及其他类报纸共 32种。建国后，黑龙江省期刊出版发展也很快。至 1960 年末，全省共出版期刊 22 种。后经调整，至 1961 年期刊有 14 种。1978 年后，期刊种数迅速增加，截止到 1998 年末，全省有期刊

1959 年至 1998 年不同时期出版的《党的生活》

302 种，其中社会科学类期刊 133 种，自然科学类期刊 169 种，总数列全国各省市第三位。这些期刊种类繁多，门类齐全，涉及到社会生活和科学研究的各个方面，十余种期刊在国内及东三省的各种评选活动中多次获奖，在新闻出版署开展的"全国百种重点社科期刊"评选活动中，《党的生活》、《学习与探索》、《家庭生活指南》三种期刊入选。随着期刊总体质量的不断提高，发行量不断扩大，《党的生活》连续 11 年发行数量超百万；《小学生作文向导》、《百家作文指导》、《家庭生活指南》等刊的发行量连续多年在四五十万份，发行量在十万份以上的期刊有数十种。

报纸期刊出版的繁荣，为丰富人民生活、提供快捷信息、促进物质文明和精神文明建设发挥了积极作用。

蓬勃兴起的音像电子出版业

80 年代初，黑龙江省音像出版业应运而生。1984 年 5 月，我省第一家音像出版社——

黑龙江省图书音像发行集团于 1996 年成立。图为省领导为集团成立剪彩。

《新青年》电子出版室正在发排

《家庭生活指南》编辑室

黑龙江音像出版社成立，随后又相继成立了黑龙江教育音像出版社、哈尔滨工业大学音像教材出版社、黑龙江文化音像出版社和黑龙江商学院音像教材出版社，其中哈尔滨工业大学音像教材出版社是我国最早成立的四个工科院校音像社之一。至 1998 年，全省五家音像出版社固定资产逾千万元，共出版了音像制品 700 余种，录音带《太阳地球你和我》，录像带《双锁山·荒唐宝王·木兰传奇》等十余部作品分别获国家和省的各类奖项。近年 VCD 和 DVD 影碟出版也在起步。引进的设备与资金，增强了黑龙江音像出版的实力，电子出版物制作单位已成功地制作了《精编小学生十万个为什么卡通版》等大规模电子出版物。

迅猛发展的书刊印刷业

建国初期，随着党领导的“大后方”出版印刷机构的大举南迁，黑龙江省的印刷业几乎得从头起步，全省区没有专门印刷书刊的厂家，当时的中、小学教科书，完全由吉林、辽宁两省的

雷洁琼同志接见《家庭生活指南》负责人

黑龙江省政府副省长王佐书与黑龙江省出版工作者座谈

印刷厂承印。1954 年建成以印制书刊为主的地方国营建设印刷厂，年生产能力仅为 2 万令纸。为彻底解决黑龙江书刊印刷生产能力低，不适应出版事业发展需要的矛盾，中共黑龙江省委、黑龙江省人民委员会决定筹建第一家大型书刊印刷专业厂——黑龙江新华印刷厂，到 1965 年 10 月，形成了铅字拣排 3000 万字、铅印书刊 15 万令、胶印书刊 6 万色令、书刊装订 17 万令纸的年生产能力，同时，其他印刷厂也形成了年印刷书刊 2 万令纸的年生产能力，结束了中、小学统编教科书和该省书刊靠外省印刷的历史。1984 年 6 月组建了照相排字、胶版印刷的黑龙江新华印刷二厂。这样，黑龙江出版系统拥有了从铅印到胶印设备比较齐全的两个专业化书刊印刷厂。到 1985 年底，这两家印刷厂年生产能力达铅字拣排 5000 万字、照相排字 8000 万字、铅印书刊 31 万令纸、胶印书刊 60 万色令、书刊装订 57 万令纸。

党的十一届三中全会以后，随着改革开放进程的加快，黑龙江省印刷业取得了迅猛发

优秀学术著作出版补贴专家评审会

《中华英烈大辞典》编委会议

西班牙文学作品《海鸥》、《橙园春梦》首发式。

展。与 1979 年相比，1988 年，全省各类印刷企业从 500 多家发展到近 3000 家，其中书刊印刷国家级定点印刷企业 7 家、省级定点印刷企业 14 家、出版物印刷企业 159 家、内部资料印刷企业 200 家；固定资产达到 2.42 亿元；书刊印刷排字量从 5000 万字增加到 4 亿字以上；印刷能力达 200 万令以上。全省出版印刷科学研究从无到有，得到发展。通过技术攻关和设备更新，以黑龙江新华印刷厂和黑龙江新华印刷二厂为龙头的全省印刷企业技术水平和生产能力得到了明显提高。黑龙江新华印刷厂引进了德国和美国现代印刷机器，形成书刊印刷、彩色精品印刷、包装装潢印刷新的生产结构。黑龙江新华印刷二厂拥有主要生产设备 50 多台(套)，年印装生产能力达 40 万令，生产的产品达 1000 余种。黑龙江省印刷技术研究所研制的文字密度检测仪，已于 1998 年通过国家技术鉴定，投入批量生产，填补了国内空白。许多大中型印刷企业引进先进排版制版及印刷装订设备，全省印刷业逐步向

1990 年投入使用的哈尔滨市南岗区新华书店大楼

"电子分色、激光排版、胶版印刷、装订成线"目标迈进。

印刷技术和设备的进步,使全省印刷业产品结构发生了根本性的变化。目前,黑龙江省印刷业不仅可以印刷铅印、胶印的一般产品,还可以印刷字词典、大型工具书、彩色大型画册等高档产品,并且印刷精致、装帧美观。近几年来,平均每年有近百种图书期刊和统编课本获全国图书印刷质量优质产品奖和统编教材印刷质量优质产品奖。1997 年黑龙江新华印刷厂印装的"人与自然丛书",荣获国家"五个一工程"奖;全省统编课本印刷荣获 1997 年度—1998 年度全国统编课本印刷质量铜牌奖;自 1994 年以来,《黑龙江日报》连续 5 次获得全国报纸印刷质量第一名。

健康活跃的出版物发行业

1948 年末,集出版、印刷、发行为一身的东北书店总店迁往沈阳后,黑龙江地区的新华书店系统几经调整,至 1958 年改称为黑龙

1993 年哈尔滨市成立了儿童少年书店

嘉荫县新华书店员工到农村流动售书

大庆市新华书店员工深入钻井队售书

江省新华书店，并逐步形成了遍布全省城乡的书刊发行网络。到 1965 年底，全省已有市、县新华书店及门市部 118 处，职工 1316 人，同时建有国营商业和供销社图书发行网点 3857 处，这一时期总计发行各类图书 1.1 亿册，销售总码洋为 1822 万元。1966 年至 1976 年间，图书销售以平均每年递增 6.5% 的幅度增长，但大部分是领袖著作和学习辅导材料，其他书报刊发行也多是受制于形势的需要，发行品种单一，内容匮乏。党的十一届三中全会召开以来，图书发行事业进入一个新的发展时期，呈现出前所未有的繁荣景象。全省已形成以新华书店为主体，多种经济成分、多种流通渠道、多种购销方式、少流通环节的图书发行网络。截止到 1998 年末，全省共有图书总发行单位 14 个，县（区）以上新华书店 131 家，外文书店 1 家，社会二级批发单位 90 家，遍及全省城乡的集体、个体书店 3500 余家，初步形成了书报刊市场统一开放、竞争有序的新格局。1998 年各种发行渠道销发货总额

1996 年黑龙江省外文书店从外国引进的国内首部高速数码录音制作系统

大庆市新华书店经费管理等充分利用微机

1988 年新建成的黑龙江省新华书店大楼

黑龙江美术出版社在六一国际儿童节售书

已超过 16 亿元。

1996 年 4 月，黑龙江省在东北地区率先组建了黑龙江省图书音像发行集团，实现了主渠道发行体制改革的突破。全省新华书店经营机制不断转换，出现了一些新的市场营销方式，在开展代理制、寄销制的基础上，省内 13 家书店开设了第二门市部，实行连锁经营。1998 年全省新华书店系统销发货总额达 11 亿元，实现利润 1425 万元，其中一般图书销发货达 4. 18 亿元，占销发货总额的38% 。全省新华书店的精神文明建设也取得了丰硕成果，各级新华书店都进入了不同层次的文明单位行列。

全面展开的版权保护工作

黑龙江省的版权保护工作作为知识产权保护工作的重要组成部分起步于 1985 年。1987 年，黑龙江省人民政府版权管理处正式挂牌开展工作。黑龙江省版权局于 1992 年 10 月 5 日正式成立，1994 年 6 月，黑龙江省版权保

黑龙江美术出版社员工忙碌在全国图书订货会上

外国朋友对第九届北京国际图书博览会黑龙江展区的图书表现出极大的兴趣

1984 年，黑龙江出版代表团在哥伦比亚波哥大市与龙版“西葡文学丛书”原著作者合影。

1984 年，黑龙江人民出版社为建社 30 周年纪念活动举办的“中外文图书展销”，受到读者热烈欢迎。

护协会成立，随后又相继成立了黑龙江省版权代理中心、黑龙江版权事务所。1998 年哈尔滨市和大庆市又分别成立了版权局，各市地也相继在新闻出版局或文化局设立部门或专人负责版权管理工作。这些机构的建立，使黑龙江省的著作权保护工作步入依法治理、全面铺开的新时期。1991 年至 1998 年，全省共签订版权贸易合同 304 种，调解、处理各类著作权纠纷 285 起，同时配合有关部门开展“扫黄”、“打非”，有力地打击了各种侵权盗版活动。

综上所述，50 年来，黑龙江出版业在党的领导下，坚持社会主义方向，从无到有，从小到大，走出一条不平凡的道路，为全省经济和社会发展，做出了突出贡献。尤其是党的十五大以来，全行业的经济效益和综合实力连续以 2 位数的速度增长。1998 年，省新闻出版局系统完成销售收入 13 亿元，实现利润突破 6000 万元，比 1997 年提高 20%，保持了全省新闻出版业持续、稳定、快速增长的良好势头。

向抗洪官兵赠送《黑龙江画报》

黑龙江省新闻出版局向灾区捐款

新中国出版50年

上　海

上海是中国近现代出版业的摇篮。1897年，商务印书馆在上海建立，标志着中国近现代出版业的诞生。以后又有中华书局、世界书局、大东书局、开明书店、三联书店等兴起。上海出版界为发展我国教育、科学、文化事业，作出了重大贡献。商务印书馆出版的《辞源》、《四部丛刊》、《万有文库》，中华书局出版的《辞海》、《四部备要》，开明书店的《二十五史》，生活书店的《中国的一日》等等，影响深远，世人交口称赞。1949年上海解放前夕，大小出版社共有150余家，由于长期战乱，加上国民党当局压制破坏，大多处于风雨飘摇之中，当时的出版物五花八门，既有严肃认真的，也有投机牟利的，反映着半封建、半殖民地的文化色彩。

一、从旧基础到新事业

上海解放后，在中国共产党领导下，一方面接管国民党官僚资本经营的书店、出版社和印刷厂，一方面积极创建人民的出版事业，在上海成立了华东新华书店总店。1950年7月，62家私营出版社组成上海联合出版社，负责教科书出版发行工作，这是上海出版业公私合作的第一次尝试。上海的印刷力，当时主要在私营印刷厂，接收官僚资本经营的，只有十来个残缺不全的工厂，整顿后并入世界书局印刷厂，改组成为一个拥有400多人的铅印书版全能工厂，即上海新华印刷厂，开始奠定了上海国营印刷业的基础。当时，新华书店集

《共产党宣言》的最早中译本诞生在上海

邹韬奋是我国著名的出版家，他主办的生活书店当时被称为进步文化堡垒。

1897年在上海建立的商务印书馆

出版、印刷、发行于一身，是全国最大的出版实体。1950 年 4 月，新华书店总管理处在北京成立，4 月 21 日，在上海的华东新华书店总店改组为新华书店华东总分店。

为了帮助私营出版单位克服困难，维持生产，及时采取了贷款、配给纸张、新华书店代销书刊等措施。据统计，从 1949 年 12 月至 1950 年 9 月，由政府介绍向银行贷款的私营出版单位有 73 家，贷款金额近 40 亿元（旧币）；1950 年上半年，新华书店共代销私营出版发行社书刊 266 万册，相当于新华书店本版书销售的 80%。1950 年 9 月，出版总署在北京召开第一次全国出版工作会议，要求"公私出版业均应争取条件逐步实现出版与发行分工，出版和印刷分工和出版专业化的方针"。按照这个决定，1951 年 1 月，新华书店华东总分店正式划分为三个独立单位：专管发行的仍称新华书店华东总分店；印刷方面，成立了新华印刷厂华东管理处；出版方面成立了华东人民出版社。出版专业化要求每个出版社在出书范围上按一定专业方向发展，对私营出版社影响极大，尤其是大型出版单位，如商务、中华，出书的历史久、数量大、方面多，又是编、印、发一体化，很难转向某个专业；中小单位虽有侧重，为了增加收入，也往往兼及其他，和专业化也有距离，但分工和专业化始终是上海对私营改造的一个重要指导思想。在推行专业化的前后，上海出现了通联、童联、连联等书

解放初期，上海市军管会新闻出版处领导下的人民书报供应社（1949 年 6 月）。

1950 年 7 月，世界书局印刷厂改组为上海新华印刷厂，开始奠定上海国营印刷业的基础。图为当年的世界书局印刷厂大楼。

店，这些书店是按照专业成立的、同类型私营出版社的联合组织。私私联营，按专业组织起来，较以往分散经营、盲目竞争，无疑是一大进步。1951 年 6 月，群益书店、海燕书店、大孚图书公司开始彻底合并，后来又加上新群出版社，1952 年成立了上海第一家公私合营的出版社——新文艺出版社。在推行专业化的同时，还积极调整公私关系，1950 年底，商务印书馆、中华书局、开明书店、三联书店、联营书店等五家的发行机构以及他们在全国 34 个城市的 80 多个分支店，联合组成中国图书发行公司，成为新华书店以外的第二个全国性图书发行系统。由于出版方针明确、公私关系调整，上海出版界充满生机。这时全国经济好转，群众学习热情高涨，给出版业的发展提供了有利条件。1950 年，上海全市出书达到 5388 种，印数达 9000 多万册，分别占全国的 44% 和 30%，比解放初期大大增加。1951 年，出书种数进一步猛增到 10246 种，印数达 24000 多万册，分别占全国的 55% 和 35%，这更是空前的。

正当私营出版社趋向好转的时候，却出现一股歪风：在利润驱动下，新建小型出版社急剧增加，粗制滥造的出版物到处泛滥。全国出版会议前夕的 1950 年 7 月，上海私营出版社只有 198 家，而到 1951 年 9 月，发展到 391 家。针对这些不正常现象，1951 年 2 月，上海开展了整顿旧连环画(俗称“跑马书”)的工作，

1951 年，新华书店华东总分店在上海福州路 390 号办公。

1951 年 10 月，新华书店上海分店福州路门市部前，排满了购买《毛泽东选集》的读者。

1952 年 12 月，新中国第一家少儿读物专业出版社——少年儿童出版社在上海诞生（图中的小洋房便是当年的少年儿童出版社，如今已在市政动迁中拆除）。

先以新书换回三千个书摊上的旧书，继而向旧连环画的出版、发行和印制单位进行教育，组织同业联谊会，自行整肃，处理存书、存稿，以改变出书方向。从 1951 年 9 月起上海严格控制新建出版社。到 1952 年上半年，投机出版物显著减少，旧连环画基本绝迹，私营出版社的数量下降到 341 家。1952 年 7 月，对私营出版社的整顿工作正式开始，总的要求是：健全组织，改善经营，提高质量，按专业分工原则，走向计划化。在做法上，根据政务院正式颁布的《管理书刊出版业、印刷业、发行业暂行条例》登记发证，对有条件的，予以扶植；对缺乏条件的，协助转业；对投机的，加强监督。1953 年是整顿工作集中开展的一年，到年底，私营出版社的数量减少到 252 家。在整顿私营出版社的同时，加强了国营和公私合营出版社的建设，1952 年 8 月，成立了国营华东人民美术出版社。公私合营方面，1952 年底成立了少年儿童出版社，1953 年秋，成立了新美术出版社（1956 年并入上海人民美术出版社）。

1954 年，对资本主义工商业的社会主义改造，在全市各条战线广泛展开。上海对私营出版业也随之在整顿的基础上进入社会主义改造。整顿是为了加强管理，而改造则是为了解决所有制问题，将条件好的进行公私合营，对于属于投机性质的，则予以淘汰、转业。在当时的社会气氛下，改造已是大势所趋，到 1954 年底，私营出版社全部提出要求合营的申请。1954 年是上海出版业对私营改造决定性的一年，全年完成了 172 家的改造工作，私

解放初期的生活书店旧貌

50 年代新建的生活·读书·新知三联书店

中华书局旧貌

营出版社数量减少到 80 家。其中，5 家著名出版社改组为中央级的公私合营单位，即商务印书馆改组为高等教育出版社，中华书局改组为财政经济出版社，龙门联合书局改组为科学出版社，上海地图联合出版社改组为新华地图出版社，上海新音乐出版社改组为音乐出版社，这些单位都陆续迁往北京。1955 年，全国社会主义改造进入高潮，上海尚存的 80 家私营出版社，全部分别做了处理。到 1956 年，上海基本上就已经没有私营出版社了。与此同时，对私营发行业、印刷业的改造也取得很大进展。上海私营发行业共有 564 户，其中最大的一级批发商通联书店、童联书店、连联书店经销上海 103 家私营出版社的出版物，联系转手批发商 50 户、零售商 2700 户，将他们合并改造成公私合营单位，于 1954 年 12 月成立了上海图书发行公司，从而掌握了大部分私营出版社的货源。为了加强对印刷业的领导，1951 年 12 月，新华印刷厂华东管理处改为华东新闻出版局印刷管理处。当时，上海市的印刷工业，划归地方工业局领导。1953 年 10 月，华东新闻出版局与地方工业局共同研究，成立了地方工业局印刷工业组，经过三年努力，改组成一批上海的地方国营印刷厂。1954 年，出版总署将商务印书馆、中华书局所属两个印刷厂，改为公私合营。其余各类私营印刷单位，在 1956 年全市大合营中，随着整个印刷行业进行了合营。

社会主义改造的完成，解决了上海出版事业的所有制问题，通过整顿和合营，出版业、

1950 年 4 月，新华书店华东总分店成立，时任华东局宣传部部长的著名书法家舒同欣然命笔。

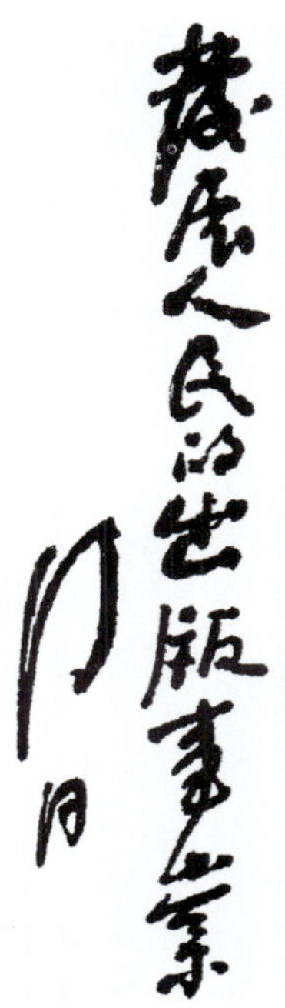

1952 年 6 月，上海第一家公私合营出版社——新文艺出版社，在上海诞生。今日坐落在幽静的康平路上的这座小楼，就是当年的新文艺出版社。

1951 年 10 月，新华书店上海分店福州路门市部《毛泽东选集》专柜。

公私合营后，新华书店上海发行所成为我国仅有的两大发行机构之一。图为上海发行所大楼和仓库。

50 年代上海古籍书店门市部

发行业、印刷业陆续纳入了国家计划轨道。原先近 400 家出版社，到 1956 年 3 月，中共上海市委宣传部召开上海市出版工作会议时，全市就只有十家出版社了。这次会议按照分工专业化的原则，对这十家出版社的方针、任务以及分工范围，作了明确规定，形成了上海出版事业新的格局。这十家出版社是：上海人民出版社、上海人民美术出版社、新文艺出版社、新知识出版社、上海画片出版社、上海文化出版社、上海科学技术出版社、上海卫生出版社、教育图片出版社、影印图书出版社。1956 年 11 月，在新文艺出版社古典文学编辑室的基础上，成立古典文学出版社。此外还有中央设在上海的少年儿童出版社等。这些出版社分工明确，基本上一种类型的图书，只有一个出版社经营，达到了分工专业化的要求。发行方面也有很大变化，社会主义改造开始时，1954 年 1 月，由商务、中华等组成的第二个全国性图书发行系统——中国图书发行公司撤销了，其上海分公司并入新华书店华东总分店。1954 年 8 月，随着大行政区的撤销，华东总分店撤销，成立新华书店上海发行所，工作范围也从华东转向全国，它和新华书店北京发行所，长期以来为我国仅有的南北两大图书批发机构。1956 年，上海图书发行公司的图书批发业务也移交上海发行所。至此，上海地区的出版物，都统一由上海发行所办理进发货业务，发往全国各地的新华书店。1957 年 5 月，上海的印刷厂全部从轻工系统划归出版系统，基本形成了上海书刊印刷业统一的组织体系。1957 年7 月，上

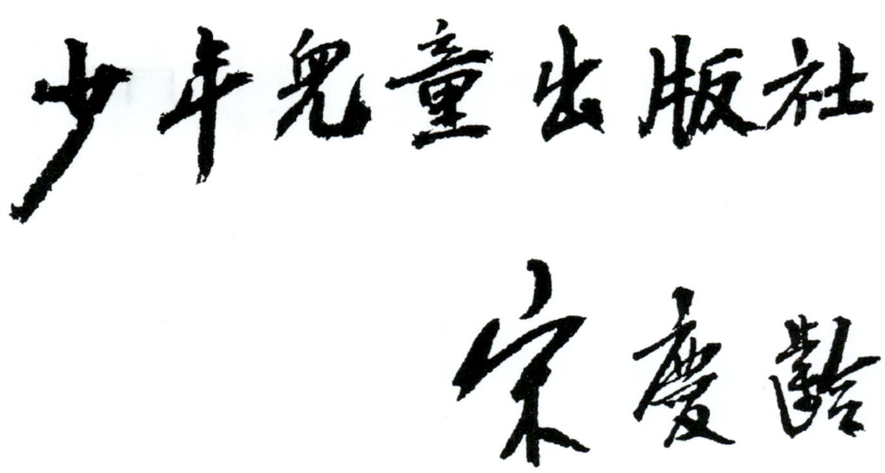

宋庆龄同志为上海少年儿童出版社题写社名

50 年代的书店内景

上海人民书报供应社的经销亭，充分利用狭小场地宣传书刊。

支援抗美援朝

到小学设点供应

海市出版局成立，统一管理了全市的出版、印刷、发行工作，克服了长期以来上海出版工作领导体制上的混乱状况。

二、曲折的探索

1958 年 3 月，中央文化部在上海召开“全国出版工作跃进会议”，各省市来上海学先进、赶先进、比先进。在“快速出书”的要求下，1958 年，上海出书总数猛增为 8624 种，仅次于 1951 年，为解放以来第二个高峰；印数为 49261 万册，是解放以来的最高数字。数量大幅度上升，质量却大幅度下降。1958 年，上海新华书店因盲目追求发行数量造成积压的图书，达 4110 万册。1959 年 3 月中共中央发出《关于报刊书籍出版发行工作几个问题的通知》，指出图书和报刊出版应有区别，不应片面追求数量，忽视质量，以至粗制滥造。上海人民出版社随即制订了《提高出版物质量方案》，各出版社对抓图书质量都有所重视。为向国庆十周年献礼和参加国际书展，上海出版系统组织力量，加强协作，认真抓了一批精品出版，在 1959 年 9 月的莱比锡国际艺术博览会上，上海获得金质奖章 2 枚——《永乐宫壁画》（装帧奖）、《上海博物馆藏画》（复制奖），银质奖章 3 枚，铜质奖章 3 枚。这几年机构变动仍很频繁，少年儿童出版社划归上海，出版社进一步合并为 7 家，1958 年 6 月，古典文学出版社与中华书局上海办事处合并成立中华书局上海编辑所。中央文化部直接管理

1959 年 9 月，在莱比锡国际艺术博览会上，上海图书获得金质奖章 2 枚、银质奖章 3 枚、铜质奖章 3 枚。

图为在莱比锡国际艺术博览会上获金质奖章的《上海博物馆藏画》

的新华书店上海发行所、商务印刷厂、中华印刷厂等，也下放归上海管理。

从 1961 年起，贯彻“调整、巩固、充实、提高”八字方针，总结经验教训，工作逐步恢复正常。调整首先反映在出书方面。在指导思想上，澄清对为政治、为生产、为工农兵“三服务”的认识，端正对政治与业务、红与专、批判与继承等关系的理解。为贯彻“双百方针”，研究了政治、思想、学术问题的界线，克服审稿中的片面化和简单化作风。在出书工作的规律、特点上，也有了新的认识。图书篇幅多，容量大，写作、出版所需时间较长，应具有知识性、稳定性、系统性，要掌握这些特点，正确发挥它的作用。在总结的基础上，制定了比较全面且具有纲领性的《关于改进上海出版社工作的意见》。1962 年初，草拟了《1962——1972 年上海出版工作十年规划》。要求更加有系统地出版古今中外、普及与提高的各个门类的图书，高质量，多品种，比较全面地反映祖国社会主义建设成就和世界先进科学文化成果。主要项目包括，修订、出版《辞海》，五年内出版各种主要专科词典，七年出版小百科全书，十年出齐大学基础教材，影印《申报》等。各出版社也提出了自己的重点工程。十年规划，后因形势变化未能全部实行，但它是一个具有特色和很有分量的好规划。为使上海逐步形成一个完整的出版体系，调整期间，一方面精简机构和人员，1962 年底，全系统只有 134 个单位，比 1957 年减少了 249 个，职工 14445 人，减少 4648 人。1960 年底，上海人民

1960 年 11 月，在《辞海》初稿的基础上，经修改编成《辞海》二稿样稿。

《辞海》试行本于 1961 年 10 月，按学科分类编排 16 分册出版，内部发行。同年 12 月至次年春编辑出版，60 余人分三路到全国 26 个城市调查，征求意见。

《辞海》试行本 1963 年 4 月 15 日完成，供内部修改使用。

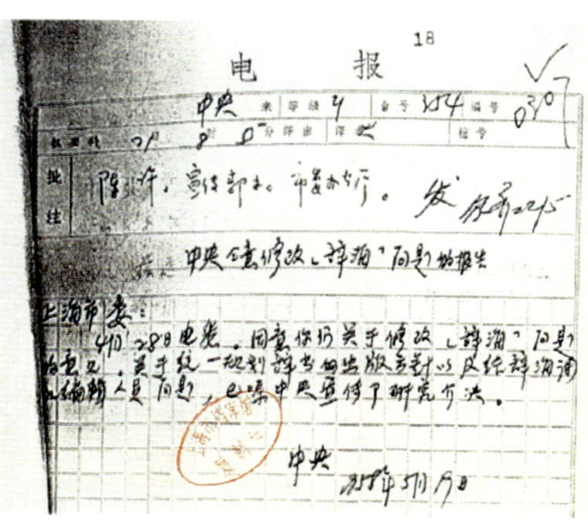

1957 年秋，毛泽东同志提出修订《辞海》。1958 年 5 月 19 日，中央致电上海市委，同意修改《辞海》问题的报告。

1965 年 4 月，《辞海》(未定稿)出版。

出版社等五个单位，从企业改为事业单位，并把出版业务部门划给印刷公司，出版社成为单纯的编辑部门。新文艺出版社逐步改组为人民文学出版社上海分社和上海文化出版社。另一方面又新建、改建了一些单位。上海市印刷公司实验室改组为上海印刷技术研究所；成立上海编译所，吸收社会翻译人才，从事各种外文书籍、资料的编辑、翻译工作；成立上海出版文献资料编辑所，从事《中国出版事业编年史料》、《中国书籍大辞典》等的编辑工作，并准备影印《申报》；建立上海出版学校，培养出版、发行人才，后并入上海印刷学校，该校创办于 1953 年，是建国后第一所培养中等印刷技术人才的学校，历届毕业生遍及全国，成为各地印刷业的重要力量。上海解放以后就开始支援外地建设，三年调整期间更是作为一项重要任务。据 1961 年底统计，上海支援外地的主要印刷设备，占本市原有设备的 87%。1962 年，本市主要产品印刷设备，比 1957 年减少了 40.5%。铅印生产能力从 96 万令下降为 48 万令，胶印生产能力从 230 万色令下降为 134 万色令。调整期间，还注意了调整人的关系，检查知识分子政策执行情况，调动积极性。1960 年为充实编辑力量，由市委组织部从各大学、区、局调集 80 名从事学报、校刊、区报、局刊的党员编辑人员，经市委宣传部短期培训，约有半数分配在出版系统。调整期间，他们逐步成为出版单位的骨干力量。不过，此期间还是发生了影响很大的"杂家事件"，牵涉到新闻出版界不少同志，一再遭到错误批判，直到党的十

009

如对李秀成、陈独秀、瞿秋白、李立三、普列汉诺夫等人的一生功过要实事求是，特别是一些不涉及对他们一生评价的事件，应根据历史事实，适当介绍他们的作用。过去被人为地贬低否定，及被林彪、"四人帮"篡改歪曲了的事实，应拨乱反正。

1979 年 1 月，《辞海》编委会和上海辞书出版社拟写了《处理稿件的几点意见》，对上海出书工作冲破禁区起了重大作用。图为《处理稿件的几点意见》和《辞海》1979 年版合订本。

上海人民出版社出版的"中国近代史资料丛刊"，是"文革"前上海出版的规模最大的学术著作。

在今天的青年人看来，要凭结婚证书购买《辞海》是难以想象的。但是，这确实是 14 年前的一桩趣事。1994 年，与《辞海》有缘的徐立德、王海夫妇再次购新版(1989 年版)《辞海》。

一届三中全会后，才得以平反。

调整以后，上海出版系统各方面工作有了进展。1965 年 4 月，《辞海》(未定稿)出版，共收 9 万多个条目，1100 多万字，上下两卷，印 1 万 6 千部，内部发行。1957 年秋，毛泽东同志到上海视察，提出修订《辞海》。1958 年，成立中华书局辞海编辑所，次年成立编委会，进行全面修订，动员了上海和全国各地几千名专家、学者写成初稿。1961 年 2 月至 9 月，组织 200 余人，在浦江饭店脱产集中修改，年底印成“试行本”16 分册，到全国各地广泛征求意见。1962 年 8 月到 1963 年 3 月，又在浦江饭店由原班人马进行修改，并从各出版社抽调大批编辑、校对协助，中华印刷厂排字车间也专门集中力量排印此书。经过各方面努力，终于取得了初步成果。这一时期的出书，陆续取得进展，但从 1964 年起，学习毛泽东著作进入高潮，印刷毛主席著作、毛主席像的任务逐年增加，印刷力严重不足。上海的出版事业，是在接收国民党出版机构和改造私营出版业的基础上发展起来的，虽然性质发生了根本变化，但物质基础仍然十分薄弱。解放后，上海没有新建一个印刷厂，基本上是在原有基础上修修补补，勉强应付。1953 年到 1963 年，国家对上海出版系统的基本建设投资，11 年总共只有 617 万元，每年平均不过几十万元。而上海出版系统上缴的利润，平均每年有二三千万元。1958 年到 1962 年的五年间，上缴利润亿元以上，共达 11760 万元。解放后，上海支援外地几百台主要印刷设备，而自己却很

呕心沥血，奉献青春，当年为《英汉大词典》出版做出重要贡献的副主编吴莹，如今已肩负起了上海译文出版社总编辑的重任。

上海译文出版社的《英汉大词典》上下卷分别于 1989 年 8 月和 1991 年 9 月出版，这部词典打破了我国双语词典出版史上多年来以一本外国词典为蓝本的编写方式，第一次自建语库，独立编纂。因此它的出版标志着我国词典编纂史和英语研究史都达到了一个新的高度。该书 1994 年获首届国家图书奖，该书缩印本获中宣部 1993 年“五个一 工程”入选作品的荣誉。

1975 年 3 月，上海出版《新英汉词典》。1978 年改由上海译文出版社出版，这是十年动乱后我国出版的第一部双语词典。1985 年 7 月，该词典出版了增补本，获上海市高校文科科研成果一等奖，被新闻出版署列入新华书店常备图书，至今发行量已逾 900 万册。

少添置，直到 1963 年，新添的机器，总共不过 10 台。为了加强印刷工业，1964 年，拟定了 1966 年—1970 年上海印刷工业发展规划的初步设想，在要求大力更新各厂设备以外，还提出新建三项工程，一是年产 30 万令的铅印厂，二是年产 60 万色令的彩印厂，三是扩建纸张仓库、发行仓库等等。这些计划得到中央和市有关部门的理解和支持，1964 年市里拨款扩建了纸张仓库，1965 年对商务印刷厂、三一印刷厂进行扩建。到了 1965 年，全国开展“备战教育”，要求“立足于打”，较大规模的建设又难以进行了。

正当上海出版工作稳步发展时，我国出现了十年浩劫，十几年艰苦创建的社会主义出版事业，遭到极大破坏。1972 年，出版局被撤销，为了便于控制，把所有的专业出版社以及出版文献资料编辑所等，合并为一个大社，名为上海人民出版社。“文革”十年，出版方针被篡改，出版机构被肢解，出版队伍被打散。这一时期的出书也还有一些特殊情况：1975 年 3 月，上海出版了一本《新英汉词典》，内容充实，深受好评。1975 年 5 月，经周总理同意，国家出版局在广州召开了中外语文词典编写出版规划座谈会，提出十年编写 160 部中外语文词典的规划。上海承担了编写《英汉大词典》等十几部词典的任务。同年 9 月，国家出版局召开山东、江苏、浙江、安徽、上海五省市协作编写《汉语大词典》的座谈会，五省市共同承担了我国最大的汉语词典的编写任务。《辞海》的修订工作，“文革”开始时中断，邓小平主持

《汉语大词典》第一卷出版，著名出版家罗竹风(左一)等高兴地举杯庆贺。

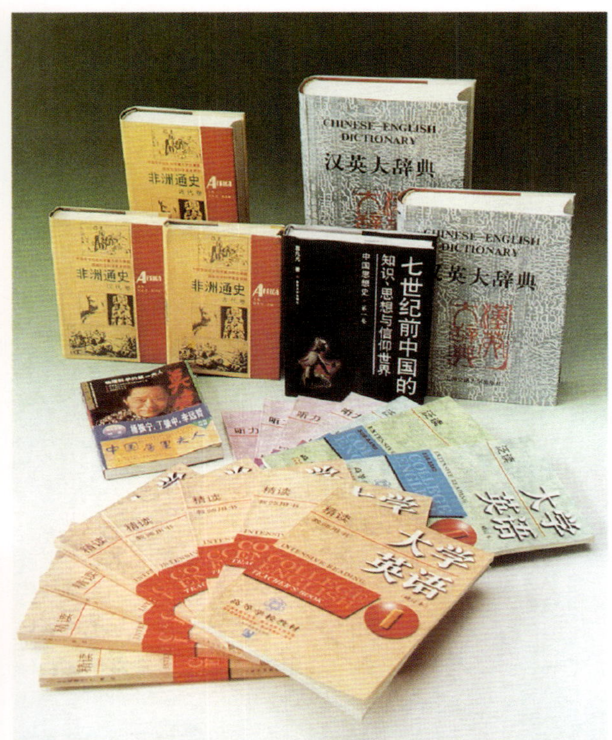

大学出版社为教学、科研作出了贡献。华东师范大学出版社的《非洲通史》、复旦大学出版社的《中国思想史》在学术界影响深远，上海外语教育出版社的《大学英语》被全国 2000 多所大学采用。

《汉语大词典》荣获国家图书奖

233

国务院工作时，批示中央有关部门审阅《辞海》书稿，1972 年恢复进行。1975 年 12 月，开始出分册本。

三、打破思想禁锢

1976 年，“文革”结束，由于“四人帮”推行文化专制主义，出现严重“书荒”。为使编辑人员从“四人帮”设置的各种思想禁区中解放出来，强调出版工作要坚持为社会主义服务，要坚持“双百方针”，不能搞文化专制主义，要严格区分政治问题和学术、艺术问题的界限，不同形式和风格的作品，可以自由发展。对待中外文化遗产，不能采取虚无主义的态度，而要批判地继承，有计划、有选择地出版。1977 年，在正确对待中外文化遗产上的思想束缚方面有所突破，出版了外国长篇小说《斯巴达克思》，受到社会欢迎。接着为配合大学恢复招生考试，重印了“文革”前出版的“数理化自学丛书”，共 17 册，印数 435 万套，风行一时。1978 年 1 月 1 日，上海出版系统恢复原来建制，重建上海市出版局，下设十个专业社，即恢复上海人民出版社、上海人民美术出版社、上海科技出版社、上海教育出版社、少年儿童出版社，中华书局上海编辑所改组为上海古籍出版社，中华书局辞海编辑所改组为上海辞书出版社；恢复上海文艺出版社，但将该社外国文学部分及其他社的翻译部分合并成立上海译文出版社；取消上海书画社，恢复朵云轩，同时建立上海书画出版社。恢复建制后，

1979 年 6 月，上海文艺出版社出版的《重放的鲜花》，标志着思想禁锢在出版领域被进一步打破。

创刊于 1915 年的《科学》杂志，是我国历史最悠久的学术性期刊，曾两度停刊。1985 年，在我国 12 位著名学部委员的提议下再次复刊。图为在《科学》杂志创刊 70 周年纪念会上，著名考古学家贾兰坡在翻阅复刊后的第一期《科学》杂志。

1977 年 10 月出版的《斯巴达克思》，这是“文革”后我国出版的第一部外国文学作品，当时人们为了买这部文学名著，曾挤破新华书店的柜台。

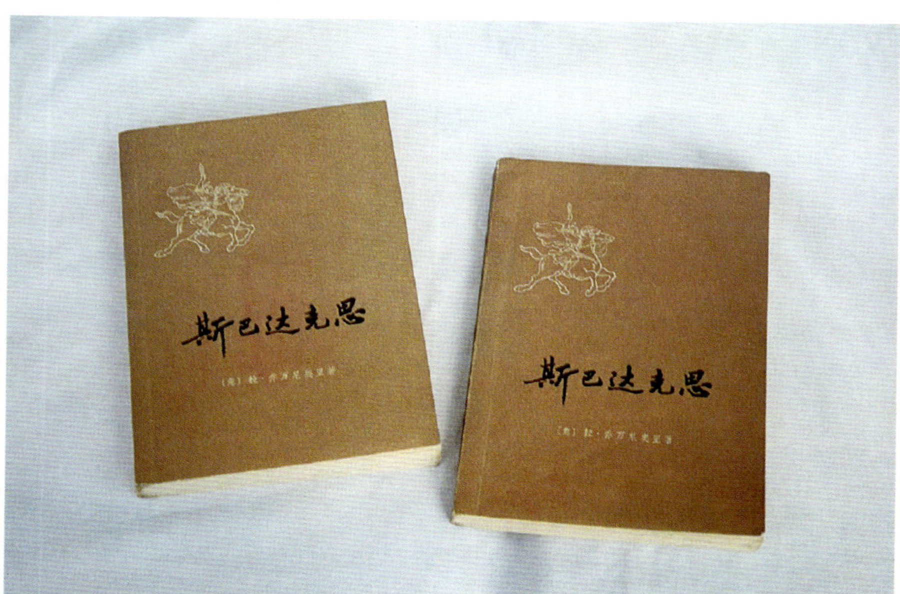

1977 年，为配合大学恢复招生考试，上海科技出版社重印“数理化自学丛书”，印数 435 万套，风靡一时。

上海人民出版社出版的《韬奋全集》(14 卷)获第三届国家图书奖荣誉奖。图为《韬奋全集》出版新闻发布会。

虽然在打破"四人帮"设置的思想禁锢方面做了不少工作,但出书的步子还是迈不开。"心有余悸"是编辑思想上一个突出问题,直到党的十一届三中全会拨乱反正,才根本消除。1979 年 1 月,为保证《辞海》合订本向建国 30 周年献礼,辞海编委会和上海辞书出版社根据十一届三中全会精神,拟写了《处理稿件的几点意见》,对"阶级和阶级斗争"等问题的写法,提出具体意见,解除了编写人员的思想负担,不仅保证了《辞海》按时出版,而且对整个出书工作冲破禁区,起了重大作用。可以说没有党的十一届三中全会,就没有今天的《辞海》。1979 年 6 月,上海文艺出版社出版《重放的鲜花》,汇集了过去受到错误批判的作品,有些作者当时还没有正式平反解放,这标志着思想禁锢在出版领域被进一步打破,不仅打破了"四人帮"设置的禁区,也打破了"文革"前"左"的思潮设置的禁区,从此一批又一批中外文化成果,科学文化知识得以和读者见面。有较高学术水准、被长期压在编辑部的《陈寅恪文集》,"文革"前想出而难以出版的《林风眠画集》等一批著作相继问世。上海译文出版社和上海古籍出版社恢复了有系统地整理出版"外国文学名著丛书"和"中国古典文学丛书",这两套丛书的选题都在百种以上,都是从 50 年代就已开始筹备出版的。1978 年 6 月,上海教育出版社推出一本《汉语成语词典》,每年印行一百多万册,累计已印了二千万册。1979 年,上海人民出版社出版的三种大专院校政治课教材:《中国共产党历史讲义》、《马克思主义哲学基本原理》、

80 年代,上海新学科、新思潮的介绍层出不穷。其中,《人论》、《社会主义宏观经济分析》等书畅销一时,适应了广大读者了解世界的需求。

1980 年,上海译文出版社和上海古籍出版社恢复出版"外国文学名著丛书"和"中国古典文学名著丛书"。上海译文出版社出版"二十世纪外国文学丛书"。

思想解放还表现在出书形式的探索上。图为诗词鉴赏词典系列和诗、文与画系列,"五角丛书"袖珍本和豪华本、外国文学名著珍藏本和普及本等。

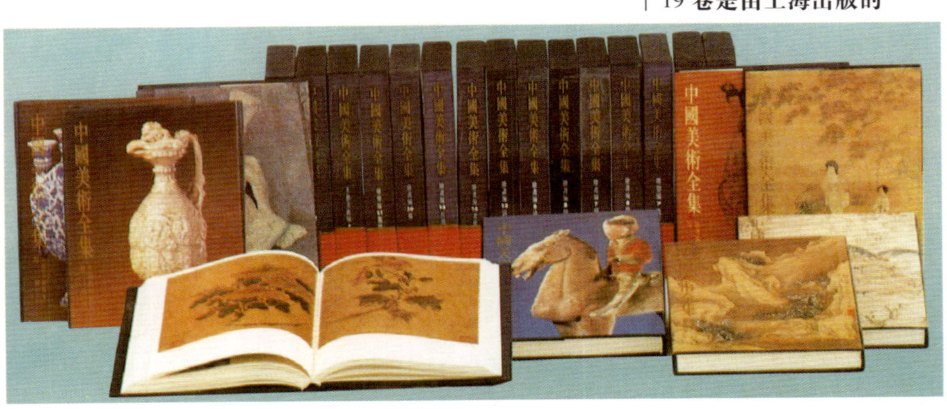

《中国美术全集》中的 19 卷是由上海出版的

《政治经济学教材》，每种初版就印了三四十万册。上海辞书出版社 1980 年出版了第一本专科词典《法学词典》，很受欢迎。拨乱反正带来的思想解放不仅使"文革"造成的"书荒"很快得以消除，而且使得出书的天地越来越广阔，80 年代，上海新学科、新思潮的介绍层出不穷。上海人民出版社出版了"新学科丛书"，上海译文出版社出版了 "二十世纪西方哲学译丛"、"当代学术思潮译丛"，上海文艺出版社出版了"文艺探索书系"，学林出版社出版了"青年学者丛书"，上海三联书店出版了"当代经济学系列丛书"（后与上海人民出版社联合出版）。思想解放还表现在出书形式的探索上，上海辞书出版社的《唐诗鉴赏词典》将知识性读物与工具书融为一体，以知识密集，雅俗共赏，赢得读者喜爱，一印再印，印数达 200 多万册；上海文化出版社的"五角丛书"既有袖珍的，每辑十本，一次推出，被称为"文化快餐"，也有资料库式的豪华本。上海译文出版社又开发了"二十世纪外国文学丛书"，先后出版了"珍藏本"、"普及本"、"纸面精装本"的外国文学名著，分别满足不同读者的需要，并追随时代变化，不断更新封面设计，其中"普及本"印数已超过 1000 万册。各出版社还纷纷创办形式多样、内容丰富的期刊，如《书法》、《艺苑掇英》、《艺术世界》、《小说界》、《青年一代》、《外国文艺》《世界之窗》、《看图说话》等，原有的《小朋友》、《少年文艺》、《文化与生活》、《故事会》、《科学画报》、《大众医学》等也相继复刊或改刊。当时《文化与生活》、《少年文艺》、《科学

1983 年，《唐诗鉴赏词典》问世时，轰动书市的盛况空前，如今，这本书的总印数已突破 200 万册。

上海现有期刊 619 种。图为部分形式多样、内容丰富的期刊。

十一届三中全会温暖了知识分子的心，著名漫画家张乐平在入党大会上献画。

被誉为"文化快餐"的"五角丛书"吸引了众多的读者

画报》、《大众医学》、《看图说话》每期印数都超过 100 万册。《青年一代》的期印数曾达到 500 多万册，《故事会》更高，期印数曾达 700 多万册，目前也有 400 多万册，名列全国第一。

四、在改革中发展

80 年代初，地方出版社由“地方化、通俗化、大众化”转为“立足本地，面向全国”，全国出版机构迅速增加，竞争日益激烈。上海也逐步增加了出版社。大学方面起步较快，1979 年成立了上海外语教育出版社，1980 年恢复了华东师范大学出版社，1981 年成立了复旦大学出版社，接着还成立了上海交通大学、同济大学、上海中医学院（现为上海中医药大学）、上海医科大学、华东化工学院（现为华东理工大学）等五家大学出版社，为教学和科研作出了贡献。此外，还先后成立了上海科技文献出版社、学林出版社、上海社科院出版社、上海翻译出版公司（现为上海远东出版社）、文汇出版社、上海科技教育出版社、上海科学普及出版社、汉语大词典出版社，恢复了上海三联书店、立信会计出版社，批准上海书店为正式出版单位。1987 年 5 月上海市出版局改组为上海市新闻出版局。竞争给历来承担全国出书计划的上海出版界带来很大压力，也推动了思想的进一步解放，抓住机遇，走入市场，大胆进行了一系列的探索。

在出书上逐步形成了一条实施“图书精品

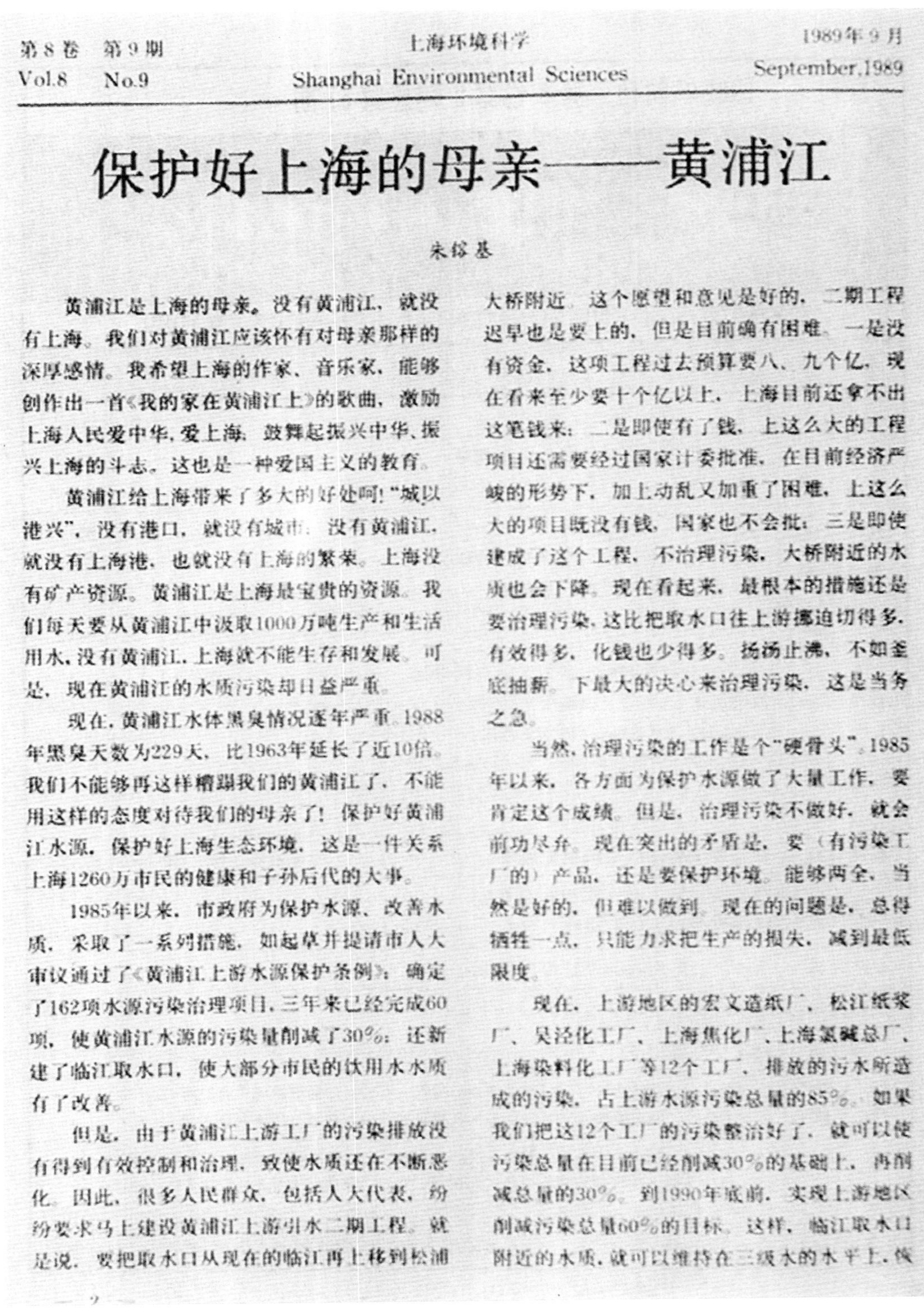

第 8 卷　第 9 期　　上海环境科学　　1989 年 9 月
Vol.8　No.9　　Shanghai Environmental Sciences　　September, 1989

保护好上海的母亲——黄浦江

朱镕基

黄浦江是上海的母亲。没有黄浦江，就没有上海。我们对黄浦江应该怀有对母亲那样的深厚感情。我希望上海的作家、音乐家，能够创作出一首《我的家在黄浦江上》的歌曲，激励上海人民爱中华，爱上海，鼓舞起振兴中华、振兴上海的斗志。这也是一种爱国主义的教育。

黄浦江给上海带来了多大的好处啊！“城以港兴”，没有港口，就没有城市；没有黄浦江，就没有上海港，也就没有上海的繁荣。上海没有矿产资源。黄浦江是上海最宝贵的资源。我们每天要从黄浦江中汲取1000万吨生产和生活用水，没有黄浦江，上海就不能生存和发展。可是，现在黄浦江的水质污染却日益严重。

现在，黄浦江水体黑臭情况逐年严重。1988年黑臭天数为229天，比1963年延长了近10倍。我们不能够再这样糟蹋我们的黄浦江了，不能用这样的态度对待我们的母亲了！保护好黄浦江水源，保护好上海生态环境，这是一件关系上海1260万市民的健康和子孙后代的大事。

1985年以来，市政府为保护水源、改善水质，采取了一系列措施，如起草并提请市人大审议通过了《黄浦江上游水源保护条例》；确定了162项水源污染治理项目，三年来已经完成60项，使黄浦江水源的污染量削减了30%；还新建了临江取水口，使大部分市民的饮用水水质有了改善。

但是，由于黄浦江上游工厂的污染排放没有得到有效控制和治理，致使水质还在不断恶化。因此，很多人民群众，包括人大代表，纷纷要求马上建设黄浦江上游引水二期工程。就是说，要把取水口从现在的临江再上移到松浦大桥附近。这个愿望和意见是好的，二期工程迟早也是要上的，但是目前确有困难。一是没有资金，这项工程过去预算要八、九个亿，现在看来至少要十个亿以上，上海目前还拿不出这笔钱来；二是即使有了钱，上这么大的工程项目还需要经过国家计委批准，在目前经济严峻的形势下，加上动乱又加重了困难，上这么大的项目既没有钱，国家也不会批；三是即使建成了这个工程，不治理污染，大桥附近的水质也会下降。现在看起来，最根本的措施还是要治理污染，这比把取水口往上游挪迫切得多，有效得多，化钱也少得多。扬汤止沸，不如釜底抽薪。下最大的决心来治理污染，这是当务之急。

当然，治理污染的工作是个“硬骨头”。1985年以来，各方面为保护水源做了大量工作，要肯定这个成绩。但是，治理污染不做好，就会前功尽弃。现在突出的矛盾是，要（有污染工厂的）产品，还是要保护环境。能够两全，当然是好的，但难以做到。现在的问题是，总得牺牲一点，只能力求把生产的损失，减到最低限度。

现在，上游地区的宏文造纸厂、松江纸浆厂、吴泾化工厂、上海焦化厂、上海氯碱总厂、上海染料化工厂等12个工厂，排放的污水所造成的污染，占上游水源污染总量的85%。如果我们把这12个工厂的污染整治好了，就可以使污染总量在目前已经削减30%的基础上，再削减总量的30%。到1990年底前，实现上游地区削减污染总量60%的目标。这样，临江取水口附近的水质，就可以维持在三级水的水平上，恢

— 2 —

上海的期刊在上海的经济建设中发挥了积极作用。1992 年，朱镕基同志在《上海环境科学》上发表《保护好上海的母亲——黄浦江》的重要文章，上海掀起了治污建设的高潮。

战略”的思路。80 年代提出了“以质量取胜，以特色取胜”的出书战略思想，要求优先安排有新思想、新内容、新语言的图书；90 年代，又进一步提出抓原创、抓定位、抓品牌，明确资源优势、人才优势、经济实力、社会现状和发展趋势，努力优化重要部类的图书。按照这一思路，先后编制实施了“七五”、“八五”两个重点图书出版规划，完成了一大批堪称中国第一的，高质量、有影响的大型文化工程。汉语大词典出版社出版的《汉语大词典》是中国第一部反映汉语词汇发展全貌的巨著，煌煌 13 大卷，共收词 37·5 万条，计 5000 万字，被誉为“辞书出版的里程碑”；上海译文出版社出版的两卷本《英汉大词典》，是中国第一部自建第一手资料语库，独立研编，国内规模最大的英汉词典；上海科技出版社出版的《中国医学百科全书》共 93 卷，2000 余条目，4000 多万字，是国内编纂最早，规模最大的一部专业百科全书；上海古籍出版社的《口国古籍善本书目》，是有史以来首次对我国善本古籍所作的大规模清理、编录工作，它包括经、史、子、集、丛五部，著录了全国 782 个单位收藏的约 6 万种、13 万部的古籍善本书目。此外，《经济大辞典》、《哲学大辞典》、《教育大词典》、《中国历史大辞典》、《金文大字典》也都是该领域的“中国第一”。这诸多中国第一充分显示出上海出版业的整体实力，也从根本上改变了“大国家，小词典”的状况。各出版社还在新的出书经营模式上进行了探索。学林出版社在全国率先试办自费出版，上海译文出版社与法国

全国优秀出版社——上海辞书出版社

1989 年上海书画出版社的《十竹斋书画谱》获莱比锡艺术博览会国家大奖

部分获国家图书奖的图书

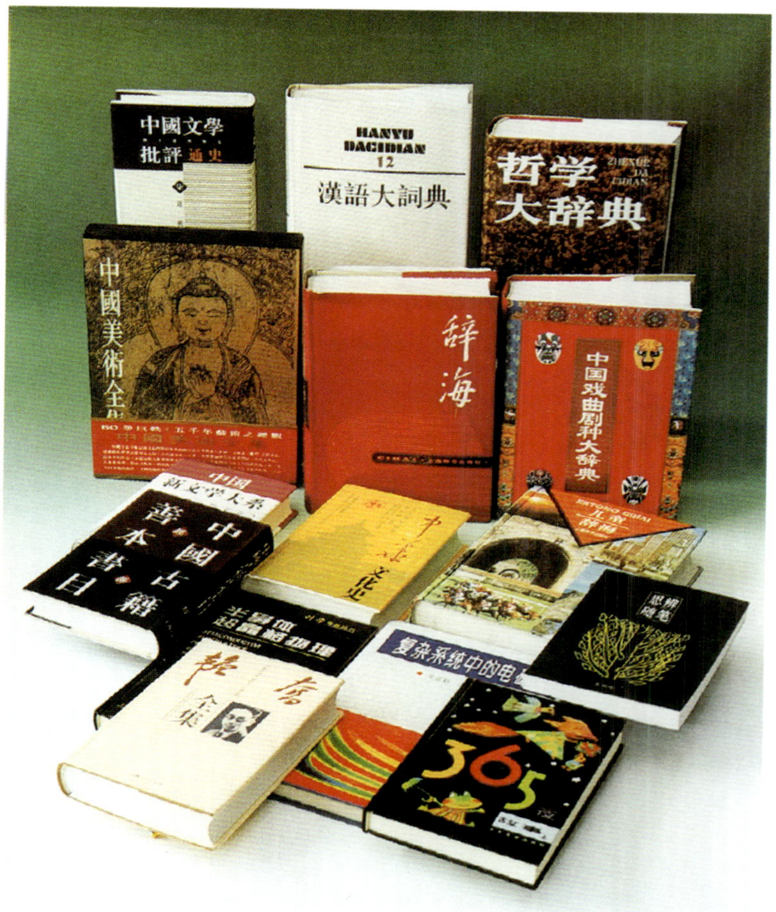

中国古籍善本书目

历史悠久的朵云轩木板水印工艺

阿歇特出版集团合作，创办了中国第一个中外合作刊物《世界时装之苑》，上海书画出版社开办了艺术品拍卖行，各出版社纷纷尝试利用社办刊物经营广告。上海还独创性地开办了以委托出版为主的百家出版社。为了正确处理社会效益和经济效益的关系，上海于1993年创建了"图书质量评估制度"和"双效益考核体系"，这些制度要求出版社经济效益的增长必须以多出好书为基础，出版社经济效益的增长必须以提高质量为依托，通过以量化的办法考核出版社的社会效益，实行出版社的工资总额和长年工资额与出版社社会效益、经济效益双挂钩，从而形成一种多出好书，不出坏书的导向机制，一种使出版社在保证社会效益的前提下不断提高利润的机制，一种可操作的激励和约束机制。这些探索进一步激发了出书的活力，各门类读物高起点、多层次、全方位发展，精品迭出，空前繁荣。高级大型图书成批出现，《辞海》在1979版的基础上又完成了1989版；《中国美术全集》上海承担了60卷中的19卷；上海人民美术出版社出版了"上海、南京、辽宁、故宫博物馆藏画系列"；上海书画出版社用木版水印复制出版了《十竹斋书画谱》；学林出版社出版了《中国历代服饰》；上海人民出版社出版了《韬奋全集》；上海文艺出版社完成了《中国新文学大系》三辑，共60卷；上海书店出版了《中国近代文学大系》30卷；上海教育出版社出版了《中国古代史参考图录》、《中国近代史参考图录》。古籍整理、影印硕果累累，上海古籍出版社影印

上海辞书出版社图书馆善本书库

精湛的海派图书装帧艺术。图中《战争与回忆》和《金文大字典》获第四届全国书籍装帧设计一等奖。

出版改革中涌现的新的出版方式，我国首家专事委托出版任务的百家出版社。图为社领导与编辑一起分析、总结委托出版十年来的成果与经验。

1988年6月，上海译文出版社与法国阿歇特出版集团合作，创办了中国第一个中外合作刊物《世界时装之苑》。图为该刊第一、第二两期。

了《四库全书》、《古本小说集成》、《敦煌吐鲁番文献集成》；上海书店影印了全套《申报》共400 册，16 万多页。科技图书先进实用，如苏步青的《计算几何》、陈中伟的《显微外科》、李国豪的《工程结构和抗震动力学》，以及《家庭医学全书》、《电工手册》等。少儿读物精彩纷呈：《十万个为什么》、《上下五千年》、《365 夜故事》长销不衰；上海教育出版社的《中学生文库》，少年儿童出版社的《少年文库》成为图书馆少儿读物必备书。这些图书极大地丰富了人民的精神生活，为社会主义精神文明建设作出了贡献。在 1991 年至 1996 年中宣部举行的“五个一工程·一本好书”评奖中，上海有 6 种图书入选；在新闻出版署举办的三次国家图书奖评奖中，上海有 37 种图书获奖，均在全国处领先地位。上海译文出版社、上海科技出版社、少年儿童出版社、上海辞书出版社、上海人民出版社先后被中宣部、新闻出版署授予全国优秀出版社称号，另有十家出版社被新闻出版署评为全国良好出版社。

上海在图书发行体制改革方面起步较早。按照逐步形成以国营书店为骨干的、多种经济成分、多种流通渠道、多种购销形式、减少流通环节的图书发行网络的要求，1980 年开办了集体性质的沪江书店，1983 年开办了第一家个体的自立书店，到 1986 年底，全市已有 592 家集体、个体书店，1998 年又进一步发展到集体 1929 家，个体 1652 家。1983 年上海辞书出版社成立了发行所，完全自办本社全部发行业务，这在全国是第一家。到 1985 年，上海各出

首届上海图书节是上海开埠以来规模最大的一次文化盛事

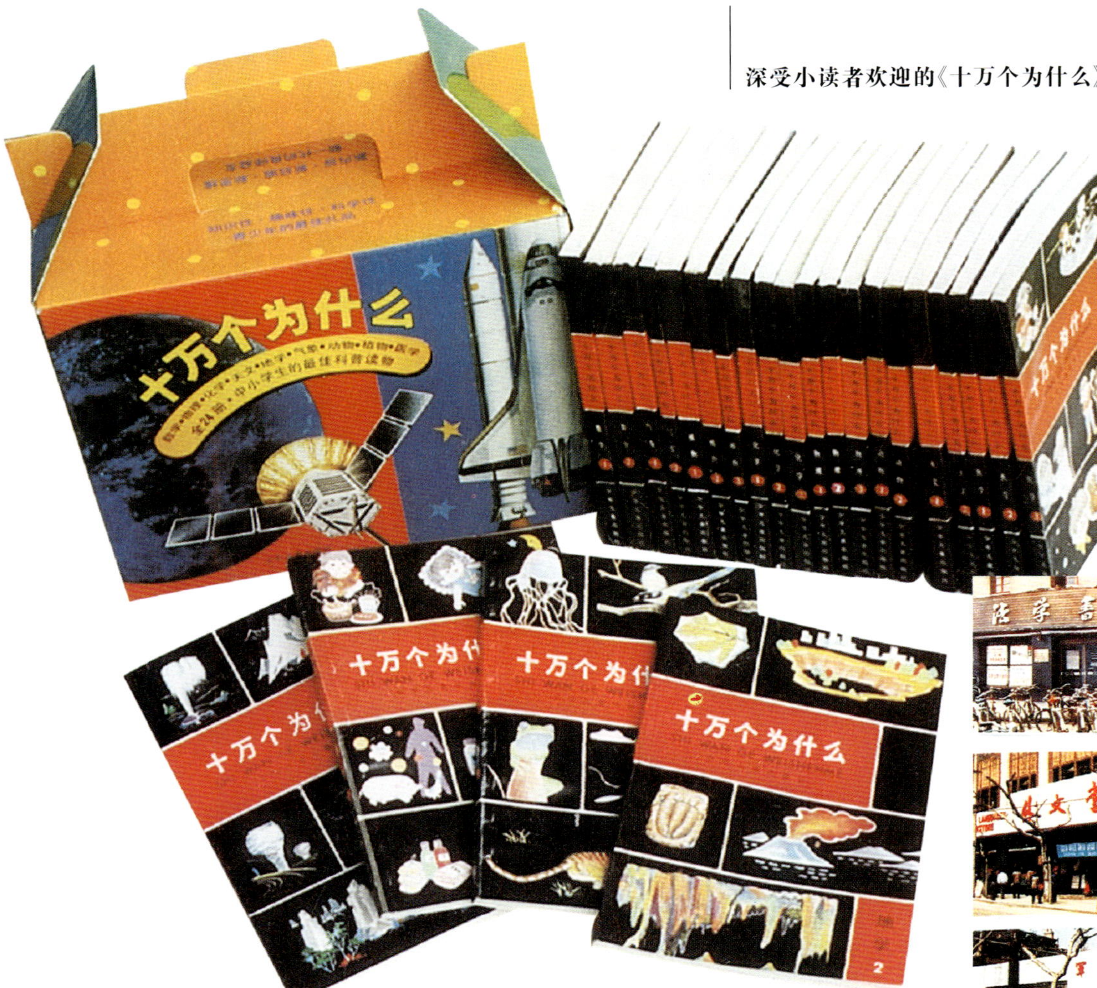

深受小读者欢迎的《十万个为什么》

遍布全市的各种专业书店

80 年代上海印刷业连续三次获得五个第一。图为颁奖会和部分获书刊印刷奖的图书。

版社自办发行的销货额，已相当于上海新华书店销货额的一半，突破了“新华书店一统天下的局面”。1986 年，上海文艺出版社创办全国第一家读者俱乐部。上海各出版社还注意发展发行联合体，7 家大学出版社与中国科技图书公司集资创办了大学书店，这是全国第一家大学出版物的专门发行渠道；1995 年，上海人民出版社更是把这种联合拓展到全国，在中国版协的支持下，建立起全国人民出版社的联合发行体——上海联合学术图书发展公司，还创办了东方书林俱乐部。在书店建制方面，上海在全国首开专业书店先河，从 1978 年起，就先后建立了科技书店、音乐书店、少儿书店，以后又陆续开设了古籍书店、艺术书店、教育书店、工具书店、企业家书店、法学书店、体育书店、旅游书店、学术书苑、沪版图书发行中心等，总共有二十多家。这些书店专业性强，品种丰富，供应率高，总的备货品种有 5 万种左右，而当时上海最大的综合性书店南京东路新华书店，备货品种一般不超过 2 万种左右。上海还进一步向全国开放图书市场，开设了集中销售地方版图书的省版书店和销售北京地区出版物的京版图书门市部。到 80 年代中期，上海已形成了上海新华书店、中国科技图书公司、外文图书公司、上海图书公司、音乐图书公司等多家国营书店互相竞争，共同繁荣的格局。80 年代中期，上海的图书销售网点已达 2987 个，市区每 0.18 平方公里，每 0.34 万人口拥有一个销售点，郊区每 6.7 平方公里，每 0.59 万人口拥有一个销售点。1981 年，上海在全国还率先

部分获“五个一工程”奖的图书

上海认真出版各种学习和研究邓小平理论的图书

举办大型书市，其全开架的销售模式，在社会上引起极大反响。此后上海又成功地举办了1986年上海书市，首届上海图书节和1998年上海书市，还承办了第三届全国书市。在图书进出口方面，1979年恢复了上海图书发行公司，1981年改为中国出版对外贸易公司上海分公司。1984年，上海外文书店第一次取得了直接进出口图书权，1985年改为上海外文图书公司，与世界上11个国家和地区120家出版社(商)建立了业务联系。1984年，社会上出现大量不健康的小刊、小报，1985年，书刊市场上又出现冒用社名、盗用书号、高价牟利、非法出版的新武侠小说等非法出版物，加强图书市场管理，成为一个重要问题。1986年，上海市新闻出版局等五单位联合制订了《上海市图书报刊市场管理规定》，经市政府批准执行。1989年，上海市人民政府发布了《上海市图书报刊市场管理规定》；1989年11月，上海市人民政府发布了《上海市查禁有害出版物暂行规定》；1991年3月，市人大审议通过《上海市图书报刊市场管理条例》，该条例成为出版业第一个地方性法规。同年，上海成立了上海市图书报刊市场管理处，统一执法。为引导民营书业健康发展，上海还创建了上海文庙书刊交易市场和沪太路图书批发市场。90年代由于上海图书市场规范有序，多次受到中宣部、新闻出版署表彰。

印刷方面的体制改革，从1981年起逐步扩大了企业的经营自主权，1986年取消了出版印刷公司和出版物资公司对原属企业的行

著名甲骨文专家、学林出版社《甲骨文文字学》一书作者李玲璞教授为读者作讲座。

“九五”期间上海纯文学出版喜获丰收

1998年11月25日是巴金老人95岁诞辰。上海文化出版社出版了《巴金〈随想录〉手稿本》(5卷)，作为献给巴老的生日礼物。

“九五”期间上海在青年读物出版上开拓创新。上海人民出版社出版的《岁月随想》(赵忠祥著)发行逾100万册，畅销全国，深受读者欢迎。

政隶属权，使企业成为独立的经济法人。80 年代，印刷技术改造和技术引进成效显著。上海书刊印刷业瞄准国际上 70 年代末、80 年代初的先进技术，以电子化、高速化、多色化、联动化为主攻目标，十年间投资超过 2000 万美元，配套人民币近 1 亿元，引进了电子分色机、电脑照相排字机、高速胶印轮转机、四色胶印机和胶印、精装联动线等设备，从根本上改变了上海印刷设备陈旧落后的面貌，推动了产品质量的提高。在 1982 年、1984 年、1986 年，国家出版局组织的全国书刊印刷质量评比中，上海连续三年荣获总分第一。1986 年，铅印质量的第一、第二、第三名，胶印的第一、第三名，均为上海获得。这一期间上海印制的《宋人画册》、《泰吾士世界历史地图集》、《鲁迅全集》、《辞海》、《汉语大词典》、《中国美术全集》、《敦煌画册》、《明清扇面》、《辽宁博物馆藏画》等都达到很高水平，在国际上获得赞誉。在印刷科研上，上海印刷技术研究所 1980 年从英国蒙纳公司引进激光照排机，经过五年多的努力，研制成功计算机照排用的精密型汉字库，编制出多种中文书版、报版和表格版排版软件，如中文古籍书排版软件、报版单篇预处理软件和字体旋转及动态变形软件等，为改变中文排版的落后面貌作出了先驱者的贡献。在印刷教育方面，1985 年，根据中意两国政府的协议，在上海印刷学校建立了中意印刷培训中心。1986 年底，经国家教委批准，该校筹建为上海出版印刷专科学校，成为建国以来第一所全日制出版印刷的高等学校。上海还开办了上海

“九五”期间上海科普读物的出版达到较高水平

老科学家钱伟长饶有兴趣地琢磨《汉语大词典》和《四库全书》光盘

装帧大方、印刷精美的古典画册。

市印刷技工学校、上海市新闻出版局职工大学，在复旦大学新闻系、上海大学中文系设立了编辑专业，逐步形成了一个高等院校、大专、中专、技校，全日制和业余等多种形式的出版、印刷人才培养教育网络。随着改革开放的深入，上海印刷业还积极探索对外合作，先后创办了上海高精印刷公司、沪港合作的上海和克诚特版公司、中新合作的上海丽佳制版分色公司。

五、迈向大产业

90 代中期，中央号召进一步加强社会主义精神文明建设，江泽民总书记提出“以科学的思想武装人，以正确的舆论引导人，以高尚的精神塑造人，以优秀的作品鼓舞人”的文化宣传工作的基本任务。新闻出版署根据这一要求，提出出版工作实行阶段性转移，从数量规模型转变为质量效益型，实施集约化发展，努力出版具有时代特征的好书。上海市委也提出，要把上海出版业建设成上海重要的产业。根据中央和市委要求，上海出版系统进一步深化改革，努力构建社会主义出版产业体系。

一是优化产品结构，全面推进图书精品工程。上海历来重视控制低水平、低层次重复安排选题，1994 年以来更是反复强调，搞出版要把精力集中在文学、艺术、科学、文化的创新和积累上，不热衷于追逐政治上的尖端问题、敏感问题，不热衷于抢各种各样的热点，上海的

“九五”规划项目：全书共 101 卷、4000 万字的《中华文化通志》，由上海人民出版社于 1998 年 10 月出版。

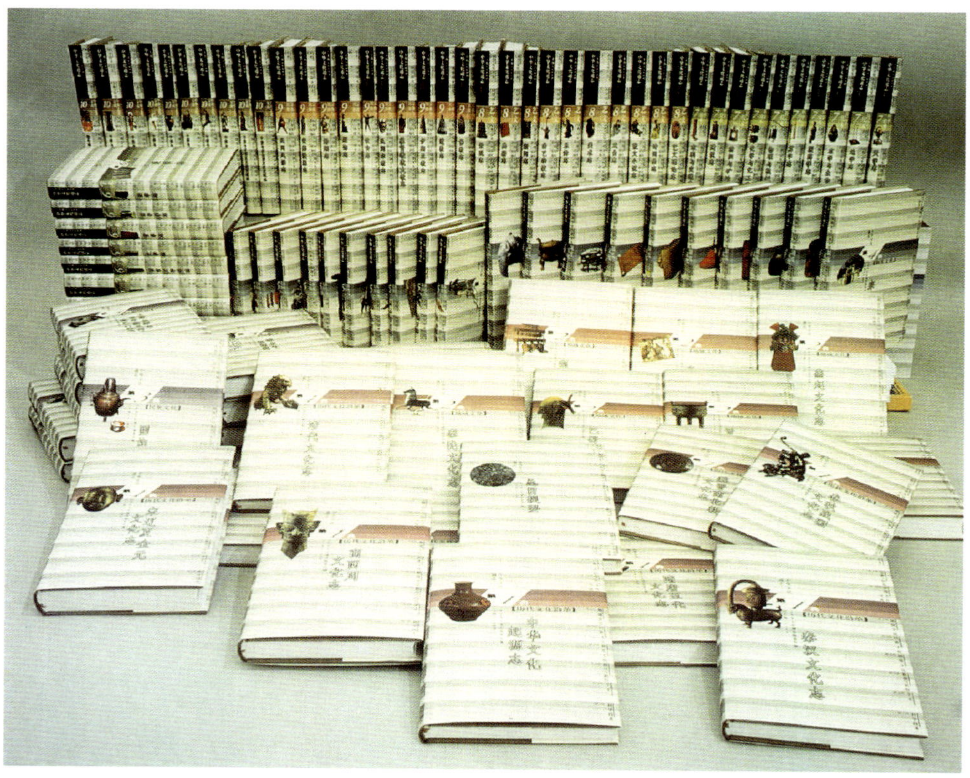

“九五”规划项目：《中国书画全书》。

“九五”规划项目：《世界绘画珍藏大系》。

出版社必须坚决与庸俗的"地摊文化"划清界限。1996 年，在总结参加"中国出版成就展"、"全国少儿出版成就展"的经验基础上，又对上海本世纪末、下世纪初的重点出书方向提出了 8 条指导性意见。(1) 能够体现上海文化出版水平的标志性出版物和重大理论建设读物，特别要注意出版学习和研究邓小平理论的著作；(2) 单本原创性、独创性著作。无论社科类、文艺类、科技类、少儿类，都要在原创性、独创性上下功夫；(3) 科技类图书既要发挥传统优势，也要发展新的优势，注重发展计算机类、生命科学类图书，以及高级科普读物；(4) 文学创作要努力推出有震撼力的大作品；(5) 加强中国风格的卡通创作；(6) 翻译图书要以更新的眼光去争取优秀的当代著作的版权；(7) 加强农村读物的出版；(8) 发展外文版图书，推动中国文化和世界文化的相互交流。根据这一意见制订的规模更加宏伟的《上海"九五"重点图书出版规划》，被列为上海市精神文明建设的一项重要工程。《规划》共 250 个项目，含图书 2500 卷册，新出字数 12 亿，插图 5 万多幅，影印篇幅 200 万页，电子出版物(CD－ROM)6 种(1998 年中期调整为 300 项)。其中 85 个项目被列为国家"九五"重点图书。"九五"规划的实施，形成了新优势，推动了新发展。在学习和研究邓小平理论的图书出版上，推出了出版业的《邓小平思想理论大辞典》、两辑"邓小平理论与实践研究丛书"以及"学习党的十五大精神丛书"。还配合重大政治活动出版了《中国人民解放军 70 年图集》和《香港全记

"九五"规划项目：《中国新文学大系》。

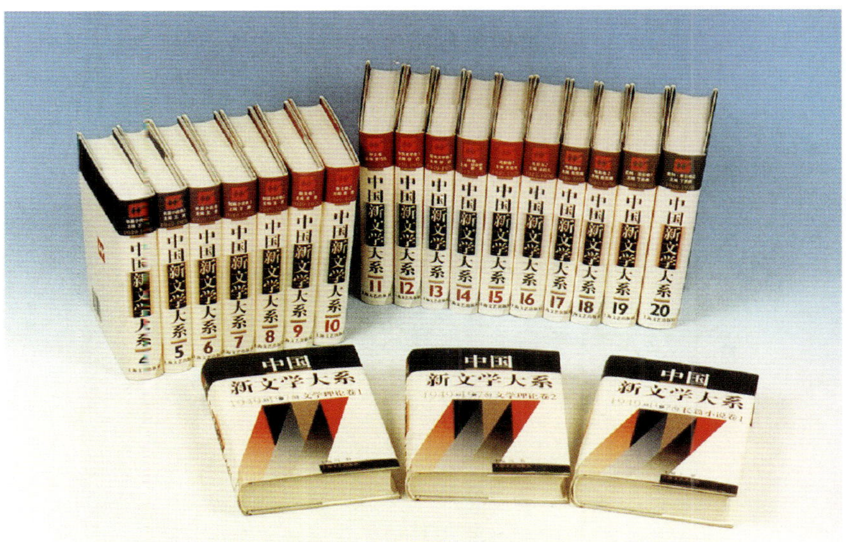

"九五"规划项目：《汉语大词典(缩印本)》。

"九五"规划项目：12 卷 22 本的《中国通史》。

录》。在单本独创性、原创性学术著作的出版上，1989年上海市新闻出版局设立了学术著作出版基金，1994年制订了《上海市新闻出版局学术著作出版基金章程》，规定每年投入专款150万元，用于资助局属出版社50种—100种各类优秀学术著作，优先资助列入国家和上海市重点出版规划的学术著作。通过学术著作出版基金，推动出版了《中华文化史》、《中国戏曲剧种大辞典》、《近代中国社会的新陈代谢》等一批高水平的专著，新开了“当代国际政治丛书”、“当代中国哲学丛书”两个新学科。在长篇小说的出版上，为繁荣创作，1981年创办了《小说界》和《巨人》杂志，1989年开始出版“小说界文库”，1993年开始出版“巨人丛书”；1996年上海市新闻出版局决定每年资助上海文艺出版社的“大上海小说丛书”和少年儿童出版社的“巨人丛书”，以示对长篇小说和儿童文学出版的扶植。经过多方努力，《男生贾里》、《苍天在上》、《皖南事变》、《九月寓言》、《马桥词典》等一批作品在社会上引起强烈反响，“小说界文库”和“巨人丛书”逐步成为中国著名的纯文学图书品牌。1997年，上海市新闻出版局又决定对一些作品题材好、有修改潜力的长篇小说予以资助修改，鼓励出版高质量、有震撼力的大作品，上海文艺出版社的《长相思》是获得这项资助的第一部作品。在高级科普读物的出版上，上海科技出版社的“科学大师佳作系列”，上海科教出版社的“哲人石丛书”均代表了当代科普著作的较高水平。在音像、电子等

改建后的上海中华印刷有限公司

上海中华印刷有限公司旧貌

上海书城

美术专馆内景

上海书城一楼大厅

视听专馆网上书店

新型媒体出版上，上海也进行了广泛地探索。1983 年成立的上海声像读物出版社，目前年产值已超过 1 亿元。1992 年上海多家出版社投资成立了上海电子出版公司。上海出版的《儿童辞海 CD－ROM》是国内第一部电子百科辞书，《上海大典 CD－ROM》（上海三联书店出版）是国内第一部电子地方百科，上海还基本完成了《汉语大词典》和《四库全书》两个大型数据库的开发。目前“九五”规划已完成 60%，国家重点图书《中华文化通志》、《续修四库全书》、《中国文学大辞典》、《宗教大辞典》、《中国新文学大系》、《世界绘画珍藏大系》均已完成或接近完成。为进一步推进图书精品工程，为上海出版业在新世纪的发展打好基础，1999 年春天，上海举办了“上海图书精品战略论坛”，中国工程院院士、上海市市长徐匡迪亲自出席论坛，并作了《飞速发展中的现代科技》的讲演，要求上海出版业适应现代科技的发展，努力应用现代科技，成为促进人类科技知识传播的一个重要方面。

二是优化产业结构，培育新的产业组织。根据市第七次党代会精神，为顺应国际出版业集团化发展趋势，发挥上海国际大都市功能，合理配置出版资源，增强上海出版业在国内外市场上的竞争能力，1999 年 2 月，上海人民出版社、上海教育出版社、上海译文出版社、汉语大词典出版社、上海图书公司，经新闻出版署批准，组建为上海世纪出版集团。集团目前总资产 4·16 亿元，目标是建成为跨地区、跨行业、跨国界，资本一体化，经营多元化，手段现

上海两大图书公司

代化，以出版为主体的大型传媒集团。在近期内还要酝酿新的高效、集约化的出版组织形式。同时也鼓励积极探索其他发展壮大的形式，如上海文艺出版社实行无级别制和两级管理，采用裂变的模式，使原音乐、文化两块副牌和文艺社一样相对独立出书、核算，形成3个各具特色的出书主体。通过努力，使上海出版社形成大小并存，优势互补，良性竞争的局面。90年代初，市场经济发展迅速，传统印刷市场竞争激烈，上海劳动力成本高，在竞争中处于不利地位。与此同时，随着人民生活水平提高，高档精细印刷品（画册等）市场逐渐形成，上海没有及时调整战略，导致上海既失去许多外地客户，本地业务也大量南下，上海印刷业一度陷入困境。为扭转这种局面，1994年，上海组建了印刷集团，制订了上海印刷业整体改革方案，通过资产重组，构建具有规模效益，科技含量高，产品质量好的现代化印刷基地。1998年，组并成立上海中华印刷有限公司，引进世界90年代水平的先进设备，建成为现代化彩印中心；采用发起式股份制的模式，将商务印刷厂改建为一个具有规模经营实力、高效率的现代化书刊印刷中心，一个现代商业印刷品印刷中心；上海市印刷三厂则开拓印制IC卡等特殊印刷品的印刷市场，还将筹建中外合资企业。1998年，上海印刷集团已从困境中努力崛起，抢占印刷高地的步子已经迈出，连续十几年的效益滑坡状况得到纠正，沪书外印、北书南印的局面开始扭转，上海印刷业重振雄风已指日可待。在发行方面，将通

上海画报社与香港三联书店合作出版的《江南古镇》

上海医科大学出版社的《手的修复与再造》获得了国家图书奖

少年儿童出版社出版的《365夜故事》(上、下)

过组建大型图书批发集团公司和以上海书城为龙头的零售集团,形成新华书店"一体两翼"的发展新格局。

三是优化市场结构,形成整体经济效益快速跃升,能积极参与国际书业竞争的新型产业格局。1998 年初,上海新华书店批销中心在全国首推仓储式经销模式,经营面积从 400 平方米扩展到 4000 平方米,备有全国各地出版物 5 万多种,日营业额 80 万元。新建的上海书城拥有 1 万平方米营业面积,6 层楼面,供应书报刊音像制品、电子出版物 15 万种,是中国设施最好,品种最多的超级书店。上海市区已逐步构建东、西、南、北、中五大图书销售中心,营业面积达 11000 平方米。目前,正积极争取在我国重要区域设立若干个沪版图书批销中心。上海还积极参加国际竞争。1979 年至 1998 年上海有 34 家出版单位与美、英、法、德、日等 13 个国家和香港、台湾地区以及联合国有关组织近百家单位建立了密切的贸易往来关系,至 1998 年底全市共签订涉外版权贸易合同 1352 份,涉及 900 种作品。1984 年,上海出版界赴香港举办了"上海书展",展出图书 6 千余种;1997 年、1998 年,上海先后举办了两次北美书展,一次法国书展。 第二届北美书展,除上海外,还邀请人民文学出版社、浙江古籍出版社、湖北辞书出版社等参展,58 家出版单位,共展出 6000 种图书,9 天展期,仅上海外文图书销售额就达 60 多万元,比首届增加近 20 万元。在温哥华,三联书店 7 天销售 4. 3 万元,创历史纪录。在版权保护方面,1998 年,成

1998 年第九届香港书展期间,香港特区行政长官董建华(左)等参观上海展台,盛赞上海辞书出版社出版的《历代诗人画传》等书。

外国读者对上海出版的图书爱不释手

1991 年 6 月,上海译文出版社购买了《乱世佳人》、《斯佳丽》中文简体字专有出版权。(这是我国首次向海外购买文学作品图书的版权。当时我国尚未加入国际版权公约,因而引起世界舆论的瞩目,同时也以事实表明了中国尊重知识产权的严正立场。)

立了上海市版权局，之后又成立了反盗版联盟。

1998 年 5 月，上海市新闻出版局受市国资委委托，受权管理上海新闻出版系统国有资产，标志着上海出版产业体系建设迈出了新的一步。

50 年来，上海出版业的发展一直得到党和国家领导人的亲切关怀。90 年代，江泽民总书记两次接见上海出版工作者：1993 年，江泽民总书记接见了《汉语大词典》的部分作者和出版工作者；1998 年，江泽民总书记又接见了《中华文化通志》的部分作者和出版工作者，并称赞这套书为后代研究中华五千年文化留下了珍贵的成果。江泽民总书记 1989 年为《辞海》所作题词："发扬一丝不苟，字斟句酌，作风严谨的辞海精神，为提高中华民族的文化素质而努力。"成为上海出版事业的座右铭，鼓舞着上海出版工作者奋发向上。

新中国成立 50 年以来，特别是党的十一届三中全会以来的 20 年，在中宣部和新闻出版署的领导下，在中共上海市委和市委宣传部的领导下，上海出版事业发展迅速，图书市场全面繁荣。1979 年，全市只有 10 家专业出版社，一年出书仅 2097 种。1997 年上海已有 36 家专业出版社，年出书 10155 种，增长 384%。上海图书发行网点遍布全市城乡。1998 年已拥有各类图书网点 4400 个，大中型书店营业总面积达 5 万平方米，不仅根本改变了新华书店独家经营，网点集中于市中心的局面，而且比 1989 年增加了 47.3%。上海的书

学林出版社出版的《中国历代服饰大观》是海外版本最多的沪版图书

少儿图书异彩纷呈

刊印刷业，排版告别了“铅与火”时代，步入电子时代，印刷告别了铅印时代，胶印中彩印成分逐年增加，已从 1982 年的 13.11 万对开色令发展到 1997 年的约 110 万对开色令。20 年来上海共出版图书 70.7 亿册。上海出版业的经济效益也逐年增加，仅上海市新闻出版局所属单位，1979 年利润总额为 0.74 亿元，1998 年达 1.78 亿元，增长 140%。20 年共实现销售收入 262.5 亿元，实现利润 22.18 亿元。上海出版界现有编辑 3 千多人，高级编辑近千人。在长期的出版工作中，上海涌现出一大批出类拔萃的出版家、编辑和作家。赵家璧、钱君匋、胡道静、罗竹风、李俊民、陈伯吹、陈向民、宋原放、丁景唐、吴岩、贺友直、杨可扬、任大霖、任溶溶、巢峰、江曾培、钱伯城、赵昌平、卢辅圣、秦文君等均在本领域享有盛誉。上海已成为一个出书门类齐全、品种众多、水准整齐、手段先进、服务全国、面向世界的重要出版基地。

党的十五大要求新闻出版业加强管理，提高质量，优化结构。面向 21 世纪的上海出版业，将沿着党的十一届三中全会开创的道路，遵循党的十五大精神，迈向大产业，寻求更大的发展。

构建中的东、西、南、北、中五大图书销售中心之一。

新中国出版 50 年

江　苏

江苏出版业发轫于唐代，兴盛于明清。此后，江苏一直是全国重要的出版基地之一。1949 年新中国成立，为历史悠久的江苏出版业开辟了新的发展道路。江苏出版业在经历了一个曲折的成长过程后，取得了较大的发展。特别是党的十一届三中全会以来，江苏出版业抓住机遇，不断深化改革，加快对外开放，取得了令人瞩目的辉煌成就，在地方出版史上写下了新的一页。

一、江苏出版业的现状与规模

江苏现有出版社 16 家，其中省出版总社直属出版社 8 家、大学出版社 6 家、地市级出版社 2 家，省出版总社设有电子音像出版部。此外，还有专门出版古籍线装图书的扬州广陵古籍刻印社和出版木刻年画的苏州桃花坞木刻年画社两个出版单位。1998 年出书 4859 种，其中新书 2599 种；图书总印数 46792 万册，印刷用纸量 222.7 万令。全省还出版公开发行报刊 579 种，其中报纸 155 种，期刊 424 种。

全省现有书报刊印刷许可证企业 438 家，其中，书刊印刷国家级定点企业 13 家，省级定点企业 48 家。省出版总社直属印刷厂 3 家，1998 年照排量 5300 万字，书刊印刷量 50.56 万令，胶印印刷 83.93 万令。省新闻出版局获得了全国“书刊印刷优等品管理银奖”，省出版总社获得“优秀印刷质量课本、教材出版（租型）单位银奖”。

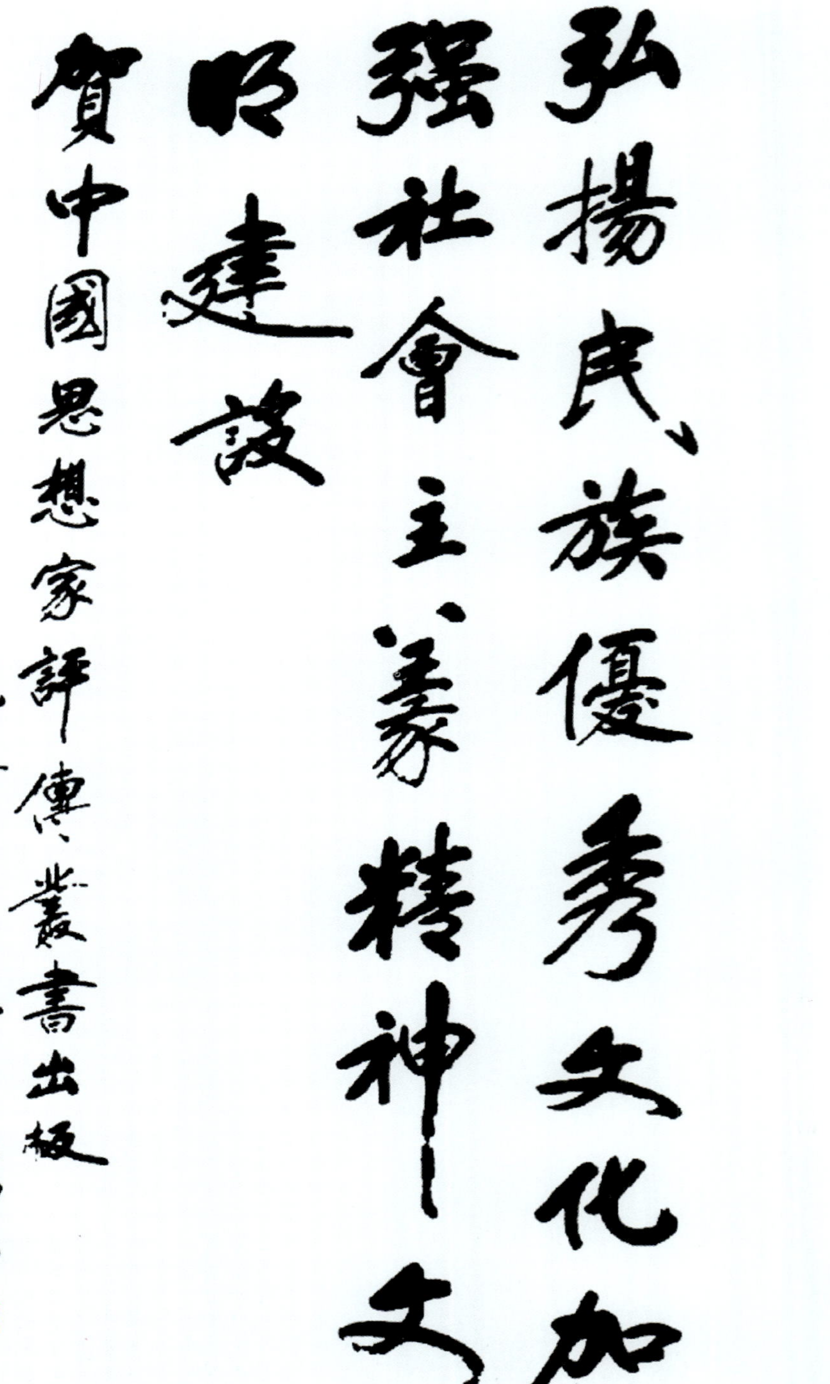

乔石同志为“中国思想家评传丛书”题词

全省共有图书发行网点 8774 处，其中新华书店网点 877 处，基本上形成了多种经济成分并存的遍布城乡的图书发行网络。1998 年全省出版系统销售总收入 54.83 亿元，其中新华书店销售额 46.98 亿元，在全国居前列位置。有 12 个县市新华书店销售额超过 4000 万元，销售额最高的市级店南京市新华书店达到 2 亿元，县级店武进县店达到 8000 万元。省新华书店在南京设有图书批销中心和储运中心，并在苏州和徐州两市分别联办了图书批销中心。1998 年省新华书店销售额达 20 亿元，在全国新华书店中名列首位。

江苏省出版印刷物资公司除承担全省绝大部分出版用纸的供应任务外，还为广大客户供应印刷机械、油墨耗材等。该公司拥有华东地区最大的纸张仓库，现年销售纸张约 5 万吨，销售收入 6 亿元。

江苏省新闻出版学校和江苏省印刷技工学校，每年为出版业培养各类毕业生 100 多名。江苏省印刷技术研究所在承担日常科研任务的同时，先后开发了多项出版系统微机软件，并建立了因特网“江苏出版”网站，开通一年多来，已有 7.7 万网上读者访问主页，网上书店也有了一个良好的开端。

江苏出版业积极致力于对外合作出版和版权贸易。1998 年共组织 27 批 99 人次访问 13 个国家和地区，与海内外出版商签订对外合作出版和版权贸易合同 178 份，涉及图书

1997 年江苏省委书记陈焕友参观“江苏出版成就汇报展”

陈丕显、彭冲等老同志高度评价江苏人民出版社出版的“新四军丛书”。

252 种，其中引进海外版权 207 种。省出版总社电子音像部还积极引进境外电子出版物。1998 年江苏省图书进出口公司图书进出口成交额为 335 万元。

经过长期的发展，江苏出版业已经形成涉及纸、声、光、电、磁等不同媒介，编、印、发、供、教育、科研协调发展的出版体系，是全国重要的出版基地之一。改革开放以来，江苏出版业保持了持续、稳定、快速的发展。销售收入以年平均递增 25% 左右的速度增长，到 1998 年，已达到 54 亿元。其他各项主要指标也处于全国出版界的前列位置。依靠雄厚的经济积累，江苏完成了一些重要的基础设施建设，如出版大厦、图书发行大厦、省出版学校、樱驼村仓库、小红山仓库等，30 层的综合性大楼云湖大厦即将完工。江苏出版业已成为本省重要的经济、文化产业之一。

二、江苏出版业的发展过程

江苏出版业 50 年的发展，折射着社会发展的进程。以党的十一届三中全会和十四届六中全会为标志，粗略可分为三个阶段。

第一个阶段，从建国初期到 1978 年。1951 年底，苏南、苏北区党委各自建立出版社，这是江苏地区最早成立的社会主义出版机构。

1953 年 1 月，在苏南、苏北两个人民出版社的基础上，成立了江苏人民出版社。与此同时，苏北、苏南、南京 3 个新华书店合并成立江

"1994 年南京·台湾书展"在江苏省美术馆举行，原江苏省新闻出版局局长蒋迪安致词。

为纪念周恩来总理逝世 20 周年，江苏教育出版社举办《早年周恩来》出版座谈会暨赠书仪式。

苏省新华书店；苏南新华印刷厂、苏南日报印刷厂和苏北日报印刷厂合并成立了江苏新华印刷厂。自此，江苏出版事业开始起步发展。江苏人民出版社遵照“地方化、通俗化、大众化”的出版工作方针，配合不同时期的中心工作以及干部教育的需要，在 1953 年—1962 年的十年间出版了 3600 余种社会科学、时事政治、自然科学、文学艺术等方面的通俗读物，对普及马列主义、毛泽东思想，宣传党的方针政策，开展形势教育，传播科学文化知识，推动经济建设起到了积极的作用。1959 年在莱比锡秋季博览会上，江苏提供了《太平天国壁画》、《太平天国版画》等一批质量较好、装帧精美的展品，并先后在前苏联、美国、芬兰、伊拉克、巴西、委内瑞拉等国展出。

1966 年开始的“文化大革命”，使正在蓬勃发展的江苏出版业备受摧残，出版工作几至停顿。直至 1978 年前，江苏出版业一直被限制在一个偏小的规模上，全省只有一家综合性的人民出版社、一家国营的书刊印刷厂，各地区、各县也只有一家新华书店，远远跟不上江苏经济文化的发展。全省存在着严重的“书荒”现象，图书出版周期过长、印刷质量不高、发行渠道不畅、物资供应紧张等问题普遍存在，制约着出版业作用的发挥。

第二个阶段，从 1978 年至 1995 年，是江苏出版业全面快速发展的重要时期。江苏出版业抓住机遇，加快发展，跨了三大步，连上三

1996 年南京大学出版社在人民大会堂举行“中国思想家评传丛书”新闻发布会

1998 年“香港书展”之江苏展台

个台阶。

1979 年在长沙召开了全国出版工作会议，提出了地方出版业“立足本地，面向全国”的出版工作方针。江苏出版业抓住这个机遇，解放出版生产力。江苏科技出版社的成立，突破了江苏历史上只有一家综合性出版社的单一局面。1978 年，全省共出书 317 种，图书总印数 1.93 亿册，印刷用纸量 56.61 万令；到 1983 年，出书已达 1003 种，图书总印数 2.36 亿册，印刷用纸量 83.85 万令。省出版物资供应站、外文书店和印刷技工学校的成立，使江苏出版系统各行业初具规模，各项经济指标上了一个台阶，为江苏出版业的进一步发展打下了良好的基础。

1984 年开始的出版机构调整，是出版业面临的第二次发展机遇。江苏成立了省出版总社，对出版单位进行了大范围的调整和扩张。通过分社和重新组合，将原有的两家综合性出版社分为 8 家各具特色的专业出版社。同时新成立了 4 家大学出版社、2 家地市级出版社。在原有江苏新华印刷厂的基础上，又增加淮阴和徐州 2 家省出版总社直属印刷厂。全省基层新华书店也开始实行市管县的新体制。同时，新成立了图片社、进出口公司、研究所、出版学校等出版单位。这次出版单位大调整，使江苏出版系统形成了一个编、印、发、供、管、教育、科研配套齐全，协调发展的新局面，特别是形成了以江苏省出版总社为核心的集团运

1996 年，中共中央政治局委员、中宣部部长丁关根参观中国出版成就展江苏展台。

1996 年，乔石同志参观中国少儿出版成就展。

行机制，有力地促进了出版生产力的发展，江苏出版业再跨一个新台阶。1987 年，全省出书 1506 种，总印数 2.85 亿册，印刷用纸量 102.33 万令，出版系统销售收入达到 6.24 亿元。

随着出版改革的深入，承包经营逐步进入出版领域。江苏出版业抓住了这个机遇，从 1988 年起，在全省各直属出版单位普遍推行了承包经营责任制，由省出版总社向省财政总承包，再分解到各直属出版单位。承包经营极大地调动了出版单位的积极性 省出版总社充分利用承包经营的优惠政策，“放水养鱼”，出版行业各单位迅速发展，在出书和经济实力等方面都迈进了一大步，跨上了第三个台阶。到 1995 年，全省出版社已增加到 16 家，出版各类图书 3890 种，总印数 4.05 亿册，印刷用纸量 186.5 万令，出版系统销售收入达到 28 亿元，是 1987 年的 4.5 倍。

这一时期，也是江苏出版业对外合作交流快速发展的时期。江苏共有 285 人次参加 134 个团组，出访 16 个国家（地区）。1985 年至 1995 年的 10 年间，江苏对外合作出版和版权贸易的图书达到 508 种，其中合作出版 40 种，版权贸易 468 种，卖出、买入版权分别为 337 种和 131 种。江苏还先后到香港、台湾、加拿大、美国、澳大利亚、马来西亚等国家和地区举办过“江苏书展”。数千种反映江苏社会主义建设成就和江苏出版实力的图书，在海外各类

《追忆似水年华》新闻发布会

1989 年，原江苏省新闻出版局局长高斯向来访的“美国出版代表团”介绍苏版图书。

书展、博览会中亮相，有力地扩大了江苏出版业在海外的影响。世界上最大的几个出版业集团都先后来江苏考察，有的还在江苏举办了书展。

第三个阶段，从 1996 年起，江苏出版业在连续多年保持快速、稳定、健康发展的基础上，开始步入由粗放型经营向集约化经营转移、由规模数量向质量效益转移的新阶段。江苏出版业坚决贯彻“加强管理、优化结构、提高质量”的方针，积极实施精品战略，努力提高质量和效益，走内涵发展的道路，带动出版全行业的转轨，在实现阶段性转移的过程中迈出了坚实的步伐。

在出书方面，着重抓精品图书的重点工程，抓双效书和长销书，建立有利于精品生产的运行机制和保障机制。1997 年初，省新闻出版局与省委宣传部联合召开了江苏出版工作精品战略研讨会，对实施精品战略的有关问题进行了广泛的研讨。省新闻出版局先后制定实施了《图书选题管理规定》、《图书出版信息管理规定》、《图书审读规定》、《关于图书编校质量与专业技术职务挂钩的决定》等管理规章，强化对图书出版工作的管理。通过行政的、经济的等各种杠杆，支持出版单位优化出书结构，多出精品，多出双效书和长销书，促进了图书整体质量的提高。几年来，获奖图书约占出书总数的 20% 左右。图书重版率从 1990 年的 24.66% 上升到 1995 年的 42.98%，1998 年已达到 46.51%。一般图书在总销售中的比

《尤利西斯》译者萧乾、文洁若夫妇与爱尔兰驻华大使及译林出版社负责人在一起。

“1994 年南京·台湾书展”在江苏省美术馆举行，原江苏省新闻出版局长蒋迪安向省领导介绍台湾图书。

例逐年提高，1998 年达到 60% 左右。

在发行方面，努力促进社店联合，集聚规模力量，争取规模效益。1996 年深圳书市上，江苏创造了社店联手推销图书的“江苏模式”，并在实践中不断丰富、发展和提高。省新华书店积极推行以扩大销售为中心的内部改革，将职能转变到为基层书店和出版社服务上来，加速向大批发商的过渡，按照市场经济规律，理顺产销、批发零售等关系。目前，正在组建以省新华书店为核心的全省性图书发行集团，即将挂牌运作。1995 年，全省销售收入为 28 亿元，到 1998 年，已达到 54 亿元，短短三年时间差不多翻了一番。

在对外开放方面，江苏出版业进一步加强与海外出版机构的合作和交流，积极发展图书贸易和版权贸易，加快与国际出版业的接轨。1996 年至 1998 年，江苏共组织和参加出访团组 101 个 341 人次，访问了 16 个国家和地区，签订对外合作出版和版权贸易合同图书 463 种；图书进出口总额 1089.9 万元，相当于前十几年的总和。对外出版工作进入了一个新的阶段。

三、江苏的出版管理和版权管理

与出版业的发展相适应，江苏的出版管理和版权管理工作也经历了一个曲折的发展过程。1953 年 1 月江苏建省时成立了江苏人民出版社，承担部分出版管理的职能，并制定了《著作物出版合同》、《稿酬暂行办法》等，保护

1998 年美国“江苏书展”场景

1998 年在美国举办的“江苏书展”上，工作人员向外国友人介绍各种图书。

著作者的权益。1960 年 1 月，正式成立江苏省新闻出版局，与江苏人民出版社为两块牌子，一套机构。此后，历经三起三落，出版管理和版权管理工作也时断时续。直至 1987 年 8 月，才再次成立江苏省新闻出版局，新闻出版管理工作从此走上正规。1988 年 3 月，省新闻出版局设立了版权管理处，具体负责版权管理工作。1994 年 8 月，经省政府批准，省新闻出版局增挂省版权局牌子。同年 11 月，省政府建立知识产权办公会议制度，明确省版权局负责全省各类作品，包括计算机软件和音像制品著作权的行政管理。全省各省辖市也都成立了新闻出版局和版权局，基本形成了系统的管理体系。

根据中央的统一部署，1997 年初步完成了报刊业的治散治滥整顿工作，压缩社科类期刊 10 家，转系列 2 家；压缩报纸 9 家，转系列和更名 3 家，合并 9 家，首批停办了省内刊号的报刊 707 家，优化了报刊业结构。对图书报刊、电子出版物出版单位和印刷、发行企业进行了严格的发证登记和年检，依据有关法规加强管理。版权管理部门努力宣传著作权知识，培训骨干，加强各类作品著作权的登记保护，处理著作权纠纷，打击侵权盗版行为。1998 年筹款 100 万元，设立了反盗版资金，为建立全省反盗版同盟打下了良好的基础，被评为全国先进单位。

全国人大常委会副委员长吴阶平翻阅自己担任主编的《实用手术图解全书》

全国政协副主席钱伟长了解《中国菊花》一书的出版情况

1989 年江苏教育出版社领导在叶圣陶先生寓所听取出版《叶圣陶全集》的意见

1989 年全国开展整顿清理书报刊市场的工作后，江苏设立了专门的工作小组，在全省开展了整顿清理工作。1990 年 12 月，在工作小组的基础上，成立了由省委、省政府和省各有关部门领导同志参加的江苏省社会文化管理委员会．委员会办公室设在省新闻出版局，负责书报刊市场管理和“扫黄”、“打非”工作。1996 年 4 月，省人大常委会通过了《江苏省书报刊市场管理条例》，有力地促进了对书报刊市场的依法管理。在加强日常管理的同时，以破大案、要案为重点，先后查处了震动全国的曹志欣“9・18”非法出版大案，以及吕平非法出版案，吴江宝碟激光制品有限公司复制淫秽、盗版光盘案，李红兵、唐葆春非法出版案等，维护了出版物市场的正常秩序，取得了显著的成绩，多次受到国家有关部门的表彰与奖励。

四、江苏的主要出书特色

50 年来，特别是改革开放以来，江苏出版业锐意改革，不断创新，不仅保持了较高的发展水平和速度，而且在实践中逐步形成了鲜明的出书特色和风格。

一是方向正。长期以来，江苏出版界始终坚持正确的出版方向，强调阵地意识和服务意识，并努力落实到出版工作的每一个环节中

1989 年江苏教育出版社同志向著名作家冰心老人赠书

中国科学院院士、著名建筑学家齐康教授与东南大学出版社责编讨论出版事宜。

去，以多出好书、不出坏书、少出平庸书为追求的目标。多年来，江苏出版界出了很多好书，没有出过一本坏书。1995 年江泽民总书记在参观全国出版成就展江苏展台时说：“江苏的书好，尽在不言中。”这是对江苏出书工作的最高褒奖。

自 1992 年起，江苏连续 6 年有 8 种图书（1992 年《我的经济观》、1993 年“爱我中华丛书”、1994 年“高科技知识丛书”、1995 年《童规》、1996 年《早年周恩来》和“中华当代少年小说丛书”、1997 年《我要做好孩子》和《世界科技发展史画库》）获中宣部“五个一工程”奖，《中国三峡》、《敦煌石窟艺术》、《中国著名特级教师教学思想录》等 14 种图书获国家图书奖，几十种图书获中国图书奖，并有 2 种图书获国家科技进步奖，数百种图书在省部级以上图书评奖活动中获奖。

江苏出版的图书，强调内容紧贴实际，注重文化积累，为党的中心工作服务、为两个文明建设服务，既要求体现时代精神，又要具有较强吸引力和感染力。多年来，江苏出版的《江村经济》、《孟河四家医集》、《傅抱石画集》、《康有为〈大同书〉手稿》、《版画纪程》、《清诗纪事》、《高科技战争与当代青少年》、《新中国文学辞典》、“社会主义市场经济体制建设丛书”、“中国思想家评传丛书”、“可爱的南京丛书”、

建国初期江苏出版的图书封面 3 幅

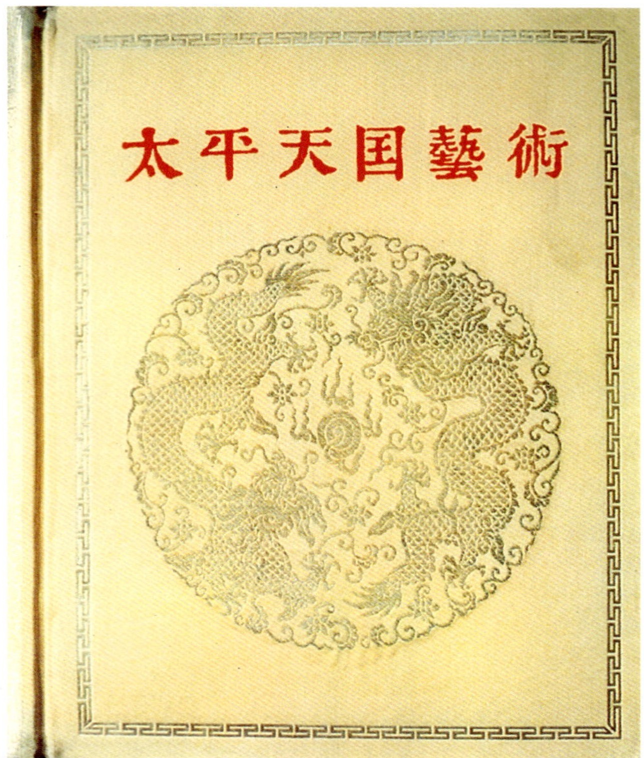

《孽债》一书的作者叶辛为读者签名售书

江苏文艺出版社出版的长篇小说《孽债》，曾获新闻出版署和中国作家协会共同颁发的“八五”期间全国优秀长篇小说奖、全国和江苏省颁发的畅销图书奖、华东优秀文艺图书一等奖。

《走向现代化的苏州》、《中国著名特级教师教学思想录》、《21 世纪班主任文库》、“蓝天绿地丛书”、《拉贝日记》、《老房子》、《老城市》、《林散之书法集》、《朱自清全集》、《叶圣陶全集》以及扬州广陵刻印社的善本线装书和苏州桃花坞的木刻年画等，蜚声海内外，受到广大读者的欢迎和喜爱。由江苏省出版总社牵头，组织省内出版社和省新华书店参加出版发行、直接为“科教兴省”战略和农村两个文明建设服务的《跨世纪农村书库》，两批共 184 种图书问世后引起强烈反响，在长春书市上取得轰动效应，是订货码洋最高的图书之一。

二是视野宽。江苏充分发挥经济、文化、教育、科技发达、出版资源丰富的优势，在出版农业科技、乡镇企业、小城镇建设、吴文化、六朝文化、地方传统戏曲、民国史、新四军研究、江苏近现代名人作品、中医学古籍等图书方面形成了鲜明的特色。江苏十分注重出版具有开拓性或重大学术意义和实用价值的、达到国际研究最好水平的作品，如《南极埃尔斯沃思山脉文森峰地区地质特征》、《中国海岸工程》、《弹丸发射过程理论》、《中国采煤方法图集》、《中国煤岩学图鉴》、《相似论》等。最近几年，江苏还注意从社会生活，特别是经济建设、改革开放、社会发展的重要课题中挖掘选题，诸如高新技术知识、改革开放理论、实践与经验、

江苏人民出版社设计的图书封面

80 年代初，由江苏人民出版社出版的“新四军丛书”。

8 种图书获中宣部“五个一工程”奖

社会生活焦点问题等，均成为新的出版资源。江苏还致力于战略性出版资源的开发，努力开辟海内外两种出版资源、两种贸易、两个市场。既有引进海外版权出版的《拉贝日记》、《尤利西斯》、《蒙田随笔全集》等，又有挖掘国内重大出版资源出版的《敦煌石窟艺术》、《中国三峡》等。江苏不囿于地域界限，积极组织和吸纳海内外优秀人才为出版工作服务，全国知名的专家学者，有不少人是江苏出版社经常性的作者。大型画册《中国三峡》专门延请名家参与策划和拍摄，陈复礼、钱万里（港）、黄金树（日）、李沅（美）、沈延太等一百多位海内外著名的摄影家，为画册提供了众多高质量的照片，使画册体现了较高的艺术水准。

江苏还积极探索和发展新的出版媒体，省出版总社电子音像部成立以后，以比较高的起点，在多媒体光盘等电子出版物的出版方面做了大量的工作，先后制作出版了数百种多媒体光盘。《天下为公》、《国之瑰宝》、《周恩来》、《江苏大观》等获得普遍好评。《苏州园林》、《侵华日军南京大屠杀》先后入围"莫必斯多媒体光盘国际大奖赛"决赛。

三是品位高。江苏版图书注重"含金量"，讲究文化积累。"中国思想家评传丛书"，包括了从孔夫子到孙中山的 200 位历代思想家的

14 种图书获国家图书奖

部分获中国图书奖的图书

评传，是一项规模宏伟的传统文化研究工程。《朱自清全集》、《叶圣陶全集》、《陈鹤琴全集》、《中国祉画》、《当代名家中国画全集》、《三礼通论》、《三礼辞典》、《明诗话全编》等，都是这方面的代表作品。而有关现当代社会生活的各种图书，将爱国主义教育与知识传播融为一体，具有高尚独特的审美价值，培养健康向上的思想情操，或综合有之、或各取一端，全面体现了高品位的编辑理念。江苏不仅在图书的知识含量和学术价值上孜孜以求，而且也很注重编辑风格和装帧艺术。江苏版图书的编辑风格严谨精细，具有前瞻性与开放性，装帧简洁朴素、讲究意境，获得广泛好评，并多次在有关书籍装帧艺术评奖活动中获奖。

五、江苏的部分出版单位

江苏教育出版社 1984 年 1 月，在江苏人民出版社教育编辑室的基础上成立。创业之初，仅 13 个人，资产 13.5 万元。1985 年该社出书 165 种，发行图书 5504 万册，总码洋 2318 万元。到 1994 年该社建社 10 周年时，年出书品种 910 种，发行图书 1.15 亿册，总码洋 2.09 亿元，首次在全国各出版社中居领先地位，并保持至今。1998 年，该社出书 1068种，

扬州广陵古籍刻印社的师傅正在刻版

1997 年江苏古籍出版社社长接受日本《中国放送》记者电视采访

江苏古籍出版社 1997 年出版的关于侵华日军南京大屠杀档案史料的系列图书

扬州广陵古籍刻印社出版的部分线装书

共发行图书 1.3 亿册，总码洋达 6.63 亿元。

15 年来，该社确立"服务科教兴国、弘扬民族文化"的出版宗旨，制定了"出精品、创名牌、抓两头、压平庸"的出版战略，狠抓重点书和畅销书，组织出版了一大批优秀教学参考读物、文理科专著和工具书。该社出版的《早年周恩来》获中宣部"五个一工程"奖，《中国著名特级教师教学思想录》获国家图书奖，《叶圣陶全集》、《朱自清全集》以及与江苏人民出版社联合出版的《拉贝日记》获中国图书奖。历时 10 年，投资数百万元的 41 卷巨型工具书《现代汉语方言大词典》，填补了我国辞书出版的空白，具有很高的学术价值。《袖珍字海》已发行 7 万多册，两次被评为全国优秀畅销书。中小学各科《精讲》共 56 种，是该社畅销 7 年且至今仍然销势强劲的拳头产品。"当代教育新理论丛书"、"数学方法论丛书"、"小学百科乐园丛书"、《金苹果文库》等图书，均受到社会的普遍赞誉和欢迎。

该社始终坚持邓小平同志提出的"发展才是硬道理"的指导思想，努力加强干部职工的精品意识和经营意识，加快由生产型向生产经营型的转变。该社狠抓图书编校和印装质量，率先对印刷厂实行"优质优价"，图书质量不断提高，1998 年荣获全国印制质量银奖。针对图书市场的实际情况和自身的特点，该社不断出

中国少儿出版成就展江苏展台

小读者喜爱江苏少儿版图书

1997 年江苏人民出版社和江苏教育出版社联合举办《拉贝日记》首发式

1997 年江苏省委宣传部与省新闻出版局联合召开"江苏出版精品战略研讨会"

台改革措施，图书定价始终低于市场同类书的20%–30%，并在对书店让利的基础上，先后推出“经销包退”、“主发寄销”等购销新形式，增强了苏教版图书的市场竞争能力。

江苏教育出版社艰苦创业 15 年，由一个无名小社发展成为全国知名大社，取得了引人瞩目的成绩，获得了社会各方面的高度评价。1994 年 2 月 20 日，江泽民总书记专门为该社题词：“多出好书，促进社会主义精神文明建设。”同年，该社被评为全国第一批优秀出版社。

江苏省新华书店 成立于 1953 年 1 月，由苏南、苏北和南京三个分店合并组成，下辖 65 个市县支店。当年，全省共有新华书店图书发行网点 165 个，从业人员 1305 人，共销售图书 4476 万册，837 万元，其中省新华书店销售 1149 万册，92 万元。1958 年，各市县新华书店管理权限下放给当地文化部门，省新华书店也并入江苏人民出版社，成为该社的发行部。1962 年恢复省新华书店建制。1963 年，恢复省新华书店对各市县新华书店的业务、财务管理权限。至 1978 年，全省共有新华书店图书发行网点 442 个，从业人员 2659 人，全省新华书店共销售图书 2.14 亿册，销售总额 5031 万元，其中省新华书店销售 19402 万册，3955 万元。

江苏省新华书店批销中心内景

江苏省出版总社重点建设项目——云湖大厦及新华书店门市部

江苏出版界送书下乡为“三农”服务

改革开放以后，江苏省新华书店迅速发展壮大起来。随着图书发行体制改革的深入，全省新华书店实行了承包经营，强化内部经营管理改革，积极发展各种形式的联合。省新华书店逐步转换机制，向大批发商的方向过渡。全省逐步形成了以省新华书店为核心，以社店联合、店店联合为主要内容的新的发行体系，通过不断引进集团机制，进行资产重组，努力构建以资产为纽带的跨地区、跨行业、跨所有制、内外贸一体化的现代企业集团。1995年9月，省新华书店成立批销中心，以多功能、多品种、少环节、快速度为特点，实行一般图书的进销存一体化，经过不断地扩大规模，目前营业面积已达5000平方米，品种达3万种，年批发量超过5亿元。与全国230家出版社、2000多家基层书店建立了业务关系，与全国60多家重点出版社建立了特约代理关系。1996年起，省新华书店还先后与苏州、徐州联合举办了股份制的批销中心。各市县新华书店也积极发展与大商场、供销社的连锁经营，努力拓展销售渠道。1998年全省新华书店图书发行网点增加到877个，从业人员8955人，共销售图书9.96亿册，销售额46.98亿元，其中省新华书店销售图书4.55亿册，销售额20.01亿元，连续多年保持了在全国的前列位置。

为了支持科技类图书的出版，江苏省设立了金陵科技著作出版基金。

江苏省出版印刷物资公司拥有宽敞的营业大厅，公司经营物资的进、销、存全部进入微机网络化管理。

江苏省出版印刷物资公司 前身为江苏省出版物资供应站，成立于 1978 年 5 月。初创阶段，经营和办公条件十分简陋，仅有 4 幢近 8000 平方米库房、2 台轻型卡车、2 台电瓶车，主要负责全省出版用纸、印刷机械等器材的供应，许多物资要靠人工搬运，工作条件十分艰苦。资产总额 1968 万元，销售额 2362 万元，利润 67 万元。

20 年来，该公司始终坚持为出版服务的正确方向，不论市场风云如何变幻，都把依靠出版社、印刷厂和各大纸厂及真心实意地为他们服务放在首位，与他们建立起长期、稳定的合作关系。公司锐意改革，以改革促管理，向改革要效益，强化企业管理，苦练内功，在为出版提供优质服务的前提下，积极开拓社会印刷和包装印刷市场，调整经营结构，形成一业为主、多元发展的新格局，努力发展自己，取得了很大的成绩。公司现已拥有 2 个子公司、2 个分公司、14 个经营部门，经营范围不断扩大。除经营出版用纸和机械器材外，还拓展了社会用纸、木浆、装帧材料、油墨、贴塑薄膜、化工材料、丝网机械、摄影、书画、文化用品等经营项目，新建的宾馆、旅行社、广告公司等也已对外营业。

目前，该公司共拥有营业面积 1000 多平方米，库房 3 万多平方米，资产总额 2.73 亿元，是 20 年前的 14 倍。近几年来，该公司的销售额以每年 1 个亿的速度持续增长，1998 年销售额达 6.2 亿元，利润 2500 万元，在全国同行业居前列位置。

建国 50 年来，江苏出版业在党的领导下不断繁荣壮大，取得了辉煌的成就，在宣传党的方针政策、积累和传播科学文化知识、提高全民族的科学文化素质等方面发挥了重要的作用，为江苏的经济建设和社会主义精神文明建设做出了重要的贡献。面对新的世纪，江苏出版业将继续高举邓小平理论伟大旗帜，抓住机遇，迎接挑战，深化改革，开拓进取，努力创造更加辉煌的业绩。

江苏省出版印刷物资公司举办印刷设备、材料展销会。

1998 年江苏省版权局在宁召开贯彻实施《著作权法》座谈会

新中国出版 50 年
浙　江

浙江素称文物之邦，出版业历史悠久，藏书楼遍布各地。杭州的文澜阁藏有江南仅存的《四库全书》；建于明代的宁波天一阁为我国现存最古老的藏书楼；北宋时，杭州就已成为我国三大雕版刻书中心，以刊刻纸墨俱佳为天下所爱，并孕育了世界文明史上划时代的重大发明——活字印刷术。浙江出版业曾经为中华民族的文明史做出过杰出的贡献。

中华人民共和国的成立，使浙江的出版事业进入了崭新的历史发展阶段。1978 年党的十一届三中全会以后，浙江出版业在改革开放春风的鼓舞下，如雨后春笋般地迅猛发展。

全省现有各具专业特色的图书出版社 14 家、专业音像出版社 2 家、专业电子音像出版社 1 家；公开发行的 报纸 76 种、公开发行的期刊 191 种，其中社科类期刊 66 种、自然科学类期刊 83 种、高校学报 42 种；书刊印刷企业 216 家，其中国家定点书刊印刷企业 9 家、省级定点书刊印刷企业 26 家、出版物印刷许可证企业 184 家；新华书店 83 家、书刊二级批发企业 81 家、零售出租书店（摊）4250 余处、供销社售书点 1279 处。今日浙江出版业已从单一的纸介质媒体向纸、磁、光、电多媒体发展，形成了书、报刊、音像、电子出版物等门类齐全，编辑、印刷、发行、物资供应和教育、科研、外贸等各环节相互配套的出版产业体系。

图书出版　精品纷呈

1951 年 4 月 13 日，浙江人民出版社宣告成立。出版社建立后，发展比较平稳，图书品种逐步增加，质量也不断提高，出版了一批好

邓小平同志在浙江人民美术出版社出版的《路》上签名

书。如反映浙江革命斗争历史的"革命故事丛书"(28 种),出版后读者反响强烈,部分作品到 80 年代还在重版。普及文化知识的"知识青年自学参考用书"(22 种)出版后,不仅受到大陆和香港、澳门读者的欢迎,还远销新加坡、马来西亚、印度尼西亚和朝鲜,在华侨青年中引起较大反响,这是浙江第一套向国外成套发行的丛书。在 60 年代初,还先后出版了《鲁迅诗歌注》、《治学偶得》、《农业技术顾问》等一批在全国有一定影响的图书。同时,经过调查研究,编制了 3 年至 5 年的长远选题规划,共列出选题 609 种。虽然由于"左"的错误思想的冲击,这个规划未能付诸实施,但却为以后的出版打下了基础,直至 80 年代,该规划中的许多好的选题才得以出版。这一时期为社会主义革命和建设服务出了不少好书,出版事业取得初步发展。但是,在高度集中的计划经济体制下,囿于地方出版社的"三化"方针,发展非常缓慢。

1966 年以后的"文革"十年,浙江出版业同全国出版业一样,遭受严重摧残。

粉碎"四人帮"后,由于十年动乱造成了严重"书荒",人们对各类图书尤其是中外名著的需求非常迫切。1978 年,由京、沪一些大出版社出版的 35 种中外文学名著,按计划分配给该省书店的只有 2.4 万册,远远满足不了读者需要。面对这种情况,1979 年 9 月,浙江人民出版社迅速组织力量,审读了一部分外国名著,经过反复论证和研究,出版了翻译小说《飘》。不料,《飘》刚刚出版了上册,中、下册还在印制过程中,就在社会上包括出版界引发了一场大争论。1979 年 12 月,在长沙召开的

1955 年 1 月,在解放大陈岛的第二天,新华书店的同志就来前沿阵地供应图书。

全国出版工作座谈会上，决定实行“立足本省、面向全国”的出版方针。长沙会议为地方出版工作开创了新局面，在中国出版史上具有重大意义。但是对《飘》的争论并未结束，而且争论更加激烈。在这个关键时刻，邓小平同志肯定了《飘》的出版。1980 年 6 月 13 日，邓小平同志在会见美国费城坦普尔大学代表团时说：“你们有一本书叫《飘》，是写南北战争的。”“小说写得不错，中国现在对这本书有争论，因为这本书的观点是支持南方庄园主的。我们想用中文出版这本书。出版了也没有关系嘛，大家看一看，评论一下。”邓小平同志的谈话，实际上是具体地、及时地给出版工作指明了方向，这就是必须坚持解放思想，实事求是。从此才统一了认识，结束了这场争论。地方出版社贯彻“立足本省、面向全国”的方针，放开了手脚，极大地促进了出版生产力的发展，开始从只能出版字大、本薄、价廉的通俗小册子，发展到出版大批丛书、套书、工具书、古今中外文学名著、大型画册、史志类图书和各学科领域的学术著作，从而使地方出版社出现了蓬勃发展、欣欣向荣的新局面。

在实践中，坚持正确的出版方向，牢牢把握了以下三条：一是在冲破极“左”思想束缚的同时，要注意防止资产阶级自由化思潮的影响。二是正确处理社会效益与经济效益的关系，坚持社会效益第一的原则。三是坚持出书、出人、走正路，只有走正路，才能出好书，出人才；只有出好书，出人才，才能体现走正路。

“立足本省、面向全国”出版方针的确立，极大地调动了地方出版社的积极性，引发了一系列的改革举措：一是走小而专道路。从 1980 年到 1984 年，浙江省出版总社系统从一家综合性的出版社发展成各具特色的八家专业出版社，增加了出书品种和数量，提高了图书质量。二是出版社成为独立的经济实体。三是从

1998 年 8 月，李铁映同志在第七届北京国际图书博览会浙江展台上审看《中国文史百科》。

1987 年 10 月，在杭州举办了首届西湖书市。

具有光荣革命传统的浙东韬奋书店

封闭式走向开放式。四是出版社从生产型向生产经营型转变。五是实行以提高图书质量为中心的奖惩责任制。改革开放使一大批优秀图书相继出版,促进了出版业发展。

1992 年，邓小平南方谈话和党的十四大确立了社会主义市场经济体制改革目标。浙江出版业为适应社会主义市场经济的要求，进一步明确了“出书出人走正路，优质高效促繁荣”的工作思路，出版工作的重心逐步从追求数量转移到追求质量上来，从规模品种的扩大转移到质量效益的提高上来，使一大批精品图书相继问世，取得了社会效益和经济效益的双丰收。

党的十四届六中全会和党的十五大对出版工作提出了更高的要求，不仅要立足本省、面向全国，还要顺应潮流、走向世界；不仅要多出好书、多出精品，还要发展产业、增强实力。为此，浙江出版界明确提出了“坚定不移地走出版产业化道路”的发展思路，并在实践中取得了可喜成效。

改革开放以来，浙江出版界坚持正确的出版方向，努力为改革开放和社会主义现代化建设服务，呈现出精品纷呈的繁荣景象。从 1978 年到 1998 年，年出书品种从 274 种、1.2 亿册增加到 3459 种、2.66 亿册，分别增加了 11.6 倍和 1.2 倍；图书总印张从 3.7 亿印张增加到 13.7 亿印张，增加了 2.7 倍。通过实施精品战略，一大批高质量、高品位、高格调的优秀图书和一大批国家级重点工程项目相继出版。有 2000 多种（次）浙版图书在省级以上各项图书评奖中获奖，获奖率始终保持在全部图书品种的 15% ~20%。中宣部实施精神文明建设“五个一工程”以来，连续六年共有 9 种浙版图书获奖，实现了“五个一工程”评奖以来的“六连冠”；在已经举办三届的国家图书奖评比中，共有 5 种浙版图书获国家图书奖，7 种浙版图书

1996 年 10 月，浙江出版界在北京，向革命老区，边远地区赠书。

整装待发的浙版图书

获国家图书奖提名奖；在历届中国图书奖评奖中，共有 32 种浙版图书获奖；在已经举办十届的浙江省树人出版奖评奖中，已有 59 种（套）图书获奖；在各种全国性专业图书评奖中，浙版图书也次次榜上有名。邓小平、江泽民、李鹏等党和国家领导人曾多次为浙版图书题词或致信。

浙江出版界在坚持导向、服务大局、狠抓精品的过程中，形成了自己的出书特色：

——高扬时代主旋律，服务大局。把出版宣传马列主义、毛泽东思想、邓小平理论和加强爱国主义、集体主义、社会主义教育的图书放在突出地位，自觉地为改革开放和现代化建设服务。先后出版了《社会主义市场经济条件下的精神文明建设》、《邓小平教育思想研究》、《路》、“伟人之初丛书”、“共和国领袖故事丛书”、《绘画本中国通史》、《浙江人民革命史画册》、《华东抗日解放战争摄影集》等图书，在不同的角度、不同的层次上，或为广大干部群众提供了学习参考，或展示了老一辈无产阶级革命家的丰采和精神世界，或是青少年了解历史、了解祖国、了解革命传统的好教材。

——不断探索新路子，开拓创新。在出版物的内容和形式上，浙江出版界敢于探索，大胆实践。80 年代后期，在全国连环画市场跌入低谷之后，浙江人民美术出版社推出了 15 卷 32 开本“世界文学名著连环画”，浙江少儿出版社紧接着推出了“世界童话名著连环画”，从而引发了中国出版界历时至今的 32 开本连环画热。随后，浙江人民美术出版社又出版了《孙子兵法》连环画丛书、“初中数理化连环画”、连环画《我的父亲邓小平》等，把连环画这种形式推广到历史、军事、理论、教育、科技等领域的著作。90 年代初，随着高新技术的发展，出现了新型的出版媒体，浙江适时组建了电子出版机构，推出了多媒体 CD—ROM《中国少年儿童

1996 年 7 月，在中国出版成就展上，浙江出版业的辉煌成就令人瞩目。

琳琅满目的浙版精品图书

1991 年 7 月，浙江人民美术出版社在北京人民大会堂举行《孙子兵法》连环画丛书座谈会。

百科全书》。同时，充分运用多媒体技术，出版了只读光盘《邓小平》，为广大干部群众学习邓小平理论提供了一套生动的教材。此外，在日本卡通读物占据中国市场的情况下，浙江人民美术出版社在全国率先推出了具有中国特色的卡通读物《中华少年奇才》，开启了中国"5155 动画工程"。李鹏同志为此致信浙江人民美术出版社，肯定他们的行动"你们的工作很有意义。"

——发挥资源优势，积累文化。浙江出版界充分发挥浙江文物之邦的资源优势，在不同层次上，总结传播科学文化知识，弘扬民族优秀文化，形成了注重文化积累的出书特色。《黄宗羲全集》、《李渔全集》、《马一浮集》、《蔡元培全集》、《中国文化通史》、《潘天寿画集》、"中国现当代经典作家诗文全编书系"等一大批图书，多角度、多方面、多样化地把人类思想文化的精粹展现给读者。

——寻求双效结合，占领市场。浙江出版界始终坚持以社会效益为最高准则，任何时候都不以牺牲社会效益来换取一时的经济效益。至今没有出版过一本被明令查禁的坏书，而是在坚持社会效益第一的前提下，最大限度地运用市场机制，努力寻求两个效益的最佳结合。浙版图书重印率从 1978 年的 27% 提高到 1998 年的 54% 。"世界文学名著连环画"发行 400 多万册，"世界童话名著连环画"发行 44 万套。《中国少年儿童百科全书》出版七年来，已重印 20 多次，总印数达 170 万套，被中央电视台"焦点访谈"专栏做了特别报道。浙版九年制义务教育教材是国家教委确定的全国九套中小学教材之一，经多次修订，已在全省推广使用。"中学数理化精编丛书"出版十多年来，已发行 240 万套。"中国现当代经典作家诗文全编书系"、"外国文学名著精品系列"和"当代学者散文丛书"等一大批图书成为全国新华

"六一"前夕，浙江少年儿童出版社向广大少年儿童推出该社新书。

浙江文艺出版社为纪念抗日战争胜利 50 周年，出版《抗战名曲 100 首》和《抗战名曲精选》。

书店的常备图书。

告别铅与火 迎来光与电

新中国成立后，由军管会接管了官僚资本企业的浙江文化印刷公司，随后该公司与杭州市的私营企业合并，改称杭州印刷厂，成为杭州市惟一的印刷企业，承担书刊印刷任务。1958 年秋，浙江日报社筹建综合印刷厂，成立了既能印报，又能印书、印画的专业印刷厂——浙江新华印刷厂。1970 年，该厂从浙江日报社分出，归属省出版局。1978 年 10 月，浙江新华印刷厂与杭州印刷厂合并，成为浙江省最大的书刊印刷企业。

随着出版事业的迅速发展，迫切要求提高印刷生产能力。为此省出版总社一方面加强对浙江新华印刷厂的设备更新和技术改造，另一方面，把原杭州书刊装订厂扩建为浙江新华印刷二厂。同时，还积极扶持市、县印刷厂，形成了以浙江新华印刷厂为主，市、县印刷厂为辅的书刊印刷网络。1993 年 6 月，为适应社会主义市场经济体制改革的要求，组建了浙江印刷集团，成为浙江书刊印刷的中坚力量。

改革开放以来，浙江出版印刷业不断壮大发展。技术、设备、工艺不断更新，从复杂的手工铅字排版到便捷的激光电脑排版，从传统的制版工艺到世界先进的数字化印前系统，从单一的铅版印刷到高速多色的彩色印刷，从笨重的手工装订到配、包、装一体的自动化联合装订，印刷生产能力不断提高，承担了全省中小学课本、重要文献和浙版重点图书的印制任务，为浙江出版事业做出了重要贡献。

浙江印刷集团公司是浙江省最大的书刊印刷企业，集中了全省书刊印刷主要的先进设备和主要的印刷技术力量。印制质量不断提高，先后有 219 个产品在全国书刊印制质量

汪道涵同志仔细审看浙江版图书

浙江摄影出版社出版的《浙江人民革命史画册》是进行传统教育的好教材。

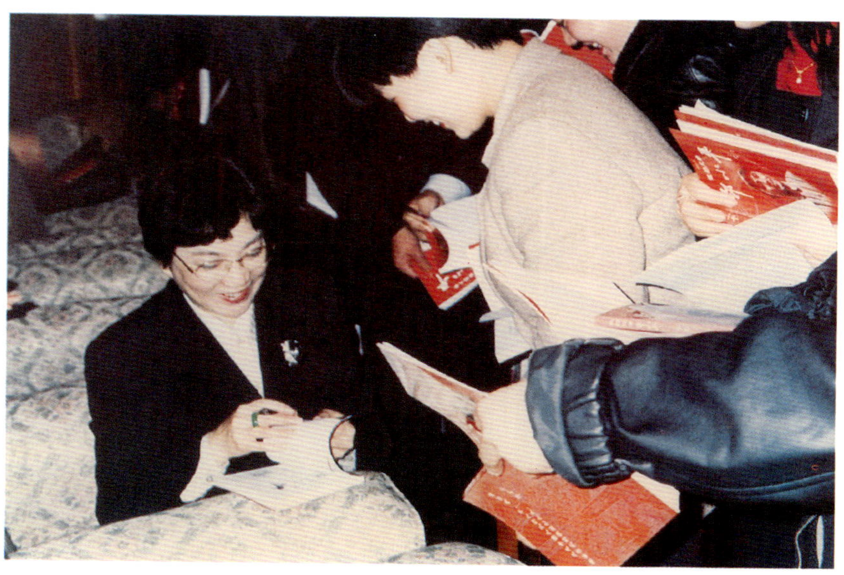

1997 年 12 月，邓小平同志的女儿毛毛在杭州参加连环画《我的父亲邓小平》首发式，并为小朋友和读者签名留念。

充分利用文化资源，形成了注重文化积累的出书特色。

检查评比中被评为优质产品。特别是课本印制质量明显提高，在全国课本印制质量检测中连续 6 年消灭了不合格品，受到了通报表扬。1998 年，获全国人教版教材印制质量第二名。在认真学习贯彻党的十五大精神过程中，浙江印刷集团公司按照现代企业制度的要求，优化队伍结构、减员增效，优化产品结构、突出重点，优化资产结构、做大蛋糕，加大内部改革力度，形成了技改方案，以“印前数字网络化、印刷多色高效化、印后精美自动化、器材高质系列化”为目标，重点向“高、精、尖”产品发展，形成产品尖端、设备先进、质量优良、管理科学的现代化印刷龙头企业，以崭新的面貌跨入 21 世纪。

在不断发展书刊印刷、提高印刷生产能力和质量的同时，为适应高科技发展和提高出版产业多种媒体开发能力的需要，1997 年底，在新闻出版署价拨罚没光盘生产线基础上，成立了浙江华虹光电有限公司，从事光盘的复制生产。这是浙江出版系统在调整结构、介入光电产业道路上迈出的重要一步。

浙江华虹光电有限公司采用适应市场经济要求的经营机制，在很短的时间里修复了生产线，很快形成了生产能力。1998 年底又引进了一条日产 1.5 万片的罚没生产线，扩大了经营规模。在不到半年的时间里，已复制光盘 200 多万片，实现销售 312 万元，利润 20.5 万元，实现了当年投产盈利，受到了新闻出版署领导的充分肯定和支持。面向跨世纪的发展中，浙江华虹光电有限公司将紧紧抓住当前的有利时机，积极进行技术改造，以形成较大的生产能力和市场辐射力，并发展相关联产业，

开拓创新，电子出版物异军突起。

艺术类图书独树一帜

加强编辑人员培训，提高出版队伍素质。

形成以光电产业为依托的规模经营。

社店联合　繁荣市场

1949 年 5 月 16 日，刚刚解放的杭州西子湖畔挂出了“新华书店浙江分店”的招牌，并设立了第一个新华书店门市部。随后，全省各县相继成立了新华书店。1956 年，农村供销社开始进行农村图书发行工作。从此，浙江组成了以新华书店为骨干的遍布城乡各地的图书发行网。到 1998 年底，全省有各级新华书店 83 家，各种发行网点 440 多处，形成了以新华书店为主体、多条流通渠道、多种所有制成分、多种购销形式的图书发行网络新格局，加速了图书流转，方便了读者购书，进一步推动了图书市场健康繁荣发展。

改革开放以来，浙江图书发行始终坚持改革，坚持社店联合，携手前进，取得了累累硕果，主要体现在：

——首创社店联合寄销。建国以后，我国出版行业的购销形式一直实行征订包销制。在 70 年代末，这种购销形式使基层书店备货品种、备货数量增长不快，“买书难”未能得到有效缓解。1982 年，浙江省店与浙江几家出版社率先提出社店联合寄销方案，主要寄销科技、政治、少儿类读物，实行进发货程序不变、进发货折扣不变、货款结算方式不变，销货店经过努力推销仍然积压的图书，由基层店负担改由出版社和省店共同负担。经过试点，这种购销形式效果非常之好。于是，第二年，便在全省推开。从 1982 年至 1985 年，浙江全省寄销浙版图书码洋达 3521 万元，每年平均递增 77.3%，对缓解浙版农技书、政治类图书“出书难”、“买书难”起到了很好的作用。寄销的损失平均不到发行量的千分之三。这种联合寄销办法，多次在全国图书发行体制改革座谈会上得到了肯定，原国家出版局副局长王益同志

获得第四届韬奋出版奖的浙江省版协主席马守良同志

加快编辑现代化建设

1998 年 10 月，浙江人民出版社在香港举行《中国文史百科》赠书仪式，范徐丽泰代表香港 200 多所大中小学接受了赠书。

赞扬浙江的社店联合寄销，是有特色的图书寄销新路子。它对推动购销形式改革起了较大的作用。

——年画挂历征订改革新招迭起。浙版年画挂历，在全国素负盛名，但年画发行体制缺乏活力。浙江省店与浙江几家美术出版社经过共同研究，以“责、权、利”相统一为原则，以提高两个效益为出发点，从 1983 年起，在省内试行了以损耗费用补贴、低损耗奖励为特点的年画进销责任制。这一责任制的推行，使 1984 年的浙版年画发行量一跃为 4832 万张，码洋 1254 万元，分别比 1983 年增加了 3. 01 倍和 3. 24 倍。1985 年春天，为开拓浙版年画的全国市场，浙江省店又与浙江几家美术出版社联合召开了浙版年画宣传订货会，改变了年画用缩样征订的传统办法，全部采用大样，以“精、美、新、雅”的年画与销售店直接见面，取得了较好的宣传效果，在全国出版发行界引起轰动。当年浙版年画全国订货达 3200 万元。80 年代中期，年画衰落，挂历兴起，在激烈的市场竞争面前，浙江省店与浙江几家出版社组成“联合体”，共同投资、分工合作、利益捆绑、风险共担，联合向全国推出浙版挂历，使 1996 年浙版挂历品种占全国十分之一，销售 200 万册，占全国主渠道的四分之一。1997 年浙版挂历又继续联合征订，又以订数 250 万册的成绩告捷。

——首创社店联合订货模式。从 1987 年开始的北京图书订货会，主要是北京的出版社面向大中城市书店，实行产销见面的一种订货会模式。在 1995 年的第八届北京图书订货会上，浙江省店和浙江 12 家出版社首次打出“社店联合，再创辉煌”的旗帜，进入订货会，实行统一展出、统一宣传、统一征订、统一政策、统一

1992 年 11 月，在杭州举行了第二届西湖书市。

不断探讨发行改革之路

发运、统一结算的"六统一"办法,浙教版《中国少年儿童百科全书》独领风骚,订货 54000 套,码洋 400 多万元,创下了订货会单品种订货码洋的最高记录。"社店联合、再创辉煌"这一响亮的口号和所取得的实际效果,在全国出版界引起很大的震动,被誉为"浙江模式"。

——推行浙版书省内经销包退。为进一步深化图书发行体制改革,搞活图书流通,提高浙版一般图书的发行量,从 1998 年 1 月起,全省各级新华书店和总社所属出版社全面试行浙版图书经销包退,从而解决了省、市、县三级书店怕吃库存的后顾之忧,大大调动了发行浙版图书的积极性。到年底,全省 81 家基层书店共进浙版图书 3826 万元,比上年增长 75.9%,实际销售 3400 万元,比上年增长 80%,退货率仅为 5% 左右。这一改革措施的实施,减轻了基层书店的经营风险,提高了浙版图书在省内市场的上架率、覆盖率和占有率,同时,也促进了出版社有效品种的开发。

物资经营 内外结合

出版物资供应是出版产业链中的重要一环。随着出版业的发展,1978 年,浙江成立了专门经营出版纸张、印刷机械、配件和印刷原辅材料的省印刷物资公司。改革开放以来,浙江出版物资供应在服务出版,特别是为确保中小学课本"课前到书,人手一册"和浙版图书及时出版上做出了积极的贡献。在认真学习党的十五大关于经济体制改革和加快国有企业改革的基础上,按照产业化发展的改革思路,从优化资产、调整结构出发,1998 年 1 月,在原浙江出版工贸、外贸和物贸三家单位的基础上,组建成立了浙江省出版印刷物资总公司。组建后物资总公司大力倡导"团结、勤奋、优

如饥似渴的小读者

发扬"红色背篓"精神,坚持送书下乡。

质、高效、开拓、创新”的企业精神，按照现代流通企业的要求，充分发挥规模优势，在做好服务出版的同时，坚持“内外贸结合、进出口并举、全方位经营”的经营思路，大力开拓市场，拓宽经营范围，特别是成功地进行了1万吨纸浆的开发销售，取得了良好的开端，同时积累了经营经验。外贸在不景气的形势下，积极扩大经营范围，迈出了较大步伐，取得了进出口额1000万美元、创利100万元人民币的好成绩。总公司全年实现销售4.16亿元，创利近1000万元。

走向世界 拓宽空间

改革开放以来，浙江出版对外交流和版权贸易日趋活跃，从直接到间接，从单向到多向，从零星到经常，扎扎实实地迈出了较大步伐。至今已有500多种(册)浙版图书与港台地区及海外出版社进行了合作出版或版权贸易，其中输出300多种，引进200多种，呈现出输出与引进并举，并逐步转向以引进版为主的新局面，引进项目也由小本子、小项目，向大套书、大项目转移。在版权转让中，浙江人民美术出版社的《孙子兵法》连环画已经出版了中文繁体字、日文、韩文等多个版本；浙江科技出版社的《孤粒子理论和应用》由德国贝塔斯曼出版社出版全球英文版。在引进的项目中，浙江教育出版社先后从日本、法国引进了《儿童生活趣味百科》、《拉鲁斯青少年百科全书》、《世界野生动物百科全书》等，壮大了该社百科类图书阵容。该社还与德国贝塔斯曼出版社正式签约，合作出版《21世纪大画卷》，为贝塔斯曼集团在中国合作出版的最大项目。浙江科

先进的计算机管理在基层书店得到应用

成立于1979年的浙江省外文书店，已成为浙江对外交流的窗口。

1998年6月，浙江省出版总社向解放军“硬骨头六连”赠书。

正在施工中的发行大楼将成为浙江现代化的大型书城

技出版社 1997 年从西蒙与舒斯特公司引进“计算机应用丛书”共 25 种，年内出书 17 种，1998 年增加到 50 多种，成为全国计算机图书出版的四强之一。浙江少儿出版社从日本引进的《21 世纪少年儿童百科全书》，出版两年多来已重印 7 次，印数达 16 万册，总码洋 1600 万元。浙江人民美术出版社先后与瑞典及台湾地区等出版社签订合约，进行长期合作出版。不少引进图书不仅填补了国内空白，也拓宽了出版空间，优化了浙版图书选题结构，并初步形成了浙版图书新的经济增长点。

改革开放以来，浙江出版界在加强对外宣传和文化交流方面也不断开拓前进，大大提高了浙江出版业在国内外的影响。从 1989 年浙江出版代表团出访乌拉圭，举办第一次浙江少儿图书展起，浙江先后独立组团在香港、澳大利亚、法国、美国、荷兰等地成功地举办了 10 次“浙江书展”，受到了当地读者的热烈欢迎，产生了很大影响。此外，浙江出版界还积极开拓和疏通对外交流和合作的渠道，组织出版单位先后参加了在美国、德国、瑞士、日本、新加坡、意大利、马来西亚、埃及以及香港、台湾地区举行的各种国际性和地区性大型书展。据统计，自 1990 年至 1997 年共有 133 批 349 人(次)参加了书展。

出版产业 持续发展

从 1978 年以来，浙江出版产业的各项经济指标均有较大幅度增长，已具备较强的经济实力。全省出版系统销售收入从 6224 万元发展到 33 亿元，增加了 52.1 倍，年平均增长 22%。利润总额从 723 万元发展到 1.7 亿元，增加了 22.5 倍，年平均增长 17.1%。资产总

杭州出版学校的前身——浙江印刷技工学校旧址

新落成的杭州出版学校教学楼

1993 年，全国起步较早的浙江印刷集团公司正式成立。

1991 年，高 21 层的浙江出版大厦耸立在西子湖畔。

额从4856万元发展到22.92亿元，增长了46.2倍，年平均增长21.3%。其中，所有者权益（即净资产）从2920万元发展到12.28亿元，增加了41.1倍，年平均增长20.6%。固定资产净值从1428万元发展到4.43亿元，增加了30倍，年平均增长18.7%。改革开放以后，特别是“八五”以来，浙江出版业取得了良好的“双效益”，有了一定的物质基础。为了使出版产业持续健康发展，加快自身基础设施建设，创造良好出版环境，从1984年启动，到1991年，正式建成了2万多平方米的21层浙江出版大厦。1998年又启动了三大工程项目：3.17万平方米、21层的浙江图书音像发行大厦，将成为全省惟一的大型书城；3.4万平方米、16层的浙江物资商贸大楼，将成为集商贸、办公、材料仓库为一体的现代化物业中心；3万多平方米的高科技书刊印务大楼，将成为浙江书刊印刷的业务中心和技术中心。这三项工程均可在2000年底竣工，投入使用后，将使浙江出版产业发展具有强有力的依托。

管理能力　不断增强

改革开放以来，新闻出版管理工作为服务改革、发展、稳定的大局，推进社会主义精神文明建设做了大量卓有成效的工作。特别是1987年省新闻出版局和省版权局相继成立以来，坚持“一手抓繁荣、一手抓管理”，采取日常管理和专项治理相结合的方法，加强了对书报刊、音像制品、电子出版物以及出版物市场、书报刊印刷企业和著作权管理，管理工作从无序到有序，从单一到综合，逐步走上了规范化、法制化轨道。曾先后四次集中进行了报刊业专项治理整顿，连续几年参与了全省的“扫黄”、

先进的激光照排系统

先进的无线胶订联动代替了手工装订

数字化彩色桌面印前系统代替了电子分色

"打非"斗争，严厉查处侵权盗版等非法出版活动，不断规范书报刊音像电子出版经营活动，并先后建立了稽查、年检年审、审读、等一系列规章制度。新闻出版管理机构也逐步健全，杭州、宁波、温州、金华四市先后成立了新闻出版局，未设局的地市，根据省委、省政府的决定，由市（地）委宣传部和文化局承担新闻出版管理工作，全省逐步形成了一支比较稳定的管理队伍。

出书出人　同步推进

粉碎"四人帮"后，为解决"文革"带来的人才匮乏问题，浙江出版界采取了引进人才和培养人才两条措施。引进人才，就是尊重知识，尊重人才，落实知识分子政策，纳贤招才；培养人才，就是自己举办培训班，实行半天集中培训、半天上班的办法。后来在教育部门的支持下，办起了电子专科班，使一大批年轻同志得到了系统的学习。这两条措施实行后，使人才紧缺的矛盾得到了缓解，并为建设一支高素质的编辑队伍打下了基础。

浙江出版界一直坚持"出书出人走正路"，依靠人才出好书，通过出好书培养和锻炼人才，使出版队伍建设和出版事业发展同步推进。这既是浙江出版业蓬勃发展的重要标志，也是强有力的保证。

加强干部队伍建设，努力提高领导干部的政治素质和管理水平。特别注意培养和选拔好各单位的"一把手"，不断完善发扬民主和加强监督的机制，先后制定了一系列有关领导班子、领导干部考核，职业道德建设和干部人事管理方面的规章制度。加强岗位培训，切实提高从业人员的业务素质。1981 年以来，坚持不

在美国旧金山举办"中国浙江书展"

浙江出版界参加法兰克福书展

1994 年 9 月，著名作家韩素音称赞浙江少年儿童出版社为广大小读者出了一批好书。

懈地开展青年编辑培训，至今已办班 8 届，近 300 人接受了培训。从 1995 年开始，根据新闻出版署统一部署，开展了对新闻出版行业 9 个岗位的培训，已先后举办 17 期培训班，培训人数达 700 多人(次)。作为培训中心的杭州出版学校，自 1979 年建校以来，已向各出版、发行、印刷单位输送了近千名毕业生，培训了在职职工近 800 人。加强职业道德建设，树立良好的精神风貌，浙江人民美术出版社的开拓创新意识和团队作战精神在全国同行中深受好评；浙江科技出版社重视政治思想工作，多年来形成了“团结、奉献、敬业、务实”的社风。所有这些，都是浙江出版业十分宝贵的无形资产。

浙江省出版总社系统共有从业人员 2497 人，其中具有大专以上学历的 687 人，占全系统干部职工总数的 27.5%；具有中高级职称的 622 人，占全系统的 25%；享受政府特殊津贴的 5 人。在出版改革与实践中，涌现出一大批先进集体和先进个人。浙江人民美术出版社和浙江少年儿童出版社被中宣部、新闻出版署授予“全国优秀出版单位”称号；浙江科技出版社、浙江教育出版社、浙江文艺出版社和浙江大学出版社被新闻出版署评为良好出版社；有 8 家单位被评为“全国新闻出版系统先进集体”。省版协主席马守良荣获第四届韬奋出版奖，有 8 人被人事部和新闻出版署评为全国新闻出版系统先进工作者，鄞县新华书店职工许静杰被劳动部授予“全国技术能手”称号，有 6 人入选“全国百佳出版工作者”，7 人被评为“全国优秀中青年编辑”，3 人荣获首届“中国书刊发行奖”。

1997 年 10 月，在杭州召开国际版权研讨会。

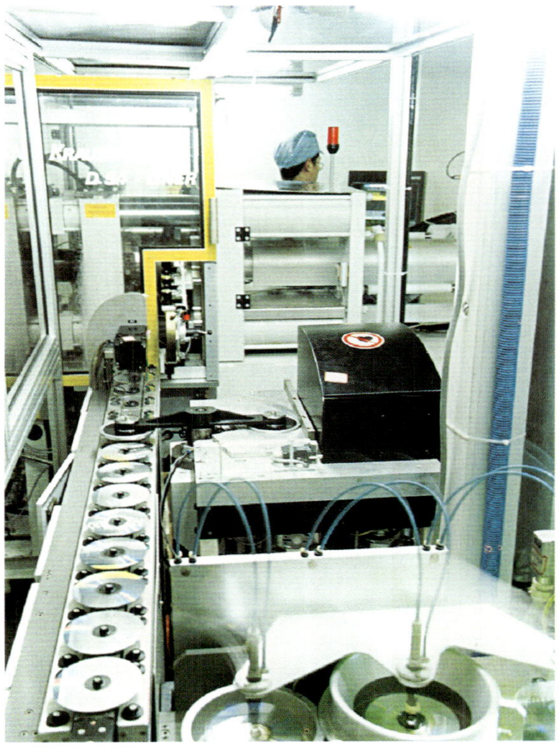

坚持不懈地开展“扫黄”、“打非”斗争。

浙江出版系统有了自己的光盘复制企业

新中国出版50年

安　徽

一、机构沿革

1952年9月19日，安徽人民出版社正式成立。当年，全社只有17人，设编辑部和经理部，实行总编辑负责制。从此，安徽出版事业在曲折中不断发展。到1965年，安徽人民出版社发展为5个编辑室、4个行政科室，共67人。

"文化大革命"期间，出版园地机构瘫痪，出版事业遭受了严重的摧残。

在1978年党的十一届三中全会后，安徽出版事业经过拨乱反正、恢复调整和改革开放，步入了繁荣发展的新阶段。

1979年12月，安徽省人民政府出版事业管理局和安徽人民出版社合署办公，实行局社合一体制。1983年4月，省政府决定撤销省出版事业管理局，保留安徽人民出版社，实行事业单位企业管理。1984年7月，安徽人民出版社改为安徽省出版总社，统一管理全省图书编辑、印刷、发行和印刷物资供应等工作。1987年9月，成立安徽省新闻出版局，负责全省新闻出版事业的行政管理工作，同时保留"安徽省出版总社"，与省新闻出版局一个机构，两块牌子。1996年8月，又增挂了"安徽省版权局"的牌子。

1997年10月，中共中央政治局委员、中宣部部长丁关根在安徽省新闻出版局视察。

中共中央政治局委员李铁映仔细翻阅皖版图书

省新闻出版局与承担国家重点图书出版任务的出版社签订目标责任书

全省新闻出版工作会议期间，对图书获奖单位和个人进行表彰。

1978 年，全省只有 1 家出版社。到 1998 年，全省有图书出版社 9 家，电子、音像出版社 4 家。出版物品种由过去单一的纸介质图书，发展到录音带、录像带、激光唱片、VCD 和 CD—ROM 等多媒体出版物，呈现出多姿多彩的局面。

安徽出版工作坚持为人民服务、为社会主义服务，紧紧围绕全党全国工作大局，一手抓繁荣，一手抓管理，努力为改革开放和经济建设提供正确的思想导向和精神动力、智力支持和良好的舆论氛围。自 1991 年以来制定并实施重点图书出版规划，自 1994 年开始实行从规模数量到优质高效的阶段性转移，实施以质量为中心、以效益为目标的精品战略，努力出精品、创品牌、增效益，以精品战略推动多出好书，以多出好书促进产业发展。

二、安徽图书

1952 年，安徽人民出版社出书 20 种，第一本书是《农村说唱本》。

1978 年，安徽全年出书 134 种，其中《实践是检验真理的唯一标准》一书，引起出版界的注目。

党的十一届三中全会以来，安徽图书出版事业进入一个全新的迅速发展阶段。改革开放 20 年，安徽图书从数量到质量都有巨大的变

省新闻出版局举行“三项制度改革研讨会”，积极推进三项制度改革。

1998 年，德国驻华公使参观“中德印刷培训中心”模型。

化。1998 年，安徽全年出书 2106 种，是 1978 年的 15.7 倍，其中再版重印率达到 50% 以上。特别是党的十四大以来，安徽出版业开拓重点工程，实施精品战略，图书出版呈现出枝繁叶茂、硕果累累的繁荣景象，在出版的 6000 余种新书中，有 15% 荣获省级以上各种奖励，有 25 种图书分别获得中宣部“五个一工程·一本好书奖”、国家图书奖和中国图书奖。

创立了品牌特色。80 年代以来，一批高质量、高品位的精品图书相继问世，大大提高了皖版图书的整体水平和在全国的知名度、竞争力。《傅雷译文集》、《朱光潜全集》、《宗白华全集》、《高士其全集》等一批文化积累工程的传世之作和《院士思维》、《马克思主义在中国 100 年》等图书享誉文化界，产生了良好的品牌效应，成为安徽出版业的标志性产品。

突出了时代特色。高唱主旋律，反映新时代是安徽出版人的追求。为了更好地宣传邓小平理论，安徽组织出版了一系列研究、普及邓小平理论的出版物，重点推出了《邓小平新时期党的建设理论研究》等多种专著；围绕加强社会主义精神文明建设，精心策划了《中华三德歌》，在全国获得热烈反响；《跨世纪的丰碑——中国希望工程纪实》真实记录了国内外各界人士无私救助贫困地区失学少年儿童重返校园的感人事迹，充分显示了中华民族重教

安徽省新闻出版局深入开展“讲学习、讲政治、讲正气”教育活动。

1998 年 4 月，安徽省新闻出版局公开选拔部分出版社社长。图为正在进行公开选拔竞职演说。

1998 年 3 月 16 日，中德印刷技术培训中心奠基仪式在合肥经济技术开发区举行。

兴学，乐施助人的传统美德和博大爱心；《心灵长城——中华爱国主义传统》对我国爱国主义传统进行理论探讨，使中华民族这一宝贵的精神财富得以发扬光大。上述四本书均获得中宣部“五个一工程·一本好书奖”。《起点——中国农村改革发端纪实》、《跨世纪国略——可持续发展》等图书都体现了鲜明的时代特征。

形成了地方特色。安徽出版界在开发地方出版资源、形成地域特色方面做了卓有成效的努力。“徽州艺术丛书”、“新安画派丛书”展现了徽州文化的独特魅力；“徽骆驼丛书”是一套反映现、当代安徽籍知名人物的传记丛书；相继推出了皖籍著名学者、作家朱光潜、邓以蛰、张恨水等人的全集或文集；整理出版了“安徽古籍丛书”，如《戴震全书》、《包世臣全集》等49种，以及“新安医籍丛书”、“安徽历史专著丛书”、《徽商研究》等，为保存和利用安徽历史文化遗产做出了重要贡献，得到海内外文化学术界的重视。

树立了大众特色。安徽出版界始终坚持面向基层、面向农村、面向普通读者，努力开发有益于提高国民素质的普及性读物，使普及读物精品化、精品图书大众化。在实施“科技兴农”过程中，出版了农业科普读物“高效农业技术丛书”100余种，成为农民朋友的致富指南。

1997年，安徽省人民政府正式设立“安徽图书奖”，并于当年举行首届安徽图书奖评奖会。

皖版图书精品迭出

"中国古代传统文化精粹丛书"、"中国古典文学导读丛书"、"中国古代文学知识丛书"等旨在帮助青少年了解中国传统文化精华。为了让读者少花钱、买好书，精心推出了一批中外名家的中小型文集，如《郭沫若创作精编》、《张爱玲文集》、《陈香梅文集》、《秦文君文集》、《萧红文集》、《傅雷文集》和《泰戈尔文集》、《普希金文集》、《萨特文集》、《卡夫卡文集》、《歌德精品集》、《契诃夫小说集》等，每种卷册不多，所选均为精粹，但价格适中，易为读者接受。"20 世纪法国文学丛书"、"20 世纪意大利文学丛书"等外国文学作品也深受读者欢迎。

三、安徽期刊

新中国成立后，安徽省期刊在经历了恢复、发展、凋零、复苏、繁荣几个时期的艰难曲折的过程之后，得到了较大的发展。特别是党的十一届三中全会之后，进入快速增长期。从 1978 年至 1998 年，全省期刊由 64 种发展到 164 种，其中自然科学类 80 种，社会科学类 84 种，平均期发 10 万份以上的有 12 种。形成了品种比较齐全、结构较为合理、内容丰富、服务层次多样化的发展态势，一批刊物形成各自特色，在全国有一定的影响。《初中生必读》入选

中国图书奖获奖图书

中国图书奖获奖图书

新闻出版署确定的“全国百种重点社科期刊”，该刊以注重培养初中学生的思想品德素质、科学文化素质和各种能力为办刊方针，赢得了广大中学生的喜爱，期刊发行达 110 万册。《党员生活》是综合性党建期刊，该刊以舆论导向正确、贴近地方实际、宣传内容广博为特色，在加强党的建设、促进经济发展等宣传方面做出了积极贡献，期发行量连续多年超过 30 万册，多次被评为华东地区及安徽省最佳社科期刊。《恋爱·婚姻·家庭》、《警探》、《少年博览》等个性鲜明，深受读者欢迎。在第一届、第二届全国优秀科技期刊评比中，安徽有 2 种期刊被评为二等奖，6 种期刊被评为三等奖。“社刊工程”的重点之一《保健与生活》杂志是全省惟一的科普期刊。该刊以通俗典雅、生动活泼的形式面向读者，创刊 5 年来连续被评为华东地区最佳期刊、安徽省优秀期刊一等奖。《中国药理学通报》自 1985 年创刊以来，以其高水平学术含量、高科技信息收录、高质量编印技术使得该刊逐年大步发展，曾荣获第一届、第二届全国优秀科技期刊二等奖，第一届、第二届中国科学技术协会优秀期刊二等奖。

全省期刊出版工作坚持以经济建设为中心，坚持“团结、稳定、鼓励和正面宣传为主”的基调和新闻出版工作的党性原则，增强新闻宣传的准确性、鲜明性、生动性，成功地组织了一

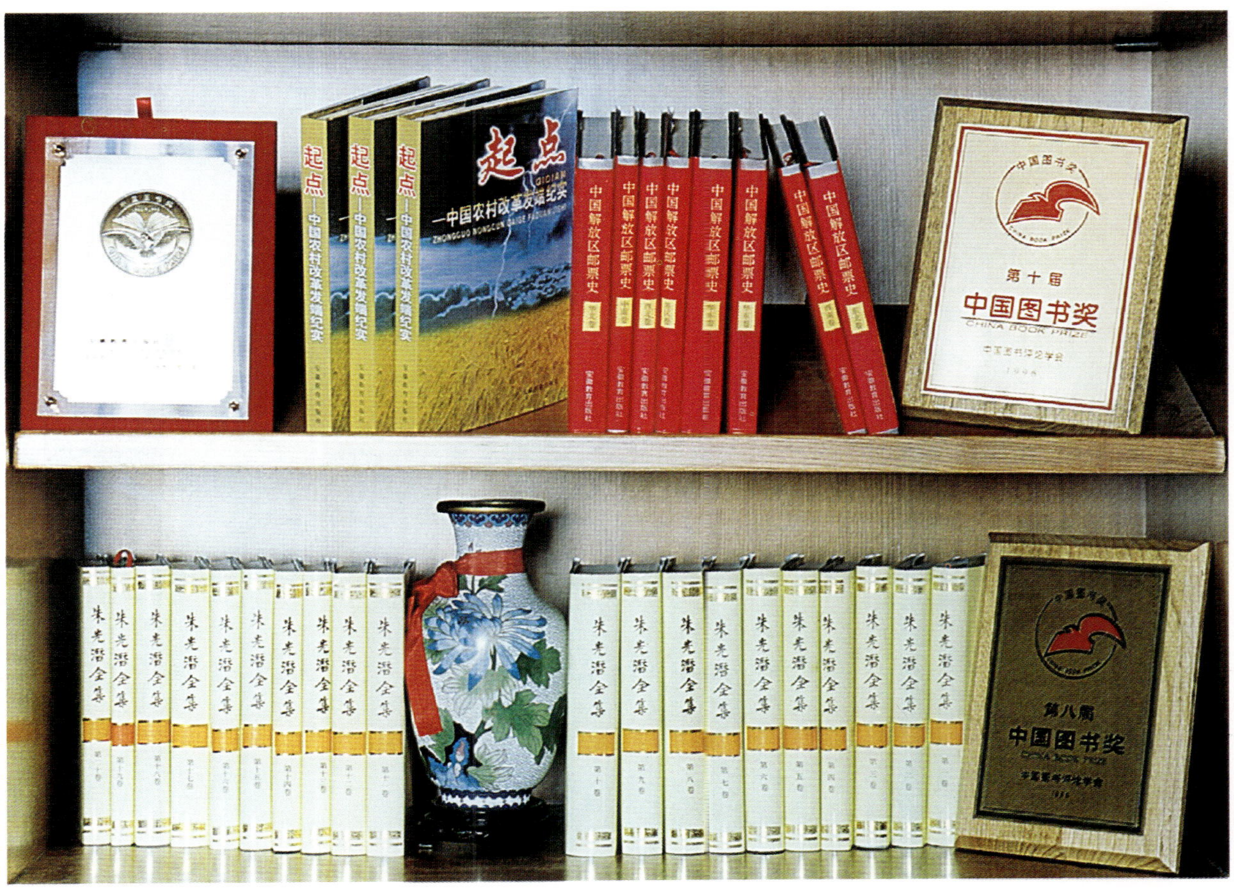

中国图书奖获奖图书

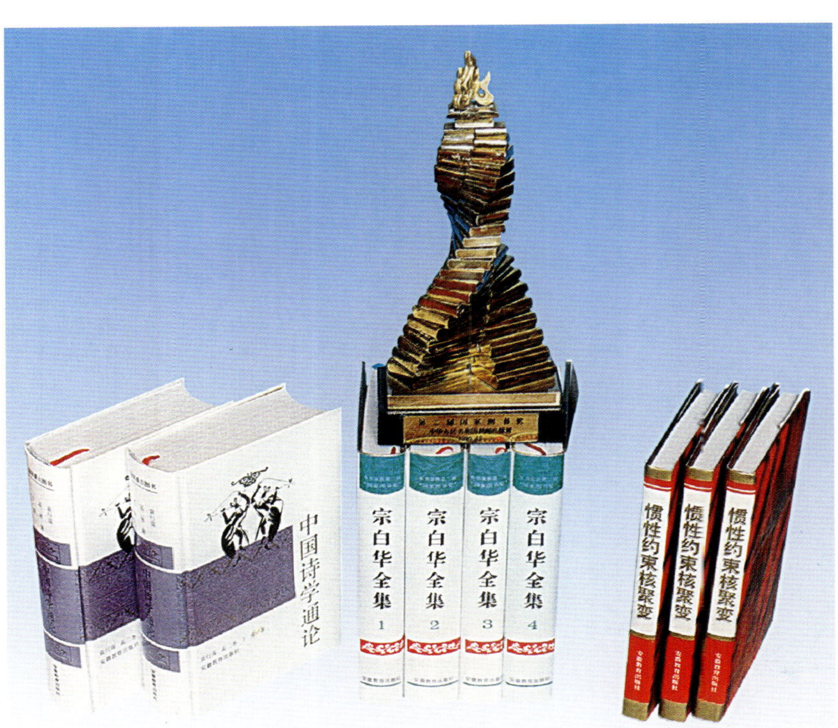

国家图书奖获奖图书

系列影响面广、辐射力大、说服性强的重大新闻宣传战役，紧密配合了省委、省政府的重大决策和工作部署，为全省改革开放、经济和社会发展做出了重要贡献。一批思想理论、科学技术、文化教育、文学艺术类优秀期刊，不断更新内容版式，提高文化品位，从不同角度宣传党的方针政策，宣传马克思主义、毛泽东思想、邓小平理论，成为宣传安徽改革开放、经济建设和社会发展成就的重要窗口。

近两年来，根据中央提出的新闻出版管理工作的指导方针，在全省范围内开展了以"治散治滥"为主要内容的期刊治理整顿工作。全省期刊业加强了管理、优化了结构、提高了质量、增进了效益。目前全省期刊发展以"树立精品意识、实施精品战略"的方针，大力开展社刊工程、百刊工程的建设，从而构筑起期刊的主体工程，以此带动和促进全省期刊整体质量的不断提高。

四、安徽印刷

新中国成立后，安徽相继建立了 11 个综合性的中型印刷厂。1958 年，又添置了当时较为先进的平印、凹印制版设备，从上海迁入了 5 个印刷厂，引进了技术人才，推动了安徽印刷业的发展。

安徽印刷业经过 50 年的发展，已经发生

国家图书奖获奖图书

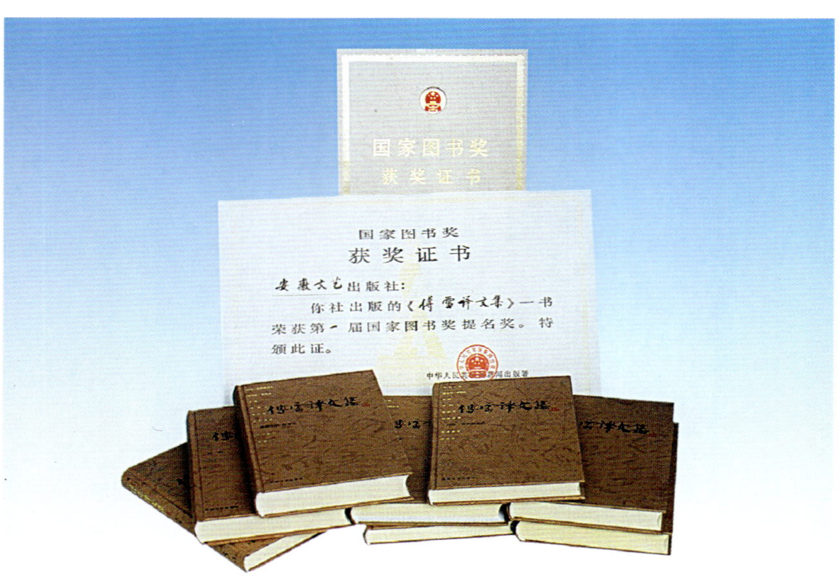

国家图书奖获奖图书

"五个一工程"奖获奖图书

了翻天覆地的变化。自 80 年代以来，各印刷厂加大技改力度、加强企业管理、改善经营、积极参与市场竞争，安徽书刊印刷业的综合实力一直处于全国领先水平，“八五”期间完成了“电子分色、照相排字、胶印印书、多色彩印、装订联动”的技术改造发展目标。随着高科技的迅速发展，特别是激光照排和桌面出版的普及，已基本上告别了铅与火的年代，跨入了光与电的时代。书刊印刷工艺的改进和装备的日趋先进，使印刷周期大大缩短，质量进一步提高。全省对书刊印刷业实行规范化管理，实行许可证制度和定点印刷制度，截止到 1998 年底，全省共有 205 家印刷厂领取了书报刊印刷许可证，其中全国定点印刷企业 7 家，省级定点印刷企业 34 家。

安徽新华印刷厂在全国同行业中率先被评为国家二级书刊印刷企业，与德国和日本开展技术合作，引进了先进的莱诺·海尔彩色桌面系统、电子分色机高端联网，日本网版的拷版、打样、晒版设备和海德堡、高宝、秋山四色胶印机，马蒂尼胶订联动机等，形成了产品质量好、生产效率高的制版印装生产线，与国产高速八色轮转机、双色轮转机配套，承担了全省 50% 以上省版图书和教科书的印装任务，并能印制高档彩色画刊和包装产品。

此外在合肥、芜湖、蚌埠、安庆、阜阳、淮南、

获“五个一工程”奖的图书

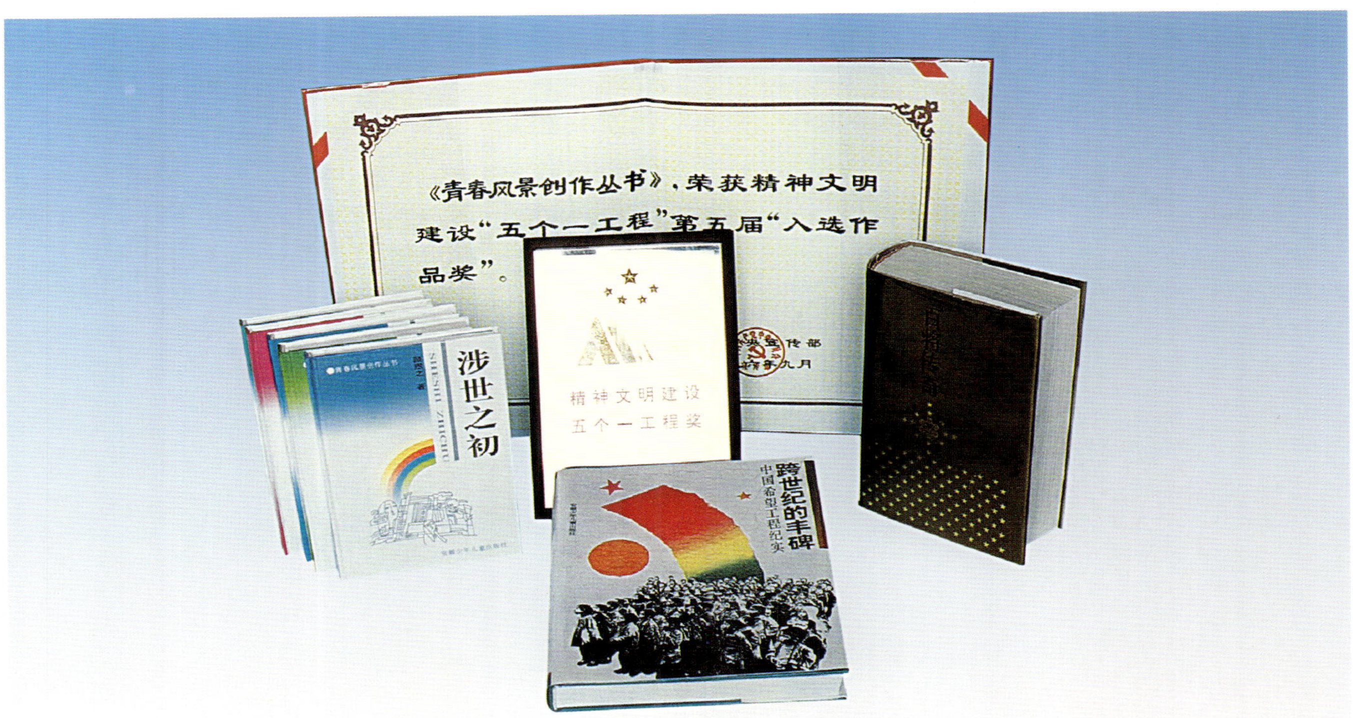

获“五个一工程”奖的图书

滁县分别建成了配备有国内外先进印刷设备的定点书刊印刷厂和专业包装印刷厂。全省印刷业综合生产能力有了较大的提高，1998年全省印装书刊 2.4 亿册，正文印刷用纸 112 万令，获署优、省优印装产品 300 余种。在安徽印刷业蓬勃发展的潮流中，乡镇印刷企业、股份制印刷企业和个体合资印刷企业，如雨后春笋，其中杏花印刷厂等脱颖而出，相继引进了具有国际先进水平的罗兰 700 四色胶印机、马蒂尼装订联动线，成为技术水平较高、管理和效益良好的印刷骨干企业。

五、发行工作与市场管理

安徽图书发行工作，从建国初到改革开放前，基本上由新华书店独家经营。改革开放以后，图书发行业经过 20 年不断深化改革，改革图书流通体系，改革新华书店内部管理机制。党的十四大以来，主要是加强宏观调控，培育统一、活跃、有序的图书市场。新华书店作为发行业的主渠道地位得到了巩固，实力不断壮大；出版社自办发行异军突起，最终确立了本版图书总发行的主体地位；外文书店加快发展，图书进出口业务迅速拓展。全省集体、个体书店和书报刊摊点有 7000 余家，其中书刊二级批发企业就有 80 余家，省会合肥建立了全省最大的书刊批发市场。形成了以新华

时事政治类期刊宣传改革开放，反映群众呼声，主旋律突出。

学术理论期刊在安徽改革开放及现代化建设理论和实践的研究上取得丰硕成果

书店为主体，多条流通渠道、多种所有制成分、多种购销形式的图书发行网络新格局，加速了图书流转，方便了读者购书。

省新华书店经过 50 年的艰苦创业，特别是改革开放 20 年的开拓进取，实力大为增长。全省新华书店拥有 500 多个销售网点，1992 年、1993 年连续两年入选“中国 500 家最大服务企业”，1994 年入选“中国服务行业最大企业”，销售、利润、固定资产原值等主要经济指标逐年增长，连续 8 年位居全国同行业前 10 名内。1998 年，全省新华书店销售码洋达 26.59 亿元，利润 7032 万元。为了更好地开拓皖版图书市场，进一步扩大经营范围，省店成立了规模最大的图书批销中心。即将投入使用的 26 层发行大厦“安徽图书城”被省委、省政府列为全省精神文明建设十大工程之一。1997 年以来，全省书店系统开展了以改善购书环境、提高服务质量、扩大一般图书销售为主要内容的“精神文明示范门市部”创建活动，受到社会各界的好评。中小学课本课前到书率年年保持在 99% 以上，特别是 1991 年、1998 年两年特大洪涝灾害，书店系统广大职工克服重重困难，保证了全省中小学课本“课前到书，人手一册”任务的完成。

安徽对图书市场的管理一直高度重视，1989 年，省委、省政府成立了“扫黄”、“打非”

贴近读者、深受欢迎的综合文化与教育类期刊。

适应不同层次读者的文学与艺术类期刊

工作领导小组，每年在全省范围内开展“扫黄”、“打非”集中统一行动或专项治理整顿，集中力量查处了一批大案要案，有力地打击了非法出版活动，净化了书刊市场。为有效加强市场管理，全省建立了控制进口、把住印刷、售前送审、书摊归市、奖励举报等一整套的市场规则，并对图书市场加强监管，坚持不懈地开展“扫黄”、“打非”集中行动，为图书市场繁荣健康发展提供了有力的保障。

六、安徽版权

改革开放以来，安徽版权保护事业从无到有，逐步发展。1987 年，省出版总社依据 1985 年文化部颁布的《图书、期刊版权保护条例》，在出版处设立了版权管理科，面向总社系统开展版权管理工作。1988 年 9 月，省新闻出版局成立时，设立了版权处。1989 年 2 月，经省编委批准，省新闻出版局版权处对外称“安徽省版权处”。1991 年 8 月，经省人民政府同意，省编委在《关于安徽省版权处职责任务的通知》中明确规定：安徽省版权处是省人民政府著作权行政管理部门。1992 年 8 月，经省编委批准，省版权处更名为“安徽省版权局”，机构级别、隶属关系不变。1996 年 8 月，省人民政府在对省新闻出版局机构改革的方案中规定：省版权局与省新闻出版局一个机构，二块

安徽新华印刷厂电脑照排车间

安徽新华印刷厂胶印车间

牌子。在著作权管理上,省版权局对内对外单独行使职权。

版权保护制度日益完善。《中华人民共和国著作权法》正式实施后,执法力度不断加强,省版权局通过培训班、学术研讨会、新闻媒介宣传等多种形式,大力宣传著作权法,提高全省公民的著作权法律意识。打击侵权盗版活动是版权保护的重要措施,党的十四大以来,安徽版权行政管理部门坚持加强管理,把打击盗版作为工作的重点,共开展行政执法检查 30 余次,立案查处严重侵权盗版案件近 50 起,收缴销毁各类盗版制品近 70 万册(件);内容涉及图书报刊、音像制品、电影制品、计算机软件等;并在全省新华书店系统建立了反盗版投诉举报制度,向社会公布反盗版举报电话,实行举报盗版奖励试行办法。

在日常管理方面,共开展版权咨询 1000 余次,受理作品自愿登记 50 余起,审核版权贸易合同 160 余件。根据全省版权保护新情况和新问题,省版权局先后制定发布了 20 余个规范性文件,促进了全省版权保护工作的健康发展。1996 年 11 月,经中国音乐著作权协会同意,成立"中国音乐著作权协会安徽办事处"。从 1997 年开始,根据国家版权局的工作部署,安徽省版权代理公司负责安徽地区报刊社转摘作品稿费收转工作。

安徽新华印刷厂的胶印车间

安徽省新闻出版局领导带领有关人员在检查印刷质量

先进的联动装订机

对外出版交流也迅速发展，积极开展对外合作出版，引进国外先进科技文化发展成果，对外介绍我国优秀文化，版权贸易比较活跃。各出版社利用各种机会，先后在美国、德国、加拿大、澳大利亚、新加坡等国家和香港地区举办皖版图书展览，宣传安徽出版成果，借鉴先进管理经验和引进先进技术手段，努力加强合作，促进发展。1993 年 2 月经国家版权局批准，成立"安徽省版权代理公司"。同年 6 月，举办了"安徽黄山版权贸易洽谈会"，来自台、港、澳地区的出版商与安徽出版社共签订版权贸易合同 72 项。自 1993 年以来，全省出版社共签订开展版权贸易合同 300 余项。一批具有地方和民族特色的皖版优秀图书，在东南亚国家和台港地区进行合作出版和版权贸易，许多图书被译成多种文字向海外发行。

七　全国良好出版社

1. 安徽教育出版社　成立于 1982 年的安徽教育出版社，始终不渝地坚持正确的出版方向，把出好书、出效益、出人才作为根本宗旨，紧紧扣住质量这根弦，突出特色、力促精品，优秀图书和重版书的比重逐年递增。18 年来，该社已由当初的十几个人、十多万资金的家当发展到今天的上百名高素质员工、年出书 800 余种、总印数逾亿册、年利润 7000 多万、资产总额数亿元的可观规模，各项经济指标翻了数十倍。累计出书 10 亿册，多次受到上级

安徽省精神文明建设十大工程之一——即将竣工的"安徽图书城"

部门的表彰。该社有近500种图书获得省级以上奖励，其中：《宗白华全集》、《中国诗学通论》、《惯性约束核聚变》荣获国家图书奖及提名奖；《心灵长城——中华爱国主义传统》、《中华三德歌》荣获中宣部“五个一工程”奖；《朱光潜全集》、《中国解放区邮票史》、《起点——中国农村改革发端纪实》荣获中国图书奖；《中国历代官制词典》、《西方心理学史论》等获得全国优秀教育图书奖；“图书角丛书”、“少年家庭科学院丛书”、《精灵鸭》等获得冰心儿童图书奖……不少图书还远销到欧美、东南亚等国家和地区，与海外达成版权贸易数十项。在取得丰硕社会效益的同时，经济效益也获得长足进展，连续多年名列本省同行业之首，多次被安徽省新闻出版局评为“经营管理先进单位”，并先后获得全国出版系统“先进集体”、“良好出版社”和“全省职业道德建设先进单位”等数十项荣誉称号。

安徽教育出版社多年来始终自悬高标、追求卓越、不甘平庸。在按质按量地完成教材及教辅用书的出版任务、保证课前到书的前提下，积极组织高品位、高质量的学术著作的出版，不惜财力为繁荣学术、积累传统文化而尽心尽职。如已出版的《朱光潜全集》、《宗白华全集》、《邓以蛰全集》、《心灵长城——中华爱国主义传统》、《院士思维》等在读者中产生强烈反响；即将推出的《朱熹全书》、《李鸿章全集》、《胡适全集》、“正史地理志汇释丛刊”、“二

装修一新的合肥市新华书店

十世纪中国文学研究丛书"、《中国古代自然灾害和异常的整体性研究》以及《钟敬文文集》、《常任侠文集》、《蒋孔阳文集》、《当代学者自选文库》等"九五"国家及省重点出版项目，更是颇具文化含量，引起海内外的关注。近两年，该社尤其注重开拓以弘扬时代主旋律为宗旨、雅俗共赏的理论和普及性作品，以及面向广大青少年，思想性、科学性、艺术性、趣味性俱强的科普读物。如经过精心策划的《中华三德歌》，一经出版即风行大江南北，发行量达 670 多万册，受到各级领导的重视。中央电视台"焦点访谈"栏目为此专门制作节目予以好评，产生了积极而广泛的社会影响。《起点——中国农村改革发端纪实》也是一部适时之作，被誉为纪念党的十一届三中全会召开 20 周年的最好图书之一。此外像"七彩科幻故事金库丛书"、"高科技趣谈丛书"、"数学奇境故事丛书"、"军事迷精品丛书"、"中华鲟儿童文学新作丛书" 等读物，图文并茂，契合青少年阅读心理，堪称高品质的精神食粮。

近年来，安徽教育出版社不断调整思路，深挖内部潜力，加大经营管理力度，及时组建了文教书店、激光照排部、制版公司、广告公司、商贸公司等经济实体，并产生良好的经济效益。可以说，如今该社已跳出了专营一业的旧模式，初步形成以图书出版为主、兼营其他、双轮互动的新格局，走上了一条健康有序、稳步发展之路。全社上下有一个共同的心愿，

黄山书市在合肥隆重开幕

地处皖南的宁国县新华书店被当地评为"服务行业精神文明建设窗口单位"

即：多出书、出好书，向全国第一流出版社的目标奋力冲刺。

2. **安徽科技出版社** 1979 年 1 月，改革开放的春风催生了安徽科学技术出版社。建社 20 年来，该社始终遵循党的出版方针，坚持为人民服务、为社会主义服务、为经济建设和精神文明建设服务；坚持立足本省、面向全国、放眼世界和未来；坚持把社会效益放在首位，力争实现社会效益和经济效益的最佳结合。1992 年该社被评为全国新闻出版系统先进单位，1995 年和 1997 年被新闻出版署连续评为“良好出版社”，1992 年以来，连年获得安徽省新闻出版局系统经营管理和先进单位奖。

20 年来，该社已出版图书 2800 余种，重印率在 45% 以上，累计发行图书 1.2 亿册，创利 2700 余万元。该社十分重视图书质量，在学术专著、应用科技、医卫、农业和外语方面出版了一大批有影响、有分量、有特色的图书。有 350 多种精品图书和音像制品在全国、华东地区和安徽省优秀图书评选中获奖。《生态学的归宿——人类生态学》、《单克隆抗体在农业上的应用》、《空间等离子体数值模拟》、《现代临床遗传学》获中国图书奖；《英语〔全国中卫学校教材〕录音带》获首届全国优秀音像出版物奖；《低温世界》、《阳台养花》获全国优秀科普作品奖；《怎样养黄鳝和泥鳅》、《D 式剪裁》等十余种图书获全国优秀畅销书奖。一批高品位

在美国洛杉矶举办“安徽书展”

安徽省出版局坚持“一手抓繁荣、一手抓管理”。图为有关部门领导人员对图书批发市场进行检查。

图书，如《实用肿瘤病理组织学彩色图谱》、《肿瘤影像诊断学》、《临床眼底病学》、《肿瘤并发症诊断治疗学》、《现代危重病学》等受到有关专家学者的好评；包括种植业、养殖业、水产业、花果林栽培业等七大类，涵盖现代大农业方方面面，总共近百册的“高效农业技术丛书”，以其科学性、实用性强和定位准确，深受广大农村读者的欢迎。

切实加强管理、不断深化改革是该社走向成功的一条重要经验。该社较早地进行了面向市场的发行体制改革，较早地实行了“岗位目标责任管理制”和“全员合同聘任制”；1999年年初，为了深化三项制度改革，又在工资、职称改革方面进行了新的探索。这些改革措施，不但保证了该社从“规模数量型”向“质量效益型”的顺利转移，而且为吸纳人才和人才快速成长创造了条件。该社现有职工 60 多人，具有中、高级专业职称者占 85%，初步形成了一支素质较高、包括编印发各方面人才的出版队伍。该社近几年与国外和港台地区签订数十种图书版权贸易合同。

安徽出版部门坚持解放思想、实事求是，以改革求发展。出版单位完成了由生产型向生产经营型的转变，为适应社会主义市场经济体制打下了比较坚实的基础。全省出版业的规模、质量、效益都有了较大的发展，出版综合实力明显增强。1998 年，全省出版系统实现销售收入 29. 34 亿元，利润 3. 46 亿元，已发展成为一个包括编辑、出版、印刷、发行、印刷物资供应、出版教育等较为完整的产业门类，成为全省国民经济和社会发展的重要组成部分。

安徽科技出版社荣获“全国新闻出版系统先进单位”称号

安徽科技出版社发行科荣获“全国新闻出版系统先进集体”称号

安徽教育出版社出版的重点图书《院士思维》首发式

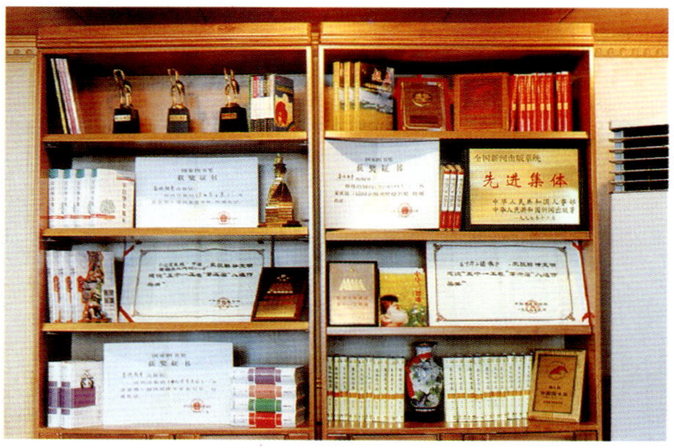

安徽教育出版社荣获“全国新闻出版系统先进集体”称号

安徽教育出版社 1997 年出版的《中华三德歌》在全国产生广泛影响

新中国出版 50 年

福　建

站在世纪之交的门槛上回望，福建出版业同共和国一道走过了 50 年的风雨历程。50 年，半个世纪，福建出版业的兴衰同整个国家的命运紧紧相联。其间有过创业艰难，有过低迷徘徊，更有开拓奋进、百舸争流。改革开放的春风掀开了福建出版业新的一页，经历了高速发展和结构调整，事业欣欣向荣。

福建出版业的第一块基石——福建人民出版社成立于 1951 年 7 月 1 日。1958 年 10 月，福建省新闻出版事业管理局成立，为厅局级建制。1961 年，福建省新闻出版事业管理局撤销，仍保留福建人民出版社。1964 年 8 月，福建人民出版社定为厅局级建制，领导班子也进行了调整。1969 年 7 月，福建人民出版社机构被撤销，后成立福建省革命委员会毛主席著作印制发行办公室。1971 年 10 月，福建省革命委员会政治部出版事业组成立，同年恢复福建人民出版社。1973 年 12 月，福建省革命委员会出版事业局成立。1975 年 10 月，改称福建省出版事业管理局，为厅局级建制，与福建人民出版社一套班子，两块牌子。1983 年 3 月，福建省出版事业管理局撤销，保留福建人民出版社，仍为厅局级建制。1985 年 10 月，福建省出版总社成立，为正厅级建制，福建人民出版社作为直属单位，独立从事编辑出版业务。福建省委、省政府十分重视和关心出版工作，于 1986 年在全国率先给予出版系统税利返还的优惠政策。1988 年 6 月，福建省新闻出

福建出版中心办公大楼

版局成立，与福建省出版总社合署办公，为正厅级建制，实行一套机构，两块牌子，局与总社合一的格局延续至今。1989年1月，福建省版权局成立（系处级局，由福建省新闻出版局版权处对外挂"福建省版权局"牌子），1996年升格为厅局级，与福建省新闻出版局合署办公，对全省行使版权行政管理和保护职能。

50年代初，福建省仅有一家图书出版社，即福建人民出版社。1958年从福建人民出版社文教编辑室抽调几个同志筹建、成立了福建教育出版社。草创时期，设施简陋，加之执行"地方化、通俗化、群众化"方针，出书品种有限。"文革"前的17年，年均出书仅百种左右，且内容单薄，不少书为当时政治运动服务。"文革"中出版事业受到了很大影响，福建省出版机构一度撤销，人员下放，社会上出现了严重的"书荒"。1979年后，福建出版界认真贯彻党的十一届三中全会和在长沙召开的全国地方出版社座谈会精神，"立足本省，面向全国"，大胆开拓，使图书出版的数量和质量发生了巨大的变化。1978年至1982年，我省租型印制了一些中外文学名著，组织出版了一批政治、文化、文艺、科技读物，并针对当时刚刚恢复高考，青年学生渴望补习文化知识的迫切需要，集中力量及时推出了"中学生学习丛书"、《中学各科手册》等高质量的教育读物，同时在地方出版社中率先组织出版外语读物。这些图书出版后，得到了社会的广泛好评，不少品

1996年7月，国务院副总理邹家华参观中国出版成就展福建展台。

1996年10月，新闻出版署署长于友先参观中国少儿图书出版成就展福建展台。

种累计印数达数百万册，不仅为缓解"书荒"做出了贡献，而且为闽版图书走向全国迈出了可喜的一步。1979 年，以福建人民出版社科技编辑室为基础，组建了福建科学技术出版社。80 年代中期，福建出版业进入了一个高速发展时期，又组建了海峡文艺出版社、福建少年儿童出版社、福建美术出版社、鹭江出版社、海潮摄影艺术出版社等专业出版社，出书品种、发行册数都有大幅度的增长，初步形成了学科门类比较齐全、布局比较合理的出版体系。1979 年至 1998 年，全省共出版图书 26000 多种、23.3 亿册。图书出版的规模、数量迅猛发展，出版社增至 11 家，年出本版书由 1978 年的 180 种发展到 1998 年的 2545 种，年印书量由 1978 年的 3109 万册发展到 1998 年的 1.34 亿册。与此同时，出版思路和出书范围也大大拓展。福建出版界明确提出"立足本省，面向全国，发展对外"的出版思路，在继续出版通俗普及读物的基础上，拓宽选题门类，出版了大量高质量的理论著作、科技专著、中长篇小说、儿童读物、大型画册、地图、中高等学校教材、翻译作品、工具书等等。

福建出版业在适应社会经济、文化发展需求和激烈的图书市场竞争中，不断积累经验，积极探索出版新路，逐步形成了自己的出版优势和出版特色，主要表现在 6 个方面：1. 多方位、多层次地介绍和研究华侨华人的图书，具有鲜明的地方出版特色。其中既有介绍华侨、

著名科学家、福建科学技术出版社作者卢嘉锡先生到出版社了解科技图书出版情况。

全国政协副主席赵朴初、著名作家韩素音参加海峡文艺出版社《冰心全集》出版座谈会。

华人名人事迹的读物，又有海外华侨、华人的作品选集，还有研究海外华侨、华人的历史与现状的专著。2. 出版了大量介绍和研究福建地域的专题著作，涉及历史文化、经济发展、自然资源、名人传记诸方面。3. 闽版中小学教育读物门类齐全、结构合理、质量好、数量大、重版率高，有的品种累计印数达 1000 多万册，在全国享有较高声誉。4. 经济理论著作起点高、理论性强、富于实践指导价值，其中尤以有关特区经济、涉外经济研究的图书具有很强的优势和明显的特色。5. 出版研究台港及海峡两岸关系的著作，介绍台港作家作品，起步早（始于 80 年代初期）、品种多，是福建出版的强项之一。经过 10 多年的努力，已积累了相当规模的门类品种，研究领域从文学艺术、历史、地理延伸到政治、经济、法律、科技、教育等各个方面，并从出版单本著作逐步发展为出版丛书、系列书。6. 中医中药类图书具有一定规模，长期以来也是福建的出版优势之一。中医药理论专著、中医药古籍整理、实用中医药知识普及读物、养生保健读物等在中医药类图书市场中占有较大份额。

近 5 年来，福建出版界积极推进由规模数量增长向优质高效的阶段性转移，贯彻落实党的十五大提出的“加强管理、优化结构、提高质量”的方针，抓重点、出精品，取得了丰硕成果。年出新书品种控制在 1450 种左右，重印书比例逐年上升，图书整体质量明显提高。平均

福建省委书记陈明义视察福建彩色印刷有限公司

福建少年儿童出版社近年出版的部分图书

每年有上百种图书在全国或跨省区的图书评比中获奖，国家级三大奖闽版书均榜上有名：《国脉所系——现代化与稳定》等 4 种图书获“五个一工程”入选作品奖；《冰心全集》获国家图书奖荣誉奖，“新时期中篇小说名作丛书”获国家图书奖，“特区经济丛书”、《中国少数民族美术史》等 7 种图书获国家图书奖提名奖；《周恩来教育思想研究》、《中医急诊医学》、《知识童话 300 篇》、《税利分流研究》等 14 种图书获中国图书奖。

为提高图书质量，省新闻出版局采取了一系列措施，其中主要有：按“四个梯次”狠抓重点出版项目（先由各专业出版社选定一批社级重点书，再由省局从中筛选产生省级重点书，然后从省级重点书中列出重中之重，由局长、各社社长亲自抓，最后从局长、社长亲自抓的重点项目中，筛选出 5 ~ 8 种作为竞争国家级三大奖的图书），以点带面，促进闽版图书整体质量的提高；切实加强审读工作和图书编校质量检查；建立激励和约束机制，以优秀著作出版基金、重点出版项目基金补贴、借贷等方式推动精品书的出版，重奖有功人员，同时对质量问题的责任者予以处罚。各专业出版社也摸索出一些行之有效的办法。福建人民出版社作为全省规模最大、以出版社科图书为主的地方人民出版社，有着清晰的大局观、端正的社风，“人民出版社意识”在全社深入人心。该社牢固树立精品意识，控制出书品种，狠抓

50 年代末—60 年代出版的部分闽版图书

80 年代初福建出版的部分大型工具书

福建人民出版社近年出版的部分图书

图书质量，措施到位，成果显著。其主要做法是：建立重点图书选题的规划体系。始终把社会效益放在首位，每年规划选题时都安排相当数量弘扬主旋律的重点选题，积极配合形势要求，敏锐捕捉热点、难点问题，特别注重组织出版社汇集人民群众共同关心的政治、经济问题的重点图书，宣传马列主义、毛泽东思想和邓小平理论，宣传党的路线、方针、政策，切实为全党全国工作大局服务；建立图书质量保障体系。坚持书稿三审制，较早对图书质量进行严格的规范管理，先后制定了《选题管理的暂行办法》、《关于图书选题申报、立项的暂行规定》、《关于订约程序的暂行规定》、《关于书稿三审的若干规定》、《关于生产调度的暂行规定》等一系列规章制度，为图书质量的提高做出了制度上的保证。按照“精品精出”的原则，对重点图书精心组织编校，社里从财力、人力上给予保证；建立奖励体系。制定奖惩条例，对优秀图书设立选题策划奖、书稿审读编辑加工质量奖和书稿质量提高保障奖，对获得国家级三大奖的有功人员，社里再给予奖励。这样，全社从编辑、出版到发行各个部门都能围绕重点图书的出版上下一心，尽心尽责，取得了很好的效果。从 1987 年至今，该社有 200 多种图书获得省级以上优秀图书奖，连续三年获“五个一工程”入选作品奖，《普通话闽南方言词典》、《鸦片战争史》分获第一届、第三届国家图书奖提名奖，《清末社会思

福建教育出版社近年出版的部分图书

福建科学技术出版社近年出版的部分图书

潮》等 6 种图书获中国图书奖。图书质量的提高，为该社赢得了良好的社会效益和经济效益。

海峡文艺出版社始终坚持社会主义文艺出版导向，坚持走“以优秀的作品鼓舞人”的出版道路，坚持把出版优秀图书作为一个系统工程常抓不懈，逐渐形成了一套保证不断推出优秀图书的管理体系和激励机制。该社出版了一大批政治导向正、文化含量高的图书，在社会上产生了积极影响，连连获得国家级大奖，“新时期中篇小说名作丛书”、《冰心全集》分获第一届、第二届国家图书奖，《雷锋精神在福建》获“五个一工程”入选作品奖，《金瓯缺》获第三届茅盾文学奖荣誉奖，《中国古代文论类编》等 4 种图书获中国图书奖。

在加强经营管理、促进事业稳步发展方面，福建科学技术出版社积累了丰富的经验。该社深知强化内部管理、健全各项制度、向管理要效益的意义，早在开始实行岗位目标管理责任制时，就出台了诸如《图书选题管理条例》、《图书计划管理条例》、《财务管理条例》、《岗位目标管理责任制实施条例》等一系列有关岗位职责、劳动定额、财务管理、人事管理、经营管理、质量管理和后勤管理的工作条例和规章制度，使社内各项工作有章可循。随着改革的逐步深化，该社针对工作中出现的新情况、新问题，结合上级下发的有关文件精神，对原有的规章制度进行补充、修订，使之更臻完善，更符

福建地图出版社近年出版的部分图书

福建美术出版社近年出版的部分图书

海峡文艺出版社近年出版的部分图书

合当前的实际情况。如近年出台的《图书定价标准及其管理办法》、《关于规范自费出版的若干规定》、《关于书号使用审批管理办法》、《关于加强图书库存管理的暂行规定》等制度与条例，就是在具体执行过程中不断补充、修订而日臻完善的。在抓好建章立制的同时，该社根据自身实际，找准定位，把出版为经济建设、科技进步、人民群众日常生活与卫生保健服务的实用科技和通俗科普读物作为工作重点，兼顾中高级学术著作的出版。由于妥善处理了普及与提高的关系并付诸实施，该社形成了一批"拳头产品"，如：具有浓郁福建地域色彩的学术著作、中医药和电子技术类图书，在国内图书市场享有较高声誉。10 多年来，该社有上千种约 2 万册图书出口海外；50 多种图书版权转让给港台出版机构；7 种图书译成英文，直销欧美市场。此外，还从港台引进与合作出版了十几种图书，促进了双向交流。如今，该社已发展成为具有相当出书规模的综合性地方科技出版社，初步建成了一个具有自我积累、自我改造、自我发展和自我约束能力的朝气蓬勃的经济文化实体。

福建的图书出版业绩斐然，期刊出版也大有可观。

50 年来，福建的期刊大致是沿着"萌芽——成长——停滞——恢复——崛起——巩固"这样一个曲折的历程发展起来的。

1949 年创办的《福建通讯》和《福建公安》

鹭江出版社近年出版的部分图书

海潮摄影艺术出版社近年出版的部分图书

是建国后福建较早出版发行的期刊；接着就是1950 年创刊的《福建青年》，1951 年创刊的《福建文艺》，1956 年创刊的《福建中医药》，1958 年创刊的《福建画报》等等。

十年"文革"，是期刊业最为沉寂的阶段。由于受"文化大革命"极"左"思潮的冲击，从1966 年下半年起，各类期刊纷纷被迫停刊。经过了近 8 年"万马齐喑"的非常时期，1974 年，《福建文艺》率先复刊，尔后一些大学学报及自然科学、工程技术、医药卫生等学科门类的期刊相继恢复或创刊。但直至 1978 年，全省仅有 38 家期刊社。

改革开放 20 年来，我省期刊无论在规模还是数量上都得到迅猛的发展，涌现出了许多顺应时代潮流，弘扬主旋律，既富思想性、学术性，又富趣味性、指导性的好期刊，期刊总数达 187 种，其中，社科类 107 种，科技类 80 种。在把握政策导向、狠抓质量管理的前提下，经过市场优胜劣汰的竞争考验，全省期刊的布局结构日趋合理化与规范化。许多期刊都以其独具的特色和高雅的品位，赢得广大读者的赞誉。如以反映海峡风情、侨乡风貌，传播乡音及海内外信息为办刊宗旨的《海峡》、《台港文学选刊》等；以荟萃中篇菁华、囊括各家精品著称的《中篇小说选刊》；以图文为媒介，集政治时事于一册，全方位、多侧面介绍福建信息、地方优势、山海形胜和风土人情的《福建画报》；以思想性、文学性、趣味性、可读性俱

厦门大学出版社近年出版的部分图书

入选"五个一工程·一本好书"奖的闽版图书

强而取胜，堪称当代青年良师益友，发行量一度高达 65 万册的《福建青年》(现已更名为《青春潮》)……许多期刊都以其丰富的内容题材、精美的装帧设计、上乘的印制水平占领市场，赢得读者。一时间，期刊界展现出一派群芳竞艳、异彩纷呈的景象。

由于办出特色，办出水平，福建的许多刊物在全国历次评选活动中频频获奖。如《福建画报》，曾经发行到 34 个国家和地区，于 1980 年、1990 年两度获"全国新闻先进集体"称号，并先后 5 次在全国期刊印刷质量评比中名列榜首，1995 年摘取"全国首届优秀社科期刊奖"；《台港文学选刊》、《科学与文化》、《青年博览》在 1990 年首届全国期刊展览评选活动中，获整体设计二等奖；《华人之声》、《福建地质》获 1990 年全国期刊印刷质量评比三等奖；1998 年，《中篇小说选刊》、《青年博览》获中宣部与新闻出版署的"全国百种重点社科期刊"称号。全省期刊获奖总数在全国位列第 8 名。此外，在华东地区举办的优秀期刊评比活动中，福建有 18 家期刊被评为最佳期刊或优秀期刊。

改革开放以来，福建出版界在搞好纸介质出版物出版的同时，音像、电子出版物也逐步发展起来。自 1979 年出现第一家音像销售店、1983 年成立第一家音像出版社至今，福建音像出版业发展迅猛，现有音像出版单位 6 家，磁带复制单位 8 家，CD 类和 DVD 类光盘生产

获国家图书奖的闽版图书

获国家图书奖提名奖的闽版图书

线2家，批发单位30多家，零售、出租、放映点6000多个。全省近年年均出版音像制品1000种左右，复制音像磁带500万盒，激光唱盘、视盘1.5亿片。所出版的音像制品中，弘扬民族和福建优秀文化、赞颂改革开放成就、传播科学文化知识、提高教育水平、开展对外交流等方面的品种占相当比重，形成了自己的特色，共有100多种音像制品在全国和全省评比中获奖，其中60种获全国奖。福建的电子出版物1994年才起步，但发展很快。现有电子出版物出版单位1家、制作单位47家、批发单位75家、零售单位200余家。历年累计出版电子出版物200余种（光盘类87种，集成电路卡类100余种），品种齐全，涵盖教育、文艺、旅游、法律、娱乐等方面，其中以纯文学类品种较有特点。1998年福建省出版总社出版的《中国现代散文精品》获全国"1993—1997年优秀多媒体光盘评测"优秀奖。

福建的图书发行事业与出版事业同步发展。目前，全省共有图书发行网点4000多个，其中，新华书店系统70家，出版社自办发行机构11家，集体、个体书店3200多家，二级批发单位53家，从业人员1万多人。一个以国有书店为主体，多种经济成分、多条流通渠道、多种购销形式并存的图书流通体系已颇具规模。图书发行事业的发展，为传播科学文化知识、丰富人民精神文化生活做出了积极的贡献。

新华书店是图书发行的主体，50年来，全

海峡文艺出版社领导看望著名作家——冰心老人

著名画家、刘海粟先生应邀来福建美术出版社讲学。

省新华书店系统共销售各类图书 40 多亿册，码洋 121 亿元。1991 年以来，共销售图书 21.2 亿册，码洋 81 亿元，销售码洋是前 40 年总和的 2 倍。新华书店在努力发挥主渠道作用的同时，不断深化图书发行体制改革，优化发行资源配置，积极构建新型的图书发行体系，从而扩大了福建出版物的总体市场规模。近 5 年来，全省新华书店一方面加强内部管理，转换经营机制，积极进行现代企业制度运作方式的探索，扩大闽版图书的市场占有率；另一方面，发展以大规模零售为主导的连锁经营，建立大型图书城，如福州市新华书店 3 年内建立了 3 个新华图书城，使该店的一般图书发行有了根本性的飞跃，图书年销售额较之 3 年前增长了 4 倍多。

图书发行网点建设是图书发行事业的一个重要指标。1990 年以来，新华书店累计投入资金 1 亿多元，省新闻出版局直接投入资金 2000 多万元支持基层新华书店新建各类图书发行网点 100 多处，新增营业面积 3.5 万平方米，大大提高了新华书店的图书发行能力和辐射能力。

加强农村图书发行工作是图书发行事业的重要环节。近 10 年来，省新闻出版局每年拨出农村网点建设专项资金 100 万元，用于基层新华书店建设农村下辖门市。各级新华书店累计投入资金 5000 多万元，先后建立乡镇网点 60 多处。同时，落实农村图书发行“三下乡”

福建出版 45 周年，福建新闻出版局召开作者座谈会。

福建出版界经常召开书籍装帧质量评讲会

制度，并于每年 5 月开展“送书下乡竞赛活动”，丰富了农民的精神文化生活。

出版社自办发行是新华书店主渠道发行的有效补充。几年来，福建大力发展社办发行，改善出版社内部经营，发行品种、册数、码洋逐年提高。据统计，1991 年至 1998 年全省自办发行图书计 2.3 万种、3.2 亿册，码洋 8.5 亿元。1998 年发行码洋较 1991 年增长 150% 以上。

福建邮电部门利用自身优势，在全省兴办连锁店，统一进货，连锁经营，在全国率先进行图书发行改革的尝试。

集体、个体书店从零起步，逐步发展到现在的 3200 多家，从业人员 7000 多人，网点遍布全省，大大方便了读者。

图书对外贸易也得到了长足的发展。从 80 年代至今，全省图书、音像、计算机软件的对外版权贸易和合作出版共计 1110 项。1992 年 6 月，我省制定了《关于扩大出版对外合作交流和加强对外宣传工作的意见》，开创了出版对外合作交流的新局面。6 年来，福建省共出口图书 90 万册，码洋 800 万元。1993 年至 1998 年，福建出版界先后组织了出版、印刷、发行业务骨干 114 批 473 人次，分别赴亚、欧、美、非、大洋洲参加国际书展和参观考察。闽台出版合作交流尤为引人瞩目：1992 年 9 月，福建省出版工作者协会与台北市出版商业同业公会达成互访意向，经双方共同努力，1993 年

首届全国优秀社科期刊评比中，《福建画报》获优秀期刊奖、《小火炬》获优秀期刊提名奖。

获中国图书奖的部分闽版图书

2 月台北市出版商业同业公会组成 17 人的代表团访闽，几个月后福建省出版工作者协会组成 11 人的代表团访台，这是海峡两岸隔绝 40 多年来两岸出版界首次正式组团互访；1994 年，福建省出版工作者协会与台北市出版商业同业公会签订了《闽台关于加强出版交流的洽谈备忘录》。近年来，闽台出版合作交流从间接到直接、从单向到双向、从零散到经常、从一般性交流到深层次合作，取得了实质性进展。

伴随着出版业的前进步伐，福建印刷业也逐渐发展壮大，取得了一定的成就。

新中国成立之初，福建印刷业设备陈旧，工艺落后，除福州、厦门两地的 3 台对开胶印机外，基本都是单一的小型铅印设备，装订全是手工操作，生产能力很低。据统计，1950 年，福州 70 家印刷厂（所、店）的总产量仅达 5 万令左右。为适应全省出版事业发展的需要，1957 年至 1965 年间，福建印刷业相应地进行了技术改造，扩充和更新设备，生产能力大大提高。以福州第六印刷厂（福建新华印刷厂前身）为例，该厂在全国率先引进国外全张平台双回转印刷机、折页机、三面切书机，投产后的第二年，铅印年产量就达到 1953 年福州全市总产量的水平。

改革开放为印刷业的发展注入了新的活力。全省最大的书刊印刷企业——福建新华印刷厂从 1979 年起进行了较大规模的技术改造，先后引进了国外分色机、全张双色胶印机、

闽版华东地区优秀期刊

闽版华东地区最佳期刊

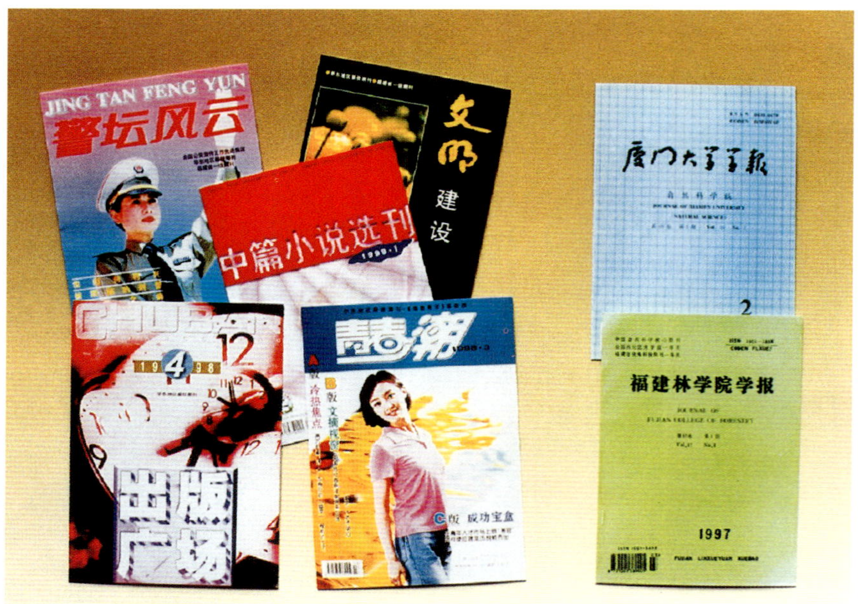

中华人民共和国新闻出版署“全国百种重点社科期刊”闽版期刊

四色胶印机，胶订联动线等。特别是 1984 年在全国率先引进的马天尼生产线，使该厂年装订能力达到 18 万令左右，解决了长期印装生产力不平衡的矛盾。在生产能力大幅度提高的同时，该厂的印刷质量也突飞猛进，不少产品在全国和全省书刊印刷质量评比中荣获国优、部优、省优称号。1984 年，全省首家以彩印书刊印刷为主的企业——福建彩色印刷厂（1989 年更名为福建彩色印刷有限公司）创建。建厂之初，就引进了当时国际先进的电子分色机、505 自动绘图机和对开四色胶印机等设备，做到当年安装、当年投产。该厂起点较高，印制质量一直十分稳定，曾在全国产生良好的影响，产品受到委印单位的高度评价。有近百种产品在全国印刷质量评比中荣获优质奖。由该厂印制的《福建画报》多次获得全国印制优质奖，中央文献出版社的许多大型画册（如《刘少奇》、《周恩来》、《朱德》、《邓小平外交风采》等）都在该厂印制。此外，福建第二新华印刷厂、解放军 7228 工厂、福州晚报印刷厂、泉州晚报印刷厂等印刷企业也引进了先进的技术设备，取得了较大发展。

截至目前，福建省共有书刊印刷企业 155 家，其中，书刊印刷国家级定点企业 6 家、书刊印刷省级定点企业 19 家、领有书刊印刷许可证的印刷厂 130 家。福建省出版总社直属的两家书刊印刷厂（福建新华印刷厂和福建彩色印刷有限公司）拥有年排字能力 1.3 亿字，年书

在全国获奖的部分闽版音像、电子出版物。

在全国获奖的闽版录像制品

福建近几年出版的部分音像、电子出版物。

刊印刷能力 45 万令，彩色制版能力 4 万副，彩色印刷能力 50 万对开色令，装订能力 38 万令。1998 年，福建省新闻出版局获全国书刊印制质量管理铜奖，福建省出版总社获全国中小学课本印制质量管理铜奖。

地方立法、市场管理、“扫黄”“打非”和版权保护，为福建出版业的发展繁荣营造了良好的外部环境，提供了有力的支持。1991 年 12 月 25 日，福建省第七届人民代表大会常务委员会第二十五次会议通过了《福建省图书报刊出版管理条例》，该《条例》自 1992 年 2 月 1 日起施行。这是建国以来福建省第一部出版方面的地方性法规，它的颁布实施，为福建省对图书、报刊出版活动实行依法管理提供了法律依据，对福建省出版事业的健康发展发挥了重要作用。

1989 年以来，福建省加强了对全省书报刊、音像、电子出版物市场的统一管理，不断加大“扫黄”“打非”力度。10 年来，全省共出动执法人员 10 多万人次，检查出版物及印制企业 2 万多家（次），收缴反动、淫秽、盗版音像制品 1200 多万盒（片），查获非法书刊 500 多万册（本），处理违规经营单位 2000 多家（次），净化了出版物市场。

近年来，福建省重点加强对非法出版、发行案件的查处，全省出版行政部门共查处非法出版、发行案件 2000 多起，总册数 1000 多万册，总码洋 8000 多万元，端掉非法制作、销售

美国 IBM 中国有限公司和福建省版权局联合召开“知识产权研讨会”

1993 年 9 月，“台闽出版交流合作座谈会”在台北召开。

新加坡出版商来闽与福建出版界洽谈版权贸易

受新闻出版署委托，福建省新闻出版局已 5 次组织中国出版代表团参加菲律宾国际书展。图为 1998 年福建省副省长潘心城为菲律宾国际书展中国图书展销会剪彩。

团伙(窝点)500 多个。特别是查获的两条地下光盘生产线案、印制非法出版物大要案，受到国家表彰。

1984 年 6 月 15 日，福建省人民政府指定福建省人民政府新闻出版管理处代行著作权行政管理职能，福建省著作权行政管理工作开始起步。1989 年 1 月，福建省版权局成立，福建省有了专门的著作权行政管理机构。《中华人民共和国著作权法》实施以前，福建省著作权行政管理工作依照文化部《图书、期刊版权保护试行条例》以及国家版权局的有关规章，侧重于图书、期刊文字作品的保护，对图书出版社的出版合同及稿酬的支付等进行规范化管理，并调处了 10 起著作权纠纷。1991 年 6 月 1 日之后，福建省版权局根据著作权法律、法规，对涉及新闻出版、广播电视、文化艺术、科学技术、工艺美术、电子信息等领域的作品进行保护。一方面通过各种形式大力宣传著作权法律，逐步提高公众著作权意识；另一方面，不断强化著作权行政管理，加大打击侵权行为的力度。1991 年 6 月以来，共查处以盗版为主要形式的各类侵权案件以及调解著作权

福建省组团参加历届北京国际图书博览会

福建省从 1979 年起对印刷设备进行了大规模的技术改造，大大提高了生产力，已连续 10 多年做到中小学课本"课前到书、人手一册"，得到省委、省政府好评。图为在全国率先引进的先进胶订联动生产线。

福建省印刷业注重技术设备改造，图为福建新华印刷厂的八色胶印机。

1984 年创建的福建彩色印刷厂(后更名福建彩色印刷有限公司)，是全国最早引进当时国际先进的彩色印刷设备和技术的企业之一，其产品在全国产生了很大的影响。图为该厂制版车间。

纠纷案件 100 多件，没收各类侵权复制品 15 万件。在处理的案件中，具有地方特点的涉台侵权案件和雕塑工艺品侵权案件占相当比例，在全国产生了一定的影响。与此同时，福建省版权局还不断加强著作权日常管理，审核、登记省内出版单位境外作品合同 890 多项；登记作者自愿要求登记的各类作品 1981 种，登记作品的数量居全国前列。

回眸 50 年的发展历程，我们百感交集；面对新世纪的挑战，我们深知任重道远。福建出版人已经开始了新一轮创业，将以自身的不懈努力为社会主义两个文明建设作出新的贡献，创造新的辉煌。

福建彩色印刷有限公司引进的精装生产线

福建省投入巨资进行发行网点建设，改善购书环境。图为福州新华书店门市部之一。

新中国出版50年

江　西

江西自古人文荟萃，"物华天宝"、"人杰地灵"。在这块文化丰厚、广袤的红土地上，江西人民用自己的聪明才智和勤劳的双手创造了出版事业"籍著中华"的历史。与挥洒《滕王阁序》的唐代王勃同时，江西就已能一次性雕造图书千本以飨天下。宋朝的江西已是全国刻书业中心之一，周必大不仅能精雕细刻百卷《欧阳文忠公集》、千卷《文苑英华》，并以活字印刷《玉堂杂记》成为毕昇创造活字印刷后最早以活字印书的实践者之一。元明清各代一领风骚数百年，元朝书院刻书、明朝藩府刻书、清朝金溪浒湾的刻书，为世人所推崇。《稼轩长短句》、《文献通考》、《茶谱》、"豫章丛书"等巨著经久传世。

中国共产党成立后，党领导下的出版事业在江西诞生。赵醒侬、方志敏等同志纷纷创办书店，出版革命刊物。第二次国内革命战争时期，中央苏区和闽浙赣、湘赣、湘鄂赣等苏区和毛泽东、方志敏、瞿秋白、张闻天等同志高度重视出版工作，邓小平同志还亲自主编《红星报》。在中华苏维埃共和国首都瑞金，成立了共产党第一个出版管理机构——中央出版局，专业出版机构、发行机构、印刷机构也相继成立，出版、发行了500多种图书，100多种期刊，为中国革命培养了出版人才。中华人民共和国成立50年来，江西出版事业高举毛泽东思想和邓小平理论伟大旗帜，在省委省政府的领导下，坚持为人民服务、为社会主义服务，贯彻"百花齐放、百家争鸣"的方针，解放思想、实事求是、深化改革、艰苦创业，出版队伍不断壮大、出版机构日臻完善、优秀出版物层出不穷、社会主义精神文明和物质文明建设硕果累累。

建国初，江西军管会代管全省出版工作。随后，中共江西省委宣传部新闻出版处、江西省人民政府新闻出版处负责管理全省出版工作。1949年9月1日，江西省新华书店成立，开展出版、发行业务。1951年1月，省新华书店负责图书发行工作。1951年11月23日，江西人民通俗出版社成立。1952年6月，江西省印刷公司成立。至此，由编辑、印刷、发行等组成的江西出版事业开始迈上蓬勃发展的道路。

1953年，江西出版事业开始实行出版工作的计划管理。

1954年春，江西人民通俗出版社更名为江西人民出版社。自江西人民通俗出版社成立伊始，就认真贯彻落实"通俗化、地方化、群众化"的出版方针，以为工农兵服务为宗旨，出版了大量的社会科学、自然科学、政治时事教育、文化艺术、扫盲等普及性、通俗性读物及介绍江西历史文化、风土人情

1931年底，在中华苏维埃共和国首都江西瑞金，成立了中国共产党领导下的第一个出版管理机构——中央出版局，管理全苏区的新闻出版工作。图为中央出版局旧址。

等的图书，如《伟大的祖国》、《土地改革问答》、《朝鲜停战讲话》、《中共党史常识读本》、《农业合作化通俗讲话》等。1956 年后，江西人民出版社出版了一大批有较高学术价值、实用价值的图书，并开始出版丛书、套书和再版书，翻译作品也开始出版，如《江西植物志》、《江西地方戏曲音乐》、"工人学哲学小丛书"、"故事丛书"等。为庆祝建国 50 周年，江西挖掘本省出版资源，出版了一批献礼书，如《江西十年诗选》、《红色歌谣》、《红色画集》、《红色戏剧》、《红色风暴》等。《怎样做一个共产党员》多次再版，发行 200 多万册。

1958 年，江西省一度成立了省、地区级人民出版社数家。1962 年被相继撤销。

1966 年下半年开始，江西出版事业受到"文化大革命"运动的冲击。1968 年 10 月，江西人民出版社被撤销，大多数职工被下放，江西出版事业陷于停顿。1968 年，毛主席著作印制办公室成立，主要负责印制发行毛主席著作等。1969 年，在省新华书店内成立编辑室。1971 年 12 月，江西省新华书店对外增挂"江西人民出版社"牌子。这一时期出版物多为报刊社论等。这一时期，江西出版工作者顶住林彪、"四人帮"的干扰，先后推出了优秀长篇小说《剑》，连环画《渔岛怒潮》，《江西中草药》等书，其中《剑》是"文化大革命"以来全国出版界屈指可数的优秀长篇小说，发行 100 万册。

粉粹"四人帮"后，江西出版事业得到迅速恢复。中国共产党第十一届三中全会后，江西出版工作者高举邓小平理论伟大旗帜，解放思想、深化改革，使江西出版事业进入了社会主义出版事业发展新时期。改革开放的 20 年，特别是党的十四大以来，是江西出版史上发展最快、形势最好、成绩最大的时期，取得令世人瞩目的成就。

1978 年 11 月，全国少年儿童读物出版工作座谈会在庐山召开。这是"文革"后推动江西省少儿读物出版的突破口，也是江西出版事业发展的突破口。

1979 年在湖南长沙召开的全国出版工作座谈会，会议提出了调整地方出版社的出版方针和新时

1996 年 7 月 15 日，刘华清同志在新闻出版署副署长桂晓风等同志陪同下参观'96 中国出版成就展江西展台。

1996 年 7 月 15 日，国务院副总理邹家华参观'96 中国出版成就展江西展台。

期出版工作的基本任务，从“通俗化、地方化、群众化”中解放出来，“立足本省，面向全国”，由此走向世界。同年 6 月 1 日，江西人民出版社恢复独立建制。同年 6 月 4 日，江西省出版事业管理局成立。9 月 14 日，江西省外文书店成立。1980 年 8 月，江西省印刷物资公司成立。1981 年 12 月 26 日江西省印刷技术协会成立。1983 年 7 月，江西省出版事业管理局撤销并入江西省文化厅。

1984 年 5 月，江西人民出版社由县(处)级建制升格为厅(局)级建制，下辖新华印刷厂等厂。

1985 年 2 月 15 日，经国家出版局批准，在江西人民出版社文教、科技、少儿编辑部的基础上，分别成立了江西教育出版社、江西科学技术出版社、江西少年儿童出版社。同年 3 月，江西省印刷学校成立，1993 年 4 月更名为江西省新闻出版学校，14 年来共培养学生千名，培训和轮训干部、编辑、印刷、发行等学员数千名。1999 年 1 月，江西省出版集团培训中心成立。

1986 年 11 月，江西省出版事业管理局重新成立，与江西人民出版社合署办公，统一管理全省出版事业的编辑、印刷、发行、物资供应和全省出版物市场管理等工作。

1989 年 7 月，经新闻出版署批准，在江西人民出版社文艺编辑部和《百花洲》杂志编辑部、美术编辑部的基础上分别成立百花洲文艺出版社、江西美术出版社。与此同时，江西高校出版社成立。一个专业分工比较合理、门类比较齐全的地方专业出版社系列形成。

1991 年 6 月，江西省出版工作者协会成立。

1991 年 8 月，江西省新闻出版局、江西省版权局、江西省出版总社成立，进一步健全了江西省出版管理体制。

1993 年 4 月，以江西省出版总社为核心企业，由 107 家紧密层企业、10 家松散企业组成，集编辑、印刷、发行、物资供应及教育、科研和对外贸易为一体的全国第四家出版集团——江西省出版集团成立。这标志着江西出版产业构架了一个既符合现代企业发展方向，又符合江西出版产业发展实际的

1996 年 10 月 3 日，中共中央政治局委员、书记处书记、中宣部部长丁关根在中国少儿出版物成就展江西展台参观。

弘扬主旋律是江西图书出版的永恒主题。图为获“五个一工程·一本好书”奖、国家图书奖、中国图书奖的部分图书。

新的运作机制。

1994 年 8 月，江西省新闻出版进出口公司成立，建立了江西与世界出版界联系与交流的渠道。同年 12 月，江西省新闻出版局（总社）音像电子出版公司(对内称音像电子出版部)成立。

1996 年 1 月，江西省发行协会成立。

1996 年 7 月，在 '96 中国出版成就展与 1996 年 10 月全国少儿出版物成就展中，江西展团均获"最佳组织奖"和"最佳设计奖"，成为全国获得"双佳"殊荣的八个省份之一。

1998 年 8 月，红星音像电子出版社成立。

1998 年，江西省遭遇百年不遇的洪涝灾害，江西省出版系统广大职工发扬伟大的抗洪精神，取得了抗洪救灾、发展经济的胜利。江西出版系统向灾区捐款捐物近 2000 万元，出版了一大批歌颂伟大抗洪精神，帮助灾区重建家园、发展经济的图书。

1999 年 2 月，江西省图书出版业为农业、农村工作服务座谈会在南昌召开，会议以党的十五届三中全会精神为指针，讨论和研究江西图书出版工作如何更好地面向农村，为建设有中国特色社会主义新农村做出新贡献，努力开创江西图书出版工作的新局面。

江西省出版系统至 1998 年 12 月共有从业人员 7600 人，专业技术人员 2000 余人。

改革开放 20 年来，江西出版事业确定了明确的奋斗目标，并根据实际发展不断做出调整和完善。

1985 年 3 月，江西出版事业以"解放思想、锐意改革、实事求是、稳步前进"为指导思想，制定了"提高编辑队伍素质，提高书稿质量"的工作目标。

1988 年 10 月，江西省出版事业在充分总结党的十一届三中全会以来取得的成绩的基础上，制定了跨世纪的三步走战略构想：第一步，在国家"七五计划"后 3 年，抓好重点项目建设和双效图书，初步形成赣版图书的风格与特色；第二步，到 20 世纪末，江西出版业要冲出华东，部分赶上全国先进水平，少数项目在全国居领先地位；第三步，到 2000 年后，再用 5 年至 10 年的时间，使江西省出版事业

1996 年 7 月 13 日，全国人大常委会副委员长钱伟长在新闻出版署副署长于永湛、江西省副省长黄懋衡等陪同下参观中国少儿出版物成就展江西展台。

1996 年 5 月 5 日，全国新闻出版系统跨世纪人才培养工程工作会议在江西召开。会议期间，中共江西省委书记吴官正（右二）、副书记钟起煌（左一）和新闻出版署署长于友先（左二）、副署长桂晓风亲切交谈。

达到全国一流水平，少数项目达到世界先进水平。

1991 年 3 月，江西省新闻出版局制定了《江西省出版事业十年发展规划和“八五计划”的基本思路》，确定江西出版事业此后十年的发展目标：提高出版队伍整体素质，提高出版物总体质量，使江西出版业进入全国同行业先进行列。

1996 年 11 月，《江西省图书出版事业发展“九五计划”》确定：通过实施“千百十图书工程”，发挥出版社自办刊物的优势，走出书刊并重的路子，提高图书编辑手段的现代化水平，以实施跨世纪人才工程来建立跨世纪的编辑队伍和作者队伍，使江西图书出版的管理水平、赣版图书的总体质量、出版队伍的整体素质、出版社综合实力跨入全国地方图书出版的一流行列。

发展规划的确立与实施，标志着江西出版事业进入了精心设计、整体推进、硕果累累的繁荣发展阶段。

改革开放 20 年来，特别是近 5 年，江西出版事业坚持以马列主义、毛泽东思想为指导，以邓小平理论为指针，坚持“以科学的理论武装人、以正确的舆论引导人、以高尚的精神塑造人、以优秀的作品鼓舞人”，出版规模迅速增大、出版能力显著增强、印刷生产能力快速提高、出版队伍不断壮大，通过治“散”治“滥”，在努力实现出版事业从以数量规模为主向以质量效益为主的阶段性转移的过程中，获得了一些明显成绩。

从 1951 年至 1998 年，江西共出版图书 23978 种 411650.64 万册（张）（不包括“文革”时的出版物）。其中 1978 年以来出版的图书 19262 种 366564.54 万册（张），占 50 年来出版总数的 80.3%，总印数的 89.04%。1998 年，江西出版图书 1731 种，1.25 亿册，与 1951 年相比，品种增加 78.68 倍，印数增加 558.04 倍；与 1978 年相比，品种增加 5.25 倍，印数增加 2 倍。

在出书品种数量增长的同时，通过实施“精品工程”，加强管理、优化结构、提高质量，28 种图书分别获得国家三大奖：

——1992 年以来，江西省出版的《经营谋略图

多出好书、多出优秀图书是江西出版工作者孜孜以求的奋斗目标。图为获得各级各类奖项的部分优秀赣版图书。

中国最高水平的东方文化研究、中西文化交流研究成果在国家重点图书《季羡林文集》中得到了实现。

画》、《中国有个毛泽东》(青年版、少年版)、《中国母亲》、《筑起我们新的长城》、《画说 < 资本论 > 》、《光辉的旗帜》、《中华正气歌》七种图书连续五届获得中宣部"五个一工程·一本好书奖",成为全国实现"五连冠"的六个省份之一。

——1995 年第二届国家图书奖中《中华美德图说》、《中国戏剧脸谱艺术》榜上有名;1997 年第三届国家图书奖中"国学大师丛书"、《中国巫傩面具艺术》榜上有名,实现国家图书奖"两连冠"。

——从 1989 年第四届中国图书奖开始,《中国行政监察》、《毛泽东建党学说史》、《中国诗学批评史》、《中国语言学大辞典》、《中国心理学思想史》、《文化语言学》、《长江文化史》、"革命英雄主义丛书"、《一百个中国孩子的梦》、《中华美德图说》、《中国农业考古图录》、《现代陶瓷艺术》、《中国戏剧脸谱艺术》、《祖国永远在我心中——国旗、国歌、国徽抒怀》、《中国笼鸟》、《莎士比亚戏剧故事全集》、《军旗升起的地方——八一史画》17 种图书连续 8 届获奖。

——自 1978 年设立全国性图书奖以来,赣版图书获得"金钥匙奖"、"优秀青年读物奖"等全国性图书奖 18 种奖项,获奖图书 248 种(次);获华东地区"畅销图书奖"、"装帧设计奖"等图书奖 10 种奖项,获奖图书 605 种(次);获省级图书奖 16 种奖项,获奖图书 1533 种(次)。

江西图书出版着重抓管理、抓结构、抓质量、抓效益,推出一大批优秀赣版图书:

反映新时代、高扬主旋律的图书,有《邓小平文选》(第一、二、三卷)(租型)、《邓小平军事理论与实践》、《邓小平改革思想研究》、"科学社会主义研究丛书"、《中华正气歌》、《雷锋精神永放光芒》、"百部爱国主义教育丛书"、《中国母亲》、《筑成我们新的长城》、《祖国永远在我心中——国旗、国歌、国徽抒怀》、《九八惊涛》、《抗天战歌——'98 江西抗洪抢险实录》、《画说 <共产党宣言> 》等。

规模大、价值高、特色新的重点图书,"八五"国家重点计划图书 20 种计 296 册 (包括丛书 13 种 289 册)已圆满完成。"九五"国家重点计划图书

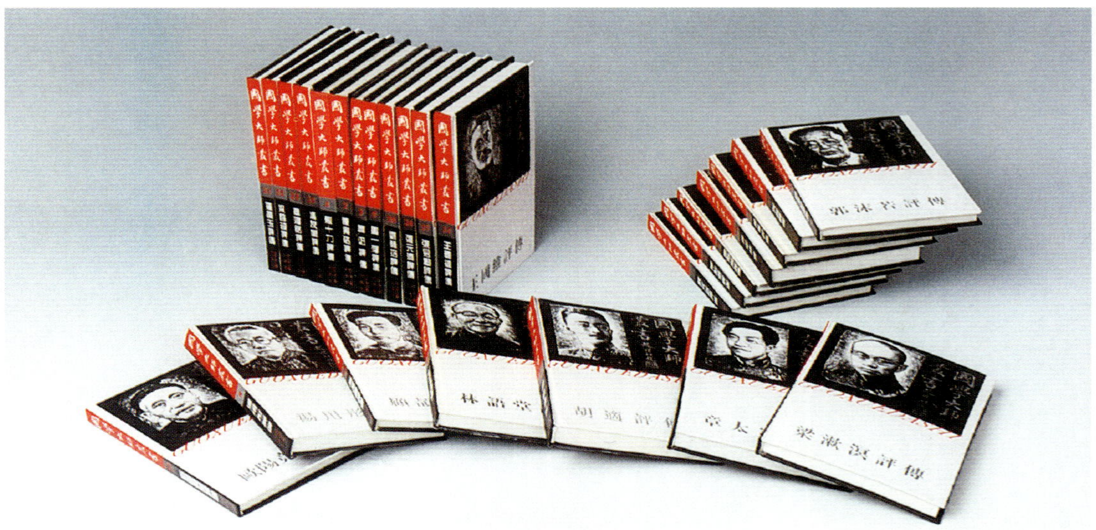

中国近现代国学大师的风采在"国学大师丛书"中得到充分展现。该丛书获得第三届国家图书奖。

江西出版的国家重点图书《中国近代小说大系》,将中国近代小说几近囊括,可谓以小说自身写就的一部中国近代小说史。

16 种计 47 册（包括丛书 5 种 37 册）、省级重点图书 50 种 182 册（包括丛书 15 种 159 册）正在执行。如“中央苏区历史研究丛书”、“江西古代教育研究丛书”、《季羡林文集》、《中国农业考古图录》、“国学大师丛书”、《景德镇陶瓷艺术》、“中国近代小说大系”、《中国苏区辞典》、“高效益农业新技术丛书”、“海洋与中国丛书”、《中国学术史》、“中华学术与中国文学研究丛书”、《井冈山革命根据地全史》、《中国教育魂——从毛泽东教育思想到邓小平教育理论》、《陈景润文集》、《＜豫章丛书＞校注》、《江西山江湖区域可持续发展探索》、“大幻想文学丛书”、《雏鹰在行动》、《中国：贫困决战》、《中国民间陶瓷》、《中国经济软着陆》等，这些图书，形成了江西图书出版的骨干工程，已获国家三大奖等各种各样奖项近百种，成为江西出版水平的代表。

发挥江西地方出版资源优势，富有江西地方特色的图书，有“革命历史资料丛书”、“江西古文精华丛书”、《千古一村——流坑的历史文化考察》、“江西古代教育研究丛书”、《文天祥全集》、《八大山人画集》、《江西苏区史》、《中央根据地出版史略》、《井冈山画册》、《八一起义画册》、《黄秋园画集》、《宋应星学术著作四种》、《景德镇陶瓷艺术》、《樟树传统中药炮制法》、《江西红壤研究》、《江西柑橘》、《江西森林》、《鄱阳湖候鸟保护区珍禽越冬生态考察报告》、《江西三十年小说文选（1949—1979）》、《江西新时期十年作品选》、《天下第一山》等介绍江西旅游、风土人情的图书等。

重积累、塑形象的品牌图书，有《言语交际学》、《蒋孔阳美学艺术论集》、《朱熹教育思想研究》、《心理学辞典》、《简明日汉医用词典》、《中国文学史》、《中国文学文献学》、《中国半翅目昆虫生物学》、“喻嘉言医学丛书”、《敦煌古医籍考释》、《中国近代小说大系》（6 辑 80 种）、“东方文化丛书”、“国学大师丛书”、《季羡林文集》、《故宫文物大典》、《中国美术全集·陶瓷卷》、《十三经直解》、《世界著名演说精粹》、“中国百年留学精英传丛书”、“20 世纪欧美文论丛书”、“中国历代文学论著丛书”、“中华民族源流史丛书”、“三千年系列丛书”等。

江西出版的国家重点图书之一“东方文化丛书”使人们更清楚地看到中国、看到世界。

长篇小说和少儿读物图书有《霹雳》、《南国风烟》、《将军愤》、《千古浩劫》、《蔷薇雨》、《长城作证》、《日出苍山》、《傅抱石传》、"黑马长篇小说丛书"、《沉重的翅膀》、《冬天里的春天》、《刘和珍》、《黄河东流去》、《金陵血泪》、《黑土地传奇》、《纤绳》、《巴金和寻找理想的孩子》、《天方夜话》、《胆小鬼比胆小》、《挂满问号的世界》、《稀里糊涂的爸爸》、《达·芬奇寓言童话故事选》、《外国低幼童话选》、《一百个中国孩子的梦》、《外国现代童话寓言精选》、《老一辈无产阶级革命家少年时代》、《革命领袖的故事》、"中华爱国志士丛书"、《莎士比亚戏剧故事全集》、《庄大伟童话选》等数十种。

特色图书，"画说"系列形成规模，以图文并茂的形式深入浅出地讲述历史，阐述深奥理论，如《经营谋略图说》、《<史记>故事精选连环画》、《资治通鉴》(图画本)、《<左传>故事精选连环画》、《中国百年》(图画本)、《画说<资本论>》、《画说<共产党宣言>》等。少儿读物高举大幻想文学旗帜，全面推出"大幻想文学丛书"(第一、二辑)。

江西省出版系统承担着全省700多万中小学教学用书的印制发行任务，每年的课本300多个品种近1亿多册，用纸量达40多万令。每年都较好地完成了印制发行任务，确保了"课前到书、人手一册"任务的完成。

为了扶持和奖励优秀学术著作的出版，江西省新闻出版局、省出版总社每年从紧张的经费中集中资金200万元，成立江西省学术著作出版基金，用于扶助优秀学术著作的出版。

与图书出版繁荣的同时，江西期刊出版也得到健康发展。至1998年10月，全省共有报纸61种，期

从星星之火到新中国成立，以中央苏区为典型代表，江西人民在中国共产党领导下开展革命斗争的史料，汇集于"革命历史资料丛书"中。丛书具有鲜明的革命性、地方特色、权威性，部分资料弥足珍贵。

为庆祝建国十周年，江西推出"红色"系列图书(画册)向国庆献礼。

丰富的江西地方出版资源，养育了陶瓷、中医药研究等特色图书。图为江西出版的部分特色图书。

刊 161 种，初步形成了“导向正确、结构优化、质量提高、特点鲜明、效益明显”的健康发展态势。近 5 年来，通过全面实施精品战略和名牌战略，报刊整体质量不断提高，已出现了一批以《家庭医生报》、《信息日报》、《涉世之初》、《足球俱乐部》和《微型小说选刊》、《百花洲》为代表的优秀报刊。有 23 种社科期刊达到一级标准，在全国和华东地区报刊评比中有 50 多种(次)获奖。1995 年，有两种期刊获全国优秀社科期刊提名奖；1998 年，《涉世之初》等 3 种期刊入选全国百种重点社科期刊；《农村百事通》等 7 种期刊在第二届全国科技期刊评比中获奖；江西日报社（含信息日报社）等 3 家报社进入全国百家地方报社先进管理单位行列。1993 年，全省期刊年总发行量为 4146 万册，1998 年为 7000 万册；有 12 种期刊的期发行量超过 10 万册。报纸的发行量逐年递增，1998 年全省报纸发行总量达 3.75 亿份。

音像电子出版物成为江西出版事业新的经济增长点。1985 年，我省成立第一家音像出版社，至今已有 3 家，有音像制品复制单位 3 家，电子出版物出版单位 1 家，电子出版制作单位 4 家。根据江西的实际情况，形成自己的风格，坚持“以自编节目为主，引进节目为辅”的原则，出版了一批深受群众喜爱的音像电子出版物，其中录音制品 298 种，占总量的 33.2%；录像制品 570 种，占总量的 63.6%；电子出版物 29 种，占总量的 3.2%。戏曲电视艺术片《荆钗记》获第九届全国戏曲电视剧“天安奖”三等奖和全国优秀戏曲电视剧联播优秀奖；《宝宝音乐》入选中国少年儿童出版成就展精品；《水稻旱育稀植技术》(VT) 获第五届全国优秀科技音像制品奖二等奖，入选中国出版物成就展精品；《幼儿音乐》获第二届优秀教育音像制品奖二等奖，入选中国少儿出版成就展精品。

随着出版事业的繁荣，与之相适应的书刊印刷能力迅速提高，高技术含量快速增加。江西省现有印刷企业 1700 余家，其中书刊印刷国家定点企业 10 家、省级定点企业 21 家、书报刊印刷许可（非定点）企业 149 家，从业人员超过 5.4 万。“七五”以来，省新闻出版局已向 3 家直属印刷厂累计完成投资

“画说”系列图书，宣传革命真理深入浅出，再现人类历史，图文并茂，成为有特色的优秀赣版图书的代表之一。

为农业、农村服务，普及科学技术，发展新农业是江西图书出版立足本省、走向全国的起点。图为该省出版的部分农业科技图书。

8000 余万元，更新印刷设备，告别了“铅与火”，迎来了“光与电”的新时代。一大批具有 90 年代先进技术水平的印刷设备相继投入生产，在建项目总投资 5500 万元。局属印刷企业的固定资产，由 1978 年的 1332 万元、1991 年的 2691 万元增至 1998 年的 11414 万元；利税总额由 1978 年的 85 万元、1991 年的 141.6 万元增至 1998 年的 742 万元；彩色印刷由 1978 年的 20.1 万色令、1991 年的 25.2 万色令增至 1998 年的 115.96 万色令。1998 年 9 月 28 日，江西省出版总社输入输出中心在江西新华印刷厂挂牌营业，标志着全省印刷业已跨入“制版图文一体化、胶印多色自动化、装订机械联动化”的先进行列。

江西省发行事业得到全面发展，全省现有 94 家新华书店和 1 家外文书店，集体、个体书店 2000 多家。1990 年，国有图书发行业年销售收入不足 3.5 亿元，1995 年为 8.16 亿元，1998 年已达到 16.1 亿元，仅省图书批发市场就销售图书达 1979 万元。1998 年，全省各类图书发行网点近 4000 家，省新华书店占地 3000 平方米的图书音像批销中心已经开业，投资 500 万元对八一广场南昌市新华书店门市进行全面改建。1997 年以来，全省各级新华书店对营业大厅及基础设施进行了建国以来首次改造，旧的经销方式已被全方位开放式销售所替代，计算机技术在省地市新华书店中广泛运用。1998 年底，江西省新干县新华书店、江西省新华书店批销中心列入“全国精神文明示范单位”，宜春地区新华书店、峡江县新华书店等 40 家单位被列入省级“精神文明示范单位”。

自 1991 年 6 月 1 日《中华人民共和国著作权法》实施以来，省新闻出版局同时作为省版权局履

巍然壮丽的人文景观与丰富的旅游资源，构建了江西旅游图书大观，使世界了解江西，江西走向世界。图为江西版部分旅游图书。

出版社走“书刊并重”的发展之路，是江西出版界经多年艰辛探索而寻找到的一条成功经验。图为江西社办期刊和江西出版的部分优秀期刊。

330

电子音像出版物是出版发展新的增长点，江西的电子音像出版物业已初具规模并曾获得全国性大奖。图为江西出版的部分电子音像出版物。

行版权管理职责，广泛宣传、贯彻《著作权法》。通过培训，使全省新闻、出版、科技、教育、文化等领域6000余人掌握和了解了《著作权法》，初步形成了保护著作权的良好社会环境。近十年来，成功地调解了40余起著作权纠纷，查处了30余起严重违反著作权法的侵权、盗版案件，打击了一批侵犯著作权法的不法行为。90年代以来，江西省与日本、韩国、以色列、马来西亚、菲律宾、新加坡、美国、英国、法国、德国等国家和香港、台湾等地区达成版权贸易，促进和加强了江西省与世界文化的交流与合作。

“扫黄”、“打非”，加强出版物市场管理，确保了江西出版事业发展的良好秩序。省新闻出版局负责统一管理全省书报刊和电子出版物市场，并与文化、广播电视部门共同管理音像制品市场。80年代末以来，全省在“扫黄”、“打非”工作中，始终坚持抓住重点，坚决打击群众反映强烈、社会影响极坏、有严重政治问题的及淫秽的出版物和非法信息小报，打击侵犯知识产权的盗版、盗印等非法出版经营活动，打击有组织的违法经营和犯罪团伙。据不完全统计，1998年省新闻出版局稽查队出动检查600人次，车辆160辆次，检查书报刊、音像电子出版经营单位541家次，检查印刷企业86家，查处盗版、盗印和非法出版案件70余起。省新闻出版局共收缴非法书报刊6万余册（份）、测试卷10万份、音像电子出版物10.4万盘（张），没收非法所得及罚款78万余元，打击了出版物领域内违法犯罪活动，有效地维护了出版秩序。

出版法规日趋健全。为加强对出版工作的管理，保护出版、印刷、发行单位的合法权利，制裁违犯出版法规的行为，根据党和国家的法律法规，结

江西出版辉煌成果在1996年举办的第一次中国出版成就展中一展风采，江西展台成为全国八家荣获“最佳组织奖”和“最佳设计制作奖”单位之一。图为以1931年成立的我党第一个新闻出版管理机构中央出版局旧址巨幅照片为背景的展台。江西台吸引了众多读者参观、留念。

告别“铅与火”，迎来“光与电”。改革开放极大地解放了生产力，促进了科技的发展与运用。引进先进的联动装订流水线的投产，标志着江西装订技术跃上了一个新的台阶。图为江西新华印刷厂现代化的联动装订生产车间。

全面改造后的江西省各级新华书店以宽敞、明亮、高效、好书如云的新形象树立在读者的心中。图为江西新华书店门市。

常备图书万余种、占地3000平方米的江西省新华书店图书音像批销中心是“全国精神文明示范单位”，是江西出版事业发展的缩影。

合江西出版实际，制定了一系列出版管理法规和制度，如《江西省新闻出版局图书编审校质量管理细则》、《江西省新闻出版局学术著作、重点图书出版专项基金章程》、《江西省出版总社优秀图书奖励规定》、《江西省新闻出版局行政处罚实施细则》、《江西省版权局行政处罚实施细则》、《江西省书刊印刷标准及检验方法》、《江西省出版总社教材印制质量抽检及检测办法》、《江西省出版总社教材出版、印刷、发行管理办法》、《江西省出版总社纸张管理暂行办法》、《江西省出版集团关于加强财务会计管理工作的暂行规定》等。

出版事业的繁荣带动了出版协会工作与出版科研工作的开展并取得丰硕成果。省版协、省印刷协会、省期刊协会、省发行协会围绕出版中心工作，积极开展技术培训，举办学术讲座，进行信息交流，推进行业自律，协调行业规划，为繁荣和发展出版事业服务。广大出版工作者就如何加强管理、优化结构、提高质量等重大问题进行了深入调查、研究，构架出版发展战略，探讨出版集团运作模式，探索新时期图书出版、印刷、发行工作规律，并就出版工作中的难点、热点、重点问题进行理性分析并提出对策。江西省出版科研小组于 1987 年成立以来，积极参加全国性出版科学研讨会，组织召开了八届全省出版科学研讨会，协作参加了八届闽、浙、赣、鄂四省出版理论研讨会。出版发行出版科研论文集与专著有《江西出版科研论文集》(一、二、三)、《江西图书发行论文选》、《期刊编辑学》、《江西期刊论文集》、《编辑工作与编辑学研究》、《江西农村发行文选》等八种，交流、发表科研论文近 700 篇，60 余篇论文获得全国优秀论文奖及地区级、省级优秀论文奖。部分优秀研究成果在出版工作中得到应用并取得较好的成效。科研活动的全面开展，造就了一支理论水平较高、思想活跃的科研队伍，并以科学理论为指导，促进出版工作提高到一个新的水平。

改革开放 20 年来，江西图书出版工作紧紧围绕经济建设这个中心，高举邓小平理论伟大旗帜，解放思想、大胆创新、积极探索新时期出版事业发展

1993 年 4 月，江西省出版集团隆重成立。这是全国第四家出版集团，也是全国组成成员最多的地方出版集团。

1996 年 5 月 6 日，全国新闻出版系统跨世纪人才培养工程工作会议在南昌召开。

规律，稳步推进出版改革，形成了自己的特点：

第一，在党的十一届三中全会精神鼓舞下，江西省突破一个个出版禁区，大胆安排外国文学名著和优秀古典作品的出版。1979 年 10 月，率先出版了《茶花女》(首印 30 万册)、《黑郁金香》(首印 32 万册) 等翻译作品。接着，古籍图书又出版了《唐诗三百首详注》、《四书今译》、《孙子兵法今译》等。这些图书数次再版，有的图书累计印数达百万册。

第二，打破了地方出版社不宜出版辞书、工具书的传统观念，成功地出版了一大批具有较高权威性、实用性的中小型工具书，逐渐形成了出书特色与优势。自 1978 年 12 月出版了《现代汉英辞典》(首版 10 万册) 之后，《中国历代名人辞典》、《古书典故辞典》、《教育辞典》、《中国古典诗词地名辞典》、《骨科诊疗手册》、《实用电工手册》、《中国语言学大辞典》、《现代眼科学》、《中华护理学全书》等十多种辞书不断推出，形成了相当的规模。

第三，成功地闯出了图书出版社出版期刊的“书刊并重”的新路子。1979 年—1982 年，《知识窗》、《百花洲》创刊，《小星星》、《英语辅导》、《文艺理论研究》、《科普天地》、《农村百事通》、《修辞学习》等 10 种期刊创刊。这在当时全国地方出版社中，是办刊较多的。经过多年的努力，江西社办期刊的质量得到提高，数量得到增长。至 1998 年，全省出版社共出版《足球俱乐部》、《百花洲》、《微型小说选刊》、《小星星》、《大灰狼》、《小猕猴学习画刊》、《小猕猴智力画刊》、《农村百事通》、《英语辅导》、《知识窗》、《家庭百事通》、《小学教学研究》、《新闻出版天地》等 14 种期刊，其中《小星星》期发 100 万册，《足球俱乐部》、《微型小说选刊》、《农村百事通》等期发数都在 25 万册以上。1998 年初，《微型小说选刊》、《足球俱乐部》被评为全国百种社科优秀期刊。这些期刊的出版成为江西出版的支撑点。

第四，率先将以计算机为代表的先进技术引入出版领域。1984 年，江西省就将计算机技术应用到出版管理、生产、科研等领域，成立了江西省出版事业管理局计算机室，这在全国出版界中起步较早。现在，计算机技术、激光照排技术已在全省出版系统

建立一支高水平的作者队伍是江西出版工作的一贯方针，江西出版界经常邀请知名作家、学者召开多种形式的座谈会。图为 1983 年庐山笔会期间，作家彭荆风、林斤澜、叶杰英、孔捷生、毋国政和王润之等在会间小憩时与江西出版工作者漫步山间。

深入实际，了解读者需求，这是江西出版工作者的优良作风之一。

的各个领域与环节中得到广泛应用。

第五，开创性地举办了全省性读书活动。为了扩大赣版图书的影响，江西省开创性地举办了以《中国有个毛泽东》（发行273万册）、《中国母亲》（发行120万册）、《筑成我们新的长城》（发行230万册）、《中华正气歌》（发行105万册）等为主题书的读书活动、知识竞赛活动。1993年与1997年，江西省成功地举办了第一届、第二届"'我喜爱的赣版书'读者评书活动"，向广大读者推荐、宣传了500种优秀赣版图书，评出"十佳"赣版图书两届共20种，评出最佳读者近200人。参加各项活动的省内外读者近800万人次。

第六，从江西省情出发，坚定不移地将为农业、农村服务的图书出版放在重要地位。江西是农业省份，以经济建设为中心，为发展农村经济、增加农民收入、扩大农村市场服务，这是江西出版事业的历史使命和应尽的责任。50年来，特别是党的十一届三中全会以来，江西集中力量，系统地、全面地、有计划地出版了数千种面向农村的图书，普及农业基础知识，介绍高新农业实用技术，做到了农民看得懂、记得牢、买得起、用得上，将党的农业方针政策、国内外农业最新技术送到农民手中。如：《农业经济问题讲话》、《科学致富新篇》、《中国农村经济改革探索》、《农业科技知识》、《江西中草药栽培》、《庭院致富手册》、《淡水养殖新技术》等及"农村百事通丛书"、"农民致富快丛书"、"粮食作物栽培新技术丛书"、"经济作物栽培技术丛书"、"农业实用新技术丛书"、"专业户万有问答丛书"、"养殖技术丛书""水产养殖技术丛书"等十多种丛书。

江西人民出版社

江西人民出版社1951年11月23日成立于南昌市，原名江西人民通俗出版社。1954年春改名为江西人民出版社，为综合性地方出版社。"文化大革命"期间，出版机构被撤销，1979年恢复。1984年5月，升格为兼具图书出版与出版行政管理职能的正厅级事业单位。1986年11月起，江西人民出版社与江西省出

深入农村，了解农民兄弟的需求，使图书出版更好地为农业、农村、农民服务。图为江西出版工作者深入革命老区调查研究，了解农村图书市场。

1985年9月15日，全国面向农村综合性刊物座谈会在江西庐山召开，原中宣部出版局局长伍杰参加会议（前二排右七）。会议促进了江西农村期刊出版事业的发展。

版事业管理局合署办公，统一管理全省出版事业。1992 年 1 月起，在原江西人民出版社政治经济编辑部、古籍编辑部的基础上，新组建江西人民出版社。现有在编职工 40 人，其中编辑人员 26 人，具有高级以上职称的 6 人，年出书约 150 种。出书范围主要包括：宣传、介绍和研究马列主义、毛泽东思想、邓小平理论的著作，以马克思主义为指导的哲学、政治、经济、历史、文化等方面的社会科学著作以及相关的边缘学科著作，青少年思想品德与修养方面的读物，以地方古籍为主的各类古籍原著及相关的研究著作，各种地方志及年鉴等。

建社以来，特别是党的十一届三中全会以后，江西人民出版社始终以图书的社会效益为最高准则，坚持为人民服务，为社会主义服务，为全党全国工作大局服务的方针，努力宣传马列主义，毛泽东思想、邓小平理论和党的路线、方针政策，弘扬中华民族优秀文化和优良传统，传播和积累一切有益于经济和社会发展的文化知识，丰富和提高人民的精神文化生活。截止到 1998 年，累计出书 5000 余种，总印数逾亿册，有 400 多种图书获得省、华东地区及全国各类优秀图书奖。五六十年代编辑出版的《中共党史百题解答》、“工人学哲学小丛书”、《江西名歌选》等一批通俗政治理论和文化知识读物，受到广大读者的欢迎。80 年代后，江西人民出版社步入快速发展时期，先后编辑出版了“革命历史资料丛书”、“中央苏区历史研究丛书”、“科学社会主义研究系列丛书”、“东方文化丛书”、“台湾历史研究丛书”、“西方哲学社会科学名著提要丛书”、《十三经直解》、“世界的商人丛书”、“江西名山志丛书”、“江西古文精华丛书”、《毛泽东哲学思想史》、《毛泽

1999 年 2 月，江西省图书出版为农业、农村工作服务座谈会在南昌召开。参加会议的代表为来自省、地、市、县、乡、村的农业科研人员、农业工作者、农村生产第一线的农民及广大出版工作者。

1998 年下半年，为进一步加快出版改革的步伐，江西省新闻出版局(总社)机关率先在全省、全出版系统中成功地实行全员合同聘用制。图为 11 月召开的全员合同聘用制试点工作总结大会场景。

江西省积极开展出版科研活动，探讨新时期新闻出版工作的规律，促进出版事业的繁荣发展。图为江西省第七届出版科学研讨会场景。

江西省不断加大“扫黄”、“打非”工作力度，确保了出版事业健康、快速、有序发展，规范了图书市场。图为 1998 年 3 月集中销毁收缴的一批非法音像带和 VCD 光盘。

东建党学说史》、《中国苏区辞典》、《中国近代历史辞典》、《新中国名人录》、《周恩来大辞典》等一大批重点图书。《中国母亲》、《筑成我们新的长城》先后荣获中宣部“五个一工程·一本好书”奖，《中国行政监察》、《毛泽东建党学说史》、《中国诗学批评史》先后荣获中国图书奖。1995 年、1997 年连续两次被新闻出版署评为良好出版社。

江西人民出版社正努力贯彻党的十五大提出的“加强管理，优化结构，提高质量”的总体要求，本着“立足江西，面向全国”的发展方针，着力实施精品战略，以推动图书出版工作取得更大的成绩。

江西教育出版社

江西教育出版社自 1985 年 2 月 15 日成立以来，以弘扬民族文化，提高全民素质为己任，始终坚持“服务教育、传播知识、积累文化、创造特色”的办社宗旨，面向社会各界读者，出版教材、教学参考书、教育科学理论、学术著作、中小型工具书等。年平均出书 500 余种，累计印数近亿册。此外，还编辑出版了《英语辅导》和《小学教学研究》两种刊物。

经过十多年的发展，该社已基本形成编、印、发功能齐备，出版、发行兼顾的中型出版机构。编辑业务和职能科室有在编职工 51 人，高级职称 12 人，中级职称 15 人。

建社以来，江西教育出版社始终把图书的社会效益放在首位，迄今为止已有 250 余种图书在国家及省内的评奖活动中获奖，部分图书还发行到台湾、香港、澳门地区和国外。曾连续获第六届、八届、九届、十届、十一届中国图书奖。出版了一大批有影响、高品位的优秀读物，如《季羡林文集》、《陈景润文集》、“战后国际教育研究丛书”、“江西古代教育研究丛书”、“教学论丛书”、“中华民族源流史丛书”等。还出版了五十余部各类工具书，如《中国语言学大辞典》、《世界文化知识辞典》、《写作知识辞典》、《写作范例辞典》、《写作通论辞典》、《古书典故辞典》等等，1995 年、1997 年连续两次被新闻出版署

1995 年 3 月 18 日，江西省向第四次世界妇女大会中国组委会赠送江西人民出版社出版的《中国母亲》一书。赠书仪式在北京人民大会堂举行，出席仪式的有全国人大常委会副委员长雷洁琼、全国政协副主席李沛瑶、中宣部常务副部长徐惟诚等。图为江西省黄懋衡副省长在讲话。

1996 年 4 月 14 日，江西美术出版社向天安门国旗护卫队赠送《中华正气歌》。出席赠书仪式的有新闻出版署副署长桂晓风与中宣部出版局的代表等。

评为良好出版社。

在抓出好书的同时，江西教育出版社始终下大力气抓精神文明建设，该社是江西省新闻出版系统精神文明示范单位，1998 年荣获南昌市精神文明建设先进单位称号。

为适应出版改革的需要，江西教育出版社正着手调整出书思路，科学和文化并进，并将继续保持工具书出版的传统。

二十一世纪出版社

二十一世纪出版社成立于 1985 年 2 月 15 日，原为江西少年儿童出版社，1989 年 7 月对外启用"21 世纪出版社"社名，1998 年 2 月更用现名。1997 年被新闻出版署评为良好出版社，连续获得 1996 年度、1997 年度中宣部"五个一工程·一本好书"奖，获得 4 次中国图书奖、1 次国家图书奖，并有一百余种图书获全国、华东地区以及省内其他各类图书奖。二十一世纪出版社是在改革开放的新形势下建立成长起来的。办社 14 年来，以突破、进取的出版精神，先后两次策划、引领国内儿童文学创作、出版新潮，于 1998 年策划、出版了被誉为"中国新时期儿童文学编年史"的"新潮儿童文学丛书"。1990 年，策划、出版的《史记》故事精选连环画，成为江西省第一部走向海外的图书，由此发展、衍生的经典作品"画说"系列成为其重要的出版特色。1998 年策划、出版了引起广泛关注的"大幻想丛书"。在对少年儿童进行马列主义、毛泽东思想和邓小平理论的教育、普及方面，出版了"革命领袖故事丛书"、《画说 <资本论>》和绘画本《光辉的旗帜》等图书。在对少年儿童进行科学普及教育方面，出版了《中国：发明与发现的国度》。1998 年，开发推出一种全新的低幼图书——玩具书，以其契合儿童心理的内容和富于童趣的外形设计，深受幼儿读者和社会的喜爱。另外，还出版了'密友丛书"、《一百个中国孩子的梦》、《莎士比亚戏剧故事全集》、《鬼磨坊》等精品图书。主办有广受欢迎的《大灰狼》画报和《小星星》杂志。

近几年来，江西省新闻出版局精神文明建设工作取得显著成效，目前已获"五个一工程·一本好书"奖五连冠。图为 1994 年 8 月 2 日召开的江西省精神文明建设"五个一工程"表彰大会场景。省委书记毛致用，省长吴官正，省委副书记朱治宏、卢秀珍等领导出席会议。

江西省全面反映建国 45 周年和改革开放 15 年来伟大成就的通俗读物"走向辉煌"套书，发行 250 万册，被中宣部、国家教委列为向青少年推荐的 100 种好书之一。图为江西省"走向辉煌"读书活动表彰总结会现场。

在版权贸易方面，有 60 余种图书分别同韩国、德国、新加坡等国家和香港、台湾等地区的出版机构达成版权贸易或合作出版的协议，并从德国、日本、捷克等国引进图书版权。1989 年和 1998 年，二十一世纪出版社两次邀请德国同行来华访问，并就合作推进“幻想文学”的出版、研究达成了协议，开创了与国外出版社联手进行单项出版领域深度合作的先河。

为迎接新世纪的挑战，二十一世纪出版社提出“读 21 世纪书、做 21 世纪人”的口号，确立了“小猎豹、大市场，小规模、大格局，小人书、大产业”的出版战略，以“借船出海，壮大自己；借鸡下蛋，增强实力；借风扬帆，突飞猛进；借路奇袭，决胜千里；借智生财，迅速推进”为发展方针，最终实现造大船，将一个充满生机和活力的“二十一世纪出版社”带入 21 世纪!

1998 年 7 月 23 日晚，在课本生产最紧张时期，南昌市区下了一场罕见的大暴雨，江西省新闻出版局党组书记、局长梁凯峰等冒着大雨，实地察看江西新华印刷厂受灾情况，指挥排水减灾、尽快恢复生产工作。

1997 年 1 月，江西省新闻出版局积极组织送书下乡活动，先后向革命老区瑞金、兴国赠送价值 20 万元的图书。

山 东

山东出版业的历史源远流长，编辑、复制、发行著作物的出版活动，可以追溯到东汉时期。

伴随着新中国的建立，社会主义出版事业进入初创时期。1950年10月，山东省人民政府设立新闻出版处，对全省出版、印刷、发行实行统一领导。1951年1月1日成立了山东省第一家综合性的地方出版社山东人民出版社。1958年5月，由山东人民出版社、新华书店山东分店、山东新华印刷厂合并组建政事企合一的山东省出版事业管理局。1971年3月，成立山东省革命委员会出版局。1975年9月，各市、地建立出版办公室，受省局委托，对社会印刷、出版物进行管理。到1978年12月党的十一届三中全会召开前这30年，山东出版事业有了较大发展。党的十一届三中全会以后，山东出版事业迎来了创建具有中国特色的社会主义出版事业的新时期，进入了大发展阶段。1979年12月25日，山东省委、省政府决定成立山东省出版局；1983年2月24日，改为山东人民出版社，内设出版管理处；1984年7月5日，改为山东省出版总社，同时将各市、地出版办公室改称出版分社（办事处）。1987年9月15日，经国务院批准，山东省新闻出版局正式挂牌办公，主管全省的新闻出版事业；全省各市、地陆续建立了新闻出版局（办公室）；县级设立了新闻出版管理办公室；乡镇和街道办事处普遍建立了书刊市场管理领导小组，形成了四级管理网络，解决了政企不分的问题，管理体制改革取得突破性进展。各级新闻出版管理部门，不断加强对出版事业的宏观调控和依法管理力度，认真

山东省为新中国的出版事业培养、输送了大批干部。这是1949年4月在济南欢送山东新华书店编辑部同志南下合影（二排右起第五位王益，第六位叶籁士）。

履行对精神产品生产的组织、指导、监督职能，从严管理，从严执法，强化为出版事业和出版单位的服务功能，促进了全省出版事业的健康发展。省新闻出版局积极探索与社会主义市场经济体制相适应的出版管理体制和运行机制，转变职能，提高效能，以加强宏观管理和调控、搞好政策指导与服务为目标，坚持方向、依法管理、深化改革、促进繁荣，把发展和繁荣出版事业作为管理工作的出发点和落脚点，以管理促发展、促繁荣，起到了生产健康有益的精神食粮的组织者、指导者和监督者的作用。特别是近几年来，全省出版事业在省委、省政府的领导和关怀下，坚持以邓小平理论和党的基本路线为根本指针，坚持为人民服务、为社会主义服务、为全党全国工作大局服务的出版方向，认真贯彻落实江泽民总书记提出的"一手抓繁荣，一手抓管理"方针，把握正确导向，不断深化改革，强化依法管理，努力推进"两个根本性转变"，精心组织实施精品工程、名牌工程、示范工程、人才工程、形象工程、净化工程"六大工程"的建设，事业规模迅速扩大，结构布局日趋合理，质量效益稳步提高，新闻出版事业进入健康有序、繁荣发展阶段。省出版总社与所属的 9 家专业出版社、5 家大型印刷厂、新华书店系统、印刷物资公司、出版外贸公司、印刷技工学校、印刷技术研究所等 40 余个县处级以上企事业单位正在组建集编、印、发、供、贸于一体的出版集团——山东省出版（集团）总社，形成了一种新型的集团化管理体制和经营格局，成为山东图书出版业的骨干力量。

为加强对出版事业的依法管理，山东省

山东省委书记吴官正在淄博永宝镭射音像有限公司检查指导工作

山东省委、省政府非常关心支持新闻出版事业。这是省委副书记吴爱英，省委常委、宣传部部长陈光林，副省长邵桂芳在省新闻出版局局长车吉心陪同下参观"六大工程"成果展示。

团结奋进的山东省出版（集团）总社领导班子

积极开展新闻出版工作的立法、普法和依法管理工作，出版法规日趋完善，出版工作逐步纳入法制轨道。1987 年以来，山东加快了地方立法工作，由省政府颁发了《山东省报刊图书出版管理暂行规定》和《山东省图书报刊市场管理规定》；省人大颁布了《山东省文化市场管理条例》和《山东省著作权保护条例》。山东省新闻出版局先后制定了《图书音像选题报批管理制度》、《内部报刊管理制度》、《书报刊音像复录发行许可证制度》、《省内外出版物准印制度》、《书刊音像售前送审制度》、《出版物铁路提发货准许制度》、《山东省著作权纠纷处理办法》等 20 多个与之相配套的规范性文件，做到了有法可依、有章可循，把新闻出版和著作权管理纳入法制轨道。新闻出版管理人员经过普法培训，做到持证上岗。1996 年，山东省新闻出版局被新闻出版署评为全国“二五”普法先进单位。

山东省各级新闻出版管理部门和出版单位，认真贯彻落实江泽民总书记提出的“努力培养一批全面掌握建设有中国特色社会主义理论、学贯中西、联系实际的理论家，一批坚持正确方向、深入反映生活、受到群众喜爱的名记者、名编辑、名主持人，一批熟悉党的方针政策、社会责任感强、精通业务知识的出版家”的要求，加强了新闻出版管理队伍和出版队伍的建设。出版管理和专业技术人才数量迅速增长，专业人才的学历、年龄、职称层次结构逐步改善，较好地适应了出版事业发展的需要。截止 1998 年底，全省共有从事图书、报刊、音像电子出版物编辑出版工作的专业技术人才 5190 人，比 1978 年增长 9.59 倍。专业技术人

1953 年山东人民出版社部分工作人员

山东省新闻出版局办公大楼

才的学历层次和结构有了很大提高和改善，中青年人才茁壮成长，合理的年龄梯次结构基本形成，30 岁以下的占 22.85%，50 岁以下的中青年人才占 86.4%，优于全国水平。高级职称人才明显增加，职称结构进一步优化，优秀人才队伍逐步扩大，具有高级职称的占 29.58%，具有中级职称的占 37.94%，具有初级职称的占 28.29%；在同行业中有一定国际影响的人才 39 名，国内有较大影响的 115 名，省内有较大影响的 191 名。

山东图书出版事业，在党和政府的领导关怀下得到迅速发展，取得了巨大成就。

经过 50 年的努力，山东的图书出版事业已基本形成了从编辑、印刷、发行到教育、科研、外贸、物资供应等较为完善的出版体系，可以出版适应各部门、各学科、各阶层读者需要的图书，成为山东社会主义精神文明建设的重要阵地。成立于建国初期的山东人民出版社，从建国初到党的十一届三中全会召开之前的近 30 年间，紧紧围绕党的中心工作，出版了大量政治理论、文化教育、科学技术、文学艺术等读物，挖掘、整理、出版了不少富有教育意义的山东解放区革命斗争历史和山东地方文化遗产的图书。这期间，共出版图书 9293 种，总印数 309360 万册（张），年均出书 300 种左右。

1978 年党的十一届三中全会以后，是山东的图书出版事业繁荣发展的时期。20 年来，特别是党的十四大以后，全省图书出版事业在省委、省政府的领导和关怀下，广大图书出版工作者认真贯彻落实江泽民总书记提出的"以邓小平同志建设有中国特色社会主义理论和

山东省新闻出版局对在组织实施"精品工程、名牌工程、示范工程、人才工程、形象工程、净化工程"六大工程活动中的先进单位和个人进行表彰奖励。

山东省出版(集团)总社办公大楼

1998 年 10 月，山东省版权局与济南市版权局会同省市有关部门，在济南举办了"山东省暨济南市使用正版软件抵制盗版软件签名活动"。图为省市领导及社会各界踊跃签名承诺。

党的基本路线为根本指针”，“以科学的理论武装人，以正确的舆论引导人，以高尚的精神塑造人，以优秀的作品鼓舞人”的要求，坚持正确方向，加强宏观管理，加大改革力度，抓精品、抓骨干，努力推进出版工作由规模数量型向质量效益型的阶段性转移，图书出版事业呈现出一个繁荣、健康发展的新局面，取得了社会效益和经济效益的双丰收。全省图书出版社由 1978 年前的 1 家逐步发展到现在的 16 家（山东人民出版社、山东科学技术出版社、齐鲁书社、山东地图出版社、山东教育出版社、山东美术出版社、明天出版社、山东文艺出版社、山东大学出版社、山东友谊出版社、青岛出版社、石油大学出版社、济南出版社、青岛海洋大学出版社、山东画报出版社、泰山出版社）。到 1998 年底，出书品种达 38720 种，年均出书 1900 种左右，总印数达 70.65 亿册（张），图书再版率由 1978 年的 5% 提高到 63%。从事图书出版工作的专业技术人员 900 人，其中专职编辑 521 人，具有高级专业技术职称的达 235 人，形成了一支结构比较合理、文化层次较高的图书出版队伍。

山东的图书出版工作坚持立足山东、面向全国、走向世界，人无我有、人有我优的思路和勇于突破、敢为人先的精神，努力出精品、创名牌、重质量、增效益，图书出版的品种和数量不断增加，质量稳步提高，出书领域逐年拓宽，反映新思想、新知识、新技术和当前伟大变革的各类读物不断涌现，出版了一大批具有鲜明时代特色和地方特色、思想文化品位较高、学术价值和艺术价值较大、影响较好的优秀图书。山东图书出版的实物总量和列入国家重点图

山东省共有 7 种图书获得“五个一工程·一本好书奖”

选自山东美术出版社出版的《特列恰科夫国家画廊藏画》

山东省共有 10 种图书获得国家图书奖

书选题计划的数量一直位居全国前列。山东出版的图书在历届全国最有影响的“五个一工程”奖、国家图书奖、中国图书奖的评选中均榜上有名，夺得桂冠。其中，《科学世界观——新时期简明哲学读本》、“中华魂丛书”、《高原雪魂——孔繁森》、《车间主任》、《中国民间美术全集》、《图片中国百年史》、《东部热土》等 7 种图书获中宣部“五个一工程”奖，并实现了该项奖的六连冠；“幼学启蒙丛书”、《泌尿外科》、《中国近代文学发展史》、《中国针灸四大通鉴》、《中国农业现代化建设理论道路与模式》等 10 种图书获得了国家图书奖；《中国美术通史》、《中国美学思想史》、《中国共产党思想史》、“建设有中国特色社会主义理论丛书”、《中国古代井盐工具研究》、《中国状元全传》、“中国农村百页丛书”、《粒子物理和场论》、《特列恰科夫国家画廊藏画》等 38 种图书获得了中国图书奖，有 2500 多种图书获省级以上优秀图书奖，充分体现出山东图书出版的水平。山东的对外版权贸易在逐年增加，国际出版交流和对外合作出版呈现蓬勃发展的态势，一批具有山东特色、反映改革开放所取得的成就以及介绍传统科学文化的图书出口到海外，在国际上引起重视。山东已与世界上 19 个国家和地区的出版机构开展了版权贸易。山东出版的图书以其品种丰富、门类齐全、特色鲜明、印装精美而享誉海内外，打入国际市场的图书有 600 余种，出口到 30 多个国家和地区。山东的古籍类图书，因其突出的地方特色、较高的学术水平、配套成系列而受到国内外读者的欢迎。山东有 70 多种图书被选为全国大中专教材；中小学课本印制质量在全国评比中连续获得第一名；有 20 多种图书被改编成电影、电视剧本；大批的获奖书、

山东省共有 38 种图书获得“中国图书奖”

畅销书、优秀双效书，为鲁版书赢得了荣誉。

山东于 1988 年率先设立了“泰山科技专著出版基金”，资助全国的科技专著出版，在中国出版史和科技发展史上留下重要的记载。该基金自设立以来，已资助出版科技专著 74 种（套），其中有 12 种（套）获得了国家图书奖和中国图书奖。之后，山东又相继建立了“教师出版基金”、“儿童文学创作出版奖励基金”、“中长篇小说处女作出版基金”、“重点图书出版基金”等 10 个专项出版基金，基金总数额达 1600 余万元，共资助出版图书 300 多种。

在为发展和繁荣图书出版事业的工作中，涌现出了一批具有时代精神、积极进取、勇于创新、求真务实，为山东图书出版事业做出突出贡献的单位和个人。山东科学技术出版社、山东教育出版社被新闻出版署评为全国优秀出版社；明天出版社、青岛出版社、山东美术出版社、济南出版社被评为良好出版社。山东科学技术出版社社长王为珍、青岛出版社社长徐诚、山东教育出版社社长王洪信、烟台市新华书店经理许旭、德州市新华书店经理刘强等 5 人获得了全国出版界的最高荣誉奖——韬奋出版奖；有 6 人获得过全国百佳出版工作者奖；有 9 人获得过全国优秀中青年图书编辑奖。

山东科学技术出版社成立于 1978 年，1993 年被新闻出版署命名为“全国优秀出版单位”。以出版高精尖学术专著为龙头，以普及自然科学知识和介绍应用技术图书为主体，以农村科技读物为重点，突出地方特色、拓展外向型图书，不断采取新举措，深化改革、开拓进取，使出版工作年年上新台阶。1978 年—1998 年先后出版各类科技图书 4200 多种，发行 4 亿多册，总码洋 58 亿元。获省级以上优秀

1988 年 6 月 14 日，山东科学技术出版社在北京召开“泰山科技专著出版基金”新闻发布会。王任重、严济慈、方毅同志和中宣部、新闻出版署的领导及部分著名科学家出席了新闻发布会。

“泰山科技专著出版基金”已资助出版了 74 种（套）科技专著，有 62 种（套）、116 次获各种优秀图书奖。

345

图书奖610余种（次），其中3次获国家图书奖，10次获中国图书奖，5次获全国优秀科技图书奖，1次获国家科技进步二等奖。与英国、美国、加拿大、法国、德国、意大利、马来西亚、新加坡、丹麦、台湾等十几个国家和地区的出版商建立了联系，共签订版权贸易合同及意向150余项，先后出版发行了80余种英、法、日、德等文种的外版图书。山东科学技术出版社于1988年在全国率先设立“泰山科技专著出版基金”，资助出版了宋健、吴阶平、李政道、钱三强、卢良恕、叶笃正、施雅风等著名科学家的学术专著。在已资助出版的74种(套)图书中，有62种(套)、116次获各种优秀图书奖。山东科学技术出版社1992年被国家人事部、新闻出版署评为全国新闻出版系统先进集体；1996年被新闻出版署评为优秀印刷质量出版社银奖，1997年、1998年连续两年获金奖；1997年被山东省精神文明建设委员会评为“文明行业示范点”。

山东教育出版社成立于1982年，1994年被新闻出版署命名为“全国优秀出版单位”。根据社会发展和市场需要，关注社会、关注现实、关注发展、关注创新、关注未来，以一流的选题、一流的作者、一流水平的书稿、一流的编校质量、一流的印刷装帧，向读者奉献优秀的精品图书。在出书方向上以高质量的教师用书和中小学生用书为依托，注重出版学术含量高、保存和使用价值高的传世之作，逐渐形成了“出精品、成系列、重积累、见长效”的出版特色。在全国范围内有一支一流水平的作者队伍，王力、王季思、王朝闻、毛礼锐、吕淑湘、朱东润、任继愈、萧涤非、吴文俊、沈灌群、张舜徽、季羡林、滕大春……这些大学者、老专家们都把自己的著作交由山东教育出版社出版。

山东科学技术出版社出版的获得各种奖励的优秀图书

1994年4月14日，山东教育出版社在北京举行了全国首家教师出版基金座谈会。出席会议的有全国人大常委会副委员长吴阶平、中宣部副部长龚心瀚、新闻出版署署长于友先、山东省副省长吴爱英和国家教委的负责同志以及任继愈、周祖谟等30多位在京的学者、教授。

山东教育出版社、山东友谊出版社出版的《中国民间美术全集》获得中宣部“五个一工程·一本好书奖”。

如被誉为“地方出版社兴盛标志”的《王力文集》为代表的语言学系列，以《中国教育通史》为代表的学科史系列，以“科学技术前沿系列丛书”为代表的自然科学系列，以《中国民间美术全集》为代表的艺术系列等等，共有 10 余个系列 500 余种精品图书。1994 年 3 月，山东教育出版社设立全国首家“教师出版基金”，每年拿出 60 万元，资助教师、尤其是广大中小学教师出版优秀著作，被社会誉为“功在国家”、“功在千秋”的义举。建社以来，已出版图书 4800 余种，发行总册数逾 10 亿册，年发行码洋均超过 2 亿元，1997 年、1998 年连续两年实现创利税近亿元。获国家图书大奖 13 项，省级以上图书奖近 500 项。1985 年被山东省人民政府命名为“尊师重教先进单位”；1996 年、1997 年被新闻出版署评为优秀印刷质量出版社铜奖，1998 年被评为金奖；1997 年被山东省省直机关精神文明建设委员会评为“文明单位”。

明天出版社成立于 1984 年，1995 年以来已连续两次被新闻出版署命名为全国良好出版社。建社以来，始终坚持党的出版方针，坚持把社会效益放在首位，认真落实江泽民总书记提出的“出版更多优秀作品，鼓舞少年儿童奋发向上”的指示，以“面向现代化、面向世界、面向未来”和培养“四有”新人为办社宗旨，编辑出版了一大批少年儿童喜闻乐见的精美的少儿读物。累计出版图书 6000 种，发行逾 5 亿册。其中，“幼学启蒙丛书”获首届国家图书奖；“中国幼儿文学家丛书”等 200 多种(套)图书获得省以上图书奖；有 200 多种（套）图书进入海外文化市场。1995 年设立了“明天出版社儿童文学创作出版奖励基金”，策划组织了国内文坛一批知名中青年作家参与创作“金犀

国家语言文字工作委员会为庆贺《王力文集》20 集的出版向山东教育出版社赠送了锦旗。

语言学家王力先生说：“《王力文集》是我语言学著作的定本。”

1997 年 7 月，明天出版社捐款 50 万元，在西藏自治区设立了“明天园丁奖”，以支援西藏自治区发展教育事业。

牛丛书”、“猎豹丛书”等。1997 年，明天出版社捐款 50 万元，在西藏自治区设立了“明天园丁奖”，支援西藏自治区发展教育事业。“九五”期间，陆续推出了《中国文化名人与读书》、《少年儿童军事全书》、《20 世纪中国童话名篇典藏本》等列入国家“九五”重点图书选题规划的优秀读物，努力为少年儿童提供更多的优质精神食粮，培养他们成为一代“有理想、有道德、有文化、有纪律”的社会主义事业合格的建设者和接班人。

青岛出版社成立于 1987 年，1994 年以来已连续两次被新闻出版署命名为良好出版社，是一家拥有图书、期刊、报纸、电子出版物等多种综合出版能力的出版社，除出版图书外，还办有《少年电脑世界》、《红蕾》、《小葵花》三个少年月刊和《通俗文艺报》、《青岛商报》。青岛出版社坚持“以人为本、整体推进、持续发展”的办社主张，致力于融合南北与中西文化，兼容雅俗刚柔风格、追求大器厚实的出版境界，推出了不少社会效益、经济效益显著的出版物。建社以来共出版各类图书 2000 余种，总印数达 2.5 亿册。其中，《东部热土》一书获中宣部“五个一工程”奖，已经连续 6 届荣获中国图书奖，有 8 种图书获国家级奖励，280 多种图书获省级以上奖励。青岛出版社发挥地处沿海的优势，广泛开展对外合作交流，已与日本、美国、俄罗斯、加拿大、荷兰、台湾等十余个国家和地区的出版机构建立了合作关系，已签订版权贸易合作出版图书 100 项，与台湾松岗公司每年合作出版电脑类图书 100 种。青岛出版社下辖青岛市新华书店(集团)、青岛人民印刷厂、青岛印刷物资公司、外国教材研究所、崔子范艺术馆。

山东美术出版社成立于 1984 年，1997 年

明天出版社出版的“中国幼儿文学家丛书”获得国家图书奖

青岛出版社与台湾松岗电脑图书资料股份有限公司合作，聘请了具有丰富教学经验和实践经验的专家，组成“青岛松岗电脑图书”编委会，向广大读者介绍适合我国国情的、最新最实用的电脑及网络技术。这是该社推出的大批电脑图书。

青岛出版社出版的《东部热土》获得中宣部“五个一工程·一本好书奖”

1994 年 5 月，经国家教委批准、青岛市人民政府批复同意，我国第一所外国教材研究所在青岛出版社正式挂牌运作。该研究所隶属国家教委基础教育课程教材研究中心，主要任务是承担外国教材的引进、翻译、出版、发行和研究工作，现已出版了一批有影响的教材及工具书。

被新闻出版署命名为全国良好出版社。该社拥有一支富有经验、颇具专业实力的编辑、发行队伍。建社以来，出版各类图书4000余种，获国家级奖励10余次，省级以上奖励150余次。近年来提出了优化出书结构、注重整体策划、拓展对外合作的方针，强调选题的准确性、时代性和连续性，力求形成规模化特色和名牌系列产品，出版了一批弘扬中华民族传统文化、展示世界艺术精髓的骨干图书及适合各种层次的读者需要的技法书和普及读物。山东美术出版社以引进、出版西方绘画精品作为形成特色的突破口，加大版权贸易的力度，拓展合作出版的范围，与国外的出版社、博物馆及画家签订各项合作项目，先后出版了大型画册《罗浮宫》、《奥塞美术馆》、《英国国家画廊》、《艺术大师500经典巨作》、《特列恰科夫国家画廊藏画》、《俄罗斯博物馆藏画》、《巴洛克绘画》、《意大利素描精品》等一批具有较高艺术品位的画册，《特列恰科夫国家画廊藏画》荣获第十一届中国图书奖。由于山东美术出版社在西方绘画出版方面所做的努力，在全国的美术出版同行和美术作者、爱好者眼中已有了自己的定位，创出了自己的品牌，取得了较好的社会效益和经济效益。

济南出版社成立于1988年，1992年被新闻出版署、劳动人事部评为全国新闻出版系统先进单位，1997年被新闻出版署评为全国良好出版社，同年被团中央、新闻出版署评为“全国农村青年最喜爱的科普读物最佳出版单位”。建社以来，已出版图书1300余种，有150余种图书获省部级以上优秀图书奖。社办《中学时代》月刊，被新闻出版署评为“全国百种重点社科期刊”。近年来，济南出版社本着“高举旗帜、把握大局、抓精品、成板块、创特色、创名

山东美术出版社出版的俄罗斯《特列恰科夫国家画廊藏画》荣获第十一届中国图书奖，这是惟一的一本以西方绘画为选题内容而获奖的画集。

山东美术出版社出版的《童谣童画》是建国以来我国出版界策划制作的第一部大型儿童美术画册。画册以图文并茂的形式反映了童谣的文化内涵，被评为山东省十佳图书。

济南出版社出版的“中国农村百页丛书”为国家“九五”规划重点图书，共七卷107册，定价低、品种全，突出实用技术，深受广大农民的喜爱。该书荣获中国图书奖。

济南出版社出版的《中国古代名物大典》为国家“八五”规划重点图书，是我国第一部全面辑释古代名物（实物名称）的具有开创意义的大型辞书，全书共830万字，插图2000幅，收词4万条，从天象自然到社会生活一应俱全。该书荣获中国图书奖。

牌”的思路，逐步形成了自己的出书特色。由全国知名专家撰写的“旗帜”、“发展”、“国企改革”三大系列丛书，深入研究和宣传邓小平理论，探讨了国有企业改革理论和实践的新概念、新思路，探讨了跨世纪中国经济和社会发展的问题，出版后引起较大反响。服务农村，为农民出书是济南出版社的一大特色，“科技兴农系列丛书”和“农村文化娱乐丛书”构成了为“三农”服务的名牌图书系列，“中国农村百页丛书”获得中国图书奖。这些特色图书物美价廉，一看就懂、一学就会、一用就灵，深受广大农民的欢迎。

山东音像电子出版业 80 年代开始起步，90 年代稳步发展，音像制品出版品种与数量逐年上升，出版了一大批内容健康、艺术价值较好的音像电子出版物，为宣传党的路线、方针、政策，促进文艺繁荣，普及科技知识，开展对外文化交流，丰富群众文化生活，推进社会主义物质文明和精神文明建设做出了贡献。山东省现有音像电子出版单位 3 家：齐鲁音像出版社、山东文化音像出版社、山东省出版总社音像部。十几年来，各出版单位坚持正确的办社宗旨，坚持“二为”方针，积极传播有益于经济发展和社会进步的思想道德、科学技术和文化知识，共出版音像电子出版物 1000 多种、近 1000 万盘（盒）。其中，1998 年出版 295 种、200 多万盘（盒）。

山东所出版的音像电子出版物，在全国各类评奖活动中屡屡获奖，有 20 多种音像电子出版物获得省级以上奖励。齐鲁音像出版社出版的《方荣翔舞台艺术》录像带获全国首届双向奖优秀艺术片首奖。在北京第二届国产优秀音像制品双向奖评奖中，电视连续剧《胜利女神》录像带，获二等奖和优秀美术奖；录音

优秀音像制品获奖证书、奖状。

传播科技知识，弘扬民族文化，出版了一大批具有较高实用价值、艺术价值和收藏价值的 CD—ROM、京剧 VCD 影碟、CD 唱盘及盒式音带，受到广大群众的欢迎。

带乐曲《拜花堂》、吕剧《井台会》，以浓郁的地方特色和鲜明的民族风格获荣誉奖。《红盾》录像带获全国第三届双向奖故事类三等奖。在首届全国优秀文艺类音像制品奖评奖中，山东文化音像出版社出版的《红梅随想曲》CD获一等奖，山东省出版总社出版的《没尾巴的故事》录音带获三等奖。《壁画后面的故事》、《孔繁森》录像带获首届全国教育类音像制品三等奖。在“第二届全国优秀教育音像制品奖”评奖中，齐鲁音像出版社出版的《林尔耀教授教钢琴》录像带获二等奖。

从1997年山东省组织实施以推选“十佳音像电子出版物”为载体的精品工程以来，成功地筑起山东音像电子出版的精品群，以此为突破口，带动了整个音像、电子出版，出版数量呈上升势头，从每年出版100个品种左右增加到近300个品种。出版物结构不断优化，科技、教育类音像电子出版物在整个音像电子出版物中的比例不断增加，出版质量逐步提高。山东已有99件音像制品与海外出版机构签订了版权贸易合同。

山东省电子出版物，自1997年实现零的突破以后，1998年有了比较大的进展。山东省出版总社是山东惟一具有电子出版权的单位，近年来，注意挖掘资源优势，利用各种有利条件，出版了《中国百年史》、《中国民间美术全集》、《中国图案大系》、《英文文学名著300部》、《CT教学与诊断》等一批高层次、高质量的电子出版物 。

山东省现有音像复录单位5家。山东省第一家光盘生产企业——淄博永宝镭射音像有限公司引进投产的具有90年代国际先进技术

山东出版界积极参加各种国际图书博览会，扩大对外出版合作领域，版权贸易不断增加。

中共山东省委宣传部主办的综合性党刊《支部生活》，保持了面向基层、面向党员的特色。

淄博永宝镭射音像有限公司的柯式印刷车间

山东大学主办的已有近半个世纪历史的《文史哲》期刊，深受学术界的重视与好评。

的英国宁博斯、德国莱宝公司母版及 CD 生产线，年产 CD 母版 2000 套，CD 系列产品 1000 万张，是一家能够大规模生产制作 CD、VCD、CD—ROM、CD—I 的企业。

山东的期刊出版事业经过 50 年的不断蓬勃发展，形成了一个以党刊和学术理论、科学技术期刊为主体，文学艺术、文化生活、科学普及、工作指导为重要组成部分的期刊出版体系。截止到 1998 年底，全省期刊从业人员 3600 人，中高级专业技术人员 1090 人。编入国内统一刊号的期刊发展到 277 种，是 1978 年的 9 倍。其中，社会科学类期刊 140 种，自然科学技术类期刊 137 种，形成了门类齐全、结构科学、布局合理的期刊体系，较好地适应了全省政治、经济、文化建设的需要。各种期刊不断缩短刊期、加大信息量，发行量逐年上升。全省有 27 种期刊采用国际标准开本，100% 的期刊采用激光照排印刷，70% 的期刊实现了彩色印刷。山东期刊不仅发行到全国 32 个省、自治区、直辖市，而且发行到 28 个国家和地区。1998 年期刊总发行量达 7860 多万份，比 1978 年增加 18 倍，平均期发量 838 万份，较好地满足了广大读者多层次、多方面的精神文化生活需求和信息需求，已成为全省精神文明建设的重要阵地和信息传播的重要网络。

山东省有 28 种期刊先后在省级以上评比中获奖。中共山东省委主办的综合性党刊《支部生活》，创刊于 1956 年，40 多年来，坚持正确的办刊方针，保持面向基层、面向党员的鲜明特色，办刊质量不断提高，先后获得“山东省优秀期刊”、“华东地区最佳期刊”等奖励。山

济南出版社主办的《中学时代》深受广大中学生喜爱

《山东画报》创刊于 1943 年，是中国现代史上创办最早的画报之一，发行全国及世界 20 多个国家和地区。

山东省作家协会主办的《山东文学》创刊于 1950 年 5 月 15 日，从 1999 年第一期开始，已改刊为国际标准大 16 开本。

《农业知识》直接为农业服务，深受广大农村工作者和农民的欢迎。

东大学创办于 1951 年的《文史哲》，是国内著名的社会科学学术期刊，以重视基础理论研究和国际文化交流为主要办刊特色，发行量在全国高校同类期刊中名列第一，1998 年被新闻出版署评为“全国百种重点社科期刊”。由济南出版社主办、创刊于 1980 年的《中学时代》，贴近中学生生活，展示他们孜孜不倦奋勇拼搏、积极向上的精神风貌，成为广大中学生的知心朋友；曾先后被评为“山东省优秀期刊”、“华东地区优秀期刊”，1998 年被新闻出版署评为“全国百种重点社科期刊”。1950 年创刊的《农业知识》（半月刊），是山东省连续出版时间最长、最受农民群众欢迎的综合性农业科普读物，平均期发量 60 万份，居全国同类刊物之首。由山东省作家协会主办、郭沫若先生题写刊名、山东省创刊最早、影响最大的文学月刊《山东文学》，自 1950 年创刊以来所发表的作品多次在全国及华东地区评选中获奖，培养了一大批卓有成就的山东作家。创刊于 1943 年的《山东画报》发行全国及世界 20 多个国家和地区，在全国期刊评比中获“整体设计”和“印刷质量”两项一等奖。该社拥有全省最大的摄影图片资料库，他们承制的画册连续多年获全国对外图书一等奖、山东省外宣画册精品奖和对外传播奖。

山东印刷业在新中国成立初期，只有 1 家专印书刊的印刷厂，十几家兼印书刊印刷厂，印刷设备陈旧落后，基本上是单一的铅印凸版印刷，而且相当一部分工序是手工操作。60 年代以后，随着国民经济的发展，印刷设备也相应地得到了改造、扩充和更新，逐步由单一的铅印凸版印刷向胶印、彩印方面迈进，由手工

五六十年代的铅字排版工艺

五六十年代的 8 开立式印刷机

90 年代山东新华印刷厂引进了先进的激光照排系统

操作向机械化发展。1978 年以后，全省书刊印刷厂的技术改造、设备更新的步伐大大加快，大量引进先进技术、先进设备。陆续引进了电子分色机、桌面彩色制版系统、多色胶印机、多色胶印轮转机，使用彩色制版；在装订工序上，对精装工艺设备进行了更新和技术改造，实现了单机的联动化生产，平装生产线、平装胶订联动机投入运行，逐步告别了手工操作和铅与火的时代，走上了激光照排、电子分色、胶印和彩印的现代化之路，印刷能力和印刷质量大幅度提高。印刷的产品质量、生产效率出现了飞跃。截止到 1998 年底，全省书刊印刷厂发展到 497 家，是 1978 年的 9.4 倍，其中国家级和省级书刊印刷定点厂 81 家。全省 81 家书刊印刷定点厂 1998 年书刊排字 205696 万字，书刊印刷 361.3 万令，胶印印刷 699.62 万对开色令，实现工业总产值 117884.61 万元，分别比 1978 年增加 27.5 倍、6.28 倍、28.1 倍、461.28 倍。省出版总社所属 5 家印刷厂，有 3 家是国有大型二类企业，印刷设备处于全国领先水平，引进、更新了 24 台先进的四色、八色胶印轮转机，年彩印能力可达 360 万色令，实现了排版激光化、分色电子化、印刷胶印化、装订联动化。省印刷物资公司坚持“内抓管理、外拓市场”的经营方针，发展成为内外贸结合，工贸一体，跨地区、跨行业，管理上乘，效益一流的大型物资集团，为出版事业的蓬勃发展提供了强有力的物资支持与保障。山东省出版职工中等专业学校、山东省印刷技工学校、山东省印刷技术研究所集教学、科研、生产、咨询四项职能为一体，成为培养掌握现代化生产技能的中级专业技术人才，研究推广新技术、

山东新华印刷厂 1996 年引进的罗克韦尔公司产八色胶印轮转机设备，自开机以来，充分发挥出了优势，大大提高了胶印印刷产量和质量，收到了良好的经济效益。

山东新华印刷厂 1998 年引进的德国 CD－102 型海德堡胶印机，机台的 CPC－1 操作台提高了机台的自动化操作程度，它为该厂印刷高、精、尖产品提供了强有力的硬件保障。

拥有 8000 平方米展示面积的山东省印刷物资公司交易大厅

新工艺、新材料，加速印刷技术改造，促进印刷工业发展的基地。

随着印刷设备的不断更新、印刷技术的不断进步、质量意识的不断增强、管理措施的不断完善，全省形成较为完整有效的质量管理网络，极大地促进了书刊印刷质量的提高。山东省新闻出版局、山东省出版总社获得新闻出版署颁发的书刊印刷优质产品管理金奖。从 1980 年开始的全国性书刊印刷产品质量评比中，山东的获奖产品品种逐年增多，书刊印刷质量全国排名的位次逐年前移。1996 年全国书刊印刷质量检测以来，山东连续三年获金奖，在全国名列省级第一。从 1996 年以后，山东的九年制义务教育小学课本，全部实现了大开本彩色胶印印刷。在全国中小学教材印刷质量评比中，山东连续 10 年被评为第一名，实现了“十连冠”。

新中国成立后，山东的出版发行事业取得了很大发展，从 1949 年到 1978 年间，国有新华书店发行网点从 104 处发展到 359 处，增加了 3.3 倍；邮电系统以邮发合一的形式，承担了报刊发行任务；农村供销社积极承担代销图书业务，建立了遍布全省的图书发行网点，开拓了农村图书市场。党的十一届三中全会以来，山东的出版发行事业进入全面发展时期。1998 年，全省新华书店发行网点达 846 处，比 1978 年增加了 2.4 倍；全省邮政系统报刊发行网点达 3200 多处，比 1978 年增加 1.5 倍；农村供销社售书网点达 1300 多处。在发挥国有新华书店主渠道作用的同时，不断深化发行体制改革，大力拓宽各种发行渠道。集体、个体书店（书亭、书摊）和音像、电子出版物发

山东省新华书店和山东省图书音像发行总公司办公大楼

始建于 1944 年的山东省新华书店旧址

临沂是山东省新华书店的诞生地。半个多世纪以来，临沂市的图书发行事业有了飞速发展。图为 1990 年 10 月开业的沂蒙文化大厦。

行网点，从无到有分别发展到 2890 多处和 3100 多处，星罗棋布的书刊、音像、电子出版物零售摊点遍布全省城乡；出版社和部分期刊社也相继建立了发行部门，自办本版书刊的发行。逐步建立起了一个以国有新华书店为主体，集体、个体单位为补充的多种经济成分、多种流通渠道、多种购销形式、少流通环节的图书发行网络，并开始向大市场、大流通的格局迈进。作为出版物发行主渠道的山东省新华书店，诞生于 1943 年 7 月 6 日。新中国成立以后，山东新华书店进入全面发展时期，到 1964 年，全省销售图书册数首次突破亿册大关，销售金额超过 2000 万元。党的十一届三中全会以来，山东省新华书店在发行体制、管理体制、产销体制、购销形式等方面全面改革，为发行事业注入了活力，取得显著效果，图书销售量大幅度上升。1985 年，全省新华书店图书销售突破了 2 亿元，4 亿多册，分别是 1949 年的 117 倍和 25 倍。1992 年，经中国企业评价中心和国家 11 个部委的综合评审，按营业收入排序，山东省新华书店在全国 500 家最大商业批发、零售企业中，名列第 27 位，位居同行业第 2 位。山东省新华书店于 1993 年在全国率先成立了图书音像发行总公司，1996 年又建立了集储运中心、货款结算中心和信息中心为一体的图书音像批销中心，采取“三总一连”（总经销、总代理、总发货、连锁经营）的购销形式，形成了以省店批销中心为龙头、以市地店为骨干、以县（区）店为依托的全省批销网络，图书销售量迅猛增长，1998 年，山东省新华书店销售总额达 50.87 亿元，利税 2.23 亿元，比 1978 年销售总额增长了 92 倍，利润增长了 24 倍。全省销售码洋平均每年以 40% 的幅度递增。资产总额达 17.3 亿元。销售总额、资产总额居全国各省、自治区、直辖市新华书店前列。

新中国建立以来的 50 年，是山东的出版事业迅猛发展，成就辉煌的 50 年。展望即将到来的 21 世纪，我们满怀信心。山东出版界将高举邓小平理论的伟大旗帜，坚持方向、深化改革、加强管理、优化结构、提高质量、开拓创新、全面发展，在为建设有中国特色的社会主义事业全面推向 21 世纪的新的伟大征程中，做出新的更大的贡献。

品种繁多、琳琅满目的基层新华书店门市部。

山东省各级出版管理部门加大对图书市场的管理力度，规范个体图书经营专业户的行为，繁荣了图书市场。

河　南

江泽民总书记在参观 1996 年全国出版成就展河南展台时称赞："河南古文化的底蕴很丰厚。"河南地处中原，是华夏文明的发祥地之一。河南出版业历史悠久，源远流长。新中国成立更掀开了河南出版史新的一页。50 年来特别是党的十一届三中全会以来的 20 年间，河南出版业在改革中发展，在发展中壮大，出版规模超越以往，出版物质量和效益持续提高，综合实力日益增强，已形成了编辑、印刷、物资供应、教育、科研、外贸各环节相互配套，图书、报纸、期刊、音像和电子出版物门类齐全的完整的出版业体系，阔步跨入全国出版大省的行列。河南出版界以中原人特有的勤劳、坚韧和智慧，创造出无愧于时代的非凡业绩。

图书出版欣欣向荣

1953 年 3 月 21 日，在原河南文教出版社和平原人民出版社合并的基础上成立了河南人民出版社。之后，随着河南经济建设的快速发展，河南出版事业开始了第一个快速发展时期，到 1965 年，年出版图书 295 种，年总印数 7160 多万册。"文化大革命"期间，河南出版业遭受严重冲击和破坏。1966 年 10 月河南人民出版社被撤销，直到 1972 年才恢复。从 1966 年到 1978 年，河南人民出版社年出书品种仅 210 多种。1978 年党的十一届三中全会召开，河南图书出版业重新焕发了生机。1998 年与 1978 年相比，图书出版社由 1 家发展为 12 家；年出书品种由

中共中央书记处书记、中宣部部长丁关根在新闻出版署署长于友先、副署长桂晓风和杨牧之等陪同下参观 '96 中国出版成就展河南展台。

河南科学技术出版社社长孔东尧（中）、总编辑贺富生（左）向国务委员宋健（右）介绍《中国蝶类志》一书的有关情况。

1995 年 4 月 3 日，新闻出版署署长于友先（右三）、副署长于永湛（左二）、河南省委宣传部副部长马心浩（右二）、河南省新闻出版局局长刘海程（左一）、副局长李文年（右一）等领导亲临河南第一新华印刷厂，为该厂荣获 1991 年—1993 年度书刊印刷优秀质量企业银奖举行隆重的挂牌仪式。

260 多种发展到 2900 多种，增长近 10 倍；总印数由 1.8 亿册增至 4.25 亿册，增长了 2.4 倍；总印张由 51 万千印张增至 370.4 万千印张，增长了 7 倍多。20 年累计出版图书 26970 种，累计总印数 247 亿册(张)。

河南出版界坚持党的出版方针，紧紧围绕各个时期党和政府的中心工作，把握正确的出版方向，为两个文明建设做出了突出的贡献。从解放初期到“文革”前夕，河南出版工作贯彻执行“为政治服务、为生产服务、为工农兵服务”的出版方针和“地方化、群众化、通俗化”的出版方向，出版了一批文学、艺术、文化教育类图书。其中有些图书，如《不能走那条路》、《和英雄相处的日子》、“河南地方戏曲丛书”、“四史”图书以及一批农村演唱材料等，都在当时产生了较大的影响。党的十一届三中全会以后，河南出版工作实现了由服务阶级斗争向服务经济建设和改革开放的根本性转变，积极反映新时代的精神风貌，推出了一大批导向正确、品位高雅、特色鲜明的优秀图书。特别是“九五”以来，大力推进阶段性转移，坚持实施精品战略，河南出版界质量意识和效益观念普遍增强，出书领域不断拓宽，深入发掘中原古文化底蕴，具有文化积累价值的鸿篇巨制令人瞩目，反映新思想、新知识、新技术和伟大变革的图书不断涌现。经过多年的努力，豫版图书在政治理论读物、历史学著述、传统文化研究、历史长篇小说、纪实文学、书法雕塑、科学图谱、农村科普读物及眼科、肿瘤、水利学术专著等若干门类已经或正在形成鲜明的特色和可观的阵容，市场竞争力显著增强。《中国红军长征记》、《马克思经济学手稿的方法论》、《江永女书之谜》、《黄河防洪志》、《长征画典》、《河南防洪志》、《建立社会主义市场经济

河南省新华书店面向基层群众。图为 60 年代新华书店的流动服务站把毛主席的书及时送到读者手里。

图为 60 年代河南省广大群众踊跃购买《毛泽东选集》

新体制》、《国有企业总体改革论》、《西方思潮与当代中国大学生》、《邓亚萍》、《中国科学技术典籍通汇》、《中国婴幼儿百科》、"小鳄鱼丛书"、《神奇的北极》、《中国大百科全书(青少年版)》、《神奇的南极》、《神奇的雅鲁藏布江大峡谷》、《中国鸟类图鉴》、《中国蝶类志》、《20世纪西方建筑名作》、《世界雕塑全集》、《中国书法通鉴》、《王铎书画全集》、《周彦生画集》、《中国农村40年》、"中国名村丛书"、《二十五史》、《中华传世精品珍藏文库》、《康熙大帝》、《乾隆皇帝》、"元典文化丛书"、《眼科学》、《眼外伤学》、《眼底病图谱》、《黄河流域水旱灾害》等图书，均受到专家和读者的高度评价。先后有29种豫版图书分获国家图书奖、"五个一工程"奖和中国图书奖，并实现了"五个一工程"奖六连冠，享誉全国出版界。海燕出版社、大象出版社、文心出版社被评为全国良好出版社，大象出版社1998年又被评为全国优秀出版社。

报刊出版满园春色

1949年6月1日，中共河南省委机关报《河南日报》正式创刊，连同先期创办的《南阳日报》及稍后创办的《郑州日报》(后更名为《郑州晚报》)、《河南大众报》等，标志着河南报纸出版事业的一个新时代的开始。1956年开始，全省曾经掀起办报热潮，甚至提出要实现县县市市有报纸的目标，到1959年，全省报纸猛增至132家，期印数达220万份。此后由于纸张供应紧张，又先后两次对报纸进行压缩，到1961年全省仅保留《河南日报》和《南阳日报》2种报纸，

《邓小平文选》在河南省隆重发行，受到广大群众欢迎。

河南省河南大学出版社出版的"河南新文学大系丛书"获国家图书奖

1965年增加到4种。“文化大革命”期间，报纸出版事业受到严重冲击和破坏，到1978年全省报纸仅剩3种。党的十一届三中全会以后，报纸出版事业进入空前发展时期。报纸品种和数量有了大幅度的增长，结构日趋合理。1998年全省有公开发行的报纸81种，形成了以党报为主体，行业报、广播电视报、学生辅导报、企业报为辅翼的多门类、多层次的报业结构。报纸的各种功能也得到了充分的发挥，整体质量不断提高，涌现出了一批社会效益和经济效益俱佳的报纸。1990年以来，有18篇作品获“中国新闻奖”，有1613篇作品获“河南新闻奖”。河南日报社、焦作日报社、平顶山日报社、中原石油报社等4家报社还被新闻出版署评为“全国地方报社管理先进单位”。1997年全省报纸平均期印数达798.88万份，位居全国第6位。《河南日报》的发行量最高曾达到70多万份，在全国省市党委机关报中一直名列前茅。《大河报》创办仅三年，发行量就达到35万份，年广告收入接近7000万元，成为全国都市报群体中一颗新星。《粮油市场报》、《期货日报》等专业性报纸由于定位准确、特色鲜明，已成为行业的权威性报纸。《洛阳日报》大胆改革发行体制，1985年试行自办发行，开创了报纸自办发行的先河。与此同时，报业经济也有了很大发展，1997年全省报业经济收入达到了4.2亿元。

1949年10月《新黄河》（后更名为《黄河建设》）杂志诞生，这是建国后河南创办的第一份期刊。到1965年，全省期刊增加到63种，形成河南期刊发展的雏形。“文革”前期，所有期刊

荣获中国图书奖的豫版图书

被迫停办，“文革”后期少量自然科学类期刊逐步恢复，到 1978 年全省已有期刊 24 种。党的十一届三中全会以后，河南期刊进入高速发展时期，至 1998 年，全省公开发行的期刊发展到 209 种，年总发行量由 5 万份增至 5500 万份，增长了 1000 多倍。形成覆盖政治、经济、文化、教育、生活保健、自然科学、工程技术、信息传播等多个领域，能够满足社会发展和读者多方面需要的门类较为齐全、结构较为合理的期刊出版体系。河南期刊在激烈的市场竞争中不断提高质量，有些已逐步形成自己的风格特色、找准了市场定位、赢得了读者的喜爱，在全国产生了重要影响。《领导科学》、《妇女生活》、《华夏考古》在全国首届社会科学优秀期刊评选中获提名奖，进入全国四强。《名人传记》、《妇女生活》入选全国百种重点社会科学期刊之列。《矿山机械》获全国优秀自然科学一等奖。《中学生数理化》、《偏微分方程》、《河南医科大学学报》、《河南农业大学学报》、《家庭医学》等 10 余种期刊，先后在全国优秀自然科学期刊评选中获奖。《百花园》、《销售与市场》分别在探索纯文学和机关期刊走向市场方面取得了初步成功。《金色少年》、《法制世界》、《时代青年》、《中学生阅读》、《莽原》、《散文选刊》、《漫画月刊》、《人生与伴侣》、《寻根》、《金融理论与实践》、《史学月刊》、《流行歌曲》、《公安月刊》、《当代民声》等期刊，在全国同类期刊中占有较为重要的位置。

音像电子势头强劲

河南人民出版社的获奖图书

河南省的海燕出版社出版的“小鳄鱼丛书”荣获国家图书奖和中宣部“五个一工程”奖

选自河南美术出版社出版的《世界雕塑全集》

音像电子出版业从无到有、从小到大，呈现出强劲的发展势头，成为河南出版业发展的新的经济增长点。目前全省有音像出版社 4 家，音像电子出版社 1 家，音像复录单位 5 家，电子制作单位 19 家，形成了较为完整的生产制作体系；年均生产各种音带、像带、CD 唱盘、VCD 光碟 160 多个品种，复制发行量 50 多万盘（盒），先后有 100 多个音像电子品种获省级以上奖。河南电子音像出版社的"中国钢琴家系列"、《号韵》、《海月亮》，黄河音像出版社的《曹桂芬·古筝》、《泪洒相思地》在首届全国优秀文艺音像制品评选中获奖。另外河南教育音像版的《小槐树》、《中华校园歌曲卡拉 OK》，解放军外国语学院音像出版社的《月亮河》，黄河音像版的"生旦净末丑系列"、《世界名曲主题音乐》等，也都是质量上乘的力作，达到较高的档次和水平。河南电子出版社大胆尝试，首次独立策划摄制完成了 26 集电视连续剧《大陆人》，使河南出版界在拍摄大型电视剧方面实现了零的突破。

书刊印刷突飞猛进

建国初期，河南书刊印刷基础十分薄弱，能够承印书刊的印刷厂家仅 38 家，基本上是手摇铸字机、石印机、四开台印机等 30 年代的陈旧设备。1950 年以后通过对私营企业的合营改造，组建了河南日报印刷厂、郑州日报印刷厂、郑州印刷厂等一批印刷企业。特别是 1958 年，国家从北京、上海抽调 400 多名技术工人和印刷业务骨干以及机器设备支援河南，组建了河南新华印刷厂。到 1960 年，以河南第一新华印

荣获中宣部"五个一工程"奖的豫版图书

荣获国家图书奖的豫版图书

刷厂、河南第二新华印刷厂为骨干的大型印刷企业相继建成，基本上改变了河南完全依赖外省供应图书的局面，并逐步发展成为河南的支柱印刷企业，为河南印刷业的进一步发展奠定了基础。"文革"期间，全省书刊印刷企业主要承印马列著作、毛泽东著作和中小学课本。1978年以后，印刷企业又恢复了生机。1998年全省印刷企业达4500家，书报刊印刷企业由改革开放之初的20多家发展到274家，其中国家级书刊定点印刷厂14家，省级书刊定点印刷厂53家。书刊印制能力在全国名列前茅，印制质量一直处于全国领先水平。截至1998年，河南中小学教材连续四年荣获全国教材印制质量金奖和银奖，河南第一新华印刷厂连续三年荣获全国书刊印制质量银奖，省新闻出版局连续三年荣获书刊印制管理银奖和金奖。大象出版社、中州古籍出版社、海燕出版社也分获金、银和铜奖。河南新华一厂、新华二厂进入国家大型二档企业，1998年固定资产2.57亿元，工业增加值、销售收入、利税总额等主要经济技术指标均进入全国同行业前5名。

河南印刷物资供应总公司从1973年成立至今，有了突飞猛进的发展。目前公司拥有设施完善的现代化办公、经营场地5600平方米，仓储面积34400平方米，物资容量近30000吨，基本实现了办公、营业微机化，财会电算化，信息传输网络化，通讯现代化，装卸运输机械化。主要经济技术指标从1995年至1998年连续4年位居全国第一位。1998年固定资产5205万元，销售额4.1亿元，实现利税2292万元。

河南省大象出版社的部分获奖图书

书刊发行日新月异

1949 年 4 月 1 日，河南省新华书店的前身——新华书店河南分店在当时的河南省会开封成立。之后，新华书店机构和发行网点快速向下延伸，全省各市地、县（区）新华书店相继成立，并在农村供销社普遍设立了图书代销点，到 1956 年初步确立了新华书店图书发行主渠道地位，构建起覆盖全省城乡的图书发行网络。改革开放以来的 20 年，河南图书发行事业得到快速发展，业绩斐然。到 1998 年，全省新华书店系统图书发行网点发展到 1155 处，居全国各省市之首；图书销售量 10.8 亿册，销售额 35.4 亿元，位居全国前列。《毛泽东选集》、《邓小平文选》等主要政治理论读物的发行数量均居于全国前列。中小学教材课前到书率多年来稳定在 99.7% 以上，基本实现了中央提出的“课前到书、人手一册”的目标。在全国五届青少年爱国主义读书教育活动中，省新华书店活动用书发行量连续五年居全国各省市之首。从 1995 年第六届全国书市到 1998 年第九届全国书市，豫版图书订货额直线攀升，分别为 800 万元、1465 万元、1800 万元、3080 万元。正阳县新华书店被评为全国十面红旗县店。近年来，加大资金投入，相继建成了中原图书批销中心、郑州购书中心，中原图书城正在紧张施工。还成立了全国首家以新华书店为依托，集出版物导读导购、信息资讯等综合服务功能于一体的读者俱乐部，在转换国有书店经营机制、深化发行改革方面进行

河南文艺出版社出版的长篇小说《康熙大帝》深受读者欢迎

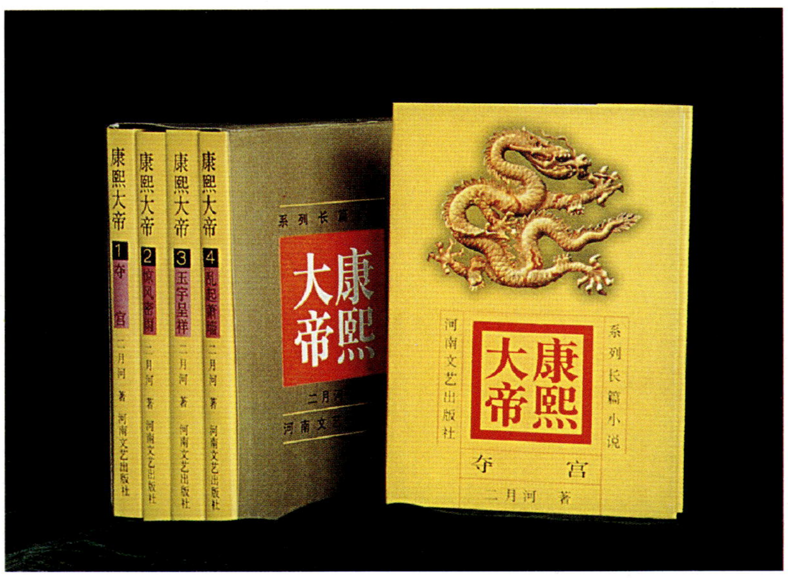

河南电子音像出版社获奖出版物证书及奖杯

364

《回眸 <新青年> 》获 1997 年度河南省优秀图书一等奖

河南科学技术出版社出版的《中国蝶类志》获第九届中国图书奖

了大胆探索。

新技术得到广泛运用

新技术、新设备、新工艺已在河南出版业中得到广泛运用，新闻出版业的技术装备水平空前提高。计算机在多个领域得到大面积、高速度推广应用。书刊出版积极采用电子信息处理技术，有些报刊社安装了卫星地面接收站，利用卫星通讯传版。以《大河报》和海燕出版社为代表的部分出版单位和省新华书店已经运用计算机网络开展编辑、发行业务和管理。《河南日报》、《郑州晚报》、《南阳晚报》等十几家报纸还出版了电子版，利用因特网扩大了报纸的影响。以磁、光、电为载体的新兴出版物呈现出强劲的后发优势，河南电子音像出版社、安阳飞音电脑数码有限公司、河南先博多媒体技术有限公司、河南先达多媒体技术有限公司的陆续成立以及投资近 1000 万元新近建成的首条光盘生产线，都标志着河南电子出版业开始驶入迅猛发展的快车道。书报刊印刷科技装备水平迅速提高，激光照排、电子分色、胶印轮转、装订联动等先进设备和技术已在全省印刷企业逐步推广。早在 1992 年，全省市地以上党委机关报已全部实现激光照排、胶版印刷，在全国处于领先水平。全省目前约有三分之二的书刊印刷厂拥有激光照排系统，两级定点书刊印刷厂胶印书刊的比重接近 95%，基本告别了“铅与火”，跨入“光与电”的时代。到 1998 年，全省多色胶印机发展到 80 台，电分机发展到 13 台。特别是局属新华一厂、新华二厂，近年来共投资近 2 亿元进行大规

河南美术出版社出版的优秀图书

在第四届全国书市上，著名书画家关山月在河南人民出版社展台前挥毫题词：“书香送南国”。

著名作家冰心与河南人民出版社责编一起研究《少年烦恼百解》一书的文章编选工作

模技术升级和改造，引进了多台具有国际先进水准的印刷设备，印制高、精、尖产品的能力显著增强，部分提前实现了“印前数字、网络化，印刷多色、高效化，印后精美、自动化”的 2010 年远期规划目标。“河南新闻出版管理信息网络”（金版工程）已基本建成，即将投入使用。科学技术的广泛运用使河南新闻出版业如虎添翼，将以更加威猛的雄姿奔向 21 世纪。

对外交流不断扩大

随着国家对外开放政策的推进，河南新闻出版对外交流日益增多。据统计，20 年间进入国际图书市场的豫版图书累计达 3800 多种。特别是“九五”以来，河南新闻出版界改变了长期形成的内陆封闭意识，开始放眼世界，关注全球。对外交流日趋频繁，版权贸易空前活跃，仅近三年的版权成交项目就达 65 项，超过前 15 年的总和。积极开拓国际图书市场，先后在比利时首都布鲁塞尔和美国旧金山，成功地举办了两次豫版图书展销活动，并多次组织参加法兰克福等国际图书交易活动，大力宣传河南的出版成就，进一步扩大了河南出版界的国际影响，使更多的豫版出版物挺进国际市场；同时，注重利用国外出版资源，引进国外优秀的人类文化遗产和精品图书。另外，还多次组织人员赴国外考察出版业的发展状况，学习先进管理经验，引进了先进的技术设备，以提高本省的出版生产经营水平。

综合实力显著增强

门类齐全的河南期刊

河南第一新华印刷厂 1998 年 6 月从国外引进的对开四色胶印机增强了该厂实力

河南第一新华印刷厂 1984 年从国外引进电子分色机，使河南省的彩色印刷水平迈上了一个新台阶。

党的十一届三中全会以来，河南出版产业的经济效益不断提高，综合实力显著增强。1978年与1998年相比，河南省新闻出版局直属单位固定资产总值从2627万元增长到8.87亿元，实现利税从124万元增长到4.46亿元，所有者权益达12亿元。特别是“九五”以来，经济指标大幅度上升，局直系统固定资产总值、销售总额、实现利税均翻了两番，全系统综合经济实力跨入全国前三强。在1996年北京举办的“中国出版成就展”和“中国少儿出版成就展”期间，河南出版界向世人充分展示了自己的雄厚实力和崭新形象，受到中央领导的好评和广大观众的青睐，分别夺得“最佳组织奖”和“最佳设计制作奖”。河南出版业作为一个充满活力的“朝阳产业”迅速崛起，正在逐步发展成为全省第三产业的支柱产业之一。

管理工作加大力度

坚持“一手抓繁荣、一手抓管理”的原则，管理体系逐步健全、管理制度日臻完善、管理力度逐步加大，出版管理工作基本走上经常化、法制化、制度化的轨道。全省18个地、市相继成立了新闻出版局，管理力量得到加强。管理职能发生了转变，面向全社会的新闻出版行业的管理逐步由集中管理向分级管理、直接管理向间接管理的转变，综合运用行政、法律等手段，宏观管理与微观监督相结合，坚持实行审读审视审听制度、书报刊音像制品质量抽查制度、选题报批制度、年检换证制度、期刊分级管理制度、书刊印刷许可证制度、期刊条码及音像制品编码制

70年代末的河南第一新华印刷厂铅印车间，使用二回转全张自动印刷机，正在紧张地印刷《毛泽东选集》和全省学生课本。

河南第二新华印刷厂1985年从国外引进的全省第一台全张四色胶印机，从而增强了该厂印刷实力。

河南省第二新华印刷厂1995年从国外引进的八色胶印轮转机。

度、聘请市场监督员制度等，维护正常的出版秩序，保护合法经营，打击违法犯罪行为，保证市场的健康繁荣；对直属单位的管理，则加强对编、印、发、物各个环节的严密监控，大力推行出版物质量保证体系和目标管理责任制，以确保正确的出版方向和舆论导向，保证政治任务和重大工程的落实，促进出版物质量的提高；多年来在建立“预报机制、引导机制、约束机制、监督机制、奖惩机制、保障机制、责任机制”等方面取得了较大进展。法制建设得到加强，在认真组织实施国家有关出版和版权的一系列法律、法规及行政规章的同时，还突出抓了地方性法规建设。经省政府批准，先后发布了《河南省书报刊发行管理规定》、《河南省音像出版管理暂行规定》、《河南省图书出版管理规定》、《河南省著作权管理暂行办法》和《河南省电子出版物管理暂行规定》等，并通过培训等方式提高执法人员的依法管理水平。

1994 年新闻出版署提出阶段性转移战略以来，各级新闻出版管理部门严格控制出版单位和出版物品种增长过快的势头，对全省报刊业、印刷业和社会发行单位进行了大力治理，共取消内部报刊 404 种，压缩公开期刊 9 种；压缩二级批发单位 120 家、零售单位 1500 家；压缩国家定点书刊印刷厂 5 家、省书刊定点印刷厂 21 家和有图书印刷许可证企业 46 家。豫版图书新出品种由 1994 年的 1205 种减少到 1998 年的 1154 种，而本版书重印率却从 29. 81% 提高到 53. 05% 。通过治理，全省新闻出版业的布局更加合理，结构明显优化，为进一步繁荣发展

河南省外文书店营业大厅

读者在郑州购书中心踊跃购书

第三届中原书市在河南隆重开幕

河南 10 家出版社向希望工程和贫困地区赠送图书，支援文化教育事业。

奠定了良好的基础。

“扫黄”、“打非”战果辉煌。自 1987 年开始有组织地开展“扫黄”、“打非”斗争以来的 11 年中，河南“扫黄”、“打非”斗争不断深入，打击力度不断加大，全省共组织检查组 80000 多个，220000 人次；检查出版物经营单位和摊点 37000 家（次），印刷、制作企业 20000 多家（次）；收缴、销毁非法出版物 5000 多万册（张），非法音像制品 300 多万盘（盒），淫秽音像制品 935 个品种；查处非法出版活动案件 510 起，抓获犯罪分子 302 人。特别是 1995 年以来，查处了袁蓬非法出版案、马保林侵盗版案、沁旭印刷厂盗版案、杞县印刷厂盗版案和《乾隆皇帝》盗版案等多起大案要案，有力地打击了违法犯罪活动，出版物市场不断得到净化，多次受到全国“扫黄”办的表彰。

队伍素质全面提高

人的素质是事业发展和参与竞争的根本性因素。改革开放以来特别是“九五”以来，河南新闻出版界逐步形成了崇尚知识、尊重人才的良好环境和激励人才成长的有效机制。通过各种途径和多种方式，大胆引进人才、大力培养人才、加强岗位培训、提高职工队伍的素质，收到明显成效。各级领导班子的年龄结构和知识结构得到优化，目前局直系统领导班子成员中，45 岁以下的占 32.6%，具有大专以上学历的占 88.8%。出版社编辑人员中，具有本科以上学历的占 75.7%，其中研究生 27 名。有高级职称的占 53%，中级职称的占 35%。实行专业技术人

河南人民出版社心系老区，在该社 45 周年社庆之际，向全国第二所手拉手希望小学——光山县王大湾希望小学捐赠了 3000 多册优秀图书。孩子们如获至宝，高兴地往图书室搬送图书。

河南省新华书店职工不畏艰险，送书下乡。

河南省印刷物资总公司成立 20 周年暨’94 河南印刷机械展览会盛况

员和管理人员的继续教育制度，分批选送 100 多名干部职工到党校、大专院校和国外深造。坚持十佳优秀中青年编辑、十佳优秀出版工作者评选活动，以及年度目标管理先进单位、先进个人和先进党支部、优秀党员评选活动。先后有 40 人被评为全国、全省优秀中青年编辑，有 27 人被评为全国百佳和全省十佳出版工作者，有 20 人被评为全国新闻出版系统先进工作者和劳动模范。还在全系统开展了向张继红、董德发等先进人物学习的活动。先后举办政治理论培训班、岗位培训班和业务培训班 53 期，累计培训各类在职人员 4000 多人次，其中处以上干部 300 多人次。坚持每年一度的出版系列专业技术职务评聘工作，累计评聘副高级专业技术职称 742 人，正高级专业技术职称 111 人。还投资 200 万元建立职业教育和培训基地。通过这些工作，激发了广大出版职工的敬业爱岗热情，促进了新闻出版队伍政治素质、业务素质和道德水准的提高。

这些成绩的取得是河南出版界认真学习贯彻邓小平理论，坚决执行党和国家制定的出版方针、政策的结果。改革开放 20 年来，河南新闻出版工作始终坚持发展是硬道理，以改革促发展，以发展促繁荣；坚持解放思想、实事求是，把中央政策、精神和河南实际相结合，及时制定正确的发展战略和工作思路，使河南出版业逐步由小变大，由弱变强，大踏步地向前发展。特别是“九五”以来，根据新闻出版署提出阶段性转

河南省新闻出版局重视对外合作，图为 1998 年 3 月 3 日举行的对外合作工作会议会场。

1998 年 9 月，在美国举办的“中国河南图书展”上豫版图书受到华侨欢迎。

海燕出版社刘建生社长和日本讲谈社野间佐和子社长交换《世界遗产》版权协议文件

移的工作思路，以现任河南省新闻出版局局长刘海程为首的领导班子审时度势，认真分析国内外出版形势和河南出版业的状况，提出了“三个突破、一个转移、一个跨越”（简称“311 工程”）的发展战略目标，即：力争“九五”末，河南出版业要在出版物整体质量水平上、在运用现代化科学技术装备新闻出版业上、在人才培养上取得突破性进展，完成由规模数量型向优质高效型的阶段性转移，实现河南由出版大省向出版强省的跨越。为了实现“311 工程”目标，1998 年局党组又提出实施“三大带动战略”，即实施出版物精品群带动战略、科技进步带动战略、人才工程带动战略。要通过精品的积累，形成精品群，形成特色、阵势和规模，带动豫版出版物整体质量的提高；要进一步把先进、适用的现代科学技术应用于出版产业，提高出版物的质量、效益和科技含量，为出版产业的持续发展增强后劲；要大力培养领导干部人才、专业技术人才、经营管理人才及复合型人才，加强岗位培训、提高人员素质、优化队伍结构，为出版事业的跨世纪繁荣发展提供保证。“311 工程”和“三大带动战略”的提出，极大地增强了全系统的凝聚力，激发了广大职工的斗志，对河南出版业的发展产生了巨大的推动作用，使河南出版业进入了一个发展最快、效益最好的黄金时期，为 21 世纪河南出版业的腾飞奠定了坚实的基础。

河南第二新华印刷厂的职工正在熟练地操作北大方正激光照排系统

海燕出版社新技术培训班开学典礼

河南省出版职工中等专业学校印刷专业学生在实习

新中国出版50年

湖　北

湖北是楚文化的发祥地，人文荟萃，文化发达。新中国建立以来，湖北新闻出版事业得到了长足发展。党的十一届三中全会后，湖北新闻出版事业在改革开放中焕发了生机和活力。广大新闻出版工作者坚持正确的出版方向，一手抓繁荣、一手抓管理，不断深化出版改革，新闻出版业呈现繁荣发展的局面。新闻出版业规模、数量有了新的发展，出版物整体质量逐步提高，现在已基本形成图书、报纸、期刊、音像、电子出版物门类比较齐全，编辑、印刷、发行、物资供应、外贸、教育、科研、行政管理等各个环节相互配套的比较完整的出版产业体系，成为湖北国民经济中的一个重要产业部门。湖北省被新闻出版署确定为全国六大出版发行中心之一。新闻出版业的繁荣发展，为推动湖北改革开放和现代化建设发挥了重要作用。

图书、音像和电子出版物的出版有了长足进步。建国以来，湖北省出版体制经过了几次大的变革。建国初期，国营出版机构统揽出版、印刷、发行业务。50年代初，实行出版、印刷、发行专业分工，国营出版机构分为独立的出版社、印刷厂和书店三个出版企业。50年代中期，私营出版机构主要是书店接受国营出版机构领导，逐步实行集体联营或公私合营，完成社会主义改造后归并于国营出版机构。

1952年10月16日，中南人民文学艺术出版社在湖北省武汉市成立。

这期间先后成立了一些出版机构，1950 年 8 月，新华书店中南总分店成立编审出版部；武汉 35 家私营书店联合与新华书店中南总分店合资成立武汉通俗出版社；1950 年 10 月，武汉市总工会主办成立了武汉工人出版社；1951 年 1 月，在新华书店中南总分店编审出版部基础上建立了中南人民出版社；1951 年 11 月，中国新民主主义青年团中南工作委员会成立了中南青年出版社；1952 年 10 月，中南行政（军政）委员会文化部筹建的中南人民文学艺术出版社正式成立。各出版社出版了一批宣传马列主义、毛泽东思想、共产主义和爱国主义的政治、文艺、扫盲、普法等方面的图书，如《为了祖国》、《朝鲜战地志愿军诗辑》、《马克思列宁主义和毛泽东思想简介》、《中南地区土地改革手册》、《农村团员课本》、《速成识字法讲话》、《老红区行》等。

1954 年 9 月，中南人民出版社和中南人民文学艺术出版社合并建立了湖北人民出版社，这是一个综合性的地方出版社。湖北人民出版社在成立之初，继续承担两社的出版任务，以及中南地区的课本和租型造货的印制供应任务。1979 年，该社与湖北省革命委员会毛主席著作出版办公室、省新华书店、省文化物资供应公司合并成立湖北省革命委员会出版发行局。1982 年 11 月，增设湖北科学技术

湖北省新闻出版局综合办公楼

1954 年 9 月 1 日，湖北人民出版社成立。

出版社、湖北少年儿童出版社、湖北教育出版社三个副牌。从新中国建立到 1978 年，全省只有一家综合性的湖北人民出版社。党的十一届三中全会后，党和国家更加重视新闻出版事业，这为新闻出版业的进一步发展提供了机遇和动力。按照专业化发展的要求，湖北省从一家出版社逐步发展为现在的 15 家图书出版社，是拥有出版社较多的省份之一。现在全省年出书能力超过 3000 种，1998 年共出版图书 4152 种，其中新出图书 2131 种，总印数 3.59 亿册，出版总印张 162 万令，主要出版指标居全国前列。改革开放 20 年来，特别是"八五"和"九五"期间，湖北实施精品名牌战略，一手抓学术文化精品、一手抓大众文化精品，组织了多门类、多层次的出版繁荣工程。为了保证重点图书的出版，1992 年设立了学术著作出版基金，到目前已投入近 3000 万元，列入国家"八五"重点图书规划项目 36 个，除个别项目撤销外，其他项目全部完成。列入国家"九五"重点图书规划项目 83 个，1998 年可完成

占地 204 亩的湖北出版文化城总体规划蓝图

华中理工大学出版社获国家级奖励的部分图书

湖北少儿出版社出版的大众化精品图书

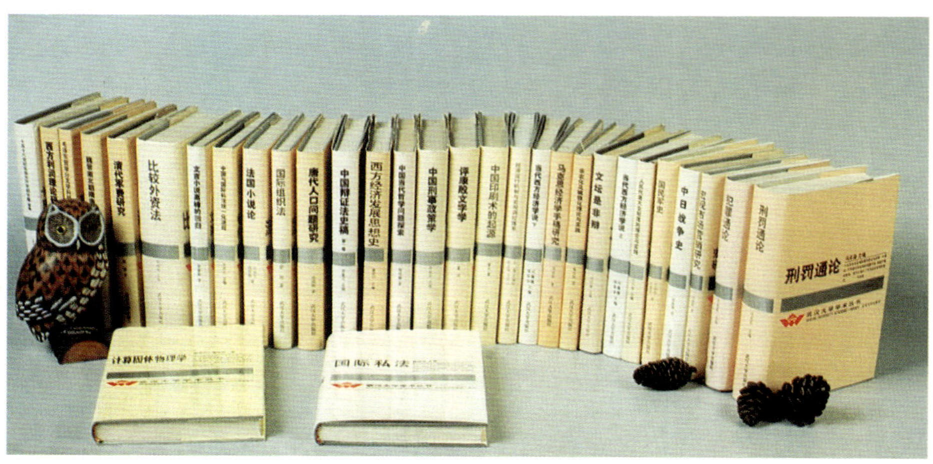

武汉大学出版社出版的为教学科研服务的部分图书

60%。其中，国家和省重点图书《汉语大字典》、《闻一多全集》、“中国教育大系”、“楚学文库”、《中国自然灾害灾情分析与减灾对策》、《当代中国人口流动与城镇化》、《你是一座桥》等图书荣获国家图书奖、“五个一工程”奖等国家级图书大奖。此外，《中国图书大辞典》、《雍正皇帝》、《人权大辞典》、“跨世纪文丛”、“小品精华系列丛书”、《我爱大自然小小百科全书》等图书出版后，有的成为某一学科领域里的学术精品，有的成为雅俗共赏、双效显著的大众化精品。湖北省各出版社注重开发本省出版资源，在湖北名人系列、区域经济系列图书出版上初具规模，《李四光全集》、《张居正全集》、《徐迟文集》、《长江三部曲》、“三峡工程技术丛书”、《楚秦汉漆器艺术》、《楚美术图集》、《湖北森林》、《曾侯乙编钟研究》等一大批具有浓郁地方特色的图书陆续出版，成为鄂版图书的一大特色。

在加强图书出版的同时，湖北省还十分注重音像、电子出版物的出版。目前全省有九

图为湖北人民出版社获奖图书的部分奖杯、奖牌。

湖北、四川辞书出版社出版的《汉语大字典》荣获首届国家图书奖。

为科学家树碑立传——湖北人民出版社出版的《李四光全集》。

通电子音像出版社、湖北文化艺术音像出版社、武汉音像出版社、扬子江音像出版社、武汉大学音像出版社等 5 家专业音像出版社；九通电子音像出版社、武汉大学出版社、华中理工大学出版社、武汉测绘科技大学出版社、武汉工业大学出版社等 5 家电子出版单位；有一家光盘制作公司——湖北东湖光盘技术有限责任公司。近年推出的《中国的孩子》、《四库全书》(原文电子版)、《国共两党关系通史》、《少儿中国文化百科》等一大批电子出版物，深受读者喜爱和社会各界关注。全省年出版电子出版物 200 余种，并初步形成了包括出版、制作、复制、发行各环节的电子出版产业体系，电子出版物的出版水平居全国前列。

湖北省图书出版比较早地开始了对外出版交流活动。1954 年到 1976 年间，湖北人民出版社出版的一些质量较好的图书向海外发行，特别是汉语教学方面的图书，如《现代汉语语法知识》、《现代汉语修辞知识》、《语文基础知识》等，先后被译成外文。这期间湖北

湖北人民出版社出版的《闻一多全集》荣获第二届国家图书奖荣誉奖

湖北教育出版社出版的“楚学文库”荣获第十届中国图书奖

湖北人民出版社出版的《中国图书大辞典》是我国有史以来篇幅最大的书目辞典

武汉大学出版社荣获中宣部“五个一工程”奖与中国图书奖的图书

共有 67 种图书向海外发行。1977 年至 1985 年湖北人民出版社出版的部分图书进入国际市场，先后参加了法兰克福国际书展、美国波士顿公共图书馆展览、前苏联第四届莫斯科国际书展、瑞士第一届国际连环画展、香港中国书展等，《明刻黄鹤楼集》、“当代中国记者丛书”、《三连冠》、《北洋军阀史稿》和《经学概论》等被列为重点图书展出。该社还有部分图书在国外翻译出版，《邹韬奋》由日本萨伊马尔出版社出版，《湖北旅游便览》被译成英文、日文出版发行，《中日关系简史》由日本书房社译成日文出版，并被日本国会选入藏书书目。此外，对外及港澳地区合作出版工作也有所发展，该社出版的《汉语成语英译手册》由新加坡智力出版社购买重印权，《中国十歌妓外传》一书被商务印书馆（香港）有限公司以《名黛风流》书名改编出版，《中国民俗辞典》与商务印书馆（香港）有限公司合作出版。1977 年至 1987 年，湖北人民出版社出版的图书，发行于港澳地区的有 258 种，158601 册；发行于国外

武汉大学出版社荣获中宣部“五个一工程”奖与中国图书奖的图书

武汉大学出版社荣获国家图书奖的图书

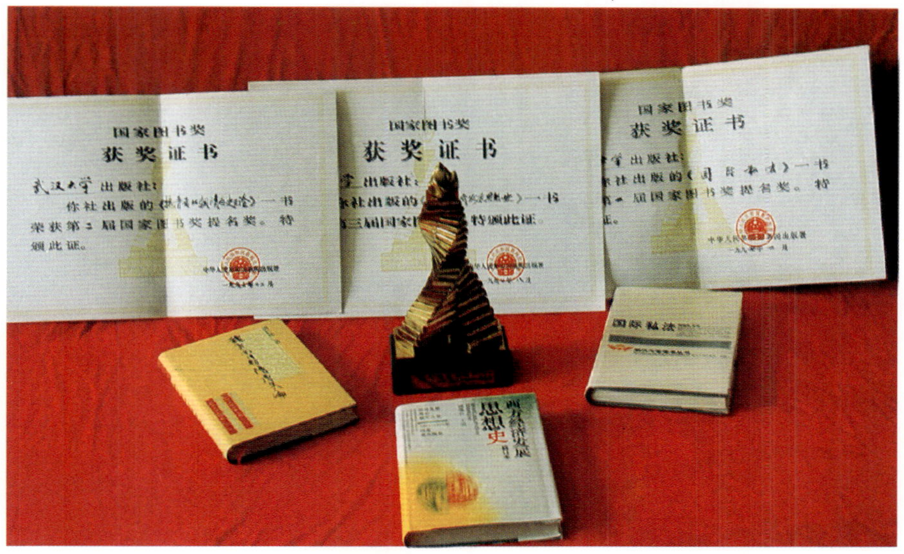

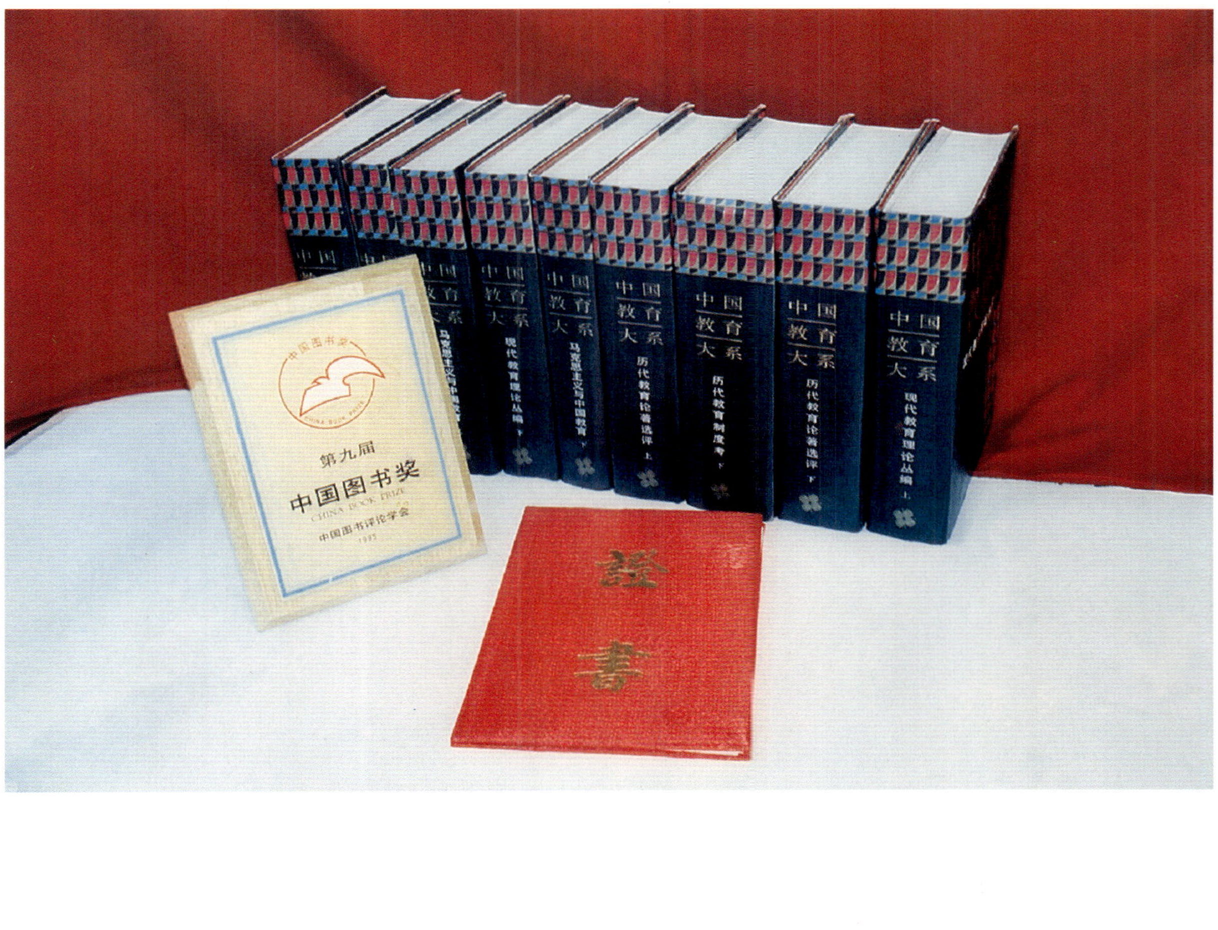

为教育服务——湖北教育出版社出版的“中国教育大系”荣获第九届中国图书奖

的有 232 种，50254 册。80 年代中期以后，湖北出版业对外交流进入一个新的时期。湖北出版业在拓展国内图书市场的同时，积极开展对外和台港澳地区合作出版、版权贸易和图书贸易业务，并于 1994 年成立了湖北省出版进出口公司，在美国、日本、法国、德国、新加坡、英国等 30 多个国家和港、澳、台等地区参加或独立举办书展，开展人员培训和出版交流。湖北的建筑、美术、少儿、科技、医学保健类图书受到国外及港、澳、台读者的欢迎。近几年，全省出版社同海外出版机构共达成版权贸易和对外合作项目 400 多项，图书进出口业务也不断扩大。

报刊业繁荣发展。湖北报业有较好的基础，辛亥革命时期，湖北武汉曾一度成为全国革命舆论的中心；民主革命时期，全省先后创办报纸 480 多种，在中国现代报业史上占有重要地位。新中国成立后，湖北报业进入了一个新时期。1949 年 5 月 16 日武汉解放，5 月 23 日《长江日报》创刊，7 月 1 日湖北省委机关报

湖北荣获"五个一工程"奖、国家图书奖、中国图书奖的部分图书

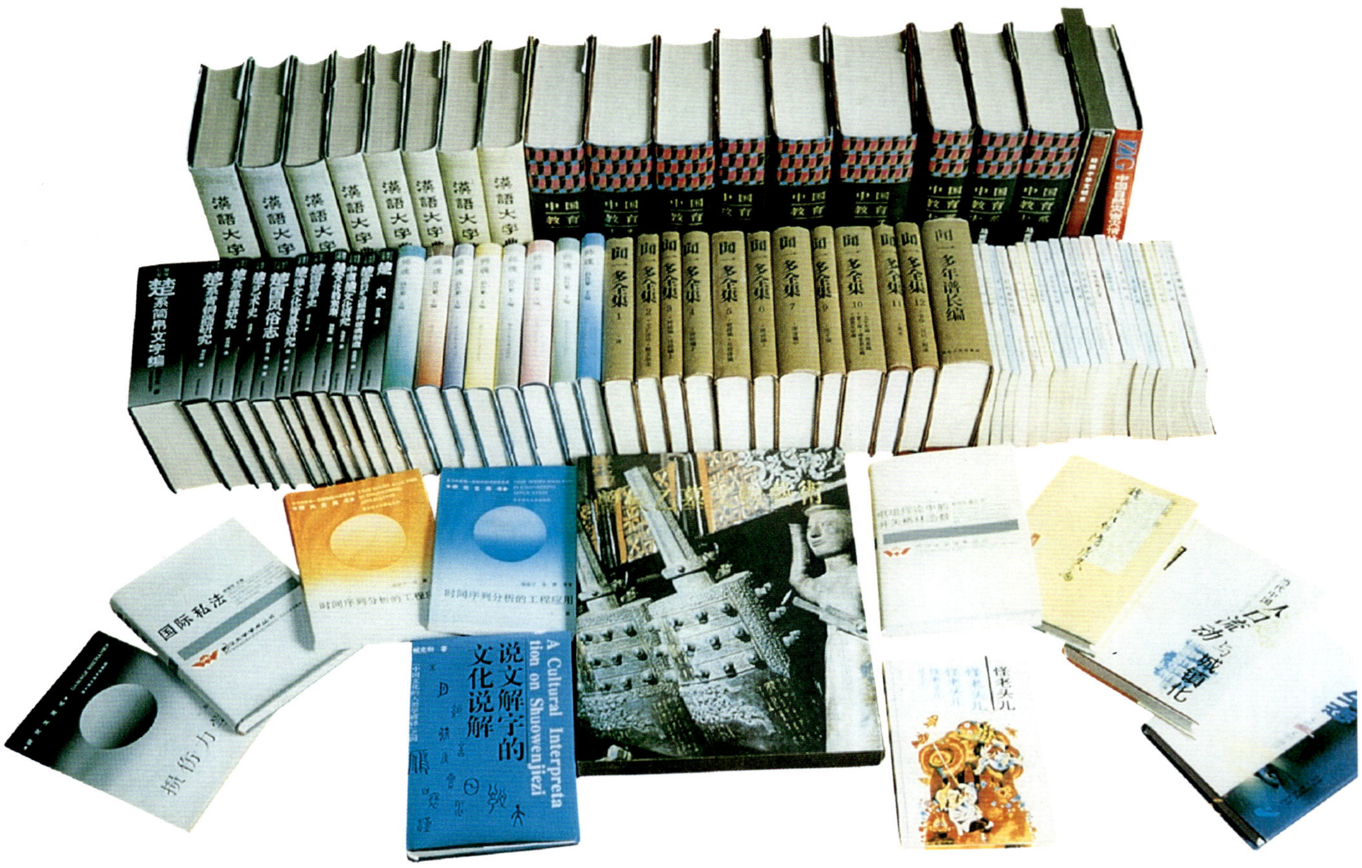

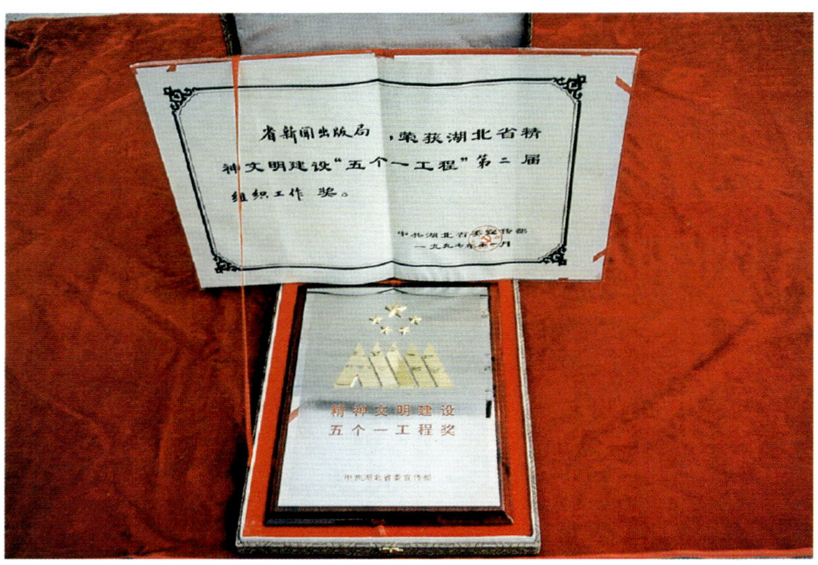

湖北省新闻出版局被湖北省委宣传部授予"五个一工程"第二届组织工作奖

湖北省荣获中宣部"五个一工程"奖的部分图书

《湖北日报》创刊，随后各地市党委、群众团体机关报先后创刊。这样，在解放初期，全省逐步建立起了省、地（市）、县三级党报体系。全省报业在十一届三中全会以后得到了迅速的发展，目前有正式报纸 101 种，另有高校校报系列 52 种，内部资料 112 种，居全国第二位，整体水平处于全国前列。近几年通过开展治散治滥，报业结构和布局逐步趋向合理。现在已形成以各级党报为主体，包括晚报、行业报及企业报在内的报纸出版格局。各报在坚持正确的舆论导向、提高质量、增强效益上下功夫，积极探索将思想性、指导性、可读性相结合的办报路子，报纸的政治导向鲜明、信息容量扩大、新闻时效增强、版面更加生动活泼，在宣传报道的深度、广度和力度上有了长足的进步，为经济建设和改革开放营造了一个较好的舆论环境，在号召人民、鼓舞人民进行两个文明建设中发挥了重要作用。

湖北省的社会主义期刊业是随着新中国的建立而形成和发展的。1949 年 6 月，中原文

湖北省荣获中国辞书奖的部分图书

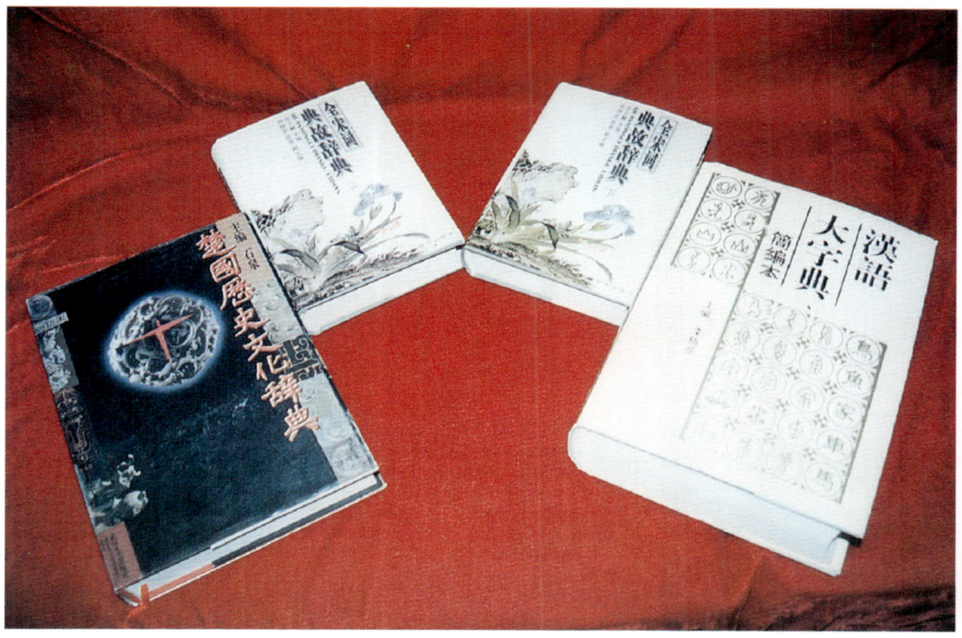

湖北省荣获国家图书奖的部分图书

湖北省被评为全国首届“百刊工程”的《知音》、《小学生天地》、《今古传奇》。

湖北出版的部分期刊

协筹委会创办了《长江文艺》。同年 11 月，湖北省文学艺术界联合会创办了《湖北文艺》。年底，《武汉工商》、《教学生活》等相继创刊。50 年代初是湖北期刊业兴起和逐步发展的时期。这些刊物在语言文字、文体风格方面，都明白晓畅、通俗易懂、适合大多数读者的文化水平，在宣传党和国家的路线、方针、政策，配合中心工作、宣传文化知识方面起到了积极的作用。50 年代中期，期刊品种有所下降，到 1961 年仅有《长江文艺》、《江汉学报》两种，到 1973 年后，期刊才逐步复刊，到 1978 年底，全省期刊有 30 多种，其中大多数为自然科学类的期刊。党的十一届三中全会以后，湖北期刊进入大发展时期，现在全省有正式期刊 380 种，内部资料 460 种，期刊数量居全国第四位，不仅数量多、规模大，而且门类齐全，包括政治、经济、文化、科技、教育、文学艺术、军事、历史、法律等众多学科领域，涉及社会生活的方方面面，形成了鲜明的地域特色和专业特色。高校学报、通俗文学、文化生活、教育类期刊以其较高的质量和鲜明的特色，在全国期刊业中占有重要的地位，《知音》、《今古传奇》、《小学生天地》入选全国"百刊工程"。

印刷业稳步发展。解放初期，湖北省印刷业主要集中在武汉，没有一家专业书刊印刷厂。经过国民经济三年恢复期，全省印刷生产

抗洪史册——湖北教育出版社出版的反映 1998 年抗洪的大型画册《众志成城——'98 长江抗洪图》在社会上引起巨大的反响。

重视图书宣传——湖北教育出版社举行《思想·道德·文化建设千字文》出版座谈会。

能力有了发展，特别是国营书刊印刷厂，从无到有、从小到大，发展较快，先后建立了湖北省新华印刷厂、文字 603 厂等一批书刊印刷厂。1955 年武汉市私营印刷厂在社会主义改造高潮中走向联营或公私合营，到 1956 年，基本上完成了对私营印刷厂的社会主义改造，各地、县私营印刷厂也陆续走向联营或与国营印刷厂合并。1978 年后，湖北书刊印刷业迅速发展，印刷设备逐渐更新，印刷能力和质量有了较大的提高。目前全省有印刷厂 3500 多家，其中书刊印刷企业 334 家，国家级和省级书刊印刷定点企业分别为 18 家、30 家，是全国四大印刷基地之一。"八五"以来，开展了大规模的印刷技术改造，在较短的时间内实现了"铅与火"向"光与电"的转变，骨干印刷企业基本上实现了激光照排、电子分色、胶印印刷、装订联动，形成了以国家级书刊印刷企业为骨干、以省级书刊印刷定点企业为重点、以一般书刊印刷企业为补充的书刊印刷三级结构。与此相配套，湖北出版印刷物资供应企业不断拓展市场，积极为出版服务，两个效益同步增长，居全国同类企业前列。

湖北省的图书发行业是在湖北解放的隆隆炮声中开始起步的。1949 年 7 月，中原新华书店总店随解放大军迁入武汉，随即开始了图书发行工作。1950 年 5 月，全省开始创

外国友人参观华中理工大学出版社电子出版部

1997 年 11 月 7 日，《新概念英语》作者亚历山大到湖北省外文书店签名售书。

1997 年 10 月 19 日至 26 日，湖北省在美国旧金山举办湖北省精品图书展。

1997 年 5 月 4 日，台湾图书出版协会组织的两岸出版合作与出版交流参访团来湖北访问。

建和发展省、地、市、县级国营新华书店，实行统筹安排、统一管理。1956 年全省私营书刊发行业实行全行业的公私合营，全省图书市场分散经营的局面基本结束。从 1956 年到 1982 年全省新华书店实行统一领导和管理，统筹经营发行业务。党的十一届三中全会以后，逐步开始了图书发行体制改革，实行了以新华书店为主渠道的多种经济成分、多种购销形式、多种流通渠道、少流通环节的发行体制。1995 年，经湖北省人民政府批准，全省新华书店组建成立湖北省图书发行集团，这对于发挥新华书店的整体优势和主渠道作用、提高市场竞争能力、推动出版事业的发展产生了积极作用。全省图书发行部门坚持正确的方向，始终把社会效益放在首位，保证了教学用书“课前到书、人手一册”，同时加强农村图书发行，建立农村图书发行网点基金，共投入资金 2125 万元，使农村图书发行网点从 1990 年的 480 个增加到现在的 575 个，同时开展送书下乡、实施“万村书库”，促进了科教兴农。外文图书的发行有了较大的进展，成立了省外文书店，两个效益居全国同类书店前列。各发行单位以扩大图书销售为目标，采取多种方式，提高鄂版图书市场占有率。1994 年 10 月，我省成功地举办了第六届全国书市，参加单位、购书人数、订货码洋、销售码洋均超过以

湖北省新华印刷厂引进的海外先进印刷设备

湖北省新华印刷厂电子照排车间一角

湖北省图书发行集团营业大楼

往历届书市。1997 年，开始了湖北出版文化城建设，这一项目被省委、省政府列为全省精神文明建设标志性工程，首期批发市场于 1997 年 12 月开业，这对于建立统一、开放、竞争、有序的图书市场产生了推动作用。

新闻出版行政管理体系逐步建立。建国以来，湖北省出版行政管理机构几经变更，先后有中南行政（军政）委员会新闻出版局、省文化局、省新闻广播局、省出版发行局、省出版总社、省出版局，1987 年 7 月，建立省新闻出版局。湖北省委、省政府十分重视新闻出版管理，1988 年以来，全省逐步建立、健全了新闻出版管理机构。到目前，全省各地、市、州、省直管市、神农架林区等 60 多个县市成立了新闻出版局，其中武汉、十堰、襄樊、荆门、咸宁等市成立了独立的新闻出版管理机构，其他地方与文化局合署办公。此外，全省还有武汉、咸宁等 6 个市和部分县市成立了版权局，新闻出版管理机构的建立走在全国的前列。各级新闻出版行政管理部门不断加强新闻出版法制建设，加大执法力度，提高执法水平，深入开展“扫黄”、“打非”、“禁盗”斗争，规范出版秩序，净化出版物市场，保护知识产权，保证了全省新闻出版业健康顺利发展。

出版教育日益完善。湖北的出版教育在全国占有重要地位。从 80 年代开始，随着出版

湖北省新闻出版局组织局系统出版发行单位向革命老区郧县赠书

湖北省新华书店系统职工送书下乡，为农民服务。

湖北省新闻出版局召开跨世纪发展战略研讨会

事业的发展，出版教育逐步走上正轨。1983 年 3 月，经教育部批准，武汉大学成立了我国第一个图书发行学专业，旨在培养具有扎实的理论基础和一定实际技能的图书发行专门人才，学生毕业后能从事图书发行教学、科研以及图书发行业务和管理工作。1987 年 11 月，经国家教委批准武汉大学增设编辑学专业第二学士学位班，学制二年，主要是培养能从事文化、出版、教育、科研等部门的编辑或编辑出版管理工作以及编辑学教学或研究的专门人才，后又招收硕士研究生。1984 年 4 月，经教育部批准武汉测绘科技大学设置印刷技术专业，后发展为印刷系，并设电子出版专业等。1986 年还开始招收印刷技术等硕士研究生，该专业主要培养掌握印刷原理、工艺技术和文字原稿与图像原稿的复制工艺，并具有设计能力与技术管理能力的高级工程技术人才。湖北省新闻出版局直属的湖北省出版职工中等专业学校是在 1958 年建立的原湖北印刷技工学校的基础上改造组建的。该校原属成人在职职工培训性质，面向全省，主要招收具有初中文化程度的在职职工，现在也招收应届初中毕业生，开设的专业有印刷、发行、出版、计算机技术等。1996 年，该校又成立了北京印刷学院湖北函授站，负责北京印刷学院湖北地区函授生的教学工作；同时该校还

不断深化发行体制改革——湖北省召开图书发行改革座谈会

加强三项制度改革——图为湖北省新华印刷厂全员劳动合同签字仪式。

承担湖北新闻出版系统的职工短期培训工作。几十年来,该校培养学生 4000 多人,为湖北省新闻出版事业的发展做出了贡献。

出版科研成绩喜人。出版科学是一门新学科,从 1983 年开始,湖北的出版科学研究在省出版局和省出版工作者协会的领导、发动和组织下,逐步开始了出版学、编辑学、图书发行学、出版史、书评学和出版发行体制、出版经济学方面的研究,涌现了一批积极从事出版科学研究的人员,有的同志还在全国有一定的影响。湖北省出版科研取得了喜人的成绩,在两届全国出版科研优秀论文评选中,湖北省共有 9 篇论文获奖,在全国名列前茅。在北京和菲律宾举办的国际出版研讨会上,湖北省都有论文入选并派人参加。1992 年,湖北省编辑学会创办《出版科学》季刊,该刊理论联系实际,立足湖北,面向全国,在毕昇研究、编辑学研究方面在全国有一定的影响。该刊不仅有利于出版实践,而且培养了一批出版科研人才。

新闻出版业是知识经济的重要支持体系。该省认为建立面向 21 世纪的湖北新闻出版业,必须要以邓小平理论为指导,坚持党的基本路线,按照党的十五大提出的“加强管理、优化结构、提高质量”的要求,建立与社会主义市场经济体制相适应、符合社会主义精神文明建设要求和新闻出版业自身发展规律的出版管理体制和运行机制,进一步推进新闻出版业由数量规模增长向优质高效转移的阶段性转移;加强出版基础设施建设,通过科技进步,提高出版业技术水平和出版、印刷、发行各环节的科技含量;进一步完善新闻出版法律法规,加强新闻出版宏观管理;培养跨世纪的新闻出版人才,保证湖北新闻出版业的可持续性发展,为我省的经济建设和改革开放提供精神动力、智力支持、舆论环境和思想保障。

湖北省新闻出版局重视岗位培训。图为第一期出版发行岗位培训班开学典礼。

湖北省图书发行集团举行全省新华书店发行业务知识大赛。图为新华书店知识大赛会场。

湖北省的出版教育在全国占有重要地位,目前已形成了有中专、本科、双学位、研究生等不同层次的出版教育体系。图为 1983 年 3 月武汉大学首届图书发行专业开学典礼。

湖北省出版职工中等专业学校学生在学习操作计算机

新中国出版50年

湖　南

湖南的出版业，其源可以上溯至商周。湖南开始正式刊刻图书的可靠年代，是公元960年北宋王朝建立以后。从北宋到民国，经南宋、元、明、清将近1000年，按其发展情况和刊刻图书的特点，可以分为三个大的阶段：第一个阶段为北宋初年至清同治年间，第二个阶段为清末光绪至宣统年间，第三个阶段是中华民国年间。但在中华人民共和国成立前夕，湖南没有一家专业出版社，也无一家专业书刊印刷厂。湖南出版业的真正发展是从新中国成立开始，湖南出版业是踏着新中国前进的步伐逐步走向繁荣的。

在中华人民共和国成立以来的50年中，特别是改革开放以来，湖南出版界坚持正确的出版导向，整个新闻出版业从以纸为媒体向纸、磁、光、电多媒体方向发展，形成了图书、报纸、期刊、音像和电子出版物门类齐全的立体出版产业体系，取得了整体推进、全面繁荣的显著成绩，呈现出枝繁叶茂、硕果累累的绚丽景象，为思想宣传、文化积累、精神文明建设和经济发展做出了积极贡献。

图书出版成绩斐然

湖南第一家出版社是1951年1月10日成立的湖南通俗读物出版社。这是第一届全国出版会议之后，在中南、西南新解放区成立最早的地方出版社之一，也是全国少有的以通俗读物命名的出版社。当时百废待兴，省财政无力投资于出版业，于是采取集股办法，长沙市52家私营书店入股占40%，新湖南报社、大众报社入股占60%；稍后，省土地改革委员会为出版土改读本和其他宣传资料，也投入了一笔资金，计入“公股”。1952年1月改为国营。1954年5月，在湖南通俗读物出版社的基础上成立了湖南人民出版社。“文化大革命”期间，出版社一度停止出书，1970年恢复出版，但出版数量很少，1976年本版图书只有134种，仅为1957年的50%。

党的十一届三中全会以后，湖南图书出版业走向了健康发展和不断繁荣的新阶段。1979年5月，湖南在全国较早地成立了地方专业出版社——湖南科学技术出版社。1979年12月，在长沙召开的全国出版工作座谈会

湖南省新闻出版大厦夜景

上，勇于探索的湖南出版界提出，地方出版社要突破图书出版“地方化、通俗化、群众化”的束缚，紧紧围绕经济建设的时代特征和大局开展出版工作，走“立足本省、面向全国、走向世界”的发展之路。这一思路引起了与会代表的强烈反响，得到了当时的国家出版事业管理局的高度重视和充分肯定，揭开了全国地方出版社蓬勃兴起、开拓创新、繁荣发展的序幕。

“六五”和“七五”期间，湖南出版界以高层次的作者队伍、深远的策划组织、独特的胆识眼光，出版和开发了不少具有重大文化积累价值的图书，如“走向世界丛书”、《杂交水稻育种栽培学》、《诗苑译林》、“延安文艺丛书”、《陶行知全集》。“八五”前期，湖南出版界及时、认真总结“六五”、“七五”期间出版工作的经验，认识到在改革开放初期出版能量得到极大释放、出版物数量快速增长的同时，全面提高出版物质量、效益和增强出版业可持续发展能力的紧迫性和重要性，于 1991 年在全国出版界较早地提出出版业发展要“控制规模、优化结构、提高质量”的思想，并形成“上质量、上效益、出精品、出人才”的工作思路，实施“十百千”重点出版工程。1992 年，邓小平同志著名的南巡谈话和党的十四大的召开，进一步解放了全党和全国人民的思想，明确提出了发展社会主义市场经济的要求。面对新的形势，湖南出版界努力探索出版业发展的新思路。根据出版业既是党和政府重要的宣传、文化事业，同时也是国民经济的重要产业部门的特点，1993 年湖南出版界较早地树立了“繁荣事业、发展产业、迎接挑战”的思想。1995 年，又提出“讲政治、讲大局、上质量、上效益、出精品、出人才、争大奖、争市场、促繁荣、促发展”三十字工作思路和“123 出版工程”，制定并开始实施“精品名牌和精品群战略、出版产业经济发展战略、出版高科技发展战略、出版经营管理战略、跨世纪人才培养战略”五大发展战略。

1978 年至 1998 年，图书出版社由 1 家发

新闻出版署署长于友先与原中共湖南省委书记王茂林，中宣部出版局局长邬书林、中共湖南省委常委、省委宣传部部长文选德，湖南省新闻出版局局长陈满之在研讨新闻出版工作。

湖南人民出版社出版的邓小平系列读物

展到 12 家，即湖南人民出版社、湖南科学技术出版社、湖南美术出版社、湖南教育出版社、湖南文艺出版社、湖南少年儿童出版社、岳麓书社、中南工业大学出版社、湖南大学出版社、湖南师范大学出版社、国防科技大学出版社、湖南地图出版社。出版社人数由 60 多人发展到 757 人；图书品种由 303 种、1.66 亿册，发展到 1998 年的 2530 种、3.9 亿册，分别增长 835% 和 235%；1978 年至 1998 年累计出版图书 30109 种、65.4 亿册。1998 年全省图书重版率 60.7%，大大高于全国平均水平。

在建国以来的各个历史时期，坚持正确的出版导向，高奏主旋律，是湖南出版工作的主题，也是湖南出版工作的时代特色。50 年代初期，湖南通俗读物出版社成立后，湖南出版工作者按照中央提出的文教总方针“为无产阶级政治服务、为生产服务、为工农兵服务”以及地方出版社的“通俗化、地方化、群众化”方针为指导，确定了自己的任务：面向农村、面向基层，编辑出版以农民和农村基层干部为主要读者对象的通俗读物。在当时编辑力量缺乏的情况下，从新闻界、文艺界、教育界物色知识分子组成编审工作委员会，参与写稿、审稿、编书。在 3 年又 4 个月时间里，编辑出版的 400 多种图书，基本上做到了农民买得起，识字的人看得懂。湖南通俗读物的出版也引起了当时中共中央宣传部部长陆定一的关注，《人民日报》很快发表了傅白芦写的《湖南通俗读物出版社走对了方向》，在出版界产生了影响。

改革开放后，湖南出版工作紧紧围绕改革开放和经济建设这个中心，积极宣传邓小平理论、新时期精神文明和物质文明建设，推出了一大批从不同角度、不同方面反映时代精神风貌的读物。

宣传邓小平理论和思想的出版物富于创意。为了更好地宣传邓小平理论，组织出版了一批研究、普及这一理论的出版物，如《邓小平理论的科学体系》、《邓小平决策思想研究》、《邓小平伦理思想研究》等图书，在宣传邓小

1958 年 1 月 15 日，湖南人民出版社编辑出版一批新唱本取代旧木刻唱本。

湖南美术出版社经常邀请著名画家来社指导出书。图为我国著名画家吴作人（右一）和原湖南美术出版社社长吴越中（左一）亲切交谈。

1984 年华罗庚同志（右二）和湖南少年儿童出版社领导、编辑交谈自然科学读物出版问题。

应湖南省新闻出版局邀请著名作家丁玲（前排左三）于 1982 年 10 月 14 日来湘讲学。图为丁玲夫妇与前来机场迎接的湖南文艺、出版界有关同志的合影。

平理论方面形成了自己的鲜明特色。

探索社会主义市场经济的出版物视野开阔。以经济建设为中心，是当代中国最大的时代特征。围绕这一时代特征，精心组织出版了一大批产生广泛影响的出版物，如《走出封闭》、《社会主义市场经济学》、《市场经济大词典》、《小型经济论》、《中国山区经济学》、《湖南经济结构研究》、《城郊经济学》、《消费经济学》、《社会主义分配经济学》、《关贸总协定与湖南对策研究》、《中国农村大写意》、“农村快速致富丛书”等图书。

反映思想道德建设的出版物主题鲜明。出版了一批有重要影响的有关精神文明建设的出版物，如《精神之火》、《中国革命史话》、《道德建设论》、“革命先辈故事丛书”、《青年人生论》、《国情教育读本》、《可爱的湖南》、《周恩来的领导艺术》、“伟大的爱丛书”、“寄小读者丛书”等图书。

传播科学技术知识的出版物效益巨大。湖南出版界紧扣“科教兴国”这一时代要求和特征推出一大批出版物，如《杂交水稻育种栽培学》、《两系杂交小麦理论与实践》、“中国灾害研究丛书”、《迎接新的技术革命》、《九亿农民健康教育读本》等，获得了巨大的经济效益和社会效益。1995 年 12 月 29 日，国务委员、国家科委主任宋健《在全国科技出版工作会议上的讲话》中指出：“1987 年出版的《杂交水稻育种栽培学》一书，为各级政府和部门推广此项技术提供了科学知识和武器。据统计，现在全国杂交水稻的年种植规模已发展到占全国水稻种植面积的 50%，年产量占全国水稻总产量的 65%，累计增产 2400 亿公斤以上，平均每公顷增产稻谷 1500 公斤。这一项科技成就的取得、出版和推广，为解决全国因人口增长而带来的粮食需求做出了重大贡献，是当今举世公认的伟大成就。”

湘版图书以重创新、质量优、品位高、信息量大和鲜明的时代特色、浓郁的湖湘特色、知

湖南美术出版社编辑出版《湖南民间美术全集》，著名美术理论家王朝闻先生(左)多次审看书稿并为《全集》题词。

1982 年著名儿童文学家陈伯吹为湖南小读者签名

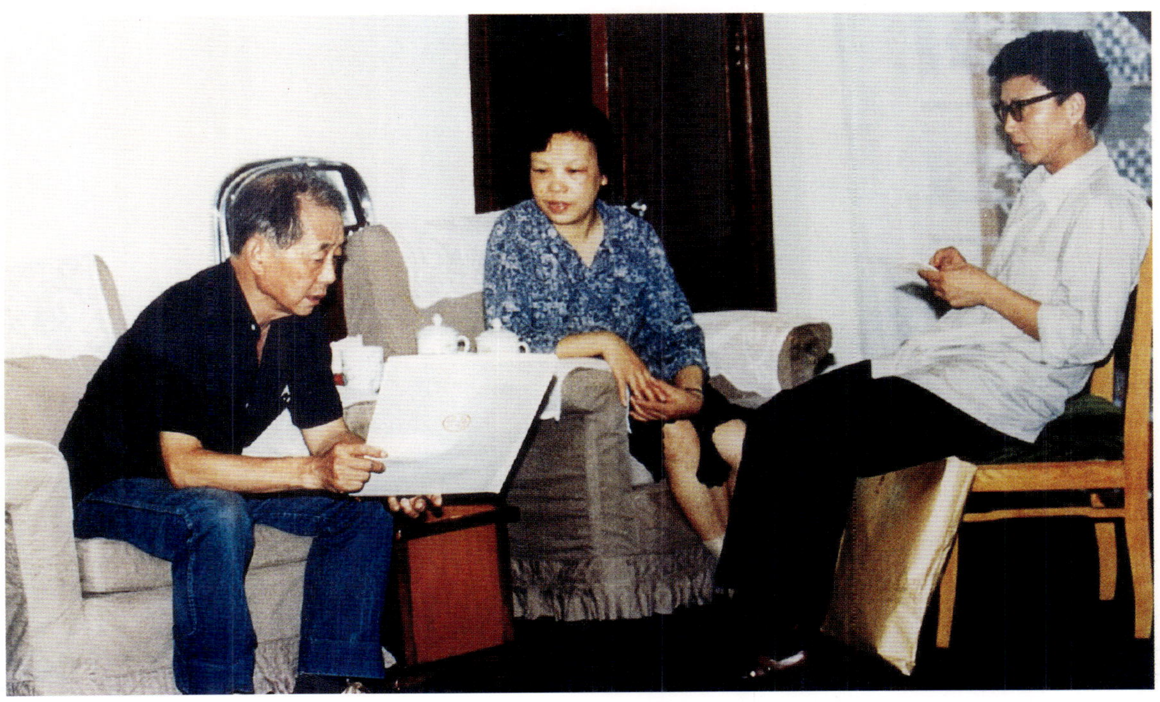

《黄永玉画集》在湖南美术出版社出版，该社领导在征求作者、著名画家黄永玉先生(左一)对书稿编辑的意见。

名的品牌特色、创新的个性特色、新颖的大众特色赢得了"买科普,找湘科"、"读古籍,去岳麓"、"读文艺,找湘艺"的品牌赞誉,并树立了"湖南人能吃辣椒会出书"、"出版多劲旅,无湘不成军"的"出版湘军"整体形象。

电子音像异军突起。随着时代的发展、科技的进步,湖南电子音像出版从无到有,发展势头强劲。1995 年,湖南率先成立了全国第一家电子音像出版社。1998 年,全省已有电子、音像出版社 5 家,即:湖南电子音像出版社、湖南金蜂音像出版发行总公司、湖南省教育音像出版社、湖南文化音像出版社、潇湘电影制片厂音像出版社。此外还有音像制作单位 5 家、电子音像复制单位 7 家,形成了涵括出版、制作、复制各环节的完整体系。1996 年开始出版音像制品,至 1998 年,共出版音像制品 1840 种,其中 1998 年出版 356 种。1993 年至 1998 年共发行音像制品 1800 多万盒。1996 年开始出版电子出版物,至 1998 年共出版电子出版物 115 种,发行 80 多万片。电子音像出版物的出版以年均 60% 以上的速度发展。1998 年,年生产录音带能力 710 万盒,年录像带生产能力 276 万盒,年光盘生产能力 450 万片。出版了一大批优秀电子音像出版物。湖南电子音像出版社 1996 年出版的《<解放军报>全文检索数据库》,共 51 张光盘,6 万多个版面,70 多万篇文章,5. 5 亿字。1998 年是湖南电子出版喜获丰收的一年。由湖南电子音像出版社、杭州唐人视听发展有限公司联合制作,中央文献出版社出版的多媒体光盘《刘少奇》,全面反映了刘少奇同志光辉的一生。由湖南电子音像出版社与中央文献研究室联合出版的大型多媒体只读光盘《毛泽东》,系统地介绍了毛泽东同志的伟大思想,形象地再现了毛泽东同志的光辉一生。由湖南省新闻出版局与当代中国出版社联合编辑出版的"当代中国丛书"电子版,被列入新闻出版署向国庆 50 周年的两大献礼工程之一。这些大型光盘的

著名科学家马大猷(右一)出席湖南教育出版社召开的"科学家谈物理丛书"出版发布会

1996 年 7 月 17 日,湖南教育出版社在北京大学召开"科学思想史文库专家座谈会",著名学者季羡林先生(左二)亲临会场。

《世界科普名著精选》之《粒子发展简史》作者、诺贝尔物理学奖获得者杨振宁先生与该书责编谭清莲合影留念。

出版，揭开了湖南电子出版物发展的崭新一页。"八五"以来，共有 43 种音像制品获得国家、省部级各类奖项。

报刊出版花繁果硕

湖南报业的发展始于维新变法时期。1949 年初，全省有报纸 60 余种。1949 年 8 月 15 日，中共湖南省委机关报《新湖南报》创刊，1964 年 10 月 1 日《新湖南报》更名为《湖南日报》。至 1965 年底，全省报纸总数已达 80 多种，其中县报 70 种。"文化大革命"时期，报业发展受到严重破坏，至 1978 年，全省报纸仅剩下 7 种。改革开放以来，全省报业得到了快速发展。1998 年，全省有正式报纸 89 种(另有内部报纸 186 种)，报业结构形成了以各级党委机关报为主体，以经济类、科技类、信息类、生活服务类等报纸为补充的多品种、多层次的报业体系。报业经济快速增长。1998 年，全省报纸广告营业额 2 亿元。

湖南的期刊和报纸一样，是近代思想、文化发展的产物。1897 年创刊的《湘学新报》，后改名为《湘学报》，是湖南的第一家期刊。1949 年 10 月创刊的《人民之声》和《湖南青年》是建国后湖南最早创办的期刊。1949 年至 1977 年，经过登记批准公开或内部出版、发行的期刊有 67 种，其中有两种为湖南人民出版社编辑出版，65 种由党政机关、群众团体、高等学校、科研单位编辑出版。在这 67 种期刊中，《宣传员讲本》(半月刊，1951 年 7 月 1 日创刊，1953 年 7 月停刊)、《学习导报》(月刊，先为内刊，1957 年 1 月起公开发行，1960 年 7 月改名为《新湘评论》，后又改为原名)、《湖南教育》(月刊，1950 年 4 月创刊，7 月改名《湖南教师》，中途休刊。1957 年 1 月重办并改为原名)等影响较大。1978 年至 1998 年，是湖南期刊快速发展时期。至 1998 年，全省公开发行的期刊 224 种，形成了以社会科学类和自然科学类为两翼，以工作指导类、政治法律类、文学艺术类、学术理论类、教学辅导类和专业技术类、科普指导类、文摘信息类等分支的完整体系。《学习导报》、《求索》、《芙蓉》、《湖南文学》等

第四届韬奋出版奖得主、岳麓书社编审杨坚。

1986 年，湖南人民出版社著名编辑李全安先生和英籍华裔著名作家韩素音女士在北京饭店商谈书稿。

第三届韬奋出版奖得主、湖南省新闻出版局编审钟叔河。

刊物为繁荣社科研究和文学创作做出了重要贡献。在 1992 年和 1996 年全国第一、二届优秀科技期刊评奖中，湖南共有 23 种期刊获奖，位居全国前列。

书刊印刷快速进步

湖南的书刊印刷，50 年代初期因没有形成专业，要出版的图书、课本、期刊，大都是分散给长沙市一些条件稍好的印刷厂承印，要求较高的，须送武汉、上海造货。1952 年，新湖南报社的第二、第三印刷厂合并为湖南印刷厂，省级机关所属的几家印刷厂合并为长沙市建湘印刷厂。另外，长沙 10 余家私营印刷厂也分别合并组成联大、久大印刷厂。当时规定这 4 家印刷厂主要承印书刊。1955 年 1 月，湖南印刷厂与建湘印刷厂合并成新的湖南印刷厂。1959 年 1 月，湖南印刷厂改名为湖南新华印刷厂，对外杂营业全部停止，成为完全的书刊印刷厂。“文化大革命”前期，为适应印制毛泽东著作和“战备”需要，1969 年在邵阳市郊区双坡岭建成新华印刷厂邵阳分厂（后改名为新华印刷二厂）；1971 年，在长沙建成新华彩印厂（后改名为新华印刷三厂）。湖南书刊印刷力量在不断增强。1978 年，全省书刊印刷企业 39 家。1998 年达到 500 家，其中，国家书刊定点印刷企业 13 家，省书报刊定点印刷企业 28 家。与此同时，湖南的印刷科技也在不断发展，书刊印刷质量迅速提高。1952 年—1957 年，湖南印刷技术革新以改进手工操作为主，较大成果有 34 项，如先进拣字法、平台喂纸法、交叉装版法等。1958 年开始，技术革新进入较高层次，以改造设备、革新工艺为主，实现机械化。改革开放以后，湖南的印刷科技发展突飞猛进，技改投入逐年加大，1978 年至 1998 年，总计投入技改资金逾亿元。至 90 年代初期，实现了由“铅与火”到“光与电”的更新换代。在全国书刊印刷质量评比中，1996 年湖南取得“一金四银三铜”8 块奖牌，1997 年又以全国总

1500 万字的《曾国藩全集》由岳麓书社编审唐浩明担任责任编辑。他创作的长篇历史小说《曾国藩》已连印 20 次，《旷代逸才——杨度》获国家图书奖。眼下他又在写 100 万字的《张之洞》。

被誉为“杂交水稻之父”的袁隆平院士，在为他任主编的期刊《杂交水稻》1999 年第 1 期改稿。

湖南科技出版社副社长熊穆葛（左）在和我国著名水稻专家袁隆平研究出书计划

分第二的突出成绩获得“两金六银一铜”9 块奖牌。

发行市场日益繁荣

1949 年 8 月 5 日，湖南和平解放。当月中旬，新华书店中南总分店派干部来长沙筹建分店，并于 8 月 27 日正式成立新华书店湖南分店(后改名湖南省新华书店)。随后，在相继解放了的一些县建立了新华书店，有的则由当地人民政府相关部门建立了国营书店。1952 年后，这些国营书店都并入新华书店。到 1998 年，全省新华书店有 105 个分支单位，470 多个售书网点，形成了一个完整的国营图书发行网；新华书店人数达 5000 人，发行书刊 9.4 亿册；连续 20 年实现了“课前到书，人手一册”。1991 年发行《毛泽东选集》(1 至 4 卷) 104 万套，416 万册，居全国第一位；1993 年至 1997 年，发行《邓小平文选》(1 至 3 卷) 72 万套，216 万册，居全国第三位。

在新华书店自身网点快速发展的同时，供销售书网点、出版社自办发行、集体和个体书店也有了较大发展。到 1998 年，全省出版社自办发行单位 12 个，集体和个体书店 5675 家。集体和个体书店成为国有书店不可缺少的补充。

物资供应成龙配套

1978 年以前没有单独的物资供应机构。50 年代，全省的新闻出版用纸和印刷器材的申请、分配，由湖南省人民政府新闻出版处和后来的省文化局新闻出版科 (处) 掌握。1963 年，省文化局下设湖南文化物资站，其任务之一就是向出版社供应纸张，向印刷厂供应印刷器材。当时实行计划经济，纸张、机器、各种印刷材料都是按计划生产、分配、调拨的。1979 年，湖南省出版用纸供应公司和湖南省印刷物

首届“鲁迅文学奖·全国优秀文学翻译彩虹奖”得主、湖南文艺出版社编审杨德豫。

《湖南日报》、《长沙晚报》、《今日女报》、《体坛周报》被新闻出版署评为全国地方报社管理先进单位。

岳麓书社、湖南教育出版社先后被授予“全国优秀出版社”荣誉称号。

湖南美术出版社编审郭天民主编的《齐白石全集》获第三届国家图书奖；主持编辑的九年义务教育中小学美术课本被国家教委评为一级一类教材。

资公司成立，由湖南省新闻出版局主管，分别经营纸张和印刷机械、器材、油墨、配件及其他印刷物资。1987 年，湖南省出版用纸供应公司和湖南省印刷物资公司合并，组建为湖南省印刷物资总公司，有力地保证了湖南出版物资的及时供应。

版权管理日益规范

1985 年，国务院以（85）国函字 115 号批准成立国家版权局后，湖南就着手建立省版权局的准备工作。1988 年，湖南省编制委员会以"湘编[1998]4 号"文件作了批转，同意湖南省新闻出版局以"湖南省版权局"名义行使版权管理职能。此后，版权机构逐步健全，至 1998 年 5 月，全省 14 个地、州、市以及 70% 的县都成立了版权局。版权从业人员从无到有，1998 年已达 178 人。版权管理工作日益规范，颁发了《湖南省版权稽查办法》等重要管理规定，建立了案件举报制度、案件报告制度、备案制度、档案制度等。1991 年以来，共培训各类人员 5000 余人次，查处著作权盗版、侵权案件 10947 件，调解著作权纠纷 1766 起，行政罚款 776.3 万元，收缴盗版书刊 382.8 万册，收缴音像、电子出版物和软件产品 144.8 万盒。1995 年以来，共为作者登记各类作品近 100 部，调解各类著作权纠纷 20 余起，向中国报刊转载作品收转中心交转了 2785 件作品、稿酬 2.2 万元，代理输出和引进各类作品的版权贸易 100 多项。

出版外贸生机勃勃

出版外贸是随着改革开放而发展起来的。经批准，1992 年湖南成立了图书进出口公司，取得了图书等多种物资进出口的经营权。"八五"以来，湖南出版界成功地举办了一些重大的世界性书展和国际图书博览会，如香港地区"湖

湖南美术出版社编辑人员挖掘民间艺术

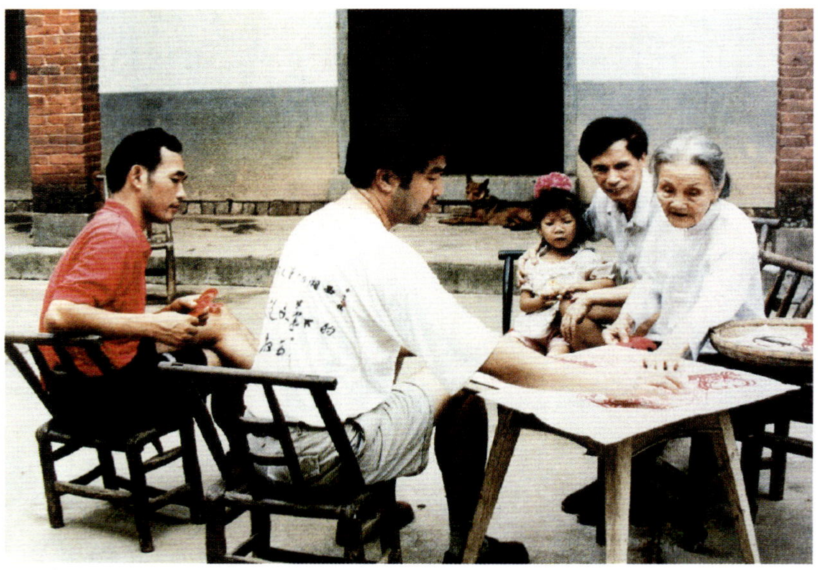

湖南美术出版社 1998 年开设的美术活动实验基地——陶艺大教室颇受广大中小学生的欢迎，他们可以在陶艺大教室学习制作知识。陶艺大教室为推动学校美术活动的深入开展发挥了重要作用。

湖南美术出版社编辑人员在浯溪碑林收集颜真卿《大唐中兴颂》拓片。

为搞好教材建设，湖南美术出版社邀请国家教委艺术教育委员会的专家、学者对修订中的湖南省中、小学美术教材进行讨论。

南图书展”、台湾地区“湖南图书展”、新加坡“中国湖南图书展”、美国“中国湖南图书展”、德国“中国湖南图书展”以及澳大利亚“中国湖南图书展”等。先后组织参加了德国法兰克福、俄罗斯莫斯科、美国芝加哥、法国嘎纳、埃及开罗、日本东京、澳大利亚悉尼等 20 多次书展。共向海外境外展示湘版图书近万种，输出或引进版权 100 余种。省委、省政府对出版外贸工作高度重视，1997 年 5 月，省委副书记郑培民出任团长率湖南出版代表团赴西欧考察；1998 年 5 月，副省长唐之享出任团长，率湖南出版代表团赴德国柏林举办“'98 湖南图书展”。这些对外交流活动，极大地推动了湘版图书走向世界的进程和湖南出版外贸的发展。现在，湖南出版界正在由组团参展到向在海外建立出版基地窗口发展。

队伍建设成效显著

出版队伍从小到大，不断发展。1998 年湖南省新闻出版局系统人数达到 9120 人，其中专业技术人员达到 2119 人。出版队伍中涌现了一大批成绩突出、饮誉国内外出版界的专家，先后有 47 人获省部级以上各种奖励和荣誉称号。其中 2 人获中国出版界个人最高奖韬奋出版奖，10 人被批准为享受政府特殊津贴的专家，15 人获省部级先进工作者、劳动模范荣誉称号，4 人被评为全国优秀中青年编辑。制定了《湖南省新闻出版局关于落实跨世纪人才培养措施的意见》和《湖南省新闻出版局专业技术人员管理条例》，选拔、确定了 60 多名各种类型的人才培养对象，一批跨世纪人才群体脱颖而出。

湘版图书获奖率居全国前列

“八五”以来，湖南出版的 8000 余种图书，有 20% 获省级以上各种奖励。其中，有 7 种图书获中宣部“五个一工程”奖、12 种图书获国家图书奖、27 种图书获中国图书奖。1995 年至 1997 年湖南连续三年每年有两种图书获“五个一工程”奖，名列全国前列。

为编印好《雷锋》图片，湖南美术出版社编辑人员深入湖南新华印刷厂与该厂技术人员研究印刷质量。

湖南少年儿童出版社低幼读物编辑室的编辑，深入幼儿园了解孩子们喜爱读物的情况。

湖南少年儿童出版社的编辑们走出办公室，听取小读者对刊物的意见。

湘版图书市场占有率居全国前列。出版物的市场覆盖率和市场占有率的不断提高，是出版繁荣的重要标志。在 1994 年第六届全国书市上，湘版图书订货码洋达 2200 万元，一举折桂；在 1995 年中南地区图书订货会上，湘版图书订货码洋达 1100 万元，占整个订货码洋的三分之一，名列榜首；在 1995 年全国图书订货会上，湘版图书订货码洋达 2100 万元，占全部订货码洋的 14%，名列第一；在 1997 年、1998 年举办的第八届、第九届全国书市上，湖南订货码洋分别达到 4500 万元和 4800 万元，连续两年名列全国第二，在 1997 年春季中南六省图书看样订货会上，湘版图书订货码洋达 1300 万元，创历史最好成绩；在全国少儿图书分片订货会上，湘版图书订货码洋 800 多万元，名列全国第三。

产业经济指标居全国前列

“八五”以来，湖南出版产业经济进入了快速发展的新阶段。1998 年，湖南出版资产总额达 21.4 亿元，总产值 42.4 亿元，上交利税 1.58 亿元，固定资产原值 9.1 亿元。同 1990 年相比，总产值增长 398.3%，利润增长 301.2%，总资产增长 321.5%，固定资产原值增长 335.8%，固定资产净值增长 313.5%。“八五”以来兴建了湖南省新闻出版大厦、湖南图书城等精神文明建设重点工程，以及岳麓书社、湖南教育出版社等单位的生产、生活用房，共 16.4 万平方米。“八五”、“九五”期间，湖南出版产业主要经济指标总量、增长额和增长比率均位居全国前 10 名，一些重要指标位居前 5 名。

出版科技发展居全国前列。科技投入快速增长，特别是“八五”以来，加大了出版科技的资金投入力度，1978 年到 1998 年共投入资金 1.4 亿元，其中有 1.1 亿元为“八五”、“九五”

湖南电子音像出版社录制厅

湖南电子音像出版社等单位出版的《毛泽东》、《刘少奇》大型多媒体光盘在国内外电子音像市场很有影响。

湖南省远景光电实业有限公司拥有国际先进水平的 CD 光碟生产线

期间所投入，占投入总额的 79%。加大对电子出版物等高科技出版物的开发和投入，从 1994 年起，每年投入 200 万元。用于资助多媒体技术的研究、开发和电子出版物的出版、生产，从 1994 年起，投入 400 多万元进行计算机技术应用开发，实现了全局系统办公编辑、生产管理和信息传输计算机化。省局开发的“新闻出版计算机管理信息系统”，1997 年 11 月通过了新闻出版署组织的部级鉴定，被确定为省级新闻出版计算机信息管理的行业规范、标准模式和全国新闻出版“金版工程”的主干网络，由新闻出版署组织向全国各省市新闻出版局推广运用。根据全国新闻出版计算机信息化建设技术规范开发要求，与全国和省级“新闻出版管理信息系统”配套的“出版社管理信息系统”、“发行企业管理信息系统”、“物资供应企业管理信息系统”、“印刷企业管理信息系统”等正在陆续开发并逐步投入使用。

湖南出版业 50 年来取得的成绩，得到了全国出版界同仁和各级领导的充分肯定。在 1996 年 7 月口国出版成就展上，江泽民同志视察湖南展位时，对湖南出版工作十分赞赏，给予了很高的评价。乔石同志对湘版图书的导向、立意、质量也给予了充分肯定。在 1996 年中国出版成就展和中国少儿出版成就展上，湖南出版界以优秀的图书精品、雄厚的出版实力和精心的组织设计赢得了社会各界的广泛赞誉，两次获得了展览活动的两项最高奖，即“最佳组织奖”和“最佳制作设计奖”。1997 年 4 月 18 日中共湖南省委、省人民政府向全省发出了《关于表彰省新闻出版局的通报》，指出：“经省委、省人民政府批准，特对在社会主义精神文明建设和出版发展中做出突出贡献的省新闻出版局予以通报表彰。”1997 年 3 月，新闻出版署领导在《新闻出版报》撰文指出，继北京、上海两大传统出版基地之后，湖南等地正在成为全国新的出版基地。

湖南少年儿童出版社概况

湖南少年儿童出版社成立于 1982 年 2

湖南省出版的重点报纸和期刊

湖南印刷物资总公司拥有一万多平方米的仓库，每年进出量 3.5 万吨至 4 万吨，平时储存纸张 400 吨至 600 吨之间，各种型号、规格、品种的纸张（包括进口纸）有 150 多种。

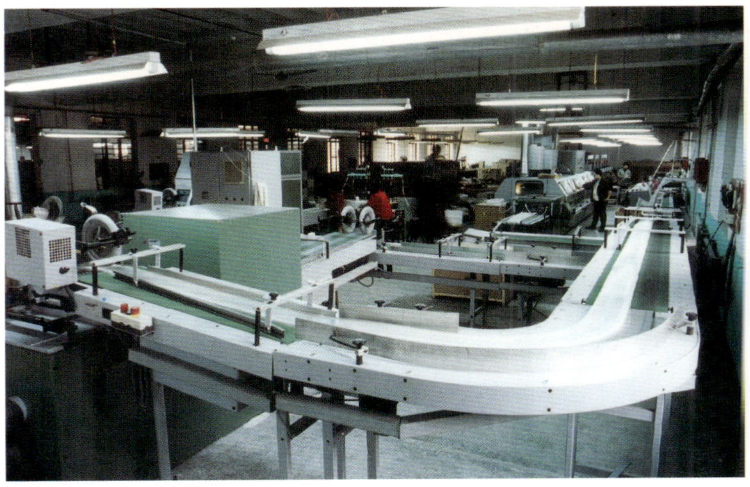

湖南省新华印刷三厂引进的国外胶装联动线

湖南的书、报、刊印刷逐步实现现代化。这是湖南新华印刷三厂激光照排车间。

月。成立之初，全社仅有员工 21 人，当年出书 88 种，发行图书 4200 万册。如今，湖南少年儿童出版社共有员工 61 人，其中发稿编辑 30 人；有低幼、知识、文艺、美术、动画、文教 6 个编辑室，6 个行政、业务管理科室和 1 家期刊社；拥有 2000 多万元固定资产和约 3000 平方米的办公场所。总发行数达 8.5 亿册，在国际国内各级各类图书评奖中共获奖 280 多次。在竞争日益激烈的中国出版界，湖南少年儿童出版社展露出它引人注目的风采，1992 年被评为"全国新闻出版系统先进单位"，1995 年、1997 年连续两次被评为全国良好出版社。

将自己的精神、文化追求化成切实的出版理念，注入出书行为，这是湖南少年儿童出版社十几年来所遵循的思路。

一、追求独特超越的出书境界 湖南少年儿童出版社追求独特：独特的创意、独特的形式、独特的表述；追求超越：不同凡响的立意、高起点的策划、高品位的运作。一大批精品图书出版后受到广泛的好评。湖南少年儿童出版社图书连续三届获得中宣部"五个一工程"奖以及国家图书奖、中国图书奖、全国优秀少儿读物奖、冰心儿童图书大奖、小松树奖等大奖。1994 年在首届小松树奖评比中囊括了全部奖项。湖南少年儿童出版社因此被国际同行称为中国儿童图画书的"希望之星"。

二、保持基本稳定的出书思路 湖南少年儿童出版社多年来锁定自己的目标，逐步形成了自己稳定的出书思路，就是"一个目标，四条思路，六个特色，八大系列"。"一个目标"指的是"多出好书，争夺大奖，努力使湖南少年儿童出版社成为全国一流的出版社"。"四条思路"即"坚持正确的出书方向，全力抓好有重大社会效益的品种；加强出书的针对性，努力扩大生命力强、覆盖面广的品种；提高出书的文化品位，逐步出版文化内涵丰厚的品种；更新出版观念，加速发展具有新颖的编创观念和形式的品种"。"六个特色"即"正确的导向、高品位的追求、丰厚的内涵、前趋的观念、现代的眼光、开拓的精神"。"八大系列"是将全社出书分

1951 年 1 月，新华书店湖南分店在长沙市召开第一次全省支店经理会议，贯彻中央人民政府出版总署《关于统一全国新华书店的决定》，部署全省国营书店的统一工作。

成八个类别加以规划。建社以来特别是近些年来，湖南少年儿童出版社坚持贯彻这个出书思路，甘于寂寞，不赶时髦，不急功近利，在一些有潜在生命力、有良好发展前景的品种上下功夫，扎扎实实地进行精品图书的积累，形成了颇具规模的精品群落，使湖南少年儿童出版社的形象在同类出版社中充分地突现出来。

在保持基本稳定的出书思路的基础上，湖南少年儿童出版社也在根据时代的发展、市场的变化不断调整和完善出书思路中一些局部的、可变的部分。从 1997 年开始，湖南少年儿童出版社又提出了“逐步实现品种的更新换代”的目标，1998 年更提出了“上规模，上有特色的规模，上以品牌书为代表的有特色的规模”的转型期出书思路，以适应市场对新品种的渴求、适应品种拉动市场的客观需要。

三、坚持贴近少年儿童的出版方向湖南少年儿童出版社始终把少年儿童的阅读需求当作自己出书的出发点和最终目标。他们针对许多少儿读物有意无意脱离少儿的状况，认真研究当今少年儿童的生存状态，探索新形势下少儿教育、培养的新要求，探寻少儿读物的内在规律，寻找少儿读物通向少儿心灵的新的渠道，提出了“让少儿读物回归少儿”的理念。1998 年出版的“一元书库”正是这种理念融入实践的结果。他们的目的是：用平装薄本、用大知识容量、用浅显易懂的文字、用低定价，让少年儿童能够成为图书消费的主体，让少年儿童拥有阅读、购买图书的能力与权利。这是一种理性和情感充分融合的出版行为，已引起业内外人士和广大读者的普遍关注。

历史即将进入 21 世纪，湖南少年儿童出版社已确定了自己的思路，这就是：做大文章、创大效益，追求高远的出版境界；贴近儿童、注重品

1951 年 7 月，湖南南县少年先锋队第一大队举行发行“抗美援朝”书刊街头宣传活动。

1960 年 11 月 1 日，湖南邵东县新华书店举行《毛泽东选集》(第四卷)发行仪式。

湖南新华书店职工在长沙县高桥茶叶试验站流动售书

位，创造图书的恒久生命；更新观念、积极探索，大步迈向广阔的国际舞台。他们的目标是将湖南少年儿童出版社办成具有现代的观念、现代的结构、现代的运作手段、现代的管理模式的一流的现代文化企业。

岳麓书社概况

岳麓书社位于长沙岳麓山风景区的湘江西岸，是一个以弘扬传统文化为己任的古籍出版社。它成立于改革开放初期的 1982 年。现设地方古籍、文学、历史、教材、装帧等 5 个编辑室和一个新成立的《网上俱乐部》杂志社。在职职工有 45 人，其中有编审 2 人、副编审 8 人和编辑、经济师、会计师等各类专业技术人员共 38 人。主要负责整理出版湖南地方古籍文献、古典著作普及读物、省编初中历史课本以及研究古籍和古代文化的专著和资料。1994 年 11 月受中宣部和新闻出版署表彰并被授予全国优秀出版社称号。

建社 17 年来，累计出书 1000 余种，印行近 2000 次，重印率约 60%。所出图书累计获奖 100 余次，其中如《船山全书》获第三届国家图书奖，"走向世界丛书"、《沈从文别集》、《敦煌愿文集》和《湘绮楼日记》分别获第一届、第七届、第十届和第十一届中国图书奖。《曾国藩全集》、《左宗棠全集》、《江盈科集》、《陶澍集》等一大批湘籍名人著作的出版，在海内外产生了相当大的影响。《二十五史三编》、《中国医学大成》及其续编、三编和《十三经今注今译》等重要典籍的整理出版，不仅为学术界填补了空白，而且为出版社赢得了双效。在全国率先出版的《古典名著普及文库》、《古典名著今译读本》、"传统蒙学丛书"和"韵文三百首系列" 等一大批面向广大读者的普及类古籍图书，则以其版本好、质量高、装帧美、价格廉的岳麓版特色，而获得广大读者多年来的喜爱和珍藏，同时也为出版社的"以书养书"和稳步发展提供了较好的经济条件。该社已自筹资金

为配合农村社会主义改造，湖南新华书店职工送书下乡，把书籍送到农业合作社。

读者盈门的长沙袁家岭新华书店

1989 年 10 月 8 日，研究中国现代文学的著名学者、美国纽约市圣若望大学历史教授金介甫博士(左二)到湖南文艺出版社访问。

兴建了办公楼和宿舍、书库，拥有固定资产 1070 万元。

为了探求古籍社生存、发展的新路子，在局党组的关怀支持下，岳麓书社不断在出书思路和产业结构上进行战略性的调整。1993 年，在逐步形成的普及类和学术类两大系列基础上，进而确立了“坚持两为方向，整理地方文丛；普及古典名著，弘扬古代文明；出版学术著作，致力文化积累；保持岳麓特色，继承发展创新”的办社宗旨，使两大系列图书的出版取得阶段性的重大成果：一是加大投入、加快进度，改单本付印为全套推出“三大全集”，使其中《曾国藩全集》两次印行 13000 套，创造了学术类地方古籍图书大获双效的新纪录；《船山全书》则一举荣获第三届国家图书奖。二是根据学术界要求和岳麓书社财力，于 1994 年决策改整理出版湘籍名人全集为“要集”，并逐步推出王运、江盈科、陶澍、胡林翼、曾纪泽等湘人的集子。三是全面推进古典精品、古典名著普及文库和今译读本等普及类图书的出版。如《文库》由 1992 年底的 23 册（含 43 种），扩展到 50 册（含 82 种）；《今译读本》由 1992 年底的 7 册 9 种，扩展到 42 册 50 种。

进入“九五”后，岳麓书社又将原先单一的古籍图书出版格局，调整为“本版书、省编历史课本和期刊”三大块面“一主两翼”的新格局，并提出了优化和调整本版书结构的新思路，具体概括为三句话：一是古籍整理和文史资料的挖掘，逐步从 19 世纪向 20 世纪推进；二是古典名著和古代文化的普及读物，逐步由重原著、搞点校向重原创、找写家转化；三是学术著作出版由零散的古籍研究专著向亚学术著作和重头的工具书、教科书靠拢。这些调整，将是岳麓书社进入新的稳定发展时期的一个重要条件。

17 年的探索和创业，岳麓书社不仅出了好书，出了效益，也锻炼出了一支较为精干的队伍和一批较为杰出的人才。特别是在编辑人才方面，诸如韬奋奖得主钟叔河、杨坚和首届全国优秀中青年编辑唐浩明，便是在古籍整理出版实践中造就的名编辑、名作家代表。

1997 年，湖南省新闻出版局在美国举办“’97 中国湖南图书展”。

1998 年湖南省新闻出版局图书进出口公司、澳洲中国书店在悉尼联合主办华文图书展览。

湖南教育出版社概况

湖南教育出版社创建于 1982 年 3 月。建社 17 年来，特别是近年实行出版工作的阶段性转移以来，发展迅速。基本建设成龙配套，办公场地、设备良好。在整体建设上，业已形成规模，现拥有固定资产 9764 万元，流动资金 4349 万元，总资产达 1.41 亿元。职工人数为 77 人，其中，编审 4 人、副编审 19 人、高级政工师 1 人、中级职称 26 人。社领导班子由 5 人组成，均系本科以上学历，平均年龄 45 岁。1999 年被中宣部和国家新闻出版署评为优秀出版社。

湖南教育出版社坚持以出版教材、教辅为基础，以出版中学生课外读物为重点，注重教育理论著作、工具书及有重大文化积累价值和学术开创意义的理论著作的出版。建社以来，出版图书近 7000 个品种，共 13 亿余册；600 余种图书远渡重洋，行销海外；60 余种图书受到海外出版社的青睐，在国际合作洽谈会中成交。有近 400 种(套)图书在全国各类图书评选中获奖，其中有 5 种图书分别获得国家图书奖和中国图书奖。这些获奖图书都有较高的学术价值，不少是填补学术研究空白之作，为促进我国学术繁荣，发挥了积极作用。

湖南教育出版社一直以促进教育事业发展和学术繁荣为使命，以创一流出版社为目标。经过十多年的艰苦创业和潜心发展，在图书出版的品位与规模上已经形成了自己的特色和优势，其中最具影响的是：

教育专著出版自成一格 湖南教育出版社历来以注重教育专著出版、促进我国教育理论发展为己任，大力推动现代教育理论研究与探索，精品迭出，自成一格。《中国教育思想通史》(8 卷本)、《世界教育思想通史》(10 卷本)探索和总结了人类教育智慧的全部成果，“世界著名学府丛书”(62 种)浓缩了全球高等学

湖南省新华印刷一厂每年对职工进行印刷技术知识培训，并进行闭卷考试，成绩作为当年考评调资升级的重要条件。

湖南省有 7 种图书荣获中宣部“五个一工程”奖

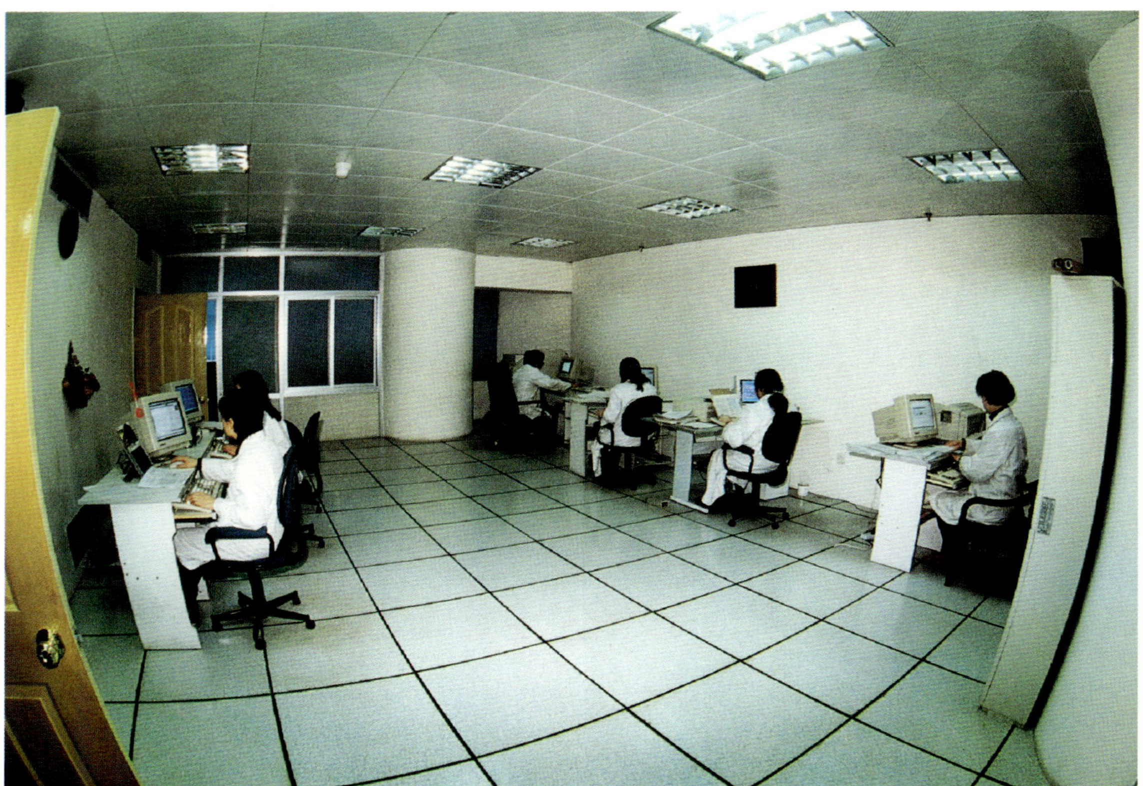

湖南省新华印刷二厂经常开展职工岗位技术练兵，鼓励职工岗位成才。

府精华,《晏阳初全集》(3 卷本)、《陶行知全集》(8 卷本)及"教育探索者丛书"、"中国教育问题研究丛书"、"教育理论与实践丛书"等,从不同方面反映了我国教育走出传统、走向现代化的艰苦探索历程和积累的宝贵经验。

科普图书蔚为大观 普及科技知识、提高全民族特别是广大青少年的科技水平和修养,是教育出版社义不容辞的责任。为此,湖南教育出版社在中科院和中国科协等单位广大科学家和专家的支持下,开发出版了大量科普读物。目前已经出版和正在出版的有 200 多个品种,并形成科普图书出版成系列、有规模、多层面的特点。其中"科学家谈物理丛书"(29 种)、"科学家谈生物丛书"(14 种)、"走向数学丛书"(21 种)、"走近化学丛书"(28 种),已经走进广大青少年的心灵;《世界科普名著精选》(50 种)、《中国科普佳作精选》(50 种)和《中国科学文艺大系》(5 种),将在 1999 年出版,它们的面世将为我国科普大观园带来一幅新的景观。

"百科史苑"独树一帜 "百科史苑"是湖南教育出版社开创的图书特色品牌,它涵盖所有学科的史类专著,包括各学科的发展史、思想史、专题史以及各类学术史。"百科史苑"以繁荣学术、推动社会发展、铸就民族科学精神为己任。湖南教育出版社已经出版的史类专著逾百种,其中不乏填补空白之作和获大奖的力作,"中国教育专题史研究丛书"(6 种)、《中国书院史》、《中国教育思想通史》(8 卷本)、《世界教育思想通史》(10 卷本)、《中国礼制史》(5 卷本)、《中国近代社会思潮》(4 卷本)、《中外文化交流史》(8 种)等均获得学术界广泛好评。"数学专题史丛书"(8 种)、《中国物理学史大系》(10 种)即将出版。

湖南省有 12 种图书获得国家图书奖

湖南省有 28 种图书荣获中国图书奖

广　　东

一、概述

在党的指引下，广东省的出版事业走过50年历程，并将以辉煌的成就跨进21世纪。

从新中国成立到“文化大革命”前，广东的出版业同其他行业一样，是随着整个国家经济建设的荣衰而进退的。在广东解放之初，广州有私营及公私合营出版机构十余家，但规模较大的只有南方通俗出版社和人间书屋。在社会主义改造过程中，南方通俗出版社和人间书屋先后并入华南人民出版社，其他私营出版机构或自动停业，或被撤销。广东最早的国营出版机构是华南人民出版社，后改称广东人民出版社。1959年，广州文化出版社并入广东人民出版社后成为全省惟一的图书出版机构。在期刊方面，建国后广东省最早公开出版发行的是1949年12月1日创刊的少年儿童读物《小先生》月刊，32开本，发行5000册。1950年初，由新民主主义青年团华南工作委员会主办的机关刊物《华南青年》创刊，接着省内各地区青年团的机关刊物如《东江青年》、《潮汕青年》等也相继诞生。《文艺快报》半月刊则是建国后广东省最早创办的画报，《广州政报》是广东省最早出版的内部刊物。那时，广东的出版工作在中共广东省委的指导下，在宣传党的方针政策、普及文化科学知识、积累中华民族优秀文化和介绍世界优秀文化方面发挥了积极的、特殊的作用。在“文化大革命”期间，由于“左”的错误路线的干扰，林彪和“四人帮”两个反革命集团的破坏，广东的出版业备受摧残，除期刊还剩下18种之外，图书出版基本上处于停滞状态——只由广东人民出版社担负印制《毛泽东选集》的任务。

从党的十一届三中全会到1998年，即改革开放的20年是广东出版业发展的黄金时

1990年1月1日，位于广州市环市东水荫路11号的广东省新闻出版局大楼落成。

期。首先，从 1978 年开始，广东人民出版社先后分出了广东科技、花城(文艺)、岭南美术、新世纪(少儿)、教育等五个专业出版社和以租型造货为主的出版公司。以后又先后建立了广东省地图出版社、海南人民出版社(海南建省后已改为海南出版社)、广州文化出版社、广东高等教育出版社、广东旅游出版社、海天出版社、珠海出版社、中山大学出版社、暨南大学出版社、华南理工大学出版社、汕头大学出版社、南方日报出版社、羊城晚报出版社。从 1978 年仅有两家图书出版社年出书 565 种，总印数 1.7 亿册，到 1998 年全省拥有 20 家图书出版社，年出书 4069 种(不含租型书)，总印数 3.3 亿多册，总码洋 18.48 亿多元。随着社会主义建设事业的发展、人民物质生活和文化水平的提高以及改革开放大潮的撞击，广东期刊的出版也迎来了一个大发展的时代——期刊的出版由建国后一直贯彻执行的“地方化、通俗化、群众化”方针转变为“立足本地、面向全国”，发行范围也突破了原来限定的广东省境。至此，广东全省已经形成了比较完备的图书、期刊编辑出版体系，无论在出版物的数量、质量、队伍素质，还是在物业建设、经济实力等方面，在全国都占有重要的地位。

二、广东省的出版业是在曲折的道路上发展起来的，其间有挫折，也有成功；有停滞，也有发展；有教训，也有经验。

80 年代初，广东出版界坚持贯彻执行“立足本省、面向全国、兼顾海外”的办社方针，坚持为人民服务、为社会主义服务的方向，坚持

1949 年 11 月 7 日，广东省第一家新华书店——广州市永汉路(今北京路)新华书店开业。

这两张 50 年代拍摄的图片，反映的是当时广东人民出版社的工作情况。

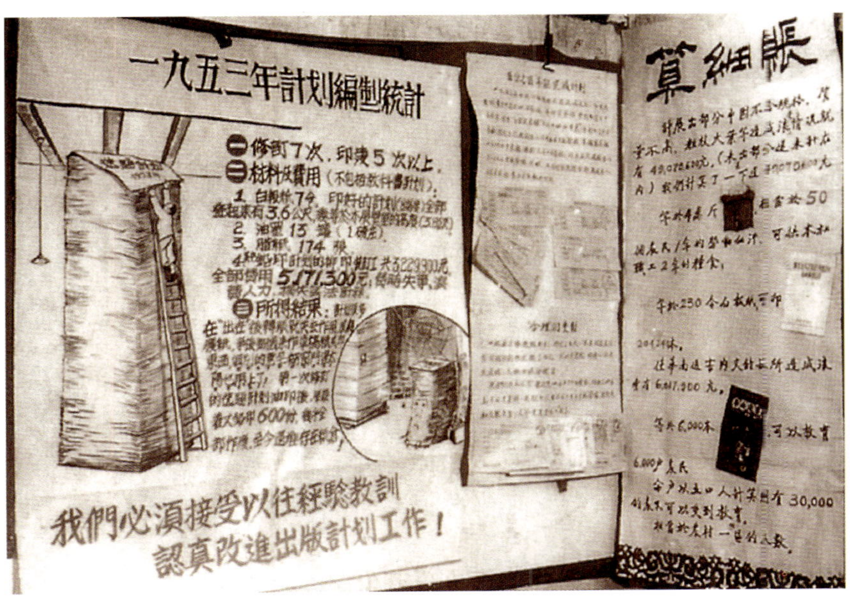

百花齐放、百家争鸣的学术方针，粤版图书曾以观念新、装帧美和社会影响大等特色一度闻名全国。例如已故广东著名经济学家卓炯著《论社会主义商品经济》一书，在全国首开社会主义市场经济理论研讨的先河；在历经“文化大革命”大劫难、社会主义经济濒临崩溃、人们思索“红旗到底还能举多久”的时候，广东又及时出版了《社会主义四百年》(上)一书，与全国人民一起探讨社会主义的由来、本质和前景，坚定走社会主义道路的决心；在第一个社会主义国家前苏联解体、东欧社会主义国家纷纷蜕变、我国的改革开放遭遇挫折的关键时刻，广东又出版了美国傅高义教授著《先行一步——改革中的广东》一书，以大量的事实和翔实的材料论述了中国改革的曲折历程。此外，广东省还积极出版文艺著作、引进国外版本和港台版图书，为繁荣社会主义文艺创作进行过不懈的努力，为解决因十年浩劫出现的全国性书荒问题、满足广大读者需求做出过杰出的贡献，而花城出版社主办出版的《花城》、《随笔》、《旅伴》等文艺月刊当时在全国产生的深刻影响，至今都令人难以忘怀。

特别值得一提的是，“文化大革命”后随着出版业的恢复和发展，广东省培养出了一支获得韬奋出版奖、百佳出版工作者奖和全国中青年优秀编辑称号的优秀出版人才队伍。

但是，随着全国改革开放的不断深入，兄弟省市的出版业迅速发展，广东出版业在社会主义市场经济大潮的猛烈冲击下，图书出版的这种领先地位没有保持多久。90 年代初，广东省新闻出版局为了从根本上扭转广东的图书出版与经济发展相比相对滞后的局面，采取了两方面的措施。一方面，在出版社体制、编辑工作体制、发行体制等方面进行积极地探索和

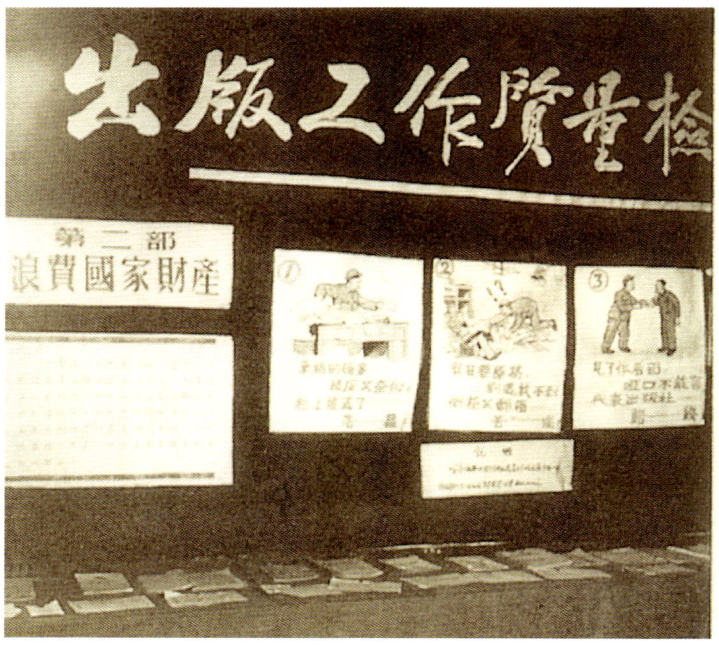

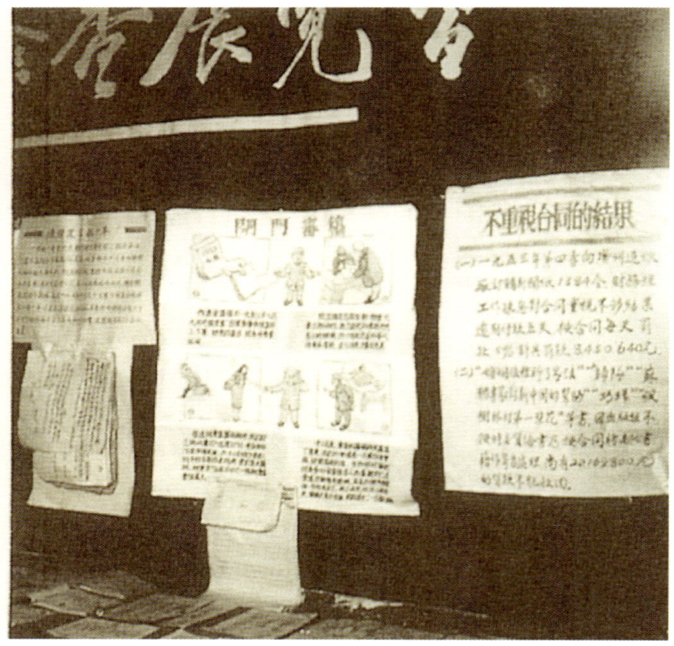

这三张 50 年代拍摄的照片，反映了当时广东人民出版社的工作情况。

中共中央政治局委员、中央书记处书记、中宣部部长丁关根(左一)、新闻出版署署长于友先(右二)于 1998 年 2 月视察广州购书中心和深圳书城。

改革。这些探索和改革，有成功的，例如广东旅游出版社实行企业化管理的探索、海天出版社实行的编辑工作机制改革，以及出版社自办发行、开辟图书发行第二渠道等；也有一些教训，如出版社实行“一长制”和策划编辑制。不论是经验还是教训，都产生过深刻的影响，引起了全国同行的深切关注。另一方面，在深入调查研究的基础上，重新审视广东出版业在整个社会主义市场经济中的位置，明确了广东图书出版的优势和劣势、有利条件和不利因素，提出了“重振粤版雄风，努力迈上新台阶”的口号：第一，以研究近代史为重点，大力挖掘、搜集、整理出版广东近代以来的政治、经济、文化成果；第二，理论与实践相结合，总结广东改革开放先行一步的经验，研究改革开放给广东社会、经济、自然、人文和生活形态等方面带来的深刻变化；第三，加强对港澳地区的研究和介绍，加强对“一国两制”的宣传和研究。同时，充分利用广东的地理条件，积极引进出版健康有益的海外读物，广泛开展海内外文化交流。90 年代后期，中共广东省新闻出版局党组确立了以抓重点图书出版来促进全省图书出版工作的新思路，指示各出版社在制定选题计划时，要体现着重抓四种书，即获奖书、畅销书、重版(印)书、外向型书的指导思想；在广大编辑人员中，大力倡导“丰碑意识”。在中共广东省委、广东省人民政府的重视和指导下，广东的图书出版加快了精品战略的进一步深化和全面推进的步伐。首先对实施精品战略在思想认识上有了质的飞跃，“用精品擦亮出版社的招牌”的观念深入人心；其次是在机制上有了切实可靠的保障。在中共广东省委宣传部的支持下，于 1997 年成立了优秀社科、文艺、少儿、教育著作等 4 个专项

珠海出版社出版的部分图书

出版基金，加上原有的优秀科技专著和《岭南文库》出版基金，全省现共有 6 个出版基金，“九五”期间，每个基金均要达到 1000 万元的规模。1998 年 5 月，广东省新闻出版局向全省印发了《关于实施精品战略的若干意见》，从指导思想、主攻方向、策略与职责、机制等四个方面系统而具体地为精品战略提供了理论指导，并提出了明确的任务和要求。

通过近十年来抓重点工程、抓精品生产，坚持以科学的理论武装人、以正确的舆论引导人、以高尚的情操塑造人、以优秀的作品鼓舞人，广东省的图书出版已取得阶段性成果，形成了自己的特色品牌，锻炼和培育了一支“政治强、业务精、作风正”的跨世纪图书出版生力军。随着一批批高质量、高品位的精品名牌的相继推出，粤版书的整体水平和影响力大大提高。广东列入国家“八五”重点图书出版规划的已完成项目中，有 80% 获得省部级以上奖项。特别是近几年来，获全国性大奖如“五个一工程”奖、国家图书奖、中国图书奖的粤版图书逐年增加，相继有《冼星海全集》、《岭南文库》、《世界诗库》、《昆虫病理学》、《新三字经》、《花季·雨季》、“帅星升起丛书”、《中国教育近代化研究》、《鲁迅之世界全集》、《中国电影图志》、“邓小平理论与广东实践研究丛书”、“迈向二十一世纪科普丛书”等问鼎。其中，广东教育出版社出版的《新三字经》，以新颖独特的“旧瓶装新酒”的形式，引发了全国性的读书热潮，创下了发行 3200 万册的惊人纪录，荣获 1994 年度全国“五个一工程”奖。

广东省期刊业的发展成就也令人瞩目。

改革开放以来的 20 年，是广东期刊出版业的历史上最好的时期。80 年代初期，《广东青年》改版为《黄金时代》，《广东妇女》改版为

广东省新华书店电脑室

由东莞市政府投资，建成融“科、书、博”三位一体的市级文化设施。图为东莞市新华书店外景。

《家庭》，获得了巨大的成功。新创办的文化生活类期刊《南风窗》、《家庭医生》、《武林》等，由于贴近群众生活、文风朴实，受到普遍欢迎。文学期刊《随笔》，由于思想开放、内容深刻，成为知识界的名牌刊物。《家庭》荣获全国优秀社会科学期刊奖。《家庭》、《少男少女》、《南风窗》、《黄金时代》、《广东支部生活》等被列为"全国百种重点社科期刊"，数量占全国第二位。从以上情况可以看出，这个时期广东省的期刊出版，有以下五个特点：

一是品种激增。期刊种数由 1978 年的 17 种猛增到 1998 年的 323 种。

二是门类齐全。以前广东的期刊主要集中于政治、文教、科技和文学艺术等几个方面，门类较少。现在期刊门类已经大大拓宽，从期刊的功能、读者对象到学科及内容的涵盖面等，都较过去有了很大的进步。

三是发行量大。1978 年期刊总印数仅 1519.2 万册，1987 年增加到 1.5 亿册，增加 10 多倍，而到 1997 年，全省期刊总印数则达到 2.37 亿册。其中，《作品》、《花城》在文学的形式与内容上大胆创新，拥有大量读者。广东先后有 7 种期刊期发量超过 100 万册，分别是《家庭》、《家庭医生》、《广东支部生活》、《广东第二课堂》、《少男少女》、《黄金时代》、《武林》，占全国期发量超百万册期刊的 1/4。

四是布局渐趋合理。到 80 年代，除广州市外，省内其他地方只有一家期刊——《佛山文艺》，平均期印数 5000 册。据 1997 年的统计，虽然广州地区的期刊在数量上仍占绝对优势，但是其他地区的期刊亦迅速崛起，这些期刊分布在佛山、深圳、珠海、汕头、江门、肇庆、湛江、东莞、梅州、韶关等地。

五是有浓郁的岭南特色。这可以用四个

广东新华印刷厂从国外引进的 M－1000A4×4 色轮转印刷机

广东新华印刷厂从国外引进的 NB－3S 胶订联动线

字来概括：轻巧实用。粤版期刊内容丰富实用，版式新颖大方，装帧轻巧美观，封面华丽不俗。《家庭》、《家庭医生》、《黄金时代》、《武林》等轻巧实用的期刊大受读者欢迎。此外，特区期刊由于印刷精良、装帧豪华、内容新颖，作为岭南期刊的另一种风格也颇为引人注目。

此外，广东省的音像出版事业从无到有，迅速发展，取得一定成就。全省现有音像出版单位22家，电子出版单位1家，1998年出版各类录像制品1610种，发行总量约918万盒(张)；录音制品1769种，发行总量约1260万盒(张)。其中，广东的光盘生产企业18家，各种光盘复制生产线56条，约占全国复制能力的一半，每年复制各类光盘近亿张。此外，还有音带、像带复录厂38家，复录子机超过500台。在音像出版与复制方面，无论是传统的音像制品，还是新出现的激光唱盘、激光视盘，均走在全国的前列，是目前中国最重要的音像生产基地之一。

广东省的印刷业按照国家关于印刷企业技术改造的方针，加大了印刷企业的工艺技术和设备更新改造的力度，从排版、制版、印刷和装订等四个主要工序着手，经过不断地努力，实现了激光照排、电子分色、胶印轮转、装订联动的工艺技术变革，赶上或达到了国际先进水平，不仅大大提高了全省的印刷生产能力和技术水平，而且也大大缩短了生产周期，提高了产品质量，使广东的印刷产品质量在全国居于领先地位。目前全国许多出版单位的重点书刊都是在广东印装的。在全国中小学（人教版）课本印制质量检测中，广东省1996年和1998年度的中小学课本印制质量分别取得了第二名和第三名的好成绩。

1983年7月28日，时任中共广东省委第一书记任仲夷（前排右一）到岭南美术出版社《周末》画报社视察工作。

广东省的图书发行业先后进行了图书流通体制改革，即以下放市县新华书店财务管理为标志的图书经营体制改革，以实施《广东省书报刊市场管理条例》为标志的培育和规范市场的改革。改革突破了计划经济体制下图书产销分割、国有书店缺乏自主权，流通渠道和购销方式单一的格局，出版社和各级新华书店成为独立的市场主体，多种经济成分的社会发行网点迅速崛起，区域市场逐渐形成，图书发行业得到快速

在第十一届中国图书奖发奖大会上，广东人民出版社出版的《孙中山与宋庆龄》一书获奖，该社领导上台领奖。

广东人民出版社出版的部分获奖图书及奖牌、奖杯。

从中共广东省委常委、省委宣传部部长于幼军（左一）手中接过“五个一工程”奖奖牌的广东教育出版社领导笑逐颜开。

发展。目前广东省正在筹建新华发行集团，坚持一手抓图书市场繁荣，一手抓图书市场管理，加强法制建设，建立图书批发市场，实行图书批发集中进场经营，严格实行经营许可证制度、文明经营责任制度、“售前送审”制度等，有力地实行“扫黄”、“打非”，促进了市场发展。

据统计，1998 年广东省新闻出版局全系统经济指标，与 1979 年相比的情况如下：见广东省新闻出版局直属企业 1998 年主要经济指标情况表

三、建国 50 年来，广东出版界在中共广东省委的领导下，在社会主义精神文明建设中努力奋斗，积极进取，出版了大批优秀图书、刊物，涌现了一批优秀的编辑、出版家，也创建了一批优秀的出版单位。广东人民出版社、广东教育出版社和广东科技出版社就是其中的三个典型。

广东人民出版社创建于 1951 年，当时称华南人民出版社，其前身是新华书店华南总分店编审出版部。

建社后的广东人民出版社，贯彻执行“地方化、通俗化、群众化”的出版方针，为宣传党的方针政策做了大量的工作；“文化大革命”中

广东省新闻出版局直属企业 1998 年主要经济指标情况表

金额单位：万元

年份	职工人数	销售收入总额		利润总额		总资产	净资产
		销售收入	职工人均销售（元）	利润总额	职工人均创利（元）		
1979 年	1712	9400	54906	775	4527	3355	3019
1998 年	2660	220768	829955	29650	104462	240000	98000
年均递增%		18.07%	15.36%	20.73%	17.96%	25.2%	20.1%

在 1997 年深圳书市期间，广东人民出版社与广东省妇联共同举办《家庭美德五字谣》读者咨询活动。

1996 年 11 月，广东人民出版社召开该社成立 45 周年专家学者座谈会。

广东人民出版社被撤销，粉碎“四人帮”以后，特别是中共十一届三中全会以后，经过拨乱反正，落实知识分子政策，并且在业务上进行了初步的改革和组织上的恢复、建设，广东人民出版社开始出现生机勃勃的景象。

从 1978 年开始，广东人民出版社先后分出了广东科技出版社、花城出版社、岭南美术出版社、广东教育出版社和新世纪出版社等。通过专业分工后的广东人民出版社则成为一家地方性综合出版社，主要出版马列主义、毛泽东思想理论著作，以及哲学、政治、法律、经济、历史等门类的著作，为宣传马列主义、毛泽东思想、邓小平理论，宣传党的基本路线和改革开放，配合党的中心工作，进行爱国主义、社会主义、集体主义教育，积累科学文化知识，丰富人民精神文化生活做出了贡献。尤其是近几年来，深化改革、加强管理、优化结构、提高质量、促进阶段性转移，突出了自己的出书优势，逐步形成了较为明显的出书特色，主要体现在如下几个方面：

在邓小平理论研究著作的出版方面，广东人民出版社先后出版了“邓小平理论与广东实践研究丛书”（包括《社会主义学说的第三次飞跃》、《中国现代化建设的哲学基础》、《唯物辩证法的运用与发展》、《邓小平市场经济理论与广东实践》、《社会主义本质与广东所有制改革》、《邓小平对外开放理论与广东实践》等 23 种）与《邓小平理论在广东》；在经济理论著作

孩子们捧读《新三字经》

1996 年 7 月，广东教育出版社负责人带队到上海，向“南京路上好八连”及上海武警中队赠送“帅星升起丛书”和《社会公德四字歌》。

方面有《论社会主义商品经济》、《当代中国经济概述》、《质量经济学概论》、《第三产业经济学》、《外向经济论》、《宏观经济调节论》、《反通货膨胀论》、“广东改革开放研究丛书”(4种)、《论地方经济利益》、“经商理财系列”(13种)、《广东二十年经济发展的理论思考》等。出版研究孙中山的著作和出版地方史著作，是广东人民出版社的强项。已出版的主要著作有：《孙中山与宋庆龄》、“孙中山基金会丛书”(11种)和《广东人民武装斗争史》等。

此外，广东人民出版社在地方文献、地方法规、地方志书、广东方言工具书等方面的出版也有相当规模。

广东教育出版社在1998年底中宣部、国家新闻出版署公布的第三批全国优秀出版单位中榜上有名，为广东出版界争得了荣誉。

全国优秀出版单位是中国出版界的最高集体荣誉，广东教育出版社能跻身其中，是该社顺应时代潮流、把握发展机会奋斗拼搏的结果。在广东省教育厅的指导下，广东教育出版社与沿海版教材编委会配合出版了一套义务教育沿海版教材，这套教材品种齐全，利教利学，既有时代特点，也有地区特色，以优异成绩通过了国家教委的审定。

此后，广东教育出版社的干部职工并没有满足于已取得的成绩，他们在继续搞好教材教辅读物的开发和提高质量的同时，还着手开发

1992年6月，广东省新闻出版局举办广东科技文化书市，时任中共广东省委书记谢非(左一)在省新闻出版局局长周圣英(左二)的陪同下参观书市。

1998年11月，新闻出版署署长于友先在广东省新闻出版局局长吴至强陪同下参观广东省出版总公司下属的广东威雅光电有限公司。

本版一般图书新品种，以提高本版图书的学术含量和本社在知识界中的声誉和形象。随后，《中国历史地名大辞典》、《中国古代自然灾害与异变年表总集》、《中国古代语言学史》、《中国现代语言学史》等一批具有较高学术价值的图书陆续出版，在学术界和出版界引起了强烈的反响，广东教育出版社在读书界的形象也为之一新。截至去年年底，广东教育出版社除教材教辅读物外的图书年销售额超过 1 亿元，实现了教材和本版书两翼齐飞。

广东教育出版社就是这样用高品位图书来塑造形象的。1994 年，脍炙人口的《新三字经》交到了出版社，由于时间紧迫，该社迅速组织最强的编辑出版力量，在不到一个月时间内将一篇 1372 字的《新三字经》变成了一本图文并茂的读物，完成了从编辑加工到宣传策划、征订发行的一系列工作。《新三字经》发行量高达 3200 万册，在全国掀起学习热潮，社会影响强烈，一举夺得中宣部 1994 年度“五个一工程”奖和第九届中国图书奖。

广东教育出版社在努力出精品书、高品位书的过程中，也培养、锻炼了一支高素质的编辑出版队伍。过去，广东教育出版社的编辑们长期担负教材教辅读物的编辑任务，策划能力，组织能力都较弱。经过这几年的实践和锻炼，编辑们的业务能力都有了很大的提高。例如，为了摸索一条用通俗形式表现严肃题材的路

广东优秀科技专著出版基金会成立以来，得到各界人士的关注和支持。

广东高等教育出版社出版的《冼星海全集》荣获第一届国家图书奖。图为获奖证书、奖杯和《冼星海全集》。

广东优秀科技专著出版基金会评审委员会的评委们正在论证选题

子，广东教育出版社的编辑们可谓煞费苦心，然而洒了汗水必然会有好收获，《新三字经》、《社会公德四字歌》用歌谣形式旧瓶装新酒；《画说哲学》、《画说性》以漫画形式表现严肃主题；"迈向 21 世纪科普丛书"、"天地生人丛书"用通俗语言表现前沿科技；"帅星升起丛书"、"彭德怀元帅壮烈人生丛书"、"中国人民解放军军史演义丛书"、"中国人民解放军 70 年全纪录"等系列军史著作以通俗形式反映我军光荣历史等等，都是这方面的成功例子。我们还欣喜地看到，"中国教育近代化研究丛书"、"中国文化语言学丛书"、《中国儒学史》、《荒原学术文丛》等一大批具有相当学术价值的图书不断出版，预示着广东教育出版社已在逐渐走上文化积累之路。

随后几年，广东教育出版社硕果累累，捷报频传：1997 年，全省第一批两个"百佳出版工作者"中，该社就有一个；全国优秀中青年编辑一个；全社 42 名编辑，具有高级职称的 19 名，占 45%；中级职称 10 名，占 24%。1996 年由该社出版、著名作家魏巍主编、获"五个一工程"奖的"帅星升起丛书"，1998 年获第十届中国图书奖的"迈向 21 世纪科普丛书"，获第三届国家图书奖提名奖的"中国教育近代化研究丛书"、《鲁迅之世界全集》(与河北教育出版社合作出版)以及获第六届国家优秀青年读物一等奖的《社会公德四字歌》、《画说哲学》等，都是由该社的编辑策划选题、组织书稿、加工出版、努力推介的结果。

广东科技出版社是由广东人民出版社原

珠海出版社领导陪同著名美籍华人作家黄运基、香港作者程乃珊(右二)参观珠海出版社环球制版公司。

1995 年"南国书香节"上著名作家张贤亮为珠海出版社读者签名

《中国电影图志》在上海国际电影节上引起轰动，该书获国家图书奖提名奖。

科技编辑室与原广东省科学技术出版社书刊组合并，于 1978 年 5 月成立的。作为全国第一个省级地方科学技术出版社，主要出版普及性的、为城乡经济建设服务的科技图书，同时也出版具有较高学术水平的科学技术专著。

广东科技出版社成立的第一年提出了“普及为主，本省为主”的方针。第二年提出了“普及为主，兼顾提高；编著为主，兼顾编译；本省为主，力争为全国做出贡献”的主张。第三年提出了要注意经济效益，编辑要关心、过问发行情况，提出利用包括对口发行、流动销售等五种发行方式，挖掘市场潜力和向海外发行图书。经过十多年的努力，广东科技出版社的图书结构逐步趋向合理。即以出版培养人才和发展经济所需要的理、工、农、医图书为骨干，同时适当出版工具书、专著、教学用书以及群众生活所需要的知识性图书。

进入 90 年代，广东科技出版社的广大干部职工给自己确定了一个明确的目标，就是要形成自己的出书特色，要在图书市场和广大读者中树立自己的个性，要擦亮广东科技出版社的这块牌子。在市场经济大潮中，他们目睹了许多品牌效应的神奇威力，一个品牌产品的收入可以占当地财政收入的半壁江山，一个品牌的产品也可以占中国市场同类产品的一半份额。他们开始思考如何创立出版社的品牌了。思考的结果是，图书商品的特殊性质，决定了它不可能打出像“××牌”产品的牌子，必须通过提高整体图书质量，通过高质量和高品位的图书来树立出版社在社会上的形象。他们明确地提出，要出版一流的图书，建设一流的出版社。全体干部职工的认识是清晰的，他们认为，为了达到提高整体出书质量的目的，必须处理好提高选题质量和提高编校质量的关

海天出版社编辑与台湾女作家罗兰女士(左二)交谈

1995 年“南国书香节”上，著名影星潘虹为珠海出版社读者签名售书。

系；处理好提高图书内在质量和提高图书外在质量的关系；处理好提高丛书、套书质量和提高单本图书质量的关系；处理好提高重点书、精品书质量和提高一般图书质量的关系。正确处理好这些关系，就能把提高出书质量的工作具体地落到每一个产品上。比如说，几年前他们出版的《中华人民共和国药典中药彩色图集》一书的质量，曾被港台同行称赞连印装水平也超过了港台，那么这还只是社会上对该社部分产品的认同；而近年来，广东科技出版社的高质量图书则已是普遍性的了。无论是在各地新华书店的专柜，还是在各种大小图书订货会上，该社的图书总能更多地吸引书店的业务人员和广大读者驻足留连。

广东科技出版社还把形成出书特色作为提高图书整体质量的重要内容来抓。他们认为，科技著作一般不具备消闲性质，而是科学技术知识的积累和传播，具有把知识转化为实践、转化为经济、转化为效益的潜在价值。出版社出版这类图书，不仅要让广大读者能看、可学，而且必须使读者能用、易用。因此，应该在强调科技图书科学性的同时，要注重突出实用性和可操作性。经过数年的努力，广东科技版图书已经形成了贴近市场、贴近生活、贴近实际、特别有用的鲜明特色。他们出版的工业、农业、医药卫生、生活科学类图书大多具有较强的生命力，品种好销，很少有滞销和积压报废的图书。《广东名菜》系列书，不仅有精美的成品图，而且有配料图和具体操作分步图，读者一书在手，如同一位技术高超的师傅，在手把手地教你操作。一套《实用中草药彩色图集》，由于图像逼真，也使读者拥有了鉴别真伪的宝镜。尤其是实用农副业方面的图书，更使广大农民受益匪浅。1996 年以来，他们社畅销书榜的前 20 位中，都有过半是农副业类图书。广东科技出版社刻意追求图书的实用性

原中共广东省委书记谢非（左三）、原广东省省长梁灵光（左四）在书展上参观中山大学出版社展台。

海天出版社海天电子图书公司首次推出自己编辑的电子图书软件——少年儿童版读物

中山大学出版社建社 15 周年专家学者座谈会上，中山大学李翀副校长到会祝贺。

和可操作性，无疑是一个成功的经验。

与此同时，他们牢记作为科技出版社的历史责任，逐年提高在出版科技专著方面的投资，做到有“一流的作者、一流的学术水平、一流的编校印装质量”的科技专著占初版品种的 10% 以上。十几年来，广东科技出版社年年都有图书获国家级奖励，获各种奖励的图书累计近 400 种。

努力改善出版社内部的管理，不断提高出版社的管理水平。这是广东科技出版社能够取得如此成就的一个重要原因。

从 1987 年起，广东科技出版社就制定了《目标管理条例》，在全社范围内全面实行目标管理制度，从职工的思想政治工作到劳动纪律，从编辑生产到后勤保障、从总体管理到部门管理等，都实行严格的、科学的管理。例如为了加强对国有资产的管理，他们具体制订了从编前评估到成本核算、工价审批、印数报订、流程管理、发行折扣等所有经营环节的管理细则，刻意向科学管理要效益。因此，出版社的利润能够逐年上升，固定资产不断增值。1995 年全社创利 307 万元、1996 年 599 万元、1997 年 743 万元、1998 年 756 万元。在总体效益增长的同时，单位效益也在不断提高，平均每种书的利润，1995 年 1 万元、1996 年 1.8 万元、1997 年 2 万元、1998 年 2.1 万元。广东科技出版社的国有资产已从 1978 年建社时的 500 元增加至超过 5000 万元。1998 年，他们新购了 7000 多平方米的办公大楼，使办公物业达到近万平方米。近几年，他们还向出版社的多元化发展方面进行认真摸索。在不改变出版社国有性质的前提下，从 1994 年起，他们先后成立了 5 个由出版社职工出资组建的股份公司，分别从事音像、电脑排版、纸张材料、挂历和物业管理等业务，既扩大了经营范围，实现了一业为主，多种经营，又为出版社的深化改革和发展准备了一定的条件。

《家庭》杂志社已走过 18 年历程，创下月发行 400 万册的佳绩。图为该社员工在建社 15 周年迎春联谊会上高歌《家庭之歌》。

1998 年 6 月，长江、松花江、嫩江流域遭遇洪水灾害，深深牵动中山大学出版社员工的心。图为中山大学出版社员工踊跃向灾区人民捐款。

新中国出版 50 年

广　西

广西出版业中图书出版社由 1 家发展为 8 家；音像电子出版社从无到有，建立了 6 家；报纸、期刊增长迅速；印刷、发行、科研、物资供应、对外贸易均取得较大成绩；地市管理机构逐步健全，版权管理、社会管理走上轨道；树立精品意识，国家三大奖几乎届届中榜。1997 年举办的"五个一工程"奖和国家图书奖中，广西取得大面积丰收、历史性突破："五个一工程"奖获奖图书 2 种，接力出版社出品的动画系列片《神脑聪仔》还获得了"五个一工程·一部好电视剧"奖；获得国家图书奖、提名奖 6 种，获奖总数居于上海之后，名列第二；在 1998 年的第十一届中国图书奖评奖中，广西获奖 5 种，进入全国前列。

广西出版业突现三大特色：一、方向明，体制顺；二、布局相对合理，门类比较齐全；三、规模逐渐扩大，质量稳步提高，效益显著增长。

一、领导关怀　方向明确

1963 年广西人民出版社出版的《广西革命回忆录》，邓小平同志亲自为该书题词：

用革命的事迹来教育我们的子孙万代：像我们的前辈那样，像我们的先烈那样，永远当一个革命者，永远当一个共产主义者。

中共中央政治局委员、书记处书记、中宣部部长丁关根，中宣部常务副部长、中央精神文明建设指导委员会办公室主任刘云山亲临广西新闻出版局指导工作；新闻出版署的新老领导许力以、宋木文、刘杲、于友先、桂晓风、杨

1998 年底竣工的广西出版大厦

牧之、沈仁干，以及中宣部出版局的新老领导伍杰、邬书林、宋镇铃、张晓影多次到广西指导工作，关心广西出版事业的发展。

二、体制理顺　门类齐全

1978年8月，广西壮族自治区出版事业管理局成立，与广西人民出版社为局社合一，合署办公。1986年4月，广西壮族自治区出版事业管理局改为广西壮族自治区出版总社，1987年6月，广西壮族自治区人民政府决定自治区出版总社增挂“广西壮族自治区新闻出版局”牌子。1989年10月，为了进一步做好版权管理工作，自治区人民政府又同意增挂“广西壮族自治区版权局”牌子。

至此，广西壮族自治区出版总社、广西壮族自治区新闻出版局和广西壮族自治区版权局成为三块牌子、一套机构、一套人马的单位。对内实行企业管理，对外行使出版行政管理职能。

（一）广西壮族自治区图书出版社共有8家，它们是：

1. **广西人民出版社**　该社成立于1952年9月18日，是广西创立最早、历史最悠久的出版社。广西人民出版社逐步分离出了各个专业出版社，分社后，广西人民出版社从一个大综合出版社演变成了一个专事出版文、史、哲类读物的中等综合出版社，开始了新的发展阶段。1987年以来，广西人民出版社有63种图书获全国性的优秀图书奖，其中，“太平天国史丛书”、《新桂系史》分别获第二届、第三届国家图

1958年，广西人民出版社欢送第一批到农村参加劳动生产的同志。

“关注天下大事，贴近百姓生活”——广西人民出版社书摊前读者云集。

书奖提名奖,《广西经济发展战略总体构想》获1993 年度中宣部精神文明建设"五个一工程"奖,《县级领导工作的理论与实践》、"中国 100 系列丛书"、《中国封建王朝兴亡史》分别获第七届、第八届和第十一届中国图书奖,200 多种图书获省级优秀图书奖,近 10 种图书获全国优秀社科畅销书奖,还有 30 多个品种的图书通过版权贸易的形式授权海外及港台地区的出版机构出版,使优秀的出版物逐步走向全国,走向世界。广西人民出版社 1995 年被国家新闻出版署评为全国首批良好出版社。

2. 广西民族出版社 该社成立于 1951 年 5 月。"文革"期间,广西民族出版社被撤销,人员遣散,至 1981 年 8 月才得到恢复。

从 1981 年至今共出各类壮文、汉文图书 3600 多种,印数 3400 多万册。其中,《莫一大王》、《嘹歌》、《壮族干栏文化》、《百色大地宣言——江总书记两次到过的壮乡》具有鲜明的民族特色和地方特色,《中学古诗文对照注释》、《小学古诗对照注释》、《小学生作文指导》等图书有的一版再版,成为该社的经济支柱。

3. 漓江出版社 该社 1980 年 12 月获准为广西人民出版社副牌,1985 年 3 月成为实体,迁址桂林,是出版中外文艺、旅游、文化读物的专业社。

建社之初,漓江出版社就以"获诺贝尔文学奖作家作品丛书"、"人体绘画丛书"以及具有鲜明地方特色和民族特色的《广西情歌》(7 集)、《桂系演义》等图书的出版令全国出版界刮目相看,至今这些图书有的一版再版,成为

中共中央政治局委员、中宣部部长丁关根于 1997 年 10 月 27 日视察广西新闻出版局,并对广西新闻出版工作给以指导。

漓江出版社的品牌。在“八五”、“九五”期间，漓江出版社有 11 种图书列入国家重点出版规划，现已出版的除获“诺贝尔文学奖作家作品丛书”外，还有“法国 20 世纪文学丛书”等。工具书方面有《毛泽东大辞典》、《周恩来大辞典》、《邓小平大辞典》、《外国名作家大辞典》、《诗海》、《世界名诗鉴赏辞典》、《中国文物鉴赏辞典》、《儒佛道百科词典》以及大型套书“文科知识：百万个为什么”。这些图书深受读者欢迎。

近两年来，漓江出版社在原有出书特色的基础上，坚持系列化、精品化，致力于创新和“双效”图书。一些重点图书如刘墉、刘轩散文随笔，“中国年度最佳小说选”、“王蒙四味书屋”等，自投放市场以来，创出品牌，获取了“双效”。1998 年特大洪水刚过，该社及时推出了《世纪洪水》、《当代青年的楷模——李向群的故事》，由于关注社会，及时反映抗洪精神而受到社会各界的好评。

漓江出版社在首届全国优秀外国文学评奖中获特别奖 1 种，一等奖 3 个，二等奖 4 个，三等奖 3 个。在首届鲁迅文学奖评奖中，《皇天后土》中榜。《聊斋志异评赏大成》获第二届国家图书奖提名奖。《诗海》、“文科知识：百万个为什么”分别获第四届、第五届中国图书奖。

近年来该社编校质量也有很大提高，多次被广西新闻出版局抽查，均名列前茅，该社还荣获 1996 年新闻出版署抽查 35 家出版社图书编校质量中惟一一家良好出版社的通报表扬。

4. **广西师范大学出版社** 该社成立于

获国家三大奖的广西人民出版社图书

1999 年建成的广西民族出版社办公大楼

1986 年 11 月。建社以来，出版了一大批优秀教材和学术专著，形成了传统文化积累、学术专著和基础教育的出书特色，取得了显著的社会效益和经济效益。

建社 12 年来，有 200 多种图书在国家、大区、省部级评奖活动中获奖。其中"抗日战争史丛书"获第二届国家图书奖提名奖，《真理，您告诉我——青年理论学习百题》获第六届"五个一工程"奖，《世界绘画邮票鉴赏大图典》获第十一届中国图书奖，还有多种教材获教育部的奖励。

两年来，该社还组织出版了一批在国内有影响的学者的优秀著作，如：列入国家"九五"重点图书出版规划的图书"跨世纪学人文库"及《广西近代墟镇研究》，列入广西"九五"重点图书出版规划的图书《广西现代文化名人学术著作精选》等；为纪念改革开放 20 周年而组织出版的《改革：跨世纪的工程》(11 种)，以及为建国 50 周年献礼的图书《中华人民共和国国史图画读本》，有的已经出版，有的正在印制之中。

为抢救我国历史文化遗产，该社还组织出版了中国近现代史研究四大珍稀文献之一的《中华民国史料外编——前日本末次研究所情报资料》(中文部分 100 册、日文部分 56 册、英文部分 54 册)、《光绪宣统两朝上谕档》(37 册)、《咸丰同治两朝上谕档》(24 册)、《张学良与东北易帜》、《雍正朝汉文上谕汇编》等几套大规模的图书，得到了新闻出版署和国内外有关专家的一致好评。古籍整理图书的出版，创

广西民族出版社出版的壮文版《毛泽东选集》(1-4 卷)、《邓小平文选》(1-3 卷)。

广西民族出版社出版的部分民族研究、民族文化类图书。

广西民族出版社出版的部分文化生活类图书

出了该社图书的品牌，形成了该社图书的一大特色。

近年来，该社开辟灵活多变的发行渠道，加强多种形式的图书宣传。在原有发行网点的基础上，继续向西南地区扩展，并继续开发系统发行渠道。

在内部管理方面，该社增加了出版经营管理的科技投入，计算机管理的运用，大大增强了储运和财务的工作效率，做到了图书发运迅速，资金回笼快捷，缩短了周期、降低了成本、提高了效率。

5. 广西教育出版社 该社成立于 1986 年 12 月。近年来，该社确立了“一个中心，两翼并举”的出版战略和“三个板块”、“四个拓展”的思想，即教材教辅、课外读物、学术文化三个板块以及该社出版工作由教材教辅向一般图书拓展，读者由单一的学生群体向社会群体拓展，载体由单一纸介质向声光电磁介质拓展，由内地向港台地区及国外拓展。该社《学科现代教育理论书系》问世，获第三届国家图书奖提名奖，此书一套 30 本，出版后深受广大教师欢迎，目前已亘印三次。1997 年，《学科现代教育理论书系》和丛书“汉字研究新视野”获国家图书奖提名奖，《中国大西南在崛起》、《禁毒教育通俗读本》获“五个一工程”奖，《贫困中的期盼——中国西部贫困地区女童和妇女教育》获第十一届中国图书奖。

广西教育出版社在与国外和港台地区合作出版方面也取得显著成绩：“中国现代作家作品欣赏丛书”（全套 50 册），授权台湾海风出版社以“中国新文学大师名作赏析丛书”的名

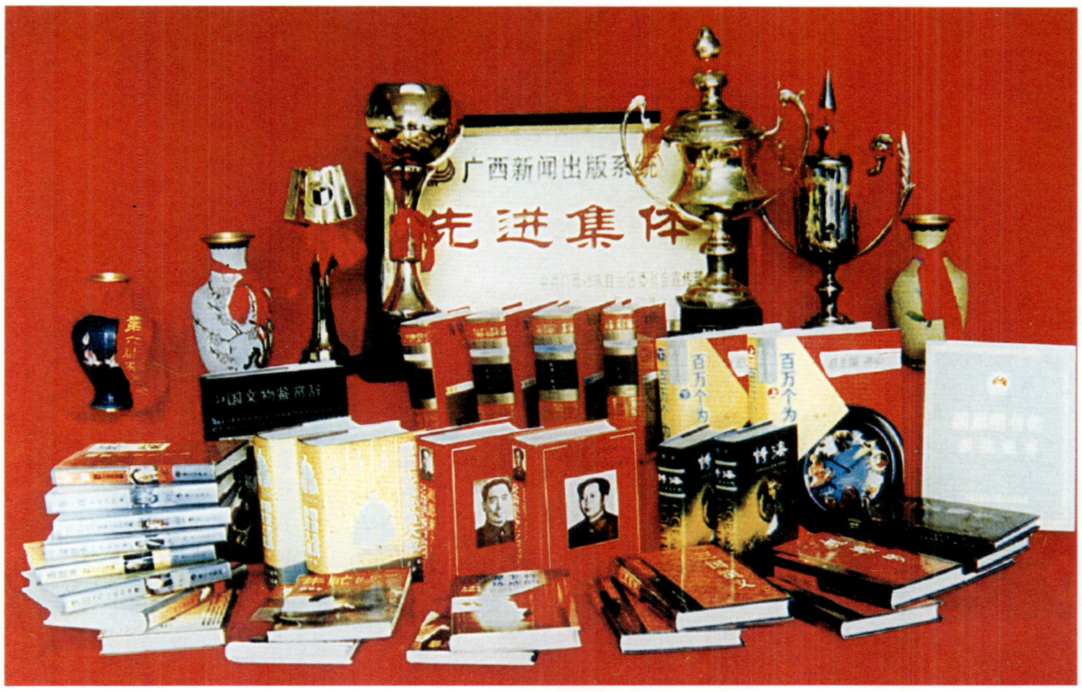

漓江出版社出版的部分获奖图书及奖杯

漓江出版社出版的“获诺贝尔文学奖作家作品丛书”

义出版；《语法与修辞》授权台湾新学识文教出版中心出版；《文心雕龙译注》、《人间词话译注》、《钟嵘诗品译注》授权台湾贯雅出版社出版；《饮茶闲笔》和《汉语常用词多种英译法》也分别由台湾稻乡出版社、笛滕出版社出版；《中国文学走廊系列》授予台湾开今文化出版公司出版；《文白对照诸子集成》、《文白对照十三经》授权台湾建安出版社出版；《学生英汉双解词典》在新加坡智力出版社以《实用英汉双解词典》之名出版。此外，尚有多种图书已与新加坡及港、台地区有关出版社订了版权转让出口意向书。

6. **广西科学技术出版社**　该社成立于1985年5月。十多年来，获奖图书共计180种(套)，200多个奖次，其中"当代中华科学英才丛书"获中宣部首届"五个一工程"入选作品奖和第六届中国图书奖；"中国少数民族科学技术史丛书"获第三届国家图书奖提名奖；《邓小平科学技术思想研究》、《太空·地球·人类》、"国家重点建设工程丛书"、《中国南方洪涝灾害与防灾减灾》分别获第七届、第八届、第十届、第十一届中国图书奖；《奇妙的南极》获第三届全国优秀科普图书奖一等奖。

1992年10月，广西科学技术出版社被新闻出版署和人事部评为全国新闻出版系统先进单位；1996年12月被广西壮族自治区党委宣传部、广西壮族自治区科委、广西壮族自治区科协评为"'八五'科普工作"先进集体。

7. **广西美术出版社**　该社1989年7月获新闻出版署批准成立。该社以弘扬中华文

香港作家刘墉在漓江出版社图书展台上给小读者签名售书

国际友人爱泼斯坦和广西师范大学出版社的编辑及部分"抗日战争史丛书"的作者合影

广西师范大学出版社出版的部分精品图书

化、繁荣艺术创作为办社宗旨，以关注现当代美术创作、出版实用类美术图书而受到广大读者欢迎，令美术出版界刮目相看。这些图书有《名家画桂林》、《花山岩画》、“人体美术丛书”、《首届中国油画学会展作品集》、《中国油画肖像艺术百年展图录》、《中国风景油画》、《世纪末中国画人物展览作品集》、《中国美术年鉴》、《中国当代画家大系》、《当代山水印象》、《中国油画百年图史》等等。尤其令人欣喜的是，该社出版的小学、初中美术课本（共18册），由于质量上乘，经教育部审定，从1998年起列入国家统编教材，全国征订发行，实现广西中小学教材进入全国流通领域零的突破，成为该社的经济支柱。

该社出版的《名家画桂林》、《花山岩画》在广西率先与日本赞交社达成版权贸易协议。

该社出版的《花山岩画》、《绘画中国近代史连环读本》获新闻出版署颁发的“国家优秀艺术图书奖”，《幼儿彩图家庭教程》获第七届中国图书奖，《中国油画百年图史》获第三届国家图书奖提名奖。

8. 接力出版社 该社成立于 1989 年 7 月，所出的少儿图书在社会上产生极大的影响。这些图书有《接力书信集》(4 种)、“神脑聪仔卡通系列”(已出 56 册，共出 100 册)、《一个中国孩子的英雄喜剧》(4 种)、《20 世纪科学大师与科学大事》(上、下)、《中华传统美德画库》(9 种)、“国际安徒生奖图画故事丛书”(25 种)、“世界小说名著”(9 种)、“八桂俊杰丛书”(28 种)、《彩色世界历史大百科》等。

广西教育出版社出版了对中学生进行素质教育的品牌图书“同龄鸟丛书”，这是其中的“20 世纪中国文学名作中学生导读本”和“世界中学生喜爱的书”。

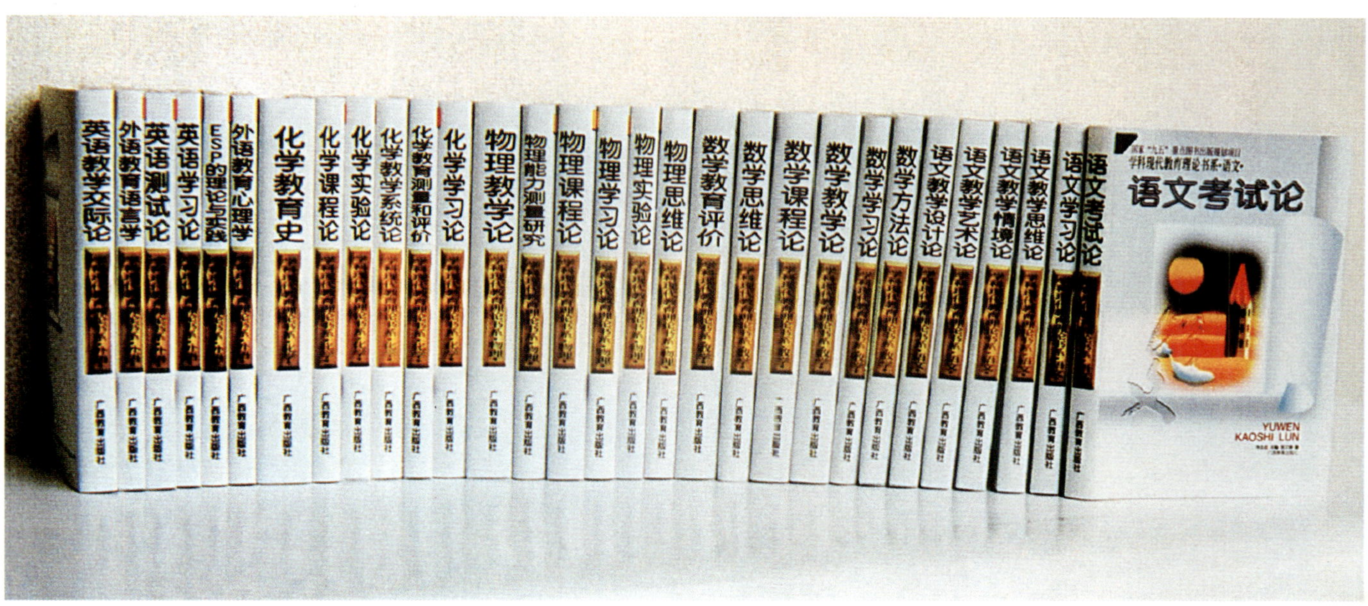

图为获第三届国家图书奖提名奖的“学科现代教育理论书系”

该社的“神脑聪仔卡通系列”在国家级大奖中连中三元，获第五届“五个一工程”奖、第三届国家图书奖，其所制作的动画片亦获得了第六届“五个一工程·一部好电视剧奖”。《20 世纪科学大师与科学大事》获第三届国家图书奖提名奖。《接力书信集》、“八桂俊杰丛书”、《一个中国孩子的英雄喜剧》分别获第二届、第九届和第十一届中国图书奖。《小脚丫图画书·生活故事》（10 册）、《小脚丫图画书·经典童话故事》（10 册）、《中华幼儿识字图典》获 1998 年教育部第三届全国优秀幼儿读物奖。《中外优秀儿童电影故事》、《圣诞小人历险记》、“《中外少年》中学生创作丛书”、《沃土文库》、《Hi！中学生》、“少年百科知识丛书”、《古典文学名著缩写插图本》、《漫画中国成语故事》、《小脚丫科学画丛》（5 册）分别获第一届、第二届、第四届、第五届、第六届、第七届、第九届冰心儿童图书奖。

该社把提高图书质量作为推进阶段性转移的重点，严格三审制度，强化从发稿到出书全过程的质量检查与管理，图书印制编校质量俱佳：1998 年广西新闻出版局组织检查 1997 年度图书印制质量，该社有 39 种图书被评为省优产品，同年新闻出版署组织检查 1996—1997年度图书印制质量，该社有 47 种图书被评为署优产品。

该社始终以“团结、进取、创新、求实”为建社宗旨，在社会转型时期，根据新形势的要求，强化内部管理，制定了一系列规章制度，在营造良好社风、提高人员素质方面花了大气力，使职

谈家桢院士（左五）在区党委副书记马庆生（左三）陪同下到广西科学技术出版社做学术报告并给该社题词

富有“科技”特色的广西科学技术出版社办公楼

工队伍年轻化，爱岗敬业，有较高知识水准、政策理论水平和坚实的业务经营能力。

（二）音像出版社从无到有，建立了 6 家，它们是：

1. **广西音像出版社** 该社成立于 1984 年 9 月。80 年代中期至 1993 年出版的录音带《歌仙刘三姐》、录像带《八桂风谣》和《末代苗王》等获省部级奖项。1997 年，该社出版的数码激光视盘《战士的旋律》获首届桂版优秀音像电子出版物一等奖。

2. **北部湾音像出版公司** 该公司前身为广西民族声像艺术公司，成立于 1985 年 12 月。1991 年 7 月 29 日停办。1992 年 11 月更名为北部湾音像出版公司。出版过一批有一定影响的音像制品，如《体操王子李宁》、《爱我中华》、《税标》等。

3. **广西音像教材出版社** 该社成立于 1987 年 9 月，主管单位是广西壮族自治区教育厅，主办单位是广西壮族自治区电教馆。近年来，该社出版的《英语 900 句简明教程》、《老山界》、《话说广西》等音像出版物在各类评奖中获省部级奖。

4. **广西金凤凰音像出版社** 该社原名广西电影制片厂音像出版社，成立于 1989 年 11 月，1995 年 5 月更名。主管单位是广西广播电视总局。主办单位是广西电影制片厂。该社依托广西电影制片厂本身的优势，以电视剧为龙头，拍摄出版了一批有一定影响的电视剧，如《李宗仁归来》、《东方热土东方人》等；出版了电影故事片《周恩来》等一批优秀音像制品。《中国传

广西科技出版社获国家级图书奖的部分图书和奖牌

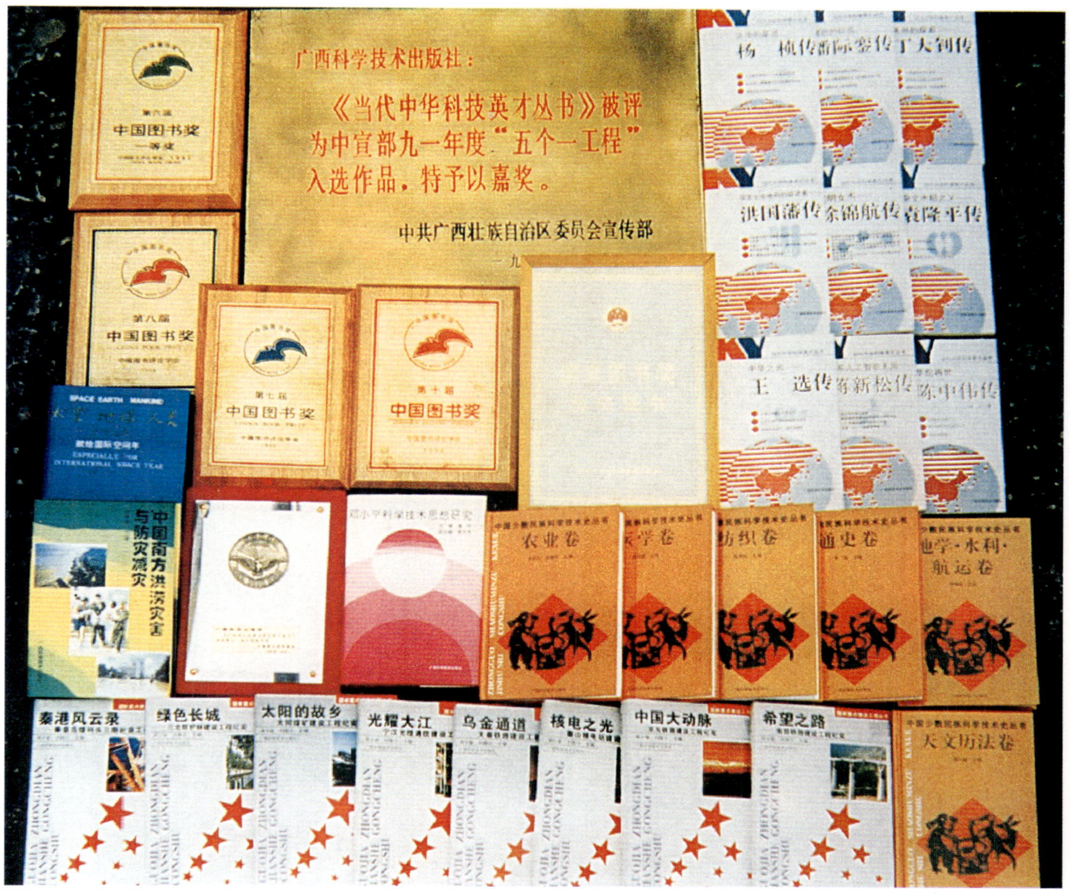

1998 年底落成的广西美术出版社大楼

1998 年 11 月著名画家吴冠中到广西美术出版社指导工作并给该社题字

广西美术出版社编辑在精心研究稿件

统音乐资料》(精选)获 1993 年全国首届音像制品评比特别奖和优秀编辑奖。1998 年,在“全国优秀文艺音像制品评奖”中,广西金凤凰出版社出版的 VCD《神脑聪仔》获一等奖。

5. **广西文化音像出版社** 该社原名为广西花山音像出版社,成立于 1993 年 5 月,1995 年 5 月 17 日更名。主管、主办单位是广西壮族自治区文化厅。该社出版了《歌王》等一批具有地方特色和民族特色的音像制品,歌曲《老王》、广播剧《千条江总归东》获中宣部“五个一工程”奖,卡拉 OK 激光视盘《红水河之歌》获首届桂版优秀音像电子出版物一等奖。

6. **金海湾音像出版社** 该社原名为广西金海湾音像实业联合总公司,成立于 1993 年 8 月,主管、主办单位为广西新闻出版局。几年来,出版了一批优秀的音像制品,如《中国民族器乐演奏家大系》等。《县委书记》获首届全国优秀文艺音像制品三等奖、首届桂版优秀音像电子出版物一等奖,《母亲》获 ’95 中国音乐电视大赛金奖。1996 年,出版广西第一张电子出版物《奇妙的南极》,获首届桂版优秀音像电子出版物三等奖。1998 年,出版《新闻出版报十年合订本》、《锦绣中华》系列等 20 多种电子出版物。

(三)期刊。现有期刊 183 家。主要期刊主办、主管单位和发行量见右上图表:

刊 名	主 办 单 位	主 管 单 位	期发行量(万册)	年发行量(万册)
海外星云	广西党委宣传部	广西党委宣传部	24.09	970
广西党建	广西党委组织部	广西党委组织部	36	432
支部生活	广西党委宣传部	广西党委宣传部	25.01	300.12
党纪	广西纪委	广西纪委	22	264
监察之声	广西监察厅	广西监察厅	9.25	111
老年知音	广西老干局	广西老干局	9.14	109.68
广西教育	广西教育厅	广西教育厅	7.55	90.63
女性天地	广西妇联	广西妇联	7.3	88.22
中外少年	接力出版社	广西出版总社	6.889	82.67
金色年华	广西团委	广西团委	2.8	33.6
广西理论学习	广西党委宣传部讲师团	广西党委宣传部	3.5	42
今日广西	广西党委外宣办	广西党委外宣办	2.295	27.54
领导广角	广西党委办公厅 广西秘书工作者协会	广西党委办公厅	1.8	21.6
出版广角	广西新闻出版局	广西新闻出版局	0.5917	3.55
南方文坛	广西文联	广西文联	0.3	1.8
广西文学	广西文联	广西文联	0.3	1.8
农村新技术	广西科技情报所	广西科委	10.1	121.2
家庭科技	广西科技情报所	广西科委	6.92	83.04

三、提高质量　多出精品

广西新闻出版局认真贯彻落实党的十五大精神,提出了 36 字方针和实施“112 工程”。36 字方针是:讲政治,建队伍,育人才;抓

广西美术出版社获奖的部分图书

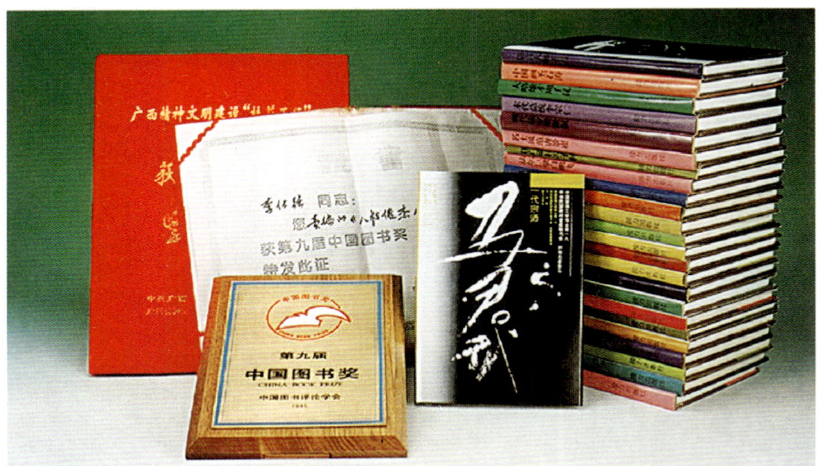

接力出版社的部分获奖图书和奖状

广西音像出版界出版的部分优秀音像电子出版物

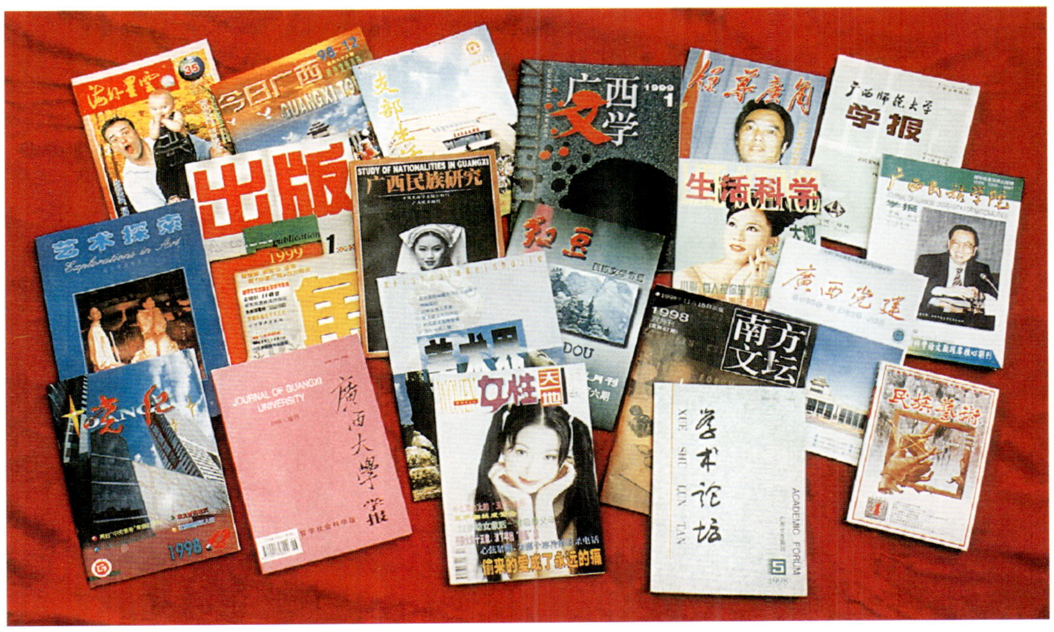

广西的部分优秀期刊

改革，重管理，促繁荣；出精品，创名牌，树特色；夺大奖，争市场，上效益。“112 工程”为：每年图书新品种 1000 种左右，精品图书 100 种以上，五年内创出品牌 20 种。

——按时按质完成中央重要文献印制与发行任务。全区印制和发行《邓小平文选》第三卷 108 万册，总量居全国第七位。

——13 年来克服各种困难，认真做好全国中小学课本印制与发行工作，每学期坚持做到课前到书，人手一册。

——以国家级大奖为龙头，实施精品名牌战略。明确提出以“五个一工程”奖、国家图书奖和中国图书奖为龙头，以一本好书带动一批好书，提高整体质量。在实施精品战略过程中，建立和完善了四种机制：领导机制、保障机制、监控机制和激励机制。

——成功地举办了广西出版成就展和首届广西（桂林）书市，扩大了广西新闻出版业的影响，推动了自身工作的发展。

广西新闻出版局于 1997 年 9 月 30 日至 10 月 5 日在南宁成功地举办了首届广西出版成就展。区内外十多家新闻单位做了报道。

继举办广西出版成就展之后，又于 1998 年 10 月 1 日至 5 日在桂林举办了首届广西（桂林）书市，在当地产生了轰动效应，较好地树立了广西新闻出版业的形象。

——中宣部举办的“五个一工程”奖连年获得，这些图书是：

“当代中华科学英才丛书”（广西科学技术出版社）、《广西经济发展战略总体构想》（广

乘改革之潮，踏大海之浪。朝气蓬勃的接力出版社同仁在北海银滩。

1951 年 10 月 28 日，读者在新华书店河池支店前排队购买《毛泽东选集》第一卷。

1977 年 1 月，读者在南宁市店争购《周恩来画册》。

西人民出版社)、《中国大西南在崛起》(广西教育出版社)、《神脑聪仔》(接力出版社)、《真理，您告诉我——青年理论学习百题》(广西师范大学出版社)、《禁毒教育通俗读本》(广西教育出版社)。

——出版界最高奖国家图书奖榜上有名：

1995 年获第二届国家图书奖提名奖的有三种图书：《聊斋志异评赏大成》(漓江出版社)、“太平天国史研究丛书”(广西人民出版社)、“抗日战争史丛书”(广西师范大学出版社)。1997 年获第三届国家图书奖的有 1 种：《神脑聪仔》(接力出版社)；获第三届国家图书奖提名奖的有 6 种：《新桂系史》(广西人民出版社)、《学科现代教育理论书系》(广西教育出版社)、《20 世纪科学大师与科学大事》(接力出版社)、“汉字研究新视野丛书”(广西教育出版社)、“中国少数民族科学技术史丛书”(广西科学技术出版社)、《中国油画百年图史》(广西美术出版社)。第三届国家图书奖广西获奖 7 种，获奖数仅居上海之后，在全国名列第二。

——中国图书奖届届入榜：

《县级领导工作的理论与实践》、《影响中国的 100 系列》(广西人民出版社)，《诗海——世界诗歌史纲》、“文科知识：百万个为什么”(漓江出版社)，《邓小平科学技术思想研究》、《太空·地球·人类》、“中国重点建设工程丛书”(广西科学技术出版社)，《接力书信集》、《当代中国画技法·赏析》、“八桂俊杰

获第一届至第十一届中国图书奖的部分桂版图书

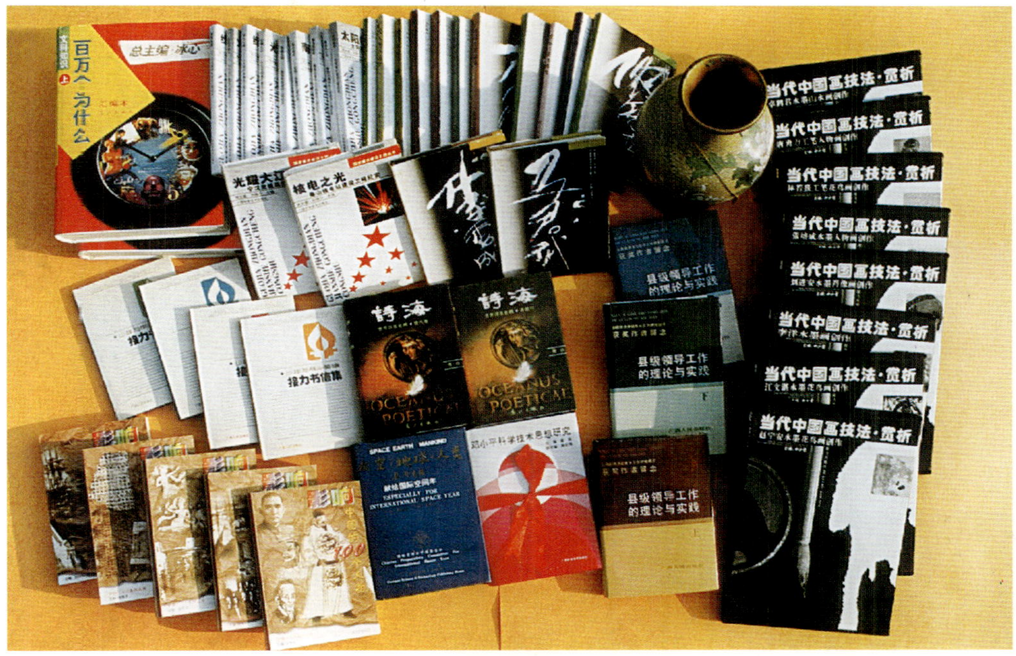

获第二届、第三届国家图书奖的桂版图书。

丛书”（接力出版社），《幼儿彩图家庭教程》（广西美术出版社）。在第十一届中国图书奖评奖中，桂版图书有 5 种获奖：《中国封建王朝兴亡史》（广西人民出版社）、《中国南方洪涝灾害与防灾减灾》（广西科学技术出版社）、《世界绘画邮票鉴赏大图典》（广西师范大学出版社）、《贫困中的期盼——中国西部地区女童和妇女教育》（广西教育出版社）、《一个中国孩子的英雄喜剧》（接力出版社），获奖数量与辽宁、河北并列全国第三位。

——首届全国优秀文艺音像制品评奖中，广西获一等奖 1 种：VCD《神脑聪仔》（广西金凤凰音像出版社），三等奖 3 种：VT《县委书记》（广西金海湾音像出版社）、VT《东方热土东方人》（广西金凤凰音像出版社）、十四集音乐电视剧《刘三姐》（北部湾音像出版公司）。

四、优化结构　深化改革

——广西新闻出版局党组在经过充分调查研究的基础上，于 1996 年 11 月制定下发了三大宏观调控方案：一是对区编教材、教辅读物品种结构和出版单位进行宏观调控；二是对区编教材、教辅读物的发行进行宏观调控；三是对书刊印刷物资供应和印刷业务进行宏观调控。

——实施发行工作重点转移，促进桂版一般图书的发行。

为切实把全区新华书店发行工作的重点由过去过分依赖教材教辅转移到一般图书上

来，1997 年广西新闻出版局召开了全区新华书店经理会议。制定下发了《关于新华书店经营活动中若干问题的规定》和《桂版一般图书发行考核奖励办法》等，提出了 1997 年全区基层书店销售桂版一般图书奖励指标，然后层层分解到各销货店。

——举办广西出版改革与发展理论研讨会。广西新闻出版局和广西出版工作者协会于 1998 年 5 月 15 日至 17 日在桂林市举办“广西出版改革与发展理论研讨会”。区内外近百名专家学者和论文作者参加了这次会议，会议共收到论文 90 多篇。这次研讨会，对于推动广西出版理论研究的深入开展、进一步解放思想、拓宽改革思路、促进广西出版业的发展起到了积极的作用。

——探索培育新的经济增长点。1998 年先后召开了社刊工作会议和全区电子音像出版管理工作会议，总结分析了社办期刊和音像电子出版工作的现状，对今后的发展思路进行了研究探索。

五、整体推进　协调发展

广西现有书报刊印刷企业 181 家（包括专项排版、制版、装订），其中国家级书刊定点印刷企业 8 家，自治区级书刊定点印刷企业 17 家。“八五”以来，广西的书报刊印刷业得到较大的发展，大多数骨干印刷企业的印刷技术已从铅排、铅印、照相制版、手工装订的落后工艺，发展到激光照排、电子分色、胶印印刷和装订机械化、联动化。告别了“铅与火”，进入了“光与电”的时代。

广西印刷界告别“铅与火”，工人在熟练地进行电脑排版。

广西 1995 年引进的海德堡哈里斯八色轮转机

广西新华印刷厂四色胶印机在工作

——广西民族印刷厂是广西规模最大、设备最先进的书刊综合印刷厂和国有大中型企业、国家定点书刊印刷厂。

——广西新华印刷厂是国家书刊印刷定点企业，人事、业务隶属于广西壮族自治区新闻出版局领导。该厂经自治区党委批准，于 1971 年 12 月 8 日成立，并于 1975 年建成投产。

——全区发行业在主渠道新华书店改革、发展的同时，各地民营书报刊发行业空前壮大。

——广西壮族自治区新华书店是全区最大的国有制图书发行企业，创建于 1949 年12 月 9 日。

近五十年来，广西新华书店坚持为人民服务、为社会主义服务的方向，努力为各族人民输送精神食粮，为广西的两个文明建设作出了重要贡献。

——广西外文书店是经营进口图书发行、办理外国及香港、台湾地区报刊预订的国营涉外发行企业。

——广西印刷物资公司始创于 1986 年4 月，以经营出版系统用纸为主，1992 年被新闻出版署、人事部授予“全国新闻出版系统先进单位”称号。1994 年经济效益在全国同行中名列第 8 位。1995 年进入广西经济效益百强企业。

——地市新闻出版（版权）管理机构陆续成立。北海市率先成立新闻出版局和版权局。桂林市、三林市、梧州市和南宁市也相继

1998 年 11 月 5 日广西新华书店购书中心隆重开业。该购书中心在南宁西郊学院区，营业面积 2000 平方米，汇集了500 多家出版社的图书、音像电子读物3万多个品种。

半城绿树半城楼。图为位于秀丽的杉湖畔的广西桂林市新华书店。

广西新华书店购书中心宽敞明亮的购书环境

成立了新闻出版局和版权局，新闻出版和版权工作得到了加强。

六、面向全国　走向世界

广西对外合作、版权贸易起步较早，1985 年底漓江出版社就与日本国赞交社签订《名家画桂林》与《花山岩画》的出版合同。迄今广西出版界已先后与世界五大洲 31 个国家和地区建立了业务联系。

——广西图书进出口公司 1989 年经国家经贸部批准成立，1993 年成为独立核算的国有外贸企业。1996 年出口图书 6 万套，1994 年底公司开始投资合作开发南宁葛麻小区房产业，至 1997 年完工，一部分公司自用，一部分出租创收。

——广西万达版权代理公司，成立于1993 年 6 月。4 年来，为广西和北京、上海、贵州、广东版权机构代理版权贸易 401 种，其中输出 97 种，引进 304 种。

七、强化管理　服务大局

——1997 年广西新闻出版局按照新闻出版署关于把加强管理作为加强和改进新闻出版工作的重点的要求，经过充分的调查研究，决定实施“三项责任制”，即在局直属企事业单位（除广西出版技工学校外）实行经营管理“双效”目标责任制；在局机关实行处室管理目标责任制；在地市新闻出版、版权管理机构实行社会管理目标责任制。在反复讨论和征求意见的基础上，推出了包括考核要求、原则、内容、

广西武鸣县新华书店同志到勘探队营地发行《毛泽东选集》

广西凭祥市新华书店到边境法卡山流动供书（1983 年）

广西的果园书摊

《名家画桂林》，广西与日本合作在日出版。该书原画于1989年4月15日在日本展出，广西出版界派代表参加首展式。图为广西出版界代表与日本出版界代表在展厅前合影。

美国出版界朋友欣赏桂版图书《漓江百里图卷》

1998年6月，广西在全区范围内开展新闻出版、版权法律知识宣传教育活动。

近年来广西出版的科研论著

指标、方法、奖惩办法等在内的考核方案，并签订了各单位责任书。

——新闻出版、版权法律知识宣传教育工作。《广西壮族自治区著作权管理条例》于1998年1月7日经自治区第八届人大常委会第23次会议通过并颁布实施。《广西壮族自治区电子出版物经营管理办法》已报自治区政府审批。为增进全社会对新闻出版、版权工作的了解，促进广大业内人员知法、守法，提高依法经营和依法行政的水平，广西新闻出版局于1998年6月中旬至7月中旬，在全区范围内开展新闻出版、版权法律知识宣传教育活动。

——报刊业治理工作。在1997年压缩6报6刊的基础上，1998年我区报刊业的治理边巩固成果，边引向深入。广西新闻出版局认真实施《广西内部报刊转化实施方案》，至1998年底，完成了全区内部报刊的转化工作，基本完成了全区报刊业治理工作任务。此外，还按新闻出版署的要求，完成了高校学报转系列的工作。

——“扫黄”、“打非”，查处大案要案和经常性的整治相结合。

——版权管理，集中行动和经常性执法检查相结合。

八、开展科研　促进发展

为促进广西壮族自治区出版、发行工作的发展，广西新闻出版局、广西出版工作者协会和广西版协发行研究会召开十多次出版、发行工作研讨会，探讨有关出版、发行改革和发展问题。已出版的科研论文、论著有：《图书发行管理学》（1986年出版，至今已被国内外12所大专院校采用作教材），《图书发行企业管理》（1994年出版），《图书发行会计学》（1994年出版），《出版质量探索》、《书旅漫论》、《书人书语》（以上为1995年出版），《校对论谭》、《书香三瓣》、《学苑书语》（以上为1996年出版），《书海投石》、《书旅思辨》、《希望与挑战》（以上为1997年出版），《上下求索》（1998年出版）。准备1999年出版的有《图书校对学》、《出版改革与发展》、《选题策划探讨》等论文集。

1998年5月15日至17日在桂林市举办“广西出版改革与发展理论研讨会”。图为香港联合出版集团董事长李祖泽做专题发言。

澳大利亚出版代表团访问广西时与广西出版界代表在桂林合影

新中国出版 50 年

四　川

中华人民共和国 1949 年 10 月成立三个月后，四川全境解放。从此，四川有了中国共产党领导的、代表人民大众利益的出版事业。

建国初，四川地区被划分为重庆市、西康省和川东、川南、川西、川北六个省级行政区，隶属西南军政委员会。与此相适应，六个行政区分别先后建立了主管新闻出版的行政机构。1952 年，四川省人民政府成立，全省新闻出版行政管理职能由省政府新闻出版处承担。1955 年至 1978 年，出版工作归口由省文化局负责。1979 年后，建立四川省出版事业管理局，后又建立四川省出版总社，1987 年成立四川省新闻出版局。

在党的十一届三中全会前，四川出版事业发展经历了三个时期。1949 年底至 1956 年为四川出版事业恢复和发展时期。这一时期，先后建立了地方人民出版社、新华书店、新华印刷厂和一些专业出版社。1951 年，四川有 8 家出版社，即西南人民出版社、西南工人出版社、西南青年出版社、西南卫生书报出版社、重庆联合图书出版社以及川西人民出版社、川南人民出版社、川北人民出版社。1952 年 9 月，四川

四川省委书记、省人大常委会主任谢世杰（前排左二），省委常委、宣传部部长席文方（前排左一）视察“四川出版成就展”。

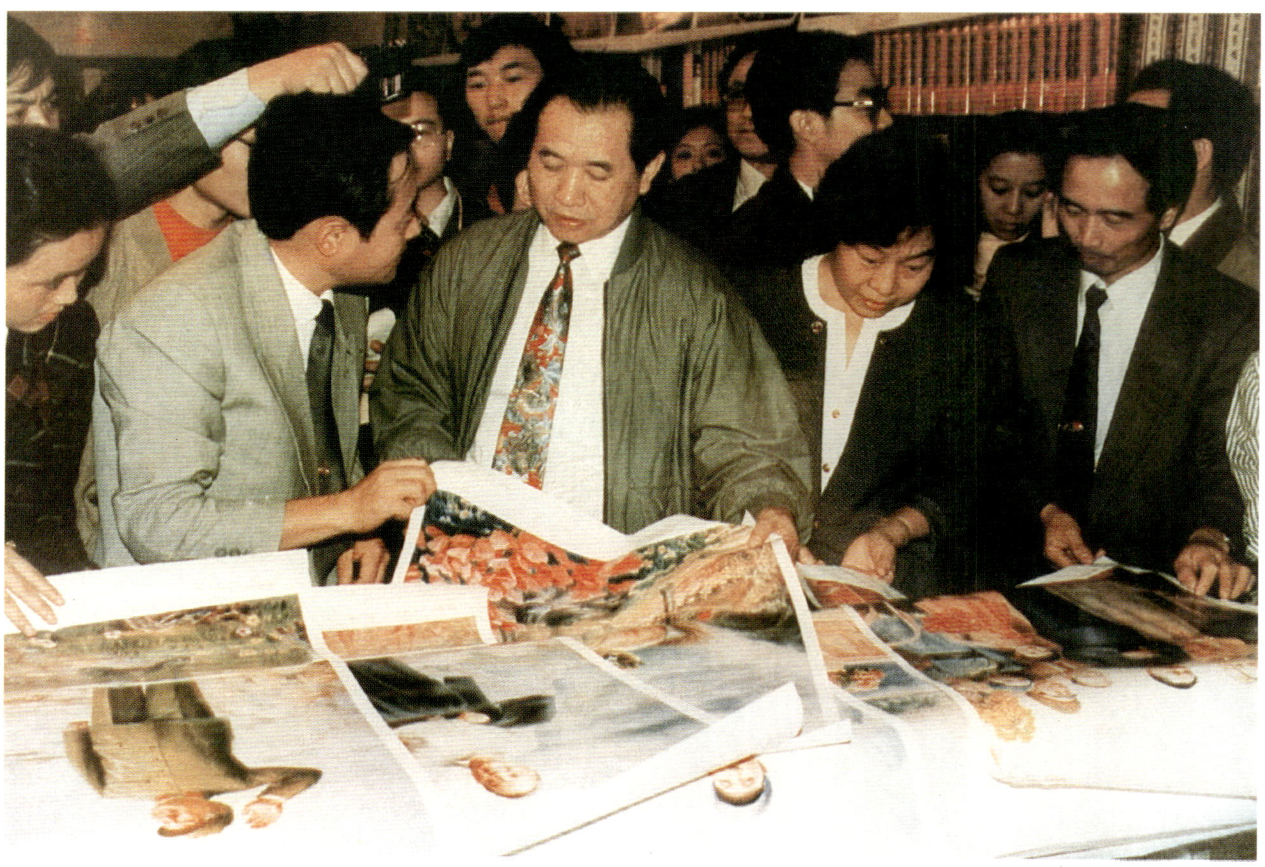

四川省委书记谢世杰（左三），省委副书记秦玉琴（右二）亲临图书市场，了解四川美术出版社出版的《敬爱的邓小平同志》年画发行销售情况。

省人民政府成立，出版社也进行了相应调整，川西、川南、川北人民出版社合并建立四川人民出版社。1953 年又成立了重庆市人民出版社和四川民族出版社。这一期间，各出版社主要按照第一届全国出版会议精神，本着“为人民大众的利益服务”的宗旨，在各自专业分工范围内，积极配合各个时期的中心工作，以通俗政治读物为出书重点，适量出版文教、科技、文艺、美术等类图书。7 年间，全省共出书 2621 种，42526 万册。图书发行方面，1950 年初在重庆建立了新华书店西南总分店，并陆续在四川境内建立了分店。到 1957 年，全省县以上新华书店 174 个，职工 2082 人。其中，综合门市部 42 个，专业门市部 6 个，书亭 63 个，达到了县县有书店。1957 年，全省新华书店系统图书总销售（包括课本和一般图书）1 亿多册，总金额 2000 多万元，提前一年零一个月完成第一个“五年计划”。在印刷方面，接管了国民党遗留下来的旧印刷厂，并进行整顿重组；在重庆成立了新华书店西南总分店印刷厂；成都成立了川西新华印刷厂一厂、二厂、三厂。四川境内统一的社会主义的图书出版、发行和印刷体系基本形成，出版事业在恢复中得到发展。

1957 年至 1966 年是四川出版工作在曲折中前进的十年。在出版工作恢复和发展的基础上，特别是在“双百”方针的鼓舞和促进下，学术界和艺术界著译者编著的一批有价值的好书得以出版。在 1958 年至 1964 年间，四川人民出版社出版的《子午流注说难》、《杜甫年谱》、《杜甫诗意画选》、《四川版画选》、《萨

四川省委常委、宣传部部长席文方向出版社了解川版书的出版销售情况。

四川省副省长李进（左三）亲临“扫黄”、“打非”第一线指导工作。

伽格言》、《藏族民歌选》、《四川中药志》、《四川谚语》、《蜀籁》、《伤科按摩术》、《痔漏治疗法》、《妇产科医生手册》等都很有影响，有的后来还再版重印。随着四川经济和科学技术的不断进步，仅出版通俗读物已无法满足读者的需要。此间，四川出版了一批中高级读物，如《稻作论文选》、《四川短篇小说选》、《水稻栽培》、《牙科修复学》、《毛主席诗词十首浅释》等。新华书店网点也有所扩大，印刷厂在胶印制版、铅印制版、印刷、装订等生产过程中采用了一些新技术和新工艺，缩短了出版周期，提高了出版物的质量。由于受"左"的思想的影响，这一时期全省出版事业发展出现了不顾主客观条件的限制，用"大跃进"、"放卫星"的方式推动工作的倾向；盲目建立出版社，出书品种、特别是粗制滥造的图书品种急剧增长；公社一级的书店一哄而起。1962 年，中央提出"调整、巩固、充实、提高"的方针，四川出版系统开展了一系列调整工作，提倡调查研究，反对虚报浮夸，撤销了专区与县一级的出版社和公社书店，重建农村图书发行网络。要求出版单位严格选题管理和编审制度，把好出书质量关。整顿工作成效显著，全省出版工作又得到逐步恢复和发展。

"文革"十年，同全国各地一样，四川出版事业遭到严重破坏。十年间，出版社除了出版

《周总理诗十七首》的出版记录了四川省出版界突破"三化"，实行"立足本省、面向全国"的奋斗历程。

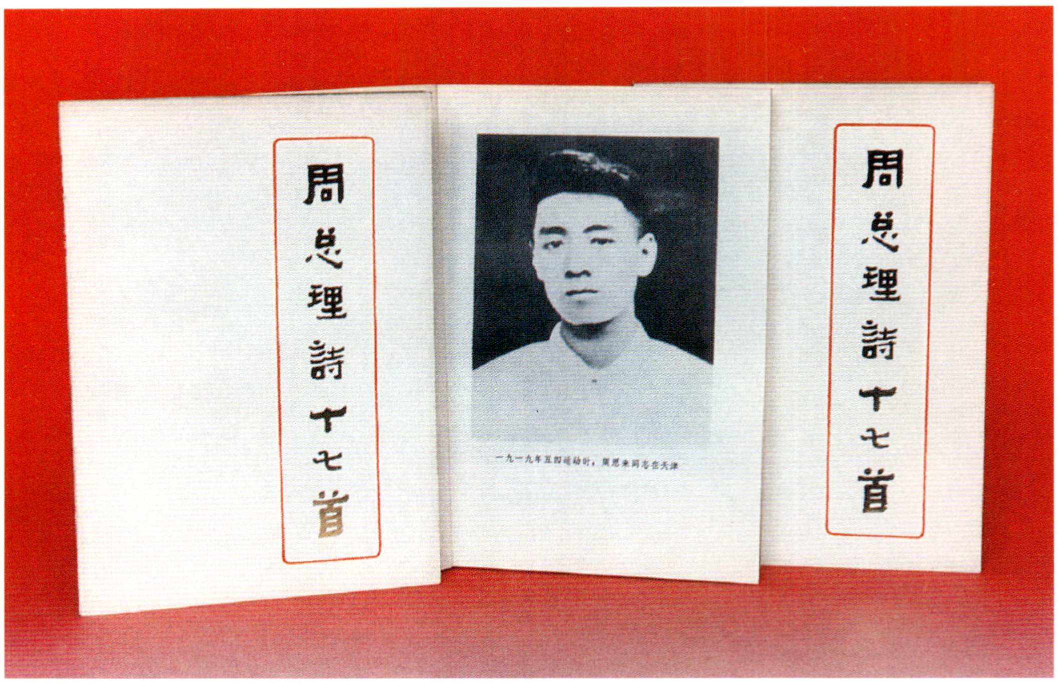

四川省出版的学习研究邓小平理论的图书

毛主席著作、各种文件、中小学课本、样板戏和剪报材料外，几乎没出其他类图书，1967 年一本川版书也没出。由于政治形势变化快，每年都有大量的出版物报废，造成严重书荒。

突破“三化”的探索。“文革”结束后，中国出版业面临这样的情形，一方面广大群众迫切要求解决“文革”所造成的严重书荒，出版科学技术读物和优秀的中外名著；另一方面，一大批从“牛棚”中解放出来的老专家、老教授、老作家迫切希望出版他们的著作。但是，建国以来，各地方出版社一直执行“地方化、群众化、通俗化（简称三化）”的出版方针，出书强调字大、图多、本薄、价廉，内容突出政治、围绕中心、配合运动、宣传典型。结果是：建国后二十多年来，本版图书出得少，有保存价值的更少，远远不能满足读者的需求。针对这一情况，四川出版界率先开始在组稿、出书等具体过程中探索如何突破固有的条条框框的束缚。1977 年，四川人民出版社得到了《周总理诗十七首》书稿，按有关规定，地方出版社是不能出版中央领导同志著作的。四川出版界经过反复研究，认为群众对总理是如此爱戴，总理青年时代的诗很珍贵，决定予以出版。为慎重起见，特将书稿送赵朴初同志校订，并征得邓颖超同志同意后才正式出版。该书出版后面向全国发行，深受广大读者欢迎。

80 年代初，四川人民出版社出版的巴金、丁玲、艾青、冯至等著名作家的近作在全国引起广泛影响。

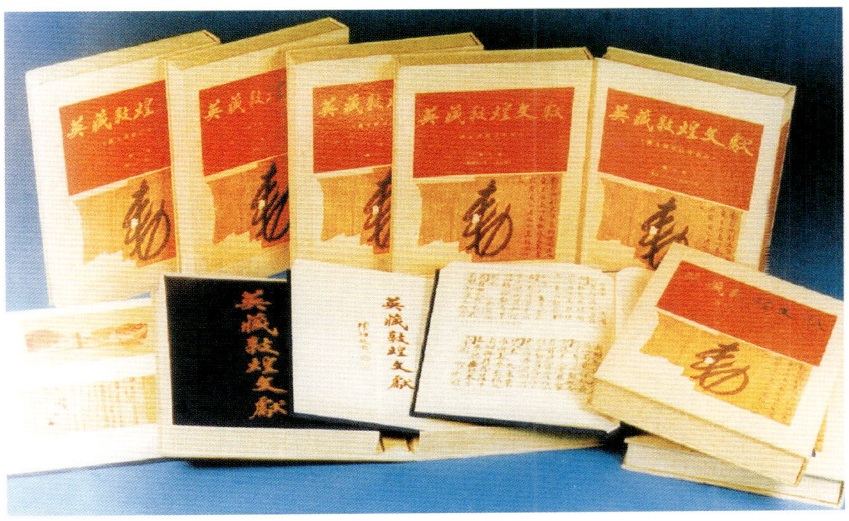

四川人民出版社历经十年出版的《英藏敦煌文献（汉文佛经以外部分）》成为第二届国家图书奖古籍整理类惟一入选图书。

80 年代初，四川人民出版社出版的“中国现代作家自选丛书”在出版界获得广泛赞誉。

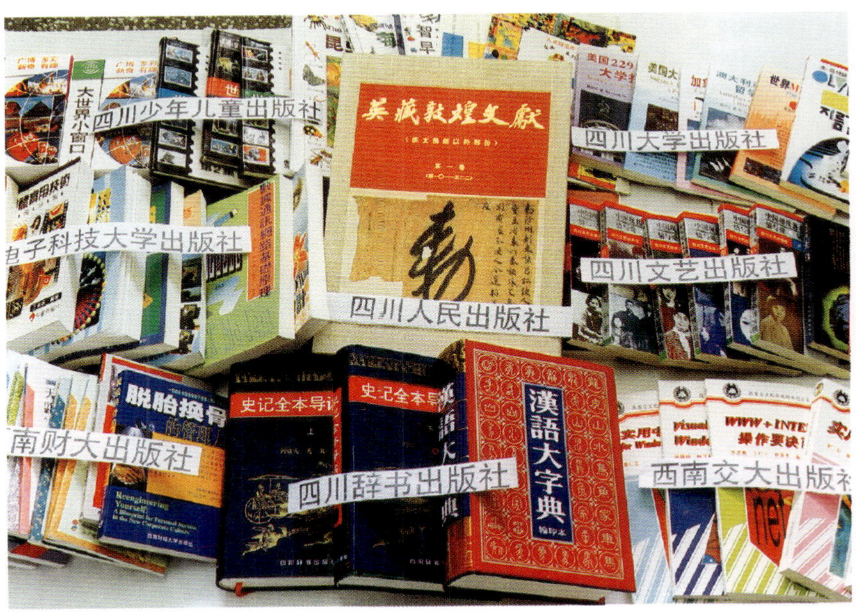

赏心悦目的川版图书

随后，四川又推出了郭沫若、茅盾、巴金、夏衍、丁玲、周立波、严文井等一批老作家的近作，形成"近作丛书"；为积累文化，相继出版了"中国近代作家选集丛书"、"当代作家自选丛书"。全国科技大会召开后，又出版了陈达夫所著《中医眼科六经法要》等科技专著。这些图书在读者中引起强烈反响，四川也因此团结了一大批国内知名的作家和学者。

在突破"三化"方针的探索中，《在彭总身边》的出版过程反映了四川出版界在真理标准讨论的感召下所表现出的睿智与胆识。十一届三中全会召开前夕，四川人民出版社约请丁隆炎同志编写了《在彭总身边》，这部根据彭总警卫员景希珍的口述材料整理而成的书稿，记叙了彭总在庐山会议前后的一些感人事迹。在"两个凡是"的阴影尚未完全驱散的情况下，出版社审时度势，决定出版该书。中央为彭总平反后，出版社立即将该书向全国发行，引起强烈反响。

1979 年 12 月，全国出版工作座谈会在长沙召开，四川代表在大会上所做的《突破"三化"方针是形势发展的需要》的发言，全面介绍了四川出版界突破"三化"、"立足本省，面向全国"的思考和实践，发言受到与会代表的肯定与支持。会后，"立足本省，面向全国"的方针初步被确认并在全国试行。1983 年 6 月，国

四川少年儿童出版社在京举行《中国儿童生存、保护和发展书系》出版座谈会

优化选题、多出精品成为四川省出版界长抓不懈的中心工作。

四川省承担了多项国家重点出版项目。图为 1996 年四川省召开《中华大典·法律典》编纂工作会议。

务院发布的《关于加强出版工作的决定》肯定了这一方针。突破“三化”极大地促进了四川出版事业的繁荣和发展。

出版改革全面展开。党的十一届三中全会后，四川出版界坚持“为人民服务”、“为社会主义服务”的宗旨和多出书、快出书、出好书，努力开拓出版事业新局面的工作方针，着手进行出版改革。改革涉及面之广、触动之深、收效之大，在四川出版历史上是空前的。

首先是对出版行政管理体制进行了重大改革。1979 年 3 月，四川省出版事业管理局成立，隶属于四川省人民政府，负责全省图书期刊出版、印刷和发行管理工作；在 1982 年机构改革中，出版局并入省文化局，保留其名称和机构，成为其属下相对独立的二级局；根据中央关于加强出版工作决定的精神，1984 年 3 月成立四川省出版总社，受省委和省人民政府的直接领导，行使全省出版行政管理职能；1987 年 8 月，总社更名为四川省新闻出版局，列为政府工作部门序列。同年 9 月，省政府同意省新闻出版局以“省版权局”名义行使全省版权管理职能。四川省新闻出版（版权）局的建立，既是四川出版事业改革和蓬勃发展的结果，又是出版事业进一步向前发展的需要。出版管理体制的改革为进一步繁荣四川出版事业奠定了基础。

四川科技出版社编辑向著名科学家钱学森约稿

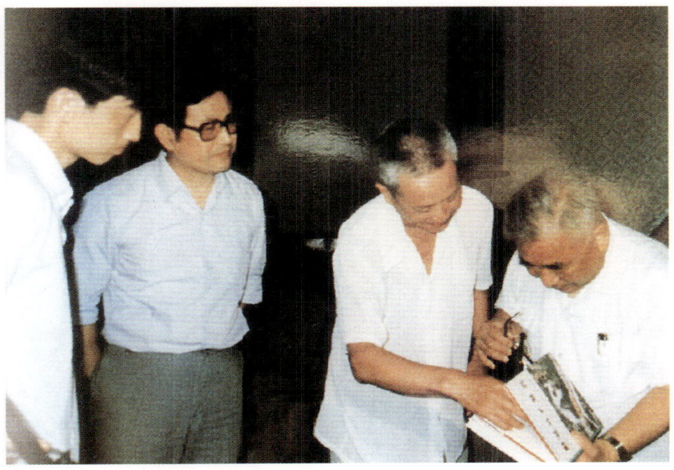

著名科学家卢嘉锡视察四川科技出版社

著名作家巴金在仔细翻阅川版图书

四川美术出版社在成都举行《王朝闻集》出版座谈会

其次是出版社的专业化建设。1984 年，四川省仅有四川人民出版社、重庆出版社和四川民族出版社 3 家出版社。为适应出版事业发展的需要，从 1984 年到 1988 年间，相继组建了四川少年儿童出版社、四川教育出版社、四川科技出版社、四川辞书出版社、四川美术出版社、巴蜀书社和四川文艺出版社，使省局直属出版社增至 9 家。与此同时，建立了四川大学出版社、成都科技大学出版社、电子科技大学出版社、西南财经大学出版社、西南交通大学出版社、重庆大学出版社、西南师范大学出版社、四川省社会科学院出版社、成都出版社、成都地图出版社、蜀蓉棋艺出版社等高校和部门专业出版社。截至 1994 年底，四川共有各类出版社 21 家，总数居全国前列。专业出版社的建立对于拓展出书范围、缓解“书荒”、繁荣出版起到了积极作用。

在图书等出版物大幅增长的形势下，图书发行业和书刊印刷业的改革也提上日程。到 1994 年底，一个以新华书店为主体的多种流通渠道、多种购销形式并存的图书发行网络已基本形成。全省新华书店系统城乡发行网点达 3837 个，分布日趋合理。书刊印刷也发生了根本性的变化，从 80 年代开始，四川印刷业不断进行技术改造，采用新技术、新工艺。在激光照排、胶版印刷、电子分色、多色彩印和

四川少年儿童出版社向著名教育家叶圣陶征求对少儿图书出版的意见

四川大学出版社编辑向著名作家阳翰笙汇报“可爱的家乡丛书”的出版发行情况

装订机械化、联动化等领域获得长足进步，出版周期不断缩短，印刷质量不断提高。

有关出版财税政策也进行了重大改革。1979年省财政对出版系统实行利润留成，设立了三项资金；1983年又推行利改税，对出版实行减税让利政策；1988年全省各出版单位实行独立核算、自负盈亏，全系统推行目标管理责任制和承包经营责任制。财税改革在通过责、权、利的有机结合从而激活了各出版单位活力的同时，也使各出版单位经济效益得到提高，自身发展能力得到增强。1988年以后，四川出版系统实现利润总额逐年上升。

十多年的改革和发展，四川出版整体实力大大增强，本版图书出版增长迅猛，1985年全省共出书1848种，与改革前的1978年全年277种相比，增长6.67倍；1994年出书4897种，远远超过1950年至1978年29年出书总和。在1985年香港举办的“中国书展”上，送展的20多套上千本川版图书成为各省送展图书的亮点，备受关注。1986年全国首次图书展览会在京举行，四川展出了《老作家选集》、“近作丛书”、《古今图书集成》、《道藏辑要》、《走向未来》等22套丛书为主的1500余种图书，川版图书以“名牌多、成系列、有重点”受到广泛赞许，首都新闻传媒盛赞“天府之国成为出版大家”，四川初步确立了作为全国出版大省的地

著名学者任继愈指导巴蜀书社古籍整理工作

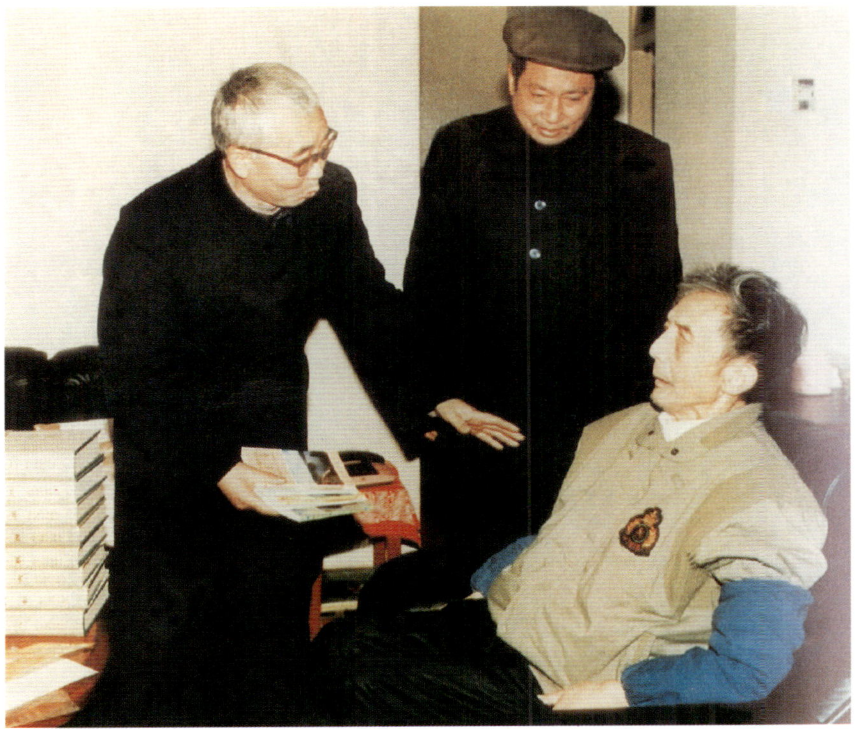

四川大学出版社领导征求著名作家沙汀对该社出版物的意见

蜀蓉棋艺出版社以出版棋牌类图书享誉全国。图为国际象棋特级大师谢军在该社主办的《中国国际象棋》杂志首发式上为读者签名。

位。

在规模和数量增长的同时，四川出版面临新的机遇和挑战。加强管理，优化结构，控制品种，提高质量，实行出版业的战略性转移已势在必行。

党的十五大为新闻出版工作指明了前进的方向，四川出版界根据江泽民总书记关于新闻出版要“加强管理，优化结构，提高质量”的重要指示和新闻出版署关于实行阶段性战略转移的总体部署和要求，结合本省实际，坚定不移地推进四川出版的改革与发展，并取得了显著成绩。

进一步明确了建设“出版基地和发行中心”的发展目标。党的十五大召开以后，在80年代初提出的“把四川建成继京、津、沪之后又一出版基地”的奋斗目标基础上，四川出版界进一步解放思想，在全系统开展了一场“思想大解放、观念大转换、结构大调整”的讨论，进一步明确了要“把四川建成全国重要的出版基地和发行中心”的发展目标，全省各出版单位反响热烈。根据省内各出版单位的意见，重新修订了《四川省新闻出版局“九五”规划及2010年远景规划》，制定了全省“九五”重点图书、报纸、期刊、音像和电子出版计划及新闻出版科技发展、队伍培训教育、书报刊印刷技术进步等分年实施计划；为确保重点图书的出

《汉语大字典》是四川省承担的国家重点出版项目。图为编纂处部分同志合影。

四川辞书出版社编辑深入新疆回族聚居区，了解《中国伊斯兰百科全书》出版后的反响。

版，省局成立了重点图书规划协调小组，制定重点选题规划和实施方案，并积极开展我国“5155 工程”西部基地的建设工作；根据事业发展的需要，改善出版基础设施的工作开始启动。四川图书城项目（含四川发行大厦）被列为全省“九五”期间十大精神文明建设工程之一，四川发行大厦已于 1998 年竣工并将投入使用；四川出版大厦工程正在紧锣密鼓地筹建之中，同时，局属印刷企业设备和技术改造也被列入国家“九五”技改书刊印刷专项计划。

管理体制逐步理顺。近几年来全省出版基础管理工作取得新的进展，突出表现在强化了依法治业、依法管理的力度。省局成立了依法治业委员会，加强国家有关法律、法规和新闻出版行业法规的学习，增强依法行政的自觉性。图书、报刊、音像、电子出版物和发行的制度建设不断完善，相继制定了《关于进一步加强四川省图书出版工作的几点意见》、《图书三审制实施办法》、《四川省音像出版选题管理行为规范》、《音像选题三审制实施细则》、《四川省光盘加工版权审验制度》、《四川省二级批发书店暂行管理办法》等规范性文件，加强出版的宏观调控，严格履行选题报批和重大选题备案制度；加强编务管理，制定了总编室工作细则，使编务管理更加规范化、制度化；建立了终

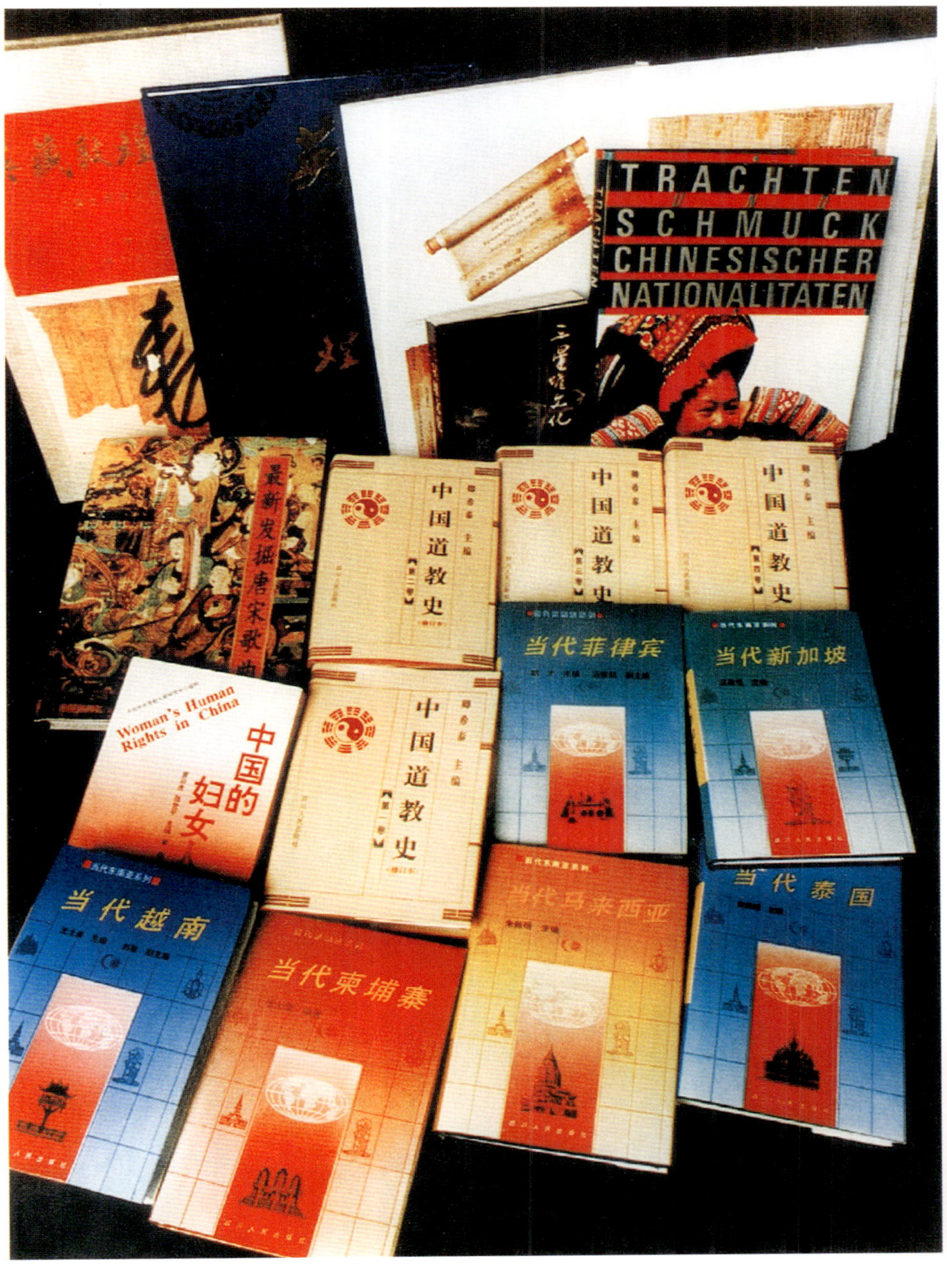

四川省出版的荣获国家图书奖、中宣部“五个一工程”奖和中国图书奖的部分图书。

受市场和读者欢迎的部分川版图书

深受读者欢迎的部分川版图书

深受读者欢迎的部分川版图书

以彝文出版的《凉山农业科普图书》在指导少数民族群众脱贫致富方面发挥了重要作用。

四川省出版的部分优秀科技图书

审通气会制度和编辑出版人员政治、业务学习制度。加强职业道德建设，通过上岗培训和在岗轮训，从业人员素质普遍提高，一批后备人才脱颖而出。四川出版界狠抓《印刷业管理条例》和《图书质量保障体系》的落实，全面提高图书编校和印装质量水平，每年定期或不定期开展社、厂自查和全省图书质量大检查，各出版单位的质量意识普遍有了提高。在图书版权管理方面，加强了图书出版管理和版权管理的配合与协作，在全国首先建立了反盗版措施体系，在全国首家授权娱乐场所使用音乐著作权，突破了音乐著作权管理的难点，版权管理走在全国前列；报刊管理在清理整顿中，增强精品意识，报刊质量不断提高；印刷管理严格执行了全国统一的图书、期刊印刷委托书制度，并加强了对全省印刷企业的检查和日常监督管理；图书市场管理在加大“扫黄”、“打非”力度、压缩整顿二级批发、规范集体和个体书店经营行为的同时，积极开展出版物的市场建设和营销工作，已成功地举办了三届四川书市，使书市成为“读书人的盛会，老百姓的节日”。

出版改革力度不断加大。一手抓管理，一手抓发展，首先是以大力推进三项制度改革试点为突破口，构建充满竞争的激励机制，充分调动出版工作者的积极性，培养和发掘他们的

琳琅满目的四川省期刊

四川省音像电子出版、发行业发展迅速，已成为四川省出版产业新的支柱。

第九届全国书市四川省展厅

创新意识和创新能力；二是加强社店合作，致力于深化发行体制改革的探索。在省新闻出版局党组的指导下，省新华书店和四川科技出版社在“经销包退”的合作基础上，双方联合四川少年儿童出版社，采用股份制的形式，组建了“四川省新华书店发行有限责任公司”，将社店关系建立在资产联合、风险共担、利益共享的新的企业组织形式上，实现了功能互补，质量优、速度快、效益好，扩大了一般图书的发行，特别是提高了川版图书的市场占有率；三是按照现代企业制度的要求，组建了“东方光盘制造有限公司”，成为全国新闻出版系统最早实现跨地区、跨行业、跨所有制的企业之一，使增量资产得到优化，存量资产被盘活；四是在新闻出版署的支持和指导下，积极筹建四川新华书店集团，其组建工作被列为全国六个试点省之一，新华书店集团将充分发挥自身的优势，以规模经营谋求企业更大发展，同时，也将为把四川建成全国重要的出版基地和发行中心做出积极的贡献；五是积极稳慎地推进出版单位的改革，不断提高集约化经营程度，一方面有自己的小而新、小而精、小而特、小而优的出版单位，另一方面以资产为纽带，走联合兼并的道路，并进而组建有影响、有双效、有规模、有实力的大型新闻出版集团。

阶段性转移成效显著。全省新闻出版工作

围绕阶段性转移目标，狠抓治理整顿、调整结构和优化选题的工作，在坚持方向、面向市场、发挥优势、突出重点、提高质量、增进效益等方面取得了比较显著的成效。1994 年以来，全省累计出书 18175 种，其中，新出图书 9419 种；与此同时，压缩平庸图书，引导出版社加大图书市场调研力度，努力开发适销对路的一般图书品种，特别是那些格调高雅、群众喜闻乐见、经济建设急需和有助于推动科技进步的图书；四年间，图书再版率不断增长，1995 年至 1998 年的再版率分别为 41%、44%、55.6% 和 51%。

1994 年以来，四川获奖图书位居全国前列，共有获奖图书 1003 种，平均每年有 200 余种图书荣获省、部级和国家级各类图书奖，在所有国家级图书奖项中，川版图书均榜上有名。其中，继《巴蜀情——邓小平与四川》画册荣获 1995 年中宣部“五个一工程”奖，实现了全省几年来该奖项零的突破之后，《中国的妇女人权》和《现代企业制度论》分获 1996 年和 1997 年中宣部“五个一工程”奖，实现三连冠。《英藏敦煌文献(汉文佛经以外部分)》8 种图书、《中国伊斯兰百科全书》、《中国农村文库》、《中国道教史》、《彝文典籍目录》、《中国儿童生存、保护和发展书系》和《韩诗外传笺疏》，荣获第一届、第二届、第三届国家图书奖和提名奖；《甲骨

1997 年，四川省新闻出版局局长李正培考察德国贝塔斯曼公司光盘厂。

四川省出版界与德国科纳特出版集团洽谈合作出版事宜

文字典》等 30 种图书荣获第一届至第十一届中国图书奖；与此同时，还出版了一大批服务于两个文明建设并获得广泛赞誉的精品图书，其中，四川人民出版社组织的“人权系列丛书”，以其鲜明的特点和高质量而享誉国内外，为我国人权理论建设做出了重要贡献；四川作为中国“5155 少儿动画”西部基地，出版的具有中国特色的少儿动画读物，以其特色鲜明的人物造型、精致的图文创意深受少儿读者的喜爱；四川出版的古籍整理、农村实用图书，藏、彝文大型辞书、工具书等在国内都有广泛影响。每年四川都有一批图书跻身全国优秀畅销书行列。1998 年《人民的儿子邓小平》以 100 万册的印数和 10 余个省租型，《资本经营》以 10 万册印数位居 1998 年社科类和经济类最畅销的 10 种图书排行榜；“中国养殖技术丛书”贴近农村、贴近农民，深受农民欢迎，印数达 50 万册以上，且热销势头不减。《万村书库》已组织出版两批 180 种，印数超过 5 万套，成为全国农民脱贫致富的好帮手。四川人民出版社、四川少年儿童出版社、四川民族出版社、西南财经大学出版社先后荣获全国良好出版社称号；四川辞书出版社、四川民族出版社、四川新华印刷厂和德阳市、南充市新华书店先后被评为全国新闻出版系统先进集体和全国新华书店精神文明建设示范窗口；何承纪、余

四川省出版界与台湾地区出版界人士洽谈版权贸易

1996 年 9 月由四川省版权局承办的“国际版权和邻接权执法研讨会”在成都隆重举行

四川首开授权娱乐场所使用音乐著作权的先河。图为有关部门向娱乐场所颁发“音乐著作权使用许可证”。

四川重视培育读者，倡导读书、爱书的社会新风尚。图为首届天府十大藏书家授牌仪式。

德槐、姚佩文荣获“韬奋出版奖”；王庆、杨潇、马阿沙荣获“全国百佳出版工作者”称号。

随着出版事业的繁荣发展，四川对外出版合作与版权贸易也取得长足进步。继 1975 年四川民族出版社首次引进前苏联《东亚南部民族史》版权，特别是 1981 年全国出版对外合作工作座谈会召开以来，四川各出版单位与美、日、英等国及港、澳、台地区开展了各种形式的出版合作与版权贸易。据不完全统计，截至 1998 年底，四川开展了 400 余种图书合作出版业务。版权贸易额位居全国地方出版社前列。

特色鲜明的出版社。四川图书出版学科门类齐全，范围十分广泛，涵盖了政治、经济、法律、文学、艺术、历史、科技、教育、少儿、民族、旅游、古籍整理、棋艺、地图等诸多领域。出版社优势互补，各具特色。

四川人民出版社是以出版政、经、史、哲、法为主的综合性出版社，是我国有影响的出版社之一。该社拥有一支实力雄厚的编辑队伍，所出版的《英藏敦煌文献（汉文佛经以外部分）》、《中国道教史》、《社会主义经济理论与实践研究》、《人权研究系列》、《近代稗海》、“中国近代史专题研究丛书” 等具有较高学术价值和艺术价值的图书在全国产生影响。该社与境内外出版机构建立了广泛的联

四川省隆重举办纪念抗日战争和世界反法西斯战争胜利 50 周年书市

建设中的四川图书音像发行大厦

读者乐园，购书天堂。图为西南书城开业典礼。

系，所出版的多种图书以多种文字在海外出版发行。

成立于 1980 年的四川少年儿童出版社坚持一切为了孩子的办社宗旨，出书追求优质、创新和双效。早在 80 年代，出版的《孙悟空七十二变》、《中小学普通话朗读教材》以及全国第一本用塑料制作的《少儿识字图册》在全国影响深远。该社立足四川，面向全国，建社以来出版少儿读物 4000 多种，发行量达 5 亿多册。“小图书馆丛书”、《小小连环画》、“少男少女丛书”、“小作家丛书”、《幼儿十万个为什么》、《中国儿童生存、保护和发展书系》等 300 种图书荣获各类大奖。该社引进版图书《动物大搜捕》、《昆虫大搜捕》、《海底大搜捕》等深受读者欢迎，另有《366 日世界名人邮票》、《猪八戒外传》、《大迷宫》等多种优秀读物向海外出让版权。

四川科技出版社通过 17 年的出版探索，积极实施品牌战略，已在养殖类、川菜烹饪类、摄影类、中医中药和保健类、汽车驾驶与维修类、建筑等类图书出版方面奠定了自己独特的优势，并在国内科技专著、科技工具书和音像电子读物等领域不断拓展。该社是全国省级出版社惟一获“全国科普工作先进集体”殊荣的单位，出版的“川菜系列丛书”、《卧龙大熊猫》、“中医医学丛书”、“中国民间医学丛书”、《中国

川版图书深受读者喜爱

西南书城一角

各类少儿图书成为孩子们与家长最喜爱的书籍

五脏病学》、“中医精华丛书”、“中国现代养殖技术丛书”、《空间物理学进展》等图书备受市场和读者的青睐。

四川民族出版社建社 45 年来，用彝、藏、汉三种文字出版政、经、文、史、哲和科技、教育等图书，为民族地区社会进步和经济发展做出了积极的贡献。该社出版的彝文版《毛泽东选集》、彝文版《邓小平文选》、《彝语大辞典》，藏文《格萨尔王传》、《藏族历算学大全》和《中华通史大历典》、“民族民间文学丛书”、“中国少数民族史丛书”、“凉山农业科普丛书”等图书成为民族兄弟宝贵的精神食粮。

以出版《汉语大字典》而蜚声海内外的四川辞书出版社是中国西部地区惟一的工具书专业出版社，该社出版各类工具书和有关辞书编纂的著作，尤以出版汉语语词类工具书和字形字典类工具书见长。所出版的《甲骨文字典》、《中国伊斯兰百科全书》、《长江百科全书》等系列辞书、工具书受到海内外读者广泛赞誉。

巴蜀书社是西南地区惟一一家古籍出版社，自 1983 年建社以来，出版了大量的古籍整理图书和高品位的学术著作，并在传统文化普及读物方面也有所成就。《中华大典》、《全宋文》是该社承担的国家级大型古籍整理项目的代表。该社编辑力量雄厚，人才济济，专家型的高素质队伍为该社形成自身出书特色提供了保证。

电子科技大学出版社成立于 1985 年，该社依托首批进入国家“211 工程” 27 所大学之一的电子科技大学的人才和技术优势，坚持为

四川省新华书店和四川科技出版社的“社店合作”为扩大图书发行探索出一条新路。

发行工作紧紧围绕全党全国工作大局。图为四川省新华书店发行《邓小平文选》时的情景。

四川省在康藏高原的售书摊

“流动书店”开进军营。图为四川省凉山州新华书店西门坡门市部为子弟兵售书现场

教学、科研服务，突出电子科技出版特色，出版了大批电子信息类图书，并在电子类教材、计算机、家电和外语等方面形成了自己的特色，尤其是计算机图书在全国有较大影响，有 30 余种计算机图书被海外购买了版权。

西南财经大学出版社是以出版财经类图书为特色的专业出版社，成立 13 年来，致力于为中国财经、金融的教学、科研以及普及财经知识服务，出版的《当代财经文库》、“跨世纪企业丛书”等 1600 种各类图书受到各界广泛关注和好评。其中，《中华人民共和国人民币大系》以权威性、知识性、史料性和艺术性的完美结合，再现了人民币发展的璀璨历史和魅力。

此外，四川文艺出版社、四川美术出版社、天地出版社、成都地图出版社等也在发展中形成了自己的出书特色，影响逐年扩大。

50 年弹指一挥间，四川出版业在曲折中不断探索，在发展中不断壮大，成就斐然。行政区划调整后的四川共有图书出版社 16 家，音像出版单位 9 家，期刊 319 种，报纸 100 种，印刷企业 5000 余家。四川出版业获得了社会效益和经济效益双丰收，不仅为社会提供了丰富的精神食粮，创下了连续 19 年“课前到书、人手一册”的新记录，而且，四川出版业积极致力于产业化经营，经济效益不断增长，自身实力不断增强，资产规模不断扩大。仅直属单位 1998 年底资产总计 23.76 亿元，实现销售净收入 26.7 亿元，较 1990 年增长 4 倍；实现利润总额 1.9 亿元，较 1990 年增长 4 倍。四川出版事业的发展始终受到中央和地方各级领导的关心与支持。四川出版业正以崭新的姿态迈步进入 21 世纪。

四川省基层新华书店常年开展“送书下乡”活动

现代化的印刷装备为高品质的出版物提供保证

四川省报业尝试无纸化办公

西南地区光盘生产基地——东方光盘制造有限公司

新中国出版 50 年

重　　庆

重庆市的出版业具有丰富的人文资源和独特的巴渝文化传统，具有与之相应的出版基础。19 世纪末，重庆第一家近代报刊《渝报》问世。20 世纪三四十年代，由于重庆的特殊历史地位，云集了国内不少出版单位，其中包括三联书店等著名出版单位。我党领导的《新华日报》成了国统区人民心中的明灯。新中国的诞生给古老的巴渝大地的出版业注入了新的活力与生机，特别是党的十一届三中全会以后，随着改革开放的不断深入，重庆的出版业取得了长足的进步，在计划单列市中名列前茅。1997 年成立重庆直辖市后，立足全市 25 所大专院校、25 所成人高校、100 余家科研院所和 60 多万科技人才的优势，重庆努力发挥巴渝文化的悠久历史传统，大力发展出版产业，出版业呈现出一派生机盎然、蓬勃发展的良好势头，为推进改革开放和社会经济发展、促进“两个文明”建设发挥了重要作用。

原重庆市于 1985 年成立了出版总社，1988 年成立了新闻出版局。重庆建立直辖市

重庆出版社办公大楼

重庆出版社原址——李子坝正街 102 号

后，重庆市新闻出版局管理权限及责任加大，把“加强管理、优化结构、提高质量”作为新兴直辖市出版业实现阶段性转移的根本方针，实施了“五大发展战略”，即以法制建设为重点，实施“管理战略”；以出版为基础，实施“精品发展战略”；以发行为重点，实施“改革发展战略”；发展多媒体出版物，实施“出版高科技发展战略”；加强队伍建设，实施“人才工程发展战略”。经过数年努力，建立起适应社会主义市场经济体制和社会主义文化建设需要的、符合出版业自身发展规律的管理体制和产业运行机制，缩小了与发达地区的差距，初步把重庆建成长江上游及西部地区的出版发行中心，建成具有重庆特色和时代特征的出版业体系。

一、出版概况

1950 年，西南人民出版社在重庆建立。1954 年，西南行政区撤销后，又先后设立了人民教育出版社、四川人民出版社重庆办事处。

重庆出版社出版的三大书系：
《中国抗日战争时期大后方文学书系》20 卷；
《中国解放区文学书系》22 卷；《世界反法西斯文学书系》52卷。

1980 年，重新恢复出版社建制，成立了重庆出版社。随后，重庆音像出版社、西南师范大学出版社、重庆大学出版社、西南师范大学音像出版社、重庆电子出版社相继成立。迄今为止，全市先后创办了社会科学、自然科学期刊 121 家，各类报纸 31 家。

为了鼓励优秀著作的出版，重庆市新闻出版局设立了百万重点图书出版专项资金，集中力量抓有巴渝特色的《长江三峡书系》和为"三农"服务的"南方农村 2 元钱实用知识丛书"。《当代党员》和《党员文摘》两种党刊的期发量共超过百万份，《党员文摘》被新闻出版署评为"全国百家重点社科类期刊"。1998 年全市出版图书 11600 万册，音像和电子出版物 32 万盒（张），期刊 2500 万册，报纸 46400 万张，年总印张 108.5 万千印张，年销售收入 17.5 亿元，利润总额 1.04 亿元。

重庆出版社 该社是一家大型综合性出版社，出书范围包括各学科门类，年出书量 1000 余种；有编辑 124 人，其中中级职称

重庆出版社部分对外合作图书

59 人，高级职称 45 人；有 1 人获“韬奋出版奖”，1 人获“全国十佳出版工作者”称号，3 人获“国家中青年优秀图书编辑”称号。成立 18 年来，有近 1000 种图书获省级以上各类优秀图书奖，其中《世界反法西斯文学书系》获国家图书奖，《中国解放区文学书系》获国家图书奖提名奖，《中国抗日战争时期大后方文学书系》、《中国解放区文学书系》、《结构振动分析的矩阵摄动理论》、《中国自然科学的现状与未来》和《邹韬奋传记》获中国图书奖。1988 年，在全国率先设立“科学学术著作出版百万基金”，现已资助出版了 80 余种高品位的学术专著。

西南师范大学出版社 西南师范大学出版社主要出版为教学、科研服务的大中专教材、学术著作，并出版部分九年义务教育实验教材和为基础教育服务的教参、教辅。建社 14 年，已出版 2000 多种图书，其中《中学生日常行为规范教育》获省级“五个一工程”奖，《中国农村文库》获国家图书奖提名奖。1995 年以来出版的大学教材、学术著作占总量的 70% 以

重庆出版社“科学学术著作出版基金”已资助出版 80 多种高品位的学术专著

上，获奖图书占 16%，图书重版率已达 54.11%。

重庆大学出版社 重庆大学出版社主要承担西南、华南地区各高等院校推荐教材和学术专著的编辑出版任务，出版具有较高质量的教材、教学参考书、工具书、外国著名教材和科学著作、通俗政治读物、科普读物及科学专著。14 年来，出书近 2000 种，179 种获省级以上各类优秀图书奖，《资源经济新论》获中国图书奖。"减灾防灾工程丛书"等 5 套（种）、《实验烧伤外科学》等 8 套（种）分别被列入国家新闻出版署、原国家教委"八五"、"九五"重点图书选题出版计划。该出版社被原国家教委评为"全国教材建设先进集体"。

重庆音像出版社 该社建于 1984 年，是为电视台和音像市场提供音像节目出版物的主渠道之一。自建社以来，注重挖掘本土民俗文化，其中故事片《凌汤圆》、《傻儿师长》、《托起太阳的一叶扁舟》、《九根毛》等在全国第一届、第二届、第三届优秀国产音像节目"双向

重庆印制一厂的报纸轮转设备正在印刷当天的报纸

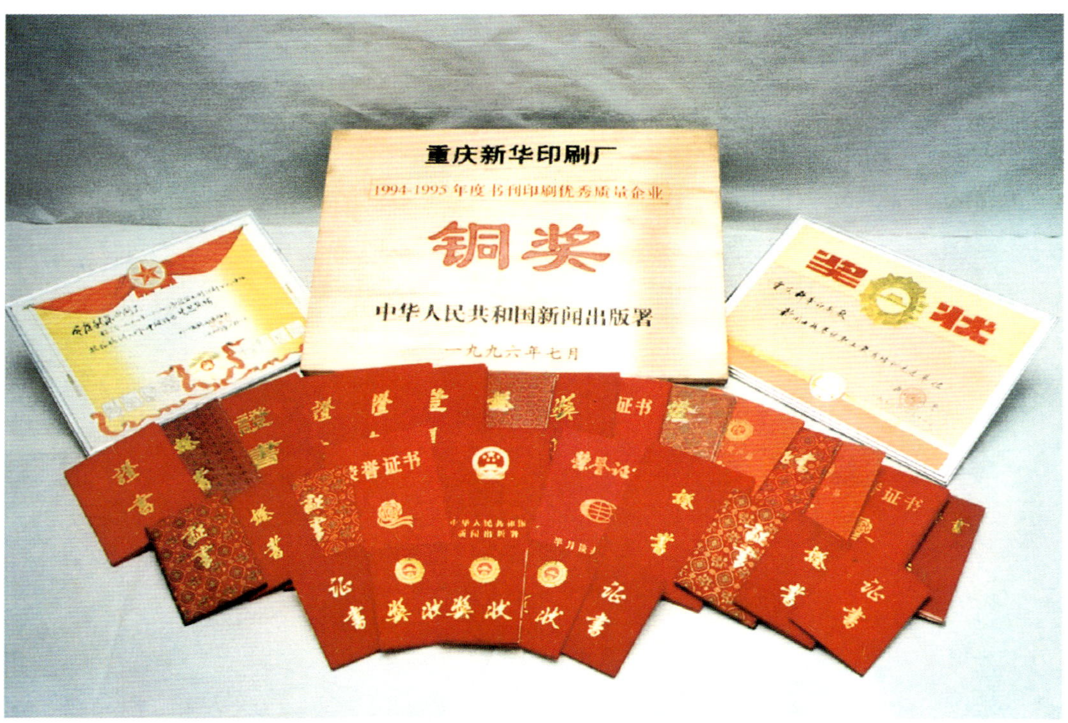

重庆新华印刷厂获 1994—1995 年度全国书刊印刷优秀质量企业铜奖，1986 年—1997 年获国优产品 233 个、省（市）优产品 477 个，并获全国新闻出版系统职工教育培训先进单位称号。

图为与上海合资企业生产的第一台双面四色胶印轮转机，投产 4 年来销售利润达 750 万元，两年即收回了投资。

奖”评比中均获得佳绩。故事片《梁强》在1998年全国第一届优秀文艺音像出版物评比中获奖。

西南师范大学音像出版社 该社努力开发优质高效的音像选题，已形成了音乐、汉语和英语教学系列。《全国音乐学科考级示范系列》等四种选题被列入“九五”国家重点音像出版规划项目。建社10年，先后有20余种音像制品获省级优秀电教教材奖，并获第一届、第二届全国优秀教育音像出版物奖。

重庆电子出版社 该社于1998年6月成立，在体制上实行了出版界内部股份制试点，由重庆新华书店集团、重庆出版社、电脑报社分别出资合办。在成立短短半年的时间里，已出版数十种电子出版物，并取得了新开发产品首先在境外市场上市的版权贸易经验。在重庆市新闻出版局的领导下，依托三家股东各自的出版、人才和发行优势，重庆电子出版社力争后来居上，走出一条集约化、规模化及快速发展的路子。

50年来，重庆新华印刷厂经过了五次重大的技术改造，生产能力不断提高。图为进口对开四色胶印机。

50年代初，为庆祝重庆市新华书店(民权路)开业，书店实行廉价售书7天，让广大读者得到实惠。图为开业当天全体职工合影。

二、印刷概况

1950 年，在重庆军管会的领导下，将原有的重庆正中书局印刷厂等 60 余家印刷厂合并，组建了西南新华印刷厂，直属文化部出版总署领导，后西南行政区撤销，更名为重庆新华印刷厂。党的十一届三中全会后，为了加快出版业的发展，始建于本世纪 30 年代的重庆印刷第一厂也列为印刷基地厂之一。近 20 年，两厂投入资金 4958 万元，进行了较大规模的技术更新改造。同时，全市印刷业也发展很快，已有各类印刷厂 270 余家，其中书刊印刷厂 190 家。重庆市已成为长江中上游地区的印刷基地，在保质保量完成全市各出版单位的印刷任务的基础上，还承接了外省市出版单位的大量委印任务。

重庆新华印刷厂　该厂是全国“一五”计划重点建设项目之一，1984 年列为重庆四大印刷基地企业之一，1989 年列为国家教委执行世界银行贷款教材开发项目单位之一，

1950 年 8 月 28 日，新华书店川东分店第一次支店会议到会者合影。

50 年代抗美援朝时期，新华书店川东分店职工在重庆街头做宣传工作。

1997 年列为全国“九五”印刷专项重点技术改造项目单位之一，国家级定点书刊印刷厂。经过 5 次大的技术改造，已拥有代表国际、国内先进水平的主要设备 103 台，现有总资产 1.1 亿元。年生产能力为照排 4000 万字，制版 8000 块，胶印 57 万对开色令，书刊印刷 16 万令，装订 25 万令，复膜 6000 对开千印。

重庆印制第一厂 该厂建于抗战时期，为坚持抗战，承担了不少政治、文化方面的印务，至今该厂已有 60 多年历史。1984 年列为印刷基地厂之一，为全国定点书刊印刷厂。从此，该厂有了大的发展，现有主辅设备 115 台，年生产能力为单色 12 万令，多色 20 万对开色令。1996 年实现胶印化。1995 年开始承接报刊印刷，现日产对开报 36 万张。16 年来，有 165 种产品先后获省级以上优质品称号。

三、发行概况

1950 年 1 月 3 日，西南第一家新华书店在重庆黄家垭口开业，标志着建国后新华书店西南总分店和重庆市新华书店开始对外营业，

50 年代抗美援朝时期，重庆募捐书刊活动的盛况。

重庆新华书店集团大楼

标志着在延安诞生、随着千军万马征战的新华书店在大西南安家落户、生根开花。1954年，西南行政区撤销，西南总分店改建为新华书店重庆发行所。从此，重庆市书刊发行业就有了三个主渠道：新华书店重庆发行所、重庆市新华书店、重庆外文书店。

新华书店重庆发行所系国家一级专业发行机构，被列为全国四大发行基地之一，仓储面积在五六十年代就达到1.7万平方米，年销售额5亿多元。1984年以来，先后被总店评为“全国最佳发运店”，被人事部、新闻出版署命名为“全国新闻出版系统先进集体”，被国家经委、贸易部和新闻出版署评为“全国最大服务行业图书批发销售企业”。

重庆市新华书店自1988年以来，累计销售码洋17亿元。1989年以来，被评为全国零售大型企业50强，位居29名，荣获中国书刊发行“双优奖”，名列全国大城市店销售第4名。

重庆外文书店建于1983年，其前身是1951年成立的国际书店重庆分店。该店年销售码洋在2000万元以上，各项经济指标位居

1998年，长江中下游遭受洪灾，重庆新华书店（集团）有限责任公司职工踊跃捐款捐物，共向灾区人民捐款6万多元，衣物6000多件。上图为捐赠仪式，下图为捐赠的物资。

全国 40 家外文书店排序中第 18 名。

改革开放以来，重庆多种经济形式的书刊发行单位也迅速发展，至今已有 2000 多家。全市的书刊发行业繁荣兴旺，较好地满足了广大读者不断增长的需要。

党的十五大以后，为了适应全国出版发行业改革的需要，经重庆市人民政府批准，于 1998 年 5 月对重庆三家国有发行单位实施强强联合，实行了资产、业务和人员的重组，建立了重庆新华书店（集团）有限责任公司，并以此为核心，联合市内各区（市）县新华书店建立了重庆新华书店集团。集团公司既承担对全市各区（市）县 40 个书店的管理职能，又集书店、音像和电子出版物批发、零售为一体，并兼营仓储运输、文教用品、工艺美术、房地产开发及装修、物业管理、服装百货、餐饮、娱乐、旅游、广告等第三产业的开发和经营，成为大型的综合性出版物发行企业。

新华书店集团总资产 4.9 亿元，净资产 1.9 亿元。1998 年销售收入（码洋）10.33 亿元，利税 4400 万元。

长江三峡工程开工，重庆市新闻出版局系

"新华书店送书来了，快去看！"山乡的孩子们围在新华书店送书的书摊前争相选购。

重庆新华书店（集团）的面积为 1.6 万平方米的大型书库

统与重庆人民一样也做出了很大的牺牲。为了中下游人民不再遭受洪灾，库区的 9 个县级新华书店和 6 个乡镇新华书店必须迁建。全市新闻出版系统已自筹资金对书店迁建投入数千万元，虽然困难很大，但是库区书店职工发扬“延安精神”、“红岩精神”，勇于拼搏，艰苦创业，又在荒山秃岭中建设新的家园。

四、版权贸易及对外交流

近几年，全市各出版单位积极组织人员参加德国、美国、意大利、新加坡、法国等世界各

军民共建，送书下乡。重庆市新华书店与部队共同向山区人民送去精神食粮，并连续 19 年圆满地完成了“课前到书、人手一册”的任务。

重庆新华书店（集团）职工发扬“背篓精神”，面向基层、面向“三农”、热情服务、送书下乡。地处山区的新华书店营业员经常背着山区农民急需的书刊，跋山涉水，送到田间地头，送到农民手中。

地举办的国际书展，建立了海外业务点，增加了版权贸易的渠道，并通过国际互联网络随时了解海外出版动态，努力将渝版出版物介绍给海外读者。重庆出版社建立了对外合作部，与 80 多个国家和地区进行了版权贸易。该社的《重庆谈判》、《中国大足石刻画册》、《长江画册》和西南师范大学出版社的《他山之石》、《妙方神医》等几十部图书和重庆电子出版社的《战国风云》游戏软件等已销往国外及港、台地区。

各出版单位还根据国内出版物市场的需要，积极引进海内外优秀出版物。加拿大的"红荆棘鸟丛书"、美国的《植物分子生物学及生物技术方法》、《钢琴 300 年》、《如何防止计算机犯罪》、台湾地区的《轻轻松松自学 WORD7.0》等近百部(集)图书，都分别被各出版社买进。

1998 年 3 月 4 日，中国历史博物馆举办"雷锋精神永恒"展览，重庆市新闻出版局、重庆大学出版社、重庆出版发行公司向展览会捐赠重庆大学出版社出版的《雷锋精神永放光芒》2000 册，有力地支持了精神文明建设。

新中国出版50年

贵　州

中华人民共和国成立50年来，贵州的出版事业迅速发展，出版了很多有影响的著作，为促进贵州省的社会、政治、经济、文化的发展做出了贡献。1951年2月，贵州建立了第一个综合性的出版机构——贵州人民出版社，之后又建立了贵州民族出版社、贵州教育出版社、贵州科技出版社、贵州美术出版社（现已并入贵州人民出版社）等专业出版机构。4家图书出版社共有职工340人，大专以上学历182人，占53.5%，有出版系列高级职称的50人，中级职称的101人。1951年到1998年，共出版各类图书12万多种。近五年来，贵州出版业在从以规模数量增长为主要特征向以质量效益为主要特征的阶段转移的改革中，取得了显著的成效，各出版社注重精品图书出版，出版了诸如“中国历代名著全译丛书”、《梵净

贵州人民出版社大楼外景

山研究》、“中国市场经济法律丛书”、“中国少年报告文学丛书”、“中国国际经济惯例丛书”、《文物鉴定秘要》、《傩面具艺术》、《世界政党大全》、《本草纲目彩色图谱》、《长征大事典》等一大批在全国和海外一些国家、地区有影响的图书，贵州的出版业步入了一个兴盛时期。

与此同时，期刊、报纸、音像出版不断发展。1951 年 8 月出版正式期刊《宣传员》，至

贵州人民出版社出版的“中国历代名著全译丛书”获中宣部精神文明建设“五个一工程”奖。

贵州人民出版社获中宣部精神文明建设“五个一工程”奖的“中国市场经济法律问题丛书”。

1999 年初，全省共有期刊 98 种；1949 年底，《贵州日报》的前身——《新黔日报》出版发行，至 1999 年初全省共有报纸 48 种。报业经济也有迅猛的发展，1998 年，全省报纸广告收入达 1.1 亿元；报纸的编辑技术有了新的突破，告别了铅与火，普遍采用计算机编辑出版系统，部分报纸实现了彩色印制。1984 年，全省第一家综合音像出版社——贵州东方音像出版社

贵州人民出版社举办《出版管理条例》学习班

建立之后，又建立了贵州电大教材音像出版社和贵州文化音像出版社。贵州省出版业几经发展，特别是党的十一届三中全会以来的20年，图书从年出版58种发展到625种，再版、重印率达66%；期刊从10种发展到80种；报纸从10种发展到40种；音像出版从无到有，基本上形成了书、报、刊、音像出版门类齐全、语种众多、各具特色的全方位出版格局。全省目前拥有书刊印刷国家级定点企业3家、省级定点企业9家、出版物印刷企业79家、出版物印刷专项许可企业91家，基本满足了全省书报刊印刷需求。至1998年末，全省图书出版、印刷、发行销售总额超过10亿元。

贵州人民出版社

贵州人民出版社成立于1951年2月12

贵州人民出版社在京召开《少年长城》出版座谈会

贵州人民出版社出版的《文物鉴定秘要》获第九届中国图书奖

贵州人民出版社耗资105万元购买了英国著名侦探小说家阿加莎·克里斯蒂侦探小说全集80种中文专有出版权

贵州人民出版社出版的《长征大事典》

贵州人民出版社出版的"国际经济惯例丛书"(34 种)荣获第十届中国图书奖

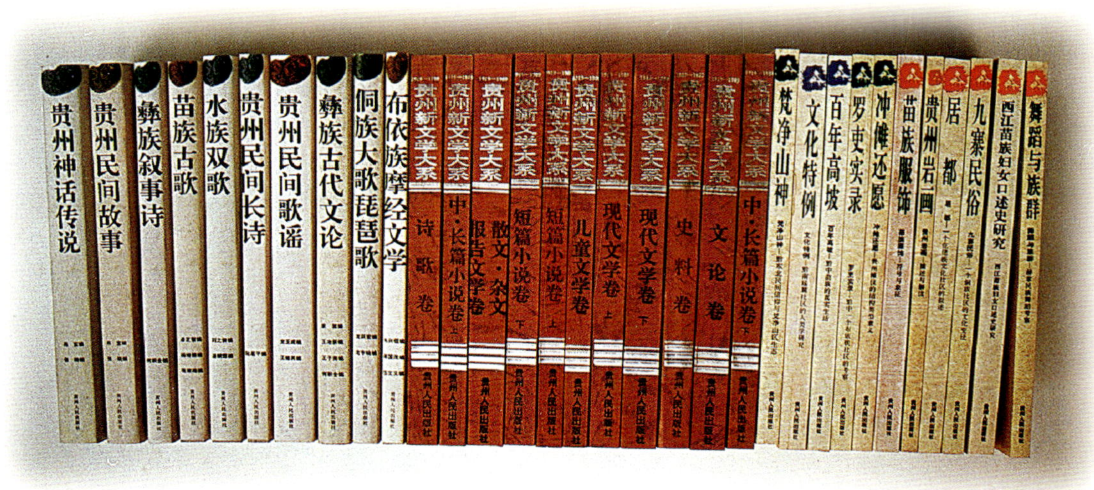

贵州人民出版社推出的《贵州新文学大系》、"贵州民间文学选粹丛书"、《贵州民间文学研究》。

日，是贵州省建立最早、规模最大的一家综合性出版社。现有职工 207 人，其中编辑 113 人(高级职称 38 人)，设有社科、经济、文艺、文史、少儿、旅游、教材、美术等 8 个编辑室和《少年人生》编辑部。每年出版图书 500 余种。

从建社以来，贵州人民出版社始终坚持为社会主义服务、为人民服务的方针，努力出版优秀图书服务读者、服务社会。党的十一届三中全会后，改革的春风给贵州人民出版社带来了繁荣，图书出版工作有了长足的发展，出版规模、图书质量都有较大的提高，"双效"图书逐年增多，出版社的整体实力和知名度渐次提高。建社迄今，贵州人民出版社已出版各类图书 1 万多种，印制发行数亿册。

近 10 年来，贵州人民出版社认真执行党的出版方针，适时根据出版业的发展，调整出

贵州人民出版社出版的“花季风采系列丛书”荣获第六届全国优秀青年读物一等奖

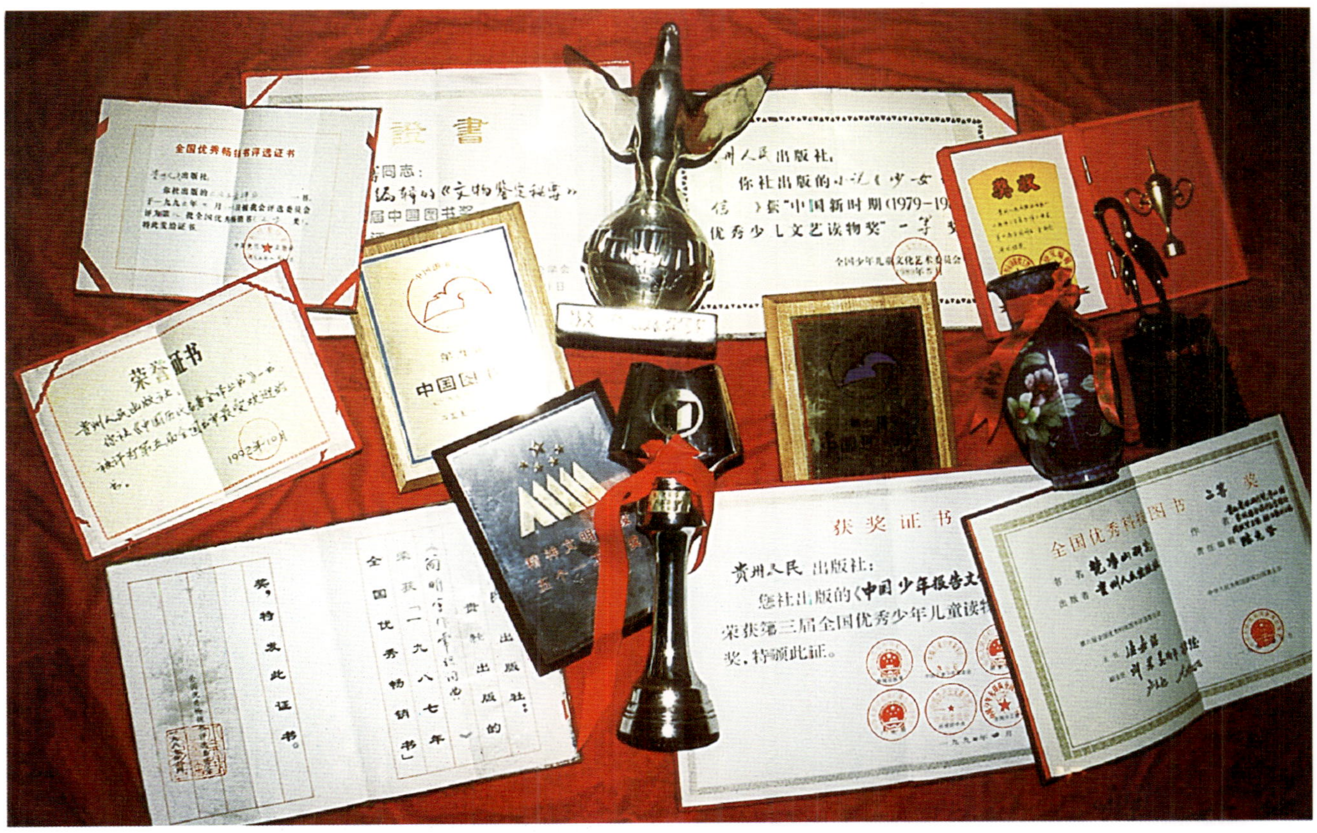

贵州人民出版社部分获奖证书和奖杯

版视角，确立了“立足贵州、放眼全国、走向海外”的出版思路，在不断拓展图书选题的同时，不断优化选题结构，注重有较高学术价值、艺术价值和高品位图书的出版。近年出版的“中国历代名著全译丛书”（第一批 50 种）、“国际经济惯例丛书”（34 种）、“中国市场经济法律问题丛书”（9 种）、“当代中国农民问题研究丛书”（9 种）、“中国少年报告文学丛书”（8 种）、“振兴国有企业研究丛书”（8 种）等 70 余种丛书、套书以及《长征大事典》、《文物鉴定秘要》、《中国酒典》等图书，展现出贵州人民出版社的出版特色和编辑实力。

这些图书的出版，既受到社会各界广大读者的好评和喜爱，也使贵州人民出版社的图书获奖与出书比例接近 9%。近年来，共有 871 种图书在全国、大区及省级各类图书评奖活动中获奖，其中，“中国历代名著全译丛书”、“中国市场经济法律丛书”两度荣获“五个一工程”奖；《梵净山研究》、“中国少年报告文学丛书”、《文物鉴定秘要》、“国际经济惯例丛书”，四度问鼎中国图书奖。另外，还有 300 多种图书获外省和本省哲学社会科学科研成果奖。这些图书的出版发行，获得了明显的社会效益和较高的经济效益。

1994 年以来，随着图书编校质量、图书选题品位、印装质量的提高，贵州人民出版社在对外交流及图书版权贸易方面也有了较大的发展。有 2000 余种图书在海外各种书展中展销，“中国历代名著全译丛书”、《古代格言辞典》、《盛唐遗恨》等 70 余种图书的中文繁体字版和英文版版权先后转让给台湾地区和美国。从国外引进购买图书出版权 100 余种。特别是 1996 年一次性购买英国侦探小说家阿加莎·克里斯蒂 80 种小说的中文版专有出版权，创下了当年国内一次性购买版权金额之最。这套丛书于 1998 年一次性推出，得到广大读者的好评。

贵州是一个多民族的省份，支持地方经济、文化建设事业，是贵州人民出版社义不容辞的责任。从 1988 年以来，每年投入近百万元资金，有计划、有步骤地资助出版地域特色显著的民族文化著作，先后出版了《贵州古籍集粹》、“贵州民间文化研究丛书”、“贵州民间文学选粹丛书”、《贵州新文学大系》等分量重、学术价值高的著作，受到国内外学术界的关注。目前，贵州人民出版社正以自立于中国乃至世界出版之林的气概，积极进行出版改革，全力发挥“人民社”的优势，逐步采用现代管理以适

贵州民族出版社出版的部分少数民族图书

贵州民族出版社获得的图书奖奖杯

应社会主义市场经济，努力培育自己的文化个性，突出出书特色，形成全新的出版运行机制，进一步开拓和优化选题，出版更多更好的贴近时代、贴近生活、贴近读者的出版物，进一步实现由数量增长向质量效益的转移，精心组织实施“精品工程”，力求在支持国家经济建设、传播知识文化、参与文化积累等方面做出更大贡献。

贵州民族出版社

贵州是多民族共同休养生息的地方，世居着汉、苗、布依、侗、彝、土家、水、仡佬等 17 个民族。苗瑶文化、百越文化、氐羌文化、汉族文化与现代文明在这里交相辉映，历史与现状在这里相互作用，形成了特殊的丰富多彩的文化资源。这种特殊性赋予贵州民族出版社十分

贵州民族出版社出版的部分傩文化系列图书

贵州民族出版社部分领导和专业技术人员在进行新书质量检查

贵州民族出版社部分少数民族编辑在研究书稿

鲜明的文化个性。

正是为了服务于少数民族文字的推行工作，发掘、发扬和发展民族优秀文化，承担苗、布依、侗、彝等多种少数民族文字图书的著、编、译和综合性民族图书出版任务，贵州民族出版社于 1957 年 12 月宣告成立。成立后的几年中，编辑出版少数民族文字的课本、读物、工具书近百种，对民族文字的推行和民族文化的发展起到很好的作用。1965 年由于“左”的思想影响，贵州民族出版社被不宣而撤。1984 年，在改革开放的春风吹拂下，经文化部批准，贵州民族出版社得以重建，中止了 20 年的民族出版事业枯木逢春，焕发了新的生机，为贵州省 3600 万各族人民建设有中国特色的社会主义事业提供民族出版服务。14 年来，贵州民族出版社坚持一手抓图书出版发行，一手抓队伍建设。现有职工 28 人，编辑人员 17 人，其中，高级职称 6 人，中级职称 11 人；设有民族文字、汉文、美术等三个编辑室，拥有资产1000 万元，编辑排版业务已初步实现了计算机作业。出版了苗、布依、侗、彝等 4 个民族 7 种文字的图书

贵州民族出版社深入少数民族地区售书

国外学者、读者经常到贵州民族出版社选购少数民族图书。

读者在选购贵州民族出版社出版的图书

150 余种，发行近百万册；出版民族地区经济建设急需的科技、科普读物和为民族经济、教育、文化、历史研究、民族艺术事业服务的各类图书，以及民族古籍、学术专著 800 余种，发行 2000 多万册，为维护民族地区稳定，促进民族团结，深化改革开放创造良好的舆论环境，为发掘和传播贵州民族文化做出了应有的贡献。

14 年来，该社坚持打好"民族牌"，坚持以出版少数民族文字、少数民族内容、少数民族题材的图书为己任，形成了少数民族文字课本、读物系列；少数民族语言词典系列；少数民族语言研究系列；少数民族文字古籍系列；民族自治概况及少数民族社会历史调查系列；少数民族社会、历史、文化专题研究系列；少数民族文学作品系列；傩文化系列等八大系列民族图书为"特色支柱"的出版风格。具有民族特色的各种图书远销海外十几个国家和港台地区，产生了很好的社会影响。1988 年该社向台湾淑馨出版社转让了《傩面具艺术》和《西藏神舞·戏剧及面具艺术》两种画册版权，开创了贵州出版界对台合作出版的先河。14 年来，贵州民族出版社出版的图书获国家民委、新闻出版署、中国作协、贵州省人民政府分别设立的中国民族图书奖、少数民族文学奖、中国辞书奖、贵州省优秀图书奖等各类图书奖、作品奖 101 项。有两人获得"全国优秀中青年图书编辑"称号，一人获得"全国百佳出版工作者"称号，两人被评为"全国民族文字教材建设先进个人"。1990 年该社被国家民委评为"全国民族团结先进集体"。1998 年被国家民委、中共贵州省委、贵州省人民政府评为"民族团结进步模范集体"。1998 年被新闻出版署评为良好出版社。

1996 年，贵州民族出版社编辑深入少数民族地区调查。

贵州科技出版社

贵州科技出版社成立于 1990 年元月，是一家以出版科学技术、科学普及读物为主的专业出版社，现有职工 27 人，其中有高级职称 10 人，中级职称 6 人；设有工业、农业、医药卫生、综合 4 个编辑室。建社 9 年以来，在改革开放的大潮中经受了考验，得到较快的发展。全社职工认真贯彻执行国家有关出版法规，以服务科技、繁荣出版、积累文化、提高国民的科学素质为己任，团结奋斗，励精图治，努力实现两个转变，逐步改变粗放经营方式；以立足本省、面向全国、走向世界为目标，逐步形成了以家用电器、医药卫生、农业技术等类图书为拳头产品的特色，每年出版图书百余种，重印率达 40% 以上，取得了相应的经济效益，年利润逾 200 万元。

贵州科技出版社十分重视图书总体质量，并以此赢得了市场。建社以来出版各门类科技图书 800 余种。其中《水螨分类理论和中国区系初志》获第十一届中国图书奖、《中国常用中草药彩色图谱》获第七届全国优秀科技图书二等奖、93 种科技图书获省部级优秀图书奖和科技成果奖，印制质量已连续两年获新闻出版署奖励。图书发行遍及全国，有的还远销台湾、香港地区和东南亚、日本、欧洲、美国等地，年发

贵州科技出版社出版的《水螨分类理论与中国区系初志》获第十一届中国图书奖

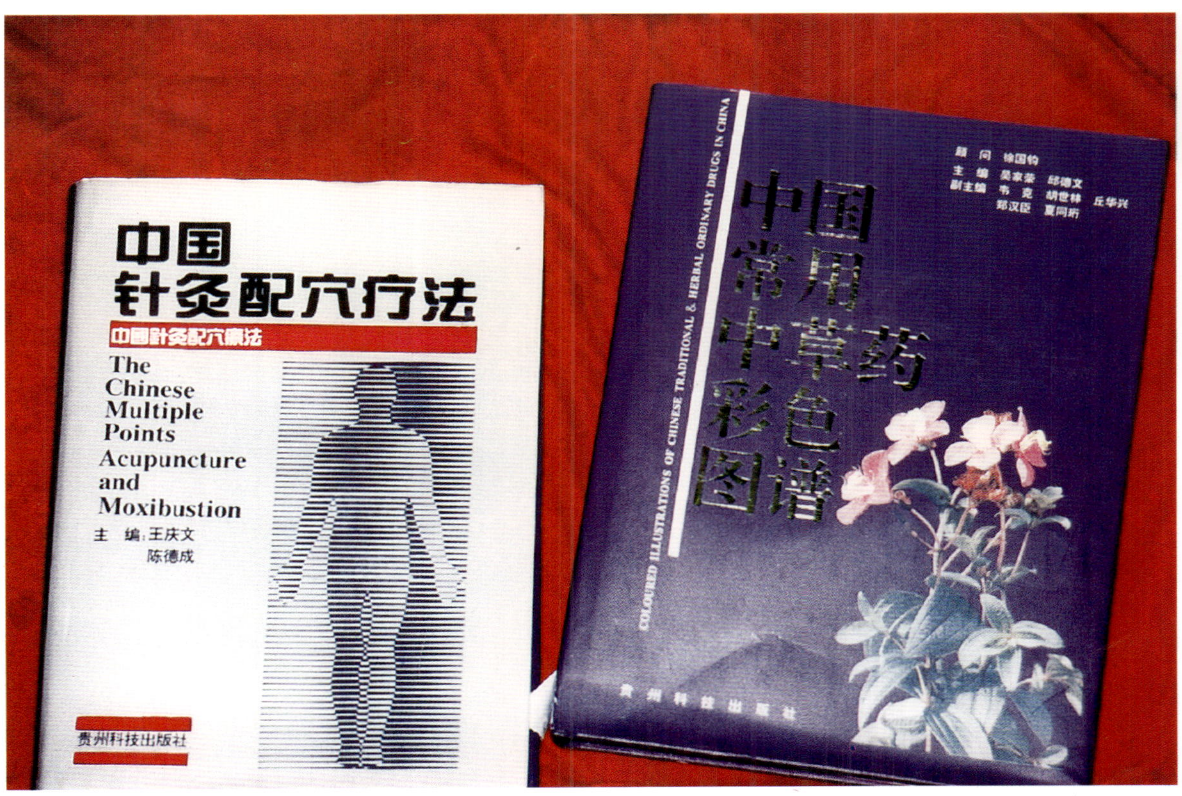

贵州科技出版社出版的《中国常用中草药彩色图谱》获第七届全国优秀科技图书二等奖和贵州省优秀图书一等奖

行图书达 1500 万元以上，影响日益深远，1994 年被新闻出版署评为良好出版社。

目前，贵州科技出版社以建立“千乡万村”书库为目标的大型农业实用科技图书的出版计划，正在组织实施，自觉地为科技兴农和农村社会主义精神文明建设提供智力支持，在为农业、农村和农民服务中寻求新的发展机遇。与此同时，为迎接新世纪的到来，迎接信息时代、知识经济的挑战，贵州科技出版社正致力于网络出版和电子出版业务的开发，已经与因特网（INTERNET）连网，正在建设自身网页，开发利用网络资源和通过信息网络发布和传输出版信息，用新的媒体和新的表现方式，使科技类出版物更好地发挥作用。贵州科技出版社将以更为辉煌的业绩向新世纪献礼。

贵州科技出版社部分获奖学术专著

贵州科技出版社出版的《中国名老中医药专家学术经验集》（1－4 集）获贵州省第三届优秀图书一等奖

贵州科技出版社最近推出的《本草纲目彩色药图》

贵州教育出版社

贵州教育出版社成立于 1990 年元月，是以出版本省自编教材、教学参考书、中小学课外读物及教育理论方面的学术著作为主的地方出版社。现有职工 35 人，其中，高级职称 8 人，中级职称 16 人；设有 4 个编辑室及总编、财务、出版、发行等 4 个职能部门。建社以来即以“社会效益第一、出书育人第一、读者第一、勤俭办社第一”为原则，以“立足本省、服务教育、面向市场、走向全国”为定位，确立“以书育人为根本，以兴教兴黔为己任”的方针。该社出版的《世界政党大全》荣获第九届中国图书奖，数十种图书获省部级以上各类图书奖。九年来，年均出书达 300 种，取得了较好的社会效益和经济效益。目前，该社正以“深化改革、

贵州教育出版社出版的《世界政党大全》荣获第九届中国图书奖

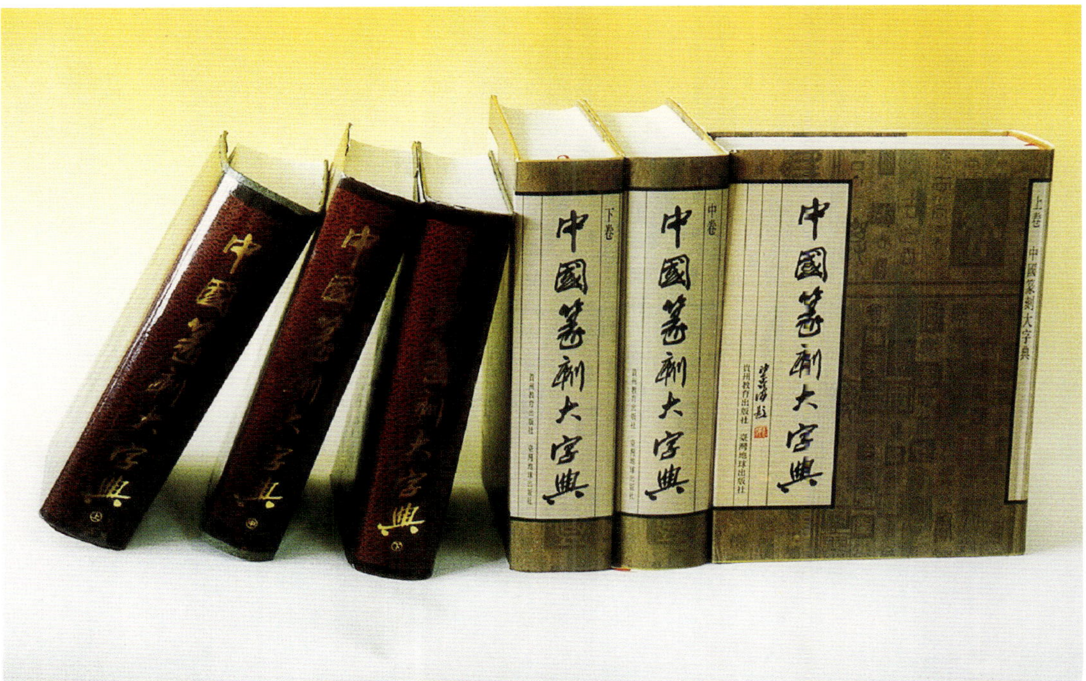

贵州教育出版社出版的《中国篆刻大字典》列入第九届中国图书奖入选书目

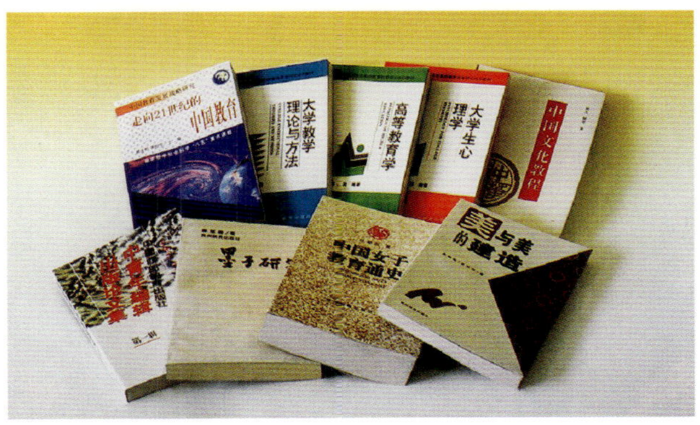

贵州教育出版社出版的部分教育理论图书

固本创新、管理增效、树立品牌”的发展的思路，探索市场发展路子，努力工作，积极进取，迎接新世纪的到来。

贵州省新华书店

贵州省新华书店成立于 1951 年元月，同年组建安顺、遵义等 5 个分店，1957 年组建各县书店 82 个，现共有 87 个分支机构。省新华

贵州省黔东南州新华书店组织科技图书下乡。图为苗族姑娘在选购图书。

贵州省新华书店组织的小型书市

书店对下辖的 9 个地区级中心支店和 78 个市、县级新华书店实行人、财、物统一管理，拥有 470 处图书发行网点，固定资产 1.03 亿元，图书销售量达 7.2 亿元，占全省图书销售总量的 92%。全省新华书店职工总人数为 1900 人，其中，省店在职职工 194 人。省新华书店现坐落于贵阳市延安中路 13 号，设有教材、教辅发行中心、图书音像批销中心、财务部、储运中心等

贵州省省委书记刘方仁为在“读书活动”中获奖的学生颁奖

贵州省黔东南州新华书店春节前组织门画、年画上市。

地处三省交界的松桃县新华书店在赶场天摆摊设点

24个部门及科室。下辖的中心支店及县级书店均为二级核算的销售店。

贵阳市新华书店成立于1953年7月,现有职工308人,年销售图书7000万元。店总部设在贵阳市市中心的瑞金北路1号，两层营业楼总面积达2000平方米,陈列各种图书13000多种，实行计算机POS系统售书，是全省目前最大的书店。

贵州省新华书店举办的"图书知识技能强化培训班"结业比赛

贵州省黔西南州新华书店开展"送书下乡"活动

贵州新华印刷厂

贵州新华印刷厂成立于 1950 年，是国家级书刊定点印刷厂、国家大二型企业，贵州省首批 22 家现代企业制度试点单位。该厂承担着贵州省 70% 的中小学教材印制任务，同时能够承印省内外高、中档书刊、商标和其他社会印件。厂区位于贵阳市中心区的友谊路 186

贵州省乡间书市——农民读者们在认真选购图书

号，东临外环东路，西临友谊路，占地面积 6 万多平方米，固定资产 8600 万元。现有在册职工 1500 人，其中，具有初、中、高级专业技术职称人员 150 人。该厂拥有印前、印刷、印后等国内外先进设备 100 余台（套），年生产能力为：多色胶印 80 万对开色令，单色 40 万令。产品质量多次获署优、省优称号。1984 年以来，该厂连续 13 年获贵阳市政府命名的“重合同，守信誉企业”荣誉称号；1997 年荣获全国新闻出版系统先进集体称号，受到国家人事部、新闻出版署的联合表彰；1983 年至 1998 年获“全国模范职工之家”荣誉称号。该厂从 1993 年起积极发展第三产业，成立了贵州新华印务工贸总公司，现已拥有 2000 万元的总资产，走出了跨行业、多产业经营的第一步。

贵州新华印刷厂先进的印刷设备 BISHENG ws－c 卷筒纸胶印机

贵州新华印刷厂荣获全国新闻出版系统先进集体

云南

中华人民共和国的成立，使云南出版事业得到新生和发展。党的十一届三中全会后，尤其是党的十四大以来，我省的新闻出版工作以邓小平理论为指导，坚持党的基本路线和出版工作“一手抓繁荣、一手抓管理”的工作方针，使全省新闻出版事业取得长足进步，社会效益和经济效益显著提高，为我省的改革开放和现代化建设提供了强大的精神动力和智力支持，提供了良好的舆论环境和丰富的精神食粮。同时，在努力深化改革，推进“两个转变”的进程中，取得了三个突破：一是初步建立了适应社会主义市场经济体制的地方出版管理体制，形成了一套行之有效的新闻出版管理机制，为新闻出版业的健康发展提供了保证；二是转换出版企业经营机制，面向市场求生存求发展，适应市场的能力逐步提高，企业竞争力与活力增强，企业素质明显提高；三是出版业加强和改善经营管理，经济运行质量提高，经济实力增强，初步形成了产业化发展雏形。

一　图书出版

1950年7月，云南省人民政府设立了新闻出版处，一方面对全省原有出版业进行清理整顿，一方面致力于社会主义出版事业的建设。1951年1月云南人民出版社正式成立，1958年4月云南民族出版社成立，1981年德

云南人民出版社负责人向“云南少数民族丛书”顾问费孝通先生赠书

宏民族出版社成立，1985 年 6 月由云南人民出版社分离出来的云南科技出版社、云南少儿出版社、云南教育出版社相继成立，1988 年 2 月云南大学出版社成立，1989 年 3 月又从云南人民出版社分离出云南美术出版社，到 1998 年，全省已拥有 8 家图书出版社、两家音像出版社、101 家公开期刊社。这些出版单位的职工总数已达 1400 多人，其中编辑人员 800 余人，并培养了彝、白、回、纳西、傣、拉祜、佤、景颇等少数民族编辑人员 200 多人。

云南人民出版社成立以来，认真贯彻执行党中央制定的“为人民大众的利益服务”、“为无产阶级政治服务、为生产服务、为工农兵服务”和“通俗化、地方化、群众化”的方针，在建立、健全出版工作的规章制度方面做了大量工作，先后制定了《编辑工作规程》等基本制度。建社时期确定编辑工作的三审三校制度至今遵循不变，为确保该社图书出版质量奠定了坚实的基础。1951 年到 1957 年，云南人民出版社共出版图书 730 种，其中配合政治运动进行宣传的 240 余种。1956 年，中央提出“百花齐放、百家争鸣”的方针后，图书出版除增加马列主义基础读物外，还着重出版了一批文学译著和地方历史、学术、民族的论著，出版工作呈现了兴旺繁荣景象。1958 年后，由于“大跃进”的影响，“会议书”、“跃进书”、“献

云南省新闻出版局局长贺全礼在云南人民出版社出版的《丁绍光画册》首发式上讲话（身后为画家丁绍光先生）

1952 年时云南人民出版社的部分编辑

礼书”成了出版图书的中心任务，图书质量受到影响。1961 年以后进行调整，出版工作开始有转机，但后来“文化大革命”时，出版界成为“革命的主要对象”，受到冲击。出版工作除印制一部分教科书外，绝大多数印制毛主席著作、语录、社论、文选等。在“批林批孔”运动中，“紧跟”、“配合”的图书占了主要部分，仅“批儒评法”的图书就达 100 余种。粉碎“四人帮”后，被破坏了的各项规章制度得到恢复，从恢复作者、作品名誉开始，先后印制了一批图书，如李孟北的《滇云漫谈》、刘文典的《庄子补正》、《李广田散文选》等，还再版了彝、白、傣、纳西等 9 个少数民族的民间叙事长诗，为 40 余位作家出版发行了 70 余部长篇小说。

党的十一届三中全会以后，云南人民出版社制定了《1978—1985 年出版图书规划设想》和《1978—1980 年选题计划》并积极组织实施。在坚持为人民服务和为社会主义服务的方针下，还结合云南实际，不断优化选题，调整出书结构，组织编写出版“云南丛书”等重点骨干工程。“八五”期间先后出版了“中国边疆少数民族地区马克思主义教育丛书”（普及系列）、“哲学现代化丛书”、“拉丁美洲文学丛书”、“文体学丛书”、《中国文明源头新探》、《南诏文化论》、《存量资源的再配置》、《中国经

参加第十一届中国图书奖颁奖大会的云南代表合影

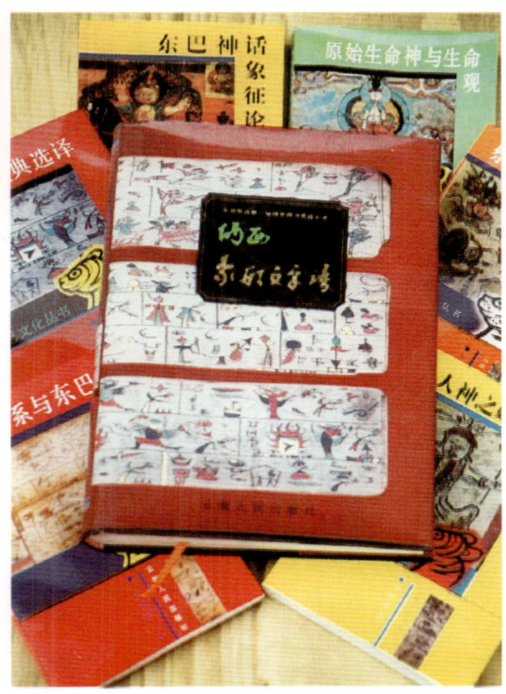

云南人民出版社出版的《纳西象形文字谱》获第一届国家图书奖提名奖

云南人民出版社的国家“八五”重点图书“拉丁美洲文学丛书”

济面临的危险》、《中华民族凝聚力的历史探索》、《中国经济政策思想史》、《第四产业大崛起》等一批重点图书。此期间荣获国家图书奖、中国图书奖、外国文学优秀图书奖等各类优秀图书奖的图书达265种。《纳西象形文字谱》、《中华民族凝聚力的历史探索》分获第一届、第二届国家图书奖提名奖；《云南历史货币》、《西双版纳地制与西周井田制比较研究》、《南诏文化论》、《存量资源的再配置》、《中国经济面临的危险——国家经济安全论》分获历届中国图书奖；《卡彭铁尔作品集》获外国文学优秀图书奖。该社副总编辑李惠铨同志被授予全国新闻出版系统先进工作者称号，副总编辑张立同志被授予全国首届优秀中青年编辑称号。"九五"期间，该社正在陆续推出"彝族文化研究丛书"、"中国社会发展丛书"、"中国边疆少数民族地区马克思主义教育丛书"（研究系列）、《纳西东巴经全集译注》、《姜亮夫全集》等一批重点图书。其中"中国社会发展丛书"出版后，已获1998年中国图书奖。现在，云南人民出版社已发展成为以社科、文化为主，兼顾其他类图书的综合出版社，在云南出版界处于举足轻重的地位，具有较强的经济实力和出版能力。

以出版科学技术类图书为主的云南科技出版社，现在每年出书150种左右。"八五"期间

云南人民出版社出版的"九五"重点图书"彝族文化研究丛书"

云南人民出版社的"中国社会发展丛书"获1998年中国图书奖

云南人民出版社出版的介绍'99 昆明世界园艺博览会的图书《走进世博会》

出版了《云南森林昆虫》、《云南种子植物名录》、《云南东部震旦系——寒武系界线》、《叶猴生物学》、《中国名医手术经验丛书·骨科手术失误及处理》、《云南中药志》等一批重点图书,其中有 180 多种图书荣获全国优秀科技图书奖及各类优秀图书奖。《当代高技术与发展战略》获全国第三届优秀科普作品二等奖。1995 年,该社被新闻出版署授予"良好出版社"称号。农业编辑部主任侯德勋被授予省劳动模范称号。社长杨新书同志被评为全国新闻出版先进工作者。近年来该社在开发云南科技出版资源,出版云南地方科技、科普图书方面取得突出成绩,被省政府授予全省科普工作先进单位。"九五"期间,该社将陆续推出《中国樟属植物的分布及其芳香成份》、"中国名医手术经验丛书"、"现代科学思想库丛书"、《元谋古猿》、《商品材薄木手册》、《林木种质资源》、《云南中草药彩色图鉴》等一批重点图书。1998 年,《中国樟属植物的分布及其芳香成份》获第十一届中国图书奖。

以出版学校和业余教育教材、教学参考书、教育科学理论及学术著作为主的云南教育出版社,每年出书 200 种左右,年平均总印数 2400 多万册。"八五"期间,出版了《九年义务教育云南省小学课本·劳动》(试用)、《爱国主义教育读本·小学晨会 10 分钟》、《新编女儿经》、《云南佛教艺术》、"云南民族女性文化丛书"、《百南研究书系》、《中国教育的沉思》、《云南教育问题研究》等一批重点图书,有

云南教育出版社出版的《云南物质文化·农耕卷》,1998 年获中国图书奖。

云南教育出版社"全国优秀中青年编辑"高伟设计的图书多次荣获装帧设计大奖

云南教育出版社领导班子和全体中层干部一起讨论"九五"规划蓝图

160 多种图书荣获全国优秀教育图书奖等各类优秀图书奖，与海外达成版权贸易 10 余项。"云南民族女性文化丛书"获第十届中国图书奖。1995 年和 1997 年，两届被新闻出版署授予"良好出版社"称号。"九五"期间，该社正在陆续推出"云南物质文化丛书"、《中国少数民族教育史》、《云南古代文学精华》、《民族知识读本》、《中国少数民族大词典》、《中国科技金融学》、《爱国主义系列读物》等一批重点图书。其中，1998 年《云南物质文化·农耕卷》获中国图书奖。

以少儿读物类图书为主要出书范围的晨光出版社，每年出版图书 200 种左右，总印数 2000 多万册。在"八五"期间出版了"爱国主义故事丛书"、《党史故事画卷》、《影响一代人成长的文学名著连环画》、"外国名家传记故事丛书"、"图说少年新科技知识丛书"、《世界儿童文学名著精选连环画》、《爱国主义教育手册》、"中学生智能开发丛书"、"使你聪明丛书"、"爱我云南丛书"、《只有地球这个家》等一批重点图书，有 100 多种图书荣获全国图书金钥匙奖、首届全国优秀少年儿童科普图书奖、全国少儿读物优秀奖等各类优秀图书奖，与海外达成版权贸易 10 余项。该社近年来发展较快，两个效益好的图书品种数量增长较快较大，发展前景看好。"九五"期间，该社正

云南科技出版社出版的部分农业科技书

晨光出版社获第十一届中国图书奖的图书

陆续推出“爱国主义丛书”、“少年儿童生存与发展能力培养丛书”、《黄金时光》、《图说21世纪高科技畅想》、《小霞客游云南秘境》、《中外名人家书导读》等一批重点图书。1998年，“爱国主义丛书”获第十一届中国图书奖。

以出版画册、连环画、年画、挂历和美术、书法、摄影理论、技法等美术读物类图书为主的云南美术出版社，1993年底从云南人民出版社独立出来后，坚持艰苦创业、自主经营、面对市场、深化内部管理体制的改革，努力提高出版质量和水平，经营效益不断提高，发展较快。尤其是在开发云南地方美术出版资源，发展云南地方美术出版方面做出了可喜的成绩。现在，该社每年出书230种左右，总印数500多万册（张）。在“八五”期间出版了《东巴文化艺术》、《云南民族博物馆藏品选》、《白族木雕图案》、《一个美国人难忘的云南印象》、《云南少数民族图案百幅》、《黑白设计》等一批重点图书，有10多种图书曾分别荣获中国图书奖等在内的各级各类优秀图书奖，其中，《东巴文化艺术》获第七届中国图书奖。林维东同志被授予“全国首届优秀中青年编辑”称号。社长周文林同志被评为全国新闻出版系统先进工作者。

以出版少数民族文字类图书为主的云南民族出版社，每年出版汉文和12种少数民族文字图书 170 种左右。在“八五”期间出版了《中国西南丝绸之路》、《红土地的律动》、《云南少数民族民俗与体育》、《汉傣词典》、《中国土司制度》、“云南民族古籍丛书”、“云南少数民族文学史丛书”、“中国少数民族医药学丛书”等一批重点图书，有 150 多种图书荣获中国民族图书奖等各类优秀图书奖，其中《彝族医药学》、《中国西南丝绸之路》等书深受海内外读者欢迎，有较大影响。该社编辑斯陆益同志被授予“全国首届优秀中青年编辑”称号。“九五”期间，该社正陆续推出《双语词典系列》、《民族调查研究全书》、“云南少数民族科普丛书”、《云南民族理论问题》等一批重点图书。

以出版多种民族文字及少量有民族特色的汉文类图书为主的德宏民族出版社，每年出版图书 50 种左右。在“八五”期间出版了《边境贸易理论与实务》、《目脑斋瓦》等一批重点图书，曾荣获各级各类优秀图书奖多种。“九五”期间，该社正陆续推出《傈僳语语法》、《傣汉成语词典》等重点图书。

以出版高校教材、学术专著类图书为主要出书范围的云南大学出版社，每年出版图书 120 种左右，总印数 300 万册。在“八五”期间出版了《红楼梦：一次历史的轮回》、《滇文化与民族审美》、《云南大理白族建筑》、《滇云历年传》、《云南民族史》、《实用计算机教程》、《云南抗日战争

晨光出版社部分获奖图书

云南美术出版社出版的部分优秀图书

史》等一批重点图书，曾荣获国家教委教材、学术著作图书奖等各类优秀图书奖有 88 种图书。“九五”期间，该社正陆续推出和即将推出“云南史料丛刊”、《云南通史》、《东陆学库》、《蕨类植物图鉴》、“现代旅游经济文化丛书”、《刘文典文集》等一批重点图书。

总的说来，新中国成立后，特别是党的十一届三中全会以来，云南图书出版有了长足的进步和发展，出版的整体质量和社会效益、经济效益明显提高，呈现出一派健康繁荣的景象。列入国家“九五”重点出版规划的图书达 22 种，有数百种图书获国家级奖项。1996 年全省 8 家图书出版社实现了社社有盈利，1997 年云南人民出版社、云南教育出版社、晨光出版社进入云南地方企业利税 50 强行列。1998 年，全省出版图书总品种为 1717 种，其中滇版新书为 1190 种，出版总册数为 1.43 亿册，总印张数为 6.44 亿印张。与 50 年代的百余种书、400 余万册的状况相比，分别为其 17 倍和 36 倍多。

二 期刊出版

期刊的编辑出版是出版事业的一个重要方面。新中国成立后，云南出版的期刊都是由党政机关、学校、团体、科研单位、企事业单位主办的。按其发行和管理方式，分为公开期刊和内部期刊两种。公开期刊都有专职编辑人员，设期刊社、编辑部或编辑组，机构比较健全的则挂期刊

云南大学出版社出版的部分学术著作和高校教材

国家“211 工程”专家组一行参观云南大学出版社的图书展

社的牌子；内部期刊各不相同，有的有专职编辑人员，有的则为兼职。1951年，云南期刊有36种，如《时代文摘》、《诗歌与散文》、《云南政报》等。经同年6月第一次整顿后保留下10种。1952年根据中共中央通知，再一次整顿，只保留4种期刊。“大跃进”时期内部刊物达116种，公开期刊约60种(含中途停办者)。国民经济困难时期，许多期刊停办，根据省委决定，1961年起全省只保留一种期刊——《边疆文艺》。1963年，省委批准《云南支部生活》正式复刊。所以，1961年—1966年间云南有公开期刊2种，内部期刊数种，“文化大革命”期间，全部期刊停办。1978年，经批准登记出版的期刊有31种。1989年经整顿压缩后，公开期刊为72种，内部期刊231种。至1997年时，已有公开期刊101种，其中社科类53种，占52.5%，自然科学类48种，占47.5%。不少公开期刊在全国都有影响，如《云南社会科学》连续三年都各有一篇文章获中宣部的“五个一工程”奖。《云南植物研究》、《动物学研究》、《云南地质》、《贵金属》、《云南冶金》、《云南天文台台刊》、《中国食用菌》、《地震研究》被国际核心期刊研究会、中国自然科学核心期刊研究会列为核心期刊。《奥秘》、《昆明医学院学报》、《云南林业》等期刊，1992年被评为全国优秀期刊。缅文期刊《吉祥》和英文期刊《生态经济》

中共中央宣传部部长丁关根1993年视察《云南支部生活》杂志社时听取工作汇报

期发量达30多万份的《云南支部生活》杂志

质量越办越好，影响越来越大。另外，西双版纳出版了傣文期刊，德宏州出版了傣文、景颇文版期刊。期发量在 30 万份以上的有《奥秘》、《云南支部生活》两种，发行 1 万—10 万份的有 19 种，发行 1000 份—10000 份的有 74 种。这些期刊的出版发行，对促进云南各族人民两个文明建设都起到了巨大作用，产生了很好的社会效益。经过 1997 年至 1998 年的整顿治理，云南对期刊结构进行了调整，又公开 20 种大专院校学报，内部期刊一部分转化为内部资料，一部分停办。现全省共有全国公开发行的期刊 123 种。

三　音像出版

改革开放以来，随着科技的进步和人们物质文化生活水平的提高，云南音像出版业也有较大发展。1982 年—1983 年，云南广播电视服务公司和云南音像出版社相继成立，到 1997 年发展到 2 家音像出版社（云南音像出版社和云南民族文化音像出版社）和 4 家音像复制单位（云南音像出版社音像制品厂、云南人民广播电台录制中心，云南省外文书店、云南省新华书店）。音像制品的零售、发行、放映点遍布全省。10 余年来，共出版录音制品 500 种，发行 4000 余万盒；录像制品 108 种，发行 20 余万盒。年复制生产录音制品 810 万盒，录像制品 20 万盒。1994 年以后，还出版了激光

新闻出版署副署长梁衡（左二）在《奥秘》杂志社听取汇报

列为中国民族学核心期刊的《云南民族学院学报》

唱盘和激光视盘。音像出版业在发掘云南民族文化、反映各少数民族文化、生活、习俗等方面做出积极贡献。《中国民族音乐大系》(第一盘)、《云南洞经》、《土风乐韵》、《南诏奉圣乐》、《中国云南》等一批作品尤其受到社会的欢迎和好评。

四 印 刷

新中国成立以后，印刷业和印刷技术得到了新的发展和进步。在生产能力逐年提高的基础上，从 1958 年起开始承印部分小学教科书，1959 年便全面承担全省小学教材和部分中学教材的印装任务，结束了本省无力承印教科书的历史。党的十一届三中全会以后，实行改革开放的政策，云南印刷业呈现出前所未有的繁荣景象。截止于 1995 年，全省有各类印刷企业 2500 余家，从业人员 3 万余人。其中全省由省新闻出版局报批和审批的书报刊印刷企业 109 家，其中国家级定点企业 4 家，省级定点企业 19 家，领有书报刊印刷许可证的印刷企业 86 家。这些印刷企业拥有的排版、印刷、装订能力，已基本上满足了全省新闻出版事业发展的要求。印刷企业中的绝大多数厂家，约有 2400 余家是主营商标、包装等业务的，从业人员 2 万余人。它们除少数为国有企业外，大部分为合资、集体和个体企业。全省印刷

云南音像出版社办公大楼

业在全省国民经济和社会发展中发挥着重要作用。据 1993 年云南印刷工业信息站对 159 户印刷骨干企业的统计，年产值约 8 亿元，销售收入约 9 亿元，年创利税总额约 1 亿元。

印刷技术方面，1966 年在合并四家印刷厂的基础上成立的云南人民印刷厂（80 年代改名为云南新华印刷厂），逐步淘汰了手工绘图制版和石印，胶印制版亦由手工变为照相，胶印比重逐年上升。80 年代至 90 年代先后引进了具有世界先进水平的英国蒙纳激光照排系统、国产华光照排系统、北大方正照排系统、多种型号的电子分色机、四色胶印机、八色胶印轮转机、平订、骑马订、无线胶订的书刊装订联动线。这些主要设备的配置为实现云南印刷工艺技术的飞速进步奠定了基础。

全省以新华印刷实业总公司为代表的印刷技术水平，已基本达到了"激光排字、电子制版、彩色印刷、装订联动"为一体的现代印刷技术水平。

继八九十年代大规模技术装备更新改造之后，云南印刷业紧跟世界科技发展的脚步，又跻身于采用最新科技成果——彩色印前处理新技术的热潮中。云南新华印刷实业总公司投资数百万元，为其合资企业云南天元彩色制版印刷有限公司引进了以色列赛天使公司的桌面系统（彩色印前处理系统）。截止于 1997 年底，全省共有 19 家企业引进、购置了在以色列、德国、美国、加拿大以及中国北大方正等公司生产的印前处理系统。这就使分色制版工艺水平又上了一个新台阶。

云南音像出版社的录像复制车间

云南音像出版社的录音带复制车间

云南省印刷技术研究所，先后研制开发了液体光敏树脂版、PVA 固体感光树脂版、PS 版、微光光量控制仪、黑白稿单色双角度制版工艺、汉傣英文电脑处理系统等科研项目。印刷技工学校先后开设了平版制版、平版印刷、凸版彩印等专业，举办了印刷电工、油墨调配使用、胶印机长、技师、经理培训等短期培训班，培养了大批印刷专业技术人才。

五 发 行

云南的图书发行业在新中国成立前基本上没有形成独立的图书发行网络，真正的图书发行事业是新中国成立之后才开始发展的。经40余年的创业，到 90 年代后，大致经历了创业发展、曲折恢复、内乱浩劫和改革繁荣几个阶段。

1949 年 10 月，在南京组成的西南服务团二大队二中队四分队一行 18 人随刘邓大军进入云南，筹建云南省新华书店。到 1950 年 3 月，新华书店昆明分店正式建立。这是云南社会主义图书发行事业的开端。到 1956 年底，在全省各地先后建立了 132 家书店，对 72 家专营或兼营图书发行的私人书店进行了社会主义改造，并实现了全行业的公私合营。同时还在全省农村供销社建立了 745 处图书销售点，从此全省图书发行走上了新华书店与农村供销社结合的发行轨道。1956 年，全省图书销售

1993 年国家级定点印刷企业云南新华印刷实业总公司成立大会现场

外国专家在云南新华印刷厂征求海德堡四色胶印机使用的意见

1989 年 10 月国家新闻出版署署长宋木文（左二）到云南省新华书店视察工作，看望职工。

量达 3928 万册，销售总额 742 万元，分别比 1950 年增长 17.5 倍和 14.7 倍，书店发行网点达 176 处，比 1950 年增长 16 倍。从 1957 年开始到 1976 年粉碎“四人帮”的近 20 年间，由于政治原因，图书发行呈现出起伏曲折的情况。图书发行以马、恩、列、斯、毛著作为主，其他图书的发行大概每年销售 3000 万册左右，只相当于 1965 年销售量的 75%。

党的十一届三中全会以来，随着改革开放政策的不断深化和社会经济文化的发展，图书发行在规模、经营管理、进销业务和职工队伍建设等方面都得到蓬勃发展。到1998 年时，全省共有图书总发行单位 9 家（含出版社自办发行），拥有图书二级批发单位 30 家，社会书刊零售摊点 3000 多个，建立了全省统一的书刊二级批发市场，形成了以新华书店为主，集体、个体书店（摊）为辅的多形式多层次的发行体系。省新华书店下属的地（州、市）县（市）书店共 131 户，发行网点 409 处。1998 年有职工 3000 余人，固定资产原值 1.35 亿元，销售总额 10.83 亿元，利润 1368 万元，已经具备了辐射全国的发行能力。

1979 年新建立了云南省外文书店，主要经营外文原版图书、期刊、文献及国内版中外文图书、语言磁带、计算机软件等。同时，负责云南省各大专院校、科研、企业等单位所需要的国内外图书资料的供应工作，还负责向各大宾馆、涉外单位分送外宣部出版的非贸易宣传品及办理进出口书刊业务等。截止于 1998 年

70 年代云南的新华书店农村流动服务组送书到边疆少数民族村寨

云南图书市场一景

底，共发行各类图书2000余万册，音像发行1500余万盒，非贸易宣传品共向涉外单位分送70余万册，取得了明显的社会效益和经济效益。

六　对外贸易与交流

改革开放以来，云南出版外贸及对外交流从无到有，形成了较好的发展势头。1980年云南人民出版社与日本广播协会商讨合作出版《云南杜鹃花》、《云南山茶花》。从这两本大型彩色图集开始，云南省的出版外贸及对外交流走上了发展的新阶段。截至目前，共签订合作出版和版权贸易合同140个。其中卖出版权的图书30余种，《二十一世纪的中国社会》、“云南物质文化丛书”、《五十六个民族五十六朵花》等多种图书在海外及港澳台地区出版后产生了较大的影响。购进版权的110种图书中，“拉美文学丛书”、《少儿世界百科全书》等取得较好的社会及经济效益，成为云南出版界的知名品牌。在对外交流方面，配合国家版权局成功地举办了“亚太地区版权保护及经济文化发展研讨会”，在香港举办了“滇黔桂三省民族图书联展”，在新加坡举办“滇桂黔图书手工艺品展销会”，承办了中国版协“第九届对外合作出版洽谈会”。同时云南出版界积极拓展国际市场，多次参加了“法兰克福图书博览会”、莱比锡书展、美国书展、莫斯科书展活动，促进了对世界出版界的了解与合作。云南省新华书店已在越南开办了中文书店，并积极准备在老挝和缅甸开办中文书店。

七　出版管理

云南省历来十分重视加强对新闻出版的行政管理工作。解放后，为认真贯彻执行社会主义

云南省新闻出版局到扶贫点文山州富宁县花甲乡捐赠图书

外国读者在云南省外文书店门市购书

台湾作家琼瑶夫妇到云南人民出版社访问

出版事业的方针、任务，党和政府加强了对出版事业领导和管理机构的建设。云南省的出版行政管理机构，从 1950 年初至 1997 年期间从组织形式上经历了云南省人民政府新闻出版处、云南省文化局、云南省革命委员会毛主席著作办公室、云南省革命委员会出版办公室、云南省出版事业管理局、云南省文化厅、云南省新闻出版局的变化。不论管理机构的称谓如何改变，其管理工作的职责、内容基本相同。1987 年底，由于出版事业发展的需要，成立了云南省版权局，与云南省新闻出版局合署办公。云南省版权局依据《中华人民共和国著作权法》的原则，结合本省实际制定并实施了若干管理规定，对省内的版权事务行使行政管理权；1995 年经省政府批准，成立了云南省版权稽查队；1997 年 5 月，省委、省政府成立了云南省“扫黄”、“打非”领导小组，办公室设在云南省新闻出版局，为加大“扫黄”、“打非”和知识产权保护力度打下了坚实基础。地、州、市一级的出版管理机构正在逐步加强。

目前，全省初步形成了图书、报刊、音像等门类比较齐全，编辑、印刷、发行、物资供应和教育、科研等环节相互配套的新闻出版体系。云南新闻出版大楼、新华大厦、昆明图书城等三项基础设施建设工程被列为云南省“九五”重点工程，并将相继建成，进一步增强了全省新闻出版事业发展的后劲。

深入学习贯彻党的十五大精神，给云南省新闻出版事业的发展带来了新的机遇，云南出版界按照江泽民总书记在十五大报告中提出的

云南教育出版社社长何学惠（右）与日本株式会社第一书店村口雄一社长（左）就购买《云南物质文化·农耕卷》的版权达成协议，互祝合作成功。

扎伊尔政府出版代表团到云南访问

新闻出版业要"加强管理、优化结构、提高质量"的总要求，树立产业意识，推进云南新闻出版产业化，建设云南现代化的新闻出版体系。一是组建集团，实行集团规模化发展。分别组建出版、印刷、发行、物资供应、报业、刊业集团，实行资本、组织、管理、经营、效益一体化，并按公司制或股份制组建运作。二是推进集约化经营，促进云南新闻出版业向优质高效发展。推进出版、印刷和发行结构的优化，制定和实施精品名牌战略；实施选题策划优化，推进选题策划编辑制度；发展多元经营和多媒体出版，走出版多元经营和出版形式多样化的路子。三是推进发行市场化，提高发行效益，批销和直销相结合，加强图书网点建设。四是加快科技进步，提高云南新闻出版业的科技化程度，要增加科技积累，加大科技投入。五是积极发展外向型出版经营，要"立足本省、面向全国、走向世界"，搞出版输出和扩展版权贸易，把外向型出版提高到一个新水平。

在世纪之交的新时期，机遇与挑战并存，云南要以邓小平理论和党的十五大精神为指导，更加解放思想，开拓进取，加快云南新闻出版的产业化和现代化进程，使云南新闻出版业以一个更加繁荣、健康发展的态势步入 21 世纪。

《云南物质文化·农耕卷》的作者和编辑与日本出版界的朋友座谈

西　藏

西藏有悠久的历史、灿烂的文化，文化资源极为丰富。但是西藏和平解放前，无现代意义上的新闻出版，仅有的若干个木刻印刷所印出的“书”几乎成为“经书”的同义词。虽然有过精美之至的八宝经书，虽然各庙宇存放着浩如烟海的木刻经卷，然而它与 90% 以上的广大人民群众基本上无缘。直到本世纪中叶，西藏的出版印刷，主要还是集中在几所木刻印经院。西藏和平解放以来，在人民政府的关心、扶持下，西藏的出版业从无到有、从少到多逐步繁荣发展，目前已初具规模。目前图书、报刊、音像出版业、著译者队伍、编辑力量、印刷基地建设、印刷物资供应、图书发行网点等基本配套，初步形成了一个比较完整的遍布全区各地（市）、县的出版体系。出版物总量、规模、门类等有了迅速发展。特别是已拥有一批本民族的作家、翻译家、民族出版家、印刷技术和图书发行人才。他们正在实践中成长，为西藏出版事业今后的发展奠定了良好的基础。

图书教材出版事业繁荣发展　西藏先后建立了四家出版社和一家音像复录加工厂。西藏人民出版社成立于 1971 年 12 月，是自治区的综合性出版单位。他们承担着包括政治、

西藏人民出版社部分获奖图书

经济、法律、哲学、历史、文化教育、文学艺术、科技卫生、少儿美术、古籍整理、藏学研究等内容的各类藏、汉文图书和全区中小学教材的出版任务。年平均出版图书 500 余种，其中藏文图书占 70% 左右。建社 20 多年来，认真贯彻“以藏文为主、立足西藏、面向全国、走向世界”的指导思想，从西藏的实际出发，突出地方特色和民族风格，藏文图书注重突出普及通俗读物；汉文图书注重宣传介绍西藏现代科技文化知识和藏学研究；还有少儿读物等面向农牧区、面向基层的通俗读物。每年还有计划地整理出版藏民族优秀文化遗产历史典籍、文学名著、藏医学论著等。如《藏族简史》、《布达拉宫典籍目录》、《五世达赖喇嘛传》、《医学百科全书・藏医分卷》、《四部医典系列挂图全集》、《西藏王臣记》、《土观宗派源流》、《班禅额尔德尼传》、《藏史明镜》、《十世班禅转世灵童寻访认定坐床写真》、《西藏概况》、《八思巴画传》等大型图书和精美画册，深受国内外读者的好评。

西藏人民出版社还参加了编辑《藏汉大辞典》、《汉藏对照词汇》、《藏汉对照词典》，并协作翻译《水浒全传》、《毛泽东选集》和一批马恩列斯著作的工作，其中《藏汉大辞典》获“吴玉章奖金”语言文学一等奖，《水浒全传》获自治区翻译一等奖，《毛泽东选集》、马恩列斯著作的翻译水平更是达到了最高译文水平。

建社以来，共出版各种教材和各类本版图书 6600 余种，发行 7890 余万册。其中有近百种图书先后获全国和地区性奖励。《四部医典系列挂图全集》和《甘露本草明镜》分别荣获中国图书奖和全国民族图书一等奖。自 1991 年以来先后在尼泊尔、印度、香港等国家和地区

西藏人民出版社部分获奖图书的奖杯、奖状和获奖证书。

图为北京国际图书博览会上的西藏人民出版社展台

成功地举办了有一定规模的中国西藏图书展，其影响远远超出了“书展”本身的意义。

成立于 1989 年 3 月的西藏藏文古籍出版社，以科学的态度搜集、整理、出版藏文古籍为宗旨，建社近 10 年来抢救濒临失传的手抄本、孤本、珍本 500 余部，从中筛选、择优编纂了门类齐全的“雪域文库”大型藏文古籍丛书，出版古籍巨著近 40 种，包括历史、全集、文学、佛学、哲学、法规、历算、工艺、兽医、地理志、人物志、档案文献和综合类各数种。同时，该出版社还搜集了区内外与国内外藏文古籍书目录多种，重新编写了西藏区内的五六千部藏书细目。这些搜集、整理和出版的藏文古籍是以 1951 年西藏和平解放为其下限，全面系统地保存了藏族优秀的文化传统。其中获得全国及国家各类图书奖 8 项。如：1994 年获得国家图书奖的《西藏通史》，采用藏文古籍第一手资料，通过翔实可信的史料，对重大史实做了记述。为促进西藏民族手工业的发展，藏文古籍社搜集了大量的文献资料，先后整理出版了《历算论典》、《医马论典》、《工艺论典》等书，接着又组织专门力量，整理出版了著名藏族学者《根敦群培文集》一套共三册，并于 1993 年获全国民族图书奖。此外，为继承和弘扬优秀传统文化，从 80 年代开始整理出版被称为“藏文化的百科全书”的《中华大藏经》汉文部分和藏文《大藏经》。特别是对现有各种藏文《大藏经》刊刻版进行全面的大规模的勘对、校订和抢救，于 1994 年 7 月已完成德格版、北京版、那塘版、卓尼版等 4 个版本各 16 函，约 2 万多

西藏自治区创办的藏文版报纸

西藏自治区创办的藏文版刊物

页，1990 多万字，并出版了设计精美的《丹珠尔》模拟本。汉文《中华大藏经》和藏文《大藏经》的整理出版，珠联璧合，构成一部最完备、最权威的佛教、佛学和佛经百科全书。无论在佛学上和文化上都具有深远的意义，不仅对中国藏学研究、宗教文化研究具有无法估量的影响，而且对世界文化也是巨大的贡献。

西藏音像出版社和西藏国际文化影视公司分别成立于 1988 年和 1993 年。西藏音像出版社成立近 10 年来，立足本区，出版发行以藏语为主的、具有西藏民族文化特色的音像出版物。先后发行了录像带《中国藏族歌唱家才旦卓玛演唱专集》、《第十七世嘎玛巴活佛》、《故乡昌都》、《西藏内情 MTV》，电视译制片藏语《西游记》、《济公》，音带《西藏卡拉 OK 曲》和《西藏绝唱》，CD《相会》等。以上录音录像带深受广大群众及国内外人士的欢迎，有些节目在国际国内获奖。西藏国际文化影视公司成立至今，摄制了一批西藏现实题材、大力讴歌西藏建设成就、反映当代西藏重大事件的电视作品。1996 年，摄制了《西藏珍藏历史档案》，该片选取西藏历史文书档案这一角度，以大量历史文献真迹中所反映的史实，雄辩地说明了西藏是祖国不可分割的一部分这一历史事实。同年摄制的《活佛从圆寂到转世》，记录了十世班禅自圆寂至十一世班禅寻访认定这一佛门盛事。1997 年，拍摄了五集纪录片《雅江诗篇》。该片真实地展示了国家投资 10 亿元的

西藏自治区创办的汉文版报纸

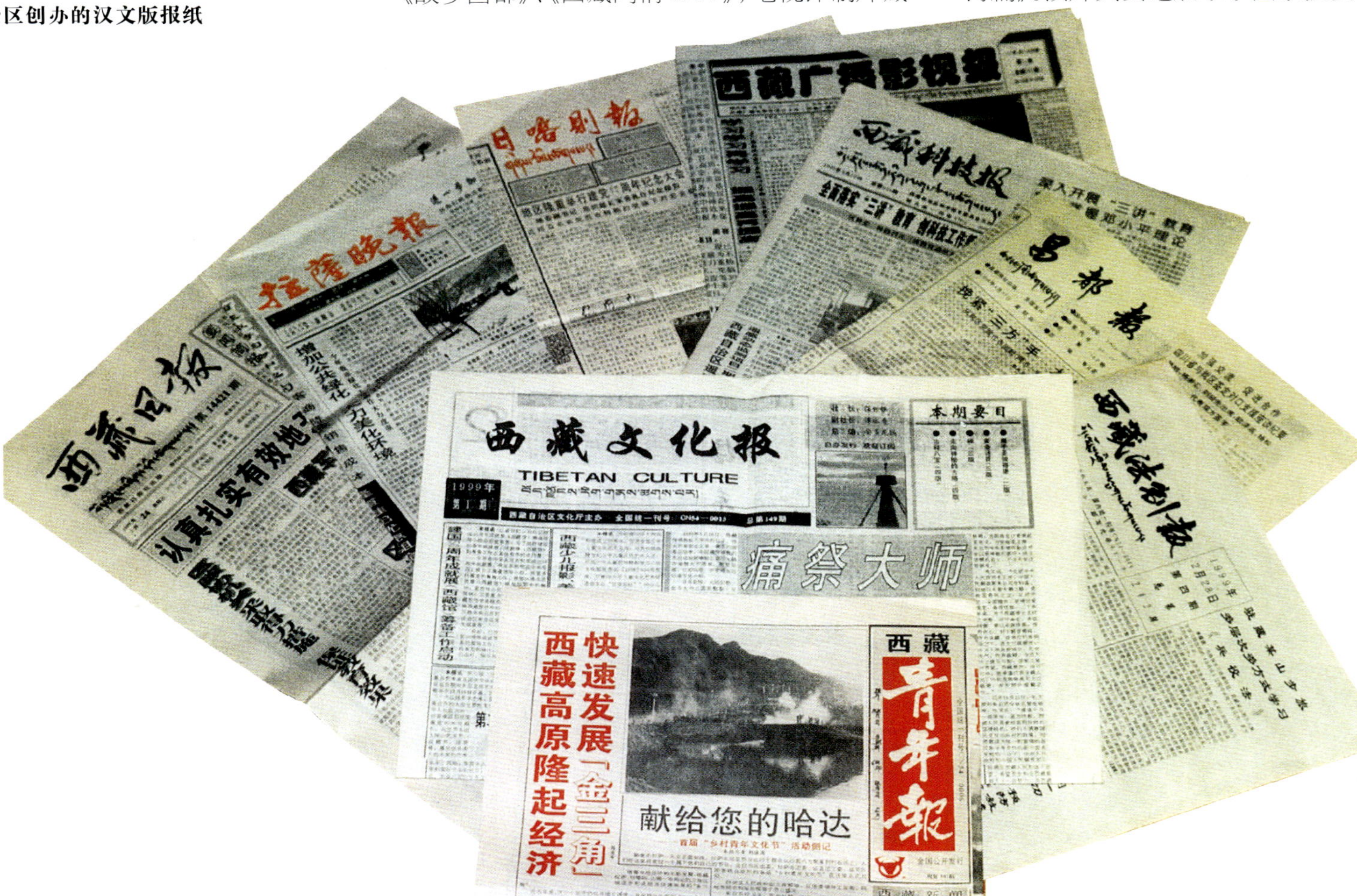

西藏自治区创办的汉文版刊物

西藏一江两河（雅鲁藏布江、拉萨河、年楚河）中部流域综合工程的进展状况和取得的成果，以及一江两河地区广大人民群众的努力与奋斗精神。西藏国际文化影视公司在摄制电视片的同时，还在发掘西藏民族音乐、推荐藏族青年歌手方面做出努力，制作出版了《太阳神女》录音带，制作出版了以西藏民族音乐为素材的录音带和 CD 制品，其中《雪域之声》（2、3 辑）、《吉祥的祝福》、《春序》等深受广大藏族群众的喜爱和欢迎。

书报刊印刷业蓬勃发展 目前区内有各类印刷厂 27 家。书报刊印刷形成了以西藏新华印刷厂、西藏军区印刷厂为骨干的印刷生产能力，拥有了较先进的设备。电子排版、平版胶印、电子分色等技术逐步进入印刷企业。一支以藏族为主体、文化素质较高的印刷技术人才和管理队伍已初步形成。以西藏新华印刷厂为例，现有职工 400 名，其中藏族职工占 85% 以上。建厂以来，累计完成书刊印刷 9300 多万册，7500 多种，完成产量 379154 令纸，实现产值 9621 万元，目前年工业产值相当于建厂初期的 10 倍，已成为西藏自治区骨干企业之一。

图书、教材、报刊发行工作卓有成效 西藏和平解放前图书发行事业完全是一片空白，现代意义上的图书发行事业是在和平解放后才逐步发展起来的。区内第一个新华书店，即昌都新华书店建立于 1953 年 7 月，此后分别在拉萨、扎木、日喀则等地建立了图书供应站。1959

在香港举办的“中国西藏图书展”开幕盛况

在尼泊尔首都加德满都举办的“中国西藏图书展”

全国人大常委会副委员长阿沛·阿旺晋美（左一）为西藏人民出版社在京举办的展览题词

年至 1974 年间先后建立了 63 个新华书店。目前全区有自治区、地市、县三级新华书店共 67 个，基本形成了一个覆盖全区的图书发行网络。1979 年以来，自治区各级书店为社会各阶层和广大农牧民读者提供了各种藏文图书 9000 多种，9800 万册，较好地满足了各层次读者的需要。为配合科教兴藏战略，书店把教科书的发行放在一切工作首位，以最快的速度、最好的质量完成了发行任务，基本上年年都实现了“课前到书、人手一册”，为提高民族素质、促进西藏经济发展和社会进步做出了应有的贡献。

报刊出版事业稳步发展 西藏和平解放以来报刊业从无到有逐步发展。1956 年 4 月 22 日西藏第一张报纸——《西藏日报》创刊。1977 年西藏第一种期刊《西藏文艺》创刊。1978 年西藏有了一定规模的报刊业，尤其是改革开放近 20 年来，西藏的报刊业有了大的发展。目前公开发行的报纸和刊物达 58 种（含政治、经济、科技、教育、文化、民族宗教类等），一个门类基本齐全、布局基本合理、藏汉文比例基本协调的报刊出版网络已初步形成。这些大众传播媒体，为西藏人民提供着丰富的精神食粮，把大量的经济建设信息和新知识传向西藏的各个角落。

西藏自治区的出版业在空前发展的同时培养和造就了以藏族为主体的编辑、印刷技术、发行工作者队伍和著译者队伍，涌现出了一批先进集体和先进个人，例如：洛桑平措同志获得“世界文化名人成就奖”；西藏新华印刷厂、

新闻出版署署长于友先听取西藏出版工作的情况汇报

1995 年河南省援建的拉萨市新华书店营业楼，建筑面积达 4400 平方米。

西藏自治区新华书店被国家人事部和新闻出版署授予全国新闻出版系统先进集体；授予洛桑平措、洛桑旦巴、拉巴次仁等同志为全国新闻出版系统先进工作者；王安民同志获全国“五一”劳动奖章。这些先进集体和先进工作者为西藏自治区出版业的发展发挥了重要作用，做出了突出成绩。

西藏出版业的长足发展，离不开国家新闻出版署的关心支持，离不开各兄弟省市的无私援助。他们在资金、技术、人才、教育等方面给予了极大的扶持。他们近 4 年来，仅向驻藏部队和西藏图书馆捐赠图书就达 110 万册，资金支援投入近 3500 万元，同时在对印刷、发行、编辑人才的培养上加大力度，先后为西藏出版业定向进行学历培养和岗位培训人员就达 250 多人，极大地改善了西藏出版业的硬件设施，进一步提高了西藏出版业的人员结构和专业工作水平。同时，利用内地各省市局资金、人才的优势，挖掘西藏丰富的出版资源，大力开展合作出版，首次合作出版共推出 26 种选题，已初见成效。

概而言之，西藏的出版事业从品种、门类到数量、质量均跻身于全国的平均水平，书报刊覆盖面、发展速度以及规模在西藏历史上从未有过，它的空前发展对于传播知识、积累文化、丰富人们的精神文化生活等方面起到了不可替代的作用。

西藏出版界的同仁们，从自己亲身经历中深深地感受到，给予雪域高原最为美好的莫过于书籍。从西藏出版业今后的发展中，定会发现这里有丰富的人类精神财富。我们坚信，伴随着西藏各项事业的飞速发展，西藏的出版业随时代而共同发展，前程似锦，鹏程万里。

1993 年 6 月，西藏自治区党委副书记丹增、西藏自治区政府副主席吉普·次登平措、副主席拉巴平措、自治区党委副部长群觉、自治区文化厅副厅长加措亲切接见到西藏视察书店工作的全国新华书店总经理汪轶千一行。

1997 年 7 月，新华书店总经理率全国省级新华书店代表支援西藏自治区新华书店。图为赠款仪式会场。

西藏自治区党委副书记郭金龙亲切接见全国省级新华书店援藏代表

新中国出版50年

陕　西

1949年5月20日西安解放，西安市军事管制委员会和西安市人民政府相继成立。西安市军事管制委员会设立文教委员会，下设新闻处和文化工作处，负责对国民党所办的书局、报刊社及印刷厂的接管和管理新闻出版事业。当年5月25日陕甘宁边区新华书店和西北印刷厂人员随中共中央西北局组织的工作队进入西安，先后在接管了官僚资本的正中书局和陕西省银行印刷厂、新中国印刷厂、第二战区印刷厂的基础上，组建了西北新华书店和西北新华印刷厂，陕西出版事业开始进入了崭新的历史发展阶段。此后50年陕西出版事业发展的历史，大致可分为四个时期。

第一个时期，中华人民共和国成立至1956年，是陕西新的出版事业建立、完善和稳步发展时期。1949年5月至1954年5月西北大区时期，机构逐步建立健全，制度逐步建立和完善，编、印、发能力逐步增强，产品的质量数量逐年稳步上升。

1949年11月，陕甘宁边区政府财政厅印刷厂在西安建立，三联书店西安分店开业。西安的30余家私营书店在西北新华书店领导下营业。1950年3月，西北军政委员会出版局成立，下设编审处、出版处、发行处，出版管理工作基本沿用延安时期政府、事业、企业融为一体的运作模式。1951年1月，西北人民出版社和新华印刷厂西北印刷管理处分别成立，新华书店西北总分店决定将出版、印刷业务交由西北人民出版社和新华印刷厂西北管理处分管，并成立新华书店陕西分店，分管陕西地区的发行工作。编、印、发三个方面都相继建立了符合

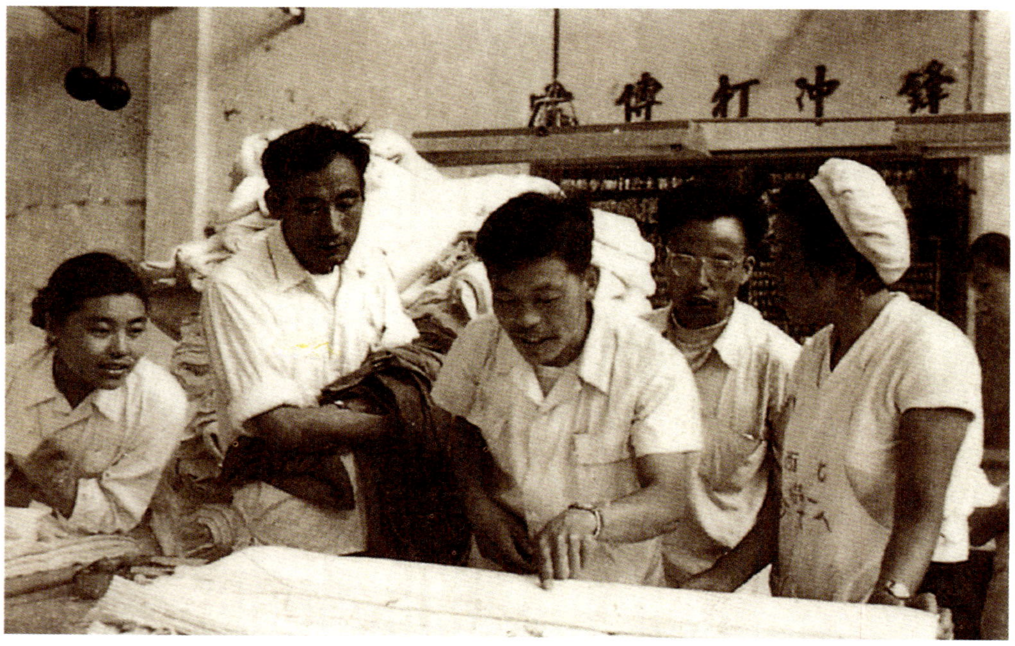

50年代西北人民出版社（陕西人民出版社前身）编辑人员下厂向工人学习

50年代中期，陕西人民出版社赴陕西岐山县五丈原参观农田水利建设。

1954年西北人民出版社美术编辑深入农村体验生活、搜集素材，进行年画创作。

当时情况和需要的管理制度，如党组织领导下的社长(厂长、经理)负责制和编辑工作的三级审稿制等。10 月，新华印刷厂西安厂购置了 7 台全张自动铅印机和 2 台对开胶印机及照相、排版全套设备，建成西北地区第一个彩色印刷基地，结束了陕西不能印制彩色书籍的历史。1952 年 6 月，国营五四四厂在西安建成，增强了陕西彩印力量。三联书店西安分店和西安的中华书局、商务印书馆、开明书店的分支机构联合成立中国图书发行公司西安分公司，进一步加强了陕西的发行力量。1952 年 7 月，西北军政委员会出版局改为新闻出版专员办事处，同年 12 月又改组为西北行政委员会新闻出版局，并承担已被撤销的新闻局分管的报业管理工作。1953 年 6 月，国家出版总署决定，拨款 166 万元，将西北新华印刷厂扩建为全国书刊印刷的重点造货基地之一。1954 年 1 月，中国图书发行公司西安分公司并入新华书店西安分店。同年 4 月，西北大区建制撤销，西北行政委员会新闻出版局也随之撤销，陕西的出版工作交由陕西省人民政府文化局领导；西北人民出版社改组为陕西人民出版社；西北新华印刷厂第一厂更名为西安新华印刷厂；新华书店西北总分店撤销，新华书店陕西分店迁往西北总分店原址营业。至此，陕西的出版、印刷、发行机构和规模基本稳定下来。

1950 年 2 月，西北新华书店召开第一次分支店会议。西北军政委员会主席彭德怀为会议题词：“把科学的、大众的文化推广到群众中去。”1951 年 1 月，西北军政委员会提出西北地区出版工作的努力方向，即“面向工农，坚决贯彻通俗化的方针和加强各兄弟民族语文

50 年代西北新华书店和西北人民出版社出版的图书

五六十年代的陕版图书

书刊的出版工作”。并指出：“为配合工农兵的识字教育与文化政治教育，要大量出版各种通俗书刊，包括业余课本、政治常识、生产知识、生活常识、文艺作品等，为人民大众的利益服务是人民出版事业的方针。”

大区时期，陕西的出版机构从西北新华书店到西北人民出版社，都是立足本省，面向西北，遵循《共同纲领》规定的“发展人民出版事业，并注重出版有益于人民的通俗书报”的宗旨，贯彻执行地方化、群众化、通俗化的方针，编辑出版了宣传马列主义、毛泽东思想，宣传党和政府的方针政策，宣传优秀革命传统，以及配合土地改革、抗美援朝、开展“三反”（反对贪污、反对浪费、反对官僚主义）运动整风学习和促进工农业生产等中心工作的大量政治理论、文化科学知识性读物。西北新华书店编辑出版图书约 400 种，西北人民出版社编辑出版图书 517 种，其中除了马恩列斯和毛泽东著作及辅导读物外，比较有影响的有《伟大光荣正确的中国共产党》、《共产党员标准的八项条件通俗讲话》、《半夜鸡叫》、《普通话入门》、《普通话与西北语音对应练习》、《注音符号讲话》等。《农业生产互助合作课本》被出版总署评为优秀图书，《半夜鸡叫》被出版总署定为新华书店常备书，《共产党员标准的八项条件通俗讲话》印数达 95 万册，深受读者欢迎。

1955 年至 1957 年上半年，国民经济得到迅速发展。毛泽东主席号召全党学习科学知识，同党外知识分子团结一致，为迅速赶上世界科技先进水平而奋斗；又提出在文学艺术和学术研究中实行“百花齐放，百家争鸣”的方

1982 年 12 月 6 日至 8 日，朝鲜民主主义人民共和国出版指导局局长李凤荣为团长的朝鲜出版代表团到西安参观游览。陕西省出版局副局长林理明同志向李凤荣团长赠送碑帖一集。左为李凤荣，右为林理明。

1995 年，陕西省新闻出版局局长石大璞副局长任中南到西安咸阳机场迎接获国家图书奖载誉归来的陕西人民教育出版社和西安交通大学出版社的同志。

1996 年 10 月 24 日陕西省新闻出版局召开“全省重点图书出版工作会议”，范肖梅副省长到会作指导。

针。在全国政治、经济、文化蓬勃向上的新气象里，陕西的出版事业也呈现健康发展的态势，产品的数量、质量都稳步上升。如1955年陕西出版各类图书139种，印数2526万册(张)；全省新华书店销售图书2095万册，521万元；直属书刊印刷厂完成工业总产值354万元，利润36万元。1957年出版各类图书280种，印数4075万册(张)；全省新华书店销售图书2589万册，667万元；直属书刊印刷厂完成工业总产值935万元，利润35万元。这一时期，长安美术出版社和东风文艺出版社相继成立；新华书店西安分店营业大楼建成并营业；陕西省财政厅印刷厂移交省文化局领导，改名为陕西省印刷厂；中国人民银行总行决定下放五四四厂，由陕西省文化局、国家测绘总局共同接管，对外称西安人民印刷公司。这些都进一步增强了陕西的出版、印刷、发行力量。

第二个时期，从1957年至1971年，陕西出版事业处于波动调整时期，走过一段曲折的道路。受"左"倾思想影响，伴随着社会上"大跃进"、"浮夸风"的盛行，出版工作也相应出现了脱离实际、盲目发展的情况。1958年3月7日，陕西省级图书出版、印刷、发行部门两千余人举行跃进誓师大会，会后结队拿着规划、决心书、保证书前往省委、省人民委员会"报喜"。不久，西安、长安、商洛、渭南、宝鸡和户县、商南、绥德、蒲城、洛南、乾县、大荔、石泉等地、市、县相继成立出版社；各县、市新华书店下放，由当地文化行政机关全权管理。由于出版社发展过多、管理工作放松、出版程序混乱、片面追求数量指标，使图书质量大幅度滑

陕西省新闻出版局召开科普读物出版座谈会

1995年3月陕西省出版工作者协会召开"第三届会员代表大会"

坡，乱编滥印造成严重的重复浪费现象。1959年开展“反右倾”，加上当时的自然灾害，造成此后国民经济三年严重困难时期，陕西出版工作随着国民经济的调整、城市人口压缩、机构精简而不得不进行调整。1959年，陕西出版各类图书660种；全省新华书店销售图书3638万册，918万元；直属书刊印刷厂完成工业总产值551万元，利润51万元。到1961年，出版各类图书仅91种；全省新华书店销售图书2576万册，691万元；直属书刊印刷厂完成工业总产值310万元，亏损2万元。经过国家调整，国民经济好转。1961年10月，陕西省印刷厂恢复并开工生产，各单位去农场、农村的职工陆续返回。陕西出版事业重新恢复了生机。1963年出版各类图书169种；全省新华书店销售图书2813万册，797万元；直属书刊印刷厂完成工业总产值421万元，利润77万元。主要图书除马恩列斯和毛泽东著作外，还有陕西省编的农业中学、耕读小学教材，以及《看天看地务棉花》、《张兴荣的养牛经验》、《农民识字课本》、《新少年模范作文》、《新少年模范日记》、《刘志丹和谢子长》、《烽火春秋》、“文学鉴赏论丛”、《杜诗散绎》等为工农业生产服务的科学普及读物和文化教育、文学艺术以及通俗的政治思想教育读物。从1964年开始的社会主义教育运动，检查所谓“彭、高、习”问题，清理、报废了一批比较有价值的图书。1966年开始“文化大革命”，党政机构瘫痪，派别斗争激烈，停工停产，出版工作秩序混乱，造成很大损失。

陕西人民出版社领导定期对图书质量进行审查

陕西省新闻出版局组织图书评比活动

在“左”的思想路线支配下，不少单位形成了一些冤假错案，伤害了一些同志；生产受到破坏，恢复比较缓慢。如 1966 年，陕西出版各类图书 200 种，1967 年降至 55 种，到 1971 年才恢复到 235 种。主要产品是大量印制发行毛主席著作和语录、配合政治学习的活页文选，以及样板戏、农业学大寨图书、扫盲用的《农民识字课本》、《看图识字》和其他通俗文化类读物。这期间，陕西的出版工作主要由陕西省革命委员会毛主席著作出版办公室和陕西省文化局领导。由于出版系统广大职工对共产党和毛主席的热爱以及工作的自觉性，保证了毛主席著作及其他图书的出版。

第三个时期，从 1972 年至 1978 年，陕西出版事业又逐步走上恢复发展的道路。1972 年 1 月陕西省出版局成立，与陕西省革命委员会毛主席著作出版办公室合署办公，实为一套机构两块牌子。在撤销并接管了陕西人民出版社和陕西省出版印刷公司的基础上，设立编辑组、生产组、后勤组、政工组、办公室，统一管理并开展出版、印刷、发行工作。保留陕西人民出版社名义，作为出书之用。1973 年，省革命委员会政工组批准撤销对外的陕西省革命委员会毛主席著作出版办公室名称。1974 年省出版局与陕西机械学院协作增设培养印刷技术人才的印刷机械专业，1976 年收回国营五二三厂并提高中外语文词典印制

陕西省新闻出版局主管图书出版的任中南副局长和图书处的同志下工厂检查图书印刷质量

第九届全国书市期间，陕西百名作家和读者见面，签名售书。

著名作家陈忠实在太白文艺出版社出版的《陈忠实文集》上为读者签名

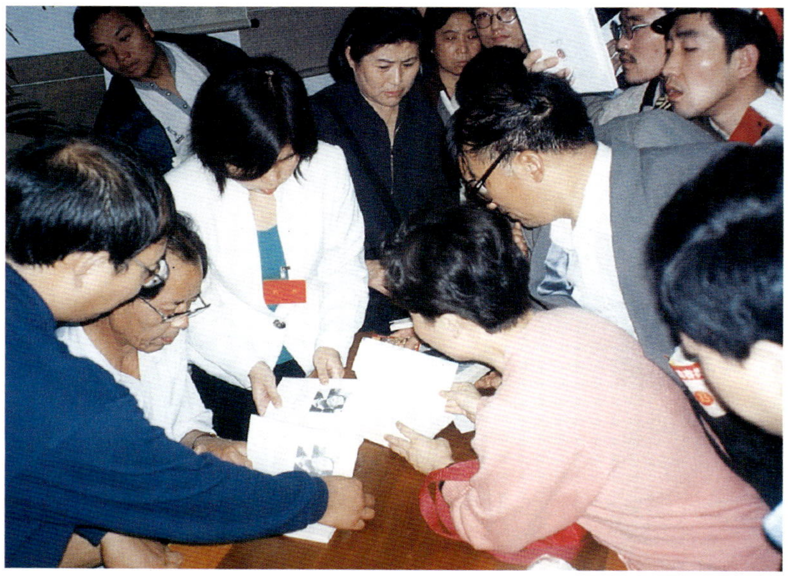

1998 年 10 月太白文艺出版社出版了著名作家贾平凹的长篇小说《高老庄》。图为作者在签名售书。

能力，相继恢复陕西人民出版社、陕西省印刷物资公司、陕西省印刷技术研究所和陕西省印刷技工学校建制，恢复图书发行系统财务管理集中到陕西省新华书店的体制。粉碎“四人帮”后，陕西出版业开始扭转“文化大革命”十年内乱造成的严重局面，努力克服“左”的思想干扰，认真贯彻“百花齐放，百家争鸣”的方针；开展调查研究，拨乱反正；调整出版机构，建章立制；制定发展规划，扩大生产；职工的思想空前解放，生产积极性不断高涨。这一时期，陕西承担了一批国家的中外语文词典、中外地理书、中外文学名著、旅游书等重点图书的组织编写、翻译、出版任务，还编辑出版了鲁迅的《一月九日》、《门外文谈》、《鲁迅书简》及“鲁迅研究丛书”、“知识青年自学丛书”、《陕甘宁边区革命民歌选》、《延安颂》、《创业史》（第一部修订本和第二部）、《春城飞花》、《金光灿灿的路》、《自动化仪表手册》、《机电修理》、《植棉技术手册》、《陕西果树志》等一批质量好、受读者欢迎的图书。

第四个时期，从 1978 年至 1998 年，随着党的十一届三中全会的召开，陕西出版工作的重点向社会主义现代化建设迅速转移，开始跨入快速、持续、协调发展的轨道。1979 年 1 月，成立了陕西人民美术出版社和陕西科技出版社。同年 12 月，陕西省外文书店成立。1980 年，五二三厂进行平装联动线的安装和调试，西安新华印刷厂进行照排和树脂版印刷工艺研究，五四四厂进行纸基照相印刷版研制，陕西省印刷厂推广聚丙烯（塑料）版注塑工艺，陕

1996 年 6 月，陕西人民出版社将 147 种、22905 册、总价值 10 万余元的图书捐赠给陕西临潼县徐杨乡初级中学，徐杨乡领导向该社赠送锦旗。

1997 年陕西人民出版社筹资 6.5 万元，帮助陕西省镇安县黑沟村小学重修校舍。

西省印刷技术研究所开展克服变色无银感光材料研究、小型自动显影机和自动烫脊机试制、PS 版中间试验。1983 年 5 月，陕西少年儿童出版社成立（后改名为未来出版社）。1984 年，陕西省出版事业管理局改为陕西省出版总社。西安交通大学出版社、陕西画报社、陕西省印刷技术协会也相继成立。中国印刷公司、中国印刷物资公司和新华书店总店决定，将西安新华印刷厂、陕西省新华书店和陕西省印刷物资公司扩建为印刷发行基地。陕西省出版总社的重点技术改造项目平装双联铁钉联动线全线试车成功。1985 年至 1988 年，陕西人民教育出版社、华岳文艺出版社、陕西旅游出版社、三秦出版社、西安地图出版社和陕西师范大学出版社、西北工业大学出版社、西安电子科技大学出版社、西北大学出版社、西安外语音像教材出版社、天则出版社、陕西省出版工作者协会相继成立，出版社发展至 15 家。已办理出版物印刷许可证的印刷企业达 130 家。1989 年至 1993 年，完成了西安新华印刷厂、陕西省新华书店的印刷发行基地扩建任务和陕西省印刷厂彩印分厂的建设任务，引进了成套国外先进的分色、排版、印刷、装订设备，电子排版代替了铅字排版，平印（胶印）代替了凸版印刷，完成了印刷工艺的一次大变革。还成立了陕西机械学院印刷包装工程学院，可培养高、中级印刷包装、机械制造等技术人才。1978 年至 1993 年，省新闻出版局直属单位共完成技改投资 9258 万元，引进、购置设备 322 台（套）。

获 1994 年度“五个一工程”奖入选作品《跨世纪的一代》和其他优秀陕版图书

这一时期，是陕西出版业发展最快的时期。1979 年长沙会议后，国家的出版方针由为工农兵服务、为无产阶级政治服务，调整为为人民服务、为社会主义服务。出版任务由围绕党的政治任务的需要来安排出书，调整为宣传马克思列宁主义和毛泽东思想；传播和积累一切有益于经济和社会发展的科学技术和文化知识；丰富人民群众的精神文化生活。出版方针的调整、任务的重新确定，是出版界政治理论上的拨乱反正、思想上的重新解放，在指导思想上它为改革开放中的出版事业指明了发展方向。由此，陕西出版业立足本省、面向全国、突破地方化的旧模式，开始由封闭型向开放型转变。从 1984 年起，陕西出版单位由单一的综合型向多门类的专业型转变。各专业出版社的成立，极大地提高了各门类、各学科图书的出版能力；图书发行多渠道格局的形成，打破了新华书店的一统天下，引进了市场竞争机制，有力地促进了图书发行事业的发展。1988 年以来，改革步伐进一步加快，陕西出版业开始由生产型向生产经营型转变。在管理体制上，全面实行社长（厂长、经理）负责制；在人事制度上，改变原来单纯的干部任命制为任命、聘任相结合的办法，并在系统内实行了“以目标管理为主体、以上缴利润承包相配合”的承包经营责任制。同时，贯彻执行好国家对出版企业的所得税优惠税率，部分出版物和县以下新华书店的增值税先缴后退优惠政策。这些都为全省出版事业的发展注入了强大的经济活力。为了促进编、印、发、供各环节形成合力，协调发展，省新闻出版局加强了系统内部宏观调控：解决好“三角债”问题，规

荣获第二届国家图书奖的“求索丛书”和其他陕版优秀图书

1997 年，陕西人民出版社出版的《世界珠算通典》在日本东京荣获第三届亚太地区出版家协会颁发的金奖。

范了出版系统内部货款结算办法，适时修订印刷工价，规定出版社发印产品向技术力量先进的直属厂倾斜和理顺纸张供货渠道。另外，通过建立出版基金，对优秀图书出版给予必要的补贴。印刷厂技改投入，提高印制质量，缩短印制周期。设立图书发行网点建设基金，加快县以下农村图书发行网点建设。出版社在专业分工的范围内，注重市场调研，调整结构，优化选题，坚持“三审”、“三校”制度，不断深化以提高图书质量为中心的各项改革，“双效”图书明显增多。1989 年至 1993 年，陕西出版各类图书 11607 种，其中《邓小平文艺思想研究》获“五个一工程”奖，《东方数学典籍〈九章算术〉及其刘徽注研究》获国家图书奖提名奖，还有《中共党史人物传》、《陕西金石文献汇编》、“中国文化与现代化丛书”、《中国经济发展研究》、“科技兴农实用新技术丛书”、“中国风俗丛书”等一大批图书在国内外有较大影响，有 97 种图书与国外及港台地区进行版权贸易。印刷厂经过企业所有权和经营权的分离，迈出了与市场经济接轨的坚实步伐，随后试行的劳动、人事、分配三项制度的改革和转换企业内部经营机制的改革，进一步扩大了企业自主权，增强了企业活力。发行业又推行了“三放一联”，即放权承包，搞活国营书店；放开批发渠道，搞活图书市场；放开购销形式和发行折扣，搞活购销机制；推行横向经济联合，发展各种出版发行企业群体和企业集团。此外，出版社自办发行也异军突起，迅速发展为仅次于新华书店的第二大发行渠道。1993 年全省出版图书 2788 种，印 1.68 亿册(张)，分别是 1978 年的 12.6 倍和 2.2 倍；出

荣获第三届国家图书奖提名奖的“鲁迅研究书系”和《西安历史地图集》

1997 年 1 月，陕西人民出版社召开《延安精神与社会主义精神文明建设》出版座谈会。该书荣获第六届“五个一工程”奖。

版杂志 235 种，印 0.5 亿册，分别是 1978 年的 7.3 倍和 6.9 倍；出版报纸 50 种，印 4.45 亿份，分别是 1978 年的 12.5 倍和 2.4 倍；书刊印刷工业总产值 1.46 亿元，印装能力合计 95 万令，分别是 1978 年的 7.7 倍和 1.2 倍；图书销售总金额 5.63 亿元，发行网点 3841 处，分别是 1978 年的 20.1 倍和 1.4 倍。

1994 年 1 月，于友先署长在全国新闻出版局长会议上提出，建设有中国特色社会主义出版事业的基本思路是：通过建立适应社会主义市场经济体制和精神文明建设需要、符合出版规律的管理体制和运行机制，推动整个出版业的发展；从以规模数量增长为主要特征的阶段向以优质高效为主要特征的阶段转移。总的工作方针是：一手抓繁荣，一手抓管理。“阶段性转移”的提出，得到陕西出版界的高度认同和在工作实践中的普遍响应。围绕“以科学的理论武装人、以正确的舆论引导人、以高尚的精神塑造人、以优秀的作品鼓舞人”这个主要任务，陕西出版业坚决贯彻“控制总量、调整结构、提高质量、增进效益”的宏观调控方针，加大管理力度，取得了明显成效。

在出版方面：一是加强图书审读工作。1993 年 12 月成立陕西省图书编审委员会，1996 年 11 月成立陕西省图书审定委员会，通过审读，指导全省图书出版工作。二是建立图书质量管理的规章制度。1994 年，针对全省出书品种增长过快过猛的状况，制订了“书号管理办法”，对全省书号实行总量控制；1995 年 12 月，在全省出版社、书刊印刷厂实施“统一制作、使用图书审稿、发稿、委印单制度”，1996 年起执行新闻出版署制定的《书刊征订发行委

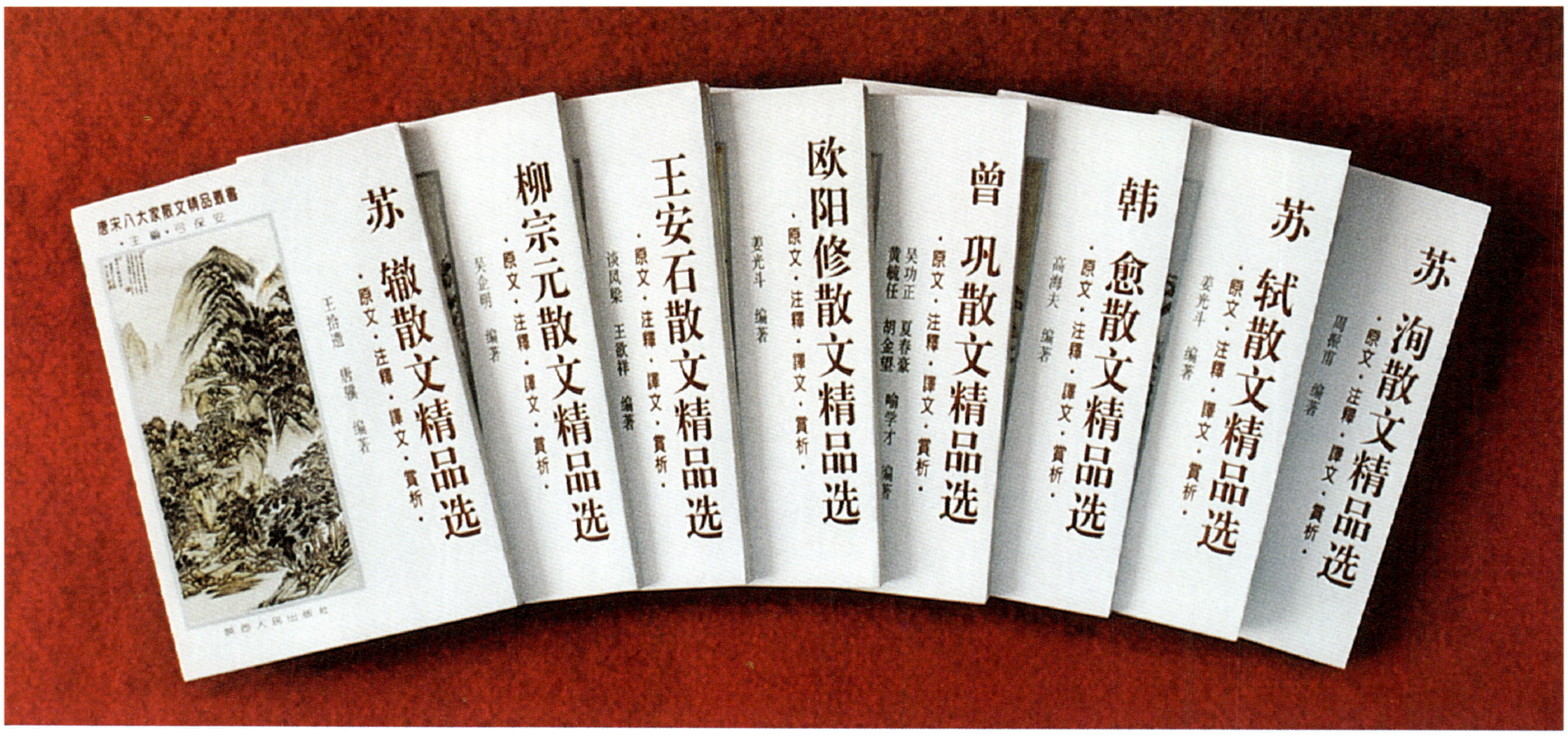

1996 年陕西人民出版社出版的“唐宋八大家散文精品丛书”

全国良好出版社西安电子科技大学出版社的优秀图书

托书》和《图书期刊印制委托书》办法；为规范校对工作，制订了《校对工作管理暂行办法》。三是开展编校质量检查评比活动，健全激励机制。每年组织对全省出版的图书抽查评比，奖优罚劣，促使图书编校质量逐年提高。省新闻出版局和省委宣传部还对入选“五个一工程”奖和国家图书奖及其他获奖项目的单位和个人给予表彰奖励。四是狠抓精品图书出版，大力构筑“重点工程”。继太白文艺出版社的《邓小平文艺思想研究》之后，未来出版社的“跨世纪的一代——中国少年‘五自’丛书”、陕西旅游出版社的《陕西文物旅游博览》、陕西人民出版社的《延安精神与社会主义精神文明建设》相继获“五个一工程”奖；继陕西人民教育出版社的《东方数学典籍〈九章算术〉及其刘徽注研究》之后，陕西人民教育出版社的“求索丛书”获国家图书奖，西安交通大学出版社的《火电厂热系统节能原理》、陕西人民教育出版社的“鲁迅研究书系”、西安地图出版社的《西安历史地图集》相继获国家图书奖提名奖；陕西人民出版社的“青年经济学博士研究丛书”和《蓝田直立人》、陕西旅游出版社的《毛泽东在延安》、西安电子科技大学出版社的《神经网络的应用与实现》、陕西人民教育出版社的“STS丛书”、西北工业大学出版社的《超音速燃烧与超音运燃烧冲压发动机》、《鱼雷制导规律及命中精度》和《广义大系统的分散控制与鲁棒控制》等图书相继获中国图书奖；还有《世界珠算通典》、《西安碑林名碑》等一大批图书在省部级以上评奖活动中获奖。“九五”重点图书出版规划的实施进展顺利，列入陕西省“九五”重点图书出版规划的有68种选

陕西省1997年出版的部分优秀图书

1996年陕西省出版系统开展“公民道德教育知识竞赛”活动

1996 年，在中国出版成就展上陕西省出版界工作人员开展对外版权贸易工作。

1996 年 6 月，香港书展上的陕西团展台。

注重出版的对外合作一直是陕西人民出版社的一项重要工作。图为陕西人民出版社领导与台湾同行进行业务交流。

题，其中 26 种被列入国家“九五”重点图书出版规划。截止到 1998 年，“九五”重点图书出版规划已完成 50% 以上，“九五”重点音像出版规划完成了 55% 以上。五是建立出版基金，扶植优秀图书出版。由省新闻出版局、省委宣传部、省财政厅共同集资建立“陕西省优秀科学、文艺著作出版基金会”，主要资助本省作者的自然科学、社会科学和文学艺术作品，优先资助列入国家及本省“重点工程出版规划”的项目。几年来，先后资助《陕西文物旅游博览》、《延安画卷》等 63 种优秀图书的出版。

在印刷方面：一是加大技改投入，推进印刷业的设备更新和技术进步。1994 年至 1998 年，省新闻出版局直属单位共完成技改投资 9979 万元，比此前 15 年的总和还多 721 万元；引进购置了国外先进的八色卷筒纸胶印机、高级彩色桌面制版系统、四色胶印机、四开五色胶印机、对开五色胶印机、对开四色胶印机，全数码彩色桌面制版系统和柔性版印刷制版生产线等印刷设备 135 台(套)。二是加强质量管理。1995 年成立陕西省印刷产品质量监督检测站，随后又成立了陕西省书刊优质产品认定委员会，制定了《书刊送检暂行办法》和《书刊印装质量奖惩暂行办法》。在印刷厂、出版社聘请 40 多名印刷产品质量监督检验员，经培训后上岗，司职质检工作。1996 年 4 月，在全省开展“书刊印刷质量年”活动，通过奖优罚劣，提高企业的质量观念和竞争意识。三是强化宏观调控手段，确保教材印制质量。在全省选择 30 家技术条件好、管理水平高的印刷厂承担

1950 年元旦西北新华书店宝鸡分店门市部营业情景

陕西省商洛地区新华书店送书到建筑工地

陕西省商洛地区新华书店送书到部队驻地

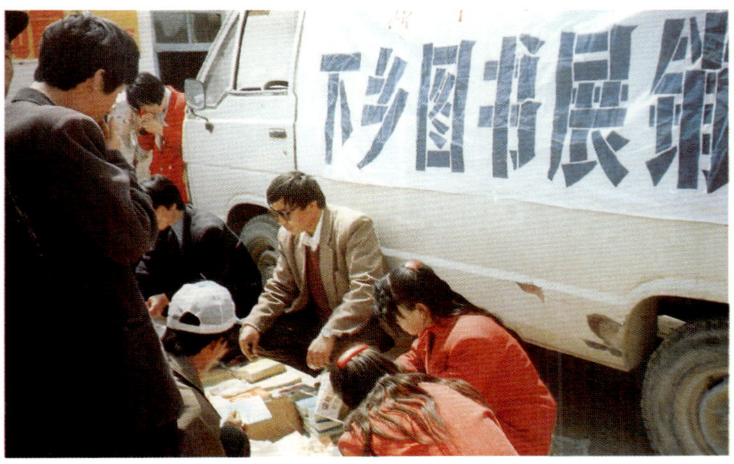

陕西省定边县新华书店开展送书下乡活动

教材印制任务，其中指定厂 10 家，选定厂 20 家；直属出版社教材的纸令、色令，向国家大型二档企业陕西省印刷厂、西安新华印刷厂和国营五二三厂的发印任务，不得少于 80%；教材用纸由陕西省印刷物资总公司供应，并指定省内外 16 家造纸厂为进货单位。质量管理工作的加强，使陕西书刊印制质量不断巩固、提高，连续两年在全国图书印刷质量和人教版教材印刷质量评比中保持排名前 10 位，获得“质量管理铜奖”。四是外引内联，实现印刷企业国有资产存量的增长。随着改革的深入，企业兼并、公司制等推动资产存量转换的经济机制应运而生。1992 年，陕西省印刷厂兼并严重亏损的西安织袜厂后，又与陕西省投资公司、宝鸡卷烟厂等七家单位联合成立陕西金叶印务股份有限公司，资本金总额 7000 万元人民币，陕西省印刷厂出资 1896 万元人民币，控股 27.09%，上市后公司净资产达 1.1 亿元人民币。1994 年 6 月，陕西省印刷厂与陕西秦银工贸开发有限公司和香港华达工贸服务有限公司联合成立西安金印票据印务有限公司，引进外资 32.2 万美元，占总资金的 25%。西安新华印刷厂 1994 年 5 月成立西安维达广告图片印刷有限公司，德国合作方投资 50 万马克；1994 年 9 月成立西安连诺·海尔印刷有限责任公司，德国合作方投资 45 万马克；1996 年 8 月成立西安新华前景快速印务有限公司，美国合作方投资 130 万元人民币。国营五二三厂 1998 年 11 月出资 441.9 万元，以承担债务式兼并陕西省石油总公司石油化工厂。另外，陕西

陕西省定边县新华书店的职工热情为读者服务

1993 年陕西省商洛地区新华书店送书到学校

陕西省绥德县新华书店投资 3 万元为绥德县河底乡獾窝咀村修复新建小学校舍，村民将该校命名为“新华希望小学”。

省印刷技术研究所与台湾绅道公司联合成立西安秦绅印刷版材有限公司，台方投资 86 万美元。

在发行方面：一是加快发行集团组建步伐。1998 年 2 月，陕西省人民政府批复，同意按照“资产重组、发挥优势、形成网络、扩大发行”的原则组建陕西省图书发行集团有限公司。经过近一年时间对地（市）县（区）新华书店人、财、物的接收工作，集团的组建已进入挂牌准备阶段。二是建设图书音像发行基础设施。1998 年 10 月，面积达 4000 平方米、经营图书 2 万余种的“陕西省新华书店图书批销中心”正式对外营业。正在建设中的“陕西省新华书店音像批销中心”于 1999 年 1 月建成开业。图书、音像两个批销中心的建设，顺应了商品市场集约化经营的趋势，吸引和方便了基层和周边地区销售店的进货，推动了新华书店主渠道一般图书的发行，为将陕西建设成全国区域性发行中心奠定了基础。其他在建项目还有：1998 年 5 月破土动工的“陕西省新华书店发行基地”，同年 10 月正式开工的作为陕西出版形象工程、总面积 23200 平方米并列入陕西省当年新开工重点项目的“陕西出版发行大厦”。三是成功地举办了第九届全国书市。1998 年 10 月 9 日至 11 月 9 日，第九届全国书市分别在陕西西安（书市主市）、延安（革命传统和爱国主义教育图书专市）、杨凌（农业科技图书专市）举办。书市设国际标准摊位 953 个，汇集供展览、订货、销售的出版物有 27.29 万种，成交达 7886.42 万册（盘），6.73 亿元。

1996 年，陕西省印刷厂聘请的德籍顾问、印刷专家赖因哈德·瓦尔利赫先生在该厂指导工作。

西安煤航印刷厂印制的《中华人民共和国国家经济地图集》(英文版) 面向世界发行

西安新华印刷厂与外商合资的西安新华—连诺·海尔印刷技术有限公司开业典礼

陕西省印刷厂的部分优质产品

陕西省印刷厂部分产品

其中，出版物订货 7701.33 万册(盘)，6.58 亿元(图书订货 7666 万册、6.43 亿元，期刊订货 14.2 万册、55.4 万元，方志图书订货 12 万册、1200 万元)；出版物销售 185.09 万册（盘)、1531.62 万元。书市接待了全国出版业代表团 35 个，共有 560 余家图书出版社、150 余家音像电子出版单位和 2500 多家发行单位参加，接待读者 142 万人次。

在出版管理方面：一是坚持不懈地开展“扫黄”、“打非”工作。1990 年 12 月，陕西省第三次“扫黄”工作会议在西安召开，揭开了每年冬春季全省“扫黄”集中行动的序幕。在省“扫黄”领导小组的统一指挥下，新闻出版、公安、工商、海关、邮电、铁路、民航等部门通力合作，地(市)、县、乡镇层层签定责任书，不断把“扫黄”、“打非”斗争推向深入。几年来，全省查禁、收缴并销毁了大量反动、淫秽、封建迷信和其他非法出版物，查处了一批制黄、贩黄案件。其中，1990 年 12 月 29 日，西安市召开严厉打击制作、贩卖淫秽物品犯罪分子宣判大会，姜长安被判处无期徒刑，其他犯罪分子被分别判处有期徒刑。1993 年 1 月 5 日，渭南地区中级人民法院在韩城市召开公判大会，对韩城市芝阳印刷厂厂长高光先，以制作、贩卖淫秽物品罪判处无期徒刑，剥夺政治权利终身。二是基本完成了报刊“治散治滥”工作。在党中央、国务院的统一部署下，1997 年至 1998 年，陕西省新闻出版局按照省委、省政府批准的实施方案，开展对报刊的“治散治滥”工作，取得了初步成效。正式报纸由 57 种压缩到48 种，正式期刊由 250 种压缩到 242 种；取消了内部报刊系列，将符合条件的 163 种转化为内部资料，425 种不符合条件的全部撤销。还对个别期刊的导向性问题，进行了严肃处理；对几种内部资料和图书的违规行为，进行了检查纠正。三是对出版社、印刷企业的清理整顿。1989 年 10 月，天则出版社西安、北京、呼和浩特三个办事处因违反国家出版管理有关规定，被省新闻出版局撤销。在对印刷企业进行清理整顿、换发国家统一许可证的工作中，按照总量控制、调整结构、布局合理、提高质量，违法经营一票否决的原则，注销了 30 家企业的印制许可证，对两家企业做出限期整顿或降级处理。同时，重新确定了国家定点印刷企业 8 家、省级定点企业 17 家、印制许可证企业 140 家、排版企业 14 家、装订企业 35 家。四是健全了地、市新闻出版管理机构。1990 年西安市设立新闻出版局，渭南、汉中、宝鸡、咸阳、安康、商洛、铜川、延安、榆林等九地、市在文化局内设新闻出版科。1997 年上述九地、市在文化局增挂新闻出版局牌子，使全省各地、市新闻出版工作得到进一步加强。

在科研教育方面：从 1979 年至 1998 年，陕西省印刷科学技术研究所共完成科研项目 72 项。其中，XP 单液型液体感光树脂、DWS－880 型单面细瓦楞纸板生产线获新闻出版署科技成果和科技进步二等奖；HDP－3 型照排机的专用微机、紫外线印铁油墨等 12 个项目获文化部、新闻出版署科技成果和科技进步三等奖；HCD 高反差显影液、ZJW 微机控制静电制版机、电解法再生 PS 版技术的推广应用等 28 个项目获文化部、新闻出版署科技成果和科技进步四等奖。这些科研项目通过技术转让获得直接经济效益 251.2 万元；同时，也为

陕西省印刷科学技术研究所与台商合资的西安秦绅印刷版材有限公司的 PS 版生产线

上海铸字机械厂、户县恒达机械厂和江苏的乡镇企业等使用单位创造了可观的经济效益。另外,陕西省印刷厂、西安新华印刷厂、陕西省印刷物资公司和陕西人民出版社等出版单位,也有一些科研项目获新闻出版署科技成果奖。

除西安理工大学印刷包装工程学院、陕西省轻工业党校的印刷专科和陕西省印刷技工学校的专门教育外,陕西出版业还积极开展岗位培训工作。几年来先后举办了十二期国家级书刊定点印刷企业厂长岗位培训班;举办了四期书刊印刷厂厂长(副厂长)岗位任职资格培训班,有 577 人参加培训;举办了三期地市县新华书店经理(副经理)岗位任职资格培训班,有 300 多人参加培训;举办了二期编辑室主任岗位任职资格培训班,有 158 人参加培训;举办了一期期刊主编岗位任职资格培训班,有 78 人参加。此外,还安排出版社社长、总编和国家定点印刷企业厂长参加了新闻出版署举办的培训班,参加培训的 98 人全部获得了任职资格证书。

1998 年,陕西省共出版图书 3964 种,再版率提高到 41.6%;出版音像电子出版物 340 余种;与 1997 年比三家直属印刷厂完成工业总产值 2.33 亿元,增长 85.61%;书刊印刷完成 68.49 万令,增长 24.19%;全省图书销售总额突破 20 亿元,其中,新华书店系统销售总额 16.23 亿元,增长 19.71%,全系统直属企业完成销售收入 13 亿元,增长了 18%。

50 年来,陕西新闻出版业的繁荣发展,得益于这块土地上悠久历史和灿烂文化的熏陶,得益于中国共产党的坚强领导,更得益于党的改革开放和现代化建设的正确方针和英明决策。新中国陕西出版 50 年在物质上和思想上的丰厚积淀,将成为迎接新世纪辉煌的基石。

1989 年在西安举办的西北五省区书店经理培训班

陕西省印刷技工学校学生在工厂实习

甘　肃

甘肃位于祖国西北地区，地处黄河上游，是中华文明的发祥地之一。她历史悠久，民族众多。早在四五千年前，生活在这块土地上的人们就创造了举世闻名的“大地湾文化”、“马家窑文化”、“齐家文化”等。古丝绸之路贯穿全境，是我国西汉至宋代以前时期进行对外贸易和文化交流的重要纽带。敦煌莫高窟犹如一颗璀璨的明珠，作为世界文化的宝贵遗产，佐证着甘肃对于世界文明发展的重大贡献。天水出土的秦简、武威出土的汉简以及莫高窟发现的大量敦煌遗书，突出反映了古代甘肃出版文化的成就。

然而，自宋代以后，甘肃政局动荡、战乱频仍、经济萧条、文化衰落。由于丝绸之路来往中断，活跃的出版活动逐渐衰落，再无往日的辉煌。

中华人民共和国成立后，在中国共产党领导下，甘肃的出版事业，进入了一个全面发展的新的历史阶段。

一、50 年来甘肃出版业的发展历程

1949 年 8 月 26 日兰州解放。人民政府一经成立立即表现出对新闻出版工作的极大重视，8 月 27 日正式组建了新华书店兰州分店。1950 年改名为新华书店甘肃分店，对图书的出版、印刷、发行进行统一的经营管理。1951 年 3 月 5 日，在新华书店甘肃分店出版科的基础上成立了甘肃人民出版社，这是甘肃

1983 年全国第一次画报工作会议期间，邓颖超同志亲切会见《甘肃画报》编辑。

建立的第一家社会主义的出版机构。

回顾 50 年来甘肃出版业的发展历程，可以划分为三个重要的发展阶段。

(一)艰苦创业、历经坎坷的前 30 年 (1949 年—1978 年)

自甘肃人民出版社成立以后到党的十一届三中全会召开前的 30 年间，受社会政治生活的影响，以及甘肃经济、文化事业发展水平的制约，甘肃的出版发展历程是一段在波折中奋进的艰苦创业史。

甘肃人民出版社创业之初，由于组织机构不健全、人员力量单薄、办公条件较差等重重困难的制约，出版规模较小、水平较低，但是仍出版了一批在当时有着相当影响力的作品，如辛安亭编写的《新三字经》，直至 80 年代仍在重印。1955 年甘肃人民出版社编辑、出版、行政三大部门初具规模，1958 年又成立了甘肃民族出版社和敦煌文艺出版社两个副牌社。由于组织机构相对健全，出版水平得到了提高，不仅每年出版本版新书达到一定的规模，而且出版了一批优秀作品。从 1956 年到 1965 年的 10 年间，共编辑出版图书 1924 种，总印数达 14878.5 万册。除租型图书外，共编辑出版本版新书 1156 种，重印本版图书 162 种。其中，《中国膏药学》、《甘肃植物志》、《敦煌莫高窟》等优秀作品的出版，带动起了甘肃著作界的活跃气氛，繁荣了甘肃的学术和创作著述活动，一支有着地方特色的实力较为雄厚的作者队伍开始形成。在这期间，虽经多次"政治运动"及 60 年代初的困难时期，但是，甘

'96 中国出版成就展期间，丁关根同志亲临甘肃展厅，对甘版敦煌类图书表现了极大的兴趣。

1996 年 10 月，在"全国少儿出版成就展"上，钱伟长同志和于友先同志关心甘肃出版情况。

肃的出版事业却在逐步走向正规。60 年代中期，"文化大革命"使甘肃的出版事业备受摧残，甘肃人民出版社和甘肃民族出版社机构被撤销，人员下放，只在省毛主席著作出版办公室保留甘肃人民出版社的出书名义。十年的浩劫使甘肃整个出版事业遭受的损失难以估量。

粉碎"四人帮"以后，1978 年 2 月甘肃省委做出决定，恢复甘肃出版事业的机构建制，甘肃人民出版社与甘肃省出版局合署办公。甘肃出版事业从此踏上了一个全面发展的新征程。

(二)改革开放、发奋进取的 15 年 (1979 年—1994 年)

按照经济体制改革的要求，1980 年甘肃省出版局与出版社彻底分开，出版行政管理体系开始得到健全。1981 年 1 月，"文革"中被撤销的甘肃民族出版社作为甘肃人民出版社的副牌社经批准恢复。1984 年 8 月，甘肃省音像出版社成立。1985 年 1 月，兰州大学出版社成立。1985 年 6 月，甘肃科学技术出版社、甘肃教育出版社、甘肃少年儿童出版社等甘肃人民出版社副牌社挂牌。1987 年 7 月又恢复了在"文革"中被撤销的甘肃人民出版社下属的敦煌文艺出版社。1988 年 7 月，甘肃省声像教材出版社成立。1989 年 7 月，甘肃人民美术出版社作为甘肃人民出版社领导的专业美术出版社成立。1993 年 6 月，甘肃文化出版社开始创建。至此，专业化出版体系在甘肃初步形成。

随着改革开放的不断深入，甘肃省各出版社积极探索改革之路，逐步确立了企业化经营管理模式，努力实现由生产型向生产经营型的转变。图书出版转变观念，立足本省、面向全国、突出特色、加强积累，一大批优秀作品纷纷

1951 年，甘肃人民出版社设在兰州市小北前街 11 号院的办公地址。图为该社部分职工在院门前合影。

1949 年 8 月 26 日，兰州解放，随同解放大军一同进城的甘肃人民出版社第一任总编辑薛剑英（车上右一）和编辑陈三省（车上右二）等人，着手筹建新中国在甘肃的第一批新闻出版机构。

1951年冬，甘肃人民出版社正式组建。图为社内职工在兰州市小北前街11号出版社旧址院内组织业余娱乐活动。

1951年，甘肃人民出版社的首批职工在兰州市小北前街13号宿舍门前合影。

面市，推动着出版物市场很快走出了短缺状态。甘肃出版界努力突破地域局限，不断为全国广大读者奉献出优秀作品。1981年，蜚声海内外的《读者》(原名《读者文摘》)杂志创刊，并于80年代中后期开始跃升为国内影响最大的刊物之一。全球发行量最大的探索UFO刊物《飞碟探索》同期创刊，并很快成为国内知名的科普期刊之一。一个以优秀期刊为基础，以精品图书为龙头的发展格局基本形成，出版规模不断扩大、经济效益逐年递增、队伍结构不断优化、出版实力迅速提高，呈现出欣欣向荣的繁荣局面。

综观这15年，甘肃出版事业的发展成就表现在以下几个方面：

第一，逐步改革计划经济体制下封闭运行模式的弊端，初步构建起了全方位开放式的发展格局。

改革开放以前，受高度集中的计划经济思想的影响，出版行业在产业布局中追求“大而全、小而全”，资源分割、市场分割，具有典型的封闭式运行的特征，出版行业发展活力不足、规模小、效率低、出版物市场短缺，不能适应人民群众迫切要求提高物质与精神生活水平的需要。另一方面，因受自然和历史因素的影响，甘肃社会、经济、文化事业发展水平较低，交通不便、信息闭塞，封闭式的出版运行机制束缚了甘肃出版事业的发展。因而，打破封闭、走向开放，是甘肃出版业在社会经济生活发生重大变革时期求得发展的自觉选择。

甘肃出版界大胆改革，充分调动广大编辑人员的积极性和创造性，努力打破地域局限，出版了一批在国内颇有影响力的作品。如《现代汉语》、《管理心理学》等，具有很高的学术价值和编写水平，被国家教育行政管理部门审定为全国高等院校教材并受到奖励，发行百余万册。《共产主义道德教育讲话》、《成功之路》等通俗理论读物，《科技英语惯用结构》、《修辞讲话》等文化教育读物，《针灸集锦》、《兽医手册》等科普读物，《格萨尔王传》、“世界文豪妙语录丛书”等文学艺术类读物，《孙敬修演讲故事大全》、《世界名城100座》等少年儿童读物，曾列入全国畅销书榜，受到广大读者的好评。

同时，甘肃出版界加强与有关国家和地区的出版业务合作，积极开展版权贸易，努力拓展海外发行渠道。先后与日本有关出版社合作出版了《丝路史话》、《敦煌壁画故事》等数十种日文版图书，与台湾和香港有关出版社合作出版了《子午流注与灵龟八法》等上百种图书。同时，通过中国出版对外贸易公司、中国国际图书贸易总公司、中国教育图书进出口公司、北京外文书店图书进出口部、中华书局对外图书贸易部等建立了图书出口业务关系，出口了数百种图书，使甘肃版图书在海外图书市场上有了一席之地。

经过10余年的努力，一个全方位开放式的发展格局初步形成，拓展了甘肃出版事业的发展空间。

第二，根据出版业发展改革的需要，建立并调整出版社内部的经营管理机制，同时，逐步完善了出版行政管理体制，理顺出版管理与

50年代末至60年代初，甘肃人民出版社设在甘肃日报社院内的办公地址。图为该社职工在办公楼前合影。

1960年，甘肃人民出版社部分人员到甘南州花海农场，参加“大办粮食”、“生产自给”的劳动。

1968 年初，甘肃人民出版社部分编校人员在认真检校《毛泽东选集》。

出版事业发展的关系。

甘肃出版体制的改革围绕两个方面展开。一是充分调动出版发行单位的积极性，努力扩大出版规模，提高出版水平；二是不断地调整管理模式，为出版事业的发展创造一个有利的环境。

1980 年，甘肃省出版局与甘肃人民出版社分开，行政职能与出版业务分离。甘肃人民出版社实行了财务单独核算，并逐步成为完全自收自支的企业化管理的事业单位。甘肃人民出版社内部经营管理体制随之逐步形成。到 1995 年底，甘肃人民出版社形成了包括甘肃民族出版社、甘肃少年儿童出版社、甘肃教育出版社、甘肃科学技术出版社、敦煌文艺出版社、甘肃人民美术出版社等 6 家专业出版社在内，并下辖《读者》杂志编辑部、《老人》杂志编辑部及三个图书编辑室的具有较强出版实力的综合型出版社，成为甘肃出版业的主力军。兰州大学出版社经过十年的艰苦创业，形成了较为完整的经营管理体系，出版实力迅速提高。甘肃文化出版社、甘肃省音像出版社和甘肃省声像教材出版社也都具备了一定的出版实力。同时，甘肃省新华书店系统和书报刊印刷企业也都形成了各具特色的经营管理体系，经济实力不断增强。通过改革，各项工作生机勃勃，一个既竞争又协作的发展格局初步形成。

“文革”结束后，甘肃出版业的行政管理

50 年代末至 60 年代初，甘肃人民出版社出版的部分图书。

50 年代末至 60 年代初，甘肃出版的部分期刊。

体制也曾进行过几次调整。1983 年 4 月，甘肃省出版局与省文化厅合并。1985 年 10 月，甘肃省出版总社成立。1987 年 5 月，甘肃省委、省政府决定在甘肃省出版总社的基础上成立甘肃省新闻出版局。甘肃省新闻出版局的成立，加强了党和政府对甘肃出版事业发展的领导，健全了对出版事业发展的行业管理体制，并在依法加强图书报刊市场的管理、规范书报刊出版行为方面做了大量工作，推进了甘肃省新闻出版行业的改革，协调了全省编、印、发各个环节之间的联系，为甘肃出版事业的发展创造了一个较为宽松的环境。

出版经营管理体制的确定标志着甘肃出版业在由生产型向生产经营型的转变方面迈出了实质性的步伐。

第三，紧扣时代主题，立足本省，面向全国，在走出封闭、不断开放的同时，着力开发地方优势文化资源，构筑起既具有时代精神，又富有自身特色的出版风格。

把握时代脉搏，体现时代精神，同时营造自身的特色，是出版物生命之所在，也是在变化莫测的市场中把握主动的关键环节。

甘肃人民出版社及其所属各专业社在长期的出版实践中，深入调查甘肃优秀人文资源，结合时代发展，以积累文化、服务社会为己任，突出重点，在敦煌学、少数民族优秀文化、中医学和藏医学等学科以及在反映西北地区科技发展水平和优秀的少儿教育读物等

80 年代初，党的知识分子政策得到初步贯彻落实，甘肃人民出版社的部分业务骨干在党旗下宣誓入党。

1985 年秋，甘肃人民出版社编辑拜访中国曲艺家协会主席陶钝（左）。

1998 年 11 月 6 日，甘肃省委书记孙英亲临书店视察。

领域中形成了自己独有的特色。兰州大学出版社以科研、教学力量为依托，以学术专著为主体，推出了一批在国内学术界有较高知名度的优秀读物。甘肃文化出版社也在建社时间不长、经验欠缺的情况下，迅速出版了一批具有西北地区文化特色、反映西北文化发展水平的优秀著作。甘肃省音像出版社深入挖掘民间文化，推出了一大批深受西北地区人民欢迎的优秀音像制品。甘肃省声像教材出版社以甘肃革命历史和人文景观为体裁，出版了一批深受教育界好评的优秀教育音像制品。一个百花齐放、特色鲜明的出版格局在甘肃已经形成。

出书育人，是出版工作不可或缺的两个方面。在甘肃出版界不断追求自身特色发展的过程中，也带动了甘肃著述队伍的成长，推动了甘肃学术活动水平的提高，对甘肃社会经济各项事业的发展产生了深远影响，同时也为甘肃出版业的特色发展战略注入了新的活力。

甘肃出版界在这 15 年的发展历程中，初步形成了一条符合甘肃出版业实际的发展路子，为甘肃出版事业的进一步繁荣奠定了比较雄厚的基础。

(三)全面发展、成就辉煌的近 5 年 (1995 年—1998 年)

社会主义市场经济体制的确立，为出版业的改革明确了方向。在社会主义市场经济条

1985 年 11 月，《孙敬修演讲故事大全》一书责任编辑魏宏泽（左一）到北京采访本书作者孙敬修(中)老人。

1990 年，我国著名冰川学家秦大河穿越南极科学考察归来后所著《我是秦大河》一书出版。图为秦大河在该书首发式上讲话。

甘肃人民出版社连续 8 年获中国图书奖的图书

件下，出版工作必须坚持社会主义方向，同时遵从市场规律，实现出版业由单纯的数量型扩张向质量效益型发展的转变。为此，整个甘肃出版界以"九五"重点图书出版规划的制定为契机，在邓小平理论指导下，以中共十五大精神为指针，努力实现新闻出版行业"阶段性转移"的战略目标，推动甘肃省出版事业上台阶，上水平。

制定"九五"重点图书出版规划是一项对阶段性转移具有指导意义的重要工作。甘肃各出版单位以充分反映甘肃出版业发展水平和出版特色为重点，加强调查，同时在实践过程中对规划不断进行必要的调整和充实，并在人员、奖金、物资等方面配套落实，印刷、发行同步跟上，形成了以规划项目为骨干工程，进而带动出版工作全面提高的发展局面。

如甘肃少年儿童出版社出版的"少年绝境自救故事丛书"，选题构思新颖，提供了对少年儿童能力培养的一种新的思路，对于我国独生子女教育具有很强的现实性。这套丛书列入"九五"重点图书出版规划后，受到出版界和社会各方面的广泛关注，出版后发行量较大，并获得"五个一工程"奖，取得了良好的社会效益和经济效益。

"九五"规划带动了选题计划工作水平的提高。选题工作是出版工作的龙头，选题计划的制定具有极强的政策性，是落实党的十五大对出版业提出的"加强管理、优化结构、提高质量"的要求的基础。甘肃各出版单位积极实施精品战略，围绕构建自身特色发展战略的需要，认真开展图书市场调查，优化选题结构，注重作品的原创性，从思想性和读者层次等诸方

甘肃人民出版社历年获中宣部"五个一工程"奖的图书

甘版敦煌类图书蜚声中外

兰州大学出版社荣获的部分获奖证书及奖牌

面对选题进行准确定位，努力提高选题的质量。随着工作的不断深入，不仅一大批优秀学术专著不断出版，而且，推出了一大批深受广大读者喜爱的优秀读物，销售收入稳步提高。

特色经营、品牌战略是出版经营者在激烈的市场竞争中树立良好形象、赢得读者满意、保持持久优势的重要营销方式。甘肃各出版社以精品工程为基础，强化特色经营、品牌战略的实施力度，一方面加大了对在广大读者中已具有较高声誉的出版物和出版领域的投入，扩大宣传，另一方面积极开拓有一定基础的新出版领域。如《读者》杂志是国内著名的优秀杂志之一，甘肃人民出版社在提高办刊质量、保住名牌优势的同时，积极协调各方面力量，增加分印点，努力扩大市场影响力，保证了《读者》杂志发行量的稳定。敦煌类读物是甘肃出版界在长期出版实践中形成的优势出版领域，也是甘肃版图书在海外图书市场中深具影响力的一个重要方面。甘肃省内各出版社先后投入数百万元资金，出版了一大批具有极高史料价值并充分反映敦煌学发展最新成果的著作，在国内外产生了广泛影响，如《敦煌古乐》、大型画册《敦煌》、“敦煌石窟鉴赏丛书”等。甘肃各出版社在加强市场调查的基础上，进一步加大了对敦煌类读物的出版力度。如列入“九五”重点图书出版规划中的甘肃人民出版社策划并组织实施的大型出版工程《甘肃藏敦煌文献》，就是对有关敦煌历史史料进行系统的挖掘整理的大型系统工程，它将对敦煌学的研究产生深远的影响。

当前，甘肃出版工作的改革主要围绕以下两个方面展开：

第一，探索运用政策性调控引导甘肃出版单位不断优化出书结构，注重效益，提高质量，进一步增强市场竞争能力。

在新的条件下，如何探索出一套符合时代发展需要的新的管理方法是出版行政管理工作需要解决的重要课题。甘肃省新闻出版管理部门对此进行了积极探索。一是加强对图书市场的规范和领导，加强"扫黄"、"打非"工作的力度，净化出版物市场；二是努力建立起一套表彰激励制度，在市场机制发挥作用的基础上，通过各种制度及政策性手段，以推动甘肃出版业的结构性优化和产出水平的提高；三是进一步规范出版经营活动的市场行为，保障市场竞争的有序性，以实现资源配置效率的最大优化。

第二，各出版单位不断强化内部管理，按市场经济发展的需要，稳妥地探索人事制度、劳动制度、干部制度的改革，进一步增强发展活力。优化结构，提高质量，其关键在于抓好管理工作，在于充分调动广大职工的工作热情。因此，管理制度的改革重点包括两个方面的内容：一是建立起一套鼓励人才勇于争先的组织人事管理体系，为人才的成长创造一个有利的环境。出版工作属于精神产品再生产领域中的一个重要方面，在知识经济日现端倪的今天，人的创造精神和创造能力在市场竞争中已经发挥着日益重要的作用，因此，重视人才的作用，这是管理制度的一个重要方面。人事

甘肃人民出版社出版的部分敦煌类图书

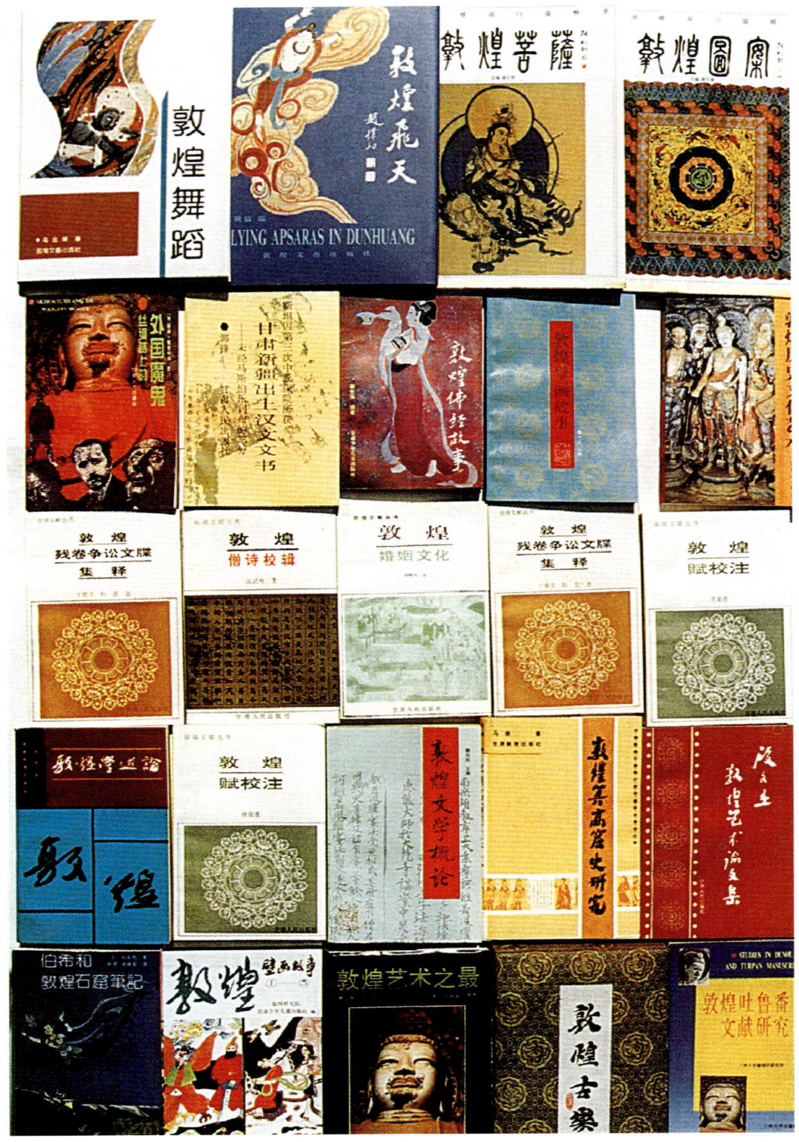

甘肃音像出版突出地方特色，弘扬民族文化，取得了显著成绩。

90年代出版的部分甘版藏文读物和少数民族专著

制度、劳动制度、干部制度改革的核心在于逐步建立起一个能进能出、能上能下、奖勤罚懒、奖优罚劣的组织人事管理制度。为着这一目标，甘肃人民出版社于 1993 年开始了干部管理制度的试点工作，逐步建立起了一套干部聘任制度，通过对中层管理干部的考核聘任，激发了他们的责任意识，强化了内部管理。二是各出版单位建立并完善了岗位责任制。通过明确责任、加强监督、认真考核，形成了责、权、利明晰的经营管理制度。

近年来，甘肃出版业发展迅速，成绩喜人。《中国社会主义问题研究》、《西北灾荒史》等 13 种图书 14 次分别获得中宣部"五个一工程"奖、国家图书奖和中国图书奖等三大奖，1600 余种甘肃版图书在全国和地方的各类评奖中获得奖项。精品图书逐年增加，两个效益逐年攀高。同时，发行业稳步发展，发行网点稳步增加，发行效益不断提高。此外，印刷行业积极引进新技术，加快技术改造步伐，依靠管理创造效益，依靠科技创造效益，不断取得新的成就。1998 年，整个甘肃出版业创造产值近 5 亿元，上交国家税收近 3000 万元，直接经济效益近 5000 万元。虽然在甘肃出版事业的发展道路上还存在着许多的矛盾和问题需要解决，但是，一个生机勃勃的出版业已经在陇原大地生根开花。

甘肃出版事业半个世纪的发展历程，是一代代甘肃出版人在中国共产党的领导下艰苦奋斗、默默耕耘、无私奉献的光辉历程。他们以不懈的努力为我们伟大的中华人民共和国 50 华诞献上自己的一份厚礼。

《读者》成为改革开放 20 年来最受中国老百姓欢迎的杂志

独具特色的《飞碟探索》杂志

在"三下乡"活动中，书店同志把书送到了乡村小学。

二、甘肃人民出版社

甘肃人民出版社，是新中国成立后，甘肃建立的第一家出版机构。是甘肃省规模最大、历史最长、出版图书期刊最多的一家出版社。

从 1949 年 9 月甘肃人民出版社的前身新华书店甘肃分店算起，至 1998 年底，甘肃人民出版社共出版图书 2.2 万余种；总计印数21亿册；先后创办报刊 13 种，总计印数 5.25 亿册。

甘肃人民出版社机构设置多次变更，到 1998 年，共设有 5 个书刊编辑室，6 个专业出版社，即甘肃民族出版社、甘肃教育出版社、甘肃科学技术出版社、甘肃少年儿童出版社、敦煌文艺出版社、甘肃人民美术出版社，1 个甘肃新闻图片社，1 个发行部和 5 个业务行政管理部门。1998 年底全社总人数为 236 人。具有高级专业技术职称的 53 人，中级专业技术职称的 83 人，初级专业技术职称的 41 人。

近 50 年来，甘肃人民出版社是在波折中发展前进的。其整个历程，大体可分为三个时期：从 1949 年至 1965 年，是甘肃人民出版社的初创时期。1949 年 9 月至 1951 年3 月甘肃人民出版社建社前，新华书店甘肃省分店出版科时期，主要任务是翻印马克思、恩格斯、列宁、斯大林、毛泽东著作和党的政策文件，以及解放区文艺作品。在不多的本版图书中，出版的我国知名教育家辛安亭的《新三字经》影响深远，至 80 年代还在重印。

1956 年，甘肃人民出版社编辑、出版、行政三大部门已初具规模。1958 年又成立了甘肃民族出版社和敦煌文艺出版社两个副牌社。

从 1951 年至 1965 年 14 年间，共编辑出版图书 2166 种，总印数 16102.8 万册。除租型图书外，共编辑出版本版新书 1203 种，重印本版图书 162 种。

农村青年对农业科技类图书情有独钟

老大爷对通俗读物爱不释手

编辑人员学电脑如虎再添翼

这 14 年中，编辑出版了不少优秀的、实用价值很高、重版率很高的图书。比如《中国膏药学》、《甘肃植物志》、《文心雕龙译注十八篇》、《中医入门》、《敦煌莫高窟》、陇剧《枫洛池》以及从 1958 年至 1964 年整套的高中、初中、小学复习题解等书。

这个时期，甘肃人民出版社的编辑出版促进了甘肃著作界的学术气氛空前活跃，甘肃实力比较雄厚的作者队伍，是从这时开始涌现出来的。其中有老教育家辛安亭，敦煌学专家常书鸿，知名教授孔宪武、黄伯荣、郭晋稀，著名剧作家汪钺、武玉笑、程士荣，画家陈懒云、郝进贤，政治理论工作者李洪林、傅原、徐宗望，诗人闻捷、李季，坚持在教学第一线并且为学生写书的中学教师尹贤绪、刘永旺等等。甘肃人民出版社自身也出了知名作家赵燕翼。

“文化大革命”的 10 年，是甘肃人民出版社的衰落时期。工作人员大量下放，甘肃出版机构的设置和隶属，多次变更。这 10 年中，主要出版的是各种版本的毛泽东著作、毛主席语录、学习文件、中央报刊的社论汇编，以及“革命样板戏”等。

党的十一届三中全会召开至今，是甘肃出版业蓬勃发展的辉煌时期。“文化大革命”结束后甘肃人民出版社才逐步恢复。

从 1978 年至 1998 年的 20 年中，共编辑出版图书 17663 种，总印数 192429.8 万册。其中：本版新书 8365 种、年平均 418.25 种，为前 20 年的 2.5 倍；重印本版图书 3596 种，年平均重印 179.8 种、年平均印数 9621.49 万册，为前 20 年的 2.7 倍。

这 20 年，在甘肃人民出版社所编辑出版的图书中，涌现出了一大批优秀读物，其中有高质量的学术专著，有各类学校的教材，有从不同层次、不同角度介绍敦煌和丝绸之路的不同体裁的作品，有挖掘整理的很有价值的甘肃古籍，有介绍甘肃历史、现状及特有的少数民族的专著，有最新的社会科学和自然科学的研

当今甘肃省最大的书刊印刷企业——兰州新华印刷厂

兰州新华印刷厂照排车间一角

兰州八一印刷总厂重视职工技术培训工作。图为考场上技工们正在认真答卷。

1995 年甘肃省音像出版社出版的音带《敦煌古乐》获中宣部"五个一工程"奖及其他奖项。图为演奏家们正在配乐录制。

究成果及论著，有实用性很强的科学技术普及读物，有广为流传的文学作品、美术作品，有深受小读者欢迎的少年儿童读物等等。如《中国法律思想史纲》、《现代汉语》、《非线性泛函分析》、《社会学问题》、《管理心理学》、《社会学简明辞典》、《现代普通教育管理学》、《科技英语惯用结构》、《史记研究》、《高初中文言文评析注译》、《量子力学计算原理和基本方法》、《敦煌学论集》、《三军大会师》、《甘肃省情》、《裕固族简史》、《保安族简史》、《东乡族简史》、《中国陆相油气的形成演化和运移》、《兽医手册》、《格萨尔王传》、《新育儿大全》、《安多政教史》等。尤其是，甘肃人民出版社着手策划并渐次实施以《读者》为龙头的社办期刊工程，产生了在全国乃至世界颇有影响的期刊品牌。

进入 90 年代以来，甘肃人民出版社坚持以邓小平理论为指导，执行中央提出的出版工作由单纯生产型向生产经营型转变，由数量规模增长向质量效益增长的转变方针，认真贯彻党的十五大对出版业提出的"加强管理、优化结构、提高质量"的要求，取得了阶段性的成果，精品书逐年增加，相继推出了《中国社会主义问题研究》（获中宣部"五个一工程"奖）、《中国共产党廉政建设史》（获中国图书奖）、《西北灾荒史》（获中宣部"五个一工程"奖和中国图书奖）、《犯罪学大辞书》（获中国图书奖）、"少年绝境自救故事丛书"（获第三届国家图书奖提名奖）、《天地无情》（获中宣部"五个一工程"奖）、《阔端与萨班凉州会谈》（获中国图书奖）、《图说邓小平理论》等弘扬主旋律，直接服务于祖国现代化建设和改革开放的精品图书。同时，还出版了《金岳霖文集》、《纪伯伦全集》、《唐六典全译》、《河西开发史研究》等许多弘扬优秀文化的社科类著作。10 年来，累计有 1500 多种图书在全国和地方的各类评奖中获得奖项。其中，自 1991 年度至 1996 年度 5 次获得中宣部"五个一工程"奖，自 1990 年至 1997 年连续 8 年获得中国图书奖，1 次获得国家图书奖。总计有 13 种图书 14 次获得国家级图书"三大奖"。

甘肃地处古丝绸之路中段，有着丰厚的人文出版资源。甘肃人民出版社出版的敦煌学、少数民族专著、中医学和藏医学以及科技类和少儿类读物已形成自己独有的出版特色。1957 年出版了由常书鸿先生主编的《敦煌石窟艺术》。80 年代以来，出版敦煌类图

甘肃省音像出版社出版的部分获奖作品和证书、奖杯等。

甘肃省声像教材出版社音像灌带车间正在生产教学录音带

书 160 余种，其内容涵盖了敦煌学的各个方面，出版形式也多种多样，是国内出版界出版此类图书最多的一个出版社。90 年代以后，出版的《敦煌古乐》、《敦煌艺术之最》、《敦煌文学》、《敦煌壁画乐史资料总录与研究》等，先后获得了中宣部"五个一工程"奖和中国图书奖。大型画册《敦煌》、"敦煌石窟鉴赏丛书"、《敦煌壁画故事》、《敦煌文学概论》、《敦煌书法库》等代表了敦煌学研究的诸多方面。近两年来，甘肃人民出版社策划了《甘肃藏敦煌文献》(1－5 卷)、《敦煌书系》(1－10 辑)、"敦煌通俗文化丛书"(1－30 册)等有分量的敦煌类图书。

出版以藏民族图书为主的少数民族专著，是甘肃人民出版社的又一特色。历年来出版少数民族类图书(含民族语言类)200 多种。《格萨尔学集成》、《藏族传统文化辞典》、《藏医千万舍利》、《雪域历代名人辞典》等在中国图书奖、中国少数民族优秀图书奖、全国藏文优秀图书奖评奖中多次获奖。

甘版科技类图书扎根于西北黄土地，服务于现代化建设。自 90 年代以来，共出版各类科技图书 700 余种，其中有 90 余种被评为省级以上优秀图书。《陇东高原半湿润偏旱区(镇原)农业综合发展研究》一书被评为国家"八五"科技攻关重大科技成果奖，《玄灯医笺》获第二届世界传统医学大会国际优秀成果奖，《人口承载力与人口迁移》获首届中国人口科学优秀成果奖。同时，还出版了一大批具有西北地方特色并获得奖项的科技类图书。

甘版少儿类图书以"谋求特色发展，服务少儿读者"为宗旨。《敦煌壁画故事》(连环画)获甘肃省第三届图书评选"特别优秀图书奖"，《中华国耻录》获全国第三届优秀少儿读物奖，"儿歌多功能丛书"、《100 个第一的故事》获全国冰心图书奖，"少年绝境自救故事丛书"获第三届国家图书奖提名奖及中宣部第六届"五个一工程"奖等。

在对外和对港、台地区合作出版方面，自 1986 年至 1998 年，甘肃人民出版社与日本及香港、台湾的多家出版社合作出版了敦煌类、科技类、民族类、民俗类、历史类的图书。同时，出口了一大批有影响的图书。

甘肃人民出版社的社办期刊在全国地方出版社中颇具特色。自党的十一届三中全会以来，先后创办了《读者》、《飞碟探索》、《老人》、《甘肃画报》、《故事作文》、《妈妈画刊》等 6 种期刊，其中，《读者》和《飞碟探索》杂志蜚声海内外。

《读者》创办于 1981 年 4 月。当时，甘肃人民出版社总编辑曹克己提出了一个重要的发展思路——创办期刊，"以刊养书"，确定了"博采中外、荟萃精华、启迪思想、开阔眼界"的办刊宗旨。《读者》自创办以来，月发行量从创刊号的 3 万册，一路攀升至 90 年代末期的 400 万册左右，进入中国期刊发行量前三名，连续数年居于 16 开杂志之首。1998 年被国际期刊联盟《世界期刊趋势 1988/99》一书评定为世界发行量最大的 50 家综合类杂志之一，位居第 7 位。1997 年，被国家新闻出版署确定为"全国百种重点社科期刊"之一。

独具特色的《飞碟探索》杂志，创办于 1981 年，以探索未知、开阔思路、普及科学知识为宗旨。创刊以来，成为全国发行量最大的科普期刊之一，也是全球发行量最大的 UFO(探索不明飞行物)杂志。

出书育人始终是甘肃人民出版社孜孜追求的两大目标。甘肃人民出版社从建社初只有 1 名编辑人员，发展到 90 年代末期的 138 名编辑人员，已建成了一支专业门类比较齐全，能够策划、审读、编辑和出版社会科学和自然科学各学科领域著译作品的编辑出版队伍。

甘肃省声像教材出版社的编辑制作人员在演播室拍摄少儿文艺节目

在第九届香港书展上，甘肃人民出版社与日本书商达成版权贸易意向后合影。

新中国出版50年

青　海

青海省的出版事业，踏着共和国前进的步伐，经历了1954年至1965年的创业时期，1966年至1976年的“文化大革命”时期和1978年以来的改革开放时期。特别是党的十一届三中全会以来，青海出版业在改革开放春风的沐浴下，取得了前所未有的发展和繁荣，并已成为两个文明建设的重要力量。

一

1954年青海人民出版社的正式成立，标志着青海有史以来有了面向社会的专门出版机构。1954年到1965年，青海出版工作者在青藏高原这块有着悠久而灿烂的民族文化的土地上栉风沐雨、艰苦创业，在出版业的基础设施、管理体制建设和队伍建设等方面取得了显著成绩。并在出版工作中认真贯彻“为人民服务”和“地方化、群众化、通俗化”的出版方针，积极编辑出版汉、藏两种文字的各类通俗读物，尤其着力于编辑出版藏文图书，出书门类逐步扩展到政治、经济、文化、教育、文学艺术等方面，形成了基本的出版规模。

这一时期，青海的印刷、发行业也有了长足发展。青海印刷业在接收解放前办的湟中实业公司印刷厂和青海国民印刷局的基础上，先后建立了西宁印刷厂、青海新华印刷厂和海南州印刷厂等17家国营、集体印刷企业，初步形成了一个具有一定生产能力的印刷体系。1950年新华书店青海分店成立后，在极端困难的条件下，分期分批在全省各州县建立了新华书店支店及其发行门市部，并在一些供销社、民贸公司设立了图书代销点，初具规模的图书发行网络基本形成。经过10多年的艰苦创业，青海的编、印、发等诸方面基本实现了同步协调发展，在宣传马列主义、毛泽东思想和党的方针政策，宣传普及科学文化知识，促进社会的全面进步方面发挥了重要作用。

1987年10月，原全国人大常委会副委员长班禅额尔德尼·却吉坚赞视察青海人民(民族)出版社。

“文化大革命”中，青海出版业遭受严重挫折，出版机构被撤销，出版工作者被遣散，图书出版业十分萧条。“文化大革命”十年间，共租型印制汉文毛泽东著作 171 种、2100 余万册。

二

1978 年，党的十一届三中全会掀开了中国历史崭新的一页，以此为转机，波澜壮阔的改革大潮在青海大地汹涌澎湃。20 年来，青海出版业以邓小平理论为指导，紧紧围绕经济建设这个中心，积极稳妥地推进出版发行改革，成为青海出版业有史以来最为繁荣的时期。

（一）出版业繁荣发展，质量显著提高

在十一届三中全会所倡导的“解放思想，实事求是，团结一致向前看”的崭新的思想路线指引下，青海出版工作得到全面恢复和发展，各项有效的管理规章得到建立和完善。特别是1979 年在长沙召开全国出版工作座谈会和 1983 年中共中央、国务院做出《关于加强出版工作的决定》以后，青海出版工作认真贯彻“立足本省，面向全国”的地方出版社工作的新方针和《决定》确定的指导思想，确立了“以青藏高原作为大选题”的新思路，并把开拓“外向型”选题作为重要组成部分，使出版内容更加充实和丰富。20 年来，青海出版界依靠丰厚的藏族文化和青藏高原文化资源，积极深化出版改革，大力开拓新的领域，尤其是各种丰富的传统文化、民间文化、地域文化得到挖掘、继承和发展，逐步形成了多层次的科学的图书品种结构，出版事业取得了前所未有的发展和进步。经过 50 年的建设，特别是改革开放，青海图书出版业已由过去出版单一的图书品种发展成为出书门类齐全、能够编辑（译）出版汉藏两种文字的涉及社会科学和自然科学各方面图书的出版体系，出版了一大批具有鲜明时代

青海人民出版社获奖的部分图书

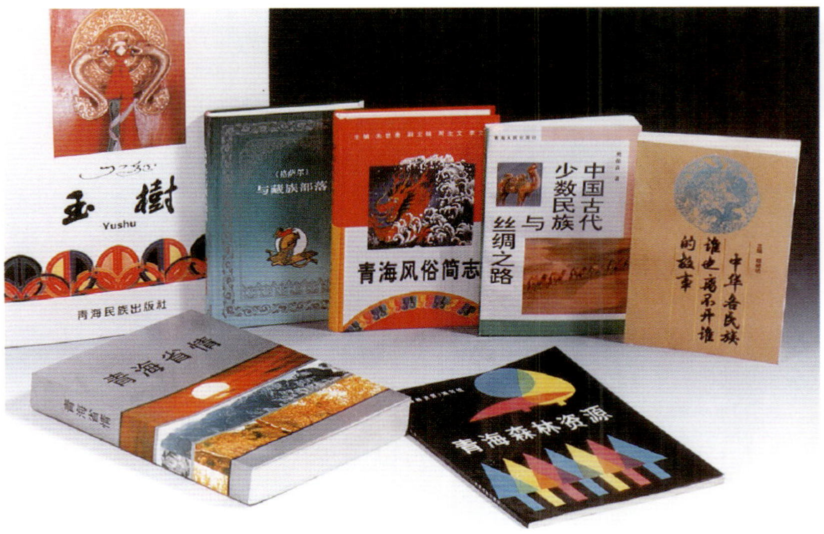

青海省出版的部分期刊

青海省获奖的部分汉、藏文图书。

特色、地方特色和民族特色的图书，形成了自己的出书特色和风格。1954 年—1997 年，共出版青海版汉藏文图书 6477 种，总印数 31747.459 万册；1979 年—1997 年，共出版青海版汉藏文图书 3153 种，总印数 17359.008 万册。青海版图书的品种数和总印数分别是改革开放前的 1 倍和 1.2 倍。从 1979 年开始，连续 20 年做到了教材“课前到书，人手一册”。1979 年—1998 年，共出版各类汉藏文中小学教材 5719 种，15582 万册，为发展教育事业做出了重要贡献。不仅如此，青海图书出版业的蓬勃发展，更明显的是图书质量的不断提高。迄今，已有 528 种汉藏文图书在各种评比中获奖，其中《藏族教育的改革与发展》、《藏药志》、《佛学词典》、《藏族近现代教育史略》、《毛尔盖·桑木旦全集》等 5 种图书获中国图书奖，《农业社会化服务体系建设与管理》获中宣部“五个一工程”奖。

（二）民族文字图书的出版成绩斐然，古籍整理取得重要成果 青海是多民族聚居地区，民族、民间文化遗产犹如天空繁星灿烂夺目。挖掘、整理和出版各民族特别是藏族优秀文化遗产始终是青海出版工作者的重要使命。党的十一届三中全会以来，民族出版工作取得突破性进展。1954 年—1998 年，共编辑出版各类藏文图书 1642 种，其中党的十一届三中全会以来出版 1244 种，发行 12302.58 万册；再版重印 213 种，发行 160 万册。图书内容包括政治理论、历史、语言、文学、医学、历算、绘画、摄影、少儿通俗读物等。青海出版的藏文图书已行销全国藏区，一批具有青藏高原地方民族特色的图书，被译为汉文或外文，进入国际图书市场，受到国内外读者、出版界和学术界的赞扬。1979 年—1998 年，共出版藏文中小学教材 1066 种，1646.151 万册，不仅满足了省内各民族中小学的需要，还圆满完成了供应西

富有地方和民族特色的青海版音像制品

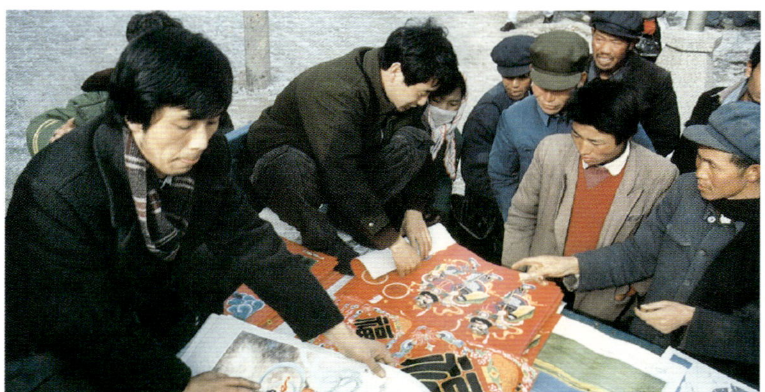

美术编辑们送画下乡

《花的柴达木》编辑部在精心地策划选题

南、西北协作区藏族中小学用书的任务，有力地支持了全国藏区民族教育事业的发展。1978 年以来，青海出版界率先整理出版了《米拉日巴传及其道歌》、《藏文典籍要目》、《夏嘎巴传》等 80 余部有较大影响的藏文古籍和 250 多部供藏学研究的各类藏文图书，同时编辑出版了多部《格萨尔传奇》及情歌、谚语、谜语、寓言故事等藏族民间文学读物，并在装帧设计上突破常规，对一些古籍采用了藏族读者喜爱的长条形式。这些图书的出版，不仅受到国内藏族读者和出版界、教育界、藏学界的普遍好评，也在国外藏学界产生了广泛影响。其中部分古籍图书还参加了第 39 届法兰克福国际图书博览会和第 6 届莫斯科国际书展，促进了国际间的民族文化交流，也扩大了我国的政治影响。

青海出版界在加大民族图书出版力度的同时，积极开辟了藏文报刊的新领域。1981 年创办了以文学为主的综合性藏文季刊《章恰尔》（意为“雨露”），推出了一大批优秀文学作品，扶持培养了一批藏族文学新人。创刊以来已经出版 71 期，发行 70 余万册，发行量名列全国藏文期刊之首。1989 年，创办了全国第一张藏文少年报——《刚坚少年报》，目前已出版 264 期，总印数 260 多万份，成为藏族少年儿童的良师益友，为培养藏族下一代办了一件“功德无量”的好事。

（三）音像出版从无到有　1988 年，青海昆仑音像出版社的成立，使青海音像出版从此走向规模化生产。1991 年，西海民族音像出版社成为青海音像出版工作中的一支新的主力军。1988 年以来的 10 年间，青海音像出版工作，把着眼点牢牢根植于地方民族文化的沃土之中，以出版具有地方民族特色的音像制品为主攻方向，深入采风，拓宽题材，注重“土特产品”的生产，一批具有浓郁地方民族特色的汉

藏文期刊《章恰尔》

新华书店流动服务到士乡

藏两种语言文字的音像制品先后问世。1988年—1997年，共出版录音带220种，发行209.5万盒；出版录像带20种，发行2.46万盘。青海出版的音像制品，迄今，共有7种音像制品在全国各种评比中获奖。其中，电视专题片《西藏的诱惑》荣获中央电视台“星光杯”一等奖，并在全国首届优秀音像制品评比中荣获优秀风光文献片奖；录音带《岭·格萨尔王传——阿达拉姆》荣获国家新闻出版署首届全国优秀音像制品选题奖；《藏语语法入门》获第二届全国教育类音像制品三等奖；《青海花儿》在全国第二届优秀音像制品中获荣誉奖。青海出版的不同题材、不同风格、充满青藏高原淳朴、雄浑韵味的音像制品，不仅得到省内各族人民的厚爱，而且飞向全国，向人们展示了青藏高原民族文化的魅力和风采。特别是藏族语言文字的音像制品，为藏族人民提供了丰厚的精神食粮。

党的十一届三中全会以来，青海期刊业面貌一新，基本形成了包括政治经济、文化教育、科技卫生、法律等多种学科和领域的期刊出版格局。1997年，有社会科学类期刊103种、自然科学技术类期刊44种，共147种。其中公开发行的期刊40种，是1978年的5倍。经过近年来的治理整顿，期刊结构进一步合理，整体质量明显提高。

（四）印刷、发行业发展迅速，为出版业的繁荣发展奠定了坚实基础 党的十一届三中全会后，青海印刷业有了突飞猛进的发展。1997年，青海共有国有、集体、个体和合资的印刷企业160家，比1978年增加143家。其中全国定点书刊印刷厂3家，省级定点印刷厂6家，初步形成了以国家级书刊印刷定点企业为骨干、以省级书刊印刷定点企业为重点、以一般书刊印刷厂为补充的书刊印刷企业三级结构。与此同时，青海书刊印刷企业采取多种形

西宁大十字新华书店荣获新闻出版署“全国新华书店精神文明示范双优先进单位”称号

青海省图书批销中心内景

式引进新技术，加大技术改造力度，取得显著成果。目前，青海骨干印刷企业已经告别了“铅与火”，采用了“光和电”，一批具有当代世界先进水平的胶印、彩印、制版设备在青海安家落户。一个以激光照排为排版主导，以胶印为书刊印刷主体、彩色制版和印刷基本配套的技术装备群体基本形成，生产力水平和产品质量都上了一个新台阶。1997 年，青海书刊印刷企业年印装能力近 60 万令。是 1978 年的 12 倍。其中，胶印能力占年印装能力的 80% 以上，彩印占胶印能力的 50% 以上。

改革开放以来，青海图书发行行业积极稳妥地推进了多项图书发行体制改革。个体书店从无到有，相继崛起，形成了一个以新华书店为骨干，多种发行渠道并存的图书发行体系，图书发行网点覆盖全省、遍及城乡，图书市场繁荣有序。1997 年，全省有国有书店 45 家、书店网点 121 处，比 1979 年增长 12%，集体、个体书店发展到 217 处。全省图书销售流转额达到 9898 万元，利润 118 万元，分别是 1979 年的 14.6 倍和 10.7 倍。在改革开放政策的指引下，青海的外文图书发行从无到有，由小到大。自 1979 年成立青海省外文书店以来，共引进发行各类外文图书、期刊和资料 264.2 万册，有声教材 79.3 万件(套)，为促进青海改革开放、发展经济和科研事业作出了积极贡献。

(五)改革和管理取得重要成果，出版业逐步向产业化方向发展 1980 年成立青海省出版事业管理局，青海历史上有了第一个专管书刊出版的行政领导机构。1983 年该局撤销，青海人民出版社升格为地专级事业单位，并赋予行政管理职权，统一管理全省书刊出版工作。1988 年成立青海省新闻出版局，与青海人民出版社合署办公，形成了编、印、发、物为一体的管理体制。省新闻出版局成立以来，始终把加强出版行政管理列入重要议事日程，采取多

一批具有当代世界先进水平的印刷设备已在青海安家落户

送书下乡受到各族读者的普遍欢迎

青海有较强的藏文印刷实力，藏文印刷已基本实现了激光照排和胶版印刷。

种形式，广泛宣传出版工作的方针政策和法律法规，从坚持方向，深化改革，法制化建设，版权管理，书报刊、音像市场建设和发展出版产业等多方面，履行了出版行政管理职能。一个包括书报刊、音像出版和印刷、发行以及出版物市场在内的出版产业群体业已形成。管理方式也由过去单一的行政管理，走上了运用行政、经济、法律手段相结合的管理轨道，编、印、发、供协调发展。1994 年以来，按照新闻出版署提出的实现出版业从以规模数量增长向以优质高效为主要特征阶段转移的工作思路，坚持“一手抓繁荣、一手抓管理”的方针，积极探索了建立符合社会主义精神文明需要，适应社会主义市场经济体制，反映出版产业自身发展规律的新的出版体制。特别是党的十五大以来，按照“加强管理、优化结构、提高质量”的要求，加大了改革、管理的力度，取得了新的成果。通过定思路，业已形成了适合省情的发展出版产业的工作方针和措施，出版业的规模和结构逐步趋于合理；通过建章立制，一个与国家新闻出版法律法规相配套的地方管理规章日臻完善，依法行政水平明显提高；通过实施质量工程，书报刊、音像制品的质检和评比已制度化，精品意识成为出版单位的最强音；通过深化三项制度和发行体制改革，出版单位的激励和约束机制得到建立和完善，呈现出勃勃生机和活力。印刷、发行行业的集约化经营有了实质性进展。1994 年以来的五年多的阶段性转移，促进了事业进步和产业发展，主要经济指标逐年增长。以 1994 年为基数与 1998 年相比较，图书总印数从 287.32 万册增长到 626.77 万册；总印张从 16135 千印张增长到 29616 千印张；报纸的总印张从 40958 千印张增长到 41613 千印张；期刊的总印张从 2839 千印张增长到 3169 千印张；图书销售流转额从 5889 万元增长到 10210 万元。

50 年来，特别是党的十一届三中全会以来，青海出版业取得了巨大进步和丰硕成果，为今后的进一步繁荣发展奠定了坚实基础。青海出版业将坚定地沿着党的十五大指明的方向，高举邓小平理论伟大旗帜，豪迈地跨入新世纪。

党的十一届三中全会后，青海出版界加强了对外交流，与外界进行了广泛的联系。图为原中共青海省委宣传部副部长兼省新闻出版局党组书记、局长格桑多杰随中国新闻出版代表团赴伊朗访问。

新中国出版 50 年

宁　夏

宁夏解放 50 年，出版事业从无到有，从小到大，逐步发展壮大。1949 年 9 月 23 日宁夏解放，人民政权接管了国民党《宁夏中国日报》社和印制局。当时印制设备简陋陈旧，用手摇印刷机印刷报纸，虽然用铅字排版，但自己不能铸字，缺字要自刻木活字填补。其他几家印刷厂规模也小得可怜。1949 年 10 月新华书店成立，当时只有 8 名职工。1959 年 1 月 1 日，宁夏回族自治区诞生后刚刚两个月，经过紧张筹备，宁夏人民出版社在凤城银川市宣告成立，这标志着宁夏回族自治区有了自己的图书出版机构。建社之初，白手起家，工作生活条件极其艰苦。全社只有一个编辑部和一个办公室，33 名职工，大都是内地支援宁夏建设的风华正茂的青年，凭着对出版事业的执著和满腔热情，迅速出版了《回族歌谣》、“巩固扫盲文艺读物丛书’等图书，实现了宁夏图书出版零的突破。1952 年 4 月宁夏人民出版社并入宁夏日报社，改制为宁夏日报社的图书出版部，对外仍用宁夏人民出版社名义。1969 年 6 月，又从宁夏日报社分离出来，转归宁夏回族自治区革命委员会毛主席著作出版办公室领导。“文化大革命”中机构几经变更，编辑人员大批流失，书稿案卷荡然无存。直到 1974 年 6 月，“毛办”撤销，重新组建宁夏人民出版社。1979 年后，宁夏新闻出版事业开始了日新月异的发展。20 年间，报纸、期刊分别由 2 种发展到最多时 16 种和 29 种，还创办了内部准印报纸、期刊 150 余种。印刷业、发行业也迅猛发展。为加强新闻出版管理，1979 年 9 月，

1961 年，毛泽东同志为宁夏手书《清平乐 · 六盘山》，宁夏人民出版社即出版宣纸墨迹书册。

成立宁夏出版事业管理局，与宁夏人民出版社合署办公。1983 年 10 月出版事业管理局撤销，1987 年 10 月成立宁夏新闻出版局，和宁夏人民出版社实行局社合一的体制，延续至今。

塞上图书绽放奇葩

宁夏人民出版社出版员工历尽坎坷，不辱使命，始终坚持党的出版方针，为自治区社会主义精神文明和物质文明建设作出了重要贡献。

早在 60 年代初，通过深入农村调查，先后策划出版了《寻牛》、《团圆》、《放羊娃》、《江姐》等一批进行全民素质教育和扫除文盲的读物。新时期以来，配合宁夏回族自治区党委和政府发展农业生产、脱贫致富奔小康的工作重心，出版了《农民文化识字读本》、《科学技术与经营管理》等一批图书。从 70 年代末至今，宁夏人民出版社和新华书店的员工共同努力，已连续 23 年做到 “课前到书、人手一册”，保证了百万回汉中小学生的学习和中小学教学的顺利进行。宁夏人民出版社始终把出版好宁夏历史文化、社会经济、科学技术等方面的图书当做重要任务完成。近年来出版的《行行重行行》、《中国回族史》、《中国西北地区开发与向西开放》、《走出贫困——西海固反贫困农业建设研究》以及《蔬菜病虫害识别与防治》等多种图书分别获国家图书奖、 中宣部 “五个一工程”奖及中国图书奖。宁夏人民出版社还十分重

在宁夏人民出版社成立 40 周年新书发布会上，自治区主席马启智（右二）和自治区党委常委、宣传部部长王正伟（右三）参观宁版新书。

宁夏人民出版社社长、总编辑李树江（左一）在宁版新书发布会上与自治区有关领导在主席台上。

视出版优秀青少年读物。近年，由宁夏少儿出版社出版的"中华传统美德故事丛书"被国家教委推荐为全国中小学生优秀课外读物。

宁夏人民出版社立足宁夏——"塞上江南"这块历史悠久的沃土，不断挖掘出版资源，形成了出版西夏学研究和伊斯兰回族文化图书的鲜明特色。据不完全统计，1978 年以来宁夏人民出版社出版了《回族简史》、《中国回族史》、《回族人物志》、"回族历史人物故事丛书"、《中国的伊斯兰教》等回族学和伊斯兰历史文化类图书 110 余种。1996 年在北京举办"中国出版成就展"期间，江泽民总书记参观宁夏展位时曾嘱咐工作人员选送有关伊斯兰教内容的图书给他。1998 年 12 月江泽民总书记接见来访的摩洛哥首相时，摩洛哥首相在谈话中提及宁夏人民出版社翻译出版的《伊本·白图泰游记》一书，随后，江总书记嘱托有关部门通知宁夏人民出版社送上此书。

宁夏回族自治区是文化灿烂而神秘的古西夏国的发祥地。宁夏人民出版社充分利用这一地方优势，组织学术研究，搜集整理历史资料，克服种种困难，先后出版了《西夏简史》、《西夏研究论集》、《西夏官印汇考》、《同音研究》、《党项与西夏资料汇编》、《黑城出土汉文遗书》、《西夏战史》等 27 部西夏学研究专著。这批专著具有较高的学术价值、史料价值和审美价值，填补了西夏研究的空白，深为国内外专家学者称道，受到俄罗斯、日本和德国西夏学研究者的青睐，认为是为人类宝贵文化遗产的积累作出了功在当代、无愧于后人的贡献。

自治区党委书记毛如柏（中）在自治区成立 40 周年成就展宁夏人民出版社展位前与副社长、副总编辑高伟（左）交谈。

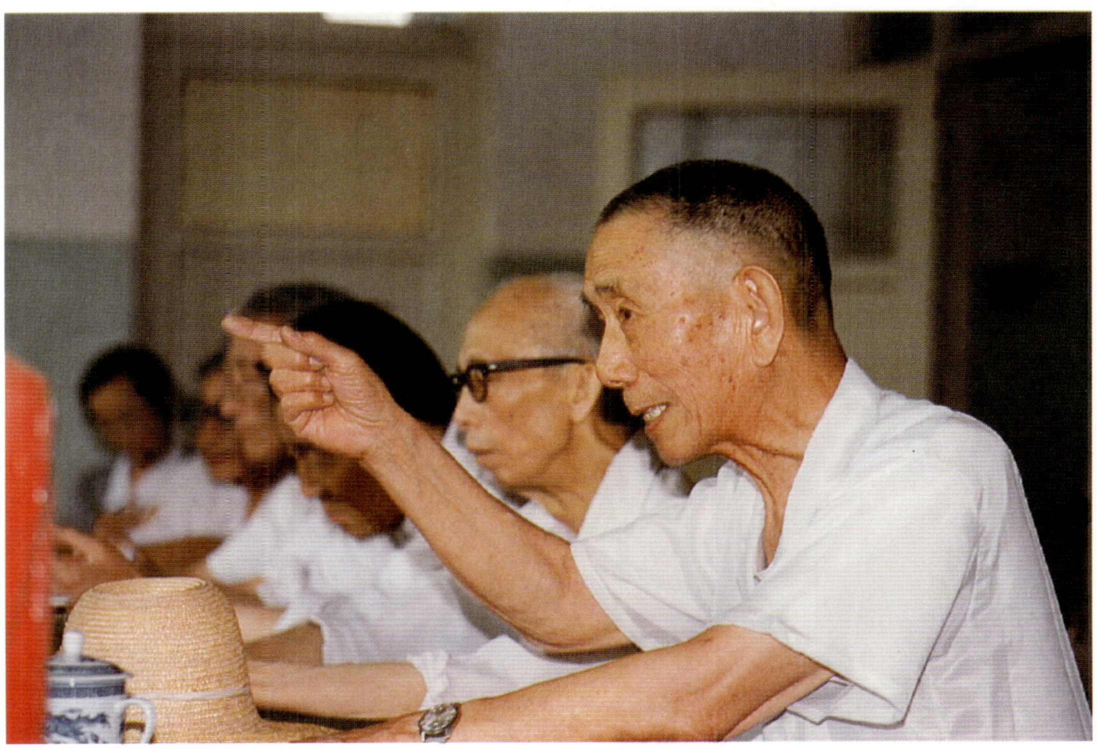

曾参与宁夏人民出版社创建的 93 岁高龄的布凤友同志在与中青年编辑亲切谈话

党的十一届三中全会后的 20 年，宁夏的出版事业以空前的规模和速度向前发展。1993 年，经国家新闻出版署批准，宁夏人民出版社在原科技文教编辑室和少儿美术编辑室的基础上成立了宁夏人民教育出版社和宁夏少年儿童出版社，除原有《宁夏画报》社，还组建了《周末文汇》杂志社。宁夏人民出版社的出书品种增加，管理水平提高，经济实力不断壮大。1985 年至 1998 年的 13 年中，图书总码洋、销售收入、利润等经济指标分别增长了 9. 28 倍、7. 71 倍和 22. 65 倍。70 年代宁夏人民出版社恢复建制时，仅有国拨周转金 35 万元，截至 1998 年 6 月，流动资产滚存达到 4665 万元，总资产 6142 万元。"九五"初期，图书年销售码洋突破 1 亿元大关，出版利润超过 1000 万元。宁夏人民教育出版社近几年开发的上百种质优价低的教辅读物，迅速占领市场，发行码洋最高年份达 6000 多万元。

近 10 年中，100 多种本版图书从不同渠道销往世界各地。《西夏佛教史略》、《篆字汇》、《中国古代性文化》等 9 种图书和港台地区及东南亚国家进行了版权贸易。

在近几年图书出版从规模数量型增长向质量效益型增长的转移中，宁夏人民出版社不断进行改革，制定、完善规章制度，取得成效。1994 年出版本版图书 239 种，重印品种 79 种，重印率为 33%，1998 年出版品种为 460 种，重印品种为 227 种，重印率达 55. 3%。

在党的十五大"加强管理、优化结构、提高质量"方针指导下，局社党组一班人深入调查

宁夏人民出版社早期出版的图书

获中国图书奖的部分图书与奖牌

研究、分析各种因素，面向21世纪，确定了坚定不移走产业化发展道路的战略思想；进一步优化选题结构，集中力量开发精品图书；加强图书质量管理，加强队伍建设，重视高新技术人才的引进和培养；重视社办期刊的两个效益，积极培育新的经济增长点，以图书出版为龙头，影响带动宁夏图书、印刷、发行及造纸业的发展，形成良好的出版产业发展格局。

印刷业初具规模

新中国成立初，宁夏有15家规模很小的印刷厂，3家印刷厂有铅印机，职工人数143人。1958年自治区成立时，全自治区有17家印刷厂，职工800人。1958年11月，上海公私合营厚生胶印厂支宁，带来2台对开胶印机，从此宁夏有了胶印。改革开放后，宁夏印刷业迅猛发展。1998年底全自治区印刷企业已达1056家，初步形成了具有书刊、报纸、彩印、商标装潢、特种印刷等综合加工能力的印刷工业体系。全自治区现有《出版物印制许可证》(含专项)企业146家，职工人数达7650人。一批具有先进水平的印刷技术设备相继进入宁夏的印刷领域。目前宁夏有图文合一彩色桌面制版系统6套、六色胶印机1台、四色胶印机2台、四色轮转机1台、六色凹印机1台、马天尼胶印生产线1条、平装联动生产线2套。这些设备的引进和使用，使宁夏的印刷技术大为改观，印刷产品质量显著提高，企业生产能力明显增强。印刷署优产品由1993年的3种增

部分宁版图书获奖证书、奖杯。

著名作家张贤亮在"塞上江南图书节"上签名售书

加到 1997 年的 6 种，能够印制加工精美的书刊、彩色画册和高档包装装潢产品。近几年来，通过各种途径培养出了一批大、中专毕业生和技术业务骨干，为发展全区的印刷业奠定了基础。宁夏印刷物资公司与全国各主要印刷机械、器材制造、原辅材料生产厂家建立了广泛的业务联系。一般印刷企业的设备及物资需要，都可在自治区内得到解决。

图书发行形成网络

宁夏回族自治区的图书发行从 1949 年 10 月 18 日宁夏新华书店成立开始，逐步发展壮大。50 年，职工队伍从原有 8 人发展到近 700 人；图书二级批发网点从 1 处发展到 6 处；图书发行量由 3 万元增加到 14000 多万元，目前固定资产近 5000 万元，共发行各类图书约 5.5 亿册。新华书店是图书发行的主渠道，以发行党和国家重要文献为政治任务，坚持把农村发行工作放在首位，中小学课本发行做到连续 23 年"课前到书、人手一册"，为宁夏的政治、经济、教育事业发展做出了贡献。1978 年宁夏外文书店成立，既为宁夏开启了一个进口国外版图书、期刊、报纸的窗口，还是发行经营电子音像制品的国营主渠道，鼎盛时期的发行量占全自治区总发行量的 65%。宁夏人民出版社自办发行机构于 1984 年成立，一大批具有民族地方特色的宁版图书通过自办发行渠道送到全国各地的读者手中，扩大了宁夏人民出版社的知名度。目前社办发行量已占到宁版书总销量的 80%。宁夏现有社会办图书批发单位 6 家，集中在银川市；集体个体书店、书摊 245 家，分布在全区各市县城镇乡村。宁夏发行业现在已形成了以新华书店外文书店、国营企业为主体，出版社自办发行为补充，社会集体个体发行企业作辅助的、多种经济成分和经营体制相结合的发行网络。

新华书店送书到山区小学

'94 塞上江南图书节

在 1996 年新加坡国际华文图书展销会上，宁版书引起读者浓厚兴趣。宁夏人民出版社工作人员与新加坡读者交谈。

新　　疆

解放前，新疆经济贫困、文化落后，没有一家出版社，只有 2 种报纸、3 种期刊、2 家印刷厂和 3 家小书店，图书报刊发行量很有限，广大地区特别是农牧区根本看不到报刊图书。新中国成立后，党和政府从新疆是多民族地区的实际出发，重视使用多种民族语言文字，发展新闻出版事业。1951 年 3 月 15 日，自治区成立了第一家综合出版社——新疆人民出版社，公开发行报纸 3 种。到了 1987 年，自治区有 5 家出版社，出版图书 672 种，公开发行报纸 37 种、期刊 54 种，印刷厂 170 家，书店 145 家。此后，新疆新闻出版事业发展迅猛，到目前全自治区已有 11 家出版社，年出版图书近 2000 种，公开发行报纸 84 种、期刊 150 种；印刷厂 800 多家，书店 1000 多个。

坚持以少数民族文字为主的出版方针，用多种民族文字出版发行是新疆书报刊的显著特征。50 年来，自治区累计用维吾尔、哈萨克、蒙古、柯尔克孜、锡伯、汉等多种文字出版各类图书 2.81 万种，其中少数民族文字图书

1951 年 3 月 15 日新疆人民出版社成立，标志着新疆出版事业腾飞的起始。时任新疆省党委常委、宣传部部长邓力群兼任新疆人民出版社第一任社长（前排左起第六人）。

新疆人民出版社现在的办公楼

2.19 万种，占出版种数的 78%；少数民族文字报纸 50 种，占报纸总数的 50%；少数民族文字期刊 84 种，占期刊总数的 55.7%。截至目前，全区已累计出版图书 5.2 亿册(张)，发行各类图书 18 亿册(张)。用维吾尔、哈萨克、蒙古、汉 4 种文字出版的《新疆日报》是我国使用文种最多的省级机关报。《乌鲁木齐晚报》(维吾尔文版)是我国第一张少数民族文字的晚报。《克孜勒苏报》(柯尔克孜文版)是我国惟一的柯尔克孜文报纸。《察布查尔报》是我国也是目前世界上惟一的一份锡伯文报纸。

新疆的图书、报纸、期刊门类比较齐全，包括了政治经济、文化教育、科教卫生、文学艺术、综合信息等社会科学和自然科学的大部分门类，并已形成多民族、多文种、多结构、多层次的出版群体。

一、报刊

改革开放以来，新疆报纸结构从原单一化向多样化发展，各种专业性报纸纷纷创刊问

关心“希望工程”

新闻出版署于友先署长到新疆人民出版社指导工作

世。除综合性的《新疆日报》(维、汉、哈、蒙文版)以外，又陆续创办了维、汉、哈文的《新疆科技报》，维、汉文的《新疆经济报》、《新疆工人报》、《新疆法制报》、《新疆广播电视报》，维文的《新疆少年报》，哈文的《伊犁少年报》和汉文的《阿凡提画报》、《老年康乐报》等经济类、科技类、政治类、信息类、政法类和生活服务类报纸。与此同时，还涌现出一批知名度较高的期刊杂志，他们是反映党建、党风的《西部先锋》、《新疆党风》；指导农牧民科学种田、科学养畜的《新疆农村科技》、《新疆农垦科技》、《新疆畜牧业》、《草食家畜》；引导各族青少年追求理想、献身祖国的《新疆青年》、《塔里木花朵》；探讨新闻理论、培养新闻人才的《新疆新闻界》；植根新疆沃土，反映火热生活的《中国西部文学》、《塔里木》、《曙光》、《启明星》；探讨新疆历史和文化宝库的《西域研究》、《新疆艺术》；突出边疆性、青年性和当代性的《绿风诗刊》等。《卫拉特》(蒙文)和《新疆画报》(哈文版)获第一届全国期刊展览奖。自治区有 2 名工作出色的新闻记者获 1993 年度“范长江新闻奖”和“韬奋出版奖”提名奖，为自治区新闻界争得了荣誉。

二、图书

自治区各出版社坚持为人民服务、为社会主义服务的出版方针，为繁荣自治区的教育、科学和文化事业，为提高各族人民的思想道德素质和科学文化水平，促进自治区经济发展和社会进步发挥了很好的作用。新疆出版的维吾尔文《突厥语大词典》、《汉维词典》、《维吾尔民医手册》、《古代维吾尔诗歌选》、长篇小说《战斗的年代》、《探索》、《维吾尔古典文学作品选编》、长诗《真正的爱情》和《喀什之夜》；哈萨克文的《汉哈词典》、《哈萨克简史》、《哈萨克民间图案集》、《哈萨克童话集》、长篇小说《理想之路》；蒙文的《江格尔》、《卫拉特史迹》；柯文的《玛纳斯》；锡伯文的《流芳》、《察布查尔中草药》；汉文的《新疆简史》、《历代西域诗抄》、《新疆的宝石和玉石》、《新疆风物志》、《丝绸之路岩画艺术》、《新疆古

整理出版的中国少数民族三大史诗之一的蒙文版《江格尔》

出版了大批富有民族特色、地域特色的各类画册。

生态地理群的新发现及其研究》，以及用维、哈文翻译出版的中国古代名著《红楼梦》、《水浒》、《三国演义》，用维、汉、英文出版的《中国新疆》等图书，不仅受到区内外广大读者欢迎，也为国外读者所瞩目。一些图书还远销港澳地区和日本、美国、前苏联、德国、澳大利亚等国家。近年来，出书近 2000 种，少数民族图书品种占 70% 左右。在全国各项图书门类的评比中有 405 种图书获奖（其中获全国“五个一工程”奖的 4 种，国家图书奖的 1 种，国家图书提名奖的 6 种，中国图书奖的 10 种，中国民族图书奖的 38 种，其他国家级奖的 88 种，地区级奖的 293 种）。在课

新疆人民出版社是目前世界上惟一能够出版锡伯文图书的出版机构

荣获各类图书奖的汉文图书

本出版方面，新疆除了用维、哈、蒙等少数民族文字翻译出版了自然科学和史地类全国统编中小学教材外，还按民族特点编写出版了维、哈文中小学语文教材、音乐教材和汉语教材，并恢复出版了柯文和锡伯文教材，基本上出齐了维、汉、哈、蒙、柯、锡等 6 种文字的中小学课本和师范教材。

三、音像出版

经国家广播电影电视部批准，新疆音像出版社于 1984 年 10 月 6 日成立，出版新疆地区各民族的文艺节目和反映新疆地区成就、风貌的音像制品以及其他专用音像制品，以丰富新疆各

出版的维吾尔文《突撅语大词典》

各类少数民族文字与汉语对照的词典工具书

用汉文翻译出版的少数民族民间文学宝库

用多种少数民族文字出版的文学期刊

族人民的精神文化生活。为庆祝新疆维吾尔自治区成立 30 周年，新疆音像出版社出版维吾尔、哈萨克、蒙古、柯尔克孜、汉 5 种民族语言的盒式音带，共 4.6 万多盒，10 个编号、9 种，录有歌曲、器乐曲 150 多首。其中维吾尔语 6 种 38580 盒，占总数 80% 以上；哈萨克、蒙古、柯尔克孜、汉语各 1 种，共计 7420 多盒。在维吾尔盒式音带中，有维吾尔民间古典音乐大型套曲“十二木卡姆”的《潘吉尕木卡姆》和歌剧《艾里甫与赛乃姆》的选曲，有著名歌唱家帕夏・依夏、热莎来提・阿区兹、阿不列孜・热衣木以及古丽巴哈阿米提、热西黛・达吾提等演唱的歌曲，有

新疆美术摄影出版社向新疆乌兹别克自治乡赠送新出版的图书

由新疆美术摄影出版社出版的维、汉、哈文版《民族团结之花》图书，发行 68 万册，为促进新疆各民族团结、维护社会稳定提供了舆论保证。图为在新疆人民会堂召开《民族团结之花》出版座谈会。

著名作曲家和演奏家玉山江·加米、达吾提·阿吾提及新疆歌舞团乐队、新疆歌剧团乐队、喀什文工团乐队演奏的乐曲。在哈萨克语盒式音带中，有歌手热比拉、达列勒汉、阿里江和阿勒古丽等演唱的《啊，我的草原》等歌曲。蒙古语盒式音带共有 19 首歌曲，其中有歌唱家宝日勒岱、玛卡斯琴演唱的歌曲，也有民歌手查汗、江姑演唱的歌曲；柯尔克孜语盒式音带共有 19 首歌曲，其中有歌唱家杜仙汉·色依提演唱的《乘风破浪》、吐尔尼荷衣木演唱的《天山》等；汉语盒式音带共有 17 首男女声独唱歌曲，其中有《甜甜的歌儿迎贵宾》等，演唱者大都是新涌现

把图书送到牧民家中

图书编辑们深入维吾尔族集中的南疆地区调查维文图书的发行情况和市场需求

出版社、书店联手把科技实用图书直接送到农牧民手中。

出的歌手。

新闻音像出版社和新疆广播电视厅音像管理处合署办公，共有职工 22 人；出版维、哈、蒙、柯等各民族语言盒式录音带 140 多个盒号，160 多万盒；译制出版维、哈语录像带 17 个片号，受到广大少数民族观众的欢迎。

新闻出版署《关于同意新疆电子出版公司更名为新疆电子出版社的批复》(新出音[1998]1027 号) 批准成立的新疆电子出版社，正在开展业务活动。

四、印刷、发行

随着社会生产力的发展和科学技术的进步，新疆的书刊印刷技术设备也有了较大的提高和改善。从过去的铅字印刷，发展到不仅拥有轮转机、单面印刷机、双色胶印机、配页机、平装联运机等大型印装设备，并且已引进了电子分色机、四色胶印机、胶印轮转机、激光照排等先进设备。自治区大多数出版社、报纸期刊社都配有激光照排等电脑设备。自治区内工厂已可承印各类书刊及大型画册。新疆的图书发行事业也有很大的发展，国营新华书店的网点建设和改造的步伐进一步加快。由国营新华书店为主渠道，发展到多种发行体制结合、并存。新华书店遍布全自治区各县市，图书销售点遍布乡镇、街

克孜勒苏柯尔克孜文出版社是我国惟一的柯尔克孜文图书出版社。图为该社员工正在深入探讨如何搞好为“三农”服务。

道、工矿、机关、学校，各类专业书店也相继面市，基本满足了各民族读者的需求。

全自治区各县市新华书店 102 家，图书网点 170 多个。年图书销售额近 7 亿元。党的十一届三中全会以后，作为新华书店发行的补充，书刊二级批发单位和集体、个体书店应运而生，全区已有一个综合性的书刊批发市场，近 50 家二级批发店，形成多种经济成分、多种流通渠道与多种购销形式并存的发行体系。为了加强国际间文化交流，1979 年还建立了自治区外文书店。近几年在中国图书进出口总公司的安排下举办了在美国、荷兰、德国等 22 国的 5 次图书展销活动，扩大影响，并有经济效益。1997 年，在各类书刊印刷产品质量评比中，自治区共有 171 种书刊获奖。其中，有 36 种书刊获全国书刊印刷质量奖。自治区新闻出版局于 1997 年 11 月 1 日至 12 月 31 日，对全自治区已领取出版物印制许可证的 95 家企业进行了审验，本次审验规范了名称，对凡是经新闻出版局批准承印书报刊的企业统称为出版物印制企业，核发了由新闻出版署统一制作的出版物印制许可证正副本，审验增补一家由甘肃迁入新疆的出版物印制企业，截至 1997 年底，全区有《出版物印刷许可证》企业共 96 家。

抓好选题是提高图书质量的关键，选题计划会年年都认真召开。

富有浓郁民族特色与地域特色的新疆版图书，受到广泛关注，影响不断扩大，各出版社积极投入市场，踊跃参与国内外各类书展。

新中国出版50年
海　　南

一

海南省是1988年4月我国新建立的省份，之前，为广东省管辖的一个行政区。50年代末，曾成立海南人民出版社，历时半年，共出版2种图书。1972年，《海南文艺》创刊，在广东省范围内公开发行，1980年改名《天涯》。1984年11月，中央文化部下文恢复海南人民出版社。

1988年建省、办经济特区，给海南带来极大的发展机遇，海南的经济、文化得到空前发展，出现党政机关、群众团体、文化教育科技部门、公司企业等经济实体积极参与办出版的热潮。从1988年1月到10月，全省140多家单位申办报刊出版社。经国家新闻出版署批准，成立三环出版社（为海南人民出版社副牌）、南海出版公司、海南摄影美术出版社、星河音像公司等4家图书音像出版单位，创办21家期刊。

特区优惠的经济政策和发展壮大的出版阵地，吸引了全国各地大批出版人才。人才的汇集，给海南出版业带来了生机和活力，在海南图书市场小，印刷发行力量弱，出版资金奇缺的艰难条件下，大家齐心协力，艰苦创业，开创了海南出版业的新局面。1984年到1990年，全省共出版图书1000余种，由建省前1家出版社年出书不足百种，发展到4家出版社（含副牌）年出新书400余种，总印数1000多万册，总金额6000多万元，出版了"中国现代文学序跋丛书"、"开放改革与现代化丛书"、"世界经济纵横丛书"、"开发建设海南丛书"、"龙文化大系丛书"、"人类文化学丛书"、"文艺心理学丛书"、《反腐败——中国的实验》、《双向式英语》、《中国文化大博览》、《第三帝国的崩溃》、《马克思主义思想宝库》等一批好书，为海南的出版事业奠定了基础。

二

为了适应海南新闻出版事业发展的需要，1991年9月，海南省人民政府批准设立海南省新闻出版局，次年5月又批准成立海南省版权局，负责全省新闻出版和版权的行政管理工作。成立伊始，省新闻出版局就根据海南的实际情况，明确了出版事业必须在改革开放中求发展，改革与发展同步，开放与管理同步的指导思想。1992年邓小平同志的南巡讲话，坚定了大家抓住机遇、大胆改革、迎接挑战的信心，一系列改革举措应运而生并得到推广：打破部门分工，实现编辑、印刷、发行"一条龙"生产；扩大业务范围，单位和编辑部办公司，多种经营，"以副养主"；拓宽选题思路，出版社、编辑部出书范围部分交叉，开始了出版业由生产型向生产经营型的转变。

相对灵活的生产经营方式和有效的竞争激励机制，极大地调动了出版人的积极性。稿源不足，就到内地作者队伍中去组织；市场狭

1998年6月24日，海南省委副书记蔡长松到海南出版社视察工作。

1991年9月，海南省新闻出版局成立。

小，就努力寻找和开拓全国大市场；运输不便，就因地制宜广设印点。正是这种开拓创新精神，使海南的出版业走上了一条白手起家、自筹资金、自我流动、自谋发展的生产经营之路，保证了海南出版业的迅速启动和持续发展，出现了海南有史以来的出版高潮。1991 年至 1993 年，全省 4 家图书出版单位年出新书 800 种左右，总金额近亿元，重印图书达到 160 多种，出版了《中华姓氏通书》、《中国通史连环画》、"海南建设丛书"、"书外书丛书"、《国民党在台湾（1945－1988）》、《两情人》、《美国国会史》、《剑桥中华人民共和国史》、《老舍幽默诗文集》、《中华儒学通典》、《海南县情辑要》、"海南作家丛书"、《中华集称文化辞典》、《张大千画语录》、《黎族风情》、《国际惯例书库》、《中国出了个毛泽东》、"桂冠散文系列丛书" 等一大批深受读者喜爱的图书。

出版的蓬勃发展给图书发行带来了新气象。海南省新华书店打破常规，制定了承包经营责任制，采取多种经营方式，弘扬主旋律，开拓图书市场。1991 年 11 月，省新华书店首次在海口举办"琼州书市"，历时 9 天，接待读者 20 万人次，销售图书 120 万元；1993 年 4 月，又成功地举办了第一届"椰子节书市"。一年一度的两个书市成为繁荣海南文化的新景观。

三

1994 年是中宣部和新闻出版署提出新闻出版工作向优质高效阶段性转移的第一年。海

1992 年 1 月 25 日，海南出版社正式挂牌。

1993 年 9 月 3 日，《传世藏书》新闻发布会在人民大会堂举行。全国人大、全国政协领导人布赫、杨汝岱、万国权，部委领导人周林及 30 多个国家的驻华文化参赞等出席。

南出版业经过 5 年多的发展已具规模，为了实现“转移”，抓管理、促质量、增效益成为海南出版工作的重心。

为了加强出版管理，1995 年 3 月，海南省委专门听取省新闻出版局的汇报，并以省委和省政府办公厅的名义批转《关于海南省出版事业深化改革强化管理的几点意见》，深化改革，规范出版管理；控制选题总量，严格审批选题，减少选题事故；通过年检，处罚违规出版单位，表彰良好出版单位；实行报刊出版管理责任制，报刊主办主管单位责任不落实的，取消其主办主管的报刊；成立省印刷技术协会，协助新闻出版局对全省书报刊印刷厂进行行业管理。

在提高出版物质量方面，开始注意克服过去图书出版“广种薄收”的倾向，集中人力、财力，抓重点图书的出版。海南出版社与湖南少儿出版社共同策划出版幼儿文学画库“黑眼睛丛书”；海南国际新闻出版中心（现南方出版社）与企业合作，吸收社会资金出版 2.5 亿字的大型古籍整理丛书《传世藏书》；南海出版公司集中力量出版《中小学生普法教育画册》、《民族大家族》等等，一批高质量的优秀图书纷纷面世。加强出版物审读，聘请十数名专家、教授担任审读员，对海南出版的图书报纸期刊进行经常性的内容审读和编校质量检查。组织评优，评选“海南省优秀精神产品”、“海南省优秀期刊”，《新世纪》等 4 种期刊获海南省优秀期刊奖。

图书质量的提高带来良好的社会效益和

1992 年，冰心老人为海南出版社出版的图书《爸爸妈妈教作文》题签。

南海出版公司与省新华书店举办海南作家签名售书活动

经济效益，从 1994 年起连续 3 年新书的出版品种都在 500 种左右，总金额逐年增长，达到 1 亿 4 千多万元，提高了图书的整体效益。从“黑眼睛丛书”实现零的突破起，连续 3 年都有图书获中宣部“五个一工程”奖。海南出版社出版的《我爱你祖国》、《我爱你海南》发行 120 多万册，《数字化生存》一书不仅在国内引起强烈反响，而且带来很好的经济效益；南海出版公司获“五个一工程”奖的图书《中小学生普法教育画册》连续发行已逾 400 万册，成为公司的“拳头产品”。全省每年都有 200 多种这样深受欢迎的图书重印，给出版业带来较为可观的经济效益。

四

1997 年是海南省出版业进一步深化改革、完善管理机制、走向稳定发展的一年。

在经营管理体制上，改变过去各编辑部办公司分散经营的做法，印刷发行的财务经营由出版社统一操作，大大加强了出版社的整体实力。海南出版社是沿袭“海南人民出版社”管理体制的老社，由于经营分散，缺乏强有力的集中管理手段，整体实力不强，在竞争中势单力薄。新体制建立后，该社从加强管理、提高效率上下功夫：购置 3500 平方米的办公楼，每个部门配备电脑；修订建立各项规章制度，建

获“五个一工程”奖和中国图书奖的图书

南海出版公司捐助海南省乐东县新王希望小学

省新华书店向驻守西沙群岛的部队赠送图书

立出版跟踪管理系统，规范选题、编辑、印刷、发行、财务、统计、样书、书稿档案管理；成立图书质量管理处，加强质检，奖优罚劣。

经过一系列整合，海南出版业进入稳步发展的良性循环，出书总量适度，结构日趋合理，尤其是文教书类图书品种大幅下降，科技、经济类图书增多，开始形成自己的出书特色。如海南出版社的高新科技类引进版图书出版已成规模，《网络为王》、《新闻与正义》、《2.0 版：数字化时代的生活设计》成为引领浪潮的热门书；继首获中国图书奖的《教育管理辞典》（修订本）出版后，又出版和即将推出一批很有价值的图书：《中华人民共和国重要教育文献》、“海南热带高效农业实用技术丛书”、《南海资料索引》、《中国海洋百科》、《日汉双解 21 世纪辞林》、“故宫藏珍本丛书”。南海出版公司的文学类图书也开始在图书市场崭露头角，《活着》、《许三观卖血记》、《蝴蝶是怎样变成标本的》、《卑微的神灵》等图书成为 1998 年小说市场上的抢手书。无论选题质量、编校质量，还是装帧设计、印刷质量，海南版图书都提高了一个档次。

1997 年 3 月，海南省出版协会成立，组织评选第一届海南省优秀图书，《中国南海诸岛》等 31 种图书获奖。改革开放后的 20 年，海南出版业从无到有，发展壮大，到 1998 年底，已有图书、音像、电子出版物出版社 6 家，出版从业人员 200 多人，其中高级职称 40 余人，中级职称近百人。随着大特区前进的步伐，海南出版业的明天将更加美好。

海南出版社近几年与国外和港台地区进行版权贸易的图书达 300 多种。1997 年 8 月与美国世界图书公司签约合作出版《世界百科全书》(中文版)。

海南省新华书店系统资助琼中大平新华希望小学

署直
部属
高校
解放军等
出版单位

新中国出版50年

New China's Publishing Industry in 50 Years

北京大学出版社

北京大学出版社是中国最早的大学出版社。京师大学堂尚在酝酿之初即设立了译书局，主要翻译外国通行的教科书。1898 年 7 月，光绪皇帝下令，由梁启超办理译书局事务。1902 年，京师大学堂设立编书处，编辑出版有关国学的教科书，此为北京大学出版社的前身。著名思想家、翻译家严复曾出任译书局总办，文学翻译家林纾为副总办。编书处总纂为李希圣。由于京师大学堂同时是全国教育最高行政机关，译书局和编书处不仅编译和出版大学教材，也出版中小学教材。著名教育家蔡元培任北京大学校长后，在校行政委员会下设出版委员会，主要负责审查教材和书刊，把原讲义室改为出版部，负责出版发行。曾出版《北京大学日刊》、《北京大学月刊》(相当于学报)、《国学季刊》等有广泛影响的刊物。中国社会主义青年团中央在 1922 年创办的机关刊物《先驱》也是由北京大学出版部出版的。出版部还出版了一批著名学者编写的教材和学术专著，如李大钊和张润之的《中国国际法论》、黄右昌的《罗马法》、杨昌济的《西洋伦理学史》、黄节的《诗学》、钱玄同的《文字学音篇》、周作人的《欧洲文学史》、梁漱溟的《印度哲学概论》、石沨翥的《代数学讲义》等。1952 年，国家对出版实行统一管理，北京大学出版部撤销。十一届三中全会以后，北京大学提出

在《中华文明之光》出版座谈会上，国学大师季羡林（左一）和该书主编、著名学者袁行霈（中）与责任编辑亲切交谈。

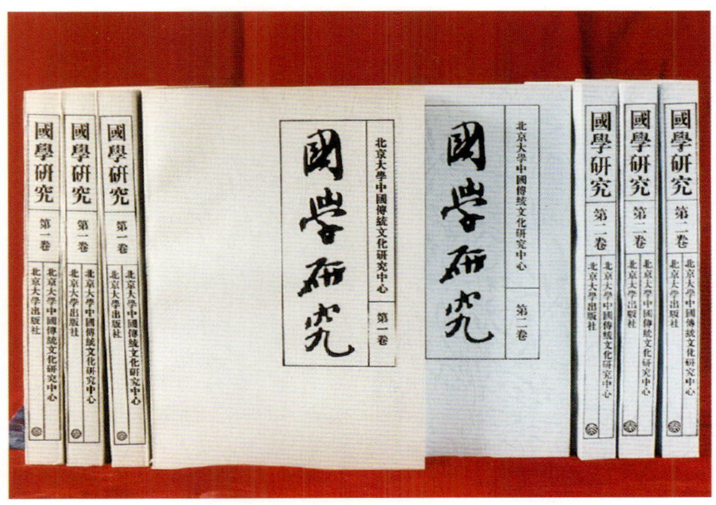

该社出版的北京大学中国传统文化研究中心核心刊物《国学研究》受到学术界关注

国学大师季羡林（右二）、邓广铭（右一）、张岱年（左二）、周一良（左一）出席北京大学出版社《国学研究》第一卷出版座谈会。

恢复成立出版社，经国家出版事业管理局同意，教育部于 1979 年 9 月 5 日批准成立北京大学出版社。

恢复建制以来，北大出版社始终把握正确的出版导向，坚持社会效益第一，为教学科研服务，为培养人才服务，为全党、全国工作的大局服务；抓好出版物的质量和学术水准，力争办出北大特色。

作为大学出版社，北大出版社坚持优先安排出版大学教材和学术著作。

北京大学出版社出版教材和学术著作的突出特点是学科种类全。到 1996 年底，北大各系科专业包括一些小语种的基础课教材已基本出齐，还出版了相当多的专业课和专题课教材及各类教学参考书，填补了许多学科教材的空白。1995 年以来北大出版社所出图书覆盖面即达 100 多个学科，其中教材专著占全部新书的 72% 以上，基本上满足了北大教学科研的需要，有相当一部分为全国各大学广泛采用。其中还有半数以上的专著涉及新兴学科或前沿研究课题，推动了科研的发展。

北京大学出版社出版教材和学术著作不但数量多、品种全，而且质量高。北大出版社注重出

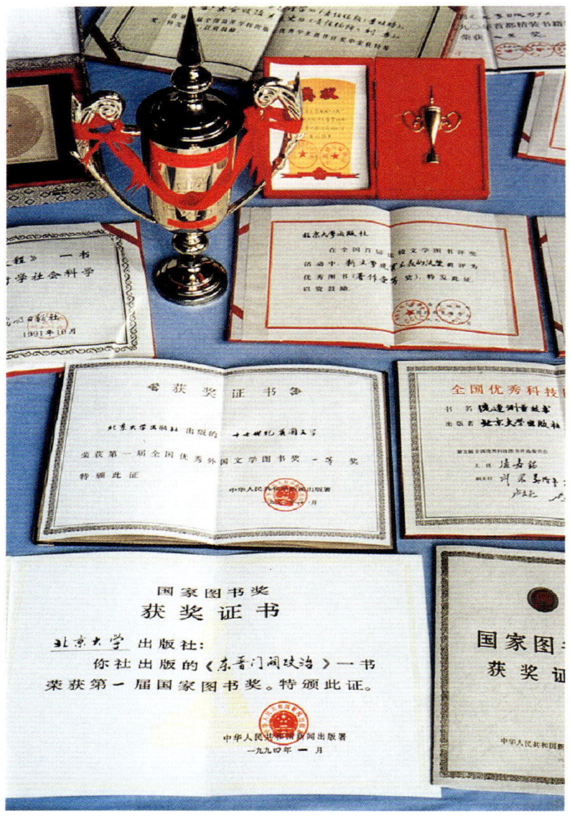

该社图书屡获大奖。图为荣获首届国家图书奖等大奖的证书。

该社的图书受到读者欢迎。图为读者在该社开办的“读者之家”选购图书。

“北京大学数学丛书”是该社出版的一套高水平丛书，被认为反映了当代数学研究的世界水平。

版物内容的高质量，出版有利于文化积累、有利于知识技能传播的著作，尤其注重组织高水准的原创性专著，努力把北大的学术优势和师资优势转化为出版优势。在出书特色上强调学术创新，吸收国际领先的学术成果、弘扬中华优秀文化、繁荣学术、促进学科建设。1979 年以来，北大出版社已出版了《全宋诗》、"北京大学数学丛书"、"中国文化大观系列"、"文艺美学丛书"、"北大名家名著文丛"、"北京大学院士文库"、"北京大学物理学丛书"、"青年学者文库"、"世界现代化进程丛书"、《国学研究》、"国学研究丛刊"、"北京大学图书馆馆藏善本丛书"、《中国古典小说戏曲研究资料》、"学术史丛书"、"比较文学丛书"、"比较法学丛书"、"港澳法学丛书"、"北大学术讲演丛书"、"北大未名文丛"、《敦煌吐鲁番研究》、《唐研究》等 30 多个系列的丛书、套书以及一大批国际学术会议文集。"北大名家名著文丛系列"，将一个世纪以来本校学术大师或国学大师的代表作或成名作加以精选，系统地展示现代各门学科的发展道路，此外还有"学术史丛书"、"法学研究丛书"等等，广为吸纳校内外高水准的学术专著，被誉为是基础性的工作。"北京大学数学丛书"的作者多为国际知名数学家，体现了当今世界数学研究的水平，出版后受到国内外数学界重视。北大出版社从 80 年代即集中力量编辑出版的《全宋诗》共 72 卷、4000 万字，是《全唐诗》篇幅的 10 倍，被视为传世的经典工程，1999 年将全部出齐。

北大出版社坚持社会效益第一，还出版了一批面向经济建设主战场，对党和国家的重大战略决策起重要参考作用的高水平的学术著作，如厉以宁的《中国经济改革与股份制》和《怎样组织股份制企业》、王维澄的《社会主义市场经济教程》、萧蔚云的《一国两制与香港基本法律制度》等等。

1993 年北大出版社提出了面向大教育、面向大科技和面向经济建设的组稿原则，之后推出了《介观物理》和《生命科学中的物理学》、《遥感信息模型》等介绍前沿学科的著作。近几年又先后组织出版了一系列有关信息网络技术和信息产业经营的图书。1996 年《未来之路》一书的出版率先在国内普及网络文化观念，业内人士称该书的出版把我国网络技术的普及提

1997 年，北京大学出版社社长彭松建访问台湾时，拜访著名科学家、北大校友吴大猷先生。

该社出版的《青年学者文库》得到了日本友人上山义雄先生的支持。他捐款设立了"北京大学上山出版基金"，图为签字仪式。

该社积极整理、出版反映在北大工作的中科院、工程院院士学术成就的《北京大学院士文库》。北大校办企业资源集团对此大力支持，资助 50 万元设立院士文库出版基金。

前了五年。1997 年以来陆续出版的《联想为什么》、《微软的秘密》、《中国企业批判》、《蓝色巨人——IBM 在中国》等书，探讨了大中型企业的改革、民族产业和信息产业发展之路，以鲜明的创新特色在社会上引起了较大的反响。

北大出版社立足北大，面向国内外学术界，注重出版高水平的教材和专著，推动了学校的师资队伍建设。目前已有近 1000 名北大教师和包括两院院士在内的校外专家在这里出版过学术著作。

自 80 年代中期以来，北大出版社积极对外开放，广泛开展对外版权贸易、图书贸易和合作出版工作，已对外转让版权近 300 种，引进版权近 200 种，有 2000 多种图书发行到海外。据国家版权局 1996 年的统计，北大出版社向外转让版权的品种居全国前列。对外转让和对内引进版权都获得了良好的社会效益和经济效益。1996 年以 5 万美元购买版权出版美国微软公司总裁比尔·盖茨的新作《未来之路》（中文版），发行量达 40 万册，既创造了较好的经济效益，又在社会上产生了良好的影响，受到好评。

北大出版社还利用现代高科技手段出版音像和电子出版物。这些新型出版物中有新开发的选题，也不乏对纸质出版物深加工形成的音像制品、软件制品和多媒体制品。到 1998 年底，已出版音像制品 300 多种，软盘类软件制品 300 多种，光盘类电子出版物 200 余种。

北京大学出版社出版物的高质量得到了社会的肯定，多次获得各级各类奖励。1993 年，《东晋门阀政治》获首届国家图书奖，1996 年《全宋诗》北宋

北京大学出版社与台湾地区出版界同行学术交流频繁。图为 1998 年台北出版商业同业公会理事长曾繁潜先生率团访问该社时在北大合影。

1997 年 2 月，日本著名汉学家相浦杲夫人访问北大时，与著名作家王蒙，北大教授孙玉石、费振刚、温儒敏、陈平原及北京大学出版社同行合影。

北京大学出版社重视开展对外交流。图为荷兰克劳瓦集团董事长访问该社时与出版社领导合影。

部分 25 卷获第十届中国图书奖，1997 年《中国文学简史》获国家图书奖提名奖。在各类省部级以上优秀图书评奖活动中，北大版图书屡获大奖。到 1998 年底，北大版图书已获奖 400 多种次。

经过近 20 年的建设、发展，北大出版社的编辑、出版、发行能力和综合经济实力有较大增强。特别是进入 90 年代以来，各项工作都上了一个新台阶。进入“九五”以后，出书品种数、出版字数、印制册数、总印张数、印制码洋、发行码洋等综合指标在“八五”比“七五”显著增长的基础上，又有较大幅度增长。1996 年印制码洋和发行码洋双双首次突破亿元大关。图书和其他出版物的质量也明显提高，图书质量优良品率稳定在 80% 左右。北大版图书赢得了高质量、高水平、高品位的良好声誉，北大出版社树立了学术出版社的形象。1979 年以来，北大出版社出版各种出版物约 6000 种。1993 年，北大出版社被中宣部和新闻出版署评为全国首批 15 家优秀出版社之一，1994 年、1998 年又被评为全国优秀出版社，成为三次获奖的出版社之一。1994 年，北大出版社被国家教委评为先进高校出版社。北大出版社已初步成为具有较强出版发行能力的出版图书、音像制品、软件和电子出版物的立体型综合性出版单位。

北大出版社的下一步发展目标是：到 21 世纪初建成能够出版高水平、高质量、高层次的学术著作和大学教材，拥有一支一流的作者和编辑队伍，具有雄厚经济实力、现代出版手段、良好社会服务功能和科学高效的运行机制及管理水平，具有中国特色和北大出版社自身特点的世界一流的大学出版社。

1998 年 5 月，北京大学出版社在香港举办庆祝北京大学建校 100 周年书展。

当代中国出版社

当代中国出版社成立于 1991 年元月，主要出版反映国史研究成果的政治、经济、科学技术、文化教育等方面的图书及重要的国史研究资料。稍后，又批准成立了社属音像部，配合图书出版音像制品。当代中国出版社的鲜明特色是构建了以当代中国史志、当代中国人物传记、当代中国国情调查为主体框架的多系列丛书的出版格局 。建社 8 年来，已出版各类图书 650 种，约 28880 万字，印行 380 万册，以及一些音像制品。自新闻出版署开展出版社评定工作以来，当代中国出版社已连续两届荣获良好出版社称号。所出图书得到社会好评，在颂扬社会主义事业、赞誉改革开放成就、进行革命传统教育和爱国主义教育、积淀优秀文化成果、促进社会主义精神文明建设上，发挥着应有的作用。

“当代中国丛书”是中央书记处于 1982 年 11 月讨论批准，由中央宣传部组织实施的国家重点图书工程。邓力群、马洪、武衡任编委会主任。各单位及各级党政军领导，极为重视相关卷的编写工作。迄今，已跨越 15 个春秋(1990 年以前由中国社会科学出版社出版)，历经 10

江泽民总书记在《彭德怀传》出版座谈会上讲话

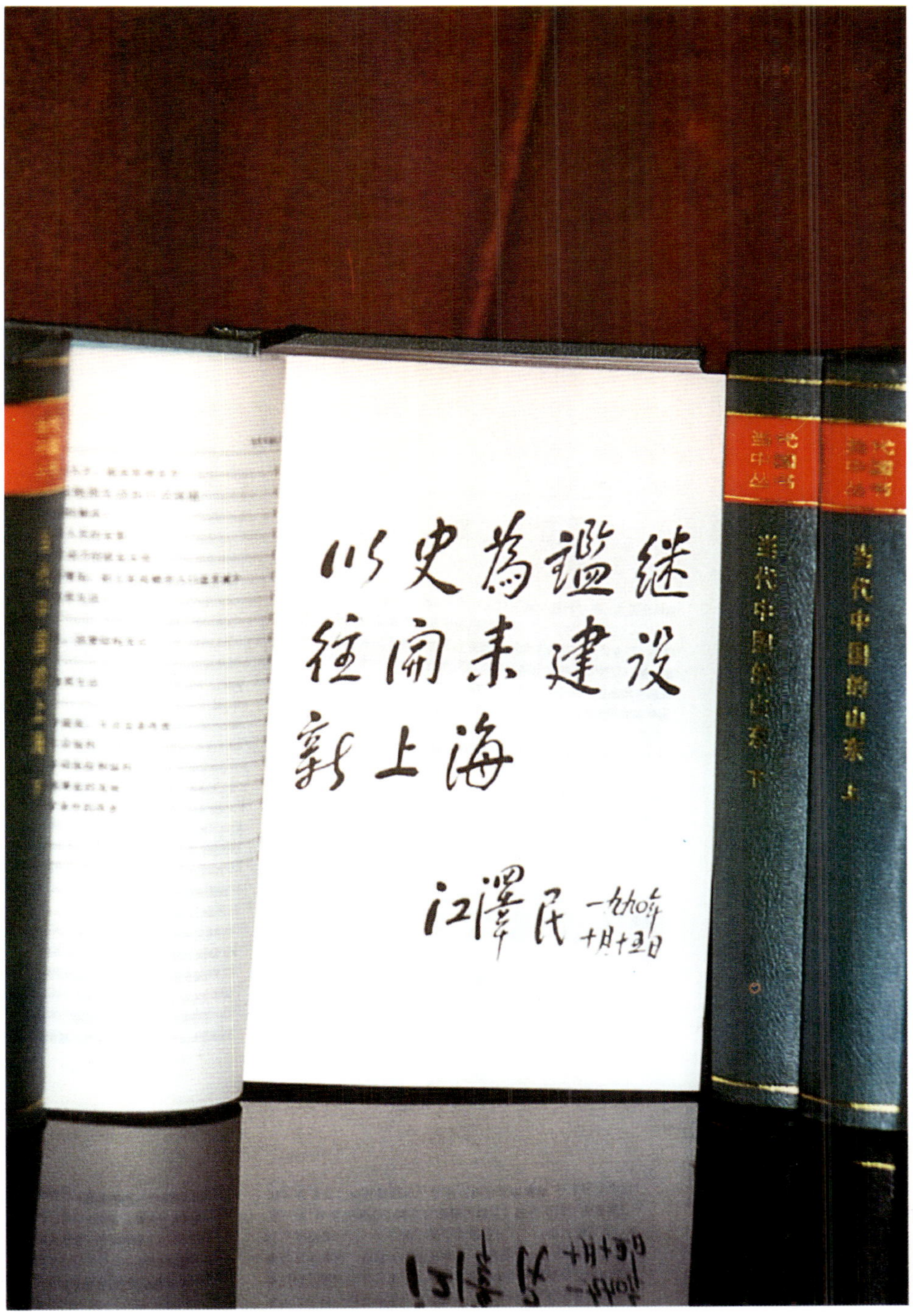

江泽民主席为《当代中国的上海》题词

党和国家领导人江泽民、朱镕基、李瑞环和刘华清等出席《叶剑英传》出版座谈会。

万编写大军的辛勤奉献，成书 150 卷，共 208 册，选收 3 万幅彩色和黑白图片，近 1 亿字的篇幅,印行 490 余万册 。它分地方卷、行业部门卷、专题卷等类别，举凡政治 、经济 、文化教育、科学技术、军事国防、外交外贸、社会发展等领域一一容纳，全方位、多层面地展现了共和国的辉煌成就以及经受的风风雨雨。党和国家领导人有 50 多位或担任丛书某卷主编、或题词作序、或出席首发式，他们深切关怀这一宏伟工程的编纂和问世。

为了延伸开发与充分利用这一杰出的文化成果，当代中国出版社与湖南省新闻出版局联合制作“当代中国丛书”电子版（CD－ROM）。这是向国庆 50 周年献礼的重点项目，经过专家论证,达到一流水平。

“当代中国人物传记丛书”是当代中国出版社的又一基干工程。杰出人物代表着历史前进的方向，凝聚着人民群众的智慧。每一部共和国缔造者的传记，都是挽救祖国、振兴中华的可歌可泣的历史画卷，都是人民共和国建国史、创业史的缩影。这其中，当推功勋显赫的共和国元帅传记：《彭德怀传》、《刘伯承传》、《贺龙传》、《陈毅传》、《罗荣桓传》、《徐向前传》、《聂荣臻传》、《叶剑英传》等。这些书由邓小平同志题写书名，经中央军委组织编写并审定，书稿中重要问题请示江泽民主席批示。江泽民总书记和中央政治局常委五次出席元帅传出版座谈会，并发表重要讲话。此外，还出版了一批在民主革命和社会主义建设中作出卓越贡献的领导人如刘少奇、张闻天、博古、杨尚昆、罗瑞卿、王震、王稼祥、伍修权、康世恩等的传记或回忆他们的纪念文集。

邓小平同志为《当代中国的公路交通》题词

陈云同志为“当代中国丛书”题字

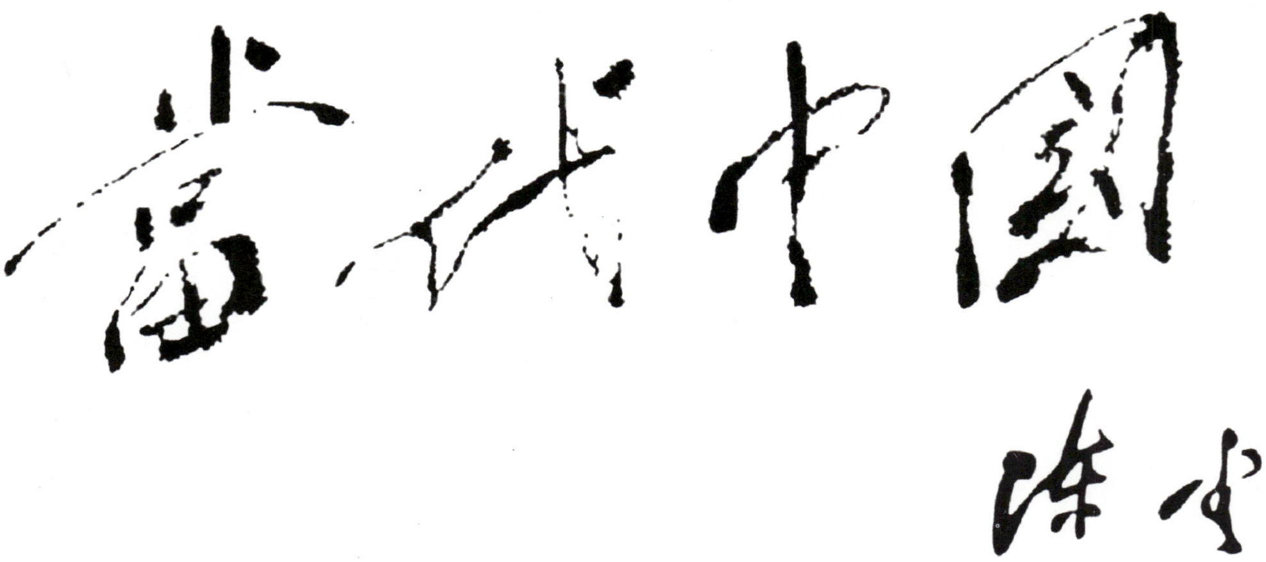

胡乔木、邓力群、朱穆之等领导人出席在王府井新华书店举行的《当代中国的气象事业》首发式。

外国专家审定“当代中国丛书”英文目录

“全国百家大中型企业调查”是当代中国出版社出版的一套大型国情调查丛书，先后被列入“八五”和“九五”国家社会科学重点课题。国有大中型企业是国民经济的骨干力量，目前有相当数量的企业遇到诸多困难。通过选择不同行业、地区、类型的企业深入全面调查，给予科学分析和论证，对于促进大中型企业的改革和发展、加快社会主义现代化建设步伐，至关重要。截止到 1998 年底，这套丛书已出版 48 种。

“中华人民共和国地方简史丛书”是当代中国出版社又一项重要出版工程，是在各省、直辖市、自治区（台湾省除外）普遍开展的地方史研究基础上编纂而成的各地区社会主义革命和建设史、改革开放史，已出版《当代西藏简史》、《当代四川简史》等 7 卷。还为一些省份出版了当代县市志、地区志、部门行业志和党史、革命斗争史等文献近百种。

《中华人民共和国史稿》是由当代中国研究所组织编纂的多卷本国史简编，约 100 万字，系全所多年研究成果的结晶，是向国庆 50 周年献礼的重点项目。此外，还出版了《共和国全景录》、《共和国档案》等一批有分量的共和国文献以及其他众多的理论、研究著述。

“当代中国丛书”电子版联合出版签字仪式

当代中国出版社读者服务部门面

电子工业出版社

电子工业出版社建于1982年，17年历程，从零的基点到年出书千余种、销售额二亿元的成就，已名列科技出版界前茅。电子工业出版社为振兴电子信息产业而服务，为满足电子工业科研、生产、教学而努力，为发展国内外科技文化交流而奋斗。17年间，坚持社会效益与经济效益统一、普及与提高兼顾、理论与应用并重的原则，实行抓重点、抢热点、多方位、多层次、系列化、品牌化的经营策略，高水平学术著作、实用型应用技术、引进版翻译图书、技术类培训教材结出累累硕果。17年累计出书5900余种，获得国家及省部级图书奖99种，覆盖了电子科学的各分支学科。

17年来，电子工业出版社积极发展国际合作出版事业，与美国万通科技公司、美国富国媒体集团、美国国际数据公司（IDG）兴办三家合作公司；与美、德、英、法、日、韩及港台地区五十多家公司建立合作出版关系，在科技出版百花园中已呈现一片灿烂春光。

电子工业出版社靠科技进步打天下，经济增长、管理水平日趋向上。1988年建立计算机排版和计算机绘图系统，1993年引进世界最先进的桌面图文处理系统，1995年入Internet国际互联网，1996年建立Internet企业网，实现了出版电子化、管理网络化。

电子工业出版社自新世纪之始，在“团结、创新、求实、高效”的社训鼓舞下，将取得更大的成就。

电子工业出版社1997年建成5000平方米办公大楼，自此结束了租房办公的历史。

改革开放使电子工业出版社改变了单一出版模式，迅速引进优秀外版图书，在科技出版界引为先河，加强科技交流的同时，也获得了巨大的市场效益。

电子工业出版社邀请通信产业主管、使用部门的领导和专家共同研讨移动通信的发展趋势。

电子工业出版社从国内外众多的通信网络选题中精选读者最急需的选题

电子工业出版社重视名家名著出版工作。图为该社编辑人员同著名计算机专家谭浩强教授商讨其编著的“计算机教育丛书”在该社出版的有关问题。

电子工业出版社编辑人员正在审查录像带的制作质量

电子工业出版社出版的五笔字型录像带首发式会场

电子工业出版社注重书籍质量。图为工作人员正在对刚印制好的图书进行装帧质量检查。

名家名著已成为电子工业出版社出版的重头戏。图为该社出版的著名计算机专家谭浩强教授编著的“计算机教育丛书”。

电子工业出版社注重交流市场调研信息，以市场需求为基准，带动选题的优化、策划工作。

17 年来电子工业出版社总计获得国家及省部级图书奖 99 次。“移动通信技术丛书”获得第十一届中国图书奖。

电子工业出版社加强基础学科图书出版，使得各类教材图书面貌一新。

1998 年 10 月，电子工业出版社社长梁祥丰、副社长吴金生与来访的美国麦克·兰米出版公司总裁进行版权贸易谈判。

电子工业出版社 1996 年建成了“合格职工之家”。工会积极组织职工参加“全民健身运动”。女篮获得了 1996 年电子工业部直属单位赛亚军。

电子工业出版社职工自编自演舞蹈 “精神文明之花”

法律出版社

法律出版社于 1954 年由董必武同志提议成立，到 1959 年间主要以译介当时苏联与东欧国家立法、司法及法学研究著作为主，同时也出版了当时国内颁布的数量有限的法律、法令、行政法规以及一批培训政法干部的急需教材。

50 年代后期，国家的政治生活开始进入非正常时期。1959 年，法律出版社以保留社名、社号的方式并入人民出版社，只有在出版为数寥寥的法律图书时，才冠以法律出版社之名。

1980 年，法律出版社复建，出版了大批中外法典、法学教材、普法读物、法学著作以及法制文艺书籍，为劫后国家法制系统的重建作出了应有的贡献。

90 年代，法律出版社锐意改革，实施精品战略，调整图书品种结构，注重实务，带动其他，开发了单行法规系列、法律释义系列、百姓法律一点通系列、各学科法学论丛系列、商事专题研究系列、民商法研究系列、法学博士文丛、金融法实务系列、律师实务系列、律师考试系列、法律英语读物系列、法学教材系列、法律辞书系列等众多精品系列，推出了建国以来第一套新型法律活页图书《中华人民共和国法律法规》，随后又与人民法院出版社合作出版了《中华人民共和国司法解释》活页图书，这两套活页类图书在国内外公开发行，成为我国法律法规出版史上跨时代的飞跃，首次实现

原国家副主席董必武十分关心出版事业，图为董必武同志与法律出版社领导在一起。

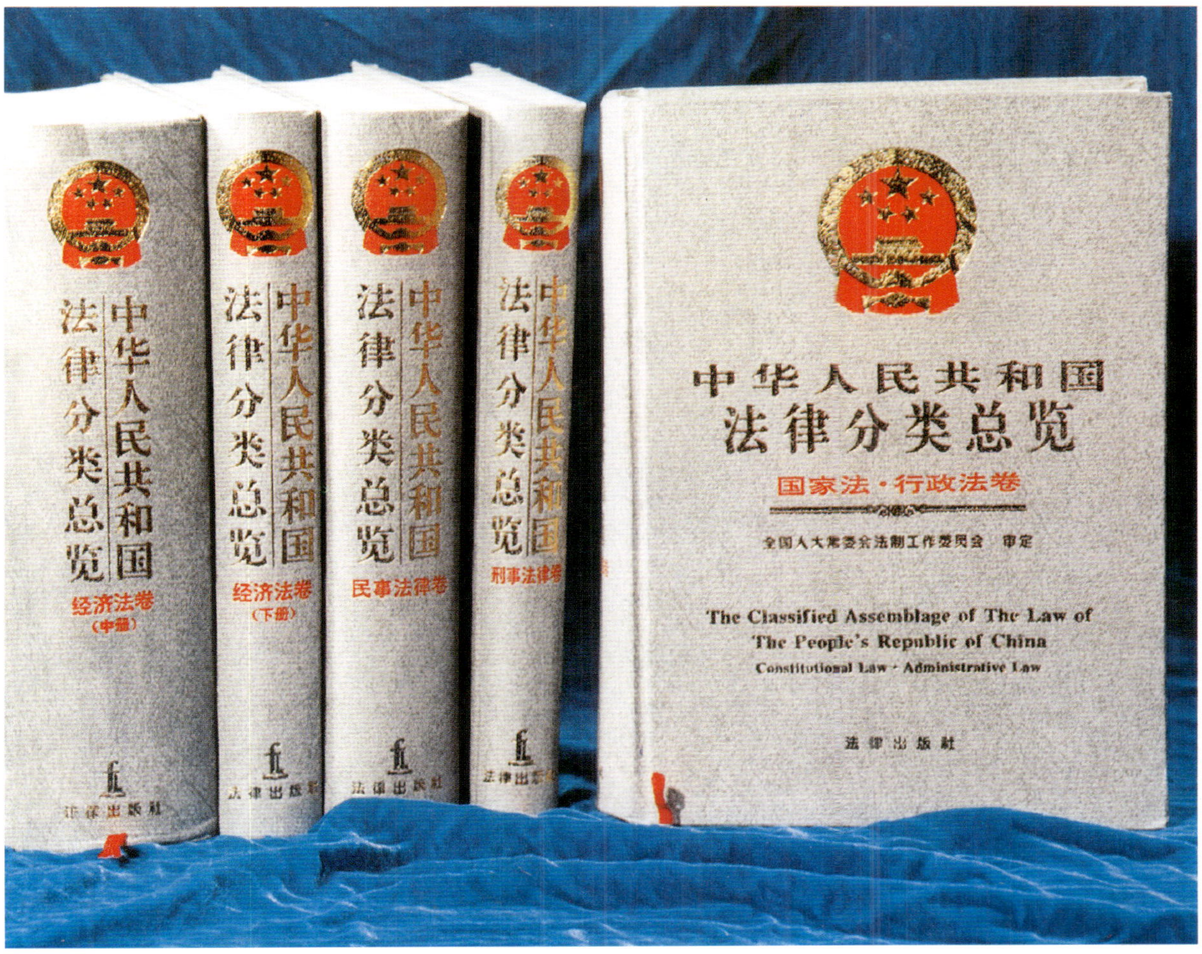

法律出版社出版的《中华人民共和国法律分类总览》是法律工作者案头必备的工具书

该社出版的我国首部按国际惯例编辑的活页图书《中华人民共和国法律法规》受到党和国家领导人的高度重视

了法律法规出版与国际的接轨，引起了海内外广泛的反响，还成为党和国家领导人的案头工具书。国内外首次系统整理的中国几千年法制发展演变历史过程及经验教训的十卷本《中国法制通史》的出版，为学术界、出版界众所瞩目。在推出新的系列、开发高档精品的同时，有一批图书获得国家级奖励，《条约法概论》获国家图书奖，《民法债权》获国家图书奖提名奖，《贿赂犯罪研究》获中国图书奖，还有众多图书获畅销书奖、印装质量奖、美术设计奖等。

法律出版社出版的《法律与生活》月刊是当今最有影响的法律类期刊之一。《中华人民共和国税收法规公告》是国家税务法律、法规的正式发布媒体，成为税务机关、纳税人广为

《中华人民共和国法律法规》（活页）受到海外书界、新闻界瞩目。

该社出版的中华人民共和国法律和重要行政法规的单行本，目前已出版几百种。

该社出版的“三五”普法指定读本《社会主义法制建设基本知识》一书在人民大会堂举行首发式

订阅的最具权威的税法期刊。法律出版社的电子出版物、法律网络服务系统不久也将展现在世人面前。

法律出版社复社近二十年,连续多年被新闻出版署评为良好出版社。到目前为止,法律出版社在品种数量、发行册数、发行码洋、市场份额、印装质量方面在同类出版社中都已确立了领先地位。在业务队伍、管理体制、运行机制方面,也正在迈入出版界的先进行列。

党的十五大提出依法治国的基本方针,为法律出版社的发展提供了广阔的机遇和前景。目前,全社员工正在抓住机遇,奋力拼搏,相信跨入 21 世纪时,法律出版社会成为一流的出版企业。

该社出版的国家“九五”规划百余种现代化法学教材已成为各高校首选的课本

该社出版的《中华人民共和国最高人民法院司法解释》(活页)

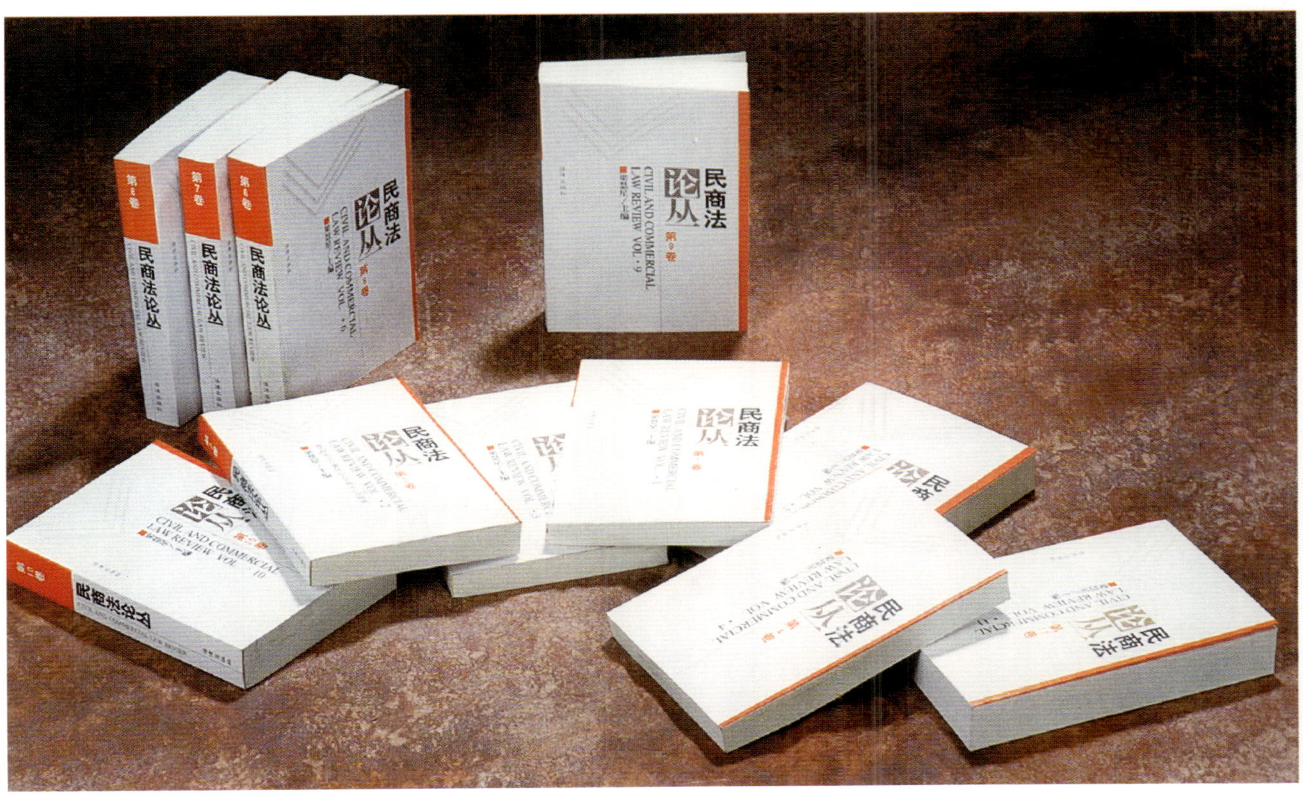

该社以繁荣法学研究为己任,出版了多个系列的学术论丛。《民商法论丛》是其中之一。

二十年磨一剑——该社出版的首部十卷本《中国法制通史》，引起海内外法学界、史学界广泛关注。

出版高水平的法学学术著作始终是法律出版社义不容辞的职责，图为该社的部分出版物。

该社出版的法律文书范本系列，成为最受各阶层读者欢迎的法律工具书。

高等教育出版社

当新中国走过了 50 年光辉历程的时候，高等教育出版社（以下简称高教社）也度过了 45 个春秋。45 年的历史，从一个侧面反映了新中国 50 年出版事业的变革和发展。

一

1954 年 5 月，高教社作为高等学校和中等专业学校教学用书的专业出版单位，为了满足新中国高校对于教材建设工作的需要，正式成立。

从 1954 年成立至 1959 年，是高教社的第一个发展时期。这期间，高教社共出版前苏联教材的中译本计 1357 种，影印交流讲义 80 种。这些教材，涵盖了高校和中等专业学校的各专业、学科，满足了各高等学校和中等专业学校的教学需要，给予高等学校和中等专业学校的教学工作有力的支持。使用这批教材培养出来的 50 年代中后期毕业的学生，已成为我国社会主义建设的骨干力量。

1960 年至 1976 年，高教社的教材出版工作进入为我国高等学校和中等专业学校全面使用自编教材而奋斗的时期。从 1961 年至 1966 年，共出版教材和参考书 501 种，2000 万册。这时期出版的教材不仅解决了自编教材从无到有的问题，而且为建设完备的中国理工科教材体系打下了坚实的基础。从此，我国理工科高等教育不再完全依赖外国教材。这批教材培养了 60 年代理工科大学生和中专学生，为我国培养高中级科技人才作出了贡献。

这期间，特别是"文化大革命"的十年中，高教社几经撤并，事业发展受到严重挫折和限制。

邓小平同志于 1983 年为高等教育出版社题写的社名

1996 年 5 月高等教育出版社社长于国华与德国施普林格出版公司副总裁伯恩哈德·莱维里希签署合作项目出版协议

1985 年 10 月高等教育出版社社长祖振铨与英国前首相麦克米伦出版公司总裁哈罗德·麦克米伦签署关于合作出版《现代英语》系列教材的协议

二

1976年，十年动乱结束，中国人民迎来了改革开放的新时代，高教社迎来了二次创业的大好时机，又走上了快速发展的道路。从十年动乱结束到今天的二十多年中，高教社的发展可以分为两个新的阶段。

1977年到1983年，是恢复教材建设和在新的水平上出版理工科全国通用教材的时期。1977年8月，邓小平同志亲自抓科技教育工作，全国高等学校和中等专业学校恢复招生。按照邓小平同志“关键在教材”、“要使1978年秋季入学新生有新教材用”及“教材要反映现代科学文化的先进水平”等一系列指示，高教社的全体编辑出版人员在时间紧、任务重、条件十分艰苦的情况下，努力工作，实现了小平同志的要求。在此期间，高教社的教材建设工作得到了快速发展，到1983年，共计出版教材、图书1361种，2.6亿册。这批教材的出版，不仅解决了“文革”所造成的“教材荒”问题，而且奠定了新形势下全国理科、工科通用教材的基础，为培养80年代的大学生和中专学生作出了重要贡献。

1983年5月，邓小平同志为高教社亲笔题写了社名。从此，高教社进入了改革与发展的

《热力学第一和第二定律》、《电磁学》等书作者、原全国人大常委会副委员长严济慈。

《微分几何学》作者、全国人大常委会副委员长苏步青。

《固体物理学》、《半导体物理进展与教学》等书作者，中国科学院院士黄昆。

《代数学引论》作者之一、全国人大常委会副委员长丁石孙。

改革开放 20 年来高等教育出版社出版的部分教材、图书。

新时期。高教社几届领导班子带领全社职工坚持以邓小平理论为指针，坚持为社会主义服务、为人民服务、为教育事业服务的正确方向，通过不断深化改革、加强管理、扩大出版规模、适应教育事业发展、提高经营水平，事业迅速发展壮大，各方面工作取得了世人瞩目的成绩。

1983 年到 1993 年的十年里，高教社平均年出书 2000 余种（其中新书 500 种左右），年发行量 4000 多万册，年产值 1 亿元以上，成为全国出版图书品种最多的出版社之一，十年累计出版新编教材 6000 种，总发行量 6.5 亿册。1994 年以后，图书发行总量及产值连年递增，不断创出历史最好水平，在出版界始终保持了较高的发展速度。所出版的教材，以质量优良、适合教学、价格适中、供应及时，在教育界和出版界享有盛誉。高教社教材在教学中起到了稳定教学秩序、保证教学质量、创新教学内容、主

五六十年代高等教育出版社出版的部分国内自编教材

50 年代高等教育出版社出版的部分苏联教材中译本

高等教育出版社出版的部分面向 21 世纪课程教材

高等教育出版社引进和输出版权的部分图书

598

高等教育出版社出版的部分音像制品和电子出版物

导教学方向的重要作用。仅 1983 年以来出版的教材、图书、音像制品、电子出版物即有 700 余种分别获得国家科技进步奖、全国优秀教学成果奖、中国图书奖、全国优秀教材奖、全国优秀教育音像制品奖等各种奖励。

由于改革开放 20 年来所做出的优异成绩，高教社受到党和国家领导人的高度赞扬和政府部门的表彰。1994 年，党和国家领导人李鹏、李岚清等在高教社成立 40 周年时题词祝贺，同年该社被中宣部和新闻出版署评为良好出版社，1998 年又被评为全国优秀出版社。原社长祖振铨被授予全国先进工作者和有特殊贡献的专家。原副社长、副总编辑皇甫束玉获中国出版工作者协会首届韬奋出版奖。原副社长王耀先获得中国出版工作者协会首届伯乐奖。现任社长于国华被选为党的十四大代表，被国务院授予有特殊贡献的专家称号，被评为首届全国百佳出版工作者。

三

作为一个具有 45 年历史的老社、大社，在改革开放的新形势下，在社会主义市场经济条件下，如何发展壮大，是高教社各届社领导和全体职工面临的一个理论问题，也是重大的实践问题。高教社的几届领导，始终怀着深刻的忧患意识和危机感、使命感，以科教兴国大业为己任、以树立中华民族出版社的品牌形象和形成高教社的特色为追求，致力于高教社的改革和发展。

在改革实践中，高教社始终坚持了“解放思想、实事求是、走自己的路”的原则，制定了“找准位置、抓住机遇、发挥优势、参与竞争、发展壮大、形成特色”的改革和发展方针，还始终正确处理了“社会效益与经济效益的关系、眼前利益与长远利益的关系、局部利益与全局利益的关系”。在不断改革和发展中，形成了“出好书、出效益、出信誉、出人才”的办社目标；“积累科学文化、传播知识技术、以书育人”的办社宗旨；“以邓小平理论为指针、以教育发展和教学需要为导向、以各级教育部门为依托、以法规为准绳、以激励人的积极性为基础、以计划为先导、以统计为依据、以质量为中心、以效益和信誉为目标、以高技术为手段”的经营管理方针。

1994 年，高教社提出了 15 年的发展目标：(一)实施出版工程，出版跨世纪的教材、音像和电子出版物及图书；(二)实施人才工程，壮大、培养跨世纪的作者队伍和出版者队伍；(三)实施管理工程，培育先进、科学的现代企业经营管理方法；(四)实施建设工程，建设现代化的办公和生活条件。通过实施“四大工程”，把高教社建成国内一流并跻身于世界先进出版社行列的综合性大型现代化出版社。5 年来，高教社的“四大工程”不断向前推进，近百种面向 21 世纪教材已正式出版，近千种面向 21 世纪教材已进入选题组稿、编辑加工阶段，与文字教材配套的音像、电子出版物也得到了长足发展。各项经营指标达到历史最好水平，适应市场经济发展的新的用人机制和经营机制已经形成，内涵提高、外延扩大，质量效益和规模效益的发展道路已经确定，建立跨地区、跨所有制、跨国出版企业集团的条件已经具备。

走过了 45 年的曲折历程，高教社迎来了 21 世纪。这将是一个充满机遇和挑战的世纪。市场全球化、经济知识化，为出版业提供了良好的发展机遇，也必将给出版业带来巨大的竞争压力。高教社决心以坚实的步伐迈入 21 世纪，把一个充满生机和活力的出版社带进 21 世纪，为建立在世界占有一席之地的中华民族的出版社而奋斗。

高等教育出版社部分获奖教材、图书及其奖杯、证书。

1998 年第七届北京国际图书博览会高等教育出版社展台

国防工业出版社（新时代出版社）

一、领袖的关怀，科学家的信赖

邓小平同志非常重视国防科技出版事业的发展，1989 年亲笔为该社出版的《回顾与展望》一书题写书名。

1994 年 11 月，江泽民主席为国防工业出版社建社 40 周年题词："传播科技知识，为国防现代化服务"。

著名科学家钱学森、华罗庚曾多次到该社指导工作、介绍世界科技发展的新趋势和新方向。华罗庚、钱伟长、钱三强等科学家和数十位中国科学院院士、中国工程院院士在该社出版过专著。

国防工业出版社成立于 1954 年 11 月 11 日，现为中国人民解放军总装备部领导下的中央一级综合性科技出版社（1980 年启用第二社名：新时代出版社）。

45 年来，国防工业出版社共出版国防科技工业各类图书近 8000 种（含音像制品、电子出版物），1 亿多册(件)。自 1978 年以来，获部委级以上奖励的图书 242 种，其中获国家级奖励的图书 98 种。这些图书为新中国航空、航天、兵器、舰船、电子及核武器的科研、生产和试验发挥了重要作用。该社 1995 年和 1997 年两次被新闻出版署评为全国良好出版社，1998 年 12 月被中央宣传部和新闻出版署评为全国优秀出版社。社长曾铎荣获第五届"中国韬奋出版奖"。

国防工业出版社成立于 1954 年 11 月 11 日（1980 年启用第二社名：新时代出版社）

国防工业出版社出版的部分图书

二、推出巨著，服务国防

建社以来，尤其是近 20 年，国防工业出版社出版了一批学术水平高、影响深远的大型图书。

1978 年出版了由清华大学多名教授编写的《英汉技术词典》，1991 年修订为《英汉科学技术词典》，先后发行近 160 万册。此书已成为全国广大科技人员必备的工具书。

1987 年出版了由周培源、严济慈、钱伟长、钱三强等 17 位著名科学家发起，600 多位专家教授编译的《英汉辞海》。

1989 年出版了由邓小平同志题写书名、江泽民同志题词、杨尚昆同志撰写序言、聂荣臻元帅等 100 多位直接参加国防科技工业艰苦创业的领导同志和著名科学家、军队将领、部分武器装备的总设计师撰文的《回顾与展望——新中国的国防科技工业》一书。

1990 年出版了由原国防科工委组织、170 多位专家学者编写的《世界军事工业概览》。

1994 年编辑出版了由启功、沈鹏等 10 位著名书法家为顾问，涵括历代书法碑帖的大型书法工具书《书法字海》，深受广大书法家和书法爱好者的喜爱。

另外，该社还出版了服务于国防事业的，由数百个单位、数千位专家学者参加编写的《电子工业技术词典》、《航空工业科技词典》、《兵器工业科学技术辞典》、《船舶工程辞典》、《中国集成电路大全》等工具书。

为了支持国防科技优秀图书的出版，促进国防科技事业的发展，原国防科工委于 1988 年 3 月 24 日在全国最早设立了"国防科技图书出版基金"。后来，又设立了"高科技图书翻译专项资金"。在基金设立后的 10 年里，资助出版了 200 余种高新科技专著，其中《天线罩电信设计方法》、《C^3I 系统开发技术》、《断裂力学中的强度因子的解法》等 60 种图书分获国家图书奖、中国图书奖、国家科技进步奖和国家科技图书奖等奖项。许多专著解决了国防科研、试验和生产方面的重大技术问题。

1996 年—1998 年，该社先后向原国防科工委部队、院校、研究所，以及中科院、工程院部分院士等赠送图书 10 万余册，码洋近 200 万元，受到广大官兵和科技工作者的欢迎。

国防工业出版社与日本等国合作出版的辞书

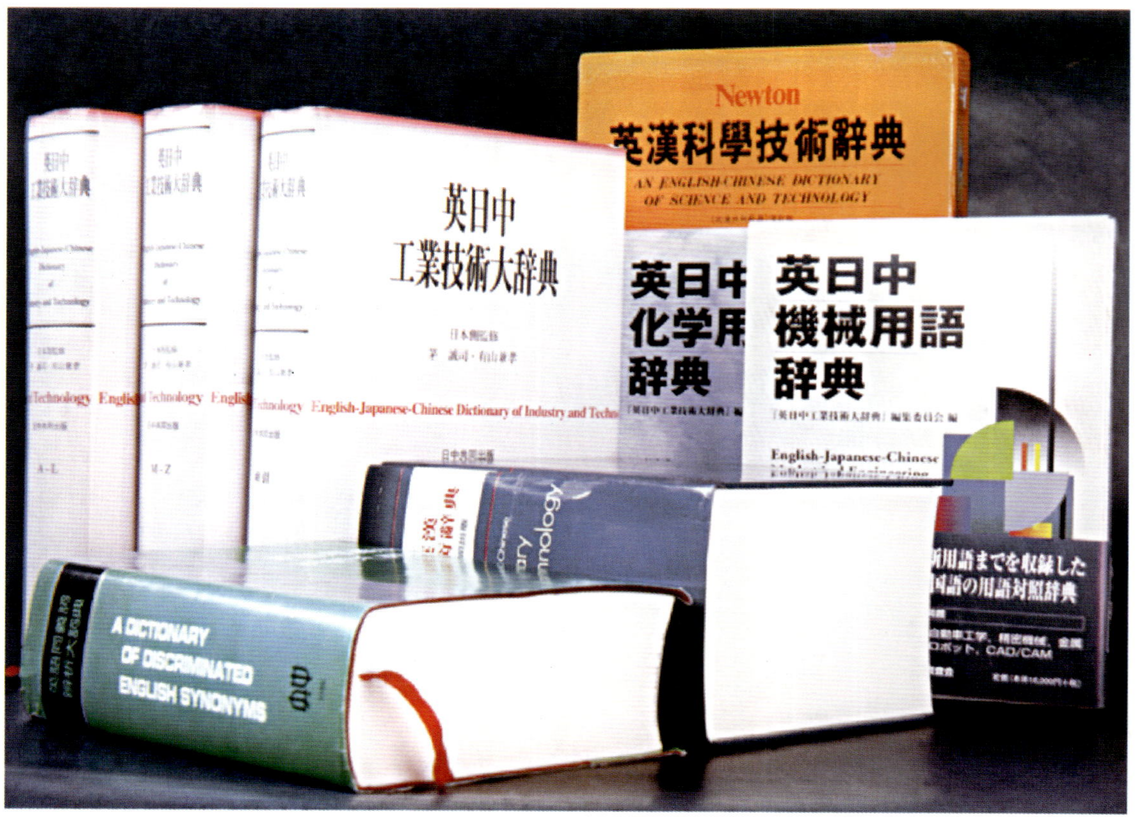

国防工业出版社出版的部分图书

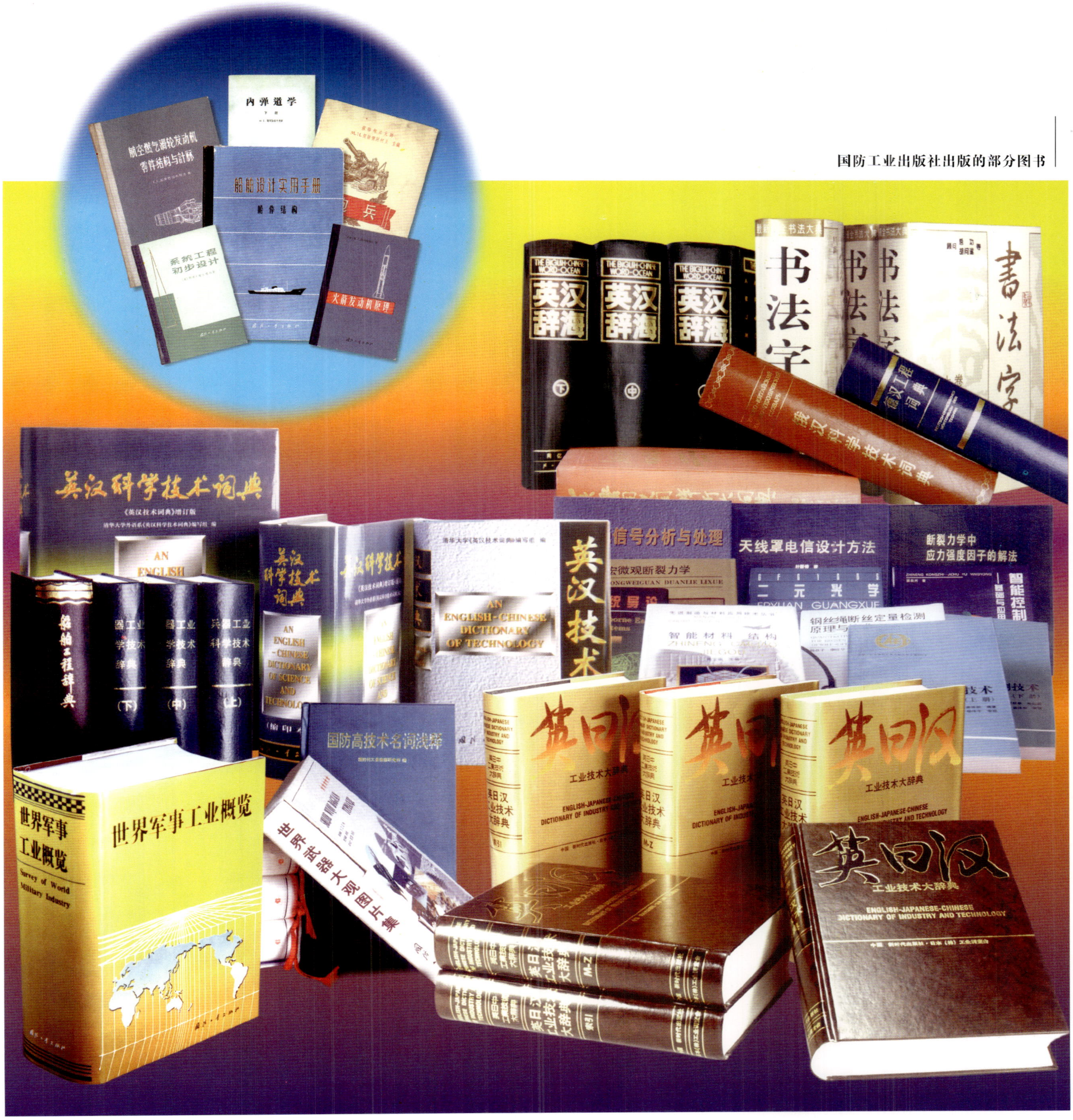

三、改革创新，再铸辉煌

十一届三中全会以后，在改革开放方针指引下，该社与日本、美国和俄罗斯等国家及港台地区的出版界同行进行了广泛的交流。1984 年该社与日本工业调查会(出版社)签订了合作出版发行《英日中工业技术大辞典》的合同。1993 年以来先后出版了该书各卷及分学科版本。1993 年与台湾的牛顿出版有限责任公司和中央图书出版社合作出版了《英汉科学技术词典》和《英语同义词辨析大词典》，1995 年与俄罗斯签定了出版《载人宇宙飞行》等书的协议。该社先后参加了北京、法兰克福、香港、洛杉矶等国际图书博览会。

随着全国出版业的深化改革，该社在近 20 年，尤其是近 5 年实行以经营管理目标责任制为主要内容的总体改革方案，加强内部管理，注重编辑、印制手段的技术进步，提高出版物的质量。在总装备部的支持下，投巨资更新了国防工业出版社印刷厂的彩色印前系统和彩印设备，并在出版社建立了计算机局域网系统，实现了与因特网互联。

该社全体员工决心继续发扬“团结进取、艰苦奋斗、辛勤耕耘、无私奉献”的优良社风，为实现我国科技强军和武器装备现代化做出新贡献。

国防科技图书出版基金评委会会议

国防工业出版社向部队赠送图书

国防工业出版社社长曾铎出席第五届中国韬奋出版奖颁奖大会。

著名科学家钱学森到该社指导工作

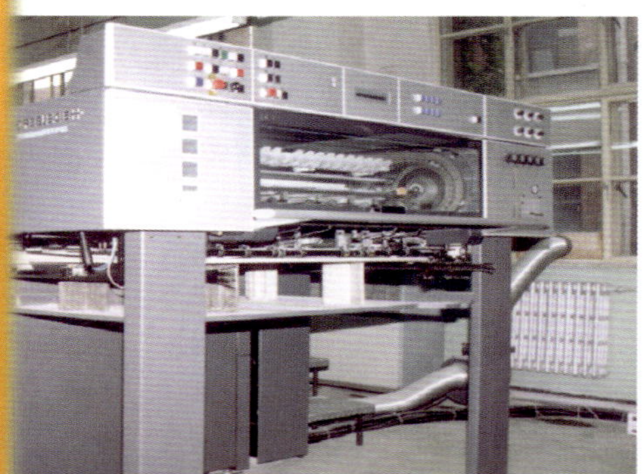

该社引进的先进印刷机

1984 年该社代表团赴日本考察

该社的新型彩色制版系统

机械工业出版社

机械工业出版社（简称机工社，下同）隶属于国家机械工业局，其前身是成立于 1950 年 7 月 1 日的“科学技术出版社”和《生产与技术》杂志社。两社于 1952 年 12 月 20 日合并，正式命名为“机械工业出版社”。第一任社长是我国著名的经济学家蒋一苇同志。机工社的出版范围涉及机械工程、电工电子与自动化技术、计算机技术、经济管理、外语等多个领域。除出版图书外，还出版 13 种科技期刊、大量音像制品和电子出版物，年出书千余种，1998 年出书码洋达 2.14 亿元。至今已出版新书 15284 种，发行 32405.3 万册。几十年来，出版的图书和期刊获 300 余项国家和部委级奖励，1994 年中宣部和新闻出版署授予机工社“优秀出版社”称号。从 1992 年至今，出版社连年被评为中央国家机关文明单位和首都文明单位。

机械工业出版社大楼（右下角为 1952 年成立时的社址）

机械工业出版社荣获的精神文明建设奖牌

机工社自成立之日起，就以服务于国家机械工业的发展为己任。在第一个五年计划期间，由于新中国刚刚建立，缺乏工业建设经验，当时又处在被封锁的国际环境中，所以向苏联学习是惟一的选择。该社组织翻译出版了15卷本、2000余万字的《苏联机械制造大百科全书》。该书和其他一系列翻译的苏联图书、教材对推动我国机械工业的发展和国民经济的建设做出了重大贡献。这一时期，出版社还首创组织编写出版了“机械工人活页学习材料丛书”和《机械工人》杂志。这些书刊深入浅出、通俗易懂，受到广大工人群众的广泛欢迎，成为50年代最具特色的工人读物。

朱镕基总理出席机械工业出版社两大手册出版座谈会并接见部分参加编写工作的专家、学者和工作人员，宋健、钱伟长、包叙定参加接见。

机械工业出版社出版的我国第一本工人定期读物《机械工人》杂志及目前出版的部分期刊

机械工业出版社出版的我国最早组织翻译的 15 卷本《苏联机械制造百科全书》

机械工业出版社出版的部分权威工具书

60 年代，机工社的出书结构开始从以翻译苏联图书、教材为主，逐渐转向以自编图书为主。这一时期，出版了包括 45 个分册、550 万字的国内第一部自编的大型手册《机修手册》和第一套自编的技工学校教材。

“十年动乱”时期，出版工作几乎陷于停顿，但出版社的编辑顶着政治风险，编辑出版了一套 13 个分册的《工人技术教育读本》，两年内发行了 2200 万册，成为“文革”荒漠中的一枝奇葩。1970 年出版的《机械工人切削手册》，以其简明、实用成为全国畅销书，现已修订了 3 次，累计发行了 600 余万册，到现在还有强大的生命力。1972 年，在周恩来总理的亲切关怀下，由沈鸿同志任主编，组织了中国科学院和各部委、各大学、各省市的 2300 多位专家学者，历时 10 年，编辑出版了总计 25 卷、3400 万字的大型综合性技术手册《机械工程手册》和《电机工程手册》。这两大手册出版后受到了社会各界广泛的重视和好评，获得了全国科学大会奖、全国优秀科技图书一等奖和首届国家图书奖。

机械工业出版社出版的部分工人培训用书

党的十一届三中全会以后，在改革开放方针的指引下，出版社获得了新生。在“八五”期间，开始形成以出版机电领域权威工具书、大中专教材和培训读物为特色的出版结构。在工具书领域，《机械工程手册》和《电机工程手册》的修订版、《机械设计手册》、《机械加工工艺手册》、《机电一体化技术手册》、《现代机械设备设计手册》等一大批骨干工具书列入了国家重点图书出版规划。1991 年，出版社又启动了《机械工程手册》和《电机工程手册》(第 2 版) 的修订工作。由原机械工业部会同 17 个部委和总公司，组织全国 500 多个大型企业集团、科研院所、高等院校的 3000 多位专家学者共同完成了共 26 卷、5000 万字的修订工作，于 1997 年出齐。新修订的两大手册被誉为“全、精、新、准”的小型图书馆和机电百科全书，江泽民主席为两大手册题词：“荟萃机电专业精华，为社会主义现代化建设服务”；朱镕基同志接见了参与编写工作的部分专家学者和工作人员。

机工社历来重视教材的出版，现在出版社出版的大中专教材覆盖了大学本科 34 个专业、大专 9 个专业和中专 11 个专业，平均每年出版教材 250 种（其中新教材 80 种）。1993 年国家教委授予机工社“教材管理工作先进集体”称号。

机械工业出版社出版的部分大学、大专和中专教材。

机械工业出版社出版的部分电子音像制品和它的摄影棚

机械工业出版社引进版权出版的部分计算机类图书

机工社出版的职工培训用书，尤其是机械工业工人培训用书，在行业中享有很高的声誉。1989 年出版的《机械工人技术理论培训教材》(149 种) 和配套习题集 (102 种) 以工种齐全、图文并茂、突出技能培训为特色，受到读者和用户的广泛认同和欢迎，成为该社长盛不衰的保留书目和工人培训名牌教材，至今已销售 2600 多万册。

“九五”期间，机工社根据图书市场反馈的信息，决定重点加强计算机、汽车、电工电子领域选题的开拓力度。经过努力，现在计算机类图书以其紧跟世界计算机技术发展潮流，成系列、高水平、高质量地成为计算机图书领域里的主力之一。

伴随着出版社改革开放 20 年的发展，该社的对外合作与交流工作通过引进版权、转让版权、代为制作、合作出版等多种形式有了很大发展。现在已与 30 多家海外知名出版商社建立了紧密合作关系，引进版权 500 余种、向外转让版权近百种。一批质量上乘、装帧精美的图书漂洋过海，向世界展示了中国科技出版的风采。

机械工业出版社成立 30 周年时读者购书盛况

金盾出版社

金盾出版社成立于1983年11月，是中国人民解放军总后勤部主管的综合性出版社。建社15年来，他们出版发行了一大批军事后勤和工业交通、医疗保健、种植园艺、畜牧养殖、食品烹饪、服装缝纫、绒线编结等方面的实用性科技图书。1994年11月，金盾出版社被中央宣传部、新闻出版署评为优秀出版社。同年12月，中央宣传部、新闻出版署、中国出版工作者协会、中国书刊发行业协会联合召开“金盾出版社经验研讨会”，向全国印发了《金盾出版社经验研讨会纪要》。《纪要》指出：“‘金盾经验’是近几年我国出版发行改革中比较成熟也比较成功的典型。”1996年2月被国家科学技术委员会、中国科学技术协会评为“全国先进科普工作集体”。

15年来，金盾出版社坚持走全心全意为人民服务与市场经济体制紧密结合的道路，迅速发展起来。到1998年出书千余种，其中新版书200余种，重印率达80%。15年来总计出书2.6亿多册，平均每种书印发15万册，发行码洋已突破2亿元大关，成为在全国具有一定规模、特色，并具有一定知名度的出版社。

金盾出版社坚持走全心全意为人民服务与市场经济体制相结合的道路，经过15年的努力，已发展成为有一定规模、一定特色，并具有一定知名度的出版社。

解放军总后勤部首长到金盾出版社视察，要求该社多出好书，全心全意为读者服务。

出版界老前辈王益（中）、王仿子（右一）十分关心金盾出版社，多次到该社指导，并撰文予以鼓励。

金盾出版社办社的经验主要有三点：

一、自觉定位　创出版特色

金盾出版社从国情、社情出发，扬长避短，在实践中逐步明确了自己的定位，具体表述为四句话：

以服务经济建设、改善人民生活为主要目标；以实用科技图书为主要出书方向；以中等文化水平的读者为主要对象；以部队基层和广大乡村为主要市场。

为贯彻、落实这个定位，在选题、编辑、出版等各个环节上采取了一套行之有效的做法。在选题上，做到"心中有读者，眼里有市场"。读者、市场需要什么书，他们就"命题作文"，请作者写什么书。在书稿的编审上坚持"知识性、实用性、通俗性"相统一的原则，将使读者"看了能懂，懂了能用，用了有效"作为出版社努力的目标。为了体现这个特色，坚持"三多三少"，在内容上多讲怎么办，少讲为什么；在篇幅上，多出单行本，少出大而全；在装帧上，多出简装本，少出精装本，努力出物美价廉的图书。近两年来该社图书定价一般低于书市平均价的 20% ～ 30%。在图书的整体策划上，强调选题的点、线、面有机结合。点，就是每个选题都必须体现定位，都必须突出特色；线，就是要形成系列，构成体系；面，就是将纷繁的点与诸多的线结合起来，形成独具特色的面貌，达到创造品牌、塑造形象的目的。

为了保证图书质量，金盾出版社坚持请专家教授撰写书稿。农业编辑室编辑与农业专家经常深入田间地头商谈选题。

金盾出版社医疗卫生编辑室编辑到医院与作者共商图书编写提纲

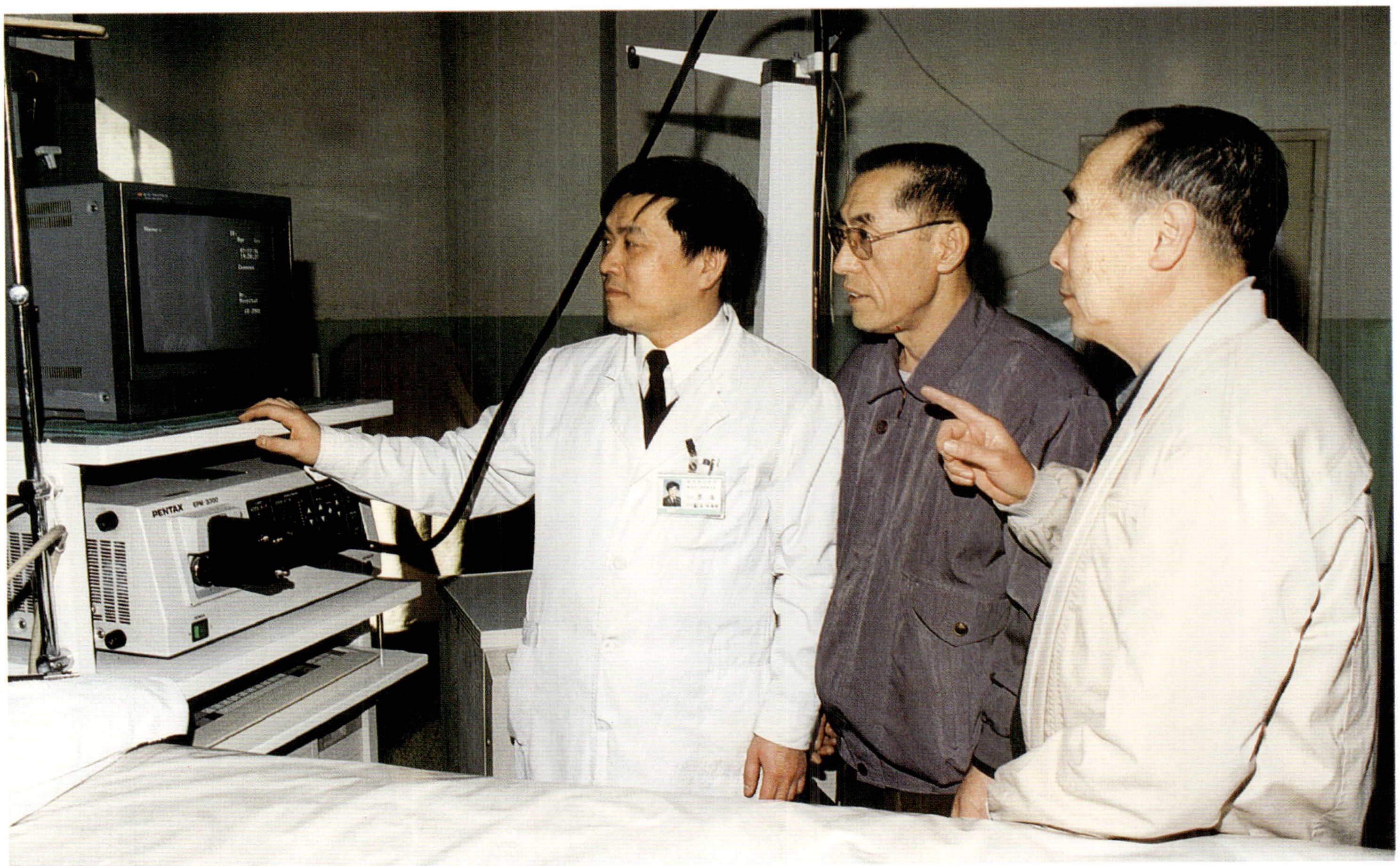

金盾出版社实行驻厂员制度，严格把好印刷质量关。驻厂员经常深入印刷厂跟踪检查印刷质量。

对于排印不合格的图书，宁可蒙受经济损失进行销毁，绝不让其上市贻害读者。

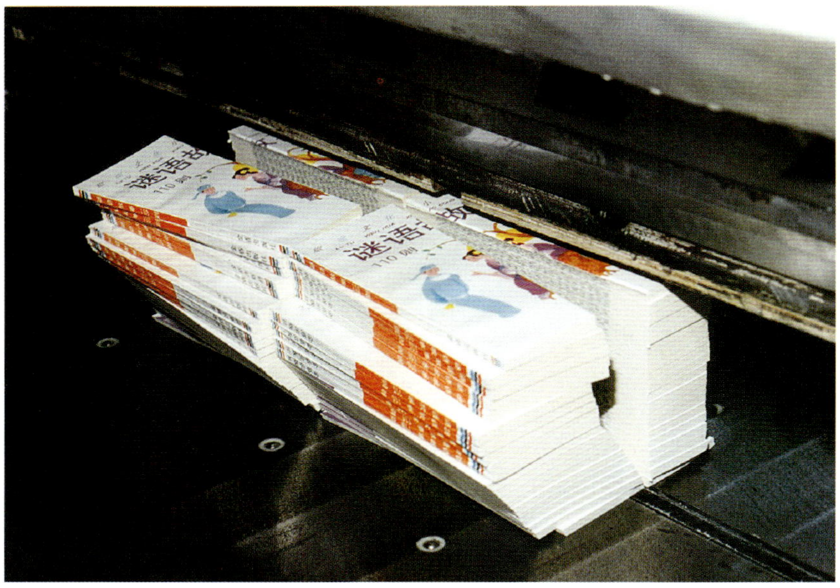

二、优质服务　高效发行

在发行工作中，该社贯彻“讲质量，讲效率，讲信誉”的信条。坚持做到：处理书店订货，品种、数量准确，包装牢固；从收订单到把货送至车站、邮局，最多不超半个月。书店不分大小、订货不论多少、路途不管远近，一律热情服务，并实行“三管”：残缺破损的书管换，收不到书的管查，查无下落的管补。从 1987 年起，出版社经常派人深入基层书店，看样订货，几十位懂政策、有水平、守纪律的老同志，跑遍了全国除台湾省以外的 30 个省市自治区。截至 1997 年底，出版社的老同志跑了 2300 多个县市，覆盖面达到大陆 2500 个县市的 90% 以上。从 1989 年下半年起，他们开展新书试销，

金盾出版社每年都派近百人次深入基层书店送书上门，看样订货，在全国县市新华书店的覆盖面已达 90%。

接受该社新书试销的新华书店有 1000 多家县市店及少量地市店，这样书店可以及时获得新书销售，出版社又能了解新书的销路，对社、店都有好处。为了保证供货，该社勇担风险，保持充足的备货，使书店添货满足率一般不低于 95%。

为了使新书信息尽快传递给书店与读者，金盾出版社每年拿专项经费在广播电台、报纸和电视台做新书广告。该社的新书书讯灵通，供应及时，读者与书店都得了利。图书发行除充分利用新华书店这个主渠道以外，还尽量利用集体、个体渠道。此外，他们还充分利用大商场的超市和医院销售图书。在发行途径方面，托运、邮寄、邮购、自取、送书一齐上。出版社还有车直接送书到北京、天津、河北省的书店，远的达郑州、太原、济南等地，目前接受送书的单位达 1000 多家。

金盾出版社开辟了京、津、冀等地的直达专车送书路线，以满足书店急需。

金盾出版社在全国建立了 11 个金盾版图书读书村，及时了解农民的需要。

金盾版图书印数超过 100 万册的已达 38 种

三、改革内部管理体制　建立高效运行机制

十多年来，根据改革开放的一系列政策，金盾出版社逐步形成了一个灵活高效的内部管理体制。这个体制概括起来就是社长负责制、职员聘任制、工人合同制、满负荷工作制和整体效益决定分配制。

社长负责制就是在主办单位任命社长以后，放手让社长全面负责出版社的编辑工作和经营管理工作，行使上级赋予的人事权、财权和出版权。社长对主办单位负责，接受社务委员会的监督。总编辑由社长提名，报主办单位任命，社内各级干部均由社长聘任、任命。职员聘任制是除社长、总编由主办单位首长任命外，其余人员授权给社长聘任。聘任采用双向选择的原则。工人合同制就是本社招收工人必须经过三个月的试用期，经试用考核合格后，方可签订劳动合同。满负荷工作制是该社实行每天七小时工作制，同时，严格考勤制度。整体效益决定分配制是本社工作人员工资分配遵循按劳分配、效率优先、兼顾公平的原则，实行同工同酬。出版社职员工资由职务等级工资、效益浮动工资和奖金三部分组成。工人原则上实行计件工资，个别工种难以用数量计算的，按本部门计件工资职工的平均工资支付。对工作成绩突出的职员和工人，给予表扬，增发奖金或晋升工资等级。对工作中有失误造成不良影响或损失的职员和工人，视情况给予相应的处罚。正是凭借这个管理体制，使金盾出版社始终充满生机和活力。

金盾版实用科技图书远销港、台及新加坡、马来西亚等地区和国家。图为授权当地出版商出版的金盾版图书。

为了开阔眼界，吸取先进经验，金盾出版社领导多次出国访问，参加国际书展。

新中国出版50年

科 学 出 版 社

科学出版社是全国最大的综合性科技出版机构，是1954年8月1日由前中国科学院编译局与创建于30年代有较大影响的龙门联合书局合并成立的。1993年8月，恢复使用“龙门书局”副牌。

科学出版社是一个历史悠久、力量雄厚、以出版自然科学诸领域学术书刊为主的出版社。45年来，经过历届领导和几代职工的共同努力，在旧中国出版业的废墟上，筚路蓝缕，建成了目前我国最大的综合性科技出版社。科学出版社有一支涵盖多学科领域、力量较强的专业编辑队伍和一批经验丰富的设计、校对、出版、发行业务人员。1993年，科学出版社荣获全国“优秀图书出版单位”称号。

1998年7月科学出版社新编辑大楼落成

1964年8月科学出版社10周年社庆，中国科学院院长郭沫若莅临指导并题词。

科学出版社荣获的部分奖状及奖杯

1996 年 8 月 16 日,“科教兴国与当代青少年校长研究会”在人民大会堂举行开幕式,科学出版社“三点一测丛书”名誉主编雷洁琼副委员长到会祝贺并向拉萨中学校长赠书。

科学出版社 45 年来共出版图书 16000 余种;期刊 190 余种,近 18000 期。现每年出书 1000 余种(其中外文版图书 150 余种),每年出版的科技学术著作占全国同类书的 12.5%;期刊 155 种(其中外文期刊 29 种),出版的学术类期刊占全国同类期刊的 15%。近年来,还积极发展以科技为题材的音像和软件、光盘等电子出版物。

自 1982 年以来,科学出版社在连续八届全国优秀科技图书评比中名列首位,有 42 种图书获一等奖或特别奖;250 多种图书获部委以上优秀图书奖,在 1997 年第八届全国优秀科技图书奖评奖中,科学出版社获一等奖 1 种、特别奖 1 种和二等奖 4 种。在第三届(1997 年)国家图书奖评奖中有 4 种图书获国家图书奖,4 种(套)图书获国家图书奖提名奖。还有两种图书获国家科学技术进步奖。另外,在中国图书奖评奖中有 10 种图书获奖。

科学出版社出版的期刊大都是国内一流和在国际上有影响的期刊,其中许多被世界权威的 SCI、CA、SA、EI 等六大检索系统收录。1992 年、1996 年在两届全国优秀科技期刊评奖中科学出版社期刊有 33 种获奖,其中一等奖占全国同类期刊的 29%。

在长期的科技出版工作中,科学出版社与国内外广大科学家、著名专家学者建立了深厚的友谊和合作关系。我国著名自然科学家、学者几乎都是科学出版社的作者,他们的代表作许多在科学出版社出版。

科学出版社在上海、武汉、深圳、长春、沈阳、西安、成都等十几个大城市设有办事处或图书发行站。在改革开放中,为进一步加强与世界各国及地区的联络,在纽约、香港分别设立了科学出版社纽约出版公司和香港科华出版有限公司,与二十余个国家和地区的五十多家出版公司建立了合作关系。

1990 年 8 月科学出版社建社 36 周年，苏世生社长陪同全国政协副主席卢嘉锡（原中国科学院院长）参观出版社社庆展。

1990 年 8 月科学出版社 36 周年社庆，中国科学院院长周光召参观出版社社庆展。

1990 年 7 月 10 日科学出版社副总编谈德颜(左二)、编辑室主任刘嘉善（右一）、编辑杨岭拜访钱伟长先生并与之商讨《纪念钱老八十寿辰论文集》出版事宜。

全国科学技术名词审定委员会和中国科学院科学出版基金委员会的办事机构也设在该社。

近年来在改革大潮中，为了在竞争中求生存、求发展，不断增强内部活力，科学出版社正在更新观念、调整结构、转换机制，努力探索一条自主经营、可持续发展的途径。

科学出版社为适应社会主义市场经济的需要，在组织结构、选题结构、市场结构、经营管理等方面进行了大幅度的调整。其目标是：把科学出版社办成中国最大的、学术水平最高的、综合性最强的国际化出版社。继续保持两个传统："高层次、高水平、高质量"的"三高"特色和"严肃、严格、严密"的"三严"作风。坚持三个服务：以中国科学院为依托，为科学研究基地服务、为培养高水平人才服务、为发展高新技术产业基地服务。继续保持出版物的四个特点不变：精选并出版具有国际水平的专著、基础理论图书和期刊；着重出版面向国民经济建设主战场的实用技术、高新技术、信息技术、管理技术等书刊和电子出版物；逐步形成多层次、高水平培养人才的教材体系和教学辅导读物系列；重点形成科普读物、工具书和辞书的出版规模。

1998 年 3 月中国科学院院长路甬祥（右）到科学出版社视察工作，汪继祥社长汇报工作。

1989 年 10 月 9 日"陈省身数学奖"颁奖仪式及《陈省身文选》首发仪式在京举行，陈省身教授（右起第五人）到会讲话。

1990 年 9 月 8 日李约瑟《中国科学技术史》中文版首发式在京举行，全国政协副主席卢嘉锡和中国科学院领导以及出版社苏世生社长等参加了仪式。

几年来的实践证明，科学出版社在如何解决产品结构、人才结构、资本结构的关系方面探索出了一条新路，明确了以经营目标为中心，以市场为导向的基本原则，以编辑和发行为重点，通过发行拉动选题向版块化方向调整，使原有的竞争环节向竞争单元转化，由粗放型、广种薄收型经营向集约化经营过渡，以“相关集成、形成内核、转换机构、引培人才、内引外联、扩张裂变”24 字为方针，积极组建中国科学出版集团。

经过近几年的发展，科学出版社的定位已经发展到集团的定位，即立足于知识创新的源头，为落实科教兴国的战略，实施知识创新工程。运用国际化、专业化、市场化的运作方式，实现知识创新成果的归纳整理、传播转移、普及提高三大功能。这是科学院知识创新工程的有机组成部分，是科学院乃至国家科技文化产业的重要方面之一。科学出版集团以出版业为主，逐步扩展，发展到其他的行业领域，形成多元化的、跨国的、跨所有制的、按照现代企业所有制度组建的现代的专业媒体的集团公司。

1999 年 1 月 26 日新闻出版署颁发“全国优秀出版社”奖牌，科学出版社汪继祥社长（右一）代表该社领奖。

科学普及出版社

科学普及出版社暨中国科学技术出版社，归中国科学技术协会所辖，是以编辑出版科学技术普及读物及学术专著为主要任务的中央级综合性科技出版机构，也是我国出版科普图书历史最长、品种最多、规模最大的出版机构。

1956 年，科学普及出版社在中华全国科学技术普及协会的基础上创建。筹建期间除出版科普图书外，还接办或创办了《科学大众》、《知识就是力量》、《学科学》三种科普杂志。

中央领导同志和著名科学家都十分关心科普事业。《科学大众》创刊之后，毛泽东在一次中央机关干部会议上说，《科学大众》内容丰富，我读了觉得很有益处，建议同志们都读一读，从中学一点自然科学知识。周恩来为《知

原中国科学院院长、全国政协副主席卢嘉锡参加科学普及出版社会议。

1985 年，著名科学家茅以升为科学普及出版社科普书店开业剪彩。

识就是力量》题写刊名，郭沫若为《科学大众》题写刊名。这三种期刊的发行量当时在全国名列前茅。

这期间的图书出版，主要是力求配合第一个五年计划和第一个科学发展规划（1956—1967），主要方法是举办科普讲座。主讲人由著名科学家和主管科技的领导干部担任，然后整理讲稿，出版发行。钱三强、王淦昌、钱伟长、钱学森、周光召等都担任过主讲人。整理出版的图书诸如《原子能基本知识》、《从飞机、导弹到生产自动化》等，发行量都在数万册，并有杂志转载、电台广播，影响很大。

1961 年，科普出版社受"极左"思潮影响，图书出版业务一度中断，业务骨干大部分下放。

1962 年恢复出书以后，出版社立即调整选题结构，以期再创辉煌。这期间出版的具有代表意义的"知识丛书"（自然科学部分）影响很大，其中竺可桢的《物候学》既是优秀的科普读物，又是极有创见的学术专著，多次重版，销行历久不衰。

1966 年开始的十年浩劫，科普出版社再度陷入绝境，机构撤销，人员解散，资料、档案一概化为乌有。

1978 年 6 月，国务院批准重建科普出版社，出版社死而复生，从而走上了健康平稳发展的道路。

1980 年，科学普及出版社创办了国内第一个科技历史文献资料性期刊《中国科技史料》，邓小平同志为之题写刊名。

1981 年我国计算机正处在萌动初期，谭浩强主编的《BASIC 语言》由科普出版社出版，立即受到全国读者的热烈欢迎。十余年来，《BASIC 语言》累计发行逾 1200 万册，创造了一种计算机类科普图书发行量的世界纪录，为我国普及计算机知识做出了突出贡献。

改革开放初期，科普出版社抓住机遇，出版了《全面质量管理》、《科技英语基础语法》、《英语科普文选》等图书，深受读者欢迎。

1982 年，《农业靠科学》出版，该书不仅介绍了科学种田，同时还宣传了党的家庭联产承包责任制的农村政策。尔后又为农村读者出了一本《养鸡顾问》，累计发行超过百万，东北地区的养鸡户几乎人手一册……

复社至今，已出版科普图书 5000 余种，发行 1.5 亿册，出版科技专业图书 3000 余种，发行 2500 多万册。80 年代以来，科普出版社已有百余种图书在国内外评比活动中获奖，其中包括获得中国图书奖荣誉奖的《奋斗》、国家科技进步奖三等奖的《BASIC 语言》、全国优秀图书奖一等奖的《变结构控制理论基础》、世界传统医学优秀论文大奖赛最高级金杯奖的《实用中医内科表典》、科学技术进步奖二等奖的《星载 SAR 应用研究》等等。

科学普及出版社《BASIC 语言》发行 1000 万册纪念会会场

在科学普及出版社《BASIC 语言》发行 1000 万册纪念会上，科协书记处书记常志海（右二）向作者谭浩强颁发奖状。

科学普及出版社出版的“中学生丛书”首发式会场

王府井书店及时发行科学普及出版社出版的“中学生丛书”

1998 年夏，我国南北洪涝成灾。出版社在中国科协领导和支持下，群策群力，以最快的速度出版了一套减灾科普图书。图书共三种，从策划、组稿到编辑加工，时间只用一周。9 月 9 日，捐赠图书发往灾区，共 25 万册，价值百万元。

最近，科学普及出版社暨中国科学技术出版社为适应新世纪科技发展的需要，大力提倡创新，加强整体优势的集成，按“信息科学、生命科学、基础科学、教育科学、文化生活、少儿及科普”等学科领域设置选题主攻方向，狠抓选题的超前性、权威性和实效性，努力占领科技图书的制高点、寻找普及读物的切入点、把握畅销书的热卖点、发掘重印书的闪光点。近期将推出一批精品书和系列书，如“世纪末逆流丛书”、“素质教育丛书”、“减灾科普丛书”、《新世纪科普知识读本》、“农民实用技术丛书”、《针灸古典聚珍》、“高技术要览丛书”、《中国科普佳作选》和《科普知识系列挂图》等。

在新的世纪到来之际，科学普及出版社暨中国科学技术出版社正在根据市场变化调整选题结构，加强综合优势，开发适合 21 世纪的精品图书，为普及科学知识，实现科教兴国的伟大战略目标贡献力量。

科学普及出版社科普书店销售《BASIC 语言》一书的盛况

原科学普及出版社社长岳家俊在长江漂流探险一周年纪念会上与探险英雄们在一起

科学普及出版社成立 40 周年庆祝大会会场

科学普及出版社的年轻人

民族出版社

民族出版社成立于1953年1月15日，是直属国家民委的国家级综合性出版社。

民族出版社伴随着新中国的发展而日益壮大。周恩来同志亲自批准并题写社名，毛泽东同志为《西藏自治区画集》题签，刘少奇、朱德、董必武、邓小平、彭真、李维汉、乌兰夫等许多老一辈无产阶级革命家都曾给予她亲切的关怀和指导。党的民族政策的光辉始终照耀着民族出版社前进的历程。

民族出版社的前身是中央民族事务委员会参事室。早从1950年开始，参事室即以蒙古、藏、维吾尔、哈萨克等民族文字翻译出版《中国人民政治协商会议共同纲领》、《民族区域自治纲要》等政策文献及少量毛泽东著作单行本，并以汉文出版若干民族政策文件。

民族出版社自建社之日起，即以宣传马列主义、毛泽东思想，宣传党和国家的路线、方针、政策，宣传党的民族理论和民族政策为首要任务。在国家民委的领导下，始终致力于向我国各民族传播一切有利于民族地区经济发展和社会进步的中外科学文化知识，丰富各族人民的精神文化生活，为维护祖国统一，加强民族团结服务；与此同时积极发掘民族文化遗产，积累民族文化成果，向国内外广大读者全面介绍我国各民族的优秀传统文化。46年来，用蒙古、藏、维吾尔、哈萨克、朝鲜、汉等文字出版马

1953年1月15日，民族出版社成立时的办公地址位于北京市北河沿大街椅子胡同。

民族出版社新建办公大楼

1961 年 9 月—1962 年 1 月,《毛泽东选集》少数民族文字版翻译工作座谈会邀集有关专家学者，先后开会 9 次,就翻译原则问题进行了深入的讨论。

60 年代文化部副部长胡愈之主持《毛泽东选集》少数民族文字版翻译工作座谈会

列主义经典著作，毛泽东、邓小平等老一辈无产阶级革命家著作，全国党代会、人代会及全国政协文件等党和国家的重要政策文献及其他社会科学及自然科学书刊、画册、音像制品共 1.5 万种，2.5 亿册（盘），其中数百种图书获国家、地区、省部级图书奖。这些书刊除向全国各民族地区发行外，有的还远销海外 70 多个国家和地区。

在出书的同时，义不容辞地承担了民族语言文字规范化、标准化的工作。在建社当年就推出了包尔汉的《维汉俄词典》,紧接着又出版了《蒙文分类辞典》、《五体清文鉴》、《汉藏对照词汇》等书。

自建社至 1978 年党的十一届三中全会召开，民族出版社以翻译出版马列主义经典著作、毛泽东著作、党和国家政策文件及政治图书为主,并积极出版少数民族文字的教科书及一般通俗读物……出版民族干部读物和地方民族出版社不能出版的急需读物,努力挖掘整理民族文化遗产、扶持各民族作者、介绍科学文化知识以及翻译出版国内外优秀文学作品；并先后用汉文或民族文字出版了《民族画报》、《人民画报》、《民族团结》、《红旗》等刊物。

在此期间,民族出版社还承担了党和国家的各种重要会议及外事活动的笔译、口译工作和少数民族群众给党中央、国务院及各部委的大量人民来信及来访的翻译工作。

党的十一届三中全会以后，民族出版社为努力贯彻新时期党的出版方针，深入调查了解民族地区的实际需要，不断优化选题、调整图书结构、拓宽出版领域和图书门类，克服了过去选题计划"一刀切"的倾向，将选题分为指令性、指导性、自选性三类。除出版马列主义经典著作、毛泽东等老一辈无产阶级革命家著作、党和国家重要政策文献及政治书刊外，根据各民族不同情况，积极出版各民族广大读者需要的多层次的各门类图书。首先下大力气推出普及读物，用五种民族文字和汉文出版了《生命起源》、《彗星与流星》、《滑坡与泥石流》等40辑科学知识丛书，用汉文出版了国家民委民族问题五种丛书之一的"中国少数民族语言简志"（共57种）、"民族知识丛书"（共55种）。推出了发行量在民文读物中罕见的、达20余万册的藏文版《看图识字》、深受读者欢迎的藏文版《知识火花》(50多辑)等图书。

随着党的工作重点转移到经济建设上来，民族出版社将精力更多地倾注到为民族地区经济建设服务方面。先后推出了《民族经济学和民族地区四个现代化》、《少数民族地区经济体制改革探索》、《中国近代少数民族经济史稿》

1983年，汉文室同志来到费孝通先生家，讨论稿件中的有关问题。

《毛泽东选集》第四卷蒙古文翻译小组在讨论翻译中的问题。

1983 年 1 月 15 日，民族出版社三十周年社庆，社长德林同志主持大会。乌兰夫、阿沛·阿旺晋美、赛福鼎·艾则孜、杨静仁、邓力群等领导同志到会祝贺。

等一批获奖图书。

与此同时，出版了《大黄册》、"藏文大藏经分部丛书"等民族文化遗产，出版了《藏汉大辞典》等一大批反响较大的工具书。相继推出了《费孝通民族研究文集》、《吴泽霖民族研究文集》等老一辈民族学家的专集。编辑出版了《民族文学》等文学刊物，出版了《首领之女》、《苏图克·布格拉汗》等许多优秀文学获奖图书。

进入 90 年代以来，民族出版社焕发出勃勃生机，不断推出新的改革措施。提出了尽快实现从规模数量向质量效益、从生产型向生产经营型、从翻译型向编辑型转变的要求。

民族出版社十分注意发挥自身优势，通过抓导向、抓总量、抓结构、抓效益来优化选题，通过强化精品意识、实施精品工程来坚持出书的民族特色。

民族出版社在突出民族特色的时代性时，时刻把维护民族团结、维护多民族国家的统一放在一切工作的中心位置。近年来，出版了一批宣扬爱国主义精神，反对分裂主义的优秀读物，其中《西藏历史地位辨》一书获得第十届中国图书奖。

民族出版社在弘扬主旋律的同时，积极倡导出书多样化，形成了民族特色的多样性。出

乌兰夫、班禅额尔德尼·却吉坚赞、邓力群等领导同志参观民族出版社三十周年图书展览。

1958 年，萨空了社长向参加全国民族出版工作会议的代表们介绍民族出版社书籍出版情况。

1980 年 10 月，叶圣陶先生参观书市在民族出版社展台签名留念。

版了荣获首届国家图书奖提名奖的《藏汉大辞典》(新版)和荣获第六届中国图书奖的《汉藏对照词典》等在国内外引起较大影响的工具书。推出了荣获首届国家图书奖的《福乐智慧》、荣获第二届世界传统医学大会国际金杯特等奖的《蒙药学》等一批民族文化遗产方面的精品书和荣获首届全国优秀文艺音像制品一等奖的《维吾尔十二木卡姆》(CD)等出版物。获得了由文化部、国家民委、中国文联和中国社会科学院联合授予的"英雄史诗《格萨(斯)尔》抢救工作先进集体"称号。

民族出版社充分发挥自己编辑优势和已出图书的优势，并以此为起点继续拓展和延伸，形成某一层次、某一领域的系列化出书格局。如：在出版《中国民族史》获第五届中国图书奖后，又沿着这条思路，推出了列入国家"九五"出版计划的系列族别史——《蒙古族通史》(获第六届中国图书奖)和《壮族通史》等书，还策划推出了列入国家"九五"计划的《中国朝鲜族文化史大系》(已出版的《语言史》获第三届国家图书奖提名奖)及荣获中国图书奖的《朝鲜古典文学史》等精品书。

民族出版社现有 16 个民族成分的职工 240 人。下设蒙古文、藏文、维吾尔文、哈萨克文、朝鲜文、汉文、美术、音像等 8 个编辑室和总编室、出版部、发行部等 7 个职能部门，初步实现了出版业务计算机网络化管理。

民族出版社用蒙古、藏、维吾尔、哈萨克、朝鲜文出版的马列经典著作和毛泽东等老一辈无产阶级革命家著作。

民族出版社出版的《福乐智慧》(维吾尔文版、散文体)获首届国家图书奖，《藏汉大辞典》获首届国家图书奖提名奖，《语言史》(朝鲜文版)获第三届国家图书奖提名奖。

民族出版社荣获中国图书奖的奖杯、奖牌及有关图书。

民族出版社荣获首届全国优秀文艺音像制品奖的奖状、奖牌。

民族出版社荣获的历届中国民族图书奖奖杯

民族出版社出版的部分精品图书

清华大学出版社

清华大学出版社是由国家教育部主管、清华大学主办的综合性大学出版社，坐落在风景秀美的清华园内。1980 年，清华大学出版社像许多改革开放后的新生事物一样，开始了自身发展、奋斗的历程。

20 年后的今天，清华大学出版社已经迅速发展成为具有图书、音像及电子出版物等多种媒体出版权的多元型出版社，分别被中宣部、新闻出版署和教育部授予了国家优秀出版社和先进高校出版社的称号。

处身于清华大学浓郁的学术文化氛围中，感受现代尖端高科技文明的浪潮，清华大学出版社秉承大学传统、勇于探索、大胆创新，走出了一条适合自身发展、颇具特色的大学出版之路。

这里，有这样一批严谨、求实、勤奋、创新的清华人，他们深知自己肩负的历史重任，始终以严谨治学的态度对待每一本书的出版：从与作者研讨教材的特点、组织高质量的选题、编辑书稿时的反复推敲，用自己的心血凝炼出一本本经典之作。

为了鼓励学术专著的出版，在 1990 年初，清华大学出版社设立了第一个学术著作出版基金，这一举措得到了全校广大教师的积极支

历史的见证——清华二校门

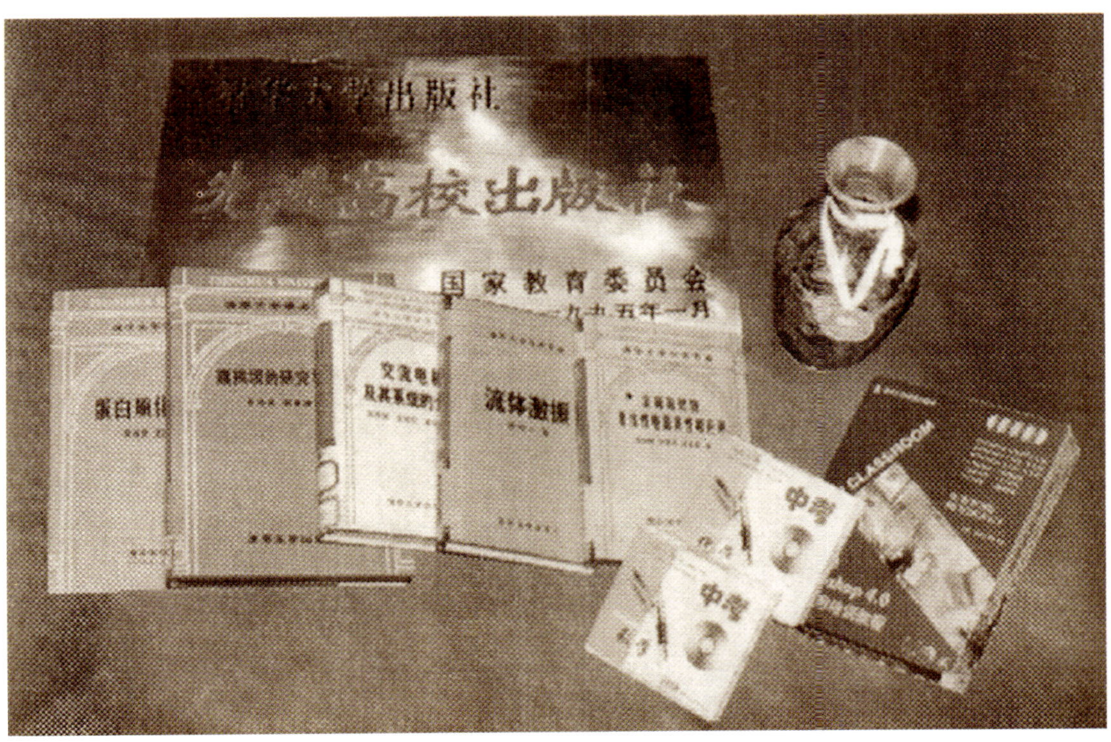

部分出版物及所获荣誉证书、奖品。

持。事实证明，这些反映了清华大学科研和教学水平的经过反复锤炼、获得基金资助的学术专著和教材，为提高我国的科技水平、培养高素质人才起到了重要作用。截至 1998 年，清华大学出版社出版的大批学术专著和教材获得了国家级和部委级的各种奖励 150 多种次。其中《数据结构》获得了全国高校优秀教材特等奖；《科学认识论与方法论》、《认知科学与广义进化论》、《工业技术经济学》（第三版）分别获得第二届、第九届、第十一届中国图书奖；《交流电机及系统的分析》等获得全国优秀科技图书一等奖；《信息理论基础》获得首届普通高等学校优秀教学成果奖国家级一等奖。

为学校教学服务、为科研服务是清华大学出版社始终坚持的办社宗旨。在创办初期，清华大学出版社为支持清华大学"文革"后的教学恢复和教学改革，配合学校的科研发展做了大量深入、细致的工作。90 年代以来，清华大学为了适应高新技术发展和社会主义市场经济的需要，加强对学生创新精神与创新能力的培养，在教学体系内容和课程结构上都进行了重大改革。为此，出版社出版了一批新开课程的教材。这些新型教材以其内容新、质量好、水平高，已被全国许多高校广泛采用。迄今为止，清华大学出版社共出版了清华大学教材 800 多种，发行近千万册。

严谨、求实、勤奋、创新的清华大学出版社的新老同志认真对待每一本书的出版，用自己的心血凝炼出一本本经典之作，他们传递着清华精神。

面向未来的清华大学出版社

耕耘在默默无闻中

“科学技术是第一生产力”。清华大学出版社是以出版科技出版物为主的综合性大学出版社，因此也担负着推动和传播科技知识的重任。早在80年代初，清华大学出版社依靠和发掘本校的教学资源，编写了一系列计算机教材，这些教材成为我国第一批计算机教材，它们不仅为促进微型计算机80年代末、90年代初在我国的普及和应用起到非常重要的作用，也为清华大学出版社在计算机图书领域形成特色奠定了坚实的基础。如《微型计算机系统原理及应用》和《C程序设计》等书的销售量都超过了200万册。

现在，清华大学出版社计算机图书的出版已初步形成了特色和规模，从大型工具书到各类教材；从普及读物、专业技术图书到学术专著；从讲解计算机语言到介绍各类的流行软件，涵盖了计算机技术领域的方方面面。尤其是由中国计算机学会组织编撰，汇集400多位国内著名的计算机专家、学者参与（其中有13位院士），历时5年编写完成的《计算机科学技术百科全书》，全面涵盖了计算机科学技术发展50年的主要成就，系统介绍了学科的基本知识，给各行业读者提供了国内至今为止最完备的计算机工具书。这本百科全书为推动我国计算机教育的普及与深入、对提高全民族计算机科技文化素质、对促进计算机学术研究与产业发展有着十分重要的意义。

1992年初，在我国签订加入世界版权公约和伯尔尼公约前4个月，清华大学出版社即与美国的微软公司出版社进行了接洽。经过艰苦的谈判，于1992年底签订了第一批版权图书合同。1994年，清华大学出版社进一步与美国当时最大的出版公司 Simon Schuster 合作，合作出版了国内第一套正版影印书。在版

清华大学出版社所获的部分荣誉证书、奖杯。

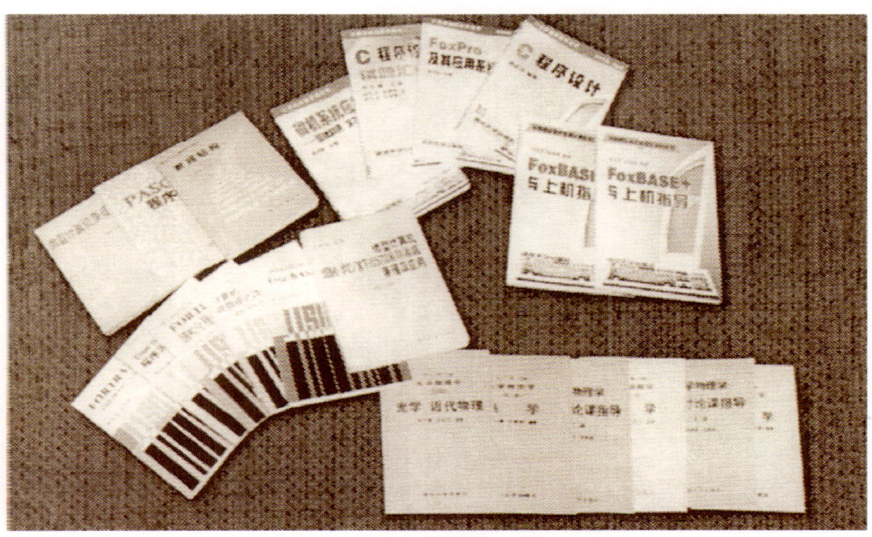

部分获奖图书

权合作、技术革新方面走在了前面。这些引进的科技版权图书和影印书满足了一大批科技工作者的迫切需求，也使我国的计算机图书出版水平在短短的数年之后已初步接近了世界最先进国家的出版水平。

80 年代末到 90 年代初，清华大学出版社率先把计算机引进到了图书的排版、发行、管理系统。现在，出版社部分书稿已基本实现了从作者交稿、编辑、校对、封面设计到出版印刷的全流程计算机化管理。清华大学出版社的网页（http://www.tup.tsinghua.edu.cn）于 1996 年 6 月正式开通，直接通过网络光缆连通世界各地，传递全面的图书出版信息。

经过近 20 年的发展，清华大学出版社已基本建设成为一个有特色、具规模、重品位、全方位的大学出版社。年出版新书近 400 种，重印图书 700 多种（次），电子出版物近 100 种；音像出版物 50 多种。与海外 20 多家出版社建立了合作关系，图书的发行网点有 1400 多家，年图书发行量超过 900 万册。

在世纪之交，清华人拥有了更为远大的目标：在未来的几年中，出版社将集中力量出版高品位的精品图书，聘请国内及国际一流的专家、教授撰写高质量的学术专著、教材和科普读物，致力于扩大与国外各界广泛的交流与深入的合作，力求保持与世界领先科技出版水平的同步，而在不远的将来，把清华大学出版社办成世界著名的大学出版社。

资深院士张效祥先生为读者签名

总编们与《C 程序设计》的作者谭浩强先生讨论选题。

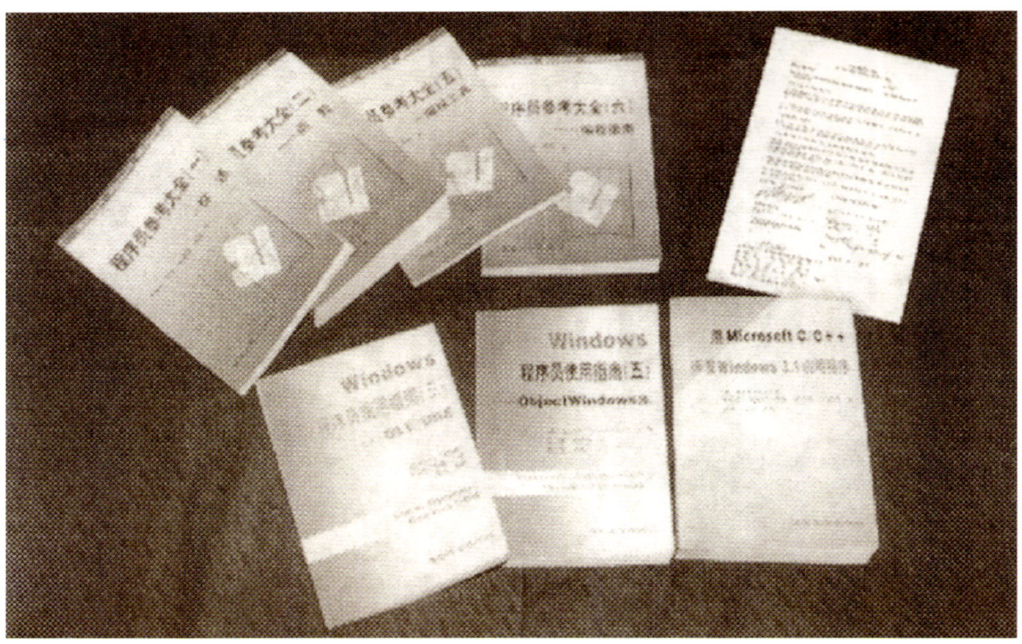

该社版权合同及部分对外版权贸易的图书

余寿文校长为第一批版权合作图书发行会致词

对外版权贸易谈判在紧张进行之中

合作出版的第一套正版影印图书

清华大学出版社网页

定期举办图书发行研讨会

新中国出版50年

人民出版社

人民出版社成立于1950年12月1日，是中华人民共和国成立后最早创建的党和国家政治书籍的出版社，也是新中国第一家哲学社会科学综合出版社。近半个世纪以来，人民出版社白手起家、兢兢业业、不畏困难、勇于开拓，认真贯彻、执行党和国家的出版方针，坚持为社会主义服务、为人民服务的宗旨，先后出版图书1万数千种，发行图书期刊超过20亿册，上交国家利税上亿元，成为名扬海内外的国家出版社，为共和国的出版事业做出了重要贡献。

1951年至1986年，三联书店一直作为人民出版社的副牌社，在哲学社会科学的学术著作和翻译书籍方面出版了许多具有学术价值的力作，在广大读者中享有盛誉。1986年以后，人民出版社又及时成立东方出版社作为其副牌社，致力于学术文化精品图书的开发，目前也已形成鲜明的出书特色。

人民出版社除了出版图书以外，还曾主办过多种期刊。一直延续至今的有《新华月报》、《新华文摘》和《人物》，三本杂志各具特色，在众多读者中享有声望。

伴随着共和国50年国庆的到来，人民出版社也即将迎来50年社庆。回顾近半个世纪的风雨历程，人民出版社的几代同志无不心潮澎湃，感慨万千。

亲切的关怀

人民出版社建社至今，始终受到党和政府的高度重视。党的三代领导人对人民出版社寄予殷切期望，给予亲切关怀。早在建社之初的1951年2月，毛泽东主席曾亲笔为该社题写了“人民出版社”社名。1990年12月，正值人民出版社40周年华诞，邓小平同志亲笔为该社题写了“人民出版社四十年”。与此同时，江泽民总书记也欣然为该社题词：“努力宣传马列主义、毛泽东思想，繁荣社会主义出版事业。”充分表达了党的三代领导核心对人民出版社的热情勉励和殷切期望。

党和国家领导人及老一辈无产阶级革命家周恩来、刘少奇、朱德、邓颖超、徐向前、胡乔木、廖承志、郭沫若以及胡愈之、叶圣陶、周建

毛泽东主席为人民出版社出版《瞿秋白文集》题词手迹

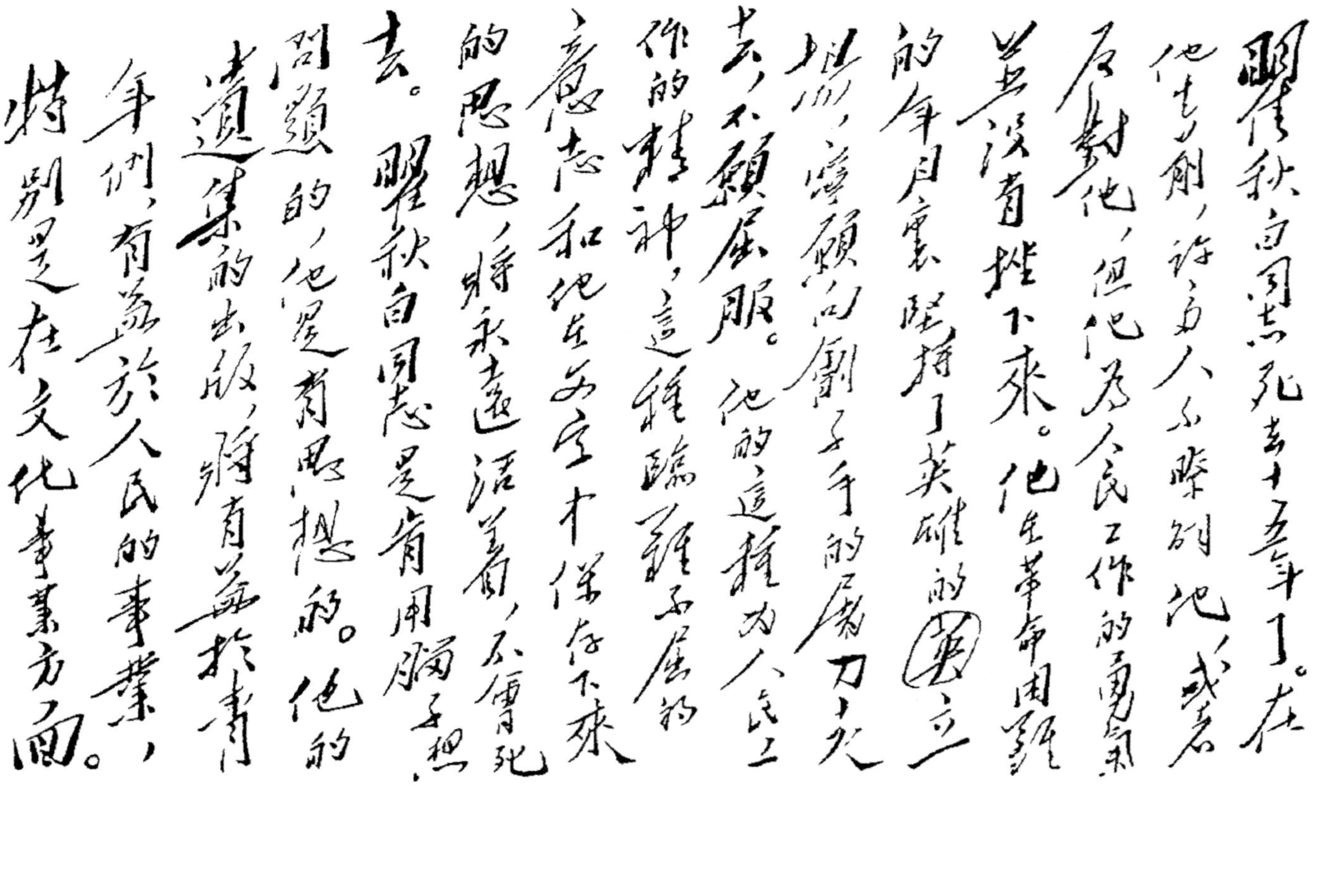
瞿秋白同志死去十五年了。在他生前，许多人不了解他，或者反对他，但他为人民工作的勇气并没有挫下来。他在革命困难的年月里坚持了英雄的立场，宁愿向刽子手的屠刀走去，不愿屈服。他的这种为人民工作的精神，这种临难不屈的意志和他在文字中保存下来的思想，将永远活着，不会死去。瞿秋白同志是肯用脑子想问题的，他是有思想的。他的遗集的出版，将有益于青年们，有益于人民的事业，特别是在文化事业方面。

毛泽东
一九五〇年十二月三十一日

人等生前都曾对人民出版社的工作给予极大的关注。1959 年，为隆重庆祝共和国建国 10 周年，周恩来总理于百忙当中，亲自指导了《庆祝中华人民共和国成立十周年纪念刊》这一大型纪念册的出版工作。他曾仔细审查收入该书中的每一篇讲话、贺信、贺电的文字，每一张彩色、黑白的照片，并且提出了许多具体的修改意见。这本纪念册得以在较短时间内保质保量地完成，不仅凝聚了人民出版社全体职工的汗水，而且也凝聚了周总理的心血。周总理还特别关注人民出版社出版的《新华月报》。“文革”期间《新华月报》被迫休刊，大批干部下放基层。正是在周总理的直接干预下，这份用以记录“新中国历史”的著名刊物，才得以在 1970 年正式复刊。

胡愈之同志对人民出版社更是情有独钟，无论是建国初期身为出版总署署长时、60 年代调任文化部副部长时，还是 70 年代在全国政协担任领导职务时，只要一有闲暇，他从不忘来人民出版社。他曾请毛主席为《新华月报》题写刊头；他曾亲自为《新华月报》撰写发刊词；他甚至自愿到人民出版社蹲点，充当普通编辑并成功地创办了大型综合性农村读物《东方红》。为办好这本杂志，他不顾年迈体衰，亲自率编辑组深入农村调查研究、组织稿件。《东方红》最高年发行量达到 150 万册，成了广大农民最喜欢的读物。

郭沫若、胡乔木等同志生前不仅将自己的重要著作放在人民出版社出版，而且对该社编辑的工作精神给予肯定。1952 年，郭老将自己的重要著作《中国古代社会》修改稿送交人民出版社出版，他在该书的新版序言中十分动情地写道：“感谢出版社的同志们，费了很大的功夫从事整理，校对引文，校勘全著，订正了不少文字上的错误。”作为人民出版社的老领导和老作者，在谈及对该社的印象时，胡乔木同志欣然题写了十六个字：“立场坚定，旗帜鲜明，好学深思，远见敏感。”这不仅仅是乔木同志本人的感受，也是对人民出版社几十年工作的肯定与鞭策。

毛泽东主席亲自审定的《毛泽东选集》清样原稿

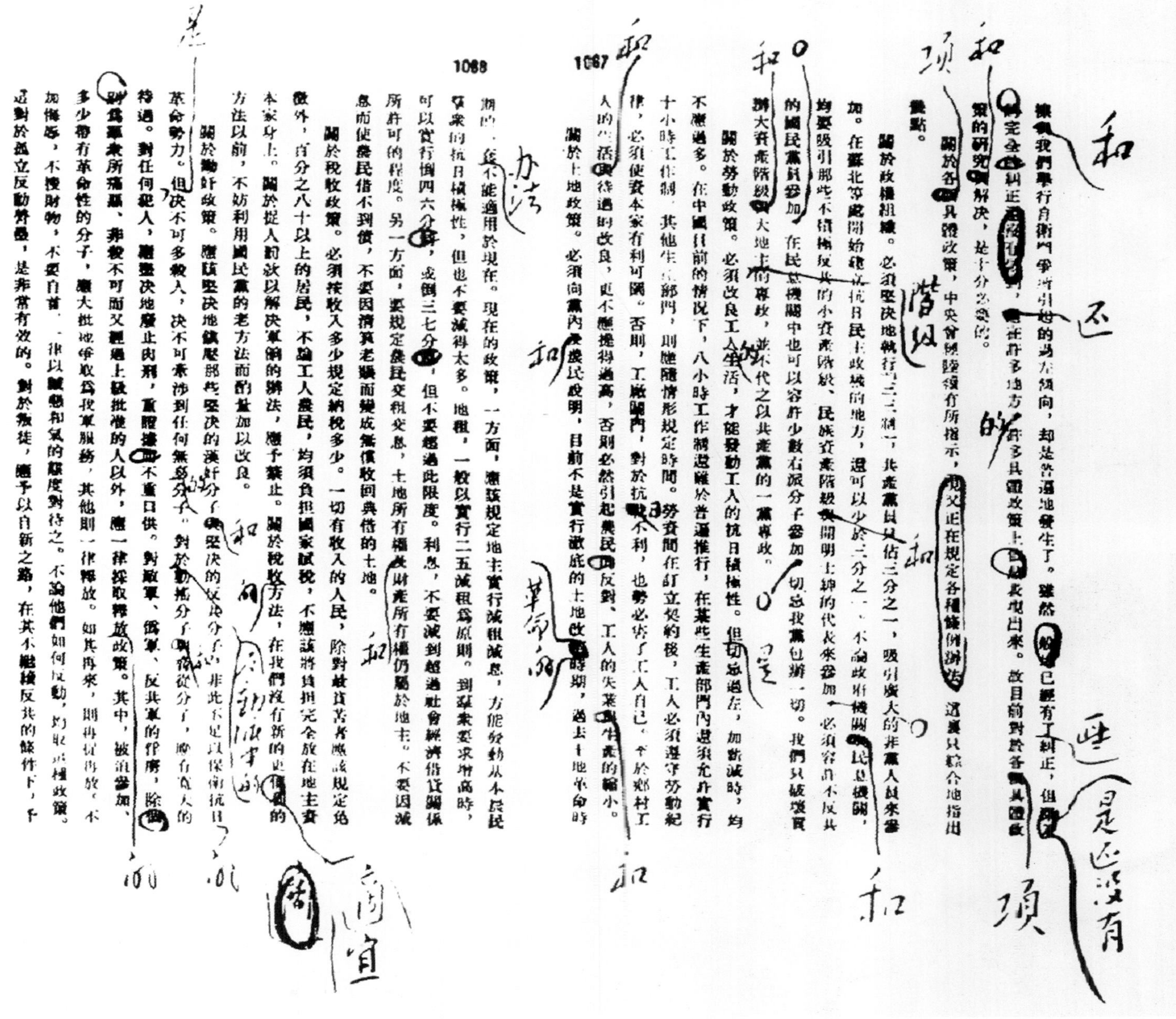

艰辛的开拓

新中国成立之初，人民出版事业如何建设和发展，并没有现成的路可走。人民出版社从建社之初就开始摸索建立并逐渐完善一系列适应新中国出版事业发展的规章制度，并卓有成效。其中关于图书选题论证审批制度、编辑出版工作所应遵循的基本程序、书稿的审读加工整理办法、图书书稿档案制度、图书的约稿合同和出版合同制度以及图书期刊的质量检查制度等用以规范出版业工作的基本制度均产生并试行于人民出版社，并由人民出版社向其他社推广。现在凡是在出版社工作的人，没有不知道“三审制”和“齐、清、定”这些看似约定俗成的行话的，但未必有人知道，这些都是人民出版社反复探索的结晶，其间凝聚了他们的心血和智慧。

中国自有文字以来，几千年间都是自上而下地书写，因而中国书籍的排版一直也采取的是直排式，即字是由上到下由右向左地排列。与西方书籍横排式相比，直排式不仅会给读者带来阅读上的不便，而且直接影响到中西文化的交流（如在汉字中夹排外文、自然科学的公式等）。为解决这个问题，人民出版社根据上级有关指示精神，大胆冲破传统观念的束缚，于 50 年代前半期在全国率先将直排改成横排，创立了排版新模式。

人民出版社始终视质量为立社之本。早在胡绳同志任第一任社长时，就明确提出人民出版社的出版物应当是能够代表我国出版的最高标准的要求。为了达到这一标准，该社建立起严格的工作制度和纪律，在严把政治关的同时，严把质量关。在图书的选题论证、编辑加工、排校印装等方面层层设防，一丝不苟，尽可能将质量隐患消除在出书之前。该社出版的《毛泽东选集》1 至 4 卷，做到了不错一个字、一个标点符号，不仅已成为出版史上的佳话，而且在新中国出版界树起了一座质量高峰。

建国初期在计划体制的大环境下，出版物一般由新华书店统购包销，但由于信息反馈慢、中间环节多、运转不灵，新书往往不能及时送到读者手中。1958 年 9 月人民出版社在出版行业率先搞起自办发行，主动提出要与新华书店风险共担；在保证向书店主渠道供货的前提下，他们自觉面向基层；为及时供货，他们将发行科设在新华印刷厂内，随印随发。如《毛泽东选集》第 4 卷发行时，新书刚从装订车间出厂，就立即打包被分送中央各部门；边远省份还遣专人乘飞机专程送书，使这次政治任务得以圆满完成。

辉煌的业绩

人民出版社自建社以来，始终坚持把出版党和国家的政治理论书籍作为首要任务。几十年来，出版了大量的马列主义、毛泽东思想和邓小平理论的经典著作，党和国家重要的文件、文献、法律法规、党和国家领导人的论著、党史党建论著。仅以马列著作为例，几十年来累计出版近千种，总字数多达 2 亿字。

1984 年 12 月在人民大会堂庆祝《列宁全集》（中文第二版）出版，杨尚昆、胡乔木、邓力群等领导出席，并与人民出版社和中央编译局工作人员合影。

1997 年，中共中央政治局委员李铁映到人民出版社视察。

原全国人大常委会委员长万里为新出版的《万里文选》签名

几十年来，凡在中国大陆出版的重要政治读物，绝大多数出自人民出版社。这里面既包括卷帙浩繁的《马克思恩格斯全集》第一版 50 卷、《列宁全集》第一版 39 卷、第二版 60 卷，《斯大林全集》1 至 12 卷，《马克思恩格斯选集》1 至 4 卷，《列宁选集》1 至 4 卷，《资本论》1 至 3 卷，《毛泽东文集》1 至 8 卷；也包括家喻户晓的《毛泽东选集》1 至 4 卷，《邓小平文选》1 至 3 卷以及江泽民总书记等现任党和国家领导人的单篇著作；还包括刘少奇、周恩来、朱德、任弼时、陈云、叶剑英、彭真、邓颖超、李先念、万里等党和国家领导人的选集、文选。至于马列著作、毛主席著作的各种普及本和单行本则无以计数。此外，人民出版社还出版了大量党和国家的文件、文献单行本及其汇编。如新中国历次党代表大会、人民代表大会文件集，《中华人民共和国宪法》，《中国共产党章程》，《中华人民共和国法律汇编》，《中华人民共和国现行法规汇编》及《中华人民共和国外交文件集》等。

人民出版社还出版了革命先烈李大钊、蔡和森、瞿秋白、邓中夏、恽代英、方志敏、彭湃等的文集，老一辈无产阶级革命家董必武、张闻天、王稼祥、陶铸、李维汉、谢觉哉、吴玉章、陆定一、薄一波、胡乔木、廖承志、罗瑞卿、陈丕显、张鼎丞、吕正操、王首道、李一氓、杨成武、王炳南、何长工、黄克诚等的选集、文集和回忆录，以及《孙中山选集》、《宋庆龄选集》、《双清文集》等一大批现代政治伟人的文集。另外，颇具权威性的《毛泽东年谱》和周恩来、朱德、陈毅、贺龙、彭德怀等领导人年谱，以及《周恩来传》、《邓小平传略》等也出自人民出版社。

几十年来，人民出版社在出色完成各种政治书籍出版任务的同时，还出版了大量有关哲学、经济、政治、党史、党建、中外历史、国际问题、宗教、文化等方面的科学论著和学术专著，如冯友兰著《中国哲学史新编》、侯外庐主编 5 卷本《中国思想通史》、任继愈主编 7 卷本《中国哲学发展史》、艾思奇主编《辩证唯物主义 历史唯物主义》、汪子嵩主编《希腊哲学史》、薛暮桥著《中国社会主义经济问题研究》、孙冶方著《社会主义经济论稿》、许涤新著 3 卷本《广义政治经济学》、于光远著 6 卷本《政治经济学社会主义部分探索》、马洪著《经济结构与经济管理》、郭沫若主编 7 卷本《中国史稿》、范文澜与蔡美彪主编 10 卷本《中国通史》、郭沫若著 8 卷本《郭沫若全集·历史编》、白钢主编 10 卷本《中国政治制度通史》、翦伯赞主编《中国史纲要》、戴逸主编的 2 卷本《简明清史》、胡绳著《从鸦片战争到五四运动》、彭明著《五四运动史》、金岳霖著《形式逻辑》、王朝闻主编《美学概论》、罗国杰著《伦理学》、傅筑夫主编 5 卷本《中国封建社会经济史》、吴晗著《朱元璋传》等等。

另外，由该社出版的百卷本《中国全史》、“三个面向丛书”、“祖国丛书”、“海外经济管理运作丛书”、“东方书林之旅”所属之六大书系、“人类智慧传播丛书”、“美学袖珍丛书”、“中国历代帝王传记系列丛书”、“当代世界宗教丛书”、“中国文化新论丛书”、“古典之门音乐丛书”、“哲学史家文库”、“哥伦布学术文库”、“民国经典学术文库”、“日晷文库”以及“心叶文丛”、“竹溪文丛”、“活水文丛”、“楼外楼书系”等在学术界、文化界

1984 年，中共中央政治局委员胡乔木与人民出版社总编辑张惠卿亲切交谈。

1998 年在第七届北京国际图书博览会上，文化部部长孙家正在新闻出版署图书司司长阎晓宏陪同下与人民出版社社长李长征亲切交谈。

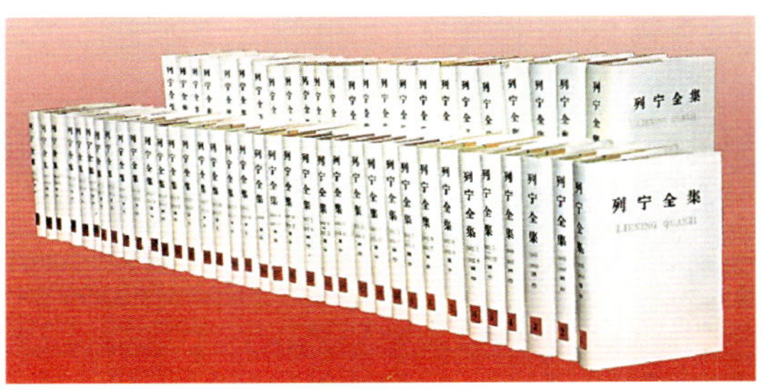

《列宁全集》中文版（第二版）共 60 卷

曾荣获第二届国家图书奖的《中国通史》

曾荣获第三届国家图书奖的《中国政治制度通史》

《郭沫若全集·历史编》

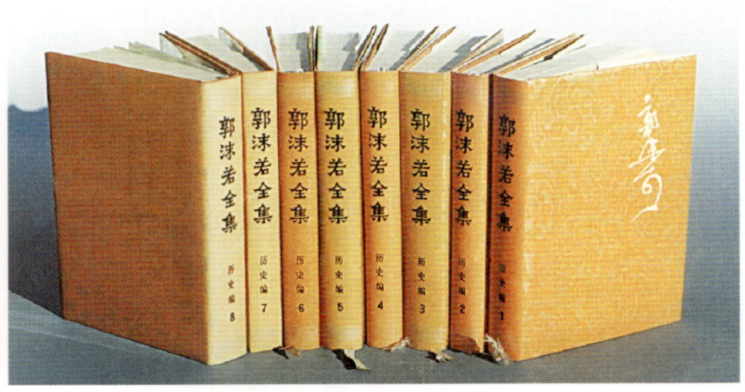

曾荣获全国“五个一工程”奖的《马克思主义文史》

和出版界均享有美誉。

值得一提的是，在新中国出版史上一批曾备受广大读者喜爱，发行量颇大的畅销书也出自人民出版社（部分是以该社副牌三联书店名义出版的），如彭德怀著《彭德怀自述》、郭沫若著《中国古代社会研究》、金仲及主编《周恩来传》、胡乔木著《胡乔木回忆毛泽东》、胡绳著《帝国主义与中国政治》、傅雷著《傅雷家书》、季羡林著《留德十年》等。埃德加·斯诺［美］的《西行漫记》、梅林［法］的《马克思传》、摩尔根［美］的《古代社会》、威廉·夏伊勒［美］的4卷本《第三帝国的兴亡》、阿历克斯·哈利［美］的《根》和阿尔温·托夫勒［美］的《第三次浪潮》等书的译本也出自该社之门。

几十年来人民出版社的图书曾多次获奖。从国家图书奖、“五个一工程”奖、中国图书奖、到省部级各式各类的图书奖均写有人民出版社的名字。据不完全统计，仅从80年代至今，人民出版社就有近300种图书获省部级以上的奖项；从1993年起，该社每年图书的获奖率更是达到了当年出书品种的5%左右。其中获“五个一工程”奖的如4卷本《马克思主义史》，获国家图书奖的如10卷本《中国通史》、10卷本《中国政治制度通史》、《中国共产党历史》（上卷）、《周恩来传》、《宋庆龄：二十世纪伟大的女性》，获中国图书奖的如《中国人口史》、《胡乔木回忆毛泽东》、《大地风景》、《邓颖超传》等等。

不懈的追求

为了适应改革开放图书市场的新形势，该社注意制定选题的年度计划和长远规划，强调出书的计划性、长远性与市场性和现实性的结合。认真调整原有的出书结构，在抓重点书和成套书出版的同时，大力拓宽选题品种，组织出版了一批批紧密结合我国社会主义现代化建设实际，为改革开放和精神文明建设服务的读物；推出了一批批思想新、知识新、方法新、语言新，时代感强、学术味浓的哲学和社会科学各学科门类的高品位学术著作；并且尝试以“东方出版社”的名义

《邓小平文选》（典藏本）

《毛泽东选集》、《毛泽东文集》和《毛泽东年谱》。

《中国资本主义发展史》

“中国历代帝王传记”部分书影

由著名学者侯外庐主编的《中国思想通史》。

开发了一大批内容健康、形式活泼、可读性强、发行量大的更贴近大众的文化普及类读物。其中以“东方书林之旅”所属六大书系为代表的数十种文化类图书的问世，在 90 年代初的中国读书界掀起一股“东方”热潮，尤其是在青年读者当中引起强烈的反响。在书籍的装帧方面也大胆跳出以往的老框框，发挥社会优势、鼓励推陈出新，短短几年内使人民出版社的书籍装帧面貌焕然一新。

针对其老牌出版社知名图书积累丰厚，多具有再开发价值的特点，人民出版社对于那些具有重要学术价值和收藏价值的出版资源加大开发力度。或是直接重印、扩大发行，如翦伯赞的《中国史纲要》；或是重新包装、做成精品，如范文澜、蔡美彪的 10 卷本《中国通史》；或是分门别类、成龙配套，如以吴晗《朱元璋传》为龙头而搞起来的“中国历代帝王传记系列丛书”，以及“哲学史家文库”、6 卷本《世界通史》等等，从而实现了对已有出版资源的充分再利用。10 卷本《中国通史》自 1995 年被再开发成豪华本后，一印再印，总印量达 8 万多套（精平），收益不菲。另外，该社新近开发的《毛泽东选集》典藏本、《邓小平文选》典藏本，以象牙道林纸精印，优质金丝楠木做函，函面分别镶有毛泽东、邓小平铜质浮雕像，又分别外加深棕、墨绿色护盒，收藏证书配装 24K 纯金制作书标及纪念卡，设计高贵典雅，在社会上引起很大反响。所有这一切均取得了良好的社会效益和经济效益。

人民出版社在调查研究的基础上，敢于革

“哲学史家文库”部分书影

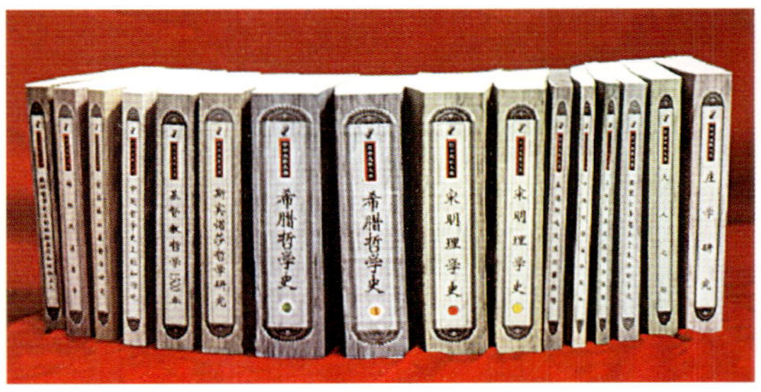

《资政史鉴》

“中国文化新论丛书”部分书影

新以往的经营管理模式，大胆将企业经营机制引入出版社事业单位的管理中来。从 1992 年开始在编辑室、发行部、校对科等定额部门实行目标管理责任制，并根据实施中所遇到的一些新情况、新问题逐步加以完善。图书编辑室所实行的目标管理责任制，特别强调社会效益指标、编辑质量指标、经济效益指标三者兼顾，不可偏废。各编辑的津贴奖金与社会效益如何、获奖图书多少、合乎质量要求的发稿字数多少，以及年创纯利多少直接挂钩。这样既有利于重点书、精品书的出版，加强了部门内的团结协作，也使收入分配相对趋于合理。仅以 1997 年为例，该社所出图书的重版率已达到 37%，获国家及省部级以上的奖项也已超过当年出书总数的 5%。发行部门的目标管理责任制在 1996 年进一步加大了改革力度，实行分片推销、指标到人、费用包干的责任制和实洋回款提成的奖励办法，在当年就取得了明显的效果，销售总码洋和实洋回款都有较大幅度的提高。1997 年根据新闻出版署批示精神，该社又对《新华月报》、《新华文摘》和《人物》三种期刊实行二级核算。期刊改革后所呈现出的新气象也是有目共睹的。所有这些改革措施在一定程度上打破了平均主义的大锅饭，使职工平均收入得到提高，调动了大家的生产积极性，促进了两个效益的提高。

人民出版社还参考国外出版社的成功经验，按照大出版的观念，在努力发展主业的同时，着手拓宽生产门路。以本单位独资或与其他单位合资的方式，尝试兴办了东昌文化用品公司等五个公司，开始探索一业为主、多种经营、以副养主、主兴副旺的途径，目的是大力增强经济实力，为进一步发展积蓄后劲。

改革必然会带来思想观念的变化。人民出版社在大胆革新、锐意进取的同时，时刻牢记自己肩负的历史使命，不论市场风云如何变幻，他们始终坚持物质文明和精神文明一起抓，以精神文明促物质文明。他们重视党的建设，重视干部队伍的建设和职工的政治素质、业务素质，特别是职业道德水平的提高，使得人民出版社几十年形成的优良传统和良好社风得以保持和发扬。自 1991 年起，人民出版社曾连续 7 次被新闻出版署和国家机关评为“精神文明单位”，并曾先后被中宣部、人事部、新闻出版署和北京市授予“全国出版系统先进单位”，并名列首批“全国十五家优秀图书出版社”之列和“首都精神文明”单位等荣誉称号。

人民出版社近年来获奖的部分证书和奖杯

新一届社领导班子正在研讨改革大计

人民教育出版社

人民教育出版社成立于 1950 年 12 月，是直属于教育部的以研究、编写和出版中小学教材为主的一家专业出版社。我国中小学教育开设的所有学科，如语文、数学、外语、物理、化学、历史等，人教社都有对应的编辑室。此外还有幼儿、教育、成人职业教育等室，总计 20 多个。全社共计近 400 人，是我国著名的大型出版社之一。

新中国成立初期，我国的中小学教材供应比较混乱，1950 年 9 月，全国出版工作会议提出了中小学教材必须全国统一供应的方针，决定由出版总署和教育部共同组建一家教育专业出版社，专门编写和出版中小学教材，由上述两家政府部门共同管理。于是，人民教育出版社应运而生。人教社的首任社长兼总编辑是担任出版总署副署长、教育部副部长的著名文学家、教育家、编辑家叶圣陶。1951 年秋季起，人教社在当时正在使用的教材的基础上，选择优秀者进行修订或重新编写出版了新中国第一套全国通用的中小学教材，结束了解放初期教材供应的混乱局面。

毛泽东主席对教材工作十分关心，人民教育出版社成立之初，他就给题写了社名。1953 年，毛泽东主持召开中央政治局会议，讨论教育工作，决定从全国抽调大批专家、干部加强人教社的力量。在集中了全国大量人才之

人民教育出版社办公楼大门

后，1954 年，根据教育部的指示，人民教育出版社开始编写一套以全面贯彻社会主义思想、马列主义观点为指导的全新的十二年制中小学教材，并于 1956 年开始供应全国。此后，毛泽东多次过问教材，还接见了人教社的编辑代表。

1960 年，教育部成立中小学教材编审领导小组，加强对教材的领导和管理。小组由人教社第一副社长兼总编辑戴伯韬任组长，在中宣部副部长张磐石和教育部副部长董纯才的直接领导下进行工作。1961 年和 1964 年人教社又根据教育部的指示，先后编写了十年制试用教材和新十二年制教材。

“文化大革命”开始后，人民教育出版社干部随教育部下放，到安徽农村劳动，编辑干部被分配到全国各地，出版社已不复存在。1972 年，人教社通过当时的国务院秘书长周荣鑫向周恩来总理反映了出版社的状况。7 月，周恩来总理下令人教社重建。8 月，国务院科教组发出《关于新建人民教育出版社的通知》，要求人教社逐步承担起大中小学教材的编写和出版任务。但由于当时众所周知的原因，人教社只出版了少量的教材和一般书籍。

改革开放的新时期给人民教育出版社带来新生。“十年动乱”结束后，邓小平同志亲自抓科教工作。他多次指示“要提高中小学教育的质量”，“用先进的科学知识充实中小学的教学

人民教育出版社首任社长兼总编辑，曾先后担任出版总署副署长、教育部副部长、政协全国委员会副主席的著名文学家、教育家、编辑家叶圣陶。

人民教育出版社部分专家学者及部分学科带头人在研讨教材的编写工作

内容”,“要编写全国通用的中小学教材”。在他的亲自过问下，教育部于 1977 年 8 月责成人教社从全国各地借调 200 余名干部，以“全国中小学教材编写工作会议”的名义，集中在北京西苑饭店和香山饭店，进行教学大纲和各科教材的研讨与编写。1978 年秋季,“文革”后的第一套也是建国后的第五套教材终于和如饥似渴地等待教材的广大师生见面了。为加强领导，教育部委派副部长浦通修直接管理人教社的教材编写工作。

此后，在教育部（国家教委）的领导下，人民教育出版社根据课程计划的变化，在广泛调查研究的基础上，20 年中连续编写和修订，共计又出版了四套向全国供应的中小学教材。其中，于 1986 年策划，1990 年在部分地区实验，1993 年供应全国的九年义务教育“六三制”和“五四制”教材，以全新的面貌呈现于世。这套教材科学性强，内容新颖准确，深受广大师生的欢迎。在日益激烈的市场竞争中，这套教材仍占据着较大的份额。1994 年起，人民教育出版社参与了全日制普通高级中学教学大纲（供试验用）的制订及编写试验教材工作，该套教材 1997 年秋季开始在江西、山西、天津试验，并取得一定成果。

人民教育出版社以不同于国内外任何一家出版社的方式进行工作，所出教材，是本社编

1983 年，教育部党组批准成立课程教材研究所，与人民教育出版社合署办公。1998 年，为庆祝研究所成立 15 周年，举行了学术研讨会。教育部副部长吕福源（中）和师范教育司司长马力（右二）、基础教育司副司长金学方（左二）莅临并作指示。

1995 年，人民教育出版社在革命老区河北省平山县投资建立了“平山希望学校”，原国家教委副主任柳斌（中排左 6）参加了落成典礼。

1996 年 8 月下旬在北京举办的’96 国际图书博览会上全国人大常委会副委员长何鲁丽、新闻出版署署长于友先等领导同志参观人教社展台。

辑人员联合全国课程教材专家、优秀教师，一起撰写的。人教社的编辑，大多也是教材的作者。这种工作模式，在建社之初就已确定。这也是人教版教材不断更新、长期保持较高水准的一个重要因素。1983 年，教育部党组正式批准成立课程教材研究所，人教社的编辑人员同时也是研究所的研究人员。邓小平同志欣然为研究所题写了所名。

改革开放以来，人民教育出版社的教材品种不断增加，门类不断扩大。“文化大革命”之前，除编写出版中小学教材外，只出版过中等师范学校的教育心理类教材。1978 年以后，直到 90 年代，除进行基础教育的中小学教材（小学、初中、高中）之外，已增加到从幼儿教育到成人教育的多套教材。教材除课本外，还有相当齐全的配套品种：印刷成文字的品种有教师教学用书、部分学科的学生练习册、挂图、卡片、图册；电子音像教材有幻灯片、投影片、录音带、录像带、电脑光盘等。多学科、多品种、多形式、全方位的立体化产品，一年达到 2000 多个品种。人教社在全国各省、自治区、直辖市都有一家分印单位，采用租型造货的方式，由租型单位印刷供给当地的中小学，基本做到课前到书，从而保证了正常的教学秩序。

几十年来，人民教育出版社还出版了大量高质量的图书。出版了领袖人物论教育、教育文件和法规的汇编、有关教育的年鉴；出版了有关教育学、心理学、教育史、外国教育的专

1996 年 10 月 25 日人民教育出版社马樟根社长在香港、内地基础教育教材展览暨教育交流会开幕式上致辞。

为支援教育，1998 年教师节，人民教育出版社将获得“全国十杰教师”称号的优秀教师请到社内进行交流，并向每位教师所在单位捐赠图书。

人民教育出版社有一个藏书 40 多万册，为教材研究、编写工作服务的专用图书馆。它也是全国中小学教材和教育图书资料中心。

享誉全国的人教版教材

著；编写和出版了包括幼儿到成人读者面极广的各类读物及工具书。近 50 年中，人教社的教材和图书，已出版 3 万种，累计印数超过 300 亿册，获得包括国家图书奖在内的国家级、部委级、学会级的各种奖项的图书、教材以数百计。

乘着改革开放的春风，人民教育出版社加强了与海外教育出版行业的交流合作。其外语教材及部分读物，分别与英国、俄罗斯、日本合作，由对方专家审定，从而加强了教材和读物的科学性和准确性。还为马来西亚编写了华文教材，为美加地区华人子女编写了汉语教材《标准中文》，与日本合编《中日交流标准中国语》。此外，还与世界十几个国家及我国港澳台地区有合作交流。广泛的交流开阔了眼界，扩大了影响，也提高了人教社编辑干部的水平。

为加强科研并为教师和研究人员提供一块园地，人民教育出版社还设立了杂志编辑部，《课程 教材 教法》月刊先后获得“全国教育类核心期刊”称号和“全国首届优秀社会科学期刊奖”。

人民教育出版社的全体干部职工清醒地认识到，出版社的成立和发展有其历史的必然性，是当年计划经济的产物。而今，在市场面前，观念和经营方式都要有所变化才能立于不败之地。现在，人教社的全体人员为出版社的现代化、为在市场经济的大潮中搏风击浪，正励精图治，大胆改革，力争做出更大的成绩。

新产品多媒体电脑软件

设备先进的电子计算机中心机房

该社出版的部分优秀图书

645

人民体育出版社

1987年11月21日，全国体育宣传先进单位表彰大会在广州举行。万里、秦基伟、宋任穷、荣毅仁等领导出席大会，并向25个体育宣传先进单位颁发奖杯和证书。图为万里同志向人民体育出版社社长刘秀政颁发证书。

创办于1954年1月的人民体育出版社，发展到现在已经成为拥有150名职工，出版书、报、刊、音像四种出版物的全国最大的体育专业出版社。每年出版普及群众体育、提高运动技术水平、传播健康知识、丰富人民精神文化生活的各品种图书300余种；出版《足球世界》、《篮球》、《田径》、《乒乓世界》、《网球天地》、《中国钓鱼》、《中华武术》、《健康顾问》、《中国运动医学》9种期刊；共出版70余种普及体育与健身知识的音像带和VCD制品，并拥有全国惟一专门反映国际体坛动态的《世界体育周报》。

人民体育出版社自建社以来，始终以“发展体育运动，增强人民体质”为宗旨，努力为提高我国运动技术水平和积累文化出版优质图书而奋斗。截止到目前，累计出版图书8000余种，总发行3亿多册。从《广播体操挂图》到毛泽东著的《体育之研究》；从体育院校教材、体育爱好者丛书到各项运动的《高级教练员培训教材》；从徐寅生的《怎样打乒乓球》到《郎平日记》、袁伟民的《我的执教之道》到反映我国体育健儿参加奥运会、亚运会的大型画册；从“少儿学棋丛书”到围棋大师的《吴清源全集》；从《简化太极拳》到受国际武联委托出版的《武术国际教材》；从《家庭按摩》到“全民

1989 年 4 月 20 日，人民体育出版社被授予国家体育运动荣誉奖章。图为国家体委主任伍绍祖向该社社长刘秀政颁发奖牌。

人民体育出版社出版的全国惟一专门反映国际体坛风云的《世界体育周报》首发仪式在京举行。中国奥委会副主席、全国体育总会副主席王宝良（左二）、国家体育总局宣传司司长何慧娴（左一）出席。左三为人民体育出版社社长袁大任。

健身千问丛书”，人民体育出版社为我国人民献上了一把又一把增强体质、提高健康水平的“金钥匙”，奏响了一曲又一曲弘扬民族自尊、自强的凯歌。

人民体育出版社图书获全国奋发文明进步奖、全国优秀图书奖、全国科普创作奖、全国优秀少年儿童科普图书奖等各种奖项总计 30 余种，1992 年人民体育出版社出版的体育教材被国家教委评为全国高等学校优秀教材特等奖、优秀奖各一种。

人民体育出版社出版的各类图书，对促进我国的体育运动的蓬勃发展起到了举足轻重的作用。改革开放以来，随着我国人民生活水平的日益提高，人民对健身的强烈需求，人民体育出版社的图书越来越受人们的青睐。该社不断挖掘选题、调整结构，努力编出实用性强、质量上乘的好书，先后制订和推出了各运动专项系列。如体育入门系列，武术太极拳系列，全民健身指导系列，竞赛规则，裁判法则系列，围棋、象棋、桥牌系列等系列书，以及指导群众保健、娱乐、体育医疗等等社会需要的图书。

人民体育出版社图书已经引起国外同行的注意，先后向日本、美国、英国、德国、新加坡及港澳台地区的出版社输出版权 178 种。为

人民体育出版社与日本棒球杂志社合作编辑出版《日汉体育词汇》同时在中国和日本发行，图为 1981 年在京召开庆祝出版茶话会。日方池田恒雄社长、池田郁雄副社长专程来京出席。图中站立者为当时任社长的徐才同志。

配合图书、期刊出版，举办各种活动促进体育运动发展。图为人民体育出版社社长、《足球世界》杂志主编袁大任(左)为“世界杯外围赛有奖竞猜活动”抽奖。

责任编辑王济民将翻译出版的《拳王阿里自传》送给来人民体育出版社做客的拳王阿里。

了引进国外先进体育技术，该社引进版权 53 种。特别是在改革开放政策实施之后，该社版权贸易工作获得很大发展，1979 年人民体育出版社和日本最大一家体育专业出版社——日本棒球社建立起兄弟社的合作关系，两社社长互为名誉顾问，人民体育出版社先后派出 5 位编辑赴日本研修编辑和摄影业务。两社合作编辑出版了多种类图书、画册，《日汉体育词汇》1981 年同时在中国和日本发行，为中日两国的体育交流架起桥梁，填补了体育外语辞书的空白。

党的十一届三中全会后，体育事业更加蓬勃发展，自 1980 年起，各体育协会与该社合作，陆续创办了九种杂志。这九种刊物由初创时的季刊、双月刊发展为现今的月刊、半月刊，出版总数近千期，发行总量达 8280 万册。《足球世界》是国际足联、亚足联指定交换刊物，1998 年被新闻出版署评为全国百种重点社科期刊之一。

《足球世界》杂志每年举办“评选中国足球最佳阵容”活动。1997 年世界杯亚洲十强赛我国足球队失利后，策划主办了“国旗映照中国足球”大型主题活动，产生了较大社会反响。《篮球》杂志历年举办的“球迷擂台”和“三人篮球赛”在中小学生及篮球爱好者中有很大影响，有

《足球世界》杂志每年举办"中国足球最佳阵容评选"活动。1996 年度最佳守门员获得者区楚良高举奖杯向读者及广大观众致谢。

1988 年汉城奥运会，人民体育出版社派出记者采访，图为人民体育出版社编辑、记者周铁侠与台湾著名运动员纪政交换纪念章。

1989 年 9 月人民体育出版社与其他新闻单位联合举办了"中国体育 40 年最佳一瞬间摄影艺术大奖赛"。人民体育出版社摄影记者王英恒（左）将自己拍摄的获奖作品'刘少奇与王光美看体育表演'送给王光美同志（右）。

组织作者与读者见面，是人民体育出版社经常举办的活动。图为《我的执教之道》作者、著名排球教练员袁伟民为读者签名售书。

力地推动了群众性篮球运动的发展。《田径》杂志创办的"田径之乡"全国评选活动，为将这一最基础的运动项目扩展到广大农村起了十分积极的作用。《网球天地》主办"全国业余网球大赛"吸引了全国各行业的网球爱好者 400 余人自费来京参赛，网球被看成是贵族运动的时代一去不复返了。《健康顾问》杂志有 18 名全国最具权威的各科专家医生为顾问，他们为读者咨询和进行通信诊治。正如读者反映的那样："一册《健康顾问》在手，全家无忧。"

党和政府对体育出版事业关怀备至。人民体育出版社建社之初，国家体委主任贺龙元帅就委派荣高棠兼任第一任社长。1984 年，在出版社而立之年时，吕正操、朱学范、胡厥文、许德珩等亲临该社参加 30 周年纪念会，并题词祝贺。1979 年该社编辑出版的反映粉碎"四人帮"之后我国体育全面复苏蓬勃发展情况的大型画册《体育之春》，其书名是叶剑英元帅亲笔所题。1986 年该社为庆祝《桥牌》创刊一周年而主办了"读者、作者、编者桥牌联欢赛"，邓小平等中央领导与该社编辑、作者在一起，进行了一场别开生面的桥牌友谊赛。

由于该社对发展体育所做出的努力与贡献，在广州举行的全国体育宣传先进单位表彰

1987 年国际奥委会主席萨马兰奇为人民体育出版社社长鲁光同志(站立者)题词

1983 年国际摄影联合会在西班牙加太尼亚举行儿童摄影艺术比赛。中国摄影家协会选送的由人民体育出版社记者王英恒拍摄的“跳皮筋”获铜质奖章。

大会上，被评为全国 25 个体育宣传单位之一。1987 年，万里同志亲自为该社颁发奖杯和证书，1989 年被国家体委授予“国家体育运动荣誉奖章”。

人民体育出版社拥有一批专家级的编辑力量和强大的作者队伍，23 人荣获国家体委颁发的新中国体育开拓者荣誉奖章，有 12 名编辑获得政府特殊津贴。经他们手编辑的各类出版物，保证了权威性。人民体育出版社不但在国内有相当影响，在国际上亦有一定知名度，国际奥委会主席萨马兰奇亲笔为该社出版的《奥林匹克大全》一书签名留念，并于 1993 年亲临在京举行的《萨马兰奇与奥林匹克革命》一书的首发式；世界著名拳王阿里也曾来该社做客。

党的改革开放政策为体育出版事业带来勃勃生机，人民体育出版社在总结过去成功经验的基础上，不断改革，调整机制，正以矫健的步伐迎接 21 世纪的到来。

人民卫生出版社

人民卫生出版社成立于 1953 年 6 月 1 日，是在原华东军政委员会所属华东医务生活社和东北人民政府卫生部所属东北医学图书出版社基础上，经卫生部批准成立的。卫生部所属的教材编审委员会随即与出版社合署办公，后于 1958 年正式并入出版社。

人民卫生出版社隶属于卫生部，是国内外影响最大的医药卫生专业出版社，现有职工 243 人，年出书约 600 种，年发行约 1000 万册，年发行码洋 2.5 亿元。下属一个印刷厂，在职职工 438 人，年产值 1200 万元。

建社之初，卫生部所属教材编审委员会与卫生出版社合署办公，翻译出版前苏联中高级教科书，组织编写并审定医药专业教材。1987 年，经卫生部批准，在人民卫生出版社设立卫生部教材办公室，受卫生部委托，承担对全国医药专业各层次教育的教材进行宏观规划、组织编写、质量控制及编辑出版工作。

1997 年人民卫生出版社迁入北京方庄小区新址

1987 年 5 月 7 日，邓颖超同志在中南海西花厅同人民卫生出版社社长兼总编辑董绵国交谈。

全面复兴　救治书荒

1978 年，党的十一届三中全会的召开，为人民卫生出版社的发展带来了生机。全国医药院校教材按期出版，一批骨干医学著作相继问世，五年内(1978 年—1983 年)新书品种翻了一番，“文革”造成的书荒局面迅速得到缓解。“八大系列”骨干图书工程(临床实用医学系列、基础医学系列、预防医学系列、中医系列、药学系列、医学辞书系列、医学科普系列、医学彩色图谱系列)陆续推出。

80 年代初，人民卫生出版社还承担了国家中医古籍整理出版规划与编辑出版工作。大批经过整理的中医古籍陆续出版。教材的建设与宏观管理工作进入正轨。

1993 年 5 月 25 日，全国人大常委会副委员长吴阶平、国务院国务委员彭珮云、卫生部部长陈敏章参加人民卫生出版社 40 周年社庆活动。

1998 年 4 月 30 日，全国人大常委会副委员长吴阶平在钓鱼台国宾馆同人民卫生出版社社长兼总编辑刘益清亲切交谈。

深化改革 持续发展

十一届三中全会之后，特别是近五年来，人民卫生出版社的发展走上了改革发展之路。过去编辑每人年均发稿 60 万字左右，现增加到 200 万字～500 万字；1993 年发行码洋 5600 万元，1998 年达到 2.3 亿元；利税年平均递增 65%；国有资产保值增值率平均在 130% 左右（几何平均值）。1998 年底，人民卫生出版社企业净资产比 1993 年增加了 7.14 倍，相当于又扩展出 6.14 个人民卫生出版社。

为了实现由计划经济向市场经济转变，由单纯生产型向生产经营型转变，由数量规模型向质量效益型转变，从 1994 年开始全面推行"综合目标管理责任制"，增强市场意识、竞争意识，在坚持抓改革的同时，加强管理工作，把改革与管理结合起来，逐步向现代化企业管理制度迈进。

人民卫生出版社积极开展国际版权贸易和对外合作出版业务，已合作出书 600 余种。图为人民卫生出版社社长兼总编辑刘益清同世界卫生组织总干事雅代尔签订 WHO 授权协议。

卫生部部长张文康同人民卫生出版社领导亲切交谈

突出特色　精品迭出

作为国家级医药专业出版社，始终把社会效益放在首位，坚持实施"精品战略"，努力追求"两个效益"最佳结合；坚持"四高一长"的方针(即高水平、高品位、高质量、高效益、长版不衰)，努力追求新创意、新品牌的传世之作。经过长期的实践和总结，特别是近五年来，在深入市场调研的基础上，进一步明确出书的指导思想和战略重点：抓住重点、整体推进、精心组织、精心策划、精心编校、精心设计、精心印制、精益求精，不断推出精品，形成图书特色。工作的重点逐步由数量规模向质量效益转移，压缩品种，多出精品，在连续 4 届国家图书奖评奖中，已有 8 种图书获奖，有近 200 种图书获全国优秀科技图书奖、全国优秀教材奖。1996 年，《诸福棠实用儿科学》(第六版)、《生理学》(第三版)获国家科技进步奖。1998 年《实用内科学》(第十版)、《黄家驷外科学》(第五版)、《头部 CT 诊断学》(第二版)、《中医大辞典》获国家科技进步奖。在各类评奖中，获奖率居全国科技出版社之首。

经过长期实践，教材的编辑、管理工作已形成了卫生部规划、教材办组织、评委会专家把关、出版社投入的宏观管理模式。不仅保证了

人民卫生出版社十分重视电子出版物的出版，已出版录像带、VCD、CD-ROM，500 余种。

人民卫生出版社装配了一批现代化生产设备，生产能力不断提高。图为装配的电子分色机。

规划教材的出版，还组织了成人教育和自编、协编教材及配套的教学参考书的出版。现已具备层次完备、专业齐全、成龙配套的整体规模，培养了几代医学人才，为我国医学教育事业做出了贡献，并被国家教委评为全国教材管理工作先进集体。

现在人民卫生出版社已形成门类齐全、品种多样、层次完备、结构合理的图书体系，赢得了众多读者。据统计，发行在10万册以上的图书品种近20种(其中中医药书7种)。在庆祝人民卫生出版社成立45周年的时候，决定设立“人民卫生出版社最佳双效益图书奖”，并于1998年4月30日，在钓鱼台国宾馆举行首次颁奖仪式，表彰和奖励了《实用内科学》、《黄家驷外科学》等10部图书的作者，此举在卫生界与出版界引起极大关注。

开拓市场　扩大发行

面对竞争日益激烈的图书市场，人民卫生出版社一方面抓选题规划，一方面调整开拓市场，扩大发行。五年来，针对复杂多变的图书市场，提出要面向市场、开发市场、培育市场、驾驭市场的营销战略。经过几年的努力，图书发行渠道不仅有国营发行所、批销中心和新华书店，也有集体所有制和个体书商，网点遍布全国，发行码洋由1993年的5600万元增长到1998年的2.3亿元，增长了4倍。

对外合作　成效显著

人民卫生出版社积极开展国际版权贸易和对外合作出版业务，努力开拓国际医药图书市场。先后与美、英、日、德、法、瑞士、新加坡等几十家出版公司、医疗卫生机构建立了良好的合作关系，合作出版的书刊达600余种，每年还较好地完成世界卫生组织(WHO)部分书刊的翻译出版任务，促进了国内外医学学术交流和我国医学事业的发展。近几年来，根据国内图书市场和医学科技发展的需要，调整了对外合作策略，分批引进和出版了《哈里逊内科学》、《克氏外科学》、《骨科内固定》等世界名著，不仅扩大了国内外的影响，还填补了国内医学空白。

人民卫生出版社装配的激光照排系统

人民卫生出版社坚持实施精品战略，在国家各类图书评奖中有 200 多种图书获奖。

为实现“两个效益”最佳结合，人民卫生出版社设立“最佳双效益图书奖”。图为 1998 年 4 月 30 日在钓鱼台国宾馆举办的首届颁奖大会 。

人民文学出版社

人民文学出版社创建于 1951 年，是新中国为发展文学事业而设立的专业出版机构，由政务院财政经济委员会颁发经营执照，先后隶属于国家出版总署、文化部、国家出版局、国家新闻出版署。主要任务是出版中国当代各种文学创作，现代文学史上的优秀作品，古典文学作品的整理本、影印本，外国古典文学名著和现、当代有代表性的作品，并出版中外文学理论和有关文学方面的学术、资料著作。除了用本名出版中外古今优秀的文学作品和论著外，还先后使用作家出版社、艺术出版社、文学古籍刊行社、中国戏剧出版社、外国文学出版社等副牌，出版各类与文学艺术相关的图书。

人民文学出版社是新中国文学出版事业的主要基地。以冯雪峰为首的一大批来自全国各地的文学家、翻译家、出版家聚集一堂，肩负发展社会主义新文学的使命，开展大规模的、卓有成效的工作。为及时满足新中国读者的文化需要，首先整理选拔自延安文艺座谈会以来优秀的革命文艺作品，出版了“中国人民文艺

叶剑英同志接见该社负责人屠岸（右二，1983 年起任总编辑）和编辑人员（1979 年）

丛书”、“文艺建设丛书”、“解放军文艺丛书”，计 76 种，其中包括获得斯大林文学奖金的《太阳照在桑乾河上》（丁玲）、《暴风骤雨》（周立波）等优秀作品。随后集中出版各种文学体裁的代表性作品选拔本 144 种，以规模效应显示了社会主义新文艺的强大生命力。与此同时，人民文学出版社以巨大的热情推动新文学创作，着力组织、培育新的作家和新的作品，出版了《保卫延安》（杜鹏程）、《林海雪原》（曲波）、《青春之歌》（杨沫）、《新儿女英雄传》（袁静、孔厥）、《野火春风斗古城》（李英儒）、《三家巷》（欧阳山）、《上海的早晨》（周而复）、《山乡巨变》（周立波）等一大批深受人民大众喜爱的作品。这些作品描绘了新中国的诞生和建设的光辉历程，对促进我国社会主义事业的发展，对陶冶人民群众的情操，都产生过积极而深远的影响。

为更多更好地丰富我国人民的精神生活，人民文学出版社全面展开对我国现代文学和古代文学的整理出版，大规模地、有计划地进行外国文学的翻译和介绍。在我国“五四”新文学方面，编注出版了十卷本《鲁迅全集》和

李瑞环、胡乔木、邓力群、贺敬之等领导同志出席该社举办的《邓小平论文艺》首发式。（1989 年）

政務院財政經濟委員會執照

人民文學出版社 設立於北京市

經營出版文學方面的圖書雜誌 經本會核准

登記特發給執照以資憑證

主任 陳雲

公元一九五一年六月二十三日

公字第壹號

1951 年政务院财政经济委员会颁发给该社的执照

24 种单行本，出版了重要作家的选集 70 余种。出版了《家》、《春》、《秋》、《子夜》、《骆驼祥子》、《倪焕之》、《女神》等单行本一百余种，整理出版了《沫若文集》（17 卷）、《茅盾文集》（10卷）、《巴金文集》（14 卷）、《叶圣陶文集》（3卷）、《瞿秋白文集》（4 卷）等大型图书，展现了我国现代文学的主要成果。在古典文学方面，以历史唯物主义的观点和方法，整理出版了《红楼梦》、《三国演义》、《水浒传》、《西游记》、《儒林外史》等大批古典小说，以"中国古典文学读本丛书"、"中国古典文学批评专著选辑"、"中国历代文论选"、"中国古代大作家集"等丛书为中心，系统地编注出版了古典诗词、散文、戏曲、文论等各种图书达 400 余种，并影印出版珍本线装书 40 余种，全方位地显示了我国古代文学的伟大成就和发展的轨迹，弘扬了我国优秀的文学传统。其中 1953 年出版的影印本《楚辞集注》获莱比锡国际书籍博览会装帧设计金奖，是我国最早获得国际图书奖的作品。在外国文学方面，首先大规模翻译

首任社长兼总编辑冯雪峰

第二任社长兼总编辑王任叔

总编辑韦君宜陪同丁玲（左）参观该社书籍封面插图展览会（1982 年）

社长严文井陪同王子野（左一）、华君武（中）参观该社书籍封面插图展览会。（1982 年）

社长孟伟哉（右五）、副总编辑秦顺新（左一）接待来访的朝鲜出版代表团。（1987 年）

社长兼总编辑陈早春代表该社向著名作家巴金祝寿（1989 年）

前苏联著名作家的代表作 200 余种，其中高尔基的《母亲》、法捷耶夫的《青年近卫军》、奥斯特洛夫斯基的《钢铁是怎样炼成的》、波列伏依的《真正的人》、富尔曼诺夫的《恰巴耶夫》等名著，以高昂的革命激情和强烈的爱国主义精神，深深震撼了新中国读者的心灵，成为几代青年的必读书。又以十多个语种的规模，全面、系统地翻译出版了世界各国主要作家的代表作，以“外国文学名著丛书”、“外国文艺理论丛书”和“马克思主义文艺理论丛书”为中心，辅以国别、类别和地区性丛书及各种文集、选集、单行本等多种方式，出版了五大洲近七十个国家和地区的主要作家的作品 2000 余种，给我国读者展示了世界文学的洋洋大观，为新文学的发展提供了有益的借鉴。另外，还组织出版了中外文学史著作 40 余种，对我国文科教学和研究起了积极的推动作用。

在“文革”前的 15 年中，人民文学出版社以坚实的步伐、严谨的作风、奉献的精神、高品质的追求，推动着我国文学出版事业的繁荣和发展。尽管其间也受到“左”的思潮的干扰和压力，走过曲折的道路，主要领导人冯雪峰、巴人等曾蒙冤受屈，但全社职工矢志不移、任劳任怨、艰苦创业，为我国读者奉献了 5500 多种

1999 年 5 月 31 日人民文学出版社专家委员会成立

社长聂震宁、总编辑陈早春向法国大使、巴黎巴尔扎克纪念馆馆长赠送《巴尔扎克全集》(30 卷)中译本。(1999 年)

现任社领导重视该社图书质量问题(1999 年)

1998 年出版的《巴尔扎克全集》(30 卷)中译本

文学图书，印行4亿多册，体现了新中国文学事业的一代辉煌。

十年“文化大革命”结束后，我国进入了改革开放的新时期，以经济建设为中心的社会主义事业蓬勃发展，给文学创作提供了宽松的环境，为文学事业的繁荣和发展创造了良好条件。人民文学出版社恢复工作后，在大量印发中外文学名著满足读者需要的同时，抓住机遇，采取多种措施推动文学创作。1979年2月召开全国中、长篇小说创作座谈会，创办大型文学杂志《当代》，设立“人民文学奖”，在不长的时间内取得了前所未有的成绩，先后出版了《东方》(3卷)、《将军吟》、《冬天里的春天》(2卷)、《芙蓉镇》、《沉重的翅膀》、《钟鼓楼》、《第二个太阳》、《战争和人》(3卷)、《白鹿原》、《骚动之秋》、《长城万里图》(6卷)、《地球的红飘带》、《活动变人形》、《新星》、《我是太阳》、《人间正道》、《天下财富》、《尘埃落定》、《北方城廓》、《突出重围》等一大批优秀作品，反映生活的深度、广度都有新的突破，在国内最高文学奖项“茅盾文学奖”前四届的18部获奖作品中，人民文学出版社占有10部，占获奖作品的60%，有30多部作品获得全国优秀长篇小说奖和人民文学奖，这些作品成为新时期文学创作走向成熟的主要标志。

在新时期，人民文学出版社继续发扬优良传统，贯彻“百花齐放、百家争鸣”的方针，扩大视野、拓展选题、努力创新、提高质量，注重图

1992年10月28日，江泽民同志为人民文学出版社出版的《扬州历代诗词》题写书名。

获得第一届、第二届、第三届国家图书奖的图书：《鲁迅全集》(16卷)、《巴金全集》(26卷)、《莎士比亚全集》(11卷)、《塞万提斯全集》(8卷)、《人间喜剧》(24卷)、《战争和人》(3卷)、《人间正道》、《中国现代小说史》(3卷)、《罗摩衍那》(7卷)、《法国文学史》(3卷)。

1951年开始出版的“中国人民文艺丛书”(40种)

1958年开始出版的“文学小丛书”。

1958年出版的“新创作选拔本”(144种)

书的系统性和系列化，充分发挥资源优势，加强优秀图书的版本更新，在进一步充实完善已有的著名丛书、系列书的同时，组织开发新的图书系列。当代文学的“红色经典”系列、“茅盾文学奖获奖书系”、“行人系列”、“探索者丛书”、“中国当代作家选集丛书”、“中华散文珍藏本”系列、“蓝星诗库”等，全面反映当代创作的实绩。“中国现代长篇小说丛书”、“中国现代作家选集丛书”、“中国现代名剧丛书”、“中国现代文学流派创作选”丛书、“新文学碑林”等，更全面地反映我国现代文学丰富多彩的面貌。古典文学方面，除了扩充完善“中国古典文学读本丛书”、“中国古典文学理论批评专著选辑”丛书、“中国古代大作家集”等已有系列外，重新整理出版“中国古典小说名著”系列，开发“中国小说史料丛书”、“新注古代文学名家集”系列、“中国古典文学精华丛书”、“车王府曲本”系列、“中国古典文学研究丛书”等，从多种角度加深对古代文学的整理和研究，满足不同读者的需求。外国文学方面，进一步扩大完善“外国文学名著丛书”、“外国文艺理论丛书”等品牌，开发“名著名译”、“二十世纪外国文学丛书”、“世界儿童文学丛书”、“外国文学袖珍丛书”等，丰富了外国作品的选题范围，增强了外国文学图书的立体层次。这些丛书、套书涵盖了中外文学史上的各个领域，形成包容面广、种类齐全、品质精良的文学图书系统。在广泛拥有中外优秀文学作品的基础上，又组织

50 年代出版后重版的“红色经典”丛书(8 种)

1998 年出版的“茅盾文学奖获奖书系”(已出 9 种)

1958 年出版的《鲁迅全集》(10 卷)和《鲁迅译文集》(10 卷)。1981 年出版的《鲁迅全集》(16 卷)。

1992 年出版的《郭沫若全集》(文学编，20 卷)。1984 年开始出版的《茅盾全集》(40 卷)。1998 年出版的《老舍全集》(19 卷)。1994 年出版的《巴金全集》(26 卷)。

1982 年开始出版的“中国现代作家选集”(40 种)。1991 年开始出版的“中国当代作家选集丛书”(已出 36 种)。

50 年代出版，90 年代整理重版的“古代著名小说系列”。

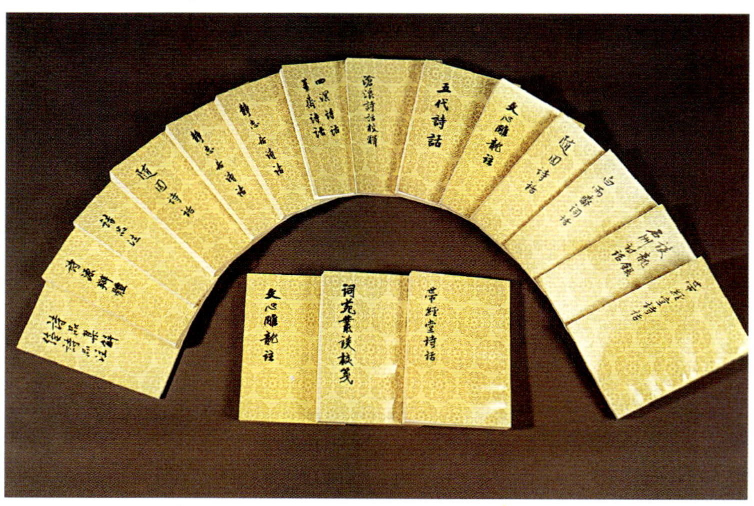

60 年代出版，1998 年重版的“中国古典文学理论批评专著选辑”(已出版 28 种)。

出版了巨型丛书“世界文学名著文库”，收入包括中国在内的世界一流作家的一流作品 200 种，250 卷，汇集世界文学的精华，是迄今为止国内规模最大、品位最高、最具权威性的文学丛书。

在此期间，人民文学出版社的专家们以宏大的气魄，编辑出版了一系列文学大师的全集、文集，树立了一座座文学丰碑。其中《莎士比亚全集》(11 卷)、《巴尔扎克全集》(30 卷)、《塞万提斯全集》(8 卷)、《歌德文集》(10 卷)、《列夫·托尔斯泰文集》(17 卷)、《高尔基文集》(20 卷)、《普希金文集》(7 卷)、《易卜生文集》(8 卷)、《泰戈尔作品集》(10 卷)，《鲁迅全集》(16 卷)、《郭沫若全集》(19 卷)、《茅盾全集》(40 卷)、《巴金全集》(26 卷)、《老舍全集》

60 年代出版，1998 年整理重版的“中国古典文学读本丛书”(已出版 40 种)

1978 年出版的《莎士比亚全集》(11 卷)和 1996 年出版的《塞万提斯全集》(8 卷)

1992 年出版的《列夫·托尔斯泰文集》(17 卷)和 1981 年出版的《高尔基文集》(20 卷)

(19 卷)、《胡适文集》(7 卷)等等，都具有世界性的影响，对我国文化积累具有重大意义。

人民文学出版社始终站在文学发展的制高点，审视人类创造的文学成果。根据国家文化建设的需要和自身的审美眼光来接纳和传播这些成果。它重视与世界各国和地区的文化交流。改革开放之初，即于 1979 年组织出版了《台湾小说选》(2 册)，首开两岸文学交流的先河，在国内外引起了强烈的反响。随后广泛地开展对外交流，达成 500 多种图书的版权贸易或合作出版协议。人民文学出版社将一如既往，通过自己积极的工作，通过与广大文学家、翻译家、著作家的合作，通过与海内外同仁的交流，努力为构筑中国的文学殿堂而奋斗。

1956 年开始出版的"外国文学名著丛书"和 1959 年开始出版的"外国文艺理论丛书"

1993 年开始出版的"世界文学名著文库"(200 种)

人民文学出版社主办的《当代》、《新文学史料》、《中华文学选刊》、《中华散文》和《文学故事报》。

人民音乐出版社

1954 年 10 月，我国历史上第一个专业音乐出版机构——音乐出版社(后改称人民音乐出版社)在京成立。它的前身是中国音乐家协会出版部与上海三家私营书店万叶、教育及上海音乐出版社合并的新音乐出版社。音乐出版社首任社长为赵沨，孙慎任总编辑。隶属国家出版总署领导，编辑出版业务由中国音乐家协会主管。

1954 年至 1966 年，是音乐出版社始创与初步发展时期。1956 年、1957 年，为解决简、线谱的出版需要，首次举办绘谱培训班，招收绘谱人员，同时成立了简谱排版所。1959 年，社址由东单沟沿头迁至和平门外西琉璃厂 170 号(原商务印书馆馆址)。1963 年，增设音乐词典编辑室。本时期出版了冼星海代表作品《黄河大合唱》及《抗战歌曲选》(1－3 集)、《解放战争时期歌曲选集》(1－4 集)、向国庆十周年献礼的歌曲集《歌唱祖国》、被称为“维吾尔音乐之母”的新疆古典音乐《十二木卡姆》(上、下册)、发行达 450 万册的《革命歌曲大家唱》及其农村版、音乐舞蹈史诗《东方红》歌曲集、《红军不怕远征难·长征组歌》、《外国名歌 200 首》等声乐作品。出版了古代大套器乐曲《弦索十三套》、我国现存最早琴谱《神奇秘谱》(上、中、下)、《高等音乐院校钢琴教学曲选》(中外作品共五集)及刘天华、阿炳曲集等。出

人民音乐出版社前身上海新音乐出版社全体职工合影。图中 20 余人于 1954 年转入人民音乐出版社继续从事音乐出版工作。前排左四为钱君匋。

中国音乐家协会名誉主席吕骥为人民音乐出版社成立 30 周年题词

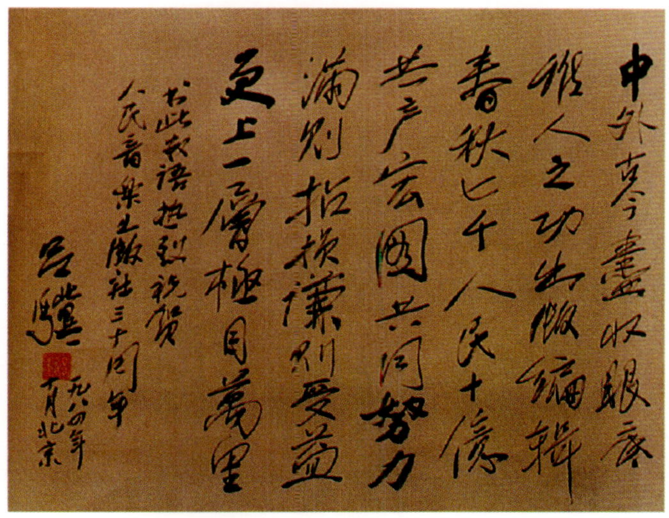

人民音乐出版社现社址：北京海淀区翠微路 2 号。

中国音乐家协会主席李焕之(中)，中国文联主席、中国音协副主席周巍峙(右)、中国音协副主席吴祖强(左)应邀参加该社成立 40 周年座谈会。

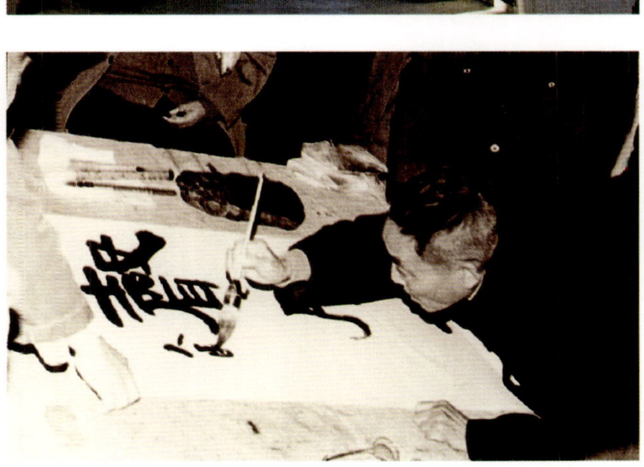

著名艺术家、原人民音乐出版社副总编辑钱君匋为该社题写：“声闻天下”题词。

版了《陕北组曲》(马可曲)、《春节序曲》(李焕之曲)、《长征交响乐》(丁善德曲)、《嘎达梅林》(辛沪光曲)等器乐作品。理论著作有民族音乐研究和论声乐、歌剧、交响乐创作论文集，《音乐建设文集》、《民族音乐概论》、《古典戏曲声乐论著丛编》以及《乐记》和其他古代音乐论著注释等。外国音乐出版了《古典抒情歌曲集》、《意大利歌曲集》、歌剧《茶花女》；肖邦、舒曼、李斯特等钢琴曲选及许多国家、地区的民歌及作曲家歌集。译著出了一批音乐美学、史学、音乐欣赏、作曲理论、表演技法等专著。十几年来，出版新书达 2000 余种，重印书 850 余种。对繁荣创作、推动音乐普及、提高国民音乐素质做出了不懈努力，取得喜人成果。

1966 年，“文化大革命”开始，音乐出版社的业务停顿。之后，部分人员合并到人民文学出版社，机构被撤销。直到 1974 年，由于我国对外文化交流和群众音乐文化生活的需要，国务院决定恢复音乐出版社建制，从人民文学出版社内分出，更名为人民音乐出版社，隶属国家出版局领导(1987 年后，直属新闻出版署)。

恢复建制后，全社职工增至 110 余人，后达200 余人。独具特色的排印厂于 1976 年重又建立。1981 年，社址迁至翠微路 2 号院新楼。

党的十一届三中全会之后，随着全国改革开放的深入发展，在管理体制上，由纯事业型向事业单位企业管理型转变，由单纯生产型向生产经营型转换。社内机构多有调整，先后成立了音乐教育编辑室，增设经营管理部，建立音像中心、电脑绘谱中心，扩大自办发行及建立全国各地发行网点 (200 余处)，成立北京闻音音像复制厂，创办以销售本社书谱为主营的北京华彩音乐艺术公司等。在读者中产生重大影响的期刊《音乐研究》、《中国音乐教育》、《钢琴艺

中国音乐家协会名誉主席吕骥(中)参加该社座谈会

首任社长、中国音乐家协会副主席赵沨与该社部分职工在一起。

中国音乐家协会副主席、原社长兼总编辑孙慎在 30 周年社庆茶话会上讲话。

著名音乐理论家缪天瑞(右一)应邀参加该社成立 30 周年座谈会

术》先后创办出刊。

1996 年，经新闻出版署批准，以出版自费书为主的副牌社——华乐出版社宣告成立。多年来，包括合作出版与版权贸易的对外交流不断扩大，与日本、美国、德国、英国、匈牙利、俄罗斯、东南亚各国及台湾、香港地区等诸多出版社合作项目不断增加。

1978 年以来，出版社在全国广大音乐专家、学者、专业与业余作者支持下，除了重印大量过去积累的保留品和书谱外，还出版了有影响的各种门类新书。如印数达 190 余万册的《敬爱的周总理我们永远怀念您》歌曲集、为庆祝建国 30 周年编选的《建国三十年声乐、器乐作品选》（共 15 种）、收有 25 个少数民族 300 余首民歌的《中国民歌选》、精选各民族民歌 500 首用线谱出版的《中国各民族民歌选集》、分四集出版曲目千余首的《中华大家唱（卡拉 OK）曲库》以及《通俗歌曲博览》（上、下册）、《往日情怀》（上、下册）等。另有世纪工程的国家重点科研项目《中国民间歌曲集成》、《中国民族民间器乐曲集成》已出版多部省卷。群众喜爱的独唱、重唱、合唱等各专辑多有出版，如《中国名歌 201 首》（独唱歌曲）、《中外男声四重唱曲 50 首》、《中外童声合唱 50 首》、大合唱《凤凰涅槃》、交响合唱《祖国三部曲》、展现建国50年歌曲创作成就的歌曲集《祖国万岁》等。器乐作品，出版了交响乐获奖作品多部，如《云岭写生》（李忠勇曲）、第二交响乐《清明祭》（陈培勋曲）、交响音画《北方森林》（张千一曲）、小提琴协奏曲《鹿回头传奇》（宗江、何东曲）、朱践耳

1990 年杨昌霖社长（左一）接待来访问的匈牙利音乐出版社社长

原社长兼总编辑黎章民荣获第四届韬奋出版奖

著名作曲家、原副总编辑李群与广西赴京演出的小演员们在一起。

人民音乐出版社召开成立 40 周年座谈会。右一为张昭华社长在讲话。

人民音乐出版社现任社领导。左起：袁广伟（副社长）、倪和文（副总编辑）、张淑善（副社长）、敬谱（副社长、副总编辑）、张昭华（社长）、祖振声（副总编辑）、任裕湛（副社长）。

为香港回归而作的《百年沧桑》等。民族器乐，出版有各种民族器乐专辑的《民族乐器传统独奏曲选集》、《刘天华全集》、《平湖派琵琶曲十三首》，汉乐、山东、闽南、福建等各流派筝曲集。钢琴曲集出版有《中外通俗钢琴曲集》、《中国钢琴名曲 30 首》、中国舞剧《鱼美人》选曲(钢琴独奏曲)以及贝多芬、巴赫、海顿、肖邦、李斯特等钢琴曲选专集及各种钢琴练习曲集等。理论著作、译作出版十分丰富，如杨荫浏著的《中国古代音乐史稿》(上、下册)、蔡仲德著的《中国音乐美学史》、以图说史的《中国音乐史图鉴》、朱载堉著的点注本《律吕精义》、在世界上影响广泛的《西方音乐史》、《贝多芬的一生》、《西方名音乐家》等。还有戏曲音乐研究丛书、音乐自学丛书、外国音乐欣赏小丛书以及作曲、和声、复调、配器理论等各类作曲技法专著、教程、音乐表演理论著作等不胜枚举。《中国音乐词典》及其续编、《音乐百科词典》、《牛津简明音乐词典》、《二十世纪外国音乐家词典》、《音乐译名汇编》、《中国音乐书谱志》等一批音乐词典、工具书的出版，得到广大读者赞誉。从 80 年代始，在全国音乐教育界及音乐专家的协力支持下，编辑出版的中小学音乐课本及辅导用的教师用书等 80 余种一系列音乐

人民音乐出版社经营的北京华彩音乐艺术公司乐器销售厅

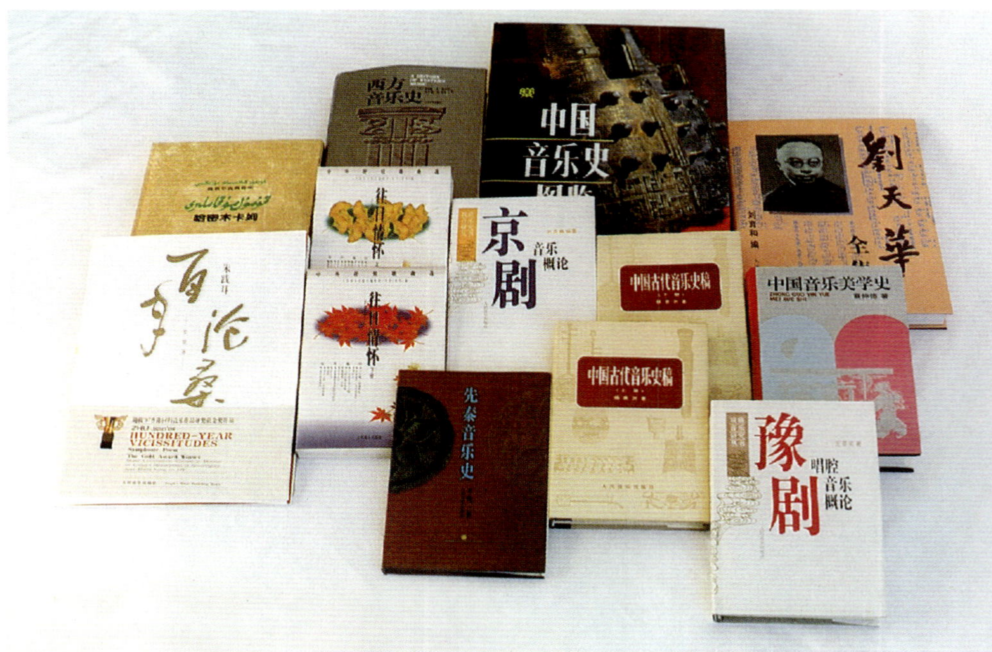

部分获奖图书

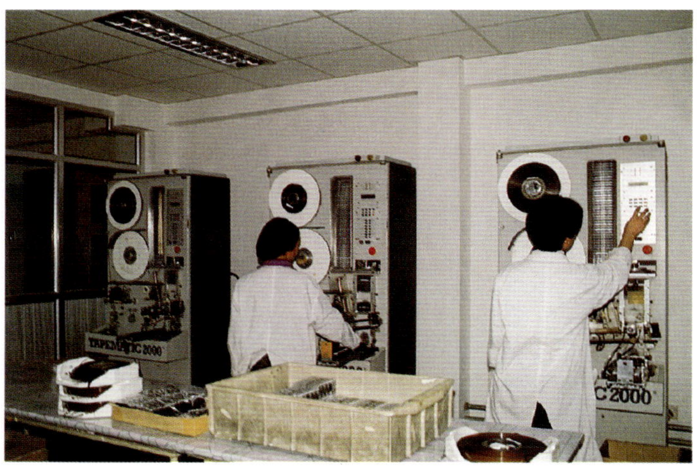

人民音乐出版社主办的北京闻音音像复制厂全自动裁带机车间

五六十年代出版的著名音乐家马思聪部分作品

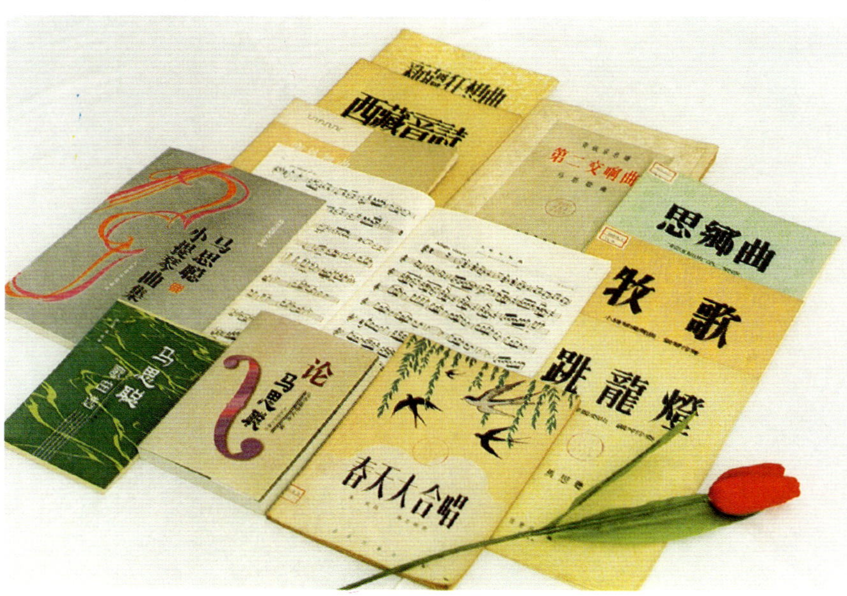

部分作曲家作品专集

教材，在全国各地多年广泛使用，为我国音乐教育的普及与提高做出了贡献。音像方面，出版了相当数量的中外声乐、器乐及民间音乐等音乐作品，各种配书示范表演教材及外国经典名曲音带、像带均有出版。近几年开拓出版了 VCD《中华地方戏曲经典大观》、CD 盘《世界屋脊的音乐》、“九五”规划重点选题《钢琴名家弹名曲》VCD 等。据不完全统计，建社至今已出版各类书谱、音像制品达 6000 余种。

出版社从实际出发，根据控制总量、提高质量、实现转移的要求，认真总结“八五”期间出书情况，确定了“九五”期间每年出版新版书品种及重印书品种，重印率将达到 70% 以上。

为了深化改革，实现由计划经济的生产型向市场经济条件下的生产经营型转轨，重新明确了本社图书定位和出版方针，即：音乐出版要以学术专著和普及类相结合，以雅俗共赏的普及类书谱为主。出版社从深化改革、加强管理入手，为调动编辑人员的积极性，实行了量化管理，有奖有罚，鼓励编辑在策划选题、提高图书质量上下功夫、做贡献。在党的基本路线指引下，认真学习邓小平理论，解放思想、实事求是、大胆改革，使音乐出版事业得到长足发展。

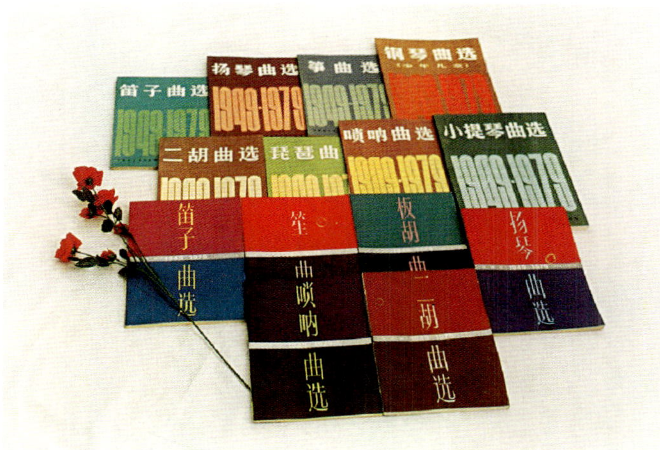

为建国 30 周年出版的部分器乐作品专集

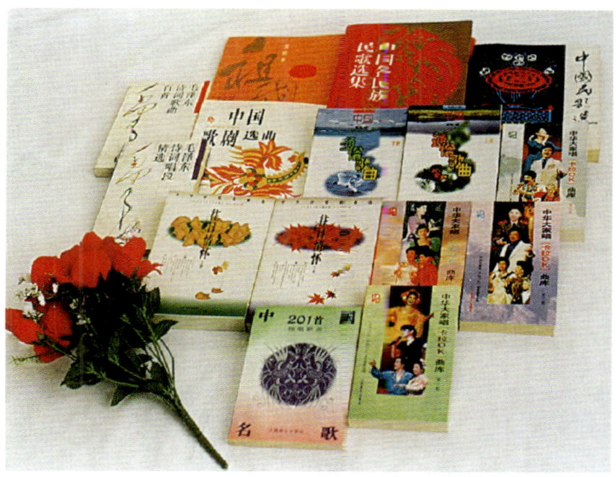
部分声乐作品专集

部分戏曲音乐图书

部分合作出版作品集

音乐期刊三种

部分中小学音乐课本与教师用书

部分音像制品出版物

人民邮电出版社

人民邮电出版社是中华人民共和国信息产业部主管的专业出版社，是全国优秀出版社。成立至今，该社出版图书 9000 多种，共 1 亿 4 千多万册，出版杂志 14 种，累计印数 4 亿多册。1998 年出版物销售码洋达到 2. 3 亿元，是我国综合实力较强的出版社之一。

艰苦光荣的创业史

1953 年，人民邮电出版社成立。当时仅有 30 多名职工，3 个编辑组，出版《人民邮电》杂志和翻译出版前苏联等国的电信、邮政、无线电技术著作，为百废待兴的中国邮电通信事业恢复和发展发挥了积极作用。50 年代中期，该社先后创办了《无线电》、《集邮》、《电信技术》、《电信科学》4 种杂志，并出版了一批科技图书。“文革”中，该社被撤销。1973 年，人民邮电出版社恢复之后，迅速出版了一大批邮电通信培训教材、电信维护手册，解决了当时的“书荒”问题，并逐步恢复了杂志的出版。

改革开放以来，人民邮电出版社出版能力大大增加，有了飞速的发展。进入 90 年代，率先走向市场，内部实行一系列改革，立足邮电、面向社会，出版了一大批高质量、符合市场需要的图书。目前，该社已拥有 7 个图书编辑部，出版 14 种杂志及音像电子出版物，年出书能力超过千种，年出版码洋近 3 亿元。

人民邮电出版社
东四六条旧址

人民邮电出版社
东长安街 27 号旧址
(1972 – 1987)

人民邮电出版社
东长安街 27 号旧址
(1989 – 1994)

670

多种媒体的立体出版格局

目前，人民邮电出版社已形成了图书、杂志和音像电子出版物的立体出版格局。

该社出版的图书由通信类、计算机类、电子技术类、集邮类、交通类、管理类等几大板块构成。通信图书既有高学术价值图书，也有普及读物，还有高质量的工具书，为推动邮电科技进步、传播通信工作经验、培养邮电科技人才、普及邮电通信知识起了重要作用。该社是国内出版计算机图书主要的出版社之一，计算机图书质量高、实用性强，在广大读者心目中有着较高的知名度。电子技术图书以普及电子知识和实用家用电器知识为基点，注重实用性、普及性和新颖性。集邮图书在国内具有较高的权威性。该社有上百种图书获得多种奖项，其中《中国邮电百科全书》获中国图书奖。

该社办的杂志中，创办于 1955 年的《无线电》是新中国历史最悠久、发行量最大、最受欢迎的科普杂志之一，多次获得全国优秀杂志一等奖；《集邮》是世界上发行量最大的邮刊，多次在国内外邮展上获得大奖；《摩托车》是中国发行量最大的摩托车杂志，获得汽车行业杂志一等奖；《电信技术》、《通信学报》、《电信科学》、《中国邮政》、《计算机与通信》都是中国邮电通信领域最有影响的刊物；面向普通读者的《学电脑》1999 年一面世就受到了读者的青睐。人民邮电出版社还出版《科技与出版》、《高保真音响》、《中国集邮》等杂志。

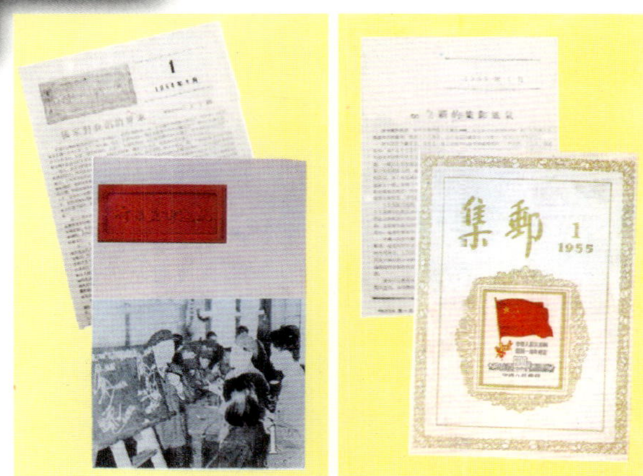

人民邮电出版社早期出版的图书、期刊。

人民邮电出版社北京市崇文区广渠门夕照寺街 14 号社址

该社出版的工具书

现代化的出版管理

人民邮电出版社的编辑、出版、发行管理等部门普遍采用了现代化办公手段，人手一台计算机，可以通过计算机网络进行出版工作的管理和生产运行，并配备了先进的彩色桌面照排系统，运用现代化手段进行书刊的设计和制作。开通了自己的因特网（http://www.Pptph.com.cn）向全世界发布出版信息，为读者开展信息查询，提供购书服务等。

广泛的对外合作

人民邮电出版社十分重视对外合作，广泛开展版权贸易，与国外多家有影响的出版公司建立了良好的合作关系。为促进两岸交流，人民邮电出版社与我国台湾出版界在计算机、通信类书刊出版方面建立了广泛的合作。该社还与丹麦艾阁萌出版集团合资成立了童趣出版有限公司，出版《米老鼠》杂志。

该社出版的交通类图书

该社出版的电子出版物

该社出版的集邮类图书

丰富多彩的社会活动

人民邮电出版社举办的各种科技文化活动和社会活动有着广泛的影响。由该社牵头，多家中央新闻单位和邮电单位主办的全国最佳邮票评选活动至今已举办了 18 届，参加人数累计超过了 2 千万人次，被誉为全国最有影响的三大群众评选活动之一。该社还开展了向国防科工委科研人员、贫困大学生捐赠图书活动，以及向洪涝灾区人民及中小学生捐款、捐物活动，向革命老区捐资助学等社会活动，产生了良好的社会影响，增加了员工的社会责任感。

累累硕果的双文明建设

人民邮电出版社十分重视两个文明建设，并取得了两个文明建设的丰硕成果，得到了社会的广泛认同。1994 年该社被中宣部、新闻出版署评为全国优秀出版社；1994 年至 1996 年连续 3 年被评为“中央国家机关文明单位”和“首都文明单位”；1997 年被授予“中央国家机关文明单位标兵”和“首都文明单位标兵”荣誉称号。1995 年，该社获得了新闻出版署颁发的全国惟一的优秀印制质量出版社金奖。1995 年至 1997 年 3 年中，该社出版的图书获得各类奖项 100 多种，与此同时还有多位同志先后获得“韬奋图书奖”、“全国三八红旗手”、“伯乐奖”、“全国百佳出版工作者”的光荣称号。

丹麦艾阁萌集团领导人来人民邮电出版社参观访问

该社领导会见国际电信联盟官员

该社捐资助学活动场景

该社出版的期刊

该社出版的计算机类图书

该社与国外合作出版的图书

673

永不停息的脚步

今天，人民邮电出版社已把目光投向 21 世纪，制定了 2000 年奋斗目标和 2010 年发展规划，全社员工团结奋进、顽强拼搏，开始了二次创业。为实现跨入中国出版 30 强的目标迈出坚定而有力的步伐。

该社组织的全国最佳邮票评选活动发奖大会

该社以新的姿态迎接 21 世纪

商务印书馆

商务印书馆创办于1897年（清·光绪二十三年），是中国最早的现代出版企业，也是本世纪初中国最大的出版企业。它曾经以上海为中心，先后在海内外开设分馆30余处，从业职工多达4000余人。

从建馆到1949年以前，商务出书两万余种，占全国出版物总数之半。以《最新教科书》、《共和国教科书》、《新法教科书》等为代表的教材，以《新字典》、《辞源》、《英华大辞典》、《植物学大辞典》、《动物学大辞典》、《中国人名大辞典》、《中国古今地名大辞典》等为代表的中外语言和百科工具书，以严译社科名著和林译外国小说等为代表的外国学术著作和文学作品，以《百衲本二十四史》、《四部丛刊》、《丛书集成》等为代表的中国古籍整理汇编，以《政治经济学教程》、《辩证唯物主义与历史唯物主义》和《饿乡纪程》、《赤都心史》等为代表的传播社会主义思想的著作，还有以《小说月报》、《东方杂志》、《儿童世界》等为代表的期刊系列，以“大学丛书”、“中国文化史丛书”、“万有文库”等为代表的丛书系列，风行全国，远播海外。商务印书馆出版的图书，对20世纪中国近现代文化建设起着启蒙和奠基的作用。

商务印书馆的发展不是一帆风顺的。正当商务的事业蒸蒸日上的时候，1932年日寇在上海发动“一·二八”事变，当年曾经拔萃亚洲的这一文化重镇，竟被侵略者夷为平地！之后，虽经商务同仁本着“为国难而牺牲，为文化而奋斗”的精神，奋力恢复，始终坚守着这个中国最大的出版阵地，但终因元气大伤，至1949

1932年1月28日被日军炸毁前的上海闸北宝山路印刷所及编译所

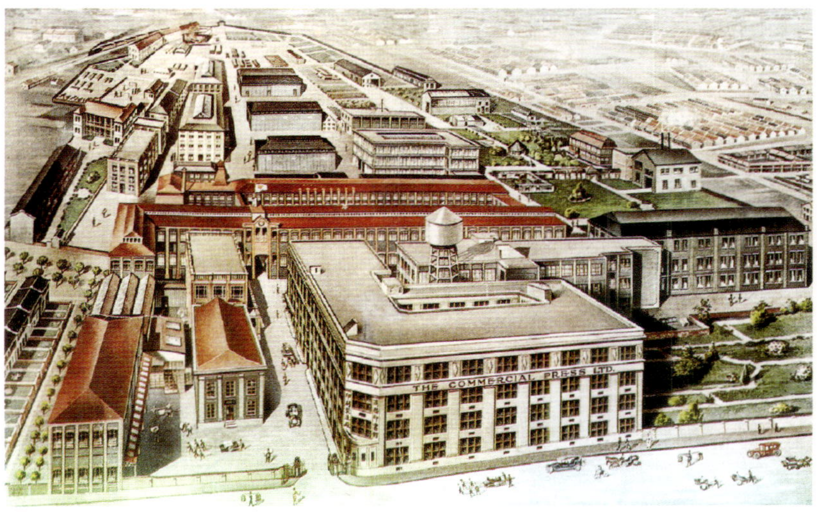

1902年聘蔡元培为编译所所长，蔡元培因故避居青岛，张元济任所长。

鲍咸昌

鲍咸恩

蔡元培

张元济

夏瑞芳

高凤池

蔡元培的部分著译

年之前，竟难以为继！

1949 年新中国成立，商务印书馆建立了“业务推进委员会”，向政府建议公私合营。1954 年上海总管理处迁京，同年即实行合营。后又几经调整，最后本着毛泽东同志的指示：“商务印书馆是搞洋务的，还是搞洋务。”于是 1958 年确定商务印书馆的出版任务为：“翻译外国哲学社会科学著作，出版中外语文工具书。”随即于 1959 年拟订了出版外国学术著作长期规划，1963 年又拟订了翻译和出版外国哲学、社会科学重要著作十年（1963—1972）规划。至此，商务印书馆的出版运作方走入社会主义出版事业的正轨。

从 1951 年起到“文化大革命”之前，商务出版的重要著作有：周祖谟《广韵校本》、王力《中国语法理论》、周谷城《世界通史》、贾兰坡《骨骼人类学纲要》、陈梦家《尚书通论》等；重要的译作有：《笛卡尔哲学原理》、《希罗多德历史》、《狄德罗哲学选集》、《伯罗奔尼撒战争史》、《论法的精神》、《论人类不平等的起源和基础》、《西方哲学史》、《社会契约论》、《物种起源》、《自由与文化》等；重要的工具书有：《现代汉语词典》（试用本）、《中华人民共和国药典》、《新华字典》、《英华大词典》、《俄汉新词典》、《日汉词典》、《法汉词典》、《德汉词典》等；重要的古籍有：《古本戏曲丛刊》、明弘治本《西厢记》、《百衲本二十四史》（缩印本）等；重要的丛书有：“外国历史小丛书”（吴晗主编）、“知识丛书”（胡愈之主编）；重要的教科书有：许国璋《英语》及多种“高等学校试用教材”。这些都是建国以后商务印书馆对中国社会主义新文化建设做出的新贡献。

正当商务印书馆重新起步，并且已经初具规模的时候，开始了长达十年之久的“文化大革命”，商务印书馆首当其冲，被打成“封资修

高梦旦与张元济、蒋维乔、庄俞合编的小学《最新国文教科书》（1904.2）。

高梦旦

蒋维乔

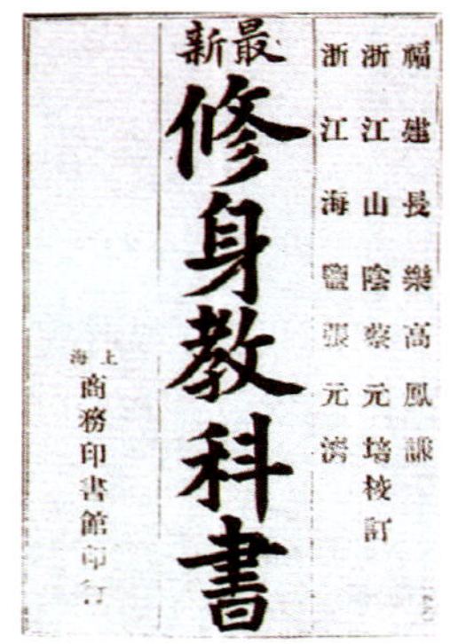

高梦旦与张元济、蔡元培编校的初小、高小、中学《最新修身教科书》（1905）。

《马氏文通》（1904）

严复（1884－1921）

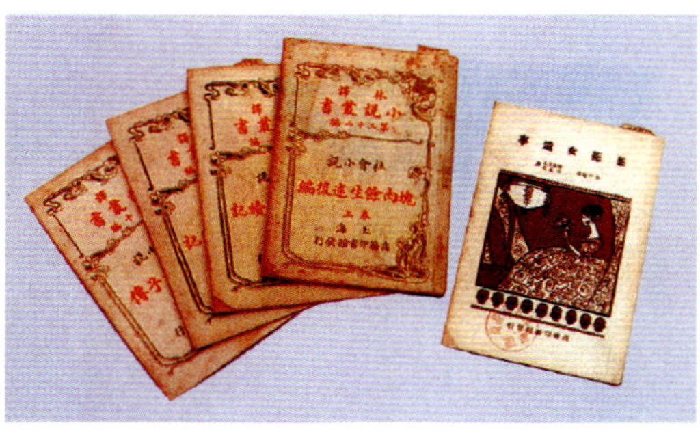

严复译《原富》（1903）、**《穆勒名学》**（1905）、**《法意》**（1906）、**《天演论》**（1905）等**《严译名著》**（1931 汇编出版）。

杜亚泉（1873－1933）

杜亚泉主编的《植物学大辞典》（1918）、**《动物学大辞典》**（1923）。

林纾（1852－1924）

林纾译外国文学名著：《茶花女》（1889）、**《吟边燕语》**（1903）、**《块肉余生述》**（1908）等**《林译小说》**（1914）。

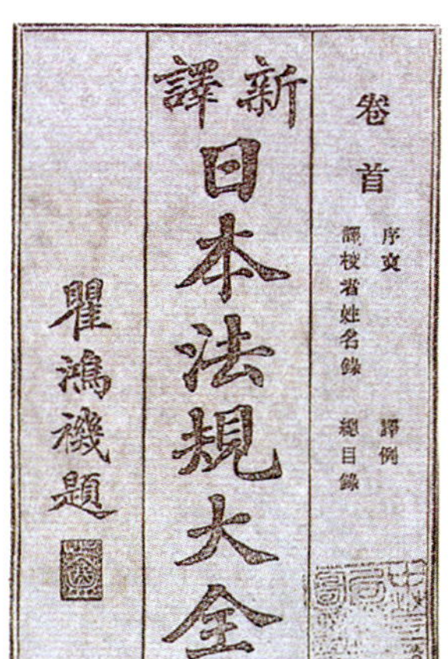

《新译日本法规大全》（1907）

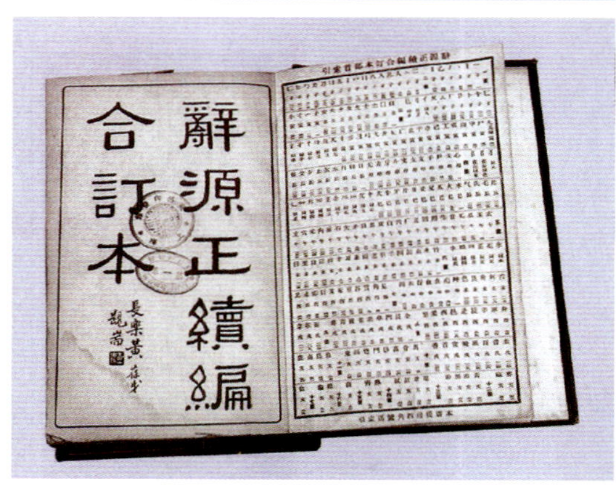

《辞源正续编》（合订本）

大杂烩”而“彻底砸烂”。业务停顿了，牌子也摘掉了。直到 1976 年“文革”结束，十年之间出版物几近空白。

1978 年党的十一届三中全会以后，商务印书馆再次恢复了生机。国家改革开放政策的推行，使商务得以重新继承着“以规划指导出书”的历史传统，多次制订译作、著作和中外辞书编辑出版规划，为新时期的中国文化建设出版了一大批精品图书。从 1993 年到 1998 年，获各种奖项 62 种。

在改革开放以来 20 年的商务出版物中，首推名重学林、泽被全国的“汉译世界学术名著丛书”。自 1982 年开始结集以来，至今已连续编辑出版了八辑，共 340 种。胡乔木同志在 1989 年致商务印书馆“汉译世界学术名著丛书”选题规划座谈会的贺信中，把这套丛书称为“对我国学术文化有基本建设意义的重大工程”。

在这套丛书的“出版说明”中有这样一句话：“我们确信只有用人类创造的全部知识财富来丰富自己的头脑，才能建成现代化的社会主义社会。”这句话不但是商务印书馆汉译名著的宗旨，也是建国 50 年来商务对自己所承担的编辑出版任务的总体认识。在 1989 年 12 月召开了这套丛书的规划座谈会，这次座谈会体现着新时期党中央以及中宣部、新闻出版署的领导和支持。1989 年 12 月 19 日的《欧洲时报》评论：“商务印书馆多年来出版的‘汉译世界学术名著丛书’的业务，正在继续顺利地推进。这套丛书受到知识界广泛好评。由于一批名家兼翻译高手如朱光潜、贺麟、周建人、王亚南等加入了这项工作，使得此套丛书具有公认的上乘质量。”

郑振铎和他主编的《儿童世界》

杨贤江和他主编的《学生杂志》

《英语周刊》(1915)

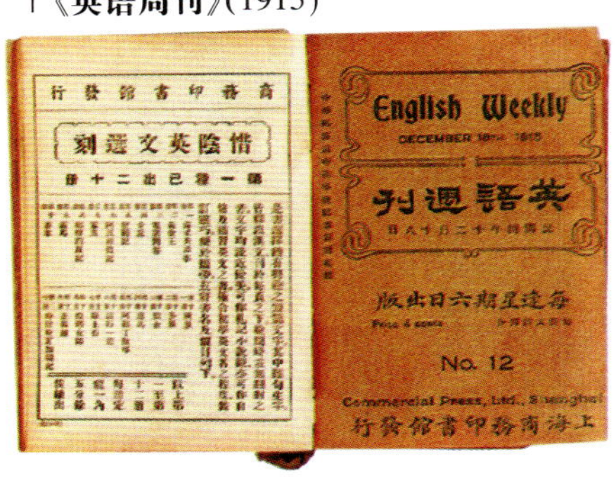

《少年》杂志

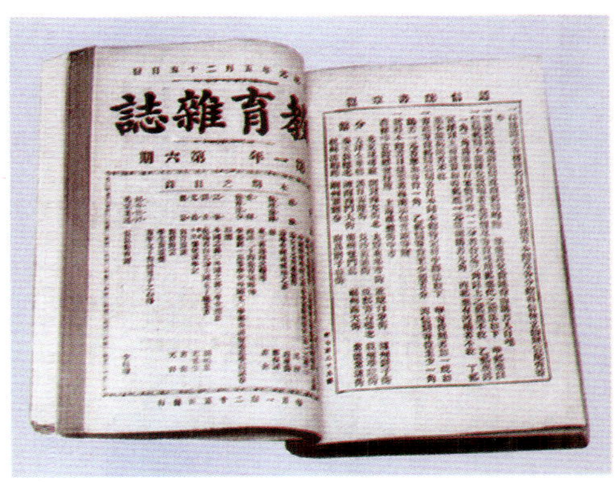

《教育杂志》

《妇女杂志》

677

王云五 1922 年任编译所所长，1930 年任总经理。

《世界文学名著》(1928)

胡适著《中国哲学史大纲》(1919)

《汉译世界名著》(1929)

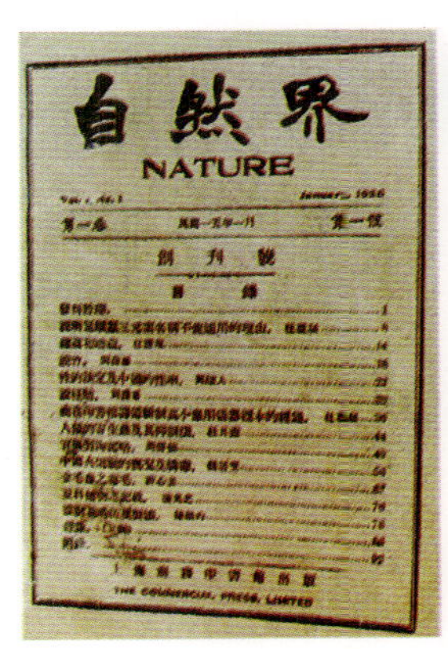

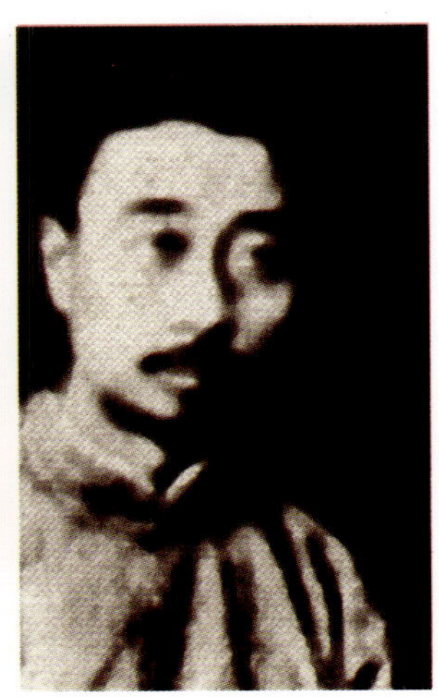
周建人和他主编的《自然界》(1926－1932)

此外，1979 年恢复编辑“外国历史小丛书”，前主编吴晗在“文革”中被迫害致死，复编后的主编由陈翰笙担任。这套丛书先后出版 400 余种，又按专题辑为 50 个合集。这是商务独创的，也是迄今为止全国惟一的一套外国历史知识丛书。

在丛书系列中，还有“美国丛书”、“日本丛书”、“世界名人传记丛书”、“中国文化史知识丛书”、“汉语知识丛书”、“汉语语法丛书”、“中国自然地理知识丛书”、“莎士比亚注释丛书”、“我知道什么？”（丛书）和“西域南海史地考释译丛”等等，都是公认的对学术研究或知识普及大有裨益的系列文化产品。

丛书之外还有大量的学术专著。译作方面像《宏观经济学》、《微观经济学》、《权力意志》、《法国革命论》、《光荣与梦想》、《经济与社会》、《理想的冲突》、《汉语口语语法》；著作方面像《汉语语法史》、《汉语词汇史》、《上古音研究》、《现代汉语语法讲话》、《文字学概要》、《历史语言学》、《英语史》、《拉丁美洲史稿》、《罗马法原论》、《中国自然地理纲要》等等，都是具有开创性的著作。此外还有老一代学者的文集，如已问世的《吕叔湘文集》、《胡绳文集》等等。

随着时代的前进，建国 50 年来，尤其是改革开放的 20 年来，商务印书馆出版的中外语文工具书，无论品种还是质量，都可以说已经迈越前修。

汉语工具书出版 50 余种（不含修订版）。其中《现代汉语词典》是国内外公认的当代最具科学性、权威性的汉语词典，已发行 3000 万册。汉城东亚出版社出版了韩国版。《新华字典》为中小学生必备的语文学习工具书，已发行 3 亿册，遍及全国。《辞源》是我国少数的几种多卷本权威性工具书之一。

茅盾

沈德鸿（茅盾）1921 年改革《小说月报》

胡愈之 1932 年任《东方杂志》主编

《东方》杂志创刊号

叶圣陶

郑振铎、叶圣陶 1922 年—1928 年继任主编。

何炳松（1929 年）任编译所长

冰心

巴金

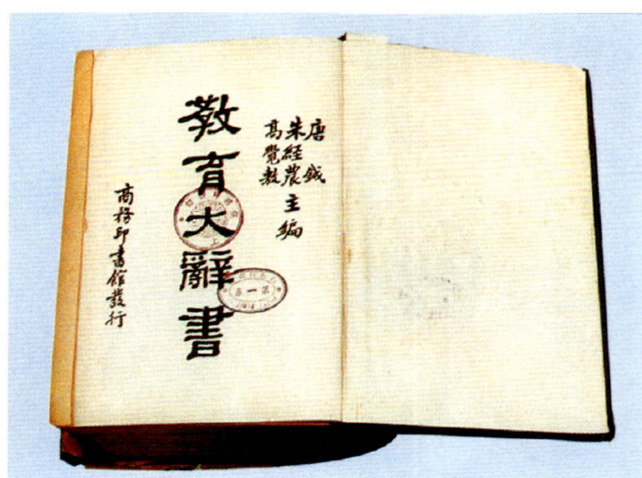

《教育大辞书》

《中国古今地名大辞典》
《中国人名大辞典》

丁玲、胡也频

老舍

“中国文化史丛书”（1936 年）

《古汉语常用字字典》是目前当代最具权威性、实用性的小型古汉语学习工具书。《古代汉语词典》、《汉语成语考释词典》及《红楼梦语言词典》、《世说新语词典》等，都是长期的科研成果。

外语工具书出版近 200 种（均不含修订版），其中英、法、德、日、俄五个语种共百余种，西班牙、阿拉伯、印地、葡萄牙、朝鲜、越南、印尼、意大利、波斯、荷兰、罗马尼亚、捷克、世界语、拉丁、塞尔维亚克罗地亚、泰国、缅甸、乌克兰十八个语种的词典共 40 余种。在这许多外语工具书中，1979 年出版的《汉英词典》一经问世，更风靡全国，发行总量超过 100 万册，其质量得到国内外学术界的高度评价，并且很快被外商购去版权。《英华大词典》从 1956 年至 1979 年，一直是惟一的一部可供大学水平读者使用的英文工具书。1984 年修订第二版，发行 60 余万册，曾经作为国家领导人的礼品书赠送英国首相撒切尔夫人。

对于西班牙语等十八个语种的词典，1994 年 10 月 24 日《光明日报》曾经有这样的评论："在一些出版单位和个人热衷于追求出版利润的时候，商务印书馆和它邀集的 300 多名学者，却在默默无闻地做着一件功在国家、民族、子孙的事业：出版小语种词典，为中国走向世界、世界了解中国架起桥梁。""学者们甘守清贫，耐得寂寞，将一部部填补我国乃至世界出版空白的辞书，奉献于世。"这就是商务的精神。1997 年 5 月，在上海举

袁翰青

陈　原

近年出版的部分图书

陈翰伯

林尔蔚

商务印书馆是改革开放以后较早进行对外合作出版的出版社之一。图为商务印书馆总经理杨德炎与牛津大学出版社代表签订协议。

行的商务 100 周年座谈会会场入口处有对联写道："古今名著贯通千载；中外辞书涵盖五洲"。商务印书馆就是以这样的理念和抱负，为中华民族的教育昌明和文化建树，在时代的潮落潮起之中，坚韧不拔地奋斗了一百年！

在改革开放的 20 年中，商务印书馆还完成了两件具有开拓性的工作：一、率先开展对外合作出版，二、建立"商务印书馆国际有限公司"。

商务印书馆已经迈进第二个一百年，并且即将跨入 21 世纪。为了迎接这两个新的纪元，商务已经调整了部署、补充了人才，酝酿新的规划。前进的口号已经高悬于主楼的门厅之上——用他们的劳动为人类的理想插上翅膀！他们将站在商务印书馆的书山之巅，观世界新文化之沧海，乘一百年奋斗之雄风，"承先启后，继往开来"。

"外国历史小丛书"的编印始于 60 年代周恩来总理的倡议，是以名家手笔撰写普及读物的佳例。

《新华字典》、《现代汉语词典》、《辞源》是权威性的语文工具书。经过修订后，质量更上层楼。

部分外语工具书

台湾商务印书馆股份有限公司

商务印书馆马来西亚有限公司

商务印书馆新加坡分馆

商务印书馆香港有限公司

商务印书馆上海办事处

商务印书馆北京琉璃厂门市部

商务印书馆

商务印书馆国际有限公司

商务印书馆国际有限公司是由北京商务印书馆、商务印书馆(香港)有限公司、台湾商务印书馆、商务印书馆新加坡分馆、商务印书馆(马)有限公司于 1993 年共同投资建立的中国第一家综合性中外合资出版机构。

五年来,商务印书馆国际有限公司继承商务"普及文化"、"开启民智"的一贯精神,在辞书、教材、各种知识性丛书以及光盘的制作出版方面走出了自己的路子。至 1999 年初,共出版英语、汉语工具书 22 种。这些辞书既不失商务传统风格,又多有创新而富于时代性。其中《最新高级英汉词典》获 1995 年中国辞书奖,《汉语成语辨析词典》获 1998 年新闻出版署直属出版社第四届优秀图书奖校对奖。《汉英国际经贸词典》、《英汉国际经贸词典》等辞书都深受读者欢迎,短短三年多时间已出到第 6 版。1999 年 1 月出版的《新世纪小学字词通典》是一本面向新世纪、面向素质教育的通用小学语文工具书,内容分 26 个义项,立体展现每个常用汉字的不同功能;它独特的版式还获得了国家专利。其所配《小学识字伴侣》是一张电脑与 VCD 通用光盘,具有声音、图像、笔顺演示、字谜例句、汉字成因演示等多种功能。1999 年 1 月 11 日商务印书馆国际有限公司在人民大会堂向 100 所希望小学赠送了《新世纪小学字词通典》。此书在 1999 年北京全国图书订货会上首次征订数突破 10 万大关,码洋达 1380 万元。

在辞书的出版上,值得特书一笔的是商务印书馆国际有限公司对《新华字典》的第二、第三代形式的改造。公司预计于 1999 年第三季度推出《汉英双解新华字典》,它是北京商务印书馆 1998 年第 9 版《新华字典》的英译本,集汉英两种释义于一典。双解本保存了《新华字典》的全部原文:11100 多个单字,3500 个带注解的复音词、词组,8 项附录,9 幅插图。全文译成英语,并邀请专家教授审订、编校,从而使该字典成为一本对学习汉语、英语的海内外广大读者实用而方便的参考书。《汉英双解新华字典》的制作同时也是在为《英汉双解新华字典》电子版奠定基础。商务印书馆国际有限公司预计在 1999 年同时将《新华字典》改造成为一部汉英交互式多媒体字典。《汉英双解新华字典》电子版保留了双解字典的全部原文和基本风貌。它在原字典的拼音、部首、笔画、繁异体字、多音字功能外,增加了朗读、汉字书写示意图、汉字标准笔顺演示等功能,中英文可随时切换,因而也大大方便了外国读者学习和使用。电子版还提供了多个检索入口,如拼音、部首、笔画、注音检索。并具有屏幕拷贝功能。《汉英双解新华字典》的电子版没有着意于复杂的功能设计,而充分保留了原版本的简洁实用和典范

1998 年 5 月 20 日,商务印书馆国际有限公司《全唐诗》暨《百衲本二十四史》电子版出版座谈会在北京华侨大厦举行。图为全国人大常委会副委员长许嘉璐在会上讲话。

的权威性。它的开发成功将成为中国辞书跻身于数字化时代的一个里程碑。

《新编汉语教程》是为外国留学生、海外华人等编写的新一代汉语教程，荣获 1998 年新闻出版署直属出版社第四届优秀图书奖选题奖。"新世纪小学教材"《英语》、《语文》均为吸取了最新教学研究成果的新编实验课本系列教材。汉语知识性丛书、英语学习参考书，如"当代英语丛书"（20 种）、"趣味英语系列"（5 种）、"汉语知识丛书"（3 种）等也都受到了读者的普遍欢迎。

商务印书馆国际有限公司的学术著作也大多荟萃了中华经典。如由季羡林先生亲自坐镇编纂的"中国禅学丛书"，囊括了《禅和文化与文学》、《禅与东方文化》等著作。1998 年以简体字重排再版的《文学大纲》作为第一部真正的世界文学史和比较文学史巨著，隆重纪念郑振铎先生诞辰一百周年。《中国太极拳统真大典》、《孙子兵法》（丝绸本）等图书是公司 1998 年底到 1999 年初最新推出的图书精品。

该公司在出版图书精品的同时，还出版电子出版物和音像制品。它以传播中华文明、整理文化国粹为宗旨，出版有"中华文明系列"、《 <英语世界> 100 期精华》、《全唐诗》和《百衲本二十四史》等电子出版物。其中《百衲本二十四史》电子版以本世纪 30 年代商务印书馆张元济先生主编的同名书为底本，依原貌以高点阵图形方式收存《百衲本二十四史》原书版片达 132340 页，前四史配以全部人名、地名、书名的数据库，其它各史配以全部人名的数据库，并提供全新的、实用功能强大的智能化检索。《全唐诗》电子版则以清代扬州诗局本《全唐诗》为底本，对五万余首唐诗逐一标引，运用结构性数据库语言进行规划整理，具有全文及其他多种检索功能，可在中文 WINDOWS95 和 DOS 平台下运行。这些光盘都深受中国大陆和海外华人读者的欢迎。

作为国内第一家也是惟一的一家外向型合资出版机构，商务印书馆国际有限公司自成立以来成功地进行了多次版权贸易。其中有台湾合记图书出版社从公司购得《中国医学大辞典》的版权，台湾正中书局购得《禅与中国艺术精神的嬗变》的版权等。最大的一宗版权贸易是 1998 年商务印书馆国际有限公司一次性授予台湾商务"中国古代生活丛书"40 种书的全部版权。"中国古代生活丛书"是由国内一批优秀的中青年学者，以生动通俗的语言评述中国古代文化及生活的普及性学术著作。公司也引进了一些国外的优秀图书品种，如内容精致、形式活泼的英语学习书及最新的英语辞书等。

商务印书馆国际有限公司采用先进的科学技术和管理模式，尤其是 1998 年董事会换届后，公司更是加强了外向型现代出版企业的管理力度，管理实现制度化、规范化，从而成为一家继往开来、宗旨鲜明、人员精干、管理科学的外向型现代出版企业。

1999 年 1 月 11 日，商务印书馆国际有限公司"《新世纪小学字词通典》出版发行暨向 100 所希望小学赠书仪式"在北京人民大会堂隆重举行。

生活·读书·新知三联书店

历史的光荣

在中国现代出版史上，三联书店的地位是特殊的。

三联书店的前身是 30 年代创建于上海的生活书店（1932 年）、读书出版社（1936 年）和新知书店（1935 年）。三家书店团结和联系了一大批进步文化人士，产生了像邹韬奋、胡愈之这样的先锋知识分子，出版《生活》周刊、《大众哲学》等进步书刊，翻译《资本论》和苏联文学作品等优秀读物，为中国的民族解放和进步文化事业呼号呐喊，深刻影响了现代中国的文化历史进程。

1948 年 10 月，三家书店在香港合并成立生活·读书·新知三联书店。

自 1951 年起，三联书店并入人民出版社。1954 年，三联书店编辑部一度成立，翻译出版或重印了一系列世界学术名著和中国著名学者的文史著作，如凯恩斯、黑格尔、康德和陈寅恪、邓之诚、向达等人的作品，为知识界提供了一批有价值的学术文化著作。

《读书》创刊

1979 年，三联书店编辑部恢复工作，第一件大事就是创办《读书》。

知识界有一种说法，谈三联很难绕开《读书》杂志。其实，谈改革开放 20 年来中国的学术和文化也很难绕开这份杂志。近 20 年来，三联在文化界的影响就是从《读书》开始的。

1979 年 4 月，《读书》的出世对于禁锢已久的中国文化界不啻是一声惊雷。在当时思想解放的大背景下，那场作为开篇的“读书无禁区”的大讨论，冲破思想文化领域的陈规禁忌，给中国读书界带来一股清新之风，许多读书人至今记忆犹新。

创办之初的班子很特别：原国家出版局局长陈翰伯发起，局党组成员同时担任商务印书馆总经理的陈原主舵，出版家范用和倪子明、翻译家冯亦代、漫画家丁聪等出谋划策，史枚主内编辑，董秀玉主外组稿。管理体制也很特别：《读书》由三联出版，在人民出版社内办公，但直接对出版局党组负责。特殊的时期，特殊

邹韬奋创办《大众生活》（1935 年 11 月）

生活书店的创办人邹韬奋

的方式，担负着特殊的使命。

《读书》的内容包罗古今中外，文化思想内涵丰富，她的特点在于人文精神和思想智慧。并由此奠定了恢复建制后三联出书的基本风格。

今天，《读书》已经成为中国知识分子钟爱的一片思想园地，她扎根于这片国土，是中国文化人思考中国事物的刊物。

创业者的先声

在经历了几十年的曲折之后，许多文化人和青年学生都有一种"书荒"之感。

这时候，三联一方面积极整理出版解放前一些有影响的书籍，选择重印了许多作家的经典作品以满足大众读书的迫切需要。如请董乐山重新翻译的《西行漫记》、闻一多的文集、朱自清的小品文字、吕叔湘的《语文常谈》、朱光潜的《诗论》等等，成为这一时期人们喜欢的旧版新书；同时推出一大批著名学者和作家的优秀新作，杨绛的《干校六记》是记录那个荒唐年代的先声，费孝通被打成"右派"平反后写的第一本书就是那薄薄的《访美掠影》……《傅雷家书》自 1981 年初版起，重印十数次，影响了一代代读书人，感染了无数的青年。

在出版界，三联最先注意发掘学术史上顶尖人物的学术生活，向青年后学介绍他们的治学路径和方法，展现这些大师们的品格、旨趣乃至师友情谊。自 1982 年出版《励耘书屋问学记》（史学家陈垣的治学）起，这套丛书陆续推

主持《生活》周刊的胡愈之

生活书店的前身生活周刊社

出了黄侃、郑天挺、章太炎、贺麟等人的“学记”。

《读书》为三联团结和联系了一个稳定的作者群，扩大了在读者中的影响，以杂志的文章和作者为基础，逐步“开发”出一套为广大读书人喜爱的“读书文丛”。从书谈起而又无所不道，志趣高雅而又妙趣横生，形成了这套读书小品的基本风格。在这里，有许多饱学之士透出灵性和智慧，又有许多文人墨客抒发对似水年华的追思。

激发青年人的读书兴趣，开启热爱文化的新风尚，是三联书店在改革开放之初出书的主要思想。

为思想解放呼与号

早在 1979 年，三联书店编辑部就积极筹备恢复三联书店独立建制事宜。在许多三联老同志和国家有关部门的支持下，三联书店于1986 年 1 月恢复独立建制。

刚刚“分家”出来的三联书店，拿着这块沉甸甸的牌子，除了 30 万元资金和不多的一点纸型以外，“家底”的薄弱是可想而知的。即使这样，许多职工还是选择了三联作为自己栖身的家园，他们相信三联的前途。没有房子，就租地下室办公；没有版权专利，就到处跑稿子；没有宿舍，大家相约自己解决……就这样开始了艰难的创业。从那时起，三联人曾几度流离搬迁，从朝内大街到东四六条，十年之内搬了六次家。然而，匮乏的物质条件并未稍减三联人的创业热情。大家充满信心、团结一致，为改革时代、为思想解放，全力以赴，奔走呼号。

“现代西方学术文库”、“新知文库”、“文化生活译丛”和“研究者丛书”是三联在这个时期的标志性出版物。

“现代西方学术文库”所选皆现代西学典

全国人大常委会、中宣部、新闻出版署的领导参观三联书店。总经理董秀玉同志向领导介绍情况。

三联《生活周刊》(1995 年创刊)

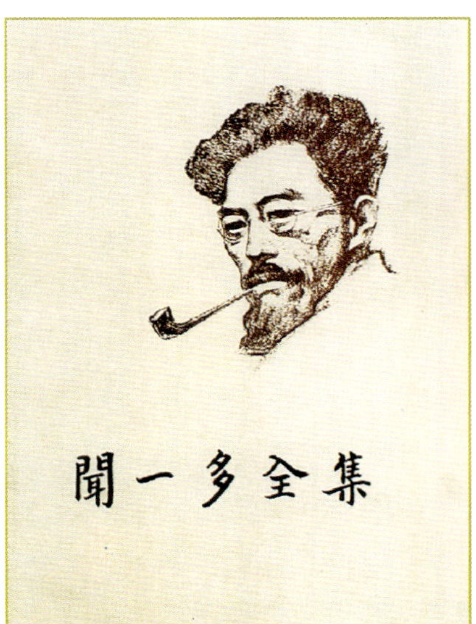

1982 年重印的《闻一多全集》

1979 年重新翻译出版的《西行漫记》

《傅雷家书》自 1981 年起至 1998 年已出到第五版

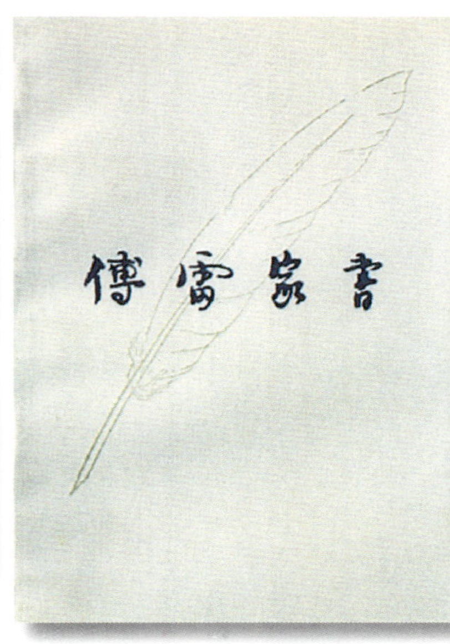

籍，译介了大量人文和社会科学新思潮、新知识；“新知文库”是国外一流学者研究性和介绍性的学术普及读物；“文化生活译丛”则为大作家的小作品，开创了学者思想随笔的先河；“研究者丛书”中的几种理论新著在当时引起理论界的极大关注。

巴金反思“文革”、执著“讲真话”的《随想录》引起争议。《随想录》合订本出版之后，巴金给三联书店写信说：“是你们用辉煌的灯火把我这部多灾多难的小著引进‘文明’书市的。”这本书受到读者热烈欢迎，获得首届“国家图书奖”。

坚守根本 发展两翼

90 年代初期的三联书店，虽已小有名声，但仍面临新创企业实力不足的现实困境。面对市场，诱惑巨大；面对文化、面对传统，又深感责任重大。在这样的时刻，老三联的文化精神和学术文化界的共识，支持着三联人做出了郑重的选择：接受挑战，拒绝诱惑；坚守尊严，增强实力。

面对社会上种种“卖书号”、“搞承包”、“一条龙”等做法，三联人提出了“坚守文化尊严，追求一流品位”的出版目标，以高质量、高品位图书来营造品牌优势，奠定发展基础。

面对纷乱的文化市场，面对可怜的订数，三联人明白，只有注重经营、增强实力、努力开拓和占领市场，严肃文化才能得以流布。发展自己的分销连锁店、直销中心和读书俱乐部的大发行思路油然而生，打开图书通道成为三联

1987 年出版的《随想录》合订本

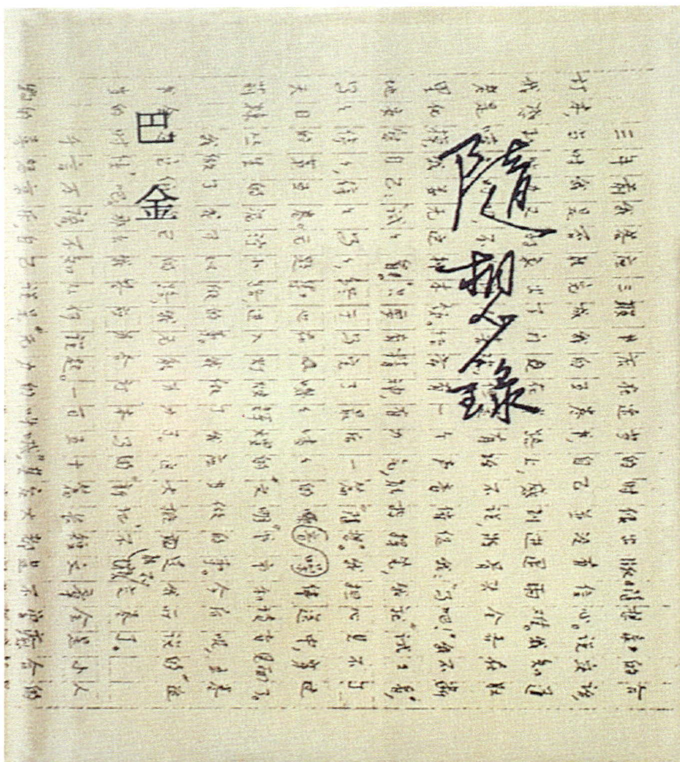

早期的《读书》月刊封面（1979 年 4 月创刊）

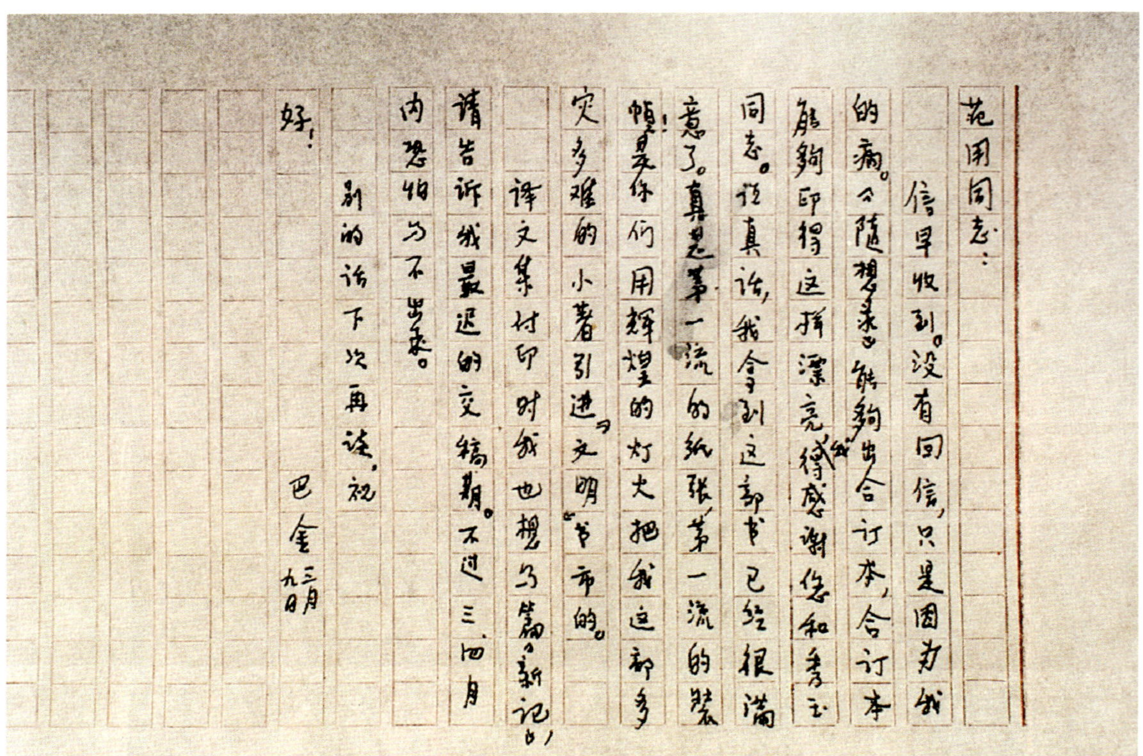

范用同志：

信早收到，没有回信，只是因为我的病。《随想录》能够出合订本，合订本能够印得这样漂亮，我感谢您和秀玉同志。讲真话，我拿到这部书已经很满意了。真是第一流的纸张第一流的装帧！是你们用辉煌的灯火把我这部多灾多难的小著引进“文明”书市的。

译文集付印时我也想写篇“新记”，请告诉我最迟的交稿期。不过三、四月内恐怕写不出来。

别的话下次再谈，祝

好！

巴金

三月九日

《随想录》合订本出版后，巴金写信给三联书店表示感谢。

人数年奋斗的一个经营大目标。

信息社会到来，时代脚步加快，世界瞬息万变，三联人越来越迫切地感到出版业介入媒体的重要。以《读书》杂志为起点，三联书店制定了以《读书》、《新知》和《生活》三个主干刊物带动一个杂志群的媒体发展计划，以更深入、更及时地贴近时代和大众，团结更多的作者和读者。

坚守根本（图书出版），发展两翼（杂志群和通道），三者相辅相成，走向国际型的大出版业，成为三联发展的总思路。

怀揣着每月三百来元的平均工资，却在地下室里雄心万丈地描绘着自己的未来蓝图，时值 1993 年的三联人，禁不住有些悲壮，然而绝对真诚，绝对齐心。

发展才是硬道理

这是三联人最喜欢的一句话。

在发展中求生存，以发展求突破，是三联人身体力行的创业思路。

呼唤新的文化启蒙，加强社会科学选题分量，关注现实社会变革是三联书店 90 年代出版的着重点。

“三联·哈佛燕京学术丛书”标志着中国新一代学者著作化时期的到来，标志着一个吸吮中西文明学养的中青年学术群体的兴起；“公共论丛”则记录了青年学人借鉴当代西方新学对急剧变革中的中国政治、经济和社会制度的思考。

对于西学的译介，由“现代”转到“当代”，更加注重著作的前沿性和问题性。“学术前沿丛书”反映国外最新学术进展；“法兰西思想文

《读书》月刊创办人之一范用为读者签名留念（1996 年）

反映国外最新学术进展的“学术前沿丛书”

“中国近代学术名著丛书”

化丛书”对我国学术界及时了解欧洲最新思想脉络具有重要意义;“宪政译丛”旨在借鉴他邦宪政理论与实践,推进我国的宪政建设。

整理先贤著作,注重文化积累,传递中华学术的薪火,成为三联 90 年代选题的重要方面。“中国近代学术名著丛书”是上一个世纪之交学人们著作的精当读本;《吴宓集》、《钱钟书集》和《陈寅恪集》是对中国现代学术史上三位横跨中西、饱学古今的大学者已刊未刊全部著作的系统整理。

三联还拓宽了传统的出版视野,贴近时代脉搏,关注大众的阅读兴趣。“经营智慧丛书”着重译介西方企业界新潮的经营理念;“科学人文丛书”反映当今世界最新边缘学科的进展;“地球村观察丛书”描绘对当今世界的观察和思考。“目击者丛书”、“蔡志忠古籍经典漫画”和“金庸作品集”则开一时雅俗共赏的风气之先。从傅雷先生的《世界美术名作二十讲》和《米开朗琪罗传》插图珍藏本的推出和热销,读者又看到了三联在发展图文书方面的努力和势头。

1995 年,《三联生活周刊》草创。今天,她正以崭新的面貌赢得越来越多读者的喜爱。杂志内容紧切时代主题,涉及当今人们关心的各个话题,传递各种变化着的生活观念,呈现出一幅幅快速跳动的时代画卷。最扣人心弦的是那一篇篇“封面故事”,人们透过记者那富有时代感的文笔,感受扑面而来的生活新潮。

著名漫画家丁聪在三联韬奋图书中心为读者签名留念

台湾著名漫画家蔡志忠在三联韬奋图书中心为读者签名留念

三联书店老同志部公文先生参观三联韬奋图书中心

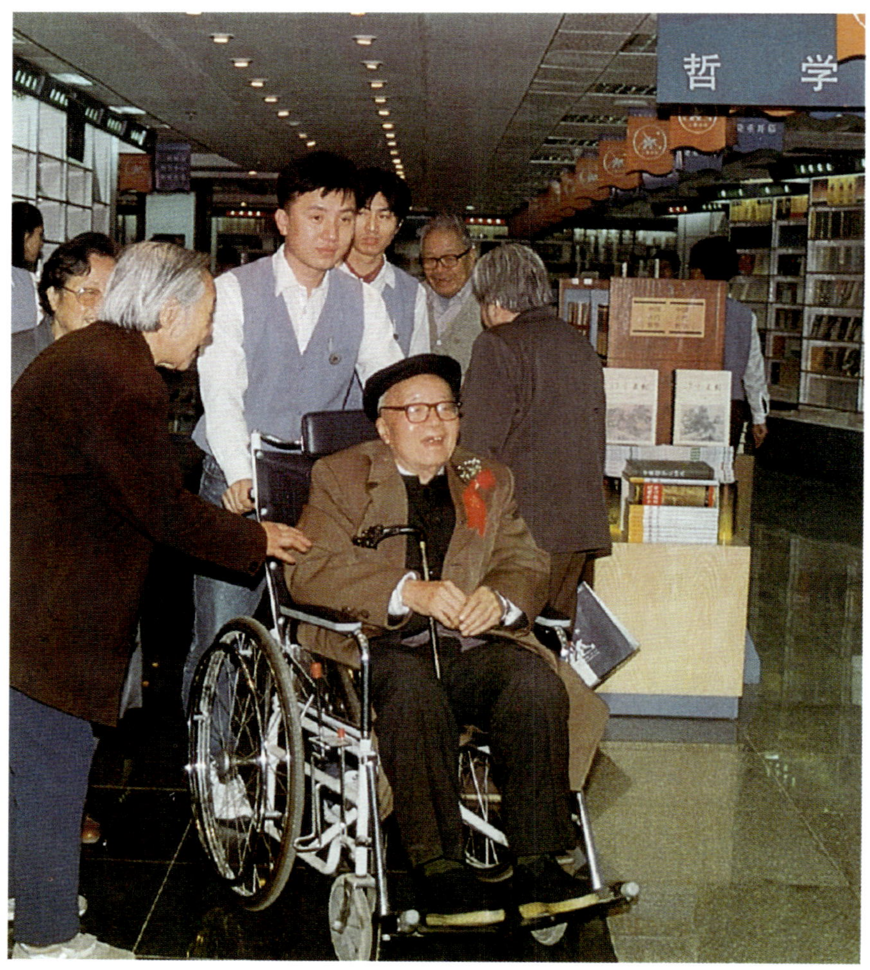

三联书店出版的部分人文著作

创刊于 1994 年的《爱乐》着重于音乐文化，是音乐爱好者自己交流音乐生活感受的园地。与流行音乐书刊不同，《爱乐》默默静守严肃音乐这块“净土”。在这里，一些爱好者吐露着古典音乐留给人间的欢歌，另一些人则诉说着民族音乐包涵的永恒魅力。通过这些，《爱乐》正把越来越多的人们带进神圣的音乐殿堂。

今天，《新知》正在筹建，《人文地理》、《竞争力》即将试刊，三联正一步一个脚印地走向她的杂志群。

几年来，三联韬奋图书中心已成为北京市一道重要的文化景观。她不仅是北京读书人喜爱的去处，也是全国各地文化人到北京浏览选购最新优秀图书的佳地，还是文化出版界举办文化活动的重要场所。店面宽敞，环境幽雅，在优美的音乐旋律里，在浓郁的翰墨书香中，读书人在这个精神的家园里流连忘返。

三联的分销店在全国各地已发展到十几个，不但对于改革传统的图书发行体制和更新观念有所影响，更重要的是建立了与读者面对面沟通的渠道，大大增加了三联本版图书的销量。

在各地开设的三联直销中心和新近发展的读书俱乐部，是针对三联发展成套图文出版物和其他专类读物而设置的，目的是改善服务、加强与读者直接沟通、强化对图书的导引和推介、把好书直接送到读者手中。

经过五年的发展，中坚加强，两翼初成。出版社本部（不计分销店等）销售收入增加 20 倍，职工个人收入增加 10 倍。在国家支持下，三联自筹部分资金盖起了新的办公大楼，有了自身发展的基地。逐步建立了一支年轻的高素质的编辑队伍。改革开放的 20 年，为三联的成长发展带来了前所未有的机遇和空间。经过十几年的努力，三联有了一些进步，然而面对飞速发展的时代，面对读者的期待，我们的差距还很大。我们正在不断反思、检讨和总结。为了迎接新世纪的到来、为了三联的进一步发展，三联人愿以自己的全部心力、全部智慧重新出发，投入建设三联的新时代。

1996 年，三联书店搬进美术馆东街 22 号新建的办公大楼。

三联书店济南分销店内景

外文出版社

外文出版社是一家国际性的综合出版社，从事各类外文版图书的编译出版，读者对象主要为外国读者；同时还出版外语读物、工具书和部分中文图书以满足国内图书市场的需求。外文出版社现隶属于中国外文出版发行事业局(中国国际出版集团)。

独特的发展道路

1949 年 11 月，中央人民政府新闻总署国际新闻局成立后，即开始以外文出版社的名称出版外文版图书。1952 年 7 月 1 日国际新闻局撤销后，正式成立了专门从事对外书刊宣传、编译出版外文版书刊的外文出版社。当时出版社在行政上隶属出版总署，业务方针由中共中央宣传部领导。出版总署在《关于中央一级出版社专业分工及其领导关系的规定》中指出：“外文出版社是国家对外宣传的外文书刊统一的出版机构。”

为了完成对外书刊宣传任务，外文出版社成立初期设有编译出版外文版图书的图书编译部和编译出版外文版《人民画报》、《人民中国》、《北京周报》、《中国文学》、《中国报道》等期刊的编辑部。1963 年为适应对外书刊宣传事业发展的需要，经国务院批准，在外文出版社的基础上，成立了具有对外书刊出版发行事业管理职能的外文出版发行事业局(国务院直属)。原外文出版社所属的图书编译部独立成为外文图书出版社，后又改为外文出版社的名称沿用至今。

外文出版社于 1966 年成立了副牌出版社新世界出版社（1986 年独立），专门出版外国人撰写的有关中国情况的外文版图书；1986 年又相继成立了专门出版汉语教材的副牌出版社华语教学出版社和专门出版儿童读物的副牌出版社海豚出版社。

中美合作的《中国绘画三千年》大型画册首发式。外文出版社与美国耶鲁大学出版社合作的大型出版项目“中国文化与文明丛书”首卷《中国绘画三千年》中文、英文和法文版于 1997 年 9 月出版，随后又分别授权韩国和我国台湾地区出版了韩文版与中文繁体字版。该书曾作为江泽民主席访美的国礼赠送给美国总统、副总统和国会议员。英文版 1998 年初获美国出版商协会学术最高奖。

外文出版社出版各种文版的党和国家领导人著作，曾用 18 种文字出版了《毛泽东选集》；用 7 种文字出版了《邓小平文选》。

广阔的出书范围

外文出版社是一家担负着党和国家书刊对外宣传任务的出版机构，又是一家综合性的出版社。该社出书范围广阔，除自然科技类图书外，其出书范围几乎涵盖了整个人文图书领域。近半个世纪以来，曾用多种文字翻译出版了大量的党和政府文件、马列著作、毛泽东著作、其他党和国家领导人的著作和政治理论书籍。同时还翻译出版了我国许多古典、现代和当代的文学精品以及艺术画册、儿童读物等。

1978 年以后，随着我国实行的改革开放政策，外文出版社的出版方针也发生了较大的变化，加强了针对性，出版更适合国外需求的图书。除继续用多种文字出版党和国家领导人的著作、政策文件、政治理论和文学作品外，将出书重点放在编译出版介绍中国基本情况和改革开放的书籍上，出书范围也随之扩大，增加了中国基本情况、中国传统文化、经济、法律、史地、医疗保健、儿童读物、汉语教材等类图书。一改过去宣传品的面孔，以贸易的形式进入国际图书市场，发行到世界一百多个国家和地区。同时，积极参加各类国际书展，通过版权转让和合作出版等形式，使我国的图书通过国外的出版机构进入国外发行主渠道。

传统医药和保健系列书。外文出版社是第一家将中国传统医学介绍到国外去的出版社。英文版《中国针灸学》一书已被世界上大多数针灸学校采用为教科书，并成为针灸医生的案头参考书。

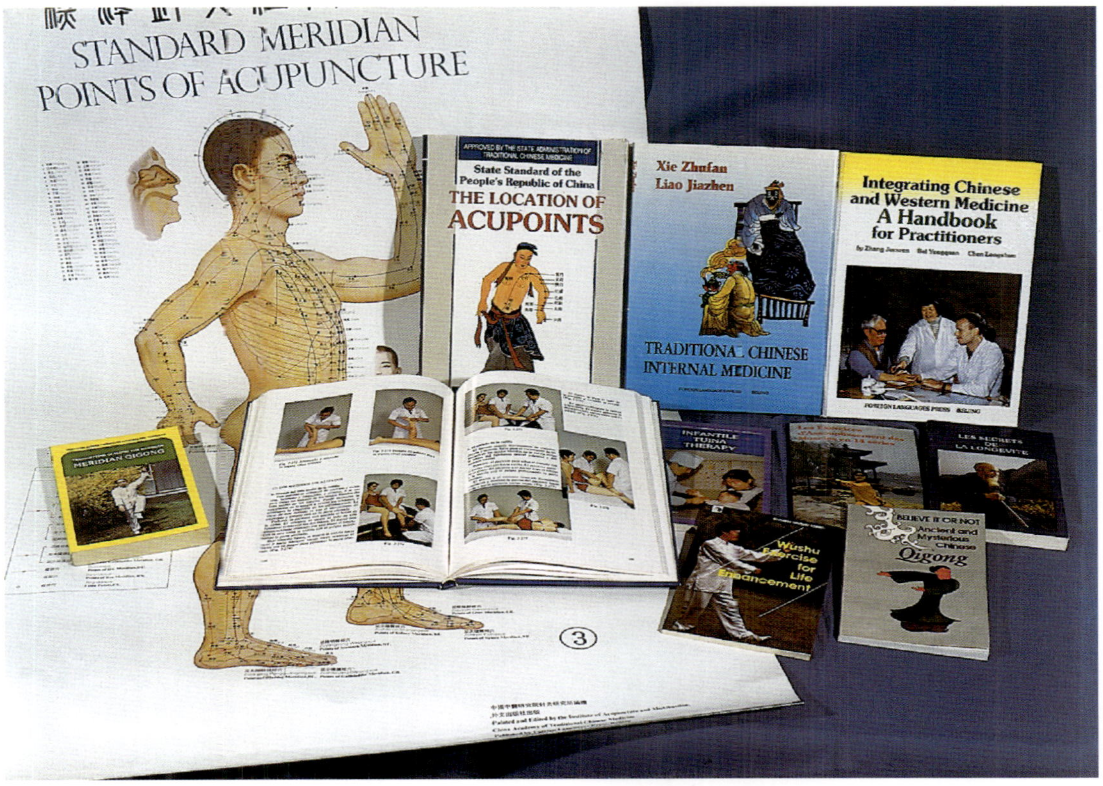

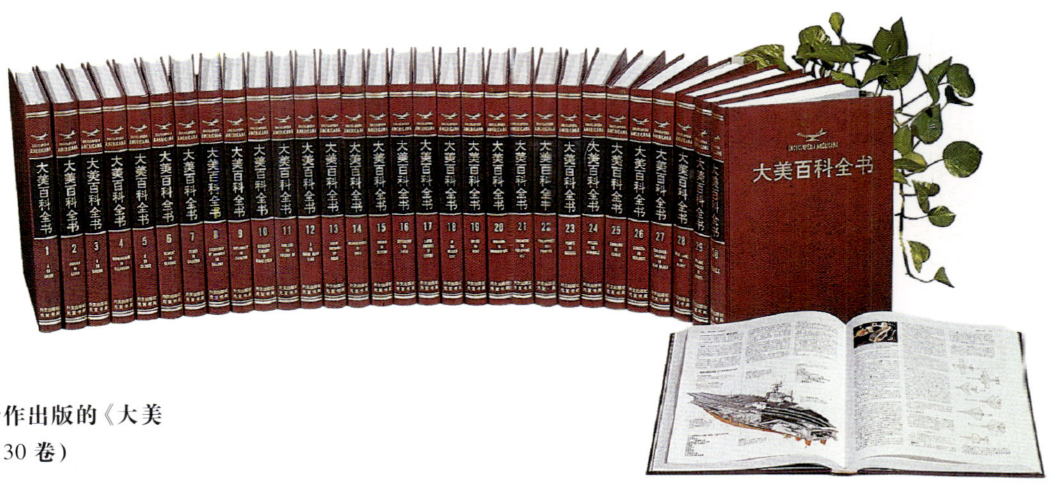

与美国和台湾地区合作出版的《大美百科全书》中文简体字版(30 卷)

我国的古典文学四大名著已全部用外文出版

丰硕的出版成果

外文出版社成立 47 年来，用 40 多种文字编译出版了大量外文版图书。近年年平均出书约 500 种，共出书 16740 种，印数达 3.5 亿多册。多种图书在国内外获奖。

（1）用多种文字编译出版了一大批马恩列斯经典著作、毛泽东著作、党和国家领导人著作以及法律、政策文件等图书。

（2）编译出版了多种文版的近 600 部中国优秀的文学作品。其中绝大多数为中国古典、现代和当代文学作品中的精品。

（3）用各种文字编译出版了一批介绍中国基本情况、传统文化、医疗保健、历史地理的图书和画册及儿童读物和汉语教材。

雄厚的编译力量

外文出版社根据自身的特点，设有中文编辑部和各种外文的翻译部，拥有一支既懂对外宣传、又懂出版的专业队伍。最多时曾设有 26 种文字的翻译部门，用 46 种文字出版图书，如英文、法文、俄文、德文、西班牙文、意大利文、葡萄牙文、日文、朝文、泰文、越南文、缅甸文、老挝文、柬埔寨文、印尼文、印地文、乌尔都文、泰米尔文、孟加拉文、阿拉伯文、波斯文、斯瓦西里文、豪萨文、蒙古文、罗马尼亚文、世界语等。为提高译文质量还常年聘有外籍专家。一批著名的中外专家和翻译家，如爱泼斯坦、沙

精美的各类画册和旅游书籍

由华语教学出版社出版的专供外国人学汉语的图书

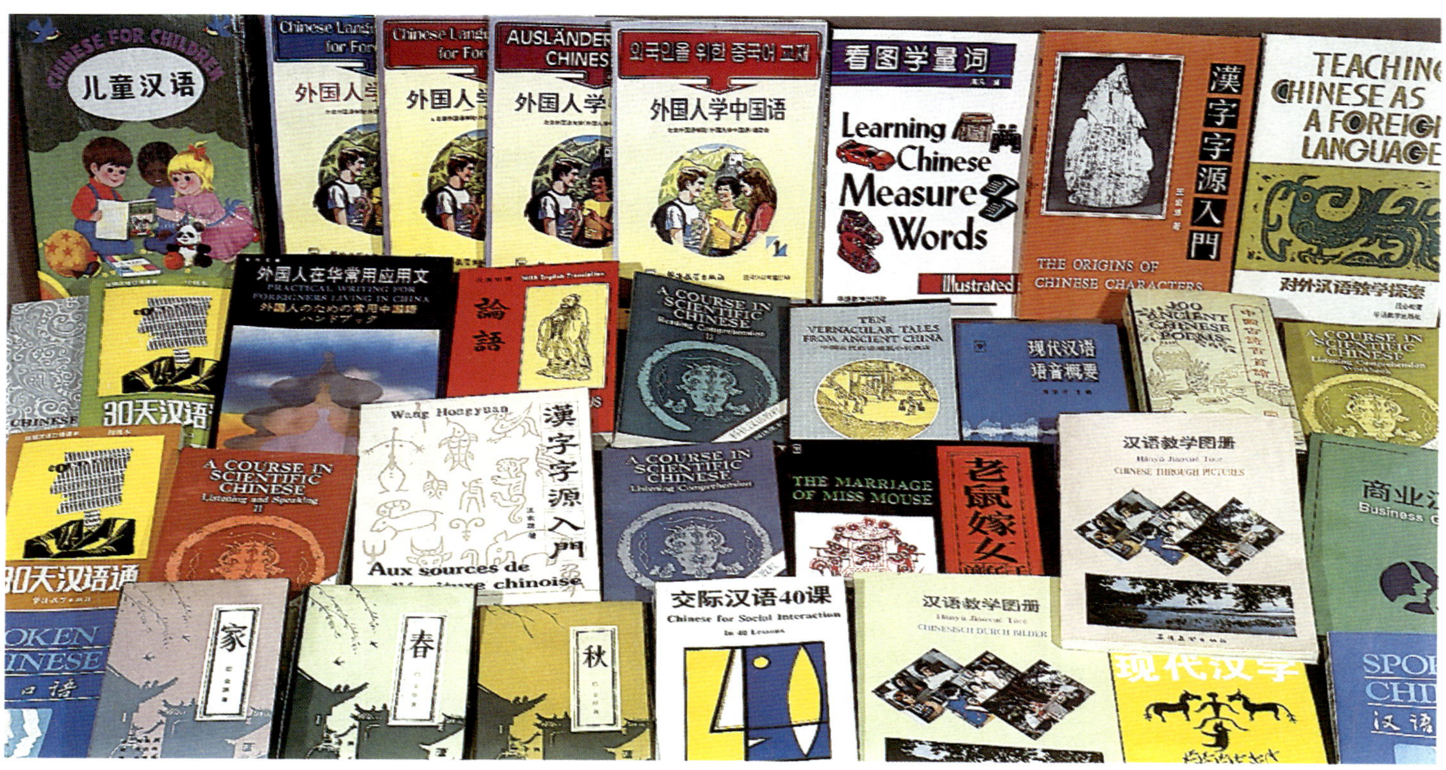

博理、戴乃迭、戴妮丝、横川辰子、陈必娣、萧乾、叶君健、杨宪益等均曾在外文出版社工作过。

目前，外文出版社正在开拓编译合一的新的道路，使出版物更具针对性、更适合国外市场、更受广大读者欢迎。

多样的合作出版

为了更好地做好对外图书出版工作，使中国图书走向世界，除了自己出版外文版图书外，还采取了向国外出版社转让版权和合作出版的方式，并取得了喜人的成绩。

出版社从 80 年代初期就开始与国外和港台地区进行各类外文版图书的版权贸易，截止到 1998 年共售出版权 156 种。

同时出版社开展了与国外共同编辑、合作出版的多种项目，为中国图书走向世界闯出了一条新的捷径。

成功的版权引进

外文出版社在与国外进行合作出版与转让版权中，贯彻“以进带出”的方针，积极开展了版权引进的工作。自中国参加国际版权组织以来，营造了一个良好的国际间的版权贸易环境，给外文出版社带来了新的发展机遇。截止到 1998 年，先后引进了各类版权 240 种，取得了很好的社会效益和经济效益。

多层次的外语读物与工具书

跟上时代步伐

近几年来,随着改革的深化和图书出版国际市场的变化,外文出版社及时地调整了出版结构。改革开放后,世界需要了解中国,中国也需要了解世界。新的时代对外文出版社提出了新的要求,一方面要继续做好对外图书的出版工作,尤其是加强针对性,提高图书质量,注重市场,讲究效益;另一方面又要加强对外合作出版与版权贸易,设法通过国外的图书出版与发行主渠道,把中国的图书推向国际市场。

过去,出版社把出版重点放在国外的图书市场上,忽视了来华学习、经商、工作和旅游的外国读者。改革使外文出版社从“机关型”转向了“经营型”,提出了要加强“两个市场”的口号。为此,成立了自办发行的推广发行部,使出版社的图书进入了宾馆饭店、机场码头,甚至超级市场,改变了在国内买不到该社图书的局面。

“为两类读者服务”即为国际和国内读者服务,是出版社近年来提出的另一个口号。为了满足国内读者学习外语的需要和发挥该社外语的优势,外文出版社开始了外语读物和工具书的出版,同时还适量出版翻译作品与中文图书。音像读物与多媒体图书也是外文出版社开拓的一个新的领域。

外文出版社经常组织外国专家外出采访。图为德文专家在四川采访。

外文出版社版权人员在国际书展上与外商谈判

外文出版社自 1983 年起,每年都参加法兰克福图书博览会和其他国际书展,进行图书推销和版权贸易。图为法兰克福国际图书博览会中国展厅。

由海豚出版社出版的多彩的儿童读物

外语教学与研究出版社

改革开放的产儿

外语教学与研究出版社（下称外研社）是在改革开放中应运而生的一家大学出版社，由北京外国语大学创办于 1979 年。成立之初，全社只有七八个员工，50 平方米的办公室，靠借款 30 万元人民币起家。如今，外研社全员 450 人，从事出版的员工便达 250 人，已出版图书 2800 多种，销售 2 亿多册。1998 年销售码洋 3.1 亿元人民币，利润达 4000－5000 万元。这不寻常的 20 年不仅使外研社发展成为我国最大的外语出版机构之一，同时还为外研社向着一个学术性、教育性、多种媒体的出版集团迈进奠定了基础。1998 年，外研社被中宣部、新闻出版署命名为全国“优秀出版社”。

“心中有读者，眼中有市场”

外研社成立之初，外语图书市场百废待兴。外研社靠着出版一批薄薄的英汉小读物和几本小词典就过上了好日子。到了 80 年代中后期，出版物市场开始了激烈竞争，卖方市场向买方市场转变，“靠天吃饭”的旧生产模式受到严峻挑战。正是在这一背景下，刚刚留学归来的编辑部主任李朋义及时提出了“心中有读者，眼中有市场”的口号，他带领编辑开展了市场调查，并要求编辑定期提供市场调查报告。根据市场需求，外研社适时制定了“集中精力，抓拳头产品”的出版策略。随着一系列改革措施的成功实行，外研社勃发出生机和活力。近年来，外研社遵照新闻出版署关于

外语教学与研究出版社成立之初，外语图书市场百废待兴。靠着出版一批薄薄的英汉小读物和几本小词典，外研社就开始活跃起来。

80 年代，外语图书市场开始了激烈竞争，卖方市场向买方市场转变，“靠天吃饭”的旧生产模式受到严峻挑战。“市场观念”开始引起当时出版社各部门同志的关注。

“转型”的指示精神，严格实施精品战略，进一步加强管理、优化结构、提高质量，较好地完成了“阶段性转移”的任务。现在外研社每年出书550种，但新书仅为150种，曾连续三年再版率高达80%，形成了以教材、辞书、读物、电视教育和学术专著等为特色的“精品群”，取得社会效益、经济效益的丰收。

“不换观念就换人”

随着改革的深入，企业的现代化观念必须深入人心，企业竞争关键在于人才的竞争，作为现代出版人应该易于接受新思想，不断更新自我的出版观念。社长李朋义经常告诫社内干部要改变落后保守的思想观念，用社长的话说，外研社要发展，观念上的障碍一定要扫除，“不换观念就换人”。

现代化的人才观念在外研社得到了体现。外研社积极改革人事制度，坚持干部能上能下，干部年轻化、知识化、专业化。同时，外研社还注意人才结构的调整，力争人才的多样化。在坚持多年编辑人员高学历的培训制度后，外研社又开始引进一批高级工商管理人才、财务人才和计算机人才等，使全社的专业技术人员和经营人员的素质得到极大提高。

外研社以岗位责任制来定岗定编，并实行全员年终考核，做到奖惩与业绩挂钩；注重精神鼓励，同时合理拉开收入差距，使得分配制度向合理化的激励机制转变，不断破除旧有的

人才是发展的关键。外语教学与研究出版社于90年代初，克服编辑力量薄弱的困难，开始了编辑人员高学历培训计划。如今四十多位编辑中，90%以上拥有博士、硕士的学历，使该社高质量图书的出版有了保障。

平均主义的分配方式，焕发了员工的工作热情。

“大项目、大投入、大产出”

外研社实行以“社长负责制”为基础，以“社务委员会”、“编辑委员会”和“经营管理委员会”这一集体领导民主参与的模式来经营管理。在生产经营上，多采用“大投入、大产出”的宏观操作手段；同时严格经济核算，降低成本，加快资金流动速度，以创造最大的经济效益。

作为以外语教育为方向的出版社，外研社还把与国外的出版合作放在本社发展的重要位置。自 1983 年签订第一项涉外图书出版合同以来，外研社至今已有国际合作项目 500 种，合作伙伴遍及欧、美、澳和东南亚等，特别是同牛津、剑桥、皮尔逊和朗根舍等世界著名语言教育出版公司建立了良好的合作关系。在国际合作过程中，外研社坚持“以我为主，互惠互利”的原则，运用“大公司、大项目”的策略，多与国外伙伴共同策划出版针对中国市场的选题；共同组稿、共同投资，以占领市场最高点；新版《新概念英语》的出版就是这种合作的范例。在把国外的优秀出版物介绍给中国读者的同时，无疑外研社也在国际出版界树立起自身的良好形象，赢得广泛关注。

“外研精神”是什么？集体英雄主义是 1997 年外语教学与研究出版社新春联欢晚会的主题，也是外研社不断走向胜利的一大法宝。图为 1997 年外研社春节联欢会演出场面。

周一上午 8：00—10：00 是外研社经营管理委员会的例行生产经营协调会。图为该社数十位部门主任与社领导参加协调会。

“外研精神”

外研社在走入市场的历程中，逐步营造着属于自己的一种企业文化。市场教给外研社最初的也许只是简单的产品推销，但外研社从“推销”中学到了“营销”，认识到“销售一种教材即推广一种教学法”；从“营销”中学到了“服务”，自觉“外研社要为推动我国外语教学与科研而尽责”；从“服务”中学到了“品牌”，那就是，要通过大量的一贯的精品图书、音像制品的出版影响与引导读者，使外研社成为优质品的代名词根植于读者心中；再从“品牌”中学到了“企业形象”，即不断通过改善工作环境、更新员工精神面貌、宣扬企业经营理念和提升文化氛围等措施来营造企业文化，展示外研社的整体形象，从而赢得更广泛的信赖与更广阔的发展空间。市场这一客观的环境验证了外研人的一种主体精神：勇于开拓，进取不息。

新版《新概念英语》的出版，标志着外语教学与研究出版社国际合作走向更高的层次。图为出版社有关部门负责人正在与国际友人洽谈合作项目。

英国文化委员会主席肯娜迪女士访问外研社。外研社的国际声誉与日俱增。

完善自我的“三级跳”

外研社的发展历程可谓在量的积累上不断谋求质的突破。80 年代，外研社借助外语学习的热潮，出版了一批受读者欢迎的外语书，在同类大学出版社中崭露头角，完成了第一次的飞跃；到了 90 年代，外研社通过开发选题、开拓市场、锐意改革，创造了巨大的经济效益和社会效益，在国内出版界中脱颖而出，实现了第二次飞跃；眼下，随着国际合作业务的不断扩大，外研社在国际上的知名度日益提高，外研社更加迫切地向着扩张实力、跻身世界出版之林的第三次飞跃努力；启动报刊工程、创办读者俱乐部、收购电子出版公司、联合兄弟出版社，外研社正朝着一个学术性、教育性的多种媒体的出版集团而奋力迈进。

外研社建立了全国第一家外语读者俱乐部，为广大英语爱好者开辟了一条学习外语的新途径。图为外研社的部分同志正在与部队官兵座谈学习外语的体会。

外研社与英联邦口语协会合作在中国每年举行一次全国大学生英语辩论赛

外语教学与研究出版社绝不是为着出书、卖书而存在的，“推销一种教材就是推广一种教学法”，外研社立志要为推动中国的外语教学与科研而有所作为。1998 年末外研社向全国大学庄重承诺：1999 年免费培训全国大学英语师资 1000 人。图为外研社召开的“全国大学英语教学研讨会”。

立在京城西北的“外研社大厦”被誉为“中国出版第一楼”，这是外研人的骄傲，也是中国出版界的一道亮丽风景。

文物出版社

文物出版社成立于 1957 年，是我国出版文物考古类图书的专业出版社。

文物出版社的出书范围包括：博物馆藏品、石窟艺术、古建筑和重要出土文物的图录，重要的考古发掘报告，文物考古和博物馆学术专著、工具书和参考书，传世和出土的重要文献资料，古代绘画、碑帖书法、珍本图书的复制品，近现代史迹，著名革命家和文化名人手稿、墨迹和纪念性图集、文集，中国古代历史、文化、艺术和文物考古知识的普及性读物等等。

建社 41 年来，文物出版社已出版不同档次、不同规格的文物考古图书 3000 余种，总印数超过 1.5 亿册。

文物出版社始终坚持正确的出版方向，坚持出版高品位、高质量、高文化含量的图书，为展示新中国文物考古工作的成就、保护中华民族文化遗产、继承和弘扬我国优秀的历史文化做出了重大的贡献。文物版图书，在积累文物考古资料方面、在促进文物考古和博物馆事业的发展、科学研究的进步和中外文化交流方面发挥了不可替代的作用。文物版图书更以其鲜明的专业特色在我国出版界独树一帜；以图书的高品位、高质量而赢得了众多的国内外读者，树立了良好的形象，获得了很大的荣誉，已成为一家在国内外享有盛誉的国家级出版社。

1978 年以来，文物版图书在国际上和国内省市级以上各种图书评奖中获奖达 130 余次。例如：《中国美术全集・玉器卷》，1989 年获莱比锡国际最佳图书展览会“造型优美、印制精良”奖。《中国文物精华》和《清代宫廷绘画》，1993 年获第三届世界印刷大会“优秀印刷奖”。与日本讲谈社合作出版的《中国博物馆》，80 年代获日本文部省奖。《沙海古卷——中国所出卢文书》（初集），1990 年获第三届陆文星、韩素音“中印友谊奖”。

文物出版社现在办公地点——原北大红楼

近年来部分获奖图书、奖牌和奖状。

以木板刷印方法印制的《乾隆版大藏经》（全书 724 函，7245 册）。

在国内，文物版图书《乾隆版大藏经》、《吐鲁番出土文书》、《睡虎地秦墓竹简》、《银雀山汉墓竹简》、《道藏》曾分别获全国古籍图书特别奖、一等奖、二等奖；《中国美术全集》、《中国石窟·敦煌莫高窟》（五卷本）、《明式家具珍赏》、《中国彩陶图谱》、《中国书画家印鉴款识》（上、下）、《纪念老一辈无产阶级革命家图集》（多卷本）分别获中国优秀美术图书特别奖、金奖和银奖。

在新闻出版署主办的历届国家图书奖评选中，文物版图书屡获佳绩。特别是在 1994 年的首届国家图书奖评选中，《乾隆版大藏经》、《中国美术全集》、《苏秉琦考古学论述选集》、《中国石窟·敦煌莫高窟》（五卷本）、《毛泽东书信手迹选》、《明式家具珍赏》、《睡虎地秦墓竹简》等分别荣获国家图书奖荣誉奖、国家图书奖、国家图书奖提名奖共七项大奖，获奖数为全国各出版社之首。

《中国历代艺术》、《西藏历史档案荟萃》、《中国古代建筑·布达拉宫》分别荣获“五个一工程”第四、第五、第六届入选作品奖。

1994 年，与台湾合作出版的大型图录《中国考古文物之美》（全 10 册）获台湾最高图书奖“金鼎奖”。

1994 年，文物出版社被中宣部、新闻出版署评选为全国 30 家优秀出版社之一。

文物出版社创造了骄人的业绩。“坚持特色、以质取胜、不断追求、精益求精”是文物出版社的成功之路。

《中国古代建筑》系列丛书

《中国古代书画图目》（全书 24 卷）

1. **发挥专业优势、坚持出书特色。**

文物出版社的出书范围窄、专业性强、读者面不宽，但是特色鲜明。从建社之日起，文物出版社就有明确的出书方向。坚持为文物考古事业和学科的发展服务，出版了一系列重要的考古发掘报告、多批重要的出土文献和许多高水平的学术专著。这些考古报告和出土文献是研究中国古代文明的第一手资料，一经出版，就引起国内外学术界的广泛关注。

文物版图书根据内容的需要，注意采用不同的纸张材料和不同的印刷装订工艺。除了铅印、胶印之外，还采用了珂罗版、彩铜版、雕版石印等传统工艺。装订工艺更是丰富多彩，形成了文物版图书的颇具民族性的印制特色。这些书中有的为不可多得的图书精品，本身已具有收藏价值，有的还被国家领导人作为国礼赠送友好国家，誉满海内外。

在保证图书专业特色和内在质量的基础上，实现文物考古类图书的系列化，已成为文物版图书的规模特色。

此外，文物出版社还非常重视普及读物的出版，陆续出版了“中国文物小丛书”、“文物考古知识丛书”、《文物鉴赏丛录》、《文物图典》、《中国美术文库》、《历代碑帖法书选》等普及文物知识的系列丛书。

文物出版社承担的《中国美术全集》16 卷、《中国青铜器全集》16 卷、《中国绘画全集》30 卷。

“中国石窟丛书”（全书 17 卷）

703

考古发掘报告、学术论著及出土文献资料。

部分书法方面的工具书

2. 重视编辑队伍建设保证图书质量

多年来文物出版社的图书从整体上保持了高质量，这除了得益于坚决贯彻党的出版方针、执行按专业分工出书的制度、选题论证制度、稿件“三审、三校、一读”制度，并拥有一支国内一流的专家学者型的作者队伍之外，另一个重要原因就是拥有一支有事业心的、有专业知识的、忠诚于出版事业的编辑队伍。

现在出版社已完成了编辑队伍的新老交接，编辑业务主要由中青年承担，许多重大的图书出版项目都是由他们来完成的。这支五十余人的编辑队伍中，全部都有大学以上文凭，获高级专业技术职称者占 65% 以上，他们之中有的获得“有突出贡献的中青年专家”称号，也有享受政府特殊津贴者。他们是出精品图书的可靠保证，是出版社兴旺发达的希望所在。

3. 积极开展对外合作出版业务

文物出版社是我国最早开展对外交流和合作出版的出版社之一。在非外文出版社中，该社的版权贸易成绩突出。

从 70 年代开始，文物出版社就与三联书店香港分店决定合作出版《敦煌艺术宝藏》

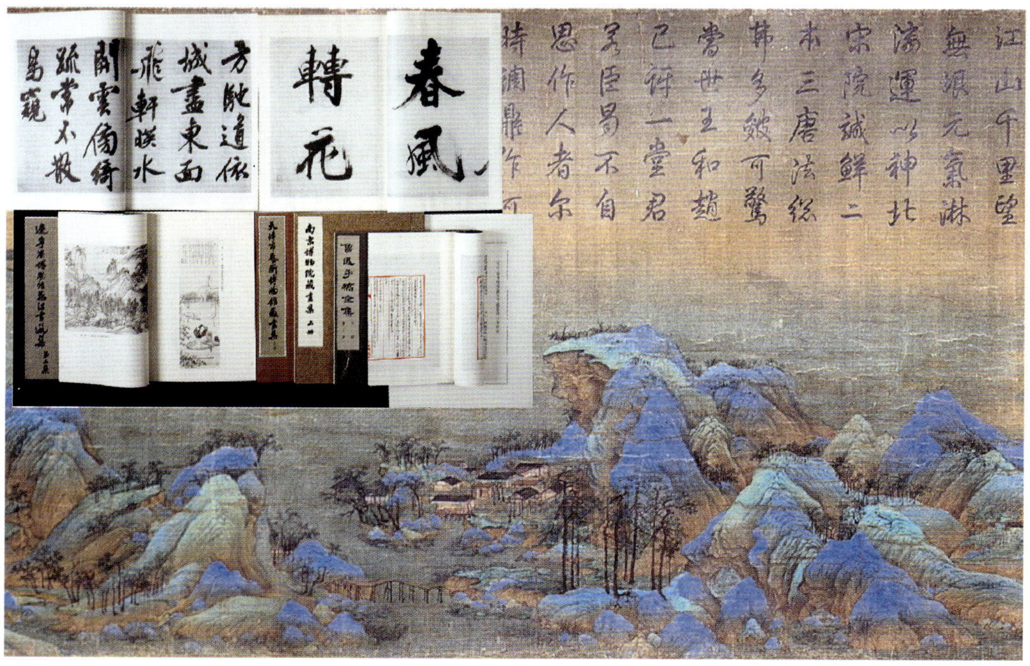

以珂罗版方法印制的《毛主席诗词墨迹》、《鲁迅手稿全集》及博物馆藏法书选集等。

以彩铜版方法印制的《两宋名画册》等

(中、英文版)。以此为开端,又相继与日本、英国、美国、南斯拉夫等国进行了多项出版合作业务。

文物出版社以自己独有的文物资源优势和鲜明的出书特色,以勇于开拓的精神,及时抓住历史机遇,成功地开展了对外合作出版业务,促进了中外文化交流,加强了大陆与港台之间的文化联系;也开阔了眼界,学到了先进的出版思想和技术,积累了对外合作出版的经验;一些大型图书项目克服资金不足的困难而得以实施;增加了出书的品种和发行数量,把文物图书的各种外文版推向了世界,扩大了影响。对外合作出版的成功,也降低了图书生产成本,增加了出版社的收入,促进了出版社的改革开放和发展。

文物出版社将继续坚持正确的出版方向,深化改革,加强科学管理,优化出书结构,保持自己的传统和出书特色,发挥自己的专业优势,以质量求效益,以特色图书、精品图书赢得读者和市场,创造无愧于时代、无愧于先人的新业绩,昂首迈向 21 世纪。

《文物》杂志及《书法丛刊》杂志

近年来出版的部分考古文物普及读物及光盘制品

与海外合作出版的各类图书

该社出版的近现代名人、老一辈无产阶级革命家系列图传及手稿墨迹等。

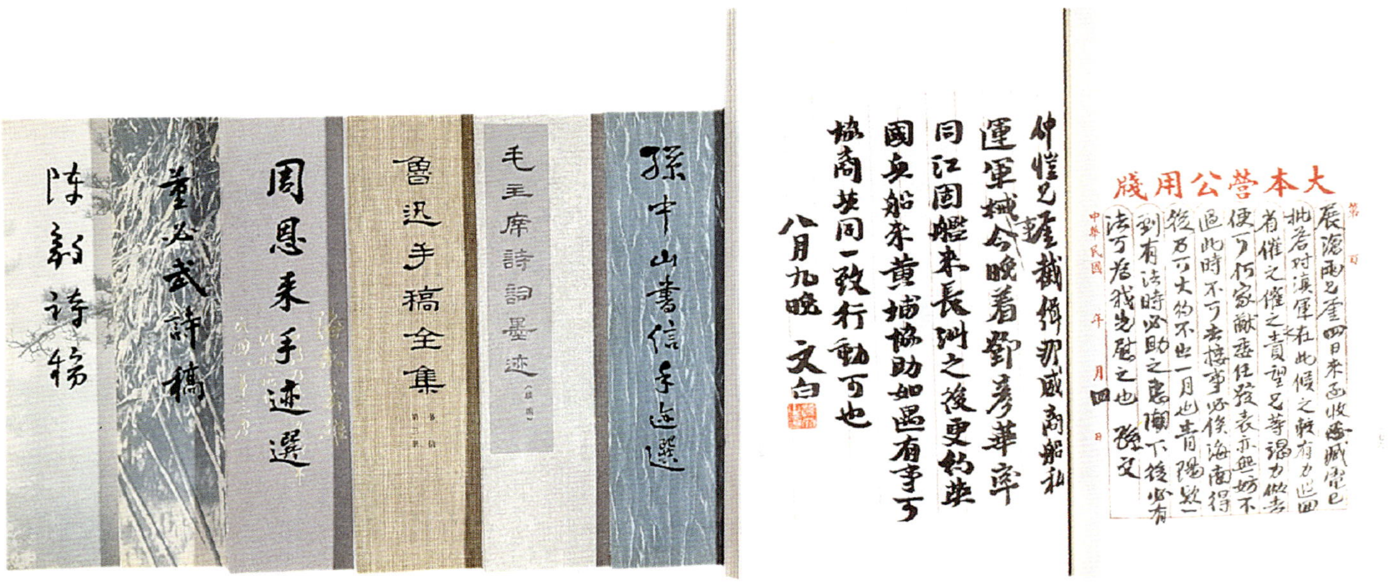

新华出版社

1979 年 5 月 8 日，新华出版社以其第一本书《实践是检验真理的惟一标准》的出版和500 万册的发行量，向全国广大读者隆重宣告了它的成立。从那时起，新华出版社依托新华通讯社采编网络遍布国内外、新闻信息快捷、联系渠道广泛、采写编译力量雄厚的整体优势，向各界读者奉献着丰富多彩的精神食粮。

毛泽东曾要求新华社“要把地球管起来”，新华出版社洞察世界全球化的潮流，以书会友，与海内外新闻工作者、摄影家、翻译家和各界作者建立了广泛密切的工作联系，并与美、英、法、俄、日、韩、意大利、保加利亚、奥地利、新加坡、以色列等国家和地区开展版权业务，面向读者响亮地提出了“读新华版书，做地球村人”的口号。

新华出版社作为新华社主管的以出版社科图书为主的中央级综合性大型出版机构，首先以出好新闻类图书为己任。多年以来，新华出版社出版了一系列理论上富有权威性、实践上富于指导性的新闻图书，如《毛泽东新闻工作文选》、《邓小平论新闻宣传》、《中国新闻实用大辞典》、《喉舌论》、“新闻入门丛书”、《中国当代新闻事业史》、《西方新闻理论评析》、《新闻传播学译丛》等；还出版了大量具有很高文

雄伟的新闻大厦是新华通讯社的主体建筑。新华社为新华出版社提供了极为丰富的图书出版资源。

改革开放之初，全国各族人民面临着解放思想、拨乱反正的历史任务，新华出版社出版的第一本书——《实践是检验真理的惟一标准》小册子，起到了将中央的精神深入人心的巨大作用。

献价值和参考价值堪称经典的新闻作品集，如“三 S 文集”（《斯诺文集》、《史沫特莱文集》、《斯特朗文集》）、《风云人物采访记》、《十个共产党员》、《彩色的世界》、《穆青摄影选》、《中国驻外记者文丛》等，获得了广泛的社会声誉，因而被赞誉为全国新闻图书出版的中心和重要基地。该社还开办中国新闻书店，成为全国新闻图书荟萃之地和新闻界读者之家。

新华版时政类图书包括国内政治和国际政治两大部分，及时、准确地反映国内外重大事件，帮助读者洞悉世界大势，把握时代脉搏。这类图书，是新华社宣传报道事业的延伸和重要组成部分，是我国人民了解国内外情况、深入理解党和国家决策的“窗口”。自从建社以来，该社出版的“精神文明建设丛书”、《人民的好干部》、《孔繁森》、《中南海纪事》、“香港回归丛书”、《中美首脑互访纪实》、“国际热点报告文丛”、“世界人权丛书”等受到了广大读者的热烈欢迎。

依托新华社雄厚的多文种的翻译力量和图书信息灵便快捷的有利条件，引进版权的翻译图书日渐成为新华出版社的重头产品。近年来，新华版翻译图书注重图书的文化品位，信息性、理论性、趣味性、实用性并重的特色日

新华社副社长高秋福同保加利亚前总书记日夫科夫的亲属洽谈《日夫科夫回忆录》中文版的出版事宜

在《苏联政治内幕：知情者的见证》出版之际，该书作者、俄罗斯国际问题专家格·阿·阿尔巴托夫来社访问。

美国著名的未来学家阿尔文·托夫勒与新华出版社原总编辑程克雄交谈

在法兰克福国际书展上，原总编辑程克雄与欧洲出版界人士在一起。

趋鲜明，并呈现出系列化、丛书化的发展态势。已经出版的《影响世界的著名文献》、"阿尔文·托夫勒未来学丛书"、《哈佛精品文库》、"国外大视野丛书"、"世界大企业家传记丛书"、"新世纪生活译丛"等，业已引起广泛关注。

新华社拥有丰富多彩的照片档案资料和遍及世界各地的摄影记者，为新华出版社画册、图片和挂历等艺术类图书的出版提供了得天独厚的有利条件，已出版的该类图书有《中南海珍藏书画集》、《革命伟人画册系列》（毛泽东、周恩来、刘少奇、朱德、陈云、邓小平）、《中华影星》、《改革之光——中国新闻摄影精品集》、《中国风光画库》和大型文献画册《香港回归》等。

新华出版社出版的供我国中高级领导干部参阅的内部图书也是其传统特色产品，为新华社发挥耳目喉舌功能开辟了一个新的渠道。这类图书，从中央领导人关注的重大问题、世界其他国家领导人注意解决的问题、我国各级党政领导干部关心的热点问题着眼，筹划选题，组织书稿。除前些年出版的《病夫治国》、《领导人》、《角斗场上》、《抓住时机》、《日本就是敢说"不"》、《秘密的金三角》、《卢泰愚传》、《风云突变——齐奥塞斯库垮台始末》、《李登辉的

薄一波、王震等同志出席电视片《中流砥柱》首映式和新华出版社出版的《人民的好干部》一书的首发式。

新华版部分重要新闻类图书一瞥

著名社会学家费孝通、新华社社长郭超人等同志出席中国新闻书店开业仪式。

一千天》等几十种书外，近年又推出了“国际问题参考译丛”、“国际政界名人译丛”、“两岸关系研究参考丛书”、“回顾与反思·苏联东欧问题译丛”等几大系列，为中央领导、有关部门和各地领导同志开阔视野、正确决策提供了重要参考。

新华出版社还编辑出版国家级的中英文版《中华人民共和国年鉴》，出版发行面向全国农村读者的《农村大世界》月刊，编印具有权威性的政府机构名录、国内外工商企业名录。《中华人民共和国年鉴》创刊于 1981 年，是受国务院办公厅委托出版的我国惟一的一部可刊载中国版图、国旗、国徽和国歌的权威性综合年鉴，每年以约 150 万字的篇幅及大量彩色图片，全面、准确地向世界介绍中国改革开放、现代化建设和社会发展的进程，已发行 100 多个国家和地区。《农村大世界》创刊于 1986 年，原为《农村年书》。《农村年书》的前身是 1964 年胡愈之先生倡议创办的综合性读物《东方红》。目前的《农村大世界》以讲解农村政策、介绍致富经验、传播科学知识、丰富文化生活为宗旨，是我国农民朋友的良师益友。新华出版社编辑出版的《中国工商企业名录》分全国分册、地方分册、行业分册三大系列，深受国内外工贸界欢迎。

在社会主义精神文明建设优秀图书交流会上，新华出版社出版的《热血颂》、《先锋颂》等书颇受读者欢迎。

新华版部分艺术类重要图书

新华出版社领导班子在研究工作

新华出版社出版的引进版权的译著

新中国出版 50年

线装书局

线装书局成立于1993年6月13日，由中国出版工作者协会主管、主办，是全国惟一的以弘扬中华民族优秀文化传统、以富于民族特色的典雅的线装书形式出版古今典籍为己任的线装书专业出版社。

植根于中华民族深厚肥沃文化土壤里的线装书，作为书籍的一种外观形式，它与书籍内容构成高度和谐的整体，体现了中华民族文化积累的深厚和高雅，其典雅独特的审美魅力是长存的。

线装书局成立的宗旨是：以线装书形式出版诗、书、画为主的中国古典文化要籍，当代学者包括海外学者的具有较高学术和艺术价值的著作，收集、整理、鉴别、修复、影印（或仿制）有价值的古籍雕版本书。几年来，书局的领导和同志们克服了各种困难，坚持出书方向，陆续出

《毛泽东选集》线装本

《周恩来旅日日记》、《周恩来南开校中作文》线装本。

版一批在学术上、艺术上有较高水平的线装书，受到出版界和读者的欢迎、肯定。在所出版的古籍学术著作中《明清孤本抄本戏曲丛刊》(全十五册)绝大部分是仅有的未面世的手抄孤本，部分稿本上尚有收藏家的题记及钤印。《明刊孤本画法大成》(一函八册)为明万历刊本，与《芥子园画谱》齐名，是孤本的第一次影印出版。《劫灰录》(一函四册)是一部极为罕见的晚明史料，许多史学家曾多次提及，皆无缘一睹。《古本小说版画图录》(二函十六册)堪称中国古本小说版画第一书。这些孤本、善本书的出版受到读书界、出版界的重视。

为了更好地展示古籍文化的内涵，线装书局还开拓了现已失传的传统简牍制书术。由总编辑、总经理谢云策划主编，著名书法家欧阳中石先生以清雅小楷书写的《老子道德经》，采用特

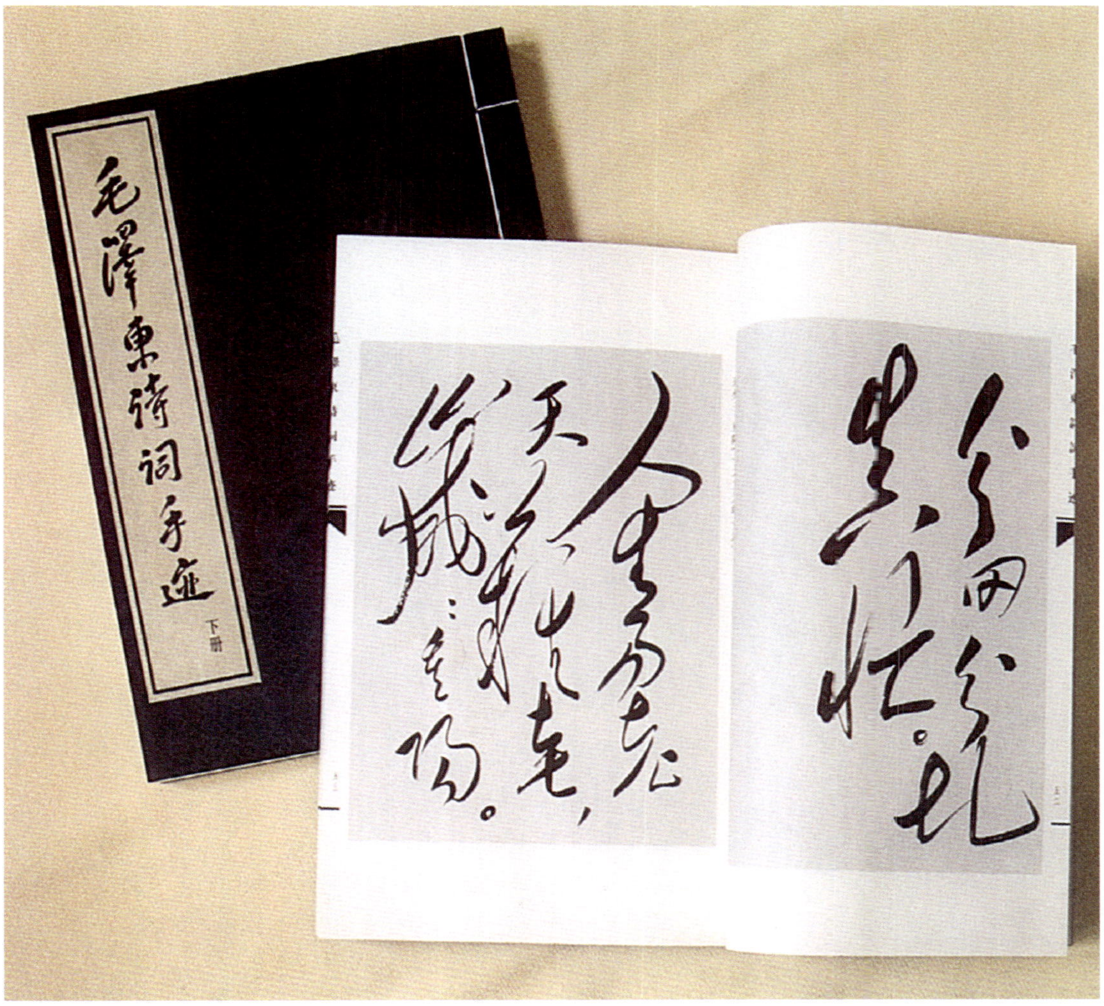

《毛泽东诗词手迹》线装本

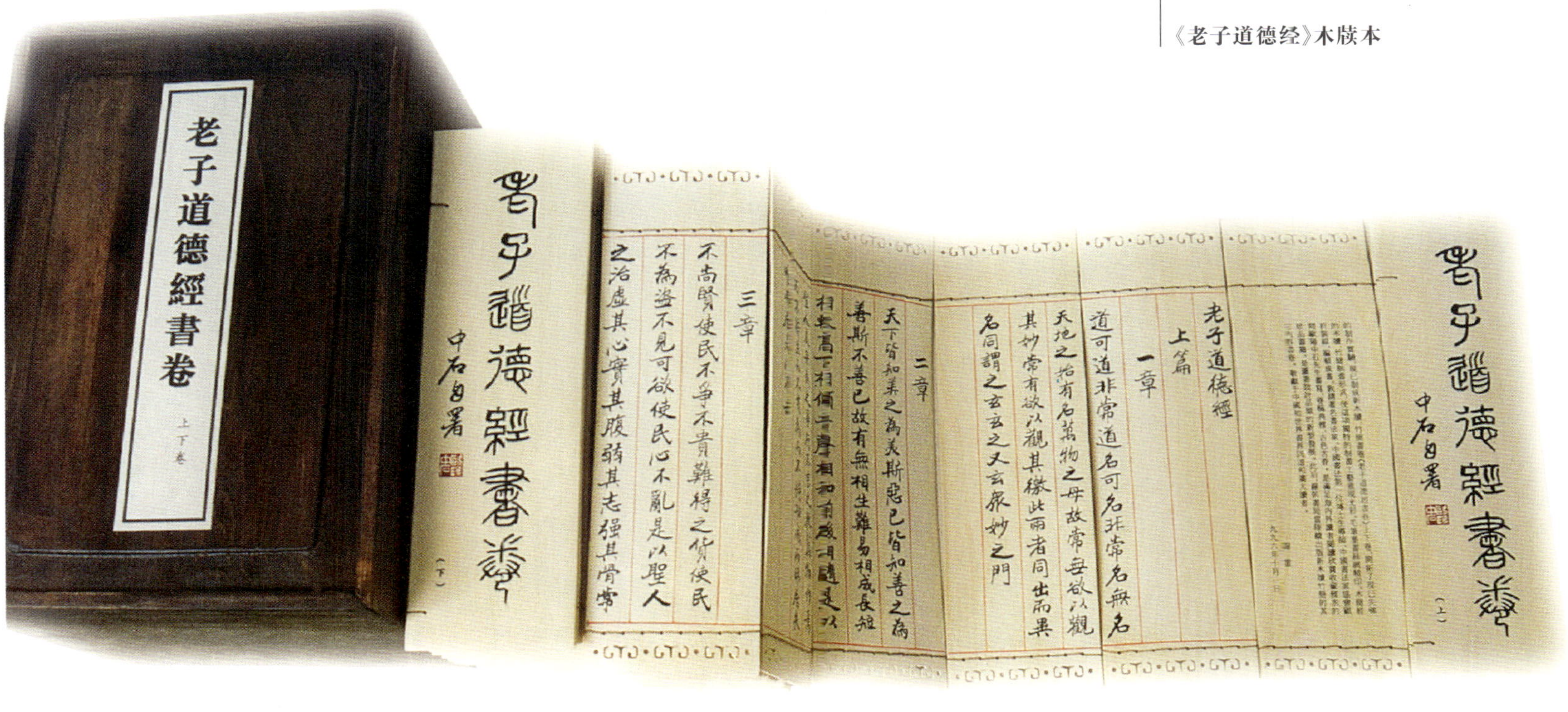

《老子道德经》木牍本

种工艺印制，木简折叠装帖，古色古香、精美典雅，很富传统特色。

在以线装书形式出版当代伟人的经典、学术著作及名家作品方面，线装书局结合需要，陆续出版了一批有版本价值、文献价值、收藏价值的线装书，拓宽了线装书的出版范围。线装本《毛泽东评点二十四史》是建国后线装书出版的最大工程。全套书 80 函，850 册，以毛泽东生前珍藏、阅读、批点的二十四史为稿本，突出了学术价值和文献价值。全国政协主席李瑞环亲自参加了在人民大会堂举行的“毛泽东与二十四史学术研讨会”，在会上发表重要讲话，强调要借《毛泽东评点二十四史》出版的时机，学习毛泽东读史用书、爱书读书的精神，使勤读书多读书成为习惯。

1997 年线装书局出版了由江泽民总书记题

1997 年 12 月 1 日，毛泽东与二十四史学术研讨会在人民大会堂举行，中共中央政治局常委、全国政协主席李瑞环发表了重要讲话。

新闻出版署署长于友先亲自审阅线装书《邓小平文选》，并与署办公室主任石峰和线装书局总经理、总编辑谢云一起商讨《邓小平文选》发行事宜。

写书名的 8 开本《毛泽东诗词手迹》、16 开线装本《毛泽东诗词集》较完美地展现了毛泽东书法和诗词的精深造诣，深受书法、诗词界的欢迎。

1998 年年底，线装书局出版了线装本《毛泽东选集》（四函十六册），繁体字竖排版，是《毛泽东选集》线装本的第一次公开出版发行，受到各界的关注。线装书局还出版了线装本《邓小平文选》（全三卷），也是一部重要的政治、经济、文化巨著。线装本《周恩来南开校中作文》和《周恩来旅日日记》均为首次公开印制发行，反映了该时期周恩来的思想演变状况及重要观点。

这些重要的经典、学术著作出版，丰富了我国的文献宝库，浓重的中国特色成为收藏的珍本、善本书。

作为线装书的专业出版社，将独树一帜的传统线装书制作工艺与现代工艺相结合，注意形式与内容的完美统一，高质量地出版古代和当代的典籍文萃，是线装书局要不断研究和追求的。我们真诚希望得到各界的支持和帮助，让源远流长的民族线装书在现代再呈异彩。

《毛泽东评点二十四史》线装本

中共中央党校出版社

中共中央党校出版社由中共中央党校主办、主管，是以出版社会科学读物为主的综合性出版机构。出版范围以宣传马列主义、毛泽东思想、邓小平理论和党的路线、方针、政策为主体；出书品种以全国各级党校、干校教材或理论专著和重要文献为重点，包括哲学、政治经济学、科学社会主义、中共党史、党的建设、法学、国际政治、文史、科技等方面的教材、干部读物、理论研究专著、重要文献、教研参考资料及工具书等。

中共中央党校出版社在改革开放的春风中诞生，随着干部教育事业的发展而成长壮大。1980年2月创办时，靠七八个人、贷款50万元起家，经过近20年的艰苦奋斗，自我积累，已发展成为拥有各类出版人才100多名，年出版新书200余种，出书码洋6000余万元，具有一定规模的中央级出版社。

中共中央党校出版社坚决贯彻执行党的出版方针，以宣传、讲解马克思主义、毛泽东思想、邓小平理论和党的路线、方针、政策为己任，以竭诚为全国党校、干校系统的教学科研、为全党的干部教育和思想理论建设服务为宗

乔石同志参观中共中央党校出版社建社10周年成果展

旨，形成了党校版书系的显著特色：

一、先后出版了 2000 余种深受广大读者欢迎的各类党校、干校教材，科研学术专著和干部理论读物。其中，《马克思主义著作选读》与《〈资本论〉节选本》累计印数达 40 余万册；范若愚、江流教授主编的《科学社会主义概论——中国社会主义基本问题》累计印数达 150 多万册，被 140 多所党校、干校和普通高校选作教材，获中共中央党校优秀科研一等奖；范平教授主编的《新时期党的建设教程》、高光教授主编的《中国社会主义初级阶段阶级结构研究》获全国通俗政治理论读物奖；仇启华教授

薄一波同志与中共中央党校出版社前任社长赵广亲切交谈

王震同志在《若干重大决策与事件的回顾》（上卷）座谈会上

主编的《现代垄断资本主义经济》获"吴玉章世界经济学"一等奖；李元明教授著《世界近代国际关系史》(上、下册)也受到广泛好评。中宣部理论局组织编写的《马克思主义哲学学习纲要》发行达 1600 万册以上，苏星教授著《论社会主义市场经济》和陈幼松著《大众高科技》获精神文明建设"五个一工程"奖；宋健主编的《现代科学技术基础知识》、龚育之教授著《中国特色社会主义论二十题》和《民族宗教知识手册》、《开创农村图书发行事业新局面》、

中共中央党校出版社出版的大型文献《中共中央文件选集》

《可持续发展》获中国图书奖；李岚清主编的《中国利用外资基础知识》、王珏教授主编的《市场经济概论》获“全国十佳经济读物奖”，另有多种图书获全国优秀畅销书奖。

二、为适应党校教学科研和全党干部理论学习和政治教育的需要，出版了一批具有重大价值的文献集和工具书。重要的文献有《中共中央文件选集》(1921—1949，共 14 册)、《十一届三中全会以来重要文献选编》、《农业集体化重要文件汇编》(1949—1981，上、下册)等，重要的工具书有《中国共产党历史大辞典》、《毛泽东思想辞典》、《毛泽东思想宝库》、《邓小平文选大辞典》等。

三、为了配合党的优良传统教育和党史、近现代革命史的学习，出版了一大批具有重大影响的回忆录和纪实作品，其中薄一波著《领袖·元帅·战友》获中国青年优秀图书奖；《若干重大决策与事件的回顾》(上、下册)、《毛泽东的人际艺术》、《一代伟人毛泽东》、《开国总理周恩来》获全国优秀畅销书奖；“中国国防科技报告文学丛书”获“五个一工程”奖；《世纪伟人邓小平》大型画册获国家图书奖荣誉奖；季

中共中央党校出版社的部分图书获奖证书及奖牌

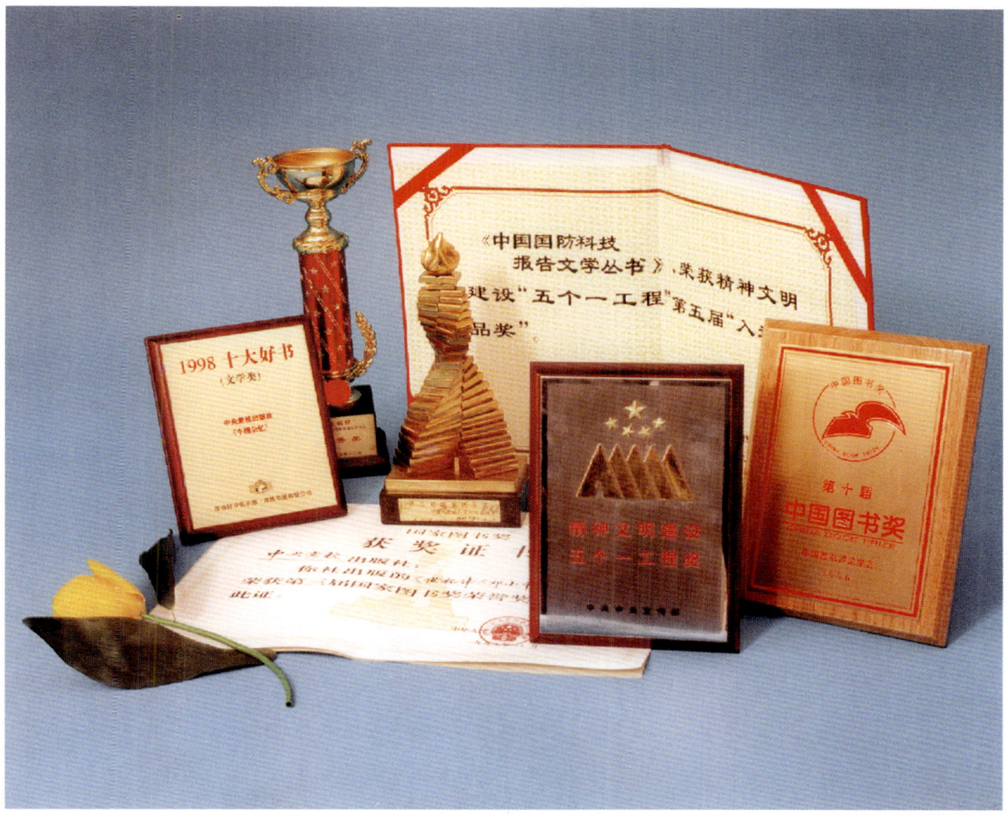

中共中央党校出版社出版的部分教材

美林著《牛棚杂忆》获“1998 年十大好书奖”。

四、作为干部教育的基地，该社十分重视干部理论专著的编辑出版。其中反映党和国家高层领导干部的革命实践和理论研究成果的“高级干部文库”被定为“九五”国家重点图书选题，已出版 30 多本。《领导方法与艺术精览》获全国领导科学优秀著作奖。

中共中央党校出版社重视高新科技在出版领域的应用，与中央文献出版社联合出版了激光光盘《中国共产党文献资料库》。1999 年 1 月出版的《邓小平理论研究文献》数据库光盘被列为国家“九五”重点电子出版物项目。

中共中央党校出版社出版的图书不仅受到国内广大读者的欢迎和厚爱，而且为海外的出版机构和广大读者所关注。先后有一批图书被多家台、港、澳出版机构购买版权，多种图书在海外出版；部分图书销往前苏联、美国、日本、法国、香港等国家和地区。

中共中央党校出版社出版的部分工具书

中共中央党校出版社出版的部分传记和纪实类读物

中国财政经济出版社

中国财政经济出版社成立于 1961 年。从成立到“文化大革命”停止出版业务，是中国财政经济出版社的创业阶段。在这 5 年中，以出版经济、财政、会计、商贸、轻纺等图书与教材为主，共出版图书 363 种，发行 1246 万册；出版期刊 5 种，发行 1510 万册。此间出版的有关财经政策、理论和业务方面的图书，质量较高，影响深远。

1973 年底，中国财政经济出版社经国务院批准恢复工作，改由财政部直接领导。从恢复工作到 1978 年党的十一届三中全会召开，是中国财政经济出版社恢复与重建阶段。在这 5 年中，图书选题不断优化，出版质量不断提高，出版队伍得到锻炼与加强。此间共出版图书 141 种，发行 1976 万册；出版期刊 9 种，发行 1018 万册。特别是 1973 年至 1974 年，全社会面临严重的“书荒”，他们克服种种困难，千方百计，群策群力，组织出版了一批社会急需的财经图书及大中专教材，缓解了“书荒”，受到了社会各界的欢迎和好评。

现任该社领导。左起：副社长贾杰、社长兼总编杨天赐、副总编辑罗林、副社长李莉。

1961 年 3 月，中国财政经济出版社成立时全体人员合影。

1979 年至 1998 年，中国财政经济出版社步入持续发展的阶段。出书范围在原有财贸经济的基础上，扩大了业务范围。先后开拓了金融、证券、世界经济、税务、审计、外贸等图书的出版。出版范围涉及经济类各个学科领域，品种繁多、门类齐全。20 年中，中国财政经济出版社共出版图书与教材 6808 种，总数达 1.85 亿册。其中新版图书 4249 种，年均 212 种；重版图书 2559 种，年均 128 种。积极实施精品战略，在全国省、部级以上图书评比活动中，共有 205 种精品图书获奖。《财经大辞典》、《中国经济软着陆》等 12 种图书获“中国图书奖”和国家级奖；“影响新中国经济建设的十本经济学著作”，中国财政经济出版社拥有两种，即《论竞争性市场体制》(吴敬琏著)、《中国社会主义初级阶段的经济》(于光远著)。财经版图书以其高品位、高质量为社会各界读者所认知和偏爱。中国财政经济出版社不倦的努力和优良业绩，连续两次被国家新闻出版署评为良好出版社。更引以自慰的是她培养和造就了一支思想敏锐、

中国社会科学院组织评选的“影响新中国经济建设的十本经济学著作”，其中该社占两种。

古朴的门脸和现代化的大楼融为一体，这是该社 80 年代后新建的办公地址。

业务娴熟、认真负责的高素质编辑队伍和出版、发行队伍，并且在国内外知识界拥有一支高水平的由专家、学者组成的著译者队伍。特别是 1994 年至 1998 年五年中，中国财政经济出版社根据建立社会主义市场经济的需要，以培养跨世纪人才为目标，制定了行之有效的图书出版规划和严密的图书质量保障体系，各项改革措施逐步成龙配套，出版事业蒸蒸日上。综合实力不断提高，经济效益连年上涨。紧密围绕图书市场的变化，不断调整图书结构、优化选题，社会效益和经济效益稳步增长。五年中，年均新版图书达 300 种，年均重版图书上升为 232 种。有 22 种图书，单本发行量累计达百万余册。1997 年出版图书 537 种，重版图书占 45%，出版码洋 1.66 亿元，实现利税 2212 万元；1998 年出版图书 830 种，重版图书占 51%，出版码洋突破 2.4 亿元，实现利税 2500 万元。据有关资料统计，在全国经济类出版社中，中国财政经济出版社出书的品种、总码洋和利税名列前茅。

我国著名经济学家吴敬琏教授编著的《论竞争性市场体制》一书荣获中国图书奖。图为该社编辑正与他商谈该书重印情况。

该社出版的图书多次获得中国图书奖及省、部级各种奖项。图为部分获奖证书、奖杯、奖状。

该社在因特网上建立了自己的网站，以便加强与各国出版界的信息交流。图为该社因特网站点主页。

积极开展版权贸易,加强与国外的合作。中国财政经济出版社与美国、英国、日本、德国、荷兰和东南亚国家与地区的出版机构有着广泛的联系,每年引进图书近 40 种。翻译出版的世界银行"世界发展报告"、"年度报告"以及国际货币基金组织刊物《金融与发展》,普遍受到科研部门和大专院校专家与学者的欢迎;1998 年出版的世界银行专著《2020 年的中国》(中文版),得到中央领导同志的赞扬,并推荐给有关领导同志阅读。拓展出版领域,开辟多种形式的出版业务。电子出版业务经过两年的筹备与试营,从 1999 年起,每年将制作出版十种以上的光盘读物,以满足读者新的需求;1998 年创刊的半月刊《经济活页文选》,分理论版与会计版,把最新的经济信息以较快的速度传达给读者。近几年,中国财政经济出版社在国内各主要城市设立发行代理机构,同时开展直销与邮购业务,扩大该社图书的销售,初步形成了自己的图书发行网络。

图书版本室收藏了该社自 1961 年成立以来出版的图书版本达 3500 余种

该社现有 191 人,其中编审 5 人,副编审 34 人,编辑 48 人。图为该社部分编校人员参加《纪念长征胜利 60 周年》歌咏比赛,荣获财政部一等奖。

重视现代化建设，不断提高经营管理水平。社内编辑部门、发行部门及财务部门均配备了电脑，并连接成网，实现了经营管理电脑化。在国际互联网上建立该社站点和网页，加强与国内外的联系；尝试“网上书店”业务，进行选题交流和网上售书活动。

世界已悄然进入知识经济的新时代。该社大力发扬敢为人先、敢于创新的精神，在激烈的市场竞争中找准位置、保持特色，寻求更大的发展；走纵向发展、内涵扩大的集团化道路，努力把中国财政经济出版社发展成为国内一流、世界知名，包括书报刊、电子出版物等综合出版形式以及其他相关产业的大型出版集团，是他们新的追求目标。

十多年来，该社与世界银行出版局建立了良好的关系，每年翻译出版该行书刊近三十种。世界银行在该社设立“中文版图书编辑部”、“世界银行出版物中国销售总代理”和国际货币基金组织的《金融与发展》中文版编辑部。

该社先后派出有关人员到美国、德国、日本、澳大利亚及东南亚国家与地区洽谈版权贸易或进行考察，加强国际间的交流与合作。

该社出版的部分图书

中国出版对外贸易总公司

中国出版对外贸易总公司，是新闻出版系统惟一一家全国性的对外贸易公司，经过近二十年的发展，已经成为我国从事书报刊进出口业务最活跃的主力军之一，在促进中国出版业走向世界的进程中，发挥着“国家队”的骨干作用。

1980年10月，中国出版对外贸易总公司正式成立。它的成立，改变了书刊进出口行业长期以来渠道单一、相对沉闷的局面，为这一行业带来了竞争和变革，最终带来了共同进步、共同发展。通过出版外贸，我国大批精美的出版物源源不断地走向世界，参与国际交流，为传播中国优秀的传统文化，宣传我国建设有中国特色社会主义理论和改革开放所取得的巨大成就，促进中国新闻出版、印刷行业的发展和繁荣做出了自己应有的贡献。

1981年5月，公司正式开展出口中文图书和补偿贸易业务，与日本、法国、美国客户做成了第一批中文图书出口贸易，标志着公司的发展迈出了历史性的第一步。确立了公司“书刊为主、多种经营，坚持为新闻出版事业服务，为全国印刷技术改造服务”的经营方针，公司的发展进入了一个崭新的历史阶段。

在新闻出版署的领导下，公司的各项事业蒸蒸日上，在书报刊进出口行业异军突起，迅速成为一支不容忽视的有生力量。

近二十年来，公司经营范围逐步扩大，从成立之初的图书出口、合作出版、印刷加工等三四项扩展到二十多个门类的上百个项目。其中既有围绕书报刊进出口主营业务衍生出来的图书出版、发行、合作出版、对外版权贸易、影视广播、图片广告、展览等；也有文化用品、工

1989年9月乔石同志参观中国出版对外贸易总公司承办的第二届全国图书展览

杨尚昆、余秋里、朱穆之同志出席中国出版对外贸易总公司与澳大利亚开文·威尔顿公司合作出版的《中国——长征》画册首发式。

艺美术品及印刷设备器材、机电产品的进出口。

公司的主营业务得到了迅猛发展,先后开拓了港澳地区、日本、韩国和东南亚的中文书刊市场,并成功地进入了欧美市场和大洋洲市场,向包括美国国会图书馆、德国国立图书馆、英国大不列颠图书馆等国家图书馆及哈佛、耶鲁、哥伦比亚、牛津等著名大学的上百家图书馆和数百家国外的书刊批发商直接提供中文图书、报刊、缩微胶卷及 CD－ROM 的出版物,并以快捷的效率、优质的服务和良好的信誉赢得了客户的信任。与此同时与主营业务相关的书刊展览、合作出版、广告等业务也得到了不断的开拓和发展,并逐步成为公司业务特色的重要组成部分。公司每年都要主办和承办 10 多个国际书展,其中既有德国法兰克福书展这样在世界上具有“出版业的奥林匹克”美誉的盛会,也有以图书销售为主的香港、新加坡书展。通过书展,许多中国出版人登上了国际出版界交流的大舞台;大量精美的中文图书出现在国际出版界同仁和成千上万国外读者的眼前;通过书展,中国出版人认识了世界,也让世界认识了中国。中国出版对外贸易总公司也是改革开放后较早开展对外合作出版业务的单位之一,早在 1984 年,公司就与英国朗文出版公司合作出版了《中国出版发行机构名录》。1985 年和 1988 年,又先后与澳大利亚开文·威尔顿公司合作出版了《中国——长征》和《俯瞰中国》两部大型画册,用七种文字出版,在世界范围各发行了 10 多万册,取得了良好的社会效益和经济效益。1996 年,公司与中央电视台合作,共同推出了电视读书栏目“读书时间”,使中国出版界第一次在电视上拥有了自己的一块阵地。

公司在大力开拓主营业务的同时,积极开展印刷器材进出口和其他综合贸易业务。多年来,公司为国内上百个印刷厂家引进了大量的先进技术和印刷设备,为出版印刷行业的技术改造提供了良好的服务。综合贸易业务,从最初只有少量的进口音像制品、音像设备的业务,发展到后来为艺术院校、艺术团体进口包括电视转播车、全套胶转磁复制设备、大型音像器材、演出设备和各种乐器在内的大量文化器材,并与国内外的厂商建立了广泛的业务联系。

通过努力,公司初步形成了以书刊进出口业务为主,兼顾发展多种贸易的经营格局,初步建立了公司的客户群体和营销网络,公司规模不断扩大,人员素质稳步提高,为公司的快速发展奠定了良好的基础,各项工作开始向优质高效阶段转移。

公司在坚持改革,促进发展的前提下,以加强内部管理为重点、以提高质量效益为中心、以建设国家出版物进出口基地为目标,加

1999 年 3 月中国对外贸易总公司总经理吴江江(右七)访问美国国会图书馆

快建立与社会主义市场经济相适应的、符合建立现代企业制度要求的、与国际市场接轨的优质高效的运行机制，以改革增效益，在稳定中求发展。从 1997 年起，公司积极推行以全面计划管理、全面质量管理和全面成本核算为主要内容的全员目标管理责任制，进一步加大了财务管理的力度，加快了人事调配制度和分配制度的改革，向管理要效益，促进了公司各项工作的开展。在经营上，公司全体员工进一步解放思想，牢固树立市场观念，千方百计扩大市场份额，实行多元化经营，积极寻求新的经济增长点，增强企业抵御市场风险的能力。由于指导思想明确，工作重点突出，公司克服了 1997 年由东南亚金融危机引发的全球性的经济危机给书刊进出口行业带来的不利影响，1997 年以来，主要经济指标连续递增 15%，为公司进入 21 世纪积累了实力。

目前，公司同世界 150 多个国家和地区的近千家客户有着密切的业务往来，每年向国外销售图书 5 万种，约占全国年出版图书品种的二分之一；期刊 4000 种，占全国年出版期刊品种的三分之二。公司在国外中文图书市场的份额逐年上升，在中文图书的对外发行工作中，出版外贸承担了越来越多的责任和义务。为了探索中文书报刊对外出口的新路子，于 1997 年开办了中国现代书店连锁店，目前连锁业务已经辐射到全国十几个省市和马来西亚、新加坡、越南等国。同时，公司于 1997 年 5 月和 9 月先后开办了面向欧美市场的中国现代书店（亚太网络）和面向港澳地区的中国现代书店(朝晖网络)。经过一年多的运作，这两家网上书店已经成为国际互联网上销售中文图书最负盛名的网上书店，每天访问人数超过 1 万人次，1998 年共收到来自 23 个国家和地区的订单 2 万余张，订单满足率达到 75%，开通了一条让中国出版物走向世界的新路子。1998 年 9 月，面向国内读者的中国现代书店(瑞得在线)正式开通，显示了网上书店的强大生命力和美好的未来。现代出版社狠抓图书选题和发行两个环节，出书质量稳步提高，显示出了强劲的发展势头。1999 年 1 月，公司下属中版广告公司与中央人民广播电台合作开辟了“现代读书生活”栏目，显示了公司在多种媒体领域发展的良好前景。同时，充分利用国家对引进先进设备的鼓励政策，积极扩大印刷器材的进口代理业务并取得突破；综合贸易业务保持了持续增长势头，显示了公司多元化经营结构的优势。

回顾过去，展望未来，我们充满信心，并将团结一心，积极进取，保持公司各项经济指标的持续发展，进一步加强和发展同国际出版界的联系和合作，竭诚为海内外同行服务，为中国书报刊对外发行事业谱写更加绚丽的篇章。

中国出版对外贸易总公司初创时期，在极其简陋的条件下，大家同心协力，艰苦创业，开拓了业务。

现代出版社

现代出版社成立于1982年，隶属于中国出版对外贸易总公司，是国家新闻出版署的直属出版社。

80年代初期，随着改革开放的逐步深入，我国的出版事业迈出了新的步伐。当封闭的关口被打开以后，让中国了解世界，也让世界了解中国就成为出版行业所要承担的一项重要工作。现代出版社在此时应运而生。它在成立初期的主要业务范围，是开展对外合作出版。

当时的中国出版界，对海外出版行业的情况还没有多少了解，更缺乏从事对外合作出版的人员和经验。现代出版社从头做起，利用中国出版对外贸易总公司对外联络渠道，迅速结识了一批海外客户，重点策划了几套外向型的图书选题，并把国内出版的一批优秀图书通过版权贸易的方式推介到了海外，同时也引进了一批海外的图书在国内出版发行，对促进海内外的出版合作起到了积极的推动作用。

为了让海外更全面、更深入地了解中国，现代出版社在策划外向型选题方面投入了大量的精力。《中国——长征》画册，历时近三年方告完成。该画册以其独特的构思、精致的图片和优美的文字，宣传中国的革命历程和介绍神州的风土人情，受到读者的青睐，并被译成英、法、德、日、意等多种文字在海外出版。

与长征出版社共同跟海外洲际出版公司联合出版的《俯瞰中国》画册，更是一个大胆的构想。在中国人民解放军的大力支持下，项目

周谷城、程子华、徐信等同志出席现代出版社与长征出版社同海外洲际出版公司联合出版的《俯瞰中国》画册首发式。

1997年4月，在现代出版社《邓小平与现代中国》出版座谈会上，新闻出版署署长于友先和有关领导与部分与会代表合影。

组织者除请来了国内外十几位著名航拍摄影家外，还调用了多种机型的飞机和一批热气球，分兵几路，从空中对 150 余个中国场景包括高山、草原、沙漠、农村、都市及各种自然胜景和人造奇观进行拍摄，生动地向世界展示了中国大地的壮丽画卷。

90 年代以后，中国的改革开放又迈上了一个新的台阶。经过十几年的积累和探索，中国出版单位的数量和规模都有了长足的发展，出版物的质量不断提高，国内出版社与海外出版社的直接交往越来越频繁。在这种情况下，现代出版社的业务重点也做了相应的调整，开始有计划地出版面向国内市场的图书。

根据自己以往与海外客户联系较多的业务优势，现代出版社在组织书稿的时候，比较注意引进海外优秀的或有影响的图书，以购买版权或合作出版的方式在国内出版。引进图书的范围主要集中在四个方面：一、外语类工具书。如《朗文英汉汉英双解词典》、《钱伯斯英语词典》、《当代英语搭配词典》、《新编汉英词典》、《汉英小词典》等书，在市场上都很受欢迎。二、人物传记或文集方面的有《布什自传》、《克林顿》、《戴安娜——她的真实故事》、《曹操经营争霸史》、《王永庆谈经营管理》、《李光耀 40 年政论选》等书。特别是《李光耀 40 年政论选》，系统全面地介绍了李光耀的政治思想和他作为总理如何管理新加坡的经验，对我国的改革开放事业起到了很好的借鉴作用，很受读者欢迎，迄今已印刷三次。三、少儿读物类的则以画册和科普读物为主。《儿童知识世界》、《科文图解少年百科全书》、《美国中小学

1995 年 9 月，中国出版对外贸易总公司原总经理周洪力在公司承办的第二届北京国际儿童图书博览会开幕式上致词。

1985 年 10 月，中国出版对外贸易总公司参与组织在香港办"中国书展"。

1989 年 9 月，中国出版对外贸易总公司受新闻出版署委托，承办第二届全国图书展览。

实验系列》、《探险大自然》等，都有比较好的市场反响。四、休闲读物。从文化积累和市场需求的角度开发系列选题，主要包括：《现代·凤凰丛书》、《现代风情·名记者文丛》、《朱德庸都市生活漫画系列》、《旧世百态》系列漫画丛书等。

随着我国国际地位的逐渐提高，海外学习汉语的人也越来越多，为了满足他们的需要，现代出版社出版了《汉语水平考试大纲(HSK)》、《速成汉语课本》、《现代汉语阅读入门》、《现代汉字教程》等一批对外汉语教学用书以及相关的《汉语语法议论集》、《对外汉语教学法》、《汉语水平考试研究》等研究著作。其中被称为“汉语托福教材”的《汉语水平考试大纲》，已成为考核国外人员汉语水平的最主要的教材。

近几年来，根据中国出版行业的战略方针由规模数量型向质量效益型的转移，现代出版社在优化选题结构、调整出书品种上狠下功夫，精心组织编辑了一批双效益的图书。《邓小平与现代中国》是在大型文献纪录片《邓小平》的基础上进一步提炼创作而成的。为编好这本书，创作人员和编辑人员齐心协力，历时三年，五易其稿，最后向读者呈现出一部全方位地将小平同志的足迹与历史前进轨迹叠印在一起的画传式图书。画册出版后，不仅受到读者的欢迎，而且得到了邓小平同志家属的肯定，并获国家新闻出版署评选的署直属出版社优秀图书一等奖。1997 年，现代出版社获良好出版社称号。

伴随着新世纪的来临，现代出版社的全体员工将以自己的不懈努力，通过出版人类文明的优秀成果，为弘扬中华民族优秀文化、促进中外文化交流做出应有的贡献。

现代出版社出版的部分图书

现代出版社出版的《钱伯斯英语词典》

现代出版社办公楼

由中国出版对外贸易总公司承办的'99 东京书展中国展台

现代出版社推出的《旧世百态》以漫画的表现手法成功地再现了从 1912 年到 1949 年这 38 年间人生、时政、社会的千姿百态。

杨澜在为该社出版的《渴望生活》签名售书

现代出版社出版的《渴望生活》

中国出版科学研究所

中国出版科学研究所是新闻出版署直属的专门从事出版科学研究的事业单位，成立于1985年3月(原名中国出版发行科学研究所，1989年改为现名)。现有基础理论研究室、应用理论研究室、外国出版研究室和《出版发行研究》杂志社、《出版参考》编辑部、中国书籍出版社和出版专业资料信息中心。全所有高级专业人员17名，中级专业人员30多名。15年来，出版科学研究所紧紧围绕新闻出版署(原国家出版局)党组的中心工作和出版工作的实际需要，开展出版研究工作。

一、出版科学研究逐步深入，服务方式日趋多样 中国出版科学研究所的建立，是改革开放的产物。党的十一届三中全会以后，出版事业迅猛发展，1983年6月，中共中央、国务院在《关于加强出版工作的决定》中，明确地提出"要建立出版发行研究所"，加强出版发行的研究工作。建所之初，国家出版局即提出：研究所的主要任务是"研究和总结国内外出版发行工作的实践经验，探索客观规律，阐述出版发行可行的理论，探索具有中国特色社会主义出版事业的道路"。15年以来，出版科研工作大体

1985年—1987年中国出版科学研究所建所初期在赵家楼租借的办公地点

1987年—1989年研究所在西坝河租借的办公地点

1989年—1998年研究所在六部口的办公地点

1987 年，新闻出版署党史资料征集工作领导小组（办公室设在中国出版科学研究所）在大连召开全国党的出版史料征集工作会议。图为领导小组组长王益（左二，曾任中国出版发行科学研究所筹备组组长）和副组长叶再生（左一，曾任中国出版发行科学研究所筹备组副组长）。

1996 年，韩国代表团来华访问期间，中国出版科学研究所所长袁亮（左一）与韩国出版学会会长闵丙德先生交谈。

可以分为三个阶段：

第一个阶段（1985 年—1989 年），主要编撰有关编辑、出版、发行科学的学术性资料书、工具书。组织所内外的专家、学者编撰了《当代中国的出版事业》、《出版词典》、《编辑实用百科全书》、《中国出版人名词典》等大型资料书和工具书，积累了宝贵的出版科研资料。

第二个阶段（1990 年—1996 年），研究所除了继续编撰出版类资料书、工具书、教材外，开始进入出版理论研究的阶段，组织所内外专家撰写了《出版学概论》、《外国出版概况》等高等院校出版专业教材 17 部，与中央档案馆联合编辑多卷本的《中华人民共和国出版史料》等专业教材和资料书，还开展了科研课题的研究工作。该所先后承担了科研课题 15 项，其中部级课题 13 项，所级课题 1 项，如《新闻出版署直属高等院校出版专业设置及可行性研究报告》、《毛泽东、邓小平与中国出版》、《西方六国出版管理研究》、《我国出版发展战略研究》、《我国图书出版结构研究》、《有中国特色社会主义出版体制基本框架研究》、《出版社专业分工研究》、《社会主义市场经济条件下出版社坚持"二为"方向问题的探讨》、《在社会主义市场经济条件下建立出版管理机制的研究》、"第二条战线丛书"《文化卷》"出版"部分等。

第三个阶段（1997 年至今），以出版科研为出版管理服务、为出版生产服务为中心，树立服务意识和市场意识，开展多种形式的科研活动，推动科研成果的转让与应用。紧紧围绕署党组的中心工作和出版生产的实际，开展了多项科研课题。

1. 围绕出版管理的需要，根据署党组的要求，开展了多方面的课题研究。如《关于"买卖书号"问题的研究》、《当前非法出版活动产生的原因及对策》、《近几年打击非法出版活动综合报告》、《必须充分利用法律武器，打击非法出版活动》、《中国现代出版业诞生的几个问

中国出版科学研究所装帧设计研究中心举办全国书籍装帧艺术研讨班。图为德国专家在讲课（1989 年）。

1997 年元旦聚会，中国出版科学研究所新老领导陆本瑞（左二）、余敏（左三）、叶再生（左四）、方厚枢（左五）、邓从理（左六）共聚一堂。

1990 年《当代中国的出版事业》编委会在召开第四次审稿会议，中国出版科学研究所副所长邓从理（左一）、副所长方厚枢（左三）等参加会议。

1997 年 10 月，中国出版科学研究所副所长余敏（左一）率中国出版科研代表团到东京参加第八届国际出版学研讨会。图为代表团成员听取大会发言。

题》、《现代出版百年回眸》、《十八年来的中国出版》、《加强出版业宏观调控研究》、《加入世界贸易组织对我国出版业的影响及对策》、《国外十大出版集团形成及其发展》、《国内外出版企业发展比较研究》等。

2. 结合出版生产的需要，探索出版科研为出版生产服务的方式和科研成果转让与应用的途径。与地方新华书店合作，开展了《扩大一般图书发行策略的研究》，向许多出版单位转让了《海外版权贸易指南》这一科研成果，启动了《全国国民阅读倾向抽样调查》等。

3. 加强基础理论研究和基础建设，促进出版学科建设。组织出版界和教育界的专家、学者，开始了《中国古代出版通史》的研究，承担了《中国现代科学百科全书》（出版卷）的编撰，建设出版科研数据库。

二、组织、团结全国的专职与兼职科研人员，采取多种形式，推动全国的出版科学研究工作　通过聘请本研究所学术委员、特邀研究员，建立出版科研人才数据库，召开全国出版理论研讨会等形式，培养、壮大出版科研队伍，推动出版科研活动。到 1998 年底，在出版科研人才数据库中，比较稳定的、具有相当水平的所外出版科研人员已达 800 多人。从 1985 年开始到 1998 年，组织召开了 11 次全国出版理论研讨会，2 次全国出版史研讨会，收到论文 3000 多篇，有力地推动了全国的出版科学研究工作。

三、编辑、出版了大量的出版类专业图书和专业期刊　经国家出版局批准，1985 年创办了《出版发行研究》（双月刊，1999 年改为月刊），1986 年复刊了《国外出版动态》（内部发行，1987 年底停刊），从 1986 年起与中国出版工作者协会联合编辑出版了《中国出版年鉴》（1992 年改为由中国出版工作者协会主管和单独编辑），1988 年创办了《出版参考》半月刊，1986 年创办了中国书籍出版社。

四、经济实力不断增强，科研成果不断增加，国内外影响日益扩大　到 1998 年全所固定资产比 1985 年增加了 63.5 倍。建所以来，该所科研人员共编撰出版专业著作 60 多部，专业论文 300 多篇，与日本、英国、韩国等出版研究发达国家建立了长期的合作关系，与美国等国家和台湾等地区的出版界有比较紧密的联系。

在新的世纪，出版科学研究将有更大的发展，中国出版科学研究所作为惟一的国家级的出版科研机构，将进一步增强服务意识和参与意识，提高 出版科研的水平，培养更多的出版科研人才，为出版业的持续、健康发展贡献力量。

科研人员在撰写出版科研论文（1996 年）

科研人员在出版科学研究所资料信息中心查阅资料（1999 年）

1999 年 1 月，韩国出版代表团来研究所访问，进行学术交流。前排左起金基泰（韩国出版学会事务局长）、李钟国（韩国惠泉大学教授）、余敏（中国出版科学研究所副所长），后排右起宋英亮（中国出版科学研究所党委副书记）、郝振省（中国出版科学研究所副所长）、洪忠炉（中国出版科学研究所原副所长）。

1999 年 3 月 31 日，新闻出版署署长于友先（右二），副署长杨牧之（右一），党组成员、办公室主任石峰（右三）在出版科学研究所现场办公。

中国书籍出版社

中国书籍出版社是由新闻出版署主管、中国出版科学研究所主办的专业出版社，成立于 1986 年 9 月。主要出版反映我国出版科研成果的学术著作、书评文集、工具书、教材和其他社科文教知识读物；出版有关书史、出版史、人物传记以及翻译出版外国的出版学术著作和专业图书。成立 12 年来，中国书籍出版社以邓小平理论为指针，按照江泽民同志提出的“以科学的理论武装人，以正确的舆论引导人，以高尚的精神塑造人，以优秀的作品鼓舞人”的要求，大力贯彻新闻出版署提出的各项出版方针、政策，着眼于为改革开放服务，为经济建设服务，为出版生产、出版管理和出版科研服务。

中国书籍出版社 12 年的发展大体可分为三个阶段：

创业时期（1986 年—1992 年）　6 年中平均年出书 15 种。这一时期出版工作主要围绕为出版生产、出版管理和出版科研服务这个中心任务，集中出版了一批出版科研学术著作，包括出版学、编辑学、发行学、书评文集以及出版类工具书。

调整时期（1993 年—1996 年）　邓小平同志南巡讲话以后，中国书籍出版社逐步开始了出版改革的尝试。在出版工作中贯彻邓小平同志的“一个中心，两个基本点”精神，为出版生产、出版管理和出版科研服务，出版了“八五”国家重点图书“中国出版论丛”以及多卷本《中华人民共和国出版史料》等大型系列丛书，努力使出版类图书形成系列、形成规模。

积极发展时期（1997 年至今）　1997 年以来，中国书籍出版社遵照中共中央关于我国出版业“加强管理、优化结构、提高质量”的指示要求，开始尝试由生产型管理向生产经营型管理，由规模数量管理向质量效益管理，由封闭型管理向开放型管理的转变；调整出书结构，努力探索新的经济增长点；继续出版高水平、高质量的出版科学研究著作，调整充实了“九五”重点图书出版规划，把工作重点放在精心策划适应市场需求的选题、多出精品上，努力做到“人无我有，人有我精”。在出版社内部，则致力于

中国书籍出版社部分获奖图书（1989 年）

中国书籍出版社部分获奖图书（1989 年—1998 年）

1999 年“’99 年中文图书音像展览”在澳门举行。图为澳门基金会主席参观中国书籍出版社展台。

全面加强规范化管理，健全一系列规章制度。加强对编辑、出版、生产、经营过程的事先有效管理。中国书籍出版社通过各种途径提高员工素质，并创造条件吸引高素质人才，平均年出书种数及再版率稳步提高。

致力出版科学研究，促进我国出版事业健康繁荣 自建社以来，中国书籍出版社在出版科研、出版专业类图书的出版方面，十分注重形成规模和系统性。

出版有“出版知识丛书”（7 种）：《马克思恩格斯的书刊出版活动》、《实用编辑学》、《书籍编辑学简论》、《科技编辑学概论》、《杂志编辑学》、《中国书籍编纂史稿》、《图书进销学》。

“出版知识译丛”（7 种）：《出版概论》、《出版学概论》、《现代出版学》、《外国出版史》、《图书销售概论》、《日本出版流通图鉴》、《日本出版流通及其体制》。

国家“八五”重点图书“中国出版论丛”（11 种）：《胡愈之出版文集》、《叶圣陶出版文集》、《陈翰伯出版文集》、《陈原出版文集》、《许力以出版文集》、《王益出版发行文集》、《边春光出版文集》、《王子野出版文集》、《王仿子出版文集》、《宋木文出版文集》、《刘杲出版文集》。

在出版科研理论著作方面有：《毛泽东、邓小平与中国出版》、《近现代中国出版优良传统研究》、《中国近代现代出版史学术讨论会文集》、《新民主主义革命时期出版史学术讨论会文集》、《出版教育研究论文集》、《西方六国出版管理研究》、《现代出版产业论》、《第二届全国出版科学研究优秀论文获奖论文》、《出版史研究》（5 辑）等。

在出版类工具书方面有：《编辑实用百科全书》、《简明出版百科词典》、《报纸管理手册》、《中国报刊揽胜》、《中国出版人名词典》等。

在出版法规类图书方面有：《中国新闻出版法规简明手册》、《全国新闻出版系统“三五”普法读本》等。

在出版史图书方面有：《中国出版史》、《中国活字印刷史》、《装订源流和补遗》、《六十年出版风云散记》、《世界出版概观》、《法国图书出版业》、《中华人民共和国出版史料》从新中国成立后每年 1 卷，现已出版 1949、1950、1951、1952、1953 年 5 卷；筹划运行《现代装帧艺术》及《中国古代出版通史》、《中国近现代出版通史》（后两书已列入国家“九五”重点图书规划）的编辑出版工作。

面向大市场，为改革开放服务、为经济建设服务

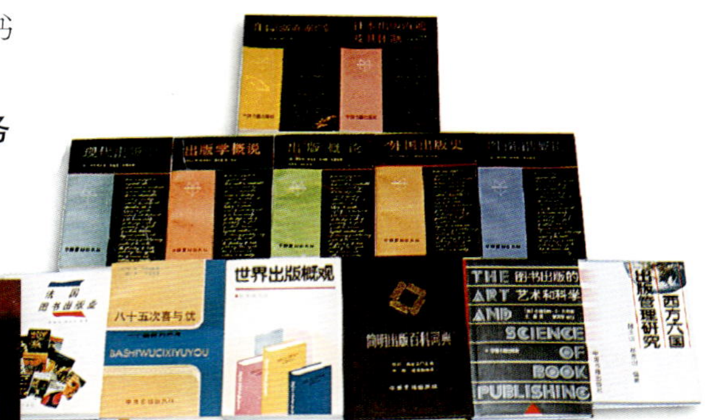

1989 年—1995 年中国书籍出版社出版的外国出版专业图书

1989 年—1994 年中国书籍出版社出版的部分出版类工具书

1995 年—1998 年中国书籍出版社出版的部分艺术类图书

国家“八五”重点图书
——“中国出版论丛”

中国书籍出版社认识到出版社要发展，就要面对大市场，近几年来，中国书籍出版社出版了一些社会效益、经济效益均较好的图书。

1995 年出版的《联合国五十年》一书已入选希望书库，钱其琛同志曾为该书题写书名，并曾提出“请赠江主席、李总理各一本(精)，我可转交。平装本两册备用。”秘书还转达了钱其琛同志的意见：他很喜欢这本书，认为将联合国 50 年历史概括到这种程度很不容易，这本书写得很好。

中国书籍出版社还出版了一系列质量好，设计印刷精美，深受读者喜爱的图书。其中如：

社科教育类图书：出版有《中国不可欺》、《知识经济读本》等。

语言文字规范化丛书：出版有《现行正字法》、《多音词用法词典》、《语句正误辨》、《汉字规范化教程》、《同音易混词语辨析字典》等。

语言文字工具书：出版有《现代检索康熙字典》、《绘图识字小字典》、《漫画小学成语词典》、《儿童学汉字宝典》、《生字词语手册》等。

实用英语学习丛书：出版有“大学英语自助读本”(5 种)、“实用英语 900 句丛书”(5 种)、“趣味英语阅读文选”(6 种)。

装帧书法艺术类图书：出版了《中国园林建筑图集》、《现代艺术设计的造型与构成》、《梅兰竹菊章法举要》、《柳公权法书全集》、《书圣神品——王羲之书法精品集粹》、“名家名帖欣赏丛书”(10 本)、“九十二法系列丛书”(8 本)、“名家名帖楷书描红系列”(8 本)、“中国五大书体技法入门丛书”等。

创造精品，追求至真、至善、至美的出版境界

中国书籍出版社致力于为中国出版事业的发展服务，建社以来，探索建设本社的精品系列，树立品牌，建立出版社精品建设的保障机制。

几年来，本社获大奖的图书主要有：

首届出版理论优秀图书奖：《列宁和编辑出版工作》、《实用编辑学》、《中国书籍编纂史稿》。

新闻出版署直属出版社评奖优秀选题一等奖，设计、校对二等奖：《毛泽东、邓小平与中国出版》、《王益出版文集》、《王仿子出版文集》、《第二届全国出版科学研究优秀论文集》、《同音易混词语辨析字典》、《中国园林建筑图集》等。

中国书籍出版社以弘扬“团结、敬业、创新、奉献”为主旋律，视图书质量为生命，以文化传播、服务大众为己任，以高效合作、优质服务为经营理念。**“书籍”的理想——理想的书籍**；贡献“至真、至善、至美”的图书为社会服务，是中国书籍出版社不变的心愿和追求。

中国书籍出版社发行部同志参加在劳动人民文化宫举办的书市活动

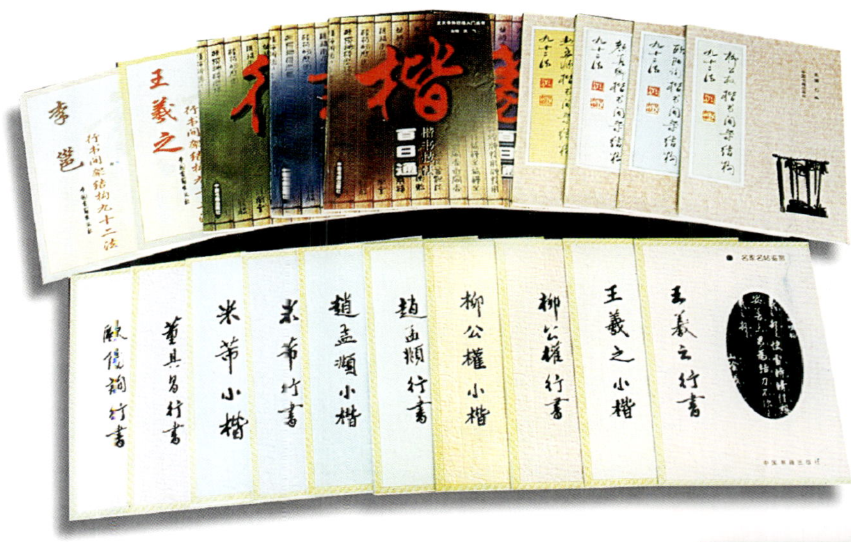

(1994—1998 年)
中国书籍出版社出版的部分书法类图书

1993 年—1997 年中国书籍出版社出版的专业图书

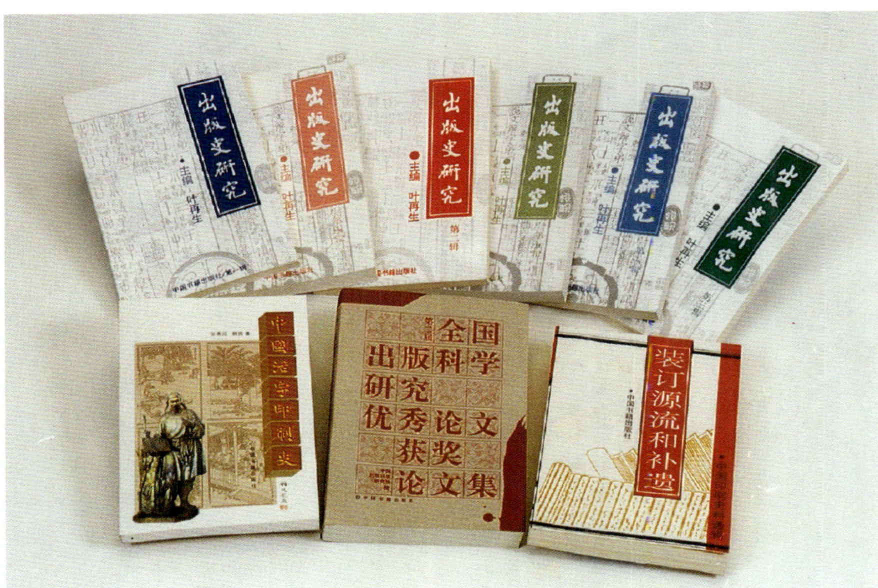

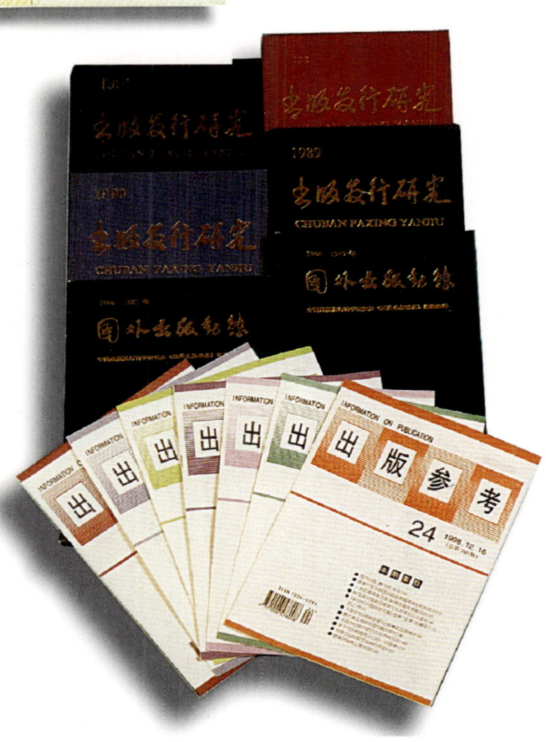

中国出版科学研究所主办的《出版发行研究》、《出版参考》、《国外出版动态》。

中国大百科全书出版社

中国大百科全书出版社是在邓小平同志的关怀下，由中共中央、国务院批准，于 1978 年 11 月 18 日成立的。十一届三中全会以来，中国大百科全书出版社乘改革开放的春风，不断探索、锐意进取，发展到今天，已成为以出版百科全书和其他工具书为主，同时出版各种学术著作、普及读物以及电子音像出版物的国家级大型出版实体，为繁荣和发展我国的出版事业做出了应有的贡献。

21 年前，改革开放的序幕即将拉开，中国的文化园地百废待兴。在这样的历史背景下，中共中央、国务院正式批准国家出版局、中国科学院、中国社会科学院《关于编辑出版〈中国大百科全书〉的请示报告》，成立中国大百科全书出版社，这不啻为神州大地响起的解放思想、改革开放的一声春雷。

现代百科全书被誉为“人类文明的宝库”、“没有围墙的大学”。在世界历史上，狄德罗主持编写的《百科全书，或科学、艺术和手工艺词典》的出版，为 18 世纪末欧洲的资产阶级革命做了思想准备。而在 20 世纪 70 年代后期的中国，要举起解放思想、实事求是的大旗，对全国人民进行新的启蒙教育，全面系统地介绍古今中外的知识，提高中华民族的科学文化水平，也迫切需要有自己的百科全书。因此，中国大百科全书出版社成立本身，就是邓小平同志拨乱反正、解放思想、改革开放总体战略的重要的一环。

饮水思源。在百科事业空前发展的今天，人们永远不会忘记党和国家领导人 20 年来对中国大百科全书出版社的关心与支持。邓小平同志生前不仅亲自批准编辑出版《中国大百科全书》，成立中国大百科全书出版社，还关心着百科全书的编撰情况，并为中国大百科全书出版社编辑大楼落成亲笔题写了“中国大百科全书出版社”社名。1980 年 8 月，他将美国友人赠送给他的新版《不列颠百科全书》转赠给中国大百科全书出版社，殷切希望中国自己的百科全书早日出版。他还先后三次接见来访的美国不列颠百科全书公司的客人，从中美文化交流的高度，对中美合作、翻译出版《简明不列颠百科全书》中文版做出了具体的指示。“社会主义也可以搞市场经济”这个著名论断，就是他在 1979 年 11 月 26 日接见美国不列颠百科全书公司副主席吉布尼时，第一次明确提出来的。

江泽民总书记也非常重视中国大百科全书出版社的工作。1993 年 7 月 5 日，当江总书记闻知中国人自己的第一部综合性百科全书即将全部出齐时，欣然挥毫，题写了“融古今中外知识，扬中华民族风采”，向中国大百科全书出版社表示祝贺。1993 年 10 月 8 日，他又在人民大会堂亲切接见了《中国大百科全书》的编辑出版人员代表，对《中国大百科全书》的胜利完成表示祝贺，对中国大百科全书出版社的工作提出了新的希望和要求。

1988 年 3 月 22 日，邓小平同志为中国大百科全书出版社题写社名。

胡乔木同志为《中国大百科全书》的编撰倾注了大量心血。图为他在审阅有关《中国大百科全书》工作的报告。

1986 年 6 月，梅益同志任中国大百科全书出版社总编辑，继完成《中国大百科全书》之后，又负责主持了《中国大百科全书》(简明版)的编辑出版工作，为该书的如期出版做出了重要的贡献。

党和国家的其他领导人也对中国大百科全书出版社的工作给予了许多支持。在《中国大百科全书》的编写过程中，他们有的亲自撰稿，有的审阅重点条目，有的还担任了学科卷的编委会主任，如胡耀邦、李先念、李鹏、朱鎔基、张震等。党和国家领导人如此具体而细微地关心一部图书的出版，体现了他们对百科全书事业的高度重视。

中国大百科全书出版社的成长与发展，与社会各界的鼎力相助也是分不开的。《中国大百科全书》的编辑出版是全国上百个部委、几百所院校和科研机构的一次大协作，是我国学术界的一次大检阅，是2万余名专家学者的一次大会战，这在中华人民共和国的文化史上是没有先例的。在《中国大百科全书》的编撰过程中，有许多年迈的学者，不顾辛劳，抱病撰写，使《全书》得以"抢救"了一批濒危的文化财富。

在中国大百科全书出版社的成立与发展过程中，胡乔木同志起了极其重要的作用。1978 年，正是胡乔木同志肯定和支持姜椿芳同志关于编写《中国大百科全书》的建议，并将国家出版局等三部门的报告呈送给邓小平同志，直接促成了《中国大百科全书》这一世纪工程的启动和中国大百科全书出版社的成立。胡乔木同志还受中央委托，担任《中国大百科全书》总编委会主任。他高屋建瓴，成功地领导了《全书》总

姜椿芳同志是中国大百科全书出版社第一任总编辑。在他一生的最后十年里，将全部心血倾注到中国第一部百科全书的编撰之中，《中国日报》称他为"中国百科全书之父"。

《中国大百科全书》按学科或知识领域分成 74 卷，共收 7.8 万个条目，计 1.26 亿字，并附有 5 万幅图片，内容涵盖 66 个学科或知识领域。从全书的广度、深度和容量来看，堪称知识的宝库，是一所没有围墙的大学。

体设计和编撰工作，对完成这一历史性的出版任务做出了巨大贡献。胡乔木同志不仅参与了百科全书重要条目的修改，还对百科全书的编纂提出了一系列重要指示。他关于"辞书不要用宣传性、颂扬性的词语，不做主观论断，释文要客观、公允、实事求是"的指示，不仅对确定百科文体有巨大意义，也促进了出版界实事求是的文风。

先后直接主持《中国大百科全书》编纂出版工作的是姜椿芳同志和梅益同志。姜椿芳同志在十年浩劫中遭受迫害，"文革"结束后，他出狱不久，就于 1978 年 1 月 27 日率先提出了出版《中国大百科全书》的建议。之后，他又主持了中国大百科全书出版社的筹建，并全面启动了《全书》的编辑出版工作。作为中国大百科全书出版社的第一任总编辑，姜椿芳同志在他一生的最后十年里，兢兢业业，无私奉献，将全部心血倾注到了我国第一部百科全书的编撰之中，《中国日报》称他为"中国百科全书之父"。梅益同志继姜椿芳同志之后，任中国大百科全书出版社总编辑。他以七旬高龄的多病之躯，殚精竭虑，率领全社同仁为《中国大百科全书》的出版画上了一个圆满的句号。此后，梅益同志又成功地主持了中国大百科全书出版社承担的又一国家重点工程《中国大百科全书》（简明版）的编撰出版工作，并对《中国大百科全书》第二版的编撰工作提出了设想。

1995 年 9 月，中宣部原常务副部长徐惟诚同志调任中国大百科全书出版社第三任总编辑。他站在世纪之交的转折点上，指导中国大百科全书出版社开拓迈向 21 世纪的出版之路。

中国大百科全书出版社藏书丰富的图书馆

《中国大百科全书》（简明版）是"八五"期间国家重点出版工程，出版社是以《中国大百科全书》为基础，经增补、改编、浓缩而成的一部综合性百科全书。

在他们的带领下，众多百科同仁执著爱国，勇于开拓，辛勤耕耘，无私奉献，铸就了光耀千秋的“百科精神”，成为中国大百科全书出版社不断进取的强大动力。

20 年来，中国大百科全书出版社坚持为人民服务、为改革开放服务的宗旨，向社会奉献了一大批内容丰富、门类齐全的高品位的优秀图书，除《中国大百科全书》(74 卷)、《中国大百科全书》(简明版) (12 卷)、《简明不列颠百科全书》(11 卷)等大型工具书外，还出版了专业和地区百科全书 50 余种，各类工具书、学术著作、普及读物 4000 余种，电子出版物和音像制品上百种。中国大百科全书出版社坚持高品位，坚持双效益，所出版的图书有许多是广大读者公认的精品，仅 1993 年至 1998 年，就有 180 多种图书获得国家图书奖、国家辞书奖、中国图书奖以及其他各类奖项。

在中央的改革开放政策的指引下，中国大百科全书出版社一贯坚持“立足中国，面向世界”的方针，不懈地与海内外同仁密切交流。20 年中，中国大百科全书出版社已同数十个国家和地区的出版单位进行了成功的合作，

中国大百科全书出版社成立 20 年里，共出版 4000 余种优秀图书，其中众多图书获国家图书奖、国家辞书奖、中国图书奖等国内外重要奖项。

中国大百科全书出版社与香港龄记出版有限公司合作，将《中国大百科全书》(简明版)以《新世纪百科全书》之名推出繁体字版，在港澳台地区发行。

《简明不列颠百科全书》(中文版，11 卷)是中国大百科全书出版社与美国不列颠百科全书公司合作的大型出版项目，它的出版在国内外产生了很大影响。

中国大百科全书出版社与台湾锦绣出版事业股份有限公司合作出版的《中国大百科全书》繁体字版(60 卷)

其中最令国内外同仁及广大读者称道的，是同美国不列颠百科全书公司最新合作出版的《不列颠百科全书》（国际中文版）（20卷）和在台湾地区出版的《中国大百科全书》繁体字版（60卷）。

经过20多年的发展壮大，中国大百科全书出版社已经成为中国最大的出版实体之一。出版社现有职工近500人，编辑出版人员近200人，编辑人员所拥有的专业知识几乎覆盖了现代科学文化的所有领域；出版社拥有面积为1.88万平方米的综合性编辑大楼，建成了具有高度科学水平的百科术语数据中心，还拥有设备先进的电脑编辑区、藏书丰富的图书馆；中国大百科全书出版社主办和控股的公司已有五家，并在若干个城市开办了自己的连锁书店。这些举措不仅拓宽了经营发展之路，也为今后的集团化经营做了有益的探索。

中国大百科全书出版社成立至今，先是在北总布胡同、史家胡同办公，继之在蒋宅口附近外馆东街办公，最后在阜成门建起了自己的编辑大楼。从胡同到街口，再从街口到城门之外，这或许并非偶然，它预示着中国大百科全书出版社的未来的辉煌前景。

在庆祝中华人民共和国成立50周年的日子里，中国大百科全书出版社将一如既往地高举邓小平理论的伟大旗帜，紧密地团结在以江泽民同志为核心的党中央周围，坚持为人民服务、为社会主义服务、为改革开放服务的方向，振奋精神，锐意进取，多出精品，为中华民族的振兴，为人类科学文明的发展，做出新的更大的贡献。

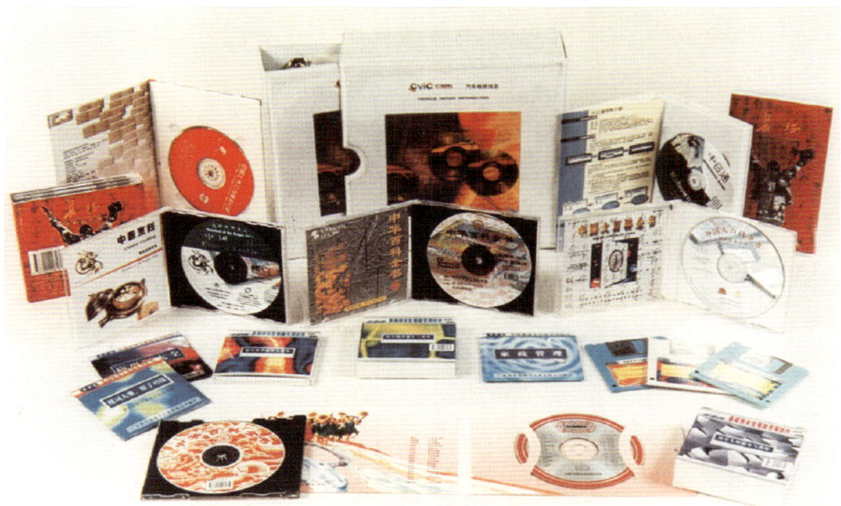

中国大百科全书出版社出版的琳琅满目的电子音像出版物

连锁经营的百科书店

1987年11月，中国大百科全书出版社迁入位于北京阜成门北大街17号的编辑大楼办公。

1996年10月，徐惟诚总编辑在我国驻德大使的陪同下参观法兰克福国际图书博览会。

中国地图出版社

中国地图出版社是我国惟一的中央级专业地图出版社，她已走过了44年的辉煌历程，特别是改革开放以来，中国地图出版社发生了巨大的变化。1979年全社年产值只有1480多万元，到1998年年产值已达6亿元，是改革开放前的40多倍。40多年来出版品种达6000余种，发行总量累计已超过28亿册（幅），尤其是近5年来的发展速度逐年递增，均超过了15%，为我国的政治、经济、外交、科研、教育、文化、卫生、交通、旅游等事业的发展做出了重大贡献。近几年来已两次被国家新闻出版署评为良好出版社，一次被评为中央国家机关文明单位，受到了上级领导机关的多次表扬。在生产发展、效益增长的基础上，上缴国家税金也逐年增长，职工生活水平显著提高，“两个文明”建设双获丰收。

中国地图出版社的前身为上海申报馆的舆图部。1949年5月由解放日报接收，改组为上海解放日报舆图部（在南京办公）。1950年5月，经国家出版总署批准，在舆图部的基础上建立新华地图社，接受国家出版总署领导。1951年12月，上海私营亚光、亚新、世界等15家舆图社（地图社），经主管部门批准在上海成立私私联营的地图联合出版社。1953年3月，南京国营新华地图社奉命迁至北京（社址杜家楼），原上海私私联营地图联合出版社于1953年改组为私营地图出版社，1954年底并入国营新华地图社，成

中国地图出版社大门

立了公私合营的地图出版社。目前，在职职工中有专业人员 320 多人，其中具有高级职称的 60 多人。

近几年来，中国地图出版社十分重视人才培养和新技术引进工作，与重点大学合作开办研究生班，对社内优秀的具有大学本科学历的职工进行更高层次的培养；建成了多媒体电子教室，对新老职工进行新技术培训；选送十多名业务骨干出国进修；不断引进高科技人才，开发了电子地图软件平台和出版平台，出版了多媒体型和 GIS 型电子地图，集音、像、图于一身的高科技地图产品，深受各界人士和读者的喜爱。社内建立了 1200 多个点的高速以太网的大型企业局域网，做到资料、信息共享，快捷、方便。近年来先后共投入 2000 多万元购置了大型照排机、电子扫描仪、280 多台多媒体计算机等，在科技兴社的道路上迈出了一大步。

四十多年来，中国地图出版社认真贯彻“为人民服务、为社会主义经济建设服务”的出版方针，除了编制和出版全国中小学学生地理、历史、社会等教学课本配套使用的教学地图外，还编制出版了一大批大型专题地图集，如八卷《历史地图集》、《非洲地图集》、《中华人民共和国经济地图集》、《中华人民共和国农业地图集》、《中华人民共和国普通地图集》、《中华人民共和国自然地图集》及《中国抗日战争史地图集》。并为科研需要编制出版了几十种学术价值极高的地图集，如：《中华人民共和国肿瘤地图集》、《中国文物地图集》、《中华人民共和国老年人口地图集》。其中多部地图集分别获得了国家图书奖和省部级、全国制图学会

1998 年国际图书博览会（北京）上，邹家华副委员长参观中国地图出版社展台。

中国地图出版社社长、总编辑——汪季贤。

等多种奖励。另外为中央领导和有关部委赶制的特需地图、外交谈判用图、国家重大事件决策参考用图等,都受到了党和国家领导同志的称赞。在建社 40 周年之际,李鹏、李岚清、邹家华、钱其琛等党和国家领导人挥笔题词鼓励。

改革开放后的中国地图出版社开始走向世界,先后与美、德、日、俄、法、瑞典等二十多个国家和地区建立了技术交流、资料交换、合作出版、版权贸易等业务关系,先后参加法兰克福、东京、北京、香港等国际图书博览会,加强了与国际同行的交往,中国地图出版社及其地图作品成为外国人认识中国、了解中国的窗口。

1997 年,在国家测绘局党组的决策下,中国地图出版社与原测绘出版社合并,组建了新的中国地图出版社(测绘出版社作副牌保留),强强联合,优势互补,实现规模经营,为向地图

中国地图出版社所藏地图资料珍品(部分)

中国地图出版社部分获奖地图、奖杯及证书。

出版集团化发展打下了一定的基础。

中国地图出版社在党的十五大精神鼓舞下，以邓小平理论为指导，进一步加大改革力度，以高科技开路，走集约型的道路，全面推动经济发展，争取早日跨入全国超 10 亿元的国家大型出版社的行列，实现跨世纪的腾飞。

中国地图出版社出版的特型地图

中国地图出版社近几年出版的各种地图集（部分）

用计算机制作的各种电子光盘地图

原国际地图学协会（ICA）主席泰勒教授(加拿大)参观该社电子地图的制作

中国地图出版社计算机制图作业室

改革开放后中国地图出版社与世界同行进行了广泛的交往

改革开放以来，该社与美国、英国、法国、德国、意大利、俄罗斯、日本、新加坡、荷兰、瑞典、瑞士、匈牙利、波兰、斯洛伐克等国的几十家有影响的出版社或官方机构建立了业务关系，加强了与国际制图界的友好往来。

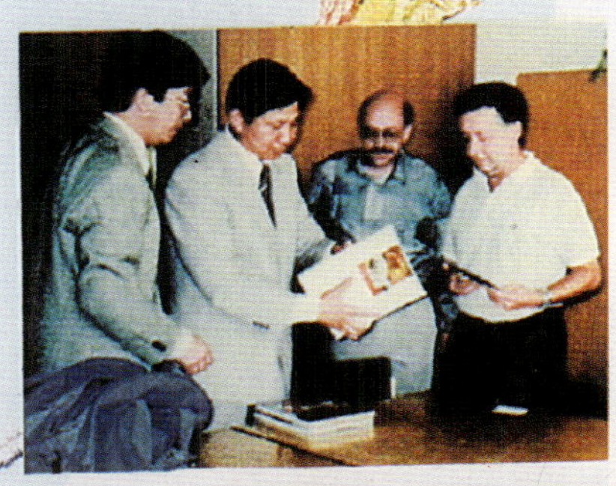

中国对外翻译出版公司

中国对外翻译出版公司始建于 1973 年，正值我国恢复在联合国合法席位不久。随着中国国际地位的升高，世界迫切需要了解中国，中国也迫切需要了解世界。大量的联合国会议文件需要翻译，联合国出版物需要在中国传播，这些任务就形成了中国对外翻译出版公司的主要业务。党的十一届三中全会的召开，改革开放方针的确立，又给中国对外翻译出版公司的业务发展开辟了广阔的天地。从此，公司不再只是局限于为联合国文件翻译和出版了。

公司成立最初 10 年，经国务院批准，从全国各地调入外文翻译，形成了一支 80 余人的翻译队伍。同时在全国各大专院校的协助下，建立了一个有 22 个省市所属的 48 所高等院校参加的翻译网络。凭借这雄厚实力，翻译业务得到了联合国以及各国驻华使馆和商务机构的肯定。几年间，中国对外翻译出版公司还逐步形成了自己的出版能力。1986 年《文体与翻译》一书获北京市及第二外国语学院优秀著作奖，《成功之路》被评为全国优秀畅销书，标志着中国对外翻译出版公司的编辑队伍开始成熟。

尊重别人的权利和智力成果，是中国对外翻译出版公司出版的一贯宗旨。早在 1984 年，中国对外翻译出版公司就翻译出版了一本《版权基本知识》，虽然当时我国尚未加入“世界版权公约”和“伯尔尼公约”，国内也未出台相关的著作权法，但中国对外翻译出版公司已按照国际惯例主动联系取得授权，与美、英等国及港、台地区多家出版社的合作，都取得满意的成果。1988 年，美国克来斯勒公司总裁

程思远先生参观该公司和联合国开发署联合举办的“联合国工作人员摄影展”(1995 年)

雅科卡先生来华访问，亲自授权中国对外翻译出版公司翻译出版《雅科卡自传》，并将中国对外翻译出版公司交纳的版税转赠中国糖尿病基金会。90 年代我国著作权法的深入实施，给出版业开辟了一个有序的环境，中国对外翻译出版公司依照著作权法行事，更赢得国外出版社的信任。

25 年来，中国对外翻译出版公司的出版物大致可以归纳为这样几类：

(1)联合国出版物。自我国重新恢复在联合国的合法席位后，中国对外翻译出版公司翻译出版了联合国及所属机构工发组织、粮农组织、教科文组织的一些出版物，以及《信使》、《教育展望》等刊物。

(2)外语工具书。包括各语种的双语词典，经济、贸易、法律各专业类翻译工作者使用的各类工具书。

(3)外语学习辅助读物。包括英汉、汉英对照读物，英语、法语等外语注释读物，配有录音磁带的教辅读物。

第二届北京国际图书博览会期间，新闻出版署领导在该公司展位参观。

该公司前任总经理王新善在公司成立 25 周年纪念活动中，向署领导介绍本公司翻译出版的图书。

该公司总经理许季鸿在联合国工作访问时和联合国副秘书长金永健先生合影

(4)翻译理论和翻译技巧的著作。

(5)社科、文化、经营管理、科普等译作或著作。

中国对外翻译出版公司在 80 年代中期先后出版了翻译理论与技巧类的图书 30 余种，受到翻译界和各高等院校好评。90 年代末，改革开放把翻译工作推到了一个空前的高潮，翻译理论与实务类图书的需求，已不再局限于翻译界和高校，而成为了社会的普遍需求。该公司再次及时推出一套“翻译理论与实务丛书”，已有 10 种面市，第二批 10 种也将在 1999 年全部推出。出版这类注重社会效益的书，受到翻译界、教育界及其他各界人士的普遍赞扬。

现在，中国对外翻译出版公司每年出版的 100 种图书，其中约半数是新书。出精品书，出社会效益、经济效益俱佳的书，已不是口号，而是出版业生存和发展的必由之路。1997 年中国对外翻译出版公司出版的《我认识的鬼子兵》成为畅销书并获得中国图书奖，是一个好的开端，中国对外翻译出版公司将朝着以畅销书为主体、以畅销书为龙头的方向努力。

25 年来，中国对外翻译出版公司在中外文化交流，传播科学文化知识，促进社会主义精神文明、物质文明建设，提高中国人民文化素质等方面，做出了应有的贡献，并在改革开放方针的指导下不断发展和成长。

该公司前任总经理王新善（右一）和韩素音女士、叶君健先生在一起。

获中国图书奖的《我认识的鬼子兵》作者方军先生在成都为读者签名

香港著名演员萧芳芳女士在书市为读者签名

在纪念南京大屠杀 60 周年之际，该公司出版了纪实文学《我认识的鬼子兵》(1998 年获中国图书奖)。图为中国作协、抗战纪念馆、中日关系研究会的作家、学者、评论家及新闻界和出版界的朋友们在座谈。

20 多年来，公司为联合国翻译了数亿字的文件，内容包罗万象，涉及国际政治、国际经济、国际法、金融财贸、工农业发展、环境保护、人类住区、教育等等各种社会问题。

接到联合国特急件《秘书长的报告》，排版、校对、印制各道工序突击加班，密切配合，仅用 4 天时间就将文件及时发寄纽约。

该公司翻译出版了《联合国手册》、《联合国概况》等一系列介绍联合国及其有关机构的出版物。

《信使》月刊中文版自 1980 年 7 月创刊，至今已出版 160 多期，在全世界以 36 种文字出版，每期围绕一个当时全球关注的焦点为主题，或介绍人类科技新成果，或回顾人类文明发展史，或描绘人类生存状态。

中国妇女出版社

中国妇女出版社是全国妇联主管的为妇女儿童服务的中央级出版社。其基本任务是全面提高妇女素质，介绍国内外妇女的情况，传播与妇女有关的各种知识，帮助妇女了解社会、了解世界，向社会和世界介绍中国的妇女运动、理论及成就，同时也为广大的儿童服务。

中国妇女出版社成立于 1981 年，是改革开放的产物。她从无到有，从小到大，发展到当今已有一定经营规模、有特色图书并在国内外有一定知名度。如今的中国妇女出版社有了一座新建的五层办公楼、宽敞明亮的办公室，配置了电脑，已突现出现代化、信息化的浓郁氛围和勃勃生机。

中国妇女出版社从 1981 年到 1987 年处于筹备发展阶段，附属于中国妇女杂志社。1987 年底，全国妇联决定中国妇女出版社独立经营，开始了真正的创业与发展。

1988 年至 1994 年为初创阶段。独立经营的中国妇女出版社所面临的是经营资金短缺，编辑出版人员仅有 8 人。在这样的条件下，全社职工同心同德，抓住改革开放的大好机遇发

1997 年全国妇联主席陈慕华（右一）听取该社领导工作汇报。图中左一是中国妇女出版社社长兼总编辑姚维斗，左二是中国妇女出版社副社长薛宝根。

1998年11月12日全国妇联主席彭珮云（左二）和全国妇联副主席、书记处书记华福周（右一），在中国妇女出版社社长兼总编辑姚维斗的陪同下，参观该社样书室。

1998年12月全国妇联副主席、书记处书记华福周来该社指导工作。

展了自己的队伍，经过 7 年团结奋斗，共出书 796 种，平均年出书品种为原来的近 10 倍，达 114 种。

第二个阶段是 1995 年至 1997 年，这是该社的发展时期。全社职工在“艰苦奋斗、共创辉煌”的口号下，抓住“’95 世妇会”在中国召开的契机，全面推动出版社的各项工作，并由粗放型出书转变为提高质量、提高效益，4 年出书共 410 种，出书的精品率和图书再版率均有提高，全社出书总数已达 1200 余种。1994 年为了更好地配合图书的出版，专门成立了音像部，开始出版音像制品。

在这个发展阶段，根据自己的特点，在社会主义精神文明建设中找到了开展群众性读书活动的路子。在竞争日益激烈的出版领域里，该社所创造的这一成功经验，不仅创造了良好的社会效益和经济效益，同时也使中国妇女出版社在全国读者中的知名度大大提高。

中国妇女出版社是综合性出版社，妇女理论和妇女运动方面的图书是出版的重点，达到全社出书总量的 40%。围绕这一重点，先后出版了《马恩列斯论妇女》、《全党全社会都要树

中国妇女出版社部分获奖图书及奖杯、奖牌。

立马克思主义妇女观》、"近现代中国妇女运动历史资料丛书"、《中国妇女抗日斗争史资料》、"中国妇女社会地位调查丛书"、"第四次世界妇女大会'95 北京非政府组织妇女论坛丛书"、中国妇女人物传记、回忆录丛书等系列图书，总字数达 2000 万字。其中不少图书在妇女问题研究方面起到了填补空白的作用。优秀妇女读物还有《蔡畅传》、《怀念邓颖超大姐》、《章蕴文集》、《怀念章蕴大姐》、《康克清文集》、《启迪集》、《大革命洪流中的女兵》、《延安之路》、《新时期优秀女共产党员》、《妇女解放论丛》等。《中国女市长》、《中国女企业家》、《中国妇女四十年》、《中国妇女风采录》等大型画册也是影响较大、装帧精美的优秀图书。

在少年儿童读物方面，该社也投入了大量的人力、财力。优秀图书有"我们是礼仪之邦丛书"、《中国儿童智力方程》、《世界童话名著精选》、《0—6 岁好孩子家庭游戏教育工程》系列、《现代幼儿园系列教材》(与香港合作)、《世界经典童话·寓言珍藏文库》、《叶君健儿童文学作品集》、"[德] 卡尔·麦探险小说系列丛书"等。

为提高妇女文化素质，还出版了多种古今诗词、大型辞书等，总字数达 1500 万字，受到社会好评。

1994 年，音像部先后完成了为"'95 世妇会"服务的《共有一个辉煌》、《好军嫂韩素云》、《中华女性五千年》、《全国获奖儿童舞蹈

1997 年 7 月 22 日在人民大会堂召开由中国妇女出版社等单位发起并组织的全国青少年"爱祖国爱科学"读书教育活动表彰大会

1997 年 9 月 5 日中国妇女出版社在人民大会堂召开"年轻妈妈读书评比活动"表彰会，这次活动参加人数 1000 万人以上。《写给年轻妈妈》发行达 200 万册。

1995 年 9 月第四次世界妇女大会在北京召开，中国妇女出版社承担了大会期间"中国妇女读物展"的展览工作。

集锦》、《孕育希望》、《中国童谣》等优秀音像带和 VCD。

该社出版的图书先后获得过中国图书奖、中宣部"五个一工程"奖、全国畅销书奖、"金钥匙"奖、党史党建优秀图书奖、妇女优秀读物奖等。党和国家领导人邓小平、江泽民、李鹏、邓颖超、薄一波等同志为多种图书题写了书名。1997 年经中宣部、新闻出版署考核，被评为全国良好出版社。

1998 年，中国妇女出版社在"十五大"精神鼓舞下，提出了以妇女问题为主体，以组织妇女读书活动和青少年读书活动为两翼的"一体两翼"的出版新思路，出版社的工作进入新的发展阶段。"十五大"对出版工作提出"加强管理、优化结构、提高质量"，这是今后对我国图书出版工作的具体要求。全体职工决心在继续深入学习"十五大"精神的基础上，更好地为中国妇女儿童服务。

1995 年 8 月 22 日为了迎接第四次世界妇女大会，中国妇女出版社音像部拍摄了《今日农家女》专题系列片。图为该片的播出仪式。

中国妇女出版社社长兼总编辑姚维斗（右二）向外国朋友介绍中国妇女出版社的情况

1998 年 5 月 22 日中国妇女出版社在人民大会堂召开陈香梅女士《春秋岁月》出版座谈会，全国妇联部分领导参加了座谈会。图为顾秀莲（左二）、陈香梅（左三）、王淑贤（左一）、华福周（左四）。

香港著名女作家梁凤仪为中国妇女出版社出版的梁凤仪系列散文作品签名售书

1998 年 9 月 2 日著名作家梁晓声、毕淑敏为中国妇女出版社出版的《心灵的花园》、《大雁落脚的地方》签名售书。

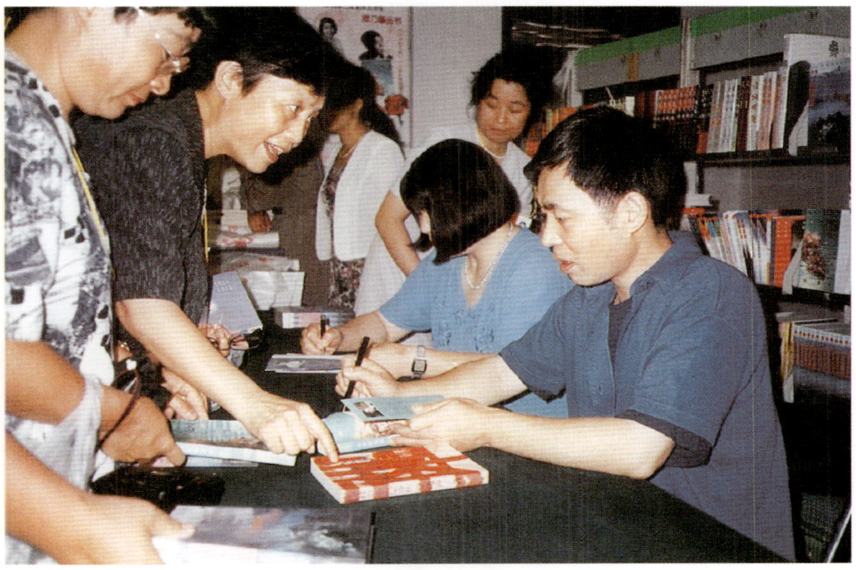

1996 年 3 月 29 日中国妇女出版社与首都发行所举行座谈会

中国工人出版社

中国工人出版社是中华全国总工会主办、主管的中央级综合性出版社，创建于 1949 年 7 月 15 日，原名工人出版社，1989 年 7 月经批准改为中国工人出版社。第一任社长赵树理。

中国工人出版社是我国有影响的资深出版社之一。早在五六十年代，该社出版的《把一切献给党》、《我的一家》、《老共青团员》、《本色·传统·使命》、《狱中纪实》、《方志敏战斗的一生》、《赵一曼》、《不死的王孝和》等一大批优秀图书，成为共和国几代人共同的精神食粮。

党的十一届三中全会以来，该社坚持四项基本原则，贯彻邓小平理论和“双百”方针，坚持为人民服务，为社会主义服务，为全党、全国和工会工作大局服务的方向，“以科学的理论武装人，以正确的舆论引导人，以高尚的精神

倪志福同志看望中国工人出版社职工

1998 年新建的中国工人出版社办公楼

中国工人出版社旧址

塑造人，以优秀的作品鼓舞人”，按照党的十五大精神，不断“加强管理，优化结构，提高质量”，实施依法治社，不断推进图书出版由规模数量型向质量效益型的转移。近几年来，该社共有四十余种图书获省部级以上大奖，其中，《全心全意依靠工人阶级》、《中国女职工状况》两书，被列入国家“九五规划”重点图书，现已出版；《光辉的旗帜，行动的指南》获“五个一工程”奖；新版《把一切献给党》、《我的一家》被列入中宣部、国家教委、文化部、新闻出版署、团中央五部委联合推荐的“百种爱国主义教育图书”；长篇小说《穿越死亡》，1996 年荣获“中国人民解放军文艺奖”文学类第一名，1998 年又荣获国家“八五”期间优秀长篇小说奖；散文集《羊想云彩》获首届鲁迅文学奖散文奖；《中西五百年

中国工人出版社首任社长赵树理

《把一切献给党》的作者，中国第一代兵器专家吴运铎同志与中国工人出版社工作人员合影。

中国工人出版社编辑与作家陶承同志在商量她的著作《我的一家》出版事宜

比较》获中国图书奖；《中国江南古建筑装饰装修图典》获第七届全国优秀科技图书二等奖；长篇小说《阿娟和她的丹顶鹤》获辽宁省儿童文学奖；《中国古代德行新典》获上海市中小学生优秀课外读物图书奖。1997 年年检登记后，该社被评为国家良好出版社。目前，该社全体职工正以崭新的面貌迎接 21 世纪，决心继续为经济建设和改革开放事业的发展提供精神动力和智力支持，为社会主义精神文明和物质文明建设作出新的贡献。

原文化部副部长、电影剧作家协会主席、著名剧作家夏衍在修改他的小说《包身工》。

被称为“中国的保尔”吴运铎同志在工人疗养院。他的著作《把一切献给党》曾鼓舞中国一代青年。

中国工人出版社的编辑与赵一曼同志的亲属亲切交谈

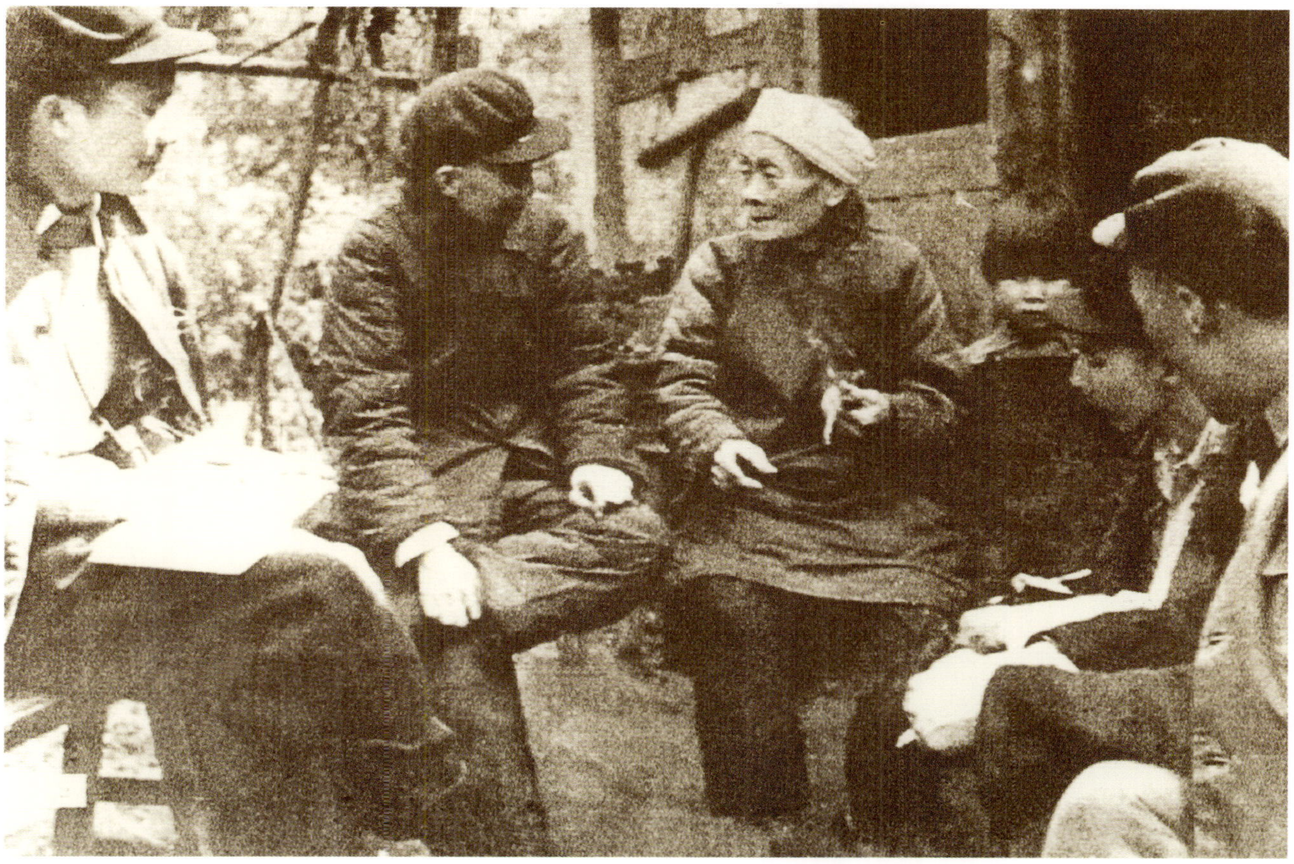

中国工人出版社建社五十年来出版了以《把一切献给党》、《我的一家》为代表的一大批优秀图书，受到了广大读者的喜爱，并获得国家图书奖、"五个一工程"奖等殊荣。图为中国工人出版社部分获奖图书。

中国工人出版社为重点图书召开新闻发布会

著名翻译家在书市上为中国工人出版社图书签名售书

计算机网络工程的建设，标志着中国工人出版社出版工作进入了一个崭新的时代。

中国工人出版社全体党员齐聚在香港回归倒计时牌下，以喜悦的心情盼望这一重大历史时刻的到来。

中国建筑工业出版社

中国建筑工业出版社已走过 45 年的风雨历程。经过几代人的辛勤耕耘，终于浇灌出今日建筑书苑花团锦簇，满园芬芳。如今，该社年出书达近千种，码洋连年超亿元。他们始终坚持出版工作的“二为”方针，坚持质量第一，坚持社会效益第一；同时争取最好的经济效益。该社不仅出版了许许多多名扬海内外的好书，维护了“注重质量、重视声誉”的美名，同时逐步形成了独特的出版特色，并被中宣部、新闻出版署表彰为全国首批 15 家优秀图书出版单位之一；被原国家教委评为全国教材管理先进单位。改革开放以来，共有 200 余种（套）图书在全国各级各类优秀图书评选中获奖，并且是在历届国家图书奖评选中均有获奖图书的惟一一家科技出版社。

该社的出版特色概括起来有五个方面：

一、高水平的理论著作

该社对理论著作的出版，把关极严，采取名家名作优先、开山之作优先、促进生产力迅速提高的作品优先的“三优先”做法，来保证理论著作在多样性基础上的高水平。

出版名家名作首先是在高起点上的运作，这对保证学术理论的高水平至关重要。清华

1993 年 3 月，中国建筑工业出版社举办嘉奖优秀图书记者招待会，拨出专款 20 万元嘉奖获部级以上奖的优秀图书作者，其中 6 种图书的作者分获 2 万元或 1 万元重奖。

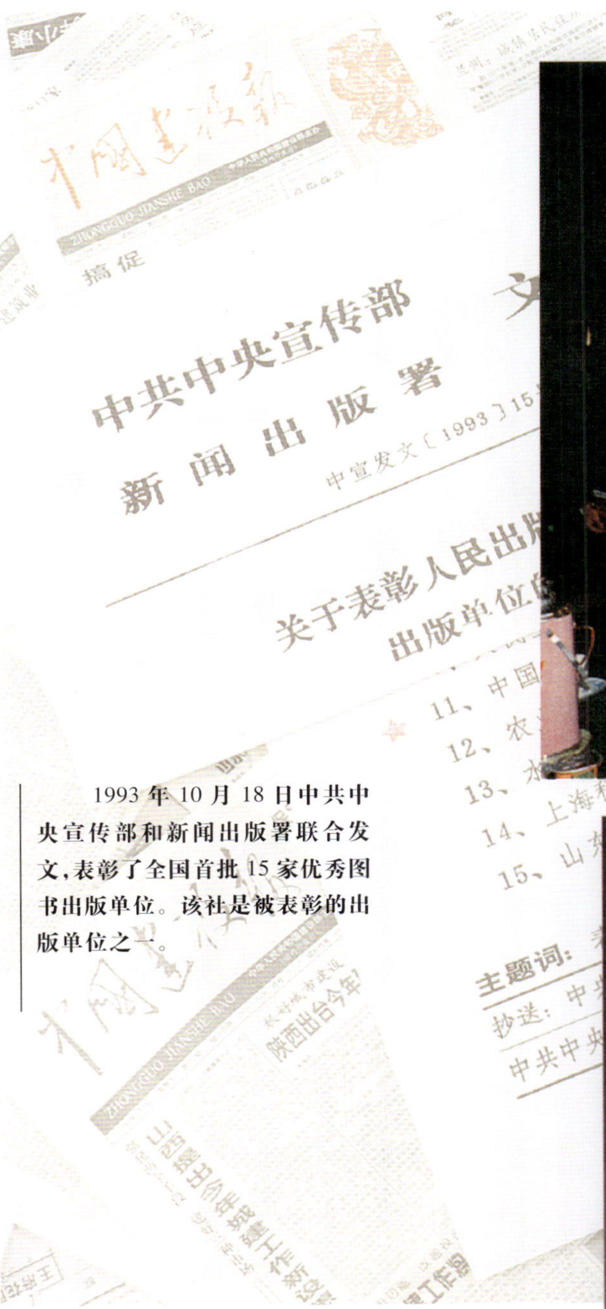

1993 年 10 月 18 日中共中央宣传部和新闻出版署联合发文，表彰了全国首批 15 家优秀图书出版单位。该社是被表彰的出版单位之一。

《中国美术全集·建筑艺术编》（共 6 卷）由该社负责编辑出版。本书荣获 1990 年首届全国优秀美术图书特别金奖、1993 年首届中国图书奖荣誉奖。

大学著名教授贺业钜编著的《中国古代城市规划史》内容丰富，见解独到，是研究中国古代城市规划方面的力作。引进版"世界建筑史丛书"，全部由世界著名建筑、艺术、历史等方面的专家学者编著，受到各国建筑界人士的欢迎，声誉非凡。

出版开山之作，其意义非同一般。著名学者刘敦桢的《中国住宅概说》是民居研究的鼻祖之作，后来由法国贝尔格出版社译成法文版，在国际上产生了相当的影响。老一辈建筑学家童寯教授的《江南园林志》一书的出版，开辟了建筑师研究古典园林之先河。

《地下水除铁除锰》是国家级有突出贡献的专家李圭白教授和高级工程师刘超的专著。该书的出版，极大地改善了我国分布很广的地下水含铁含锰状况，提高了饮用水水质，造福于千家万户。《水处理新药剂——碱式氯化铅》一书的出版，使许多企业产品质量提高，效益增加。

二、精美的古建筑文化遗产画册

中国古文化博大精深。作为文化一部分

《中国古建筑大系》(共 10 卷)是展现五千年中华民族灿烂建筑文化的巨型画册，由该社有关专家编著摄影，并与台湾光复书局联合出版，荣获第二届国家图书奖荣誉奖。

大型系列工具书《建筑设计资料集》(第二版)共 10 卷，被建筑界誉为"天书"，荣获第二届国家图书奖。

"清华大学建筑学术丛书"(共 10 卷)是一套高水平的学术理论著作，荣获第三届国家图书奖提名奖。该社还为同济大学、东南大学、重庆建筑大学和北京市建筑设计研究院出版了建筑学术丛书。

的建筑文化也有着极其辉煌的成就。发掘、整理、出版高水平的古老建筑文化，把它以精美画册的形式出版是出版社重要的出版方式之一。弘扬民族文化，把古老的中国建筑文化介绍给世界是出版社的重要职责。古建筑专家刘敦桢教授编撰的《苏州古典园林》曾荣获第一届全国优秀科技图书奖，并出版了日文版和英文版。即将出版的空前规模的古建筑 24 卷本巨型学术画册《中国建筑艺术全集》，详尽而系统地介绍了中国古代建筑的光辉成就和艺术特色。它必将使中国的古老建筑文化在世界建筑出版史上显得更加璀璨夺目。

为保护祖国古建筑遗产，该社还拨巨款组织全国有关单位、专家编写大型古建筑丛书，如《承德古建筑》、《曲阜孔庙建筑》、《塔尔寺建筑》……此外，还组织各名城有关部门，编辑出版了图文并茂并具收藏和欣赏价值的历史文化名城丛书。

为迎接 1999 年在北京召开的第 20 届世界建筑师大会而专门组织出版的《20 世纪世界建筑精品集锦》10 卷，以最精辟、最权威的史料和论述，向世界读者介绍本世纪世界各地建造的有代表性的 1000 栋著名建筑。以中文

该社一贯重视图书质量，推出精品。自 1987 年开始，一年一度的图书质量展已举办了 12 届，对促进图书质量的提高起到了积极的作用。1997 年被新闻出版署授予优秀印刷质量出版社银奖。

1995 年以来，该社成立了中国建筑书店连锁店，至今在全国各地建立起 40 多个代理站，500 多个连锁店、点，负责建版图书的发行销售任务。

1989 年被《新闻出版报》誉为“推动着我国科技进步的十部重要著作”之一的《建筑施工手册》，已出版了第三版，累计发行 180 多万册。

该社始终坚持“社会效益第一”的宗旨，每年都要投入几十万元为知名专家、学者出版学术专著。以上是该社为两院院士出版的部分学术著作。

为弘扬祖国传统文化，该社投入大量人力、财力发掘、整理、出版了大批高水平的反映古老建筑文化遗产的精美画册。

和英文两种版本向世界发行。该画册规模之宏伟、取材之丰富、装帧之精美在建筑科技图书出版画册史上都是空前的。

三、极具实用性的工具书

该社出版的工具书，有一个最明显的特点，就是实用性极强，具体说就是通俗易懂、专业覆盖面广、重印率高。

李瑞环同志编著的《木工简易计算法》，以初等数学的计算方法代替了复杂而又费工费料的木工放大样方法。全书仅 14 万字，语言简洁通俗，深受读者欢迎，累计印数超 100 万册。

该社出版的工具书，在全国同类图书中，印册和重印率都名列前茅。如《建筑施工手册》累计印数达 180 多万册。该书第三版已问世并出版了缩印本。1989 年被《新闻出版报》誉为“推动着我国科技进步的十部著作”之一。

四、高质量的教材出版

建筑业有自己的教育机构培训学校。为这些教育机构培训学校提供高质量的教材，也是该社重要的出版任务之一。

40 多年来，该社始终把教材出版工作放在首位。从 1954 年第一本教学用书《工业与

为弘扬祖国古建筑文化遗产，该社组织国内著名专家学者编著了一大批高水平建筑艺术画册，有多种图书被国外著名出版机构购买版权，有的图书出版了多种外文版。

优先出版名家名作是该社出版工作的一大特色。《梁思成文集》、《刘敦桢文集》、《中国古代城市规划史》等书为该社赢得了广泛的声誉。

改革开放 20 年来，该社又迎来了出版工作的新纪元。该社向社会奉献了一批编印精美、影响广泛的精品图书。在全国部级以上优秀图书评选中共有 200 余种(套)图书获奖。

民用建筑专业教学大纲》到 1997 年全国第一次教材出版发行会议提出教材必须“按时、足量”和“课前到书、人手一册”的要求以来，出版社年年做好教材的出版供书工作，受到主管教材部门的表扬。

40 多年来，该社以高起点、多层次、高质量为特征，出版了一大批优秀普通高校教材、各类成人教育教材，共有百余种教材先后获得全国优秀教材奖、建设部优秀教材奖等荣誉。

五、权威性标准规范

为建筑行业出版权威性的标准规范，是出版社的又一重要任务之一。

该社出版的权威性标准规范在工程实际当中对保证工程安全、提高工程质量、节约建筑材料、促进技术进步等起到了积极的推动作用，为我国工程建设逐步走上科学化、标准化道路做出了应有的贡献。

世纪之交，将迎来建国 50 周年华诞、澳门回归祖国的喜庆日子、第 20 届世界建筑师大会在北京召开、世界园艺博览会在我国昆明召开，同时又适逢该社成立 45 周年，可谓“五喜”临门。这又是“建二人”难得的一个历史机遇。为迎接 21 世纪的到来，“建工人”正以饱满的热情加倍努力，辛勤耕耘，力争奉献上一份令人满意的答卷。

该社在重视出版精品图书的同时，也注重图书出版的系列化。先后出版系列画册、工具书、理论著作、培训读物百余套，深受建筑界读者欢迎。

为迎接第 20 届世界建筑师大会在北京召开、'99 世界园艺博览会在我国昆明举行，为庆祝建国 50 周年、澳门回归祖国以及建社 45 周年，该社将出版一大批精品图书奉献给社会。

中国经济出版社

1984 年 10 月，中共十二届三中全会通过了《中共中央关于经济体制改革的决定》。在此背景下，中国经济出版社作为原国家经济委员会的直属出版社被批准成立。后因国家政府机构改革，中国经济出版社曾隶属于国家计划委员会。1995 年后划归国家经济贸易委员会直属。

中国经济出版社诞生在改革开放的年代，在经历了十几年市场经济的洗礼后，现已发展成为一个自主经营、自负盈亏，具有图书出版、图书进出口、录音录像、经济书店等几种经济实体和完整管理体系的企业化管理的事业单位。

中国经济出版社现有人员 121 人，其中具有高级职称的人员 32 名。

中国经济出版社建社伊始，就以“拓宽图书市场，广交作者朋友，通过我们的手，把最好的书献给读者”为宗旨，十几年如一日，矢志不渝。发挥地处首都得天独厚的政治、经济、科技、文化的优势，积极寻求适合中国经济出版

著名经济学家薛暮桥参加中国经济书店开业典礼（1987 年 3 月 14 日）

中国经济出版社现任领导班子（左起黄允成、田军、韩天雨、左秀英）

社发展的合理模式。目前，中国经济出版社的发展规模和经营实力已位居同类出版社的前列，所出版的经济类图书在同类出版物中独具特色。

中国经济出版社从成立至今，主要出版了各类经济理论、经济政策、经济管理、经济法规、经济干部培训、职工教育、企业管理及企业文化等方面的专著、译著和各类丛书、工具书、教材等图书4600多种，重印图书占总出书品种的40%以上，被评为省部级重点的图书占初版图书的5%以上，并有3%的图书获得国家、省部委以上单位颁发的各类图书奖，如由一代宗师、经济学界泰斗陈岱孙主编的《中国经济百科全书》获第六届中国图书奖；由著名经济学家胡代光等主编的《评当代西方学者对马克思 <资本论> 的研究》获孙冶方经济科学著作奖；由中国经济体制改革研究所编写的《改革：我们面临挑战与选择》获孙冶方经济科学论文奖；由翟泰丰、王梦奎、刘鸿儒主编的，十几位经济学专家撰稿的《经济知识系列

社长兼总编辑韩天雨与青年编辑亲切交谈

中国经济出版社积极开展图书对外贸易

韩天雨同志访问美国期间，会见美国衣阿华州“草原之星”书店店主(1994 年)。

教材》获第九届中国图书奖；吴树青、谷书堂、吴宣恭主编的《政治经济学》获普通高校国家级教育成果奖一等奖等等。

中国经济出版社在保证图书质量的前提下，在几十家国营定点印刷厂和装订厂以及高素质的外聘编辑力量的协同下，以平均每本书两个月左右的周期、年出版近 300 种图书的速度，把优秀的图书及时呈献给广大读者。同时，由 1033 个稳定的图书发行网点形成的中国经济出版社大型发行网络和用计算机管理的近 4000 平方米的书库，保证了图书的及时供应，发行利润以 30% 的速度逐年递增。

中国经济出版社于 1998 年 4 月成立了中国经济图书进出口公司，成为为数不多的拥有图书进出口权的出版社之一。公司除进行图书进出口贸易外，还进行图书版权贸易，同时每年还进行几次组团出国、举办国际图书展览等业务。目前，公司已与国内几十家出版社和海外十几个国家有业务往来。

中国经济出版社于 1988 年 7 月成立了中

中国经济出版社获奖图书(1986—1998)

中国经济出版社出版图书集锦

国经济录音录像中心（1997 年改名为中经录音录像中心，现由国家经贸委主管），该中心除了出版本社经济类图书的音像制品外，还与有关单位合作，承接兄弟出版单位和社会上的委托，进行音像制品的开发和生产，并与中央电视台合作进行经济节目的制作。

至此，中国经济出版社真正确立了一个较完整的发展形象。

中国经济出版社与 28 家经济类专业出版社联合，于 1994 年 1 月成立了中国出版工作者协会经济出版工作委员会，中国经济出版社社长兼总编辑韩天雨担任主任。该委员会以促进经济类出版物质量的提高和经济图书市场的繁荣为主导，开展跨社、跨地区、跨国家的经济类图书发行业务，逐渐形成一个集出版、发行、投资、贸易为一体的从事经济出版工作的群众性专业团体。

中国经济出版社十分重视与国际出版界的交流、合作，积极而有计划地将中文版、英文版图书推向国际市场，扩大发行范围，增强市场效应；友好而不间断地与美国、英国、德

中国经济出版社出版图书集锦

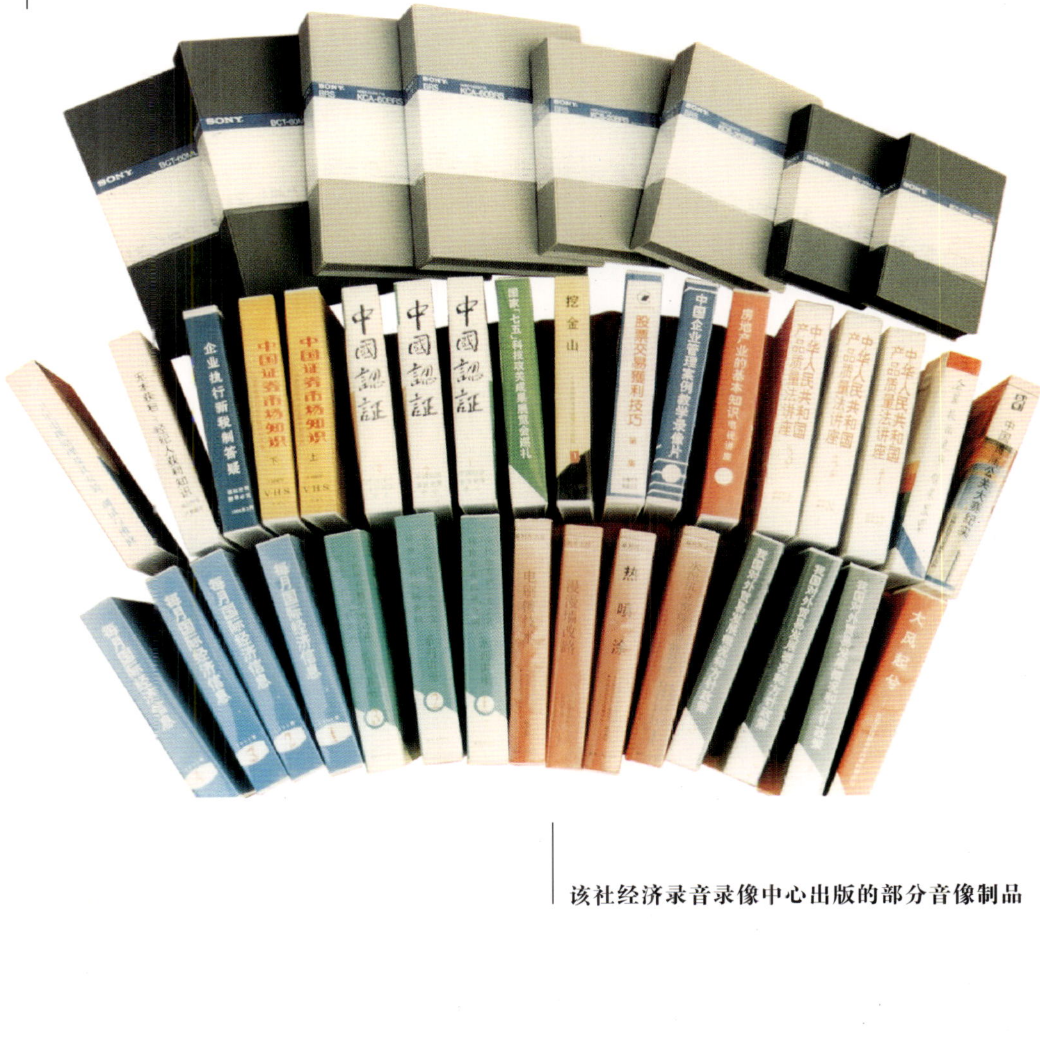

该社经济录音录像中心出版的部分音像制品

国、日本、新加坡、马来西亚等国及港澳台地区的著名出版公司开展版权贸易，引进优秀的经济类读物进行翻译出版。同时也多次派员参加各种代表团出国访问或参加国际书展，对国外的出版社、发行公司进行参观访问、互相学习、增进友谊、加强交流与合作。

中国经济出版社十几年来，形成了一大套完整良好的管理制度，如严谨的编印发业务管理制度；编印发业务人员进修制度等。这些制度在展现出了独特风采的同时也发挥了巨大的功效，不仅使出版社充满了活力，不断地发展壮大，也使出版社对外树立了良好形象。

出书、育人，造就一批优秀的出版专业人才、建立良性的出版机制、向社会提供优质出版物、创造最佳经济效益，是全体中国经济出版社人的共同信念。中国经济出版社的全体同志们有决心和信心，为把中国经济出版社办成一个适应经济改革和社会发展需要的，有着现代化管理体制的，有着一流的作者队伍、一流的编辑队伍、一流的图书、一流的信誉、一流的服务和一流的声望的“经世济民”的出版社而贡献自己的力量和智慧。

中国经济出版社编、印、发已初步实现计算机化。

读者服务部一隅

中国美术出版总社

在迎接伟大的中华人民共和国诞生 50 周年之际，人民美术出版社、中国连环画出版社、荣宝斋在新闻出版署领导下进行改革重组，于 1998 年 5 月成立的“中国美术出版总社”,已经以崭新的姿态展现于新世纪面前。

1950 年 10 月，根据国家出版总署的决定，由萨空了、朱丹、邵宇等同志主持人民美术出版社的筹建工作，同时以侯恺为经理，由新华书店总管理处木印科（原石家庄大众美术社）与原“北京荣宝斋”实行公私合营，由郭沫若同志题写斋名“荣宝斋新记”。同年，成立了“人民画报社”，与荣宝斋一起隶属于人民美术出版社。1951 年 5 月新中国第一家美术刊物《连环画报》正式创刊，由当时的文化部部长沈雁冰（茅盾）题写刊名。1951 年 9 月 15 日在北京中山公园举行了人民美术出版社成立大会，胡愈之、叶圣陶、周扬等同志到会讲话。周恩来总理亲自题写了“人民美术出版社”的牌匾沿用至今，并成为该社出版物的鲜明标志。

人民美术出版社成立近半个世纪以来，始终坚定不移地贯彻执行党的“百花齐放，百家争鸣”、“为人民服务，为社会主义服务”等一系列文艺出版方针，为繁荣社会主义美术事业、弘扬中华民族优秀文化、丰富人民的文化生活而不懈努力，为提高全民族的审美素质、陶冶人民的情操作出了自己的贡献。

50 年代初期，以烽火岁月中锻炼出来的“老延安”、“老八路”为骨干组成的人民美术出版社，发扬老解放区的优良作风，艰苦创业，倾注全力组织美术家进行创作，出版了一大批内

北京琉璃厂荣宝斋门市部

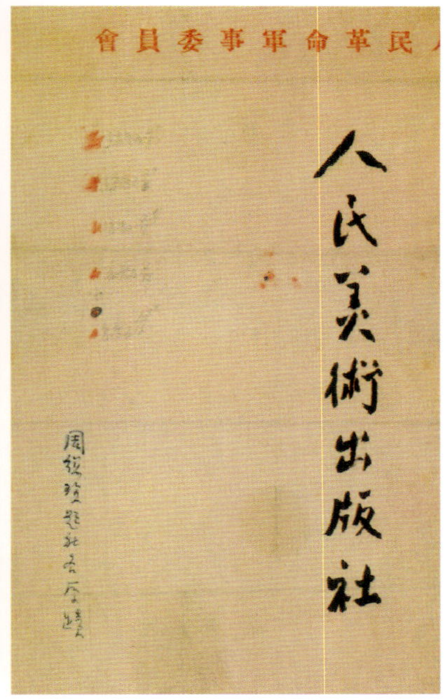

周恩来总理题写人民美术出版社社名手迹(1951 年)

由人民美术出版社、荣宝斋出版社、中国连环画出版社、朝花少年儿童出版社组成的中国美术出版总社于 1998 年 5 月在北京成立，地址在北总布胡同 32 号。

容健康、形式新颖、为群众喜闻乐见的普及读物。如连环画《鸡毛信》、《东郭先生》、《童工》；年画《群英会上的赵桂兰》、《开国大典》；宣传画《我们热爱和平》、《把学习成绩告诉志愿军叔叔》等。这些优秀作品以饱满的革命激情，健康向上的审美趣味，真实而形象地反映了建国初期的生活与斗争，深受人民群众的喜爱，并影响几代人。其中不少作品对进行爱国主义、社会主义教育，对支援抗美援朝战争、激励志愿军战士们英勇杀敌、保家卫国，起到了很大的宣传鼓舞作用。

50 年代中期至“文革”之前是人民美术出版社健康成长、全面发展的时期。在这期间，规划出版了大批有影响、有学术价值和艺术价值的图书，并初步形成了系统化、规格化和多层次的综合风貌。此外，还发展了传统木版水印和珂罗版印刷工艺。这个时期的图书，展示了丰富多彩的面貌。代表性的中国古代艺术画册如《中国历代名画集》、《伟大的艺术传统图录》、《宋人画册》、《杨柳青年画资料集》、《故宫博物院藏画集》、《景德镇陶瓷艺术》、《中国建筑彩画图案》等多种，它们从多方面反映了中国传统艺术的精华。介绍外国美术的画册如《印度阿旃陀石窟绘画》、《雪舟》、《达·芬奇作品选集》、《伦勃朗》、《苏联卫国战争画选》、《日本浮世绘木刻》、《印度尼西亚民间雕刻》等，受到读者广泛的好评。特别是六巨册的《印度尼西亚共和国总统苏加诺工学博士藏画集》，其宏大的规模、精美的印刷装订，达到了该时期世界先进水平，周恩来总理将这套画册作为珍贵礼品，亲手赠送给访华的苏加诺总统。该画册荣获1959 年莱比锡国际书籍艺术展金牌奖。其他如《杨柳青年画资料集》等几种画册同时获银牌奖，在国际上产生了重大影响。在着手编选的大批近现代画家作品集中，影响较大的是《齐白石作品集》和《徐悲鸿画集》（均为多卷本）以及与中国美术家协会合编的现代美术家系列画册。论著、技法书和年画、连环画、宣传画、单幅画等也有许多有影响的出版物。如连环画《我要读书》、《穷棒子扭转乾坤》、《西厢记》在 1963 年首届全国连环画评奖中获绘画一等奖，《水浒》、《岳飞传》连环画库的编绘出版，对推动连环画事业的发展都起到了一定作用。又如年画《武松打虎》、《大闹天宫》、《江姐》、《西厢记》等都是具有较大影响的艺术精品。珂罗版印刷的《清明上河图》、《八十七神仙图卷》、《五牛图》等古典名画，因其印刷精美而为国内外收藏家所珍爱。

十年动乱中，人民美术出版社在极其困难的情况下出版业务并未完全停止，印制了大量毛主席像。文革后期，在周恩来总理的指示下，连环画、年画等出版物开始恢复，《连环画报》于 1973 年复刊。

党的十一届三中全会提出了解放思想、实事求是的思想路线后，人民美术出版社恢复了正常编辑出版业务，并且提出了更加切实可行的中长期出版规划。从 70 年代中期至 90 年代图书结构的特点是，以保证骨干工程和重点图书的出版为核心，推动其他出版物质量的提高；在坚持社会主义方向的主旋律下，同时强调本社出版物的系统化、系列化和内容形式的多样化，并已形成了不同规格、不同层次的套书、丛书体系。精装系列

中国美术出版总社召开董事会办公会议

人民美术出版社第一任社长萨空了(前排左一)在主持政协民盟小组的讨论会。

新闻出版署领导宋木文（中）、刘杲（左）同人民美术出版社第二任社长邵宇在一起(1986 年 9 月)。

如《中国历代绘画——故宫博物院藏画集》(8卷，获国家图书奖)、《中国画家作品集》(已出数十种)、《中青年摄影家作品集》(已出十余种)以及《外国美术作品选集》(多卷本)等。普及系列有:《中国古代美术百图》、《外国美术百图》、《中国古代美术作品介绍》、《外国美术介绍》、“近现代美术家丛书”以及美术技法、论著、书法、连环画套书等不同系列，出书规模蔚为壮观。连环画《伤痕》、《枫》、《人到中年》、《邦锦美朵》等在全国性评奖中荣获金奖。这段时期还承担了全日制中小学美术课本、中师美术课本的出版任务。期刊、丛刊数量由最初的两种增加到了十余种。《连环画报》在 80 年代初期印数发行量达到 116 万余份，发表了一些在全国具有重大影响的作品，培养和造就了一大批连环画画家。其中的许多人，现在已成为中国当代知名画家。这些门类众多的系列图书刊物，在一定程度上展现了我国美术事业发展的概貌。

从 80 年代中期起，酝酿多年的重点工程 60 卷《中国美术全集》经由人民美术出版社等五家出版社通力合作，于 1989 年全部出齐，荣获国家图书奖荣誉奖，成为弘扬中国传统文化的一座丰碑，在国内外引起强烈反响，其后又与海外出版社合作，陆续出了中文繁体字版、英文版、法文版、日文版等多种版本。其文字部分另行编印了《中国美术五千年》八卷本文集。

在此期间，有一批重点画册，以其富有民族特色的内容、独特的设计和艺术魅力而引人注目，获得了国外出版界的嘉许，如《毛泽东故居赠品集》、《故宫博物院藏明清扇面书画集》、《中

在 '96 北京国际图书博览会上，全国人大常委会副委员长何鲁丽和新闻出版署署长于友先与人民美术出版社第五任社长陈允鹤(左一)，人民美术出版社总编辑刘玉山(左二)交谈图书出版情况。

人民美术出版社第三任社长田郁文会见比利时出版协会主席范登梅伦先生(1989 年 12 月)

1998 年 4 月，原中国连环画出版社总编辑迟乃义（右一）在第 35 届意大利博洛尼亚国际少儿书展上向新闻出版署副署长梁衡(左一)介绍该社参展图书。

全国人大常委会副委员长邹家华、新闻出版署副署长于永湛参观第七届北京国际图书博览会。中国美术出版总社董事长郜宗远(左二)向领导汇报工作。

国古代木刻画选集》、《中国摄影家朱宪民作品集》等画册，连续获得莱比锡国际图书博览会的金牌、银牌和铜牌奖，为国家赢得了荣誉，为人民美术出版社增添了光彩。

改革开放以来，人民美术出版社与日、美、英、法、比利时、南斯拉夫、新加坡等二十多个国家和港、台地区建立了日益频繁的合作出版关系，并积极参加和主办各种形式的国际书展、书市、画展、影展等对外文化交流活动，还开展了版权贸易、图书贸易等不同形式的国际合作业务，并发展到相当的规模。如与日本合作出版了《中国彩色文库》、“中国工艺美术丛书”、“中国的旅行丛书”和《漫游中国》、《少数民族服饰》、《西藏》等多种画册，与英国合作出版了《穿过月亮门看中国》，与法国合出了《中国》，与前苏联合出了《苏联藏中国民间年画珍品集》，并以对等交换方式出版了《中国》(苏·行星版)、《苏联》(中·人美版)摄影画册。通过这些文化交流活动扩大了中华优秀文化在国际上的影响，与各国人民加深了了解，架起了一座座友谊的桥梁。

进入 90 年代以后，人民美术出版社又陆续推出了《中国历代艺术》6 卷本(与兄弟社联合出版)、《中国近现代名家画集》、《中国古代画家精品集》套书与《中国名家画谱》以及将要出版的《中国民间美术全集》等。

为繁荣社会主义文化建设出好书、出精品，既是出版社的根本任务，也是检验出版工作成绩的标准。人民美术出版社 48 年来共出书 15117 种，总印数达 428076.63 万册(张)；

1988 年人民美术出版社与前苏联行星出版社合作出版《中国》和《苏联》大型摄影集。图为人民美术出版社采编组在前苏联工作时与苏方人员研究工作。

人民美术出版社原副总编辑沈鹏在《苏联》摄影画册、《列宁画传》首发式上讲话(1991 年 5 月)。

受新闻出版署委托，中国美术出版总社编辑出版《新中国出版 50 年》大型画册。图为该社董事长郜宗远(右六)、副董事长程大利(右五)与工作人员在紧张工作。

在国内外荣获不同类型高级奖项的图书达231种，其中国内奖216种，国际奖15种（包括金牌3种、银牌2种、铜牌3种）。这些丰硕的成果是通过历届领导和全社同仁筚路蓝缕、辛勤耕耘所取得的。人民美术出版社始终伴随着时代的脚步，在开拓中前进，在改革中发展。

从50年代后期起，人民美术出版社曾用过“中国古典艺术出版社”、“中国摄影出版社”和“朝花美术出版社”等副牌。人民美术出版社成立之初所属的“人民画报”、“人民美术印刷厂”、“中国幻灯公司”、“荣宝斋”，根据业务发展的需要，先后分了出去；另外，在人民美术出版社原副总编辑、中国连环画研究会会长姜维朴主持下，以原“连环画报”编辑室部分人员为基础，于1985年10月成立了“中国连环画出版社”。

中国连环画出版社经过全社同志的共同努力，经受住了各种社会风潮的冲击，度过了资金、设施、人员缺乏等难关，奠定了发展的基础，站稳了脚跟，在稳定中求发展，依靠新闻出版署的直接领导和关怀，并努力争取出版界、文艺界、新闻界及兄弟单位的帮助和支持，大力开展连环画出版业务。十多年来，坚持正确的出版方针，积极组织和优化图书选题，出版了一系列内容好、艺术质量高的各类连环画册。重点书有《地球的红飘带》、“革命领袖连环画丛书”、《第二次世界大战史连环画库》(与云南人民出版社合作)、介绍中国共产党历史的连环画《光辉的历程》、《第三届全国连环画

原中国连环画出版社总编辑姜维朴（左二）带着反映以红军长征为内容的连环画《地球的红飘带》画稿请经历过长征的杨成武将军审阅

原中国连环画出版社副总编辑陈惠冠与著名画家叶浅予先生商谈连环画出版事宜

荣宝斋高级技师王玉良从事木版水印工作四十余年，复制《文苑图》、《韩熙载夜宴图》等诸多古代名画，尤以复制绢本技艺精熟并多有创造，为木版水印印刷事业做出了特殊的贡献。于1988年荣获“全国新闻出版系统劳动模范”称号，1995年荣获“中华技能大奖”。

1992年春，继印制《韩熙载夜宴图》之后，荣宝斋再一次成功地以木版水印技术复制了唐代张萱绘《虢国夫人游春图》（宋人摹）40卷，酷似原作，获第一届“国家图书奖提名奖”。

评奖获奖作品选集》、《第四届全国连环画评奖获奖作品选集》、“连环画史料丛书”之《中国连环画发展图史》和《张乐平漫画全集》、“红蜻蜓丛书”等数一种，在社会上产生了广泛的影响。其中《地球的红飘带》连环画在全国性美术和图书评奖中先后共获 4 项金奖。《中国连环画》月刊和《连环画艺术》季刊，积极举行各种评奖、交流活动，并使刊物和办事机构设在社内的“连环画研究会”一起成为推动中国连环画事业和促进连环画国际交流的一个中心，先后在英国、罗马尼亚、匈牙利、新加坡、香港等国家和地区举办展览、展销活动。为了推动中国动画的民族化，给孩子们提供健康通俗的精神食粮，接受中宣部交给的任务，创办了作为中国动画“5155 工程”之一的刊物《少年漫画》，并和其他几本漫画刊物共同开拓连环漫画的新市场，受到了广大少年儿童读者的欢迎。

荣宝斋的前身为“松竹斋”。于清康熙十一年（公元 1672 年）由浙江绍兴张氏创办。1894 年取“以文会友，荣名为宝”之意，更名为“荣宝斋”，由同治年间状元陆润庠题写匾额。荣宝斋早期以经营诗绘笺纸、文房四宝为主，二三十年代鲁迅、陈寅恪、郑振铎、胡适、张大千等众多的文化人多留连于此。中期以木版水印工艺闻名遐迩，并因店主喜欢结交文士，服务周到，在书画界享有盛誉。新中国成立后，荣宝斋于 1950 年实行了公私合营，两年后又改为国营，隶属于人民美术出版社，在书画各界人士的支持下，很快兴旺昌盛起来。荣宝斋与书画家之间建立了深厚的友谊，被誉为“画家之家”，特别是受到了郭沫若、齐白石、徐悲鸿、傅抱石、李可染等大师们的关怀与热情支持。多年来，荣宝斋不仅在

原荣宝斋总经理侯恺（右一）在成立荣宝斋西武百货店经销处中日双方协议上签字

著名文艺理论家王朝闻在连环画报编辑室主办的连环画作者培训班上讲话（1986 年 7 月）

1998 年，荣宝斋在日本东京举办“吴冠中画展”。日本著名画家加山又造（左二）参观画展时同吴冠中先生（右一）交谈。

50 年代出版的《连环画报》

1975 年人民美术出版社“开门办社”，设立“大庆编辑组”和“大寨编辑组”。图为原社长邵宇带领编辑人员在大寨工作时与社员合影。

原中国美术家协会主席吴作人和人民美术出版社编审刘汝阳在研究书稿（1988 年 6 月）

业务范围、经营品种、店堂规模、人员数量、设立国内外分店、不断开拓市场等方面，得到了扩充和发展，成为展品精、库存丰、资金足、货源多、海内外知名的文化企业，而且也成了一块繁荣祖国书画艺术、增进内外交流的重要文化苑地，吸引了众多国内外人士前来参观访问，加强了与世界各国人民的文化交流。

荣宝斋在各项业务经营中最具特色的是木版水印。早在光绪二十二年(公元 1896 年)就设立了“荣宝斋套作”机构，自刻、自印、自销笺纸，如水印出版的《缙绅录》、《二十四节气封套》、《七十二候笺》、《仿怡王府拱花笺》、《翁同龢梅花屏》等，为木版水印的发展奠定了基础。自第一代雕版者戴广斋、第一代印刷者王月轩之后，又经其后人与弟子们锲而不舍的努力，使木版雕印技艺日益高超，相继印出了《北平笺谱》、《十竹斋笺谱》等令人折服的佳作。在新中国成立后的数十年间，以木版水印《簪花仕女图》、《韩熙载夜宴图》、《虢国夫人游春图》、《清明上河图》等为代表的古代名作的出版，其线条雕刻与水印效果几乎达到乱真的程度。木版水印在数量和规模上也得到了很大的发展，曾印刷出版了数千种历代书画精品并在 50 多个国家展销，还在 1959 年莱比锡书籍装帧艺术博览会上荣获金质奖，标志着雕版印刷技艺已发展到了历史的颠峰阶段。

荣宝斋在注重研究、不断发展完善传统技艺的同时，尤其重视征集散佚的书画文物，曾为国家搜集到宋代大书法家米芾的《苕溪诗帖》(残部)等极其珍贵的文物，被誉为美谈。资料

荣宝斋荣获的部分图书奖状

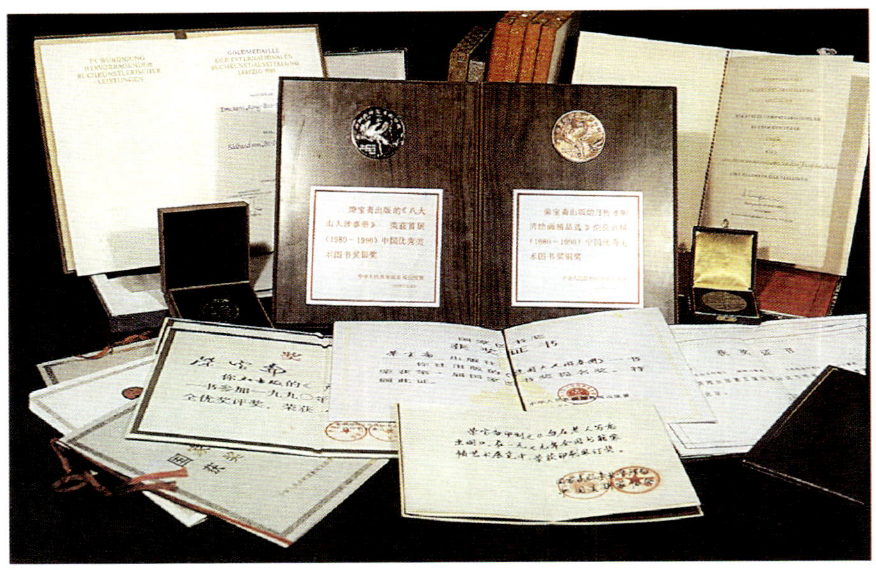

人民美术出版社在国内外荣获的部分图书奖的奖牌、证书和奖杯。

《故宫博物院藏明清扇面书画集》从故宫博物院珍藏的大量明清扇面书画作品中精选 400 幅，分 5 集出版。1986 年在莱比锡国际书展获奖。

《宋人画册》收入故宫博物院收藏的宋代作品 100 幅，多为团扇绘画精品，在 1989 年莱比锡国际图书艺术展览中获金牌奖。

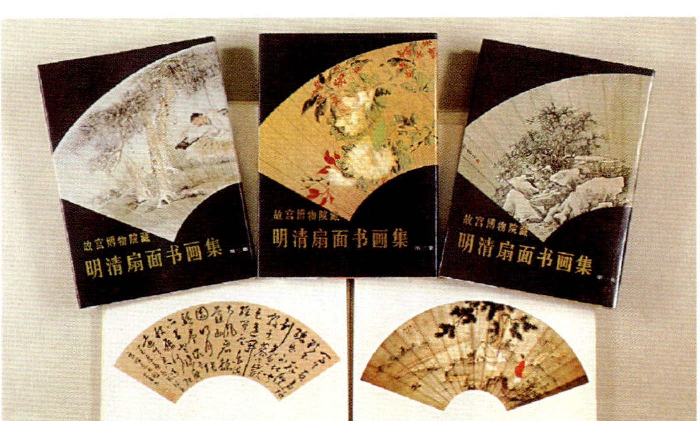

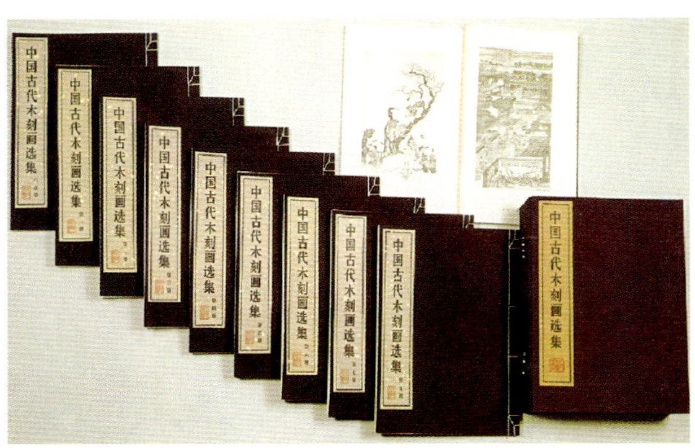

《中国古代木刻画选集》由已故著名学者郑振铎编著，收入作品 584 幅。此书曾两次在莱比锡国际书展获奖。

室历年丰富的收藏有利于美术出版，经过较长时间的积累，荣宝斋出版社已出版了百集《荣宝斋画谱》和《中国书法全集》等大型套书及多种画册和论著等。近年来，荣宝斋还开拓了艺术品拍卖业务，成立了“荣宝艺术品拍卖有限公司”。经过不懈的努力，已跻身于颇具声望的国内几大艺术品拍卖公司之列，在艺术市场占有举足轻重的地位。经过几代领导人与员工们的团结奋斗和悉心经营，荣宝斋这个百年老字号重新焕发了青春，现已发展成为一家多元经营的大型文化企业，在海内外享有盛誉。

随着国有企业转轨变制、深化改革浪潮的到来和国内外图书市场的竞争日益激烈，人民美术出版社、中国连环画出版社与荣宝斋三家美术单位持续发展的局限性也日益显露出来。三单位在出书范围、刊物品种、经营业务等多方面的交叉重复，既浪费了宝贵的人、财、物等多种生产资源，也限制了在新形势下更快地发展。为了优化生产要素、调整产业结构、提高企业素质和总体实力、更好地参与国内外图书市场的竞争，实行三单位资产重组、走集约化的道路已势在必行。面对 21 世纪国内外出版业的发展态势和三单位自身发展的需要，新闻出版署党组做出了三单位进行重组的重要决策，并作为新闻出版署直属单位改革的试点，给予了有力地支持和直接的指导。三单位经过一年多的酝酿、论证、筹备等多方面工作，拟定了能够体现改革精神和领导、群众智慧的重组实施方案，经新闻出版署批准，于 1998 年 7 月，正式成立了“中国美术出版总社”，组成了以邵宗远同志为首的董事会和领导班子，

珂罗版印制的古代名画《清明上河图》、《五牛图》。

人民美术出版社与前苏联、日本、法国合作出版的部分摄影图书。

《中国美术全集》是一部汇集中国古代五千年艺术珍品的大型图集，分绘画、雕塑、工艺美术、建筑艺术、书法篆刻五编共 60 卷。图为人民美术出版社负责编辑出版的19 卷

人民美术出版社对外合作的部分图书

形成了以美术书刊出版、少儿读物出版和荣宝斋书画及用品经营为主，兼顾艺术品开发、生产、拍卖和对外贸易，以及艺术教育等多元化产业经营结构，成为面向新世纪、拥有 500 多名员工的全国最大一家以美术、少儿读物出版为龙头的综合性的文化企业。

中国美术出版总社的成立具有比重组之前更大的资金优势和人才优势，加上多品种的出书格局和多元化的产业规模，为我国的美术出版业顺利跨入 21 世纪，创造了极为有利的条件。图书出版是精神产品，是知识经济，具有不同于物质生产的特殊性。市场经济不提供保护伞，新闻出版业的改革也没有一条现成的可循之路，全靠我们去探索、去实践、去拼搏，这无疑是第二次创业。这既是一种挑战，也是一种机遇。中国美术出版总社将以邓小平理论为指导，将尽快建立起科学的现代生产管理系统，并不断提高管理水平；将努力提高整体素质，培养一支观念新、业务精、作风硬、反应快的现代出版、经营队伍；最大限度地发挥人才优势，调动员工的积极性，实现图书出版的系列化和规模效益；以"一流设计、一流队伍、一流管理、一流经营、一流图书"为目标，带领全体员工，团结拼搏，为美术出版事业和文化事业再创新的辉煌。

荣宝斋出版社出版的部分图书

人民美术出版社出版的部分连环画册与儿童读物

《中国美术全集》光盘版(60 卷 50 盘)和《中国历代艺术》光盘版 (6 卷 10 盘) 展现了多媒体出版物的特有魅力

中国盲文出版社

1953年12月，毛泽东主席派他的亲家张文秋和黄兴之子黄乃（盲人）开始创办新中国盲文出版事业，中国盲文出版社从此诞生。她开始隶属于政务院秘书局，后划归内务部、民政部、国家出版局、文化部，现隶属于中华人民共和国新闻出版署。其名称也经历了盲文印刷所、北京盲文出版社、中国盲文出版社、中国盲文书社、中国盲文出版社的几次更换。

近半个世纪以来，该社作为全国惟一一家为全国几代盲人读者出版盲文版图书、期刊的专业出版社，为中国的盲人教育事业、为提高广大盲人的科学文化素质做出了巨大贡献。目前他们担负着为全国877万盲人出版各门类盲文书刊、有声读物、触觉图册的艰巨任务。

盲文，作为盲人触摸使用的专门文字，也称点字。它是由法国盲人路易·布莱尔于1824年发明创造的。盲文1874年传入中国，由于地域方言等因素，直到全国解放时，中国还没有统一的盲文，也没有盲文书刊。1952年开始，盲人黄乃参照布莱尔盲文体系，在“心目克明盲字”等旧盲字的基础上，经过调整和创新，提出了以北京话为基础、以北京语音为标准，采用分词连写方法拼写普通话的“新盲字方案”。它是以6个圆点作为一个符号单位，这6个圆点在约3/4平方厘米的面积内分左右两行排列，每行3个圆点，每个圆点直径一毫米，凸

中国盲文出版事业的先驱，该社第一任领导人张文秋、黄乃(右)。

起高度半毫米。6 个圆点，以突出和不突出形成 63 种变化形式，即 63 个盲字符号，以表示字母、声母和韵母。通过它们之间不同的排列组合，可表述一个民族的语言文字和各门类知识。“新盲字方案”于 1953 年在全国公布推行，自此中国盲人有了共同使用的统一的盲文。年底，盲文版《谁是最可爱的人》和《盲人月刊》创刊号出版。当年，张文秋、黄乃以此书向毛泽东主席、周恩来总理汇报工作时，毛主席闭上眼睛，手摸盲字，说盲文真是太奇妙了，黄乃同志真不简单。盲人是天下最痛苦的人，我们共产党人应该为他们谋利益。

该社在近半个世纪的时间内，出版各类盲文书刊逾 6000 种、400 多万册。现每年出版新书近 200 种，2500 万字，既有译制的外版书，也有部分本版书，包括政治、经济、文化艺术、科技教育、医药卫生各个门类及各类教材等。近年还出版了一大批中国古典名著、外国名著以及《英汉辞典》、《中国大百科全书 · 医学卷》等大型工具书，还首次出版了英语盲文书刊，向世界介绍中国的传统文化。这些书刊基本满足了广大盲人读者的需求，为中国盲人教育事业、广大盲人的文化素质和生活技能的提高，做出了应有的贡献。

盲文书刊制作工序多、周期长、印数少、成本高。盲文书刊的成本大约是汉文书刊的 20 多倍，一套《红楼梦》译制成盲文有 18 本，光材料费就在 300 元左右，所以，盲文书刊成本高与盲人经济困难的矛盾一直十分突出。在以前的计划经济时代，盲文出版费用基本是由国家承担，盲文书刊价格只相当于材料费的15%。实行社会主义市场经济制度以后，盲文纸取消了调拨，随行就市。事业单位的改革，国家按照差额拨款每年拨给的有限经费也仅仅能

近年来盲文出版社出版的部分图书

中组部部长张全景、新闻出版署署长于友先和该社社长宋建民向张文秋老人祝贺 95 岁华诞

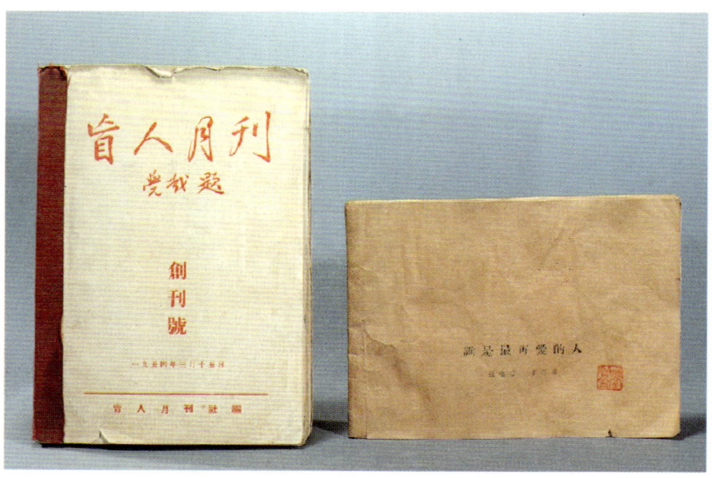

新中国出版的第一本盲文书刊

著名作家魏巍向盲文编辑人员了解盲文出版和盲人教育情况

维持本社日常办公和支付离退休职工的工资。在职职工的吃饭问题及出版费用必须由本社设法解决。一方面在内部进行三项制度改革，大力挖潜，广开财路，增加收入；另一方面，转变出版经营模式，保证盲文出版事业健康发展。他们认为，只要有盲人存在，盲文出版就不能停止，我们再困难，总比盲人强得多……在充分协商论证的基础上，从节约资源、提高图书利用率、鼓励盲人读书等方面考虑，1994 年 10 月，他们成立了中国盲文图书馆，每个盲人读者只需交纳 200 元借阅押金，通过免邮寄可以享受终身免费借阅盲文书刊。使盲文书刊由“编辑——出版——发行”转变为“编辑——出版——借阅”，这种做法深受广大读者欢迎。

盲文出版事业具有广泛的社会性，越来越引起国际上及社会各界、包括出版界的重视和支持。近几年，德国、挪威、香港等国家和地区的盲人机构先后无偿捐助价值 70 多万美元的盲文印制设备，使盲文出版的主要环节基本实现了现代化；中国慈善总会、爱德基金会、北京西苑饭店等机构，新闻出版署署长于友先、副署长梁衡等个人先后为部分读者垫付借阅押金；张文秋、魏巍、梅益、图们、肖思科、祝湛予、胡亚权、马津海等一批作家和期刊主编先后为部分盲文书刊撰写序言；《小说月报》、《今日中国》等出版单位定期赠送磁盘，《大众医学》每期提前邮寄清样，还有一大批出版社曾无偿地提供了样书和磁盘，以缩短出书周期。尤其值得一提的是甘肃人民出版社的《读者》杂志社，当他们得知广大盲人读者深爱

这是技术编辑在微机上将汉字书稿译制成盲文

这是首次面世的部分英文盲文书刊

盲人在触感屏上校对又省事、又准确。

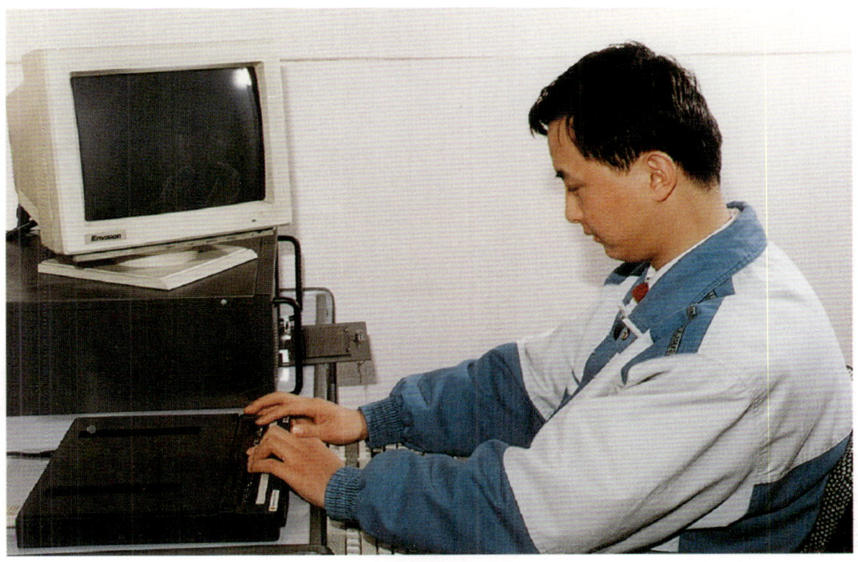

盲文书刊装订前，需把书页左侧用折页机折起 15 毫米，以保护盲字凸点不受挤压。

的《读者》盲文版的出版遇到经费困难时，在过去一直提供样书和磁盘的基础上，又决定从去年开始，今后每年拿出部分资金与该社共同出版《读者》盲文版，保证《读者》能长期奉献给广大盲人朋友。还有海天出版社出资与该社合作，将盲文版《花季雨季》奉献给盲人读者。

经半个世纪的发展，中国盲文出版社已形成高质量、高品位的盲文图书体系，已拥有国际一流的盲文印制设备，汇集和造就了一批谙熟盲文出版工作的专家，锻炼出了一支有专业技术、乐于奉献的盲文出版队伍。先后有 16 种图书获部委以上奖励，1995 年、1997 年连续两届被评为全国良好出版社，1997 年被评为全国新闻出版先进单位，分别连续 5 年和 3 年被评为新闻出版署和中央国家机关文明单位。已正式加入国际盲文图书馆协会，与十几个国家和地区建立了业务关系。社会效益逐步扩大，经济效益逐年上升，工作环境和生活条件不断得到改善。

随着国家对盲人文化教育事业投入的加大和盲人文化素质的提高，盲文出版的任务将更加繁重。1998 年 6 月，经新闻出版署党组研究，决定中国盲文出版社利用出版社的优势，以“明盲对照”方式，同时出版普通文字图书，用汉文图书的盈利补充盲文图书的经济困难。这项业务的开展给中国盲文出版事业发展带来新机遇。面对市场经济大潮，如何坚定不移地贯彻党和政府的出版方针，又走出一条具有中国特色的盲文出版事业的路，是摆在盲文社面前的一个重大课题。他们决心以读者利益为最高原则，将全社会对广大盲人读者的爱心化作动力，继续发扬无私奉献精神，克服困难，为盲文出版事业发展做出更大贡献。

挪威、德国、香港的无偿捐助，使盲文书刊印制实现了现代化。

工作人员经常把盲文版
新书直接送到读者手中

中国农业出版社

中国农业出版社是以出版农业科技图书为主的中央级综合性出版社，隶属农业部。她情系农民、服务农业、面向农村，伴随着共和国的脚步，正迈向新世纪。

—

中国农业出版社的前身是农业出版社。农业出版社是 1958 年从原财经出版社分离之后而成立的，1993 年农村读物出版社与之合并，更名为中国农业出版社，保留农村读物出版社副牌。作为一个全方位为农业、农村、农民服务的综合性出版社，以其出书品种的齐全、出版规模的庞大而与我们这一农业大国相适应。

中国农业出版社办公楼

中国农业出版社作为一个全方位为农业、农村、农民服务的综合性出版社，以其出书品种的齐全、出版规模的庞大而与我们这一农业大国相适应。

二

1995 年《农民思想政治教育读本》和《农民实用技术教育读本》问世了。书不厚，分量可不轻。江泽民同志和李鹏同志分别为两个读本题写书名和作序。这是党中央和国务院对九亿农民的关怀，也是对农用图书出版工作的支持与鼓励。

三

中国 12 亿人口，9 亿人在农村。从某种意义上说，农村的命运，也就是中国的命运；农村的前景，也就是中国的前景。历来，各级领导和知名人士出于对农村的关切，而对中国农业出版社也十分关切。

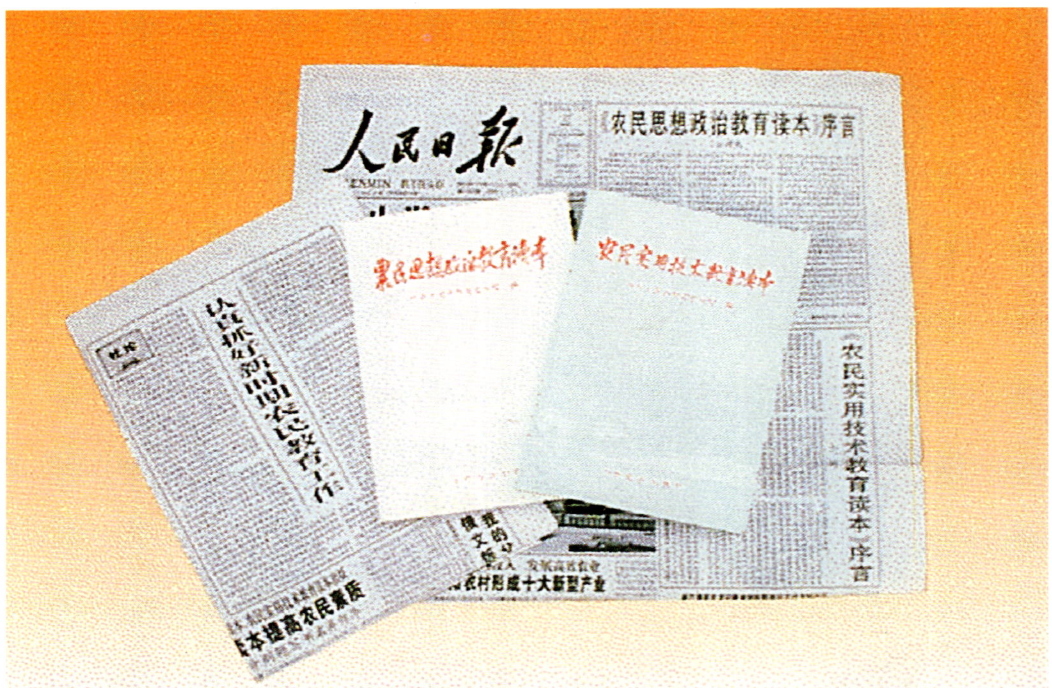

中国农业出版社出版的《农民思想政治教育读本》和《农民实用技术教育读本》

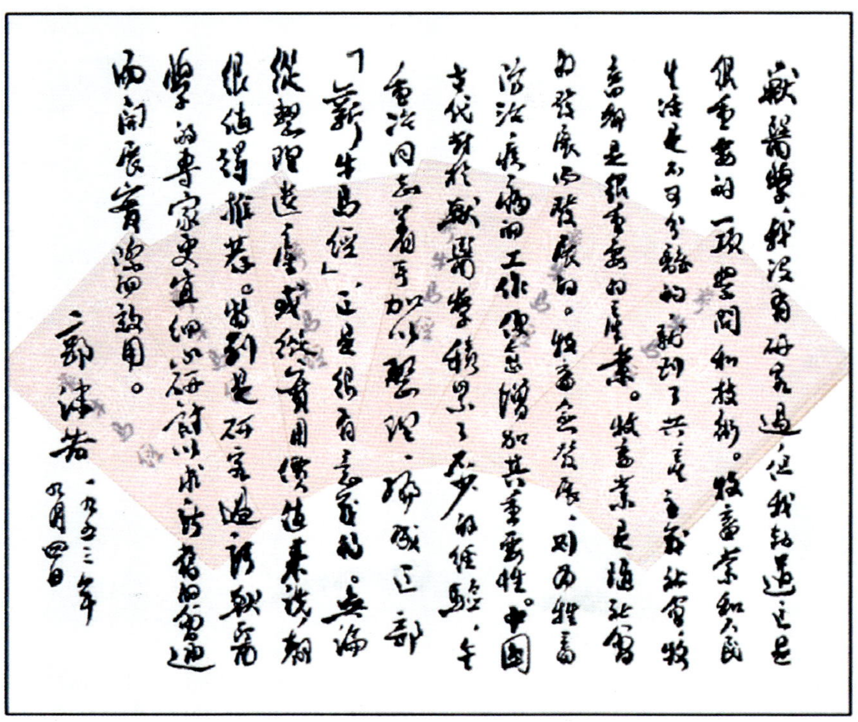

解放初期，郭沫若同志撰写的《新牛马经序》。

图为 1964 年原农村读物出版社出版的年书《东方红》

历届农业部的领导，经常关注原农业出版社的出书活动。他们不仅从人力、物力上给予大力支持，而且亲自担任一些大型丛书的主编，极大地促进了图书高品位、高质量、高速度地顺利出版。

解放初期，郭沫若同志撰写了《新牛马经序》，字里行间，渗透着对农业科技图书出版的深情厚意。1958 年《新牛马经》在原农业出版社修订再版。

1964 年，老出版家胡愈之同志(时任文化部副部长）亲自到原农村读物出版社蹲点，带编辑下乡做调查.编辑出版了带有农村小百科性质的年书《东方红》，一时被传为佳话。

1985 年，一批著名作家齐集于原农村读物出版社，为如何向农村提供精美作品出谋划策。

四

1997 年，我国出版史上的一座丰碑——《中国农业百科全书》诞生，这部百科全书一共

1985年，一批著名作家来到原农村读物出版社，为如何向农村提供精美作品出谋划策。

中国农业出版社出版的《中国农业百科全书》系统挖掘整理了我国几千年来丰富的农学遗产，全面介绍了当代农业科学的最新成果和最高成就。

中国农业出版社出版的部分图书

25卷31册，3650万字，历时16年，有6000多名专家学者参与编撰。全书系统挖掘整理了我国几千年来丰富的农学遗产，全面介绍了当代农业科学的最新成果和最高成就。

五

中国农业出版社40多年来，已出版图书13000余种，发行总量近4亿册。其中农业科学专著1100余种，农业科技实用图书7800余种，高、中等农用教材2200余种，农业年鉴40余种，工具书近200种，古农书130余种，农村用社科类图书800余种，农村文学与通俗文学300余种，文化与生活类图书460余种，农业期刊27种。这些书刊凝聚了先后在出版社工作过的和仍在工作着的716位职工的心血和汗水。

六

我国第一部植物学词典《全芳备祖》，在我国宋刻本早已失传，而手抄本又残缺不全。日本存有宋刻本，经日方友人与政府盛情帮

1980年，《全芳备祖》终于在我国面世。

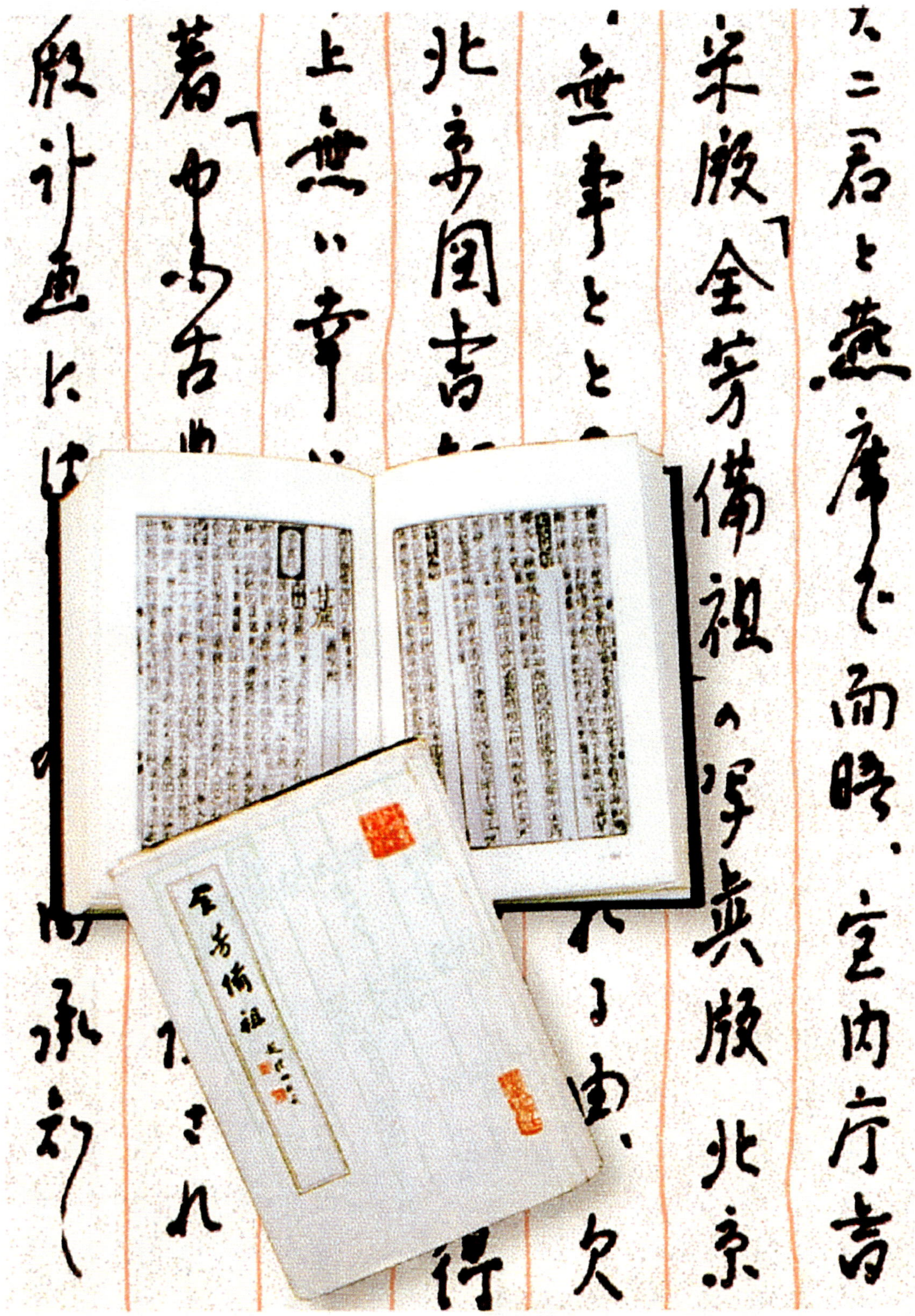

助，1980 年，《全芳备祖》终于在我国顺利付梓。

七

1982 年元旦"农业书店"作为全国头一家社办书店，开展了代购、代查、代找、代管、代寄、新书预订、送书上门等业务。它拉近了出版社与读者的距离，也为出版社走进市场经济大潮打下了基础。1998 年又成立了"中国农业出版社读者服务部"。

八

党的十五届三中全会后中国农业出版社及时地出版了"九亿农民致富丛书"。中宣部、农业部在 1999 年 1 月 7 日共同主办了向全国贫困县(市)赠送"九亿农民致富丛书"仪式。

1982 年开业的"农业书店"。

1998 年成立"中国农业出版社读者服务部"

中宣部、农业部在 1999 年 1 月 7 日共同主办了向全国贫困县(市)赠送"九亿农民致富丛书"仪式。

中国青年出版社

中国青年出版社是面向全国青年的综合性出版社。自 1950 年建社至今，出版图书近 7000 种，发行约 8.4 亿册，先后创办过 15 种期刊。为全面提高青年素质出好书刊，是中青人坚定不移的奋斗目标。在这个宗旨指引下，半个世纪中，出版了一大批高水平的、反映时代精神的、具有重大影响的书刊，影响了几代青年读者，被誉为"读者信得过的出版社"。

1949 年秋，团中央成立出版委员会，1950年 1 月，青年出版社正式成立。1953 年国家出版总署与中共中央宣传部提议青年出版社与以青年为主要读者对象的开明书店（始建于1926 年）合并，更名为中国青年出版社。半个世纪中，从满足青年健康成长的多方面需要出发，该社在出版文学读物、思想教育读物、各科知识读物及青年刊物上形成了鲜明的个性、特色，创造了"服务青年，引导青年"的中青品牌。面临世纪之交，该社正在向国内一流、国际知名、集团化的方向发展。

创业时期

1950 年—1966 年是该社创业时期，出版了一批高扬革命理想主义、革命英雄主义的文学作品。这些文学作品（包括译作）塑造的英雄形象，深深地感动了一代又一代的青年，成为他们人生的路标，战胜困难的榜样。这些文学名著被誉为"影响三代青年的红色经典"。代表作有长篇小说《红岩》、《红旗谱》、《红日》、《创业史》、《烈火金钢》、《钢铁是怎样炼成的》、《暴风雨所诞生的》、《牛虻》，特写《绞刑架下的报告》，纪实文学《卓娅和舒拉的故事》等。当年读过这些名著的青年，今天已成为中老年，他们还在向自己的孩子推荐这些"经典"。当代人的生活环境已与革命年代大不相同，但是"保尔"、"江姐"、"牛虻"、"卓娅"的崇高思想境界仍然给人以启示和激励。这些书一版再版，多已列入国家常备书目。《红岩》至今印行 51 次，发行近千万册，成为国内读者最多，影响最广的文学作品之一。1963 年还出版了新中国第一部长篇历史小说《李自成》，此书出版后得到毛泽东同志的肯定。后来第二卷、第三卷的创作，也曾得到毛泽东、邓小平等同志的亲自关怀与支持。

这一时期的思想教育读物以提倡共产主义人生观、为人民服务的奉献精神和辩证唯物

中国青年出版社是面向全国青年的综合性出版社

主义的科学思想方法为特征。思想修养读物代表名作有《平凡的真理》、《理想·情操·精神生活》、《人的一生应当怎样度过》、《谦虚与骄傲》、《青年修养通讯》、《青年修养十二讲》(发行均在 200 万册以上)。青年、英模故事有《毛主席的好战士——雷锋的故事》(发行 480 万册)、《青年英雄故事》、《焦裕禄在兰考》、《伟大的国际主义战士——白求恩》等。革命回忆录与烈士诗文有"红旗飘飘丛书"、《革命烈士诗抄》、《革命烈士书信选》、《在烈火中永生》(发行 328 万册)、《王若飞在狱中》(发行 370 万册)等。

在各科知识读物中,五十年代开始出版的苏联科普名作《伊林著作选》、《别莱利曼趣味系列》深受读者欢迎,并开始翻译世界科幻之父凡尔纳的作品。

1964 年 1 月在国内首次出版《毛泽东诗词讲解》,6 月出版了《毛泽东著作选读(乙种本)》(发行 1.213 亿册),成为中国现代出版史上的一件大事。

这一时期还出版了《中国青年》等 9 种刊物,其中有新中国第一本体育刊物《新体育》、第一本旅游刊物《旅行家》、第一本农村青年刊物《农村青年》以及《语文学习》、《地理知识》、《文艺学习》、《中学生》等名牌刊物。

复业与繁荣时期

十年动乱中出版社停止了出版业务。1975 年 10 月姚雪垠因创作《李自成》受到干扰给毛泽东同志写信,汇报写作情况,这封信由邓小平转送毛泽东,毛泽东很快做了批示。要提供条件,让他把小说二、三至五卷写完。根据毛泽东批示精神,经叶剑英、邓小平、李先念等同志的审批同意,该社开始恢复出版业务。1976 年至 1993 年是该社复业与繁荣时期。根据党的要求,该社更明确了出书方针:

1953 年 4 月该社设董事会,团中央书记胡耀邦任董事长。图为胡耀邦同志出席第一次董事会时的签名及签到簿。

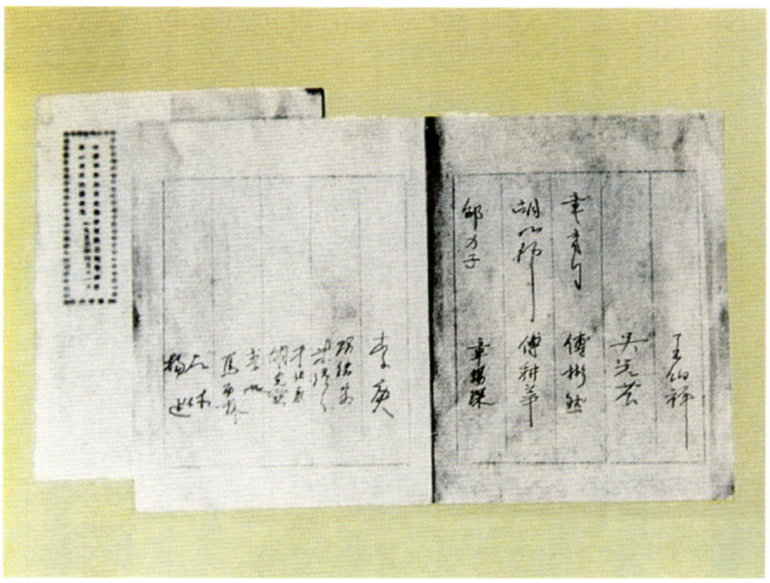

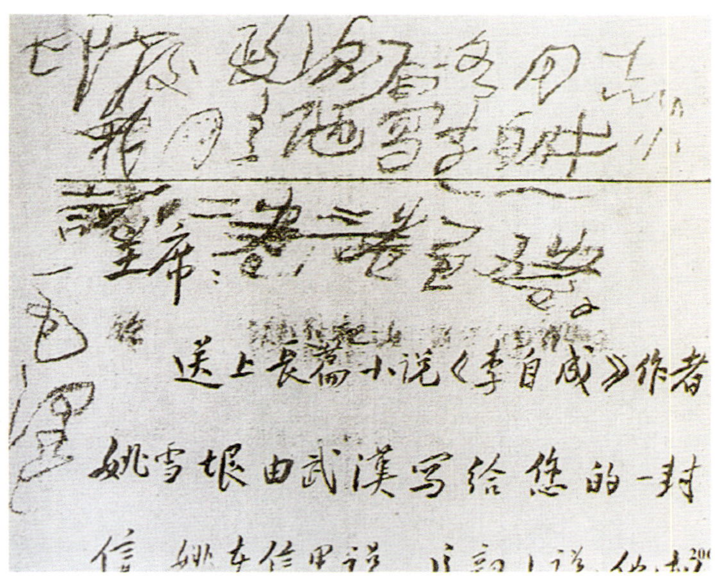

1975 年 10 月"文化大革命"期间,姚雪垠因写作受干扰,给毛泽东同志写信,请给予支持。毛泽东同志很快做了批示:我同意他写李自成小说二卷、三卷至五卷。印发政治局各同志。图为批示照片。右上图为姚雪垠与朱语今社长的合影。左下图为茅盾与姚雪垠谈《李自成》的创作问题。

用马克思列宁主义、毛泽东思想和现代科学文化知识武装青年，培养“四有”新人（有理想、有道德、有文化、有纪律）。这一时期又是出版社发扬传统、勇于革新、更新出版物价值观念、扩大青年读物文化视野、丰富青年读物内容、出版形式创新时期。

为端正新时期的思想路线，1979 年 3 月邓小平在理论工作务虚会上指出要出版一批有“新内容、新思想、新语言”的理论读物，要求“加强政治理论基础知识读物的编辑出版工作”。该社在这方面做出了突出成绩。在 1983 年、1988 年两次全国通俗政治理论读物评奖中，该社成果丰硕，获一等奖的有《通俗哲学》（印 12 次，发行 252 万册）、《中国共产党历史讲话》（发行 340 万册）、《社会主义初级阶段论集》，获二等奖的有《毛泽东思想原理讲话》、《政治经济学简明读本（社会主义部分）》、《共产主义道德概论》、《简明管理学》、《青年学》、《青年心理健康顾问》、《中国古代学者百人传》。

这一时期青年修养读物突出了人生观教育，出版的《闪光的生活道路》当年就发行了 509 万册。出版的爱国主义教育读物也有突出成就，《祖国》、“祖国丛书”（三家联合出版）、《中华民族杰出人物传》（11 种）等被誉为“爱国主义教育的系统工程”。在 1984 年全国首届爱国主义通俗历史读物评奖中，该社有 5 种书获奖。1985 年与中央电视台在全国首创举办了“青年历史知识竞赛”。

各科知识读物出版空前繁荣，最有影响的“青年文库”，是一套大型综合性知识丛书，已出 120 种，比较系统地介绍哲学社会科学、文学艺术、自然科学方面的基本理论、基础知识。1988 年出版的《青少年科技活动全书》（10 册）以及围绕阅读全书开展的“全国青少年劳动技术科技制作竞赛”，在全面提高青少年素

《通俗哲学》是新时期的大众哲学，再版 11 次，发行 252 万册。漫画家方成为此书配画。

“走向国际市场丛书”被列入国家常备书

质上，方向对头，富有成效。

该社出版的长篇小说重要的有《李自成》（二、三卷）（第二卷 1982 年获“茅盾文学奖”）、《创业史》（二）、《播火记》和《烽烟图》（与《红旗谱》合为平原三部曲）。题材日益丰富、广阔，出版了历史小说《曹明皇》。为贴近当代青年生活，出版了中篇小说《人生》、《没有钮扣的红衬衫》和长篇小说《蹉跎岁月》等。外国文学读物有《凡尔纳系列科幻小说》、《盗火》、《生命的顶峰》、《战争》、《各国中短篇小说系列》等。

新创办的期刊有《中华儿女》、《青年文摘》、《追求》、《青年文学》、《小说》，复刊的有《辅导员》等。《青年文摘》主办的四届“五四青年智力竞赛”及电视公开赛产生了广泛的影响。

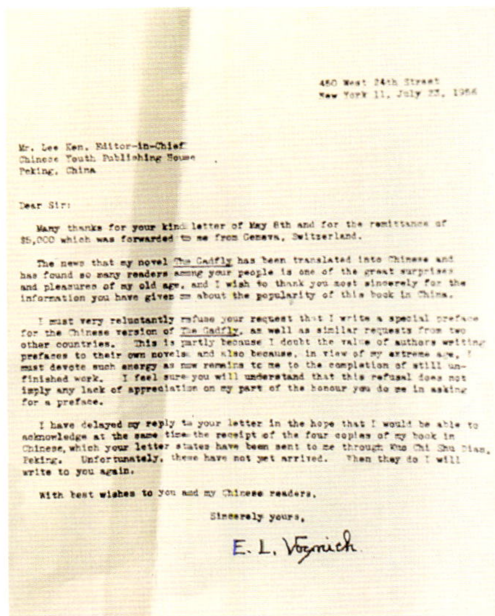

450 West 24th Street
New York 11, July 23, 1956

Mr. Lee Ken, Editor-in-Chief
Chinese Youth Publishing House
Peking, China

Dear Sir:

Many thanks for your kind letter of May 8th and for the remittance of $5,000 which was forwarded to me from Geneva, Switzerland.

The news that my novel The Gadfly has been translated into Chinese and has found so many readers among your people is one of the great surprises and pleasures of my old age, and I wish to thank you most sincerely for the information you have given me about the popularity of this book in China.

I must very reluctantly refuse your request that I write a special preface for the Chinese version of The Gadfly, as well as similar requests from two other countries. This is partly because I doubt the value of authors writing prefaces to their own novels and also because, in view of my extreme age, I must devote such energy as now remains to me to the completion of still unfinished work. I feel sure you will understand that this refusal does not imply any lack of appreciation on my part of the honour you do me in asking for a preface.

I have delayed my reply to your letter in the hope that I would be able to acknowledge at the same time the receipt of the four copies of my book in Chinese, which your letter states have been sent to me through Kuo Chi Shu Dian, Peking. Unfortunately, these have not yet arrived. When they do I will write to you again.

With best wishes to you and my Chinese readers,

Sincerely yours,

E. L. Voynich

1953 年该社总编辑李庚给《牛虻》作者伏尼契夫人去信（左上），请她授权该书在中国出版，上为伏尼契夫人表示同意的复信。

1953 年，该社在国内首译《牛虻》，此书出版后在青年中引起很大反响，再版 35 次，发行 200 多万册。

再创辉煌时期

1993 年至今是该社迎接挑战、再创辉煌的时期。该社确立了跨世纪的长远发展目标：走内涵发展道路，把该社建设成国内一流、国际知名的中国青年出版社出版集团。出版工作主要特征是从实施套书战略到实施精品战略，推进出版的阶段性转移。

反映新时代、高奏主旋律、丰富多样化是出版内容的特色。在宣传邓小平理论方面出版了一系列重点图书，如《邓小平著作选读》（青年读本）、《20 世纪的巨人——邓小平与现代中国》、《邓小平传奇》、《中国现代三大伟人》、《当代中国的唯物辩证法——邓小平著作中的哲学思想》、《从邓小平到江泽民领导的中国》、《强国之路 20 年》等。

思想教育读物、文学读物、各科知识读物，围绕经济建设这个中心，服务于改革开放的大局，有许多新的发展与突破，形成精品迭出的

该社出版的“中华文化集粹丛书”获中国图书奖

该社出版的《人生幸福论》获“五个一工程”奖

该社出版的“刘先平大自然探险长篇系列”获国家图书奖提名奖及“五个一工程”奖

《白门柳》(一、二部)获茅盾文学奖。一、二、三部结集由该社出版。

新局面。思想教育读物的代表作有《人生幸福论》、《学会生存》、《人生宝鉴》等；文学读物有《白门柳》、《凤凰琴》、《轮椅上的梦》、《刘先平大自然探险系列》等；各科知识读物有“中华文化集粹丛书”、“走向国际市场丛书”、“科学焦点丛书”、《20 世纪中国学术文化随笔大系》、《周振甫文集》等。

从 1991 年开始实施国家“八五”(1991—1995 年)、“九五”(1996—2000 年)出版规划。列入“八五”规划已出版的图书有“中华文化集粹丛书”(15 卷 19 册)、“社科新论丛书”(11 册)、“人生社会心理丛书”(12 册),即将出版的有《简明图文百科全书》(4 卷)。列入“九五”规划已出版的有“20 世纪中国学术文化随笔大系丛书”(60 种,已出 40 种)、《跨世纪青年文库》(已出“中华传统美德丛书”6 种,“现代国际商务丛书”10 种,即将出版“新世纪角逐丛书”4 种,“高新科技浪潮丛书”6 种)、《中国典籍精华》(9 卷 22 册)、《周振甫文集》(10 卷)。

围绕实施精品战略,该社加大了版权引进力度,引进国外的优秀文化成果,出版了《日本通商产业政策史》、《平面设计师之设计历程》、《剑桥艺术史》、“科学焦点丛书”、“地球文明之谜丛书”、《世界科幻小说精品》、“脑力开发小丛书”、《松下幸之助演讲精萃》、“向大师学绘画丛书”等优秀图书。

适应实施精品战略,在装帧设计上提出了“书籍形态学”的新理念,提倡整体设计,把一部分图书作为艺术精品来设计,从整体上带动装帧水平上了一个新台阶,被出版界誉为“装帧设计的革命”。为适应当代青年素质教育、美育需要,中青版艺术图书有了新突破,代表作有:《中国三峡百景图》、《中国书画鉴赏辞典》、《中国造型艺术辞典》、《三希堂画宝》、《朱熹榜书千字文》、《吴友如画宝》、《子夜》(手迹本)等。

该社出版的列入国家“九五”规划的《二十世纪中国学术文化随笔大系》

该社出版的列入国家“九五”规划的《周振甫文集》

由于实施套书战略、精品战略，中国青年出版社的重点书质量全面提高，在国家设立的三大图书奖中有 15 种获奖，如《当代中国的唯物辩证法——邓小平著作中的哲学思想》、《刘先平大自然探险系列》、《人生幸福论》获“五个一工程”奖。1997 年有两部作品同获“五个一工程”奖，在全国也是首例。《刘先平大自然探险系列》又获国家图书奖提名奖。在十一届中国图书奖的评选中，该社届届榜上有名，获奖书是：《哲学小百科》、《现代科学知识小百科》、《审美心态》、《中国书画鉴赏辞典》、“中华文化集粹丛书”、《人生知识大辞典》、《什么是社会主义》、《毛泽东之路书系》、《李大钊》、《浣纱王后》、《中国三峡百景图》。在 1994 年由新闻出版署等四部委举办的首届“中国青年优秀图书奖”(1979－1994)评选中，该社获奖有 8 种，名列榜首。其中“走向国际市场丛书”江泽民同志题写了书名，被列入国家常备书。在国家公布的首批常备书目中，该社有 11 种(20)册。在五部委推荐的百种爱国主义教育读物中，中国青年出版社有 10 种(20 册)。

高质量的图书，带来好的经济效益。该社从 1991 年至今，年出书品种一般控制在 400 种－700 种之间（含再版），但销售码洋却从 1991 年的 3868 万上升到 1998 年的 1 亿 7 千万。利税也稳步增长。

这一时期该社还推出大众化的精品图书，组织优秀的青年读物以平价发行，参与了向希望工程捐助“希望书库”的工作；并精选该社历年出版的优秀文学作品、人物传记 107 种配成“中学生文库”以平价向教育界发行。从 1989 年至 1999 年该社组织了十届“全国青少年读书教育活动”，开展了“祖国万岁”、“中国精神”、“新世纪的主人”等主题读书活动，由于内容好、价位低、发行措施得力，每次读书活动用书发行高达 800 万册—1000 万册。

这一时期该社启动了期刊工程，期刊内容更关注当代青年的生存与发展。《青年文摘》多年发行保持在期发量百万册以上，被评为国家重点社科期刊。又推出《青年文摘》人物版，《追求》、《青年文学》也以崭新的面貌奉献给新世纪的读者。

1998 年出版社进行了机构、机制改革，为中国青年出版社出版集团奠定了基础。在此基础上，注重企业文化建设，导入 CI 设计，在出版界开风气之先。

哺育过几代青年建设者的中国青年出版社，将永葆青春活力，面对新世纪的主人，她将奉献出更多更好的精神食粮！

该社 1997 年以来出版的宣传邓小平理论的部分图书

《青年文摘》杂志与中央电视台合办“五四青年智力竞赛”受到青年读者欢迎

中青版图书在十一届中国图书奖评奖中连续榜上有名

该社胡守文社长在国际书展上向美国商务部官员介绍中青版图书

该社陈浩增总编辑向外国同行介绍中青版图书

中国人民大学出版社

中国人民大学出版社成立于 1955 年，是新中国最早成立的大学出版社。它在改革开放的年代继续奋进开拓、再创辉煌，成为一个不但历史久远，而且永葆青春和朝气的出版社。

共和国的缩影

中国人民大学出版社的发展壮大与人民共和国的成长紧密相连，从某种意义上说，中国人民大学出版社是社会主义建设事业和高等教育事业发展的一个生动缩影。

新中国成立之初，百废待举，英明的共和国决策者们认识到：中国不仅要有自己的工业体系，还需要有自己的教育体系。于是，一所完全由新中国的力量创办的大学——中国人民大学诞生了；一所以文科教材建设为主要目的的出版社——中国人民大学出版社诞生了。

中国人民大学出版社出版的“走向市场经济丛书”获第八届中国图书奖

海外学者对中国人民大学出版社出版的图书深感兴趣

国家寄予中国人民大学出版社以厚望，中国人民大学出版社也从未辜负过此厚望。它不但成为名副其实的“全国高校文科教材出版中心”，而且以自己杰出的工作实践了“使许多未到人大的人也能受到人大的教育”的办社理想。

“文化大革命”期间，中国人民大学被迫停办，中国人民大学出版社也随之取消。1978年党的十一届三中全会以后，随着人民大学的恢复，中国人民大学出版社正式复社并进入了一个新的发展阶段。在改革开放的20年间，中国人民大学出版社发扬优势、迎接挑战，既坚定不移地为教学、科研服务，同时又走向市场，参与竞争，创造了出色的业绩。中国人民大学出版社背靠着中国人民大学这所名牌大学，置身于为全国高等教育服务的广阔天地，既有坚实的出版基础，又有巨大的读者市场，它们为中国人民大学出版社的腾飞插上了双翅。现在的中国人民大学出版社，出书品位高、门类全、质量好，在国内外读者中享有盛誉。

中国人民大学出版社出版的教育部推荐的全国高等学校马克思主义理论课教材

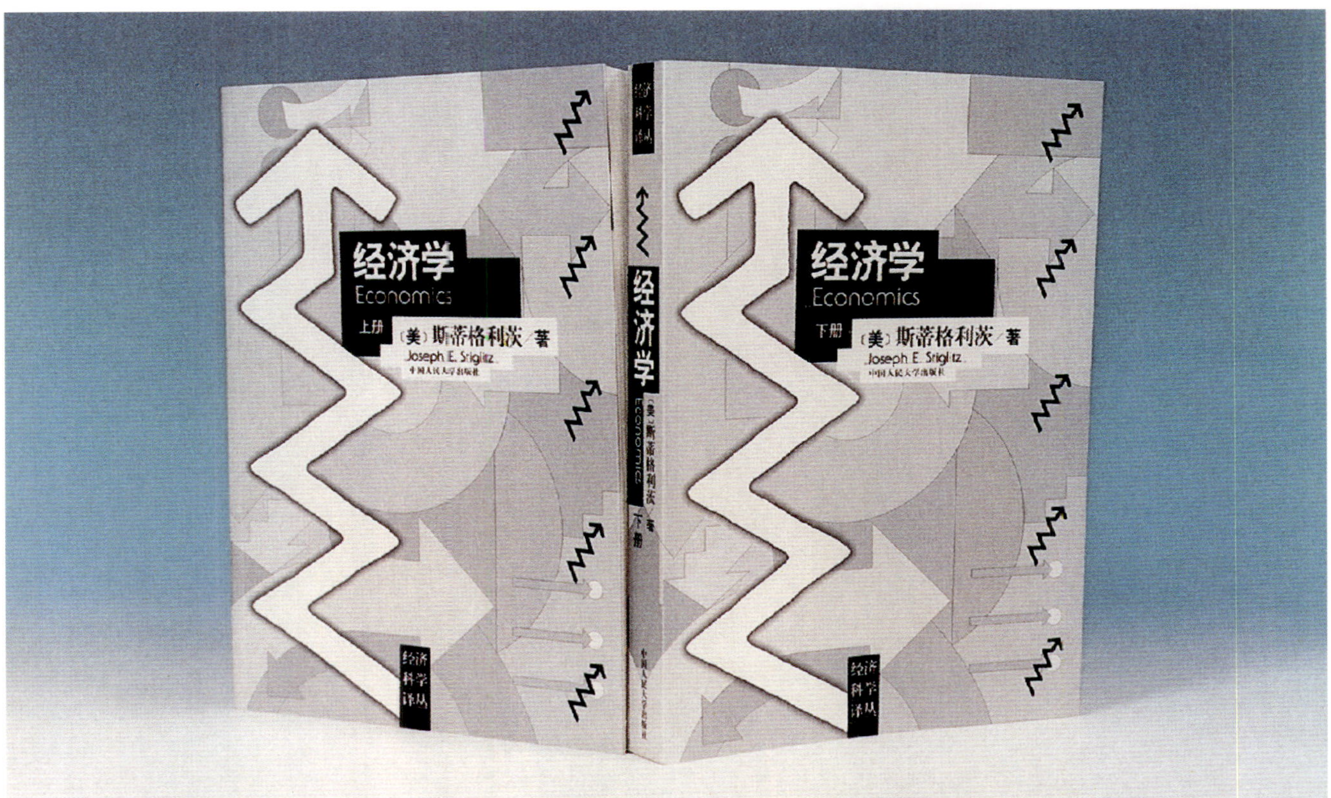

中国人民大学出版社出版的《经济学》(上、下册)获第十一届中国图书奖

教材优先

立足高等教育，为教学和科研服务一直是中国人民大学出版社发展壮大的基础。从建国初期急需适应中国特点的教材、填补学科空白到今天推陈出新、坚持学术领先，中国人民大学出版社走着一条扎扎实实的道路。站在这里回顾，可以看到一座书砖垒成的高等教育的大厦。

建社 44 年，中国人民大学出版社已累计出书近万种，其中大部分是高水平、高质量的教材、工具书、学术著作。已出版的文科教材，涵盖社会科学、人文科学、管理科学各学科。这些教材广泛为各高等院校及成人教育、职业教育、高教自考所采用，许多教材一版再版，发行数十万册到数百万册。

面对高等教育发生深刻变革，教材需要不断更新、不断发展的新形势，中国人民大学出

中国人民大学出版社出版的《经济科学译丛》——90 年代前沿水平的经济学教科书。

中国人民大学出版社出版的畅销世界的工商经典——《工商管理经典译丛》，管理领域的汉译精品。

中国人民大学出版社出版的《刑法学原理》(1－3 卷)获第二届国家图书奖

版社不断加大教材开发与研究的力度，以适应课程体系的调整，适应培养新型人才的需要。现在中国人民大学教材的建设已经成系列、成规模，以财经、法学、人文为主的几十个系列的教材共有几百个品种，作为高校师生及高教自考者的必备用书。

优化选题　力求特色

“出教材学术精品，育人文社科英才”是中国人民大学出版社加强精品图书的策划，以高质量的图书为科教兴国的战略服务，为社会经济文化的发展提供智力支持，出版了一大批具有文化积累、文化传播价值的优秀图书。“中国人民大学丛书”、《中国人民大学博士文库》、《经济科学文库》、《法律科学文库》、“中国传统道德丛书”、“清史研究丛书”等等享誉海内外。

以开放的视野吸收国外优秀的学术成果，是中国人民大学出版社的重要特色。十卷本

中国人民大学出版社出版的《工业经济管理学》、《中国刑法学》获第二届全国高等学校优秀教材奖(国家级)特等奖和优秀奖。

中国人民大学出版社出版的《三国韬略》获第四届全国书籍装帧艺术展暨评奖封面设计一等奖

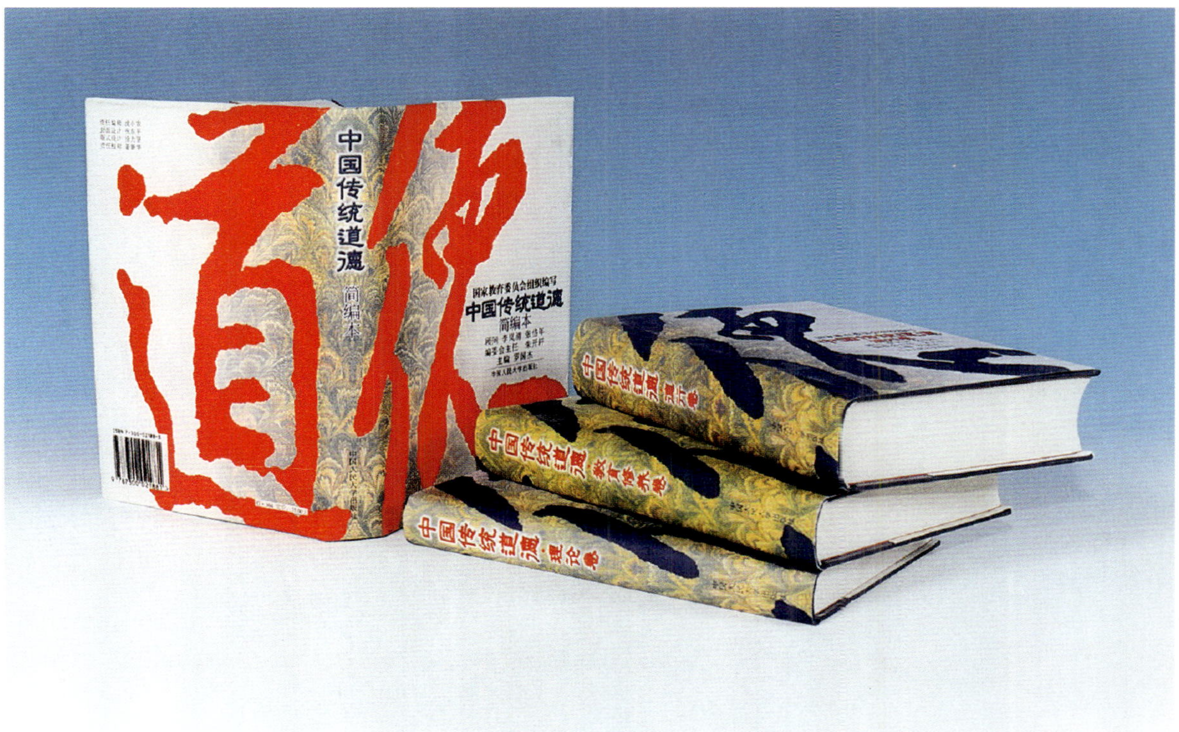

中国人民大学出版社出版的“中国传统道德丛书”

中国人民大学出版社出版的获全国高等学校首届人文社会科学研究成果奖一等奖的图书

《亚里士多德全集》的出版，标志着中国翻译出版国外学术名著达到了一个新的水平。反映 90 年代西方经济学、管理学最新研究水平的两套大型译丛:《经济科学译丛》和《工商管理经典译丛》的出版在国内产生了轰动效应，成为中国人民大学出版社的品牌图书。一个更大的全方位引进精品图书的计划正在实施过程中。

跨世纪发展战略全面启动

中国人民大学出版社现处于快速、健康、持续的发展态势当中，图书码洋从 1992 年的不到 3000 万元，发展到 1998 年近 2 亿元，取得了可观的社会效益和经济效益。中国人民大学出版社的全体职工正以豪迈的气概实施跨世纪发展战略，要在下个世纪初成为中国出版界的一艘大船，即以自身特色为本，走内部发展之路;以现有的财经、政法、人文等支点为依托，自我发展、自我更新，使中国人民大学出版社成为一个以人文社会科学出版物为主要特色，下属若干个专业出版社，具有图书、期刊、音像、电子出版物综合出版能力，具有集团规模的现代出版企业，成为国内一流并具有国际影响的大型综合性出版社。

面对知识经济时代的到来和新世纪的挑战，中国人民大学出版社充满了信心，决心以加倍的努力走出一条更加辉煌的道路。

中国人民大学出版社出版的《亚里士多德全集》(汉译 10 卷本)
获普通高等学校第二届人文社会科学研究成果奖(一等奖)

中国人民解放军出版社

1948 年 6 月，中国新政权即将建立时，人民解放军的编制序列里出现了一个特殊的机构：中国人民革命军事委员会第四局，就是中国人民解放军出版社的前身。

半个世纪过去了，中国人民解放军出版社共出版各类图书 1.6 万余种，2.4 亿册。其中，有 4 种书获中宣部精神文明建设“五个一工程”奖，1 种图书获国家图书奖，200 多种图书在全国各类评奖活动中获奖，100 多种图书在世界 100 多个国家和地区行销。中国人民解放军出版社以自己鲜明的军队特色成为中国出版界的一支实力雄厚的劲旅。

立足军营，创建“军”字号品牌

在战争岁月和此后几十年的和平建设时期，该社以其职能的优势，曾经编辑出版过大量深受读者喜爱的好作品，例如 60 年代的战争回忆文章汇集《星火燎原》，几乎影响了一个时代的读者。

建社早期，除了出版大量直接运用于部队的战术技术和思想修养方面的教材，该社还出版了集革命领袖深邃的军事思想之大成的《马克思恩格斯军事文集》、《列宁军事文集》、《斯大林军事文集》、《毛泽东军事文选》等军事理论著作，促进了全军官兵军事理论素养的提高。

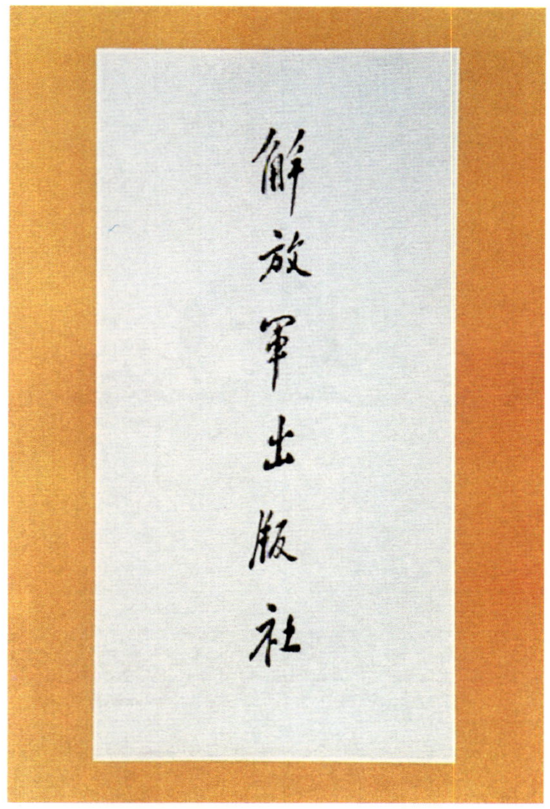

邓小平同志为解放军出版社题写的社名

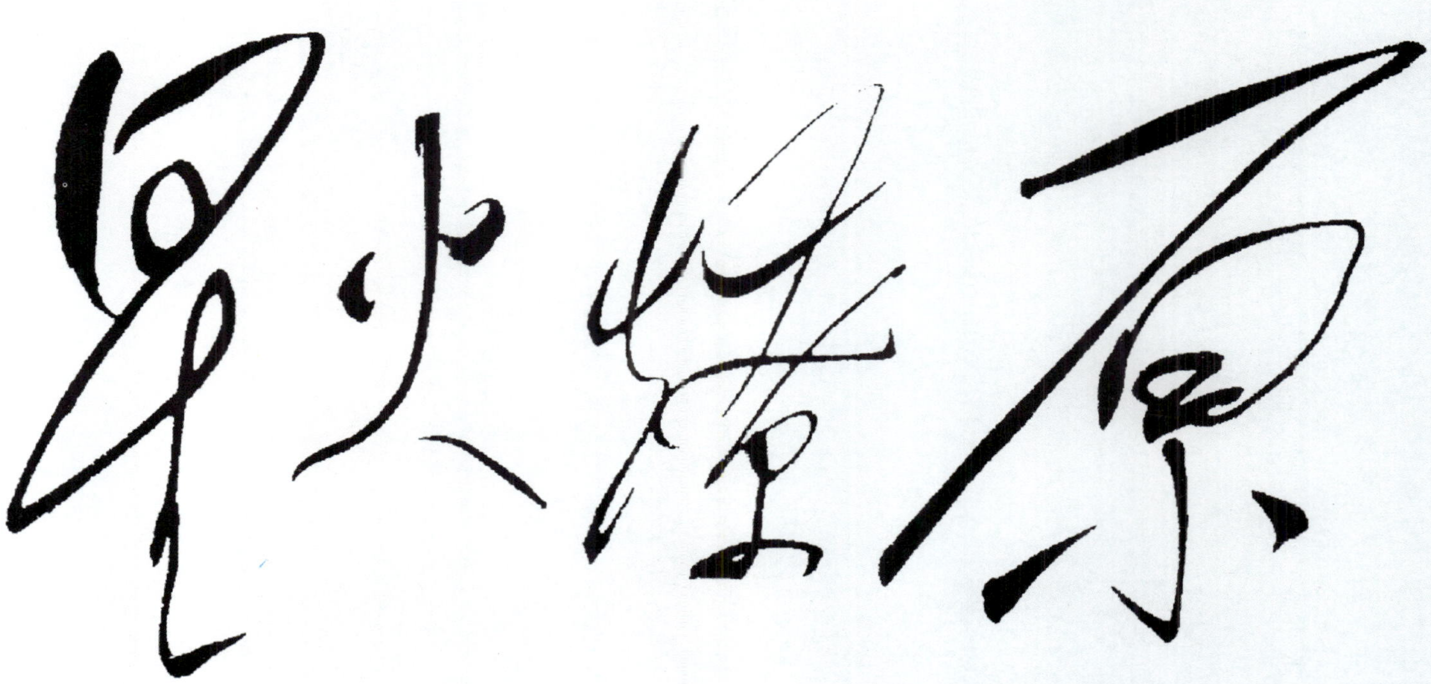

毛泽东同志为解放军出版社出版的《星火燎原》题写的书名

进入七八十年代之后，为实现国防现代化建设的需要，该社确立了军事领域中各门类各层次选题的总体规划，延续传统的优势，出版了几十种我军高级将帅的回忆录和传记，以及一批具有较强史料价值和艺术价值的文学作品。在整理研究中国古代军事典籍方面，该社动作早，1964 年即着手组织编纂《中国军事史》，到 1991 年全部出齐，历时 27 年，共分 7 卷 9 册，约 510 万字。这是我国第一部全面、系统地研究古代军事史的专著，获得 1987 年度中国图书奖荣誉奖、首届国家图书奖提名奖。1987 年，该社又着手组织编纂出版《中国兵书集成》，共 50 集，几乎全面囊括了中国古代几千年兵法理论的精髓，典籍浩瀚，是世界上绝无仅有的研究和收藏珍品，与本社编辑出版的《中国古代兵法译丛》、《中国战典》等重大选题一道构成了深邃博大的兵林景致。

走进市场，发挥“军”字号优势

80 年代中后期以来，该社积极地参与市场竞争。这一时期也是解放军出版社的重要发展时期，出版的目光从战争理论发展到战争历史，从以学术研究为主到传记、回忆录、纪实、观感、随笔、文学作品等多样并举，从单篇

1983 年 3 月，叶剑英同志与该社编辑亲切交谈。

军委副主席张万年在该社出版的图书座谈会上

零星作品到有计划、有系统地策划大型丛书、套书的集团规模制作，视线更多地关注到战争中人的情感和命运。

挖掘我军建军思想原理宝库、策划领袖人物和高级将领传记选题，是该社的传统优势。这方面佳作迭出，成绩斐然。《毛泽东军事思想发展史》获首届国家图书奖提名奖；《毛泽东军事思想原理》获第五届中宣部“五个一工程”奖，首届中国人民解放军图书奖荣誉奖；《邓小平国家安全指导艺术》获首届中国人民解放军图书奖，第二次全军军事科研成果奖二等奖。

中国革命战争题材，是该社始终致力耕耘的肥沃土壤。1986 年，该社富有远见地预测了图书市场即将掀起的纪实热潮，组织一批军队作家采写 22 卷本大型丛书《中国革命斗争报告文学》，力图真实而艺术地反映中国共产党领导下的历次重大战役、战略行动、历史事件的面貌，深层次地表现阶级的、民族的与个人的历史命运和社会的变迁。此书精心操作 12 年，获第四届中宣部“五个一工程”奖、首届中国人民解放军图书奖荣誉奖。

军事史料的挖掘和整理、全军建军史和战史的系统出版工作，是该社在新时期承担的重

在该社出版的图书座谈会上，军委副主席迟浩田与女红军代表陈琮英(任弼时夫人)在一起。

该社协建北陲哨兵图书室。千里冰封的北国边陲沉浸在暖融融的气氛中。

徐向前元帅为该社题写店名的“中国军事书店”坐落在繁华的平安大街，为广大读者架起了军民友谊的桥梁。

南沙守礁战士在连队图书室里喜孜孜地摆放该社赠送的图书

要任务。43 卷、250 个分册、字数多达 2 亿的“中国人民解放军历史资料丛书”，是我国第一套系统地汇集了中国人民解放军自 1927 年创建至 1987 年 60 年间各个时期的重要历史资料，其中被史学界誉为“金戈铁马揽尽抗日骁将、文韬武略彪炳中华军魂”的《新四军》系列，获得首届中国人民解放军图书奖。3 卷本《中国抗日战争史》是我国第一套全面系统地反映中国人民 14 年艰苦卓绝的抗战历史图书，获得第二届国家图书奖。此外，本着实事求是的精神和对历史负责的严谨态度，该社还陆续出版了反映国民党高级将领生平、客观公正评述其是非功过的“民国高级将领列传丛书”，受到海内外读者和史学家的好评。

国防意识和军人修养书籍的出版是该社在新时期为全民国防教育做出的新贡献。该社陆续出版了“军事科普丛书”、“绿色年华丛书”、“军事理论丛书”、“当代军人修养丛书”、“来自神秘世界的报告丛书”、“国防与未来丛书”、“革命精神丛书”等国防知识和精神修养图书，其中的“绿色年华丛书”获第四届中宣部“五个一工程”奖、首届中国人民解放军图书奖荣誉奖；介绍当代军人楷模李国安、讴歌军人

该社的部分获奖图书及奖状、奖杯。

该社的部分获奖图书

奉献精神的报告文学《生命甘泉的追寻者》获第六届中宣部“五个一工程”奖。

此外，海外军事人物传记和军事学术著作、军事谋略图书，也是该社出版的重要内容。

面向未来，拓展“军”字号视野

面对未来，该社决心不断开阔视野，坚持高标准计划选题，强化精品意识，提高竞争品位，寻求新的和更大的发展。从 1997 年开始，他们已经着手在出版格局上做了较大的调整，在完成为部队提供教育训练教材任务的前提下，把目光投向高科技领域和高品位的制作方式，健全了以计算机为运用主体的编辑程序和发行网络，增加了多媒体传播方式的音像编辑设施，改善了印刷、装帧、广告、宣传等形式软件的精度。同时，一批时代气息浓郁，知识性、趣味性和实用性较强的书籍应运而生，如《外军高技术装备介绍》、《海洋战略环境与对策研究》、《战争目光》和《世界航空母舰图鉴》、《求胜的艺术》等。此外，还出版了大量与人民群众的日常生活密切相关的书籍，已经在不断更新的图书市场上显露了锋芒。

立足部队、面向社会，为各界读者提供丰富的精神食粮。

该社的部分获奖图书

中国少年儿童出版社

中国少年儿童出版社，成立于 1956 年 6 月 1 日，直属共青团中央，中国惟一的国家级专业少年儿童读物出版社。社址北京市东城区东四十二条 21 号。

该社第一任社长兼总编辑是叶至善，后担任过社长、总编辑的还有刘祖荣、胡德华、陈模、遇衍滨、杨永源、黄伯诚，现任社长海飞。

该社坚持党的出版方针，坚持为团、队中心工作服务，坚持"为了孩子、为了未来、为了祖国、为了世界"的办社宗旨。以 0 至 18 岁的少年儿童为读者对象，按照各个年龄段的特点和不同需要，出版低幼读物、社会知识、自然知识、思想教育、少先队读物、儿童文学、翻译作品、工具书、多媒体读物和教学辅导读物。对他们进行德智体美的教育。同时，还出版《中学生》、《儿童文学》、《我们爱科学》、《中国卡通》、《中国儿童》、《幼儿画报》、《婴儿画报》7 种期刊。

建社 40 多年来，该社出版了 10000 多种少儿读物，发行了 10 亿多册图书，推出了一大批高品位、高质量的优质图书，深受读者的喜爱，并在国内外产生了很大的影响，有 300 多种图书在国内外获奖，其中《大地的儿子——周恩来的故事》等 4 种图书获国家图书奖，《我们的母亲叫中国》等 3 种读物获"五个一工程"奖。"少年百科丛书"（精选本）等 9 种图书获中国图书奖，《中学生》、《中国卡通》被评为全国百种重点社科期刊，《婴儿画报》、《幼儿画报》被评为国家教育部推荐优秀幼儿读物。全社有 400 多种图书在海外出版，并与 50 多个国家和地区的出版界进行了出版合作与交流。

该社在坚持社会效益第一的前提下，努力实现社会效益和经济效益的最佳结合。1998 年全社发行总码洋突破 2.5 亿元。1993 年，该社被中宣部、新闻出版署首批表彰为优秀出版社；在 1996 年该社建社 40 周年时，江泽民总书记题词："出版更多优秀作品鼓舞少年儿童

中国少年儿童出版社现址

奋发向上”；李鹏总理题词：“少年儿童的良师益友”。

该社现有综合管理、图书出版、期刊出版、产业开发 4 大部分 23 个处室。全社在职职工 173 人，离退休人员 62 人，大专以上学历 147 人。具有编审职称 15 人，副编审职称 34 人，编辑职称 64 人。

该社拥有一批业绩突出的专家和知名的作家、画家。享受国务院特殊津贴的有叶至善、庄之明、杨永源、遇衍滨、刘媛华、黄伯诚、海飞等 7 人；获“全国百佳出版工作者”的有庄之明；获“全国百佳发行工作者”的有邱桂兰；获“全国优秀中青年编辑”的有孙学刚、温航；还有 13 名中国作家协会会员、16 名中国美术家协会会员。

世纪之交，该社正在构建跨世纪的中少版书刊工程，向“国内一流、国际知名”出版社的目标奋进。

中国少年儿童出版社现任领导班子

少年儿童是祖国的未来。该社的发展得到了共和国三代领导核心的亲切关注。

1964 年秋，毛泽东同志为《中学生》杂志题写刊名。

1986 年 11 月，邓小平同志为《神圣抗战》题写书名。

1993 年 5 月，江泽民同志为大型历史系列音带《中华五千年》题写书名。

该社坚持党的出版方针，坚持为团、队中心工作服务，以“为了孩子、为了未来、为了祖国、为了世界”为办社宗旨，建社以来，出版了 1 万多种少儿读物，发行了 10 亿多册图书，被中宣部、新闻出版署表彰为全国首批优秀出版社。

中少版书刊硕果累累，有 300 多种图书在国内外获奖，其中获国家“三大奖”的图书有 16 种，2 种期刊被评选为全国百种重点社科期刊，2 种期刊被列为优秀幼儿读物。

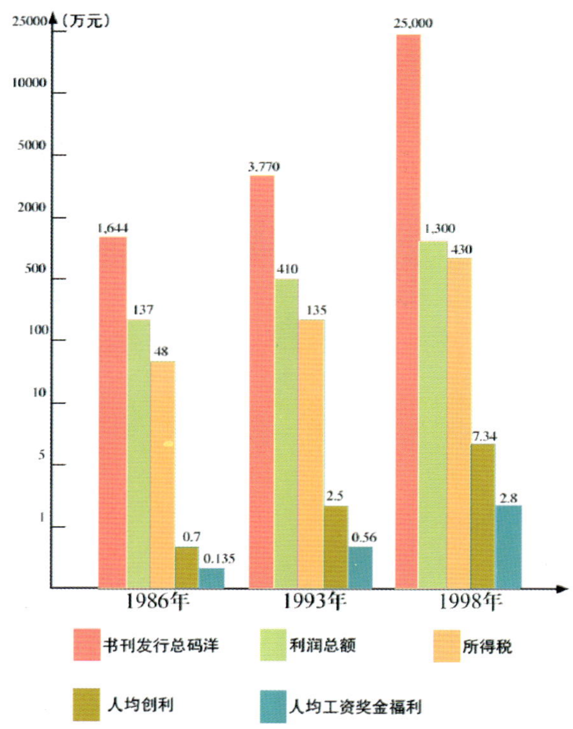

改革开放为该社带来全面、快速发展。1993 年以来，该社以每年 20% 的增长速度前进，实现了社会效益和经济效益的最佳结合。

该社精心构筑了一个由五个系列组成的跨世纪中少版图书工程，这就是爱国主义系列，大世界系列，雏鹰系列，希望系列和地球村系列，让精品跨世纪，好书伴少年。

号称“北斗七星”的中少版七种少儿期刊，为我国 0－18 岁的少年儿童提供了各个年龄段的阅读需求，梯级发展，各具特色，丰富多彩，使中少版期刊形成集约化发展的显著优势。

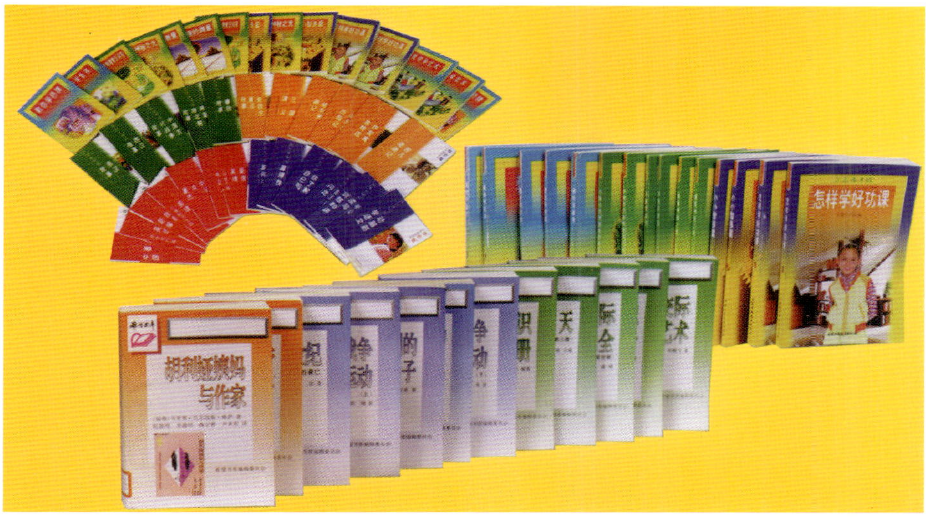

让广大农村少年儿童也能读到中少版优质书刊，是该社不懈的追求。该社以“好书、优质、特价”为原则，相继推出《希望书库》、《绿色书屋》等一系列农村读物。

该社注重多媒体少儿读物的出版，推出了一大批具有鲜明时代特色的音像制品和多媒体读物，并多次获奖，为出版社注入了发展的活力。

争当“国内一流，国际知名”的少儿出版社，是该社的奋斗目标。该社与 50 多个国家和地区的出版社建立了友好往来，全社有 400 多种图书在海外出版，引进出版了 200 多种世界名著和国外优秀少儿读物。

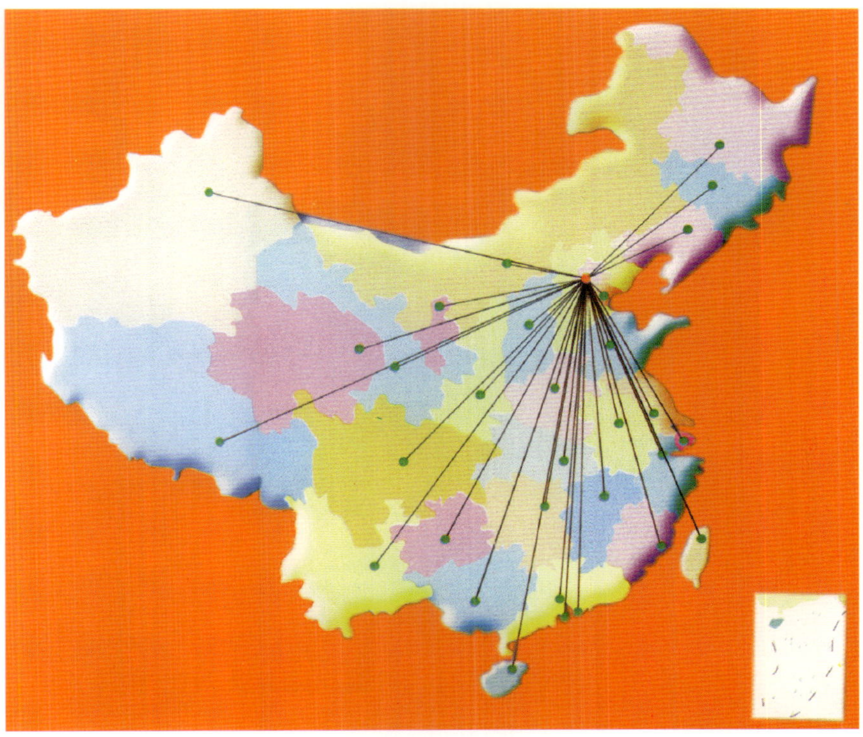

该社建立了“两河（黄河、长江）、两线（海岸线、京九线）”为主体的“开”字形书刊发行网络，形成了多元化的发行体制和多样化的销售形式。1998 年，该社书刊发行总量达到 2.5 亿元。

架一座彩虹把出版社和小读者连结在一起。1998 年 10 月，中国少年儿童出版社成立了全国第一家专门为小读者服务的中少社“宝葫芦”小读者俱乐部，深受中小学生的欢迎。

该社拥有一支优秀的作家队伍和画家队伍。1994 年 8 月，该社隆重推出为中国少儿出版事业做出突出贡献的十大金作（画）家：张之路、金波、朱仲玉、颜一烟、徐惟诚、苏叔阳、孙幼军、陈玉先、温泉源、张景中。

少儿出版事业，得道多助。我国著名文学家、教育家郭沫若、茅盾、叶圣陶、冰心等，都为该社的发展倾注了心血。

该社职工都自豪地称自己为“中少人”，用自己对祖国的爱，对少年儿童的爱，默默地奉献自己的聪明才智，构筑和建造共和国一流的少儿读物出版基地。

努力为少年儿童办好事、办实事，是该社的特色之一。十多年来，中少社向我国老少边穷省区少年儿童赠书 100 多万码洋。1998 年，向洪灾省区赠书赠款 110 万元。

中国社会科学出版社

成立于 1978 年 6 月的中国社会科学出版社，是中国社会科学院创办并主管的学术出版机构。她诞生于改革开放的酝酿期，成长于思想解放的新时代，随着我国社会科学事业的发展而发展。于今，已出版了 3000 多种各种门类的社会科学学术图书，联系和团结了一大批第一流的学者作者队伍，培养了一批具有较高学科专业水平的编辑人才和出版发行队伍，已逐步成为海内外在学术界和读者中有较高声誉的国家级出版社，并在 1993 年成为国家首次表彰的全国 15 家优秀出版社之一。

作为国家社科类学术出版机构，中国社会科学出版社主要编辑出版中国社会科学院各研究所的重要研究成果和全国其他研究机构、大专院校及文化单位的专家学者的优秀社科人文研究成果，包括专著、论集、译著、资料、教材、工具书和基础普及性读物。此外，还出版社会科学类学术刊物 20 种。

中国社会科学出版社现有人员 123 人，按学科分为文学、历史、哲学、经济、国际问题、综合及编审等 7 个编辑室和相应的职能、行政机构。专业编辑人员 50 余人，其中编审、副编审 32 人，绝大多数编辑人员具有硕士研究生以上的学历。

1983 年 6 月王震同志（左一）在中国社会科学出版社建社 5 周年纪念会上讲话（右为原中国社会科学院副院长张友渔，中为社科出版社总编辑丁伟志）。

中国社会科学出版社每年平均出版新书约 200 种左右，在已出版的 3000 多种各类图书中，有许多是国家重点研究项目和中国一流学者的优秀成果。如："当代中国丛书"(74 卷)，为中华人民共和国建国以来各个行业领域基本状况的理论总结，被列为国家的"出版骨干工程"。《中国社会科学博士论文文库》从社会科学各学科的优秀博士论文中拔精选粹，代表了中国社会科学博士论文的最高水平。"中国现实经济丛书"是当今中国著名经济学家对中国经济改革和社会发展所做的探索性研究成果，其中《中国经济体制改革的模式研究》一书获得中国首届国家图书奖。《世界文明书系》对世界古今影响较大的 11 种文明现象进行了史论结合、深入浅出的论述，反映了中国学者对世界文明的历史与现状的最新研究水平。在哲学方面，有《中国哲学大纲》、《中国美学史》、《梦的迷信与梦的探索》、《中国系统思维》、《中国神话哲学》等书，分别为不同方面的代表性著作；在宗教学方面，《宗教学通论》(获国家图书奖)、《中国佛教史》、《道藏提要》等已成为学科教研的必读性著作；在历史学方面，有"中国古代社会生活史系列"、《日本侵华七十年史》、《中国民族史》(获中国图书奖)、《甲骨学通论》及"唐研究基金会丛书"、"中国边疆史地研究丛书"等，深受学术界内外关注；在文学方

胡绳(原社会科学院院长)和汝信(副院长)主编的《中国社会科学博士论文文库》是中国社会科学出版社出版的有影响的大型图书。图为汝信副院长(前排右二)主持该书编委会会议，郑文林(右一，社科出版社社长)、王俊义(左一，社科出版社总编辑)、张海鹏(左二，院近代史研究所所长)、陈筠泉(左三，院哲学研究所所长)等编委到会。

经邓小平同志批准，由中国社会科学出版社与英国培克曼出版公司合作，于 1988 年出版了大型英文版图书《中国概况》。1988 年 11 月，我驻英大使馆为该书首发举行招待会。图为我驻英大使冀朝铸(左二)、英国前首相威尔逊(左三)和社科出版社前社长张定(右一)、总编辑郑文林(右二)在招待会上。

中国社会科学出版社积极开展中外文化交流，出版了大量各国优秀文化学术著作。图为 1992 年荷兰驻华大使为该社出版的荷兰名著《文化战略》译本举行首发式。郑文林社长(左一)向荷兰驻华大使(右二)赠送样书，汝信副院长(左二)出席首发式并讲话。

中国社会科学出版社在第三届北京国际图书博览会上的展厅

面有《杨绛作品集》、《张中行作品集》、《世界散文随笔精品文库》以及《元曲释词》、“宏观文学史丛书”、“外国文学研究资料丛书”、《二十世纪西方文论译丛》等，广受读者的好评；在法学、语言学、民族学等方面有《现代国际海洋法》、《合同法》、《契丹小字研究》、《文海研究》、《汉语语音史》、《中国民族关系史纲要》等出自名家之手的扛鼎之作；在国际问题研究方面有《综合国力论》、《美国政府与美国政治》、“美国研究丛书”、“西欧丛书”等影响甚大的前沿力作；在工具书、资料书方面，有《简明国际百科全书》、《汉语新词新义词典》、《藏缅语语音和词汇》、《英汉汉英经贸大辞典》及《中苏国家关系史资料汇编》、《中国各民族原始宗教资料集成》、《汉冶萍公司档案史料选编》等，均在学术界和文化界有较大影响。建社以来，该社还十分重视对国外社会科学和文化方面的重要著作的引进与翻译，特别自我国加入世界版权公约组织后，通过买进版权，或各国驻我国使馆新闻文化处无偿提供版权，该社出版了不少国外重要著作，如“剑桥中国史”系列、“剑桥世界史”系列、《剑桥语言百科全书》、“美国法学精选丛书”、《文化战略》以及“外国伦理学名著译丛”、“现代西方思想丛书”、“知识分子

1998 年 3 月，中国社会科学出版社在国林风书店举行中青年学者新书出版座谈会。

读者在中国社会科学出版社读者服务部看书、购书。

《流年碎影》作者张中行先生与读者座谈

中国社会科学出版社近年获奖的部分奖杯和证书

图书馆丛书”、《国外经济管理名著译丛》、《摩诃婆罗多》等，在学术界和读者中都有很大影响，已与该社一流的学术著作系列成为双峰对峙的既有较高价值又长销不衰的学术译作系列。

目前，中国社会科学出版社在院领导的积极支持下，拟进一步挖掘中国社会科学院人才济济、著述累累的学术资源，在继续出好国家、院、所三级重要的科研成果的同时，重点推出“中国社会科学院学者文选”的大型出版工程。这套以选编中国社会科学院建院以来(含中国科学院哲学社会科学部时期)学科奠基人和带头人的代表性论著的大型丛书，将以每年30 种—50 种的规模，出版 1000 种左右。这套丛书的编辑与出版，对于积累社会科学的优秀成果、促进社会科学研究的发展、乃至推动社会主义精神文明的建设，都将有积极的影响。

在祖国以改革开放的巨大成就迎向她 50 周年生日的历史进程中，中国社会科学出版社以她的辛勤劳作和丰硕成果做出了一份应有的贡献。中国社会科学出版社全体职工决心乘时代之东风，以新的姿态、新的精神，深化内部改革，更新管理方式，努力做好在市场经济条件下不断拓展学术出版新路的大文章，以更多更好的高品位图书奉献给新老读者，迎接新的世纪。

我国惟一的一套世界伦理学名著译丛

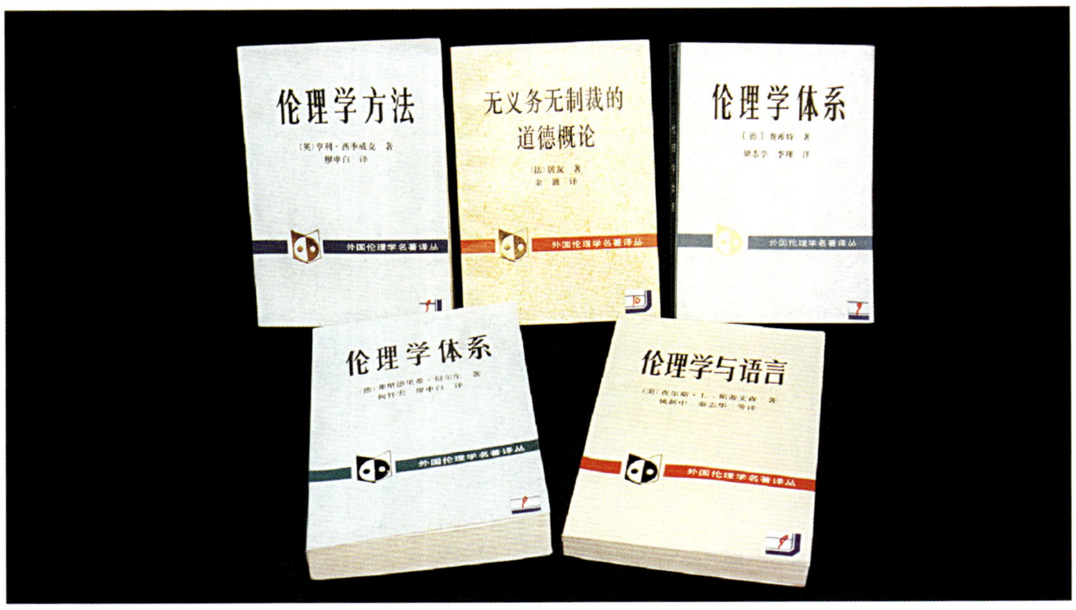

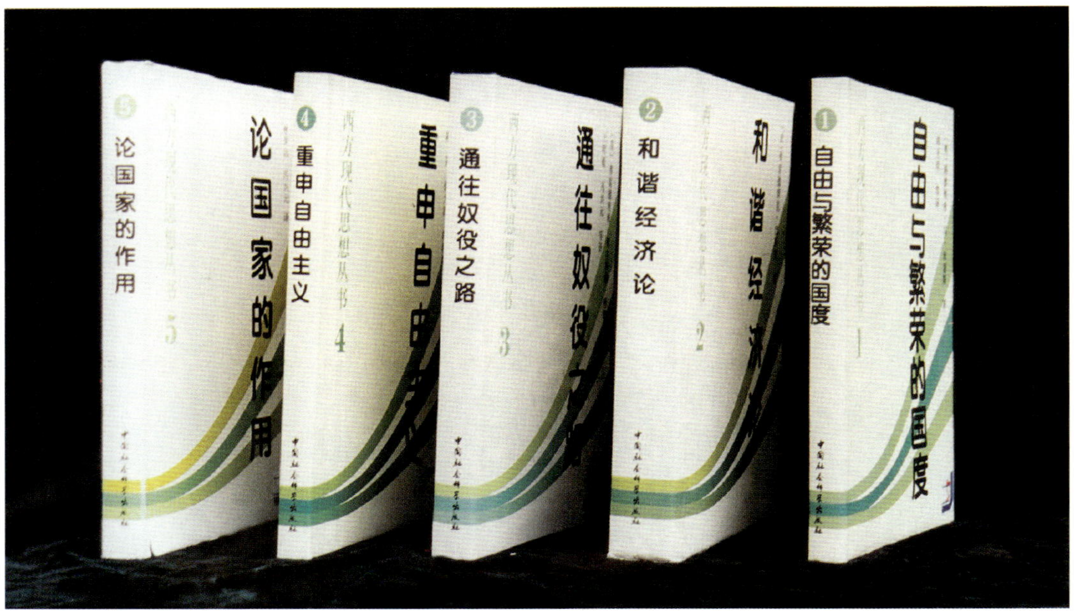

“西方现代思想丛书”因选题的精到，已成为学术著作中的畅销书。

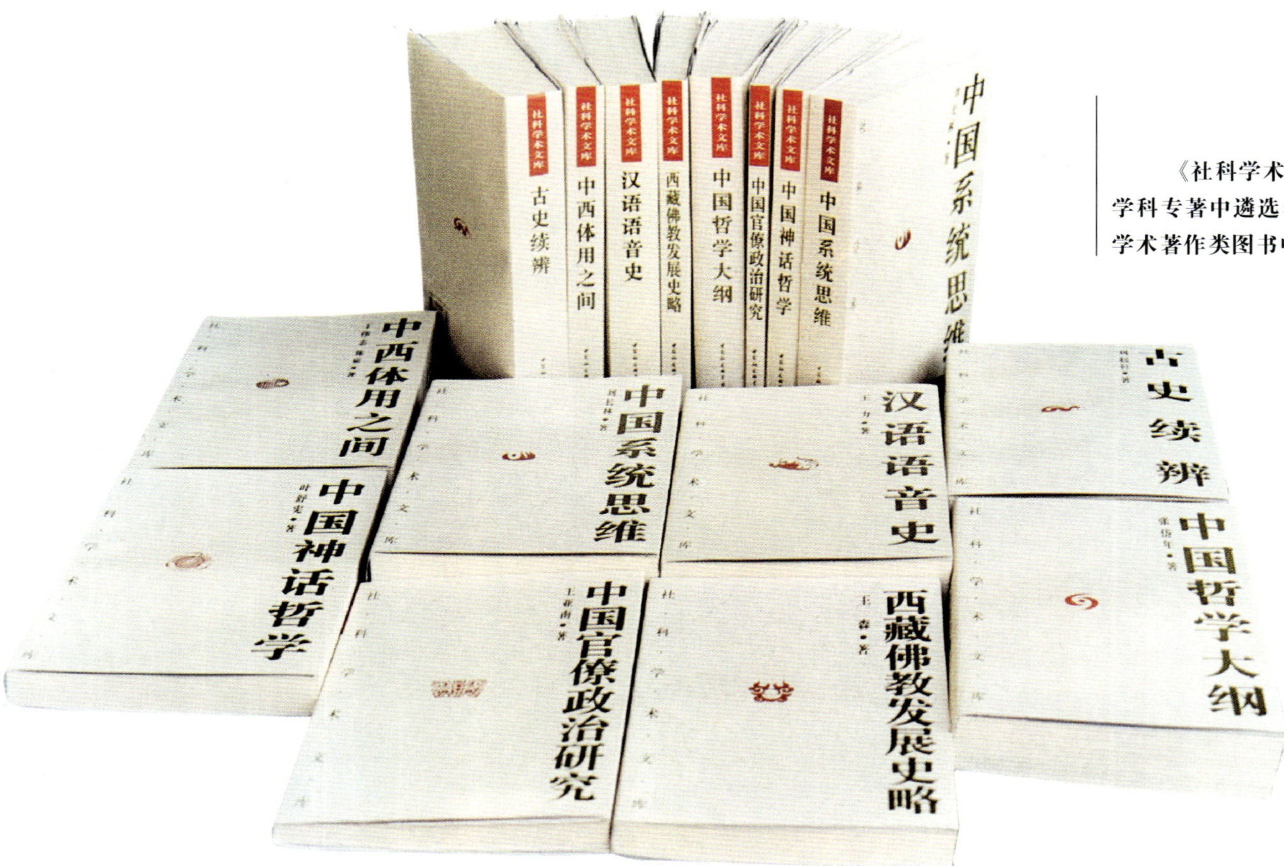

《社科学术文库》从该社已出版的各学科专著中遴选名家名作，现已成为社科学术著作类图书中最具权威性的丛书。

中国文联出版社

中国文联出版社（原中国文联出版公司）是中国文联直属的中央级综合性文艺出版社，创立于 1983 年。16 年来，中国文联出版社始终以繁荣中华民族的文化艺术和培养优秀的文艺创作人才为己任，已出书 4000 余种，发行 1 亿册以上。出版的图书类别包括：大型丛套书、中国当代及近代文学作品（包括台港澳及海外华文文学）、文艺理论与美学著作、外国文学作品、连环画与儿童读物、文化生活读物、美术、音乐（包括有声读物）、摄影、书法等艺术门类书籍，《中国文艺家》、《世界华文文学》是文联出版社出版的两种中央级刊物。

重点图书有被称为目前国内三大工程之一的《中国新文艺大系》、总揽古今中国文化成果的系列丛书《中华文库》、老一辈艺术家专著精品丛书《中国文联晚霞文库》。其中《中国新文艺大系》已出版 50 集 60 卷，集中展示了“五四”以来，中国人民在中国共产党领导下创造新文学、新艺术的巨大成果。其他还有具有权威性的大型工具书和古典文献《鲁迅研究学术

中国文联出版社的办公大楼

中国文联出版社出版的《平凡的世界》荣获第三届茅盾文学奖

“八五”全国优秀长篇小说奖该社获奖图书：《他乡明月》、《蓝眼睛·黑眼睛》、《秋露危城》（《白门柳》第二部）。

论著资料汇编》、《鲁迅研究资料》、《中国通俗小说总目提要》、《中国传说故事大辞典》、《中国现代小说名家名作原版库》、《中国现代散文名家名作原版库》、《中国现代诗歌名家名作原版库》、《清末民初小说书系》、《榴花梦》、"当代名家散文丛书"、《历代名篇赏析集成》、《中国对联宝典》、《中国历代名赋金典》、《俄罗斯白银时代精品文库》、"鲁迅文化丛书" 等优秀丛书。

随着精品图书的增多和图书质量的提高，中国文联出版社在出版界逐渐确定了自己的地位与形象，有不少图书先后在国内获得各种奖项，其中长篇小说《平凡的世界》、《白门柳》等先后获得第三届、第四届茅盾文学奖及中国国家图书奖提名奖。《他乡明月》、《蓝眼睛·黑眼睛》、《白门柳》等获"八五"期间优秀长篇小说奖。《宋庆龄传》、《李兆基博士传记》、《北京人在纽约》、《人类的艺术》、《断层》等近百种作品先后在全国或省市评奖中获奖。

随着改革的深入，中国文联出版社同世界

该社出版的《中国文联晚霞文库》

中国文联出版社出版的《中国新文艺大系》

中国文联出版社出版的我国现存最长的弹词小说《榴花梦》

许多国家和地区开展了版权贸易，注意引进国外较有价值、有影响力的文学名作和其他图书。同时，台湾、香港一些出版公司也相继购买了中国文联出版社的一些特色书（如历史人物传记、大型工具书等）的版权。而《中国新文艺大系》等名牌书名播海外，被美国及欧洲一些国家的图书馆和研究机构所收藏。

近两年来，面对图书市场激烈竞争的挑战，中国文联出版社提出了“以质量求生存、以特色获发展、以精品塑名牌”的口号，调整出版结构、优化图书选题、推进整体改革、完善运行机制，形成了社会效益与经济效益显著增长的局面。目前，全社上下100余位员工都动员起来，编辑、出版、发行各司其职，共同为民族优秀文化积累添砖加瓦，为祖国文学艺术园地推介新人，以崭新的姿态跨入新世纪，以优异的成绩向祖国人民献礼！

中国文联出版社的两个大型期刊：《中国文艺家》、《世界华文文学》。

1985年8月，该社第一任总编辑李庚、总经理李滉、副总经理陈树彬等同志在首届书市上指导工作。

1998年9月在丹麦驻华大使馆举办《我的非洲农庄》(中文本)出版招待会，丹麦大使与中国文联出版社社长邓兴器、副社长那富沅、副总编辑宋文郁、郑荣来等出席了招待会。

中国文联出版社领导在深圳创作之家与文艺界人士一起活动。图中从右到左为：李滉、冯牧、黄宗江、陆文夫、阮若琳、草明、朱子奇。

1993 年 2 月，陈荒煤同志在《中国新文艺大系》第六次总编委会上听取工作汇报并作出重要指示。

著名女诗人、女作家柯岩出席由中国文联出版社出版的她的长篇小说《他乡明月》的签名售书活动。

中国文联出版社的编辑们参观改革后的农村

路遥用心血与生命撰写的长篇小说《平凡的世界》，获第三届茅盾文学奖。1997 年 6 月，延安市文联和延安大学的师生们决定为路遥建立纪念馆，曾出版此书的中国文联出版社决定为路遥纪念馆建馆捐款。图为 6 月 23 日该社社长、总编辑缪力与此书的责编李金玉等同志出席捐款仪式。会后为路遥扫墓。

该社出版的香港著名作家梁凤仪撰写的《李兆基博士传记》一书于1998年获得全国畅销小说奖。图书出版后李兆基博士亲自会见了中国文联出版社社长、总编辑缪力同志，表示诚挚的谢意。

图书的封面设计与装潢是中国文联出版社十分关注的问题，他们不仅与国内同行经常切磋，而且积极与国外交流。图为该社与德国歌德学院北京分院联合举办的德国图书封面设计与装潢展，中国版协名誉主席王仿子与歌德学院北京分院院长柯蒙夫出席了开幕式。

当75岁的美国太空英雄格陵第二次登上太空，为人类的生存事业向宇宙挑战之际，著名美籍学者赵浩生先生将《太空英雄格陵》一书授权中国文联出版社出版。该社以七天的时间出版了此书。图为赵浩生先生与我国著名学者文怀沙在北京首都图书大厦签名售书时的留影。

新中国出版 50 年

中华书局

中华书局诞生于 1912 年元月，最初是一家以编辑出版各类教科书为主的综合性出版社，在传播科学文化知识、推行新式教育方面，起了积极的作用，在国内出版业占有十分重要的地位。从建局至 1949 年，中华书局共出版图书 5800 余种，涉及社会科学、自然科学、文学艺术、重要古籍、少儿读物等多种门类。

伴随着新中国的成立，中华书局开始了历史的新纪元。1954 年 5 月，中华书局实行公私合营，总公司从上海迁至北京。

党和国家领导人历来十分关怀和支持古籍整理和出版事业。毛泽东、周恩来、陈云等中央领导同志就古籍整理出版工作多次作出重要指示，著名专家学者郭沫若、顾颉刚、叶圣陶、翦伯赞、吴晗、陈叔通、魏建功、陈翰伯、陈原、周扬等参与了具体的古籍整理工作。如郭沫若主编《甲骨文合集》(全 13 册)，顾颉刚受周恩来总理委托，主持“二十四史”的整理出版工作。

1958 年 2 月，在国务院科学规划委员会领导下成立古籍整理出版规划小组，齐燕铭任组长，文化部出版局副局长金灿然为小组成员兼办公室主

中华书局新办公大楼(1997 年启用)

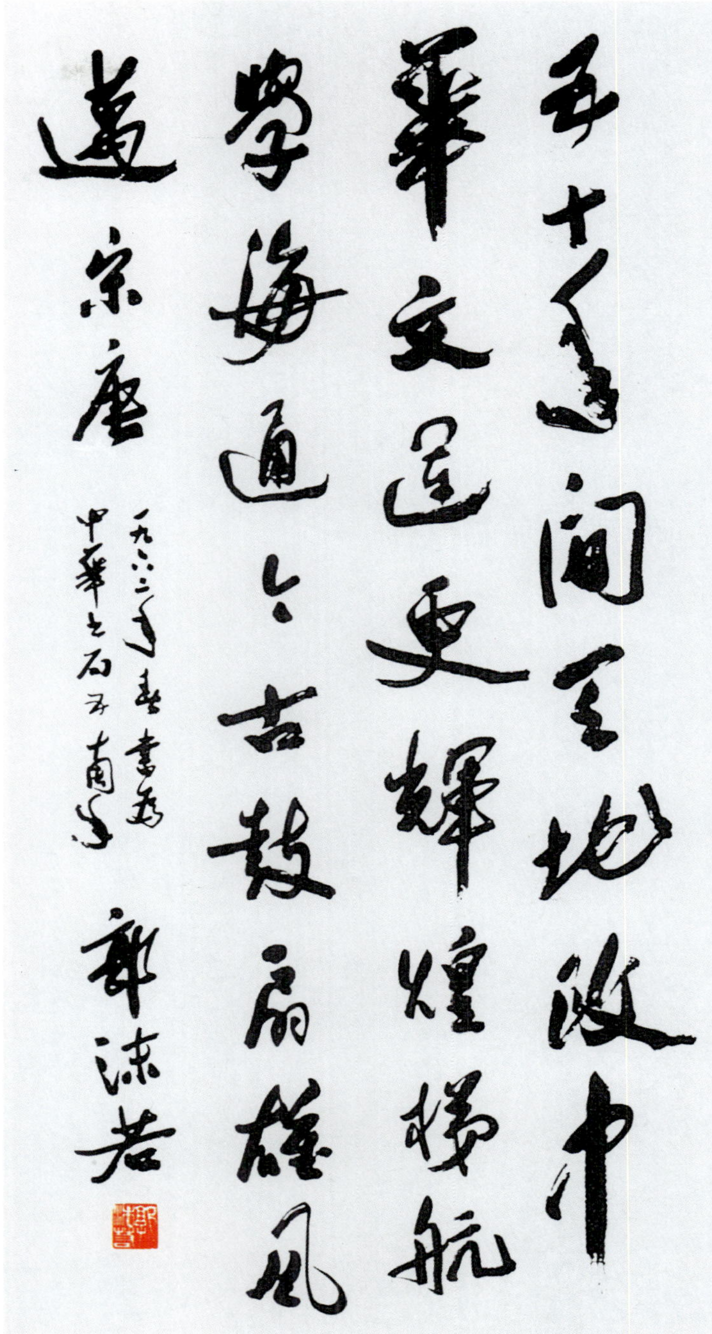

郭沫若为中华书局成立五十周年题诗

陆费逵（1886—1941），中华书局创办人之一。

中华书局现任领导班子成员

任。该小组指定中华书局为其办事机构，协助草拟《中国古籍整理和出版的计划要点》，编印《古籍整理出版情况简报》。3 月，文化部决定，中华书局为整理出版中国文、史、哲古籍，并担当出版现代作者有关文学和哲学社会科学研究著作的专业出版社，金灿然同志调任中华书局总经理兼总编辑。从此，中华书局开始进入新的出版发展时期。

同年，古籍整理出版规划小组将整理出版“二十四史”列为规划中的重点项目。“二十四史”用统一的纪传体裁，系统完整地记录了清以前各个朝代的历史，是了解中华文明史的重要历史文献。当时，毛泽东主席指示标点出版“前四史”，古籍规划小组和中华书局经过研究，决定扩大为整理全部“二十四史”。在教育部和科学院的支持协助下，中华书局在全国范围内，聘请了数十位专家学者对“二十四史”进行全面系统的整理，包括标点、校勘、分段等。“文革”期间，整理工作暂时停顿。1971 年，毛泽东主席再次指示继续整理“二十四史”，由周恩来总理

1973 年春，参加点校“二十四史”的部分学者和中华书局工作人员合影。

从左至右（前排）何英芳、阴法鲁、唐长孺、白寿彝、丁树奇、顾颉刚、萧海、翁独健、陈述、杨白峻，（后排）张忱石、陈仲安、崔文印、姚景安、孙毓棠、王锺翰、周振甫、张政烺、王毓铨、启功、赵守俨、邓经元、魏连科、吴树平。

中华书局的编辑与学者研究“二十四史”及《清史稿》的整理方法。从左至右：赵守俨、翁独健、白寿彝、何英芳。

1959 年 5 月 14 日陈垣先生与中华书局潘达人、陈乃乾、金灿然合影。

亲自部署，并增加了《清史稿》的点校整理，使得整理工作顺利进行。郭沫若先生为全部“二十四史”及《清史稿》题写了书名。从1958 年开始至 1978 年整理出版工作全部完成，历时 20 年，先后参与此项工作的老一辈史学家及中青年史学工作者达 100 余人，这是新中国成立以来最大的古籍整理出版工程。中华书局点校本“二十四史”和《清史稿》出版后，在海内外文化界、学术界引起极大反响。经过 40 年学术界的检验，它已被公认为最具权威性、最为通行的定本。

在整理出版“二十四史”的同时，中华书局还出版了一批重要的大型古籍，如《全上古三代秦汉三国六朝文》（全 4 册）、《全唐文》（全 11 册）、《全唐诗》（全 25 册）、《全宋词》（全 5 册）、《全金元词》（全 2 册）、《全元散曲》（全 2 册）、《乐府诗集》（全 4 册）、《琴曲集成》（全 24 册）、《文苑英华》（全 6 册）、《太平广记》（全 10 册）、《太平御览》（全 4 册）、《永乐大典》（全 10 册）、《册

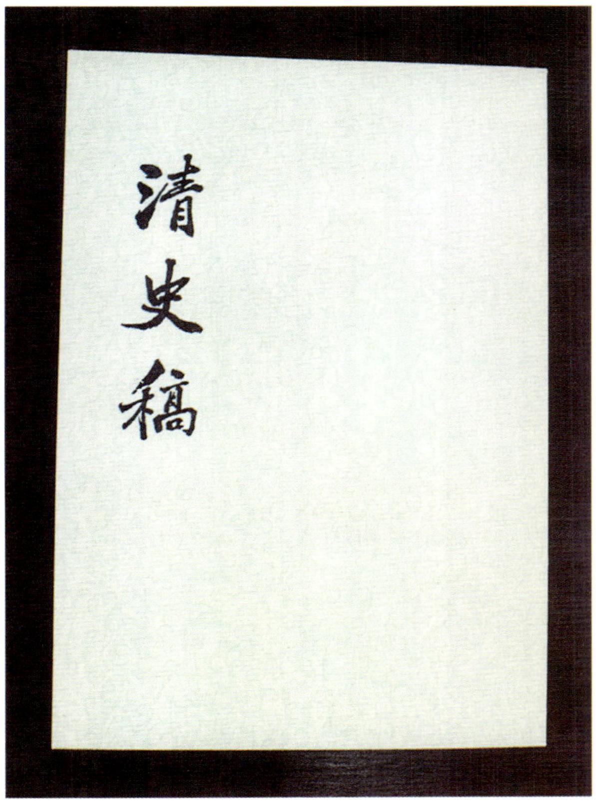

点校本“二十四史”及《清史稿》（全 289 册），1959 年—1978 年出版。

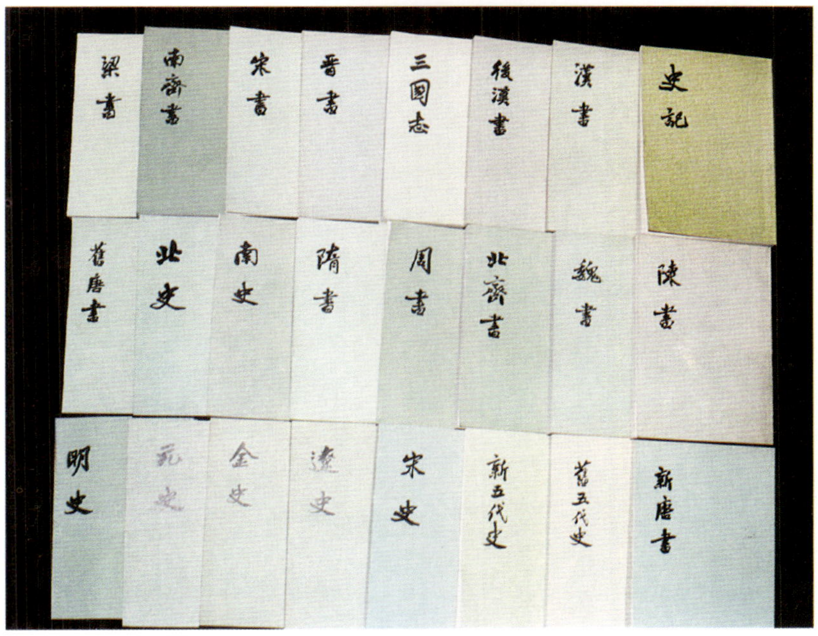

点校本“二十四史”的缩印本（全 20 册，精装特 16 开）1997 年出版

府元龟》(全 12 册)等。

1977 年,"文革"结束,中国大地阴霾尽扫。特别是十一届三中全会以后,古籍整理出版工作经过拨乱反正,迎来了百花齐放的春天。1981 年 5 月 22 日、7 月 7 日,陈云同志先后两次指示:要把古籍整理出版工作抓紧搞好。对古籍单是做标点校勘还不行,为使后人能看懂,还要把一些重要古籍译成现代语言。要制订一个长远规划,组织人力,分期分批进行。

根据陈云同志指示,1981 年 9 月,国务院古籍整理出版规划小组恢复工作,李一氓同志任组长,同时拟定了"古籍整理出版九年规划"。1992 年 5 月,第三届古籍整理规划会议在北京召开,制订了第三个十年规划。中华书局在这几次古籍规划会议及十年规划的指导下,近 20 年来,出版事业得到了蓬勃发展,形成一个新的出版高潮。到 1998 年底,先后编辑出版了《甲骨文合集》(全 13 册)、《殷周金文集成》(全 18 册)、《先秦汉魏晋南北朝诗》(全 3 册)、《文选》(全 3 册)、"古本小说丛刊"(41 辑,205 册)、《全清词》(顺康卷,前 2 册)、《清实录》(全 60 册)、《中华大藏经》(全 106 册)、《光绪朝硃批奏折》

"学术笔记丛刊",1986 年开始出版。

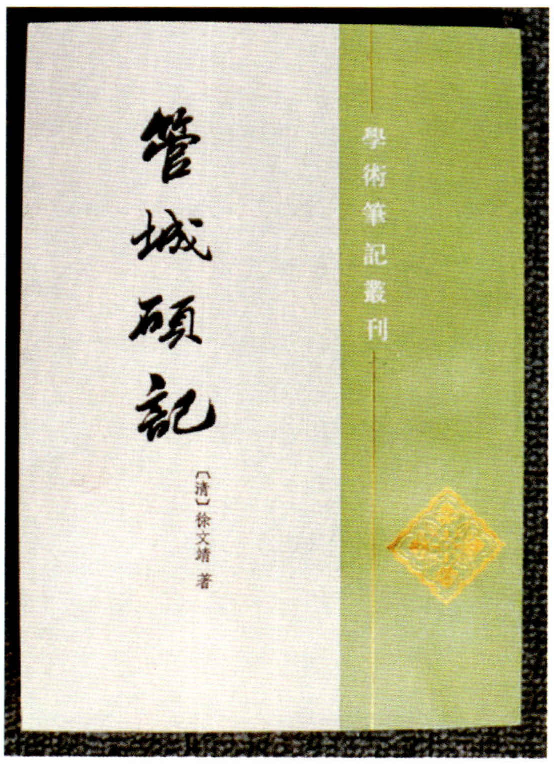

《大唐西域记校注》(中外交通史籍丛刊之一)1985 年出版,该书荣获首届国家图书奖。

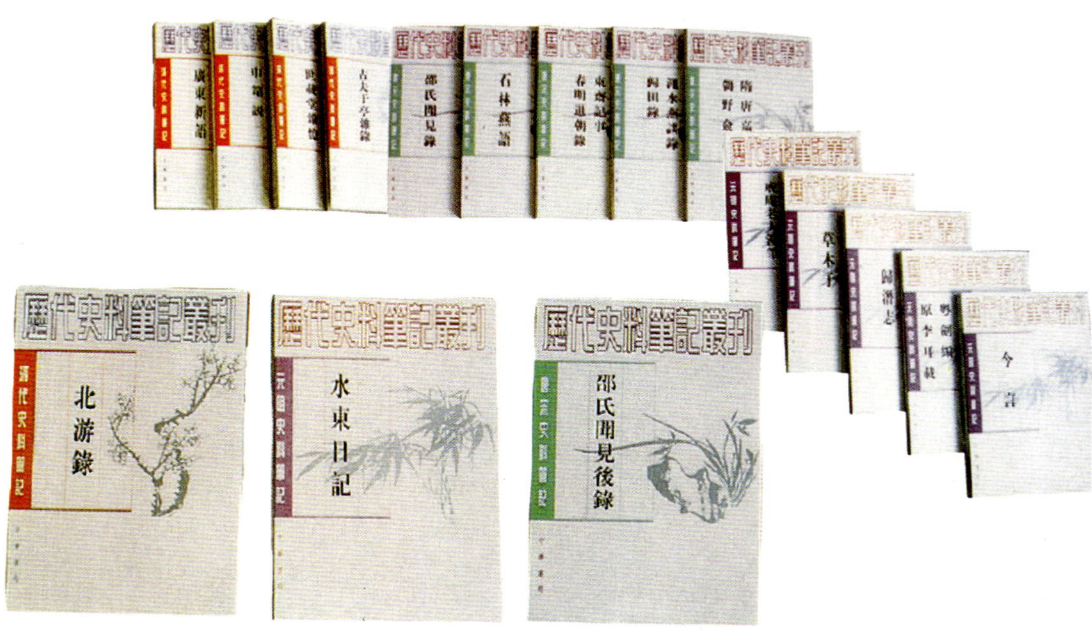

"历代史料笔记丛刊"(唐宋史料笔记、元明史料笔记、清代史料笔记),1958—1998 年出版。

（全 120 册）、《大唐西域记校注》、"古逸丛书三编"（全 43 种 44 函 145 册）等一大批古代文史哲经典文献的影印本、标点注释整理本。陆续推出的重点丛书如"中国古典文学基本丛书"（已出48种）、"历代史料笔记丛刊"（已出版 85 种）、"二十四史研究资料丛刊"（已出 10 余种）、"中国古代地理总志丛刊"（已出数种）、"中外交通史籍丛刊"（已出 20 余种）、"中外关系史名著译丛"（已出近 20 种）、"中华史学丛书"（已出约 10 种）、"中国近代人物文集丛书"（已出 20 余种）、"中国近代人物日记丛书"（已出近 10 种）、"新编诸子集成"（已出 23 种）、"中国佛教典籍选刊"（已出 11 种）、"道教典籍选刊"（已出 7 种）、"理学丛书"（已出 17 种）、"学术笔记丛刊"（已出 10 余种）、"中国古典名著译注丛书"（已出 10 种）、"清人书目题跋丛刊"（已出近 10 种）等，为学术研究提供了基本典籍。中华书局编辑出版的期刊有《文史》（1962 年创办）、《文史知识》（1981 年创刊）、《文学遗产》、《中华活页文选》（1998 年复刊）、《书品》、《中华漫画选刊》（1998 年创办）等，在学术界、教育界有着广泛的影响。

近五年来，中华书局除保证传统特色品牌图

《甲骨文合集》（全 13 册），1978—1982 年出版，荣获首届国家图书奖荣誉奖。

《先秦汉魏晋南北朝诗》（全 3 册），1983 年出版，荣获首届国家图书奖提名奖。

"中国古典文学基本丛书"，1979 年开始出版。

《胡适学术文集》（中国近代人物文集丛书），1998 年出版。

《光绪朝硃批奏折》（全 120 册），1994—1997 年出版。

书的继续出版之外，面对新的图书市场需求，大力开发新的图书品牌，如为纪念点校本“二十四史”和《清史稿》出版 20 周年，于 1998 年初出版了精装缩印本“二十四史”及《清史稿》，并同时着手出版简体横排本“二十四史”、《全唐诗》、《全宋词》，以满足不同层次读者的需求。1998 年恢复出版的《中华活页文选》，新设成人版、高中版、初中版和小学版四种版别，受到全国各界的普遍欢迎和赞誉。同年，创办了《中华漫画选刊》，并着手引进外国版权、翻译出版《世界旅游指南》（第一辑共 10 种）等，拓宽了出书的范围。

启功先生为中华书局创业 70 周年局庆题辞

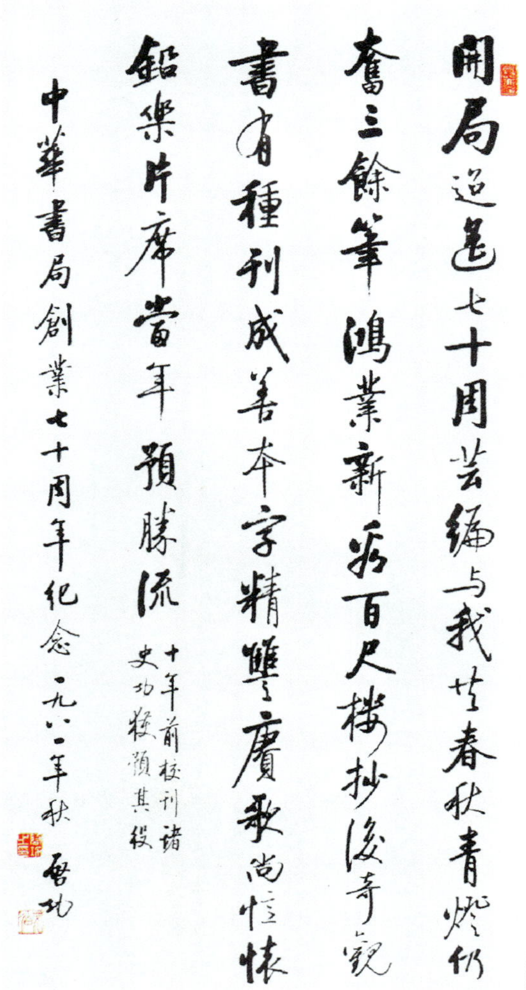

国务院古籍整理出版规划小组组长李一氓与著名书法家、学者启功在中华书局成立 80 周年茶话会上。

《大唐西域记校注》获“韩素音中印友谊奖”，该书责任编辑谢方同志在领奖（1987 年 9 月）。

中华书局编审与历史学家白寿彝教授谈工作

1949 年至 1998 年，中华书局出书 7400 余种，年均 151 种。其中，1979 年至 1998 年出书约 4000 余种，年均 222 种。1981 年是出书最多的一年，共出书307 种，其中新书 184 种，重印书 123 种。从建局到1998 年，中华书局共出书 13300 余种。

中华书局约有 130 种图书分别获得包括历届国家图书奖、中国图书奖、新闻出版署直属出版社优秀图书奖、全国优秀古籍图书奖等 26 类 157 个奖项，充分显示了中华书局在出版古籍、繁荣学术事业中的成就。

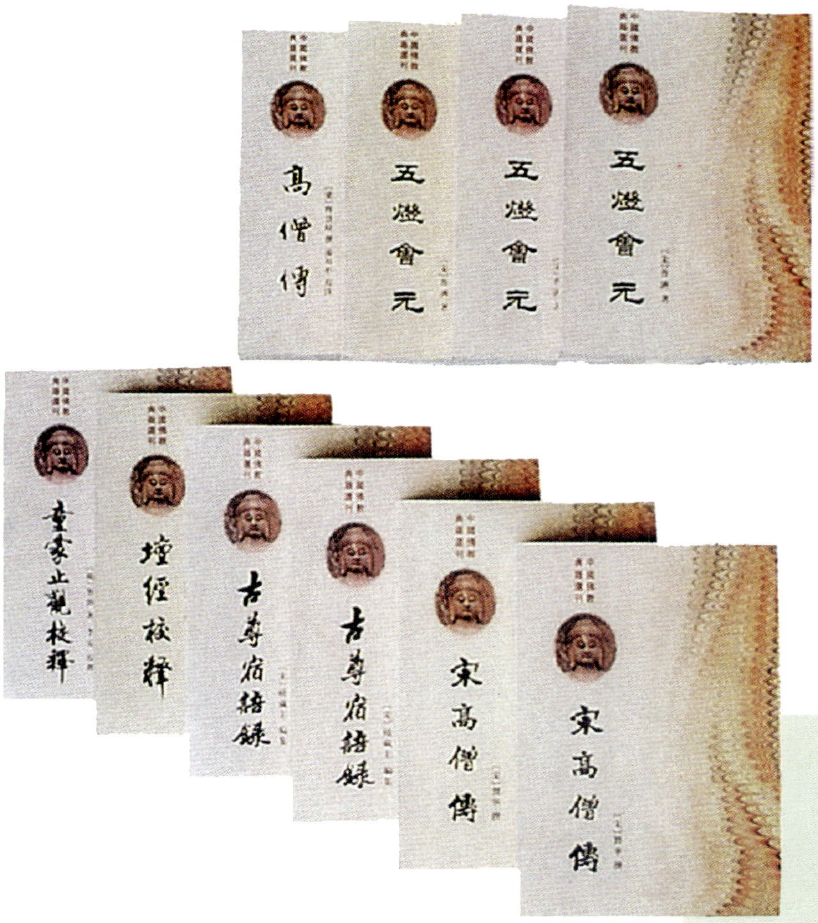

“中国佛教典籍选刊”，1983—1998 年出版。

“道教典籍选刊”，1983 年开始出版。

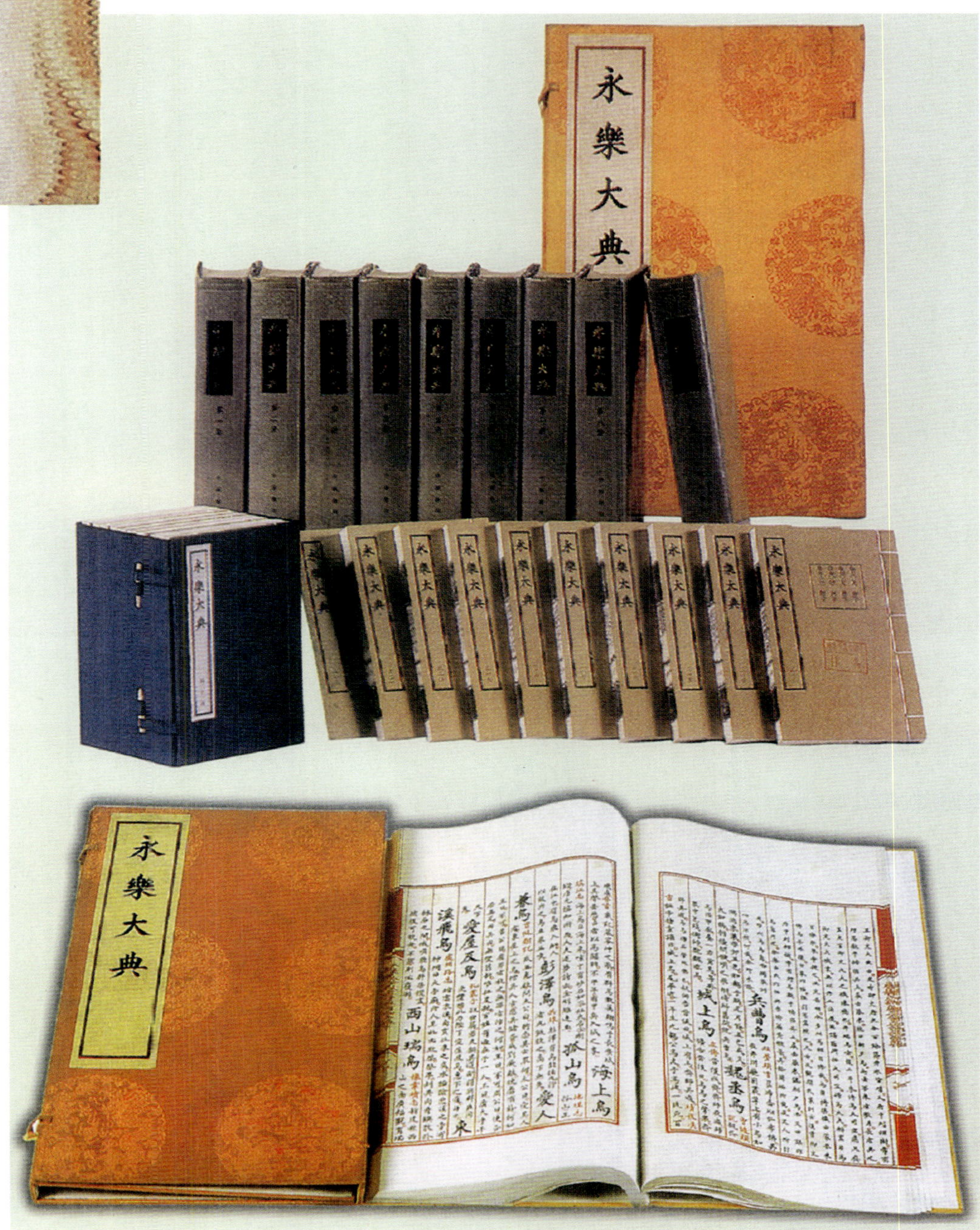

《永乐大典》，线装书，全 22 函 222 册，精装本，全 10 册，荣获首届国家图书奖。

“中华活页文选”，1998 年恢复出版。

“理学丛书”，1981 年开始出版。

《中国文学家大辞典》(七卷本)，1992—1999 年出版。

“古逸丛书三编”(全 43 种 44 函 145 册)，1982—1992 年出版。

中央文献出版社

中央文献出版社是中共中央文献研究室直属的中央级出版社。它以宣传马列主义、毛泽东思想、邓小平理论，发展党的文献研究事业，促进社会主义物质文明与精神文明建设，传播中国共产党的优良传统和作风为宗旨；主要编辑出版毛泽东、周恩来、刘少奇、朱德、任弼时、邓小平、陈云等老一辈革命家与党和国家现任主要领导人的专题性文集、文稿、年谱、传记、画册；有关老一辈革命家思想和生平的回忆录；党和国家的重要文献及其国内外研究专著；中共党史、中国革命史和中华人民共和国国史研究专著；国内外研究毛泽东思想、邓小平理论的专著；国内外研究老一辈革命家与党和国家现任主要领导人思想和生平的专著；社会科学著作；以及上述范围的音像、电子出版物；编辑出版由中共中央文献研究室和中央档案馆联合主办的《党的文献》双月刊杂志。12 年来，出版了一大批优秀图书，曾多

中央文献出版社出版的《党的文献》双月刊为刊用中央领导同志文稿的报告和领导批示手迹

次获得国家图书奖、中国图书奖等全国性的奖项，被国家新闻出版署评定为良好出版社。

中央文献出版社成立以来的 12 年，正是邓小平理论不断丰富、完善，改革开放不断深入的 12 年。中央文献出版社自成立之日起，就把宣传邓小平理论当作自己肩负的历史使命，12 年间共出版学习和宣传邓小平理论的出版物 40 种，包括图书 32 种、画册 5 种、多媒体只读光盘 1 种、录像带 2 种。共发行约 1300 万册(套)。其中，《邓小平同志重要谈话(1987 年 2 月—7 月)》、《邓小平同志关于坚持四项基本原则反对资产阶级自由化的论述》、《邓小平关于建设有中国特色社会主义论述专题摘编》、《毛泽东、邓小平、江泽民论党的建设》、大型画册《邓小平》、《我的父亲邓小平》、《大型电视文献专题片〈邓小平〉解说词》发行量分别为 170 万册、735 万册、180 多万册、3 万多册、10 万多册、95 万册、30 多万册，大型画册《邓小平》被译成英、法、德、日、韩等多种文字向世界发行。

出版反映毛泽东思想、邓小平理论形成与

中央文献出版社出版了《董必武》画册。图为《董必武》画册出版暨董必武同志诞辰 110 周年纪念座谈会。

中央文献出版社《陈云文选》(1－3 卷)、《陈云》画册出版暨纪念陈云同志诞辰九十周年座谈会。

发展和党中央路线、方针、政策演进与完善过程的老一辈无产阶级革命家的专题文集及党和国家重要文献集系列选题，是中央文献出版社又一个主要的出版方向，如《毛泽东、周恩来、刘少奇、朱德、邓小平、陈云思想方法工作方法文选》、《建国以来毛泽东文稿》、《周恩来外交文选》、《刘少奇论党的建设》、《刘少奇论新中国经济建设》、《邓小平关于建设有中国特色社会主义论述专题摘编》、《邓小平论十一届三中全会》、《陈云论党的建设》、《三中全会以来重大决策的形成与发展》、《建国以来重要文献选编》、《十一届三中全会以来党的历次代表大会中央全会重要文献选编》等。这些图书，从理论与实践紧密结合的角度，集中反映了以毛泽东同志为核心的党中央第一代领导集体对社会主义建设事业的艰辛探索和以邓小平同志为核心的党中央第二代领导集体、以江泽民同志为核心的党中央第三代领导集体开创与坚持建设有中国特色社会主义道路，并把这一宏伟事业不断推向前进的开拓

中央文献研究室副主任兼中央文献出版社社长冷溶同志在《邓小平——女儿心中的父亲》摄影展上致词

中央文献出版社陆续出版了中国领导人的多媒体光盘。图为《邓小平》光盘的演示座谈会现场。

近年来，中央文献出版社出版了一批反映领导人丰功伟绩的深受广大读者喜爱的大型系列画册。

性创举。

编写老一辈革命家的年谱、传记，是中共中央文献研究室承担的一项重要工作，也是中央文献出版社出版工作的主要内容之一。中央文献出版社出版的《毛泽东年谱（1893—1949）》、《毛泽东传（1893—1949）》、《周恩来年谱》、《周恩来传》、《刘少奇年谱》、《刘少奇传》、《朱德传》、《任弼时传》、《邓小平思想年谱（1975—1997）》等重要图书，在各界读者中得到好评，《毛泽东传（1893—1949）》获第三届国家图书奖。

老一辈革命家的名字与现代中国紧密相连。现代世界和中国的历史影响了他们的思想和经历，同时，他们也以自己的科学思想和光辉实践影响了现代中国的历史进程。建社之初，中央文献出版社在国内率先策划、编辑和出版了大型领袖画册系列，即《毛泽东》、《邓小平》、《周恩来》、《共和国主席刘少奇》、

中央文献出版社出版的党和国家部分重要文献集

中央文献出版社出版的党和国家领导人部分专题文集与党和国家部分重要文献集

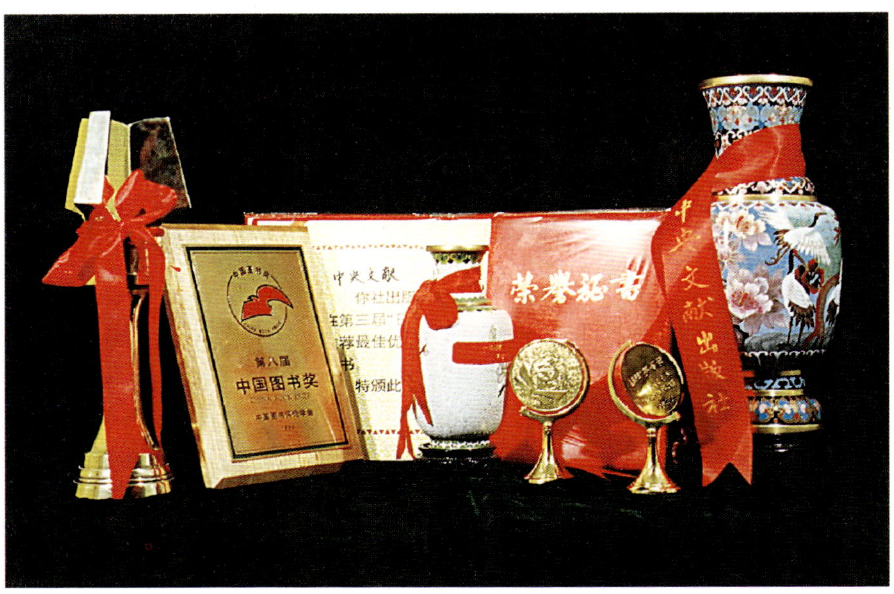

中央文献出版社获奖图书的部分奖状、奖杯。

《朱德》、《邓小平和世界各国领导者》、《足迹——党和国家领导人在浙江》、《中国改革开放二十年》等。这套大型画册系列，用照片和文字两种信息载体图文并茂地展示出老一辈革命家辉煌的斗争经历和崇高的革命精神，以及他们工作、学习和生活的场面。

电子出版物是近年来运用电子和数字技术开发出的一种高科技产品，也是一种具有永久保存和多方式阅读、检索功能的出版载体。中央文献出版社先后出版了系列多媒体只读光盘《邓小平》、《周恩来》、《刘少奇》、《毛泽东》。这套系列光盘信息量大、表现手段多样，内容可以交互检索和查询，文字和照片可以输出、打印，具有较高的欣赏、阅读和收藏价值。

中央文献出版社将一如既往地恪守自己的出版宗旨，在以江泽民同志为核心的党中央领导下，高举邓小平理论伟大旗帜，认真贯彻党的十五大精神，艰苦奋斗，努力开创出版工作的新局面。

中央文献出版社谭德山副总编辑代表该出版社领取第三届国家图书奖奖杯

中央文献出版社召开重要政治图书研讨会

中央文献出版社的同志在中南海西花厅向老同志优惠售书

作家出版社

作家出版社是中国作家协会所属的国家级文学出版社，现设有六个图书编辑室和《作家文摘报》社。全社有员工近百名，具有中高级职称的占 80%。建社以来，广泛团结中外作家、致力于荟萃当代文学佳作、扶植文坛新人、促进海内外文学交流、繁荣社会主义文学事业，出版了大量的精品力作，享誉海内外。

作家出版社创建于 1953 年，后来并入人民文学出版社。五六十年代，作家出版社出版图书近两千种。出版了《红楼梦》、《三国演义》、《水浒》、《西游记》、《儒林外史》、《镜花缘》等古典名著，也推出了《林海雪原》、《青春之歌》、《百炼成钢》、《野火春风斗古城》等广为流传的当代创作长篇小说和《神曲》、《莎士比亚戏剧集》、《唐璜》、《木木》、《至贺直哉小说集》、《法朗士短篇小说集》等外国文学名家名作。

"文化大革命"中，作家出版社被迫停业。1980 年恢复重建。八九十年代，作家出版社推出了"当代小说文库"、"文学新星丛书"，其中《感情的历程》、《玫瑰门》、《棋王》、《浮躁》、《透明的红萝卜》、《你别无选择》等作品享誉文坛。《理智之年》、《生命中不能承受之轻》、《为了告别的聚会》、《痛苦情人》等引进版图书，引起文化界的广泛关注。

近年来，特别是 1995 年 10 月以来，作家出版社锐意改革，勇于探索，服务于作家、服务于读者、服务于社会主义两个文明建设，经济效益、社会效益显著提高。他们坚持正确导向，重视文化建设，从社会主义事业兴旺发达和民族振兴的高度，认识文化建设的重要性和紧迫性，以"坚持正确导向、奉献精品力作、参与市场竞争、创造一流效益"为办社宗旨，既强调图书的意识形态属性，又强调图书的市场属

1999 年 1 月，作家出版社社长兼总编辑张胜友（右二）率队参加'99 北京图书订货会。

性，追求图书的文化价值和市场价值的双重取向，力争社会效益和经济效益的最佳结合。既强调图书的文化含金量，又强调图书的市场含金量，狠抓精品工程，实施精品战略。对选题优中选优，并对优质稿件严格审读，保证导向不偏离，确保社会效益第一。不断调整图书结构，使图书结构在品种、数量、规模等方面更趋合理。对于主旋律作品、纯文学作品，充分利用市场机制，扩大市场覆盖面、满足需求、引导消费、培育读者，在追求社会效益的同时，追求经济效益。对于适合大众阅读的优秀畅销书严格把关，保证高品位、高格调、高档次，两个效益一起抓，使全社年年保持合理的选题结构，从而创出了名效应，保持了文学图书特色，使作家出版社始终享有较高的声誉。他们还引进竞争机制，大刀阔斧地改革。首先从用人制度入手，最大限度地解放和发展生产力，改变了多年来全国文艺出版社普遍采用的以文学门类划分编辑室的传统做法，新成立了六个编辑室，通过人员双向选择、自由组合，承担部门管理职责和风险，使人才脱颖而出。六个编辑室在组稿、编稿、发稿上没有界限，完全平等竞争。在社内实行全员聘任制和岗位目标管理责任制，人人责权利明确，各司其职。出版社在宏观控制的前提下，将选题策划、成本核算、宣传促销等权力下放给编辑室，使每一位员工都成为出版社的主人，人人享有公平竞争的机会。由于把资源和市场、权力和责任一起交到编辑、出版、发行人员手上，杠杆找到了支撑点，能量得以超常释放，极大地发挥了出版社的综合优势，极大地解放和发展了生产力，使出版社实现了超常规发展。同时，他们强化激励和制约机制，实行分配制度的改革。为了面向市场，建立了一套科学化、规范

1984 年，台湾著名作家琼瑶女士(右二)、平鑫涛先生(右一)访问作家出版社。

1990 年秋季在加拿大驻华使馆举办萧乾先生所译的《里柯克幽默小品选》首发式。

化的管理制度。出版社形成了人人抓好书，个个争创收，社会效益和经济效益迅速上台阶的新局面。1996 年，90% 以上编辑实现了超产，其中有 8 位编辑个人创利超过 50 万元；1997 年，95% 以上编辑人员实现超产，其中有 10 位编辑个人创利可超过 50 万元，其中个人创利最高者达 200 余万元；1998 年，有 12 名编辑个人创利超过 50 万元。他们还转换经营机制，强化市场操作，面向市场、面向消费者制订营销策略；发展作家网络、扩大发行网络、组建图书宣传网络，从而为市场网络的形成和市场运作打下良好的基础；将出版发行部门和编辑部门用效益和利润这一标尺捆在一起，"两个轮子一起转"；选题策划、营销策略等由编辑部和出版发行部围绕两个效益共同参与，图书上市后，图书宣传、市场营销由出版发行部和编辑部共同运作。他们还与国际图书出版业接轨，在引进优秀的国外翻译作品，使国人与世界同日阅读的同时，借鉴国外图书出版业的成功经验，加大图书宣传推广力度，开拓市场，培育读者，使作家版图书增强了参与图书市场竞争的实力。

作家出版社陆续出版了一批富有时代精神主旋律的作品和深受广大读者欢迎的优秀畅销书，《大国长剑》、《生命的追问》等书分获 1996、1997 年度中宣部"五个一工程"奖；《日子》、《马语者》、《走过西藏》、《国民素质忧思录》、《英国病人》、《秦文君小说系列》等书，获全国优秀畅销书奖。

作家出版社是作家之家——作家的摇篮。作家出版社是读者之家——读者的挚友，是作家和读者联系与交流的桥梁和纽带。为贯彻"百花齐放、百家争鸣"的方针，繁荣文学创作，作家出版社陆续推出了一批各种文学样

1998 年 5 月，作家出版社社长兼总编辑张胜友（中）拜访著名诗人朱子奇（左）及其夫人陆璀女士（右）。

《走过西藏》获 1996 — 1997 年度全国畅销书奖，《马桥词典》获 1998 年上海第四届长篇、中篇小说优秀大奖，长篇小说一等奖。

式的精品力作，被文学评论界认定为 1996 年度全国出版的 16 部重要的长篇小说之中，作家出版社占了 6 部。为满足各个层次读者的阅读需求，作家出版社还为广大读者奉献了一批高品位、高格调适合大众阅读的畅销书。《中华人民共和国演义》、《中国人民解放军演义》、《上海的风花雪月》、《日子》、《我演周恩来》、《本色》等风靡书市。作为“中华儿童文学金奖书库”丛书之一推出的《秦文君小说系列》，深受广大少年儿童读者喜爱。其中《日子》发行了 90 余万册。

作家出版社是管窥世界文学发展趋向的渠道和窗口。为了加强海内外的文学交流，与国际出版业接轨，使国人和世界同日阅读，作家出版社推出了一批引进版图书。《苏菲的世界》、《珂赛特》、《马语者》、《回顾：越战的悲剧与教训》、《英国病人》、《斯泰因文集》、《福尔摩斯新探案集》等深受作家和读者喜爱，为文化界所瞩目。

1995 年度，作家出版社版图书发行总码洋仅为 1200 万元，1997 年度跃升到 6100 万元；1995 年度税前利润 259 万元，1997 年度实现税前利润 1300 万元。出版社所属的《作家文摘报》社，1995 年度税前利润为 93 万元，1997 年度达 700 万元，增长 6.5 倍。1996 年度，全社 70 多名员工，人均上缴国家利税和主管部门利润达 6 万元，共 473 万元。1997 年，图书出版和《作家文摘报》社的总产值达到 8000 余万元。1998 年，在图书市场不景气的情况下，作家出版社的产值和利润仍与 1997 年持平。

展望 21 世纪，世界最大的图书市场在亚洲，而亚洲最大的图书市场在中国。在世纪之交，作家出版社将以开拓进取精神，坚持正确导向，追求文化价值和市场价值双重取向，为加强社会主义文化建设，拓展市场、创造需求、引导消费，谋求全方位发展，为社会奉献更多更好的精品力作。

《生命的追问》获第三届全国优秀妇女读物奖、精神文明建设“五个一工程”第六届入选作品奖。《国民素质忧思录》获 1996—1997 年度全国畅销书奖。

《小鬼鲁智胜》获第四届中国作家协会全国优秀儿童文学奖，《男生贾里》、《女生贾梅》获 1996—1997 年度全国畅销书奖。

中国出版工作者协会

中国出版工作者协会（简称中国版协）是中国出版界的全国性、群众性的专业团体，成立于1979年12月20日。它的主要任务是：(1)组织和推动出版工作者学习理论，认真贯彻执行党的路线、方针、政策，学习出版业务，培训出版队伍，开展出版科学理论研讨活动；(2)组织出版单位探讨出版业务，交流改革经验，沟通出版信息，向有关部门提出意见和建议；(3)表彰和奖励先进的出版工作者，密切与著译者的联系，组织优秀出版物评奖活动；(4)积极开展对台、港、澳地区和国外交流活动，加强同地方版协的联系和合作，发挥版协作为群众团体的优势；(5)加强出版法制宣传，依法维护会员单位和出版工作者的合法权益；(6)关心离休、退休的出版工作者，支持并帮助他们从事力所能及的出版活动和其他社会活动；(7)在国家改革法规允许的范围内，开展同本行业有关的有偿咨询服务和经营活动。

截至1997年，中国版协已历经三届。第三届版协成立于1993年8月25日。本届理事会理事共182人（常务理事55人）。协会名誉主席王子野（已于1994年2月16日逝世），主席宋木文，副主席（按姓氏笔画为序）卢玉忆（常务）、伍杰、李祖泽、杨正泉、徐福生、谈德颜、薛凡、薛德震。秘书长范振江。副秘书长潘国彦（常务）、娄明、石峰、杨德炎、吴道弘、方厚枢、张振启。

中国版协实行团体会员制。中央级出版单位和印刷、发行、期刊行业代表以及地方版协，经申请批准，均为本协会会员。截至1997年，中国版协有直属的专业工作委员会30个，全国除青海、西藏等少数省份外，其余省、自治区、直辖市都建立了省级出版工作者协会。中国版协成立以来，积极开展了各项活动：

1、组织和推动出版工作者学习理论和出版政策；交流经验。

2、制订和颁布出版全行业的行规、行约，如1997年1月修改并颁布的《中国出版工作者职业道德准则》。

3、评选、表彰和奖励先进出版工作者。由中国版协主持评选和奖励的项目共有4项：(1)中国韬奋出版奖设立已10年， 是中国出

1987年6月25日，邓颖超同志在全国政协礼堂举行的中国韬奋基金会成立大会上和基金会主席张友渔亲切握手。

李瑞环、李铁映、邓力群、王忍之等同志在第五届中国图书奖发奖会主席台上。

1996年12月首届全国"百佳出版工作者"奖颁奖大会

版界个人奖中荣誉最高、影响最大的奖项，已评选 5 届，有图书、期刊、出版、发行方面先进人物 52 人获奖；(2) 受中宣部、新闻出版署委托，中国版协于 1996 年、1998 年主持评选了两届"全国百佳出版工作者"，每届各评出 100 位先进工作者；(3) 中国版协于 1994 年开始与中国编辑学会联合评选全国优秀中青年图书编辑奖，至 1998 年已评选三届，有 254 人获奖；(4) 为表彰老有所为的老年出版工作者，中国版协于 1996 年举办首届"伯乐奖"，有 12 人获奖。

4、开展培训工作。一至三届版协举办了多次各种类型的培训活动，仅第三届版协四年内就举办了各类培训班 39 期，参加培训的人数近 2000 人。

5、围绕提高图书质量和装帧水平，开展图书评奖等活动。中国图书评论学会承办了"中国图书奖"，每年一届，已连续 10 年，由中国版协组织进行的有四届。版协其他各专业委员会根据分工范围，单独或与有关单位联合举办了各类图书评奖及装帧艺术评奖等活动。

6、举办学术研讨活动。中国版协成立后，每两年举办一次全国性的出版学术理论研讨会，所属的各专业委员会也经常举办学术研讨活动。

7、开展对外合作与交流。中国版协的外事和对台工作，已逐步成为我国出版界民间对港、澳、台及外国联络的窗口。1997 年 8 月，由中国版协主办，中国出版外贸总公司承办，在台北举办了书展。海峡两岸出版界已从人员互访发展为一年一度举行两岸三地（大陆和港、台）华文出版联谊会议，扩大了交流，增加了共识。中国版协是亚洲及太平洋地区出版协会副主席单位，与日中文化交流协会签订了长期的交流合作协议。与日本讲谈社签订了为我国培训出版专业人员的协议，已有 30 余人到讲谈社接受为期一年的业务培训。

中国版协国际合作出版促进会成立已 10 年，举办了 9 届合作出版洽谈会，同海外出版公司签署了 1500 余项合作出版协议；并先后主办了 16 次较有规模的合作出版研讨会和学术报告会。来自日、美、瑞士、英、法、新加坡及港台地区近 3000 人参加了研讨活动。

8、与出版工作者多交朋友，开展多种服务。1997 年，在北京建成"出版之家"，为出版工作者交流提供服务的场所。

9、中国版协主办的线装书局，已出版《邓小平文选》线装本、《毛泽东评点二十四史》线装本等 20 多种有传统特色的书籍，在社会上产生了较大的影响。

10、中国版协 1979 年成立后，即开始创办《中国出版年鉴》，于 1980 年创刊，每年出版一卷，至今已出版 18 卷，是全面反映我国出版工作基本情况的大型资料性工具书。

1996 年 11 月第二届优秀中青年编辑奖(美登高杯)颁奖大会

第三届韬奋出版奖颁奖大会

1997 年 8 月，中国出版工作者协会主办、中国出版外贸公司承办，在台北举办的 1997 年祖国大陆书展暨版权洽谈会。

1997 年 8 月在台北举办的祖国大陆书展会场全景

中国编辑学会

1992 年 10 月，经新闻出版署和民政部批准，中国编辑学会在京召开成立大会。全国各省、市、自治区和中央一级出版社 160 余人参加了会议，通过了学会章程，选举产生了学会的领导机构。

新闻出版署副署长刘杲，老出版家王子野、叶至善等出席会议并讲话，许力以、王仿子、张惠卿等到会祝贺。

1993 年 8 月，中国编辑学会承办了第六届国际出版学研讨会，来自日、韩、菲、马、新等国家和港台地区的 84 位学者、专家出席了会议。全国人大常委会副委员长雷洁琼、新闻出版署署长于友先发来贺词，刘杲会长主持了会议。

中国编辑学会(China Redactoiogical Society)于 1992 年 10 月在北京成立，中国编辑学会以马克思列宁主义、毛泽东思想和邓小平理论为指导，遵照党的基本路线和出版方针开展编辑理论和实践的研究，促进出版事业的发展，为我国社会主义现代化建设服务。

学会成立以来，通过学术讨论会、报告会、座谈会开展编辑工作和编辑学的研究活动，组织编写编辑学、编辑业务、编辑史及编辑管理等方面的著作，与国内外编辑出版学术机构建立了广泛的联系，通过国际间的互访或信息资料的交流介绍我国的研究成果、吸取国外有用的经验，推动了国内外编辑出版界的学术交流，促进了出版事业的发展，增强了相互间的友谊。

1993 年 11 月，中国编辑学会首届年会在浙江省富阳市召开，刘杲、张惠卿、林尔蔚、邵益文、王耀先和阙道隆等出席了会议。

学会每年举办以讨论编辑理论和实践为中心议题的年会或编辑学理论研讨会、出版论文选，同时主持编辑《中国编辑研究》年刊。

学会现在拥有团体会员 300 多个(主要是出版社、独立的杂志社、高等学校的编辑学专业和相关的学术团体)、个人会员 120 余人(主要是资深编辑、高校从事编辑学研究的教研人员和在编辑工作或编辑理论研究方面取得成绩的中青年编辑骨干)。

中国编辑学会的最高权力机构是全国代表大会，在代表大会闭幕期间的领导机构是理事会，它通过常务理事会主持会务工作。中国编辑学会现任会长是刘杲，常务副会长兼秘书长为邵益文。

图为 1994 年 3 月中国编辑学会一届三次常务理事会会议留影

1996 年 12 月中国编辑学会青年编辑专业委员会在昆明举行。第二届跨世纪出版战略研讨会专业委员会主任顾守文和与会者合影。

1998 年 9 月，中国编辑学会代表团邵益文等 9 人，应台湾出版商业同业公会理事长曾敏潜先生邀请，赴台进行编辑业务和学术交流。

1998 年 12 月中国编辑学会会长刘杲会见以李钟国为团长的韩国出版学会访华团并交换礼品

新华书店总店

新华书店总店是新闻出版署直属的大型图书批发企业。从建国初始到 80 年代中期，新华书店总店作为全国新华书店的管理、指导和业务协调机构，行使对系统的业务指导职能。对全国新华书店贯彻国家出版发行方针政策和“两为”宗旨做了大量的工作。

按照党的十一届三中全会精神，总店贯彻党中央提出的“解放思想，实事求是”的思想路线，积极研究、探索改革传统出版发行业高度集中、行业垄断、单一封闭的局面。根据当时国家出版局关于《建议有计划有步骤地发展集体所有制和个体所有制的书店书摊书贩》的文件精神，推动发展集体所有制发行网点的工作；指导改进新华书店的经营机制；推广长沙、重庆新华书店开架售书的经验。在第一个十年中，总店及所属北京发行所的经营发生了一次大变化。经办出版社从 50 家增长为 183 家，增幅 266%；经营品种从 4550 种增加为 20429 种，增幅 349%；经营额从 19727 万元上升到 68144 万元，增幅 245%；人均劳动生产率从 33 万元增加到 64 万元，增幅 94%；利润总额从 649 万元上升到 2330 万元，增幅 259%；资产总额从 984 万元上升到 4556 万元，增幅 363%。

从 1987 年开始的以新华书店总店职能转变为主要标志的改革，是图书发行体制改革进一步推进的第二个阶段。1987 年 10 月，总店

1951 年 2 月 23 日，新华书店总店成立大会合影(局部)。

山东东营市新华书店坚持常年送书上门，为油田职工服务。图为书店职工在高耸的井架边摆摊售书。

1951 年 7 月—1952 年 6 月；1954 年 8 月—1958 年 7 月，总店在廊房头条 10 号办公。

“汽车书店”又来了。1995 年，青海省新华书店为使广大牧区群众能像城里人一样看到新书，筹款购置了流动售书车。从此，牧区草原上、牧民的帐房前，经常可以看到满载着精神食粮的“汽车书店”匆匆来去的身影。

云南省新华书店组织一批又一批战士们喜闻乐见的图书送到前沿阵地。图为炮兵阵地上的战士们在翻看图书。

及其所属企业北京发行所、新华书店储运公司正式合并成为一个经济实体，作为面向全国的图书批发企业，谋求自身的改革与发展。1988 年 4 月，中宣部、新闻出版署发出《关于当前图书发行体制改革的若干意见》要求“放权承包，搞活国营书店；放开批发渠道，搞活图书市场；放开购销形式和发行折扣，搞活购销机制；大力发展横向联合”。各省新华书店的管理体制也发生了不同的变化，一些省“三权下放”，一些省“财权在省店，人权在地方”，也有一些省维持了“三权在上”的模式。新华书店总店加紧调整战略、适应改革大潮，注重自身改造，参与市场竞争。第二个十年是新华书店总店自身改造和加快发展的十年。截至 1997 年底，总店各项经营指标都处于上升趋势。经办出版社从 183 家跃升为 478 家，增幅 161%；经营品种从 20429 种增到 59055 种，增幅 189%；经营额从 68144 万元上升到 152944 万元，增幅 124%；人均劳动生产率从 64 万元/人上升到 158 万元/人，增幅 147%；利润总额从 2330 万元上升到 3042 万元、增幅 31%；资产总额从 4556 万元增到 55237 万元，增长了 11 倍多。

新华书店总店第一任总经理徐伯昕

新华书店总店第二任总经理王益

新华书店总店第三任总经理史育才

新华书店总店第四任总经理王璟

新华书店总店第五任总经理汪轶千

中国印刷总公司

中国印刷总公司（原名中国印刷公司）于 1963 年 10 月经国务院原文教办公室批准成立，曾隶属文化部、国家出版局。经历了事业单位、事业单位企业管理的行政事业管理型公司到企业经营服务型公司的转变，现为国家新闻出版署直属的以生产经营和管理书刊印刷企业为主要业务的国有大型印刷企业。

在经历十年浩劫之后，1978 年，经国务院批准，中国印刷公司恢复建制。

1984 年，公司对直属企业进行了整顿。原北京新华印刷厂分为北京新华印刷厂、北京新华彩印厂、北京新华印刷器材厂。为巩固发展企业整顿成果，在各直属企业先后推行了厂长负责制，建立了全面质量管理制度。提高了企业管理水平和产品质量。

“六五”到“八五”期间公司所属企业为实现“照相排字、电子分色、胶版印刷、装订联动”，投入技术改造资金 10932 万元。通过技术改造，产品质量不断提高，多次获国际国内质量奖。

根据 1994 年 7 月新闻出版署现场办公会和 1998 年 1 月新闻出版署《关于同意中国印刷公司实行归并重组改革的实施方案的批复》精神，中国印刷公司于 1998 年 5 月更名为中国印刷总公司。总公司实行总、分体制，现有 5 个分公司（厂）即中国印刷公司北京新华印刷厂、中国印刷总公司北京新华彩印厂、中国印刷总公司北京第二新华印刷厂、中国印刷总公司北京新华印刷器材厂、中国印刷总公司北京新华服务分公司；6 个子公司（厂）：人民美术印刷厂、文字六〇三厂、文字六〇五厂、北京万千广告公司、北京文华园物业管理有限公司、北京新华商贸公司；4 个合资公司：中英合资华利国际合营印刷有限公司、中日合资北京中玄复制装裱新技术有限公司、中港合资北京志诚文字图象处理新技术有限公司、以及与大兴县垡上乡合作建立的北京新中联印刷器材有限公司。

中国印刷总公司现占地面积 20 万平方米，资产总额 56665 万元，年利税 2184 万元，现有职工 4744 余人，其中具有初、中、高级职称的 534 人。目前拥有彩色桌面制版系统并实现了与电子分色机的高端联网，装备有进口多色胶印机、平精装联动线等先进制版、印刷、装订设备。

主要任务：承接各类图书、期刊、画册、商标、本册等的制版、印刷、装订；国内外各类、各型印刷机械的维修、保养；经营销售印刷器材、纸张、油墨；字画装裱及相关材料的制作、销售；印刷行业管理人员和中、高级技术人员的培训及代理各类广告业务。

中国印刷总公司做为“国家队”始终坚持社会效益第一的原则。多年来，一直承担着马克思、恩格斯、列宁、斯大林、毛泽东、邓小平等的经典著作和以江泽民同志为核心的党中央、全国人大、全国政协重要文献的印制任务，在宣传党的路线、方针、政策、普及文化科学知识，向人民提供优质精神食粮方面做出了应有的贡献，成为我国社会主义出版事业的骨干力量，受到了党和国家领导人的重视和关怀。1999 年 4 月在北京新华印刷厂建厂 50 周年之际，中共中央总书记、国家主席、中央军委主席江泽民书写了“为人民生产更多更好的精神食粮”的题词。

目前，中国印刷总公司及所属企业的全体员工，正在遵循党的十五大关于国有企业改革的基本方针，稳步推进改革，努力争取在物质文明和精神文明建设上取得更大的成绩。

1979 年 10 月，国务院副总理王震在国家出版局陈翰伯等负责人陪同下，参观英国蒙纳激光照排展览后同工作人员合影。

1980 年 6 月，中共中央书记处书记、国务院副总理王任重和中宣部副部长廖井丹同全国书刊印刷先进集体和先进个人代表会议全体人员合影。

1987 年 12 月，邓力群和廖井丹、许力以、刘杲等同志参加《中国美术全集》印制发奖大会。

1982 年 3 月，国家出版局边春光、王子野、王敏、王益、史育才等负责人参加期刊准期出版表彰会议。

中国印刷物资总公司

中国印刷物资总公司的经营和组建历史经历了多次变动。最初是纸张和印刷器材为两个单位分别经营，尔后两部分合并，其后又经历了分离、最终又合并的过程。经过 20 多年的变革，至 1986 年又组成了新的中国印刷物资公司，1994 年更名为中国印刷物资总公司。中国印刷物资总公司隶属于国家新闻出版署 。经营销售各种国产和进口纸张、印刷设备、印刷器材和书籍装帧材料及仓储、配送、物业管理等业务；承办新建、扩建印刷厂的技术咨询、设计和配套承包供应；组织印刷物资的新产品开发；举办国内外印刷设备、器材的技术交流和展销；与外商合作设立技术服务中心，经(代)销各种进口和国产印刷机零配件；提供印刷物资的代理进出口业务及咨询服务。

中国印刷物资总公司现有职工 500 余人，其中各类专业技术人员近 200 人。总公司设有国产纸张分公司、进口纸张分公司、新闻纸张分公司、国产印刷设备分公司、进口印刷设备分公司、印刷器材分公司、装帧材料分公司、进出口业务分公司、储运分公司、配送中心、物业管理分公司、信息中心、北京、上海、青岛等分公司。

中国印刷物资总公司是中国最大的经销印刷物资的公司，注册资金 1. 34 亿元，固定资产 1. 9 亿元，资产总额 5. 5 亿元。具有较强的仓储和印刷物资接运能力，有占地十万平方米的库区，七万平方米的库房和一条铁路专用线，配备先进的装卸及运输工具。总公司自 1992 年以来，曾先后荣获“中国物资流通百强企业”及“中国 500 家最大服务业企业”称号。

中国印刷物资总公司长期以来与国内数百家著名纸张、印刷机械、器材厂商有着稳固、友好的业务合作关系，并同世界上 20 多个国家和地区的 100 多家厂商建立了业务往来，在推行代理制上，取得了较好的进展。同时还经销日本、德国等著名印刷设备生产厂家的零配件及原辅材料。在国内一些大的印刷物资生产和经营企业，如金城造纸集团、山东寿光造纸股份有限公司、北京印刷设备联合公司、天津云兴油墨有限公司、上海明治橡胶有限公司、北京印刷联合公司、上海印包 (集团) 公司、厦门海峡出版贸易公司等企业均有股份投资。投资额约为 4000 万元。

中国印刷物资总公司面向全国新闻出版和印刷全行业，不断开拓国内和国际市场，搞活流通，服务生产，为我国社会主义物质文明和精神文明建设服务。

中国印刷物资总公司向长期友好合作的国内外同仁表示衷心的感谢! 殷切希望同国内外厂商和机构加强联系与合作。

中国印刷物资总公司新址

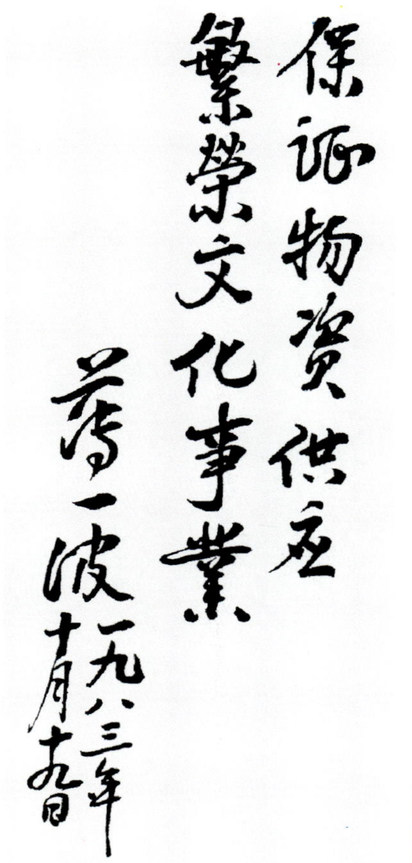

薄一波同志的题词

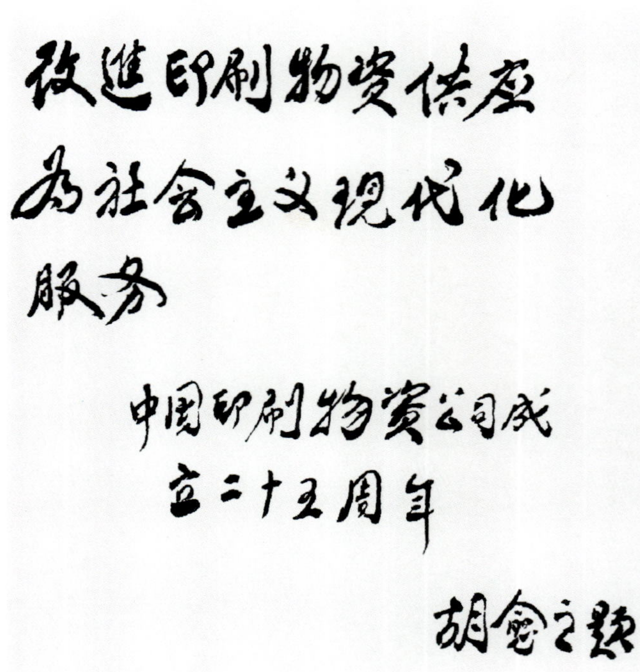

胡愈之同志的题词

营业厅一隅

中国印刷物资总公司成功地举办了两届国际印刷设备及器材展览会和多次全国印刷物资交易会

中国书刊发行业协会

中国书刊发行业协会成立大会于 1991 年 3 月 6 日在北京召开

中国书刊发行业协会集体个体书业工作委员会议成立会合影(1992 年 12 月 26 日在北京)

中国书刊发行业协会副会长兼秘书长徐家祥为团长的集体、个体书业代表团一行，访问东南亚国家，与国外同行进行业务交流。图为在新加坡参观百胜楼书城。

英国出版委员会负责人会见中国书刊发行业协会组织的中国书商代表团一行时合影

中国书刊发行业协会组织中国书商代表团访问欧洲地区书业：图为德国书商协会负责人会见代表团一行时合影。

中国版本图书馆

中国版本图书馆是我国惟一专门负责征集、整理、收藏、管理中华人民共和国成立以来全国正式出版物样本的图书馆。原称中央政府出版总署图书馆，1950 年 7 月 1 日成立。该馆的隶属和馆名几经变更，1983 年 7 月，正式更名为中国版本图书馆。1995 年 10 月，在国家新闻出版署领导下，中国版本图书馆与中新音像出版社、中国报刊月报社、原新闻出版署信息中心等四单位重新组建"国家新闻出版署信息中心"，保留中国版本图书馆名称。馆址在北京市北总布胡同，1994 年，拆迁重建，在原址附近新建成一座建筑面积为 6500 多平方米的新馆（同署信息中心合署办公）。书库建在大兴县黄村的北京印刷学院内，建筑面积为 5000 多平方米，1992 年竣工。

中国版本图书馆根据中央人民政府出版总署、文化部、国家出版局、新闻出版署先后制定颁发的关于征集图书、期刊、报纸、音像和电子出版物等样本的规定，主要为国家征集、整理、收藏和管理全国各种正式出版物的样本。中国版本图书馆收藏的出版物样本具有范围广泛、种类多样、品种较齐全的特点。它收藏有各类图书出版物样本，其中有中小学及大学课本、幼儿读物、连环画册，还有图片、画页、地图、明信片、挂历等，不仅有汉文图书，还有少数民族文字图书、外国文字图书、盲文书籍和报刊等。据统计，迄今共收藏各类出版物样品达 250 万种(册)。

中国版本图书馆以各出版单位呈缴样本为依据，向领导机关、新闻出版系统、全社会提供出版物信息，负责为新闻出版署信息中心编辑出版《全国新书目》(月刊)、《全国总书目》(年刊)以及专题书目等信息资料，并具体负责实施和推广全国图书在版编目工作。全部工作已实行计算机操作，并建立了全国性的书目数据库。

中国版本图书馆有业务人员 80 人，其中具有正高专业职称的 3 人、副高专业职称的 6 人，中级专业技术职称的 28 人。工作人员大都经过了大学图书馆专业学习或专业培训，具有较高的文化层次和业务素质。

书库书架

书库画片柜

惠普小型机

中国印刷技术协会

中国印刷技术协会成立于 1980 年 3 月，是中国科学技术协会所属 165 个社会团体之一，挂靠在新闻出版署。是全国印刷科技工作者、印刷及其与之相关企业的群众性的社会团体。

中国印刷技术协会坚持民主办会、开门办会的原则。协会的最高权力机关是全国会员代表大会，每四年举行一次。全国会员代表大会闭幕期间，理事会是执行机构，每年召开一次会议。理事会休会期间，常务理事会行使理事会职责。

中国印协第一、二届理事长是当时任国家出版局副局长的王益同志，第三届理事长是王仿子同志，第四届理事长是新闻出版署副署长于永湛同志，第五届理事长是中国印刷总公司董事长、总经理武文祥同志。

中国印刷技术协会的主要任务是：广泛团结全国印刷科技工作者和管理工作者，发扬技术民主，组织、传播、交流国内外印刷新技术、新信息，为加速印刷工业现代化作出贡献。

中国印刷技术协会成立以来，主要做了以下工作：

●设立全国性奖励——毕昇印刷奖，每四年评选一次；设立专业性奖励——森泽信夫印刷奖，每二年评选一次。

●出版会刊《中国印刷》（月刊）、大型资料工具书《中国印刷年鉴》等杂志。

●积极开展国际友好交流活动，组织参加“世界印刷大会”，申办第七届世界印刷大会获得成功；发起组织并参加了“亚洲印刷技术论坛”年会。

●召开年会，出版论文集，对推动印刷技术进步，发展印刷工业起到了积极作用。

●与日本印刷技术协会合作，举办平版制版印刷、印刷企业经营管理函授班共 7 期，培训学员 3000 余名。

●与中国印刷及设备器材工业协会联合申报兴建中国印刷博物馆，获批准后积极筹款，为顺利建成开馆作了许多富有成效的工作。

●促进海峡两岸印刷界的互访和交流。1985 年 6 月，王益理事长率团参加第三次世界印刷大会期间，结识了很多台湾印刷界的朋友。接着台湾印刷界同仁回到祖国大陆探访，很快中国印协也派人赴台湾考察，首次实现了海峡两岸的双向交流。

中国印刷技术协会理事会设秘书处，下设 10 个专业委员会：

学术委员会，企业管理专业委员会，教育与科普委员会，丝网印刷技术分会，柔性版印刷技术专业委员会，电子与网络技术专业委员会，印刷、包装专业期刊委员会，特种印刷技术专业委员会，《中国印刷》编辑委员会，《中国印刷年鉴编辑委员会。

全国各省、自治区、直辖市都设有印刷技术协会，是中国印刷技术协会的团体会员，目前已有 33 个。个人会员 16610 人。单位会员正在积极发展之中。

中国印刷技术协会第一届理事会第一次会议合影

日本照排机发明家森泽信夫先生个人捐助的“森泽信夫印刷奖”，首届授奖大会于 1987 年 11 月 3 日在北京举行授奖仪式。原国务委员张劲夫在人民大会堂会见已 86 岁高龄的森泽信夫先生及日本出版、印刷界的来访人员。

中国印刷界最高奖“毕昇印刷奖”于 1987 年 11 月 3 日在北京举行授奖仪式。原国务委员张劲夫给上海印刷学校校长吕纪授奖。

NEW CHINA'S PUBLISHING 1949

新中国出版50年

INDUSTRY 1999 IN 50YEARS

附录

新中国出版50年

New China's Publishing Industry in 50 Years

新闻出版署组织机构沿革及领导人名录

1949. 10——1999. 10

一、基本完成社会主义改造和开始全面建设社会主义时期

1949. 10——1966. 5

根据 1949 年 9 月 27 日中国人民政治协商会议第一次全体会议通过的《中华人民共和国组织法》的规定，在政务院下设出版总署。出版总署于 1949 年 11 月 1 日正式成立。下设一厅（办公厅）三局（编审局、翻译局、出版局）。

1951 年 1 月，出版总署实行改制，下设一厅（办公厅）三司（出版事业司、图书期刊司、出版干部司）一局（编译局），编制为 278 人。

1952 年 4 月，出版总署再次改制，设一厅（办公厅）三局（出版管理局、印刷管理局、发行管理局），编译局裁撤。编制为 320 人。同年 11 月，又增设计划财务司。1953 年，出版总署编制扩大为 479 人。

1954 年，依照《中华人民共和国国务院组织法》第二条的规定，国务院不设立出版总署。出版总署于 1954 年 11 月 30 日正式撤销，所有出版行政业务划归文化部管理。

这一时期的署长、副署长与任职时间：

署　长：胡愈之　1949. 10—1954. 11
副署长：叶圣陶　1949. 10—1954. 11
　　　　周建人　1949. 10—1954. 11
　　　　陈克寒　1952. 4—1954. 11
　　　　萨空了　1952. 8—1954. 11

这一时期的党组小组成员①与任职时间：

书　记：胡　绳　1949. 11—1950. 10
　　　　叶蠖生　1950. 10—1952. 1
　　　　陈克寒　1952. 1—1954. 11
副书记：黄洛峰　1952. 2—1954. 11
成　员：黄洛峰　1950. 10—1952. 2
　　　　祝志澄　1950. 10—1952. 4
　　　　王子野　1950. 10—1952. 1
　　　　华应申　1950. 10—1954. 10
　　　　金灿然　1950. 10—1954. 10
　　　　卜　明　1950. 10—1954. 10
　　　　史育才　1950. 10—1952. 4
　　　　王　益　1950. 10—1952. 4
　　　　邵公文　1950. 10—1952. 4
　　　　谢冰岩　1952. 2—1954. 10
　　　　戈茅（徐光霄）　1952. 8 —1954. 10

1954 年 11 月，出版总署结束工作，出版行政业务归文化部管理后，文化部设置出版事业管理局，下设二室（办公室、监察室）、七处（人事处、出版管理处、报刊管理处、图书审读处、印刷管理处、发行管理处、计划财务处），编制为 200 人。

1955 年，文化部出版事业管理局改制，下设二室（办公室、监察室）、五处（出版管理处、图书审读处、印刷管理处、计划财务处、人事处），编制 98 人。

1957 年整风反右以后，根据中央精简编制，紧缩机构的精神，文化部于 1958 年把出版事业管理局的编制减少到 21 人。1959 年又增加到27 人，下设一室（办公室）、二处（出版处、印刷处），后出版处改为综合处和审读一、二、三处。1960 年再次精简为 25 人，机构未动，直到 1966 年。

这一时期的局长与任职时间：

局　长：黄洛峰　1955. 2—1958. 12
　　　　王　益　1958. 12—1965. 9
　　　　陈翰伯②　1965. 10—1966. 6

二、"文化大革命"时期

1966. 6——1976. 10

"文化大革命"开始以后，众多干部被停止工作，业务工作陷于瘫痪。1967 年，在中央文革小组领导下，由出版局部分人员组成"毛主席著作出版办公室"。1968 年 8 月，首都工人、解放军毛泽东思想宣传队进驻出版局。

1968 年 12 月 30 日，周总理批示在文化部成立业务组，管理毛主席著作出版工作，由于各种原因，业务组没有发挥作用。1969 年 3 月，首都工人、解放军驻文化部毛泽东思想宣传队指挥部成立生产组，负责出版行政业务工作。

1970 年 5 月，国务院批准成立出版口三人领导小组，由杜润生负责。出版口下设三个组（办事组、政工组、业务组）；同年 10 月，根据周总理指示，毛主席著作出版办公室与出版口合并，成立出版口五人领导小组，由王济生负责，属国务院值班室领导；1972 年夏，徐光霄调来出版口，出版口工作主要由徐光霄负责，1973 年初，出版口的机构是三部（政治部、出版发行部、印刷部）、二室（办公室、计财室 ），后出版发行部分为出版部、发行部，发行部与新华书店总店为两块牌子，一套机构。机关编制为 80 人。

1973 年 7 月，国家出版事业管理局成立，属国务院领导。局设领导小组，由六人组成，徐光霄任组长，下设三部（政治部、出版部、印刷 部）二室（办公室、计财室 ），人员为 60 人。

1975 年 4 月，石西民任国家出版事业管理局局长，增设研究室。当时编制为 100 人。

这一时期的领导人及任职时间：

领导小组组长：徐光霄　1973. 7—1977. 5
局　　　　长：石西民　1975. 4—1977. 5

三、社会主义事业发展的新时期

1976. 10——

1977 年 4 月，中央派王匡、王子野同志到国家出版事业管理局主持工作。国家出版事业管理局成立党组。局机关下设三部（政治部、出版部、印刷部）三室（研究室、办公室、计财室 ），编制仍为 100 人。

这一时期的局长、副局长和顾问与任职时间：

局　长：王　匡　1978.3—1978.6
代局长：陈翰伯　1978.7—1982.4
副局长：陈翰伯　1978.3—1978.6
　　　　王子野　1978.3—1982.4
　　　　赵承丰　1978.3—1978.6
　　　　许力以　1978.3—1982.4
　　　　常　萍　1978.3—1982.4
　　　　王　益　1978.3—1982.4
顾　问：龙　潜　1978.3—1979.1

这一时期的党组成员与任职时间：

书　记：王　匡　1978.3—1978.6
代书记：陈翰伯　1978.7—1982.4
副书记：陈翰伯　1978.3—1978.6
　　　　王子野　1978.3—1982.4
　　　　王　敏　1978.3—1982.4
成　员：赵承丰　1978.3—1978.6
　　　　许力以　1978.3—1982.4
　　　　常　萍　1978.3—1982.4
　　　　王　益　1978.3—1982.4
　　　　陈茂仪　1978.3—1982.4
　　　　陈　原　1978.3—1982.4
　　　　史育才　1978.3—1982.4
　　　　钱　锋　1978.3—1982.4
　　　　陈之向　1979　—1982.4

1982年4月，根据五届全国人大常务委员会第23次会议决定，国家出版事业管理局再次并入文化部，改称文化部出版事业管理局，下设10处（出版处、印刷处、综合业务处、版权处、科教处、编刊处、计划财务处、外事处、干部处、行政处）二室（办公室、机关党委办公室）一组（纪律检查组），干部122人。1983年6月，成立文化部出版事业管理局分党组。

1985年7月，国务院批准文化部设立国家版权局，文化部出版事业管理局改称国家出版局，与国家版权局为一个机构、两块牌子，编制增加50人。

这一时期的局长、副局长和顾问与任职时间：

局　长：边春光　1982、4—1986、10
副局长：宋木文　1982、5—1986、3
　　　　刘　杲　1983、4—1986、10
顾　问：王　益　1982、4—1987、1

1986年10月6日，根据国务院国发（86）93文件，国家出版局和国家版权局脱离文化部，国家出版局恢复为国务院直属机构的建制。编制为250人。

这一时期的局长与任职时间：

局　长：宋木文　1986、11—1987、1

这一时期的党组书记与任职时间：

书　记：宋木文　1986、11—1987、1

1987年1月，根据国务院国发（87）3号文件规定，撤销国家出版局，成立新闻出版署，直属国务院领导。下设五局（图书局、期刊局、发行局、报纸局、印刷局）、三司（人教司、计财司、版权司）、二室（研究室、办公室）、五个直属处（外事处、科技办、标准办、编刊处、审计室）、二委（直属机关党委、直属机关纪委），编制为300人。国家版权局保留，与新闻出版署为一个机构、两块牌子。

这一时期的署长、副署长、秘书长与任职时间：

署　长：杜导正　1987.3—1989.7
　　　　宋木文　1989.7—1993.5
副署长：宋木文　1987.3—1989.7
　　　　刘　杲　1987.5—1993.10
　　　　王强华　1987.5—1993.10
　　　　卢玉忆　（女）1987.5—1993.10
　　　　杨正彦　1987.9—1992.8
秘书长：于永湛　1987.9—1990.9

这一时期的国家版权局局长、副局长与任职时间：

局　长：宋木文　（兼）1988.5—1993.5
副局长：刘　杲　（兼）1987.12—1993.10

这一时期的党组成员与任职时间：

书　记：杜导正　1987.3—1989.6
　　　　宋木文　1989.6—1993.9
副书记：宋木文　1987.3—1989.6
成　员：刘　杲　1987.4—1990.1
　　　　王强华　1987.4—1993.9
　　　　卢玉忆　（女）1987.4—1993.9
　　　　杨正彦　1987.7—1992.8
　　　　于永湛　1987.7—

1988年12月，经国家机构编制委员会第九次会议批准印发了《新闻出版署（国家版权局）"三定"方案》（国机编[1988]50号）。该"三定方案"规定新闻出版署和国家版权局是国务院直属机构。受国务院委托，新闻出版署主管全国新闻出版事业，国家版权局主管全国版权工作，代表国家处理涉外版权关系。新闻出版署和国家版权局是一个机构两块牌子。

新闻出版署下设一室（办公室）、十一司（政策法规司、报纸管理司、期刊管理司、图书管理司、音像管理司、技术发展司、发行管理司、版权司、计划财务司、人事教育司、外事司）。行政编制为350人（包括工勤人员）。署领导职数为一正四副，司领导职数为一正二副，共36人（不含机关党委）。

另有文件规定设立署直机关党委。

这一时期的署长、副署长与任职时间：

署　长：杜导正　1987.3—1989.7
　　　　宋木文　1989.7—1993.5
　　　　于友先　1993.5—
副署长：宋木文　1987.3—1989.7
　　　　刘　杲　1987.5—1993.10
　　　　王强华　1987.5—1993.10
　　　　卢玉忆　（女）1987.5—1993.10
　　　　杨正彦　1987.9—1992.8
　　　　于永湛　1990.9—
　　　　桂晓风　1991.9—
　　　　谢　宏　1993.10—1995.8
　　　　梁　衡　1993.10—

这一时期的国家版权局局长、副局长与任职时间：

局　长：宋木文　（兼）1988.5—1993.5
　　　　于友先　（兼）1993.5—
副局长：刘　杲　（兼）1987.12—1993.10

这一时期的党组成员与任职时间：

书　记：杜导正　1987.3—1989.6
　　　　宋木文　1989.6—1993.9
　　　　于友先　1993.9—
副书记：宋木文　1987.3—1989.6
　　　　刘　杲　1990.1—1993.9
成　员：刘　杲　1987.4—1990.1

王强华 1987.4—1993.9
卢玉忆 (女) 1987.4—1993.9
杨正彦 1987.7—1992.8
于永湛 1987.7—
桂晓风 1991.8—
张伯海 1991.8—1998.2(前任期刊管理司司长)
谢　宏 1991.8—1995.7
梁　衡 1993.9—
杨牧之 1993.9—
刘有志 1993.9—

这一时期的中央纪委驻新闻出版署纪检组组长与任职时间:

组　长:刘有志 1991.2—

1994年8月根据八届全国人民代表大会第一次会议批准的国务院机构改革方案和《关于国务院机构设置的通知》规定,经国务院批准,国务院办公厅印发了《新闻出版署(国家版权局)职能配置、内设机构和人员编制方案》(国办发[1994]85号)。该方案规定中华人民共和国新闻出版署和中华人民共和国国家版权局一个机构两块牌子,为国务院直属机构。内设十一个职能司(室):办公室(对外可使用法规司印章)、图书管理司、报纸管理司、期刊管理司、音像管理司、发行管理司、技术发展司、计划财务司、人事教育司、对外合作司、版权司。另设机关党委。行政编制为265名。其中,署长(兼国家版权局局长)1名,副署长4名。鉴于著作权管理工作日趋繁重,增配一名国家版权局专职副局长。正副司长共39名(含机关党委专职副书记2名、机关纪委专职书记1名)。

这一时期的署长、副署长与任职时间:

署　长:于友先 1993.5—
副署长:于永湛 1990.9—
　　　　桂晓风 1991.9—
　　　　谢　宏 1993.10—1995.8
　　　　梁　衡 1993.10—
　　　　杨牧之 1996.1—

这一时期的国家版权局局长、副局长与任职时间:

局　长:于友先 (兼)1993.5—
副局长:沈仁干 1995.6—

这一时期的党组成员与任职时间:

书　记:于友先 1993.9—
成　员:于永湛 1987.7—
　　　　桂晓风 1991.8—
　　　　张伯海 1991.8—1998.2
　　　　谢　宏 1991.8—1995.7
　　　　梁　衡 1993.9—
　　　　杨牧之 1993.9—
　　　　刘有志 1993.9—
　　　　沈仁干 1995.5—
　　　　石　峰 1995.12—(办公室主任)

这一时期的中央纪委驻新闻出版署纪检组组长与任职时间:

组　长:刘有志 1991.2—

1998年6月根据第九届全国人民代表大会第一次会议批准的国务院机构改革方案和《国务院关于机构设置的通知》,经国务院批准,国务院办公厅印发了《国家新闻出版署(国家版权局)职能配置内设机构和人员编制规定的通知》(国办发[1998]91号)。该规定指出,国家新闻出版署(国家版权局)是国务院主管新闻出版事业和著作权管理的直属机构。在著作权管理上,以国家版权局名义对内对外单独行使职权。内设九个职能司(室):办公室(政策法规司、计划财务司)、图书出版管理司(古籍整理出版规划办公室)、报纸期刊出版管理司、音像和电子出版物管理司、出版物发行管理司(出版物市场"扫黄"、"打非"办公室)、印刷业管理司(科技发展司)、人事教育司、对外合作司、版权管理司。另设机关党委。行政编制为145名。署长(兼国家版权局局长)1名,副署长4名,国家版权局专职副局长1名,正副司长职数31名(含机关党委专职副书记)。

这一时期的署长、副署长与任职时间:

署　长:于友先 1993.5—
副署长:于永湛 1990.9—
　　　　桂晓风 1991.9—
　　　　梁　衡 1993.10—
　　　　杨牧之 1996.1—

这一时期的国家版权局局长、副局长与任职时间:

局　长:于友先 (兼)1993.5—
副局长:沈仁干 1995.6—

这一时期的党组成员与任职时间:

书　记:于友先 1993.9—
成　员:于永湛 1987.7—
　　　　桂晓风 1991.8—
　　　　梁　衡 1993.9—
　　　　杨牧之 1993.9—
　　　　刘有志 1993.9—
　　　　沈仁干 1995.5—
　　　　石　峰 1995.12—(办公室主任)

这一时期的中央纪委驻新闻出版署纪检组组长与任职时间:

组　长:刘有志 1991.2—

---

①出版总署党组小组第二、三届成员名单系根据档案录出。第一届署党组小组成员无正式档案,只在中央档案馆查出一张上面写着"出版总署党组小组书记胡绳,成员黄洛峰、金人、王子野、金灿然、叶蠖生、沈静芷、祝志澄、华应申"的名单。既无发文和收文单位,又没写明是呈报名单还是批准名单。中国出版科学研究所的有关同志咨询了名单上尚健在的同志,他们的回忆情况和意见也有出入。叶蠖生明确表示自己"当时不是党组成员,金灿然也不会是。"沈静芷说:"我不是党组成员,但经常列席党组会,从来没有宣布过谁是党组成员。"王子野说:"我是党组成员。"经我们多方调查,胡绳(书记)、黄洛峰、陈君悌(金人)三人是党组小组成员已有档案佐证,其余同志现无档案佐证。

② 1964年至1965年4月整风开始,陈翰伯调来出版事业管理局主持工作。1965年10月,正式任命为局长。

新中国出版 50 年大事记

1949 年

1 月底至 2 月初　东北书店、华北新华书店分别派小分队随军进入北平，在军事管制委员会统一领导下，先后接管国民党官办的正中书局、独立出版社、中国文化服务社及所属印刷厂。

2 月 23 日　出版委员会正式成立，黄洛峰为主任委员。

3 月初　中共中央指示：出版工作需要统一集中，但是要在分散经营的基础上，在有利和可能的条件下，有计划地、有步骤地走向统一集中。

4 月 25 日　新中国第一个大型国营书刊印刷厂——北平新华印刷厂举行开工典礼。

9 月 29 日　中国人民政治协商会议第一届全体会议通过《中国人民政治协商会议共同纲领》，《纲领》规定：发展人民的出版事业，并注重出版有益于人民的通俗书报。

10 月 1 日　中华人民共和国成立。

10 月 3 日—19 日　全国新华书店第一届出版工作会议在北京举行，毛泽东为会议题词："认真作好出版工作"。朱德为会议题词："加强领导力求进步"。

10 月 19 日　中央人民政府委员会第三次会议任命胡愈之为中央人民政府出版总署署长，叶圣陶、周建人为副署长。

11 月 1 日　中央人民政府出版总署正式成立。

11 月 15 日　《新华月报》创刊，毛泽东为创刊号题词："爱祖国、爱人民、爱劳动、爱护公共财产为全体国民的公德"。

11 月 25 日　《人民文学》创刊，毛泽东为创刊号题词："希望有更多好作品出世"。

1950 年

1 月　出版总署发布关于征集期刊杂志样本、新出图书样本的通知。

3 月 25 日　出版总署发布《关于统一全国新华书店的决定》，决定在 1950 年 12 月底前，全国各新华书店的资金完全集中在新华书店总管理处之下，成为全国统一的企业机构。

4 月 1 日　新华书店总管理处成立，黄洛峰任总经理。

7 月 6 日　政务院颁布《禁止珍贵文物图书出口暂行办法》。

7 月 27 日　中共中央转发中央宣传部《关于目前出版工作的通知》，提出出版工作必须克服无计划、无政府状态和公私关系不协调的缺点。

8 月 29 日　第二届全国新华书店工作会议召开。

9 月 15 日—25 日　第一届全国出版会议在北京召开。

10 月 28 日　政务院发布《关于改进和发展全国出版事业的指示》，《指示》规定：出版总署是中央人民政府负责指导和管理全国出版事业的总机关；书籍杂志的出版、发行、印刷原则上应当逐步实现科学的分工；书籍期刊的出版与发行工作，不论公私营均不应单纯以营利为目的等等。

10 月 28 日　出版总署发布《关于国营书刊出版印刷发行企业分工专业化与调整公私关系的决定》，决定各级新华书店原有的编辑出版机构改组为中央和地方人民出版社，各新华书店所属印刷厂成为单独的企业单位，新华书店成为全国统一经营与统一管理的书刊发行机关。

10 月 28 日　出版总署发布第一届全国出版会议五项决议：《关于发展人民出版事业的基本方针的决议》、《关于改进和发展出版工作的决议》、《关于改进和发展书刊发行工作的决议》、《关于改进期刊工作的决议》、《关于改进书刊印刷业的决议》。

11 月　邓小平为新华书店西南区分支店会议题词："加强政治文化粮食的出版发行工作，消灭落后和愚昧状态，乃是我们长期而严重的政治任务"。

12 月 1 日　人民出版社成立，胡绳任社长，王子野任总编辑。

12 月 9 日　商务印书馆、中华书局、开明书店、联营书店和三联书店联合成立公私合营的图书发行机构——中国图书发行公司。

12 月 21 日　周恩来为出版工作者题词："为努力于人民出版事业，望百尺竿头更进一步。"

1951 年

2 月 15 日—18 日　全国报刊发行工作会议在北京召开，会议认为"邮政合一"的方针是正确的，必须坚持下去。

3 月 21 日　新闻总署、出版总署联合发布《关于全国报纸期刊均应建立书报评论工作的指示》。

3 月 26 日—4 月 3 日　第一届全国教科书出版工作会议在北京举行。

4 月 25 日　政务院抄发《关于财经机关内部刊物暴露财经机密数字的通报及对今后出版内部刊物的规定》和《关于统一调整业务刊物的规定》。

5 月 20 日　《人民日报》发表社论《应当重视电影〈武训传〉的讨论》，此后，出版界开始学习《人民日报》社论，批判电影《武训传》及图书《武训传》、《武训画传》、《千古奇丐》。

7 月 3 日　经政务院文化教育委员会批准，教育部、出版总署联合发布《关于调整全国教育定期刊物的出版的决定》，规定除中央和各大区教育部出版教育刊物外，各省市教育部门不必都有教育刊物。

8 月 27 日—9 月 4 日　第一届全国出版行政会议在北京举行。

10 月 12 日　《毛泽东选集》第一卷出版发行。

11 月 5 日—12 日　第一届全国翻译工作会议在北京举行。

12 月 21 日　政务院第 116 次政务会议批准《国外印刷品进口暂行办法》。

政务院第 116 次政务会议通过《关于建立全国报纸书刊发行网的决定》。

政务院第 116 次政务会议通过《管理书刊出版业印刷业发行业暂行条例》和《期刊登记暂行办法》(于 1952 年 8 月 16 日公布)。

1952 年

2 月 12 日　新闻总署撤销，其对外宣传、出版和报业管理工作归并出版总署。

3 月 17 日　丁玲著《太阳照在桑乾河上》，周立波著《暴风骤雨》，贺敬之、丁毅执笔的歌剧《白毛女》获 1951 年斯大林国际和平奖，这是新中国作家作品第一次在国际上获奖。

4 月 10 日　《毛泽东选集》第二卷出版发行。

7 月 1 日　出版总署发布《关于查禁书刊问题的指示》。

8 月 5 日　卫生部、出版总署签发《关于调整全国医药卫生期刊出版的决定》。

8 月 25 日　出版总署发布《关于执行〈管理书刊出版业印刷业发行业暂行条例〉和〈期刊登记暂行办法〉的指示》。

9 月 13 日　政务院发布《关于加强和充实地方出版行政机关的规定》，规定各地新闻行政机关和出版行政机关合并设立新闻出版行政机关。

10 月　出版总署发布《关于国营出版社编辑机构及工作制度的规定》，规定了书稿的"三审三校"制度。

10 月 25 日—31 日　第二届全国出版行政会议在北京召开，胡愈之作《为进一步地实现出版工作的计划化而奋斗》的报告。

11 月 27 日　出版总署发布《实行出版计划初步方案》。

12 月 20 日　中共中央发布《关于加强报纸、期刊出版发行工作的规定》。

12 月 23 日　中共中央发布《关于报刊发行问

题的指示》。

12月30日　邮电部、出版总署发布《关于改进出版物发行工作的联合决定》及《关于改进发行工作具体办法的联合决定》，规定：从1953年1月1日起，定期出版物的总发行由邮电局负责，不定期出版物的总发行由各书店负责。

1953年

1月3日　出版总署发出《关于坚决纠正书刊发行工作中强迫摊派错误的指示》。

1月26日　出版总署通知：报社、杂志社、出版社的创业和停业必须报告出版总署批核。

3月28日　出版总署发布《关于图书、杂志版权记录的规定》。

4月10日　《毛泽东选集》第三卷出版发行。

5月19日　民族事务委员会、出版总署发出《关于从汉文书籍译成少数民族文字的图书可免付汉文著译者稿酬的联合通报》。

5月25日　国际书店与英国劳伦斯书店签订《毛泽东选集》英文版出版发行合同。

5月31日　全国大区新华印刷厂厂长会议召开。

9月　《斯大林全集》开始分卷出版（全书13卷，至1956年4月出齐）。

10月15日　上海印刷学校创办。

11月12日　出版总署发布《关于纠正任意翻印图书现象的规定》。

1954年

1月1日　中国图书发行公司并入新华书店。

3月11日　政务院第208次政务会议批准出版总署《关于1953年出版工作和1954年方针任务的报告》，规定1954年的方针任务是：整顿、巩固和有重点地发展国营和地方国营出版业、印刷业、发行业，加强对私营出版业、印刷业、发行业的社会主义改造。

4月19日　出版总署颁发《关于图书版本记录的规定》的通报。

4月　中共中央批转中央宣传部《关于改进人民出版社工作状况的报告》。

5月1日　中华书局实行公私合营，改组为财经出版社，保留中华书局的牌子；商务印书馆实行公私合营，改组为高等教育出版社，保留商务印书馆的牌子。

5月20日　出版总署发布《关于出版物应注意保密的通知》。

6月28日　出版总署发布《限制私商非法出版图书的通报》。

7月3日　教育部、出版总署联合发布《关于出版中学、小学、师范、幼儿园课本、教材、教学参考书和工农兵妇女课本、教材的规定》的指示，规定中小学、师范、幼儿园课本和根据课本编写的教学参考书一律由国营出版社出版。

7月　中央宣传部发出《关于加强报纸杂志上的图书评论的指示》。

8月14日　中央宣传部批转出版总署《关于改造私营图书发行业的报告》。

8月15日　中央宣传部批转出版总署《关于整顿和改造私营出版业的报告》。决定对私营图书发行业和出版业继续进行社会主义改造。

8月　中央宣传部发布《关于统一和加强国营、地方国营、公私合营报社、杂志社、出版社企业管理的指示》。

9月10日　出版总署发布《对于私营图书发行业进行社会主义改造的方针、步骤、办法和1954年工作要点》。

11月　《中华人民共和国宪法》出版，这是新中国第一部宪法。

11月30日　出版总署正式撤销。

12月1日　文化部出版事业管理局成立，办理出版行政业务。各省、市、区的新闻出版行政机构归并到各省、市、区文化局。

12月31日　文化部颁布《中央级出版社一般书籍、课本定价标准表》和《中央级出版社封面、插页定价标准表》。

1955年

1月26日　中共中央批转中央宣传部《关于开展批判胡风思想》的报告，出版界一些人受到株连，一批图书受到停售、停版、停止借阅的处理（中共中央于1980年为胡风平反）。

4月25日　文化部颁发《关于征集图书杂志样本办法》。

5月20日　中共中央发布《关于处理反动的、淫秽的、荒诞的书刊图画问题和关于加强对私营文化事业和企业的管理和改造的指示》。

7月20日　国务院批准《管理书刊租赁业暂行办法》。

7月22日　国务院发布《关于处理反动的、淫秽的、荒诞的书刊图画的指示》。

10月6日　文化部发布《关于我国处理国际著作权问题的通知》。

11月8日　全国人民代表大会常务委员会发布《关于处理违法图书杂志的决定》。

11月25日　经国务院批准，文化部发布《关于文化行政部门所属文化事业领导关系的规定》，规定新华书店各省市分支店及门市，交地方文化行政机关领导和管理。

12月7日　文化部、文字改革委员会联合公布第一批汉字简化字（自1956年1月1日起试用）。

12月12日　文化部颁布《关于书籍、杂志使用字体的原则规定》。

12月22日　《列宁全集》第一卷出版发行（全书共39卷，1963年2月出齐）。

12月　由毛泽东主持、中共中央办公厅编辑的《中国农村的社会主义高潮》一书出版。

12月30日　文化部颁布《关于汉文书籍、杂志横排的原则规定》。

1956年

1月14日－20日　中共中央召开关于知识分子问题会议，周恩来作《关于知识分子问题的报告》，报告首次提出知识分子是工人阶级的一部分。

1月19日　文化部发出《赶快对私营木版画出版商进行改造》的通知。

1月23日　文化部发出《关于加强农民通俗读物出版发行工作向中央的请示报告》，提出农民通俗读物应采取全面规划、系统出书、照顾农村各方面需要，并逐步提高质量的方针。在发行方面，应教育全体发行工作人员，把大力开展农村发行工作，作为当前最主要的政治任务。

1月30日　文化部、供销合作总社发布《关于加强农村图书发行工作的联合指示》，要求所有基层供销社都增加图书发行业务。

1月—3月　文化部连续发布《关于处理反动、淫秽、荒诞图书工作中的一些问题》、《关于一些反动、淫秽、荒诞图书的处理界限问题》和《关于各省市处理反动、淫秽、荒诞书刊工作中的一些问题》等文件，指导处理反动、淫秽、荒诞书刊工作。

2月5日　文化部发出《关于立即采取措施克服目前图书供应工作中的紧张状况的通知》。

2月16日　文化部出版事业管理局发布《1956年4月1日起出版的图书一律加印统一编号》的通知。

2月18日　文化部颁发《全国杂志、书籍定价标准的通知》，自1956年实行。

2月　中共中央发布《关于报纸和期刊的创办、停办或改刊的办理手续的几项规定》。

3月1日　文化部发出《关于公私合营企业处理原私营企业职工工资问题的通知》，要求不得降低原私营企业职工的工资。

3月15日—22日　文化部召开私营文化企业社会主义改造情况汇报座谈会。

3月30日　文化部发布《关于处理宗教出版业的通知》，提出对教会或宗教团体开办的出版社、杂志社和书店，不适宜采取对一般私营工商业的社会主义改造方法。

4月28日　毛泽东在中共中央政治局扩大会议上讲话，提出“百花齐放”、“百家争鸣”应当成为我国发展科学、繁荣文学艺术的方针。

4月　文化部决定建立北京印刷技术研究所

(1978年改名为中国印刷科学技术研究所)。

6月5日—7日　文化部召开部分省市古旧书业社会主义改造座谈会(7月7日发出《关于加强对古书业领导、管理和改造的通知》)。

6月9日　文化部出版局召开中央级出版社和书店负责人座谈会,讨论在出版工作中贯彻"百家争鸣"的方针。

8月10日—20日　新华书店总店召开农村图书发行工作会议。

9月3日—9日　新华书店总店和国际书店联合召开全国图书发行先进工作者代表会议,着重讨论图书发行工作如何配合贯彻"百花齐放、百家争鸣"的方针。

10月22日　文化部、供销合作总社发布《关于巩固供销合作社农村图书发行业务的联合指示》。

10月　为纪念鲁迅先生逝世20周年,《鲁迅全集》注释本开始分卷出版发行。

11月12日　为纪念孙中山先生诞生90周年,《孙中山选集》出版发行。

11月15日　中共中央批转文化部党组《关于将各级党报企业管理工作逐步划归各级党委领导的意见》。

12月　《马克思恩格斯全集》第一卷出版发行(全集共50卷,1986年5月出齐)。

1957年

3月　《沫若文集》开始分卷出版发行。

4月7日—16日　社会主义国家出版业会议在莱比锡举行,我国派代表团参加。

4月12日　文化部发布《关于地方出版社工作问题的意见》。

4月27日　中共中央发出《关于整风运动的指示》。根据中央的指示,5月,文化部和直属单位开展党内整风,6月,开展反右派斗争。在整风和反右派运动中,文化部和直属单位有数百人被错划为"右派分子"。

7月5日　马寅初著《新人口论》在《人民日报》发表。

8月13日　文化部发出《关于一般书籍的印数应该由出版社决定和改进社店经销关系的通知》。

12月4日　文化部整风领导小组发出《关于精简机构下放干部问题的通知》。

12月　由郑易里等编纂的《英华大字典》新一版出版发行。

12月　对私营出版业的社会主义改造基本完成。

12月31日　国务院发布《关于在公开发行的书刊中刊载涉及我国国界的地图问题的通知》。

1958年

1月7日　文化部发出《关于处理反动、淫秽、荒诞书刊图画问题的通知》。

2月9日—11日　国务院科学规划委员会在北京召开古籍整理出版规划小组成立会,齐燕铭任古籍整理出版规划小组组长。

3月10日—15日　全国出版工作跃进会议在上海举行。

3月　《茅盾文集》、《巴金文集》、《叶圣陶文集》开始分卷出版发行。

4月24日　中央转发中央宣传部《关于改变报纸刊物的创办、停刊和改刊的批准手续的意见》。

5月5日—23日　中国共产党第八次全国代表大会第二次会议在北京举行,会议通过了"鼓足干劲、力争上游、多快好省地建设社会主义"的总路线。会后,在全国各条战线迅速掀起"大跃进"的高潮。

5月29日　文化部颁发新的出版统计制度,自1958年起执行。

6月26日　文化部发出《关于改变新华书店体制的通知》,决定新华书店各省市区分店彻底下放,由地方文化、出版行政机关全权管理。

7月5日　文化部发出《降低书籍定价,并将一般书籍和课本的定价标准改为参考标准》的通知,要求各单位制定定价降低方案,立即执行。

7月10日　中央批准文化部党组《关于进一步改进文化工作管理体制的请示报告》,商务印书馆、光明日报、中华书局印刷厂等分别交给北京、上海等省市或其他部门。

7月14日　文化部颁发《关于文学和社会科学书籍稿酬的暂行规定(草案)》,于1958年8月1日起在北京、上海试行。

7月22日　文化部发出《请考虑建立书刊印刷厂和发展书刊印刷生产力》的通知。

9月15日—10月19日　文化部、教育部、民族事务委员会联合召开全国少数民族出版工作会议。

10月10日　文化部发出《关于北京各报刊、出版社降低稿酬标准的通知》,倡议报刊的稿酬按现行标准降低一半。

11月　文化部文化学院在北京成立,黄洛峰任院长。

12月3日　文化部、文字改革委员会发布《关于在连环图画、儿童读物、扫盲读物以及各种通俗书刊上,尽可能加注汉语拼音字母的通知》。

1959年

3月30日　中共中央发出《关于报刊书籍出版发行工作几个问题的通知》,提出:一些出版物的出版和发行,必须有目的、有计划地进行,必须首先注意质量,考虑它的实际效果,绝不能为出版而出版,为发行而发行。

中共中央和国务院发布《关于中小学和师范学校课本供应工作的通知》,要求保证课本及时供应。

5月11日　文化部发出《关于提高书刊印刷质量的通知》。

5月18日　文化部颁发《图书进发货试行章程》。

7月31日　1959年莱比锡国际图书艺术展开幕,中国展品获10枚金质奖章,9枚银质奖章,5枚铜质奖章。

10月19日　文化部发出《关于在北京、上海两地有关出版社继续试行〈关于文学和社会科学书籍稿酬的暂行规定〉的通知》。

11月26日　文化部转发《关于调整和加强北京和上海若干出版社的分工协作关系和安排若干出版社出书任务的报告》,同意人民出版社、人民文学出版社、人民美术出版社、中华书局等和上海相应的出版社建立总社与分社的关系。

1960年

2月10日—17日　文化部出版事业管理局召开地方出版社座谈会,进一步明确地方出版社今后仍须贯彻执行地方化、群众化、通俗化的方针。

2月28日　中央转发文化部党组《关于〈毛泽东选集〉和毛泽东著作单行本增加出版问题的报告》。

3月15日　中央批转文化部党组和共青团中央书记处《关于进一步改善少年儿童读物的报告》。

4月22日　《列宁选集》1－4卷出版发行。

4月22日—29日　文化部出版事业管理局在北京召开出版工作座谈会。

6月10日　文化部发出《关于进一步加强对城市租书铺摊整顿改造的意见》。

7月15日　文化部发出《关于出版工作支援农业的通知》。

7月15日　文化部发出《关于调整1960年新闻出版用纸的通知》,规定压缩报刊、图书的出版。

9月30日　《毛泽东选集》第4卷出版发行。

10月11日　中央批转文化部党组、中国作家协会党组《关于废除版税制、彻底改革稿酬制度的报告》,决定废除版税制。

11月23日　文化部发出《关于纠正目前图书发行工作中某些非政治倾向的通知》。

1961年

1月7日　中央批转安子文《关于中央一级机关精简刊物工作的报告》。

1月9日　吴晗著新编历史剧《海瑞罢官》在《北京文艺》发表,11月出版单行本。

1月14日—18日　中共中央在北京举行八届九中全会,会议通过了对整个国民经济实行"调整、巩固、充实、提高"的方针,会后,中央宣传部部署整顿和调整出版工作，开始整顿出版社。

2 月 25 日　文化部发出《关于分配 1961 年图书出版用纸的通知》。《通知》说：经中央批准，1961 年全国的报纸、刊物用纸量压缩 35%，一般书籍压缩 40%。

3 月 1 日　教育部、文化部发出《关于利用旧课本以解决课本的供应不足的问题》的通知。

3 月 1 日　文化部、商业部发出《关于教育留声片移交新华书店发行的联合通知》。

10 月 15 日　中央批转文化部党组《关于课本图书报刊用纸问题的报告》。批示指出：除中央报刊用纸必须压缩外，各省市区和各部委也必须同样考虑压缩报刊用纸。

12 月　《汉藏大辞典》编纂完成。

12 月　罗广斌、杨益言著《红岩》出版发行。

1962 年

4 月 16 日—5 月 3 日　全国图书发行工作会议在北京召开。主要议题是总结缓和供需矛盾的经验。

5 月 4 日　中央批转文化部党组《建议恢复 1959 年颁发施行的稿酬办法的请示报告》，5 月 22 日文化部发出《关于恢复 1959 年颁发施行的稿酬暂行规定的通知》。

5 月 20 日—6 月 6 日　国家科学技术委员会、文化部在北京召开科技出版工作会议。

7 月 20 日　全国物价委员会同意调整中小学课本定价。

8 月 20 日　国务院批转文化部《关于调整和充实新华书店业务骨干问题的请示报告》。

8 月　刘少奇著《论共产党员的修养》修订再版。

9 月 19 日　文化部发出《关于调整新华书店省以下各级机构管理体制的通知》，将原拟下放的专县书店，改为由省书店和专县的文化行政部门双重领导，业务以省店领导为主，财务由省店统一管理。

1963 年

3 月 30 日　文化部发出《关于出版少数民族文字版年画的通知》。

4 月 26 日　文化部、供销合作总社发出《为支援农业进一步加强供销社兼营图书工作的联合通知》。

4 月　中央宣传部召开出版工作座谈会。7 月 31 日，中央转发了中央宣传部《关于出版工作座谈会情况和改进出版工作问题的报告》，《报告》提出：为了进一步加强党对出版社的领导，较大的出版社可以考虑实行党委会制，直属省、市委宣传部领导。党委会是出版社的党的领导核心，决定出版社的出版方针和出书计划。

5 月 20 日—6 月 6 日　国家科委和文化部联合召开全国科学技术出版工作会议，主要讨论科学技术出版工作的方针任务、出版规划、调整图书定价、稿酬标准和改进发行工作等问题。11 月 9 日中央批转国家科委党组和文化部党组《关于进一步加强科学技术出版工作的报告》。

7 月 31 日　中央宣传部同意科学技术书籍与文学和社会科学书籍使用同一稿酬标准。

8 月 8 日　文化部、科学技术委员会发出《关于改进科学技术书籍发行工作的联合通知》。

8 月 17 日　中央宣传部转发文化部党组《关于整顿新华书店基层单位的请示报告》。

10 月 12 日　文化部、科学院颁发《科学技术类书籍和课本的定价标准》。

12 月 11 日　国务院批转文化部等《关于制止印制和销售门神、灶马等迷信印刷品的报告》。

12 月 23 日　文化部发出《关于加强新华书店总店对各地新华书店业务指导的通知》，规定新华书店总店对各地新华书店有指导关系。

1964 年

1 月 14 日—31 日　农村读物出版工作座谈会在北京召开。

5 月 20 日—6 月 8 日　文化部在北京召开全国农村图书发行工作会议。

5 月　林彪授意解放军总政治部编辑出版《毛主席语录》。

6 月 27 日　毛泽东对文艺界各协会和他们所掌握的刊物提出严厉的批评，文化部再次进行整风。

7 月 10 日　《毛泽东著作选读》甲、乙两种版本出版发行。

7 月　《辞源》修订版第一册出版发行。

10 月 27 日　文化部发出《关于暂停付印数稿酬的通知》。

11 月 18 日　中央批转文化部党组《关于改革稿酬制度的请示报告》，决定废除印数稿酬。

1965 年

1 月 22 日　文化部、手工业管理局发出《关于加强对木版年画管理工作的联合通知》。

1 月 30 日　文化部、文字改革委员会发出《关于统一汉字铅字字形的联合通知》，并附送《印刷通用汉字字形表》。

11 月 10 日　姚文元《评新编历史剧〈海瑞罢官〉》在《文汇报》刊出，随即以小册子形式出版，并很快在全国各地新华书店发行，揭开了"文化大革命"的序幕。

11 月　文化部指定农村读物出版社从各出版社出版的图书中，每年选拔几批切合农村读者需要的读物，印行"农村版"。

本年文化部发出《关于降低期刊稿费及取消期刊、丛刊、丛书编辑费的通知》。

1966 年

1 月 3 日　中央批转文化部党委《关于进一步降低报刊图书稿酬的请示报告》。

1 月 26 日　国务院批准外贸部、公安部、外文局制订的《关于进出口印刷品管理试行办法》(内部试行)。

2 月 2 日—20 日　林彪和江青炮制的《林彪同志委托江青同志召开的部队文艺工作座谈会纪要》出笼。《纪要》全盘否定建国以来文化艺术界在党的领导下所取得的重大成就，诬蔑建国以来的文化艺术界"被一条与毛主席思想相对立的反党反社会主义的黑线专了我们的政"。

3 月　毛泽东严厉指责北京市委、中央宣传部包庇坏人，不支持左派，点名批评邓拓、吴晗、廖沫沙所写的《三家村札记》和邓拓的《燕山夜话》。

4 月 1 日　开始执行经国家科委批准的《图书、杂志开本及其幅面尺寸》国家标准。

5 月 16 日　中共中央政治局扩大会议通过了指导"文化大革命"的纲领性文件《中国共产党中央委员会通知》(即《五・一六通知》)，《通知》要求"高举无产阶级文化革命的大旗，彻底揭露那些反党反社会主义的所谓'学术权威'的资产阶级的反动立场，彻底批判学术界、教育界、新闻界、文艺界、出版界的资产阶级反动思想，夺取在这些文化领域中的领导权。"从此，"文化大革命"全面爆发。

8 月　中共中央决定加速大量出版毛泽东著作。为此文化部召开了全国毛泽东著作印制发行工作会议，制订了 1966 年—1967 年印制《毛泽东选集》3500 万部的计划。

本年底中共中央决定 1967 年印制《毛泽东选集》8000 万部。

"文化大革命"期间，毛泽东著作，特别是《毛主席语录》大量出版发行，是当时出版界的最主要的任务。据统计，1964 年至 1976 年，《毛主席语录》共出版汉文版 10.55 亿册，用 6 种少数民族文字出版 1600 万册，用 37 种外文出版 2000 万册。1966 年至 1976 年，《毛泽东选集》出版汉文版 23651 万部，少数民族版 289 万部，外文版 202.9 万部。

1967 年

1 月 19 日　文化部被"造反派"夺权，出版局工作陷于瘫痪。

5 月　中共中央文化革命小组组成"毛主席著作出版办公室"，负责管理毛泽东著作的出版工作。

1968 年

5 月 25 日　中共中央转发《北京新华印刷厂军管会发动群众开展对敌斗争的经验》，要求各单位"有步骤地有领导地把清理阶级队伍这项工作做好"。此后，大批编辑出版人员被下放、调离。

8月 “首都工人、解放军毛泽东思想宣传队”进驻“毛主席著作出版办公室”。“工人、解放军毛泽东思想宣传队”或“工人宣传队”开始进驻各出版社，掌握了进驻单位的领导权。

1969年

3月 “首都工人、解放军驻文化部毛泽东思想宣传队指挥部”成立生产组，负责管理文化部在北京的直属出版单位的出版业务工作。

8月—9月 北京及各地的出版工作者纷纷被下放到“五七干校”。

1970年

5月 国务院批准成立“出版口三人领导小组”。

9月17日 周恩来总理同文化教育部门一些负责人谈话时说：“中华书局、商务印书馆就不能要了?那样做，不叫为群众服务。青年一代着急没有书看，他们没有好书看，就看坏书。”“《新华字典》也是从《康熙字典》发展来的嘛!编字典可以创造，但创造也要有基础。要古为今用，推陈出新。新的出不来，旧的又不能用，怎么办?”

10月10日 中央批准出版《毛主席的五篇哲学著作》。

10月 周恩来总理指示将“毛主席著作出版办公室”与“出版口三人领导小组”合并成立“出版口五人领导小组”，直属国务院值班室领导。

1971年

3月15日—7月22日 国务院出版口在北京召开全国出版工作座谈会，讨论以后二三年的图书选题。4月12日和6月24日，周恩来总理两次接见会议代表，并做重要指示。4月12日，周恩来在接见全国出版工作座谈会领导小组成员时说：“你们管出版的，要印一些历史书。我们要讲历史，没有一点历史知识不行。你们的出版计划中有没有历史书籍?现在书店里中国和外国的历史书都没有。不出历史、地理书籍，是个大缺点。”“《鲁迅全集》封起来干什么?这不是滑稽得很吗!”“我们现在要出一批书，要广开言路。”

4月2日 经毛泽东主席同意，周恩来总理决定恢复《二十四史》和《清史稿》的点校出版工作。

7月 国务院发出《关于出版工作座谈会的报告》。中共中央随后转发了这个报告。由于“四人帮”在《报告》中塞进了“两个估计”致使许多出版工作者继续受到迫害。

本年《新华字典》(1971年修订版)出版。

1972年

5月 《马克思恩格斯选集》(4卷)出版发行。

12月7日 国务院出版口发布《关于图书版本记录的规定》和《全国图书统一编号方案》。

本年在周恩来总理的亲自过问下，出版界一批老干部得到解放和使用。

1973年

7月 国家出版事业管理局成立，直属国务院领导。

11月20日 国家出版事业管理局、商业部联合发出《关于进一步加强农村图书发行工作的意见》。

1974年

8月 国家科学技术委员会决定研制激光输出记录的中文照相排字机。

11月4日—12月9日 国家出版局在北京召开少数民族文字图书翻译出版规划座谈会(1975年3月29日，国务院批转了座谈会的报告)。

1975年

5月23日—6月17日 国家出版局在广州召开中外语文辞典编写出版规划座谈会，制订了10年内编写出版中外语文辞典160部的规划。8月22日，国务院批转了座谈会的报告。

10月11日—29日 国家出版局在长春召开全国书刊装订技术革新经验交流会。

1976年

10月6日 “四人帮”被粉碎，标志着“文化大革命”的结束。

10月8日 中共中央作出出版《毛泽东选集》和筹备出版《毛泽东全集》的决定。

1977年

4月15日 《毛泽东选集》第5卷在全国发行。

10月12日 国家出版局发出《关于试行新闻出版稿酬及补贴办法的通知》，自1977年10月1日起恢复稿酬。

10月5日—15日 全国图书发行工作座谈会在武汉召开，会议提出整顿好领导班子和图书发行队伍，整顿业务秩序和发行网点，整顿服务工作和企业管理。

12月3日—17日 全国出版工作座谈会在北京召开，会上推翻了“四人帮”强加在出版工作者头上的“两个估计”(即诬蔑17年的出版工作是“反革命专政”，出版队伍“基本上是资产阶级的”)。

12月 《二十四史》点校本连同《清史稿》全部出齐。

1978年

1月30日 国务院批转国家出版局《关于克服书刊内容重复和滥编滥印现象的报告》。

2月15日 国务院批转教育部《关于高等学校教材编审出版工作的请示报告》和《关于高等学校教材编审出版工作若干问题的暂行规定》。

2月17日 国务院批转国家出版局、教育部《关于加快和改进词典编写出版工作的请示报告》。

3月7日 国务院批转国家出版局、国家科委《关于大力加强科技图书出版工作的报告》，《报告》提出要努力提高质量，增加品种；整顿、健全科技出版机构，增加编辑力量；扩充科技图书印刷能力，做好科技图书发行工作。

4月3日 国务院批转教育部、国家出版局《关于全国教材出版发行工作会议的报告》，《报告》提出，教材出版发行工作要保证做到“按时、足量”供应学校，实现“课前到书，人手一册”。

5月11日 《实践是检验真理的唯一标准》一文在《光明日报》公开发表，由此引发了关于真理标准问题全国性的大讨论。

6月 中共中央批准国家出版局、中国科学院、中国社会科学院《关于筹备出版〈中国大百科全书〉的请示报告》，批准成立以胡乔木为主任的中国大百科全书总编辑委员会。

7月18日 国务院批转国家出版局《关于加强和改进出版工作的报告》，《报告》提出出版战线的基本任务是：宣传马克思列宁主义、毛泽东思想，促进科学文化事业的发展和繁荣，为极大地提高整个中华民族的科学文化水平、为实现新时期的总任务而斗争。《报告》提出：1980年，图书的品种、出书的数量和印刷质量都要达到和超过建国以来最高水平，到1985年，出版工作出现全面繁荣，印刷技术赶上世界先进水平。《报告》还提出：要充分发挥中央和地方的两个积极性，加强图书出版管理，出版社实行党委领导下的社长、总编辑分工负责制等。

7月29日 国家出版局发出《关于停止试用新简化字的通知》。

8月11日—19日 国家出版局在石家庄召开印刷科研工作会议。

12月18日—22日 中国共产党十一届三中全会召开。会议重新确立了马克思主义的思想路线、政治路线和组织路线，作出了把工作重点转移到社会主义现代化建设上来的战略决策。

12月21日 国务院批转国家出版局、教育部等《关于加强少年儿童读物出版工作的报告》。

12 月 28 日　国务院批准建立北京印刷学院。

12 月　《现代汉语词典》出版发行。

本年组织重印了 300 多种哲学、社会科学、文学艺术、科学技术图书和各种工具书，扭转了“书荒”的局面。

1979 年

4 月 13 日—21 日　全国图书发行工作会议在北京举行，会议提出掌握图书供需规律，缓和供应紧张状况，利用经济规律，提高企业管理水平。

4 月 18 日　国家出版局发布《关于征集图书、杂志、报纸样本的办法》。

5 月 9 日　国家出版局召开直属单位领导干部会议，陈翰伯提出全党工作重点转移后，出版工作的着重点也要转移。

6 月 29 日　国务院批转外贸部《关于我国个人进出口自用印刷品管理的暂行规定》。

9 月 28 日　中共中央同意撤销 1968 年中发 74 号(《北京新华印刷厂军管会发动群众开展对敌斗争的经验》)和 165 号(《北京新华印刷厂革委会在对敌斗争中贯彻执行党的“给出路”政策的经验》)两个文件。

9 月　《辞海》1979 年版出版。

11 月 1 日　国家出版局批准新华书店总店制定的《关于加强邮购工作的意见》。

11 月 8 日　中央宣传部发出《关于报刊、广播、电视台刊登和播放外国商品广告的通知》，提出报刊等可以开展外国商品广告业务。

12 月 8 日—9 日　全国出版工作座谈会在长沙举行，会议明确了新时期出版工作的基本任务，提出了出版体制改革和按经济规律办事的问题，提出了地方出版社“立足本省，面向全国”的出版方针。

12 月 20 日—21 日　中国出版工作者协会在长沙举行成立大会，选举胡愈之为名誉主席，陈翰伯为主席。

1980 年

3 月 12 日—13 日　中国印刷技术协会在北京举行成立大会，选举王益为理事长。

4 月 20 日　中央宣传部转发国家出版事业管理局制订的《出版社工作暂行条例》。《条例》对出版社的方针、任务，图书的质量与数量，出书规划与计划，作者、编辑、印校、发行、管理等方面做出规定。

5 月 4 日—9 日　国家出版局在北京召开全国出版工作座谈会，就如何加强和改善党对出版工作的领导，正确处理贯彻社会主义出版方针与按经济规律办事的关系问题交换了意见。

5 月 24 日　中央宣传部转发国家出版事业管理局制订的《关于书籍稿酬的暂行规定》，适当提高基本稿酬，恢复印数稿酬。

5 月 26 日　国家出版局党组上报《关于加强同国外合作出版的报告》，提出采取积极、稳妥的步骤，逐步发展同国外的合作。此报告经国务院、中央宣传部批准。

6 月 22 日　国务院批转国家出版局等单位《关于制止滥编滥印书刊和加强出版管理工作的报告》，规定：党政机关、群众团体、学校、企业、事业等非出版单位一律不准自编自印图书出售。

6 月 25 日　国家出版局发布《图书租(供)型造货工作的暂行规定》。

7 月 17 日　国务院批转国家测绘总局修订的《我国地图编制出版管理办法》。

7 月 26 日　中央宣传部发出《关于期刊对外发行问题的通知》，提出经中央、国务院各部委和省市区党委批准的，在国内公开发行的刊物都可对外发行。

10 月 1 日　国务院批转旅游总局和国家出版局《关于旅游出版工作座谈会的报告》。

10 月 7 日—21 日　第一届全国书市在北京开幕。

11 月 13 日　国务院批转国家出版事业管理局、国家人事部制订的《编辑干部业务职称暂行规定》。

11 月 17 日　国家出版局颁发《出版企业会计制度》，局直属出版企业从 1981 年 1月试行。

11 月 27 日　国家出版局颁发《书刊印刷企业成本核算办法》，局直属印刷企业从 1981 年 1 月试行。

1981 年

1 月 1 日　《周恩来选集》上卷出版发行。

3 月 9 日—17 日　国家出版局在北京召开全国农村读物出版发行工作会议。

3 月 14 日　国务院批转国家民委、国家出版局《关于大力加强少数民族文字图书出版工作的报告》。

8 月 31 日　国家出版局发布《关于维护出版社出版权利的通知》，规定出版社对自己出版的图书享有出版权，没有原出版社的授权，其他出版社无权翻印。

9 月 17 日　中共中央发出《关于整理我国古籍的指示》，决定成立由李一氓为组长的古籍整理出版规划小组，直属国务院。

12 月 10 日　国务院发出《关于恢复古籍整理出版规划小组的通知》。

10 月 12 日　国务院批转国家出版局《加强对外合作出版管理的暂行规定》。

10 月 28 日　中央宣传部发出《关于严禁进口淫秽色情书刊的通知》。

11 月 14 日　国家档案局、国家出版局联合发布《出版社书稿档案工作暂行规定》。

1982 年

1 月 10 日　《刘少奇选集》上卷出版发行。

2 月 27 日　中共中央、国务院发布《关于严禁进口、复制、销售、播放反动黄色下流录音录像制品的规定》。

4 月 3 日　国家出版局发布《关于坚决制止滥印古旧小说的通知》。

5 月 5 日　根据国务院部委机构改革的决定，国家出版事业管理局并入文化部，改称文化部出版事业管理局。

6 月 29 日　中共中央批转中央宣传部、中央文献研究室《关于毛、周、刘、朱和现任中央常委著作的出版、发表及审核办法的请示报告》。

7 月 10 日　文化部发出《关于图书发行体制改革工作的通知》，提出了“一主三多一少”(以新华书店为主体，多种经济成份，多条流通渠道、多种购销形式，少流转环节)的图书发行体制改革的目标。

8 月 23 日　国务院原则批准《古籍整理出版规划小组请示报告》。

12 月 23 日　国务院批转广播电视部制定的《录音录像制品管理暂行规定》。

1983 年

2 月 28 日　文化部发出《关于印发〈1981—1990 年全国出版事业发展规划纲要〉(草案)的通知》。

4 月 1 日　教育部批准武汉大学设置中国第一个图书发行专业。

6 月 6 日　中共中央、国务院发布《关于加强出版工作的决定》，对出版战线的形势和任务、出版工作的性质和指导方针等做出明确的规定。

7 月 1 日　《邓小平文选》(1975 年—1982 年)出版发行。

8 月 1 日　《朱德选集》出版发行。

8 月 31 日—9 月 5 日　全国通俗政治理论读物出版座谈会在太原举行。

9 月 26 日　外文出版社与日本东方书店签定合作出版《邓小平文选》日文版合同。

12 月 26 日　为纪念毛泽东诞辰 90 周年，人民出版社、人民文学出版社、新华出版社等分别出版了《毛泽东书信选集》、《毛泽东书信手迹选》、《毛泽东新闻工作文选》等书。

12 月　《辞源》修订本 1—4 卷出齐。

1984 年

2 月 11 日　《陈云文选》(1926 年—1949 年)出版发行。

6 月 15 日　文化部颁发《图书、期刊版权保护试行条例》，1985 年 1 月 1 日生效(1985 年 1 月 1 日又颁布《图书、期刊版权保护试行条例实施细则》)。

6 月 18 日—28 日　新华书店总店在南京召开

全国新华书店工作会议，讨论开展企业整顿和改革问题。

6月21日—27日　全国地方出版工作会议在哈尔滨召开。会议提出适当扩大出版单位的自主权，出版社由单纯的生产型逐步转变为生产经营型等改革措施。

7月15日　《陈云文选》(1949年—1956年)出版发行。

7月25日　胡乔木致函教育部，同意在北京大学、南开大学、复旦大学设置图书编辑专业。

10月19日　文化部颁布《书籍稿酬试行规定》，12月1日起试行。

10月　由中共中央马恩列斯著作编译局自行编译的新版《列宁全集》1—4卷出版发行(全集共60卷，1990年12月出齐)。

11月3日　文化部发出《关于调整图书定价的通知》。

11月26日　中共中央办公厅转发中央宣传部《关于翻译出版外国学术著作情况和意见的报告》。

12月14日　国务院办公厅转发广播电视部《关于外国及港台音乐录音制品进口和出版问题的报告》。

12月29日　国务院发出《关于对期刊出版实行自负盈亏的通知》。

1985年

1月1日　邓小平《建设有中国特色的社会主义》一书开始发行。

文化部发出《关于在协作出版中需要注意的问题的通知》，提出协作出版对出版社是一种有益的补充，但要严格禁止“卖书号”、“卖牌子”。

1月5日　文化部出版局颁布《美术出版物稿酬试行办法》。

2月15日　文化部、国家工商行政管理局、公安部发布《关于加强报刊出版发行管理工作的通知》。

3月19日　中央宣传部印发文化部《关于当前文学作品出版工作中若干问题的请示报告》，《报告》提出对古旧小说、外国侦探推理小说及新武侠小说的出版需专题报批。

3月21日　经国务院批准，中国出版发行科学研究所成立(1989年8月改名中国出版科学研究所)。

4月3日—12日　全国出版局(社)长会议在北京召开，主题是讨论出版改革。

4月17日　国务院颁布《关于严禁淫秽物品的规定》。

国家工商行政管理局、广播电视部、文化部发出《关于报纸、书刊、电台、电视台经营、刊播广告有关问题的通知》。

4月30日—5月6日　上海国际图书展览在上海举办，16个国家和地区的117个出版商参展。

5月6日—8日　由北京大学等单位合作研制的“计算机——激光汉字编辑排版系统”通过国家级鉴定。

6月6日　中共中央办公厅、国务院办公厅转发中央宣传部《关于整顿内容不健康报刊的请示》。

6月7日　文化部发出《关于出版社兼办自费出版业务有关事项的通知》。

7月3日　文化部发布《影片录像带发行管理暂行办法》。

7月23日　文化部发布《关于进行综合治理努力缩短图书出版周期的意见》。

7月25日　国务院批准文化部设立国家版权局，出版局改称国家出版局。

8月13日　文化部出版局发布《关于控制出版和发行裸体作品画历的通知》。

8月22日　文化部出版局发出《关于中文书出口问题的通知》。

8月26日　中共中央办公厅、国务院办公厅联合发布《关于禁止营业性录像放映和加强录像管理的通知》。

8月27日　文化部发布《关于不得擅自建立分社和变相分社机构的通知》。

9月18日　国家出版局发布《关于改进连环画出版工作的通知》。

11月15日　文化部、财政部、工商行政管理局联合发布《关于印发文化部〈关于利用经济制裁手段加强出版管理的请示〉的通知》。

11月26日—12月2日　全国出版社总编辑会议在太原举行。

1986年

2月4日　广播电影电视部、商业部、国家工商行政管理局发布《关于整顿录音录像制品市场制止违章翻录销售活动的通知》。

2月25日　中央职称改革工作领导小组发布《新闻专业人员职务试行条例》和《〈新闻专业人员职务试行条例〉的实施意见》。

3月4日　国家出版局、国家工商行政管理局、公安部联合发出《关于严厉打击非法出版活动的紧急通知》。

3月6日—9日　中国出版工作者协会第二次会员代表大会在北京举行，选举陈翰伯为名誉主席，王子野为主席。

3月30日　中央职称改革工作领导小组发布《出版专业人员职务试行条例》和《〈出版专业人员职务试行条例〉的实施意见》。

6月5日　国家出版局发出《关于整顿协作出版工作的通知》。

6月23日—28日　全国少数民族古籍整理出版规划会议在沈阳举行。

7月1日　国家出版局发布《关于推行图书多种购销形式的试行方案》和《〈关于推行图书多种购销形式的试行方案〉的补充规定》。

7月14日　国家出版局发出《关于实施〈中国标准书号〉的通知》，要求自1987年1月1日在全国实行。

由中国印刷科学技术研究所研制的预制感光版(PS版)中间实验通过国家鉴定。

9月5日—11日　首届北京国际图书博览会在北京举行，35个国家和地区的5万种图书参展。

9月8日　国家出版局发布《关于审批新建出版社的条件的通知》。

9月9日　国家出版局发出《关于发展集体、个体书店和加强管理的原则规定》的通知。

9月10日　美国不列颠百科全书出版公司与中国大百科全书出版社合作出版的《简明不列颠百科全书》中文版10卷出齐。

9月15日　广播电影电视部发布《录音录像出版工作暂行条例》。

9月23日　国家出版局发布《关于报社出版社应按专业分工出书的意见》。

10月6日　国务院决定将文化部所属国家出版局恢复为国务院直属机构。

10月14日　《汉语大字典》开始分卷出版(全书8卷，1990年全部出齐)。

11月25日　《汉语大词典》开始分卷出版。

1987年

1月1日　国家语言文字工作委员、国家出版局、国务院办公厅、中央宣传部联合公布《关于出版物上数字用法的试行规定》。

1月13日　国务院发出《关于成立新闻出版署的通知》，决定成立中华人民共和国新闻出版署，为国务院直属机构。撤销国家出版局。

2月6日　国家工商行政管理局、新闻出版署联合发布《关于报纸杂志名称作为商标注册的几项规定》。

3月29日　中共中央发出《关于坚决、妥善地做好报纸刊物整顿工作的通知》。

5月9日　新闻出版署发出《关于报纸、期刊和出版社重新登记注册的通知》。

7月6日　国务院发布《关于严厉打击非法出版活动的通知》，规定除国家规定的出版单位外，任何单位和个人不得出版在社会上公开发行的书报刊及音像出版物，违者属于非法出版活动。

7月11日—16日　全国版权工作会议在青岛举行，这是新中国成立以来第一次全国性的版权工作会议。

7月17日　首届中国图书奖颁奖大会在北京举行，10种图书获奖。

9月9日　首届“韬奋出版奖”颁奖大会在北京举行，王仰晨等10人获奖。

9 月 17 日　国务院发布《投机倒把行政处罚暂行条例》，把制造、销售、传播非法出版物及获得非法利润的行为定位投机倒把行为。

11 月 3 日　首届“毕昇奖”、“森泽信夫印刷奖”颁奖大会在北京举行，王选等 7 人获奖。

11 月 27 日　最高人民法院、最高人民检察院发布《关于依法严惩非法出版犯罪活动的通知》。

12 月 31 日　新闻出版署发文同意印数在 3000 册以下的学术著作和专业著作可参照成本定价。

12 月　世界上第一家采用计算机——激光照排系统编辑排版的中文日报社——经济日报社的计算机——激光报纸编辑排版系统通过国家验收。

1988 年

1 月 17 日　新闻出版署发布《关于协作出版和代印代发的补充规定》。

3 月 8 日　新闻出版署、公安部、广播电影电视部、国家工商行政管理局联合印发《依法查处非法出版犯罪活动工作座谈会纪要》。

3 月 16 日　新闻出版署、国家工商行政管理局联合印发《关于报社、期刊社、出版社开展有偿服务和经营活动的暂行办法》，《办法》规定：报社、期刊社、出版社可以开展广告、信息咨询、文化交流、新闻发布、技术推广、培训等文教活动等。

4 月 1 日　中华版权代理总公司在北京成立。

4 月　中央宣传部、新闻出版署联合印发《关于当前出版社改革的若干意见》，《意见》提出：出版社必须由生产型向生产经营型转变，必须把社会效益放在首位；出版社要逐步推行社长负责制；积极推行多种形式的责任制；开辟多种渠道，扩大出版能力；坚持按劳分配，敢于拉开差距等。

4 月　中央宣传部、新闻出版署联合印发《关于当前图书发行体制改革的若干意见》，提出了“三放一联”（放权承包，搞活国营书店；放开批发渠道，搞活图书市场；放开购销形式和发行折扣，搞活购销机制；大力发展横向联合）的图书发行体制改革的意见。

6 月 20 日—21 日　全国新闻出版局长会议在北京召开，会议主要讨论查禁淫秽读物问题。

7 月 5 日　新闻出版署发布《关于重申严禁淫秽出版物的规定》。

8 月 2 日　国家物价局发布《关于改革书刊定价办法的意见》。

9 月 1 日—7 日　第二届北京国际图书博览会在北京举行，36 个国家和地区的 1430 多家出版社参展。

9 月 2 日　新闻出版署转发国务院《部署查处淫秽出版物工作的会议纪要》，《纪要》提出：查处淫秽出版物的工作不能就事论事，要运用经济手段进行调控，要加强法制建设，新闻出版署一方面要查禁坏书，更主要的还是要促进好书的出版，发展和繁荣出版事业。

9 月 5 日　第七届全国人民代表大会常务委员会第三次会议通过《中华人民共和国保守国家秘密法》，自 1989 年 5 月 1 日起施行。

11 月 2 日　新闻出版署发出《关于实施〈印刷技术术语基本术语〉等 9 项国家标准的通知》，《印刷技术术语基本术语》、《中国标准刊号》等 9 项标准被批准为国家标准，从 1989 年 5 月 1 日实施。

11 月 4 日　国家教育委员会、新闻出版署联合发布《当前高校出版社改革试行办法》。

11 月 5 日　新闻出版署、公安部、国家工商行政管理局、文化部、轻工业部联合发出《印刷行业管理暂行办法》。

11 月 24 日　新闻出版署印发《期刊管理暂行规定》。

12 月 10 日　中央宣传部、新闻出版署联合发布《关于出版“文化大革命”图书的若干规定》。

12 月 27 日　新闻出版署发布《关于认定淫秽及色情出版物的暂行规定》，规定：淫秽出版物、色情出版物由新闻出版署负责鉴定或认定。

1989 年

2 月 11 日　新闻出版署发出《关于加强挂历、年画、年历画管理的紧急通知》。（3 月 29 日又发出《〈关于加强挂历、年画、年历画管理的紧急通知〉的补充说明》）。

2 月 23 日　广播电影电视部发布《关于音像出版、发行工作中若干问题的通知》。

2 月 27 日　国务院办公厅发出《关于对编辑出版年鉴等工作加强管理的通知》。

5 月 30 日　文化部、新闻出版署联合发布《关于加强书刊市场管理工作的通知》。

6 月 22 日　新闻出版署印发《〈期刊管理暂行规定〉行政处罚实施办法》。

7 月 5 日　国务院任命宋木文为新闻出版署署长。

7 月 11 日　新闻出版署发布《关于检查、整顿书刊市场的紧急通知》。

新闻出版署发布《关于在全国出版社整顿协作出版、代印代发的通知》，8 月 14 日又发出《关于出版社整顿协作出版、代印代发若干具体问题的补充说明》。

8 月 14 日　新闻出版署发布《关于严格控制书刊定价利润率的通知》，要求把全年书刊定价利润率严格控制在 5% ~10% 幅度以内。

8 月 19 日—30 日　第二届全国图书展览在北京举行，江泽民总书记参观了书展。

8 月 20 日　《邓小平文选》(1938—1965) 出版发行。

8 月 24 日　国务院在北京召开全国清理整顿书报刊和音像市场电话会议，中共中央政治局常委李瑞环出席会议并作重要讲话。

9 月 5 日　《中国美术全集》60 卷全部出齐。

9 月 15 日—20 日　中央宣传部、新闻出版署在北京召开全国整顿压缩报刊和出版社工作会议。

9 月 16 日　中共中央办公厅、国务院办公厅发出《关于整顿、清理书报刊和音像市场严厉打击犯罪活动的通知》。《通知》提出：宣扬资产阶级自由化或其他反动内容的、有严重政治错误的、淫秽色情的、有害青少年身心健康的、非法出版的等书报刊和音像制品一律取缔；对制作、复制、贩卖、传播反动淫秽出版物的犯罪分子从严处罚；清理整顿出版、印制、发行单位，清理整顿个体和集体发行单位、录像放映点等。

10 月 9 日　中共中央办公厅、国务院办公厅在北京召开中央和国务院各部委负责人会议，部署报刊和出版社的压缩、整顿工作。

10 月 14 日　中共中央办公厅、国务院办公厅发出《关于压缩整顿报刊和出版社的通知》。《通知》提出对长期和突出宣扬资产阶级自由化观点，反对四项基本原则，出版淫秽色情图书、文字等的出版社或报刊撤销登记；对不符合办刊、办社条件的报刊、出版社停办或合并；对现有的报刊和出版社进行思想整顿、组织整顿，所有出版社都要重新登记。

11 月 3 日　新闻出版署发布《关于部分应取缔出版物认定标准的暂行规定》。

11 月 25 日　新闻出版署、国家工商行政管理局联合印发《关于加强集体、个体、私营书店（摊）管理的暂行规定》。

12 月 25 日　新闻出版署发布《加强书报刊印刷管理的若干规定》。

1990 年

1 月 19 日　国务院发布《外国记者和外国常驻新闻机构管理条例》。

1 月 23 日　新闻出版署发出《关于做好集体、个体、私营书店（摊）重新登记工作的通知》。

3 月 2 日—5 日　全国新闻出版局长会议在北京举行，中央政治局常委李瑞环与参加会议的同志进行了座谈。

3 月 15 日　国家工商行政管理局、新闻出版署联合发布《关于报社、期刊社和出版社刊登、经营广告的几项规定》。

3月20日 新闻出版署发布《关于实施书刊印刷定点制度有关问题的通知》。

3月22日 国家语言文字工作委员会、新闻出版署发布《关于修订发布〈标点符号用法〉的联合通知》。

4月9日 国家保密局、国家工商行政管理局、公安部、新闻出版署等联合发布《印刷、复印等行业复制国家秘密载体暂行管理办法》(从1990年8月1日起施行)。

5月5日 中央宣传部、新闻出版署联合做出《关于对描写党和国家主要领导人的出版物加强管理的规定》。

5月16日 中央宣传部、新闻出版署发出《关于压缩整顿内部报刊的通知》,并由新闻出版署制定《内部报刊管理原则》。

5月25日 中央宣传部、新闻出版署发出《关于对报(刊)社记者站进行清理整顿和重新登记的通知》。

6月15日 国家版权局发出《关于适当提高书籍稿酬的通知》,7月10日又发出《关于适当提高美术出版物稿酬的通知》。

7月6日 最高人民法院、最高人民检察院印发《关于办理淫秽物品刑事案件具体应用法律的规定》。

7月10日—14日 全国外国文学出版工作座谈会在桂林召开。

7月29日 国务院发布《法规汇编编辑出版管理规定》。

8月29日 国务院发出《关于编纂中华大典问题的批复》。

9月2日—9日 全国期刊展览在北京举行。

9月7日 第七届全国人民代表大会常务委员会第十五次会议通过《中华人民共和国著作权法》(自1991年6月1日起施行)。

10月31日 新闻出版署转发国家税务局《关于县和县以下新华书店及农村供销社销售图书减半征收营业税的通知》,规定自1990年9月1日起至1991年底,减半征收零售环节营业税。

11月20日—24日 全国图书发行工作会议在重庆召开。

12月5日—8日 全国古籍整理出版工作座谈会在烟台召开。

12月25日 新闻出版署发布《报纸管理暂行规定》,自发布之日起实施。

12月28日 第七届全国人民代表大会常务委员会第17次会议通过《关于惩治走私、制作、贩卖、传播淫秽物品的犯罪分子的决定》。

1991年

1月1日 全国实行书刊印刷定点制度。

1月8日 新闻出版署、国家计划委员会、建设部联合发出《关于图书发行网点建设若干问题的通知》。

1月30日 新闻出版署发出《关于认定、查禁非法出版物的若干问题的通知》。

2月11日 中共中央办公厅、国务院办公厅发出《关于压缩整顿音像单位的通知》,提出对犯有严重错误,不具备条件的音像出版、复制、发行、放映单位给予撤销、停办或合并,对保留下来的进行思想、组织、出版秩序整顿。

3月6日 中国书刊发行业协会在北京成立,刘杲任会长。

3月26日 中国人民银行、公安部、新闻出版署等联合发出《关于禁止在宣传品出版物及有关商品上使用人民币、外币和国家债券图样的通知》。

4月1日—5日 全国期刊管理工作会议在西安举行。

4月2日 新闻出版署印发《常备图书目录》(第一批)共50种。

4月8日 新闻出版署发布《关于缩小协作出版范围的规定》。

4月20日—23日 中央宣传部、新闻出版署在北京召开全国压缩整顿音像单位工作会议。

4月25日 新闻出版署、财政部联合发布《国营报社成本核算办法》。

4月29日 新闻出版署印发《出版事业"八五"计划及十年发展规划》。

5月11日 新闻出版署、国家工商行政管理局印发《图书总发行管理的暂行规定》。

5月20日 新闻出版署、国家工商行政管理局印发《关于加强国营书店多种经营管理的暂行规定》。

5月30日 经国务院批准,国家版权局发布《中华人民共和国著作权法实施条例》,自1991年6月1日起施行。

6月5日 国家科学技术委员会、新闻出版署发布《科学技术期刊管理办法》,自1991年7月1日施行。

6月15日 新闻出版署、海关总署发布《关于音像制品进口出版许可证的通知》。

7月1日 《毛泽东选集》(1—4卷)第二版出版发行。

7月10日 海关总署发布《中华人民共和国海关对个人携带和邮寄印刷品及音像制品进出境管理规定》。

7月24日—8月6日 全国出版社社长经营管理研讨班在北京举办。

8月12日 新闻出版署、国家工商行政管理局联合发布《关于出版社自办发行图书的暂行规定》。

8月16日 新闻出版署发布《关于图书发行浮动折扣的试行办法》。

8月30日 新闻出版署、国家工商行政管理局联合发布《关于新华书店经营音像制品业务有关问题的通知》,同意新华书店经营音像制品。

10月10日 财政部、新闻出版署联合发布《关于建立出版企业发展专项资金的规定》,决定建立出版企业专项资金,支持出版事业持续、稳定、协调发展。

10月26日 新闻出版署、中央宣传部、商业部等联合印发《关于加强农村图书发行工作的意见》。

12月12日 新闻出版署、财政部做出《关于调整少数民族省(区)图书发行折扣的若干规定》。

12月21日 新闻出版署发出《关于建立新闻、出版三资企业审批程序的通知》。

12月24日 首届全国出版科学研究优秀论文奖颁奖大会在北京举行。

1992年

1月18日—2月21日 邓小平同志到我国南方视察,先后在武昌、深圳、珠海和上海等地发表重要谈话。他精辟地总结了党的十一届三中全会以来党的基本实践和基本经验,明确地回答了经常困扰和束缚我们的许多重大问题。邓小平同志的重要谈话,对整个社会主义现代化建设事业,具有重大而深远的意义。

2月25日 中央宣传部、新闻出版署、国家工商行政管理局等联合发出《关于严禁非图书经营单位发行图书的通知》。

3月2日 新闻出版署印发《报社记者站管理暂行办法》。

5月14日 新闻出版署发布《关于深化企业劳动人事、工资分配、保险制度改革的几点意见》。

5月20日 由中央宣传部举办的首届"五个一工程"奖颁奖大会在北京举行,10种图书获奖。

5月25日—31日 第三次全国古籍整理出版规划会议在北京举行。

5月28日 中国期刊协会成立,有林任会长。

6月13日 国家保密局、中央对外宣传小组、新闻出版署、广播电影电视部联合发布《新闻出版保密规定》。

7月7日 新闻出版署、国家语言文字工作委员会发布《出版物汉字使用管理规定》。

8月10日 新闻出版署发出《关于调整科技出版社出书范围的通知》。

新闻出版署发出《关于调整部分选题管理规定的通知》。

9月13日 新闻出版署、国家档案局印发《出版社书稿档案管理办法》。

9月25日 国务院发布《实施国际著作权条约的规定》,自1992年9月30日实行。

10月12日—18日 中国共产党第十四次全国代表大会举行,江泽民在《加快改革和现代化建设步伐，夺取有中国特色社会主义事业的更大胜利》的报告中提出："加强新闻、出版、广播、电视和文学艺术等方面的工作"。

10 月 15 日　《伯尔尼保护文学艺术作品公约》在我国生效。

10 月 30 日　《世界版权公约》在我国实施。

11 月 4 日　新闻出版署颁布《图书质量管理规定》(试行)。

11 月 7 日　第七届全国人民代表大会常务委员会第 28 次会议通过了《关于中华人民共和国加入〈保护录音制品制作者防止未经许可复制其录音制品公约〉的决定》(公约将于 1993 年 4 月 30 日在我国生效)。

11 月 14 日　新闻出版署印发《中国标准音像制品编码管理暂行办法》，规定自 1993 年 1 月 1 日起出版的音像制品，必须编加"中国标准音像制品编码"。

11 月 20 日　新闻出版署印发《书刊印刷产品质量监督管理暂行办法》。

12 月 23 日—26 日　全国新闻出版局长会议召开，会议提出：新闻出版工作要更好地为经济建设和改革开放服务，要逐步建立适应社会主义市场经济体制的出版体制。

12 月 26 日—28 日　首届全国优秀科技期刊表彰大会在北京举行，351 种科技期刊分获一、二、三等奖。

1993 年

2 月 9 日　新闻出版署、广播电影电视部、文化部联合发布《关于查处非法音像出版物的通知》。

2 月 12 日　国家版权局批准成立中国音乐著作权协会，从事音乐著作权集体管理活动。

3 月 15 日—31 日　第八届全国人民代表大会第一次会议举行，李鹏在《政府工作报告》中提出："进一步发展文学艺术、新闻出版、广播影视等文化事业……"

3 月 22 日　国家税务局发出《关于进一步支持宣传文化事业的通知》，决定对出版事业给予税收上的支持，出版业不再征营业税，部分出版物免征增值税。

4 月 8 日　国家物价局和新闻出版署联合发出《关于改革书刊价格管理的通知》，除大中专教材和小学课本外，其他图书的定价基本放开。

5 月 29 日　国务院任命于友先为新闻出版署署长、国家版权局局长。

7 月 31 日　中央宣传部、新闻出版署发出《关于加强新闻队伍职业道德建设，禁止"有偿新闻"的通知》。

8 月 11 日　财政部发布《关于进一步支持宣传文化企业发展的通知》，决定：从 1993 年至 1997 年宣传文化企业上缴的所得税原则上返还宣传文化部门，用于支持宣传文化企业发展。

8 月 24 日—25 日　中国出版工作者协会第三次会员代表大会举行，选举产生以宋木文为主席的新一届版协领导班子。

9 月 27 日—10 月 4 日　"1978—1993 中国报刊业发展成就展"举行，共展出 3500 多种报刊。

10 月 18 日　新闻出版署召开《中国大百科全书》胜利完成庆祝会，江泽民总书记、李鹏总理接见了参加编撰的与会专家学者(《中国大百科全书》74 卷于 1993 年 9 月全部出齐)。

10 月26 日　中央宣传部、新闻出版署联合发布《关于禁止"买卖书号"的通知》和《关于表彰人民出版社等 15 家出版单位的决定》。

11 月 2 日　《邓小平文选》第三卷由人民出版社出版，在全国各地发行。中共中央作出《关于学习〈邓小平文选〉第三卷的决定》。同日，江泽民在中央举行的学习《邓小平文选》第三卷报告会上讲话指出：邓小平同志建设有中国特色社会主义理论第一次比较系统地初步回答了中国这样的经济文化比较落后的国家如何建设社会主义、如何巩固和发展社会主义的一系列基本问题，用新的思想、观点，继承、丰富和发展了毛泽东思想，是马克思主义同中国实际相结合的最新成果，是当代中国的马克思主义。中国共产党成立之初，就郑重地把马克思列宁主义和中国革命实践之统一的思想——毛泽东思想写到自己的旗帜上。从党的十一届三中全会开始，经过十二大、十三大、十四大，我们党又郑重地把邓小平建设有中国特色社会主义理论写到自己的旗帜上。

11 月 4 日—8 日　'93 台湾图书展览在北京举行，这是台湾出版界第一次在大陆举办大规模图书展览。

1994 年

1 月 1 日　条码在出版物上全面推广。

1 月 24 日—29 日　全国宣传思想工作会议召开，江泽民总书记指出：我们的宣传思想工作，要以科学的理论武装人，以正确的舆论引导人，以高尚的精神塑造人，以优秀的作品鼓舞人。

全国新闻出版局长会议举行，于友先署长提出加快新闻出版业从以总量增长为主要特征的阶段向以优质高效为主要特征的阶段转移的指导思想。出版业进入新的发展阶段。

1 月 30 日　由新闻出版署主办的首届"国家图书奖"评选揭晓并颁奖，135 种图书获奖(国家图书奖是中国图书最高奖)。

3 月 29 日—4 月 4 日　'94 大陆图书展览在台北举行，这是隔绝 40 多年后大陆图书在台湾的首次展出。

5 月 10 日　新闻出版署发布《关于出版企业转换经营机制加强经营管理的意见》。

新闻出版署召开《汉语大词典》编辑出版胜利完成庆功会，江泽民总书记、李鹏总理到会祝贺。

5 月 12 日　新闻出版署发出《关于贯彻落实〈关于加强激光唱盘、激光视盘复制管理的紧急通知〉若干问题的通知》。

5 月 18 日　新闻出版署发出《关于书报刊音像出版单位成立集团问题的通知》。

5 月 26 日　新闻出版署决定对书号使用总量进行宏观控制，以实现出版工作的阶段性转移。

6 月 6 日　新闻出版署发布《对台出版交流管理暂行规定》。

7 月 5 日　第八届全国人民代表大会常务委员会第八次会议通过《关于惩治侵犯著作权的犯罪的决定》。

国务院作出《关于进一步加强知识产权保护工作的决定》。

7 月 27 日　新闻出版署发布《出版社年检登记制度(试行)》，决定从 1995 年起，每逢单数年出版社进行登记换证工作。

8 月 19 日　新闻出版署发布《图书发行企业效益指标评价办法》。

8 月 25 日　国务院颁发《音像制品管理条例》，自 1994 年 10 月 1 日施行。

10 月 7 日　新闻出版署转发最高人民检察院《关于严厉打击走私、制作、贩卖、传播淫秽物品和非法出版物的通知》。

10 月 14 日　新闻出版署发布《期刊年度核验暂行办法》。

11 月 2 日　《邓小平文选》第一卷、第二卷经过增补和修订出版第二版。中共中央办公厅转发中央宣传部、中央组织部关于学习《邓小平文选》第一、第二卷的通知。

11 月 7 日　中央宣传部、新闻出版署 联合表彰人民文学出版社等 15 家优秀出版单位。

中央办公厅、国务院办公厅联合发出《关于加强和改进书报刊影视音像市场管理的通知》。

11 月 15 日　新闻出版署发布《关于出版少年儿童读物的若干规定》。

12 月 23 日　财政部、国家税务总局联合发布《关于继续对宣传文化单位实行财税优惠政策的规定》。

1995 年

1 月 12 日　江泽民总书记主持中央政治局常委会议，听取新闻出版署党组关于《进一步加强和改进出版工作的报告》，中央认为：新闻出版工作是一项非常重要的事业，事关社会风气、民族素质的提高和下一代的成长。要进一步加强和改进出版工作;出版物是特殊商品,不能完全交给市场去调节;要抵制和扫除黄色、腐败的东西,让优秀的出版物占领市场。

1月17日—21日　全国新闻出版局长会议召开,主要议题是贯彻落实经党中央政治局常委会审议批准的《关于进一步加强和改进出版工作的报告》。

1月23日　中国出版工作者协会通过试行《中国出版工作者职业道德》。

3月5日　国务院办公厅发出《关于进一步做好知识产权保护工作的通知》。

3月21日　新闻出版署发布《关于出版挂历的管理规定》,规定商品挂历只能由国家批准的出版社出版,对商品挂历实行最高限价管理,广告宣传挂历只能用于向国外赠送。

5月10日　中共中央发出关于印发《邓小平建设有中国特色社会主义理论学习纲要》的通知。

5月22日　中央宣传部、国家教委、新闻出版署等五部委联合发出《关于向全国中小学推荐百种爱国主义教育图书的通知》。

5月23日　新闻出版署发出《关于加强书刊市场管理的通知》,做出了"批发进场,零售归市,售前送审"的规定。

6月6日　新闻出版署发布《社会科学期刊质量标准及质量评估办法(试行)》。

6月13日　经过增补和修订的《陈云文选》1—3卷出版。

7月10日　国务院发布《中华人民共和国地图编制出版管理条例》,自1995年10月1日起实行。

新闻出版署转发财政部和国家税务总局《关于对宣传文化单位增值税先征后退范围等问题的补充通知》。

7月20日　由新闻出版署主办的首届中国辞书奖评选揭晓,47种辞书获奖。

8月10日　新闻出版署发布《关于出版少年儿童期刊的若干规定》。

8月16日　新闻出版署颁布《常备书目》(1995年)和《关于常备图书出版、印刷、发行管理的暂行规定》,此常备书目在1991年4类50种图书的基础上,经调整补充,扩展到8类182种(套)图书。

8月23日　新闻出版署、文化部、国家工商行政管理局联合发布《关于实施激光数码储存片来源识别码(SID码)的通知》,规定自1995年11月1日起,凡在市场上公开销售没有SID码的激光数码储存片,一律视为非法出版物,依法予以收缴。

8月28日　江泽民总书记给上海美术电影制片厂写信,希望广大动画艺术工作者在党的文艺方针指引下,不断推出思想性、艺术性、观赏性高度统一的动画艺术精品。

9月25日　中国共产党第十四届中央委员会第五次全体会议通过《中共中央关于制定国民经济和社会发展"九五"计划和2010年远景目标的建议》。《建议》提出:"加强新闻、出版、广播、电视等方面的工作。坚持一手抓繁荣,一手抓管理,促进文化市场健康发展。"

9月　我国第一套编辑出版专业高等教材开始出版。

10月20日—29日　由中央宣传部、新闻出版署联合组织的"九五"全国重点少儿读物出版规划会议召开。

10月27日　中央宣传部、新闻出版署等联合召开新版马列著作出版座谈会,庆祝《马克思恩格斯全集》中文第二版首批1、11、30卷和《马克思恩格斯选集》中文第二版、《列宁选集》中文第三版出版发行。

11月5日　纪念邹韬奋诞辰100周年大会举行,江泽民总书记、李鹏总理为纪念大会题词,李鹏出席大会并发表讲话。

12月9日　李鹏总理看到《中华少年奇才》一书后,给浙江人民美术出版社写信,希望他们继续关心少年儿童的健康成长,创作出更多能鼓舞他们奋发向上的好作品。

12月　中国儿童动画图书出版工程(简称5155工程)全面启动,它包括5个儿童动画图书出版基地,15套动画图书,5个动画刊物。

12月21日—22日　新闻出版署召开全国音像出版工作会议。

12月26日—29日　国家科委、新闻出版署联合召开全国科技出版工作会议,这是继1963年科技出版工作会议后的首次全国科技出版工作会。

12月25日　新闻出版署、中央宣传部、国家教委、人事部联合发布《关于在出版行业开展岗位培训实施持证上岗制度的规定》,规定从1997年开始,凡新任出版社社长、总编辑、编辑室主任、期刊主编、书刊定点印刷企业厂长、新华书店省市县店经理应持证上岗。

1996年

1月2日　江泽民视察《解放军报》社时指出:毛主席过去讲过,搞新闻工作,要政治家办报。这一指示精神至今仍然具有重要的指导意义。办好《解放军报》,首要的一条就是必须坚持鲜明的党性原则;必须坚持为国家和军队现代化建设服务,为巩固和提高部队战斗力服务的基本方针,办出自己的特色。

1月9日—11日　中央宣传部、国家民委、新闻出版署联合召开全国民族出版会议。

1月25日　国务院办公厅发出《关于坚决取缔非法出版活动的通知》。

1月29日　新闻出版署发布《新闻出版企业法定代表人离任审计工作规定》。

1月30日　文化部发布《音像制品批发、零售、出租和放映管理办法》。

第二届国家图书奖颁奖大会在北京举行,92种图书获奖。

2月1日　新闻出版署发布《音像制品出版管理办法》、《音像制品复制管理办法》、《音像制品进口管理办法》。同日,广播电影电视部、文化部联合发布《音像制品内容审查办法》。

3月14日　新闻出版署发布《电子出版物管理暂行规定》。

3月19日—23日　全国新闻出版局长会议召开,主要讨论《新闻出版事业"九五"计划及2010年长远规划》、《关于积极探索建立有中国特色的社会主义出版体制的若干意见》等。

5月15日　国家版权局发言人对美国就知识产权保护问题对我国实施所谓"制裁"发表谈话。

6月1日　中国印刷博物馆落成典礼举行,江泽民为博物馆题写馆名。

新闻出版署发布《关于培育和规范图书市场的若干意见》,提出了重视批发市场建设、建立新型购销关系、试行推销员制度等图书发行体制改革的意见。

6月3日　新闻出版署发出《关于对书刊二级批发单位实行总量控制的通知》,提出根据各地人口、经济、社会发展的综合情况,下达书刊二级批发单位的指标。

7月13日—17日　"中国出版成就展"在京举行,540多家出版社的近4万种图书、2400家期刊社的4300种期刊、180多种电子出版物参加了展览。国家主席江泽民、全国人大委员长乔石、中央军委副主席刘华清等参观了出版成就展。

8月30日—9月4日　由国务院新闻办公室、新闻出版署等主办的第六届北京国际图书博览会举行,30多个国家、地区、国际组织参加。

9月5日　国务院发出《关于进一步完善文化经济政策的若干规定》,决定继续实行财税优惠政策,促进文化事业健康发展。

9月26日　江泽民总书记视察《人民日报》社时指出:要把新闻舆论的领导权牢牢掌握在忠于马克思主义、忠于党、忠于人民的人手里;新闻舆论单位一定要把坚持正确的政治方向放在一切工作的首位,坚持正确的舆论导向。

10月2日—5日　中国少儿出版物成就展举行,展出少儿出版物近2万种。

10月3日　国务院办公厅转发新闻出版署、国家科委《关于加强科技出版工作的若干意见的通知》。

10 月 6 日—9 日　第三次全国少儿读物出版工作会议在北京举行，会议学习了江泽民、李鹏等中央领导同志关于少儿读物出版工作的重要指示，研讨了今后 3—5 年全面提高少儿读物整体质量的基本思路、主要标志、具体措施等。

10 月 10 日　中国共产党第十四届六中全会通过《关于加强社会主义精神文明建设若干重要问题的决议》，提出：出版工作要建立健全管理机制，着力提高出版物质量，多出好作品，不出坏作品。要及时反映国内外新的优秀文化成果，重视出版传统文化精品和有价值的学术著作，积极扶持少数民族出版事业，不断满足人民群众多层次、多方面的需求。新闻媒体和出版物要为全社会正确使用祖国语言文字做出榜样。加强对新闻出版业的宏观调控，采取有力措施解决目前总量过多、结构失衡、重复建设、忽视质量等散滥问题，努力实现从扩大规模数量为主向提高效益为主的转变。

11 月 8 日—18 日　第七届全国书市在深圳举行。

12 月 27 日　首届“全国百佳出版工作者”颁奖大会在北京召开。

1997 年

1 月 1 日　新闻出版署颁布《新闻出版统计管理办法》。

1 月 2 日　国务院发布《出版管理条例》(自 2 月 1 日实施)，它是新闻出版管理工作最重要、最基本的规范。

1 月 15 日　中央宣传部、新闻出版署等联合作出《关于禁止“有偿新闻”的若干规定》。

1 月 18 日—22 日　全国新闻出版局长会议举行。

1 月 28 日　国家版权局发布《著作权行政处罚实施办法》。

新闻出版署、中国出版工作者协会联合召开全国出版系统电话会，号召全国出版界认真学习贯彻十四届六中全会精神，加强出版职业道德建设，多出好书，不出坏书，树立行业新风，规范行业行为，造就一支“政治强、业务精、纪律严、作风正”的高素质的出版队伍。

1 月 29 日　新闻出版署发出《关于严格禁止买卖书号、刊号、版号等问题的若干规定》。

《中国出版工作者职业道德准则》颁布。

2 月 18 日　新闻出版署命名北京市西四新华书店等 10 家新华书店为全国新华书店精神文明模范单位。

2 月 19 日　邓小平同志逝世。新闻出版署迅速组织邓小平画像和《敬爱的邓小平同志永远活在我们心中》一书的出版发行(到 5 月，邓小平同志画像发行超过 347 万张，《敬爱的邓小平同志永远活在我们心中》一书发行超过 212 万册)。

3 月 3 日　新闻出版署发出《关于印发〈图书质量管理规定〉的通知》。

3 月 8 日　国务院发布《印刷业管理条例》(自 1997 年 5 月 1 日实行)。

3 月 10 日　新闻出版署发布《关于期刊业治理工作的通知》、《关于报业治理工作的通知》。

3 月 17 日　国家科委、财政部、新闻出版署联合发布《国家科学技术学术著作出版基金管理办法》。

3 月 20 日　新闻出版署发出《关于音像出版复制业治理工作的通知》。

3 月 25 日　新闻出版署发出《关于图书出版业治理工作的通知》。

4 月 1 日　国家科委、新闻出版署发出《关于科技期刊治理工作的通知》。

4 月 24 日　新华书店创建 60 周年纪念会举行，李鹏总理接见出席会议的代表。

江泽民、李鹏、乔石、李瑞环为新华书店建店 60 周年题词。

4 月 11 日　《中华大典》陆续出版，江泽民、李鹏为其题词。

4 月 13 日　第六届世界印刷大会在澳洲举行，决定第七届世界印刷大会于 2001 年 5 月在中国北京举行。

5 月 8 日　商务印书馆建馆暨中国现代出版 100 周年座谈会举行，朱镕基接见与会代表。江泽民、李鹏、乔石、李瑞环为商务印书馆建馆 100 周年题了词。

6 月 6 日　建国以来规模最大的线装图书工程——《毛泽东评点二十四史》出版发行。

6 月 26 日　新闻出版署发布《图书质量保障体系》。

7 月 16 日—18 日　全国图书出版治理工作会议召开，对下一阶段图书出版治理工作做出部署。

7 月 24 日　中央宣传部、中央政法委、新闻出版署等七部委联合召开全国“扫黄”工作电视电话会，总结 1996 年冬季“扫黄”、“打非”集中行动的经验。此次集中行动，收缴非法电子出版物 6 万多张，非法书刊 1261 多万册，破获非法光盘生产线 40 条，成果显著。

8 月 12 日　新闻出版署发出《关于连锁店经营图书有关问题的通知》。

8 月 18 日　新闻出版署发布《出版物印刷管理规定》。

9 月 12 日—18 日　中国共产党第十五次全国代表大会在北京举行。江泽民总书记做《高举邓小平理论伟大旗帜，把建设有中国特色社会主义事业全面推向二十一世纪》的报告。报告提出邓小平理论是指导中国人民在改革开放中胜利实现社会主义现代化的正确理论。在社会主义初级阶段，要把集中力量发展社会生产力摆在首要地位。报告还提出：公有制为主体，多种所有制经济共同发展，是我国社会主义初级阶段的一项基本经济制度。

10 月 9 日—11 日　全国人民出版社工作会议在济南举行。

10 月 10 日　新闻出版署印发《图书、期刊、音像制品、电子出版物重大选题备案办法》，规定 15 个方面的重大选题出版之前必须报新闻出版署备案。

10 月 28 日—30 日、11 月 6 日—8 日　全国新闻出版局长研讨会分别在长沙、贵州召开，会议的主题是贯彻党的十五大精神，进一步深化新闻出版业改革。

12 月 9 日　第五届韬奋出版奖在珠海颁奖。

12 月 10 日　外经贸部发表公告，决定对来自美国、加拿大、韩国的新闻纸反倾销调查正式立案。

12 月 18 日—20 日　全国新闻出版信息化建设工作会议在长沙召开，会议讨论了以“金版工程”(“全国新闻出版管理信息网络”、“全国出版物发行信息网络”、“中国百科术语数据库”、“新闻出版管理信息数据库”、“图书再版编目数据库”、“国家新闻出版版权数据库”)为主体的全国新闻出版信息化建设发展规划。

12 月 30 日　新闻出版署发布《内部资料性出版物管理办法》(自 1998 年 1 月 1 日起施行)。

新闻出版署发布《出版管理行政处罚办法》(自 1998 年 1 月 1 日起施行)。

12 月 30 日　新闻出版署发布《电子出版物管理规定》。

1998 年

1 月 15 日—19 日　全国新闻出版局长会议、全国版权局长会议在北京举行，江泽民等党和国家领导人接见了与会代表。

1 月　新闻出版署评定全国百种重点社科期刊，102 种期刊榜上有名。

国务院提出《关于加强当前知识产权保护工作实施意见要点》。

2 月 16 日　中央宣传部、广播电影电视部、新闻出版署、中国记协召开电话会议，强调加强职业道德建设，禁止有偿新闻。

2 月 19 日—22 日　全国省级党报总编辑工作会议在北京召开。

3 月 11 日　新闻出版署印发《新闻出版业 2000 年及 2010 年发展规划》。

3 月　《蔡元培全集》出版发行。

4 月 6 日　新闻出版署批准人民美术出版社、中国连环画出版社、荣宝斋重组改革实施方案。

4 月 14 日—16 日　全国新闻出版法制工作会

议在重庆召开。

4月20日　全国图书出版管理工作会议在南昌召开。

4月　新闻出版署评出150家良好出版社。

5月14日　新闻出版署批准成立光明日报报业集团、经济日报报业集团。

6月25日　国务院批准《国家新闻出版署(国家版权局)职能配置、内设机构和人员编制规定》。规定国家新闻出版署(国家版权局)是国务院主管新闻出版事业和著作权的直属机构。8月21日,新闻出版署发出通知,恢复使用中华人民共和国新闻出版署(中华人民共和国国家版权局)印章。

7月25日　文汇新民联合报业集团成立。

8月5日　新版《新华字典》出版发行。

8月6日　由人民美术出版社、中国连环画出版社、荣宝斋出版社重组而成的中国美术出版总社成立。

8月6日—8日　全国新闻出版局长会议在北京举行,会议传达了李岚清等党和国家领导同志对新闻出版工作的重要指示,通报了新闻出版署(国家版权局)职能配置、内设机构和人员编制情况。

8月21日　新闻出版署发出《关于组织全国新闻出版行业向灾区学生提供今秋课本专项捐款的通知》。

8月27日　中央宣传部、新闻出版署、总政治部联合发出《关于加强军事题材出版物出版管理的补充规定》。

8月28日—9月2日　第七届北京国际图书博览会举行。8月28日,国务院副总理李岚清会见参加博览会的海内外出版界人士。

9月22日　中国版权保护中心成立新闻发布会在北京举行。

10月9日—20日　第九届全国书市在西安举行。

10月16日　新闻出版署发出《关于目前期刊出版有关问题的通知》。

10月26日—27日　第七届法国"莫必斯"多媒体光盘国际大奖赛在巴黎举行,我国选送的光盘《颐和园》获文化·人文艺术奖。

10月28日—30日　第五次全国少儿读物出版工作座谈会在郑州召开。

11月9日　《中华文化通志》101卷全部出齐,江泽民总书记会见部分编委和作者。

11月16日　第二届全国百佳出版工作者评选揭晓。

11月27日—29日　全国新闻出版统计工作会议在珠海举行,会议提出要加快出版产业化步伐。

11月　新闻出版署、公安部、国家工商局联合发布《关于对全国印刷业进行全面清理整顿的通知》,决定自1998年11月至1999年6月对全国的印刷业进行全面清理整顿。

12月2日　新闻出版署发出《关于加强书号总量宏观调控的通知》。

12月15日—16日　新闻出版署、中国出版工作者协会在北京联合举办中国出版改革发展20年研讨会。

12月17日　最高人民法院公布《关于审理非法出版物刑事案件具体应用法律若干问题的解释》,自1998年12月23日起施行。

12月23日　第十一届中国图书奖颁奖大会在北京举行。

12月24日　中央宣传部、中央政法委、全国"扫黄"工作小组等召开第十一次全国"扫黄"电视电话会议,部署1999年上半年"扫黄"、"打非"集中行动。1994年至1998年12月,全国收缴违法书刊3000多万册,违法音像、电子出版物3500多万张,收缴非法光盘生产线74条,缴获走私光盘2000多万张。

12月28日　新闻出版署批准成立广东省出版集团、上海世纪出版集团。

12月29日　新闻出版署批准成立四川新华书店集团、江苏新华发行集团。

1999年

1月9日　"邓小平理论研究书系"出版发行座谈会召开,首批13种图书已经出版。

1月23日—26日　全国新闻出版局局长会议在北京召开。会议的主题是:总结出版改革20年的经验和成果,研究跨世纪的新闻出版战略。

1月26日　中央宣传部、新闻出版署联合颁布《关于表彰商务印书馆等优秀出版单位的决定》,对商务印书馆等14家优秀出版单位予以表彰。从1993年10月以来,全国共评选了三批45家优秀出版单位。

2月1日　《科技期刊道德公约》诞生,200多家全国性的科技期刊负责人签字。

2月3日　《老舍全集》出版发行。

3月　文化部发出《关于清理整顿音像制品集中经营场所的通知》。

新闻出版署发出《关于加强报纸出版管理重申有关规定的通知》。

4月28日　北京新华印刷厂建厂50年庆祝大会召开,江泽民总书记题词:"为人民生产更多更好的精神食粮"。

4月　国务院办公厅转发国家版权局《关于不得使用非法复制的计算机软件的通知》。

5月7日　以美国为首的北约悍然使用导弹袭击中华人民共和国驻南斯拉夫大使馆,新华社记者邵云环、光明日报记者许杏虎、朱颖夫妇光荣牺牲。我国政府发表严正声明,我国新闻出版界以各种形式抗议北约野蛮暴行。

5月16日—17日　全国印刷业清理整顿工作座谈会在北京召开。

5月　全国光盘复制管理工作会议在广东召开。全国光盘联盟成立。

5月31日　根据中央领导同志的指示,中华书局推出《新编千家诗》。

6月22—23日　新闻出版署召开署直单位经济工作会议,会议提出要正确认识和把握规律,加快新闻出版产业发展。

6月30日　《当代中国》丛书暨电子版完成总结大会在北京举行。江泽民、朱镕基、李岚清会见代表。《当代中国》丛书历时15年完成,全书共150卷,字数1亿,3万张照片,是反映新中国历史的规模最大的一套国史丛书。

6月30日　《毛泽东文集》第六、七、八卷发行。至此,8卷本《毛泽东文集》全部出齐。

7月6日　北京出版社出版集团成立。

7月22日　新闻出版署发出《关于重申有关法轮功出版物处理意见的通知》,重申所有有关法轮功的出版物一律不得印刷(复制)和发行。

新闻出版署、公安部、国家工商行政管理局、海关总署、全国扫黄工作小组联合发出《关于立即集中清理"法轮功"类出版物的紧急通知》。

7月　首届国家电子出版物奖评选开始。国家电子出版物奖从1999年开始评选,每2年1次。

8月　首届国家音像制品奖评选开始。国家音像制品奖从1999年开始评选,每2年1次。

(说明:本栏"大事记"截至8月为止。)

全国出版社名录

A

安徽大学出版社
ISBN: 7-81052
地址: 合肥市肥西路3号
邮编: 230039

安徽教育出版社
ISBN: 7-5336
地址: 合肥市跃进路1号
邮编: 230061

安徽科学技术出版社
ISBN: 7-5337
地址: 合肥市跃进路1号
邮编: 230061

安徽美术出版社
ISBN: 7-5398
地址: 合肥市金寨路381号九州大厦
邮编: 230061

安徽人民出版社
ISBN: 7-212
地址: 合肥市金寨路381号九州大厦
邮编: 230061

安徽少年儿童出版社
ISBN: 7-5397
地址: 合肥市跃进路1号
邮编: 230061

安徽文艺出版社
ISBN: 7-5396
地址: 合肥市金寨路381号九州大厦
邮编: 230061

B

奥林匹克出版社
ISBN: 7-80067
地址: 北京市东直门外新中街11号
邮编: 100027

巴蜀书社
ISBN: 7-80523
地址: 成都市盐道街3号
邮编: 610012

白山出版社
ISBN: 7-80566
地址: 沈阳市沈河区一经街一段浩然六里7号
邮编: 110013

百花文艺出版社
ISBN: 7-5306
地址: 天津市和平区张自忠路189号
邮编: 300020

百花洲文艺出版社
ISBN: 7-80579
地址: 南昌市新魏路17号
邮编: 330002

百家出版社
ISBN: 7-80576
地址: 上海市绍兴路5号
邮编: 200020

北方妇女儿童出版社
ISBN: 7-5385
地址: 长春市人民大街124号
邮编: 130021

北方文艺出版社
ISBN: 7-5317
地址: 哈尔滨市道外区大方里小区105号楼
邮编: 150020

北京出版社
ISBN: 7-200
地址: 北京市北三环中路6号
邮编: 100011

北京大学出版社
ISBN: 7-301
地址: 北京市海淀区北京大学内
邮编: 100871

北京工业大学出版社
ISBN: 7-5639
地址: 北京市东郊九龙山
邮编: 100022

北京工艺美术出版社
ISBN: 7-80526
地址: 北京市朝阳区惠新东街8号2号楼
邮编: 100029

北京古籍出版社
ISBN: 7-5300
地址: 北京市北三环中路6号
邮编: 100011

北京广播学院出版社
ISBN: 7-81004
地址: 北京市朝阳区定福庄东街1号
邮编: 100024

北京航空航天大学出版社
ISBN: 7-81012
地址: 北京市海淀区学院路37号
邮编: 100083

北京教育出版社
ISBN: 7-5303
地址: 北京市北三环中路6号
邮编: 100011

北京科学技术出版社
ISBN: 7-5304
地址: 北京市西直门南大街16号
邮编: 100035

北京理工大学出版社
ISBN: 7-81013
地址: 北京市海淀区白石桥路7号
邮编: 100081

北京美术摄影出版社
ISBN: 7-80501
地址: 北京市北三环中路6号
邮编: 100011

北京少年儿童出版社
ISBN: 7-5301
地址: 北京市北三环中路6号
邮编: 100011

北京师范大学出版社
ISBN: 7-303
地址: 北京市新街口外大街19号
邮编: 100875

北京十月文艺出版社
ISBN: 7-5302
地址: 北京市北三环中路6号
邮编: 100011

北京体育大学出版社
ISBN: 7-81003
地址: 北京市海淀区圆明园东路
邮编: 100084

北京图书馆出版社
ISBN: 7-5013
地址: 北京市西城区文津街7号
邮编: 100034

北京燕山出版社
ISBN: 7-5402
地址: 北京市西单北安里3号
邮编: 100031

北京医科大学中国协和医科大学联合出版社
ISBN: 7-81034
地址: 北京市海淀区学院路38号北京医科大学内
邮编: 100083

北京邮电大学出版社
ISBN: 7-5635
地址: 北京市海淀区西土城路10号
邮编: 100088

北京语言文化大学出版社
ISBN: 7-5619
地址: 北京市海淀区学院路15号
邮编: 100083

北岳文艺出版社
ISBN: 7-5378
地址: 太原市解放路46号楼
邮编: 030002

全国出版社名录

出版社	ISBN	地址	邮编
兵器工业出版社	7-80038	北京市海淀区车道沟10号	100081

C

出版社	ISBN	地址	邮编
测绘出版社	7-5030	北京市西城区三里河路50号	100045
长城出版社	7-80017	北京市甘家口三里河路40号	100037
长春出版社	7-80573	长春市建设街43号	130061
长虹出版公司	7-80063	北京市西城区平安里3号	100035
长江文艺出版社	7-5354	武汉市汉口解放大道新育村33号	430022
长征出版社	7-80015	北京市西城区阜外大街34号	100832
晨光出版社	7-5414	昆明市书林街100号	650011
成都地图出版社	7-80544	成都市龙泉驿区建设路1号	610100
成都科技大学出版社	7-5616	成都市磨子桥成都科技大学内	610065
重庆出版社	7-5366	重庆市长江二路205号	400050
重庆大学出版社	7-5624	重庆市沙坪坝正街174号重庆大学校内	400044
春风文艺出版社	7-5313	沈阳市和平区北一马路108号	110001

D

出版社	ISBN	地址	邮编
大连出版社	7-80612	辽宁省大连市西岗区长白街12号	116011
大连海事大学出版社	7-5632	辽宁省大连市甘井子区凌水桥	116024
大连理工大学出版社	7-5611	辽宁省大连市甘井子区凌水桥	116024
大象出版社	7-5347	郑州市农业路73号	450002
大众文艺出版社	7-80094	北京市鼓楼西大街79号	100009
当代世界出版社	7-80115	北京市复兴路4号	100860
当代中国出版社	7-80092	北京市地安门西大街旌勇里8号	100009
党建读物出版社	7-80098	北京市海淀区万寿路西街甲7号	100036
德宏民族出版社	7-80525	云南省德宏傣族景颇族自治州潞西县青年路15号	678400
地震出版社	7-5028	北京市海淀区民族学院南路9号	100081
地质出版社	7-116	北京市海淀区学院路29号	100083
第二军医大学出版社	7-81060	上海市翔殷路800号	288433
电子工业出版社	7-5053	北京市海淀区万寿路173信箱	100036
电子科技大学出版社	7-81043	成都市建设北路二段4号	610054
东北财经大学出版社	7-81044	辽宁省大连市沙河口区黑石礁	116023
东北朝鲜民族教育出版社	7-5437	吉林省延吉市友谊路11号	133000
东北大学出版社	7-81054	沈阳市和平区文化路3号巷11号	110006
东北林业大学出版社	7-81008	哈尔滨市南岗区和兴路26号	150040
东北师范大学出版社	7-5602	长春市人民大街110号	130024
东方出版社	7-5060	北京市朝阳门内大街166号	100706
东方出版中心	7-80627	上海市仙霞路335号	200335
东南大学出版社	7-81023	南京市四牌楼2号	210018
对外经济贸易大学出版社	7-81000	北京市朝阳区惠新东街12号	100029

全国出版社名录

敦煌文艺出版社
ISBN：7-80587
地址：兰州市第一新村81号
邮编：730030

E

二十一世纪出版社
ISBN：7-5391
地址：南昌市新魏路17号
邮编：330002

F

法律出版社
ISBN：7-5036
地址：北京市广外六里桥北里甲1号八一电影制版厂内
邮编：100073

方志出版社
ISBN：7-80122
地址：北京市丰台区北铁匠营108号
邮编：100075

福建教育出版社
ISBN：7-5334
地址：福州市梦山巷27号
邮编：350001

福建科学技术出版社
ISBN：7-5335
地址：福州市东水路76号
邮编：350001

福建美术出版社
ISBN：7-5393
地址：福州市东水路76号
邮编：350001

福建人民出版社
ISBN：7-211
地址：福州市东水路76号
邮编：350001

福建少年儿童出版社
ISBN：7-5395
地址：福州市东水路76号
邮编：350001

福建省地图出版社
ISBN：7-80516
地址：福州市华林路205号
邮编：350003

复旦大学出版社
ISBN：7-309
地址：上海市国权路579号
邮编：200433

G

改革出版社
ISBN：7-80072
地址：北京市东城区安德里北街23号
邮编：100011

甘肃教育出版社
ISBN：7-5432
地址：兰州市第一新村81号
邮编：730030

甘肃科学技术出版社
ISBN：7-5424
地址：兰州市第一新村81号
邮编：730030

甘肃民族出版社
ISBN：7-5421
地址：兰州市第一新村81号
邮编：730030

甘肃人民出版社
ISBN：7-226
地址：兰州市第一新村81号
邮编：730030

甘肃人民美术出版社
ISBN：7-80588
地址：兰州市第一新村81号
邮编：730030

甘肃少年儿童出版社
ISBN：7-5422
地址：兰州市第一新村81号
邮编：730030

甘肃文化出版社
ISBN：7-80608
地址：兰州市东岗西路196号5楼
邮编：730030

高等教育出版社
ISBN：7-04
地址：北京市东城区沙滩后街55号
邮编：100009

工商出版社
ISBN：7-80012
地址：北京市丰台区花乡纪家庙
邮编：100071

古吴轩出版社
ISBN：7-80574
地址：苏州市人民路乐桥憩桥巷
邮编：215002

光明日报出版社
ISBN：7-80091
地址：北京市宣武区永安路106号
邮编：100050

广东高等教育出版社
ISBN：7-5361
地址：广州市广州大道北广州体育学院内
邮编：510076

广东教育出版社
ISBN：7-5406
地址：广州市环市东水荫路11号
邮编：510075

广东经济出版社
ISBN：7-80632
地址：广州市环市东水荫路11号
邮编：510075

广东科技出版社
ISBN：7-5359
地址：广州市环市东水荫路11号
邮编：510075

广东旅游出版社
ISBN：7-80521
地址：广州市中山一路30号
邮编：510600

广东人民出版社
ISBN：7-218
地址：广州市大沙头四马路10号
邮编：510102

广东省地图出版社
ISBN：7-80522
地址：广州市环市东路468号
邮编：510075

广东世界图书出版有限公司
ISBN：7-5062
地址：广州市新港西路大江冲25号
邮编：510300

广西教育出版社
ISBN：7-5435
地址：南宁市鲤湾路8号
邮编：530022

广西科学技术出版社
ISBN：7-80565
地址：南宁市东葛路38号
邮编：530022

广西美术出版社
ISBN：7-80582
地址：南宁市河堤路14号
邮编：530021

广西民族出版社
ISBN：7-5363
地址：南宁市民族大道东段新竹小区3栋
邮编：530022

广西人民出版社
ISBN：7-219
地址：南宁市河堤路14号
邮编：530021

全国出版社名录

广西师范大学出版社
ISBN: 7-5633
地址: 广西桂林市中华路36号
邮编: 541001

广州出版社
ISBN: 7-80592
地址: 广州市东风中路503号19楼
邮编: 510045

贵州教育出版社
ISBN: 7-80583
地址: 贵阳市中华北路289号
邮编: 550001

贵州科学技术出版社
ISBN: 7-80584
地址: 贵阳市中华北路289号
邮编: 550001

贵州民族出版社
ISBN: 7-5421
地址: 贵阳市中华北路289号
邮编: 550001

贵州人民出版社
ISBN: 7-221
地址: 贵阳市中华北路289号
邮编: 550001

国防工业出版社
ISBN: 7-118
地址: 北京市海淀区紫竹院南路23号
邮编: 100044

国防科技大学出版社
ISBN: 7-81024
地址: 长沙市砚瓦池正街47号
邮编: 410073

国际文化出版公司
ISBN: 7-80049
地址: 北京市安定门内大街40号
邮编: 100009

国家行政学院出版社
ISBN: 7-80140
地址: 北京市海淀区厂洼街11号
邮编: 100081

H

哈尔滨出版社
ISBN: 7-80639
地址: 哈尔滨市南岗区贵新街170号(哈特购物广场)
邮编: 150006

哈尔滨地图出版社
ISBN: 7-80529
地址: 哈尔滨市南岗区铁三街2号
邮编: 150086

哈尔滨工程大学出版社
ISBN: 7-81007
地址: 哈尔滨市南岗区南通街145-11号楼
邮编: 150009

哈尔滨工业大学出版社
ISBN: 7-5603
地址: 哈尔滨市南岗区复兴街18号
邮编: 150006

海潮出版社
ISBN: 7-80054
地址: 北京市西三环中路19号
邮编: 100841

海潮摄影艺术出版社
ISBN: 7-80562
地址: 福州市东水路76号
邮编: 350001

海风出版社
ISBN: 7-80597
地址: 福州市鼓东路187号
邮编: 350001

海南出版社
ISBN: 7-80645
地址: 海口市金盘开发区建设三横路2号
邮编: 570216

海天出版社
ISBN: 7-80615
地址: 深圳市福田区彩田南路海天综合大厦
邮编: 518026

海豚出版社
ISBN: 7-80051
地址: 北京市西城区百万庄路24号
邮编: 100037

海峡文艺出版社
ISBN: 7-80534
地址: 福州市东水路76号
邮编: 350001

海燕出版社
ISBN: 7-5350
地址: 郑州市经七路21号
邮编: 450002

海洋出版社
ISBN: 7-5027
地址: 北京市海淀区大慧寺路8号
邮编: 100081

汉语大词典出版社
ISBN: 7-5432
地址: 上海市新华路200号
邮编: 200052

杭州出版社
ISBN: 7-80633
地址: 杭州市跑马场路97号
邮编: 310013

杭州大学出版社
ISBN: 7-81035
地址: 杭州市天目山路34号
邮编: 310028

航空工业出版社
ISBN: 7-80134
地址: 北京市安定门外小关东里14号
邮编: 100029

河北大学出版社
ISBN: 7-81028
地址: 保定市合作路1号河北大学内
邮编: 071002

河北教育出版社
ISBN: 7-5434
地址: 石家庄市城乡街76号
邮编: 050061

河北科学技术出版社
ISBN: 7-5375
地址: 石家庄市和平西路新文里8号
邮编: 050071

河北美术出版社
ISBN: 7-5310
地址: 石家庄市和平西路新文里8号
邮编: 050071

河北人民出版社
ISBN: 7-202
地址: 石家庄市城乡街76号
邮编: 050061

河北少年儿童出版社
ISBN: 7-5376
地址: 石家庄市和平西路新文里8号
邮编: 050071

河海大学出版社
ISBN: 7-5630
地址: 南京市西康路1号
邮编: 210024

河南大学出版社
ISBN: 7-81018
地址: 河南省开封市明伦街85号河南大学内
邮编: 475001

河南科学技术出版社
ISBN: 7-5349
地址: 郑州市农业路73号
邮编: 450002

全国出版社名录

河南美术出版社
ISBN：7-5401
地址：郑州市农业路73号
邮编：450002

河南人民出版社
ISBN：7-215
地址：郑州市农业路73号
邮编：450002

河南文艺出版社
ISBN：7-80623
地址：郑州市农业路73号
邮编：450002

河南医科大学出版社
ISBN：7-81048
地址：郑州市大学路40号
邮编：450052

黑龙江朝鲜民族出版社
ISBN：7-5389
地址：黑龙江省牡丹江市西三条路新立二道街35号
邮编：157000

黑龙江教育出版社
ISBN：7-5316
地址：哈尔滨市南岗区花园街158号
邮编：150001

黑龙江科学技术出版社
ISBN：7-5388
地址：哈尔滨市南岗区建设街41号
邮编：150001

黑龙江美术出版社
ISBN：7-5318
地址：哈尔滨市道里区安定街225号
邮编：150010

黑龙江人民出版社
ISBN：7-207
地址：哈尔滨市南岗区黄河路1号（宣庆小区1号楼）
邮编：150008

黑龙江少年儿童出版社
ISBN：7-5319
地址：哈尔滨市南岗区宣庆小区8号楼
邮编：150008

红旗出版社
ISBN：7-80068
地址：北京市沙滩北街2号
邮编：100727

湖北辞书出版社
ISBN：7-5403
地址：武汉市武昌黄鹂路75号
邮编：430077

湖北教育出版社
ISBN：7-5351
地址：武汉市汉口解放大道新育村33号
邮编：430022

湖北科学技术出版社
ISBN：7-5352
地址：武汉市武昌黄鹂路75号
邮编：430077

湖北美术出版社
ISBN：7-5394
地址：武汉市武昌黄鹂路75号
邮编：430077

湖北人民出版社
ISBN：7-216
地址：武汉市汉口解放大道新育村33号
邮编：430022

湖北少年儿童出版社
ISBN：7-5353
地址：武汉市武昌黄鹂路75号
邮编：430077

湖南大学出版社
ISBN：7-81053
地址：长沙市岳麓山
邮编：410082

湖南地图出版社
ISBN：7-80552
地址：长沙市韶山路131号
邮编：410007

湖南教育出版社
ISBN：7-5355
地址：长沙市韶山路81号
邮编：410007

湖南科学技术出版社
ISBN：7-5357
地址：长沙市展览馆路66号
邮编：410005

湖南美术出版社
ISBN：7-5356
地址：长沙市人民路61号
邮编：410011

湖南人民出版社
ISBN：7-5438
地址：长沙市银盆岭南路66号
邮编：410006

湖南少年儿童出版社
ISBN：7-5358
地址：长沙市东风路1号
邮编：410005

湖南师范大学出版社
ISBN：7-81031
地址：长沙市岳麓山路36号
邮编：410081

湖南文艺出版社
ISBN：7-5404
地址：长沙市银盆岭南路67号
邮编：410006

花城出版社
ISBN：7-5360
地址：广州市环市东水荫路11号
邮编：510075

花山文艺出版社
ISBN：7-80505
地址：石家庄市和平西路新文里8号
邮编：050071

华东理工大学出版社
ISBN：7-5628
地址：上海市梅陇路130号
邮编：200237

华东师范大学出版社
ISBN：7-5617
地址：上海市中山北路3663号
邮编：200062

华龄出版社
ISBN：7-80082
地址：北京市西城区小乘巷21号
邮编：100035

华南理工大学出版社
ISBN：7-5623
地址：广州市五山华南理工大学内24号楼
邮编：510641

华文出版社
ISBN：7-5057
地址：北京市西城区府右街135号
邮编：100800

华夏出版社
ISBN：7-5080
地址：北京市东直门外香河园北里4号
邮编：100028

华艺出版社
ISBN：7-80039
地址：北京市朝内南小街前拐棒胡同1号
邮编：100010

华语教学出版社
ISBN：7-80052
地址：北京市西城区百万庄大街24号
邮编：100037

全国出版社名录

华乐出版社
ISBN：7-80129
地址：北京市海淀区翠微路2号
邮编：100036

华中理工大学出版社
ISBN：7-5609
地址：武汉市武昌喻家山华中理工大学内
邮编：430074

华中师范大学出版社
ISBN：7-5622
地址：武汉市武昌桂子山
邮编：430079

化学工业出版社
ISBN：7-80118
地址：北京市朝阳区惠新里3号楼
邮编：100029

黄河出版社
ISBN：7-80558
地址：济南市英雄山路19号
邮编：250002

黄河水利出版社
ISBN：7-80621
地址：郑州市顺河路黄委会综合大楼12层
邮编：450003

黄山书社
ISBN：7-80535
地址：合肥市金寨路381号九州大厦
邮编：230061

J

机械工业出版社
ISBN：7-111
地址：北京市百万庄路22号
邮编：100037

吉林大学出版社
ISBN：7-5601
地址：长春市东中华路29号
邮编：130023

吉林教育出版社
ISBN：7-5383
地址：长春市同志街55号
邮编：130021

吉林科学技术出版社
ISBN：7-5384
地址：长春市人民大街124号
邮编：130021

吉林美术出版社
ISBN：7-5386
地址：长春市人民大街124号
邮编：130021

吉林人民出版社
ISBN：7-206
地址：长春市人民大街124号
邮编：130021

吉林摄影出版社
ISBN：7-80606
地址：长春市人民大街124号
邮编：130021

吉林文史出版社
ISBN：7-80528
地址：长春市人民大街124号
邮编：130021

济南出版社
ISBN：7-80572
地址：济南市经七路251号
邮编：250001

暨南大学出版社
ISBN：7-81029
地址：广州市石牌暨南大学内75栋
邮编：510632

江苏古籍出版社
ISBN：7-80519
地址：南京市中央路165号
邮编：210009

江苏教育出版社
ISBN：7-5343
地址：南京市马家街 31号
邮编：210009

江苏科学技术出版社
ISBN：7-5345
地址：南京市中央路165号
邮编：210009

江苏美术出版社
ISBN：7-5344
地址：南京市中央路165号
邮编：210009

江苏人民出版社
ISBN：7-214
地址：南京市中央路165号
邮编：210009

江苏少年儿童出版社
ISBN：7-5346
地址：南京市高楼门60号
邮编：210008

江苏文艺出版社
ISBN：7-5399
地址：南京市中央路165号
邮编：210009

江西高校出版社
ISBN：7-81033
地址：南昌市洪都北大道96号
邮编：330046

江西教育出版社
ISBN：7-5392
地址：南昌市老贡院8号
邮编：330003

江西科学技术出版社
ISBN：7-5390
地址：南昌市新魏路17号
邮编：330002

江西美术出版社
ISBN：7-80580
地址：南昌市新魏路17号
邮编：330002

江西人民出版社
ISBN：7-210
地址：南昌市新魏路17号
邮编：330002

教育科学出版社
ISBN：7-5041
地址：北京市北三环中路46号
邮编：100088

接力出版社
ISBN：7-80581
地址：南宁市园湖南路9号
邮编：530022

今日中国出版社
ISBN：7-5072
地址：北京市西城区百万庄大街24号
邮编：100037

金城出版社
ISBN：7-80084
地址：北京市劳动人民文化宫内
邮编：100006

金盾出版社
ISBN：7-5082
地址：北京市太平路5号
邮编：100036

京华出版社
ISBN：7-80600
地址：北京市安定门外青年湖西里甲1号
邮编：100011

经济管理出版社
ISBN：7-80025
地址：北京市新街口六条红园胡同8号
邮编：100035

全国出版社名录

经济科学出版社
ISBN: 7-5058
地址: 北京市海淀区万泉河路66号
邮编: 100086

经济日报出版社
ISBN: 7-80036
地址: 北京市宣武区白纸坊东街25号
邮编: 100054

警官教育出版社
ISBN: 7-81027
地址: 北京市西城区木樨地北里2号
邮编: 100038

九洲图书出版社
ISBN: 7-80114
地址: 北京市西城区丰盛胡同19号
邮编: 100032

军事科学出版社
ISBN: 7-80021
地址: 北京市海淀区青龙桥军事科学院内
邮编: 100091

军事医学科学出版社
ISBN: 7-80121
地址: 北京市海淀区太平路27号
邮编: 100850

军事谊文出版社
ISBN: 7-80027
地址: 北京市安定门外黄寺大街乙1号
邮编: 100011

K

喀什维吾尔文出版社
ISBN: 7-5373
地址: 新疆喀什市塔吾古孜路14号
邮编: 844000

开明出版社
ISBN: 7-80077
地址: 北京市海淀区西三环北路19号
邮编: 100081

科学出版社
ISBN: 7-03
地址: 北京市东黄城根北街16号
邮编: 100717

科学技术文献出版社
ISBN: 7-5023
地址: 北京市复兴路15号
邮编: 100038

科学普及出版社
ISBN: 7-110
地址: 北京市海淀区白石桥路32号
邮编: 100081

克孜勒苏柯尔克孜文出版社
ISBN: 7-5374
地址: 新疆阿图什市帕米尔路76号
邮编: 845350

昆仑出版社
ISBN: 7-80040
地址: 北京市海淀区白石桥路42号
邮编: 100081

L

兰州大学出版社
ISBN: 7-311
地址: 兰州市天水路216号
邮编: 730000

蓝天出版社
ISBN: 7-80081
地址: 北京市复兴路14号
邮编: 100843

漓江出版社
ISBN: 7-5407
地址: 广西桂林市南环路159-1号
邮编: 541002

立信会计出版社
ISBN: 7-5429
地址: 上海市中山西路2230号
邮编: 200233

连环画出版社
ISBN: 7-5056
地址: 北京市北总布胡同32号
邮编: 100735

辽海出版社
ISBN: 7-80638
地址: 沈阳市和平区民族北街29号
邮编: 110001

辽宁大学出版社
ISBN: 7-5610
地址: 沈阳市皇姑区崇山中路66号
邮编: 110036

辽宁画报出版社
ISBN: 7-80601
地址: 沈阳市皇姑区宁山中路15号
邮编: 110031

辽宁教育出版社
ISBN: 7-5382
地址: 沈阳市和平区北一马路108号
邮编: 110001

辽宁科学技术出版社
ISBN: 7-5381
地址: 沈阳市和平区北一马路108号
邮编: 110001

辽宁美术出版社
ISBN: 7-5314
地址: 沈阳市和平区民族北街29号
邮编: 110001

辽宁民族出版社
ISBN: 7-80644
地址: 沈阳市和平区北一马路108号
邮编: 110001

辽宁人民出版社
ISBN: 7-205
地址: 沈阳市和平区北一马路108号
邮编: 110001

辽宁少年儿童出版社
ISBN: 7-5315
地址: 沈阳市和平区北一马路108号
邮编: 110001

辽宁师范大学出版社
ISBN: 7-81042
地址: 大连市沙河口区黄河路850号
邮编: 116022

岭南美术出版社
ISBN: 7-5362
地址: 广州市环市东水荫路11号
邮编: 510075

龙门书局
ISBN: 7-80111
地址: 北京市东黄城根北街16号
邮编: 100717

鹭江出版社
ISBN: 7-80533
地址: 厦门市莲花新村香莲里15号
邮编: 361009

旅游教育出版社
ISBN: 7-5637
地址: 北京市朝阳区定福庄南里1号
邮编: 100024

M

煤炭工业出版社
ISBN: 7-5020
地址: 北京市朝阳区霞光里8号
邮编: 100016

民主与建设出版社
ISBN: 7-80112
地址: 北京市王府井大街22号
邮编: 100006

民族出版社
ISBN: 7-105
地址: 北京市和平里北街14号
邮编: 100013

全国出版社名录

明天出版社
ISBN: 7-5332
地址: 济南市经九路胜利大街39号
邮编: 250001

N

南方出版社
ISBN: 7-80609
地址: 海口市海府一横路19号华宇大厦12楼(1201信箱)
邮编: 570203

南海出版公司
ISBN: 7-5442
地址: 海口市机场路友利园大厦B座3楼
邮编: 570203

南京出版社
ISBN: 7-80560
地址: 南京市北京东路41号
邮编: 210008

南京大学出版社
ISBN: 7-305
地址: 南京市汉口路22号
邮编: 210093

南京师范大学出版社
ISBN: 7-81047
地址: 南京市宁海路122号
邮编: 210097

南开大学出版社
ISBN: 7-310
地址: 天津市南开区卫津路94号
邮编: 300071

内蒙古大学出版社
ISBN: 7-81015
地址: 呼和浩特市新城区大学西路1号
邮编: 010021

内蒙古教育出版社
ISBN: 7-5311
地址: 呼和浩特市新城西街西护城河巷30号
邮编: 010010

内蒙古科学技术出版社
ISBN: 7-5380
地址: 赤峰市红山区哈达街南一段4号
邮编: 024000

内蒙古人民出版社
ISBN: 7-204
地址: 呼和浩特市新城西街20号
邮编: 010010

内蒙古少年儿童出版社
ISBN: 7-5312
地址: 通辽市霍林河大街24号
邮编: 028000

内蒙古文化出版社
ISBN: 7-80506
地址: 海拉尔市河东新春路22号
邮编: 021008

宁波出版社
ISBN: 7-80602
地址: 浙江省宁波市苍水街79号
邮编: 315000

宁夏人民出版社
ISBN: 7-227
地址: 银川市解放西街47号
邮编: 750001

宁夏人民教育出版社
ISBN: 7-80596
地址: 银川市解放西街47号
邮编: 750001

宁夏少年儿童出版社
ISBN: 7-80620
地址: 银川市解放西街47号
邮编: 750001

农村读物出版社
ISBN: 7-5048
地址: 北京市朝阳区农展馆北路2号
邮编: 100026

Q

齐鲁书社
ISBN: 7-5333
地址: 济南市经九路胜利大街39号
邮编: 250001

企业管理出版社
ISBN: 7-80001
地址: 北京市海淀区紫竹院南路17号
邮编: 100044

气象出版社
ISBN: 7-5029
地址: 北京市海淀区白石桥路46号
邮编: 100081

青岛出版社
ISBN: 7-5436
地址: 山东省青岛市徐州路77号
邮编: 266071

青岛海洋大学出版社
ISBN: 7-81026
地址: 山东省青岛市鱼山路5号
邮编: 266003

青海民族出版社
ISBN: 7-5420
地址: 西宁市同仁路10号
邮编: 810001

青海人民出版社
ISBN: 7-225
地址: 西宁市同仁路10号
邮编: 810001

清华大学出版社
ISBN: 7-302
地址: 北京市海淀区清华大学内
邮编: 100084

群言出版社
ISBN: 7-80080
地址: 北京市东城区东厂胡同北巷1号
邮编: 100006

群众出版社
ISBN: 7-5014
地址: 北京市丰台区方庄芳星园三区15号楼E单元
邮编: 100078

R

人民出版社
ISBN: 7-01
地址: 北京市朝内大街166号
邮编: 100706

人民法院出版社
ISBN: 7-80056
地址: 北京市东交民巷27号
邮编: 100745

人民交通出版社
ISBN: 7-114
地址: 北京市和平里东街10号
邮编: 100013

人民教育出版社
ISBN: 7-107
地址: 北京市沙滩后街55号
邮编: 100009

人民军医出版社
ISBN: 7-80020
地址: 北京市复兴路22号甲3号
邮编: 100842

人民美术出版社
ISBN: 7-102
地址: 北京市北总布胡同32号
邮编: 100735

人民日报出版社
ISBN: 7-80002
地址: 北京市朝阳区金台西路2号
邮编: 100733

人民体育出版社
ISBN: 7-5009
地址: 北京市崇文区体育馆路8号
邮编: 100061

全国出版社名录

人民卫生出版社	ISBN：7-117 地址：北京市丰台区方庄芳群园三区3号楼 邮编：100078
人民文学出版社	ISBN：7-02 地址：北京市朝内大街166号 邮编：100705
人民音乐出版社	ISBN：7-103 地址：北京市海淀区翠微路2号 邮编：100036
人民邮电出版社	ISBN：7-115 地址：北京市崇文区夕照寺街14号 邮编：100061
人民中国出版社	ISBN：7-80065 地址：北京市西城区车公庄大街3号 邮编：100044
荣宝斋出版社	ISBN：7-5003 地址：北京市北总布胡同32号 邮编：100735

S

三环出版社	ISBN：7-80564 地址：海口市金盘开发区建设三横路2号 邮编：570216
三秦出版社	ISBN：7-80546 地址：西安市糖坊街俭家巷小区副3号楼 邮编：710003
山东大学出版社	ISBN：7-5607 地址：济南市山大南路27号山东大学院内（新校） 邮编：250100
山东画报出版社	ISBN：7-80603 地址：济南市经九路胜利大街39号 邮编：250001
山东教育出版社	ISBN：7-5328 地址：济南市经八路纬一路321号 邮编：250001
山东科学技术出版社	ISBN：7-5331 地址：济南市玉函路16号 邮编：250002
山东美术出版社	ISBN：7-5330 地址：济南市经九路胜利大街39号 邮编：250001
山东人民出版社	ISBN：7-209 地址：济南市经九路胜利大街39号 邮编：250001
山东省地图出版社	ISBN：7-80532 地址：济南市文化东路东首路北 邮编：250014
山东文艺出版社	ISBN：7-5329 地址：济南市经九路胜利大街39号 邮编：250001
山东友谊出版社	ISBN：7-80551 地址：济南市经九路胜利大街39号 邮编：250001
山西古籍出版社	ISBN：7-80598 地址：太原市并州北路69号 邮编：030001
山西教育出版社	ISBN：7-5440 地址：太原市并州北路69号 邮编：030001
山西经济出版社	ISBN：7-80577 地址：太原市并州北路69号 邮编：030001
山西科学技术出版社	ISBN：7-5377 地址：太原市并州北路69号 邮编：030001
山西人民出版社	ISBN：7-203 地址：太原市并州北路69号 邮编：030001
陕西科学技术出版社	ISBN：7-5369 地址：西安市北大街131号 邮编：710003
陕西旅游出版社	ISBN：7-5418 地址：西安市长安路北段32号 邮编：710061
陕西人民出版社	ISBN：7-224 地址：西安市北大街131号 邮编：710003
陕西人民教育出版社	ISBN：7-5419 地址：西安市长安南路376号 邮编：710061
陕西人民美术出版社	ISBN：7-5368 地址：西安市北大街131号 邮编：710003
陕西师范大学出版社	ISBN：7-5613 地址：西安市长安路南段吴家坟 邮编：710062
汕头大学出版社	ISBN：7-81036 地址：广东省汕头市汕头大学内 邮编：515063
商务印书馆	ISBN：7-100 地址：北京市王府井大街36号 邮编：100710
商务印书馆国际有限公司	ISBN：7-80103 地址：北京市东城区史家胡同甲24号 邮编：100010
上海财经大学出版社	ISBN：7-81049 地址：上海市中山北一路369号 邮编：200083
上海辞书出版社	ISBN：7-5326 地址：上海市陕西北路457号 邮编：200040
上海大学出版社	ISBN：7-81058 地址：上海市延长路149号 邮编：200072
上海古籍出版社	ISBN：7-5325 地址：上海市瑞金二路272号 邮编：200020
上海画报出版社	ISBN：7-80530 地址：上海市长乐路672弄33号 邮编：200040

全国出版社名录

上海交通大学出版社
ISBN：7-313
地址：上海市番禺路877号
邮编：200030

上海教育出版社
ISBN：7-5320
地址：上海市永福路123号
邮编：200031

上海科技教育出版社
ISBN：7-5428
地址：上海市冠生园路393号
邮编：200233

上海科学技术出版社
ISBN：7-5323
地址：上海市瑞金二路450号
邮编：200020

上海科学技术文献出版社
ISBN：7-5439
地址：上海市武康路2号
邮编：200031

上海科学普及出版社
ISBN：7-5427
地址：上海市曹杨路500号10楼
邮编：200063

上海人民出版社
ISBN：7-208
地址：上海市绍兴路54号
邮编：200020

上海人民美术出版社
ISBN：7-5322
地址：上海市长乐路672弄33号
邮编：200040

上海三联书店
ISBN：7-5426
地址：上海市钦州南路81号
邮编：200233

上海社会科学院出版社
ISBN：7-80515
地址：上海市淮海中路622弄7号
邮编：200020

上海世界图书出版公司
ISBN：7-5062
地址：上海市延安西路973号801室
邮编：200050

上海书店
ISBN：7-80569
地址：上海市福州路424号
邮编：200001

上海书画出版社
ISBN：7-80512
地址：上海市钦州南路81号
邮编：200233

上海外语教育出版社
ISBN：7-81009
地址：上海市中山北一路295号
邮编：200083

上海文化出版社
ISBN：7-5321
地址：上海市绍兴路74号
邮编：200020

上海文艺出版社
ISBN：7-80511
地址：上海市绍兴路74号
邮编：200020

上海医科大学出版社
ISBN：7-5627
地址：上海市医学院路138号
邮编：200032

上海译文出版社
ISBN：7-5327
地址：上海市延安中路955弄14号
邮编：200040

上海音乐出版社
ISBN：7-80553
地址：上海市绍兴路74号
邮编：200020

上海远东出版社
ISBN：7-80514
地址：上海市冠生园路393号
邮编：200233

上海中医大学出版社
ISBN：7-81010
地址：上海市徐汇区零陵路530号
邮编：200032

少年儿童出版社
ISBN：7-5324
地址：上海市延安西路1538号
邮编：200052

社会科学文献出版社
ISBN：7-80050
地址：北京市建国门内大街5号
邮编：100732

沈阳出版社
ISBN：7-5441
地址：沈阳市沈河区南翰林路10号
邮编：110015

生活·读书·新知三联书店
ISBN：7-108
地址：北京市东城区美术馆东街22号
邮编：100010

石油大学出版社
ISBN：7-5636
地址：山东省东营市石油大学院内
邮编：257062

石油工业出版社
ISBN：7-5021
地址：北京市安外安华里二区1号楼
邮编：100011

时代文艺出版社
ISBN：7-5387
地址：长春市人民大街124号
邮编：130021

时事出版社
ISBN：7-80009
地址：北京市海淀区万寿寺甲2号
邮编：100081

世界图书出版公司
ISBN：7-5062
地址：北京市朝内大街137号
邮编：100010

世界图书出版公司北京公司
ISBN：7-5062
地址：北京市朝内大街137号
邮编：100010

世界图书出版公司西安公司
ISBN：7-5062
地址：西安市南大街93号
邮编：710002

世界知识出版社
ISBN：7-5012
地址：北京市东城区外交部街甲31号
邮编：100005

首都经济贸易大学出版社
ISBN：7-5638
地址：北京市朝阳区红庙
邮编：100026

首都师范大学出版社
ISBN：7-81039
地址：北京市西三环北路105号
邮编：100037

书海出版社
ISBN：7-80550
地址：太原市并州北路69号
邮编：030001

全国出版社名录

蜀蓉棋艺出版社
ISBN：7-80548
地址：成都市二道桥街72号
邮编：610031

四川辞书出版社
ISBN：7-80543
地址：成都市盐道街3号
邮编：610012

四川大学出版社
ISBN：7-5614
地址：成都市望江路29号
邮编：610064

四川教育出版社
ISBN：7-5408
地址：成都市盐道街3号
邮编：610012

四川科学技术出版社
ISBN：7-5364
地址：成都市盐道街3号
邮编：610012

四川美术出版社
ISBN：7-5410
地址：成都市盐道街3号
邮编：610012

四川民族出版社
ISBN：7-5409
地址：成都市盐道街3号
邮编：610012

四川人民出版社
ISBN：7-220
地址：成都市盐道街3号
邮编：610012

四川少年儿童出版社
ISBN：7-5365
地址：成都市盐道街3号
邮编：610012

四川文艺出版社
ISBN：7-5411
地址：成都市盐道街3号
邮编：610012

苏州大学出版社
ISBN：7-81037
地址：江苏省苏州市十梓街1号
邮编：215006

T

台海出版社
ISBN：7-80141
地址：北京市东城区景山东街20号
邮编：100009

太白文艺出版社
ISBN：7-80605
地址：西安市北大街131号
邮编：710003

泰山出版社
ISBN：7-80634
地址：济南市经十路127号
邮编：250001

天地出版社
ISBN：7-80624
地址：成都市盐道街3号
邮编：610012

天津大学出版社
ISBN：7-5618
地址：天津市南开区卫津路92号
邮编：300072

天津古籍出版社
ISBN：7-80504
地址：天津市和平区张自忠路189号
邮编：300020

天津教育出版社
ISBN：7-5309
地址：天津市和平区张自忠路189号
邮编：300020

天津科技翻译出版公司
ISBN：7-5433
地址：天津市南开区白堤路244号
邮编：300192

天津科学技术出版社
ISBN：7-5308
地址：天津市和平区张自忠路189号
邮编：300020

天津人民出版社
ISBN：7-201
地址：天津市和平区张自忠路189号
邮编：300020

天津人民美术出版社
ISBN：7-5305
地址：天津市和平区马场道150号
邮编：300050

天津社会科学院出版社
ISBN：7-80563
地址：天津市南开区迎水道7号
邮编：300191

天津杨柳青画社
ISBN：7-80503
地址：天津市河西区佟楼三合里111号
邮编：300074

同济大学出版社
ISBN：7-5608
地址：上海市四平路1239号
邮编：200092

同心出版社
ISBN：7-80593
地址：北京市东城区东单西裱褙胡同34号
邮编：100734

团结出版社
ISBN：7-80061
地址：北京市东黄城根南街84号
邮编：100006

W

外国文学出版社
ISBN：7-5016
地址：北京市朝内大街166号
邮编：100705

外文出版社
ISBN：7-119
地址：北京市阜外百万庄大街24号
邮编：100037

外语教学与研究出版社
ISBN：7-5600
地址：北京市西三环北路19号
邮编：100081

万国学术出版社
ISBN：7-80003
地址：北京市朝内大街137号
邮编：100010

未来出版社
ISBN：7-5417
地址：西安市建国路76号
邮编：710001

文化艺术出版社
ISBN：7-5039
地址：北京市丰台区万泉寺甲1号
邮编：100073

文汇出版社
ISBN：7-80531
地址：上海市虎丘路50号
邮编：200002

文津出版社
ISBN：7-80554
地址：北京市北三环中路6号
邮编：100011

文物出版社
ISBN：7-5010
地址：北京市五四大街29号
邮编：100009

全国出版社名录

文心出版社
ISBN：7-80537
地址：郑州市农业路73号
邮编：450002

武汉测绘科技大学出版社
ISBN：7-81030
地址：武汉市武昌珞喻路39号
邮编：430070

武汉出版社
ISBN：7-5430
地址：武汉市江岸区北京路20号
邮编：430014

武汉大学出版社
ISBN：7-307
地址：武汉市武昌珞珈山
邮编：430072

武汉工业大学出版社
ISBN：7-5629
地址：武汉市武昌珞狮路14号
邮编：430070

武汉水利电力大学出版社
ISBN：7-81063
地址：武汉市武昌东湖南路8号
邮编：430072

五洲传播出版社
ISBN：7-80113
地址：北京市北三环中路31号（凯奇大厦6层）
邮编：100088

X

西安出版社
ISBN：7-80594
地址：西安市长安北路34号
邮编：710061

西安地图出版社
ISBN：7-80545
地址：西安市友谊东路124号
邮编：710054

西安电子科技大学出版社
ISBN：7-5606
地址：西安市太白南路2号
邮编：710071

西安交通大学出版社
ISBN：7-5605
地址：西安市咸宁路28号
邮编：710049

西北大学出版社
ISBN：7-5604
地址：西安市太白路1号
邮编：710069

西北工业大学出版社
ISBN：7-5612
地址：西安市友谊西路127号
邮编：710072

西泠印社出版社
ISBN：7-80517
地址：杭州市东坡路90号
邮编：310006

西南财经大学出版社
ISBN：7-81017
地址：成都市光华村西南财经大学内
邮编：610074

西南交通大学出版社
ISBN：7-81057
地址：成都市二环路北一段
邮编：610031

西南师范大学出版社
ISBN：7-5621
地址：重庆市北碚区天生路1号
邮编：400715

西苑出版社
ISBN：7-80108
地址：北京市海淀区永定路7号
邮编：100039

西藏人民出版社
ISBN：7-223
地址：拉萨市林廓北路20号
邮编：850000

西藏藏文古籍出版社
ISBN：7-80589
地址：拉萨市色拉路21号
邮编：850000

希望出版社
ISBN：7-5379
地址：太原市并州北路69号
邮编：030001

厦门大学出版社
ISBN：7-5615
地址：厦门市思明南路422号
邮编：361001

现代出版社
ISBN：7-80028
地址：北京市安外安华里504号
邮编：100011

线装书局
ISBN：7-80106
地址：北京市朝阳区春秀路太平庄10号
邮编：100027

新华出版社
ISBN：7-5011
地址：北京市宣武门西大街57号
邮编：100803

新疆大学出版社
ISBN：7-5631
地址：乌鲁木齐市胜利路14号
邮编：830046

新疆教育出版社
ISBN：7-5370
地址：乌鲁木齐市胜利路169号
邮编：830001

新疆科技卫生出版社（K）
ISBN：7-5372
地址：乌鲁木齐市延安路4号
邮编：830001

新疆科技卫生出版社（W）
ISBN：7-5372
地址：乌鲁木齐市龙泉街66号
邮编：830001

新疆美术摄影出版社
ISBN：7-80547
地址：乌鲁木齐市西虹路118号
邮编：830000

新疆青少年出版社
ISBN：7-5371
地址：乌鲁木齐市胜利路100号
邮编：830001

新疆人民出版社
ISBN：7-228
地址：乌鲁木齐解放南路348号
邮编：830001

新蕾出版社
ISBN：7-5307
地址：天津市和平区张自忠路189号
邮编：300020

新时代出版社
ISBN：7-5042
地址：北京市海淀区紫竹院南路23号
邮编：100044

新世纪出版社
ISBN：7-5405
地址：广州市大沙头四马路10号
邮编：510102

新世界出版社
ISBN：7-80005
地址：北京市西城区百万庄路24号
邮编：100037

全国出版社名录

新星出版社
ISBN: 7-80085
地址: 北京市西城区百万庄路24号
邮编: 100037

星球地图出版社
ISBN: 7-80104
地址: 北京市北三环中路69号
邮编: 100088

学林出版社
ISBN: 7-80510
地址: 上海市钦州南路81号3楼
邮编: 200233

学习出版社
ISBN: 7-80116
地址: 北京市西长安街5号
邮编: 100806

学苑出版社
ISBN: 7-5077
地址: 北京市海淀区万寿路西街11号
邮编: 100036

Y

延边大学出版社
ISBN: 7-5634
地址: 吉林省延吉市公园路105号
邮编: 133002

延边人民出版社
ISBN: 7-80508
地址: 吉林省延吉市友谊路11号
邮编: 133000

冶金工业出版社
ISBN: 7-5024
地址: 北京市沙滩嵩祝院北巷39号
邮编: 100009

伊犁人民出版社
ISBN: 7-5425
地址: 新疆奎屯市北京路504号
邮编: 833200

译林出版社
ISBN: 7-80567
地址: 南京市中央路165号
邮编: 210009

印刷工业出版社
ISBN: 7-80000
地址: 北京市海淀区翠微路2号
邮编: 100036

宇航出版社
ISBN: 7-80034
地址: 北京市和平里滨河路1号
邮编: 100013

语文出版社
ISBN: 7-80006
地址: 北京市朝内南小街51号
邮编: 100010

原子能出版社
ISBN: 7-5022
地址: 北京市海淀区阜成路43号
邮编: 100037

远方出版社
ISBN: 7-80592
地址: 呼和浩特市新城区老缸房街15号
邮编: 010010

岳麓书社
ISBN: 7-80520
地址: 长沙市新民路
邮编: 410006

云南大学出版社
ISBN: 7-81025
地址: 昆明市翠湖北路52号
邮编: 650031

云南教育出版社
ISBN: 7-5415
地址: 昆明市书林街133号
邮编: 650011

云南科技出版社
ISBN: 7-5416
地址: 昆明市书林街133号
邮编: 650011

云南美术出版社
ISBN: 7-80586
地址: 昆明市书林街133号
邮编: 650011

云南民族出版社
ISBN: 7-5367
地址: 昆明市大观路39号
邮编: 650032

云南人民出版社
ISBN: 7-222
地址: 昆明市书林街100号
邮编: 650011

Z

朝花少年儿童出版社
ISBN: 7-5061
地址: 北京市北总布胡同32号
邮编: 100735

朝华出版社
ISBN: 7-5054
地址: 北京市车公庄西路35号
邮编: 100044

浙江大学出版社
ISBN: 7-308
地址: 杭州市玉泉路20号
邮编: 310027

浙江古籍出版社
ISBN: 7-80518
地址: 杭州市体育场路347号
邮编: 310006

浙江教育出版社
ISBN: 7-5338
地址: 杭州市体育场路347号
邮编: 310006

浙江科学技术出版社
ISBN: 7-5341
地址: 杭州市体育场路347号
邮编: 310006

浙江人民出版社
ISBN: 7-213
地址: 杭州市体育场路347号
邮编: 310006

浙江人民美术出版社
ISBN: 7-5340
地址: 杭州市体育场路347号
邮编: 310006

浙江少年儿童出版社
ISBN: 7-5342
地址: 杭州市体育场路347号
邮编: 310006

浙江摄影出版社
ISBN: 7-80536
地址: 杭州市西湖区葛岭路1号
邮编: 310007

浙江文艺出版社
ISBN: 7-5339
地址: 杭州市体育场路347号
邮编: 310006

知识出版社
ISBN: 7-5015
地址: 北京市阜成门北大街17号
邮编: 100037

中共党史出版社
ISBN: 7-80023
地址: 北京市海淀区颐和园路35号
邮编: 100091

中共中央党校出版社
ISBN: 7-5035
地址: 北京市海淀区大有庄100号中央党校内
邮编: 100091

全国出版社名录

中国 ISBN 中心
ISBN: 7-5076
地址: 北京市东四南大街85号
邮编: 100703

中国标准出版社
ISBN: 7-5066
地址: 北京市西城区三里河北街16号
邮编: 100045

中国财政经济出版社
ISBN: 7-5005
地址: 北京市东城区大佛寺东街8号
邮编: 100010

中国城市出版社
ISBN: 7-5074
地址: 北京市和平里西街小黄庄路1号
邮编: 100013

中国大百科全书出版社
ISBN: 7-5000
地址: 北京市阜成门北大街17号
邮编: 100037

中国大地出版社
ISBN: 7-80097
地址: 北京市海淀区大柳树路21号
邮编: 100081

中国档案出版社
ISBN: 7-80019
地址: 北京市西城区丰盛胡同21号
邮编: 100032

中国地图出版社
ISBN: 7-5031
地址: 北京市宣武区白纸坊西街3号
邮编: 100054

中国地质大学出版社
ISBN: 7-5625
地址: 武汉市武昌喻家山
邮编: 430074

中国电力出版社
ISBN: 7-80125
地址: 北京市西城区三里河路6号
邮编: 100044

中国电影出版社
ISBN: 7-106
地址: 北京市北三环东路22号
邮编: 100013

中国对外翻译出版公司
ISBN: 7-5001
地址: 北京市西城区太平桥大街4号
邮编: 100810

中国对外经济贸易出版社
ISBN: 7-80004
地址: 北京市安外大街东后巷28号
邮编: 100710

中国发展出版社
ISBN: 7-80087
地址: 北京市西城区赵登禹路金果胡同8号
邮编: 100035

中国法制出版社
ISBN: 7-80083
地址: 北京市西城区文津街9号
邮编: 100017

中国方正出版社
ISBN: 7-80107
地址: 北京市西城区育幼胡同甲1号
邮编: 100813

中国纺织出版社
ISBN: 7-5064
地址: 北京市东直门南大街4号
邮编: 100027

中国纺织大学出版社
ISBN: 7-81038
地址: 上海市延安西路1882号
邮编: 200051

中国妇女出版社
ISBN: 7-80016
地址: 北京市东城区史家胡同甲24号
邮编: 100010

中国工人出版社
ISBN: 7-5008
地址: 北京市安定门外六铺炕
邮编: 100011

中国广播电视出版社
ISBN: 7-5043
地址: 北京市复兴门外真武庙二条9号
邮编: 100866

中国国际广播出版社
ISBN: 7-5078
地址: 北京市复兴门外大街2号
邮编: 100866

中国和平出版社
ISBN: 7-80037
地址: 北京市西城区百万庄大街8号
邮编: 100037

中国华侨出版社
ISBN: 7-80074
地址: 北京市朝阳区西坝河东里77号楼
邮编: 100028

中国画报出版社
ISBN: 7-80024
地址: 北京市海淀区花园村车公庄西路33号
邮编: 100044

中国环境科学出版社
ISBN: 7-80093
地址: 北京市海淀区普惠南里14号
邮编: 100036

中国计划出版社
ISBN: 7-80058
地址: 北京市西城区月坛北小街2号3号楼
邮编: 100837

中国计量出版社
ISBN: 7-5026
地址: 北京市和平里西街甲2号
邮编: 100013

中国检察出版社
ISBN: 7-80086
地址: 北京市东城区东总布胡同10号
邮编: 100005

中国建材工业出版社
ISBN: 7-80090
地址: 北京市百万庄国家建材局内
邮编: 100831

中国建筑工业出版社
ISBN: 7-112
地址: 北京市百万庄建设部北配楼
邮编: 100037

中国金融出版社
ISBN: 7-5049
地址: 北京市宣武区广安门外小红庙南里3号
邮编: 100055

中国经济出版社
ISBN: 7-5017
地址: 北京市西城区百万庄北街3号
邮编: 100037

中国科学技术出版社
ISBN: 7-5046
地址: 北京市海淀区白石桥路32号
邮编: 100081

中国科学技术大学出版社
ISBN: 7-312
地址: 合肥市金寨路96号
邮编: 230026

中国矿业大学出版社
ISBN: 7-81021
地址: 江苏省徐州市中国矿业大学内
邮编: 221008

全国出版社名录

中国劳动出版社
ISBN：7-5045
地址：北京市朝阳区惠新东街1号
邮编：100029

中国林业出版社
ISBN：7-5038
地址：北京市西城区德内大街刘海胡同7号
邮编：100009

中国旅游出版社
ISBN：7-5032
地址：北京市建国门内大街甲9号
邮编：100005

中国盲文出版社
ISBN：7-5002
地址：北京市丰台区卢沟桥城内街39号
邮编：100072

中国美术出版总社
ISBN：7-5061
地址：北京市北总布胡同32号
邮编：100735

中国美术学院出版社
ISBN：7-81019
地址：杭州市南山路218号
邮编：310002

中国民航出版社
ISBN：7-80100
地址：北京市朝阳区光熙门北里甲31号楼
邮编：100028

中国民族摄影艺术出版社
ISBN：7-80069
地址：北京市东城区和平里北街14号
邮编：100013

中国民主法制出版社
ISBN：7-80078
地址：北京市西交民巷23号
邮编：100805

中国农业出版社
ISBN：7-109
地址：北京市朝阳区农展馆北路2号
邮编：100026

中国农业大学出版社
ISBN：7-81002
地址：北京市海淀区圆明园西路2号
邮编：100094

中国农业科技出版社
ISBN：7-80026
地址：北京市海淀区白石桥路30号
邮编：100081

中国青年出版社
ISBN：7-5006
地址：北京市东城区东四12条21号
邮编：100708

中国轻工业出版社
ISBN：7-5019
地址：北京市东长安街6号
邮编：100740

中国人口出版社
ISBN：7-80079
地址：北京市海淀区魏公村大慧寺12号
邮编：100081

中国人民大学出版社
ISBN：7-300
地址：北京市海淀区海淀路157号
邮编：100080

中国人民公安大学出版社
ISBN：7-81011
地址：北京市西城区木樨地南里公安大学院内
邮编：100038

中国人民解放军出版社
ISBN：7-5065
地址：北京市西城区平安里3号
邮编：100035

中国人民解放军国防大学出版社
ISBN：7-5626
地址：北京市海淀区红山口甲3号
邮编：100091

中国人民解放军文艺出版社
ISBN：7-5033
地址：北京市海淀区白石桥路42号
邮编：100081

中国人事出版社
ISBN：7-80076
地址：北京市朝阳区西坝河南里17号楼
邮编：100028

中国三峡出版社
ISBN：7-80099
地址：北京市海淀区蔡公庄1号
邮编：100038

中国商业出版社
ISBN：7-5044
地址：北京市宣武区报国寺1号
邮编：100053

中国少年儿童出版社
ISBN：7-5007
地址：北京市东城区东四12条21号
邮编：100708

中国社会出版社
ISBN：7-80088
地址：北京市西城区二龙路甲33号
邮编：100032

中国社会科学出版社
ISBN：7-5004
地址：北京市鼓楼西大街甲158号
邮编：100720

中国摄影出版社
ISBN：7-80007
地址：北京市东城区红星胡同61号
邮编：100005

中国审计出版社
ISBN：7-80064
地址：北京市海淀区白石桥路甲4号
邮编：100086

中国石化出版社
ISBN：7-80043
地址：北京市东城区安外大街58号
邮编：100011

中国世界语出版社
ISBN：7-5052
地址：北京市阜外百万庄路24号
邮编：100037

中国书店
ISBN：7-80568
地址：北京市宣武区琉璃厂西街57号
邮编：100052

中国书籍出版社
ISBN：7-5068
地址：北京市丰台区太平桥西里38号
邮编：100073

中国水利水电出版社
ISBN：7-80124
地址：北京市西城区三里河路6号
邮编：100044

中国税务出版社
ISBN：7-80117
地址：北京市宣武区槐柏树后街21号
邮编：100053

中国铁道出版社
ISBN：7-113
地址：北京市宣武区右安门西街8号
邮编：100054

中国统计出版社
ISBN：7-5037
地址：北京市西城区月坛南街75号
邮编：100826

全国出版社名录

中国文联出版社
ISBN: 7-5059
地址: 北京市农展馆南里10号
邮编: 100026

中国文史出版社
ISBN: 7-5034
地址: 北京市西城区太平桥大街23号
邮编: 100811

中国文学出版社
ISBN: 7-5071
地址: 北京市西城区百万庄路24号
邮编: 100037

中国物价出版社
ISBN: 7-80070
地址: 北京市西城区月坛北小街2号3号楼
邮编: 100837

中国物资出版社
ISBN: 7-5047
地址: 北京市月坛北街25号
邮编: 100834

中国戏剧出版社
ISBN: 7-104
地址: 北京市海淀区北三环西路大钟寺南村甲81号
邮编: 100086

中国言实出版社
ISBN: 7-80128
地址: 北京市府右街3号
邮编: 100017

中国医药科技出版社
ISBN: 7-5067
地址: 北京市海淀区文慧园北路甲22号
邮编: 100088

中国友谊出版公司
ISBN: 7-5057
地址: 北京市朝阳区西坝河南里17号楼
邮编: 100028

中国藏学出版社
ISBN: 7-80057
地址: 北京市北四环东路131号
邮编: 100101

中国政法大学出版社
ISBN: 7-5620
地址: 北京市海淀区西土城路25号
邮编: 100088

中国致公出版社
ISBN: 7-80096
地址: 北京市太平桥大街4号
邮编: 100034

中国中医药出版社
ISBN: 7-80089
地址: 北京市朝阳区东兴路7号
邮编: 100027

中华地图学社
ISBN: 7-80031
地址: 上海市武宁路419号
邮编: 200063

中华工商联合出版社
ISBN: 7-80100
地址: 北京市东直门外新中街11号
邮编: 100027

中华书局
ISBN: 7-101
地址: 北京市丰台区太平桥西里38号
邮编: 100073

中南工业大学出版社
ISBN: 7-81020
地址: 长沙市麓山南路
邮编: 410083

中山大学出版社
ISBN: 7-306
地址: 广州新港西路中山大学内
邮编: 510275

中信出版社
ISBN: 7-80073
地址: 北京市朝阳区新源南路6号京城大厦5层
邮编: 100004

中央编译出版社
ISBN: 7-80109
地址: 北京市西单西斜街36号
邮编: 100032

中央广播电视大学出版社
ISBN: 7-304
地址: 北京市复兴门内大街160号
邮编: 100031

中央民族大学出版社
ISBN: 7-81001
地址: 北京市海淀区白石桥路27号
邮编: 100081

中央文献出版社
ISBN: 7-5073
地址: 北京市西城区西四北大街前毛家湾1号
邮编: 100017

中医古籍出版社
ISBN: 7-80013
地址: 北京市东城区北新仓18号
邮编: 100700

中原农民出版社
ISBN: 7-80538
地址: 郑州市农业路73号
邮编: 450002

中州古籍出版社
ISBN: 7-5348
地址: 郑州市农业路73号
邮编: 450002

珠海出版社
ISBN: 7-80607
地址: 广东省珠海市吉大景乐路图书大厦4楼
邮编: 519015

专利文献出版社
ISBN: 7-80011
地址: 北京市北三环西路学院路口
邮编: 100088

紫禁城出版社
ISBN: 7-80047
地址: 北京市景山前街4号故宫博物院内
邮编: 100009

宗教文化出版社
ISBN: 7-80123
地址: 北京市东城区交道口北三条32号
邮编: 100007

作家出版社
ISBN: 7-5063
地址: 北京市农展馆南里10号文联大楼4层
邮编: 100026

全国百种重点社科期刊

全国百种重点社科期刊是由新闻出版署根据各方面的推荐进行评选，于1998年1月商中宣部确定的102家重点推广、扶持的社科期刊，简称为“全国百种重点社科期刊”（排名以当时公布的排列顺序为准）。

1 求是
地址：北京市沙滩北街2号
邮编：100727

2 党的文献
地址：北京市西四北大街前毛家湾1号
邮编：100017

3 党建研究
地址：北京市西单北大街110号
邮编：100815

4 中国社会科学
地址：北京市鼓楼西大街甲158号
邮编：100720

5 经济研究
地址：北京市阜外月坛北小街2号2号楼
邮编：100836

6 考古
地址：北京市王府井大街27号
邮编：100710

7 文艺研究
地址：北京市前海西街17号
邮编：100009

8 理论前沿
地址：北京市海淀区大有庄100号
邮编：100091

9 中国党政干部论坛
地址：北京市海淀区大有庄100号
邮编：100091

10 北京大学学报（哲学社会科学版）
地址：北京市海淀区北京大学
邮编：100871

11 中国人民大学学报
地址：北京市海淀路175号中国人民大学
邮编：100872

12 学习与探索
地址：黑龙江省哈尔滨市南岗区联发街62号
邮编：150001

13 文史哲
地址：山东省济南市山东大学
邮编：250100

14 敦煌研究
地址：甘肃省兰州市滨河东路292号
邮编：730000

15 农村工作通讯
地址：北京市复兴路61号
邮编：100036

16 中国税务
地址：北京市宣武区枣林前街68号
邮编：100053

17 人民教育
地址：北京市海淀区文慧园北路10号
邮编：100088

18 财务与会计
地址：北京市海淀区万寿路西街甲11号院3号楼
邮编：100036

19 党建
地址：北京市宣武区永安路106号
邮编：100050

20 共产党员
地址：辽宁省沈阳市和平区南大街45号
邮编：110006

21 支部生活（广东）
地址：广东省广州市东山区合群三马路省委大院
邮编：510082

22 党的生活
地址：黑龙江省哈尔滨市南岗区阿什河街9号
邮编：150001

23 半月谈
地址：北京市宣武门西大街57号
邮编：100803

24 瞭望
地址：北京市宣武门西大街57号
邮编：100803

25 北京周报
地址：北京市百万庄路24号
邮编：100037

26 世界知识
地址：北京市东城区外交部街甲31号
邮编：100005

27 时事报告
地址：北京市东城区沙滩北街乙2号
邮编：100009

28 长安
地址：北京市东城区北池子大街14号
邮编：100006

29 收获
地址：上海市巨鹿路675号
邮编：200040

30 译林
地址：江苏省南京市中央路165号
邮编：210009

31 小说月报
地址：天津市和平区张自忠路189号
邮编：300020

32 散文
地址：天津市和平区张自忠路189号930室
邮编：300020

33 名作欣赏
地址：山西省太原市府西街12号
邮编：030002

34 故事会
地址：上海市绍兴路74号
邮编：200020

35 中篇小说选刊
地址：福建省福州市东水路76号
邮编：350001

36 微型小说选刊
地址：江西省南昌市新魏路17号
邮编：330002

全国百种重点社科期刊

37
民间故事选刊 地址：河北省石家庄市石岗大街市庄路2号
邮编：050000

38
名人传记 地址：河南省郑州市农业路73号河南文艺出版社
邮编：450002

39
今古传奇 地址：湖北省武汉市武昌东湖路417号
邮编：430077

40
科幻世界 地址：四川省成都市人民南路四段11号
邮编：610041

41
大众电影 地址：北京市北三环东路22号
邮编：100013

42
中华儿女 地址：北京市右安门外大街东三条1号
邮编：100054

43
西藏研究（汉文） 地址：西藏自治区拉萨市色拉路21号
邮编：850000

44
读书 地址：北京市美术馆东街22号
邮编：100010

45
中国青年 地址：北京市西城区官园育强胡同22号
邮编：100034

46
中国妇女 地址：北京市史家胡同甲24号
邮编：100010

47
中国金融 地址：北京市广安门外小红庙南里3号
邮编：100055

48
乡镇论坛 地址：北京市阜成路甲3号
邮编：100037

49
民族团结 地址：北京市和平里北街14号
邮编：100013

50
辽宁青年 地址：辽宁省沈阳市和平区北五经街21号
邮编：110003

51
老同志之友 地址：辽宁省沈阳市和平南大街45号
邮编：110006

52
演讲与口才 地址：吉林省吉林市吉林大街黄山路3号
邮编：132013

53
家庭生活指南 地址：黑龙江省哈尔滨市中山路204号
邮编：150001

54
青年一代 地址：上海市绍兴路54号
邮编：200020

55
现代家庭 地址：上海市高山路101弄7号
邮编：200021

56
幽默大师 地址：浙江省杭州市体育场路347号出版大厦
邮编：310006

57
涉世之初 地址：江西省南昌市胜利路54号
邮编：330008

58
知音 地址：湖北省武汉市水果湖东湖路16号知音大厦
邮编：430071

59
家庭 地址：广东省广州市新河浦四横路14号
邮编：510080

60
女友 地址：陕西省西安市雁塔区育才路1号
邮编：710054

61
妇女生活 地址：河南省郑州市金水路15号
邮编：450003

62
黄金时代 地址：广东省广州市东山寺贝通津1号院
邮编：510080

63
警方 地址：江苏省南京市扬州路1号
邮编：210024

64
南风窗 地址：广东省广州市东风东路512号
邮编：510050

65
人民文学 地址：北京市农展馆南里10号楼
邮编：100026

66
小说选刊 地址：北京市沙滩北街2号
邮编：100720

67
诗刊 地址：北京市农展馆南里10号楼
邮编：100026

68
当代 地址：北京市朝内大街166号
邮编：100705

69
十月 地址：北京市北三环中路6号
邮编：100011

70
小学生天地 地址：湖北省武汉市武昌洪山区桂元路67号
邮编：430079

71
中学生天地 地址：浙江省杭州市文三路求智巷3号
邮编：310012

72
初中生必读 地址：安徽省合肥市屯溪路101号
邮编：230022

全国百种重点社科期刊

73
新华文摘
地址：北京市朝内大街166号
邮编：100706

74
读者
地址：甘肃省兰州市第一新村123号
邮编：730030

75
青年文摘
地址：北京市东四十二条21号
邮编：100708

76
农民文摘
地址：北京市复兴路61号
邮编：100036

77
党员文摘
地址：重庆市渝中区枣子岚垭村1号
邮编：400015

78
海外文摘
地址：北京市西四北五条26号
邮编：100034

79
海外星云
地址：广西壮族自治区南宁市古城路4号
邮编：530022

80
青年博览
地址：福建省福州市金鸡山路23号
邮编：350011

81
小朋友
地址：上海市延安西路1538号
邮编：200052

82
故事大王
地址：上海市延安西路1538号
邮编：200052

83
集邮
地址：北京市崇文区夕照寺街14号
邮编：100061

84
英语世界
地址：北京市东城区南小街顶银胡同36号
邮编：100005

85
新体育
地址：北京市崇文区体育馆路8号
邮编：100061

86
足球世界
地址：北京市崇文区体育馆路8号
邮编：100061

87
足球俱乐部
地址：江西省南昌市新魏路17号
邮编：330002

88
世界博览
地址：北京市东城区外交部街甲31号
邮编：100005

89
父母必读
地址：北京市北三环中路6号
邮编：100011

90
巨人
地址：上海市延安西路1538号
邮编：200052

91
中国卡通
地址：北京市东四十二条21号
邮编：100708

92
少年文艺
地址：江苏省南京市高楼门60号
邮编：210008

93
中学时代
地址：山东省济南市经七路251号
邮编：250001

94
少男少女
地址：广东省广州市文德路75号
邮编：510030

95
北京卡通
地址：北京市北三环中路6号
邮编：100011

96
儿童漫画
地址：北京市北总布胡同32号
邮编：100735

97
中学生
地址：北京市东四十二条21号
邮编：100708

98
解放军文艺
地址：北京市海淀区白石桥路42号
邮编：100081

99
政治指导员
地址：广东省广州市东山区达道路10号
邮编：510084

100
解放军生活
地址：北京市西城区平安里3号
邮编：100035

101
世界军事
地址：北京市宣武门西大街57号《世界军事》杂志社
邮编：100803

102
中国武警
地址：北京市西三环北路1号
邮编：100081

全国优秀科技期刊

这里介绍的全国优秀科技期刊是原国家科委与中宣部、新闻出版署于1997年3月表彰、奖励的第二届全国优秀科技期刊，其中获一等奖的60种，获二等奖的119种，共计179种（获三等奖的238种从略。排名以当时公布的排列顺序为准）。

1
北京大学学报（自然科学版）
地址：北京市海淀区北京大学
邮编：100871

2
北京科技大学学报
地址：北京市学院路30号北京科技大学
邮编：100083

3
北京理工大学学报
地址：北京市海淀区白石桥路7号
邮编：100081

4
北京师范大学学报（自然科学版）
地址：北京市新外大街19号
邮编：100875

5
兵器知识
地址：北京市2431信箱
邮编：100081

6
材料保护
地址：湖北省武汉市汉口宝丰二路126号
邮编：430030

7
大连理工大学学报
地址：辽宁省大连市凌工路2号
邮编：116024

8
大众医学
地址：上海市瑞金二路450号
邮编：200020

9
地球科学——中国地质大学学报
地址：湖北省武汉市洪山区鲁磨路31号中国地质大学
邮编：430074

10
地球物理学报
地址：北京市朝阳区大屯路甲11号中科院地球物理所
邮编：100101

11
电子技术应用
地址：北京市海淀区清华东路25号
邮编：100083

12
纺织导报
地址：北京市东直门南大街4号
邮编：100027

13
高等学校化学学报
地址：吉林省长春市解放大路117号吉林大学
邮编：130023

14
工程塑料应用
地址：山东省济南市108信箱
邮编：250031

15
工业建筑
地址：北京市海淀区西土城路33号
邮编：100088

16
国际航空
地址：北京市安外小关东里14号
邮编：100029

17
航空知识
地址：北京市学院路37号
邮编：100083

18
合成橡胶工业
地址：甘肃省兰州市西固区合水北路1号
邮编：730060

19
红外与毫米波学报
地址：上海市中山北一路420号
邮编：200083

20
湖北农业科学
地址：湖北省武汉市武昌南湖湖北省农科院
邮编：430064

21
湖南师范大学学报（自然科学版）
地址：湖南省长沙市湖南师范大学
邮编：410081

22
华西医科大学学报
地址：四川省成都市人民南路三段17号
邮编：610041

23
华中理工大学学报
地址：湖北省武汉市武昌喻家山华中理工大学内
邮编：430074

24
环境导报
地址：江苏省南京市凤凰西街241号
邮编：210029

25
机车电传动
地址：湖南省株洲市铁道部株洲电力机车研究所
邮编：412001

26
计算机应用
地址：四川省成都市人民南路四段9号
邮编：610041

27
家庭医生
地址：广东省广州市中山二路74号
邮编：510089

28
建筑技术
地址：北京市阜外南礼士路19号
邮编：100045

29
金属学报
地址：辽宁省沈阳市文化路72号中科院金属所
邮编：110015

30
科学通报
地址：北京市东黄城根北街16号
邮编：100717

31
科学学与科学技术管理
地址：天津市河西区浦口道143号
邮编：300204

32
煤炭学报
地址：北京市和平里煤炭科学研究总院
邮编：100013

33
农村百事通
地址：江西省南昌市新魏路17号
邮编：330002

34
汽车与驾驶维修
地址：北京市德胜门外北沙滩1号
邮编：100083

35
清华大学学报（自然科学版）
地址：北京市海淀区清华大学
邮编：100084

36
上海环境科学
地址：上海市钦州路508号
邮编：200233

全国优秀科技期刊

37
少年科学画报
地址：北京市北三环中路6号
邮编：100011

38
生物化学与生物物理进展
地址：北京市朝阳区大屯路15号
邮编：100101

39
石油地球物理勘探
地址：河北省涿州市11-1信箱
邮编：072751

40
石油炼制与化工
地址：北京市学院路18号
邮编：100083

41
特种铸造及有色合金
地址：湖北省武汉市汉口前进一路民主街49号
邮编：430022

42
天然气工业
地址：四川省成都市府青路一段3号
邮编：610051

43
铁道文摘
地址：北京市西直门外大柳树路2号
邮编：100081

44
无线电
地址：北京市崇文区夕照寺街14号
邮编：100061

45
稀有金属材料与工程
地址：陕西省西安市51号信箱
邮编：710016

46
现代化工
地址：北京市安定门外小关街53号
邮编：100029

47
新建筑
地址：湖北省武汉市华中理工大学
邮编：430074

48
中国新药与临床杂志
地址：上海市愚园路532弄50号
邮编：200040

49
油气储运
地址：河北省廊坊市金光道22号
邮编：065000

50
中国机械工程
地址：湖北省武汉市武昌区石牌岭14号
邮编：430070

51
中国科技论坛
地址：北京3814信箱
邮编：100038

52
中国科学
地址：北京市东黄城根北街16号
邮编：100717

53
中国人口·资源与环境
地址：山东省济南市文化东路88号
邮编：250014

54
中国石油文摘
地址：北京市安外安华里二区3号楼
邮编：100011

55
中国兽医科技
地址：甘肃省兰州市盐场堡徐家坪11号
邮编：730046

56
中国水利
地址：北京市宣武区白广路二条2号
邮编：100053

57
中国药理学报
地址：上海市太原路294号
邮编：200031

58
中国药学杂志
地址：北京市东四西大街42号
邮编：100710

59
中华医学杂志
地址：北京市东四西大街42号
邮编：100710

60
中南工业大学学报
地址：湖南省长沙市中南工业大学
邮编：410083

以上期刊获一等奖，下列期刊获二等奖。

1
奥秘
地址：云南省昆明市护国路21号
邮编：650021

2
北京医科大学学报
地址：北京市海淀区学院路38号
邮编：100083

3
测控技术
地址：北京市朝阳区大北窑东三环南路2号
邮编：100022

4
长江蔬菜
地址：湖北省武汉市汉口万松园路15号
邮编：430022

5
大众健康
地址：北京市旧鼓楼大街双寺胡同11号
邮编：100009

6
地震学报
地址：北京市海淀区民族学院南路5号
邮编：100081

7
电池
地址：湖南省长沙市仰天湖新村1号
邮编：410007

8
电镀与涂饰
地址：广东省广州市中山七路恩龙北1号
邮编：510170

9
电工技术杂志
地址：北京市百万庄路22号
邮编：100037

10
电脑爱好者
地址：北京市海淀区白石桥路48号
邮编：100081

11
电声技术
地址：北京市743信箱
邮编：100015

全国优秀科技期刊

12
电视技术
地址：北京市743信箱
邮编：100015

13
电子科技大学学报
地址：四川省成都市东郊建设北路二段4号
邮编：610054

14
电子世界
地址：北京市海淀区玉渊潭南路普惠南里13号楼
邮编：100036

15
电子学报
地址：北京市165信箱
邮编：100036

16
电子元件与材料
地址：四川省成都市82信箱10分箱
邮编：610058

17
东北大学学报（自然科学版）
地址：辽宁省沈阳市和平区文化路3号巷11号
邮编：110006

18
东北林业大学学报
地址：黑龙江省哈尔滨市动力区和兴路26号
邮编：150040

19
东南大学学报
地址：江苏省南京市四牌楼2号
邮编：210096

20
动物学报
地址：北京市海淀区中关村路19号
邮编：100080

21
分析化学
地址：吉林省长春市人民大街159号
邮编：130022

22
复旦学报（自然科学版）
地址：上海市邯郸路220号
邮编：200433

23
福建林学院学报
地址：福建省南平市兴华二路196号
邮编：353001

24
感光科学与光化学
地址：北京市德外北沙滩中国科学院感光化学研究所
邮编：100101

25
高能物理与核物理
地址：北京市918信箱
邮编：100039

26
工业技术进步
地址：上海市新乡路50号
邮编：200080

27
广西水利水电
地址：广西壮族自治区南宁市园湖路11-16号
邮编：530023

28
航空工艺技术
地址：北京市朝阳区八里桥北
邮编：100024

29
航空学报
地址：北京市学院路37号西小楼
邮编：100083

30
河南石油
地址：河南省南阳市宛城区油田五一路
邮编：473132

31
河南医科大学学报
地址：河南省郑州市大学路40号
邮编：450052

32
湖南大学学报（自然科学版）
地址：湖南省长沙市湖南大学
邮编：410082

33
湖南农业
地址：湖南省长沙市教育街52号
邮编：410005

34
湖南农业大学学报
地址：湖南省长沙市芙蓉区湖南农业大学
邮编：410128

35
华中农业大学学报
地址：湖北省武汉市华中农业大学
邮编：430070

36
环境科学文摘
地址：北京市安外北苑中国环境科学研究院
邮编：100012

37
机械与电子
地址：贵州省贵阳市环城南路152号佰路园4-1-1
邮编：550002

38
机械制造
地址：上海市虎丘路27号
邮编：200002

39
吉林大学自然科学学报
地址：吉林省长春市解放大路117号吉林大学
邮编：130023

40
舰船知识
地址：北京市学院南路70号
邮编：100081

41
建筑工人
地址：北京市复外南礼士路19号
邮编：100045

42
江苏农学院学报
地址：江苏省扬州市苏农路12号
邮编：225009

43
江西师范大学学报（自然科学版）
地址：江西省南昌市北京西路437号
邮编：330027

44
解剖学报
地址：北京市东四西大街42号
邮编：100710

45
金属矿山
地址：安徽省马鞍山市湖北路9号
邮编：243004

46
金属热处理
地址：北京市海淀区学清路18号机械部北京机电所
邮编：100083

47
金属制品
地址：河南省郑州市中原西路142号
邮编：450007

全国优秀科技期刊

48
科技进步与对策
地址：湖北省武汉市水果湖南苑村53号
邮编：430071

49
科学画报
地址：上海市瑞金二路450号
邮编：200020

50
昆明医学院学报
地址：云南省昆明市人民西路84号
邮编：650031

51
力学学报
地址：北京市海淀区中关村路15号
邮编：100080

52
炼油设计
地址：河南省洛阳市七里河063信箱
邮编：471003

53
临床皮肤科杂志
地址：江苏省南京市广州路300号
邮编：210029

54
煤炭经济研究
地址：北京市和平里煤炭科学研究总院
邮编：100013

55
煤炭科学技术
地址：北京市和平里煤炭科学研究总院
邮编：100013

56
农业知识
地址：山东省济南市闵子骞路21号
邮编：250100

57
汽车技术
地址：吉林省长春市创业大街35号
邮编：130011

58
气象知识
地址：北京市白石桥路46号
邮编：100081

59
青少年科技博览
地址：天津市和平区甘肃路40号
邮编：300020

60
热加工工艺
地址：陕西省兴平市44信箱
邮编：713102

61
人民长江
地址：湖北省武汉市汉口解放大道1155号
邮编：430010

62
山东农业科学
地址：山东省济南市东郊桑园路28号
邮编：250100

63
上海建设科技
地址：上海市宛平南路75号
邮编：200032

64
上海交通大学学报
地址：上海市华山路1954号上海交通大学
邮编：200030

65
上海轻工业
地址：上海市余姚路607弄19号
邮编：200042

66
上海针灸杂志
地址：上海市宛平南路650号
邮编：200030

67
石油化工
地址：北京市1442信箱
邮编：100013

68
石油勘探与开发
地址：北京市学院路20号910信箱
邮编：100083

69
数学学报
地址：北京市海淀区中关村中科院数学所
邮编：100080

70
水力发电
地址：北京市德外安德路65号
邮编：100011

71
同济大学学报
（自然科学版）
地址：上海市四平路1239号
邮编：200092

72
同济医科大学学报
地址：湖北省武汉市汉口航空路13号
邮编：430030

73
图书情报工作
地址：北京市海淀区中关村科学院南路8号
邮编：100080

74
推进技术
地址：北京市7208信箱26分箱
邮编：100074

75
卫生研究
地址：北京市宣武区南纬路29号
邮编：100050

76
微特电机
地址：上海市虹漕路30号
邮编：200233

77
物理学报
地址：北京市中关村中科院物理研究所
邮编：100080

78
西北农业大学学报
地址：陕西省咸阳市杨凌区西北农业大学
邮编：712100

79
系统工程与电子技术
地址：北京市142信箱32分箱
邮编：100854

80
现代兵种
地址：北京市复兴路24号
邮编：100852

81
湘潭大学自然科学学报
地址：湖南省湘潭市湘潭大学
邮编：411105

82
新农业
地址：辽宁省沈阳市东陵路120号
邮编：110161

83
新医学
地址：广东省广州市中山二路74号
邮编：510089

全国优秀科技期刊

84
冶金自动化
地址：北京市丰台区丰台路84号
邮编：100071

85
仪表技术与传感器
地址：辽宁省沈阳市大东区北海街242号
邮编：110043

86
云南大学学报（自然科学版）
地址：云南省昆明市翠湖北路52号云南大学会泽院
邮编：650091

87
云南化工
地址：云南省昆明市东风东路160号
邮编：650041

88
植物学报
地址：北京市香山南辛村20号中科院植物所
邮编：100093

89
中草药
地址：天津市鞍山西道308号天津药物研究院
邮编：300193

90
中国初级卫生保健
地址：黑龙江省哈尔滨市香坊区香顺街41号
邮编：150036

91
中国地质文摘
地址：北京市阜外北街277号
邮编：100037

92
中国果树
地址：辽宁省兴城市温泉
邮编：125100

93
中国海洋湖沼学报（英文版）
地址：山东省青岛市南海路7号中国科学院海洋研究所
邮编：266071

94
中国航天
地址：北京市和平里滨河路1号
邮编：100013

95
中国计划生育学杂志
地址：北京市海淀区大慧寺路12号
邮编：100081

96
中国科技产业
地址：北京市603信箱101分箱
邮编：100080

97
中国科学基金
地址：北京市海淀花园北路35号
邮编：100083

98
中国空间科学技术
地址：北京市9622信箱
邮编：100086

99
中国农村水利水电
地址：湖北省武汉市武汉水利电力大学
邮编：430072

100
中国农技推广
地址：北京市朝阳区麦子店街20号楼
邮编：100026

101
中国农业科学
地址：北京市白石桥路30号
邮编：100081

102
中国农业文摘——兽医
地址：北京市白石桥路30号农科院科技文献信息中心
邮编：100081

103
中国农业文摘——土壤肥料
地址：北京市白石桥路30号农科院科技文献信息中心
邮编：100081

104
中国兽医学报
地址：吉林省长春市西安大路175号
邮编：130062

105
中国蔬菜
地址：北京市白石桥路30号
邮编：100081

106
中国水运
地址：湖北省武汉市汉口沿江大道89号
邮编：430014

107
中国饲料
地址：北京市朝阳区麦子店街20号楼
邮编：100026

108
中国稀土学报（英文版）
地址：北京市新街口外大街2号
邮编：100088

109
中国信息导报
地址：北京市复兴路15号
邮编：100038

110
中国药理学通报
地址：安徽省合肥市梅山路69号安徽医科大学
邮编：230032

111
中国医学科学院学报
地址：北京市东单三条9号
邮编：100730

112
中国有色金属学报（英文版）
地址：湖南省长沙市中南工业大学
邮编：410083

113
中华医学杂志（英文版）
地址：北京市东四西大街42号
邮编：100710

114
中文科技资料目录——铁路
地址：北京市西直门外大柳树路2号
邮编：100081

115
中学生数理化——初中版
地址：河南省郑州市顺河路11号
邮编：450004

116
中学生数理化——高中版
地址：河南省郑州市顺河路11号
邮编：450004

117
铸造
地址：辽宁省沈阳市铁西区云峰南街17号
邮编：110021

118
资源开发与市场
地址：四川省成都市一环路南二段24号
邮编：610015

119
钻井液与完井液
地址：河北省任丘市19号信箱
邮编：062550

第一届国家图书奖评委会名单

一、主　任：于友先

副主任：龚心瀚　徐志坚　刘积斌　刘　杲

以下各位是副主任兼分评委会召集人：
(按姓氏笔画排列)
王朝闻　叶至善　卢良恕　任继愈
李鸿范　邢贲思　陈　原　季羡林
林崇德

二、秘 书 长：杨牧之

副秘书长：杜　俭　石　峰　吴江江

三、评　委：

社　科　组

邢贲思　刘国雄　朱德生　江　平
吴道弘　汪海波　林仁华　俞伟超
戴文葆

艺　术　组

王朝闻　王　正　李松涛　沈　鹏
孙　慎　华　夏　靳尚谊　袁毅平
龚继先

教　育　组

林崇德　胡寅生　季啸风　曹余章
滕　纯

科　技　组

卢良恕　许运天　许溶烈　孙大涌
汪家鼎　宋叔和　陈芳允　焦树德
谢竹蕃　肖纪美　卢鸣谷　陈元直

少　儿　组

叶至善　任大霖　茅于燕　胡建中
赵镇琬　浦漫汀　樊发稼

辞　书　组

陈　原　朱　原　李行健　吴希增
单耀海　周明鉴　巢　峰

文　学　组

季羡林　叶麟鎏　张　炯　袁行霈
柳鸣九　屠　岸　谢　冕

民　族　组

李鸿范　多杰才旦　帕萨尔　杨正旺
成燕燕

古　籍　组

任继愈　钱伯城　李学勤　傅璇琮
戴　逸　程毅中

第一届国家图书奖获奖名单

(1993 年 12 月)

国家图书奖荣誉奖(8 种)

书　名	出　版　者	著作责任者	责　任　编　辑
中国大百科全书	中国大百科全书出版社	《中国大百科全书》编辑委员会编	金常政等 108 人
中国美术全集	人民美术、上海人民美术、文物、中国建筑工业、上海书画出版社	《中国美术全集》编辑出版委员会编	张俊国等 30 余人
乾隆版大藏经	文物出版社	雍正始刊刻，乾隆时期完成；文物出版社整理、补版	孙关根
中国历史地图集	中国地图出版社	谭其骧主编	计伯仁等
甲骨文合集	中华书局	郭沫若主编、中国社会科学院历史研究所编	赵诚
鲁迅全集(新注释本)	人民文学出版社	鲁迅著、鲁迅著作编辑室编	王仰晨、李文兵等
辞海(1989 年版)	上海辞书出版社	夏征农主编	巢峰等
辞源(修订本)	商务印书馆	《辞源》修订组	吴泽炎等

国家图书奖　(45 种)

社科类图书　(10 种)

书　名	出　版　者	著作责任者	责　任　编　辑
宋庆龄——二十世纪的伟大女性	人民出版社	伊斯雷尔・爱泼斯坦著；沈苏儒译	叶建华
中国人民解放军战史	军事科学出版社	军事科学院军事历史研究部编著	熊德骐、张廷贵
中国当代经济学家文丛・孙冶方选集	山西经济出版社	孙冶方	陈宇华
中国共产党历史(1921 年—1949 年)	人民出版社	中共中央党史研究室编	侯样祥等
条约法概论	法律出版社	李浩培	南绍文、邓芳
周恩来传	人民出版社、中央文献出版社	金冲及主编	张子敏、吴玉萍
文字学概要	商务印书馆	裘锡圭	郭庆山、刘玲
苏秉琦考古学论述选集	文物出版社	苏秉琦著；俞伟超、张忠培编	童明康

书　名	出　版　者	著作责任者	责　任　编　辑
中国经济体制改革的模式研究	中国社会科学出版社	刘国光主编	华飞
东晋门阀政治	北京大学出版社	田余庆	彭松建

古籍整理类图书　(3 种)

书　名	出　版　者	著作责任者	责　任　编　辑
永乐大典(影印汇辑本)	中华书局	(明)姚广孝等著;中华书局编辑部编	张忱石
华阳国志校补图注	上海古籍出版社	(晋)常璩撰;任乃强校注	李伟国、郑世贤
大唐西域记校注	中华书局	(唐)玄奘、辩机原著;季羡林等校注	谢方

文学类图书　(5 种)

书　名	出　版　者	著作责任者	责　任　编　辑
随想录	生活・读书・新知三联书店	巴金	董秀玉
管锥编	中华书局	钱钟书	周振甫、马蓉
莎士比亚全集	人民文学出版社	莎士比亚著;朱生豪等译	施咸荣等
罗摩衍那	人民文学出版社	(印)蚁垤著;季羡林译	刘寿康
新时期中篇小说名作丛书	海峡文艺出版社	王蒙、邓友梅、从维熙、冯骥才、陆文夫、张贤亮、张洁、张一弓、张承志、贾平凹、蒋子龙、谌容	张建行、章世添

艺术类图书　(6 种)

书　名	出　版　者	著作责任者	责　任　编　辑
中国历代绘画——故宫博物院藏画集	人民美术出版社	故宫博物院藏画集编辑委员会编	王靖宪
中国石窟——敦煌莫高窟	文物出版社	敦煌研究院编	黄文昆
李可染书画全集	天津人民美术出版社	李可染作;杜滋龄主编	车永仁等
中国美术五十年	浙江人民美术出版社	文化部艺术局、《中国美术五十年》编委会编	骆振龙、诸庭樵
冼星海全集	广东高等教育出版社	冼星海著;《冼星海全集》编辑委员会编	白洋等
路——徐肖冰、侯波摄影作品集	浙江人民美术出版社	徐肖冰、侯波	奚天鹰等

民族文字类图书　(3 种)

书　名	出　版　者	著作责任者	责　任　编　辑
西藏简明通史(藏文)	藏文古籍出版社	恰白・次旦平措、诺昌・吴坚	恰白・次旦平措、诺昌・吴坚
《蒙古秘史》新还原本(蒙文)	内蒙古人民出版社	巴雅尔	托娅
福乐智慧(维吾尔文)	民族出版社	尤素甫・哈斯・哈吉甫	阿布都拉

少儿类图书　(3 种)

书　名	出　版　者	著作责任者	责　任　编　辑
365 夜故事	少年儿童出版社	鲁兵主编	朱庆平、茅绍颖等
大地的儿子——周恩来的故事	中国少年儿童出版社	苏叔阳	刘媛华
幼学启蒙丛书	明天出版社	赵镇琬主编	赵镇琬、杨宇

辞书、工具书类图书　(4 种)

书　名	出　版　者	著作责任者	责　任　编　辑
汉语大字典	四川辞书出版社、湖北辞书出版社	徐中舒主编	左大成等 18 人
汉语大词典	汉语大词典出版社	罗竹风主编	王涛等
英汉大词典	上海译文出版社	陆谷孙主编	吴莹
现代汉语词典	商务印书馆	中国社会科学院语言研究所词典编辑室	柳凤运

教育类图书　(1 种)

书　名	出　版　者	著作责任者	责　任　编　辑
陶行知全集	湖南教育出版社	陶行知著;华中师范大学教育科学研究所编	曹先捷

科技类图书 （10 种）

书　名	出　版　者	著作责任者	责　任　编　辑
杂交水稻育种栽培学	湖南科技出版社	袁隆平、陈洪新等	熊穆葛
机械工程手册	机械工业出版社	《机械工程手册》、《电机工程手册》编委会	吴恕三等 48 人
实用儿科学(第 4 版)	人民卫生出版社	诸福棠、吴瑞萍、胡亚美主编	刘秋辉、陈望秋
黄家驷外科学(第 5 版)	人民卫生出版社	吴阶平、裘法祖主编	王兵、杜贤
中国及邻区特提斯海的演化	地质出版社	黄汲清、陈炳蔚	张义勋、李鄂荣
中国土壤(第 2 版)	科学出版社	熊毅、李庆逵主编	陈培林、洪庆文
中国岩石圈动力学(挂图、图集、概论)	地质出版社、中国地图出版社、地震出版社	马杏垣主编	朱向军等
值分布论及其新研究	科学出版社	杨乐	张启男
微分动力系统的定性理论	科学出版社	廖山涛	吕虹
工程控制论(修订版)	科学出版社	钱学森、宋健	李淑兰

国家图书奖提名奖 （82 种）

社科类图书 （17 种）

书　名	出　版　者	著作责任者	责　任　编　辑
中国共产党七十年图集	上海人民出版社	沈庆林、黄高谦主编	陆宗寅等
中国少数民族文库	吉林教育出版社	史筠主编	房海滨
中国当代经济学家文丛·薛暮桥选集	山西经济出版社	薛暮桥	陈宇华
中国军事史	中国人民解放军出版社	《中国军事史》编写组	范传新、陈济康
思·史·诗——现象学和存在哲学研究	人民出版社	叶秀山	陈亚明
王力文集	山东教育出版社	王力	王洪信、隋千存
毛泽东军事思想发展史	中国人民解放军出版社	廖国良、李士顺、徐焰	倪齐生
第三产业经济学	广东人民出版社	李江帆	袁耀文
综合国力论	中国社会科学出版社	黄硕风	刘颖、章新语
陈序经东南亚古史研究合集	海天出版社	陈序经	朱蓉
国际私法	武汉大学出版社	韩德培主编	莫守仁
宗教学通论	中国社会科学出版社	吕大吉主编	郑凯堂、黄燕生
毛泽东的读书生活	生活·读书·新知三联书店	龚育之、逄先知、石仲泉	胡靖
行行重行行——乡镇发展论述	宁夏人民出版社	费孝通	姚毅
中华文化史	上海人民出版社	冯天瑜、何晓明、周积明	王有为、胡小静
朱子大传	福建教育出版社	束景南	陈建才、阙国虬
中国民法学·民法债权	法律出版社	王家福主编	孙志萍

古籍整理类图书 （4 种）

书　名	出　版　者	著作责任者	责　任　编　辑
文心雕龙义证	上海古籍出版社	(南朝梁)刘勰著；詹锳校注	王维堤
先秦汉魏晋南北朝诗	中华书局	逯钦立辑校	许逸民
睡虎地秦墓竹简	文物出版社	《睡虎地秦墓竹简》整理小组编	吴铁梅
清诗纪事	江苏古籍出版社	钱仲联主编	黄希坚

文学类图书 （10 种）

书　名	出　版　者	著作责任者	责　任　编　辑
中国新文学大系	上海文艺出版社	《中国新文学大系编委会》主编	余仁凯等
中国解放区文学书系	重庆出版社	林默涵总主编	王致中等
中国现代小说史	人民文学出版社	杨义	毛承志等
百花散文书系	百花文艺出版社	林呐、徐柏容、郑法清主编	刘淑文、谢大光
莫里哀喜剧全集	湖南文艺出版社	李健吾译	龚绍忍
平凡的世界	中国文联出版公司	路遥	李金玉
艾青全集	花山文艺出版社	艾青	张凤洪
沈从文文集	花城出版社、三联书店香港分店	沈从文	邝雪林等

书　　名	出　版　者	著作责任者	责　任　编　辑
法国文学史	人民文学出版社	柳鸣九主编	夏玫
傅雷译文集	安徽文艺出版社	傅雷译	江奇勇

艺术类图书　(11种)

书　　名	出　版　者	著作责任者	责　任　编　辑
上海博物馆藏四高僧画集	上海人民美术出版社	谢稚柳主编	袁春荣、单国霖
中国戏曲通史(修订本)	中国戏剧出版社	张庚、郭汉城主编	杨锦海
中国摄影艺术作品选(1949—1989)	海潮摄影艺术出版社	中国摄影家协会编	黄九荣、杨苏民
中国古代木刻画选集	人民美术出版社	郑振铎编	李平凡、刘玉山
版画纪程——鲁迅藏中国现代木刻全集	江苏古籍出版社	上海鲁迅纪念馆、江苏古籍出版社编	章耀达
毛泽东书信手迹选	文物出版社	毛泽东	白浪
虢国夫人游春图	荣宝斋	(唐)张萱作、(宋)赵佶摹;冯忠莲、方工、张延洲、王玉良、崔玉海、贾双凤、李淑珍、王学春、孙树梅制作	荣宝斋编辑部
地球的红飘带	中国连环画出版社	王素脚本;沈尧伊绘画	费声福等
明式家具珍赏	文物出版社	王世襄	潘清俊
京剧史照	北京燕山出版社	鲁青主编	赵珩等
中国历代服饰	学林出版社	上海市戏曲学校中国服装史研究组编著	柳肇瑞、沈兆荣

少数民族文字类图书　(4种)

书　　名	出　版　者	著作责任者	责　任　编　辑
成吉思汗史记(蒙文)	内蒙古人民出版社	赛熙亚乐	敖特根
纳西象形文字谱(纳西文)	云南人民出版社	方国瑜编撰	李憲铨
突厥语大词典(维吾尔文)	新疆人民出版社	麻赫穆德·喀什噶里	伊布拉音·穆提易、伊明·吐尔逊
藏汉大辞典	民族出版社	张怡荪主编	高炳辰、李永昌

少儿类图书　(8种)

书　　名	出　版　者	著作责任者	责　任　编　辑
中国儿童文学大系	希望出版社	蒋风、浦漫汀、叶永烈、任德主编	陈炜等
上下五千年	少年儿童出版社	林汉达、曹余章编著	俞沛铭
彩绘本中国民间故事	浙江少年儿童出版社	马永杰总策划;方夏等编文;丘玮等绘画	杨杰等
少年百科丛书(精选本)	中国少年儿童出版社	叶至善、遇衍滨总设计;余心言、郭正谊、朱仲玉、金涛等编著	遇衍滨等
少年科学瞭望台丛书	湖北少年儿童出版社	宋广礼、卞德培、乐嘉龙、浩勃等编著	刘健飞等
怪老头儿	湖北少年儿童出版社	孙幼军	余崽芳
爱我中华丛书	江苏少年儿童出版社	孙家正主编	张彦平等
十二生肖系列童话	湖南少年儿童出版社	郑渊洁	杨实诚

辞书、工具书类图书　(7种)

书　　名	出　版　者	著作责任者	责　任　编　辑
中国医学百科全书	上海科学技术出版社	《中国医学百科全书》编辑委员会编	上海科学技术出版社《中国医学百科全书》编辑室
哲学大辞典	上海辞书出版社	冯契主编	徐庆凯等
新汉日词典	商务印书馆、日本小学馆	尚永清主编	王郁良
简明不列颠百科全书(中文版)	中国大百科全书出版社	刘尊棋主编	徐慰曾等29人
中国人名大辞典	上海辞书出版社	廖盖隆、罗竹风、范源主编	王芝芬等
普通话闽南方言词典	福建人民出版社	厦门大学中文系汉语方言研究室主编	张秋泉等
北京话儿化词典	语文出版社	贾采珠	冯瑞生

教育类图书（4种）

书　名	出　版　者	著作责任者	责　任　编　辑
中国心理学史	人民教育出版社	高觉敷主编	戚长福
中国教育通史	山东教育出版社	毛礼锐、沈灌群主编	刘顺华
从现在到2000年教育内容发展的全球展望	教育科学出版社	(罗马尼亚)G·维迪努著；马胜利、高毅、丛莉、刘玉俐译	李玢
教育学	人民教育出版社	王道俊、王汉澜主编	胡寅生

科技类图书（17种）

书　名	出　版　者	著作责任者	责　任　编　辑
人类的智能	上海科学技术出版社、三联书店香港分店	潘菽主编	李可燕
中华人民共和国国家农业地图集	中国地图出版社	中国科学院南京地理与湖泊研究所、中国科学院地理所	奚跃昆
东方数学典籍——《九章算术》及其刘徽注研究	陕西人民教育出版社	李继闵	张培兰
工业过程模型化及计算机控制	化学工业出版社	吕勇哉	陈逢阳
中国小麦品种及其系谱	农业出版社	金善宝主编	张本云
中国本草图录	人民卫生出版社、商务印书馆(香港)	肖培根主编	孙祖基、江先声
中国层控矿床地球化学	科学出版社	涂光炽等	苏宗伟、衣晓云
中国变质地质图(中、英文版)	地质出版社	董申保、沈其韩、孙大中、卢良兆	汤汉章
中国高等植物图鉴	科学出版社	中国科学院植物研究所主编	于拔等
本草纲目	人民卫生出版社	(明)李时珍著；刘衡如点校	赵锜、张之生
乳化炸药	冶金工业出版社	汪旭光	赵树莉
尿石症基础与临床研究	山东科技出版社	曹履成、章绍舜	初世均
时间序列分析的工程应用	华中理工大学出版社	杨叔子、吴雅等	黎秋萍、刘宣藩
离心叶轮的内流理论基础	浙江大学出版社	沈天耀编著	尤建忠
高含沙水流运动	清华大学出版社	钱宁主编	姚美瑞
晶体生长的物理基础	上海科学技术出版社	闵乃本	戴雪文
锑	冶金工业出版社	赵天从	刁传仁

第二届国家图书奖评委会名单

一、顾　问：吴阶平　胡　绳　徐惟诚　宋木文　周振甫

二、主　任：于友先

三、副主任：龚心瀚　徐光春　刘奇葆　刘积斌　刘　杲

以下副主任兼各分评委会召集人：（按姓氏笔画排列）
王朝闻　叶至善　卢良恕
邢贲思　任继愈　李鸿范
陈　原　季羡林　顾明远

四、秘 书 长：杨牧之

五、副秘书长：石　峰　吴江江　宋镇铃

六、评委委员：（第一名为召集人，以下按姓氏笔画排列）

社科分评委会
邢贲思　刘文昌　刘国光　朱德生　吴道弘　陈光中　高明光　戴文葆　戴　逸

科技分评委会
卢良恕　许溶烈　孙大涌　李庭栋　陈元直　陈芳允　周　谊　金维克　焦树德

文学分评委会
季羡林　江增培　张　炯　张　锲　柳鸣九　袁行霈　屠　岸

艺术分评委会
王朝闻　李松涛　杜滋龄　沈　鹏　袁毅平　奚天鹰　常沙娜　靳尚谊

少儿分评委会
叶至善　孟庆江　茅于燕　耿志远　浦漫汀　樊发稼

民族分评委会
李鸿范　艾·帕萨尔　多杰才旦　成燕燕　李大万

教育分评委会
顾明远　张　健　汪永铨　曹余章　滕　纯

辞书分评委会
陈　原　李行健　单耀海　周明鉴　巢　峰　黄建华

古籍分评委会
任继愈　安平秋　李学勤　章培恒　傅璇琮

第二届国家图书奖获奖名单

(1995年12月)

国家图书奖荣誉奖(7种)

书　　名	出　版　者	著作责任者	责　任　编　辑
学术论著自选集(共21卷)	首都师范大学出版社	钱伟长等	母庚才等
中国军事百科全书(共58卷)	军事科学出版社	军事科学院军事百科研究部	中国军事百科全书编审室
殷周金文集成(共18卷)	中华书局	中国社会科学院考古研究所	赵诚
巴金全集(共26卷)	人民文学出版社	巴金	王仰晨
闻一多全集(共12卷)	湖北人民出版社	闻一多著；孙党伯等编	王建辉等
冰心全集(共8卷)	海峡文艺出版社	冰心著；卓如编	林正让等
中国古建筑大系(共10卷)	中国建筑工业出版社	程里尧等	王雪林等

国家图书奖　(29种)

社科类图书　(6种)

书　　名	出　版　者	著作责任者	责　任　编　辑
中国通史(共10卷)	人民出版社	范文澜　蔡美彪	乔还田等
现代公司与企业改革	天津人民出版社	吴敬琏	王镜德等
宗白华全集(共4卷)	安徽教育出版社	宗白华	许振轩等
刑法学原理(共3卷)	中国人民大学出版社	高铭暄	熊成乾
邓小平思想研究(共3卷)	国防大学出版社	钱抵千等	郑志延
中国抗日战争史(共3卷)	解放军出版社	军事科学院军事历史研究部	谢钢

古籍整理类图书　(1种)

书　　名	出　版　者	著作责任者	责　任　编　辑
英藏敦煌文献——汉文佛经以外部分(共14卷)	四川人民出版社	中国社会科学院历史研究所等	蔡济生

文学类图书　(4种)

书　　名	出　版　者	著作责任者	责　任　编　辑
世界反法西斯文学书系(共52卷)	重庆出版社	刘白羽等	沈世鸣等
思辨随笔	上海文艺出版社	王元化	高国平
战争和人(共3部)	人民文学出版社	王火	于砚章
中国近代文学发展史(共3卷)	山东教育出版社	郭延礼	朱晓晨

艺术类图书　(3种)

书　　名	出　版　者	著作责任者	责　任　编　辑
中国玉器全集(共6卷)	河北美术出版社	杨伯达等	庚子等
中国三峡	江苏人民出版社	《中国三峡》编委会	王楠等
元明清名家绘画系列(共5卷)	天津人民美术出版社	天津人民美术出版社编	张万夫等

少数民族文字类图书　(2种)

书　　名	出　版　者	著作责任者	责　任　编　辑
朝鲜语词典(共3卷)	延边人民出版社	金琪钟	文昌德
蒙古族民歌集成(共3卷)	内蒙古文化出版社	中国民间文学集成内蒙古分卷编委会	毛乐尔

少儿类图书 （2 种）

书　名	出　版　者	著作责任者	责　任　编　辑
中国婴幼儿百科(共 100 册)	海燕出版社	茅于燕、郑延慧	郭玉洁等
中华美德图说(共 8 卷)	二十一世纪出版社	钟起煌、浦漫汀	沈火生等

辞书、工具书类图书 （2 种）

书　名	出　版　者	著作责任者	责　任　编　辑
中国伊斯兰百科全书	四川辞书出版社	宛耀宾等	罗韵希等
中国文物精华大全(共 4 卷)	上海辞书出版社、香港商务印书馆	彭卿云等	陈杰等

教育类图书 （2 种）

书　名	出　版　者	著作责任者	责　任　编　辑
叶圣陶教育文集(共 5 卷)	人民教育出版社	叶圣陶著; 刘国正编	张定远等
求索丛书(共 10 卷)	陕西人民教育出版社	钟启泉等	廖广州等

科技类图书 （7 种）

书　名	出　版　者	著作责任者	责　任　编　辑
泌尿外科	山东科学技术出版社	吴阶平主编	颜承隆
中国矿床(上、中、下册)	地质出版社	宋叔和等	马清阳等
浙江植物志(共 8 卷)	浙江科学技术出版社	浙江植物志编辑委员会	李卓凡
天线罩电信设计方法	国防工业出版社	杜耀惟	何曼庆
建筑设计资料集(第二版)	中国建筑工业出版社	建筑设计资料编委会	彭华亮等
中药药理研究方法学	人民卫生出版社	陈奇等	匡罗均
高士其全集(共 4 卷)	安徽少年儿童出版社	高士其著; 中国科普研究所编	李利

902

国家图书奖提名奖 （56 种）

社科类图书 （10 种）

书　名	出　版　者	著作责任者	责　任　编　辑
魏晋南北朝隋唐史三论	武汉大学出版社	唐长孺	罗通秀
太平天国史丛书(共 11 卷)	广西人民出版社	钟文典等	欧薇薇等
中华民族凝聚力的历史探索——民族史学理论问题研究	云南人民出版社	陈育宁等	杨云宝
中国农村社会经济变迁(1949—1989)	山西经济出版社	陈吉元等	陈宇华等
中国劳动力市场培育与工资改革	中国劳动出版社	戴园晨等	朱学敏
著名中年语言学家自选集(共 10 卷)	河南教育出版社	徐通锵等	周常林等
哲学的憧憬——《形而上学》的沉思	吉林大学出版社	高清海	刘子贵
抗日战争史丛书(共 20 卷)	广西师范大学出版社	王桧林等	江淳等
什么是社会主义市场经济	中国发展出版社	马洪等	朱兵等
中国农村文库(共 100 种)	四川 21 家出版社联合出版	徐惟诚主编	张在德等

古籍整理类图书 （3 种）

书　名	出　版　者	著作责任者	责　任　编　辑
古典诗词基础文库(共 8 卷)	浙江文艺出版社	傅璇琮主编	李庆西等
聊斋志异评赏大成(共 2 卷)	漓江出版社	马振方等	聂震宁
上海博物馆藏敦煌吐鲁番文献(共 2 卷)	上海古籍出版社	上海博物馆	郭子建

文学类图书（6种）

书　名	出　版　者	著作责任者	责　任　编　辑
中国诗学通论	安徽教育出版社	袁行霈等	朱欣欣
21世纪文学之星丛书(共15种)	百花文艺出版社	林和平等	甘以雯等
世界诗库(共10卷)	花城出版社	飞白主编	范汉生等
尤利西斯(共3卷)	译林出版社	詹姆斯·乔伊斯著；萧乾、文洁若译	李景端
人间喜剧(共24卷)	人民文学出版社	巴尔扎克著　傅雷等译	夏玟
屠格涅夫全集(共12卷)	河北教育出版社	刘硕良主编	李连保等

艺术类图书（7种）

书　名	出　版　者	著作责任者	责　任　编　辑
中国漫画书系(共18卷)	河北教育出版社	王亚民等	张子康等
中国戏曲脸谱艺术	江西美术出版社	张庚等	李一意等
老房子(共10卷)	江苏美术出版社	李玉祥等	朱成梁等
湖南民间美术全集(共8卷)	湖南美术出版社	左汉中主编	周健等
中国画名家作品粹编(第一辑)(共10卷)	浙江人民美术出版社	浙江人民美术出版社	王肇达等
我要上学——中国希望工程摄影纪实	中国摄影出版社	解海龙	海德光
班禅画师尼玛泽仁绘画选	五洲传播出版社	尼玛泽仁	杨季明等

少数民族文字类图书（4种）

书　名	出　版　者	著作责任者	责　任　编　辑
甘露本草明镜	西藏人民出版社	嘎玛群培	索朗
猎骄昆弥(共2卷)	伊犁人民出版社	苏丹·张波拉托夫	哈旦别克等
苏醒了的大地(2)	新疆人民出版社	阿·吾提库尔	艾海提·阿西木
二十八卷本辞典	内蒙古人民出版社	那木吉拉玛	娜仁其木格

少儿类图书（7种）

书　名	出　版　者	著作责任者	责　任　编　辑
高技术战争与当代青少年丛书(共9卷)	江苏少年儿童出版社	林建超等	孙全民等
幼儿德育故事丛书(共8卷)	黑龙江少儿出版社	浦漫汀主编	于淑媛
幼年画库(共18册)	少年儿童出版社	鲁兵等	朱庆坪等
中华人物故事全书(古代部分彩图本)(共40集)	中国少年儿童出版社	冯广裕等	雪岗等
漫游科学世界(共10卷)	新蕾出版社	王国忠等	韩凤岐等
人类探险史故事丛书(共11卷)	浙江少年儿童出版社	赵丹涯等	丛燕等
中国幼儿文学家丛书(共14卷)	明天出版社	赵镇琬主编	王歌风等

辞书、工具书类图书（5种）

书　名	出　版　者	著作责任者	责　任　编　辑
儿童辞海	上海辞书出版社	巢峰等	杨宝林等
汉越词典	商务印书馆	侯寒江等	孙敦汉
现代临床医学辞典	人民军医出版社	鞠名达等	姚磊等
新满汉大词典	新疆人民出版社	胡增益	贺灵
新中国文学词典	江苏文艺出版社	潘旭澜主编	朱建华

教育类图书 (4种)

书　　名	出　版　者	著作责任者	责　任　编　辑
中国教育思想通史(共8卷)	湖南教育出版社	王炳照等	龙育群等
外国教育通史(共6卷)	山东教育出版社	腾大春等	蒋伟等
儿童青少年心理学丛书(共8卷)	浙江教育出版社	林崇德等	郑峰等
中国教育大系(共9卷)	湖北教育出版社	顾明远等	孙艳魁等

科技类图书 (10种)

书　　名	出　版　者	著作责任者	责　任　编　辑
高分子科学中的Monte Carlo方法	复旦大学出版社	杨玉良等	陈国斌
火电厂热系统节能理论	西安交通大学出版社	林万超	早雪
现代显微外科学	湖南科学技术出版社	朱盛修等	张碧金等
中国煤成烃基本理论与实践	煤炭工业出版社	吴俊	吕代铭等
宽束电子光学	北京理工大学出版社	周立伟	郝淑英
中华人民共和国国家经济地图集	中国地图出版社	刘岳等	赵西林
昆虫病理学	广东科技出版社	蒲蛰龙等	李鸿明
科学家谈物理丛书(共29本)	湖南教育出版社	赵凯华等	谭清莲
临床中医内科学(上、下卷)	北京出版社	王永炎等	李清霞等
中国农业自然资源与区域发展	江苏科学技术出版社	孙颔等	陆宝珠

第三届国家图书奖评委会名单

一、顾　问：吴阶平　胡　绳
逄先知　周光召
朱光亚　徐惟诚
宋木文　周振甫

二、主　任：于友先

三、副主任：(按姓氏笔画排列)
王朝闻　叶至善　卢良恕
邢贲思　刘　杲　刘奇葆
任继愈　李鸿范　杨牧之
季羡林　顾明远　龚心瀚
谢旭人

四、秘书长：杨牧之(兼)

五、评委委员：(第一名为召集人,以下按姓氏笔画排列)

社科分评委会
邢贲思　陈光中　张卓元　郑　惠
高明光　兰书臣　蔡美彪　薛德震
戴文葆

科技分评委会
卢良恕　卞毓麟　孙大涌　李庭栋
杨　乐　陈芳允　周　谊　袁正光
焦树德

文学分评委会
季羡林　陈建功　吴元迈　张　炯
张　锲　柳鸣九　袁行霈　蒋焕荪

艺术分评委会
王朝闻　邓福星　李松涛　沈　鹏
常沙娜　程大利　靳尚谊

少儿分评委会
叶至善　孙云晓　金　波　郑延慧
孟庆江　浦漫汀　樊发稼

民族分评委会
李鸿范(蒙古族)　伊明(维吾尔族)
多杰才旦(藏族)　成燕燕(哈萨克族)
李大万(朝鲜族)

教育分评委会
顾明远　杨陵康　汪永铨　赵所生
滕　纯

辞书分评委会
刘　杲　李行健　周明鉴　单耀海
曹先擢　巢　峰

古籍分评委会
任继愈　李学勤　李国章　金开诚
徐苹芳

第三届国家图书奖获奖名单

(1997年8月)

国家图书奖荣誉奖(8种)

书　　名	出　版　者	著作责任者	责　任　编　辑
韬奋全集	上海人民出版社	中国韬奋基金会韬奋著作编辑部	吴慈生等
张岱年全集	河北人民出版社	张岱年	牛素琴等

书　　名	出　版　者	著作责任者	责　任　编　辑
中国农业百科全书	中国农业出版社	本书编委会	宛秀兰等
中国近代文学大系	上海书店	徐中玉等主编	范泉等
曹禺全集	花山文艺出版社	田本相等主编	贾启森
世纪伟人邓小平	中央党校出版社	徐佑珠	蔡雨龙等
中国大百科全书(简明版)	中国大百科全书出版社	中国大百科全书出版社编辑部	刘伯根等
中华大藏经	中华书局	任继愈主编	毛双民

国家图书奖 (30 种)

社科类图书 (7 种)

书　　名	出　版　者	著作责任者	责　任　编　辑
毛泽东传	中央文献出版社	中央文献研究室编	镡德山等
红军长征史	辽宁人民出版社	中央党史研究室第一研究部	李英健等
岭南文库	广东人民出版社	于幼军主编	曾宪志等
楚学文库	湖北教育出版社	张正明主编	冯芳华等
中国道教史	四川人民出版社	卿希泰	汪 浵
中国政治制度通史	人民出版社	白钢主编	张秀平
西方经济发展思想史(修订本)	武汉大学出版社	谭崇台	陈晓等

科技类图书 (7 种)

书　　名	出　版　者	著作责任者	责　任　编　辑
世纪之交:与高科技专家对话	辽宁教育出版社	朱丽兰主编	俞晓群等
转移核糖核酸——结构、功能与合成	浙江科技出版社	王德宝等	吕粹芳
中国针灸四大通鉴	青岛出版社	邓良月等主编	李茗茗等
肾脏病学	人民卫生出版社	王海燕等	姚冰
中国农业现代化建设理论道路与模式	山东科技出版社	卢良恕等	王为珍等
中国地球物理图集	地质出版社	袁学诚等	王文孝等
复杂系统中的电磁波	复旦大学出版社	金亚秋	林溪波

文学类图书 (3 种)

书　　名	出　版　者	著作责任者	责　任　编　辑
旷代逸才——杨度	湖南文艺出版社	唐浩明	朱树诚
中国文学批评通史	上海古籍出版社	王运熙等	邓韶玉等
塞万提斯全集	人民文学出版社	董燕生等译	胡真才

艺术类图书 (3 种)

书　　名	出　版　者	著作责任者	责　任　编　辑
敦煌石窟艺术	江苏美术出版社	段文杰等	郭廉夫等
齐白石全集	湖南美术出版社	郭天民等编	李小山等
潘天寿书画集	浙江人民美术出版社	潘公凯编	王肇达等

少儿类图书 (2 种)

书　　名	出　者　版	著作责任者	责　任　编　辑
神脑聪仔卡通系列丛书	接力出版社	聪仔工作室	黄俭等
小鳄鱼丛书	海燕出版社	孙幼军等	姜华等

少数民族类图书 (2 种)

书　　名	出　版　者	著作责任者	责　任　编　辑
丹珠尔(藏文)	中国藏学出版社	崔成仁钦等	《大藏经》对勘局
医药志(哈萨克文)	新疆科技卫生出版社	乌太波依达克	哈比

教育类图书 (2 种)

书名	出版者	著作责任者	责任编辑
中国著名特级教师教学思想录	江苏教育出版社	柳斌主编	徐棐等
教育投入与产出研究	河北教育出版社	王善迈	张江等

辞书类图书 (2 种)

书名	出版者	著作责任者	责任编辑
普通话基础方言基本词汇集	语文出版社	陈章太等	李守业
中国戏曲剧种大辞典	上海辞书出版社	中国戏曲剧种大辞典编委会	张成濂等

古籍类图书 (2 种)

书名	出版者	著作责任者	责任编辑
船山全书	岳麓书社	本书编委会	杨坚等
李白全集校注汇释集评	百花文艺出版社	詹锳	曾永辰

国家图书奖提名奖 (71 种)

社科类图书 (14 种)

书名	出版者	著作责任者	责任编辑
马克思主义史	人民出版社	庄福龄	郇中建等
特区经济丛书	鹭江出版社	戴园晨等	甘于黎等
当代中国的村庄经济与村落文化丛书	山西经济出版社	陈吉元等	陈宇华等
鸦片战争史	福建人民出版社	萧致治	祝闽影
法哲学经纬	上海社会科学院出版社	倪正茂	张广勇等
科学认识论	吉林人民出版社	舒炜光等	王景海
国学大师丛书	百花洲文艺出版社	章清等	钱宏等
人类服饰文化学	天津人民出版社	华梅	成其圣等
汉字研究新视野丛书	广西教育出版社	臧克和等	李人凡等
中国回族史	宁夏人民出版社	岳树森等	汤晓芳等
新桂系史	广西人民出版社	莫济杰	欧薇薇等
西安历史地图集	西安地图出版社	史念海	康锋等
美国行政法	中国法制出版社	王名扬	祝立明
跨世纪农村书库	江苏省出版总社直属 8 家出版社	张小刚等	吴星飞等

科技类图书 (14 种)

书名	出版者	著作责任者	责任编辑
半导体超晶格物理	上海科技出版社	夏建白等	黄华等
惯性约束核聚变	安徽教育出版社	王淦昌等	王宏金
变结构控制的理论及设计方法	科学出版社	高为炳	李淑兰
中国煤岩学图鉴	中国矿业大学出版社	中国煤田地质总局	翁立平等
清华大学建筑学术丛书	中国建筑工业出版社	本书编委会	王明贤等
化学工程手册(第二版)	化学工业出版社	时钧等	陈丽等
现代机械设备设计手册	机械工业出版社	辛一行主编	冯铁
风湿病学	科学出版社	蒋明等	王惠君等
手的修复与再造	上海医科大学出版社	顾玉东	高敬泉
全国中草药名鉴	人民卫生出版社	谢宗万等	李昱
蓝天绿地丛书	江苏科学技术出版社	刘泽纯等主编	孙连民等
20 世纪科学大师与科学大事	接力出版社	周光召主编	李元君等
现代科学技术博览丛书	上海科技教育出版社	朱光亚等	朱惠霖等
中国少数民族科学技术史丛书	广西科学技术出版社	李迪	黄健等

文学类图书 (10 种)

书 名	出 版 者	著作责任者	责 任 编 辑
鲁迅研究书系	陕西人民教育出版社	袁良骏主编	傅美琳等
中国文学简史	北京大学出版社	林庚	张凤珠
人间正道	人民文学出版社	周梅森	赵水金等
中国抗日战争纪实丛书	解放军文艺出版社	王颖等主编	程步涛等
东方文学史	吉林教育出版社	季羡林主编	张岩峰
东北现代文学大系	沈阳出版社	张毓茂主编	李树权等
河南新文学大系	河南大学出版社	于友先总主编	袁喜生等
中国现代经典作家诗文全编书系	浙江文艺出版社	钱理群等编	张德强等
唐弢文集	社会科学文献出版社	唐弢	常君实
世界短篇小说精品文库	海峡文艺出版社	柳鸣九主编	林正让等

艺术类图书 (9 种)

书 名	出 版 者	著作责任者	责 任 编 辑
中国油画百年图史(1840—1949)	广西美术出版社	刘新	苏旅
楚秦汉漆器艺术·湖北	湖北美术出版社	陈振裕	贺飞白
石涛书画全集	天津人民美术出版社	天津人民美术出版社编	王之海
鲁迅之世界全集	广东教育出版社、河北教育出版社	裘沙等	姜玉敏等
中国电影图志	珠海出版社	中国电影艺术研究中心	成平等
中国少数民族美术史	福建美术出版社	王伯敏等	刘昌华
中国巫傩面具艺术	江西美术出版社	薛若邻等	李一意等
中国设计年鉴	黑龙江美术出版社	陈汉民等	原守俭
汉西岳华山庙碑	文物出版社	故宫博物院	苏士澍等

少儿类图书 (8 种)

书 名	出 版 者	著作责任者	责 任 编 辑
刘先平大自然探险长篇系列	中国青年出版社	刘先平	刘佳
花季·雨季	海天出版社	郁秀	旷昕
少年绝境自救故事	甘肃少年儿童出版社	班马等	汪晓军等
中国儿童生存、保护和发展书系	四川少年儿童出版社	晏开利等	杜定纪等
露珠丛书	河北少年儿童出版社	郭风等	张杏坦
精神之火——中华民族精神与当代青少年使命	湖南少年儿童出版社	沈其新等	刘杰英
神奇的北极	海燕出版社	位梦华等	王舒妹等
共和国儿童文学名著金奖文库	中国少年儿童出版社	海飞主编	温航等

少数民族类图书 (4 种)

书 名	出 版 者	著作责任者	责 任 编 辑
彝文典籍目录(彝、汉文)	四川民族出版社	贵州省毕节地区彝文翻译组	朱德齐等
甘珠尔(蒙古文)	辽宁民族出版社	舍·额尔敦朝鲁	朝鲁等
维吾尔多郎木卡姆(维吾尔文)	新疆美术摄影出版社	多郎木卡姆研究会	努尔比亚
语言史(《中国朝鲜族文化史大系》第一卷)(朝鲜文)	民族出版社	北京大学朝鲜文化研究所	元钟燮

教育类图书 (4 种)

书 名	出 版 者	著作责任者	责 任 编 辑
德育美学观	山西教育出版社	檀传宝	王宇鸿等
学科现代教育理论书系	广西教育出版社	马忠林等	赵汝明等
中国教育近代化研究丛书	广东教育出版社	田正平	彭玉犇等
数学教育研究丛书	上海教育出版社	曹才翰等	冯贤等

辞书类图书 (4种)

书　名	出 版 者	著作责任者	责 任 编 辑
材料科学技术百科全书	中国大百科全书出版社	师昌绪等	程力华等
世界地名词典(修订版)	上海辞书出版社	毛汉英等	谢佩珍等
金文大字典	学林出版社	戴家祥	陈达凯等
中国民间文学大辞典	黑龙江人民出版社	钟敬文等	吕观仁

古籍类图书 (4种)

书　名	出 版 者	著作责任者	责 任 编 辑
中国古籍善本书目	上海古籍出版社	丛书编委会	郭群一等
吐鲁番出土文书	文物出版社	中国文物研究所等	张庆玲等
中国科学技术典籍通汇	河南教育出版社	任继愈主编	周常林等
韩诗外传笺疏	巴蜀书社	屈守元	陈大利

“五个一工程·一本好书”名单

第一届“五个一工程·一本好书”名单

(1991 年度)

书　名	出版社
中国共产党七十年图集	上海人民出版社
中国社会主义问题研究	甘肃人民出版社
科学世界观——新时期简明哲学读本	山东人民出版社
信念与使命——与青年知识分子谈谈社会主义问题	山西高校联合出版社
我的经济观(1)	江苏人民出版社
黄河防洪志	河南人民出版社
当代中华科技英才丛书(1991 年完成)	广西科技出版社
内蒙古大辞典	内蒙古人民出版社
孙子兵法连环画	浙江人民美术出版社
红旗飘飘画丛	天津人民美术出版社

第二届“五个一工程·一本好书”名单

(1992 年度)

书　名	出版社
社会主义市场经济探索(系列)	浙江人民出版社 浙江摄影出版社 浙江人民美术出版社
中国西北地区开发与向西开放	宁夏人民出版社
建立社会主义市场经济新体制	河南人民出版社
走出封闭	湖南出版社
爱我中华(丛书)	江苏少年儿童出版社
邓小平生平、思想研究丛书	辽宁人民出版社
中国自然灾害灾情分析与减灾对策	湖北科学技术出版社
民族团结教育读本(试用本)	内蒙古人民出版社
早陨的将星(丛书)	河北少年儿童出版社
首钢改革	北京出版社
经营谋略图画	江西美术出版社
百将传奇	安徽少年儿童出版社
中华魂(丛书)	山东人民出版社
敦煌古乐	甘肃音像出版社 敦煌文艺出版社

第三届“五个一工程·一本好书”名单

(1993 年度)

书　名	出版社
中华五千年美德丛书	新蕾出版社
中国有个毛泽东(青年版、少年版)	江西人民出版社
邓小平文艺思想研究	陕西太白文艺出版社
国有企业总体改革论	河南人民出版社
广西经济发展战略总体构想	广西人民出版社
中国国家能力报告	辽宁人民出版社
山西经济上新台阶对策研究	山西人民出版社
社会主义市场经济条件下的精神文明建设	浙江人民出版社
二十六史大辞典(3 卷)	吉林人民出版社
中国民间美术全集(14 卷)	山东教育出版社
高科技知识丛书(9 册)	江苏科学技术出版社
跨世纪的丰碑——中国希望工程纪实	安徽少年儿童出版社
中华英烈大辞典(上、下卷)	黑龙江人民出版社
北京教育丛书(55 册)	北京教育出版社
雷锋精神在福建丛书(5 集)	海峡文艺出版社
中国古代北方民族史新论	内蒙古人民出版社
英汉大辞典(缩印本)	上海译文出版社
农业社会化服务体系建设与管理	青海人民出版社
敦煌艺术之最	甘肃人民美术出版社
中国历代名著全译丛书	贵州人民出版社

第四届“五个一工程·一本好书”名单

(1994 年度)

书　名	出版社
国脉所系——现代化与稳定	福建人民出版社
当代中国人口流动与城镇化	武汉大学出版社
新三字经	广东教育出版社
童规——少儿行为规范教育丛书	江苏美术出版社
生命之歌	浙江文艺出版社
北京通史	中国书店
中国农村大写意	湖南文艺出版社
中国母亲	江西人民出版社
跨世纪的一代——中国少年“五自”丛书	未来出版社
巴蜀情——邓小平与四川	四川美术出版社
河南人口资源环境丛书	河南教育出版社
图片中国百年史	山东画报出版社
中国当代科技精华	黑龙江教育出版社
中华文明史	河北教育出版社
托起明天的辉煌——当代中国十大杰出青年丛书	希望出版社
中国大西南在崛起	广西教育出版社
百年风云丛书	天津教育出版社
西北灾荒史	甘肃人民出版社
共和国领袖的故事	浙江人民美术出版社
西藏畜牧业走向市场的问题与对策	西藏人民出版社
马克思主义宗教观简明读本	新疆人民出版社
中国人权丛书	辽宁人民出版社
黑眼睛丛书	海南出版社 湖南少年儿童出版社

书　　名	出 版 社
邓小平理论与实践研究丛书	上海人民出版社
中国革命斗争长篇报告文学丛书	解放军出版社
长城万里图	人民文学出版社
我们的母亲叫中国	中国少年儿童出版社
论邓小平人民民主专政思想	群众出版社
光辉的旗帜，行动的指南——学习邓小平同志建设有中国特色的社会主义理论(职工读本)	中国工人出版社 学习出版社
邓小平新时期军事理论研究	军事科学出版社
中国历代艺术	人民美术出版社等5家出版社
绿色年华丛书	解放军出版社
论社会主义市场经济	中共中央党校出版社
西藏历史档案荟萃	文物出版社
邓小平军事活动图集	长城出版社
孤儿泪	山西人民出版社
中华当代少年小说丛书(10册)	江苏少年儿童出版社
青春风景创作丛书(5册)	安徽少年儿童出版社
中国的妇女人权	四川人民出版社
大学生思想政治教育的战略思考	东北师范大学出版社
中小学生普法教育画册(上、下册)	南海出版公司
内蒙古民族团结史	远方出版社
陕西文物旅游博览	陕西旅游出版社

第五届“五个一工程·一本好书”名单

(1995年度)

书　　名	出 版 社
早年周恩来(上、下卷)	江苏教育出版社
邓小平设计中国改革开放实录	辽宁人民出版社
中国农村政治稳定与发展	武汉出版社
战争启示录(上、下册)	北京十月文艺出版社
科学的历程(上、下册)	湖南科学技术出版社
高原雪魂——孔繁森	山东文艺出版社
中华少年奇才(上、下册)	浙江人民美术出版社
赤子丛书(3册)	河北少年儿童出版社
南方有嘉木	浙江文艺出版社
中国市场经济法律问题丛书(9册)	贵州人民出版社
中国革命史话(10册)	湖南少年儿童出版社
第二次世界大战通鉴	天津人民出版社
心灵长城——中华爱国主义传统	安徽教育出版社
画说《资本论》(4册)	二十一世纪出版社
帅星升起丛书(9册)	广东教育出版社
筑成我们新的长城	江西人民出版社
精编小学生十万个为什么(12册)	黑龙江科学技术出版社
爱我家乡　爱我辽宁丛书(15册)	辽宁教育出版社
图说高新技术应用	上海科学普及出版社
邓亚萍	河南教育出版社
肝胆相照　荣辱与共——中国共产党领导的多党合作制度的历史考察	福建人民出版社
西藏地方与中央政府关系史	西藏人民出版社
中国自然地理知识丛书(11册)	商务印书馆
中国国防科技报告文学丛书(7册)	中共中央党校出版社
走向21世纪的中国经济	经济管理出版社
大国长剑——中国战略导弹部队纪实	作家出版社
陈龙传——中国隐蔽战线的卓越指挥员	群众出版社
毛泽东军事思想原理	解放军出版社
神脑聪仔(10册)	接力出版社
中国新疆壁画全集(6册)	新疆美术摄影出版社 天津人民美术出版社 辽宁美术出版社
当代中国的唯物辩证法——邓小平著作中的哲学思想	中国青年出版社

第六届“五个一工程·一本好书”名单

(1996年度)

书　　名	出 版 社
马克思主义哲学史	北京出版社
城市街道党的建设	天津人民出版社
人间正道	人民文学出版社
车间主任	山东文艺出版社
我要做好孩子	江苏少年儿童出版社
精神之火——中华民族精神与当代青少年使命	湖南少年儿童出版社
红军长征史	辽宁人民出版社
绿洲经济论	新疆人民出版社
邓小平新时期党的建设理论研究	安徽人民出版社
真理，您告诉我——青年理论学习百题	广西师范大学出版社
中国院士	浙江文艺出版社
花季·雨季	海天出版社
鸦片战争史	福建人民出版社
延安精神与社会主义精神文明建设	陕西人民出版社
光辉的旗帜	21世纪出版社
中国科学院院士自述	上海教育出版社
写给年轻妈妈	中国妇女出版社
东部热土	青岛出版社
刘先平大自然探险长篇系列	中国青年出版社
中华正气歌	江西美术出版社
马克思主义史	人民出版社
维护祖国统一简明读本	新疆人民出版社
绿色风采丛书	解放军文艺出版社
人生幸福论	中国青年出版社
走出贫困——西海固反贫困农业建设研究	宁夏人民出版社
西藏布达拉宫	文物出版社
地球家园	山西教育出版社
人与自然	东北林业大学出版社
世界科技发展史画库	江苏科技出版社
地球保卫战	新蕾出版社
龙蝙蝠	浙江少年儿童出版社
漫画科学史探险	北京少年儿童出版社
宝贝当家	少年儿童出版社
禁毒教育通俗读本	广西教育出版社
现代企业制度论	西南财经大学出版社
现代大中型企业经营与发展	经济管理出版社
九亿农民健康教育读本	湖南科技出版社

书　名	出版社
生命甘泉的追寻者——模范团长李国安	解放军出版社
小鳄鱼丛书	海燕出版社
中华三德歌	安徽教育出版社
你是一座桥	长江文艺出版社
民族大家庭	南海出版公司
棒槌鸟儿童文学丛书	沈阳出版社
天地无情(少年绝境自救丛书之一)	甘肃少年儿童出版社
汉藏小朋友手拉手相约在 21 世纪	西藏人民出版社
情与理(人生价值丛书之一)	河北人民出版社
道德读本(跨世纪公民读本丛书之一)	吉林文史出版社
大众高技术	中共中央党校出版社
生命的追问	作家出版社

中国图书奖

中国图书奖评奖活动从第一届至第八届曰中共中央宣传部出版局主办，责成《中国图书评论》杂志承办。1989 年中国图书评论学会成立后，由中国图书评论学会承办，第一届至第八届获奖图书目录从略。中国图书奖评奖活动从第九届开始，由中国出版工作者协会主办。

第九届中国图书奖
(1995 年)

书　名	出版社	编 著 者	责 任 编 辑
胡乔木回忆毛泽东	人民出版社	胡乔木著	王乃庄
近代中国海军	海潮出版社	本书编辑部编	乙　工
邓小平战略思想论	军事科学出版社	彭光谦 姚有志	贺俊连
邓小平——领一代风骚的伟人	改革出版社	乌　杰主编	张三杰　杜海燕
民族宗教知识手册	中共中央党校出版社	任一农　杨牧之　宋镇铃主编	曲　炜　鲍永升
贿赂犯罪研究	法律出版社	肖　扬主编	黄　闽
人格权法新论	吉林人民出版社	王利明主编	李艳萍
论真假	西安交通大学出版社	刘永富著	李升元　鼎　璋
中国城市史纲	四川大学出版社	何一民著	陈丽莉
西北灾荒史	甘肃人民出版社	袁　林编著	陈泽奎
中国投资指南	中信出版社	焦素芬等编	李德宝　李旭涛　苏晓敏　何培慧　林　成
宣传·教育·行政·管理——干部经济知识系列教材	中国经济出版社	翟泰丰主编	韩天雨　栾建民　毛增余
中国救灾保险通论	湖南人民出版社	郑功成著	胡如虹
万国经济体制比较丛书	武汉出版社	王昭栋 冯　并主编	刘　凡
中国经济面临的危险——国家经济安全论	云南人民出版社	赵　英 胥和平　邢国仁著	吴　垠　周　祥
税利分流研究	厦门大学出版社	邓子基等著	陈丽贞
中国地区间市场封锁问题研究	福建人民出版社	陈甬军著	刘进社
公平分配——理论和战略	上海社会科学院出版社	钱世明三编	陈俊言
转型中的中国社会	黑龙江人民出版社	陆学艺　景天魁主编	冯海东等 3 人
中学百科全书	北京师范大学出版社 东北师范大学出版社 华东师范大学出版社	苏步青　刘佛年　柳　斌主编	谢又荣　雷恩选　刘　浩　杨江城　朱文秋 钟明奇　陈丽菲　陈长华　丁　冰　姜树芳 金树仁　张利辉　齐仁庆　王文涌　林水平 刘秀兰　高　萍　潘淑琴　李凌云　彭仕齐 张建人　施希仁　翁春敏　戴俊杰
中国实学思想史	首都师范大学出版社	葛荣晋主编	宋焕起　郭来泉　吴　海
中国教育大系	湖北教育出版社	顾明远总主编	陈雅峰　孙艳魁
中国启蒙思想文库	辽宁人民出版社	张岱年主编	华玉洪　朱　枫　吴长勇　刘　扬　张富娟
现代新儒学研究丛书	辽宁大学出版社	方克立　李锦全主编	赵光辉
中国心理学思想史	江西教育出版社	杨鑫辉著	许影萍

书　名	出版社	编著者	责任编辑
中国书院史	湖南教育出版社	李国钧主编	张汉芳　萠开明
外国教育通史	山东教育出版社	滕大春主编	蒋　伟
叶圣陶集	江苏教育出版社	叶至善　叶至美　叶至诚编	缪咏禾　常烽岚
先秦音乐史	人民音乐出版社	李纯一著	刘　玲
华罗庚	开明出版社	王元著	刘维维
深圳传奇	海天出版社	倪振良著	李　青　邓寿柏
中国农村大写意	湖南文艺出版社	李超贵著	颜家文
彝族文学史	四川民族出版社	李　力主编	胡　华
东方现代文学史	海峡文艺出版社	高慧勤　栾文华主编	张明辉
世界诗库	花城出版社	飞　白主编	林青华　范汉生
中国漫画书系	河北教育出版社	丰子恺　张光宇　张　仃　丁　聪　张东于　叶浅予　华君武等18人著	张子康　慈立群　刘　峥
林风眠全集	天津人民美术出版社	杜滋龄主编	顾祝君
浙江七千年——浙江省博物馆藏品集	浙江人民美术出版社	梁平波主编	王肇达　钱贵荪
中国图案大系	山东美术出版社	张道一主编	刘振清　梁　修
中华奇石	上海古籍出版社	本社编	江　雄　李　鸣
荣宝斋画谱	荣宝斋出版社	本社编	郜宗远　王铁全　张晓林　李　翎　马　迅　孙树梅　唐　辉　王　红　焦　明　杜志江　江金照　孙　珩　米景扬　王宗光　边平山
我们的母亲叫中国	中国少年儿童出版社	苏叔阳著	温　航
黑眼睛丛书	湖南少年儿童出版社	孙幼军等3人著	陈士平　张天明　蔡　皋　吴尚学
中华美德图说	21世纪出版社	钟起煌　浦漫汀主编	沈火生　林　俊　肖飞飞　魏　林　杨文敏　周士达　邓　滨　熊　炽
青春口哨文学丛书	安徽少年儿童出版社	秦文君　颜熙之　金曾豪　陈丹燕	温　媛
小作家丛书	四川少年儿童出版社	孙梅等著	王吉亭
八桂俊杰丛书	接力出版社	梁定伟主编	李仕强
小学生自然百科	浙江少年儿童出版社	钱大同等编	何巧玲　刘力行
居延新简	中华书局	中国文物研究所等编	李解民
中国民族史	中国社会科学出版社	王钟翰主编	周用宜
黄宗羲全集	浙江古籍出版社	沈善洪主编	方福仁等4人
中国神话学	宁夏人民出版社	潜明兹著	高晓玲
文物鉴定秘要	贵州人民出版社	戴南海等著	倪腊松等3人
中华文明史	河北教育出版社	周廷儒　毛礼锐　钟敬文　陈哲夫等40人主编	李自修　鲁仲文　李炳智　成占民　韩新保　张艳茹　潘海鸥
全明散曲	齐鲁书社	谢伯阳编	李玉山
新三字经	广东教育出版社	本书编委会编	谢仪方　黎国泰
现代科学技术基础知识	科学出版社	宋健主编	姚平录　孙　霞
中华人民共和国土壤环境背景值图集	中国环境科学出版社	郑春江	吴淑岱
围岩力学分析中的解析方法	煤炭工业出版社	陈子荫	王捷帆
认知科学与广义进化论	清华大学出版社	赵南元著	蔡鸿程
快速养猪法	金盾出版社	蒋永彰等编著	
近代傅里叶变换红外光谱技术及应用	科技文献出版社	吴瑾光主编	庞美珍
世界农业气候与作物气候	浙江科学技术出版社	崔读昌著	章建林
黄河流域环境演变与水沙运行规律研究	山东科学技术出版社	叶青超主编	张　波
中国柞蚕品种志	辽宁科学技术出版社	李玉忠等著	冬　风　李贵玉
系统模糊决策理论与应用	大连理工大学出版社	陈守煜著	许芳春
多目标规划有效性理论	上海科学技术出版社	胡毓达编著	赵序明
中国蝶类志	河南科学技术出版社	周　尧主编	周本庆

书　名	出版社	编著者	责任编辑
中国高煤级煤的显微岩石学特征及结构演化	中国矿业大学出版社	秦　勇著	王景华
中国当代科技精华	黑龙江教育出版社	卢嘉锡主编	贾海涛等7人
单克隆抗体在农业上的应用	安徽科学技术出版社	刘秀梵主编	汪卫生
教育数学丛书	四川教育出版社	张景中著	冉崇玉
岩石冲击动力学	中南工业大学出版社	李夕兵　古德生著	文　刀
中国农业考古图录	江西科学技术出版社	陈文华编著	涂水香
农业科技十万问	河北科学技术出版社	刘冠群主编	杨久信　张凤洪
昆虫病理学	广东科技出版社	蒲蛰龙主编	李鸿明
波涌灌溉试验研究与应用	西北工业大学出版社	王文焰等著	胡梦仙
实用腹部超声诊断学	人民卫生出版社	曹海根　王金锐主编	雷亨朗
现代内科治疗学	人民军医出版社	尉挺主编	姚　磊　罗子铭
泌尿男生殖外科手术图谱	湖北科学技术出版社	章咏裳等3人主编	武又文
现代心脏内科学	湖南科学技术出版社	陈国伟　郑宗锷主编	王一方
简明中华百科全书	中国大百科出版社	本社编辑部编	
中国书画鉴赏辞典	中国青年出版社	郎绍君　水天中　蔡星仪　王玉池　王　泷主编	刘艳丽
高技术百科辞典	福建人民出版社	卢嘉锡主编	林玉山等6人
孙中山辞典	广东人民出版社	张　磊主编	吕良铁
世界政党大全	贵州教育出版社	钟清清主编	段小鸽
香港大辞典	广州出版社	曹淳亮主编	吴　迅　李宝聪
中国丝绸之路辞典	新疆人民出版社	雪　犁主编	李春华

第十届中国图书奖
（1996年）

书　名	出版社	编著者	责任编辑
邓小平理论与广东实践研究丛书	广东人民出版社	于幼军主编	姜玉玲　廖晓勉　黄彦辉　陈海烈　曾宪志　孙泽军
中国特色社会主义论二十题	中共中央党校出版社	龚育之著	崔永琳
中国市场经济与社会发展丛书	黑龙江人民出版社	邓伟志　张　琢主编	包　雷
中国市场经济法律快通丛书	中国政法大学出版社	宋镇铃　孙鸿翔编委会主任	池源淳　率蕴铤
世界市场全书	中国大百科出版社	顾海良　姚开建等主编	刘晓东等
国际经济惯例丛书	贵州人民出版社	周成启主编	程　立　马金玉等
流通经济学	人民出版社	张绪昌　丁俊发主编	魏海源
亚太地区经济发展多元化研究	北京师范大学出版社	赵春明著	傅占武
现代西方经济学	复旦大学出版社	宋承先著	刘子馨
资源经济新论	重庆大学出版社	李金昌等编著	吴达周
中国解放区邮票史	安徽教育出版社	张辛农主编	鲍康健　牛　昕
中国抗日战争纪实丛书	解放军文艺出版社	全军专业作家著	王　颖　吴振录等
中国人民抗日战争史录	中央文献出版社	徐　焰主编	镡德山　徐永军
侵华日军暴行总录	河北人民出版社	李秉新　徐俊元等主编	吕苏生　张晨光
中国抗日战争史地图集	中国地图出版社	武月星主编	顾乃福　赵　明
黄河在咆哮——纪念中国人民抗日战争伟大胜利	沈阳出版社	袁　伟　周　岩主编	李应福　郝戈非　于逢春
中国少数民族美术史	福建美术出版社	王伯敏主编	刘昌华
中国佛教思想史	福建人民出版社	郭　朋著	祝闽影
中国上古军事史	军事科学出版社	高　锐著	潘　宏
中国音乐美学史	人民音乐出版社	蔡仲德著	许再扬

书　　名	出版社	编著者	责任编辑
科学认识思想史	江苏教育出版社	林德宏　肖　玲等著	王瑞书
中国诗学批评史	江西人民出版社	陈良运著	刘国藏
中国古典文学研究史	中华书局	郭英德　谢思炜等著	顾　青
长江文化史	江西教育出版社	李学勤　徐吉军主编	晏筱梅
国际关系史	世界知识出版社	中国国际关系史研究会主编	张光勤
非洲通史	华东师范大学出版社	何芳川　宁　骚主编	陈长华　王少如
当代东南亚系列	四川人民出版社	陈吕范主编	李远杰
心理学百科全书	浙江教育出版社	李　维等	王晴波
韬奋全集	上海人民出版社	邹韬奋著	吴慈生等
人类服饰文化学	天津人民出版社	华　梅著	成其圣　高景萍
中国戏曲服装图集	山西教育出版社	马　强　于巧兰等著	姚蔼如　王春声
中国古代军戎服饰	上海古籍出版社	刘永华著	曹明纲
生态文化与文明前景	武汉出版社	陈敏豪著	邹德清
全宋诗	北京大学出版社	傅璇琮　孙钦善等主编	李一华　阎光华
宋文纪事	四川大学出版社	曾枣庄　李　凯等编	王锦厚　陈建明
中华传统文化观止丛书	学林出版社	马美信　刘永翔等主编	张建一　褚大为　曹坚平　钱丽明　雷群明
敦煌愿文集	岳麓书社	黄　征　吴　伟编校	梅季坤
中华民族故事大系	上海文艺出版社	孙剑冰等编	涂　石
中华人物故事全书·近现代部分	中国少年儿童出版社	王世义　李凤祥等编著	雪　岗等
楚学文库	湖北教育出版社	张正明主编	胡　伟　陆才坚等
凉山彝家的巨变	商务印书馆	林耀华著	陈胜华
蓝田直立人	陕西人民出版社	陈恩志编著	吴秉辉
崇高美的历史再现	山西人民出版社	蔡子谔　顾　棣著	董智敏　孙　琇
元典文化	河南大学出版社	李振宏主编	龚留柱　范振国　袁喜生　侯惠娟　汪维真　刘小敏　赵帆声　陈连营　西　伯等
中国书法五体系列大字典	上海书画出版社	李志贤主编	吴建贤　方传鑫等
现代汉语学习词典	上海外语教育出版社	孙全洲主编	陈耀祖　张湘湘
汉英词典(修订版)	外语教学与研究出版社	北京外国语大学编	吕　霞
云南民族女性文化丛书	云南教育出版社	高发元主编	高建勤　王晓卫　袭志熙　周鸣琦　刘致凡　方晓光　王林艺　郭　蓓　符雪红　甘宏耀　张　强　黄　敏
红罂粟丛书	河北教育出版社	王　蒙主编	张永生　高　青　艾　勇　杨丽娟
西藏历史地位辨	民族出版社	王　贵　喜饶尼玛等著	黄敦朴　周凤荣
犯罪学大辞书	甘肃人民出版社	康树华　王　岱等主编	刘延寿
语言理论与应用研究	东北师范大学出版社	杨　忠　张绍杰著	吴长安
二十世纪教育回顾与前瞻丛书	山东教育出版社	陆有铨主编	谢荣岱
张家港人	江苏人民出版社	凤　章著	汪振华
处世百题	辽宁人民出版社	余心言著	李可可　韩忠良
院士风采	浙江科学技术出版社	何仁甫　陈丹等编	盛有根
她们与世纪同行丛书	河北少年儿童出版社	王思梅　赵金平主编	冯铁军
师魂	湖北少年儿童出版社	韩作黎主编	刘春霞　刘玉玲　别道玉　余苣芳　姜淦洲
丝路文化	浙江人民出版社	刘迎胜等著	汪维玲
21世纪文学之星丛书	百花文艺出版社	冯　牧　袁　鹰编审委主任	甘以雯　邓　芳等
古都今昔	北京出版社	张百发主编	何家振　戴　颖
大地风景	东方出版社	云　杉著	俞　阳
说文解字的文化说解	湖北人民出版社	臧克和著	李作君
天文博物馆	河南教育出版社	崔振华主编	韩凤葛
旷代逸才——杨度	湖南文艺出版社	唐浩明著	朱树诚
浣纱王后	中国青年出版社	杨佩瑾著	庄之霞

书　　名	出版社	编著者	责任编辑
国家重点建设工程丛书	广西科学技术出版社	周文斌　刘路沙主编	黄　健　曾　怡
中国邮电百科全书	人民邮电出版社	杨泰芳　吴基传编委会主任	陈　涛　高丕武
世纪之交与高科技专家对话	辽宁教育出版社	朱丽兰总主编	俞晓群　周北鹤　杨　力　马　芬　王越男
迈向 21 世纪科普丛书	广东教育出版社	黄寿年　卞德培等主编	谢仪方　陈　兵　梁耀凤　杨维林　黄海晖
手拉手奔向新世纪丛书	新蕾出版社	中国少工委编	张　敏　邱　勤等
老外公的故事	浙江少年儿童出版社	公治平等编　刘泽岱等画	彭雁飞　陈　蔚　万　俭
中外著名科学家的故事	四川少年儿童出版社	董仁威　松鹰等编写	郑　尚
德育故事大金库	江苏少年儿童出版社	颜煦之　刘健屏主编	冯家俊
任熊 任薰 任颐 任预精品	河北美术出版社	赵贵德　吴守明主编	曹宝泉　郭　涌　阮观东
周彦生画集	河南美术出版社	周彦生著	刘　钊
中国针灸四大通鉴	青岛出版社	邓良月　王德深等主编	李新堂　李茗茗
中医方剂通释	河北科学技术出版社	宗全和主编	王大跃　王辛卯　白世维等
中医急诊医学	福建科学技术出版社	陈佑邦　王永炎主编	俞鼎芬
现代内科学	人民军医出版社	方　圻主编	姚　磊
风湿病学	科学出版社	蒋　明　朱立平等主编	王惠君　范淑琴
手的修复与再造	上海医科大学出版社	顾玉东著	高敬泉
实用手术图解全书	江苏科学技术出版社	吴阶平等主编	徐　欣　顾志伟　蔡克难　王　烈
应用解剖彩色图谱	辽宁科学技术出版社	韩子玉　曹郁琦主编	傅　强
中国鸟类图鉴	河南科学技术出版社	钱燕文执行主编	孙允萍　赵中胜
动物活性成分化学	天津科学技术出版社	张黔中　温玉麟编著	张洪善
膜分子生物学	厦门大学出版社	洪水根　汪德耀编著	施高翔　沈明山
损伤力学	华中理工大学出版社	沈　为著	湛柏琼
有限元高精度理论	湖南科学技术出版社	陈传淼　黄云清著	胡海清
弹性力学求解新体系	大连理工大学出版社	钟万勰著	王佳玉　朱　诚
远程火箭精度分析与评估	国防科技大学出版社	张金槐主编	徐　飞
加聚反应微观动力学	吉林大学出版社	沈家骢　杨梅林等著	王瑞金
气候变化对西北华北水资源的影响	山东科学技术出版社	施雅风总主编	宋　涛
中国煤矿通风安全工程图集	中国矿业大学出版社	李学诚　王省身主编	马跃龙　陈玉和　张玉珍　朱明华
华北地区节水型农业技术	中国农业科技出版社	胡毓骐　李英能等编	张荣菊
电磁理论中的并矢格林函数	武汉大学出版社	戴振铎　鲁　述著	史新奎
鱼雷制导规律及命中精度	西北工业大学出版社	詹致祥著	胡梦仙
空间等离子体数值模拟	安徽科学技术出版社	傅竹风　胡友秋著	范　源
中国地质时期植物群	广东科技出版社	李星学主编	李鸿明
西藏高原森林生态研究	辽宁大学出版社	徐凤翔著	刘雪枫　马　静

第十一届中国图书奖
（1997 年）

书　　名	出版社	书　　名	出版社
孙中山与宋庆龄	广东人民出版社	小平说：什么是社会主义	广州出版社
中国人民解放军的七十年	军事科学出版社	对有中国特色社会主义的哲学分析	四川人民出版社
毛泽东研究三部曲	福建人民出版社	中国社会发展丛书	云南人民出版社
五星红旗	朝华出版社	中华人民共和国法制史	黑龙江人民出版社
军旗升起的地方——八一史画	江西教育出版社	中国民法史	吉林人民出版社
祖国永远在我心中	百花洲文艺出版社	西方法学史（中青年法学文库之一）	中国政法大学出版社
百年图强	黑龙江教育出版社	百姓法律话题	河北美术出版社
香港全纪录（一、二卷）	上海人民出版社	绿色战略	青岛出版社
香港回归	新华出版社	民族学通论	中央民族大学出版社
起点——改革发端纪实	安徽教育出版社	易学智慧丛书	沈阳出版社

书　名	出版社
拉贝日记	江苏人民出版社 江苏教育出版社
1996—2050年中国经济社会发展战略——走向现代化的构想	北京出版社
中国经济增长方式改革	人民出版社
挑战风险——金融机构如何生存和发展	商务印书馆
领导干部金融知识读本	中国金融出版社
可持续发展论	中国环境科学出版社
中国经济的软着陆	中国财政经济出版社
经济学	中国人民大学出版社
中国国家利益分析	天津人民出版社
香港经济平稳过渡及未来繁荣	海天出版社
中国民族工商业发展史	河北人民出版社
可持续发展——跨世纪的抉择	中共中央党校出版社 广东科技出版社
宏观经济学的产生和发展	湖南人民出版社
中国沿海地区21世纪持续发展	湖北科学技术出版社
资本经营	西南财经大学出版社
工业技术经济学	清华大学出版社
项目融资	中信出版社
模糊逻辑与神经网络——理论研究与探索	北京航空航天大学出版社
$C3^I$系统开发技术	国防工业出版社
数字移动通信技术丛书	电子工业出版社
车辆——轨道合动力学	中国铁道出版社
英汉计算机技术大词典	上海交通大学出版社
线性系统理论	哈尔滨工业大学出版社
粒子物理和场论	山东科学技术出版社
科学技术与社会(STS)丛书	陕西人民教育出版社
广义大系统的分散控制与鲁棒控制	西北工业大学出版社
大型地基基础工程技术	浙江大学出版社
中国水旱灾害	中国水利水电出版社
中国南方洪涝灾害与防灾减灾	广西科学技术出版社
中国北方农业害虫原色图鉴	辽宁科学技术出版社
中国小麦学	中国农业出版社
中国高山花卉	中国世界语出版社
中国樟属植物资源及其芳香成分	云南科技出版社
水螨分类理论和中国区系初志	贵州科技出版社
中国恙螨、恙虫病媒介和病原研究	广东科技出版社
现代临床遗传学	安徽科学技术出版社
中国笼鸟	江西科学技术出版社
中国小康住宅示范工程集萃	中国建筑工业出版社
科海漫游丛书	北京师范大学出版社
全身CT诊断学	人民军医出版社
现代骨科手术学	科学出版社
现代创伤学	人民卫生出版社
血管生物学	北京医科大学、中国协和医科大学联合出版社
眼外伤学	河南医科大学出版社
康复指导丛书	华夏出版社
中国藏药	上海科学技术出版社

书　名	出版社
三毛大世界	少年儿童出版社
一个中国孩子的英雄喜剧	接力出版社
科学王国里的故事	河北少年儿童出版社
中国当代儿童诗丛	湖北少年儿童出版社
中国最新动物小说	湖南少年儿童出版社
彩绘新童谣	北方妇女儿童出版社
莎士比亚戏剧故事全集	二十一世纪出版社
希望童话宝库	希望出版社
足球小子	四川少年儿童出版社
写给小读者	新疆青少年出版社
大型科学漫画丛书	新蕾出版社
三巨人说(漫画本)	广东经济出版社
故土丛书	辽宁少年儿童出版社
爱国主义故事丛书	晨光出版社
世界少年奇才	浙江人民美术出版社
中国大百科全书(青少年版)	海燕出版社
21世纪小小百科	浙江教育出版社
中国京剧艺术	京华出版社
白雪石(中国近现代名家画集)	人民美术出版社
中国三峡百景图	中国青年出版社
明诗话全编	江苏古籍出版社
中国民间四百宝相图说	岭南美术出版社
中国音乐文物大系(北京卷)	大象出版社
楚美术图集	湖北美术出版社
中国舞蹈艺术史图鉴	湖南教育出版社
中华名胜楹联图览	辽宁美术出版社
晋商城宅	山西人民出版社
特列恰科夫国家画廊藏画	山东美术出版社
历代千字文墨宝	吉林美术出版社
陈洪绶	上海人民美术出版社
世界绘画邮票鉴赏大图典	广西师范大学出版社
林散之书法集	古吴轩出版社
开埠——中国南京路150年	昆仑出版社
余纯顺孤身徒步走西藏	上海文艺出版社
建筑师梁思成	天津科学技术出版社
邹韬奋传记	重庆出版社
中国863	山西教育出版社
极限人生	黄河出版社
涨潮时分	浙江文艺出版社
我认识的鬼子兵	中国对外翻译出版公司
中国艺术学	高等教育出版社
英国文艺复兴时期文学史	外语教学与研究出版社
香港文学史	鹭江出版社
朱自清全集	江苏教育出版社
蒙田随笔全集	译林出版社
俞平伯全集	花山文艺出版社
世纪的回音	宁夏人民出版社
云南物质文化　农耕卷	云南教育出版社
中国文学大辞典	上海辞书出版社
中古文学理论范畴	河北大学出版社

书　名	出版社	书　名	出版社
汉语语法学	东北师范大学出版社	湘绮楼日记	岳麓书社
中国翻译词典	湖北教育出版社	中国大学生百科全书	辽宁教育出版社
中国现代学术经典	河北教育出版社	周恩来教育思想研究	福建教育出版社
中国出版百科全书	书海出版社	躁动的百年——20世纪的教育历程	山东教育出版社
华夏文明探秘丛书	四川教育出版社	教育管理辞典	海南出版社
当代智力心理学丛书	浙江人民出版社	贫困中的期盼——中国西部贫困地区女童和妇女教育	广西教育出版社
汉语现象论丛	中华书局出版社	阔端与萨班凉州会谈	甘肃人民出版社
中国无声电影史	中国电影出版社	朝鲜古典文学史	民族出版社
史诗《江格尔》探渊	新疆人民出版社	蒙古族民俗百科全书经济卷(蒙文)	内蒙古科学技术出版社
二十五史新编	上海古籍出版社	毛尔盖·桑木旦全集(藏文)	青海民族出版社
韩愈全集校注	四川大学出版社		
中国封建王朝兴亡史	广西人民出版社		

(第十一届中国图书奖获奖书目名单摘自1999年《中国图书评论》)

中国韬奋出版奖

首届中国韬奋出版奖获奖者名单

(1987年4月,共10人,按得票多少为序,票数相同者按姓氏笔画为序)

姓　名	年龄	工作单位	职　务	职　称
王仰晨	63	人民文学出版社		编审
陈元直	70	机械工业出版社	原社长	
周振甫	76	中华书局		编审
戴文葆	65	三联书店		编审
许　仲	58	长春市新华书店	经理	
范志民	66	上海人民美术出版社	编辑室副主任	
姚佩文(女)	55	四川省什邡县新华书店	经理	
鲁　兵	63	少年儿童出版社		编审
沈肇熙	73	人民邮电出版社		编审
皇甫束玉	69	高等教育出版社	原副社长	

备注:

1987年4月26日、27日,首届韬奋出版奖评奖委员会在北京召开会议。

27日下午,到会的评委会委员进行无记名投票,选出10位同志为首届韬奋出版奖获奖者。

9月9日,首届韬奋出版奖授奖大会在北京全国政协礼堂举行。全国政协副主席雷洁琼、中共中央宣传部副部长李彦、新闻出版署副署长宋木文、文化部副部长王济夫、中国科学院顾问卢嘉锡等有关方面领导出席。雷洁琼、李彦、宋木文发表了讲话,向首届韬奋出版奖获奖者表示祝贺,并希望有更多的出版、发行工作者能获得中国出版界这一最高荣誉奖赏。

中国出版工作者协会主席王子野主持了发奖大会。

第二届中国韬奋出版奖获奖者名单

(1990年11月,共9人,按得票多少为序,票数相同者按姓氏笔画为序)

姓　名	年龄	工作单位	职　务	职　称
赵家璧	82	上海文艺出版社	副总编辑	
蒋　路	70	人民文学出版社	外国文学编辑室副主任	编审
林穗芳	61	人民出版社	国际编辑室主任	编审
索特纳穆(蒙)	74	内蒙古自治区出版局	副局长	编审
张业汉	63	新疆维吾尔自治区出版局	副局长	编审
黄　涛	70	战士出版社	副社长	编审
许　旭	56	烟台新华书店	经理	高级经济师
黄腊荣(女)	51	北京科技书店	副经理	
申　非	70	农业出版社	编辑室主任	编审

备注:

第二届中国韬奋出版奖评奖结果于1990年11月揭晓。新闻出版署、中国韬奋基金会、中国版协联合于1990年11月6日在北京人民大会堂举行颁奖会。大会由中国版协主席、评委会主任王子野主持。张友渔、范敬宜、李彦、吴冷西、宋木文、伍杰、杜导正、王益、许力以、王仿子、叶至善、于永湛等有关方面领导,以及首都新闻界代表200多人出席了大会。中宣部副部长李彦、新闻出版署署长宋木文、中国韬奋基金会副主席、全国记协主席吴冷西发表讲话。

第三届中国韬奋出版奖获奖者名单

(1993年5月,共8人,按得票多少为序,票数相同者按姓氏笔画为序)

姓 名	年龄	工作单位	职 务	职 称
吴 莹	49	上海译文出版社	副总编辑	
姚岁寒	53	科学出版社	编辑室副主任	
曹辛之	76	人民美术出版社		编审
余德槐	58	四川省眉山县新华书店	经理	
钟叔何	62	湖南省新闻出版局		编审
徐 诚	52	青岛出版社	总编辑	副编审
何承纪(藏族)	57	四川民族出版社	社长	
吴道弘	64	人民出版社	副总编辑	编审

备注:

第三届中国韬奋出版奖于1993年4月揭晓,评委会以无记名投票方式,从62名候选人中选出8名获奖者。1993年5月24日在北京中国社会科学院会议厅举行颁奖会。全国人大常委会副委员长雷洁琼,新闻出版署副署长卢玉忆,中国记协副主席李彦,中国版协主席、韬奋出版奖评委会主席王子野等有关领导出席了大会。新闻出版界代表100余人出席了颁奖大会。卢玉忆代表新闻出版署讲话,中国民主促进会中央委员会副主席楚庄讲话。获奖者代表姚岁寒讲话。

第四届中国韬奋出版奖获奖者名单

(1995年11月,共12人,按得票多少为序,票数相同者按姓氏笔画为序)

姓 名	年龄	工作单位	职 务	职 称
孙绳武	78	人民文学出版社	原副总编辑	编审
莎阿达提·伊敏(女)(维吾尔族)	55	新疆教育出版社		编审
黎章民	72	人民音乐出版社	原社长兼总编辑	编审
马守良	65	浙江省出版工作者协会	主席	
王为珍(女)	56	山东省出版总社(集团)山东科技出版社	副总编辑兼社长	编审
王秀清	51	大庆市新华书店	经理	高级经济师
鲍克怡(女)	57	上海辞书出版社	总编辑	编审
刘 强	37	德州市新华书店	总经理	高级经济师
沈世鸣(女)	64	重庆出版社	原总编辑	编审
蔡盛林	58	农业出版社	社长兼总编辑	编审
杨 坚	72	岳麓书社		编审
徐柏容	73	百花文艺出版社	原副社长	编审

备注:

第四届中国韬奋出版奖于1995年10月26日揭晓,评委会从61名候选人中选出12名获奖者。

1995年11月5日在北京人民大会堂举行第二届韬奋新闻奖和第四届韬奋出版奖颁奖大会。中共中央政治局委员、书记处书记、中宣部部长丁关根,中共中央政治局委员、国务院副总理邹家华,全国人大常委会副委员长、中国韬奋基金会主席孙起孟等领导同志,以及韬奋同志生前友好、各界代表200余人出席颁奖会。

中国版协主席宋木文宣布获奖名单。新闻出版署署长于友先讲话。鲍克怡代表出版奖获奖代表讲话。颁奖会由中宣部副部长徐光春主持。中宣部出版局局长高明光、中国版协常务副主席卢玉忆、副主席伍杰、常务副秘书长潘国彦出席了会议。

第五届中国韬奋出版奖获奖者名单

(1997年11月,共13人,按得票多少为序,票数相同者按姓氏笔画为序)

姓 名	年龄	工作单位	职 务	职 称
巢 峰	69	上海辞书出版社	原总编辑、党委书记	
朱谱萱	86	商务印书馆	原副总编辑	
梅 益	84	中国大百科全书出版社	顾问	
丁乃刚	57	中国科学杂志社	社长	
蒋迪安	62	江苏省新闻出版局	原局长	
丁光生	76	上海药物杂志社	主编	
汪顺安	56	深圳市新华书店	总经理	
欧阳莲(女)	56	广东科学技术出版社	社长	
章桂征	58	时代文艺出版社		美术编审
彭圣浩	63	建筑技术杂志社	社长	
刘新明	53	金盾出版社	社长	
王洪信	59	山东教育出版社	社长	
曾 铎	60	国防工业出版社	社长	

备注:

第五届中国韬奋出版奖于1997年11月19日揭晓,评委会以无记名投票方式从61位候选人中选出13名获奖者。

1997年12月9日第五届中国韬奋出版奖颁奖大会暨中国版协三届三次常务理事(扩大)会议在广东省珠海市举行。中共中央政治局委员、中宣部部长丁关根委托中宣部秘书长、出版局局长高明光向大会致贺词。

新闻出版署副署长杨牧之在会上宣读了于友先署长的书面讲话。国家版权局副局长沈仁干、民进中央副主席楚庄等出席会议。中国版协主席宋木文主持会议。获奖代表巢峰、朱谱萱在会上发言,梅益做书面发言。中国版协副主席伍杰代表评委会汇报了评选经过。

毕昇印刷奖

首届“毕昇印刷奖”获奖人员

王　选　李生富　张秀民　吕　纪　李荣兴　陈岳兴　程贵珠

第二届“毕昇印刷奖”获奖人员

丁日才　朱谈林　陈新祖　周寿彭　郑德琛

第三届“毕昇印刷奖”获奖人员

李家骥　施旦民　赵学智　徐志放

第四届“毕昇印刷奖”获奖人员

陈平舟　杨海蛟　吴彭越　金占宝　董明达

第五届“毕昇印刷奖”获奖人员

万启盈　牛达生　华　炜　关志祥　刘炳振　武文祥　陈堃銶(女)　臧怀玉　魏志刚

森泽信夫印刷奖

首届“森泽信夫印刷奖”获奖人员

王　选　李生富　张秀民　吕　纪　李荣兴　陈岳兴　程贵珠

第二届“森泽信夫印刷奖”获奖人员

一等奖：于学经　朱梅生　岳德茂　俞和中　夏天俊　缪振汉

二等奖：干根宝　王留成　冷斯基　郑志明　郑麟书　顾存宽　徐寿德　郭宝庆

第三届“森泽信夫印刷奖”获奖人员

一等奖：李秋光　孟三良　聂全忠　顾国良　阎　玻　程京宁

二等奖：任玉成　李　东　李家巍　朱秉平　刘　祥　齐福斌　张步堂　韩世德

第四届“森泽信夫印刷奖”获奖人员

一等奖：刘水仙(女)　肖　元　沙存芳(女)　李遇文(女)　倪海娟(女)

二等奖：王国华　刘玉成　刘海荣　李建军　陈嘉睿　金泽龙　赵　敬　曹智周

第五届“森泽信夫印刷奖”获奖人员

一等奖：张　劲　龚礼惠(女)　蒲嘉陵　熊红武(女)　魏　伟

二等奖：王　勋　金　杨　李成忠　李生达　李亚雄　赵世民　杨海康　张宝珠　张晋勇　谢长城

第六届“森泽信夫印刷奖”获奖人员

一等奖：万　捷　刘嘉煜(女)　肖建国　张根祥　盖其东

二等奖：王义君　江礼昶　刘　江　杜　原　沈康年　徐水师　张乃兴　张丽生　黄国平　韩沙宁

第七届“森泽信夫印刷奖”获奖人员

一等奖：公丕凤(女)　李永强　阳振坤　叶保寿　蔡春华

二等奖：王长顺　王津沪　孙福盛　刘海东　杨振东　罗筑昌　高福成　薛常铭　鞠宁章　魏洪和

新华书店省、市店名录

名称	地址	邮编	电话
新华书店总店	北京市西直门外北礼士路54号	100044	(010)68368595
新华书店总店北京发行所	北京市西直门外北礼士路54号	100044	(010)68368595
新华书店上海发行所	上海市沪太路785号	200072	(021)56612720
新华书店天津发行所	天津市东丽区民权门外徐庄子	300240	(022)26321527
重庆新华书店集团	重庆市渔中区民权路10号	400010	(023)63842387
北京新华外文书店股份有限公司	北京市西城区西绒线胡同甲7号	100031	(010)66013098
新华书店首都发行所	北京市西城区西绒线胡同甲7号	100031	(010)66031875
天津市新华书店	天津市和平区哈尔滨道99号	300041	(022)27123193
河北省新华书店	石家庄市青园街131号	050011	(0311)6064076
山西省新华书店	太原市建设南路89号	030012	(0351)2027710
内蒙古自治区新华书店	呼和浩特新华大街52号	010020	(0471)6286592
辽宁省新华书店	沈阳市沈河区青年大街270号	110015	(024)23921695
吉林省新华书店	长春市人民大街170号	130022	(0431)5383884
黑龙江省新华书店	哈尔滨市道里区地段街179号	150010	(0451)4639324
上海新华书店	上海市四川中路133号	200009	(021)63610673
江苏省新华书店	南京市百子亭34号	210009	(025)7713941
浙江省新华书店	杭州市文二路8号	310012	(0571)8807883
安徽省新华书店	合肥市长江路97号	230061	(0551)2635940
福建省新华书店	福州市五一北路126号	350001	(0591)7551992
江西省新华书店	南昌市八一大道102号	330003	(0791)6219204
山东省新华书店	济南市经十路127号	250001	(0531)2772748
河南省新华书店	郑州市人民路22号	450000	(0371)6227411
湖北省新华书店	武汉市硚口区长丰乡常码头463号	430023	(027)83521662
湖南省新华书店	长沙市芙蓉中路338号	410005	(0731)4308554
广东省新华书店	广州市大沙头四马路12号	510103	(020)83793201
广西壮族自治区新华书店	南宁市民族大道69号	530022	(0771)5851299
四川省新华书店	成都市东玉龙街52号	610017	(028)6741332
云南省新华书店	昆明市吴井路16号	650041	(0871)3536033
西藏自治区新华书店	拉萨市北京西路219号	850001	(0891)6832572
陕西省新华书店	西安市莲湖路99号	710003	(029)7331837
甘肃省新华书店	兰州市城关区邸家庄25号	730000	(0931)8125425
青海省新华书店	西宁市民主街1号	810000	(0971)8247056
宁夏回族自治区新华书店	银川市东环北路区新华书店125号	750001	(0951)6736598
新疆维吾尔自治区新华书店	乌鲁木齐延安路4号	830001	(0991)2860440
海南省新华书店	海口市解放西路10号	570102	(0898)6219894